御製崇國寺碑文

禁城西安門外乾隅有崇國寺元大德時所建至明正德間命大
等請敕寺祝釐朕未俞允復合詞陳奏謂茲寺為前代名剎規模
不踰歲蓋棟宇仍舊而丹雘增煥矣諸蒙古恭順
三朝述職無曠至於朕躬欵化益衆凡在龍堆瀚海內外百餘部落
不渝也今諸蒙古建新茲寺用祈福祐於朕躬益見諸蒙古感恩

康熙六十一年

◎ 前頁圖片爲清康熙六十一年（1722）《崇國寺碑》，見本卷四排九段“護國寺”條

TEMPLES ET STÈLES DE PÉKIN

北京内城寺廟碑刻志

第四卷（下）

〔法〕呂敏 (MARIANNE BUJARD) 主編
鞠熙 關笑晶 王敏慶 雷陽 著

國家圖書館出版社

École française d'Extrême-Orient
Université Normale de Pékin
École pratique des Hautes Études

TEMPLES ET STÈLES DE PÉKIN

sous la direction de

MARIANNE BUJARD

par

JU XI GUAN XIAOJING WANG MINQING LEI YANG

Volume IV, tome 2

Épigraphie : Zhao Chao, Ju Xi, Liu Wenshan, Zhao Yu
Stèles en mandchou : Guan Xiaojing, Alice Crowther
Stèles en tibétain : Tsultrim Sangyé, Françoise Wang-Toutain
Stèle en mongol : Urgumal, Baosurina
Enquêtes de terrain : Victoire Surio, Wang Jun, Wang Nan
Archives : Luca Gabbiani

Ont participé à ce volume :
Gui Xiao, Zu Jingqiang, Du Rui, Patrice Fava, Gil Gonzalez-Foerster, Liu Jinbiao, Wang He, Zhou Jinzhang, Bi Chuanlong, Zhao Na

Pékin 2017

四排八段

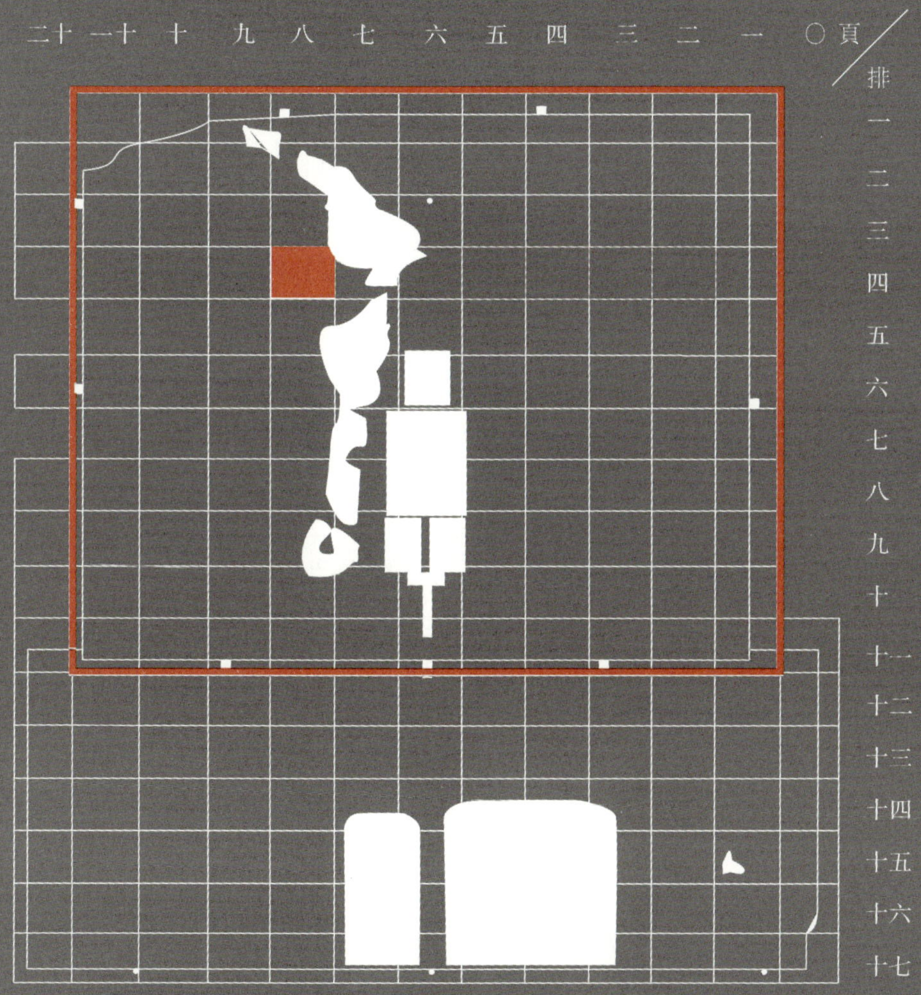

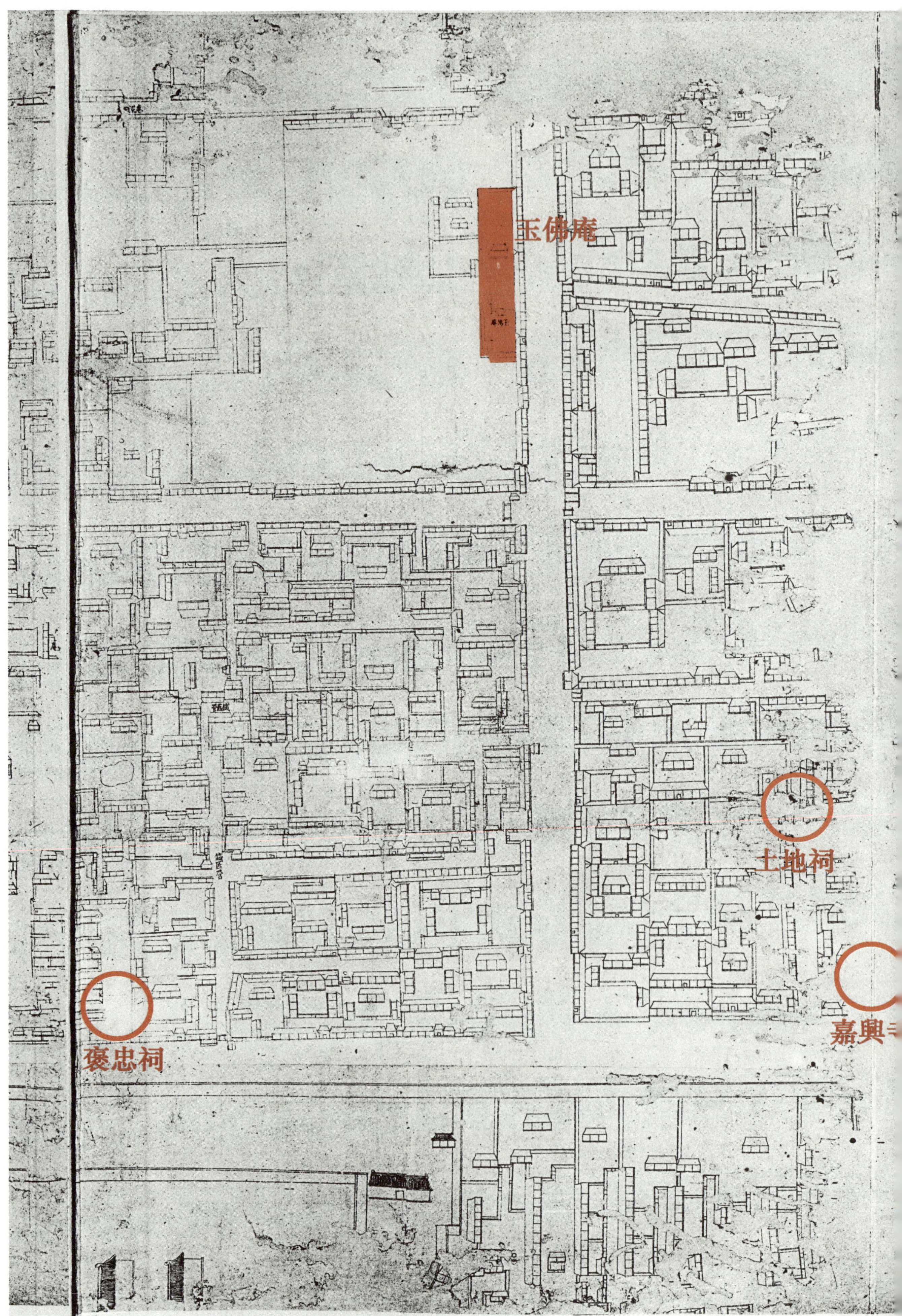
玉佛庵
土地祠
褒忠祠
嘉興

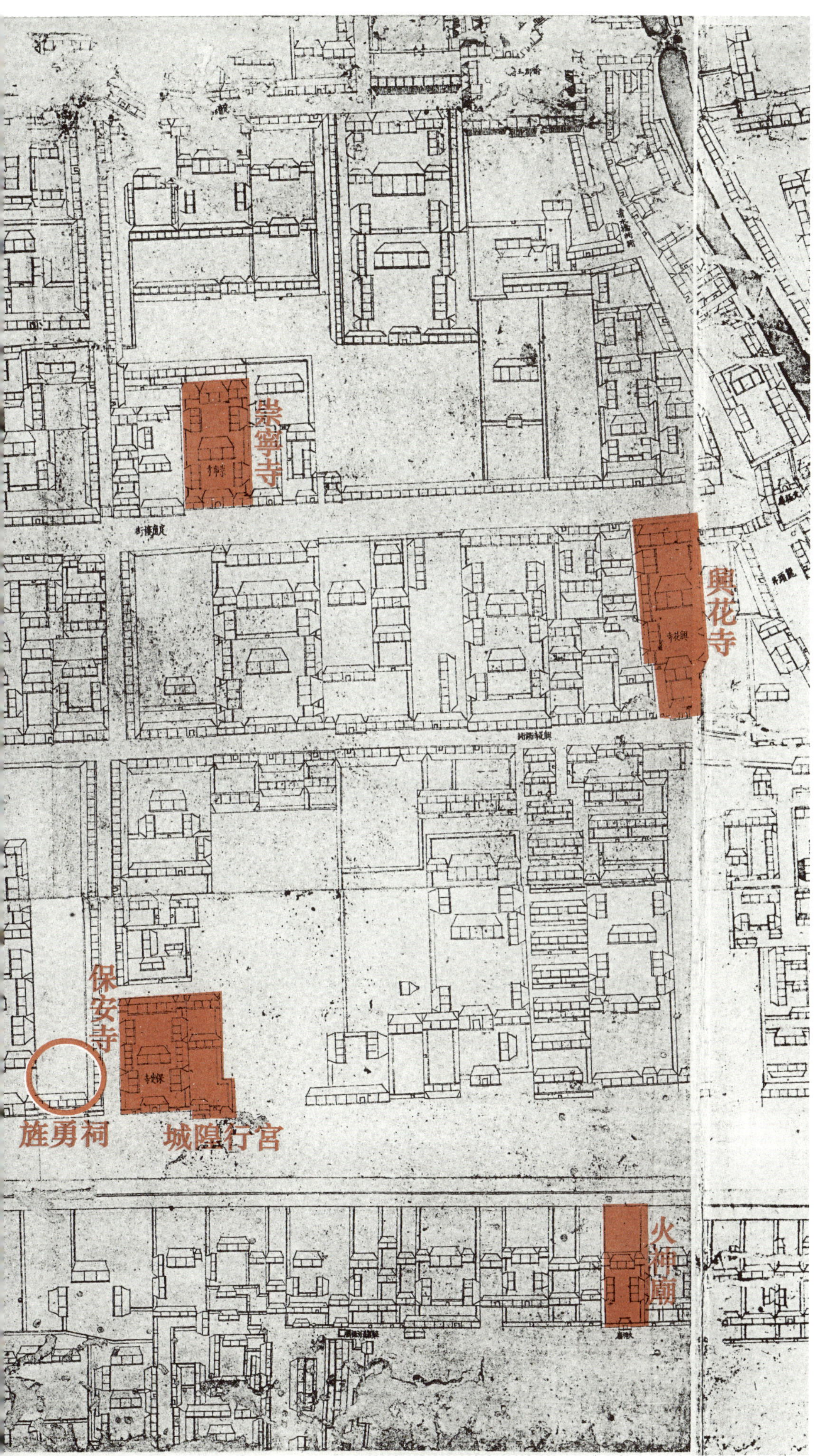

崇寧寺
興花寺
保安寺
旌勇祠
城隍行宮
火神廟

玉佛庵

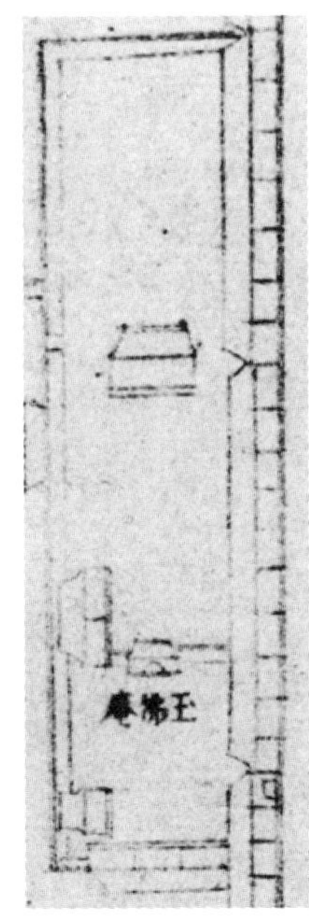

玉佛庵，原址在今西城區德勝門内大街二百六十五號處，寺廟建築現已不存。

此庵始建時間不詳，僅在乾隆《京城全圖》中有載。從圖上看，玉佛庵位於德勝門内大街路西，正對鐵子胡同[1]西口，坐北朝南，院落較大，繚以墻垣。最東臨德勝門内大街有三座順山房，自北向南分别有七間、十間和六間，南端臨街房的最北一間開門出入。門後爲玉佛庵前院，南有倒座房三間，西南角有東向房一座，似爲鼓樓形制，然並無鐘樓；北有山門一座一間，南向，兩側墻垣，隔開前後院；後院内南端有西房兩間，院中有大殿一座一間，西墻開門，通往西側另一院落。除此之外，雍正、乾隆僧録司登記及歷代文獻中均不再見玉佛庵記載。清末之前，玉佛庵當已無存，《京師坊巷志稿》中記羅圈胡同南有麻花胡同[2]，此胡同正是原玉佛庵所在地。

2005 年至 2015 年調查時，玉佛庵蹤跡全無，其址上現爲現代化的住宅小區。

〔1〕乾隆《京城全圖》未注胡同名，此名據《京師坊巷志稿》頁一百五十九，民國時期更名爲散子胡同。

〔2〕《京師坊巷志稿》，頁一百五十五。

崇寧寺

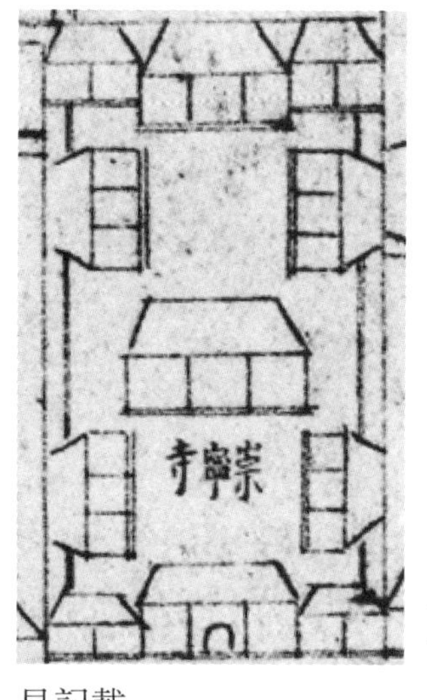

崇寧寺，原址在今西城區定阜街一號北京師範大學北校區（原輔仁大學）西南角的位置，寺廟建築現已不存。

崇寧寺始建時間不詳，《雍正廟冊》中已有記載，登記地址爲定府大街，時爲大僧廟，有殿宇五間、禪房三十三間，住持法號永茂。《乾隆廟冊》登記地址改成了護國寺街東口，住持也換成了僧人海龍。從乾隆《京城全圖》上看，崇寧寺坐北朝南，院落方正，墻垣齊整。首有山門一座三間，正中開門，左右各有小房一座各兩間；前殿三間，殿前有東西配殿各三間；後殿三間，帶左右耳房各兩間，前也有東西配殿各三間。但從此以後，崇寧寺再不見記載。

崇寧寺所在地清末時已併入濤貝勒府中。清光緒二十八年（1902），慈禧太后下令將醇賢親王奕譞的第七子載濤過繼給鍾郡王奕詥爲嗣，承襲貝勒爵，遷居崇寧寺北的原愉郡王府。大約正是此時，濤貝勒府大大擴充了原有愉郡王府的規模，東臨柳蔭街，西爲松樹街，南爲定阜街，北接銅鐵廠胡同[1]。民國十四年（1925），美國教區司鐸、俄亥俄州西頓大學（Seton University）教授，天主教本篤第三會會士奥圖爾博士（Rev. George Barry O'Tool）來華，經華北苦修會（Trappists）的特約醫師英格蘭姆（Dr. J. H.Ingram）斡旋，購下濤貝勒府，含房屋四百餘間，用以創辦輔仁大學，但當時尚未改動王府建築。民國十八年（1929）十一月，輔仁大學校舍開始興建，民國十九年（1930）九月完工。新建成的校舍爲宫殿式建築，除東南西北四個角樓及中間大門是三層樓外，其餘都是二層樓，樓頂鋪設緑色琉璃瓦[2]。西南角樓處正是崇寧寺

〔1〕參見張必忠《什刹海的王公府邸》，北京：當代中國出版社，2007年，頁一百七十八至一百七十九。

〔2〕參見王紹楨《輔仁大學校史》，收入陳明章主編《私立輔仁大學》，南京：南京出版社，1982年，頁一至五。

原在地。1952 年,輔仁大學併入北京師範大學,成爲其北校區。

2005 年至 2015 年調查時,崇寧寺原址上仍是北京師範大學教學大樓的西南角樓。

輔仁大學現貌,其西南角樓爲原崇寧寺所在處

興花寺

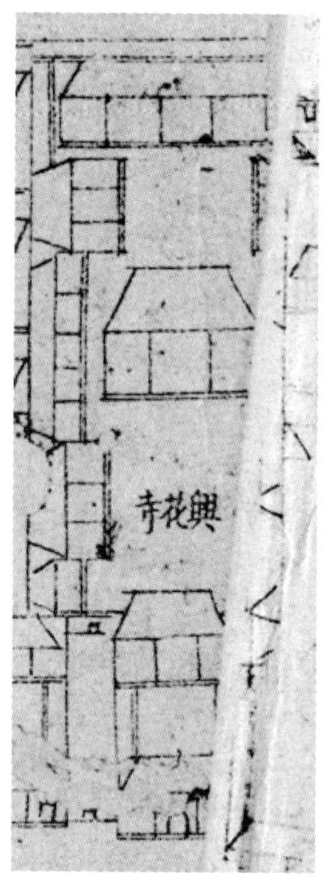

興花寺，亦名興化寺，原址約在今西城區興華胡同甲九號和九號的位置。寺廟建築現已不存。《日下舊聞考》引明《寺院冊》記寺内原有明嘉靖等年重修碑四座，然今俱不存，也未發現拓片或碑文存世[1]。

此寺始建時間不詳，但街以寺名，其始建不會晚於明代中葉。蓋除地方志所記之明碑外，嘉靖三十九年（1560）成書的《京師五城坊巷胡同集》中已有“興化寺”之名[2]。

入清以後，興花寺仍有較大規模。《雍正廟冊》記載，興化寺街有興化寺，爲尼僧廟，有殿宇二十九間、禪房三十間，住持法號承國。《乾隆廟冊》登記地址改爲龍頭井，住持換成尼僧諸壽。她可能是承國的徒弟，因《雍正廟冊》中記承國之徒爲諸見，二人同爲“諸”字輩。

從乾隆《京城全圖》上看，興花寺位於興化胡同路北、龍頭井北口路西，坐北朝南，有三層院落。南首爲山門，一座三間，正中開門，西側開有隨墻門，經一狹長走道直達中院西南角門。山門後有短墻兩道將前院隔出，直達前殿三間；殿後爲中院，内有正殿三間、西配殿三間帶南耳房一間。殿西有過道房五間，通向後院；後院有後殿五間，前似有東西配殿各三間。由於正處地圖交界處，整個廟院東側均漫漶不清。如據《雍正廟冊》之載，則正院迤東可能還有

〔1〕“東即宛平縣，又半里許有興化寺，寺内有明嘉靖等年重修碑四。寺院冊。”《日下舊聞考》卷四十四·内城中城二，頁六百九十五。後《宸垣識略》《光緒順天府志》《燕都叢考》《北平廟宇通檢》等多引之，惟《北平廟宇通檢》直稱“明嘉靖年間重修”。見《宸垣識略》卷八·内城四，頁一百五十二。《光緒順天府志》京師志十六·寺觀一·内城寺觀，頁四百八十三至四百八十四。《北平廟宇通檢》上編·内城内五區，頁七十六。

〔2〕（明）張爵《京師五城坊巷胡同集》中城·積慶坊，北京：北京古籍出版社，1982年，頁七。

跨院，如此正直達龍頭井，恰合《乾隆廟冊》的描述。

惜乾隆以後，興花寺再不見諸記載。2005 年至 2015 年調查時，興花寺原址上是 20 世紀 80 年代新翻蓋的平房，被分成前後兩院，前院爲居民混居院，後院爲獨門院落。據該處居民說，翻蓋時，曾從地下挖出很多巨大石條，可能是興花寺舊日輝煌的遺物。

保安寺

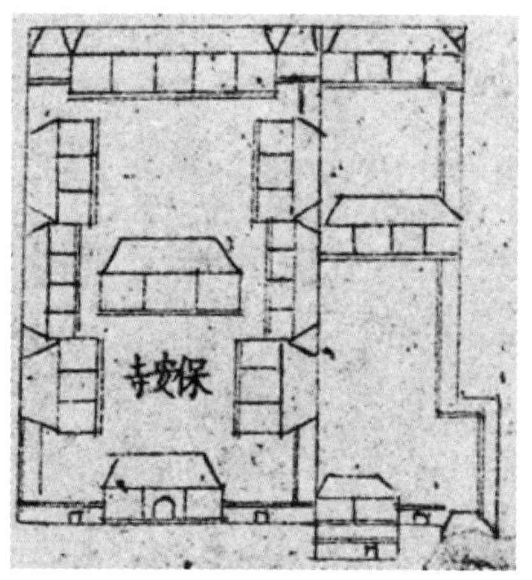

保安寺，又稱義利寺、半藏寺[1]，民間又稱索尼家廟，原址位於内五區地安門外西黄城根五十七號（今西城區地安門西大街一百三十三號），寺廟建築基本保存。寺内曾有石碑四通，分别是元至正十一年（1351）《了公和尚行跡碑》、明嘉靖十四年（1535）《義利寺碑》、明萬曆十七年（1589）《義利寺報恩碑》和清康熙三年（1664）《保安寺碑》[2]。四碑均現存於寺内。

保安寺初建於元至正年間，由僧義偉興建。義偉爲山東泰安人，自幼從叔父牧牛，有悟出家。其人慈悲爲懷，人稱菩薩。惜寺創工將完，義偉即示寂。義偉之徒智存和尚，因自覺心俗性昧，教典難通，故誓禮佛五臺山以精求聰慧之心。傳説其至西臺坡畔，有一匠人手持斧子，爲其剖腹取心，去除污垢後仍安腹中，語之曰：牛心已去，人心已安。智存因此通悟，勤苦求慧，精通釋典，能將大藏經記誦其半，故人遂以“半藏”呼之，寺也俗稱“半藏寺”[3]。元至正七年（1347）智存奉狀徵銘，由丞相

〔1〕參見《宸垣識略》卷八·内城四，頁一百五十一

〔2〕1916年周肇祥探訪保安寺時，見“伽藍殿西墻傾欹，寺僧壘磚石支柱，有一題名殘石，内多蒙古人，當亦元刻。”然未見此碑拓片，無法判斷是否即爲元至正十一年（1351）《了公和尚行跡殘碑》。參見《琉璃廠雜記》，頁九十六。

〔3〕參見明萬曆十七年（1589）《義利寺報恩碑》，京492，碑文録自北京大學圖書館；明嘉靖十四年（1535）《義利寺碑》，京491，碑文録文自北京大學圖書館。另，關於嘉靖十四年《義利寺碑》《日下舊聞考》等材料載“半藏”是指僧義偉事，然康熙三年《保安寺碑》以及民國初年周肇祥考證，其爲誤。參見康熙三年（1664）《保安寺碑》，京482，《北京圖書館藏中國歷代石刻拓本匯編》卷六十二，頁三十三至三十四；《琉璃廠雜記》，頁九十六。

博爾濟布哈[1]奏請元惠宗，頒賜寺名爲"義利"[2]。至正十一年《了公和尚行跡碑》記智存和尚之事，然年代久遠碑文漫漶幾不可讀[3]。因智存和尚之宏暢宗義，接引群流，講經明義，元末之保安寺幅員寬敞，僧徒亦繁，殿宇數座，廊廡若干，爲元大都之法門巨刹之一[4]。

迨明初建都，保安寺所在之地士庶鱗集，官衢民舍，漸逼寺址。嘉靖年間，創寺已二百餘載的保安寺殿房敗壞，牆垣侵損，碑碣崩損，其時住持覺真發心整葺頹基，重現往昔之盛況。正思托鉢緣化之時，宫中御用監等衙門太監張昇等大功德主慷慨解囊捐資，鳩材庀工，莊繪儀像，工自嘉靖十三年（1534）秋始，至嘉靖十四年夏竣。重修後，保安寺殿宇森然，聖像宏麗，面貌一新。萬曆十七年，覺真之八代徒孫圓珠、圓利又四方募化，修補佛殿，設供水陸營修齋會，施捨茶湯，唪經以奉佛事[5]。《宸垣識略》等文獻中載，明嘉靖中，義利寺即改名保安寺[6]。然明代碑文中並未出現"保安寺"之稱。

有清一代，保安寺在宛平縣衙之西，因清初位高權重之大臣索尼首倡而歷經大修。索尼，姓赫舍里氏，隸滿洲正黄旗，自清太祖努爾哈赤時便在朝任官，至康熙朝爲年幼玄燁皇帝的輔政四大臣之首。康熙元年（1662），索尼聽聞保安寺爲元代舊刹，乃往是查勘，見保安寺殿宇傾頹、門廡偏僻，元時殘碣《了公和尚行跡碑》尚存。爲復興沙門舊觀、廣播福田，索尼慨然作創，并諸善之力，共成盛事。此次重修規模頗大，工程歷經一年。不僅加固殿房地基，修繕山門，新建周垣、僧舍、齋庖之處，又新塑佛像，供給法器，使得廟貌煥然一新。索尼爲表佑國護民之志願，遂將寺名改爲"保安"，並親自爲正殿題寫木額"慈光寶殿"。在索尼的號召下，京城朝野内外官員聞風鼓動，樂輸不倦者絡繹不絕，包括與太子過從甚密的東宫重臣、六部職官、八旗佐領、地方道府州縣等官吏、信官信士等悉慷慨解囊，立滿、漢合璧《保安寺碑》，碑陰人名達六七十人[7]。保安寺此次重修規模之盛大，在清初由官員修建的寺廟中，可稱不二。此後，保安寺香火不斷，康熙二十四年（1685），寺内又供奉大鐵爐一座。《雍正廟冊》中，宛平縣西有寺名園照蘭若，爲大僧廟，殿宇十七間，禪房六間，住持記爲通元（原冊中將名字劃圈塗掉）。而《乾隆廟冊》所記保安寺亦在宛平縣西邊，爲大僧廟，住持澄來。以位置和寺廟規模推測，《雍正廟冊》中記載的園照蘭若有可能即爲保安寺。乾隆十六年（1751），澄意將寺廟讓與僧人瑞林，在僧録司立有更名手本。乾隆《京城全圖》上，保安寺位於旌勇里以東、興花寺胡同以南，坐北朝南，有院落東、西兩所。西院首有山門殿三間，中間開門，兩邊牆上開小門出入；第一進有南向大殿三間，東、西配殿各三間，以北各有殿房四間；第二進有後殿五間，兩側耳房各一間，東、西配殿各三間。東院山門兩間，前有院牆凸出圍成小院，南牆開小門一間，以東圍牆上還開有小門出入；第一進院落寬敞，有大殿四間南向；二進院有後殿四間，寺廟繞以圍垣，院落巽方還有南向小房一所，故東南院牆亦外凸一段。

---

〔1〕經考，元代名布哈之丞相有二十餘位，而至正七年布哈丞相爲博爾濟布哈。參見《日下舊聞考》卷四十四·城市·内城中城二，頁六百九十五。

〔2〕《日下舊聞考》卷四十四·城市·内城中城二，頁六百九十五。

〔3〕元至正十一年（1351）《了公和尚行跡殘碑》，京483，《北京圖書館藏中國歷代石刻拓本匯編》卷五十，頁八十二。碑僅存左上半部，年月據《順天府志》考；《琉璃廠雜記》，頁九十五。

〔4〕參見元至正十一年（1351）《了公和尚行跡殘碑》、明嘉靖十四年《義利寺碑》、清康熙三年（1664）《保安寺碑》。

〔5〕參見明萬曆十七年（1589）《義利寺報恩碑》，京492，碑文録自北京大學圖書館藏原拓片。

〔6〕參見《宸垣識略》卷八·内城四，頁一百五十一；光緒《順天府志·京師志》卷十六·寺觀一·内城寺觀，頁四百八十三至四百八十四；《北平廟宇通檢》上編·内城·内五區，頁六十六。

〔7〕參見清康熙三年（1664）《保安寺碑》，京482，《北京圖書館藏中國歷代石刻拓本匯編》卷六十二，頁三十三至三十四。

保安寺東院内原有真武殿三間,日久傾圮,於是民人將之奉爲城隍神殿,每年的四月二十二日舉行城隍神會。至嘉慶十七年(1812),寺僧清雲立願募修,東院殿房自此成爲宛平縣城隍廟[1]。但保安寺仍保有東院城隍行宫之房産,城隍行宫無獨立手本,保安寺僧人負責其廟務[2]。

民國七年(1918),寬海病重,將所住持廟産重新分配。次年寬海病故,將保安寺與城隍行宫廟産分給徒孫寶泉,而將阜成門外寶塔寺分給了寶泉的師傅慶榮。民國十六年(1937)左右,寶泉將部分廟産典給吕姓,以贖回廟後地畝房屋,並修理廟房[3]。此時之保安寺,山門南向,木額"保安寺",滿、漢二體字,應爲康熙年重修時所作。首有山門殿三間,供木質彌勒佛坐像一尊、高不足尺的釋迦佛小木像等三尊、泥塑天王坐像四尊、木質達摩像一尊、尺餘高泥木小佛像七尊,另有殘破十殿閻君像五尊,均高三尺。後有木質韋陀立像一尊,亦殘破;第二進院内有北殿三楹,木額爲索尼手書之"慈光寶殿",亦爲滿漢二體。殿内正供泥塑釋迦牟尼佛坐像一尊,座高六尺,連座光高丈餘,調查人員讚其木龕及天井龍刻均"工細",左右泥塑侍者二,均爲泥塑高五尺。殿内設木五供一份,木魚一口。殿外廊下懸鐵鐘一口,字已剥落,又鐵雲板一塊。東配殿三間,内供關帝坐像一尊,周倉、關平侍立,均爲泥塑。西配殿三間,内供達摩一尊,高五尺,配像二位、羅漢坐像十八尊。殿後有木懸山一座,上有小佛多尊,做工精細。院内有古槐一株、石碑三通并立於大殿之前,由東至西爲康熙三年《保安寺碑》、嘉靖十四年《義利寺碑》、萬曆十七年《義利寺報恩碑》,元《了公和尚行跡殘碑》已斷裂倒伏在地,原址僅剩龜趺。碑前有水井一口。正殿東夾道内有東房三間,過之則第三進院。院内後殿五間,内供三世佛木像三尊,前有小彌勒佛木像一尊,高尺餘。左有三世佛木質坐像三尊,右爲娘娘泥塑坐像三尊。道光十年供鐵磬、康熙二十四年鐵爐設在此殿中[4]。此時保安寺除供佛之外,還補助佛教平民教育廳公會,並在中官房十八號有附屬房屋八間,院内有園地六畝[5]。

民國二十五年(1936),慶榮、寶泉師徒二人因寺廟住持引起訴訟糾紛。其源頭可上溯至清光緒末年,當時,慶榮將原在保安寺内的御用宫燈、紫竹林佛龕及雕漆供桌等物運至寶塔寺内,後連同寶塔寺廟産一起陸續賣出。同宗本家發覺後,公訴至社會局。社會局乃撤其住持之職,改由其師兄永榮接任管理。從此慶榮無廟容身,亦訴至社會局,稱寶泉盗典房产,吸食鴉片、包娼宿廟。北平地方法院先處以寶泉以拘押四十日之刑,後經多方核查得知,保安寺内所居之吳姓婦人,乃寶泉表兄——時在二十九軍通信隊服務的吳玉山之妻,而保安寺廟後園地十畝及房屋亦爲慶榮所盗典與范姓,寶泉所典房産得銀,除贖回廟後房産外,還代慶榮償還看守寺廟夫役積欠二百元,此外又花費二百元用諸修理廟内工程。於是寶泉無罪釋放,原判撤銷[6]。民國二十八年(1939),寶泉還作爲住持向社會局申請翻修保安寺西灰房三間,并添正灰房三間[7]。1948年,寶泉仍爲保安寺及城隍行宫之住持,在北平市民政局進行登記[8]。

---

〔1〕參見本排段"城隍行宫"條。

〔2〕參見北京市檔案館藏《北平市社會局·内五區城隍行宫僧人寶泉關於登記廟産請發寺廟憑照的呈文及社會局的批示通知》,檔案號J2-8-18,1930—1942年,頁九至十一。

〔3〕北京市檔案館藏《北平市社會局·内五區城隍行宫僧人寶泉關於登記廟産請發寺廟憑照的呈文及社會局的批示通知》,檔案號J2-8-18,1930—1942年,頁七十四至七十七。

〔4〕國立北平研究院《保安寺》,西四172。

〔5〕北京市檔案局藏《北平市社會局·内五區城隍行宫僧人寶泉關於登記廟産請發寺廟憑照的呈文及社會局的批示通知》,檔案號J2-8-18,1930—1942年,頁二十五、二十八。

〔6〕同上,頁五十五至一百七十一。

〔7〕同上,頁一百七十二至一百八十六。

〔8〕北京市檔案館藏《北平市民政局·北平市各區寺廟總登記考察簿》,1947—1948年,檔案號J3-1-237,頁二十六。

1950年，保安寺仍有附屬房屋二十二間半，寶泉不住廟内，住在阜成門外慈明寺[1]。1952年，月朗[2]也附居廟内，殿房由軍屬和貧戶佔用三間，其他十一間殿房爲電影製片廠佔用[3]。

由於索尼撰碑的存在，很多老住戶們都稱保安寺爲索尼家廟，説還有索尼後人多次前來尋訪。據説，20世紀四五十年代，保安寺正殿内除供佛外，還停放壽材。"文化大革命"以前，寺内陸續搬入住戶，神像用帳幔圍在殿後，寶泉不住廟，看廟的吳姓人搬入城隍行宫的東跨院内居住。1965年左右，保安寺内開設毛毯廠，神像被砸，山門殿被拆，改建爲毛毯廠的車間，大殿的一間被用作毛毯廠車間。1979年以後，毛毯廠與昆侖電視機廠合併，保安寺改爲電視機廠宿舍，但現在已是房管局代管。

2013至2015年調查時，保安寺格局和原建築基本現存，全部爲住戶所居。大殿前并立三通石碑，爲康熙三年《保安寺碑》、嘉靖十四年《義利寺碑》、萬曆十七年《義利寺報恩碑》，其中，嘉靖《義利寺碑》砌在居民廚房墻内，字跡難以辨識。元碑殘石據説也被埋於院内。三碑前苦水井一眼，井沿猶存。

康熙三年《保安寺碑》（2013年9月 曉松攝）

〔1〕北京市檔案館藏《北平市民政局·北平市寺廟總登記簿（第一册）》，1950年，檔案號J3-1-203，頁三十八。

〔2〕可能是拈花寺前任住持，後以日據時期通敵叛國罪被起訴的月朗。

〔3〕中國佛教協會藏《北京市民政局民族事務科·西四區僧、尼寺廟登記表》，檔案號196-1-18，1952年。

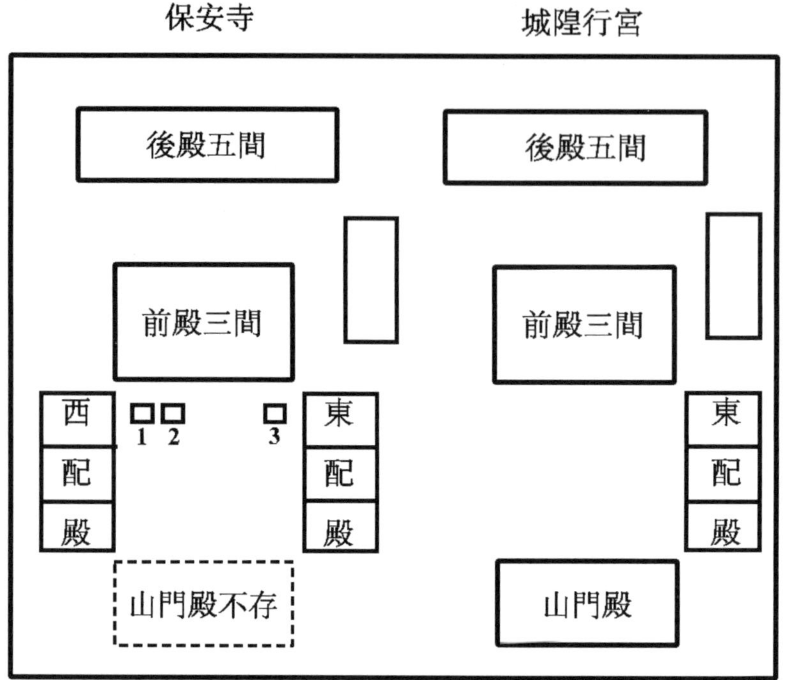

1.萬曆十七年《義利寺報恩碑》
2.嘉靖十四年《義利寺碑》
3.康熙三年《保安寺碑》

保安寺與城隍行宫現存建築示意圖

京483《了公和尚行迹碑》

大元權實義利寺開山和尚了公行迹碑

□□□□□□□□□□儒林（下泐）
□□□□□□寺治四義□□（下泐）
□□□□□□□□代之乎善□（下泐）
□□□□□□□□長隨权父於往（下泐）
□□□□□□□□□之□□十七（下泐）
□□□□□□□□而晚歲（下泐）
□□□□在□□則有□實（下泐）
寺□夫□山之□心常樂寺（下泐）
□□□□妖妄咸歸于正蜀人□之□□□□□師文臨壇主真事（下泐）
□□□□□□俯□□戒者又□十□□□踴躍摧折隨量有□師（下泐）
□□□□□□□事而人皆翕合歸□□或事□以投□□錢□或頃（下泐）
□□□□□□□□錢而僧之□□之傑也是不可以不□□□□
□□□□□□□□□于□□□□□于□□□□□□群德同芳
（七行漫漶）
□□□□□□□□□□□□□□□□□□□□□□□□□□等立石
□□□□□□□□□□□□□□□□□□□□□□□□□□者不在

京483《了公和尚行迹碑》

了公和尚行迹碑

額題:大元權實義利寺開山和尚了公行迹碑
年代:元至正十一年(1351)十二月
原址:西城區廠橋西黄城根保安寺
今址:碎裂埋在西黄城根保安寺院内
拓片尺寸:碑陽高190、寬97厘米
書體:楷書, 額篆書
《目録》:頁503
拓片編號:京483
拓片録自:《北京圖書館藏中國歷代石刻拓本匯編》第50卷82頁。碑僅存左上半部,年月據《順天府志》考

【碑陽】

額題:大元權實義利寺開山和尚了公行迹碑

碑文:

(上泐)儒林(下泐)1(上泐)寺治,四義□□□(下泐)2(上泐)代之乎善□(下泐)3(上泐)長隨权父於往 (下泐)4(上泐)之□□十七(下泐)5(上泐)而晚歲(下泐)6□□□□在□□則有□實(下泐)7寺□夫□山之□心常樂,寺(下泐)8□□□□妖妄,咸歸于正蜀人□之□□□□□師文臨壇,主真事(下泐)9(上泐)俯□□戒者又□十□□□踴躍摧折隨量有□師(下泐)10(上泐)事而人皆翕合歸□□□,或事□以投□□錢□或頃(下泐)11(上泐)錢,而僧之□□之傑也。是不可以不□□□□12(上泐)于□□□□□于□□□□□□□群德同芳13(七行漫漶)

(上泐)等立石21

(上泐)者不在22

古刹義利寺重修碑記

古刹義利寺重修碑記

賜同進士出身前大中大夫河東陝西都轉運鹽使司運使淮陽杜旻撰并書篆

原夫兹寺通呼半藏者乃大元至正間有僧曰義偉駐錫之所也師早膺祖印定慧不群人羡所居名半藏焉創建將完于是示寂至正七年其徒智存奉狀徵銘丞相不花奏封元主賜額義利當是時也殿宇數座廊廡若干足大都之巨刹延至

國初四海共集萬姓同臻延道開通□僧院俗居侵損於牆垣致使前後三殿失準左右兩堂無對日往月來僅二百載碑石尚自崩損殿堂詎無敗壞故念住持覺真慨念風景□□恒知昔日之盛哉若不整葺頹基將何闡播遺□□思囊鉢空□從克□正擬之間偶遇大功德主

御用監等衙門太監等官張公昇等各捐己貲樹心樂助於嘉靖甲午歲秋之吉鳩材庀工粧繪儀像縱士庶咸助其財若□黃共□其力至於失準者準無對者對殿宇森然

聖像宏麗至乙未夏末煥然一新尚慮永永徵文爲記恭撰

大覺金仙之教其來遠矣不憑盛刹雄瞻何導空騰似量兹者工既告完□□□□□公等心俾僧行以焚修□善信而歸仰朝參暮禮祝

皇圖億萬斯年諷呪看經祈兆民同臻五福其興緣施財之功豈小補者哉□□之道於住□住常現彼有志於

佛者觀之未必無激切之願然則義利之興豈可以世數紀哉　時

嘉靖十四年歲次乙未菊月吉日立

京491《義利寺碑》

義利寺碑

首題:古刹義利寺重修碑記
年代:明嘉靖十四年(1535)九月
原址:西城區廠橋西黄城根保安寺
今址:西城區廠橋西黄城根保安寺内
拓片尺寸:碑陽高164、寬85厘米,額高31、寬28厘米。
書體:楷書
撰人:杜旻
書人:杜旻
《目録》:頁231
拓片編號:京491
拓片録自:北京大學圖書館藏原拓片

【碑陽】

額題:古刹義利寺重修碑記(篆書)

碑文:

古刹義利寺重修碑記 1

賜同進士出身前大中大夫河東陝西都轉運鹽使司運使淮陽杜旻撰并書篆 2

原夫茲寺通呼半藏者,乃大元至正間有僧曰義偉駐錫之所也。師早膺祖印定慧,不群人羨。所居名半藏 3 焉。創建將完,于是示寂。至正七年,其徒智存奉狀徵銘,丞相不花奏封,元主賜額"義利"。當是時也,殿宇數座,4 廊廡若干,足大都之巨刹。延至 5 國初,四海共集,萬姓同臻。延道開通□僧院,俗居侵損於牆垣。致使前後三殿失準、左右兩堂無對。日往月來 6 僅二百載,碑石尚自崩損,殿堂詎無敗壞。故念住持覺真慨念風景□□,恒知昔日之盛哉,若不整葺頹基,7 將何闡播遺□?□思囊鉢空□從克□,正擬之間,偶遇大功德主 8 御用監等衙門太監等官張公昇等,各捐己貲,樹心樂助,於嘉靖甲午歲秋之吉鳩材庀工,粧繪儀像,縱士 9 庶咸助其財,若□黄共□其力。至於失準者準,無對者對,殿宇森然 10,聖像宏麗,至乙未夏末,煥然一新。尚慮永永,徵文爲記,恭撰 11。大覺金仙之教,其來遠矣,不憑盛刹雄瞻,何導空騰似量?茲者工既告完,□□□□□公等心俾僧行以焚修,□12 善信而歸仰。朝参暮禮,祝 13 皇圖億萬斯年,諷呪看經,祈兆民同臻五福,其興緣施財之功豈小補者哉?□□之道於住□住常現。彼有志於 14 佛者,觀之未必無激切之願。然則義利之興,豈可以世數紀哉?

時 15 嘉靖十四年歲次乙未菊月吉日立 16

重修古刹義利寺報恩記

重修古刹義利寺報恩記

粤以乾坤崇大德八方仰
皇極之尊
日月麗中華萬古重綱常之教凡居覆載無不均霑受恩於
天地者非殫筆舌之可陳受恩於
君上者寔準乾坤之同厚四大恩深三綱義重儒者之教以忠孝爲先釋氏之言以報恩爲最有聞自昔匪曰
斯今玆者義利寺者始自大元至正間有不花丞相於友僧義偉所由建也即今八代於第二世有祖僧
智存心濁性昧教典難通誓禮五臺精求聰慧以克苦厲行志意專辛感蒙
聖者隨機化現至西臺坡畔見一匠士持鑕斧前來問曰仁者何爲答曰爲心濁不聰勤苦求慧匠士舉斤斧
剖腹取心刮去垢滓仍安腹中言曰牛心已去人心已安言畢冥然不見即今牛心石遺跡是也存自得
人心之後讀誦大藏憶其太半迄今俗稱半藏寺是也至嘉靖乙未間有祖覺真募化四方重增修補今
有八代雲孫圓珠弟圓利囊因少善忝入空門引進内外
賢良同心竭力購材運工重新
佛殿金碧交輝設供水陸營修齋會施捨茶湯種種利益朝參暮禮晨香夕燈祝延
聖壽以無疆保固
皇圖於攸久群生普利
諸佛證知
皇明萬曆十七年歲次己丑大簇一日立

京492《義利寺報恩碑》陽

義利寺報恩碑

首題:重修古刹義利寺報恩記
年代:明萬曆十七年(1589)正月初一
原址:西城區廠橋西黄城根北街
今址:西城區廠橋西黄城根保安寺内
拓片尺寸:碑陽、陰均高 167、寬 90 厘米,額高 38、寬 27 厘米
書體:楷書
《目録》:頁 243—244
拓片編號:京 492
拓片録自:北京大學圖書館藏原拓片

【碑陽】

額題:重修古刹義利寺報恩記(楷書)

碑文:

重修古刹義利寺報恩記 1

粤以乾坤崇大德,八方仰 2 皇極之尊;3 日月麗中華,萬古重綱常之教。凡居覆載,無不均霑。受恩於 4 天地者,非殫筆舌之可陳;受恩於 5 君上者,寔準乾坤之同厚。四大恩深,三綱義重。儒者之教,以忠孝爲先;釋氏之言,以報恩爲最。有聞自昔,匪曰 6 斯今。兹者義利寺者,始自大元至正間,有不花丞相於友僧義偉所由建也,即今八代。於第二世有祖僧 7 智存,心濁性昧,教典難通,誓禮五臺,精求聰慧。以克苦厲行,志意專辛,感蒙 8 聖者隨機化現。至西臺坡畔,見一匠士持鐀斧前來。問曰:"仁者何爲?"答曰:"爲心濁不聰,勤苦求慧。"匠士舉斤斧 9 剖腹取心,刮去垢滓,仍安腹中。言曰:"牛心已去,人心已安。"言畢冥然不見。即今牛心石遺跡是也。存自得 10 人心之後,讀誦大藏,憶其太半,迄今俗稱半藏寺是也。至嘉靖乙未間,有祖覺真募化四方,重增修補。今 11 有八代雲孫圓珠、弟圓利,曩因少善,忝入空門,引進内外 12 賢良,同心竭力,購材運工,重新 13 佛殿,金碧交輝,設供水陸,營修齋會,施捨茶湯,種種利益,朝參暮禮,晨香夕燈,祝延 14 聖壽以無疆,保固 15 皇圖於攸久。群生普利,16 諸佛證知。17

皇明萬曆十七年歲次己丑大簇一日立。18

【碑陰】

額題:十方檀越芳名萬古(楷書)

碑文:

太子少師贈進忠輔國協誠募文臣特進榮禄大夫柱國追封榮國(下泐)

御前答應各衙門太監等官:楊朝用、邢忠、王成、陳朝、王洪、孫朝、郭朝、高昇、李朝、孫禄、張瓚、侯進、劉月、張進、趙江、李忠、丁恩、楊昇、閻仝、周銘、閻保、鄧相、許騰、呂進、孟時、顔

奉、張□、劉相、田昇、馬□、張進、朱昇、程英、□用、王清、郭永、王忠、成□。

（上泐）劉于□、御馬監太監劉進、銀作局管理御用監太監費成、銀作局管理御用監太監房用、銀作局管理御用監太監鄭志、銀作局管理御用監太監李森、御用監太監楊君福許禮、乾清宫近侍御馬監太監閻梅、乾清宫近侍御馬監太監李雲、乾清宫近侍內官監太監侯金、乾清宫近侍御馬監太監李進、乾清宫近侍御馬監太監張□、乾清宫近侍御馬監太監李有、乾清宫近侍御馬監太監□□、乾清宫近侍□□□太監蕭成翔、乾清宫近侍尚衣監太監孫清、乾清宫近侍尚膳監太監蔡江、乾清宫近侍御馬監太監張乾、乾清宫近侍御馬監太監武成、乾清宫近侍內官監太監董敬、乾清宫近侍御馬監太監□□、乾清宫近侍尚膳監太監許進、乾清宫近侍尚衣監太監翟奎、乾清宫近侍內官監太監楊大安、乾清宫近侍內官監太監王勳、乾清宫近侍尚衣監太監□忠、乾清宫近侍尚衣監太監□智、乾清宫近侍內官監太監張穩、乾清宫近侍尚衣監太監郭進、乾清宫近侍尚衣監太監韓義、乾清宫近侍尚衣監太監張相、乾清宫近侍司設監太監劉登、乾清宫近侍司設監太監□祿、乾清宫近侍內官監太監張□、乾清宫近侍□□□太監劉瑀、乾清宫近侍□□□太監祝壽、乾清宫近侍御用監太監杜□惠、乾清宫近侍尚膳監太監丁贇、乾清宫近侍尚膳監太監劉榮、乾清宫近侍御用監太監于金、乾清宫近侍司設監太監王□、乾清宫近侍內官監太監趙□、慈慶宫近侍御用監太監金恩、乾清宫近侍御馬監太監張儒、乾清宫近侍御馬監太監王進、乾清宫近侍尚衣監太監陶進朝、乾清宫近侍司設監太監馮安、慈寧宫近侍御馬監太監馮昇、慈寧宫近侍尚衣監太監王信、乾清宫近侍御馬監太監楊春、乾清宫近侍內官監太監高選、乾清宫近侍御用監太監文富、乾清宫近侍御馬監太監王進志、乾清宫近侍御馬監太監劉用、□翰司僉□內官監太監陳懸、□翰司僉□內官監太監李用、御用監左監丞署東安門事張海、乾清宫近侍尚膳監太監殷龍雲、乾清宫近侍尚膳監太監劉元、乾清宫近侍尚膳監太監傅才、乾清宫近侍御馬監太監朱朝、乾清宫近侍御馬監太監劉江濟、乾清宫近侍御馬監太監□□□、乾清宫近侍御馬監太監□□□、（泐）、乾清宫近侍御（下泐）、乾清宫近侍尚（下泐）、乾清宫近侍御用監太監王賢、乾清宫近侍御用監太監陳進、御馬監左少監李祿、惜薪司掌鑰內官監右監丞臧滿、惜薪司內官監右監丞田忠楊□、惜薪司（下泐）、□□司僉□（下泐）、（泐）、乾清宫近侍尚□監太監商進忠、乾清宫近侍內官監太監呂□。

義壽會：唐得、陳□、孫□、孫朝、□□、何昇、□福、劉金、楊□、李吉祥、李朝用、孟□、（泐）、陳進、□□、黃進、崔朝、臧受、溫朝、簡用、李俊、田□、□□、□用、趙進、毛雄、□□、李用

高□、□忠、劉□、□恩、張□、□保、□□、□□、李忠、□□、呂時、蘇□、陰□□□□、康斌、□進朝、王孝、郭忠、張□、劉安、張□、張進（下泐）、鄧生、王侖、□恩、李泰、田保、田貴、□□、劉忠、王□、張□、□□、高臣、吳相、張□、李朝、薛保、李□、徐昇、李□、尹忠、王斌、杜淮、魏忠、喬相（下泐）、（上泐）張□英、薛相、張忠、劉仁、楊其、徐朝、鄭義、周□貴、賈進、孫進、周進、孟文、李忠、□秀、于朝用、董朝、王□、□□、張永、□□、王進、王□、李（下泐）、王東、張用、（泐）、樊清、王昇、邵忠、田□貴、□□、劉進、□銳、馬成、閻忠、高明、桑□、解進、張□、□□（下泐）、董進、趙仁、李□、□□、王印、馬□、曹用、□□、□□、□昇、張祥、馬忠、張□、容臣、□□、王和（下泐）、（上泐）任、□□、□□、李英、榮忠、□進、任應、高進、于和、李朝用、陳進、臧昇、劉榮、姜昇、毛奉、徐忠、陳志、□□、郝□（下泐）、王淮、劉□、高琦、郭奉、張義、王□、張國□、王江、高澄、賈□、郭□、李文、郭□、□忠、□□、王朝、□□、李成（下泐）

陸□□□宫近侍尚衣監太監李□、陳科、王奉、范用、鄧節、崔章、楊□、李淮、李用、李福、□□、

真淨融通常住□□湛然□□本□□

□□、唐傑、劉利、□安、文思院副使(下泐約九字)、□□、梁□、□□、(上泐)管、高祚、□□左衛掌(泐四字)劉宫、文思院副使□童、文思院副使李□魯、文思院副使陳其□、鴻臚寺序班蕭海、文思院副使鄭□、文思院副使常□、錦衣衛信官□範、錦衣衛(泐)□伸、直隸淮陽守備都指揮楊天。

内庭宫官:張□女、馮玉都、吴氏、康寬女、王明女。

僧録司左闡教:惠全、宗岱、常福、真覺、寬印、真安、了心、惠禄、明懷、真友、覺□、了雲、遠成、明真。

順天府學生員:李承、陳其言。

學監監生:王廷詔

欽□道録司任缺官:彭當安、馬□、張常印、李永正

助緣善男官庶人等會首:張成倉、楊清、楊承恩、張宇、王大金、彭錦、耿應禎、□□□、吴□、張經、印銘、劉大信、楊榮、楊繼先、楊鎖、□□□、王寅、王朝雲、□□恩、吴宗□、□□恩、印貴。

張介、陳衛、董朝、馬廷、孫鑑、王洪、李□、李麒、溫儒、王□、周□、□興、□□、邵仲文、馬保、王福、吴學、王廷輔、董□、李聞、□□、田□、馬□、傅虎、王相、張榮、陳英、高禄、馬保、王龍、李禄、王廷桂、李澗、李棟、□棟、劉□、王禄、張□、華□、□□、□友、劉自重、彭應舉、□□、蘇□□、□□、□□、高天□、龔景芳、吴宗表、□東弼、席佐、印宗義、張昇、翟孝、陳清、周倫、周端、解鈔、解銅、解士、李泰、李□、姚傑、吴聰、劉□、魏廷相、邵重、安榮、朱成、劉進、陳安、王會、朱福、□良臣、王□、馮邦□、焦誠、□□□、程□、穆閏、蘇仁、張仁、張進、□□□、□□弼、張春、高有登、周汝春、李守信、馬用、石海、劉福、戴竈、陳有道、方通、□□□、馬玠、范智、□□□、王海、劉文舉、張正化、沈禮、王應□、楊仁、王儒、楊應魁、□□、宋尚仁、王會、陳夫禮、霍鐘、鄧□、李倉、李□、李□、李淮、李安、陳承、陳其文、陳其長、陳其□、□豪、林朝、馬□、馬原、李椿、陶進賢、沈東賢、沈東洲、張任、楊欒、張乾、姚臣、姚成、□忠、李振、薛光、李□清、田選、李□、□會、(上泐)、楊和、陳守□、孟原、□□、李□、李□□、李智、□□、張顔、陳宗文、高恕、蘇□□、葉世仕、夏□□、張佐、張佑、劉春、馬僑、張宗、鄒存義、周龔、劉忠、劉文□、□□佑、□□、高朝勲、何應魁、徐學、間禄、龔江、張俊、趙奉、(上泐)楊進、王常□、杜錢、□□□、魏恩、徐福禄、邵吉、徐□□、徐大化、單作、單□、馮安、阮進定、蔡淮、孫□、張□、陳良、□得□、陳文□、朱亮、張旦、邵瑾、□□、韋欽、□進、蕭□、□貴、蔡天紀、□□□、張相、□□□、□□、□□、□□、張悦、募領緣簿(泐)。

住持圓珠、明秀、□□、明□、明□、明□、明□、明□、明□

伏願:佛日行天普照山河之廣,皇明撫運同霑慧日之恩,善果周圓,天人昭格。

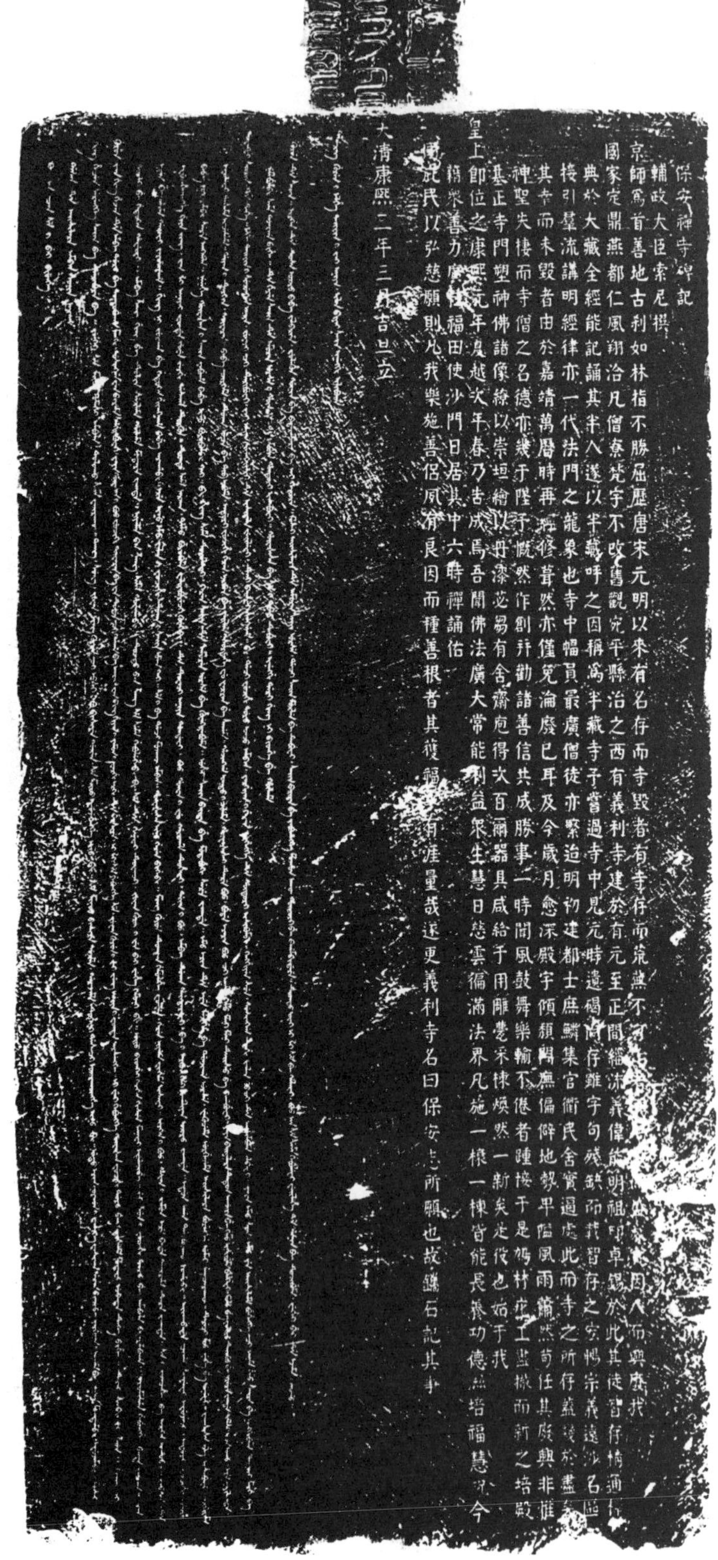

京482《保安寺碑》陽

京482《保安寺碑》陰

重建碑記

保安禪寺碑記

輔政大臣索尼撰

京師爲首善地古刹如林指不勝屈歷唐宋元明以來有名存而寺毀者有寺存而荒蕪不可□者雖□□爲盛衰實因人而興廢我
國家定鼎燕都仁風翔洽凡僧寮梵宇不改舊觀宛平縣治之西有義利寺建於有元至正間淄流義偉能明祖印卓錫於此其徒智存精通釋
典於大藏全經能記誦其半人遂以半藏呼之因稱爲半藏寺予嘗過寺中見元時遺碣尚存雖字句殘缺而載智存之宏暢宗義遠涉名區
接引群流講明經律亦一代法門之龍象也寺中幅員最廣僧徒亦繁迨明初建都士庶鱗集官衢民舍實逼處此而寺之所存蓋幾於盡矣
其幸而未毀者由於嘉靖萬曆時再經修葺然亦僅免淪廢已耳及今歲月愈深殿宇傾頽門廡偏僻地勢卑隘風雨蕭然苟任其廢興非惟
神聖失棲而寺僧之名德亦幾于墜予慨然作創并勸諸善信共成勝事一時聞風鼓舞樂輸不倦者踵接于是鳩材庀工盡撤而新之培殿
基正寺門塑神佛諸像繚以崇垣繪以丹漆苾芻有舍齋庖得次百爾器具咸給于用雕甍采棟煥然一新矣是役也始于我
皇上即位之康熙元年夏越次年春乃告成焉吾聞佛法廣大常能利益衆生慧日慈雲遍滿法界凡施一椽一棟皆能長養功德滋培福慧況今
籍衆善力廣種福田使沙門日居其中六時禪誦佑
國庇民以弘慈願則凡我樂施善侶夙有良因而種善根者其獲福寧有涯量哉遂更義利寺名曰保安志所願也故鐫石記其事

大清康熙三年三月吉旦立

京482《保安寺碑》陽

保安寺碑

首題：保安禪寺碑記
年代：清康熙三年（1664）三月
原址：西城區廠橋西黄城根北街
今址：西城區廠橋西黄城根保安寺內
拓片尺寸：碑陽、陰均高 238、寬 109 厘米，額高 33、寬 24 厘米
書體：楷書，額篆書（滿、漢文各一半）
撰人：索尼
書人：黄圖、索羅賀
《目録》：頁 269
拓片編號：京 482
拓片録自：《北京圖書館藏中國歷代石刻拓本匯編》第 62 卷 33—34 頁

【碑陽】

額題：重建碑記（篆書）（左側爲滿文）

碑文：

【漢文】

保安禪寺碑記 1

輔政大臣索尼撰。2

京師爲首善地。古刹如林，指不勝屈。歷唐宋元明以來，有名存而寺毁者，有寺存而荒蕪不
可□者。雖□□爲盛衰，實因人而興廢。我 3 國家定鼎燕都，仁風翔洽。凡僧寮梵宇，不改舊觀。
宛平縣治之西有義利寺，建於有元至正間。淄流義偉、能明、祖印，卓錫於此。其徒智存，精通釋 4
典，於大藏全經能記誦其半。人遂以半藏呼之。因稱爲半藏寺。予嘗過寺中，見元時遺碣尚存，
雖字句殘缺，而載智存之宏暢宗義，遠涉名區，5 接引群流，講明經律，亦一代法門之龍象也。寺
中幅員最廣，僧徒亦繁。迨明初建都，士庶鱗集，官衢民舍，實逼處此。而寺之所存蓋幾於盡矣。6
其幸而未毁者由於嘉靖、萬曆時再經修葺。然亦僅免淪廢已耳。及今歲月愈深，殿宇傾頽，門廡
偏僻，地勢卑隘，風雨蕭然。苟任其廢興，非惟 7 神聖失棲，而寺僧之名德亦幾于墜。予慨然作
創，并勸諸善信，共成勝事。一時聞風鼓舞，樂輸不倦者踵接。于是鳩材庀工，盡撤而新之。培
殿 8 基，正寺門，塑神佛諸像，繚以崇垣，繪以丹漆。苾芻有舍，齋庖得次，百爾器具，咸給于用。
雕甍采棟，焕然一新矣。是役也。始于我 9 皇上即位之康熙元年夏，越次年春乃告成焉。吾聞佛
法廣大，常能利益衆生，慧日慈雲，遍滿法界。凡施一椽一棟，皆能長養功德，滋培福慧。況今 10
籍衆善力廣種福田。使沙門日居其中，六時禪誦，佑 11 國庇民，以弘慈願。則凡我樂施善侶，夙
有良因而種善根者，其獲福寧有涯量哉。遂更義利寺名曰保安。志所願也。故鎸石記其事。12

大清康熙三年三月吉旦立。13

【滿文】

bo an can sy i bei bithe[1]

dasan de aisilara amban sonin araha[2]

ging hecen serengge sain be deribure ba.julgei sy miyoo umesi ambula toloko seme wajirakū. tang, sung, yuwan, ming gurun ci ebsi gebu bisire gojime, sy miyoo efujehengge inu bi. sy miyoo bisire gojime, arjame tuhefi dasaci ojorakūngge inu bi.udu erin forgon i yendehe wasika sere bicibe yargiyan i niyalma be □ mukdembi, efujembi,musei[3] gurun yan ging hecen de amba doro be toktobuha manggi, gosingga wen bireme selgiyebufi,yaya hūwašan i boo fucihi kūwaran be fe dursun ci halaha ba akū, wan ping hiyan i yamun i wargi ergi de bisire, i li sy gebungge sy,yuwan gurun i jy jeng aniya i fonde arahangge. i wei gebungge hūwašan fucihi doro be getukeleme mutefi ubade tehe bihe.terei sabi jy ts´un. ging ni [4] kooli be getuken hafufi. amba dzang ging be dulin šejileme hūlame mutere jakade,niyalma ban dzang seme hūlambi tuttu ban dzang sy seme gebulehebi. bi sy de genefi tuwaci, yuwan gurun i fe bei wehe kemuni bi.udu bithei hergen gisun manafi edelecibe.jy ts´un i fucihi doro be ambula badarambuha. goromime gebungge bade yabuha. geren[5] eyen be alime gaifi yarhūdaha. ging ni jurgan be getuken giyangnaha babe arahabi. ere inu emu jalan i fucihi duka i sain ulan kai. sy i ba daci mujakū amban. hūwašasa inu geren bihebi.ming gurun tuktan gemulehe fonde, geren niyalma fiheme isafi.irgen i boo,hafan i yamun ere bade hafirame tere jakade.sy i funcehe ba ajigen ohobi. jabšan de[6] efujehekūngge giya jing,wan li aniyai fonde juwe jergi dasaha turgun. tuttu seme arkan damu burubume waliyabureci guwehebi.te tuwaci aniya goidafi, boo hūwa i fu garjame tuhefi.,diyan i boo, amba duka baitarafi, ba i arbun geli nuhaliyan ojoro jakade.edun aga daliburakū ohobi.aikabade cihai sindafi efujeci enduri fucihi tomoro[7] babe ufarambi sere angala. nenehe hūwašan i sain yabuha babe inu burubumbi kai.bi hing seme turulafi, geren sain de amuran urse be huwekiyebume.uhei sain baita be mutebuki sere jakade. emu erin de ere mejige be donjiha urse, fekuceme urgunjeme aisilara burengge umai lakcarakū. tereci moo wehe be udafi, faksisa be isabufi wacihiyame[8] efulefi dasame icemleme.diyan i terkin,kūwaran i babe cirgeme.duka uce be tob obume, enduri fucihi geren arbun be weileme surdehe fu fajiran be sahame. hacingga okto i cileme, hūwašasai tere boo, buda arara boo ci aname gemu meni meni teisu be bahabufi,yaya baitalara tetun agūra be gemu isibume belgefi,mulu be foloro taiboo be nirure jakade,umesi ice oho,ere weilere[9] hūwangdi soorin de tehe.elhe taifin i sucungga aniya,juwari ci deribufi, jai aniya niyengniyeri de isitala weilefi, teni bahafi šanggaha.bi daci fucihi doro onco amban.yargiyan i geren nergengge de hūturi isibumbi.genggiyen sun, gosingga tugi jalan gubci de aisimbume elbefi,yaya emu son emu ye aisilame buhengge ci aname gemu sain be nonggibume hūturi mergen be[10] nemebumbi seme donjiha bihe.te geren sain de amuran urse i hūsun de ambula hūturi isabufi. hūwašasa be sy i dolo tebufi.inenggi dari ging ni bithe be hūlame[11] gurun de sain.irgen de tusa ojoro babe jalbarime, fulehun gūnin be batarambure be ai hendure.musei aisilara de amuran sain urse,daci sain mujilen be tebufi,sain baita be yabuhangge mohon akū hūturi be bahambidere.tuttu ofi i li sy be halafi, bo an sy seme gebulefi weilehe da gūnin be tucibume, wehei bei de ejeme oho.[12]

daicing gurun i elhe taifin i jai aniya, ilan biyai sain inenggi ilibuha.[13]

【碑陰】

額題:萬古流芳 tumen jalan de werihe(篆書)

碑文:

人生於世,獨德不朽,基延□業,惟□□□□□□□□□□□之初佐□浩大,衆善宰煥,樂助捐資,始得告竣(下泐)

輔政大臣一等伯加一級内大臣索尼、少保兼太子太保和碩額駙吳應熊、和碩額駙耿聚忠、和碩額駙尚之隆、少保兼太子太保和碩額駙耿精忠、少保兼太子太保俺達尚之信、哆囉額駙耿昭忠、太傅兼太子大師前内翰林秘書院掌院事大學士加一級范文程、少傅兼太子太傅内國史院大學士甯完我、哆囉機昂邦孫延齡、一等金欽尼哈番加一級祖澤洪、正黄旗漢軍都統張天福、漢軍都統李顯貴、一等金欽尼哈番兼托沙拉哈番祖植松、戶部尚書寧古禮、金欽尼哈番加一級張應庚、總督江南等處地方兵部尚書□建□、原任總督江南江西等處地方太子太保兵部尚書馬國任、原任總督河道提督太子少保兵部尚書楊方興、原任總督淮陽等處提督兵部尚書黎士英、總督山東等處地方兵部右侍郎祖澤潽、吏部左侍郎吳達禮、梅勤章京加一級祖澤淳、一等蝦加一級噶布喇、一等蝦加一級李子彦、原任湖廣總督祖□遠、原任浙閩總督佟養和、阿思達尼哈番加二級胡亮、原任江南提督張天祿、欽差鎮守大同等處總兵官督都同知彭有德、内秘書院學士蔡毓榮、禮部左侍郎内國史院學士艾元徵、巡撫陝西兵部尚書加三級賈漢復、原任尚書恩留赤。

巡撫□南等處地方 (下泐)、(此行泐)、□□□□等處地方加一級朱昌祚、一等蝦索額圖、侍讀學士王世功、甲喇章京吏部文選司郎中祖□澤、原任廣西巡撫王一品、戶部廣東清吏司郎中加一級薛奮生、候補郎中科羅坤、二等蝦噶哈、佐領加一級閔天俊、牛録章京祖澤臬、二等蝦田豹、佐領加一級趙維衡、佐領加一級趙守高、順天府府尹劉格、原任工部右侍郎候補周天成、(下泐)通政院 (下泐)梁□□、都察院□□□□番郎廷□、貴州道加五級胡秉忠、浙江道加一級張吉平、湖廣道季振宜、山東道李赞元、河南道張問政、山東道施維論、河南道李廷松、福建道胡文策、浙江道事陝西道劉曰義、湖廣江南道郎永清、□任一等□和陀、(泐)高□□、御史加二級尚□登、候補御史李之粹、候補御史遲日興、候補御史李粹然、宛平縣知縣周世祿、昌平州守備李德第。

信官宋文萫、信士張成福、信士譚禹、信士張起祥、信士馮毓功。

總管監造徐天祿,掌管出入銀兩任精文,書碑文黄圖、索羅賀,督夫監工流河,掌管置買賬目白世芳、施佐君,石匠劉忠、賈舉。

第一段

(泐)hošoi efu geng □□. hošoi efu šang □□. šooboo bime taidz taiboo dade □ hošoiefu □□□. šooboo bime taidz taiboo □□□□□. dorgi efu geng□□.

taifu bime taidz taiši □ dade □yamun i □ da bime emu jergi nonggiha fan wen ceng. soofu bime taidz taifu □□□□da ning wan o. dorgi amban sun yan ling. emu jergi jinkini (泐)jergi nonggiha dzu je hong. gūsai ejen jang tiyan fu. gūsai ejen li hiyan gui. emu jergi jinkini hafan jai emu□hafan dzu jy sung. boigon jurgan i aliha amban ningguri. jinkini hafan bime emu jergi nonggiha jang ing geng.

第二段

(泐) dade (下泐). dade (下泐). dade (下泐). (泐).hafan jurgan i ashan i hafan□□. meiren ejen bime emu jergi nonggiha dzu dz cun. emu jergi hiya bime emu jergi nonggiha gabula. emu jergi hiya bime emu jergi nonggiha li si yan. dade hu guwang ni dzungdu bihe□□yuwan. dade je min i zungdu bihe tung yang □. ashan i hafan bime juwe jergi nonggiha ho liyang. dade jiyang nan i tidu bihe jeng tiyan lu. □□□ babe kadalara dzung bing i guwan peng io de. dorgi yamun i ashan i da ts´ai ioi Šung. dorgi yamun i ashan i da ai yuwan jeng. šan si □□coohai jurgan i aliha amban bime ilan jergi nonggiha giya han fu. ho nan i bai □fu wang dz de.

第三段

(泐). dade (下泐). boigon jurgan (泐)emu jergi nonggiha □□□.□hafan kūleken. jai jergi hiya gaha. niru janggin bime emu jergi nonggiha min □□. niru janggin dzu □cing. jai jergi hiya tiyan □. niru janggin bime emu jergi nonggiha joo wei heng.niru janggin bime emu jergi nonggiha joo šeo □.šun tiyan fu i □ fu lio ge. dade weilere jurgan i □ amban bihe jeo tiyan ceng. dade □amban bihe □.ashan i amban □.

第四段

(泐).(泐)fen.(泐)lang ting bi.(泐)hu □jung.(泐).hu guwang ni doo□ jen □.šan dong ni dooli □□. he nan i doojang wen jeng. šan dung ni dooši wei □. ho nan i doo li ting sung. fu giyan i doo hu □□. šan si doo □□□. hu guwang giyang nan i doo lang yung cing. ioi ši bime ilan jergi nonggiha □□wei. ioi ši bime juwe jergi nonggiha □. dade emu jergi hiya bihe hafu.

第五段

(泐). ioi ši (泐). ioi ši li □ran. wan ping hiyan i jy hiyan jyo ši lu. cang ping jyo šu bei li jong du. □□bihe sung wen □. sain de amuran jang ceng fu. sain de amuran tan ioi. sain de amuran jang ki □. sain de amuran fung □□.

第六段

uheri be kadalaha tuwame weilehe □ tiyan lu. tucire dosire ciyanliyang be jafaha šin □ wen. bei de bithe araha huwangtu. soloho. alban be □weilen lioho. weilerede □□bithe dangse jafaha bai si fang. ši dzu □. wehe faksi lio jung. giya gioi.

城隍行宫

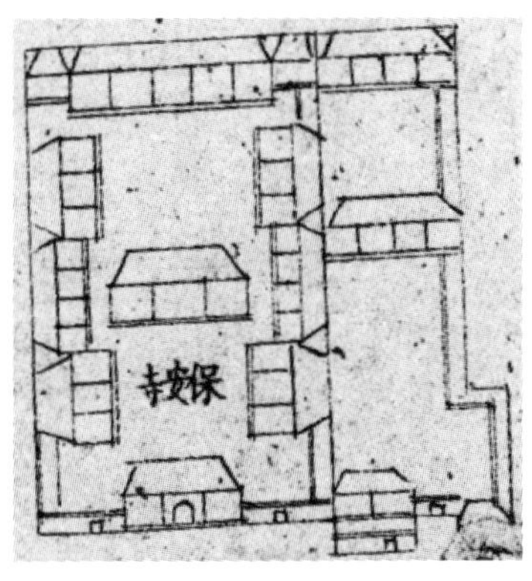

保安寺東跨院即城隍行宫

城隍行宫,又稱宛平縣城隍廟,原址位於内五區地安門外西皇城根五十六號(今西城區地安門西大街一百三十二號),寺廟建築現存部分。寺内原有碑刻兩通:清嘉慶十七年(1812)《宛平縣城隍廟碑》和同年《宛平縣城隍行宫山門碑》。兩碑現存北京石刻藝術博物館。

城隍行宫原爲保安寺的東跨院[1]。保安寺位於宛平縣署迆西不遠,至嘉慶年間已"廟久不葺"。其東跨院内本有真武殿三間,時已日就傾圮。大約從嘉慶初年開始,每年四月二十二日,旗民人等在此聚集舉行城隍神會,抬城隍出巡。南北果市、五城内外的乾鮮果行也奉城隍爲行會尊神,嘉慶十五年(1810)爲城隍神殿獻木額一方,名曰"遐邇尊靈"。然而,城隍行宫香火雖日益鼎盛,而廟貌卻始終未新。嘉慶十七年(1812),保安寺僧人清雲立願募修殿宇,時任宛平縣知縣的張步高認爲城隍神會猶之社祭報賽,便從民之願,首倡捐資,并召集全邑的老成之人鳩工集事。從碑陰題名來看,除了宛平知縣張步高之外,縣丞、典吏、盧溝司巡檢、詹事府少詹等多名官員都參與捐資,更有兩百多家店鋪字號躋身助善榜,涵蓋銀號、鹽店、木廠、車店、煤鋪、顔料店、茶店等多種商家。不逾月而工程告竣,宛平縣城隍廟新建前後神殿兩座,正殿奉城隍,而將真武移至後殿,廊廡門墻無不具備。[2]神殿煥然後,惟山門尚未修葺,在北果市(即果子市大街)營業的五城内外乾鮮果行旗民人等,於是謀劃捐資鳩工,新建城隍行宫山門,并發願每逢天臘、元宵二節獻供懸燈,永施不替。傅自立、靳成富

[1] 參見本排段"保安寺"條。

[2] 參見清嘉慶十七年(1812)《宛平縣城隍廟碑》,京488,《北京圖書館藏中國歷代石刻拓本匯編》卷七十八,頁一百零二至一百零三。

二人引善首倡，除果行商號七家與十餘位果行成員外，一同參與捐資的還有賬桌行、糧店、錢鋪等其他商行。慶元山廠的三位石作出工出力，十數位旗人與民人擔任助行、司房，共襄盛舉，合力成事。重修山門後所立木額，一直保存到了民國年間。仍然是同一年，衆善人還捐資從俞文浩手中買下中官房菜園一座并房屋八間，作爲城隍行宫的附屬房産[1]。清光緒九年（1883），城隍行宫重修，仍爲宛平知縣李均豫首倡，工竣後他親自爲城隍正殿敬獻木額一方，曰"神功默佑"[2]。

自城隍行宫建成之後，城隍出巡活動更見繁盛，多種清末風俗志中都有記載。據《燕京歲時記》"城隍出巡"條云："四月二十二，宛平縣城隍出巡。……出巡之時，皆以八人肩輿，舁藤像而行。有捨身为马僮者，有捨身为打扇者。有臂穿鐵鈎懸燈而導者，有披枷帶鎖儼然罪人者。神輿之旁，又扮有判官鬼卒之類，彳亍而行。"[3]生動反映了當年城隍出巡的盛況。《京都風俗志》提及，每到宛平縣城隍出巡之日，官吏迎祭，士女入廟拈香，擡神出巡，神輿之旁的判官鬼卒都由縣衙雜役扮成。隊列中，有罪人披枷鎖、穿紅衣，有露臂掛燈者，也有扮成馬童者。其後隊列中各種酬答神庥的善男信女，種種異常。又有鼓樂笙簧，喧聲震天。觀者如堵，揮汗如雨，竟日始散[4]。

除四月二十二日宛平城隍出巡外，正月十五燒火判也是城隍行宫内的知名民俗活動。"火判"，即噴火判官，是用泥塑成鍾馗像，身高丈許，頭戴烏紗，帽翅以彈簧相連，故可顫動。身穿蟒袍玉帶，足登官靴，首腹皆空，内容煤炭數百斤，立在大殿前的院中。正月十三日至十七日五天，每到下午三點，寺僧在判官腹内生火，火焰從判官的五官孔竅中噴出，可達四、五寸長，且火焰顔色隨燃料燃燒程度不同而變，始爲藍色，繼而變紫，最後通紅，堪稱奇觀。判官前亦設香案，上列供品。五日之内需柴煤逾千斤，係由附近各煤鋪捐贈。嘉慶十七年《宛平縣城隍廟碑》中記有大量煤窑煤鋪爲城隍行宫捐資，可能當時已有燒火判贈柴煤的善舉。正月十五爲正日，此日之燈謂之正燈。是時，山門及東西廂房均懸掛各式彩燈，多爲紗絹或玻璃所製六角宫燈，上繪"三國""水滸"等故事，以及各種花卉、動物等[5]。

城隍行宫雖然從保安寺中分離出來，但歷來由保安寺僧人兼管，與保安寺共用同一手本。民國年間，保安寺住持寶泉兼任城隍行宫住持，此時山門南向，木額"城隍行宫"，正是當年北果市乾鮮果行所立。山門内，左右各有兩位馬童立像，差役四人，均爲泥塑；正殿三間，内供城隍坐像一尊，童兒二人，配像六尊，均爲泥塑。像後陳設有武將執鞭與文官執板，是乃城隍之儀仗。殿内有銅爐一座、鐵磬一口，殿前月臺上也有圓銅爐一口、鐵寶鼎一座。嘉慶十七年的兩通石碑，正在殿前左右；後殿五間，原爲真武殿，時已爲住房。殿前東房三間。城隍行宫内最引人矚目的是正院内的泥堆火判，國立北平研究院的調查人員稱它"極大極美觀"[6]。廟内還供奉藥王銅像一尊，另有城隍出巡的藤胎神像、神轎，以及面燃大士的木亭一座[7]。據北平市社會局的調查人員稱，這座神轎與普通

［1］參見北京市檔案館藏《北平市社會局·内五區城隍行宫僧人寶泉關於登記廟産請發寺廟憑照的呈文及社會局的批示通知》，檔案號 J2-8-018，1930—1942 年，頁九至十一。

［2］參見國立北平研究院《城隍行宫》，西四 173。

［3］（清）富察敦崇《燕京歲時記》，北京：北京古籍出版社，1981 年，頁六十七。

［4］參見《北平風俗類徵》引《京都風俗志》，"宛平城隍出巡"條，（民國）李家瑞編《北平風俗類徵》，北京：商務印書館，1937 年，頁六十六至六十七。類似記載也見於《春明采風志》和《春明歲時瑣記》等文獻。

［5］參見李登科：《京都瑣記》，鉛印本，出版者不詳，1983 年，頁五十。董寶光《元宵節賞燈憶"火判兒"》，見《春明敘舊》，頁二百零七至二百零九。

［6］國立北平研究院"城隍行宫"，西四 173。

［7］北京市檔案館藏《北平市社會局·内五區城隍行宫僧人寶泉關於登記廟産請發寺廟憑照的呈文及社會局的批示通知》，檔案號 J2-8-018，1930—1942 年，頁二十二。

乘轎無甚異處,轎幹係木質,轎圍係藍氈面青布裏,被外套有類似青絲編織衣子一束[1]。是乃宛平縣城隍出巡的歷史見證,然而隨著宛平縣的消失,城隍出巡也早已成爲歷史記憶。但據保安寺的老住戶金大爺回憶,大約在 20 世紀 30 年代他還見過城隍出巡,藤胎城隍像從城隍行宫中擡出,行至都城隍廟[2]後返回。

正月十三至十七燒火判的活動一直持續到 20 世紀 50 年代, 前述金大爺的父親就是負責"盤"火判(即塑火判)的瓦工師傅——金五爺。據説,由於塑火判的技藝非比尋常,一般工匠難以勝任,故每年均由金五爺和王大個兒兩位瓦工師傅負責。他們二人所塑火判相貌威嚴,噴火壯觀,而别人所塑則噴火不多,而且費煤[3]。金五爺塑火判,純爲義務,附近的煤鋪、煤廠、煤窑也踴躍義捐煤火,三五百斤奉至廟中而毫不在意。附近居民也會爲廟會免費提供飲食。人們相信,凡此時誠心奉獻者,當年必發利市。而正月裏看燒火判,也像逛東岳廟、白雲觀打金錢眼一樣,是春節期間北京市民必須進行的民俗活動。1949 年,城隍行宫中曾舉行一次燒火判,到 1956 年,又在北海公園裏燒過一次,當時另起名曰"火燒蔣介石"。然而從此以後,此項活動再無蹤跡。金大爺也於 2010 年左右去世[4]。

1949 年以後,寶泉仍爲住持,但常住阜外慈明寺[5],城隍行宫由吳姓人氏看管,家住東跨院内。據老住戶回憶,燒火判停止後,泥塑火判也成爲歷史,空餘磚砌的火判臺座,後被改建爲防空洞。但後院中又另建一小佛龕,僅一米高,内供判官,人們依然每年來此給它上香供奉。此時院内如花園般美麗, 兩株大棗樹,每年産棗數百斤。花椒樹、金魚池、葡萄架、夾竹桃,掩映成趣。此後,廟内居民逐漸增多,將神龕、臺座等均拆掉改房,漢白玉雕龍繪八仙過海故事的金魚池被埋入地下,兩座石碑被拉走。

2005 年至 2015 年調查時, 城隍行宫僅存前殿一間、正殿一間, 現爲居民住家院落。

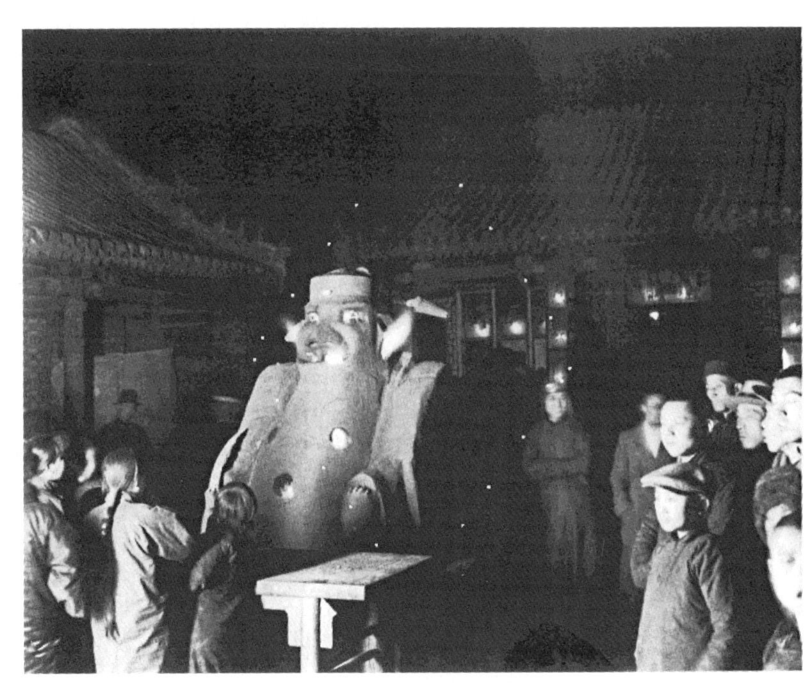

城隍行宫裏燒火判[6]

〔1〕北京市檔案館藏《北平市社會局·内五區保安寺僧人寶泉關於添蓋廟房的呈請及社會局的批示》,檔案號 J2-8-398,頁八十四至八十六。

〔2〕在今金融街,見乾隆《京城全圖》11 排 10 段。

〔3〕《京都瑣記》,頁五十。

〔4〕根據 2005 年鞠熙、吕敏在保安寺内訪談金大爺的記録。

〔5〕北京市檔案館藏《北平市民政局·北平市寺廟總登記簿(第一册)》,1950 年,檔案號 J3-1-203,頁三十八。

〔6〕(澳)赫達·莫里遜(Hedda Morrison)著,董建中譯:《洋鏡頭裏的老北京》,北京:北京出版社,2001 年,頁七十七。

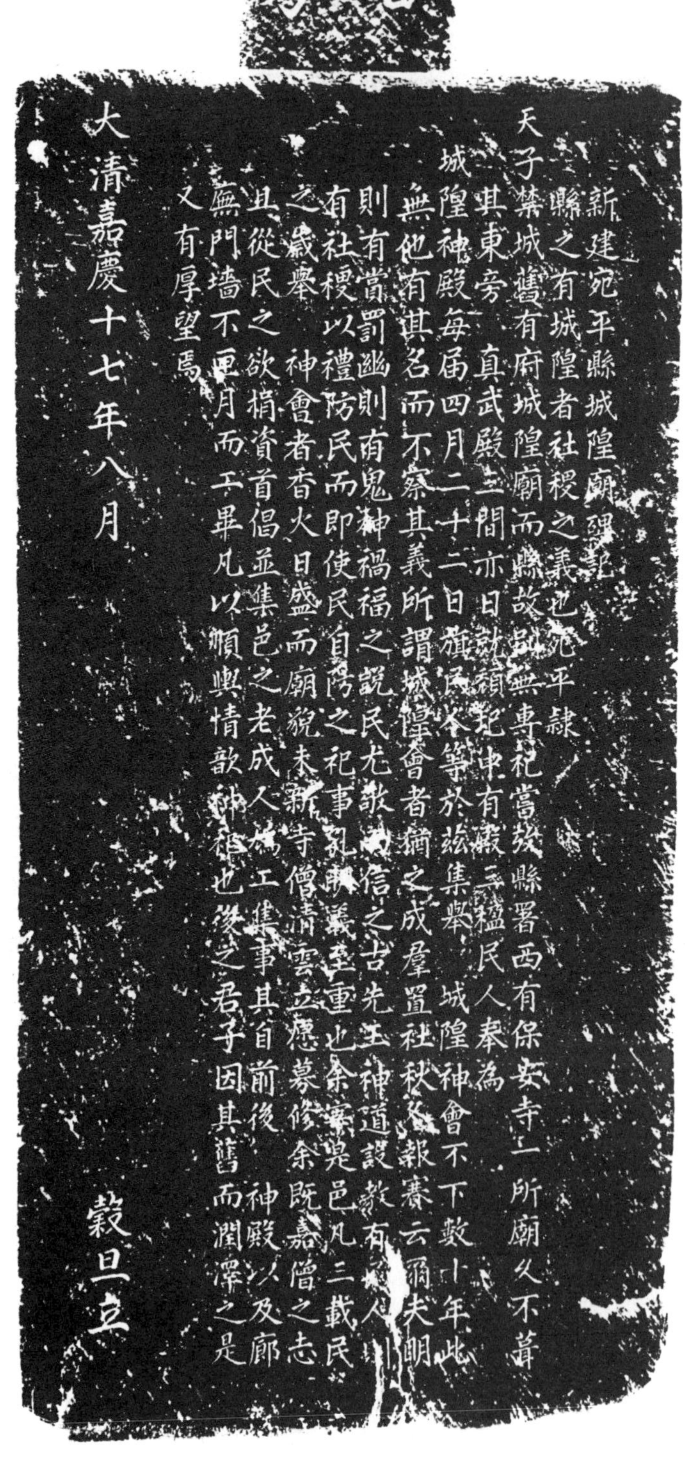

萬古流芳

新建宛平縣城隍廟碑記

縣之有城隍者社稷之義也宛平隷

天子禁城舊有府城隍廟而縣故獨無專祀嘗考縣署西有保安寺一所廟久不葺其東旁真武殿三間亦日就頹圮中有殿三楹民人奉為

城隍神殿每届四月二十二日旗民人等於茲集舉 城隍神會不下數十年此無他有其名而不察其義所謂城隍會者猶之成羣置社秋冬報賽云爾夫明則有賞罰幽則有鬼神禍福之説民尤敬而信之古先王神道設教有以有社稷以禮防民而即使民自防之祀事孔[illegible]義至重也余宰是邑凡三載民之歲舉 神會者香火日盛而廟貌未新寺僧清雲立愿募修余既嘉僧之志且從民之欲捐資首倡並集邑之老成人為工集事其自前後 神殿以及廊廡門墻不匝月而工畢凡以順輿情歆神祀也後之君子因其舊而潤澤之是又有厚望焉

大清嘉慶十七年八月 穀旦立

京488《宛平縣城隍廟碑》陽

京488《宛平縣城隍廟碑》陰

萬古
流芳

新建宛平縣城隍廟碑記
縣之有城隍者社稷之義也宛平隸
天子禁城舊有府城隍廟而縣故別無專祀嘗考縣署西有保安寺一所廟久不葺
其東旁　真武殿三間亦日就頽圮中有殿三楹民人奉爲
城隍神殿每屆四月二十二日旗民人等於兹集舉　城隍神會不下數十年此
無他有其名而不察其義所謂城隍會者猶之成群置社秋冬報賽云爾夫明
則有賞罰幽則有鬼神禍福之説民猶敬而信之古先王神道設教有民人則
有社稷以禮防民而即使民自防之祀事孔明義至重也余察是邑凡三載民
之歲擧　神會者香火日盛而廟貌未新寺僧清雲立願募修余既嘉僧之志
且從民之欲捐資首倡並集邑之老成人鳩工集事其自前後　神殿以及廊
廡門墻不匝月而工畢凡以順輿情歆神祀也後之君子因其舊而潤澤之是
又有厚望焉
大清嘉慶十七年八月　　穀旦立

京488《宛平縣城隍廟碑》陽

光垂
日月

候用知州知宛平縣事張步高 宛平縣縣丞郭元揆 宛平縣典吏吳孝愉 盧溝司巡檢蔣景暘 詹事府少詹瞿華 陝西延綏兵備道敦 都尉□□ 成□□ 王□□ 莊□繹 李紹梓 蔡永清 王　炳 周永焜 □　祥 譚清瑞 李文樞 誠德堂 楊景熙 謝蒿遠 周靄堂 高尚志 莊王福

李長春 孫景文 俞國櫟 桂野堂周 朱秉乾 閆本泰 曹嘉斌 郝文傑 焦士濮 穆有喜 李　俊 劉　珍 裴運起 潘　智 潘　浩 潘　良 趙鄉鋒 閆天鎧 焦□興 趙延翔 張　績 侯興芳 張　祿

朱耀宗 陳　瑞 吳　寬 韓　錦 潘同德 陳正泰 鄒光遠 白明義 顧啟盛 賀晉臣 楊守清 張國亮 章　銓 邊永慶 胡柄槐 吳則人 邊　湧 張文敬 薛延榕 龔念初 王□誠 孫召政 莫濟清

朱延勳 永泰當 雲益號 □興號 雲裕號 同泰號 隆全號 三陽號 仁義號 定陽號 復興號 振源號 全盛號 聚盛號 隆盛號 天源號 人和號 恒泰號 天德當 西梁莊 前房莊 永盛莊 柳林莊

永發茶店 廣盛恒記 全順德記 興盛木廠 東順興□ 晉泰□店 天吉□鋪 豐裕瑞記 □泰正記 □泰義記 太源侯記 全盛裕記 廣成德記 裕泰義記 恒裕義記 義長信記 鴻昌顏料店 文煥顏料店 義泰顏料店 天成顏料店 公泰顏料店 永裕顏料店 裕盛顏料店

裕泰號 寶興號 合盛號 永□□ 六必居 六珍號 恒裕號 鏡　記 廣元號 秩　記 恒順號 潘源記 乾元號 西晉隆 廣順號 恒泰號 東昇齋 復成局 一間樓 成泰號 永興窯 寶豐廠 永昌店

王九成 廣和廠 汪　祿 王良德 中和號 公泰永 廣昇鋪 興泰店 公德廠 永成廠 豐裕當 雲瑞店 德興店 公和廠 源泰號 東雙和 三成店 成德莊 九如莊 曹灰廠 雙成號 泰來店 裕成號

大順號 天盛廠 義誠廠 永順號 裕泰號 清寧堂 萬裕堂 晉昌號 廣成號 會珍店 宏遠號 萬全號 恒盛店 告成號 義和號 恒升局 同興號 長源號 廣源號 天和號 廣泰號 乾元號 天順號

復泰店 廣和店 全泰公記 □源鹽店 人和銀號 亨興木廠 廣義□局 拾窖公局 三元車店 吉祥車店 晉泰車店 同泰車店 天義車店 同茂車店 天元車店 吉祥後櫃 泰和店 合成局 恒慶店 永隆局 興隆局 公信局 廣泰局

日新號 成泰號 廣順號 協成店 復成廠 松□□ 徑□號 裕泰號 本生號 如松號 東旭煤鋪 永興公記 復興曉月 成元酒店 萬鑒銀號 東門窯 下庵溝□ 地庫窯 信行窯 常興窯 吉利窯 三星窯 常平窯

永興窯 豐泰當 新露居 元隆當 天瑞當 恒升號 □源號 永□局 萬隆店 永和店 合盛店 大有店 廣盛號 三和店 信成當 義泰當 廣成當 和升號 餕香居 和成號 永新局 興盛號 協和號

王成號 恒瑞號 西関鹽店郭 萬成店 天益號 恒隆號 恒源號 悅來廠 □□號 義聚□ 義和廠 盛大成 李之□ 張裕安 王　吉 張永□ 呂文興 崔　德 汪□明 李□□ 郭□□ 監修□延柱 會稽章大川

京488《宛平縣城隍廟碑》陰

宛平縣城隍廟碑

首題:新建宛平縣城隍廟碑記
年代:清嘉慶十七年(1812)
原址:西城區廠橋西黄城根北街保安寺
今址:北京石刻藝術博物館
拓片尺寸:碑陽高156、寬72厘米,額高29、寬22厘米。
書體:楷書
《目録》:頁331
拓片編號:京488
拓片録自:《北京圖書館藏中國歷代石刻拓本匯編》第78卷102—103頁。

【碑陽】

額題:萬古流芳

碑文:

新建宛平縣城隍廟碑記 *1*

縣之有城隍者,社稷之義也。宛平隸 *2* 天子禁城,舊有府城隍廟而縣故别無專祀。嘗考縣署西有保安寺一所,廟久不葺。*3* 其東旁真武殿三間,亦日就頹圮,中有殿三楹,民人奉爲 *4* 城隍神殿。每届四月二十二日旗民人等於兹集舉城隍神會,不下數十年。此 *5* 無他。有其名而不察其義,所謂城隍會者,猶之成群置社秋冬報賽云爾。夫明 *6* 則有賞罰,幽則有鬼神禍福之説,民尤敬而信之。古先王神道設教,有民人則 *7* 有社稷,以禮防民,而即使民自防之。祀事孔明,義至重也。余察是邑凡三載。民 *8* 之歲舉神會者,香火日盛而廟貌未新。寺僧清雲立願募修。余既嘉僧之志,*9* 且從民之欲,捐資首倡,並集邑之老成人鳩工集事。其自前後神殿以及廊 *10* 廡門墻不匝月而工畢。凡以順輿情,歆神祀也。後之君子因其舊而潤澤之。是 *11* 又有厚望焉。*12*

大清嘉慶十七年八月穀旦立。*13*

【碑陰】

額題:光垂日月

碑文:

候用知州知宛平縣事張步高、宛平縣縣丞郭元揆、宛平縣典吏吳孝愉、盧溝司巡檢蔣景暘、詹事府少詹瞿華、陝西延綏兵備道敦□。

都尉□□、成□□、王□□、莊□繹、李紹梓、蔡永清、王炳、周永焜、□祥、譚清瑞、李文樞、誠德堂、楊景熙、謝蒿遠、周靄堂、高尚志、莊王福、李長春、孫景文、俞國樑、桂野堂周、朱秉乾、閆本泰、曹嘉斌、郝文傑、焦士濮、穆有喜、李俊、劉珍、裴運起、潘智、潘浩、潘良、趙鄉鋒、閆天鎧、焦□興、趙延翔、張績、侯興芳、張祿、朱耀宗、陳瑞、吳寬、韓錦、潘同德、陳正泰、鄒光遠、白明義、顧啟盛、賀晉臣、楊守清、張國亮、章銓、邊永慶、胡柄槐、吳則人、邊湧、張文敬、薛延榕、龔念初、王□誠、孫召政、莫濟清、朱延勳、永泰當、雲益號、□興號、雲裕號、同泰號、隆全號、三陽號、仁義號、定陽號、復興號、振源號、全盛號、聚盛號、隆盛號、天源號、人和號、恒泰號、天德當、西梁莊、前房莊、永盛莊、柳林莊、永發茶店、廣盛恒記、全順德記、興盛木廠、東順興□、晉泰□店、天吉□鋪、豐裕瑞記、□泰正記、□泰義記、太源侯記、全盛裕記、廣成德記、裕泰義記、恒裕義記、義長信記、鴻昌顔料店、文焕顔料店、義泰顔料店、天成顔料店、公泰顔料店、永裕顔料店、裕盛顔料店、裕泰號、寶興號、合盛號、永□□、六必居、六珍號、恒裕號、鏡記、廣元號、秩記、恒順號、潘源記、乾元號、西晉隆、廣順號、恒泰號、東昇齋、復成局、一間樓、成泰號、永興窯、寶豐廠、永昌店、王九成、廣和廠、汪祿、王良德、中和號、公泰永、廣昇鋪、興泰店、公德廠、永成廠、豐裕當、雲瑞店、德興店、公和廠、源泰號、東雙和、三成店、成德莊、九如莊、曹灰廠、雙成號、泰來店、裕成號、大順號、天盛廠、義誠廠、永順號、裕泰號、清寧堂、萬裕堂、晉昌號、廣成號、會珍店、宏遠號、萬全號、恒盛店、告成號、義和號、恒升局、同興號、長源號、廣源號、天和號、廣泰號、乾元號、天順號、復泰店、廣和店、全泰公記、□源鹽店、人和銀號、亨興木廠、廣義□局、拾窖公局、三元車店、吉祥車店、晉泰車店、同泰車店、天義車店、同茂車店、天元車店、吉祥後櫃、泰和店、合成局、恒慶店、永隆局、興隆局、公信局、廣泰局、日新號、成泰號、廣順號、協成店、復成廠、松□□、徑□號、裕泰號、本生號、如松號、東旭煤鋪、永興公記、復興曉月、成元酒店、萬鑒銀號、東門窯、下庵溝□、地庫窯、信行窯、常興窯、吉利窯、三星窯、常平窯、永興窯、豐泰當、新露居、元隆當、天瑞當、恒升號、□源號、永□局、萬隆店、永和店、合盛店、大有店、廣盛號、三和店、信成當、義泰當、廣成當、和升號、餕香居、和成號、永新局、興盛號、協和號、王成號、恒瑞號、西関鹽店郭、萬成店、天益號、恒隆號、恒源號、悦來廠、□□號、義聚□、義和廠、盛大成、李之□、張裕安、王吉、張永□、呂文興、崔德、汪□明、李□□、郭□□。

監修□延柱，會稽章大川。

京 489《宛平縣城隍行宫山門碑》陽

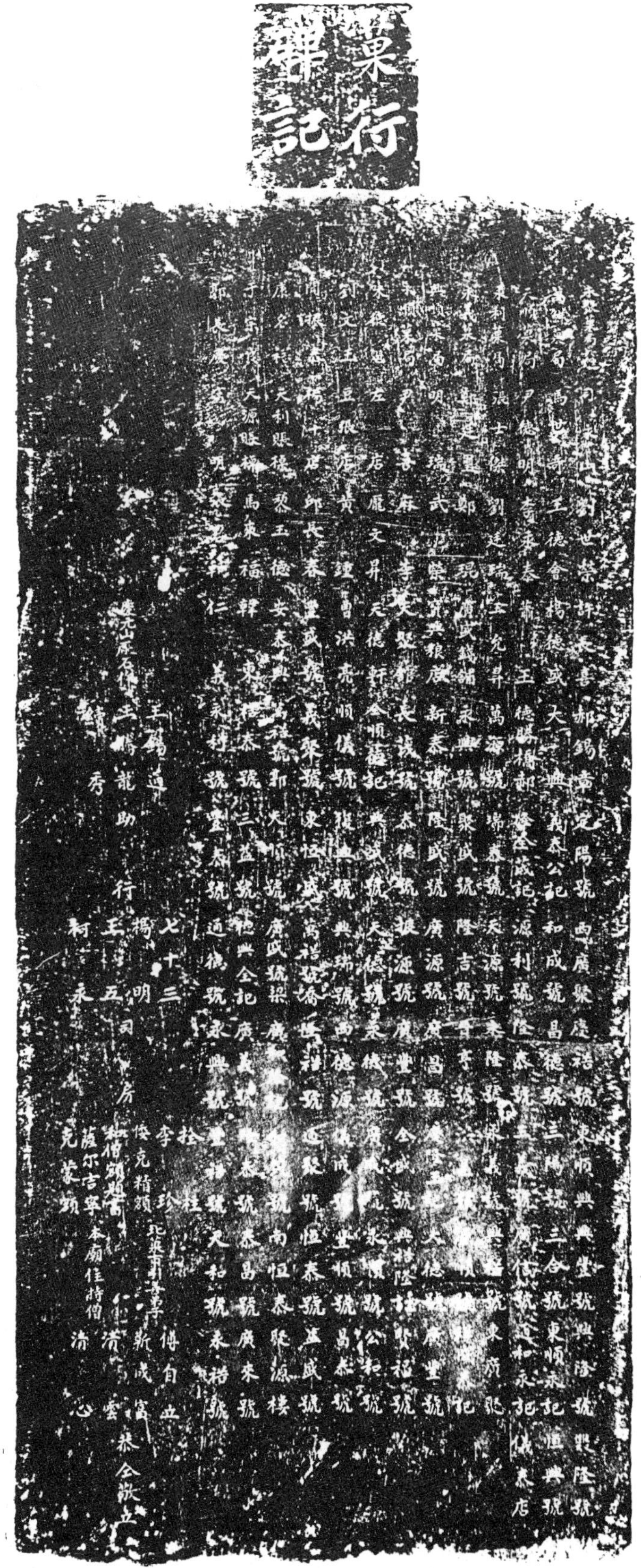

京 489《宛平縣城隍行宫山門碑》陰

芳名不朽

新建宛平縣城隍行宮山門碑記

蓋聞城者城也隍者池也故凡有城者皆有

城隍之神然考之古無專祀之典自六朝之後始有專祀迨夫宋元以來其　神之顯應見於諸家之

傳祀者不一而足凡省府州縣各有其　神而各有其廟以祀之比比然矣惟兹宛平縣治附

輦轂而近府署其

城隍之神靈應感化隨聲現身之處真不可思議非言語得而罄也但未建有廟宇今附近保安禪寺

住持僧叩募衆善營建　城隍行宮前後配殿爲每歲　聖會起居之所諸雖焕然而山門尚頽

敗未葺今有北菓市五城内外乾鮮菓行旗民衆等捐資鳩工竣事使内外一新　神心安而人

心亦貼矣因衆善等預願會議每逢　天臘元宵二節　獻供懸燈永施不替易云積善之家必

有餘慶書云作善降之百祥經言福善禍淫之道良有以也菓行衆等固不敢以此邀功於

神然由是而進德不怠則　神明默佑使諸善人等生意財源如意順適而螽斯瓜瓞悠久綿長不

敢祈而是所願耳故將始末謹書勒碑於墀以誌之庶十方善信等得效此而奮發功德日進則

禁城内外久久均成善人是以勸戒之一助云

大清嘉慶拾柒年玖月十一日立

京489《宛平縣城隍行宮山門碑》陽

菓行碑記

□□菓局吳□ 司永山 劉世榮 許長喜 郝錫章 定陽號 西廣聚 慶祰號 東順興 興豐號 興隆號 雙隆號
萬鮮菓局 馬世奇 王德會 楊德盛 大興 義泰公記 和成號 昌德號 三陽號 三合號 東順永記 恒興號
天順菓局 尹德明 李永泰 蕭玉 德勝橋郝 隆全茂記 源利號 隆泰號 三義號 廣信號 通和永記 儀泰店
永利菓局 張士傑 劉廷瑞 王允昇 萬源號 瑞泰號 天源號 永隆號 永義號 興祰號 東廣聚
永義菓局 鄭廷璽 鄭琨 廣盛錢鋪 永興號 聚盛號 隆吉號 晉亨號 □易號 源順號 祥成泰記
興順菓局 明瑞 武榮 寶興糧店 新泰號 隆盛號 廣源號 廣昌號 慶隆王記 大德號 廣豐號
永順菓局 尹喜 麻李 天聚館 長茂號 泰德號 振源號 廣豐號 全盛號 興祰隆記 賢福號
朱德魁 左店 龐文昇 天德軒 全順德記 典盛號 天德號 永德號 廣成號 永順號 公和號
劉文玉 豆張店 黃鍾 曹洪亮 順儀號 復興號 興瑞號 西德源 儀成號 豐順號 昌泰號
聞振泰 楊十店 邱長春 豐盛號 義聚號 東恆盛 萬祰號喬 隆祰號 通聚號 恆泰號 益盛號
康名祰 天利賬棹 黎玉德 安泰興 萬祰號郭 天順號 廣盛號梁 廣和隆記 □盛號 南恆泰 聚源樓
于宗良 天源賬棹 馬來福 韓東 祰泰號 三益號 德興全記 廣義號 隆泰號 泰昌號 廣來號
郭長慶 富明 張君輔 仁義 永利號 豐泰號 通德號 永興號 豐祰號 天和號 永祰號

慶元山廠石作

王錫通 王騰龍 續秀

助行

七十三 楊明 王五 柯永

司房

拴住 李珍 倭克精額 和僧額題書 薩爾吉寧 克蒙額

北菓市引善弟子 傅自立 靳成富

本廟住持僧 清雲 清心

恭仝敬立

京489《宛平縣城隍行宮山門碑》陰

宛平縣城隍行宫山門碑

首題:新建宛平縣城隍行宫山門碑記
年代:清代嘉慶十七年(1812)九月
原址:西城區廠橋西黄城根北街
今址:北京石刻藝術博物館
拓片尺寸:碑陽、陰均高130、寬56厘米,額高17、寬15厘米
書體:楷書
《目録》:頁331
拓片編號:京489
拓片録自:《北京圖書館藏中國歷代石刻拓本匯編》第78卷104—105頁

【碑陽】

額題:芳名不朽

碑文:

新建宛平縣城隍行宫山門碑記 1

蓋聞城者,城也,隍者,池也。故凡有城者皆有 2 城隍之神。然考之古無專祀之典,自六朝之後始有專祀。迨夫宋元以來,其神之顯應見於諸家之 3 傳祀者不一而足,凡省府州縣各有其神而各有其廟以祀之,比比然矣。惟兹宛平縣治附 4 輦轂而近府署,其 5 城隍之神靈應感化隨聲現身之處,真不可思議,非言語得而罄也,但未建有廟宇。今附近保安禪寺 6 住持僧叩募衆善,營建城隍行宫、前後配殿,爲每歲聖會起居之所,諸雖焕然而山門尚頹 7 敗未葺。今有北果市五城内外乾鮮果行旗民衆等捐資鳩工竣事,使内外一新,神心安而人 8 心亦貼矣。因衆善等預願會議,每逢天臘、元宵二節獻供懸燈,永施不替。《易》云:積善之家,必 9 有餘慶。《書》云:作善降之百祥,《經》言:福善禍淫之道,良有以也。果行衆等固不敢以此邀功於 10 神,然由是而進德不怠,則神明默佑,使諸善人等生意財源如意順適,而螽斯瓜瓞悠久綿長,不 11 敢祈而是所願耳。故將始末謹書勒碑於墀以誌之。庶十方善信等得效此而奮發,功德日進,則 12 禁城内外久久均成善人,是以勸戒之一助云。13

大清嘉慶拾柒年玖月十一日立。14

【碑陰】

額題:菓行碑記

碑文:

□□果局吳□、萬鮮果局、天順果局、永利果局、永義果局、興順果局、永順果局、朱德魁、劉文玉、聞振泰、康名祰、于宗良、郭長慶。

司永山、馬世奇、尹德明、張士傑、鄭廷璽、明瑞、尹喜、左店、豆張店、楊十店、天利賬棹、天

源賬棹、富明。

劉世榮、王德會、李永泰、劉廷瑞、鄭琨、武榮、麻李、龐文昇、黄鍾、邱長春、黎玉德、馬來福、張君輔。

許長喜、楊德盛、蕭玉、王允昇、廣盛錢鋪、寶興糧店、天聚館、天德軒、曹洪亮、豐盛號、安泰興、韓東、仁義。

郝錫章、大興、德勝橋郝、萬源號、永興號、新泰號、長茂號、全順德記、順儀號、義聚號、萬祰號郭、祰泰號、永利號。

定陽號、義泰公記、隆全茂記、瑞泰號、聚盛號、隆盛號、泰德號、典盛號、復興號、東恆盛、天順號、三益號、豐泰號。

西廣聚、和成號、源利號、天源號、隆吉號、廣源號、振源號、天德號、興瑞號、萬祰號喬、廣盛號梁、德興全記、通德號。

慶祰號、昌德號、隆泰號、永隆號、晉亨號、廣昌號、廣豐號、永德號、西德源、隆祰號、廣和隆記、廣義號、永興號。

東順興、三陽號、三義號、永義號、口易號、慶隆王記、全盛號、廣成號、儀成號、通聚號、口盛號、隆泰號、豐祰號。

興豐號、三合號、廣信號、興祰號、源順號、大德號、興祰隆記、永順號、豐順號、恆泰號、南恆泰、泰昌號、天和號。

興隆號、東順永記、通和永記、東廣聚、祥成泰記、廣豐號、賢福號、公和號、昌泰號、益盛號、聚源樓、廣來號、永祰號。

雙隆號、恆興號、儀泰店。

慶元山廠石作:王錫通、王騰龍、續秀。

助行:七十三、楊明、王五、柯永。

司房:拴住、李珍、倭克精額、和僧額題書、薩爾吉寧、克蒙額。

北菓市引善弟子:傅自立、靳成富。

本廟住持僧:清雲、清心。

恭仝敬立。

火神廟

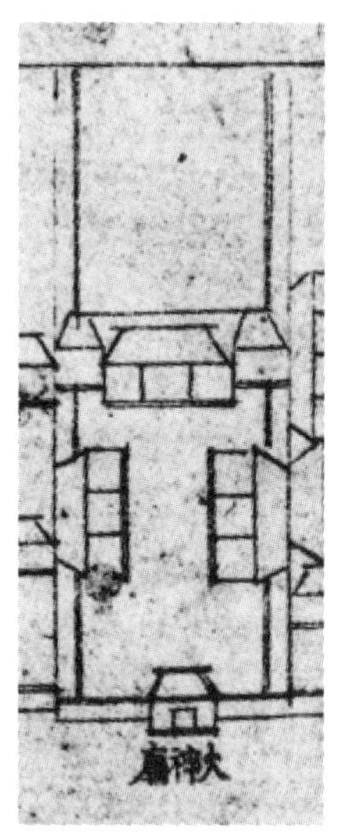

火神廟，原址約在今西城區地安門西大街丙二十八號處，寺廟建築現已不存。

除乾隆《京城全圖》外，火神廟不見於任何記載。從圖上看，此廟位於官廳教場正北，大門開向教場，可能是清代八旗教場的附屬建築，故不見於歷次僧録司寺廟登記。《京城全圖》所繪之火神廟，坐北朝南，繚以圍垣。首有山門一座一間，内僅一進院落，有正殿三間，帶左右小耳房各一間，前有東西配殿各三間。

除此之外，火神廟再無考。2015 年調查時，其原址上爲平安商務寫字樓之康聆聲聽力中心，寺廟蹤影難尋。

土地祠

土地祠,不見於乾隆《京城全圖》,原址在内五區五福里九號(今爲西城區五福里七號南),寺廟建築現已不存。

據廟上木額,該土地祠可能始建於清光緒三年(1877)七月,時爲衆善同立。20世紀30年代國立北平研究院調查時,見五福里内胡同拐角處有矮墻一道,内有榆樹一株,北有小房一間南向,木額曰"福德正神",内供土地夫婦像二尊,泥塑,高尺餘。另有土地夫婦小泥像二座、小鬼等泥像六座,均僅數寸[1]。從此以後,廟再無記載,1945年警察局調查時也無此廟記録。

2005年調查時,附近老住戶稱,此小廟約一米多高,内有圓形神龕,旁還有水井一眼,曾是附近兩條胡同居民爲亡人燒紙的地方,20世紀40年代以後既已坍塌。現附近年輕住戶均不知此處曾有過小廟。2015年回訪,小廟原在地已被附近居民納入圍墻之中。

〔1〕國立北平研究院《土地祠》,西四171。

旌勇祠

旌勇祠，民國年間曾名昭忠寺[1]，不見於乾隆《京城全圖》，原址爲内五區西皇城根五十八號（今西城區地安門西大街一百三十五號），寺廟建築現存部分。祠内原有乾隆三十三年（1768）滿、漢文合璧《明瑞祠碑》一通，現碑存於原地。

旌勇祠爲祭祀清代大臣明瑞之專祠。明瑞（1749—1768），字筠亭，富察氏，滿洲鑲黃旗人。他出生於清貴胄世家，姑母爲乾隆帝結髮之妻孝賢純皇后，叔父爲乾隆帝首席軍機大臣傅恆，他本人在準噶爾部戰事中嶄露頭角，又在攻戰大、小和卓過程中建功而受皇帝信任。平定新疆之後，他出任首任伊犁將軍，總統天山南北兩路的廣袤疆域，是清朝經營新疆的重要人物。乾隆三十三年，明瑞擔任征緬統帥，以雲貴總督兼兵部尚書經略軍務，因兵敗失利，胸臂受傷而戰歿於緬甸[2]。

四月，明瑞靈柩返京，乾隆帝悲痛異常，賜葬謚"果烈"，命入祀昭忠祠，畫像奉紫光閣[3]。同年，特建旌勇祠專祀明瑞。祠成，乾隆帝親臨奠酹，御書"旌勇祠"及"折沖抒藎"匾額，並御製碑文，詳述明瑞在緬甸孤軍深入、糧草斷絕、中箭捐軀之壯行，以及國家對褒忠舉祀以表義烈的重視。同時，乾隆又將與明瑞一同出生入死、陣亡於緬甸的都統扎拉豐阿，護軍統領觀音保，總兵李全、王玉廷四人一同配祀於旁[4]。乾隆三十四年（1769），又增总兵德福入祀，每岁春秋仲月諏吉致祭。光緒年間，旌勇祠南向，大門三間，左右門各一。正中有碑亭一座，乾隆御製碑安放於內。東官房五間，西庫房五間；二門一間，正殿屋三間，東西配殿各三間。大門及正殿覆以黑琉璃瓦，繞以磚垣，間以朱柵[5]。

〔1〕劉季人《北京西城文物史跡（第一輯·上）》，北京：北京燕山出版社，2011年，頁三百三十九。

〔2〕阿拉騰奧其爾《清朝首任伊犁將軍明瑞政績評述》，《中國邊疆史地研究》1995年第3期，頁十七至二十五。

〔3〕趙慎畛《榆巢雜識》，北京：中華書局，2001年，頁九十七。

〔4〕參見乾隆三十三年（1768）《旌勇祠碑》，京1767，《北京圖書館藏中國歷代石刻拓本匯編》卷七十二，頁一百八十三；《日下舊聞考》卷四十四·城市·内城中城二，頁六百九十五至六百九十六。

〔5〕《光緒順天府志》京師志六，頁一百七十五。

20 世紀 30 年代，旌勇祠曾作爲紀念東北陣亡將士的昭忠寺[1]。20 世紀 90 年代，旌勇祠爲解放軍某直屬工程隊所用，由旌勇里的東門出入。此時旌勇祠大門三間，内有碑亭一座，兩側原有房已拆除改建，大殿三間尚存，與大門一併覆黑琉璃瓦頂[2]。旌勇祠御製碑亭此後轉移至陶然亭公園内[3]。

2006 年调查时，旌勇祠爲西城區文物保護單位，所在处为北京萬輝無糖食品店，山門與石碑尚存。2015 年調查時，旌勇祠大門門窗鎖閉，無法進入，從東門外的施工擋板可窺見乾隆年間的碑石高聳，院内斷瓦殘垣，似正在改造。

旌勇祠大殿（2013 年 9 月 曉松攝）

旌勇祠《明瑞祠碑》（2013 年 9 月 曉松攝）

〔1〕王銘珍《什刹海的寺廟》，北京：當代中國出版社，2008 年，頁七十六。

〔2〕《春明敘舊》，頁四百三十三。

〔3〕《北京西城文物史跡（第一輯·上）》，頁三百三十九。

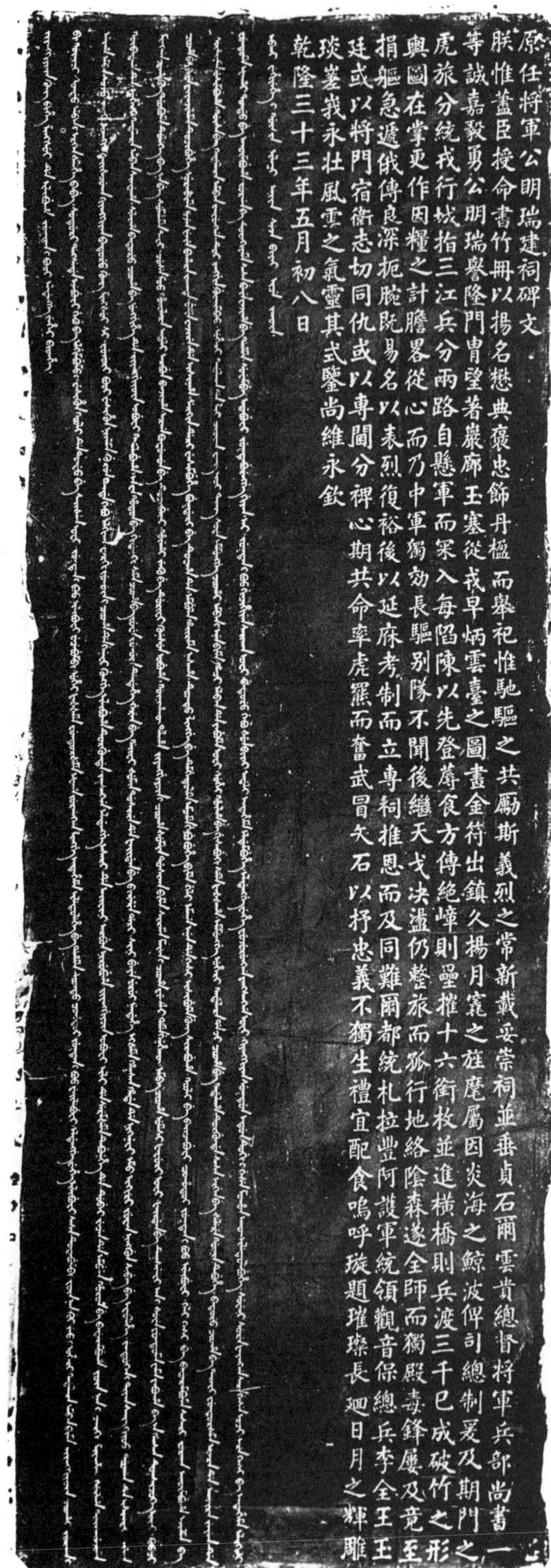
原任将軍公明瑞建祠碑文
朕惟藎臣授命書竹冊以揚名懋典褒忠飾丹楹而舉祀惟馳驅之共勵斯義烈之常新載妥崇祠並垂貞石爾雲貴總督将軍兵部尚書一等誠嘉毅勇公明瑞馨隆門胄望著巖廊玉塞從戎早炳雲臺之圖畫金符出鎮久揚月窟之旌麾屬因炎海之鯨波俾司總制爰及期門之
虎旅分統戎行棫指三江兵分兩路自懸軍而深入每陷陳以先登薦食方停絶嶂則壘摧十六衛校並進横橋則兵渡三千已成破竹之形至
輿圖在掌更作因糧之計膽畧從心而乃中軍獨劾長驅别隊不聞後繼天戈决盪仍整旅而孤行地絡陰森遂全師而獨殿毒鋒屢及竟王
捐軀急遽俄傳良深扼腕既易名以表烈復裕後以延庥考制而立專祠推恩而及同難爾都統札拉豐阿護軍統領觀音保總兵李全王王
廷武以将門宿衛志切同仇武以專闈分禆心期共命率虎羆而奮武冒矢石以抒忠義不獨生禮宜配食嗚呼琰題璀璨長迴日月之輝雕
琰崇峩永壯風雲之氣靈其式鑒尚維永歆
乾隆三十三年五月初八日

京 1767《明瑞祠碑》

原任將軍公明瑞建祠碑文

朕惟藎臣授命書竹冊以揚名懋典褒忠飾丹楹而舉祀惟馳驅之共勵斯義烈之常新載妥崇祠並垂貞石爾雲貴總督將軍兵部尚書一等誠嘉毅勇公明瑞譽隆門胄望著巖廊玉塞從戎早炳雲臺之圖畫金符出鎮久揚月窟之旌麾屬因炎海之鯨波俾司總制爰及期門之虎旅分統戎行城指三江兵分兩路自懸軍而深入每陷陣以先登蓐食方傳絕嶂則壘摧十六銜枚並進橫橋則兵渡三千已成破竹之形輿圖在掌更作因糧之計膽略從心而乃中軍獨效長驅別隊不聞後繼天戈決盪仍整旅而孤行地絡陰森遂全師而獨殿毒鋒屢及竟至捐軀急遽俄傳良深扼腕既易名以表烈復裕後以延庥考制而立專祠推恩而及同難爾都統札拉豐阿護軍統領觀音保總兵李全王玉廷或以將門宿衛志切同仇或以專閫分禆心期共命率虎羆而奮武冒矢石以抒忠義不獨生禮宜配食嗚呼璇題璀璨長廻日月之輝雕琰嵯峨永壯風雲之氣靈其式鑒尚維永欽

乾隆三十三年五月初八日

京 1767《明瑞祠碑》

明瑞祠碑

首題:原任將軍公明瑞建祠碑文
年代:清乾隆三十三年(1768)五月八日
原址:西城區廠橋西皇城根北街
今址:西城區廠橋西皇城根北街旌勇祠内
拓片尺寸:碑陽高218、寬74厘米
書體:楷書
《目録》:頁310
拓片編號:京1767
拓片録自:《北京圖書館藏中國歷代石刻拓本匯編》第72卷183頁

【碑陽】

碑文:

【漢文】

原任將軍公明瑞建祠碑文 1

朕惟藎臣授命,書竹冊以揚名;懋典褒忠,飾丹楹而舉祀。惟馳驅之共勵,斯義烈之常新。載妥崇祠,並垂貞石爾。雲貴總督將軍兵部尚書一 2 等誠嘉毅勇公明瑞,譽隆門冑,望著巖廊。玉塞從戎,早炳雲臺之圖畫;金符出鎮,久揚月窟之旌麾。屬因炎海之鯨波,俾司總制;爰及期門之 3 虎旅,分統戎行。城指三江,兵分兩路。自懸軍而深入,每陷陳以先登。蓐食方傳絕嶂,則壘摧十六;銜枚並進横橋,則兵渡三千。已成破竹之形,4 輿圖在掌;更作因糧之計,膽略從心。而乃中軍獨效,長驅别隊,不聞後繼。天戈决盪,仍整旅而孤行;地絡陰森,遂全師而獨殿。毒鋒屢及,竟至 5 捐軀。急遞俄傳,良深扼腕。既易名以表烈,復裕後以延庥。考制而立專祠,推恩而及同難。爾都統札拉豐阿、護軍統領觀音保、總兵李全、王玉 6 廷,或以將門宿衛,志切同仇,或以專閫分禆,心期共命。率虎羆而奮武,冒矢石以抒忠。義不獨生,禮宜配食。嗚呼。璇題璀璨,長廻日月之輝;雕 7 琰嵯峨,永壯風雲之氣。靈其式鑒,尚維永欽。8

乾隆三十三年五月初八日。9

【滿文】

jiyanggiyūn gung bihe mingšui de ilibuha jukten i booi eldengge wehei bithe. 1

bi gūnici tondo amban i ergen šelehe babe, suduri dangsede ejebufi gebu be algimbumbi, wesihun kooli de tondo be saišame ofi, jukten i boo ilibufi wecebumbi, uhei faššame funturšeme afaha jurgangga lingge enteheme iletulehe be dahame, tuttu cohotoi jukten i boo weilebufi, eldengge wehe ilibufi sasa tutabumbi yūn nan gui jeo i uheri kadalara amban bime jiyanggiyūn cooha jurgan i 2 aliha amban uju jergi unenggi saišacuka kiyangkiyan baturu gung mingšui si fujuri booi wesihun niyalma,gurun boode gebu algika, wargi jugūn i cooha de genefi gungge ilibuha turgunde, jaksangga eldengge asari de aifini arbun nirubuha, jiyanggiyūn obufi ili de seremšeme tebunehe de, dubei jecen de ambula horon be badarambuha yūn nan i cargi,miyoodzi hūlha koikoljeme[3] gūbadaha de, uheri kadalara amban sindaha, siliha baturu cooha be unggihe de, jiyanggiyūn obufi kadalabuha.a wa hoton be gidanaki seme cooha be juwe jugūn dendehe, geren be gaifi šumin dosire de faidan be birere dari, sini beye urui nendehe ekšeme haksan hada de nikenefi emu ikiri juwan ninggun sibe be efulehe, jentuken i tiyan šeng kiyoo doohan de isinafi ilan[4] minggan cooha be doobume duleke, ba na be šumalame safi, cuse moo hūwalara adali arbun banjinaha, arga bodogon be tucibufi, hūlhai jeku be durifi kunesun obuha, gūnihakū dalaha jiyanggiyūn i cooha šumin dosika bime, sirame meyen i cooha fuhali dame genehekū, amba cooha umesi fafuri ofi faidan be teksilefi an i šuwe funtume wame jabuha ba na haksan tuksicuke ofi, gubci[5] cooha be beye fiyanjilame tucibuhe, nurhūnme ujen feye bahara jakade, beye wajire de isinaha, serkin deri wesimbuhe bukdari be tuwaha de, ambula hairame nasaha, tuttu lingge be temgetuleme amcame gebu buhe bime, geli amaga enen de kesi isibume gung sirabuha, kooli be baicabufi cohotoi jukten i boo ilibufi,geli kesi be badarambume sasari jurgan akūmbuha niyalma be[6] suwaliyame dosimbuha, gūsa be kadalara amban jalafungga, tui janggin guwaimboo, uheri kadalara da lii ciowan wang ioi ting suwe ememungge cooha amban i enen bime, hanci alban de yabume ofi, uhei hūlha be gisabuki seme faššaha, ememungge uheri kadalara da ci cooha be kadalaha turgunde, sasa irgen be šelere gūnin tebuhe, baturu cooha be gaifi funturseme afara de, agūra jeyen de[7] funtume afahai tondo be akūmbuha, jurgan be tuwakiyame sasa beye wajiha be dahame, suwembe adabufi jukteburengge giyan, ai jukten i boo gincihiyan saikan ofi, baturu gebu šun biyai adali enteheme eldembuhe,eldengge wehe fujurungga yangsangga ofi, kiyangkiyan sukdun edun tugi i gese mohon akū iletulebuhe, suweni sure fayangga sara gese oci,ere kesi be enteheme alikini.[8]

abkai wehiyehe i gūsin ilaci aniya sunja biyai ice jakūn[9]

嘉興寺

嘉興寺，不見於乾隆《京城全圖》，可能因圖上此處有脱蠹之故。原址在内五區地安門外黄城根六十四號（今爲西城區地安門西大街一百四十一號），寺廟建築現已不存。寺内無碑，但銅鐘、匾額、雲板皆有拓本傳世。

《宛署雜記》記嘉興寺創建於明弘治十六年（1503），時屬中城積慶坊[1]。但20世紀30年代國立北平研究院的調查人員發現，嘉興寺内後殿前有銅鐘一口，鑄於明成化八年（1472），認爲可憑此鐘判斷嘉興寺始於明成化年間[2]。

入清以後，嘉興寺聲名大振，這與康乾時期的高僧達天通理有關。[3]清康熙十九年（1680），達天通理主持重修嘉興寺[4]，并成爲第一代賢首宗住持，與賢良寺、拈花寺等同宗連氣。其後添修不斷，廟内曾有康熙丁巳年（1677）和康熙三十八年（1699）年造銅鐘、康熙三十三年（1694）造鐵雲板等。據《雍正廟冊》記載，宛平縣西嘉興寺爲大僧廟，有殿宇十七間、禪房二十間，住持法號海仙。而乾隆時期僧録司登記住持爲真璽。達天通理雖然不是住持，但他可能長期住在嘉興寺，蓋乾隆御賜法座、滇南湛富爲祝他八十大壽所書紙聯等都存於此寺中[5]。乾隆四十五年（1780）十月二十日，乾隆帝敕諭爲賢首宗做傳燈録，是乃《賨通賢首傳燈録》，其中記載"嘉興堂上第一代傳賢首宗三十世上達下天理甫老和尚一拜"，而印板分存拈花寺與賢良寺。清嘉慶年間，嘉興寺可能也有過小規模重修，方丈室前曾有一方細料金磚，上刻"嘉慶四年成造，細料二尺二寸金磚，江南苏州府任兆同知事张虎文管造，小一甲徐嘉玉造"[6]。雖僅止一塊，但用於太和殿地面的金磚出現在嘉興寺内，說明此

〔1〕《宛署雜記》卷十九·言字，頁二百二十四。

〔2〕國立北平研究院《嘉興寺》，西四168。

〔3〕關於達天通理的生平事跡，參見本書四排十一段"永祥寺"條。

〔4〕參見清康熙十九年（1680）《古刹嘉興禪林匾額》，據北京大學圖書館藏原拓片録文。

〔5〕參見國立北平研究院《嘉興寺》，西四168。

〔6〕同上。

寺在清代地位不同尋常。

清咸豐十一年（1861），嘉興寺因靠近恭親王府，故被用作通商議事之所[1]。同治元年（1862），總理各國事務二品頂戴記名副都統參領長善、總理各國事務戶部右堂崇綸、理藩院侍郎恒祺、步軍統領衙門員外郎成林、經筵講官太子太保文華殿大學士管理刑部總理各國事務桂良、都察院左都御史總理各國事務文祥等多人重修嘉興寺，恭親王奕訢當爲主事者，曾手書木額"永垂金界"，立後殿木額"能除一切苦"[2]。後別設通商衙門，寺遂復舊，仍由賢首宗僧人住持。此時嘉興寺可能出現了財務危機，寺東鄰的西皇城根六十三號，本爲嘉興寺附屬房屋，同治年間，住持方遠將其典與黎姓[3]。光緒二十八年（1902），嘉興寺在僧録司補交契稅，至宣統二年（1910），廟又重修[4]。故民國初年，周肇祥過嘉興寺，見其"殿宇完新"[5]。民國十一年（1922），住持文成和尚曾請北平史野[6]將《賨通賢首傳燈録》重新謄録，敬存寺内，隱然有重振宗風之意。然而次年文成便去世，僧人崇輝接座。崇輝將少量廟房對外出租，每月得洋十餘元[7]。兩年後（1926），湯曉秋又將六十三號附屬房産代爲贖回，仍歸廟産，嘉興寺再呈興盛之象[8]。

崇輝任住持期間，嘉興寺廟産衆多，在西黄城根六十三號、六十四號共有房屋一百五十餘間，坐北朝南。其中，西黄城根六十四號内有東、西兩路建築。西路爲正院，共三進。山門南向，上有木額，門前大槐樹二株。山門東另有大門一所，内寓普通紡紗機器工廠，門前也有槐樹二株；第一進院内有前殿三間，内懸和碩恭親王手書"永垂金界"木額，殿内供關帝一尊，木質金身，前有鐵三供一份。旁有天王像四尊，均爲泥塑。關帝背後爲韋陀木像，立高三尺，前陳木漆五供一份。殿内存放壽材多口；第二進院有北殿三間，木額曰"大雄寳殿"，立於同治元年（1862）仲秋穀旦。殿内供釋迦佛木像一尊，坐像，後有座光，高達丈二。旁配像二尊，均爲立像木質漆金身。釋迦佛前有三世佛三尊，銅質坐像，僅高尺餘。另有小銅彌勒佛一尊，也祇尺餘。殿内法物衆多，有銅磬一口、木魚一口、仿古大銅五供一份、仿古宣德爐一座、鼓二面，康熙三十八年（1699）仲夏造銅鐘及康熙三十三年（1694）四月造鐵雲板也在此殿内。除此之外，殿内還有羅漢畫像四幅、繪羅漢十六尊、《講經傳戒規約》與《職事榜》字書二幅，及墨繪達摩畫像一幅。正殿東有配殿三間，木牌曰"十方堂"，時爲紡織科。西配殿三間，木牌曰"禪堂"，内供坐像木佛一尊。殿前懸小銅鐘板，康熙丁巳年（1677）五月吉日造小銅鐘一口。正殿旁東西夾道内各有東西房五間，其東爲客堂；第三進院内有後殿五楹，上懸翁同龢手書木額"平真實相"，内供三世佛三尊，均爲木像金身坐像，國立北平研究院的調查人員説其像"極莊嚴"，像前法臺，應即乾隆御賜達天和尚的講經法座[9]，上懸紙聯一幅，爲光緒癸巳

〔1〕參見《光緒順天府志》京師志十六·寺觀一，頁四百八十四。《北京市志稿·宗教志 名跡志》卷二·釋教二，頁六十一。《北平廟宇通檢》上編·内城内五區，頁七十三。《骨董瑣記》記爲"咸豐十年，設撫夷局於嘉興寺"。鄧之誠《骨董瑣記》，北京：北京出版社，1996年，頁四百九十五。

〔2〕參見國立北平研究院《嘉興寺》，西四168。

〔3〕北京市檔案館藏《北平市社會局·内五區嘉興寺僧人崇輝登記廟産的呈及社會局的批示》，檔案號J2-8-352，1930—1947年，頁四至五。

〔4〕同上，頁四十八。

〔5〕《琉璃廠雜記》，頁九十五。周肇祥認爲寺貌完好，乃因咸豐時爲通商議事所之故也，但恐怕更因歸於宣統重修之功。

〔6〕史野，字礦盧，室名綠野堂，北京人。民國時曾任北平市政府秘書。

〔7〕北京市檔案館藏《北平市社會局·内五區嘉興寺僧人崇輝登記廟産的呈及社會局的批示》，檔案號J2-8-352，1930—1947年，頁十九至二十一。

〔8〕同上，頁四至五。

〔9〕同上，頁十九。

年(1893)五月長沙徐樹鈞所書。其東經閣内存藏經一部,保存完整。殿内有紡綫木機多架,殿前有槐樹二株。殿下有鐘鼓,内銅鐘爲明成化八年(1472)所鑄。後殿左側有北耳房二間,時爲司房,當時也用於存放木機多架。西側北耳房二間,爲祖堂。

東路兩進,第一進院内首有南房三間,木額曰“歡喜堂”,爲肅親王墨寶。東西皆遊廊。北殿三楹,木額曰“能除一切苦”。殿内供千手佛立像一尊,左韋陀立像、右關帝立像,均爲木漆金身。像前有三世佛坐像三尊,爲銅像,另有銅佛坐像二尊、木質達摩坐像一尊,均高尺餘。法物有白地藍花瓷五供一份、大錫三供一份、銅磬一口、木魚二口。殿内抱柱木聯曰:“一稱南無佛皆以成佛道,念彼觀音力釋然得解脱”,落款爲“敬書蓮華經語,達無優婆塞王文治”;北殿後爲第二進院,内有北房三間,即方丈,抱柱對聯爲彭啓豐書“立身直欲高千仞,處世還思第二層”。東有跨院一所,内有北殿三間,其木額曰“昌化文明”,立於清光緒三十二年(1906),下面對聯,落款“信士弟子藴秀敬書”。東房三間,時爲織襪科。院内還有焚字庫一座,爲同治九年閏十月信士王士泰所建。院後爲菜園,約十二畝[1],門上石額曰“古刹嘉興禪林,康熙庚申年丁亥月重修”[2]。

西黄城根六十三號即附屬房屋,院門南向,院内東西房各一間。第二進院内有北過廳三間,東西房各三間,其東西各有小北房二間。再後有北房六間[3]。

此時嘉興寺廟産豐厚,下院有三處。一處爲西直門外白庵塔村崇慶寺,廟地四畝半,住房二十八間,耕地五十二畝,塋地二畝半。一處爲東直門外下院鎮海寺,佛殿住房共二十九間,土地三畝零四釐[4]。還有一處是崇文門外東月墻鎮海寺,其塔院也在此[5]。除西黄城根六十三號外,旌勇里八號有附屬灰梗房一所,共十一間,也爲嘉興寺附屬房産[6]。1931年北平市社會局調查時,嘉興寺每月收入約四十元,廟内連常住、掛單僧人、夥計在内一共約三十餘人。并辦有嘉興慈善普通紡織工廠一處,每年補助經費一百元[7]。

寺内所存文物亦多。經典有大藏經原藏、全續藏、又續藏等(但不全),《印度國開雷南古刹貝葉真經》、楞嚴指掌經板、法華指掌經板、全思益梵天所問經板等[8]。正院東路北殿前西廁所旁有臥碑二通,無座,上亦無字。方丈室内有乾隆年間湛富爲祝達天八十大壽所書對聯、乾隆御筆紙額、明末許立禮立關公親筆畫竹碑拓片、江陰沈靜芙做跋的關公五十三歲真像等。除此之外,如涵月和尚《八仙圖》,瑞元和尚《蘭草圖》,朱益藩、王祖憲等人字畫等,至民國末年均仍存廟内[9]。

至少從崇輝時代起,嘉興寺就是北京城内最重要的停靈辦喪寺廟,據常人春回憶,寺内主要應酬北城紳商各界的喪事,廟後菜園可以浮葬。袁世凱五姨太、大阿哥溥儁死後均在此停靈[10]。民國

〔1〕北京市檔案館藏《北平市社會局·内五區嘉興寺僧人崇輝登記廟産的呈及社會局的批示》,檔案號J2-8-352,1930—1947年,頁十九。

〔2〕以上主要依據國立北平研究院《嘉興寺》,西四168。

〔3〕北京市檔案館藏《北平市社會局·内五區嘉興寺僧人崇輝登記廟産的呈及社會局的批示》,檔案號J2-8-352,1930—1947年,頁四十九。

〔4〕據北京市檔案館藏《北平市民政局·北平市寺廟總登記簿》(第一冊),檔案號J3-1-203,1950年,頁三十三。

〔5〕北京市檔案館藏《北平市社會局·内五區嘉興寺僧人崇輝登記廟産的呈及社會局的批示》,檔案號J2-8-352,1930—1947年,頁十九。

〔6〕同上,頁四至五、頁十九、四十九。

〔7〕同上,頁十九。

〔8〕同上,頁四十九至五十。

〔9〕國立北平研究院《嘉興寺》,西四168。

〔10〕常人春《紅白喜事》,北京:北京燕山出版社,1996年,頁四百四十五。

三十三年（1944）時，有人稱嘉興寺停靈月收入一千餘元[1]，1946年時北平市警察局調查，嘉興寺內停靈達六百四十具，還曾存放有傅增湘、溥侊等人的靈柩[2]。在民國政府禁止寺廟停靈、興建殯儀館與公墓的大背景下，民國三十七年（1948），北平市社會局調查人員認爲，嘉興寺開班紡紗工廠未能發展，而該寺地點適中、房屋整齊、管理情況良好，且寺僧長期以來代辦喪事，非常適宜改建爲殯儀館，以利市民生活[3]。此後，攝政王載灃、畫家齊白石等人的喪事都在嘉興寺殯儀館內舉行[4]。

1949年北平市民政局調查時，崇輝仍任住持，廟內有僧人十名、夥計十三名，房屋共一百五十八間半，其中佛殿二十三間，其餘房屋由第五區第一街政府借用十幾間，僧人自用二十一間，製選紡綫機工廠佔用十間，煤鋪租用六間，另有五十餘間房屋專門用以停靈治喪。廟後菜園坵靈約五百餘口，其餘空地種植蔬菜[5]。1951年時，嘉興寺有十九間房屋被第四區第十五派出所佔用，三間居住軍區眷屬，六十一間被用高射炮十六團佔用[6]。但此時六十四號內的寺廟建築尚完好。仍有山門三間，灰筒瓦硬山調大脊；大雄寶殿面闊三間，筒瓦硬山調大脊，東西配殿均面闊三間；後殿面闊五間，筒瓦硬山調大脊。東西配殿各面闊五間；東院內有房三排，均爲三間，筒瓦硬山卷棚頂箍頭脊；後院是三合院，有北房五間、東西廂房各三間。但在20世紀50年代期間，嘉興寺被拆除建樓[7]。

2005年至2015年調查時，嘉興寺原址上是北海賓館。

---

〔1〕北京市檔案館藏《北平市警察局内五分局關於請調查農盛號製鹼商内部設備、查設福民胰皂土鹼工廠、嘉興寺和尚任意停靈、店鋪交接等的呈報》，檔案號J183-2-28754，頁一至七。

〔2〕北京市檔案館藏《北平市内外城各寺停靈柩調查表》，檔案號J183-2-40250，1946年，頁二十四及以後。

〔3〕北京市檔案館藏《北平市社會局·内五區嘉興寺僧人崇輝登記廟産的呈及社會局的批示》，檔案號J2-8-352，1930—1947年，頁七十六。

〔4〕常人春《紅白喜事》，頁四百四十五。

〔5〕北京市檔案館藏《北平市民政局民族事務科·本市寺廟情況查詢記録》，檔案號196-1-3，1949年。

〔6〕北京市檔案館藏《北京市民政局民族事務科·本市寺廟、僧道情況統計表》，檔案號196-1-11，1951年，頁一至四。

〔7〕《中國文物地圖集·北京分册》（下），頁八十六。

古刹嘉興禪林匾額

年代:清康熙十九年(1680)
原址:西城區厰橋西黄城根北街
拓片尺寸:高 22、寬 132 厘米
書體:楷書
《目録》:頁 150
拓片編號:京 490
拓片録自:《北京圖書館藏中國歷代石刻拓本匯編》第 63 卷 150 頁

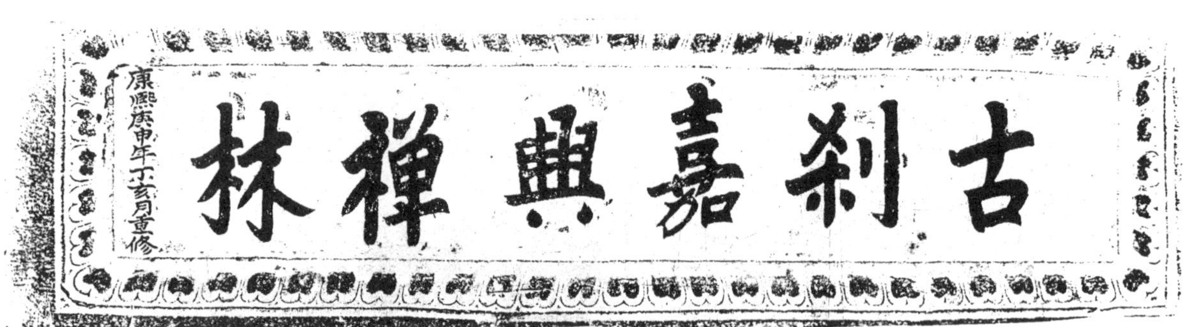
古刹嘉興禪林
康熙庚申年丁亥月重修

京 490 古刹嘉興禪林匾額

東直門外□□池北九頂廟住持興工□□
大清康熙三十三年四月吉旦遣（下漫漶）
吉祥王□□□燈□會弟子衆廿人等

嘉興寺雲板款識

嘉興寺雲板款識

年代：清康熙三十三年（1694）
原址：西城區廠橋西皇城根北街嘉興寺
書體：楷書
拓片録自：北京大學圖書館藏原拓片

録文：

東直門外□□迆北九頂廟住持興工□□[1]
大清康熙三十三年四月吉旦遣（下漫漶）[2]
吉祥王□□□燈□會弟子衆廿人等[3]

嘉興寺銅鐘題名

年代:清康熙三十八年(1699)
原址:西城區廠橋西皇城根北街嘉興寺
書體:楷書
拓片録自:北京大學圖書館藏原拓片

録文:

皇帝萬歲萬萬歲。

康熙三十八年仲夏吉旦。

照祥□□會首弟子:劉起龍、葛德、陶克托□爾、黑達子、大海、時□昌、阿世兒、孟各兒、敖俏喇、杜□庫、阿世兒、□□、三哥、孟可、公哥、訾長保、馬丫頭、□力各兒、蘇住兒、劉喜爾、八兒、孟可、牛□、□□、陳良□、內克兒、李久石、林祚隆、公布、五哥、□明、李四、沙吉兒、阿七兒、關保□□、曹加祥、文寶、□南、張保住、□頭、白子、孟五爾、李四爾、在住和尚、□□、□□、龍泉寶、□□代、李三爾、□三年、鎖住、□□、□□、門慶、徐明□、陳進忠、王進才、□□內、八達□、五十六、恩各兒、□元、照祥、京都順天府宛大二縣太平倉。

王天祥、□有□、陳應□、錢元成、艾進孝、姚舜、張應林、班的、趙進玉、俞起龍、八節□、趙八□、馬□□、薩□□、謝□□、劉□□、劉業林、□義□、□□、劉□、段住、□洛尹、□□才、恩可兒、二丁□、馬喜辰、劉進朝、周良住、杜成福、□之正、張花子、邵海□、金世德、張大、王進、張孟中、王管成、王進保、張奇遇、栢添爵、閆忠翠、曹鎖喜、何□□、張奇善、張國棟、□□爾、阿□海、烏拉咳、黃□子、□□、□代、八達□、白□、孟可、□□爾、□□□□、卓力兒、七□□、王□頭、白□□兒、吳保□、□□□、馬爾、石力、李保□、劉寶爾、石三爾、烏喇哆、溫三奇、張文秀、陳高、□□、張雲、郭二、陳奇鳳、程貴棟、何治進、王有道、李文相、石二寶、張宗玉、王萬化、熊廷庫、吳起重、楊公、段成、□會、李公。

胡德勝、田哈喇□、□國貞、□那翰、張國標、□□、胡添福、□元□、傅啟昌、馬天遊、(下泐)阿喇士、劉黑子、□弟、□□、石保、朱木、□八□、□文魁、□□、王六、韓廷選、東承、李天福、祝奇□、□世祿、曲有德、張國賓、□□□、班達士、呂承先、呂承祖、董進忠、石三寶、郭英士、吳夢龍、劉望□、呂應節、馬惟良、□□、竇三、田如月、王萬喜、張明宇、李本□、高文成、敖伯落、張文□。往生淨土呪:曩謨阿彌多婆夜,哆他伽哆夜,哆地夜他。阿彌唎都婆毗,阿彌唎哆。悉耽婆毗,阿彌唎哆。毗迦蘭帝,阿彌唎哆。毗迦蘭哆,伽彌膩,伽伽那,枳多迦利,娑婆訶。惠義龍圖樂□。訾福□、都洛□、劉□俊、霍爾、崔三、蔣文□、張五、□□、□□、□俊祥、八十、滿頓爾、□才、八代、王玉、段玄、內七兒、梁守成、周順、□□顯、黃九、長明、雷恒龍、趙應奇、五□、朱進孝、白彥、顧士、趙保、李□魁、謝金宗、崔三元。信女□布達力、關氏、白氏、穆氏。

褒忠祠

褒忠祠，不見於乾隆《京城全圖》，原址在今西城區地安門外西大街一百六十七號，寺廟建築現已不存。廟内原有碑刻三通，分别是清嘉慶十一年(1806)《額勒登保祠碑》、民國十八年(1929)《吉林先哲祠記》和同年的《吉林先哲題名碑》。

褒忠祠始建於清嘉慶十一年，爲祀領侍衛内大臣、三等公額勒登保所建。《光緒順天府志》引《會典事例》稱，時祠南向，大門三間，正中碑亭一座，正屋五間，東西廡各三間。燎爐一座，覆以黑琉璃瓦[1]。

額勒登保，《清史稿》中有傳[2]。他姓瓜爾佳氏，滿洲正黄旗人，世爲吉林采珠戶，隸屬打牲總管。乾隆年間，他參加征緬甸、平臺灣、征廓爾喀等役，官至駐藏大臣，加副都統銜，論功績兩次圖形紫光閣。嘉慶二年(1797)後，轉戰湖北、陝西、四川等地剿滅教民。嘉慶十年(1805)八月卒於京師，時年五十八。在清仁宗親自撰寫的碑記中，稱額勒登保"精白一心，備嘗艱阻，中外知其清節，朝野服其成勞"，並晉封爲三等公，謚忠毅，敕建褒忠祠入祀[3]。每年春、秋仲月，諏吉致祭[4]。以光緒十三年爲例，是年二月十七、八月十四兩次致祭褒忠祠[5]。

民國以後，額勒登保祠歸政府所有，但破損嚴重，僅有破屋數椽、穨垣十餘丈，其間瓦礫榛莽，交錯狼藉。民國十八年(1929)，政府意欲將其出售，徐鼐林得知消息後，集合在京的吉林人士齊耀珊、成多祿等人，向有關部門申請，捐資庀材，重修殿宇。徐鼐林原籍吉林，民國九年(1920)曾任吉林省長，在位期間對表揚吉林先賢古跡一事尤爲留心。退職後，他閒居於北京厰橋，

[1]《光緒順天府志》京師志六·祠祀，頁一百七十六。

[2]參見《清史稿》卷三四四列傳第一三一，頁一一一四六至一一一五四。

[3](清)嘉慶十一年(1806)《額勒登保祠碑》，據北京大學圖書館藏原拓片録文。

[4]同上引之《光緒順天府志》。

[5](清)李若虹《朝市叢載》，北京：北京古籍出版社，1995年，頁十八至二十。

其宅正在額勒登保祠東數百步的地方[1]。重修後的額勒登保祠更名爲吉林先哲祠,加祀額勒登保以後的吉林鄉賢,包括吉林將軍德英、伊犁將軍金順等十二人[2]。

至20世紀50年代,褒忠祠保存尚完整,當時還有南向大門三間,正中碑亭一座,正屋五間,東西廡各三間,上覆黑琉璃瓦,與《光緒順天府志》所記相符。衹是清代大門被改作券洞大門,上題石額"吉林先哲祠"[3]。當時已歸廠橋小學使用。1979年,廠橋小學新建教學樓,原祠建築可能在此時拆除。

2005年至2015年調查時,額勒登保祠原址仍是廠橋小學,原建築已無存。

〔1〕參見民國十八年(1929)《吉林先哲祠記》,京3622,《北京圖書館藏中國歷代石刻拓本匯編》卷九十六,頁三十三。

〔2〕民國十八年(1929)《吉林先哲題名碑》,京4159,《北京圖書館藏中國歷代石刻拓本匯編》卷九十六,頁五十。

〔3〕參見趙其昌《京華集》,北京:文物出版社,2008年,頁二百八十九。

御前大臣領侍衛內大臣都統三等公額勒登保褒忠祠碑文

朕考之祭法曰以勞定國則祀之所以褒異勳臣矜式群力也原任御前大臣太子太保領侍衛內大臣都統三等公額勒登保夙
嫺武略久在戎行昔事
皇考高宗純皇帝仰蒙鑒其忠懃資之禦侮自用師滇蜀暨臺灣廓爾喀疊經百戰兼戡三苗儋圭
先朝通侯列爵朕恭承大寶肅討小醜俾典師干身先士卒冒霜雪閱寒暑七載戡綏王省寧謐實操勝算以協廟謨朕用嘉焉第功晉
秩載畀躬圭寵以宮銜彰示偉績勞臣盡瘁疢疾驟乘毗倚方殷大星已隕念其精白一心備嘗艱阻中外知其清節朝野服其成
勞晉封為三等公特建專祠於地安門外發帑庀材祠成賜名曰褒忠春秋牲牢著在祀典於戲鼓鼙永靜將帥之績可思俎豆長
新山河之氣益壯用書鴻業播於貞珉億萬斯年光茲榮寵

嘉慶十一年五月二十日

《額勒登保祠碑》

額勒登保祠碑

首題：御前大臣領侍衛内大臣都統三等公額勒登保褒忠祠碑文
年代：清嘉慶十一年（1806）五月
原址：西城區皇城根
書體：右側漢文楷書，左側滿文
撰人：（清仁宗）顒琰
拓片録自：北京大學圖書館藏原拓片

【碑陽】

碑文：

【漢文】

御前大臣領侍衛内大臣都統三等公額勒登保褒忠祠碑文[1]

朕考之《祭法》曰："以勞定國則祀之。"所以褒異勳臣、矜式群力也。原任御前大臣太子太保領侍衛内大臣都統三等公額勒登保夙[2]嫻武略，久在戎行。昔事[3]皇考高宗純皇帝，仰蒙鑒其忠懇，資之禦侮。自用師滇、蜀暨臺灣、廓爾喀，疊經百戰，兼戢三苗。儋圭[4]先朝，通侯列爵。朕恭承大寶，肅討小憝，俾典師干，身先士卒。冒霜雪，閲寒暑，七載戡綏，王省寧謐，實操勝算，以協廟謨，朕用嘉焉。第功晉[5]秩，載畀躬圭，寵以宮銜，彰示偉績。勞臣盡瘁，疢疾驟乘，毗倚方殷，大星已隕。念其精白一心，備嘗艱阻，中外知其清節，朝野服其成[6]勞。晉封為三等公，特建專祠於地安門外，發帑庀材。祠成，賜名曰褒忠。《春秋》："牲牢著在祀典。"於戲！鼓鼙永靜，將帥之績可思；俎豆長[7]新，山河之氣益壯。用書鴻業，播於貞珉，億萬斯年，光兹榮寵。[8]

嘉慶十一年五月二十日。[9]

【滿文】

gocika amban ,hiya kadalara dorgi amban, gūsa be kadalara amban,ilaci jergi gung eldemboo i tondo be saišara jukden i boo i eldengge wehei bithe[1]bi kimcici, wecere doro i fiyeleme de faššame gurun be toktobuhangge oci, wecembi sehebi,ere cohome gungge ambasa be saišame maktame geren hafasa be huwekiyebume yendebukini sere jalin, gocika amban taidzi taiboo hiya kadalara dorgi amban,gūsa be kadalara amban, ilaci jergi gung bihe eldemboo si, coohai doro de daci[2] urehe,dain i bade goidame faššaha,[3] han ama g´aodzong yongkiyangga hūwangdi i fonde, sini tondo kicebe be bulekušefi,coohai bade unggihe ci yūn nan sycuwan tai wan, k´urke be dailara de, tanggūnggeri afaha bime, geli hūnan i miyoozi hūlha be gisabuha turgunde[4], g´aodzong yongkiyangga hūwangdi, kesi isibume heo i hergen fungnehe bihe, bi amba doro be sirame alifi,miosihon tacihiyan i ehe hūlhasa be bolgo obume geterembure de, simbe wekjime dasara amban sindaha tereci beye cooha ci nendefi, gecen nimanggi de funtume, šahūrun halhūn be dosome, nadan aniya necihiyeme toktobuhai, ilan goloi irgen be taifin i banjire de isibuhangge, yargiyan i joriha ici[5] forgošome gamara nashūn giyan de acahabi, ede mini beye sini gungge be šaišame uju jergi heo i hergen be dahūbuha, fašan be iletuleme taidzi taiboo i hergen nonggiha, jing afabume baitalaki seme ereme bisire de, si hūsun mohotolo faššahai nimeku bahafi, uthai akū oho be we gūniha, simbe bolgo gingge emu mujilen i jobome suilame kiceme faššaha babe dorgi tulergi sarkūngge akū[6] bime, sini gungge faššan be hafan irgen gemu saišambi seme gūnime, ilaci jergi gung wesibume fungnehe,uttu ofi, ne i elhe obure dukai tule cohotoi jukten i boo ilibure jalin, namun i menggun tucibufi weilebuhe, te weileme šanggafi tondo be saišara jukten i boo seme gebulefi, wecere kooli de dambufi niyengniyeri bolori forgon de wecekini seme afabuha, ai cooha[7] dain enteheme nakafi, jiyanggiyūn yuwansuwai i gung be be merkime gūnici acara be dahame dere fan faidafi erileme weceme, baturu kiyangkiyan i sukdun ele iletulekini, sini amba gungge be eldengge wehe de folobufi bunai tumen aniya otolo enteheme derengge doshon be alikini.[8]

saicungga fengšen i juwan emuci aniya sunja biyai orin[9]

京 3622《吉林先哲祠記》

京3622《吉林先哲祠記》

吉林先哲祠記

吉林爲東北一大都會其疆域內毗遼黑外與高麗壤
地相錯其習俗尚漁牧耕稼其人民樸僿勇敢有肅慎
渤海遺風有清之世初爲軍府後設民官數千年来深
林叢薄山川靈秀之所氤氲宜有魁奇鴻厖之士挺生
其間而世人或鮮稱道之者無他聲教殊而設治晚武
備重而文史疏莫爲之後雖盛弗傳也民國九年徐君
鼐林特任爲吉林省長君以吉人長吉故周知地方利
病其爲政勤且惠必厭民望而後止尤喜表揚先賢古
蹟爲鄉邦矜式期年之間民用大和既而解組人關卜
居宛平之廠橋其西有破屋數椽頹垣十餘丈瓦礫榛
莽交錯狼藉吉林故公額勒登保祠址也公姓瓜爾佳
氏世居吉林奮蹟乾隆朝臺灣廓爾喀兩役均圖形紫
光閣嘉慶初以平苗功爵通侯要以平定川陝楚三省
教匪爲最著仁廟嘉乃勳晉一等公建專祠於京師錫
名褒忠蓋即其地國變後沒於官將鬻之矣祠距君所
居不過數百武君與齊君耀珊成君多祿暨吉人在京
者謀所以保存之乃請於有司捐資庀材重新欀桷更
其名曰吉林先哲祠合祀吉林全省之鄉賢仍首列額
公從其朔也附祀諸賢悉以公之後進言行可紀者爲
斷昭其愼也祠成屬長沙章華爲文以紀其事嘗謂有
清二百餘年中原大亂凡三康熙曰三藩嘉慶曰教匪
咸豐曰金田當高宗仁宗之際文恬武嬉熾豐孽牙斗
米妖書之徒乘間竊發裹脅數十萬衆蹂躪至數千里
駸駸乎折天柱而絕地維其能用兵如神解倒懸出水
火光復日之日月則經略額公之功殆莫與抗詩曰方
叔元老克壯其猷額公有焉夫以勞定國有功德於民
與夫忠臣義士孝子悌弟足以樹風聲而資觀感者雖
家祀而户饗之不爲過矧其爲鄉先哲耶詩曰維桑與
梓必恭敬止徐君有焉君去位日久僑於燕距家山二
千里近且采輯舊聞創修吉林縣志復建祠以祀先哲
所以倡文教存典型孜孜若弗及則君之乃心鄉國與
其爲治概可知矣爰不辭謭陋而爲文曰
白山崇隆涑沫之東世有哲人不惟額公惟此額公廟
食於京豐碑猶在國步以更壇壝其空䖍蜮交集徐君
過之心焉怵惕廼牒有司請祀先哲乃謀鄉人崇墉樹
揭不朽有三德功與言是報是崇藴藻蘋蘩遼鶴歸來
載飛且鳴馨香俎豆於彼王城昔祀以國今祀以鄉千
齡萬禩佑我東方

長沙章華撰文　　三臺蕭方駿書丹

民國十有八年歲次己巳孟秋月吉日建石

吉林先哲祠記

首題：吉林先哲祠記
年代：民國十八年（1929）七月
原在地：西城區廠橋西黄城根北街
書體：楷書
撰人：章華
書人：蕭方駿
《目録》：頁 386
拓片編號：京 3622
拓片録自：據《北京圖書館藏中國歷代石刻拓本匯編》96 卷 33 頁

【碑陽】

碑文：

吉林先哲祠記。1

吉林爲東北一大都會。其疆域内毗遼黑，外與高麗壤 2 地相錯。其習俗尚漁牧耕稼，其人民樸僿勇敢，有肅慎 3 渤海遺風。有清之世，初爲軍府，後設民官。數千年来，深 4 林叢薄山川靈秀之所氤氳，宜有魁奇鴻厖之士挺生 5 其間。而世人或鮮稱道之者，無他，聲教殊而設治晚，武 6 備重而文史疏。莫爲之後，雖盛弗傳也。民國九年，徐君 7 鼐林特任爲吉林省長，君以吉人長吉，故周知地方利 8 病。其爲政勤，且惠必厭民望而後止，尤喜表揚先賢古 9 蹟，爲鄉邦矜式。期年之間，民用大和，既而解組入關，卜 10 居宛平之廠橋。其西有破屋數椽，頹垣十餘丈，瓦礫榛 11 莽，交錯狼藉。吉林故公額勒登保祠址也。公姓瓜爾佳 12 氏，世居吉林。奮蹟乾隆朝，臺灣、廓爾喀兩役均圖形紫 13 光閣。嘉慶初以平苗功爵通侯，要以平定川陝楚三省 14 教匪爲最著。仁廟嘉乃勳，晉三等公，建專祠於京師，錫 15 名褒忠，蓋即其地。國變後没於官，將鬻之矣。祠距君所 16 居不過數百武，君與齊君耀珊、成君多禄暨吉人在京 17 者，謀所以保存之。乃請於有司，捐資庀材，重新欀桷，更 18 其名曰吉林先哲祠，合祀吉林全省之鄉賢，仍首列額 19 公，從其朔也。附祀諸賢，悉以公之後進言行可紀者爲 20 斷，昭其慎也。祠成，屬長沙章華爲文，以紀其事。嘗謂有 21 清二百餘年，中原大亂凡三，康熙曰三藩，嘉慶曰教匪，22 咸豐曰金田。當高宗、仁宗之際，文恬武嬉，熾豐孽牙，斗 23 米妖書之徒乘間竊發，裹脅數十萬衆，蹂躪至數千里。24 駸駸乎折天柱而絕地維。其能用兵如神，解倒懸，出水 25 火，光復旦之日月，則經略額公之功，殆莫與抗。《詩》曰："方 26 叔元老，克壯其猷。"額公有焉。夫以勞定國，有功德於民，27 與夫忠臣義士孝子悌弟足以樹風聲而資觀感者，雖 28 家祀而戶饗之不爲過，矧其爲鄉先哲耶。《詩》曰："維桑與 29 梓，必恭敬止。"徐君有焉。君去位日久，僑於燕，距家山二 30 千里，近且采輯舊聞，創修《吉林縣志》，復建祠以祀先哲，31 所以倡文教存典型，孜孜若弗及，則君之乃心鄉國與 32 其爲治概可知矣。爰不辭譾陋而爲文曰：33

白山崇巄，涑沫之東。世有哲人，不惟額公。惟此額公，廟 34 食於京。豐碑猶在，國步以更，壇壝其空，虺蜮交集。徐君 35 過之，心焉怵惕。迺牒有司，請祀先哲。乃謀鄉人，崇墉樹 36 揭。不朽有三，德功與言。是報是崇，薀藻蘋蘩。遼鶴歸來 37，載飛且鳴。馨香俎豆，於彼王城。昔祀以國，今祀以鄉。千 38 齡萬禩，佑我東方。39

長沙章華撰文。三臺蕭方駿書丹。40

民國十有八年歲次己巳孟秋月吉日建石。41

吉林先哲題名
清封建威將軍太子太保雙眼花翎經略
大臣御前兼領侍衛內大臣三等公忠毅
公諱額勒登保
清封建威將軍吉林將軍莊毅公諱德英
清封建威將軍太子太保雙眼花翎欽差
大臣伊犁將軍圖爾格齊巴圖魯忠介公
諱金順
清封建威將軍盛京將軍兼奉天總督法
什尚阿巴圖魯誠勇公諱依克唐阿
清封資政大夫通政司使署禮部左侍郎
于公蓮舫諱凌辰
清封建威將軍綏遠將軍藹人公諱貽穀
清封建威將軍伊犁將軍馬勇僖公諱亮
清封榮祿大夫河南巡撫兵部侍郎都察
院副都御史于公次棠諱蔭霖
清封通奉大夫晉光祿大夫徐公驗修諱
廷璐
清封振威將軍庫倫辦事大臣桂亭公諱
喜昌
黑龍江都督兼民政長陸軍上將銜宋公
鐵楳諱小濂
清封光祿大夫齊公賢舫諱書甲
清掌貴州道監察御史齊公迪生諱忠甲
以上十三公或有勛勞於國家或有功
德於社會皆足師表人倫為後世法至
額公以前之賢達不敢附祀示尊也願
後之君子其各敦品勵行接踵而起庶
後之視今亦猶今之視昔先哲有知能
不引為同志乎爰綴數語以示來者鄉
後學徐鼐霖記並書
中華民國己巳年小陽月 穀旦

京 4159《吉林先哲題名碑》

吉林先哲題名

清封建威將軍太子太保雙眼花翎經略
大臣御前兼領侍衛內大臣三等公忠毅
公諱額勒登保
清封建威將軍吉林將軍莊毅公諱德英
清封建威將軍太子太保雙眼花翎欽差
大臣伊犁将军圖爾格齊巴圖魯忠介公
諱金順
清封建威將軍盛京將軍兼奉天總督法
什尚阿巴圖魯誠勇公諱依克唐阿
清封資政大夫通政司使署禮部左侍郎
于公蓮舫諱凌辰
清封建威將軍綏遠將軍藹人公諱貽穀
清封建威將軍伊犁將軍馬勇僖公諱亮
清封榮祿大夫河南巡撫兵部侍郎都察
院副都御史于公次堂諱蔭霖
清封通奉大夫晉光祿大夫徐公騐修諱
廷璹
清封振威將軍庫伦辦事大臣桂亭公諱
喜昌
黑龍江都督兼民政長陸軍上將銜宋公
鐵楳諱小濂
清封光祿大夫齊公賢舫諱書甲
清掌貴州道監察御史齊公廸生諱忠甲
以上十三公或有勳勞於國家或有功
德於社會皆足師表人倫爲後世法至
額公以前之賢達不敢坿祀示尊也願
後之君子其各敦品勵行接踵而起庶
後之視今亦猶今之視昔先哲有知能
不引爲同志乎爰綴數語以示來者鄉
後學徐鼐霖記並書
中華民國己巳年小陽月　　穀旦

京4159《吉林先哲題名碑》

吉林先哲題名碑

首題:吉林先哲題名
年代:民國十八年(1929)十月
原在地:西城區廠橋西黄城根北街
書體:楷書
撰人:徐鼐林
書人:徐鼐林
《目録》:頁386
拓片編號:京4159
拓片録自:據《北京圖書館藏中國歷代石刻拓本匯編》96卷50頁

【碑陽】
額題:
碑文:

吉林先哲題名。1

清封建威將軍太子太保雙眼花翎經略 2 大臣御前兼領侍衛内大臣三等公忠毅 3 公諱額勒登保。4 清封建威將軍吉林將軍莊毅公諱德英。5 清封建威將軍太子太保雙眼花翎欽差 6 大臣伊犁将军圖爾格齊巴圖魯忠介公 7 諱金順。8 清封建威將軍盛京將軍兼奉天總督法 8 什尚阿巴圖魯誠勇公諱依克唐阿。9 清封資政大夫通政司使署禮部左侍郎 10 于公蓮舫諱凌辰。11 清封建威將軍綏遠將軍藹人公諱貽穀。12 清封建威將軍伊犁將軍馬勇僖公諱亮。13 清封榮禄大夫河南巡撫兵部侍郎都察 14 院副都御史于公次堂諱蔭霖。15 清封通奉大夫晉光禄大夫徐公驗修諱 16 廷璿。17 清封振威將軍庫伦辦事大臣桂亭公諱 18 喜昌。19 黑龍江都督兼民政長陸軍上將銜宋公 20 鐵楳諱小濂。21 清封光禄大夫齊公賢舫諱書甲。22 清掌貴州道監察御史齊公廸生諱忠甲。23 以上十三公或有勷勞於國家,或有功 24 德於社會,皆足師表人倫,爲後世法。至 25 額公以前之賢達不敢坿祀,示尊也。願 26 後之君子其各敦品勵行,接踵而起,庶 27 後之視今亦猶今之視昔,先哲有知,能 28 不引爲同志乎。爰綴數語以示來者,鄉 29 後學徐鼐霖記並書。30

中華民國己巳年小陽月穀旦。31

四排九段

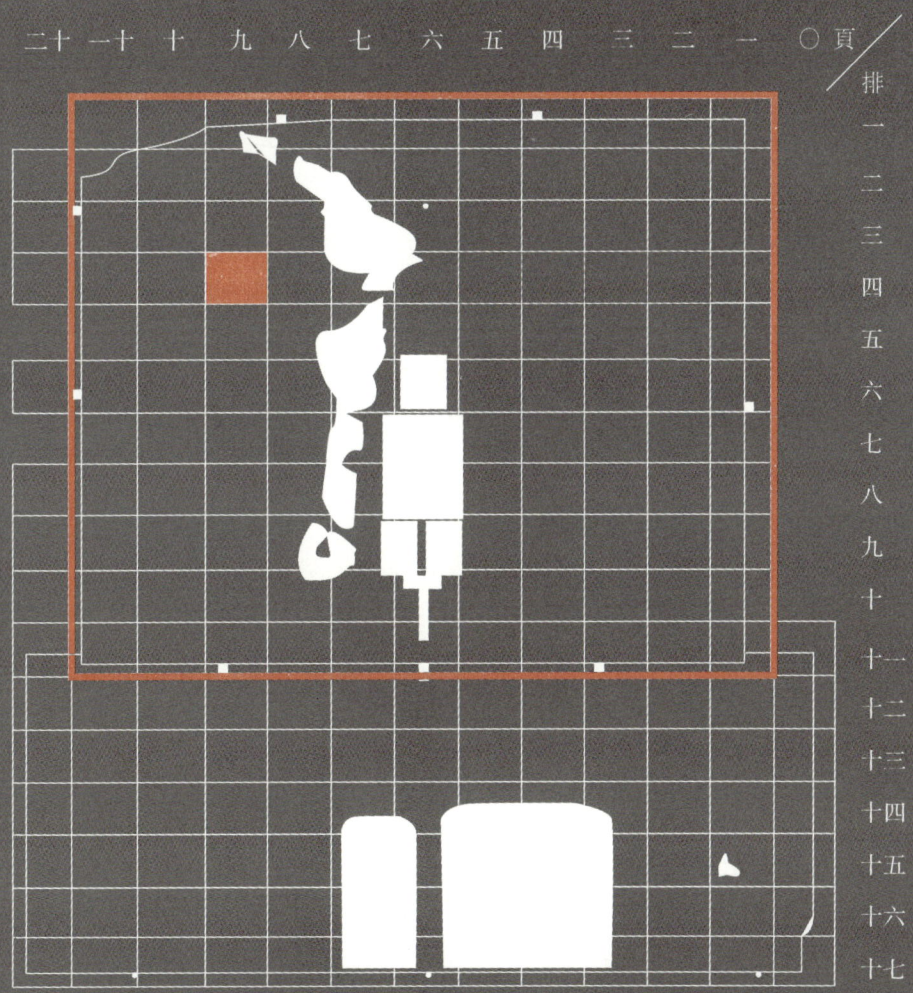

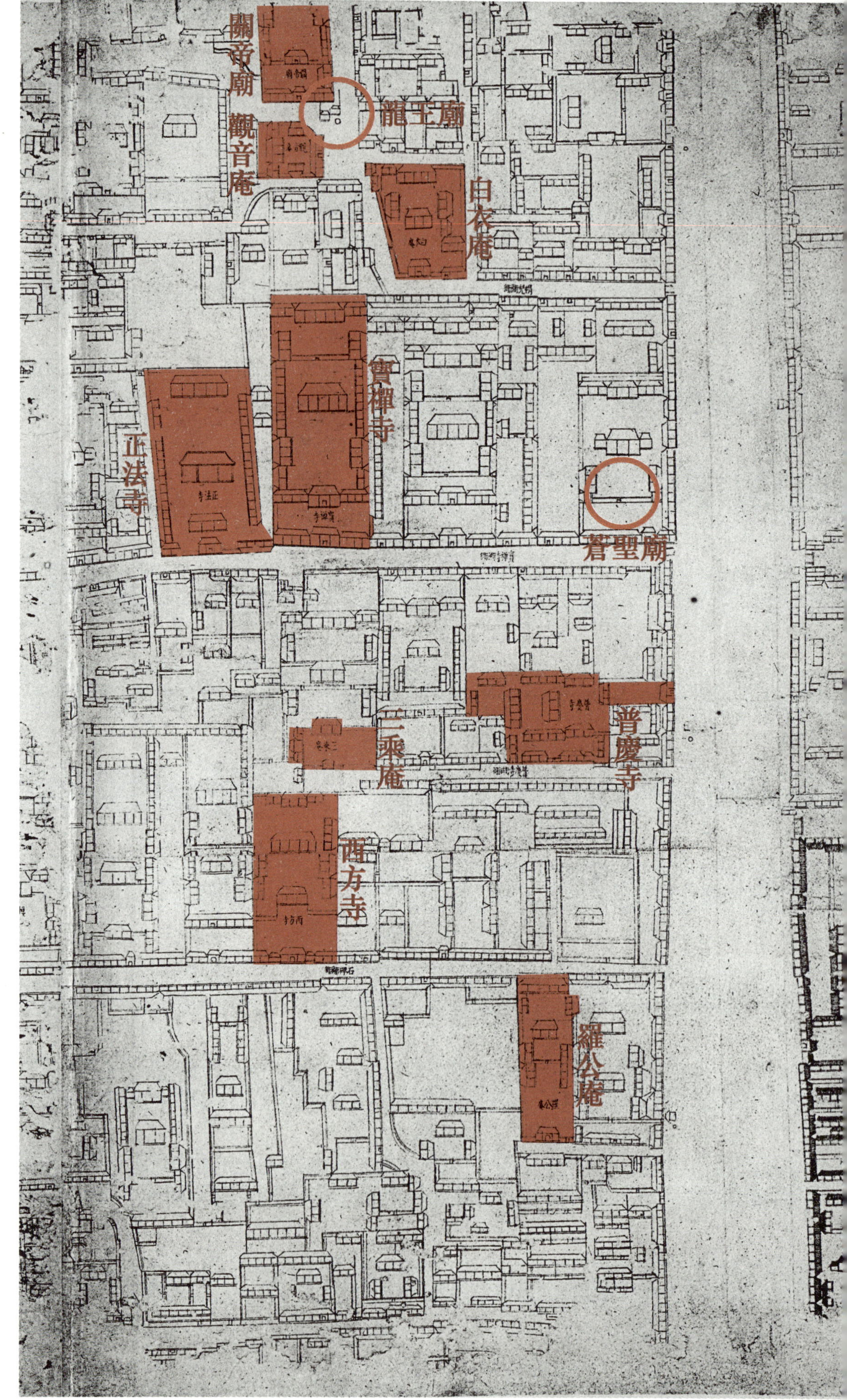
關帝廟
龍王廟
觀音庵
白衣庵
寶禪寺
正法寺
眘聖廟
三乘庵
普慶寺
西方寺
羅公庵

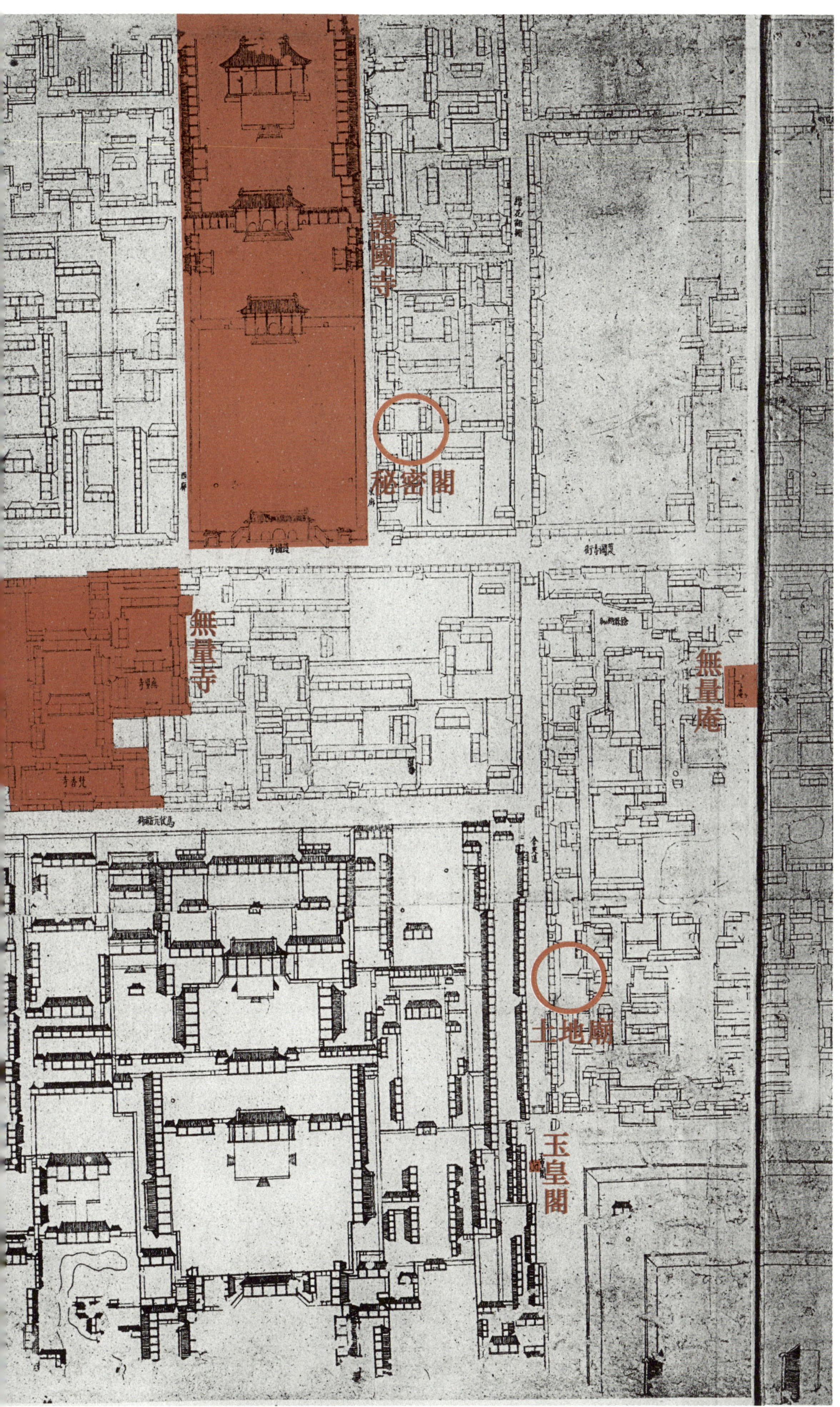
護國寺
秘密閣
無量寺
無量庵
土地廟
玉皇閣

護國寺

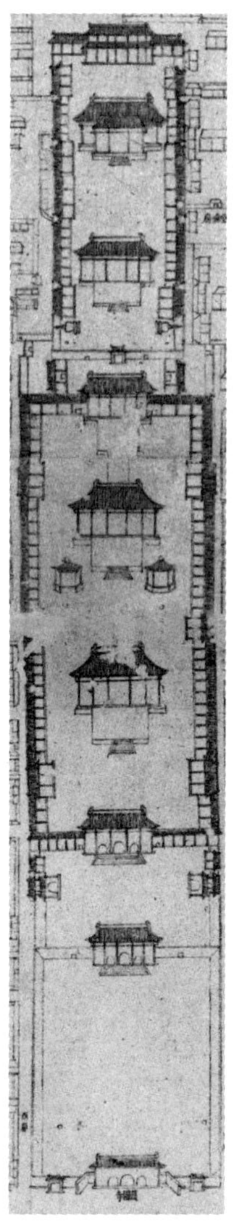

護國寺,元代名崇國寺,明代後又名大隆善寺、崇恩寺或大隆善護國寺。原址爲内四區護國寺大街三十七號(今西城區護國寺街九十三號),寺廟建築現存部分。

廟内原有碑刻十六通:元至元二十一年(1284)《崇國寺札子》、元皇慶元年(1312)《定演大師道行碑》、元延祐二年(1315)《舍利塔記》、元至正十一年(1351)《崇國寺碑》、元至正十四年(1354)《崇國寺聖旨碑》、元至正二十四年(1364)《善選法師傳戒碑》、明宣德十年(1435)《班丹札釋壽像殘碑》、明天順二年(1458)《桑渴巴辣實行碑》、明成化八年(1472)《護國寺題名碑》、明成化八年(1472)《護國寺碑》、明成化八年(1472)《御製大隆善護國寺碑》、明成化十七年(1481)《護國寺頒大乘藏經碑》、明正德七年(1512)《護國寺僧衆職名碑》、明正德七年(1512)《護國寺碑》(藏文)、明嘉靖二十二年(1543)《藏卜堅參承繼祖傳住持碑》、明代刻(無年月)《護國寺四至及職名碑》、清順治九年(1652)《護國寺碑》(藏文)、清順治十八年(1661)《護國寺新續臨濟正宗碑》、清康熙六十一年(1722)《崇國寺碑》。其中《護國寺新續臨濟正宗碑》(1661)與《護國寺僧衆職名碑》(1512)、《護國寺碑》(1512,藏文)與《護國寺四至及職名碑》(明代刻)、《護國寺碑》(1472)與《護國寺頒大乘藏經碑》(1481)分別同刻一石。另據《日下舊聞考》載,乾隆十二年(1747)駕臨護國寺,題有御製詩並立石寺中[1],然惜碑石拓片今均不見,民國時期寺廟調查記録中也不見記載。寺内還曾有石瓮一口,國家圖書館存其款識拓片。

[1] 參見《日下舊聞考》卷五十三·城市·内城西城四,頁八百四十六至八百四十七。

元大都中曾有南北兩座崇國寺,其崇國北寺即今之護國寺[1]。護國寺的始建時間,諸碑記載不一。刻於元至元二十一年(1284)的《崇國寺札子》稱,是年二月間,掌管佛教事宜和藏族地區事務的總制院上奏,請將大都路薊州遵化縣般若院交付崇國寺做下院,般若院所屬莊田、水碾等物也交由崇國寺僧修理。碑陰"崇國北寺地産圖"詳述了般若院之四至及地産。崇國北寺之名首見于此[2]。至元二十四年(1287),元世祖忽必烈"別賜地大都",時崇國南寺住持定演及門人協力建成大殿、經閣、丈室、廊廡、僧舍、齋廚等,此則崇國北寺之肇始,載於趙孟頫撰文並書丹的《定演大師道行碑》[3]。然元末至正十一年《崇國寺碑》卻將賜地一事記爲至元二十二年(1285)[4]。誠如劉敦楨推測,蓋其時頒賜頻繁,崇國寺所獲挾刹不下二十餘所,因而諸碑各執一詞,未獲一致[5]。因各碑所記時間差異不大,基本可推測,護國寺約建於元至元二十年前後[6]。

崇國北寺創建人定演,俗姓王,河北三河人。七歲入崇國南寺,事善選爲師,深得其稱讚。善選欲將(南)崇國住持之位傳於定演,然定演嗣游五臺山,其法兄定志執掌崇國寺。後定演還京居上方寺。逢崇國南寺再次虛席,演公乃出任住持。世祖爲嘉其道行,賜其法號"佛性圓融崇教大師"。崇國北寺建成後,昊天寺宿德雄辯大師顯淨將遼道宗親書之金字《大乘三聚戒本》傳於定演[7]。而後,定演大師於每年六月十九日資飯僧,誦大經,並斥資修繕南北二崇國寺之法物。定演住持崇國寺期間數蒙聖恩,獲賜白玉觀音菩薩像,皇太后亦降旨護其法。《定演大師道行碑》之陰刻有崇國北寺開山第一代宗派圖,并有一偈二十字,記載其宗派譜系[8]。

元朝時,崇國北寺經歷了數次擴建或重修。至正十一年(1351)《崇國寺碑》載,皇慶延祐間(1312—1320),元仁宗和剌搭室利皇后賜鈔三千餘錠擴建山門,而後壽元皇太后又賜鈔五百錠經營該寺[9]。延祐二年(1315)《舍利塔記》載,通奉大夫湖廣等處行中書省參政速安及其子中奉大夫曲迷失不花於該年在寺内建成舍利塔[10]。至正五年(1345),時任住持僧智學又捐資修繕法堂、雲堂、祖師伽藍二堂,及廚庫、僧房、侍者、僦賃等五十餘間,并新建鐘樓、法堂東廊廡、南方丈等房

〔1〕關於崇國南寺之歷史,參見《析津志輯佚》寺觀,頁七十二;元至正二十四年(1364)《善選法師傳戒碑》,京339,《北京圖書館藏中國歷代石刻拓本匯編》卷五十,頁一百三十三至一百三十四;元至元五年(1268)《定志塔銘》,京4140,《北京圖書館藏中國歷代石刻拓本匯編》卷四十八,頁四十四;元大德八年(1304)《定演壽塔記》,京2542,《北京圖書館藏中國歷代石刻拓本匯編》卷四十八,頁一百七十二。

〔2〕參見元至元二十一年(1284)《崇國寺札子》,京337,《北京圖書館藏中國歷代石刻拓本匯編》卷四十八,頁八十八至八十九。

〔3〕參見元皇慶元年(1312)《定演大師道行碑》,京338,《北京圖書館藏中國歷代石刻拓本匯編》卷四十九,頁十五至十六。

〔4〕參見元至正十一年(1351)《崇國寺碑》,京341,據北京大學圖書館藏原拓片録文。

〔5〕參見劉敦楨《北平護國寺殘跡》,北京:中國營造學社,1935年,頁二。

〔6〕又據康熙六十一年《崇國寺碑》,禁城西北的崇國寺建於元大德時(1297—1307),參見清康熙六十一年(1722)《崇國寺碑》,京336,《北京圖書館藏中國歷代石刻拓本匯編》卷六十七,頁一百五十三至一百五十四。但疑其年代久遠,疏於考證,記載或有誤。

〔7〕《善選法師傳戒碑》詳細記載了戒本從遼末到元初的傳嗣譜系:憫忠寺圓融宣密大師祥杲將戒本傳於善選,善選將其傳給寶集寺釋教都壇主行秀,行秀在善選示寂後又將其傳給崇國南寺定志,定志傳於昊天顯淨,顯淨又傳於定演。參見元至正二十四年(1364)《善選法師傳戒碑》,京339,《北京圖書館藏中國歷代石刻拓本匯編》卷五十,頁一百三十三至一百三十四。

〔8〕參見元皇慶元年(1312)《定演大師道行碑》,京338,《北京圖書館藏中國歷代石刻拓本匯編》卷四十九,頁十五至十六。

〔9〕參見元至正十一年(1351)《崇國寺碑》,京341,據北京大學圖書館藏原拓片録文。

〔10〕參見元延祐二年(1315)《舍利塔記》,京347,《北京圖書館藏中國歷代石刻拓本匯編》卷四十九,頁四十。

亦五十餘間,前後歷時六年[1]。

有明一代,護國寺成爲匯集西藏或印度僧侶的“西僧香火地”。其見諸碑碣者包括西天大喇嘛桑渴巴辣、西天佛子大國師班丹札釋等。班丹札釋,精通密乘的西藏高僧。宣德十年《班丹札釋壽像殘碑》稱,永樂年間,班丹札釋曾陪送大寶法王遠赴西藏,而後受成祖嘉獎,並奉敕命多次往返於西域中原之間。宣宗皇帝踐祚之初曾敕班丹札釋居住崇國寺,並賜額大隆善寺。班丹札釋感念聖恩,每日開設壇場,修明其法[2]。桑渴巴辣,中天竺人,無隱上師智光之徒,是精通密教的印度高僧。他於明永樂三年(1405)隨貢使從西藏遠到南京,謁見成祖。永樂十五年(1417),成祖下詔命其移居崇國寺,并奉旨於內府番經廠[3]教授內臣梵語經文和內外壇場法事,俸禄優渥[4]。

此外,該寺於明代亦經歷兩次重要的翻修或擴建。《桑渴巴辣實行碑》載,正統元年(1436),御用監太監阮文等興修後殿、山門、廊房、方丈居室,并翻新救度佛母像[5]。天順年間,寺廟再次傾頹。明憲宗於成化七年(1471),自出金帛重修大隆善寺,並加額“護國”,內侍太監等臣、皇太后及中宮并各宮皇妃,下至女官宮人等,亦各出銀兩,共成勝事。工程肇始於成化七年九月初八日,由太監黃順、覃勤率領監督內官杜堅等十三員及侍郎等官,又蒯祥等各色工匠千數餘人,於成化八年十一月初二日工竣。憲宗親書《護國寺題名碑》《護國寺碑》《御製大隆善護國寺碑》三碑以記其事[6]。

明代皇室對護國寺之頒賜亦不在少數。正統四年(1439)敕賜崇恩之額。成化十七年(1481),憲宗又降旨,賜大隆善護國寺大乘藏經,并於該寺敷設壇場,每年正月二十九日至二月初二日舉行天地冥陽水陸佑國保民迎祥永慶圓經大齋三晝夜[7]。另,刻於正德七年(1512)的《護國寺僧衆職名碑》列舉的首位僧人大慶法王領占班丹即正德帝本人[8]。

清順治十八年(1661),邢襄鵲山興化寺海寬與僧録司左善世兼大隆善護國寺住持覺公“聯燈合譜,共成一派”,并新續字輩譜編入祖燈。海寬撰寫《護國寺新續臨濟正宗碑》記録續譜一事[9]。清《雍正廟冊》與《乾隆廟冊》均未記載護國寺,殆因其在雍乾兩朝仍爲藏傳佛教寺廟。清康熙六十一年(1722),蒙古諸貴族要求重修該寺,爲清聖祖祝壽。工畢後,聖祖御製碑文,並以漢、藏、滿、

---

〔1〕參見元至正十一年(1351)《崇國寺碑》,京341,據北京大學圖書館藏原拓片録文。

〔2〕參見明宣德十年(1435)《班丹札釋壽像殘碑》,京345,《北京圖書館藏中國歷代石刻拓本匯編》卷五十一,頁七十九。

〔3〕即清乾隆《京城全圖》六排五段“番經廠”,清後更名嵩祝寺、智珠寺、法淵寺。

〔4〕參見明天順二年(1458)《桑渴巴辣實行碑》,京343,《北京圖書館藏中國歷代石刻拓本匯編》卷五十二,頁十。碑中稱崇國寺爲“崇恩寺”,蓋因此碑刻於明天順年間,廟額已改作“崇恩”。然永樂年間應仍稱“崇國寺”。

〔5〕同上。

〔6〕參見明成化八年(1472)《護國寺題名碑》,京335,《北京圖書館藏中國歷代石刻拓本匯編》卷五十二,頁九十六至九十七;明成化八年(1472)《護國寺碑》,京340,《北京圖書館藏中國歷代石刻拓本匯編》卷五十二,頁九十五;《御製大隆善護國寺碑》,《宛署雜記》卷十八,頁二百。

〔7〕參見明成化十七年(1481)《護國寺頒大乘藏經碑》,京334,《北京圖書館藏中國歷代石刻拓本匯編》卷五十二,頁一百六十六。

〔8〕參見明正德七年(1512)《護國寺碑》。據考證,明武宗曾自稱“大慶法王領占班丹”,參見(美)魏盟夏(Marsha Weidner)《西方收藏明朝成化與正德時期漢藏風格的唐卡》,《故宮博物院院刊》2007年第5期,頁七十八至九十七。

〔9〕參見清順治十八年(1661)《護國寺新續臨濟正宗碑》,京330,《北京圖書館藏中國歷代石刻拓本匯編》卷六十一,頁一百七十八。

蒙四語勒石[1]。石刻史料提供的護國寺於清代之修繕記録僅此一條。乾隆十二年(1747)清高宗弘曆曾駕臨護國寺,題有御製詩,《日下舊聞考》載其碑文[2]。

從清乾隆《京城全圖》上看,護國寺位於護國寺街,坐北朝南,共九進院落。最外山門三間,又八字牆,東西兩側又各開一道小門;第一進院落四周環以牆垣,有較大空地。南側似有水井兩口,分居東西兩旁。北側正殿五間,殿前設有臺階,殿左右短墻各開一道小門通往下一進院落;第二進院落北殿五間,有臺階,殿前東西兩側又各有小房兩間,并鐘鼓二樓;第三、四、五進院落前後相通,四周圍以數十間僧寮。南北兩側均各開有穿堂小門兩間,與前後進院落連通。第三進院落有正殿五間,殿前有月臺及臺階,並東西配殿各三間;第四進院亦正殿五間,殿前有月臺臺階,又碑亭二座,分列東西兩側。碑亭前似各有水井一口。有東西二配殿;第五進院落正殿五間,殿前似有甬道與第四進院落正殿相連,亦有東西二配殿各三間;第六進院落較小,爲前後兩部分之連結部。東西兩側各僧房三間,分別開小門與寺外相通。北牆正中有門一座,兩側各有小門,三門均通向下一進院落;第七、八、九進院落亦彼此相通,東側、西側及北側三面環以數十間僧房。第七進院南側似有水井兩口。又塔兩座,分列東西兩旁。而後正殿五間,有月臺。東西兩側各有配殿三間;第八進院落正殿五間,有抱廈三間。東西兩側各有配殿五間;第九進院落正殿七間,上下兩層。殿前東西亦各有配殿三間。寺之規模可見一斑。另,《京城全圖》中尚有一座小院名爲"崇國寺",恰位於護國寺第六進院落東側,時或爲護國寺之塔院。

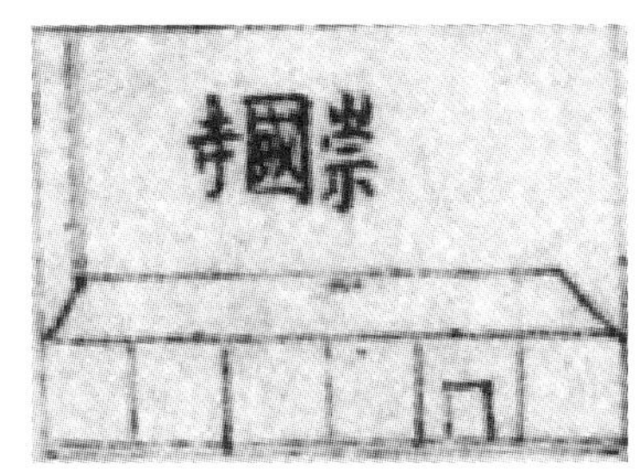

清之護國寺與皇家依然聯繫密切。乾隆二十一年(1756)内務府《呈京城内外供奉擦擦佛寺廟名單》中著護國寺之名[3]。乾隆、嘉慶二朝,護國寺曾是爲皇上舉辦萬壽道場的寺廟之一,例如乾隆四十九年(1784)八月初九日至十七日、嘉慶七年(1802)、嘉慶十二年(1807)及嘉慶十四年(1809)十月初二日至初十日等,護國寺均有五十四名喇嘛舉辦萬壽吉祥道場九永日[4]。嘉慶九年(1804),清仁宗曾賞給護國寺哈達三十匹[5]。

入清之後,護國寺廟市爲京城首重之一。護國寺廟市源於何時已無考。然乾隆《大清一統志》中便記載護國寺每月逢七、八日有廟市。又據《藤陰雜記》,每逢開市"百貨具陳,目迷五色",甚至王公貴族也"步行評玩",足見乾隆朝護國寺廟市之盛況[6]。自此,西城護國寺與每月逢九、十日開市的東城隆福寺並稱東西二寺[7]。直至清末,此二廟之繁盛依然不減。如《燕京歲時記》描述,開廟之日百貨雲集,古玩、書畫、花鳥、鷹犬無所不有。而兩廟花廠尤爲雅觀,四季皆有花卉,一些春季品

〔1〕參見清康熙六十一年(1722)《崇國寺碑》,京336,《北京圖書館藏中國歷代石刻拓本匯編》卷六十七,頁一百五十三至一百五十四。

〔2〕參見《日下舊聞考》卷五十三·城市·内城西城四,頁八百四十六至八百四十七。

〔3〕中國第一歷史檔案館藏《録副雍乾朝内務府奏案·呈京城内外供奉擦擦佛寺廟名單》,乾隆二十一年八月十六日,檔案號05-0148-085。

〔4〕中國第一歷史檔案館藏《録副雍乾朝内務府奏案·奏報萬壽節萬壽寺等處辦道場事》,乾隆四十九年七月十八日,檔案號05-0387-007;《録副雍乾朝内務府奏案·奏爲萬壽聖節萬壽寺辦道場事》,嘉慶七年九月十七日,檔案號05-0497-036;《録副雍乾朝内務府奏案·呈爲分掛各寺廟畫軸數目單》,嘉慶十二年六月二十九日,檔案號05-0516-037;《録副雍乾朝内務府奏案·奏爲萬壽寺等處辦道場事》,嘉慶十四年九月二十一日,檔案號05-0544-068。

〔5〕中國第一歷史檔案館藏《録副雍乾朝内務府奏案·呈爲賞給各寺廟哈達數目單》,嘉慶九年二月初六日,檔案號05-0512-005。

〔6〕參見(清)戴璐《藤陰雜記》卷五,北京:北京古籍出版社,1982年,頁五十三。

〔7〕參見《藤陰雜記》卷五,頁五十三;《光緒順天府志》京師志十六·寺觀一,頁四百九十八;《燕京歲時記》東西廟,頁五十三至五十四。

種甚至能在嚴冬開放[1]。

民國時寺廟規模與清代幾乎無異，唯部分寺廟房屋已租賃給工廠或商鋪。20 世紀 30 年代，護國寺尚存山門及八座主殿，共九進院落。山門之後第一層爲金剛殿；第二層爲天王殿，鐘樓無，僅存殘破的鼓樓。天王殿東側有南房三間，爲衛生衣廠；第三層延壽殿殿頂已坍塌。東殿原爲關帝殿，已坍圮。西殿爲無量殿。延壽殿西有西棚二間，小本營業。東有房十一間，時爲東海軒茶館、文雅軒等。西房亦十一間，爲永順堂，售藏秀白蠟。東配殿之北有房十一間，時爲遇友軒、富海軒等茶館。西配殿之北亦有房十一間，爲寶興堂藏秀白蠟等；崇壽殿位於第四層，殿頂亦坍塌，殿内佛像甚至因此被砸毁；第五層土坯殿於其時已坍，僅存四框。東配殿原爲大悲殿，已坍，原址上又新建小房兩間。西配殿爲地藏殿。土坯殿西有北房西房各三間，爲瑞生堂，售木盤、木碗、藏香等；位於第六層的三大士殿尚存有東西配房各三間，以及兩座塔，分别立於東南角和西南角，又有藏經閣一；第七層爲功課殿；第八層爲佛樓，上層已塌，僅存下層東一間，西三間。此時，護國寺内尚保存有大量匾額、塑像、法器、碑刻及樹木等。兹列下表。

20 世紀 30 年代護國寺各殿所見匾額、雕像、法器、碑刻及樹木一覽表

	匾額	塑像	法器	碑刻	樹木
山門	石額大隆善護國寺		大寶鼎一，連鐵座高丈許，大清康熙六十一年春月吉日欽造。旗桿座二，已殘。		古槐八株，小槐一株。
第一層金剛殿		泥韋馱一尊，北向立，已殘蝕。 又彌勒一尊，哼哈二將，均泥塑。			
第二層天王殿	木額天王殿	泥胎四大天王坐像，殘。			古柏三株，古槐一株，小槐一株。
第三層延壽殿	西殿木額無量殿	釋迦佛一尊，童一，均泥胎。西殿内供無量佛一尊，泥胎金身，坐像；泥童二；釋迦像一；又真武、玉皇像各一，係寄存；小泥像三，爲關帝、二郎、伽藍，大明成化年造；又愁佛一，殘；又小泥佛十餘尊。	鐵寶鼎一，年款同前，位於月臺下。西殿内大圓形銅爐一，銅蠟扦二，銅磬一。又鐵寶鼎一，年款同前，位於無量殿北之西房内。	左碑一，陽刻《崇國寺新續臨濟正宗碑》，京 330；陰刻《護國寺僧衆職名碑》，京 331。右碑一，陽刻藏文《護國寺碑》，京 8419；陰刻《護國寺四至及職名碑》，京 8420。	槐二，柏三，楊一，棗二，椿一。無量殿北有枯柏四。
第四層崇壽殿	有木額曰碑亭	三世佛坐像三尊，童二，羅漢十八，均木像。		左碑二：其一爲《御製大隆善護國寺碑》（無拓片）；其二陽刻《護國寺碑》，京 340；陰刻《護國寺頌大乘藏經碑》，京 334。右碑二：其一爲《崇國寺碑》，京 336；其二爲《護國寺題名碑》，京 335。	

〔1〕參見《燕京歲時記》“東西廟”條，頁五十三至五十四。

（续表）

	匾額	塑像	法器	碑刻	樹木
第五層土坯殿	西配殿木額地藏殿	西配殿内供地藏一尊，立童四，十殿閻君十尊，均泥塑。又監齋大士像，在銅爐左；追魂菩薩像，在銅爐右，均泥塑。	西配殿供錫五供一份，圓銅爐一，大明成化年造。又銅磬一，小銅爐二。又圓鐵爐一，無款識。	土坯殿内西側碑一：爲《崇國寺札子》，京 337。左碑三：其一爲《定演大師道行碑》，京 338；其二爲《善選法師傳戒碑》，京 339；其三爲無字碑。右碑四：其一爲《崇國寺碑》，京 341；其二爲《崇國寺聖旨碑》，京 342；其三爲《桑渴巴辣實行碑》，京 343；其四爲無字碑。土坯殿北墻東小門東有一石：爲《舍利塔記》，京 347。	古槐二。
第六層三大士殿		木胎三世佛像三尊，殘；童二，殘；松花佛泥像二，位於銅爐左右，殘。又立童二；西藏佛三；配像二，殘。	圓銅爐一，大明成化年造。	殿前碑一：爲《藏卜堅參承繼祖傳住持碑》，京 344。	槐三，椿一。
第七層功課殿	有額曰寶蓮法地，康熙御筆。	釋迦佛一尊，童二，松花小佛一，左右番僧二，銅羅漢九。	錫三供一份，宣德爐一，壇城三，大銅磬一。殿前圓鐵爐一，道光二十七年八月吉日立；白玉水鉢一，淨手用，大清乾隆壬戌年夏四月吉旦一松堂弟子唐士恭獻。	殿左碑一：爲藏文《護國寺碑》，京 8542。	槐五，柏一，椿一
第八層佛樓		銅善菩薩一尊，	鐵爐一，乾隆四十年四月吉造；鐵磬一，天啓六月造；方鐵爐一，大清道光九年六月。	殿東南隅殘碑一：爲《班丹札釋壽像殘碑》，京 345。	

然據民國檔案記載，20 世紀 30 年代至 40 年代，護國寺中曾屢次發生寺内喇嘛勾結巡長、古玩商等，私自將廟内的古物、木料、經卷甚至佛像售予附近公館、木材加工廠甚至外國使館的事件[1]。此時廟會仍盛。30 年代時，北京菩提學會居士林曾提議，爲修繕白塔寺，應將白塔寺廟會移往護國寺，白塔寺當家及僧衆對此提議並無異議，唯恐攤販有所反對，皆因護國寺地租昂貴[2]。

護國寺歷史上曾流傳諸多關於寓居此寺之名人的傳説。例如，《帝京景物略》記載，元代的崇國北寺曾爲丞相托克托（或言脱脱）故宅，并有托克托夫婦像立於廟中[3]。《日下舊聞考》延續這一説法，並加按語稱，其時托克托夫婦塑像仍侍立殿中[4]。然據《燕都叢考》考證，此傳言殆不可信，大概

〔1〕參見北京市檔案館藏《北平市警察局・北平市公安局關於護國寺廟内趙喇嘛等勾結何巡長盜賣古物的呈》，檔案號 J181-31-3493；《北平市警察局外城各分局・公安局關於密查資賣護國寺佛像訓令及外五區呈》，檔案號 J184-2-15371；《北京市警察局内城各分局・北平市警察局關於護國寺喇嘛王濟學被開除仍逗留未去保安系人員會組成保安稽查科及圓英法師在德仁堂講經的訓令》，檔案號 J183-2-25130。

〔2〕參見北京市檔案館藏《北平市警察局内城各分局・北平市警察局關於取消白塔寺廟會，廟會移護國寺訓令函》，檔案號 J183-2-25981。

〔3〕參見《帝京景物略》卷之一・城北内外・崇國寺，頁三十三。

〔4〕參見《日下舊聞考》卷五十三・城市・内城西城四，頁八百四十二至八百四十四。

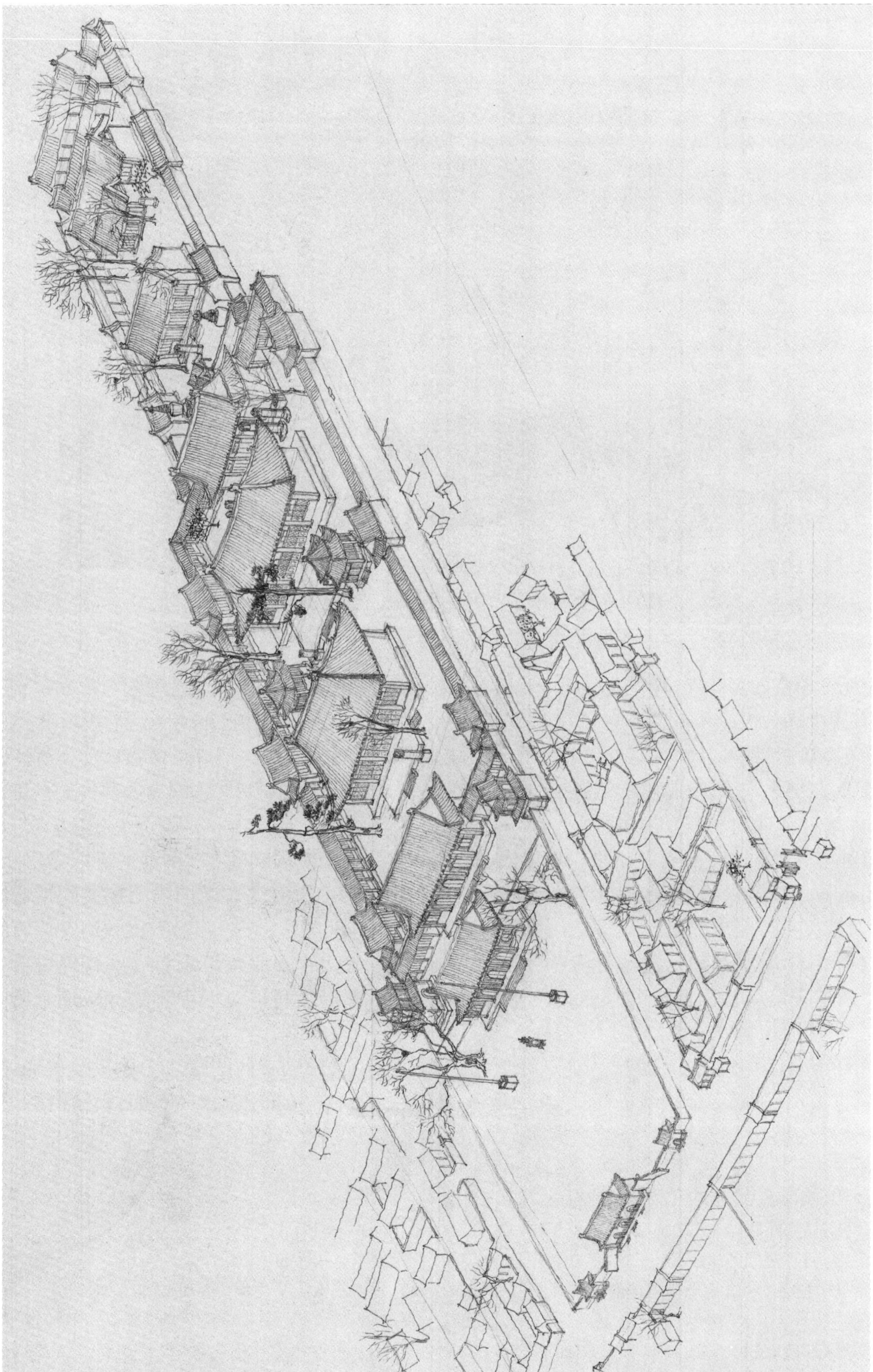

民國時期護國寺廟貌復原圖（王南手繪）

護國寺金剛殿（2013年9月 曉松攝）

當時托克托丞相常假寓此寺，日久遂誤傳寺爲其宅[1]。又如，《帝京景物略》記載，護國寺曾爲姚廣孝影堂，供有姚少師的畫像和木主牌位[2]。《日下舊聞考》成書時姚廣孝畫像已無考[3]。然1935年出版的《舊都文物略》卻將雕於明宣德十年的一尊木製趺坐像認爲姚廣孝像。這尊坐像實爲前文所述的西藏高僧班丹札釋[4]。此外，《藤陰雜記》《京師坊巷志稿》等清代文獻記載，護國寺之西曾先後是張廷玉、史貽直、王際華師徒三人的居所[5]。

據當地老住戶回憶，直至20世紀50年代，護國寺中仍有十幾個喇嘛，其收入主要依靠房租、廟會出租攤位費以及做法事，有時也義務給窮人轉咒。每逢初一十五還會敞開廟門接受附近居民的朝拜。又據北京市歷史檔案顯示，50年代護國寺廟市再次經歷調整。時西四區人民政府希望將護國寺和白塔寺改爲固定市場，護國寺衆喇嘛無意見，然白塔寺喇嘛和北京市喇嘛寺廟管理委員會均不同意改建白塔寺。因而區政府提議在護國寺改爲固定市場後將把白塔寺流動攤販遷至護國寺，白塔寺不再設市場[6]。

2004年6月20日，北京西城區護國寺十一號發生火災，護國寺西配殿之一地藏殿被焚毁。2015年調查發現，護國寺金剛殿仍存，已無法進入。原天王殿所在位置現爲天時賓館，六層白樓。延

〔1〕參見《燕都叢考》卷，頁三百二十八至三百四十。

〔2〕參見《帝京景物略》卷之一·城北内外·崇國寺，頁三十四。

〔3〕參見《日下舊聞考》卷五十三·城市·内城西城四，頁八百四十二至八百四十四。

〔4〕參見步連生《明宣德十年雕造的班丹札釋像——非傳説之姚廣孝像》，《文物》1979年第7期，頁八十二至八十六。

〔5〕參見《藤陰雜記》卷四，頁四十；《京師坊巷志稿》卷上，頁九十二。

〔6〕北京市檔案館藏《北京市人民政府秘書廳 · 民政局關於徵用梵香寺喇嘛廟的補償費和西四區政府整修護國寺場院固定市場的請示及市府的批復》，檔案編號2-6-248。

壽殿已改爲容園賓館,延壽殿東西二配殿今已不存。崇壽殿現爲護國寺大院六十五號西城區文化局辦公室,東西二配殿皆存,今爲民房。此外,崇壽殿西側群房現存部分,亦爲民居。土坯殿今已不存,現爲煤鋪,但仍可見原殿北墻石柱礎三個,西廊柱礎一個;西側群房尚存部分;東配殿尚存,俱爲民房。原護國寺垂花門現爲百花深處十七號,院内兩座舍利塔早已不存。唯三大士殿於 2013 年復建。

班丹札釋像

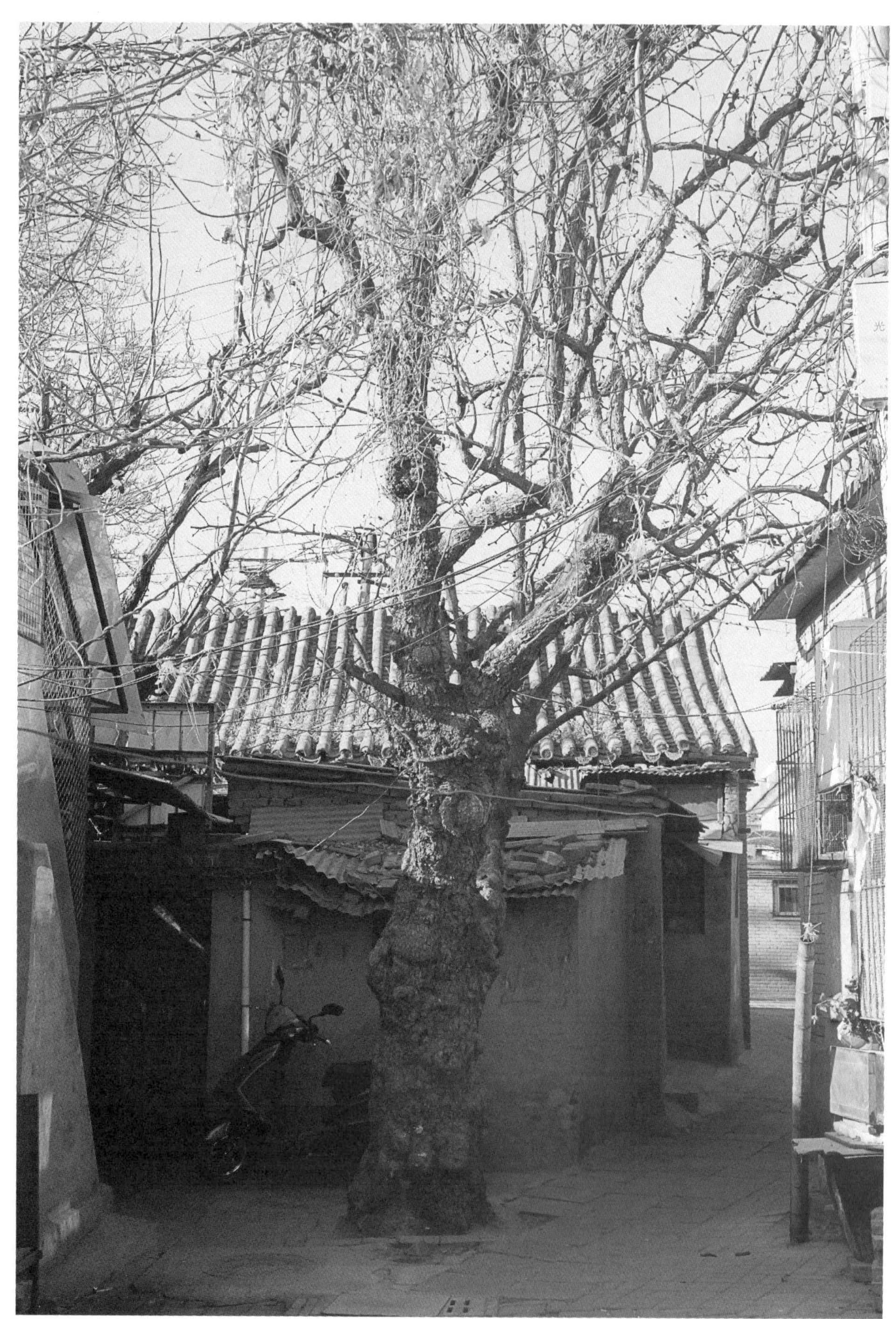

千佛閣（土坯殿）西廊房南面及棗樹（2015 年 3 月 王軍攝）

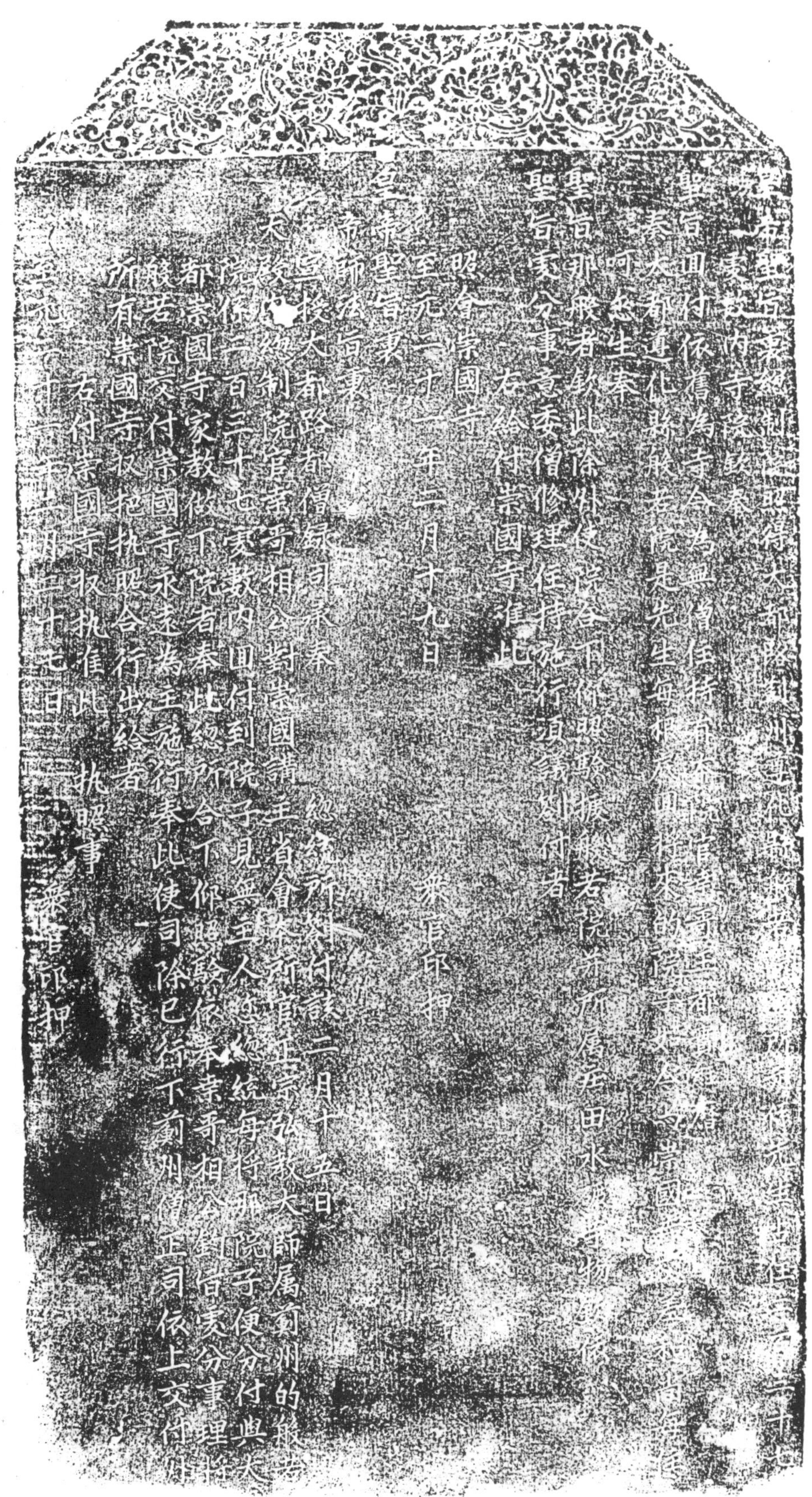

京 337《崇國寺札子》陽

京 337《崇國寺札子》陰

皇帝聖旨裏總制院照得大人都路薊州遵化縣般若院壹所元係先生占住二百三十七
處數內寺院欽奉
聖旨回付依舊爲寺今爲無僧住持有本院官桑哥玉都實經歷
奏大都遵化縣般若院是先生每根底回將來的院子如今與崇國寺交差和尚每住
呵怎生奉
聖旨那般者欽此除外使院合下仰照驗據般若院並所屬莊田水碾等物欽依
聖旨處分事意委僧修理住持施行須議劄付者
右給付崇國寺準此
照會崇國寺
至元二十一年二月十九日　　衆官印押
皇帝聖旨裏
帝師法旨裏
宣授大都路都僧録司承奉　　總統所劄付該二月十五日
大殿內總制院官桑哥相公對崇國講主省會本所官正宗弘教大師屬薊州的般若
院係二百三十七處數內回付到院子見無主人您總統每將那院子便分付與大
都崇國寺家教做下院者奉此總所合下仰照驗依奉桑哥相公鈞旨處分事理將
般若院交付崇國寺永遠爲主施行奉此使司除已行下薊州僧正司依上交付外
所有崇國寺收把執照合行出給者
右付崇國寺收執準此　執照事
至元二十一年二月二十七日　　衆官印押

京 337《崇國寺札子》陽

崇國北寺地產圖

大都路薊州遵化縣豐稔鄉蘇家莊般若院
常住應有房舍莊田水碾磨等物花名下項
東至附馬寨廟西水渠爲界南至河南山頭
爲界西至田知事墳爲界北至鵰山爲界内
上下水碾二盤石家莊莊子一處東至自己
河爲界南至分水嶺爲界西至神樹分水嶺
爲界北至荅安分水嶺爲界東樸子河水碾
一盤内贍碾地二十畝隔城口水碾一盤内
贍碾地約二十余畝

大元至元二十一年　月　日

三剛等立石

特賜佛性圓融崇教華嚴傳戒大師演吉祥

京337《崇國寺札子》陰

崇國寺札子

年代:元至元二十一年(1284)二月二十七日
原址:西城區護國寺街
拓片尺寸:碑陽高116、寬60厘米;碑陰高113、寬60厘米
書體:楷書
《目録》:頁208
拓片編號:京337
拓片録自:《北京圖書館藏中國歷代石刻拓本匯編》第48卷88—89頁

【碑陽】

碑文:

皇帝聖旨裹總制院:照得大都路薊州遵化縣般若院壹所,元係先生占住二百三十七1處數内寺院,欽奉2聖旨回付,依舊爲寺。今爲無僧住持,有本院官桑哥、玉都實經歷3奏:"大都遵化縣般若院是先生每根底回將來的院子,如今與崇國寺交差和尚每住4呵,怎生?"奉5聖旨:"那般者。"欽此。除外使院合下仰照驗,據般若院并所屬莊田、水碾等物,欽依6聖旨處分事意,委僧修理,住持施行。須議劄付者。7右給付崇國寺。準此。8照會崇國寺。9至元二十一年二月十九日。衆官印押。10

皇帝聖旨裹,11帝師法旨裹,12宣授大都路都僧録司承奉總統所劄付:該二月十五日13大殿内,總制院官桑哥相公對崇國講主省會本所官正宗弘教大師,屬薊州的般若14院,係二百三十七處數内回付到院子。見無主人,您總統每將那院子便分付與大15都崇國寺家教做下院者。奉此,總所合下仰照驗,依奉桑哥相公鈞旨處分事理,將16般若院交付崇國寺永遠爲主,施行奉此。使司除已行下薊州僧正司依上交付外,17所有崇國寺收把執照,合行出給者,18右付崇國寺收執。準此。執照事。19 至元二十一年二月二十七日。衆官印押。20

【碑陰】

額題:崇國北寺地産圖

碑文:

大都路薊州遵化縣豐稔鄉蘇家莊般若院1常住應有房舍莊田水碾磨等物花名下項。2東至駙馬寨廟西水渠爲界,南至河南山頭3爲界,西至田知事墳爲界,北至鵰山爲界。内4上下水碾二盤,石家莊莊子一處,東至自己5河爲界,南至分水嶺爲界,西至神樹分水嶺6爲界,北至答安分水嶺爲界。東櫟子河水碾7一盤,内贍碾地二十畝。隔城口水碾一盤,内8贍碾地約二十余畝。9大元至元二十一年月日,10三剛等立石。11特賜佛性圓融崇教華嚴傳戒大師演吉祥。12

京 338《定演大師道行碑》陽

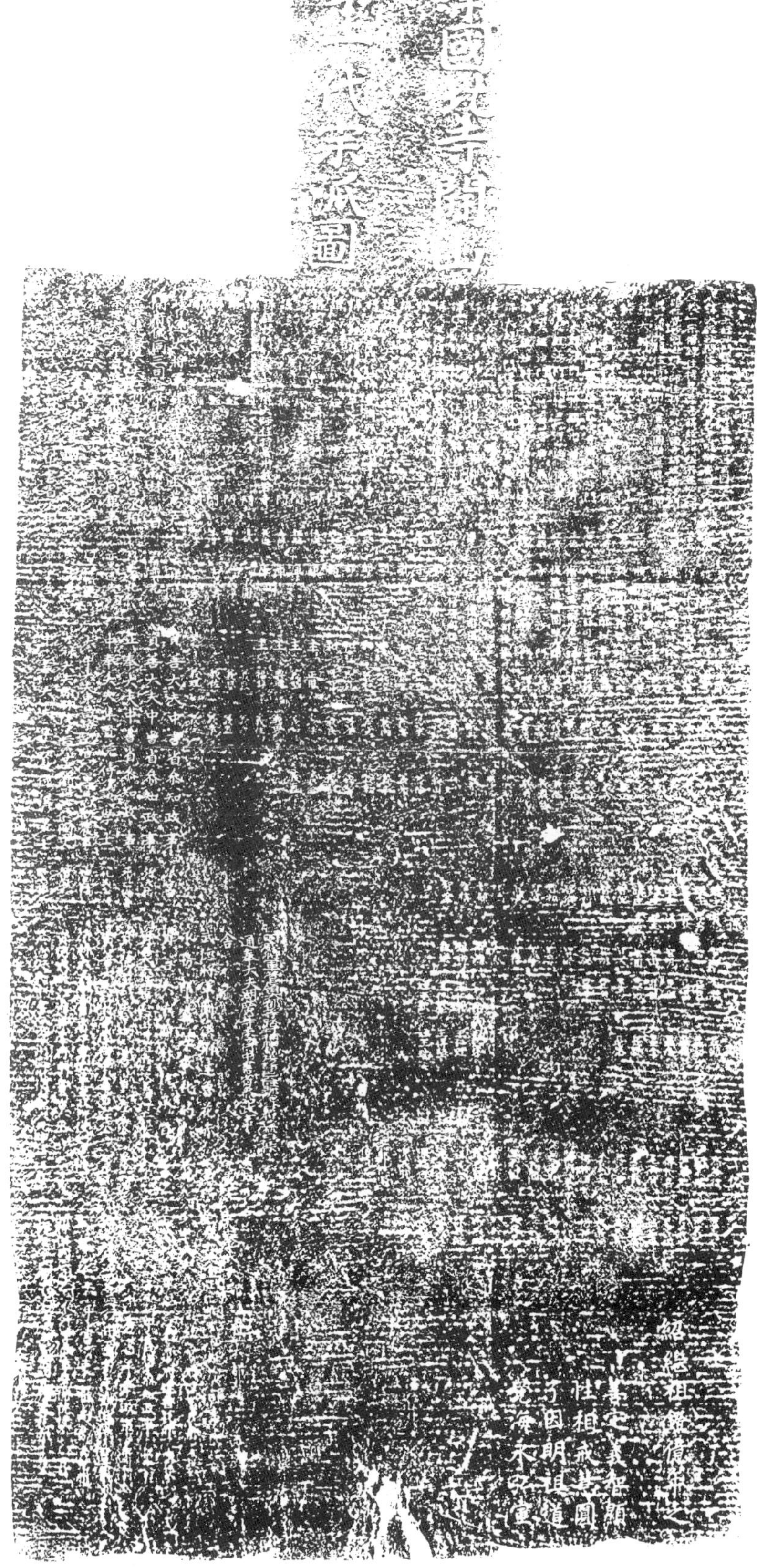

京 338《定演大師道行碑》陰

特賜佛性圓融崇教大師華嚴傳戒演公道行之碑

大元大崇國寺佛性圓融崇教大師演公碑銘并序

集賢侍　講學士中奉大夫臣趙孟頫奉　敕撰并書丹篆額

至大二年九月廿九日大都大崇國寺住持沙門佛性圓融崇教大師演公卒越二年其大弟子告於
天子曰先師入般涅槃浮圖氏法遺骨舍利必奉之以塔先師以道行承
列聖寵遇甚厚非著之文字無以示永久在廷之臣孰宜爲之銘惟
陛下擇焉
天子以命臣孟頫臣孟頫謹奉
詔按其行事而敘之曰師名定演俗姓王氏世爲燕三河人在孕母便絕葷肉能言祖母教之佛經應聲成誦七歲入大崇國寺事隆安和尚爲弟子遍習五部大經服勤左右朝夕不懈隆安亟稱之遂使之研精圓頓教理求第一義及隆安順世遺命必以師補其處法兄總統清慧寂照大師志公探其道熟付之麈尾囑以傳明之任是夕有僧夢淨室中一燈煒然且爲師言志公勗師曰正法不可以無傳人天眷眷望有所歸師計不得已遁去三遊五臺山還居上方寺博觀海藏兼習毗尼屬崇國復虛席衆泣而告之師始從其請日講華嚴經訓釋孜孜曾無厭斁
世祖皇帝聞而嘉之　賜號佛性圓融崇教大師至元廿四年别　賜地大都乃與門人叶力興建化塊礫爲寶坊幻蒿萊爲金界作大殿以像三聖樹高閣以庋藏經丈室廊廡齋廚僧舍悉皆完美故崇國有南北寺焉時昊天宿德雄辯大師授以道宗刺血金書戒本於是祝髪之徒以萬計咸稽首座下尊禮師爲羯磨首歲以六月十九日用所得布施資飯僧五百衆誦諸大經及於兩寺捨長財以修珍供師自莅講席數蒙
聖恩賞賜白玉觀音菩薩像以彰殊渥
皇太后聞師道行亦降
旨以護其法臨終之日中夜具湯沐淨髪與門人别怡然長往　舊制近郭禁火化師卒以　聞時
上在春宮特旨有司賻喪令於城西南淨土院荼毗異常人也道俗哀慕執紼者千衆既舉火靈光四達獲舍利數百粒翌日葬魯郭之野起支提焉壽七十四臘僅五十度弟子百餘人嗣法者幾三十人惟師戒行嚴潔如淨琉璃生死之際究竟解脫凡尔四衆亦又何悲銘曰
維天渾然理以充塞人異於物以全有德慾勝而爭爰失厥性聖人憂之以藥療病爲道無形易流而蕩立之範防寔毗尼藏不肆而拘
曷既厥能非說所說演最上乘歷年二千旁行是宣不顯而晦其義則玄維此聖諦如海無際不有先覺孰覺一世
皇元聿興爰有異人食避有知其性已仁高道厚德莅此講席人以允迪不塞而闢復登戒壇爲羯磨首如大將誓衆惕然受仰承
列聖被之休光盛爲建宮厚不可量生滅滅已傳大弟子正法不壞利及生齒
帝念不忘
敕臣孟頫著銘于石以告萬古　　皇慶元年三月吉日建住持講主小師德富則等立　　石局提領雲彥龍　王洪王珪鐫

京338《定演大師道行碑》陽

定演大師道行碑

首題:大元大崇國寺佛性圓融崇教大師演公碑銘并序
年代:元皇慶元年(1312)三月
原址:西城區護國寺
拓片尺寸:碑陽高 206、寬 102 厘米,額高 42、寬 36 厘米;碑陰高 178、寬 102 厘米,額高 47、寬 30 厘米
書體:楷書,額篆書
撰人:趙孟頫
書人:趙孟頫
《目録》:頁 502
拓片編號:京 338
拓片録自:《北京圖書館藏中國歷代石刻拓本匯編》第 49 卷 15—16 頁

【碑陽】

額題:特賜佛性圓融崇教大師華嚴傳戒演公道行之碑

碑文:

大元大崇國寺佛性圓融崇教大師演公碑銘并序 *1*

集賢侍講學士中奉大夫臣趙孟頫奉敕撰并書丹篆額 *2*

至大二年九月廿九日,大都大崇國寺住持沙門佛性圓融崇教大師演公卒。越二年,其大弟子告於 *3* 天子曰:先師入般涅槃。浮圖氏法,遺骨舍利必奉之以塔。先師以道行承 *4* 列聖寵遇甚厚,非著之文字無以示永久。在廷之臣孰宜爲之銘,惟 *5* 陛下擇焉。*6* 天子以命臣孟頫。臣孟頫謹奉 *7* 詔按其行事而敘之曰:師名定演,俗姓王氏,世爲燕三河人。在孕,母便絕葷肉。能言,祖母教之佛經,應聲成誦。七歲入大崇國寺,事隆安和 *8* 尚爲弟子。遍習五部大經,服勤左右,朝夕不懈。隆安亟稱之,遂使之研精圓頓教理,求第一義。及隆安順世,遺命必以師補其處。法兄總 *9* 統清慧寂照大師志公,探其道熟,付之麈尾,囑以傳明之任。是夕,有僧夢淨室中一燈煒然。旦爲師言。志公勗師曰:"正法不可以無傳,人 *10* 天眷眷,望有所歸。"師計不得已,遁去。三遊五臺山,還居上方寺,博觀海藏,兼習毗尼。屬崇國復虚席,衆泣而告之,師始從其請。日講華嚴 *11* 經,訓釋孜孜,曾無厭斁。*12* 世祖皇帝聞而嘉之,賜號佛性圓融崇教大師。至元廿四年,别賜地大都,乃與門人叶力興建。化塊礫爲寶坊,幻蒿萊爲金界,作大 *13* 殿以像三聖,樹高閣以庋藏經,丈室、廊廡、齋廚、僧舍悉皆完美,故崇國有南北寺焉。時昊天宿德雄辯大師授以道宗刺血金書戒本,於 *14* 是祝髮之徒以萬計,咸稽首座下,尊禮師爲羯磨首。歲以六月十九日,用所得布施,資飯僧五百衆,誦諸大經,及於兩寺捨長財,以修珍 *15* 供。師自涖講席。數蒙 *16* 聖恩。嘗賜白玉觀音菩薩像,以彰殊渥。*17* 皇太后聞師道行,亦降 *18* 旨以護其法。臨終之日,中夜具湯沐淨髮,與門人别,怡然長往。舊制近郭禁火化,師卒以聞。時 *19* 上在春宫,特旨有司賻喪,令於城西南淨

土院荼毗，異常人也。道俗哀慕，執紼者千衆。既舉火，靈光四達，獲舍利數百粒，翌日葬魯郭之野，起20支提焉。壽七十四，臘僅五十，度弟子百餘人，嗣法者幾三十人。惟師戒行嚴潔，如淨琉璃，生死之際，究竟解脱。凡尔四衆亦又何悲？銘曰：21維天渾然，理以充塞。人異於物，以全有德。慾勝而爭，爰失厥性。聖人憂之，以藥療病。爲道無形，易流而蕩。立之範防，寔毗尼藏。不肆而拘，22曷既厥能。非説所説，演最上乘。歷年二千，旁行是宣。不顯而晦，其義則玄。維此聖諦，如海無際。不有先覺，孰覺一世。23皇元聿興，爰有異人。食避有知，其性已仁。高道厚德，涖此講席。人以允迪，不塞而闢。復登戒壇，爲羯磨首。如大將誓，衆愓然受。仰承24列聖，被之休光。盛爲建宫，厚不可量。生滅滅已，傳大弟子。正法不壞，利及生齒。25帝念不忘，26敕臣孟頫。著銘于石，以告萬古。

皇慶元年三月吉日建。住持講主小師德、富則等立。石局提領雲彦龍、王洪、王珪鐫。27

【碑陰】

額題：崇國北寺開山第一代宗派圖

碑文：

［右側第一部分］

嗣法小師。1講大經沙門住持薊州淨安寺延福寺通玄圓照大師義□、2講大經沙門住持遵化縣般若寺明辯廣照大師智□、3宣授一宗僧録住持菩薩寺講經沙門弘宗宣秘大師普玄、4特賜性覺妙明通辯大師住持南北崇國寺講經論沙門□□、5講大經沙門住持順州大雲寺圓融無礙大師淨土、6講大經沙門住持朝河寺正□、7講大經沙門□秀、8講大經沙門住持天壽寺圓明大師淨寧、9宣授一宗僧録住持通州龍泉寺講大經沙門普□、10講大經沙門住持順州龍雲寺正德、11講大經沙門住持三河延福寺正安、12講大經沙門住持白□□□寺相顯、13講大經沙門住持□河福□寺正□、14講大經沙門住持順州龍雲□慶寺正如、15講大經沙門住持遵化縣太子寺圓思、16講大經沙門住持遵化縣妙覺寺圓定、17講大經沙門住持太子寺義祥、18講大經沙門住持南崇國寺定慧圓通崇福大師正念、19講大經沙門住持通州淨安寺正□、20講大經沙門住持平峪縣三泉寺義智、21講大經沙門□□、22講大經沙門住持豐潤縣翠峰寺興□、23講大經沙門住持平峪縣三泉水寺正滿、24講大經沙門妙文、25講大經沙門惠濟淨行大師德成、26講大經沙門祖聰、27講大經沙門志辯、28講經沙門弘教宗辯大師住持景州般若寺義□、29講大經沙門惟欽、30講大經沙門智顯、31講大經沙門善增、32講大經沙門智堅。33

［右側第二部分］

祝髮小師。1寺主沙門□□、2提點沙門義忠、3淨土院宗主特□□智大師義□、4提舉慧明慈濟大師義敬、5淨土院宗主義思、6順州僧副寺主義浩、7提點圓辯真智大師義成、8都總統所知事義[固]、9大都路僧録司知事義□、10僧正提點元辯廣福大師義常、11提點通辯圓照大師義元、12寺主沙門義悟、13寺主沙門福□、14大都僧録司提控義□、15大都僧録司知事義道、16汝寧府僧司提控義崇、17太寧路僧録司提控義禄、18南仁府寺主義□、19寺主□□、20副寺□智、21副寺□□、22都和義和、23都和義[質]、24都和廣如、25庫主正用、26庫主義堅、27庫主興璉、28庫主福諒、29義圓、義聚、30義淨、義照、31義壽、義佐、32義本、義理、33

［右側第三部分］

義□、1義[因]、2義[寧]、3義仁、4義□、5義□、6義□、7義太、8義□、9義□、10義讓、11義免、12義順、13義明、14義眷、15義真、16義滿、17義□、18義來、19義忠、20義向、21義宣、22義全、23義良、24義

殊、25義知、26義男、27義住、28義壽、29義显、30義素、31義德、32

［右側第四部分］

義如、1義純、2義□、3義信、4義遠、5義順、6義正、7義秀、8義章、9義實、10義然、11義順、12義貞、13義端、14義遵、15義賢、16義才、17義山、18義□、19義亮、20義辛、21義彰、22義堅、23義添、24義念、25義直。26

［右側第五部分］

法孫。1講主智覺、2講主德□、3講主勝欽、4講主□秘、5講主智玉、6講主□□、7智□、8智□、9智行、10智□、11智初、12智宣、13智□、14智爲、15智願、16智住、17智全、18

［右側第六部分］

智□、1智□、2智著、3智明、4智山、5智用、6智安、7智□、8智惚、9智□、10智□、11智學、12智□、13智□、14智應、15智□、16智□。17

［右側第七部分］

法孫。1顯□、顯勸、2顯月、顯初、3顯□、顯信、4顯和、顯志、5顯□、顯全、6顯讓、顯勝、7顯□、顯應、8顯□、9顯榮。10俗親衆弟。11王仁□、王仁理、12王得全、王得堅、13姪王□、姪王瑞。14

［右側第八部分］

俗徒弟子。1□善行、□□□、2□□□、□□□、3尹□□、□□□、4傅義善、□□□、5毛義廣、□□□、6□□□、□□□、7□□□、□□□、8□□□、□□□、9楊□□、□□□、10□□省□□□□大夫□□□、11曹□□、□□圓、12楊義□、李□□、13王□□、支定□、14□義賢、□義淨、15□戒□、16□義□、17趙□□、18□□□、19□妙、20鄭性堅、□安、21□□提點□□、慶安。22

［右側第九部分］

紹繼祖鐙億年之記。1善定義智顯，2性相戒慧圓。3了因明祖道，4覺海永弘宣。5

［左側第一部分］

懷遠大將軍鎮守吉州路上萬戶交住、1開府儀同三司金紫光祿大夫翰林承旨玉憐赤不花，2金紫光祿大夫江浙等處行中書省丞相銘里不花、3榮祿大夫平章政事集賢院使領會同館事亦黑迷失、4榮祿大夫中書省平章政事阿里津撒里、5銀青榮祿大夫大司徒雲國文定公撒的迷的里、6金紫光祿大夫河南江北等處行中書省丞相布憐吉臺、7□□□德主。8

［左側第二部分］

資善大夫中書省參知政事張守智、1資善大夫中書省參知政事張天佑、2正奉大夫中書省參知政事張真□、3中奉大夫集賢院侍讀學士八扎□□、4太中大夫東昌路總□□□內勸農事□□□、5榮祿大夫翰林院承旨學士智誥□□國史僧家、6中奉大夫集賢侍講學士□□、7

［左側第三部分］

明威將軍管領大都等路打捕鷹房諸色人匠都總管府□□□赤忽□□、1通奉大夫湖廣等處行中書省参知政事速安、2 舍人并□夫□、3 武德將軍蘭溪州達魯花赤不□□兰、4 承務郎宣差教化的□□□、5 資善大夫翰林院承旨□馬沙、6 資善大夫江西等處行中書省参知政事領行工部事舍□□吉、7 資德大夫中書省左丞□□□、8 資善大夫浙江等處行中書省左丞□□□、9 榮祿大夫中書省平章政事宣政院使□□、10 資德大夫江浙等處行中書省右丞□□□、11 資德大夫中書右丞揚州廬州□□□大元帥□□□、12

[左側第四部分]

中奉大夫都護府大都護曲迷失不花、1 正奉大夫大宣政院同知兼延慶司事□□、2 少中大夫東昌路總管府達魯花赤□攢如、3 正□大夫東昌路總管府達魯花赤□□迷失、4 中奉大夫陝西等處行中書省参知政事梁□八剌、5 榮祿大夫中書省平章政事梁昭都剌、6 榮祿大夫江西等處行中書省平章政事□里□剌、7□□□□中書吏部尚書秃□□、8□府儀同三十六司徒平章政事章□院使□□、9□□廣寧大都□□□□總□□達魯花赤□□。10

京 347《舍利塔記》

舍利寶塔

通奉大夫湖廣等處行中書省參政速安並男中奉大夫曲迷失不花建塔記

江東道鉛山州鷺湖仁壽禪寺閩衲崇萬撰並書

大哉真如之道諸佛降靈由斯而顯不得形相求不得言語迷虛空□□□性爲性知一切法無生滅無變異蕩蕩乎寥寥乎此真如定量不可□□□蓋愍衆生隨順世相以無障碍清靜妙慧最勝方便熏化舍利種種□□□有情類於蘊等處起實有□不知非有精勤成熟嚴淨佛土構諸圖塔□□現□渴仰於佛堅固不退此真如善乃施設作諸佛事也故待機而扣□□無方普爲群生廣開福田世之大善大利益大因緣孰有過於此哉所以速安參政公具佛知見在日嘗謂其子曰吾卜崇國重地建舍利塔爲諸有情大作佛事竟弗諧□志而逝其子肯堂肯播不食先君願言捐財僝工涓吉就事累磚成塔安奉舍利寶益晃昱遍覆一切□□互韻覺悟一切巍巍相輪高表三世願以一塔入八萬四千塔一切塔入此一塔一塔具有三千大千佛土一一佛土悉有八萬四千寶塔一一佛塔遍入微塵佛剎一微塵佛土具有八萬四千塔盡微塵遍法界悉皆如是以一切塔攝入一塔俾先君參政常右繞塔在所生處尊勝種族獲大名稱富貴廣施威德自在常與佛居住不退地現在眷屬常右繞塔除諸煩惱福壽具足情與無情作諸佛事同證菩提　國泰民安法輪常轉歷阿僧祇刼曷能紀其功德也姑勒貞石述其本末云爾

延祐二年三月　日記

知事　提點　提舉　等立石

特賜性覺妙明通辯大師雪巖　勸緣　燕山石匠許□□　田□等

京347《舍利塔記》

舍利塔記

首題：通奉大夫湖廣等處行中書省參政速安並男中奉大夫曲迷失不花建塔記
年代：元延祐二年（1315）三月
原址：西城區護國寺
拓片尺寸：碑陽高 83、寬 56 厘米
書體：楷書
撰人：（僧）崇萬
書人：（僧）崇萬
《目録》：頁 5
拓片編號：京 347
拓片録自：《北京圖書館藏中國歷代石刻拓本匯編》第 49 卷 40 頁

額題：舍利寶塔

碑文：

通奉大夫湖廣等處行中書省参政速安並男中奉大夫曲迷失不花建塔記 1

江東道鉛山州鷺湖仁壽禪寺閫衲崇萬撰並書。2

大哉真如之道，諸佛降靈，由斯而顯，不得形相求，不得言語迷。虛空□□□3 性爲性。知一切法，無生滅，無變異，蕩蕩乎，寥寥乎，此真如定量不可□□□。4 蓋愍衆生，隨順世相，以無障碍，清靜妙慧，最勝方便，熏化舍利。種種□□□5 有情類於蘊等處，起實有□不知非有精勤成熟嚴淨佛土構諸圖塔□□6 現□渴仰於佛，堅固不退，此真如善。乃施設作諸佛事也。故待機而扣□□7 無方，普爲群生廣開福田。世之大善、大利益、大因緣，孰有過於此哉？所以速安 8 参政公具佛知見，在日嘗謂其子曰："吾卜崇國重地建舍利塔，爲諸有情大 9 作佛事。"竟弗諧□志而逝。其子肯堂、肯播不食先君願言，捐財僝工，涓吉就 10 事。累磚成塔，安奉舍利。寶益晃昱，遍覆一切，□□互韻，覺悟一切。巍巍相輪，11 高表三世。願以一塔入八萬四千塔，一切塔入此一塔，一塔具有三千大千 12 佛土，一一佛土悉有八萬四千寶塔，一一佛塔遍入微塵佛刹，一微塵佛土 13 具有八萬四千塔，盡微塵遍法界，悉皆如是。以一切塔攝入一塔。俾先君参 14 政常右繞塔，在所生處尊勝種族，獲大名，稱富貴，廣施威德自在，常與佛居，15 住不退地。現在眷屬常右繞塔，除諸煩惱，福壽具足。情與無情，作諸佛事，同 16 證菩提。國泰民安，法輪常轉。歷阿僧祇刼，曷能紀其功德也。姑勒貞石，述 17 其本末云爾。延祐二年三月日記。18

知事 提點 提舉 等立石。19

特賜性覺妙明通辯大師雪巖勸緣。燕山石匠許□□田□等。20

崇國寺碑

首題：皇元大都崇國寺重新修建碑
年代：元至正十一年（1351）四月十一日
原址：西城區護國寺
拓片尺寸：碑陽、陰均高 202、寬 90 厘米；額高 40、寬 26 厘米
書體：楷書
撰人：（僧）法禎
書人：葛禋，許居直篆額
《目録》：頁 209
拓片編號：京 341
拓片録自：北京大學圖書館藏原拓片

【碑陽】

額題：大元重修崇國寺碑

碑文：

皇元大都崇國寺重新修建碑 1

嗣臨濟宗英悟正印宗慧大禪師前大都大竹林寺住山沙門雪澗法禎撰 2

奉訓大夫中書刑部侍郎葛禋書 3

儒林郎江南諸道行御史臺監察御史許居直篆 4

明哲之於保身，持盈在乎挹損，以致守成之美。式繩祖武，而聿修厥德，用貽孫謀。其不爲君子者，幾希。由惟若考作室且菑而肯堂、肯播之也。雖然匪知之艱，惟行之艱，在吾浮（下泐）5 者，亦若是焉，未有忽於繼述而能功光宗教，作訓後來。考之佛語，則亦系諸因緣，而尤關宿習，使於善惡必爲，以趣乎明昧兩岐。積習之貫，而有若自然，如冒蓺薰蕕氣與俱□□□6 而不自知也。仲尼所云性習近遠殆謂是矣。其天下之公患歟。7 皇元以積功累仁之久。8 太祖皇帝龍飛朔庭，啓迪鴻運。9 世祖皇帝天縱神聖，混一區宇。10 列聖相承，緝熙康乂，溥天率土，靡不臣妾。典章文物之盛，雖詩書所稱，何以加焉。然由深體佛乘，將衍其用，以贊襄至治。故爲之建厥居處，若徒俾行所學以斂福 11 邦家，致民仁壽，非徒宅心方外而試爲之也。

京師有寺曰崇國。前至元乙酉 12 世祖皇帝所賜地，傳戒大德沙門定演所開創。凡爲佛殿、經閣、雲堂、方丈、香積、僧寮、僦屋等百有餘楹。敕賜薊州遵化縣般若院爲挾剎，資以水碾磨、田産有加。皇慶延祐間，13 仁宗皇帝、14 剌拶室利皇后賜鈔三千餘定，貿易民地，别建三門。15 壽元皇太后復賜鈔五百定而經營焉。寺之倫序，十完六七。遴有德者陸續住持而高建法幢，蓋亦有年。無何歲月變更，漸致頽弊。且鐘樓廊廡等屋，尚焉闕如。至正乙酉，適方丈虚席。寺衆 16 僉謀曰：“寺之房宇久故，將不可支吾矣。況未備尤多，非力量人莫克有爲。孤峯學公，法派之嫡，其器局拔群，宜敦勉焉。”乃闔辭三請致之。既署事，講演之餘，相厥緩急，捐己衣資，於疏漏 17

而修者曰法堂、雲堂、祖師伽藍二堂、廚庫、僧房、侍者、僦賃等房，計間五十餘。於新創建者曰鐘樓、法堂、東廊廡、南方丈等計間亦五十餘。皆爲之甃砌圬墁，丹堊髹漆，輪焉奐焉，咸爲一 18 新。復招延四方水雲，闡揚性相，爲 19 聖天子祝萬萬歲壽。僧徒衣服或欠時亦給之。且欲冥資幽顯，嘗即寺營水陸大會，諸山畢集，有光瑞之徵。前後計費凡七八萬緡。戊子講主智聚奉栗園一施焉。常住益增，可謂始終□□。20 事畢矣，寺之法主智偕執事智初等，惟師之德之勳，及寺之創修本末，將圖諸金石。介師友秋月江公來請文。余椎魯，加以老病，烏足承命。然嘉其能爲人所罕爲，不得辭。按師諱智 21 學，號孤峯，王氏，冀寧盂州人。家世積善，父祖有聞鄉黨，母郝氏尤賢。師生而卓犖，幼年即有志四方。甫十一，與兄觀光京師，因目佛氏之盛，遂依崇國敬公薙落。既壯，遍涉講肆，□雲 22 麓洪公學，遊刃華嚴等經論，後於崇國雲巖如公處愈事討研，遂嗣其法。至正壬午主南城之崇國。具舉百廢，啓講席，奉齋供，蓋房宇，修祖塋。寺舊有産業影翳於人，師方宜經理□之。23 前後用錢亦數萬緡。人望既歸，故膺是選。師度量渾厚，學問有源，以宿習力故，好營福業。平居諄諄謙下，不以所多。蓋人人爭稱譽之。嗚呼！佛法微矣，宗教愈益淡薄。今海內伽藍隳廢 24 殆盡。正因出家，内護亦十無一二。外道波卑夜之徒反益昌熾。或假竊比丘形服，公爲裨販，遑遑汲汲，不知所以。省其行焉，烏在其如獅子嚬申，破裂野、干肝膽，標幟於真正福田，爲□25 天導首耶？況寺爲僧所依，而法依僧住，鈎距繹之，則吾佛慧命亦繫之；伽藍盛衰，豈徒然哉？雖然，今 26 大明至尊爲世界主方，恢廓玄門，碩學偉流，亦無遠弗届。豈特伽藍之盛而已？將見佛日西馳，魯陽爲之策勳而駐其景焉。可謂不期然而然者夫。銘曰：27

緊聖垂則，開物成務。酌損處益，業業是懼。乃克乃紹，保大且久。不愆不忘，舊章用守。扶持憑藉，以安以休。慎爾嘉猷，貽厥孫謀。夫何不然，性□□□。28 而漸而摩，何賢不如。吾儕佛學，惟原是篤。翩其反而，一乎真俗。於穆 29 聖世，允隆佛化。蘭若招提，遍天之下。法号昌矣，水雲寔臻。有若龍象，伽藍聿新。相兹崇國，創元至元。載葺載完，後學選掄。猗歟孤峯，良深□□。（下泐）30 星輝月朗。於福於慧，積而並兼。叔度注洋，牧之以謙。山兮何高，水兮何深。明哲之同，將無古今。永言斯文，龍蟠鳳舞。咨尔來裔，毋（下泐）。31

至正十一年歲次辛卯孟夏中旬有一日建。法王智寄并三綱執事等立石。32

【碑陰】

額題：祖師隆安傳嗣之圖

碑文：

［第一部分］

嗣法。

宣授諸路□□□□主持大寶集寺講大經 1 圓融□□大師□戒小師賜紫沙門行秀、2 講大經臨壇首座弘教通辯大師 3 賜紫沙門嗣法小師定學、4 講大經圓通雄辯大師賜紫沙門義定、5 講大經臨壇二座住持大憫忠寺圓教、6 通悟大師賜紫沙門道明、7 講大經臨壇圓明崇教大師賜紫沙門慧英、8 奉旨起立諸路三學住持本寺講大經沙門弘 9 教通理大師賜紫沙門嗣法小師定志。10 講大經圓通廣慧大師賜紫沙門祖璋、11 講大經興聖圓照大師賜紫沙門恒遷、12 講大經弘奧廣濟大師賜紫沙門法孫從信、13 講大經圓悟清慧大師賜紫沙門法孫行溫。14

提點定遇、定洪，15 寺主定普、定淨，16 都和定永、定惠，17 錢帛定贇、定祐，18 典座定詮、定貴，19 祝髮。定守、定溫、定信、20 定雲、定如、定仁、21 定海、定進、定實、22 定資、定念、定宿、23 定惚、定真、定聰、24 定恒、定隱、定安、25 定常、定殊、定彥、26 定濟、定宗、定祥、27 定圓、定勝、定藏、28 定倫、定蒲、定賢、29 定意、定吉、定訪、30 定朗、定堅、定昌、31 定忠、定心、定利、32 定敬、定政、定琮、33 定可、定喜、定恭、34 定素、定親、定忍、35 定寂、定妙、定悟、36 定理、定慶、定興、37 定祖、定尹、定泰、38定明、定益、定智、39定相、定壽、定德、40定詢、定緣、定演、41定容、定成、定順。42

［第二部分］

（中部）

宣授

諸路釋教都總統起立三1學講大經傳戒大崇國寺2住持清慧寂照志公大師。3

（右部）

嗣法。

□□授戒□具四百1傳住持者近有七人。2講大經沙門住持香3□□□隆安寺、4淨安寺□公、5講大經沙門住持順6州大雲寺溫公、7講大經沙門住持如8口延福寺臻公、9講大經沙門住持三10河縣壇臺寺政公、11講大經沙門洪公。12

（左部）

嗣法。

講經沙門住持大崇1國寺宣秘大師政公、2講大經沙門住持南3北二崇國寺佛性圓4融崇教大師演公、5提點雄辯大師定遇、6寺主門人義昌，7其餘徒衆墳碑具載。8

［第三部分］

創建北崇國寺開山住持，特賜佛性圓融崇教大師華嚴傳戒如川演公。

第四代南崇國寺住持，特賜佛性圓融崇教大師華嚴傳戒如川演公。

嗣法。

講經沙門住持薊州靜安寺1□福□□□圓照大師□敬、2講大經沙門住持遵化縣3般若寺□□□□大師智宗，4宣授一宗僧録住持菩薩寺講大5經沙門弘□宣戒大師普玄、6特□□□妙明通辯大師住持南7北崇國寺講經論沙門德□、8講大經沙門住持通州大雲9寺圓融無礙大師仁成、10講經沙門住持朝河寺正遇、11講大經沙門信秀、12講經住持天壽寺淨壽、13宣授一宗僧録住持通州龍泉寺14講大經沙門普祐、15講經住持順州龍雲寺正德、16講經住持三河延福寺正安、17講經住持白塔廣嚴寺相顯、18講經住持臨河福嚴寺正淳、19講經住持順州龍雲寺正如、20講經住持遵化太子寺圓忠、21講經住持遵化妙覺寺圓定、22講經住持太子寺義祥、23講大經沙門住持香河隆安24寺通州靜安寺南宗□寺定25慧圓通崇禮大師正念、26講經住持通州□安寺正偉、27講經住持平谷三泉寺義智、28講大經沙門思強、29講經住持豐閏翠峰寺興聚、30講經住持平谷三泉寺正滿、31講大經沙門妙文、32講大經沙門德成、33講大經沙門祖□、34講大經沙門志□、35講大經沙門□□、36講大經沙門□□、37講大經沙門智□、38講大經沙門善增、39講大經沙門智堅。40

祝髮彼衆五十四人在家授戒。41

［第四部分］

（右側）

第二代。特賜性覺妙明通辯大師講經論沙門雪巖。

祝髮。講經沙門住持易州栢林寺庫主智初、提點智燈、智賢、智辯、智□、智□。

嗣法。講經沙門住持如口延福寺□欽、講經沙門住持易州興慶寺福諒、講經沙門住持易州乹明寺耀公、講經沙門雲公、講經沙門住持易州乹明寺□公、講經沙門住持易州乹明寺□□、講經沙門住持香河隆安寺王公、講經沙門住持易州乹明寺福宁、講經沙門住持□□□明宁智初。

（左側）

第五代特賜性覺妙明通辯大師講經論沙門雪巖。

授學□□、□□□□、寺主智□、維那智杲、講經沙門□□□玉堂。

［第五部分］

（右側）

第三代。宣授覺圓通智淨慧大師松巖偉公。

祝髮。智福、智殊。

講經沙門住持保□大安寺成琛。

（左側）

第六代。定慧圓通崇國大師念公。

嗣法。講經沙門初公、講經沙門王公、講經沙門海公、講經沙門聚公。智□、□□、□□、智□、□□、□□、智□、智□、智城、智□、智蒲、智□、智□、智杲。

［第六部分］

（右側）

第四代。通辯圓應大師如公雲巖。

祝髮。□□□主智□、提□智懃、智□、智□、智恭、智達、智□、智素、智□、智全、都和智香、智住、智福。

嗣法。講經沙門慶公、講經沙門仁公、講經沙門住持南北二寺學公、講經沙門住持南崇國寺曾公、講經沙門堅公、講經沙門溫公、講經沙門則公、講經沙門□公、講經沙門勝公、講經沙門玘公、講經沙門山公。

（左側）

第七代。主持本寺清慧光教大師慧公。

第八代住持本寺演妙通玄大師安公。

祝髮。智□、智賢。□和、□□、□□、□□、□庫□□、□□戒明。

［第七部分］

（右側）

第五代。住持本寺休巖大師定公。

第六代。住持本寺弘教宗辯大師進公。

祝髮。智滿、智安、智妙、智聰、智□。

祝髮。講經沙門住持遵化縣般若寺妙□院□□、智行、智□、智順、智寬、智善、智□。

（左側）

第九代。通辯圓應大師雲巖如公。

祝髮。智□、智亮、智開、智益、智真、智辯、智應、智進。講經沙門住持□□□□□公、講經沙門□□南崇國寺□公、講經沙門□公、講經沙門淵公、講經沙門□公。

［第八部分］

（右側）

第七代。宣授慈惠普照大師雲庵聰公。

嗣法。講經沙門住持遵化妙覺院智□、講經沙門住持遵化妙覺院圓山、講經沙門福□、講經沙門住持遵化般若寺智全、講經沙門法開、講經沙門宗□、講經沙門住持遵化般若寺智窨、講經沙門法雲。

（左側）

第十代。宣授慧濟淨行廣福大師成公。

祝髮。智改、智溫、智□、智開、智□。

嗣法。講經沙門□□、講經沙門元玘、講經沙門在公、講經沙門全公、提點智宣、提點行智。

［第九部分］

（右側）

第八代。性德融通大師復巖增公。

祝髮。智聖、智□、智安、智嚴、智息、智成、講經沙門勝傳、講經沙門慧敬、講經沙門□居、講經沙門宗萬、講經沙門雲安、講經沙門□□、講經沙門□公、講經沙門參順、宣授住持通州淨安寺講經沙門思明、講經沙門住持順州龍雲寺智淨、講經沙門住持如口延福寺德仙、講經沙門住持□州□□寺智□、講經沙門住持□州上□□北□寺祖□、講經沙門忠□、講經沙門義仁、講經沙門福成、講經沙門惟倣、講經沙門妙萬。

（左側）

第十一代。住持本寺和公大師。

第十二代。住持本寺玉公大師楚山。

祝髮。□□□□□、□□□□□、□□□□□、□□□□□。

［第十部分］

（右側）

第九代。普明淨慧大師孤峯學公。

祝髮。顯沖、顯琳、顯彬、講經沙門法信、講經沙門法□、講經沙門惟□。

嗣法。講經沙門妙迁、講經沙門妙□、講經沙門元禧、講經沙門文乹、講經沙門成文、講經沙門智嚴、講經沙門□諒、講經沙門顯貞、講經沙門惟果、講經沙門福愛、講經沙門福清、講經沙門□□、講經沙門□□、講經沙門雲□、講經沙門福全、講經沙門思通、講經沙門智祥、講經沙門惟□。

（左側）

第十三代。淨慧通玄大師碧巖聚公。

嗣法。講經沙門寬公、講經沙門真公、講經沙門住持保砥大安寺智亮、講經沙門戒亭、講經沙門法□、講經沙門□興、講經沙門□□。

［第十一部分］

（右側）

第十代。性海融通妙辯大師雲峰窨公。

顯□、顯興、顯乎、頓□、頓金、

講經沙門□□、講經沙門□□、講經沙門顯奉、講經沙門真德、講經沙門善清、講經沙門正□。

（左側）

第十四代。普明淨慧大師孤峯學公。

嗣法。講經沙門住持□山水安寺照從、講經沙門住持宝峰寺法整、講經沙門□壽、講經沙門住持香河隆安寺定□。

嗣法。講經沙門澄公、講經沙門福堅、講經沙門□□、講經沙門顯□、講經沙門□□。

［第十二部分］

（左側）

第十五代。顯密圓通性淨普明大師本無會公。

嗣法。□□□□、□□□□、講經沙門惟□、講經沙門□□、講經沙門□□。

［第十三部分］

（左側）

第十六代。妙明慧辯大師堯峯裕公。

祝髮。顯從、顯正、顯思。講經沙門至容、講經沙門元昭、講經沙門洪順、講經沙門行倚、講經沙門顯琳、講經沙門顯聚、講經沙門顯通。

［年款］

（上泐）□五十餘□碑其載。集賢直學士朝散大夫愜山潘迪題額。

長生天氣力裏
大福廕護助裏
皇帝聖旨軍官每根底軍人每根底管城子達魯花赤官人每根底往來使臣每根底
　宣諭的
聖旨
成吉思皇帝
窩闊台皇帝
薛禪皇帝
完澤篤皇帝
曲律皇帝
普顔篤皇帝
格堅皇帝
忽都篤皇帝
亦憐真班皇帝聖旨裏和尚也里可溫先生每不揀甚麽差發休當告
天祈福祝壽者說來如今依在先
聖旨體例不揀甚麽差發休當告
天祈福祝壽者麽道大都裏有的南北兩崇國寺天壽寺香河隆安寺三河延福寺順州龍雲寺遵化般若寺等寺院裏住持佛日普明淨慧大師
　孤峰講主學吉祥衆和尚每根底爲頭執把的
聖旨與了也這的每寺院裏房舍使臣休安下者鋪馬祗應休着者稅粮商稅休納者但屬寺家的水土薗林碾磨店鋪解典庫浴堂人口頭疋不
　揀甚麽不揀是誰休倚氣力奪要者這佛日普明淨慧大師孤峰講主學吉祥爲頭和尚每依着在先老講主體例裏行者別了的和尚每有
　呵遣趕出寺者更這學吉祥等和尚每倚有
聖旨麽道無體例勾當休做者若做呵他每不怕那
聖旨

至正十四年七月十四日上都有時分寫來

崇國寺聖旨碑

年代：元至正十四年（1354）七月十四日
原址：西城區護國寺
拓片尺寸：碑陽高 184、寬 86 厘米
書體：楷書
《目録》：頁 209
拓片編號：京 342
拓片録自：北京大學圖書館藏原拓片

【碑陽】

碑文：

長生天氣力裏、1 大福廕護助裏 2 皇帝聖旨，軍官每根底、軍人每根底、管城子達魯花赤、官人每根底、往來使臣每根底 3 宣諭的 4 聖旨：5

成吉思皇帝、6 窩闊台皇帝、7 薛禪皇帝、8 完澤篤皇帝、9 曲律皇帝、10 普顔篤皇帝、11 格堅皇帝、12 忽都篤皇帝、13 亦憐真班皇帝聖旨裏："和尚、也里可温、先生每，不揀甚麽差發休當，告 14 天祈福祝壽者"說來。如今依在先 15 聖旨體例，不揀甚麽差發休當，告 16 天祈福祝壽者麽道。大都裏有的南北兩崇國寺、天壽寺、香河隆安寺、三河延福寺、順州龍雲寺、遵化般若寺等寺院裏住持佛日普明淨慧大師 17 孤峰講主學吉祥衆和尚每根底爲頭，執把的 18 聖旨與了也。這的每寺院裏房舍，使臣休安下者。鋪馬祗應休着者。稅粮商稅休納者。但屬寺家的水土、薗林、碾磨、店、鋪、解典庫、浴堂、人口、頭疋，不 19 揀甚麽，不揀是誰，休倚氣力奪要者。這佛日普明淨慧大師孤峰講主學吉祥爲頭和尚每，依著在先老講主體例裏行者。别了的和尚每有 20 呵，遣赶出寺者。

更這學吉祥等和尚每，倚有 21 聖旨麽道，無體例勾當休做者。若做呵，他每不怕那。22

聖旨。23

至正十四年七月十四日，上都有時分寫來。24

京339《善選法師傳戒碑》陽

京339《善選法師傳戒碑》陰

皇帝聖旨裏宣政院至正廿三年十月十三日哈剌章怯薛第二日
明仁殿裏有時分速古兒赤也速迭兒云都赤火里殿中月□
帖木兒給事中觀音奴等有來本院官帖古思不花院使
阿剌台經歷等
奏大都有的大崇國寺開山住持空明圓證選公大師立傳
戒碑石的上頭俺與
捌思監太保右丞相一處商量來交中書省參政危素撰
文并書丹集賢大學士滕國公張瑧篆額呵怎生麽道
皇太子根底啓呵
上位根底奏
聖旨識也者麽道奏呵奉
聖旨那般者欽此除已移咨參政危素撰文并書丹學士張瑧篆額外
使院合下仰照驗欽依施行須議劄付者
右劄付大崇國寺準此
豎立碑石
押
印
押 押 押 押 押

皇帝聖旨裏宣政院至正廿六年二月十七日完者帖木兒怯薛
第一日
宣文閣裏有時分速古兒赤完者不花云都赤塔海帖木兒殿
中寶堅給事中解里顔等有來帖古思不花院使孛羅帖
木兒副使八兒忽台參議都篤參議忙哥帖木兒經歷等
奏俺根底釋教都壇主澄吉祥文書裏咨呈大崇國寺空明
圓證大師選公釋教都總統名分裏委付了有來他亡歿
了有爲他傳受金字戒本立碑的上頭依先祖師位封贈
國師名分的說有俺與
伯撒里太師右丞相一處商量了依著他保來的文書釋
教都總統澄慧國師選公名分封贈怎生麽道
皇太子根底啓程啓呵
上位根底奏
聖旨識也者麽道奏呵奉
聖旨那般者欽此除欽遵外使院合下仰照驗就行欽依施行須
議劄付者
右劄付大崇國寺準此
押 押 押 押
印
押

京339《善選法師傳戒碑》陰

善選法師傳戒碑

首題：大元敕賜大崇國寺壇主空明圓證大法師隆安選公特賜澄慧國師傳戒碑有序
年代：元至正二十四年（1364）九月十七日
原址：西城區護國寺
拓片尺寸：碑陽高 248、寬 99 厘米，額高 62、寬 36 厘米；碑陰高 70、寬 106 厘米
書體：楷書，額篆書
撰人：危素
書人：危素
《目録》：頁 503
拓片編號：京 339
拓片録自：《北京圖書館藏中國歷代石刻拓本匯編》第 50 卷 133—134 頁

【碑陽】

額題：大元特賜傳戒壇主空明圓證澄慧國師隆安選公碑

碑文：

大元敕賜大崇國寺壇主空明圓證大法師隆安選公特賜澄慧國師傳戒碑有序 1

資政大夫中書參知政事同知□經筵事提調四方獻言詳定使司事臣危素奉敕撰文并書丹 2

集賢大學士光禄大夫滕國公臣張瑒奉敕篆額 3

大雄氏設教，所詮三學，以戒爲首。昔西天祇園比丘樓至請佛立壇，爲比丘受戒。漢建寧元年，北天竺五沙門支法領等在長安譯四分戒本，兼羯磨與大僧受戒。□□□□鐵索羅等十 4 人至自天竺，爲尼受戒，此震旦受戒之始也。宋元嘉七年，天竺僧求那跋摩即廣陵南林寺竹園立戒壇，此震旦立壇之始也。錢唐律師元照定南山道宣而止爲九祖。初祖曇無德尊者，5 二祖曇摩迦羅尊者，三祖北臺法聰，四祖雲中道覆，五祖大覺慧光，六祖高齊道雲，七祖河北道洪，八祖弘福智首。蓋律者慧基，非智不奉，若初繇經論，必輕戒綱。輕戒綱則喪壞法身，淪 6 溺慧命，其患可勝言哉。至若萬行具足，已成佛道，尤當以戒爲本。學者卓然自立，確然自信，尊敬奉持，無須臾之戒離，則身口意業可以調伏，佛之學庶乎其可幾矣。至遼道宗，以金泥親 7 書菩薩三聚戒本。耶律淳卒，群臣立其妻蕭氏，改元德興，以三聚戒本畀馬鞍山惠聚寺悟纏。後廿有九年，金貞元元年，弘祐寺圓怡掌之。又後六年，正隆三年，開悟寺行坰掌之。又後六 8 年，大定三年，達恒掌之。又後九年，延洪寺善謙掌之。又後五年，善鑑掌之。又後十有七年，明昌二年，善興掌之。又後七年，承安三年，惠應掌之。明年性該掌之。又卅有六年而金亡 9 元興。寳集寺佑聖國師志玄，奉持尤謹。10 太宗皇帝癸卯歲，詔啟圓戒大會，戒本傳於閔忠寺圓融宣密大師祥杲。杲以傳於崇國寺空明圓證大法師善選。由是知律學之淵原尚矣。至正二十三年十月，11 今皇帝御明仁殿，宣政使帖古思不華等請賜傳戒之碑於崇國寺，以著善選師之美而章示於後來。乃命中書參知政事臣素撰文書丹，張瑒篆額，特賜善選澄慧國師。按，善選師姓劉 12 氏，世居香河會僊

鄉馬家里。母于。師生於金大定十五年四月。將誕之夕有異光,父母奇之。稍長,出家於里中隆安寺,禮真覺爲師。博通華嚴□旨。聞燕京永慶寺正法藏大師素通 13 清涼國師義疏,乃造習焉。它日燕坐佛前,聞雲版聲,頓然開悟,遂以空明自號,究瓔珞經、瑜伽論,知四不壞性,明三聚戒法。會我師伐金,師□轉徙平灤。軍中日無足食,將士或餽葷饌,終 14 卻不受。人知其清潔,不復縻縶。僅得還燕。閔忠、崇國二寺已俱爲兵毀。丞相廈里等奉朝命徙各寺人匠。中書令耶律楚材署疏請主閔忠寺,尋主崇國寺,則丞相廈里之請也。師告施者 15 經營締構,悉復舊觀。行臺石抹明安聘主寶集寺,大弘圓宗。弘法寺藏經有版,經亂之後,師亦被命校勘,補其闕遺。□臺劉仲祿尤加□禮。時薊之甘泉寺本無禪師,志玄建大戒壇,聘師 16 爲教授師。己丑歲,真定邱王二帥繼啓資戒會,師皆爲羯磨傳戒宗主,復授戒本於寶集寺釋教都壇主行秀,度門徒二百餘人,其知名者通辨大師定學、雄辨大師義定、通理大師道明、17 崇教大師慧英、寂照大師定志、廣慧大師祖璋、圓照大師恒遷。歲壬子五月庚子,演說八關淨戒。詰旦,謂衆曰:"今日上得見汝等□度。"又明日,留偈而逝世,壽七十有六,僧臘五十有六。會 18 歲旱暑熾,至是陰雲布濩者三日,涼飆颯然。送者三萬餘人,梵僧之寓京無弗至者。龕置所焚之臺,倏爾動搖,及闍維又動,五色雲氣,結爲瑞光,中出白氣,直射西方。曹氏童男女見師乘 19 雲騰空。或收其頂骨,夜光盈室。其應感若此,安得不起信於人哉?是年七月庚子,瘞諸宛平縣玉河鄉魯郭里之祖塋,又樹塔□隆安寺。師示寂既久,行秀傳戒本於崇國定志,志傳昊天 20 顯淨,淨傳崇國定演,演傳原教法聞。俱戒行精嚴,人天師表。僥幸妄求者不得與於斯矣。後之繼承相授可不思以續佛慧□也耶?臣素欽承明命,采摭始終,叢明傳戒之原本,且銘其 21 碑,以授今大崇國寺住持普明淨慧大師,臣僧智學俾刻諸石,庸論著我朝崇尚佛法之本旨也。銘曰:22

□性之靈,先諸空劫。由有幻軀,身口意業。貪夫徇財,烈士徇名。夜旦牽纏,稷稷營營。淪精幽沉,陽明終遠。赤曦當空,雲□霧卷。盧舍那佛,閔彼蚩蚩。爰示方便,是爲毗尼。制戒孔嚴,大啟群 23 衆。流傳震旦,靡不尊奉。迨澄照師,嘉遯紵麻。聲震于唐,著書滿家。芝草白泉,式現諸瑞。終南崇崇,道風弗隊。孰寶戒本,道帝所書。劫火不壞,靈妙如如。奕世相承,奉盈執玉。必有碩師,福慧 24 兩足。臨壇遍觀,戒體孰完。議以空明,蚤學隆安。羯磨傳宗,克堪畀付。齋戒襲藏,天龍訶護。25 聖皇御極,衆教寔崇。睠彼蘭若,師有遺蹤。申敕廷臣,載稽原委。普度舍生,盡未來際。邦基永固,正法光明。維德□齡,視此刻銘。26

至正二十四年九月壬申,大崇國寺住持普明淨慧大師臣僧智學立石。27

清河張述刻字。28

【碑陰】

碑文:

皇帝聖旨裏,宣政院。至正廿三年十月十三日,哈剌章怯薛第二日,1 明仁殿裏有時分,速古兒赤也速迭兒、云都赤火里、殿中月□2 帖木兒、給事中觀音奴等有來。本院官帖古思不花院使、3 阿剌台經歷等 4 奏:"大都有的大崇國寺開山住持空明圓證選公大師立傳 5 戒碑石的上頭,俺與 6 搠思監太保右丞相一處商量來。交中書省參政危素撰 7 文并書丹,集賢大學士滕國公張瑧篆額呵,怎生麼道。"8 皇太子根底啓呵:9"上位根底奏,10 聖旨識也者麼道。"奏呵。奉 11 聖旨:那般者。欽此。除已移咨參政危素撰文并書丹,學士張瑧篆額外,12 使院合下仰照驗,欽此施行。須議劄付者。13

右劄付大崇國寺,準此。14

豎立碑石。15

皇帝聖旨裏,宣政院。至正廿六年二月十七日,完者帖木兒怯薛 1 第一日, 2 宣文閣裏有時分,速古兒赤完者不花、云都赤塔海帖木兒、殿 3 中寶堅、給事中解里顔等有來。帖古思不花院使、孛羅帖 4 木兒副使、八兒忽台參議、都篤參議、忙哥帖木兒經歷等 5 奏:"俺根底,釋教都壇主澄吉祥文書裏咨呈:大崇國寺空明 6 圓證大師選公,釋教都總統名分裏委付了有來。他亡歿 7 了有。爲他傳受金字戒本立碑的上頭,依先祖師位,封贈 8 國師名分的説有。俺與 9 伯撒里太師右丞相一處商量了,依著他保來的文書,釋 10 教都總統澄慧國師選公名分封贈,怎生麽道。" 11 皇太子根底啓呵:" 12 上位根底奏, 13 聖旨識也者麽道。"奏呵,奉 14 聖旨:那般者。欽此。除欽遵外,使院合下仰照驗就行,欽依施行。須 15 議劄付者。 16

右劄付大崇國寺,準此。 17

西天佛子大國師班丹扎釋壽像記
竊聞密乘以修習禪定而為本無礙方便而為用極其所歸則一
也昔肇傳中土則晉有尸利密唐有金剛智三藏不空等暨歷元
師膽巴諸大士以風願力妙契時君宰輔傾嚮厥後中微繼者鮮
皇明啟運
列聖相承尊獎像教尤重密乘於是英偉傑特生知上士迭出間生
皇度前古未嘗有也粵若弘通妙戒普慧善應慈濟輔國闡教灌
絕倫負笈遠遊尋傳秘密源流真正青出於藍學譽四馳達
輒野永樂間徵之赴
闕館留京寺對揚稱
旨嘗侍從臣陪送
大寶法王遠抵其國道力所致神物護持涉歷山川略無阻
太宗皇帝嘉歎久之授以僧[illegible]闡教賜予甚隆繼而屢奉
明命往還西域遠寔率服邊境無虞師之以慈化物佑
國推誠之至豈凡庸可得而窺測也哉
宣宗皇帝繼統之初如以今號金章寶誥特寵異之所荷其
敕修大隆善寺師所居丈室遂撤而一新之所費之貲咸
皇上即位眷渥殊厚師既感戴
聖恩思無以報自茲壇場修明其法以為常課暇則攝
聚其財雕造師之壽像期以安奉寺之祖堂禪退
門人設像而尊嚴之載於典籍至今傳誦人瞻景仰
勝其道為德焉與古之人同無少異衛教輔時之功
師位冠於京人天欽仰實為一寺主席而可比之哉
宣德十年歲在乙卯月　日府在僧錄司右
御用監太監王瑾洪名北釋端竹等助緣立石

京 345《班丹扎釋壽像殘碑》

西天佛子大國師班丹札釋壽像記

竊聞密乘以修習禪定而爲本無礙方便而爲用極其所歸則不(下殘)
幽旨肇傳中土則晉有尸利密唐有金剛智三藏不空等暨歷□(下殘)
師膽巴諸大士以夙願力妙契時君宰輔傾嚮厥後中微繼者□(下殘)
皇明啟運
列聖相承尊奬像教尤重密乘於是英偉傑特生知上士迭出間生(下殘)
皇度前古未曾有也粵若弘通妙戒普慧善應慈濟輔國闡教灌(下殘)
絕倫負笈遠遊早傳秘密源流真正青出於藍芳譽四馳達□(下殘)
朝野永樂間徵之赴
闕館留京寺對揚稱
旨嘗偕近臣陪送
大寳法王遠抵其國道力所致神物護持涉歷山川畧無險(下殘)
太宗皇帝嘉嘆久之授以僧録闡教賜予甚隆繼而屢奉
明命往還西域遠夷率服邊境無虞師之以慈化物佑
國推誠之至豈凡庸可得而窺測也哉
宣宗皇帝踐祚之初加以今號金章寳誥特寵異之吁何其□(下殘)
敕修大隆善寺師所居丈室遂撤而一新之所費之資咸(下殘)
皇上即位眷禮彌厚師既感戴
聖恩思無以報日設壇場修明其法以爲常課暇則攝(下殘)
聚議合財雕造師之壽像期以安奉寺之祖堂俾遐(下殘)
門人設像而爲影堂載於典籍至今傳誦人猶景仰(下殘)
勝其道焉德焉與古之人固無少異衛教輔時之功(下殘)
師位冠群宗人天模範豈彼一寺主席而可比之哉(下殘)
宣德十年歲在乙卯　月　日行在僧録司右覺(下殘)
御用監太監王瑾法名札釋端竹等助緣立石

京345《班丹札釋壽像殘碑》

班丹札釋壽像殘碑

首題：西天佛子大國師班丹札釋壽像記
年代：明宣德十年（1435）
原址：西城區護國寺街
拓片尺寸：碑身高 58、寬 61 厘米
書體：楷書，額篆書
《目録》：頁 451
拓片編號：京 345
拓片録自：《北京圖書館藏中國歷代石刻拓本匯編》第 51 卷 79 頁

【碑陽】

額題：僅存“國”、“記”二字之殘部

碑文：

西天佛子大國師班丹札釋壽像記 1

竊聞密乘以修習禪定而爲本，無礙方便而爲用。極其所歸則不（下殘）2 幽旨肇傳中土，則晉有尸利密，唐有金剛智、三藏不空等。暨歷□（下殘）3 師膽巴諸大士，以夙願力，妙契時君，宰輔傾嚮。厥後中微，繼者□（下殘）4 皇明啟運，5 列聖相承，尊獎像教，尤重密乘。於是英偉傑特，生知上士，迭出間生（下殘）6 皇度前古未曾有也。粵若弘通妙戒普慧善應慈濟輔國闡教灌（下殘）7 絕倫。負笈遠遊，早傳秘密源流，真正青出於藍，芳譽四馳。達□（下殘）8 朝野。永樂間徵之赴 9 闕，館留京寺，對揚稱 10 旨，嘗偕近臣。陪送 11 大寶法王遠抵其國，道力所致，神物護持，涉歷山川，罟無險（下殘）12 太宗皇帝嘉嘆久之，授以僧録闡教，賜予甚隆。繼而屢奉 13 明命，往還西域，遠夷率服，邊境無虞。師之以慈化物佑 14 國推誠之至，豈凡庸可得而窺測也哉？15 宣宗皇帝踐祚之初，加以今號。金章寶誥，特寵異之。吁！何其□（下殘）16 敕修大隆善寺，師所居丈室，遂撤而一新之。所費之資，咸（下殘）17 皇上即位，眷禮彌厚。師既感戴 18 聖恩，思無以報，日設壇場，修明其法，以爲常課。暇則攝（下殘）19 聚議合財，雕造師之壽像，期以安奉寺之祖堂，俾遐（下殘）20 門人設像而爲影堂，載於典籍，至今傳誦，人猶景仰（下殘）21 勝其道焉德焉，與古之人固無少異，衛教輔時之功（下殘）22 師，位冠群宗，人天模範，豈彼一寺主席而可比之哉？（下殘）23

宣德十年歲在乙卯月日，行在僧録司右覺（下殘）24

御用監太監王瑾法名札釋端竹等助緣立石。25

京 343《桑渴巴辣實行碑》陽

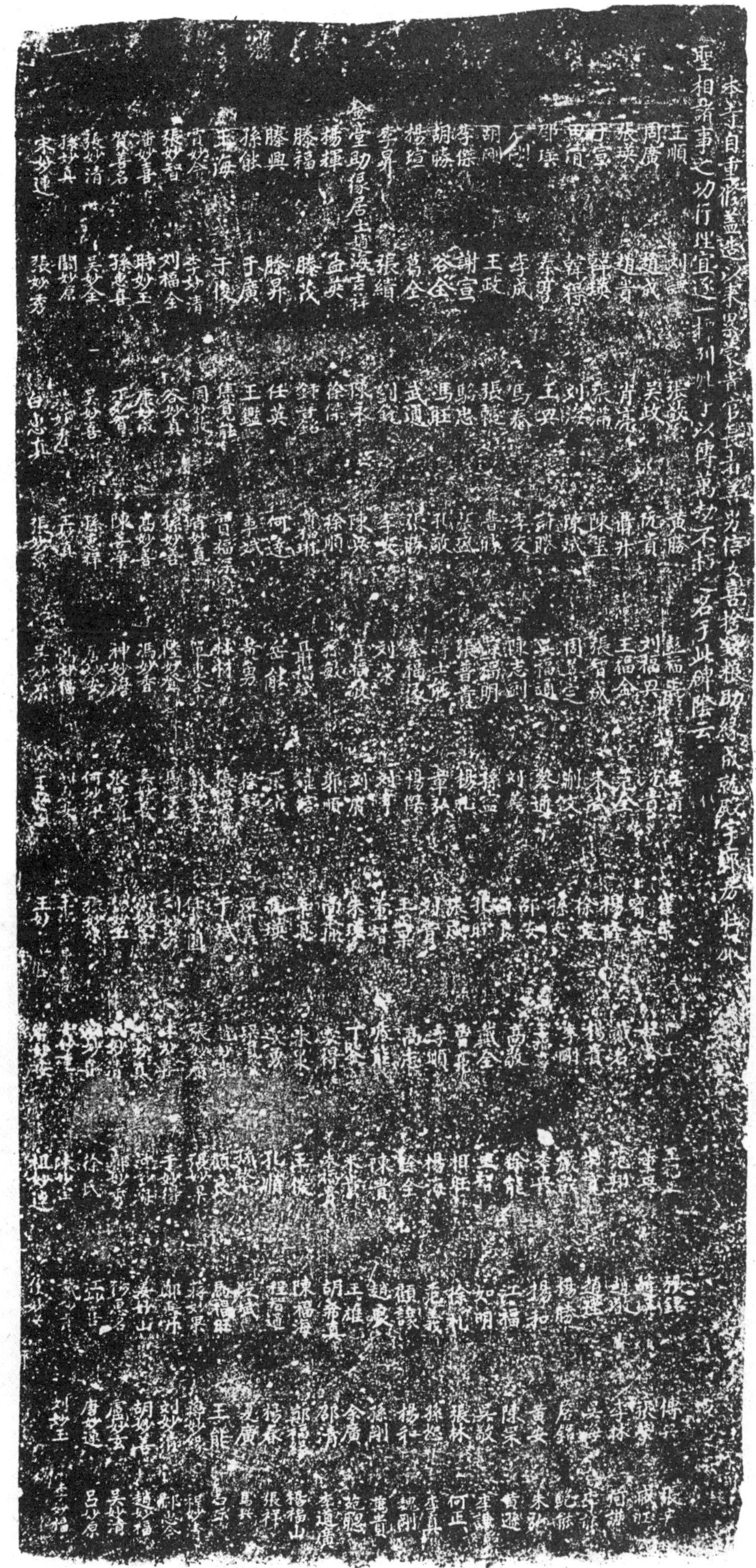

京 343《桑渴巴辣實行碑》陰

敕賜崇恩寺碑

敕賜崇恩寺西天大辣麻桑渴巴辣實行碑

承旨講經兼賜寶藏圓融顯密宗師　播陽道深撰

徵仕郎中書舍人　廣平程洛書

賜進士出身奉政大夫工部郎中　孝感張瓚篆

西天大剌麻梵名桑渴巴辣乃中天竺國之人則甞言其自幼出家遊五天竺參習秘密最上一乘以抵西番烏思藏國遇我

皇明冊封圓融妙慧淨覺弘濟輔國光範衍教灌頂廣善西天佛子大國師光無隱上師宣傳

聖化在彼藏中迎葛哩麻大寶法王則於彼時禮無隱上師爲師傾心歸服執事左右已而同葛哩麻統諸番邦進貢方物來我中原不

啻數萬千里梯山航海遠到南京朝覲

太宗皇帝獲蒙見喜賞賜勞來之甚命居西天寺恒給光祿飲饌及任隨方演教自在修行即永樂三年也其後

駕幸北京越十一年被　召而來居崇恩寺尋奉

聖旨內府番經廠教授內臣千餘員習學梵語真實名經諸品梵音讚歎以及內外壇場而仍日每三飡優給光祿凡遇

朝廷修設秘密齋筵其偕無隱上師預會或得掌壇或輔弘宣善滿主緊四灌頂戒以廣發揚秘乘饒益上根利器傍及法界有情則

其累受賞賜金帛尤多而其通曉梵語音聲諸家字意亦多其义正是西天之人貌儼羅漢則我中國大夫士庶若僧若俗有見之

者莫不皆敬重焉伏惟

列聖亦皆奬慰隆厚而有參授秘密則禮之爲金剛上師者多有內外大臣投其座下削髮爲徒者是亦不能盡舉而其生性剛直獨唯

敬讓無隱上師道學兼明而諸教中泛泛者一無遜讓之蓋彼所得秘密高廣而甞所謂密中之密則諸人亦不能與之議論洪惟

當今皇上聖文神武嗣大歷服之正統元年伏蒙　御用監太監阮文等同其仍將崇恩後殿興修莊嚴救度佛母色相與蓋山門廊房

方丈皆備至四年間　欽蒙敕賜還做崇恩之額禮部劄付其徒烏合麻住持其就是年往五臺山所將法藏古刹重修亦猶殿宇

廊堂皆具復爲興盛道場於中砌立無隱上師舍利靈塔用酹法乳至於九年尋蒙　敕賜爲普恩寺其徒答而麻羅乞塔領禮部

劄付住持於十一年工畢回京到於定州之上生寺壽年七十而逝其大徒弟

敕賜西域寺住持勃答室哩等前往迎其全身歸來阜城關西域叢林之所荼毗收取舍利遺骨一起靈塔於京西房山小西天之東

峪一起灰塔於西域之西北隅皆　內臣檀越輩助成吁自教東流而彼西天之上師達東震旦則甚稀有譬如曇華難遭值耳桑

渴巴辣則從竺國遠來以秘密大乘攝授中土而又廣度諸徒以續慧命豈讓摩騰達磨獨享美於前哉今其徒見住持巴辣些納

請述其實行以示後昆則亦可謂克當者也予亦與其昔同參於無隱上師之門則雖頗知其詳然□頓入寂照圓明之說則我豈

能擬議之哉粗且叙述前之見聞庶幾勒碑於瑱石光輝千載永著傳燈其諸遺行豈能盡述

天順二年歲次戊寅九月九日崇恩當代住持巴辣些納立石

京343《桑渴巴辣實行碑》陽

本寺自重修蓋造以來累蒙貴官長者善男信女喜捨錢糧助緣成就殿宇廊房莊嚴
聖相諸事之功行理宜逐一標列姓字以傳萬劫不朽之名於此碑陰云

王順 劉謙 張敬 黃勝 彭福壽 吳清 崔榮 □玉 王福正 □銘 傳興 張□
周廣 趙成 吳政 阮貴 劉福興 沈貴 甯全 杜□ 董興 趙□ 張舉 臧旺
張瑛 趙貴 肖亮 聶升 王福金 范全 楊隆 戴名 范翔 趙璥 李林 何謙
于宣 韓瑛 張滿 陳璽 張智成 朱斌 徐兖 楊貴 柴寬 趙瑾 吳海 李能
田清 韓得 劉海 陳斌 周善定 蒯文 孫友 李剛 嚴□ 楊勝 詹銘 鮑能
邵瑛 秦亭 王興 許勝 吳福通 蔡通 邵安 王福惠 李興 楊和 黃安 朱弘
石剛 李成 馬泰 李友 陳志剛 劉義 蘇□ 高敬 徐能 江福 陳衆 黃遜
胡剛 王政 張䡵 普勝 蘇福明 孫寧 孔旺 戴全 王智 如明 吳敬 李謙
李傑 謝宣 駱忠 張盛 張普貴 楊禮 張成 曹亮 相旺 徐禮 張林 何正
胡勝 谷全 馮旺 孔敬 蔣士能 章弘 劉貴 李順 楊海 范義 孫恕 李真
楊瑄 葛全 武通 張勝 秦福緣 楊傑 王正果 高志 徐全 顧讓 楊和 魏剛
李昇 張績 劉鋭 李安 劉榮 劉亨 董智 璩能 陳貴 趙良 孫剛 萬貴
金臺助緣居士趙海吉祥 陳永 陳興 崔福敬 劉廣 朱瑛 丁監 米貴 王雄 余廣 苑聰
楊輝 孟英 徐傑 徐順 孫敏 郭順 高本□ 袁得 朱福貴 胡希真 邵清 李道廣
滕福 滕茂 鍾普銘 黃福琳 聶福斌 鍾信 □亮 朱杲 王俊 陳福海 鄭福緣 楊福山
滕興 滕昇 任英 何達 岳能 張鉞 馮瑛 □勇 孔順 程智通 楊春 張祥
孫能 于廣 王鑑 李斌 黃勇 徐銘 孫仲義 梁□常 孫整 段斌 夏廣 馬興
王海 于俊 焦覺能 賈福深 林材 張錦□ 于斌 趙妙聚 顧良 馬福旺 王能 白淙
賈妙令 李妙清 周妙敬 肖妙真 單惠全 蘇妙秀 任惠圓 張妙廣 張妙果 蔣妙果 蔣妙緣 程妙清
張妙智 劉福全 谷妙真 孫妙善 陸妙登 馬澤望 劉妙□ 李妙喜 于妙得 鄭燕昇 劉妙清 郝惠今
潘妙喜 時妙玉 康妙成 高妙善 馮妙香 吳妙善 □妙善 □妙真 □妙海 姜妙山 胡妙善 趙妙福
賀善名 孫惠喜 丁妙智 陳善净 神妙海 張□真 楊妙玉 □妙清 鄭妙秀 楊惠名 盧妙玄 吳妙清
張妙清 吳妙全 吳妙喜 孫惠祥 居妙安 何妙淨 張妙原 □妙喜 徐氏 江妙喜 唐妙連 呂妙原
孫妙真 闞妙原 蔡妙秀 王妙真 高妙福 劉惠安 王□□ 安妙瑾 陳妙全 戴妙□ 劉妙玉 李妙福
宋妙連 張妙秀 白惠真 張妙原 吳妙榮 王□真 王妙□ 崔妙安 祖妙連 □妙安

京343《桑渴巴辣實行碑》陰

桑渴巴辣實行碑

首題:敕賜崇恩寺西天大辣麻桑渴巴辣實行碑
年代:明天順二年(1458)九月九日
原址:西城區護國寺街
拓片尺寸:碑陽高148、寬74厘米,額高40、寬21厘米;碑陰高148、寬69厘米
書體:楷書,額篆書
撰人:(僧)道深
書人:程洛,張瓚篆額
《目録》:頁503
拓片編號:京343
拓片録自:《北京圖書館藏中國歷代石刻拓本匯編》第52卷10—11頁

【碑陽】

額題:敕賜崇恩寺碑

碑文:

敕賜崇恩寺西天大辣麻桑渴巴辣實行碑 1

承旨講經兼賜寶藏圓融顯密宗師播陽道深撰。2

徵仕郎中書舍人廣平程洛書。3

賜進士出身奉政大夫工部郎中孝感張瓚篆。4

西天大剌麻梵名桑渴巴辣,乃中天竺國之人。則嘗言其自幼出家,遊五天竺,參習秘密最上一乘。以抵西番烏思藏國,遇我 5 皇明冊封圓融妙慧淨覺弘濟輔國光範衍教灌頂廣善西天佛子大國師光無隱上師宣傳 6 聖化,在彼藏中,迎葛哩麻大寳法王。則於彼時禮無隱上師爲師,傾心歸服,執事左右。已而同葛哩麻統諸番邦進貢方物來我中原。不 7 啻數萬千里,梯山航海,遠到南京,朝覲 8 太宗皇帝。獲蒙見喜。賞賜勞來之甚。命居西天寺,恒給光禄飲饌,及任隨方演教,自在修行。即永樂三年也。其後 9 駕幸北京。越十一年,被召而來,居崇恩寺,尋奉 10 聖旨内府番經廠教授内臣千餘員習學梵語真實名經諸品、梵音讚歎,以及内外壇場。而仍日每三飡優給光禄。凡遇 11 朝廷修設秘密齋筵,其偕無隱上師預會,或得掌壇,或輔弘宣善滿主緊四灌頂戒,以廣發揚秘乘,饒益上根利器,傍及法界有情。則 12 其累受賞賜金帛尤多。而其通曉梵語音聲,諸家字意亦多其义正。是西天之人,貌儼羅漢,則我中國大夫士庶,若僧若俗,有見之 13 者,莫不皆敬重焉。伏惟 14 列聖亦皆獎慰隆厚,而有參授秘密則禮之爲金剛上師者。多有内外大臣投其座下削髮爲徒者,是亦不能盡舉。而其生性剛直,獨唯 15 敬讓無隱上師道學兼明,而諸教中泛泛者一無遜讓之。蓋彼所得秘密高廣,而嘗所謂密中之密,則諸人亦不能與之議論。洪惟 16 當今皇上聖文神武,嗣大歷服之正統元年,伏蒙御用監太監阮文等同其仍將崇恩後殿興修,莊嚴救度佛母色相,與蓋山門、廊房、17 方丈皆備。至四年間,欽蒙敕賜還做崇恩之額。禮部劄付其

徒烏合麻住持。其就是年往五臺山所，將法藏古刹重修，亦猶殿宇 18 廊堂皆具，復爲興盛道場。於中砌立無隱上師舍利靈塔，用酧法乳。至於九年，尋蒙敕賜爲普恩寺，其徒答而麻羅乞塔領禮部 19 劄付住持。於十一年工畢回京。到於定州之上生寺，壽年七十而逝。其大徒弟 20 敕賜西域寺住持勃答室哩等前往迎其全身歸來，阜城關西域叢林之所荼毗，收取舍利遺骨，一起靈塔於京西房山小西天之東 21 峪，一起灰塔於西域之西北隅。皆内臣檀越輩助成。吁！自教東流而彼西天之上師達東震旦，則甚稀有。譬如曇華，難遭值耳。桑 22 渴巴辣則從竺國遠來，以秘密大乘攝授中土，而又廣度諸徒，以續慧命，豈讓摩騰達磨獨享美於前哉。今其徒見住持巴辣些納 23 請述其實行以示後昆，則亦可謂克當者也。予亦與其昔同参於無隱上師之門，則雖頗知其詳，然□頓入寂照圓明之説，則我豈 24 能擬議之哉。粗且叙述前之見聞，庶幾勒碑於瑱石，光輝千載，永著傳燈，其諸遺行，豈能盡述。25

天順二年歲次戊寅九月九日崇恩當代住持巴辣些納立石。26

【碑陰】

碑文：

本寺自重修蓋造以來，累蒙貴官長者、善男信女喜捨錢糧，助緣成就殿宇廊房，莊嚴聖相。諸事之功行，理宜逐一標列姓字，以傳萬劫不朽之名於此碑陰。云：

王順、周廣、張瑛、于宣、田清、邵瑛、石剛、胡剛、李傑、胡勝、楊瑄、李昇、金臺助緣居士趙海吉祥、楊輝、滕福、滕興、孫能、王海、賈妙令、張妙智、潘妙喜、賀善名、張妙清、孫妙真、宋妙連、1 劉謙、趙成、趙貴、韓瑛、韓得、秦亨、李成、王政、謝宣、谷全、葛全、張績、孟英、滕茂、滕昇、于廣、于俊、李妙清、劉福全、時妙玉、孫惠喜、吴妙全、闞妙原、張妙秀、2 張敬、吴政、肖亮、張滿、劉海、王興、馬泰、張軂、駱忠、馮旺、武通、劉鋭、陳永、徐傑、鍾普銘、任英、王鑑、焦覺能、周妙敬、谷妙真、康妙成、丁妙智、吴妙喜、蔡妙秀、白惠真、3 黄勝、阮貴、聶升、陳璽、陳斌、許勝、李友、普勝、張盛、孔敬、張勝、李安、陳興、徐順、黄福琳、何達、李斌、賈福深、肖妙真、孫妙善、高妙善、陳善凈、孫惠祥、王妙真、張妙原、4 彭福壽、劉福興、王福金、張智成、周善定、吴福通、陳志剛、蘇福明、張普貴、蔣士能、秦福緣、劉榮、崔福敬、孫敏、聶福斌、岳能、黄勇、林材、單惠全、陸妙登、馮妙香、神妙海、居妙安、高妙福、吴妙榮、5 吴清、沈貴、范全、朱斌、蒯文、蔡通、劉義、孫寧、楊禮、章弘、楊傑、劉亨、劉廣、郭順、鍾信、張鉞、徐銘、張錦□、蘇妙秀、馬澤望、吴妙善、張□真、何妙淨、劉惠安、王□真、6 崔榮、甯全、楊隆、徐兖、孫友、邵安、蘇□、孔旺、張成、劉貴、王正果、董智、朱瑛、高本□、□亮、馮瑛、□仲義、于斌、任惠圓、劉妙□、□妙善、楊妙玉、張妙原、王□□、王妙□、7 □玉、杜□、戴名、楊貴、李剛、王福惠、高敬、戴全、曹亮、李順、高志、璩能、丁監、袁得、朱杲、□勇、梁□常、趙妙聚、張妙廣、李妙喜、□妙真、□妙清、□妙喜、安妙瑾、崔妙安、8 王福正、董興、范翔、柴寬、嚴□、李興、徐能、王智、相旺、楊海、徐全、陳貴、米貴、朱福貴、王俊、孔順、孫整、顧良、張妙果、于妙得、□妙海、鄭妙秀、徐氏、陳妙全、祖妙連、9 □銘、趙□、趙璥、趙瑾、楊勝、楊和、江福、如明、徐禮、范義、顧讓、趙良、王雄、胡希真、陳福海、程智通、段斌、馬福旺、蔣妙果、鄭燕昇、姜妙山、楊惠名、江妙喜、戴妙□、□妙安、10 傳興、張舉、李林、吴海、詹銘、黄安、陳粟、吴敬、張林、孫恕、楊和、孫剛、佘廣、邵清、鄭福緣、楊春、夏廣、王能、蔣妙緣、劉妙清、胡妙善、盧妙玄、唐妙連、劉妙玉、11 張□、臧旺、何謙、李能、鮑能、朱弘、黄遜、李謙、何正、李真、魏剛、萬貴、苑聰、李道廣、楊福山、張祥、馬興、白淙、程妙清、郝惠今、趙妙福、吴妙清、吕妙原、李妙福。12

京 335《護國寺題名碑》陽

京 335《護國寺題名碑》陰

朕自登大寶以來奉
天敬佛無不誠心近聞禁城西隅有佛刹曰大隆善寺宣德年間奉佛敬僧將
香殿一座數十餘間修蓋佛殿僧房於天順年間傾頹
朕念佛地乃出帑金募財結緣以成勝事命太監二員黃順覃勤謹率監督内
官杜堅等十三員及侍郎等官蒯祥等各色巧匠千數餘人自成化七年
九月初八日興工次年十一月初二日畢工黃順覃勤等承
命以來夙夜匪懈今幸落成不可無紀復誌碑陰庶使後來感
聖恩之隆渥思報本於萬一云
計監造
太監一員杜堅
内官
鄭真　楊旺　周懷　王龐　盧連　曹檜
楊春　麻俊　吉英　楊旺　陳鑑　林厚
本寺住持左覺義常秀　右覺義思忠

京335《護國寺題名碑》陰

護國寺題名碑

年代：明成化八年（1472）十一月二日
原址：西城區護國寺街
拓片尺寸：碑陽高 181、寬 76 厘米；額高 27、寬 21 厘米。碑陰高 130、寬 66 厘米
書題：正書，額篆書
撰人：（明憲宗）朱見深
書人：（明憲宗）朱見深
《目録》：頁 218
拓片編號：京 335
拓片録自：《北京圖書館藏中國歷代石刻拓本匯編》第 52 卷 96—97 頁

【碑陽】

額題：樂助善緣之記

碑文：

［上半部分］：

大明成化七年，1 皇帝自出金帛，僦工市材，2 重建大隆善寺，加額 3 曰護國。於是内侍太 4 監等臣，欽惟 5 皇上至善深仁，發乎 6 聖心，不勝欣躍，亦各樂助 7 私財，共成勝事。兹已 8 畢工，特鎸名于下方，9 以示久遠者。10 成化八年十一月初二日立。11

［下半部分］：

夏時、劉恆、姜玉、覃祥、鄭同、錢義、韋冬、鄭永、金興、班祐、楊寅、蘇誠、徐英、張軒、廣童、趙永、韓禋、劉保、韋秀、林貴奉、劉賓、1 傅恭、懷恩、陳持、廖屏、黄高、韋鮮、張敏、吳福、李棠、陳喜、梁旺、黄衷、沈繪、李瑾、高廉、高義、鄭強、仇政、侯忠、韋琮、杜堅、2 裴當、許安、錢喜、黄賜、韋泰、覃文、潘洪、廖恭、鄧瑢、何□、金輔、陳貴、陳瓚、韋惲、尹福、王亨、阮安、金勝、張璘、戴義、潘瑛、3 黄順、喻輝、覃勤、覃昌、錢福、吳忠、孫清、韋四、黎春、開泰、韋璽、梁芳、陳玹、白俊、潘記、陳祖生、張善、徐海、王允忠、樊堅、4 仇文、鄭旺、段英、王寧、鄭址、馮驥、覃善、李聰、李全、陳紀、關譽、楊剛、劉璣、樊亨、何泰、陳波、韋芳、董彬、王政、凌鳳、王福、劉泉、□敬、吳順、5 韋政、袁保、卓裕、霍琪、劉源、楊進、藍敏、金態、柯興、樊福、楊旺、宋璟、何慶、李原、王漢、唐尹旺、李閏、楊玹、史敏、來旺、柳善、郝剛、陳順、陳鑑、6 陳□、王琳、錢勝、秦□、房□、吳賢、羅英、劉璽、包安、范鑑、鄭真、曾敏、周成、楊海、姚舉、王瑾、劉端、周魁、陳芳、甯道、韋周、江志、藍傑、林厚、7 □□、傅錦、潘玉、王珙、林壽、余福、黄瑜、陳顯、覃觀、鄭麟、周懷、韋勝、任全、張興、陳通、楊敬、董傑、張瑾、程鑑、金名、梁善、楊叢、徐凱、何英、8 曹□、隆綬、山青、何深、楊勝、江濤、黄信、葉景榮、盧融、邵通、楊春、俞順、黄瓚、伍薰、侯俊、黄益、覃隆、楊岫、陳敬、洪廣、劉洪、竇諒、楊定、9 黄□、林秀、金玉、開通、龔昇、李珍、傅德、張清、韋童、何晏、吉英、汪景、

祝壽、唐禧、羅章、王宣、李惠、姜廣、藍田、鄧祥、吳安、韋謙、盧慶、10 房□、王永、王助、川科、張倜、祝敔、梁礜、鄧永、何環、姚舉、王龐、姚興、扯英、黃璟、陸喜、宋諒、楊璟、楊賢、陳芊、張成、蘇真、王良、任秀、11 王濬、寧榮、王順、莊旺、章壽、楊鉄、鄧禹、何珣、余文、楊惠、楊旺、孫玉、陳軒、陳道、傅保、辰保、引孫、陳保、程誼、陳節、陳歡、李震、王廣、12 沈諒、尹群、范□、□□、崔招、林森、楊敏、李達、裴省、杜慶、曹檜、王間、福靈、覃慶、何海、何英、石真、陳箎、羅迪、廖寍、李葵、鄭玉、王敬、13 陳良、慶祥、韋詮、于□、趙新、楊□、林塢、謝讓、安德、福慶、麻俊、張檜、韋遠、李斌、宗山、張潤、馬忠、張芾、李玉、趙保、米速、藍安、覃美、14 宿政、安童、韋隆、□齊、郭潤、方昱、張通、□□、惠安、趙青、盧連、王偉、王志、拓全、陳楮、蘇安、福保、孫英、陸諲、王樂、覃樂、姚廣、王峻、15□吉、寧□、溫信、張□、趙□、□□、□□、□倫、趙偉、郭秀、蘇奇、王□、李稅、江富、林偉、俞俊、沈貴、郭勉、吳祥、王瑞、崔剛、江州、劉聰、16□安、唐德、韋洛、林衛、□□、劉雲、□□、□忠、李□、□□、覃和、蘇旺、董鈞、□福友、田能、陳富、吳喜、吳清、韋興、朴真、潘政、王臻、張成。17

【碑陰】

碑文：

朕自登大寶以來，奉 1 天敬佛，無不誠心。近聞禁城西隅有佛刹曰大隆善寺，宣德年間奉佛敬僧，將 2 香殿一座，數十餘間，修蓋佛殿僧房，於天順年間傾頽。3 朕念佛地，乃出帑金，募財結緣，以成勝事。命太監二員黃順、覃勤，謹率監督内 4 官杜堅等十三員及侍郎等官，蒯祥等各色巧匠千數餘人，自成化七年 5 九月初八日興工，次年十一月初二日畢工。黃順、覃勤等承 6 命以來，夙夜匪懈，今幸落成，不可無紀，復誌碑陰，庶使後來感 7 聖恩之隆渥，思報本於萬一云：8

計監造 9 太監一員杜堅，10 内官 11 鄭真、楊旺、周懷、王龐、盧連、曹檜、12 楊春、麻俊、吉英、楊旺、陳鑑、林厚，13 本寺住持左覺義常秀，右覺義思忠。14

御製大隆善護國寺碑

年代：明成化八年（1472）十一月二日
撰人：（明憲宗）朱見深
碑文録自：《宛署雜記》卷十八頁二百

【碑陽】

碑文：

朕惟人君承帝王之統，任參天地，贊化育之重，要必以六合爲一家，使凡賦形於大化之中，若動若植，有情無情，皆得以全其性，遂其生，而無一不得其所，斯爲功用之全焉。然宇宙至廣，民物至衆，非兼天下道術之奇，何以盡參贊之功若此哉？惟佛氏之道，肇自西土，達於中國，以慈悲爲心，利濟爲教，而化民趨善，尤爲切至。是以時君世主，往往信向而崇奉之，爲其道廣大有補於世也。我國家太祖高皇帝混一海宇，創萬世之統。太宗文皇帝削平內難，成再造之功。仁宗昭皇帝垂拱無爲，保熙洽之運。宣宗章皇帝恭己守成，隆久大之業。英宗睿皇帝勵精治理，宏統理之規。五聖相繼，百年治平，其綱維正體，雖一於堯舜禹湯文武大中至正之道，而陰誘默化，實於佛法有資焉。由是薄海內外，民康物阜，藹然雍熙太和之盛，有非漢唐以下治功所可及矣。朕嗣守祖宗丕圖，統理民物，繼志述事，夙夜靡忘，其於仁義道德之懿，紀綱法度之詳，固所究心，而禮佛祝釐之地，亦致謹焉。禁城西隅，有佛刹曰大隆善寺，成於宣德己酉，實我皇祖考因舊更新者也。歷歲滋久，新者復弊，朕仰思先烈，敢不是葺，乃出內帑、金帛，市材僦工，鼎新締構，踰年而工告成。規模宏壯，差勝於昔，因增其額曰大隆善護國寺。令僧顧名思義，朝夕祝釐其中，用資祖宗在天之福，綿聖母齊天之壽，保宮闈協吉，而嗣續蕃衍，華夷順服，而海宇奠安，無間顯幽，均霑利濟，斯朕志也。豈徒資其輔化於一時已哉？落成有日，爰述以文並繫之詩曰：西方有佛氏大雄，遺教流演來天東。窮幽人妙談苦空，誓將覺智開迷蒙。十方有情率歸從，聞經聽法虔且恭。自漢迄今教愈崇，雕牆峻宇金爲容。禁城西隅屹梵宮，歲久頹弊軫予衷。爰施金帛鳩良工，鼎新締構重復重。莊嚴壯麗凌穹窿，金碧焜燿朝陽紅。晨昏梵唄鼓與鐘，有祈斯應感必通。皇圖鞏固宗祀隆，四海民物歸帡幪。陰翊皇度成治功，香火萬代傳無窮。

成化八年十一月初二日立。

助緣修造之記

大明成化七年
皇帝重新脩建大隆善護國寺欽承
聖母皇太后助賜金帛及
中宮并各宮皇妃下至女官宮人等亦各樂助銀
幣等物自本年九月初八日興工至次年十一
月初二日畢工謹刻于石用垂不朽云
成化八年十一月初二日立

京 340《護國寺碑》

助賜修造之記

大明成化七年
皇帝重新修建大隆善護國寺欽承
聖母皇太后助賜金帛及
中宫並各宫皇妃下至女官宫人等亦各樂助銀
幣等物自本年九月初八日興工至次年十一
月初二日畢工謹刻於石用垂不朽云
成化八年十一月初二日立

京 340《護國寺碑》

護國寺碑

年代：明成化八年（1472）十一月二日
原址：西城區護國寺街
拓片尺寸：碑陽高 167、寬 69 厘米，額高 28、寬 21 厘米
書體：楷書，額篆書
《目録》：頁 218
拓片編號：京 340
拓片録自：《北京圖書館藏中國歷代石刻拓本匯編》第 52 卷 95 頁

【碑陽】

額題：助賜修造之記（篆書）

碑文：

大明成化七年，1 皇帝重新修建大隆善護國寺。欽承 2 聖母皇太后助賜金帛，及 3 中宮并各宮皇妃，下至女官宮人等，亦各樂助銀 4 幣等物。自本年九月初八日興工，至次年十一 5 月初二日畢工，謹刻於石，用垂不朽云。6 成化八年十一月初二日立。7

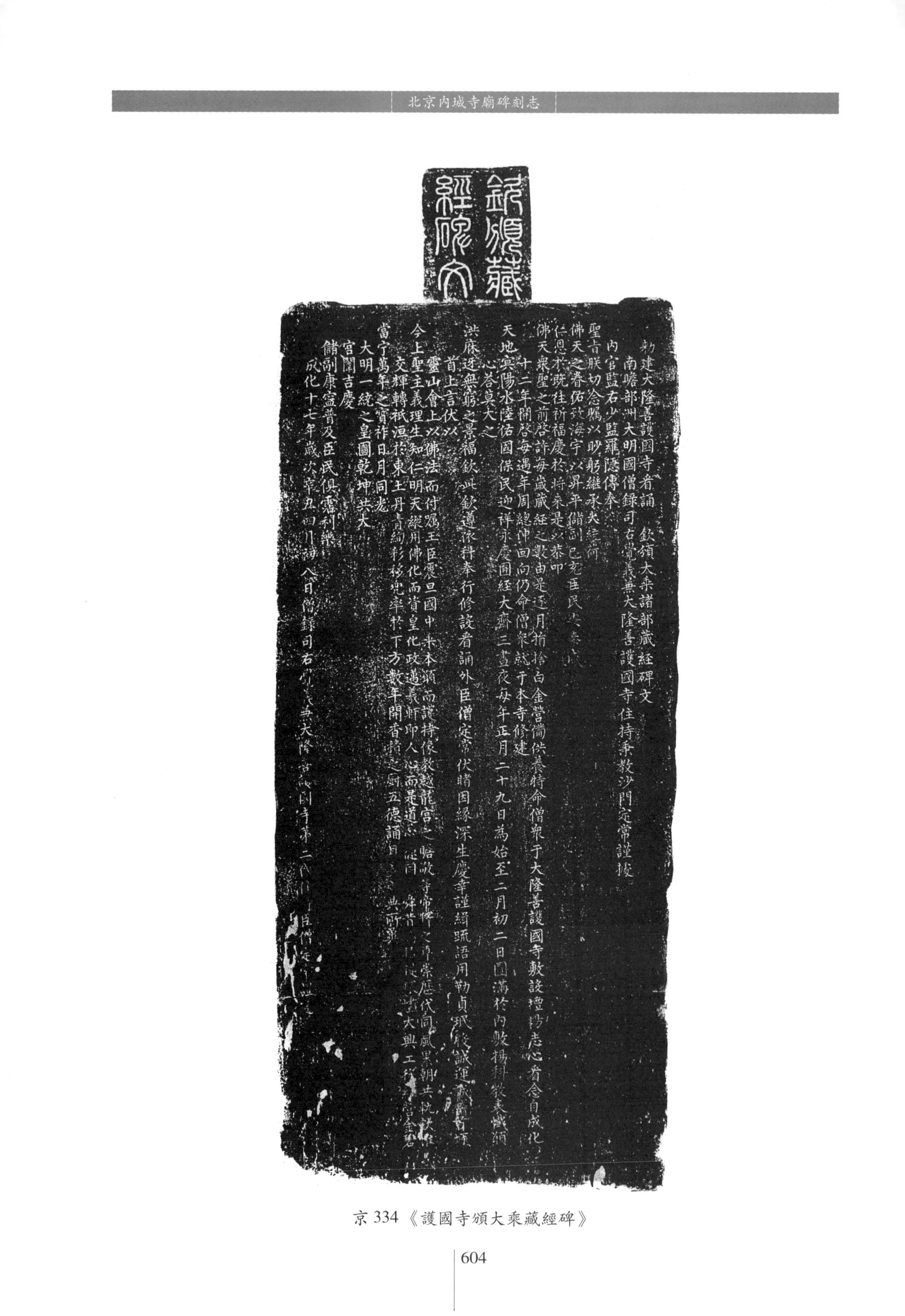

京334《護國寺頌大乘藏經碑》

欽頒藏經碑文

敕建大隆善護國寺看誦　欽頒大乘諸部藏經碑文

南贍部洲大明國僧錄司右覺義兼大隆善護國寺住持秉教沙門定常謹據

內官監右少監羅隱傳奉

聖旨朕切念矚以眇躬繼承大統荷

佛天之眷佑致海宇以昇平儲副已充臣民安泰感

仁恩於既往祈福慶於將來是以恭叩

佛天衆聖之前啓許每歲藏經之數由是逐月捐捨白金營備供養特命僧衆於大隆善護國寺敷設壇場志心看念自成化

十二年開啓每遇年周總伸回向仍命僧衆就於本寺修建

天地冥陽水陸佑國保民迎祥永慶圓經大齋三晝夜每年正月二十九日爲始至二月初二日圓滿於內敷揚科教表儀願

心答莫大之

洪庥迓無窮之景福欽此欽遵依科奉行修設看誦外臣僧定常伏睹因緣深生慶幸謹緝疏語用勒貞珉投誠運誠稽首頓

首上言伏以

靈山會上以佛法而付囑王臣震旦國中乘本願而護持像教越龍宫之瞻敬等帝釋之尊崇歷代同風累朝共軌欽惟

今上聖主義理生知仁明天縱用佛化而資皇化政邁義軒即人心而是道心德同□舜昔爲招提煨燼大興工役經營金碧

交輝轉祇洹於東土丹青絢彩移兜率於下方數年開香積之廚五德誦目多之□典所冀

當寧萬年之寳祚日月同光

大明一統之皇圖乾坤共大

宫闈吉慶

儲副康寧普及臣民俱霑利樂

成化十七年歲次辛丑四月初八日僧錄司右覺義兼大隆善護國寺第二代住持臣僧定常謹述

京 334《護國寺頒大乘藏經碑》

護國寺頒大乘藏經碑

首題：敕建大隆善護國寺看誦欽頒大乘諸部藏經碑文
年代：明成化十七年（1481）四月八日
今址：西城區護國寺街
拓片尺寸：碑阳高176、寬78厘米；額高27、寬21厘米
書體：楷書
撰人：（僧）定常
《目録》：頁220
拓片編號：京334
拓片録自：《北京圖書館藏中國歷代石刻拓本匯編》第52卷166頁

【碑陽】

額題：欽頒藏經碑文（篆書）

碑文：

敕建大隆善護國寺看誦欽頒大乘諸部藏經碑文。1

南贍部洲大明國僧錄司右覺義兼大隆善護國寺住持秉教沙門定常謹據 2 内官監右少監羅隱傳奉 3 聖旨：朕切念矚以眇躬繼承大統，荷 4 佛天之眷佑，致海宇以昇平，儲副已充，臣民安泰。感 5 仁恩於既往，祈福慶於將來，是以恭叩 6 佛天衆聖之前，啓許每歲藏經之數，由是逐月捐捨白金，營備供養，特命僧衆於大隆善護國寺敷設壇場，志心看念。自成化 7 十二年開啓，每遇年周，總伸回向，仍命僧衆就於本寺修建 8 天地冥陽水陸佑國保民迎祥永慶圓經大齋三晝夜，每年正月二十九日爲始，至二月初二日圓滿，於内敷揚科教，表懺願 9 心，答莫大之 10 洪庥，迓無窮之景福。欽此。欽遵依科奉行，修設看誦。外臣僧定常伏睹因緣，深生慶幸，謹緝疏語，用勒貞珉。投誠運誠，稽首頓 11 首上言：伏以靈山會上，以佛法而付囑王臣；震旦國中，乘本願而護持像教。越龍宫之瞻敬，等帝釋之尊崇。歷代同風，累朝共軌。欽惟 12 今上聖主，義理生知，仁明天縱。用佛化而資皇化，政邁義軒；即人心而是道心，德同□舜。昔爲招提烬墟，大興工役經營。金碧 13 交輝，轉祇洹於東土；丹青絢彩，移兜率於下方。數年開香積之廚，五德誦目多之□典。所冀 14 當寧萬年之寶祚，日月同光；大明一統之皇圖，乾坤共大。15 宫闈吉慶，16 儲副康寧，普及臣民，俱霑利樂。17

成化十七年歲次辛丑四月初八日僧錄司右覺義兼大隆善護國寺第二代住持臣僧定常謹述。18

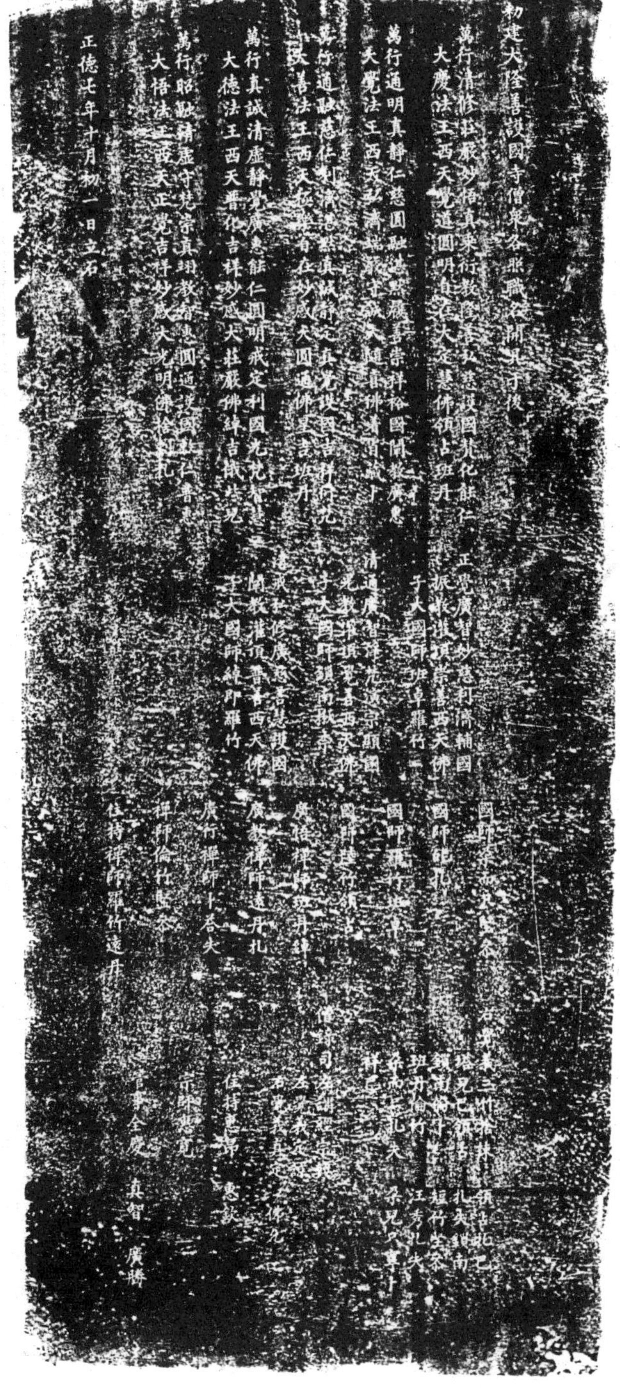

京 331《護國寺僧衆職名碑》

僧衆職名

敕建大隆善護國寺僧衆各照職名開具於後

萬行清修莊嚴妙悟真乘衍教隆善弘慈護國贊化能仁
大慶法王西天覺道圓明自在大定慧佛領占班丹
萬行通明真靜仁慈圓融湛默履善崇祥裕國闡教廣惠
大覺法王西天弘濟端嚴守誠大隨喜佛着肖藏卜
萬行通融慈仁利濟湛默真誠靜定真覺護國吉祥衍梵
大善法王西天極樂自在妙感大圓通佛星吉班丹
萬行真誠清虛靜覺廣惠能仁圓明戒定利國光梵智慧
大德法王西天普化吉祥妙感大莊嚴佛綽吉俄些兒
萬行昭融清虛守梵崇真翊教智惠圓通護國敷仁普惠
大悟法王西天正覺吉祥妙感大光明佛捨剌札

正覺廣智妙慈利濟輔國
振教灌頂崇善西天佛
子大國師班卓羅竹
清通廣智淨梵演宗顯國
光教灌頂覺善西天佛
子大國師鎖南揪奈
清戒弘修廣慈善慧護國
闡教灌頂普善西天佛
子大國師綽即羅竹

國師朶而只堅參
國師吧扎
國師羅竹班卓
國師陸竹領占
廣悟禪師班丹綽
廣教禪師遠丹扎
廣行禪師卜答失
禪師倫竹堅參
住持禪師羅竹遠丹

右覺義三竹拾辣　領占扎巴
塔兒巴領占　扎失鎖南
鎖南倫卜　短竹堅參
班丹倫竹　汪秀扎失
朶而只扎失　朶兒只寧卜
祥巴
僧録司左講經宗興
左覺義定諒
右覺義真定　佛允
住持惠昂　惠欽
宗師惠寬
管事全慶　真智　廣勝

正德七年十月初一日立石

京331《護國寺僧衆職名碑》

護國寺僧衆職名碑

年代:明正德七年(1512)十月一日
原址:西城區護國寺街
拓片尺寸:碑陽高 239、寬 100 厘米;額高 49、寬 33 厘米
書體:楷書,額篆書
《目録》:頁 227
拓片編號:京 331
拓片録自:《北京圖書館藏中國歷代石刻拓本匯編》第 53 卷 179 頁

【碑陽】

額題:僧衆職名

碑文:

[第一部分]

敕建大隆善護國寺僧衆各照職名開具於後:*1*

萬行清修莊嚴妙悟真乘衍教隆善弘慈護國贊化能仁 *2* 大慶法王西天覺道圓明自在大定慧佛領占班丹。*3* 萬行通明真静仁慈圓融湛默履善崇祥裕國闡教廣惠 *4* 大覺法王西天弘濟端嚴守誠大隨喜佛着肖藏卜。*5* 萬行通融慈仁利濟湛默真誠静定真覺護國吉祥衍梵 *6* 大善法王西天極樂自在妙感大圓通佛星吉班丹。*7* 萬行真誠清虚静覺廣惠能仁圓明戒定利國光梵智慧 *8* 大德法王西天普化吉祥妙感大莊嚴佛綽吉俄些兒。*9* 萬行昭融清虚守梵崇真翊教智惠圓通護國敷仁普惠 *10* 大悟法王西天正覺吉祥妙感大光明佛捨剌札。*11*

[第二部分]

正覺廣智妙慈利濟輔 *1* 國振教灌頂崇善西天佛 *2* 子大國師班卓羅竹。*3* 清通廣智淨梵演宗顯國 *4* 光教灌頂覺善西天佛 *5* 子大國師鎖南揪奈。*6* 清戒弘修廣慈善慧護國 *7* 闡教灌頂普善西天佛 *8* 子大國師綽即羅竹。*9*

[第三部分]

國師朶而只堅參。*1* 國師吧扎。*2* 國師羅竹班卓。*3* 國師陸竹領占。*4* 廣悟禪師班丹綽。*5* 廣教禪師遠丹扎。*6* 廣行禪師卜答失。*7* 禪師倫竹堅參。*8* 住持禪師羅竹遠丹。*9*

[第四部分]

右覺義三竹捨辣、領占扎巴、*1* 塔兒巴領占、扎失鎖南、*2* 鎖南倫卜、短竹堅参、*3* 班丹倫竹、汪秀扎失、*4* 朶而只扎失、朶兒只寧卜、*5* 祥巴。*6* 僧録司左講經宗興。*7* 左覺義定諒。*8* 右覺義真定、佛允。*9* 住持惠昂、惠欽。*10* 宗師惠寬。*11* 管事全慶、真智、廣勝。*12*

正德七年十月初一日立石。*12*

京 8419《護國寺碑》

༄༅། ། རྒྱལ་པོའི་མཛད་པ་ཡང་ཞིག་གསོལ་ཧའི་ཤུང་ཤེན་དུ་གུའི་གསི་དགོན་□□□རྡོ་རིང་བཞེངས་པས། ༔ དེད་ཀྱི་བསམ་པ་ལ། ༔ རྒྱལ་པོའི་ཁྲུས་རྒྱལ་ཁམས་ལ་ལུགས་བཙོས་ནས། ༔ ། དྲིན་གྱི་རྒྱ་ཆེན་པོ་གནང་བའི་མིའི□□□□□□□པར་ཡོན་ཏན་ཡིན་པས། རྒྱལ་ཁམས་ལ་བསླུ་བྱེད་གཡལ་ཏེ་མི་ཅིག་གྱི་བདེ་བར་མ་ཐོབ་ན། དཔེར་ན་རང་གིས་རྒྱ་ཡུང་བར་དུ་བཏུང་བ་ཡིན། གང་ཞིག་དེའི་མི་སྡེ་ལ་འོང་□□བསོད་ནམས་ལྡན་ཡིན། རྟག་ཏུ་སེམས་ལ་སྨོལ་ནས། དེའི་ལུགས་ཆེ་བ། སེམས་ནང་དུ་དྲང་པོར་འཇུན་འགྱུར་མཉམ་དུ་བ□□□གནམ་སའི་གདན་ས་བདེ་བར་དངོས་པོ་ཁྲི་ཚོ་སྐྱིད་ཐོབ་པ་དང་། དེའི་ལུགས་ཆུང་བ། སློན་ལམ་བདེབས་དྲུག་པའི་མཆོད་གསོལ་དྲུག་པ་ན། ནད་པ་གསོད་□□□བསོད་ནམས་བདེབས་མཆོད་གསོལ་ལུགས་རྟག་ཏུ་མང་པོ་ཡིན། དེའི་ཀུན་དུ་དོན་གྱིས། མི་སྡེ་རྣམས་ལ་བསོད་ནམས་བསགས་པ་དགོས། འོན་ཀྱང་བདེ་ལུགས་ལམ་

ཟད་པ་ན། ༔ ངའི་སེམས་ལ་བསམ་པ་ནི། སངས་རྒྱས་བསྟན་པ་ནི། བསོད་ནམས་ཞིང་ས་ཕན་པར། སྙིང་རྗེས་ལ་སྡུག་འདྲེན་པར་སྐད་དུ་ཡོད་པས། དཔེར་ན། ༔ དྲིན་གྱི་རྒྱ་ཆེན་པོ་གནང་བར་མིའི་ཀུན་དུ་རྣམས་ལ་ཕན་པར་དོན་གྱིས་འདྲ་འདྲ་ཡིན། དྲང་དྲན་ཆའུ་དུས་ཙུན་ཆད། ༔ རྒྱལ་སྲིད་ལ་ཡོད་པའི་སངས་རྒྱས་བསྟན་པ་ལ་དད་གུས་བཀུར་བསྟི་ཞབས་ཏོག་མང་པོ་ཡིན། རྟག་ཏུ་དགོན་སྡེ་པོ་བྲང་པའི་བཞེངས་ནས། དགེ་འདུན་རྣམས་ཀྱི་ཚོགས་གནས་དང་། སངས་རྒྱས་ཀྱི་གསེར་སྐུ་དང་བཞེངས་པ་ལ་ཞབས་ཏོག་བཀོད་པ། དེས་ན་མི་སྡེ་ལ་བསོད་ནམས་བསགས་པ་ཡིན། ༔ ཁོང་མ་སྙིང་རྗེས་མཉམ་དུ་འདུལ་བ་སྒྲོགས་ལྡན་དང་། དེའི་དོན་གྱིས་རྒྱུད་པ་པོ་མང་པོར་སོང་ཞིང་། གསེར་ཁྱབ་དུ་ནུབ་བྱང་མཚམས་ལ་དགོན་སྡེ་ཡོད། ན་རི་ཧའི་ཤུང་ཤེན་དུ་གུའི་དགོན་སྡེ། ཡོལ་ཆའུ་དུས་ཚོང་གུའི་གསི་དགོན་སྡེ་མིང་པ་ཡིན། ཧྲི་ཡོལ་ལོ་ཤིང་མོ་བྱ། དྲང་ཁྲིང་ལོ། ཡན་ཡིའུ་ལོ། ཧྲི་ཅིང་

ལོ་དུས་བར་དུ་བཞེངས་ནས། རྒྱུད་རིམ་པར་ཞིག་གསོས་ནས། ལོ་མང་པོར་རིང་པར་སོང་། རིམ་བའི་ཞིག་དྲལ་ཡོད་པས། སྔོན་ཏད་ལོ་ས་མོ་བྱ།

༔ ངའི་ཐང་གཙུ་རྫོང་རྒྱལ་པོའི།

༔ ཤུང་གིས་ཡིའུ་གསི་ཁྲིམས་ར་བཀོད་པ་དང་། དེའི་དགོན་སྡེ་ཞིག་གསོས་གསར་ཡོད། ༔ རྒྱལ་སྲིད་ལ་མཆོག་པ་བྱ་བ་ཡིན་པའི་དོན་ལ། འདི་ལུགས་པའི་སྤྲངས་མ་བཟོད་པ་ཡིན། དེའ་དོན་གྱིས་ཧའི་ཤུང་ཤེན་གསི་མིང་པའི་གནང་བ་དང་། ཆིང་དྷ་ལོ་རྒྱ་མོ་འབྲུག་དུས། ༔ རྒྱལ་པོའི་ཡབ་མེས་སྔར་ཡང་ཞིག་གསོས་གསར་ནས། དུ་གུའི་ཡིག་གེ་གཉིས་ཀ་བསྟོན་པ་དང་། ད་ལྟ་ཧའི་ཤུང་ཤེན་དུའི་གུའི་གསི་མིང་པ་ཡིན། ལོ་མང་པོར་ཡང་ཞིག་དྲལ་ཡོད། ༔ དེད་ཀྱི་ཐོས་པ་སེམས་བསྐྱེད་པ་དང་། ༔ ཤུང་གི་ཉེ་བ་བློན་པོ་ལ་ན་རེ། དེའི་དགོན་སྡེ་སྔར་གྱི། ༔ ཁོང་མ་སྨོལ་བ་ཡིན། སྤྲངས་མ་བཟོད། ༔ ཤུང་གིས་ཟའི་ཀྱིན་ཀུག་ཧའི་གཡུང་དང་ཙང་ཏུང་བ་གོ་བྱས་སྒྱུར་བདག་ཞིག་གསོས་ནས། ཡང་པའི་སྙིང་པོ་ས་ཆར་ལ་དོག་པ་ཆུང་བ་དང་། དགེ་འདུན་གནས་མེད་པའི་དོན་ལ། མི་སྡེ་ས་ཆར་ལ་ཅི་ཙམ་ཐོས་བྱེད། དེའི་ས་གཞི་ཡངས་པའི་ཞིང་ས་དང་། ཐོག་མ་དུས་ཅིང་ཏད་ལོ་ལྔ་པའི་ཟླ་བ་བཅུ་ཅིག་གི་ནང་དུ་དགོན་སྡེ་བཟོ་བ་བྱེད། ཡང་པའི་སང་ལོ་ཟླ་བ་བརྒྱད་པའི་ནང་དུ་ཞིག་གསོས་མཇར་ཕྱིན། ལ་ལས་ཁང་པ་རྙིང་པ་ཞིག་གསོས་གསར་ཡོད། ལ་ལས་འགྲོག་དགོན་ལ་ཁང་པ་བཞེངས་ནས། ནོར་རྫས་པོ་བྲང་ནང་དུ་བྱུང་བ་དང་། ཡིའུ་ཟི་ཁྲིམས་ར་ལ་རྒྱུད་བློན་མ་ལེན། མིའི་བཟོ་པ་རྣམས་ལ་□□□□ནོར་རྫས་གནང་བ་ཡིན། དམག་མི་སྡེ་རྣམས་ལ་གནོད་འཚེར་ཡོད། །དགོན་སྡེ་ཞིག་གསོས་བྱ་བའི་ཁྲིམས་སྐྱར་ནས། སྔར་གྱི་བྱ་བ་བཞིན་དུ་སྤྱོད་པའི་མི་འགག་ལ། དེའི་དགོན་སྡེ་ས་གཞིའི་མདུན་དུ་སྒོ་གསུམ་བཀྱིས། བང་ཡིག་གི་སྔར་བཞིན་དུ་བཞག་པ་དང་། དེའི་ནང་དུ་གིང་གང་ཧེན་པོ་བྲང་དུ། □□ཟེན་འང་ཧེན་པོ་བྲང་དུ། ཤར་ནུབ་གཉིས་ལ་ཅོང་རྫ་པོ་གནམ་ཁང་བྱེད། ཡང་ནང་དུ་པོ་བྲང་དུ་ཆེན་པོ་གསུམ། མིང་ན་རེ་ཧའི་ཡན་ཤིའུ་པོ་བྲང་དུ། མིང་ན་རེ་ཧའི་ཆིང་ཤིའུ་པོ་བྲང་དུ། མིང་ན་རེ་སན་ཤིང་ཆོན་དྷྭ་པོ་བྲང་དུ། བྱུར་ལ་པོ་བྲང་དུ་ཆུང་བའི་དྲུག །མིང་ན་རེ་ཆོན་པོའི་ཕུན་ཞུ་པོ་བྲང་དུ། མིང་ན་རེ་ཧའི་ཆིང་མིང་མིད་པོ་བྲང་དུ། མིང་ན་རེ་ཁེའ་ལན་པོ་བྲང་དུ། མིང་ན་རེ་ཕུ་ཐྲི་པོ་བྲང་དུ། མིང་ན་རེ་ཧའི་བུའི་པོ་བྲང་དུ། མིང་ན་རེ་ཧི་ཙང་པོ་བྲང་དུ། དེའི་པོ་བྲང་དུ་བྱ་འདབ་བཞིའི་ཁང་པ་རིམ་པར་བྱེད། པོ་བྲང་དུ་གདུང་བའི་སྦྲིན་མཐོན་པ་འདྲ་བ་ཡིན། སངས་རྒྱས་གསེར་སྐུ་བཞག་པ་རྒྱན་ཆ་བཟང་པོ་ཡོད། གསེར་གྱི་ཁ་ཏོག་སྣ་ཚོགས་འོད་ཟེར་འཕྲོ་བསྐྲུན། རྒྱལ་མཚན་བླ་བྲེས་གདན་ས་དངོས་པོ། མར་མེ་བཟང་པོ་སྤོས་པའི་རོལ་མོ་མཆོད་ཆ་ཐམས་ཅད་བབས་ལྡན་དང་། གཞུག་དུ་དགེ་འདུན་ཁང་པ་བྱེད། ཆོས་ཀྱི་རིན་ཆེན་ཁང་པ་བཞག་བྱེད། ནོར་རྫས་བསགས་ཁང་པ་དང་ཟ་མ་ཟས་ཚོགས་ཁང་ནི། ཞིག་གསོས་མཇར་ཕྱིན་ཤིན་དུ་བཟང་པོ་ཡིན། དེའི་ནང་དུ་དགེ་འདུན་གྱི་བསྐོར་བ་གཡོན་གཡས་ལ་སྦྱད་ནས། ཤར་ནུབ་སོ་སོར་ལ་ལམ་བྱུར་ཡོད། རྡོ་བཀོས་པ་ཕན་ཚུན་དུ་ཁྲོན་པོ་བྱེད། དེའི་དགོན་སྡེ་མཉམ་པོར་གཙང་བ་ཟབ་མ་ཤིན་དུ་ཡོད། གང་པ་འཁོར་བ་བྱེད། ཕྱིའི་ནང་དུ་ཁྱད་པར་ཡོད། ཁར་ཚང་ཉེ་བར་ཁྲིམས་ར་ནས་དགོན་སྡེ་རྣམ་འགྱུར་བྲིས་ནས། །ངེད་ལ་ཕུལ་འོངས། ༔ ངེད་ཀྱི་གཅིག་སེམས་དགའ་བ་ཡིས། ན་རེ་འདི་དགོན་སྡེ་བཞེངས་པའི་དོན་ལ། ༔ སྔར་གྱི་རྒྱལ་པོའི་སྤྱོད་ཚུལ་རྒྱུད་རིམ་པ་བཞིན་དུ། མི་སྡེ་རྣམས་ལ་བསོད་ནམས་བསགས་པ་ཡིན། མང་པ། □ཀྱི་དུས་དགོན་སྡེ་ས་གཞི་སྙིང་པོ་མ་སྤངས་ནས། ཐོག་མཐའ་བའི་རྒྱུ་མཚན་འོས་པོ་བྲིས་ནས། རྡོ་ལ་ཡིག་གེ་བཀོད་པར་བྱེད། སྐད་མའི་ཚེ་མི་རྣམས་ལ་བསྒྲགས་ཤེས་སུ་རྒྱུག་པར་ཡང་། ༔ ཤུང་གིས་ཧའི་ཆིང་ཧྲ་ཤང་རིན་ཆེན་དཔལ་ལྡན་དང་ཧའི་གྱི་ཧྲ་ཤང་ཆོས་སྐྱབས་བཟང་པོ་ལ་སོགས། དགེ་འདུན་མང་པོ་སྤྱིར་མགོ་བསྡུད་བྱས། ཆོ་ག་ལངས་བྱེད་པའི་ཚར་ནས། མིང་དང་ཚིག་བཅད་ན་རེ། ༔ རྒྱལ་པོའི་ཆོས་ལུགས་བཙོས་པར་བགྱིས། མི་སྡེ་རྣམས་ལ་བསོད་ནམས་ཚོགས། མི་སྡེ་རྣམས་ལ་ནད་སྡུག་ཅིང་། དཔེར་ན ༔ ངའི་ལུས་ནད་པ་ཡོད། དྲང་པོར་འཇུན་འགྱུར་བདེ་བསྐྱིད་ཐོབ། དངོས་པོ་ཐམས་ཅད་དབྱིད་པ་འདྲ། མེད་པ་རྟོགས་ནས་བྱ་བ་གྲུབ། མཚོན་སྤྱོད་ཡོད་ན་སླའི་པ་ཡིན། དེ་བཞིན་གཤེགས་པ་བསྟན་པ་ན། བྱམས་དང་སྙིང་རྗེས་མཉམ་པོ་མཁས། ༔ རྒྱལ་སྲིད་མཚོན་གྲོགས་ལྡན་དང་། སེམས་ཅན་ཐམས་ཅད་ཕན་པར་ཡོད། སྔོན་དུས་ཞབས་ཏོག་རྒྱུད་པར་གྱིས། གཞུག་དུ་རྒྱ་མཚན་བཞིན་དུ་སྤྱོད། དེའི་དགོན་ཁ་དོག་སྣ་ཚོགས་ཡིན། ས་གཞི་སྙིང་པོ་པོ་མང་ཡོད

༔རྒྱལ་སྲིད་རྒྱུད་ཅིང་ད་ལྟ་སླེབས། རྒྱུན་དུ་ཞིག་དྲལ་རྒྱུན་ཞིག་གསོལ༔ ངེད་ཀྱི་□□□□□། ཡོན་ཏན་བཟང་པོ་མཉམ་པོ་ཡིན། □ད་□རྒྱུད་ནས་བཞིན་དུ་སྤྱོད། མི་སྡེ་རྣམས་ལ་སྐྱོང་ཐུབ་འབབ། ༔ ཡབ་མེས་གནས་ལ་ཕབས་□□□། ༔ངེད་བུ་ཡང་ཚེ་བསྲུང་སྐྱབས་ཡོད། ༔ ངེད་ཀྱི་བཞིན་དུ་རྒྱུད་ནས□། ངེད་ཀྱི་སློན་པོ་ཡུལ་འབྲེལ་བསྐྲོགས། དགེ་བ་ལུགས་པ་དར་རྒྱས་ཤིང་། མི་སྡེ་རྣམས་ཀྱི་སྐྱབས་པ་ཡིན ། པོ་བྲང་གསར་བཞེངས་□ཡོད། གསེར་མཁར་ནང་དུ་བཟང་པོ་གཟིགས། ཚོང་ཟ་ཕན་ཚུན་གྲག་པ་བྱེད། དེའི་གྲག་ཀུ་ཙོ་ཆེ་བ་ཡོད ། དགེ་འདུན་རྣམས་ལ་སྨད་པར་དགོས ། □□ཙོ་ལེ་པོ་མེད ། མཚོན་སྤྱོད་དཔེར་ན་གྲིབ་མ་གྲུག །བསོད་ནམས་ཆེན་པོ་ཀུན་དུ་སླེབས། རྒྱ་མེ་གསེར་ཞིང་ས་འདྲ་བཙོས །དབྱིད་དབྱར་སྟོན་རྒྱུན་དུས་བཞི་འཇུན། ནད་གནོད་ཐམས་ཅད་མེད་པར་གྱིས། མིའི་ལུགས་ལྡན་ཅིག་འཇུན་འགྱུར་ཡིན། མཆོད་གསོལ་སེམས་ཅིག་ཤིན་དུ་སྙམ། རང་གི་ཐོས་པ་མ་ཡིན་ན། ཀྱེ་མ་ཁྲོད་ཀྱི་རྣམས་ལ་དང་། དེའི་རྡོ་བཀོས་པ་ཡིག་གི་གཟིགས ། ཅིང་དད་པོ་བདུན་པའི་ཟླ་བ་བཅུའི་ཚེས་ཅིག་གྱི་ཉིན།།

京 8419《護國寺碑》

護國寺碑

年代：明正德七年（1512）
原址：西城區護國寺街
拓片尺寸：碑陽高 252、寬 124 厘米
書體 ： 藏文 dbu smad
《目録》：頁 262
拓片編號：京 8419
拓片録自：巴黎亞洲學會圖書館藏原拓片（SA030）

Rgyal po'i mdzad pa yang zhig gsos Ta'i lung shen hu gu'i gsi（大隆善護國寺）dgon □□□ rdo ring bzhengs pas / ༈ nged kyi bsam pa la / ༈ rgyal po'i byas rgyal khams la lugs bcos[1] nas / ༈ drin gyi rgya chen po gnang ba'i mi'i □□□□□□ par yon tan yin pas / rgyal khams la blta byed gal te mi cig gyi bde bar ma thob na / dper na rang[2] gis chu lung bar du btung ba yin / gang zhig de'i mi sde la ong □□ bsod nams ldan yin / rtag tu sems la shol nas / de'i lugs che ba / sems nang du drang por 'thun 'byor[3] mnyam du ba □□□ gnam sa'i gdan sa bde bar dngos po khri tsho skyed thob pa dang / de'i lugs chung ba / smon lam bdebs drug pa'i mchod gsol drug pa na / nad pa gnod[4] □□□ bsod nams bdebs mchod gsol lugs rtag tu mang po yin / de'i kun du don gyis / mi sde rnams la bsod nams bsags pa dgos / 'on kyang bde lugs lam[5] zad pa na / ༈ nga'i sems ma（la ?）bsam pa ni / sangs rgyas bstan pa ni / bsod nams zhing sa phan par / snying rjes la sdug 'dren par skad du yod pas / dper na ༈ drin gyi rgya chen po gnang bar mi'i[6] kun du rnams la phan par don gyis 'dra 'dra yin /

Dung han cha'u（東漢朝）dus tshun chad / ༈ rgyal srid la yod pa'i sangs rgyas bstan pa la dad gus bkur bsti zhabs tog mang po yin[7] rtag tu dgon sde pho brang pa'i bzhengs nas / dge 'dun rnams kyi tshogs gnas dang / sangs rgyas kyi gser sku dang bzhengs pa la zhabs tog bkod pa / des na mi sde[8] la bsod nams bsags pa yin / ༈ gong ma snying rjes mnyam du 'dul ba grogs ldan dang / de'i don gyis rgyud pa lo mang por song zhing /gser mkhar du nub byang mtshams[9] la dgon sde yod /

na re Ta'i lung shen hu gu'i（大隆善護國）dgon sde / Yol cha'u（元朝）dus Chong gu'i gsi（崇國寺）dgon bde ming ba yin / tri yol（至元）lo shing mo bya （1285）/ hwang khying（皇慶）lo /

yan yi'u（延佑）lo / tri cing[10] lo dus bar du bzhengs nas / rgyud rim par zhig gsos nas / lo mang por ring par song /

rim ba'i zhig dral yod pas /zwon tad（宣德）lo sa mo bya ༈ nga'i hwang ga'u tzu（皇高

祖） rgyal po'i /[11] ï lung gis yi'u gsi khrims ra bkod pa dang / de'i dgon sde zhig gsos gsar yod /

ï rgyal srid la mchog pa bya ba yin pa'i don la / 'di lugs pa'i spangs ma bzod[12] pa yin / de' don gyis Ta'i lung shen gsi（大隆善寺）ming pa'i gnang ba dang / ching hwa（成化）lo chu mo 'brug dus / ï rgyal po'i yab mes slar yang zhig gsos gsar nas / hu gu'i（護國）[13]

yig ge gnyis ka bsnon ba dang / da lta Ta'i lung shen hu'i gu'i gsi（大隆善護國寺）ming ba yin /

lo mang por yang zhig dral yod / ï nged kyi thos pa sems bskyid pa dang / ï lung gi[14] nye ba blon po la na re /

de'i dgon sde sngar gyi / ï gong ma shol ba yin / spangs ma bzod / ï lung gis tha'i kyen（太監）kug ta'i gyung dang jang hung ba go byas spyir bdag zhig gsos[15] nas / yang pa'i snying po sa char la dog pa chung ba dang / dge 'dun gnas med pa'i don la /mi sde sa char la ci tsam nyos byed / de'i sa gzhi yangs pa'i zheng（zhing）sa dang /[16]

thog ma dus cing tad lo lnga（正德五年）pa'i zla ba bcu cig gyi nang du dgon sde bzo ba byed /

yang ba'i sang lo zla ba brgyad pa'i nang du zhig gsos mthar phyin/ la las khang pa rny-ing pa zhig[17] gsos gsar yod / la las 'brog dgon pa khang pa bzhengs nas/ nor rdzas pho brang nang du

byung ba dang /yi'u zi khrims ra la chud zon ma len /

mi'i bzo pa rnams la[18] □□□□□ nor rdzas gnang ba yin / dmag mi sde rnams la gnod 'tsher yod / dgon sde zhig gsos bya ba'i bris skur nas / sngar gyi bya ba bzhin du spyod pa'i[19] mi 'gal /

de'i dgon sde sa gzhi'i mdun du sgo gsum bgyis / bang yig ge sngar bzhin du bzhag pa dang / de'i nang du ging gang ten（金剛殿）pho brang du / □□ then ang[20] ten（天王殿）pho brang du / shar nub gnyis la cong（鐘）rnga bo（鼓）gnam khang（樓）byed / yang nang du pho brang du chen po gsum / ming na re Ta'i yan shi'u（太延壽）pho brang du / ming na re Ta'i ching[21] shi'u（太崇壽）pho brang nang du / ming na re san shing tshen hwo（佛）pho brang du /

zur la pho brang du chung ba'i drug / ming na re tshen po'i wun zhu（文殊）pho brang du / ming na re ta'i ching ming[22] mid（秘密）pho brang du / ming na re kheb lan（伽藍）pho brang du / ming na re wu bri（無量）pho brang du / ming na re ta'i bu'i（大悲）pho brang du / ming na re ti tsang（地藏）pho brang du /

de'i pho brang[23] du bya 'dab bzhi'i khang pa rim par byed /

pho brang du gdung ba'i sprin mthon pa 'dra ba yin / sangs rgyas gser sku bzhag pa rgyan cha bzang po yod / gser gyi[24] kha tog sna tshogs 'od zer phog bsgres / rgyal mtshan bla bres gdan sa dngos po / mar me bzang po spos pa'i rol mo mchod cha thams cad babs ldan dang / gzhug[25]

du dge 'dun khang pa byed / chos kyi rin chen khang pa bzhag byed / nor rdzas bsags khang

pa dang za ma zas tshogs khang ni / zhig gsos mthar phyin shin du bzang po yin /

de'i$_{26}$ nang du dge 'dun gi bskor ba gyon gyas la sdad nas / shar nub so sor la lam zur yod /
rdo brkos pa phan tshun du khron po byed / de'i dgon sde mnyam por gtsang ba$_{27}$
zab ma shin du yod / gang pa 'khor ba byed / phyi'i nang du khyad par yod / khar tshang nye
bar khrims ra nas dgon sde rnam 'gyur bris nas / ༈ nged la 'phul 'ongs /
༈ nged kyi gcig$_{28}$ sems dga' ba yis / na re 'di dgon sde bzhengs pa'i don la / ༈ sngar gyi rgyal po'i spyod tshul rgyud rim pa bzhin du / mi sde rnams la bsod nams bsags pa yin / mang ba / □$_{29}$ kyi dus dgon sde sa gzhi snying po ma spangs nas / thog mtha ba'i rgyu mtshan os po bris nas / rdo la yig ge bkod bar byed / slad ma'i tshe mi rnams la bsgrags shes su chug$_{30}$ par yang / ༈ lung gis Ta'i ching hwa wang（大慶法王）Rin chen dpal ldan dang Ta'i gyi hwa wang（大覺法王）Chos skyabs bzang po la sogs / dge 'dun mang po spyir mgo bsdud byas/ cho ga langs byed$_{31}$ pa'i tshar nas/ming dang tshig bcad na re /
༈ rgyal po'i chos lugs bcos par bgyis / mi sde rnams la bsod nams tshogs /
mi sde rnams la nad sdug cing /$_{32}$ dper na / ༈ nga'i lus nad pa yod/ dang por 'thun 'byor bde bskyid thob / dngos po thams cad dpyid pa 'dra / med pa rtogs nas bya ba grub / mngon spyod yod na$_{33}$
lha'i pa yin / de bzhin gshegs pa bstan pa na / byams dang snying rjes mnyam po mkhas /
༈ rgyal srid mngon grogs ldan dang / sems can thams cad$_{34}$ phan par yod /
sngon dus la zhab tog rgyud par gyis / gzhug du rgyu mtshan bzhin du spyod /
de'i dgon kha dog sna tshogs yin / sa gzhi snying po lo mang yod /$_{35}$
༈ rgyal srid rgyud cing da lta slebs / rgyun du zhig dral rgyun zhig gsos /
༈ nged kyi □□□□□ yon tan bzang po mnyam po yin / □da□ rgyud nas bzhing$_{36}$ du spyod /
mi sde rnams la skyong bran 'bad / ༈ yab mes gnas la langs □□□ /
༈ nged bu yang tsha bsrung skyabs yod /
༈ nged kyi bzhin du rgyud nas /$_{37}$ nged kyi blon po yul 'brel bsgrogs /
dge ba lug pa dar rgyas shing / mi sde rnams kyi sdus pa yin /
pho brang gsar bzhengs □ yod$_{38}$ / gser mkhar nang du bzang po gzigs /
cong（鐘）rnga phan tshun grag pa byed / de'i grag ku co che ba yod / dge 'dun rnams la sad par dgos / □$_{39}$ mo le lo med / mngon spyod dper na grib ma grag / bsod nams chen po kun du slebs /
chu me gser shing sa 'bru bcos / dpyid dbyar ston$_{40}$
rgun dus bzhi 'thun / nad gnod thams cad med par gyis / mi'i lugs lhan cig 'thun 'byor yin / mchod gsol sems cig shin du snyam /$_{41}$ rang gi thos pa ma yin na / kye ma khyod kyi rnams la dang / de'i rdo brkos ba yig ge gzigs /
cing dad lo bdun（正德七年）pa'i zla ba bcu'i tshes cig gyi nyin //$_{42}$

大隆善護國寺承繼住持碑記

敕建大隆善護國寺藏卜堅參承繼祖傳住持碑記

徵仕郎中書舍人直文華殿□□□□□撰並書

大隆善護國寺蓋古刹也原創密□堂□□方丈一所有剌麻（下殘）

□賜僧錄司右覺義兼本寺住持名仍兼本寺塔院觀音寺及下院王平二地方□□□□諸僧衆焚修祝延

聖壽□至德間以病故所遺住持名□□□□□德行本足以□□者□□□斯□耆舊剌麻遠丹（下泐）

□□修延缺典□□僧衆□□薦（下泐）

聖壽□□□僧也□得藏卜堅參公□□氏所聞任□□□東土參□紉□□□□□□□□而莊重動（下泐）

愛□□□善喜慈悲篤信釋教父諱□母諱□□□一時□本寺□□□□□□□□□□□西來□□□真待

□□□□旁通秘典□□也□□處動□之□□□堅□□竹□之（下泐）

（本行全泐）

大功德主御馬監太監（下泐）

□司徒□檄文委任本寺（下泐）

皇圖永固祈萬民之福也雖□□□□□□□□□□□□□□□□□□□□□□□□□□□□□□□□□□□□□弗精也

何以爲諸僧之長德行（下泐）

委任得人而釋教明矣（下泐）

□圖則鞏固也然之所延（下泐）

聖壽則無疆也以之而庇萬民則永□也（下泐）

嘉靖二十二年歲次癸□十月初一日立

京344《藏卜堅參承繼祖傳住持碑》陽

續焰
聯芳

剌麻都管　展□□

耆舊剌麻
三竹藏卜
□萬扎失
扎失□□
遠□□□
領占扎巴

住　持　藏卜堅參　徒　堅參鑽南

扎巴□□
班麻遠丹
碩占扎參
藏卜□吉
班秋□
□竹班丹
三竹亦夫
[搭]剌朶只
剌□三竹
班麻朶[巴]
堅□巴
參扎巴
巴委自
藏十肖
扎失丹

□□□
扎□□□
朶只堅□
□剌星□
領□□失
藏□□□
□□□□
[切]令□□
□吉堅□
鎮□朶只
班堅□□
藏卜委自
三竹扎失
扎失藏卜
扎巴遠丹
扎巴鑽南
亦失藏卜
藏卜扎失
堅參遠丹
班[林]藏卜

塔院觀音寺僧人
[定亮]
真福
真頂
定喜

下院龍巖寺僧人
圓剛
圓香
真玉　成吉
真月　成□
□春

京344《藏卜堅參承繼祖傳住持碑》陰

藏卜堅參承繼祖傳住持碑

首題:敕建大隆善護國寺藏卜堅參承繼祖傳住持碑記
年代:明嘉靖二十二年(1543)十月一日
原址:北京市西城區護國寺
拓片尺寸:碑陽高136、寬68厘米,額高29、寬21厘米
書體:楷書,額篆書
《目録》:頁505
拓片編號:京344
拓片録自:國家圖書館藏原拓片

【碑陽】

額題:大隆善護國寺承繼住持碑記(篆書)

碑文:

敕建大隆善護國寺藏卜堅參承繼祖傳住持碑記

徵仕郎中書舍人直文華殿□□□□□撰並書

大隆善護國寺蓋古刹也,原創密□堂□□方丈一所,有剌麻(下殘)

□賜僧錄司右覺義兼本寺住持名,仍兼本寺,塔院觀音寺及下院王平二地方□□□□諸僧衆焚修祝延聖壽,□至德間以病故所遺住持名□□□□□□□德行本足以□□者□□□□斯□耆舊剌麻遠丹(下泐) □□□修延缺典□□僧衆□□薦(下泐)

聖壽□□□僧也□得藏卜堅參公□□氏所聞任□□□□東土參□紉□□□□□□□□而莊重動(下泐)

愛□□□善喜慈悲篤信釋教,父諱□母諱□□□一時□本寺□□□□□□□□□□□□□西來□□□□真待□□□□旁通秘典□□也□□處動□之□□□堅□□竹□之(下泐)

(本行全泐)

大功德主御馬監太監(下泐)

□司徒□檄文委任本寺(下泐)

皇圖永固祈萬民之福也雖□□□□□□□□□□□□□□□□□□□□□□□□□□□□□□□□□□弗精也

何以爲諸僧之長德行(下泐)

委任得人而釋教明矣(下泐)

□圖則鞏固也然之所延(下泐)

聖壽則無疆也以之而庇萬民則永□也(下泐)

嘉靖二十二年歲次癸□十月初一日立

【碑陰】

額題:續焰聯芳

碑文:

剌麻都管展□□

耆舊剌麻:三竹藏卜、□萬扎夫、扎失□□、遠□□□、領占扎巴、扎巴□□、班麻遠丹、碩占扎參、藏卜□吉、班秋□、□竹班丹、三竹亦夫、[搭]剌朵只、剌□三竹、班麻朵[巴]、堅□巴、參扎巴、巴委自、藏十肖、扎失丹、□□□、扎□□□、朵只堅□、□剌星□、領□□失、藏□□□、□□□□、[切]令□□、□吉堅□、鎮□朵只、班堅□□、藏卜委自、三竹扎失、扎失藏卜、扎巴遠丹、扎巴鑽南、亦失藏卜、藏卜扎失、堅參遠丹、班[林]藏卜

住持:藏卜堅參　徒:堅參鑽南

塔院觀音寺僧人:[定亮]、真福、真頂、定喜

下院龍巖寺僧人:圓剛、圓香、真玉、真月、□春、成吉、成□。

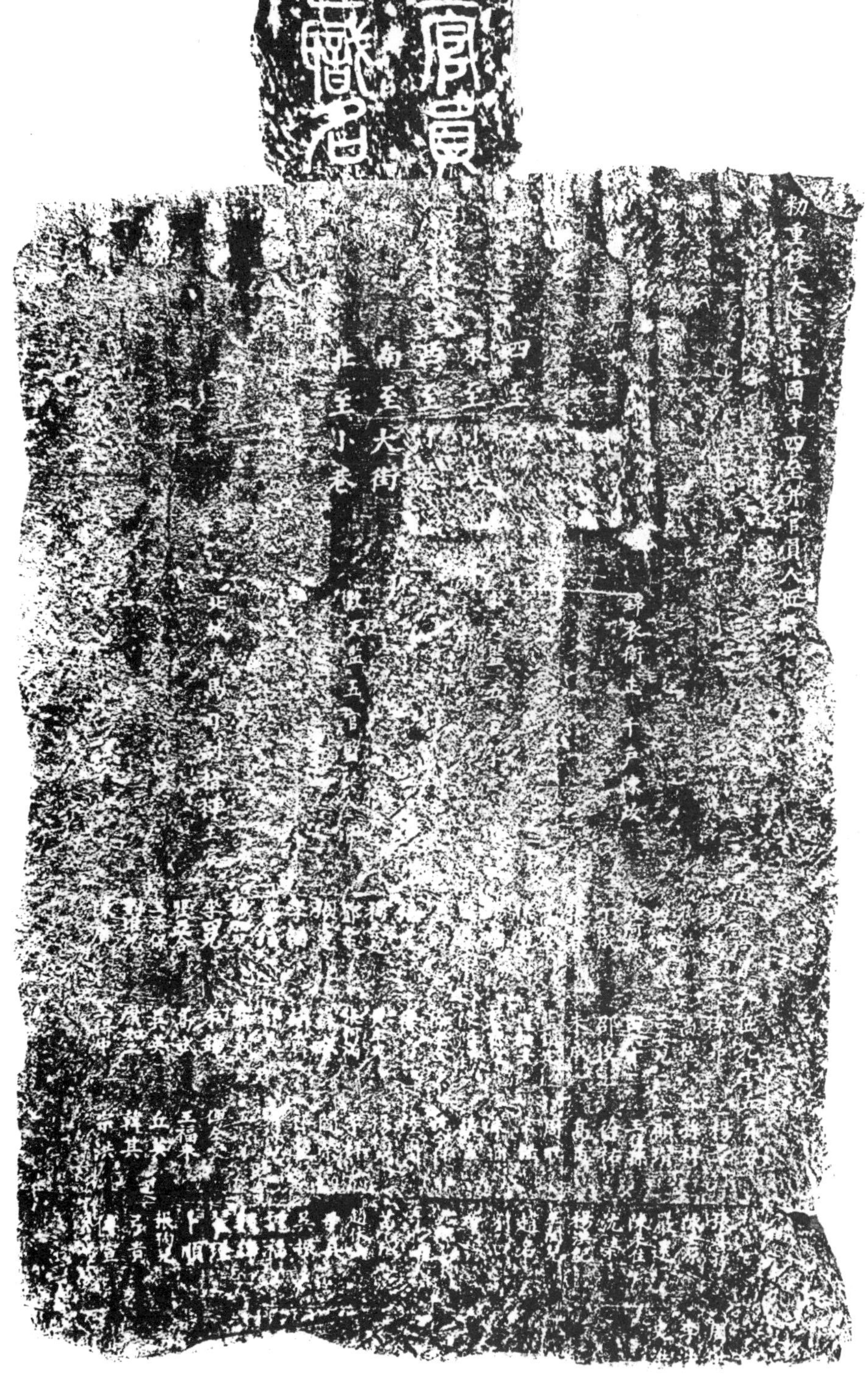

京 8420《護國寺四至及職名碑》

敕重修大隆善護國寺四至並官員人匠職名

四至官員人匠職名

四至
東至小巷
西至小巷
南至大街
北至小巷

錦衣衛正千戶陳政
欽天監五官挈壺□□
欽天監五官監張金□
北城兵馬司副指揮王賓

□官高□人匠九十五員
楊保 孫昂 楊□ 張喜孫 周□（下泐）
孫洪 尚德 孫祥 陳士原 李□（下泐）
穆□ 呂安兒 顧瓚 嚴遠 史洪（下泐）
陸阿游 田□才 王□孫 陳來往
丁成 邵俊 徐祐 沈榮
張春 朱成 高商 楊洪紀
高全 藍□□ 周耽 王閏兒
□□ 程□安 □□ 趙名
□□ □□□ 朱□ 劉四
□□ 陳□□ 張□ □□
□□ □□□ 姚今□ □□
□□ □□□ 陸□ □□
楊宗兒 賈生兒 楊福 苗成
鄧□ 張阿滿 李祥 趙休
張克 蘇□ 閻榮 于真
李□ □齊 林□ 吳振
□□ □□ □保 魏福
□□兒 蕭義 王叔 魏□
李四兒 朱錦 傅仝受 翟瑾
瞿亞合 高斌 王福來 卜順
王添保 吳英 丘英 張狗兒
劉堆兒 康如二 韓其 弓貴
陳廣 王得中 宗洪 傅宣

京 8420《護國寺四至及職名碑》

護國寺四至及職名碑

首題:敕重修大隆善護國寺四至並官員人匠職名
年代:明代(缺年月)
原址:西城區
拓片尺寸:碑陽高142、寬99厘米,額高42、寬31厘米
書體:楷書,額篆書
《目録》:頁510
拓片編號:京8420
拓片録自:《北京圖書館藏中國歷代石刻拓本匯編》第60卷185頁

【碑陽】
額題:四至官員人匠職名
碑文:

敕重修大隆善護國寺四至並官員人匠職名

四至:東至小巷,西至小巷,南至大街,北至小巷。錦衣衛正千戶陳政、欽天監五官挈壺□□、欽天監五官監張金□、北城兵馬司副指揮王賓。□官高□人匠九十五員:楊保、孫洪、穆□、陸阿游、丁成、張春、高全、□□、□□、□□、□□、□□、楊宗兒、鄧□、張克、李□、□□、□□兒、李四兒、瞿亞合、王添保、劉堆兒、陳廣、孫昂、尚德、呂安兒、田□才、邵俊、朱成、藍□□、程□安、□□□、陳□□、□□□、□□、賈生兒、張阿滿、蘇□、□齊、□□、蕭義、朱錦、高斌、吳英、康如二、王得中、楊□、孫祥、顧瓚、王□孫、徐祐、高商、周耽、□□、朱□、張□、姚今□、陸□、楊福、李祥、閻榮、林□、□保、王叔、傅仝受、王福來、丘英、韓其、宗洪、張喜孫、陳士原、嚴遠、陳來住、沈榮、楊洪紀、王閏兒、趙名、劉四、□□、□□、□□、苗成、趙休□、于真、吳振、魏福、魏□、翟瑾、卜順、張狗兒、弓貴、傅宣、周□(下泐)、李□(下泐)、史洪(下泐)。

京 8542《護國寺碑》

護國寺碑

年代:清順治九年（1652）七月
原址:西城區護國寺街
拓片尺寸:碑陽高 159、寬 90 厘米
書體：藏文 dbu can
《目録》:頁 262
拓片編號:京 8542
拓片録自:巴黎亞洲學會圖書館藏原拓片（SA031）

Om bde legs su gyur cig /
'gro ba'i sdug bsngal sman cig bu / bde ba thams cad 'byung ba'i gnas / 1
bstan pa rnyed dang bkur bsti dang / bcas ste yun ring gnas gyur cig /
chos rnams thams cad bka' dang bstan chos gnyis su du（'dus）/ 2
legs par bshad dang 'di yi gong（dgongs）'dre（'grel）ba /
de yi dbang gi（gis）shaa kya'i bstan pa ye（yang）/ 'jig rten khams kyi（su）yun ring gnas pa gyur / 3
rgyal pos bzhengs pa'i gtsug lag khang Ta'i lung gshen hu gwo'i bsi'i（大隆善護國寺）/
rgyal khams skyobs pa'i dge ba dar rgyas gling gi gtsug lag khang rnam 4 thar rdo ring la bkod pa ni /
gtsug lag khang nang gi bsten（rten）rnams kyi gtso bo ni dus gsum sangs rgyas / sku'i rgyab du jo bo rgyal ba 'phags pa 5 bla ma'i sku dang mchod rten gcig / gyas su rjes（rje）rin po che gyon du thams cad mkhyen pas / yang gyas su nag po bgor gsum gyon du rjes（rje）6 dpal ldan bkra shis rang dang mnyam pa'i sku gcig bzhugs / mdun gyi gyas su mchod rten gcig dang 'bum khang gcig / gyon du 7
mchod rten gcig dang 'bum khang gcig dang bcas pa yod pas / Han cha'u（漢朝）nas bzung de'i bar bstan la dad / Yol cha'u（元朝）dus tshong gu'i gis 8 dgon ste ming ba yin /
dri cing lo dang po la bzhengs nas / rgyud rim par zhig gsos nas / lo mang po ring bar song /
ring pa'i zhig dral 9 yod pas / Ming cha'u（明朝）zwon de（宣德）rgyal po sa mo bya lo la zhig gsos gsar yod /
ching ha（成化）lo brgyad（1472）pa'i zla ba gsum pa'i tshes la zhig 10 gsor gsar nas / lo mang po ring par song / ring pa'i zhig dral yod pas / ༈ 'Jam dbyangs rnam sprul Ta'i mkhying（大清）Shun cig（順治）11 rgyal pos lo dgu（1652）pa'i zla ba bdun pa'i

tshes la / lhag bsam rnam par dag pa'i sgo nas / sde 'di'i yar 'phel gyi ming la Ta'i lung gshen hu 12 gwo'i bsi'i （大隆善護國寺） / bod skad du / dge ba dar rgyas gling rgyal khams skyobs pa'i sde chen gtsug lag khang zhig gsos gsar yod /

bstan pa 13 dar zhing rgyal rgyud 'phel ba dang / gser dngul la sogs rdan（ldan）pa'i bzo rig bsdus / gtsug lag khang du bzhengs nas ngo mtshar che'i / 14

gser mdangs nyi zer phog pa'i 'od rab'i tsher / rgyal srid brtan zhing rgyal rgyud 'phel zhing

rgyas / mtsho bzhi'i skye 'gro ma lus rnams kyi don 15/ rgyal srid la ni mi mngon phan yon bsgrub /

spos sogs mchod mthus lo mang rgyun mi nub / de nas shaa kya'i dge slong nor bu dar rgyal spyi sangs rgyas kyis（kyi） 16 bstan pa dang / khad par du rgyal ba tsong kha pa'i bstan pa la lhag bsam rnam par dag pa'i sgo nas / gtsug lag khang gi phyi zhig gsos byas lcags ra（ri） 17 la sogs pa / nang gi zhig gsos bsten（rten）chos rdzas la sogs pa dang / de rnams 'dzin par byed pa'i dge 'dun gi sde dang bcas pa rnams gtso（gtsug）pa yin 18 / sangs rgyas kyis（kyi）bstan pa dge 'dun gyi sde la rag las / dge 'dun gi de（gyi sde）rnams 'dul ba'i sde snod la rag las /

swa sti /

nges par 'byung ba'i tshul khrims sdug 19 bsngal spong / 'jig tshogs lta ba gdon gyi rtsa ba 'joms / dpal 'byor ser rang me tog mda' can 'joms / sangs rgyas la ni mgos gtugs bshad par 20 bya /

de la 'dir / chos sde chen po bstan pa dar rgyas gling gi grwa tshang du bzhugs pa'i dge 'dun

rnams / lha dang bcas pa'i 'gro ba thams cad kyi bsod nams kyi zhing 21 du 'gyur pa'i phyir / rgyal bstan gyi snying po dam pa'i chos 'dul ba'i sde snod dang mthun pa'i khrims su

bca' ba mdor bsdus te brjod par bya'o /

de yang grwa 22 tshang 'dir 'jug phyin chad / bar ma rab byung yan kyi（gyi）sdom ldan / sham thabs 'ding lhung chu tshags sogs rab tu byung ba'i rtags cha lugs / tshul ldan 'grig pa 23 dgos shing / ma 'grig par grar mi gzhug / zhugs pa nas brtsis skabs gsum pa / sa lam sogs gsol 'debs kyi rigs smon lam rnam lnga / 24

rang gzhan gyi bar gcod sel phyir / mdo sgrol gdugs dkar sogs chos brjod kyi rigs / 'jigs byed dang bde mchog gi tshogs mgon po dkar nag / chos 25 rgyal dpal ldan lha mo / dpal mgon rnam sras / chos skyong lcam sring rnams kyi bskang gso sogs cho ga 'don la gang dgos khong du chud par byed 26

'du tshog（tshogs）gi skabs dung dang gantri sogs kyi brta 'byung 'phral legs par 'du / ha cang rjes la lus na / phyag tsar （ci ra） gis 'gel / 'tshogs zin nas 27 ma grol bar / gral tshugs bzung nas kha don（'don）bsgrims te bya / long gtam dang / snyes 'gyel gyis 'dug pa / rnam gyeng gis blta ba sogs mi 28 mdzes pa byed mi byung tshe / dge skos kyis bs-digs par bya zhing mi nyan na tshogs phyag sogs nyes chad skabs dang sbyar / tshogs grol nas rang rang gi 29 'dug gnas du ma sleb bar / dmigs rtse ma sogs chos brjod kyis 'da' bar bya / 'du 'tshogs med pa'i skabs su yang / so so'i brang 30 khang du 'dzin skyor kha ton gang smrar ma gtogs / bzhi yan chad 'dus te / bre mo'i gtam dang / glu gar dang / cho lo sogs rgyan po 'gyed 31 pa dang / sbe ga dang / mda' rdo 'phen pa sogs kyis rtse ba khrom dang / dmag la blta ba / khrims grogs med par grong khyims du 32 zhag tu 'dug pa sogs mi bya / mdor na bslab par bya ba'i gnas spyi dang / bye brag 'dul ba'i sde snod dang bslab bya rnams las 33

ji ltar 'byung ba bzhin / ngo lkog med par bag yod dran shes dang ldan pas spyi bos nod par bya zhing / lus can gyi phan bde dang rgyal 34 ba'i bstan 'dul ba la rag lus pa yin pas / rtsa ba bzhi srog bsdos byas nas bsung (bsrung) / chang dang phyi dro'i kha zas sogs la 35 yang dug ltar 'dzem / gal te nyes pas gos na / dge 'dun dang / dkon mchog gi drung du bshags bsdis (bsdom) nan tan bya dge slong 36 grangs tshang na / gzhi gsum gyi phyag len 'chag med bya zhing / de'i tshe ma dus na brgya phyag 'gel / rgyun gyi 'du 'tshogs la 37 yang / gnang ba zhus na ma gtog ma 'ongs na nyes chad 'gel / rtsa ltung phog na de ma thag gnas thung (dbyung) bya / gzhen yang bstan pa'i 38 mig rkyen la gnod pa byed na / chos bzhin du bzod pa mi gsol gyi bar / gnas nas bskrad / mtho khongs su / nang mchod / 39 skyabs chang / bur chang ma gtogs / chang gi rigs gtan nas mi 'grim /

gnang ba ma zhus par bud med drag zhan su yang mtho khongs 40 su mi gtong / zhag tu ye nas sdod mi 'jug / tshogs kyi chos brjod gang dgos 'dzin skyor grub rjes /

ji skad du / tshul gnas thos dang 41 bsam ldan pas / bsgom pa la ni rab tu sbyor /

zhes gsungs pa ltar / rje btsun bla ma tsong kha pa chen po yab sras kyi mdo sngags kyi gsung 42

rab rnams la / blo'i nus pa rtsi (ci) yod kyis thos bsam bsgom pa yang dag par bsgrubs te / rang gzhan gyi rgyud la thub pa'i bstan pa yun 43 ring du gnas shing dar rgyas 'byung ba'i sbyor ba la brtson pa lhur mdzad par zhu /

'di ltar 'du bya ba'i rgyab rten mgon rkyen du / bla ma lha bsrung 44 ye shes kyi spyan dang ldan pa rnams bzhugs su gsol ba yin / gtsug lag khang rnams klog pa dang / kha ton gyis rgyas legs 45 gnas shog /

rtag tu dge 'dun 'thun pa dang / dge 'dun don yang grub ('grub) par shog /

'khor lo gsum dang ldan pa 'dus pa'i tshogs 46 / phan tshun mthun zhing bde bar chos spy od pas / sa steng ma lus yongs su gang gyur te / dge ldan bstan pa phyogs bcur spel bar 47 shog / ces rnam par 'gyur zhes bod pa lcags stag zla ba drug pa'i nyer lnga la / lung dang rtog pa'i dam pa'i chos ma lus pa'i 'byung gnas / 48 bstan pa'i nyi ma gsal bar shar ba'i chos grwa chen po bkra shis lhun po phyogs thams cad las rgyal ba'i gling nas / bris pa phyogs 49 dus thams cad du dge bar gyur cig //50

京330《護國寺新續臨濟正宗碑》

傳燈正眼
嫩桂聯芳

京都大隆善護國寺新續臨濟正宗碑記

蓋聞佛祖命脈衣鉢相傳嗣先昌後綿綿不絕如縷升堂入室代代不乏其人此真吾佛聖教根深蒂固源遠流長之善慶也余於
清朝定鼎之初歲越丙申孟夏因編修五燈會元纘續請
旨入藏駐錫都門開堂於善果禪院蒙隆善護國寺
先覺一宇道公禪師並見任
欽依僧録司左善世心明覺公大師交相往來最善一日覺公請益曰覺受業護國乃水源木本之地其宗派世譜係臨濟岐分目今舊派善定義智顯性相戒慧圓了因明祖道覺海永洪宣一偈計二十字續起將盡懇請和尚垂示新派衍脈有恒余聞而喜曰余受業邢襄鵲山興化禪寺祖燈世譜宗教流芳禪講奕世至寬一十七輩矣花聯葉綴亦既代不乏人但家藏舊譜係先人口傳不知自何宗岐分今幸京都護國與邢襄興化異地同宗理宜聯燈合譜共成一派以貽來者爲此謹接舊派末後一句覺字爲中興新派之首續成一偈共計百二十字編入祖燈使我燕邢異地同宗之子孫知授受衣鉢之有自嗣續宗派之有源云爾偈曰

覺海永洪　宣授傳宗　正脈遐遠　衍慶福隆　體用周徧　本來自通
真實妙理　清淨澄明　涵養寂照　慈憫利生　平等普度　方廣權衡
教啓賢哲　解行克功　學繇悟達　法在信能　精進止觀　聞思修崇
莊嚴品位　玄契參同　德充果滿　佛圖續燈　秉持心印　師範寰中
我願如是　世宜敦從　彼岸聯譜　貽訓雲仍　嗣先昌後　萬代常興

順治十八年歲次辛丑中元日
欽命賜紫祖庭大少林禪寺傳曹洞正宗第廿八代提衍禪學嗣祖沙門鵲山十七世玄孫内丘海寬謹續
欽依僧録司掌司事左善世總理五城諸山事務兼大隆善護國寺住持覺慈建立

本宗法屬　覺慧　覺念
僧録司候缺官海龍
僧録司候缺官海敬　海聚　海常　海玉　海印
永福　永祿　永禎　永祥　永禧　永祈　永祝

京 330《護國寺新續臨濟正宗碑》

護國寺新續臨濟正宗碑

首題:京都大隆善護國寺新續臨濟正宗碑記
年代:清順治十八年(1661)七月十五日
原址:西城區護國寺街
拓片尺寸:碑陽高 270、寬 123 厘米;額高 49、寬 34 厘米
書體:楷書,額篆書
撰人:(僧)海寬
《目録》:頁 268
拓片編號:京 330
拓片録自:《北京圖書館藏中國歷代石刻拓本匯編》第 61 卷 178 頁

【碑陽】

額題:傳燈正眼嫩桂聯芳(篆書)

碑文:

京都大隆善護國寺新續臨濟正宗碑記 *1*

蓋聞佛祖命脈,衣鉢相傳。嗣先昌後,綿綿不絕如縷。升堂入室,代代不乏其人。此真吾佛聖教根深蒂固源遠流長之善慶也。余於 *2* 清朝定鼎之初,歲越丙申孟夏,因編修《五燈會元》纘續,請 *3* 旨入藏,駐錫都門,開堂於善果禪院。蒙隆善護國寺 *4* 先覺一宇道公禪師,並見任 *5* 欽依僧録司左善世心明覺公大師,交相往來最善。一日,覺公請益曰:覺受業護國,乃水源木本之地。其宗派世譜係臨濟岐分目。今舊 *6* 派善定義智顯,性相戒慧圓,了因明祖道,覺海永洪宣一偈計二十字,續起將盡。懇請和尚垂示新派,衍脈有恒。余聞而喜,曰:余受 *7* 業邢襄鵲山興化禪寺。祖燈世譜,宗教流芳,禪講奕世,至寬一十七輩矣。花聯葉綴,亦既代不乏人。但家藏舊譜,係先人口傳,不知 *8* 自何宗岐分。今幸京都護國與邢襄興化異地同宗,理宜聯燈合譜,共成一派,以貽來者。爲此謹接舊派末後一句"覺"字爲中興新 *9* 派之首,續成一偈,共計百二十字,編入祖燈,使我燕邢異地同宗之子孫知授受衣鉢之有自,嗣續宗派之有源云爾。偈曰:*10*

覺海永洪,宣授傳宗。正脈遐遠,衍慶福隆。體用周徧,本來自通。*11* 真實妙理,清淨澄明。涵養寂照,慈憫利生。平等普度,方廣權衡。*12* 教啓賢哲,解行克功。學繇悟達,法在信能。精進止觀,聞思修崇。*13* 莊嚴品位,玄契參同。德充果滿,佛圖續燈。秉持心印,師範寰中。*14* 我願如是,世宜敦從。彼岸聯譜,貽訓雲仍。嗣先昌後,萬代常興。*15*

順治十八年歲次辛丑中元日。*16* 欽命賜紫祖庭大少林禪寺傳曹洞正宗第廿八代提衍禪學嗣祖沙門鵲山十七世玄孫内丘海寬謹續。*17* 欽依僧録司掌司事左善世總理五城諸山事務兼大隆善護國寺住持覺慈建立。*18* 本宗法屬:*19* 覺慧、覺念;*20* 僧録司候缺官海龍;*21* 僧録司候缺官海敬、海聚、海常、海玉、海印;*22* 永福、永禄、永禎、永祥、永禧、永祈、永祝。*23*

京336《崇國寺碑》陽

京336《崇國寺碑》陰

崇國寺碑

首題:御製崇國寺碑文
年代:清康熙六十一年(1722)
原址:西城區護國寺
拓片尺寸:碑陽、碑陰均高280、寬135厘米;額高66、寬46厘米
書體:漢、藏、蒙、滿四種文字,漢字楷書,額篆書
《目録》:頁289
拓片編號:京336
拓片録自:《北京圖書館藏中國歷代石刻拓本匯編》第67卷153—154頁

【碑陽】
額題:敕建(另有滿文二字,篆書)
碑文:
[漢文部分]:

御製崇國寺碑文 $_{1}$

禁城西安門外乾隅有崇國寺,元大德時所建。至明正德間命大慶法王居之,爲西僧香火地,迄今二百餘載。康熙六十年春,諸蒙古汗、王、貝勒、貝子、公、台吉、他布囊 $_{2}$ 等,請創寺祝釐。朕未俞允。復合詞陳奏,謂茲寺爲前代名刹,規模具存。纂葺之工,減於肇構,堅懇興修。朕重違其誠,勉從所請。於是蕃族庀材,匠氏並力,經始落成,曾 $_{3}$ 不踰歲。蓋棟宇仍舊而丹臒增焕矣。諸蒙古恭順 $_{4}$ 三朝,述職無曠。至於朕躬,款化益衆,凡在龍堆瀚海内外百餘部落皆吾藩籬屏翰。故往歲親征漠北,除其蟊賊;近復平定西藏,寧其疆宇,實嘉諸蒙古忠愛之忱永矢 $_{5}$ 不渝也。今諸蒙古建新茲寺,用祈福祐於朕躬,益見諸蒙古感恩思報之誠。而上下交孚,至於絕漠遐陬,胥聯爲一體焉。爰爲記。$_{6}$

康熙六十一年。$_{7}$

[藏文部分轉寫]:

Rgyal po rang nyidkyis bde skyid $_{1}$
Bris pa'i khrung kwo zi'i (崇國寺)rdo rings kyi yi ge dgung lo $_{2}$
Mkhar ser po'i nub phyogs bde byed ming drug cu $_{3}$
Can gyi sgo'i phyi rol / nub byang 'tshams su re gcig $_{4}$
Yod pa'i khrung kwo zi'i(崇國寺) lha khang ni / ywon (元) gyi t'a te'i(大德) pa'i $_{5}$
Ring la gsar du bsgrub cing / ming (明) gi Jing te'i (正德) $_{6}$
Ring la bla ma t'a khing phwa dbang (大慶法王) bzhugs du $_{7}$
Bcug pa nas / da bar bla ma ser mo ba thams $_{8}$

Cad kyi mchod gnas su gyur nas / da cha lo nyis$_{9}$
Brgya lhag tsam song bar / bde skyid dgung lo$_{10}$
Drug cu pa'i dpyid ka sog po yongs kyi rgyal$_{11}$
Phran (汗) / dbang (王) / p'e'i li (貝勒) / p'e'i si (貝子) / kung (公) / tha'i ji (台吉)/$_{12}$
Tha bu nang (他布囊) rnams kyas (kyis) nged kya (kyi) zhabs pad brtan$_{13}$
Pa'i phyir du gsol ba 'debs yul gyi lha khang$_{14}$
Zhig gsar bzhengs dgos tshul zhus pa'i$_{15}$
Zhu ba ltar ma gnang bar / slar yang thams cad$_{16}$
Kyis mgrin gcig tu lha khang 'di nyid bzo$_{17}$
Bkod da dung legs shing / snga mo nas yongs$_{18}$
La grags che ba'i lha khang yin gshis / slar$_{19}$
Zhig gsos byed na gsar bzhengs lta bu'i$_{20}$
'gro sgo med ces yang yang nan gyis zhig ga$_{21}$
gsos byed dgos tshul zhus par / bdag gis$_{22}$
kho rab (rang) tsho'i sems rtse gcig pas zhus pa brtse$_{23}$
bas gzigs nas gnang bar / sog po yongs$_{24}$
kyis mkho ba'i yo byad dang bzo ba rnams bsdus$_{25}$
nas mgo brtsams pa nas bsgrub zin gyi bar$_{26}$
lo gcig ma 'gyang bar lha khang rtenesum (rten gsum) sogs$_{27}$
sngar gyi mdzes shing brjid pa'i gzi 'od 'bar ba$_{28}$
ltar bsgrub bo / / sog po rnams kyis / rgyal$_{29}$
rabs gsum nas bdag la thug gi bar du rang$_{30}$
nang gi las tshan sogs gang dang ci la le shor$_{31}$
med par brtson cing bdag gi slabs bya'i rjes$_{32}$
su 'brangs nas dbang du gyur pa shin tu mang$_{33}$
bas / gang dag bye ma'i thang sgang sogs la$_{34}$
gnas pa'i yul gru brgya phrag du ma'i skye bo$_{35}$
rnams kyis bdag mgon dang rten du bzung nas$_{36}$
mnga' 'og tu tshud / des na snga mo byang phyogs$_{37}$
su nga nyid kyis dbus dmag gi dpung dang$_{38}$
bcas song nas dgra rnams tshar bcad pa$_{39}$
dang / da cha yang nub phyogs kyi bod rnams$_{40}$
bde 'jags su bkod nas / mtha' 'khob$_{41}$
kyi mi rnams bde bar bkod pa yang nges par /$_{42}$
sog po mang ma'i (po'i) bsam pa brtan pa de rdzogs$_{43}$
pa dang / 'gyur ldog med par shes nas$_{44}$
brtse ba las byung ba yin / da cha sog po$_{45}$
yongs kyis lha khang 'di zhig gsos byas$_{46}$
nas / bdag gi tshe dang bsod nams rgyas pa'i$_{47}$
ched du gsol ba btab pa 'dis / sog po$_{48}$
mang mas (pos) sems rtse gcig gis bdag gi$_{49}$

bka' drin bdag rkyen gyi drin gzo'i phyir du$_{50}$
bsams nas / mchog dman bar ma mtha'$_{51}$
dag phan tshun 'brel zhing / mtha' 'khob$_{52}$
kyi yul dang sa thag ring ba rnams la thug gi$_{53}$
bar thams cad kyi lus sems gcig tu$_{54}$
sgril ba / mngon sum du shes nus so //$_{55}$
de'i phyir du gtan 'jog ('jag) su bris pas dge /$_{56}$

【蒙文部分轉寫】

kagan nu bicigsen cüng gün siyin kusiye cilagun nu bicig. sian hota yin ürüne eteged un amurlinggui hagalga yin gadagatu ürüne umara eteged tur agci. cüng gün si anu, yuan ulus un da de yin cag tur üledegegsen ajugu. ming ulus un jing de yin cag tur, da cing ba wang lama yi sagulgagsan ece, monkü lama huarag un takil un oron bolju, edüge hoyar jagun on yilegü boljuhui. engke amugulang un jiradugar on nu habur, olan monggol un kan wang beile beise, $_{1}$ taiji tabunang ud tulgur sume baigulugad minu nasan hudug ünide orusihu yin tula, jalbarisugai kemen guyugsan dur, bi ese bolugsan bülüge. basa bügüdeger ailadcu, ene sume ber uritu uye yin nere tu sume boyu. düri baidal anu, tegüs bükü i yin tula selbin jasabasu, tulgur baigulhui metüüne yekede ülü orumoi kemen, dakin dabtan selbin jasahui yi guyun ailadhagsan dur bi teden nu cing ünen sedkil yi oilagaju, $_{2}$ guyugsan josugar bolgabai. tendece monggol un jagura ban beledgeged, urad yi huriyaju üiledün, tugurbigsan ece dagushui dur kürtele, nigen jil boluga, yinatu sume yin ger ijagur un yosugar gilbelün gilbeljen masi üjesgülengtu bolbai. olan monggol ud, $_{3}$ gurban üye boltala kiciyenggüi ber üiledon, tusiyal dur yien kiciyegseger edüi kürcü yireged, minu soyol yi dagan erke dur orugsad masi olan, aliba elesütü mangha gobi gajar un orcin agci jagun yilegüü aimag ulus cüm minu hariyatu k?sige kalha boljuhui, tein ku urida minu beye umara jug un gajara dailara odugad dogsin daisun yi sönögebei. edüge bi ürüne jug un t?bed orun yi tübsitgen togtagagad jaha kijagar yi amur bolgagsan anu, $_{4}$ üneker olan monggol un yabudal sidurgu ünenkü sanaga ban tegüsgen hobisgal ügei yi $_{5}$ ürüsiyen sanagsan ece bolugsan bui. edüge olan monggol ud ene sume yi sinedgen jasagad, minu beye yin tula buyan hudug yi guyumoi. egüber olan monggol ud ünen sedkil yier minu haira kesig un aci yi sösölün harigulhuya sedkijü degedü dooratu harilcan nairaju, tasurhai kijagar–hola deki gajar tur körtele bükü bügüde nigen beye bolugsan yi iledde medejü bolumoi, teimü yin tola temdeglen bicibei. $_{6}$

engke amugulang un jiran nigedüger on. $_{7}$

【滿文部分轉寫】

額題:han i araha(篆書)

碑文:

han i araha cung guwe sybei bithe$_{1}$

hūwang ceng ni wargi elhe dukai tule wargi amargi ergide bisire cung guwe sy yuwan gurun i da de i forgon de arahangge,ming gurun i jeng de i forgon de da king fa wang lama be tebuheci uthai lamasai hiyan dabure ba ofi, te juwe tanggū aniya funcehe, elhe taifin i nin-

juci aniya niyengniyeri, geren monggoi han ,wang ,beile ,beise gung taiji,tabunang se, fukjin miyoo weilefi,[2] mini jalin jalafun be jalbariki seme baiha be,bi yabubuhakū bihe, geli uhei acafi,ere sy be nenehe jalan i gebungge miyoo, durun kemun yongkiyame bi,niyecedeme weileci,fukjin weilere gese hūda baiburakū seme, dahūn dahūn i dasatame weilebure be baime wasimbure jakade, bi tesei hing sere gūnin be giljafi baiha songkoi yabubuha, tereci monggoso,jaka be belhefi, faksisa be isabufi,[3] weileme deribuhe ci šanggara de isitala, emu aniya be dulekekū, miyoo i boo da an i giltari niowari umesi eldengge oho,geren monggoso,[4] ilan jalan otolo gingguleme weileme,tušan de kiceme tookabuhakū, mini beye de isinjifi,wen de dahahangge ele labdu, yaya junggan mangkan gobi ba i ?urdeme bisire tanggū funcere aiman, gemu mini harangga fiyanji dalikū ohobi, tuttu neneme mini beye amargi babe dailame genefi, doksin hūlha be geterembuhe, jakan geli wargi dzang ni babe necihiyeme toktobufi,jase jecen be elhe obuhangge, yargiyan i[5] geren monggoso i kemuni tondo unenggi gūnin be akūmbume gūwaliyandarakū be gosime gūniha ci banjinahangge, te geren monggoso, ere sy be icemlame dasatafi,mini beyei jalin hūturi fengšen be baimbi, ede geren monggosoi unenggi gūnin i kesi be hukšeme karulara be gūnime, dergi fejergi ishunde hūwaliyafi, lakcaha jecen goroki bade isitala yooni emu beye oho be ele saci ombi, tuttu ejeme araha.[6]
elhe taifin i ninju emuci aniya.[7]

【碑陰】

【蒙文部分轉寫】

bogda ejen nu aci yi harigulhu yin tula ailadhaiju cüng gün si süme yi sinedgen selbin jasaju

üiledküi dur dusul münghün üggügsen olan monggol kan wang beile beise gung taiji tabunang ud un nere jerge kiged bügüde yi jahir un üiledügsen said ba üjejüüiledügsen tüsimed un nere jerge yi hoina bicijuhui.

第一段

kalka yin jibjundamba hudug tu,kalka yin wacir batu tusiye tu kan janggar dorji,kalka yin jasagtu kan hosui cin wang dorji jeu cewangjab,kalka yin secen kan kucin,horcin nu jasag hosui tüsiye tü cin wang rabtan,horcin nu hosui jorigtu cin wang badma,horcin nu jasag hosui darhan cin wang hosui obsanggumbu,ujumucin nu jasag hosui secen cin wang adagdondub,horcin nu jasag turu yin jasag tu giyun wang sahulag,horcin nu jasag turu yin bingtu giyun wang rasibayar,horcin nu jasag turu yin giyun wang lobsangrasi,horcin nu turu yin giyun wang nomun erhetü,bagarin nu jasag turu yin giyun wang ulus un jeu nühün,ongnigud un jasag turu yin dügüreng giyun wang hosui jeu cangjin,auhan nu jasag turu yin giyun wang coimbil,karacin nu jasag turu yin dügüreng giyun wang hosui jeu idemjab,naiman nu jasag turu yin darhan giyun wang acula,sunid un jasag turu yin dügüreng giyun wang dajijab, sunid un jasag turu yin giyun wang coijigunsurung,dürben keuked ün jasag turu yin darhan jorigtu giyun wang arabtan dorji,abaga yin jasag turu yin jorigtu giyun wang jambiljab

第二段

abaga yin jasag turu yin giyun wang badma kucun,□ nu jasag turu yin erdeni giyun wang □,□ nu jasag turu yin giyun wang jambil,ordos un jasag turu yin giyun wang rasibayar, auhan nu turu yin giyun wang uljibayar,horcin nu turu yin beile arabtan,horcin nu turu yin beile abida,tümed ün jasag turu yin darhan beile hosui jeu arabtan,jarud un jasag turu yin darhan beiele □,jarud un jasag turu yin beile □,ordos un jasag turu yin beile urub jamsu, ordos un jasag turu yin beile dasirabtan,aru horcin nu jasag turu yin beile wangjal,ongnigud un jasag turu yin darhan daicing beile aldar wacir,ujumucin nu jasag turu yin erdeni beile bombo,abaganar un jasag turu yin beile nomun,kalka yin jasag turu yin darhan beile jandagui,kalka yin jasag turu yin beile galsang,moominggan nu turu yin beile lobsang sirab, sunid un turu yin beile sijir,kalka yin turu yin beile lobsang

第三段

dürbed ün jasag husugun nu beise batu,jalaid un jasag husugun nu beise tegüs,karacin nu jasag husugun nu beise turu yin jeu senggüjab,tümed un jasag husigun nu beise □ bayashulang tu,ordos un jasag husigun nu beise cewangbayr,ordos un jasag husigun nu beise namjilsurung,ordos un jasag husigun nu beise lobsang,bagarin nu jasag husigun nu beise badma,abaganar un jasag husigun nu beise bayar,bagarin nu jasag husigun nu beise □,abaga yin darhan husigun nu beise coidungjab,kalka yin husigun nu beise dorji,kalka yin husigun nu beise badma wangjal,horcin nu jasag ulus un tüsiye gung tonumal,gorlos un jasag ulus un tüsiye gung batu,ongnigug un daicing ulus un tüsiye gung sonum,urad un jasag ulus un tüsiye gung tarmasiri,urad un jasag ulus un tüsiye gung sirab,kalka yin ulus un tüsiye gung sumbajui,jaruud un ulus un tüsiye gung soli,horcin nu turu dur tusalagci gung boni

第四段

gorlos un turu dur tusalagci gung norbu,urad un jasag turu dur tusalagci gung coijamsu,sunid un turu dur tusalagci gung loroi,abaga yin turu dur tusalagci gung demcüg,gorlos un jasag terigün jerge yin taiji cangun,kesigten nu jasag terigün jerge yin taiji cibhajab,moominggan nu jasag terigün jerge yin taiji norbu,karacin nu terigun jerge yin tabunang tenigen,horcin nu hosui jeu bandi,horcin nu hosui jeu dorjisurung,horcin nu hosui jeu cewangwacir,karacin nu hosui jeu namsar,auhan nu hosui jeu dorjirasi,bagarin nu turu yin jeu rimbu,auhan nu turu yin jeu jamsu,aohan nu turu yin jeu lobsang

karacin nu turu yin jeu mandu,horcin nu husigun nu jeu bandi,horcin nu husigun nu jeu rasi,kalka yin jasag hosui cin wang dasidondub,kalka yin jasag □ jinung turu yin giyun wang boncug

第五段

kalka yin jasag erdeni jinung turu yin giyun wang namjil,kalka yin jasag turu yin giyun wang gelüng jambil,kalka yin jasag turu yin giyun wang hosui jeu dondib dorji,kalka yin jasg mergen jinung turu yin giyun wang dorjirabtan,ügeled ün turu yin giyun wang hosui jeu cicingwangbu,kalka yin jasag turu yin beile coijamsa,kalka yin jasag turu yin beile lamajab, kalka yin jasag turu yin beile norbubandi,kalka yin jasag turu yin beile danjin dorji,kalka yin jasag turu yin beile wangjal,ügeled ün turu yin beile hosui jeu norbuu,kalka yin jasag un husigun nu beile rabtan,kalka yin jasag un ulus un tüsiye gung ubasi,kalka yin jasag yin ulus un tüsiye gung wacir dorji yin eke mergen haldun,kalka yin jasag un ulus un tüsiye gung jancub dorji,kalka yin jasag un ulus un tüsiye gung doba,kalka yin jasag un ulus un tüsiye gung cibdan,kalka yin jasag un turu dur tusalagci gung gendün,kalka yin jasag un turu dur tusalagci gung□ namjil,kalka yin jasag un turu dur tusalagci gung□ bambil,kalka yin jasag un turu dur tusalagci gung wangsug

第六段

kalka yin jasag un turu dur tusalagci gung wangjil,kalka yin jasag un turu dur tusalagci gung auri,kalka yin jasag un turu dur tusalagci gung cerengbel,kalka yin jasag un turu dur tusalagci gung minjur,kalka yin jasag un turu dur tusalagci gung galsang cewang,kalka yin jasag un turu dur tusalagci gung basu,kalka yin jasag un turu dur tusalagci gung cicingdasi, □ yin jasag un turu dur tusalagci gung baji,□ yin jasag un turu dur tusalagci gung bubai, ügeled un jasag un turu dur tusalagci gung dorjirabtan,kalka yin jasag un turu dur tusalagci gung kesig,kalka yin jasag un turu dur tusalagci gung sanjijab,ügeled un turu dur tusalagci gung moohai,ügeled un turu dur tusalagci gung lobsang taiji,□ un turu dur tusalagci gung dasi taiji,kalka yin jasag terigün jerge yin taiji ciwang banjur,kalka yin jasag terigün jerge yin taiji coijab,kalka yin jasag terigün jerge yin taiji dorjidasi,kalka yin jasag terigün jerge yin taiji jinamida,kalka yin jasag terigün jerge yin taiji damarijab,kalka yin jasag terigün jerge yin taiji sirajab

第七段

kalka yin jasag terigün jerge yin taiji sirawangja,kalka yin jasag terigün jerge yin taiji□, kalka yin jasag terigün jerge yin taiji barang,kalka yin jasag terigün jerge yin taiji urbajab, kalka yin jasag terigün jerge yin taiji gencüg,kalka yin jasag terigün jerge yin taiji erdeni, kalka yin jasag terigün jerge yin taiji wangbu,kalka yin jasag terigün jerge yin taiji coijamsu, kalka yin jasag terigün jerge yin taiji kucun,kalka yin jasag terigün jerge yin taiji wangsug, kalka yin jasag terigün jerge yin taiji secen,kalka yin jasag terigün jerge yin taiji banjur dorji,kalka yin jasag terigün jerge yin taiji cibhajab,kalka yin jasag terigün jerge yin taiji cewang,kalka yin jasag terigün jerge yin taiji gurujab,kalka yin jasag terigün jerge yin taiji darja,kalka yin jasag terigün jerge yin taiji sacu ilduci,kalka yin jasag terigün jerge yin taiji ombuuji,kalka yin jasag terigün jerge yin taiji taulai,kalka yin jasag terigün jerge yin taiji güngge,kalka yin jasag terigün jerge yin taiji dawang

第八段

kalka yin jasag terigün jerge yin taiji cerinwangbü,kalka yin jasag terigün jerge yin taiji juudba,kalka yin jasag terigün jerge yin taiji cering wangsug,kalka yin jasag terigün jerge yin taiji hambil,kalka yin jasag terigün jerge yin taiji saihanjab,kalka yin jasag terigün jerge yin taiji cenggünjab,□ jasag terigün jerge yin taiji jamiyang,kalka yin jasag terigün jerge yin taiji□ ahai dorji,kalka yin jasag un beile ububandi yin husigun nu erdeni ailadhagsan hudug tu,hauli jasag un terigün jerge yin darhan bai amin,bügüde yi jahir un üiledügsen gadaga du monggol un turu yi,jasahu yabudal un yamun nu terigün said büged yisun hagalagan nu, yabagan cerig un said un gurban ying yi jahirhu bügüde yin terigün□,bügüde yi jahir un üiledügsen bicig yi ulanjilan ailadhahu,cian ceng men nu terigün jerge yin hiya rasi, üjejüüiledügsen dotuga du yamun nu dedelegsen bicig un tüsimel,büged monggol sorgaguli yin □ tüsimel jalan nu janggi senge,üjejüüiledügsen gadaga du monggol un turu yi jasahu yabudal un ,yamun nu tusalagci tüsimel büged somun nu janggi□

【滿文部分轉寫】

enduringge ejen i beile de karulara jalin wesimbufi cung guwe sy miyoo be icemleme niyeceteme dasatame weilere de bu?i menggun buhe geren monggo han, wang, beile, beise, gung, taiji, tabunang sei gebu, jergi uheri kadalame weilehe amban, tuwame weilehe, haafasa i gebu jergi be amala arahambi. 1

第一段

kalkai jebdzudamba kūtuktu,kalkaiwacir batu tusiyetu han wangal dorji, kalkai jasaktu han hošoi cin wang doroi efu dzewangjab,kalkai jecen han gucen, korcin i jasak hošoi tusiyetu cin wang arabtan,korcin i hošoi jorikto cin wang batma, korcin i jasak hošoi darhan cin wang hošoi efu lobdzanggumoo,ujumucin i jasak hošoi cecen cin wang adagdontob, korcin i jasak doroi jasaktu giyūn wang agūlak,korcin i jasak doroi bingfu giyūn wang isibadi, korcin i jasak doroi giyūn wanglobdzangrasi,korcin i doroi giyūn wang umun erhetu,barin i jasak doroi giyūn wang gūwa i efu ūhun,ongniyot i jasak doroi tūng giyūn wang hošoi efu dzangjin, aohan i jasak doroi giyūn wang coimpil, karcin i jasak doroi tūng giyūn wang hošoi efu i-danjab,naiman i jasakdoroi darhan giyūn wang adzala,sunit i jasak doroi tūng giyūn wang darijab,suniti jasak doroi giyūn wang coijigudzung,duin jusei jasak doroi darhan jorikto giyūn wang arabtan dorji,abagi jasak doroijoriktogiyūn wang jambaljab,

第二段

abagi jasak doroi giyūn wang batma gucun, korcin i jasak doroi erdeni giyūn wang ahastan, korcin i jasak doroi giyūn wang □,ordos i jasak doroi giyūn wang □,aohan i doroi giyūn wang □,korcin i doroi beile arabtan,korcin i doroi beile abita,tumet i jasak doroi darhan beile hošoi efu arabtan,jarud i jasak doroi darhan beile ateiša,jarud i jasak doroi beile bir-gun,ordos i jasak doroi beile noorob jamsu,ordos i jasak doroi beile tasirabtan,aru karcin i jasak doroi beile wangjal,unggot i jasak doroi darhan daicing beile aldai wacir,ujumurin i jasak doroi erdeni beile bombo,abaganar i jasak doroi beile namon,kalkai jasak doroi darhan beile jadagumi,kalkai jasak doroi beile galzang,moominggan i doroi beile lobdzang sirab, sunit i doroi beile □□, kalkai doroi beile lobdzang,

第三段

derben i jasak gūsai beise balio, jalait i jasak gūsai beise tegus, karcin i jasak gūsai beise doroi efu senggunjab, tumet i jasak gūsai beise bayasakilaktu, ordos i jasak gūsai beise ci-wangbajir, ordos i jasak gūsai beise namjalšarang, ordos i jasak gūsai beise lobdzang, barin i jasak gūsai beise □, abaganai i jasak gūsai beise bayir, barin i darhan gūsai beise □,aba-gai jasak gūsai beise □, kalkai gūsai beise dorji,kalkai gūsai beisebitmawangal, korcin i jasak gurun be dalire gung □, gorlos i jasak gurun be dalire gung batu, onggiyot i jasak gurun be dalire gung sonim, urat i jasak gurun be dalire gung tarmasiri, urat i jasak gurun be dalire gung sirab, kalka gurun be dalire gung sumbacok, urat i gurun be dalire gung soli, korcin i gurun de aisilare gung boni,

第四段

gorlos i gurun de aisilare gung nirbu, urat i jasak gurun de aisilare gung coijamsu,

sunit i gurun de aisilare gung □, abagi gurun de aisilare gung temcun,gorlos i jasak uju jergi taiji canūn, kesikten i jasak uju jergi taiji cibanjab,moominggan i jasak uju jergi taiji nirbu, karcin i uju jergi tabunang kanigga, korcin i hošoi efubandi, korcin i hošoi efu dorjisung, korcin i hošoi efu dzewangwacir, korcin i hošoi efu namsi, aohan i hošoi efu □, barin i doroi efu jimbu, aohani doroi efu jamsu,aohan i doroi efu lobzang, korcin i doroi efu mendu,korcin i gūsai efu bandi, korcin i gūsai efu rasi, kalkai jasak gūsai cin wang □, kalkai jasak □□doroi giyūn wang □,

第五段

kalkai jasak erdeni jinong doroi giyūn wang nemjel, kalkai jasak doroi giyūn wang □yampil, kalkai jasak doroi giyūn wang hošoi efu dondib dorgi,kalkai jasak mergen jinung doroi giyūn wang hošoi efu dorjirabtan, ulet i doroi giyūn wang hošoi efu cerikwangbu, kalkai jasak doroi beile coijasa,kalkai jasak doroi beile lamajab,kalkai jasak doroi beile nurbubandi,kalkai jasak doroi beile danjin doji,kalkai jasak doroi beile wangjel, ulet i doroi beile hošoi efu aboo, kalkai jasak gūsai beise rabtan, kalkai jasak i gurun be dalire gung ubsi, kalkai jasak i gurun be dalire gung □□□□□□, kalkai jasak i gurun be dalire gung □□, kalkai jasak i gurun be dalire gung tiba, kalkai jasak i gurun be dalire gung cebden, kalkai jasak i gurun de aisilare gung gendun, kalkai jasak i gurun de aisilare gung camun namjal, kalkai jasak i gurun de aisilare gung gelen bambil, kalkai jasak i gurun de aisilare gung wangšuk,

第六段

kalkai jasak i gurun de aisilare gung wangjil,kalkai jasak i gurun de aisilare gung euri,kalkai jasak i gurun de aisilare gung ceringbal,kalkai jasak i gurun de aisilare gung minjui,kalkai jasak i gurun de aisilare gung □□, kalkai jasak i gurun de aisilare gung basu, kalkai jasak i gurun de aisilare gung cecingdasi, hoifa jasak i gurun de aisilare gung baji, □jasak i gurun de aisilare gung boobai, ulet i jasak i gurun de aisilare gung dorsebta, kalkai gurun de aisilare gung gasha, kalkai gurun de aisilare gung sanjijab, ulet i gurun de aisilare gung moohai,ulet i gurun de aisilare gung lobdzang darji,hoifa jasak uju jergi taiji ciwang banjur, kalkai jasak uju jergi taiji coijab, kalkai jasak uju jergi taiji daicuši, kalkai jasak uju jergi taiji jinamida,kalkai jasak uju jergi taiji damarijab,kalkai jasak uju jergi taiji sirajab,

第七段

kalkai jasak uju jergi taiji sirawanji,kalkai jasak uju jergi taiji dongmok,kalkai jasak uju jergi taiji barang,kalkai jasak uju jergi taiji urbajab,kalkai jasak uju jergi taiji gendun,kalkai jasak uju jergi taiji erdeni,kalkai jasak uju jergi taiji wanguu,kalkai jasak uju jergi taiji coijamsu, kalkai jasak uju jergi taiji gendun,kalkai jasak uju jergi taiji wangšon,kalkai jasak uju jergi taiji cecen urjan,kalkai jasak uju jergi taiji bangur dorji,kalkai jasak uju jergi taiji cibkajab, kalkai jasak uju jergi taiji ciwang,kalkai jasak uju jergi taiji gurujab,kalkai jasak uju jergi taiji darja, kalkai jasak uju jergi taiji saru ilduci,kalkai jasak uju jergi taiji nombuji,kalkai jasak uju jergi taiji taolai,kalkai jasak uju jergi taiji gungge,kalkai jasak uju jergi taiji tawang,

第八段

kalkai jasak uju jergi taiji ceriwangbu, kalkai jasak uju jergi taiji joonba, kalkai jasak uju jergi taiji cering wangšok, kalkai jasak uju jergi taiji gembi,kalkai jasak uju jergi taiji saktijab,kalkai jasak uju jergi taiji cenggurab,hūrhūn jasak uju jergi jaminang, kalkai jasak uju jergi weijeng ahai dorji, kalkai jasak i beile nūbubandi i gūsai erdeni ilahūsan kūtuktu,hami jasak i uju jergi darhan bei emin, uheri kadalame weilehe, tulergi golo be dasara jurgan i aliha amban bime, uyun dukai yafahan coohai siyūn bu ilan ing be kadara uheri da longgodo, uheri kadalame weilehe, baita be ulame wesimbure giyan cing men i uju jergi hiya rasi, tuwame weilehe, dorgi yamun i adaha bithei de bime, monggo tacikūi ilhi tacibure hafan, jalan i janggin sangge tuwala weilehe, tulergi golo be dasaran jurgan i aisilakū hafan bime, nirui janggin gekkde

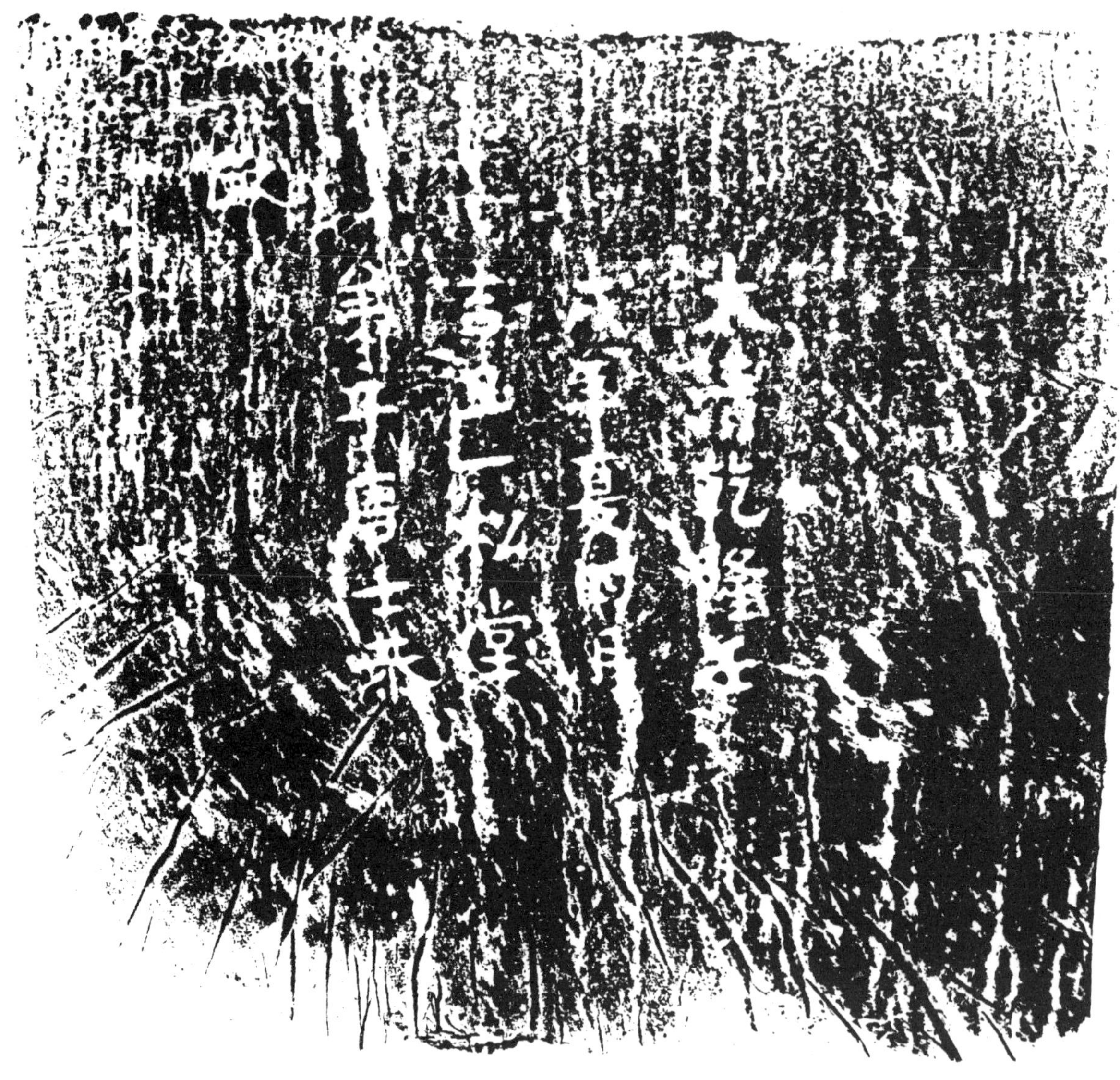

京 348《石瓮款識》

大清乾隆壬
戊年夏四月
吉旦一松堂
弟子唐士恭

京348《石瓮款識》

石瓮款識

年代:清乾隆七年(1742)四月
原址:西城區護國寺
外形尺寸:碑陽高33、寬33厘米
書體:楷書
《目録》:頁514
拓片編號:京348
拓片録自:《北京圖書館藏中國歷代石刻拓本匯編》第69卷108頁

碑文:

大清乾隆壬 1 戌年夏四月 2 吉旦一松堂 3 弟子唐士恭。

御製護國寺詩

年代:清乾隆十二年(1747)
原址:西城區護國寺
撰人:(清高宗)弘曆
碑文録自:《日下舊聞考》卷五十三·城市·内城西城四,頁八百四十六至八百四十七

【碑陽】

碑文:

護國寺祇園已有年,勝跡靈蹤傳日下。《日下舊聞》云,大隆善護國寺,都人呼崇國寺,趙孟頫書有碑。寺爲托克托丞相故宅。今千佛殿旁立一老髯幞頭朱衣、一老嫗鳳冠朱裳者,托克托夫婦也。誰知今日梵王宇,乃是前元丞相舍。我屢經過未臨顧,問古尋詩其可罷。初冬清蹕移御園,道便琳宫一停駕。重扃獰有開明守,曲砌明爭越綾砑。森然喬木蔭玉墀,紛若豐碑傍雲榭。天人帝釋各殊相,或喜而齗怒而咤。夜摩兜率六欲天,其次修羅鬼王伯。能仁端居乃無爲,信有三摩司造化。試思舍宅福何在,墨胎翁嫗相看乍。幞頭鳳帔易舊裝,祇博腐儒相獎借。道同豈必繫衣冠,雀弁黄收異周夏。北魏金遼率殷鑒,謬云復古罪無赦。北魏金遼及有元皆易漢衣冠者也,不一二世而陵夷衰微。蓋忘本棄舊,徒尚虚文,雖復古何益耶!當年燮理責難辭,翁而有知首肯謝。甲第潭潭富且宏,周覽規模增感訝。隔街燕國有賜居,其門如水纔三架。隔街即大學士張廷玉居之,故戲及之。

關帝廟

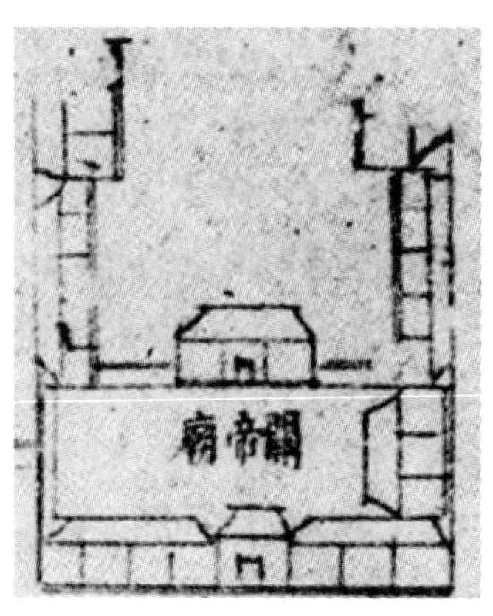

關帝廟，原址在内四區大帽胡同九號（現爲西城區北帽胡同十五號），寺廟建築現存。廟内原有碑刻三通，分别是明嘉靖四十三年（1564）《義勇武安王廟碑》、明萬曆三十年（1602）《義勇武安王廟碑》和清同治九年（1870）《關帝廟碑》。碑石今尚存於廟内，其中明萬曆三十年《關帝廟碑》砌在墻内，其餘埋於地下。

關帝廟始建於明嘉靖三十七年（1558）。是年仲春，内府供用库掌外廠官楊寅在帽兒胡同内捐資購地，意欲開創。但因地少狹隘，尚未建廟立祀。至三十九年（1560），供用庫署庫事御馬監太監盧公在其基址上購地而充拓之，雇傭匠役開始興建廟宇。御馬監、尚書監、尚衣監、内官監等處太監紛紛捐資，是年七月，關帝廟落成，有正殿三間，山門一座，後殿、方丈等數間，由供用庫外廠諸臣供奉香火，並於嘉靖四十三年立碑爲記[1]。至萬曆年間，廟已年久將圮。萬曆二十九年（1601），由總理御馬監太監劉玫發起，同官戴公等百餘名太監共同捐資千兩，重修寺廟，並添建配殿，油飾一新。劉玫别號龍岡，保定府新安縣人。此次參與修廟的捐助者中，除了來自供用庫御馬監的太監外，還有供用庫掌司房監工、司房掌班，以及錦衣衛東司房、太醫院的官員。普通民衆也參與了捐資修廟，甚至還成立了某會，其會首的名字被記録在萬曆三十年《義勇武安王廟碑》中，然惜其會名已泐[2]。

入清以後，關帝廟建築雖存，但不見諸廟冊登記，可能時爲道觀，或無人住持。但康熙六旬《萬壽盛典圖》上卻似乎繪出了此寺建築。按圖中所繪，從帽兒胡同東口西行一段後，北折至一路口，其北側有一所大廟。這正是關帝

〔1〕參見明嘉靖四十三年（1564）《義勇武安王廟碑》，京385，《北京圖書館藏中國歷代石刻拓本匯編》卷五十六，頁一百零二至一百零三。

〔2〕參見明萬曆三十年（1602）《義勇武安王廟碑》，京384，《北京圖書館藏中國歷代石刻拓本匯編》卷五十八，頁一百二十就至一百三十。

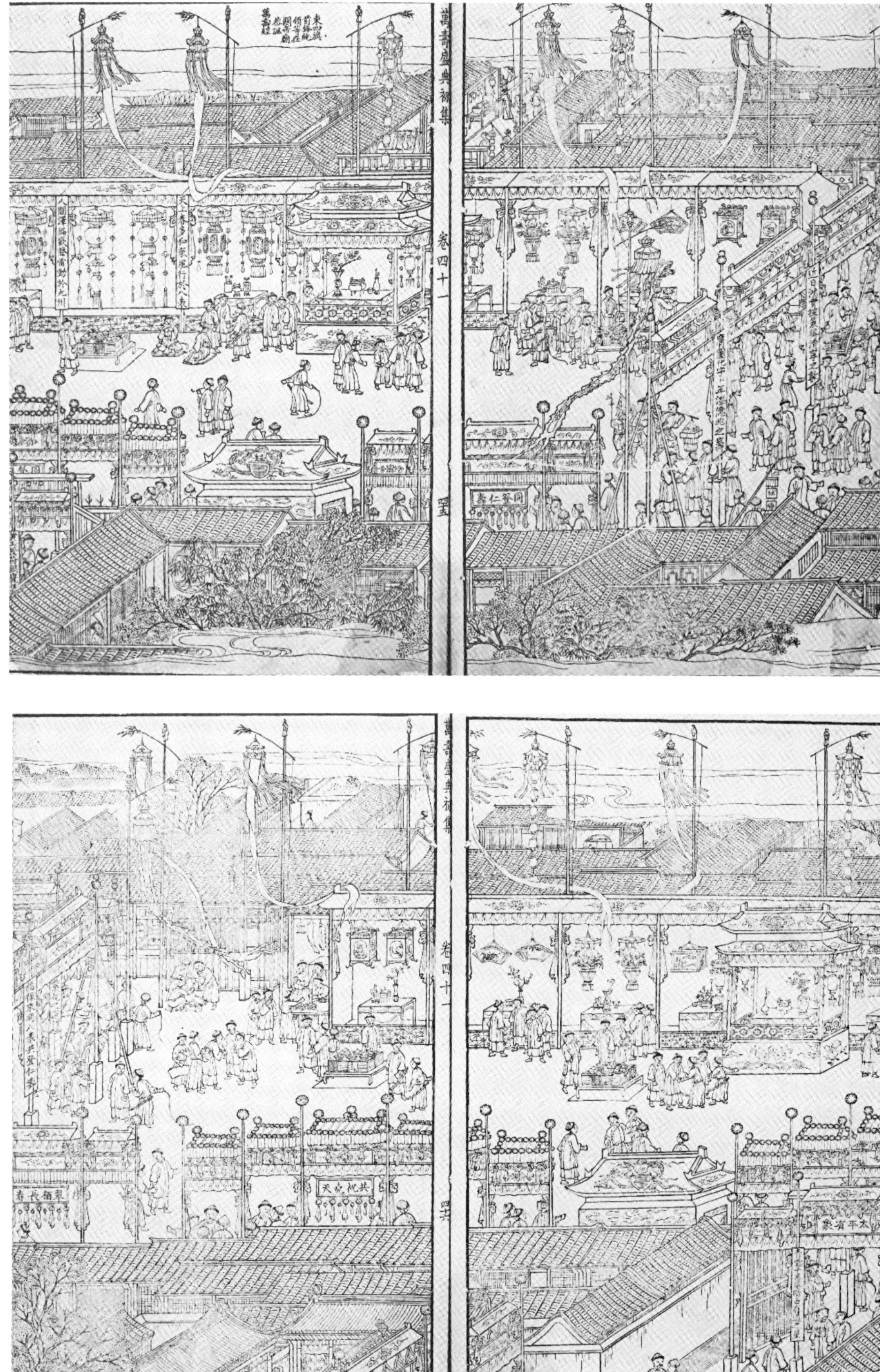

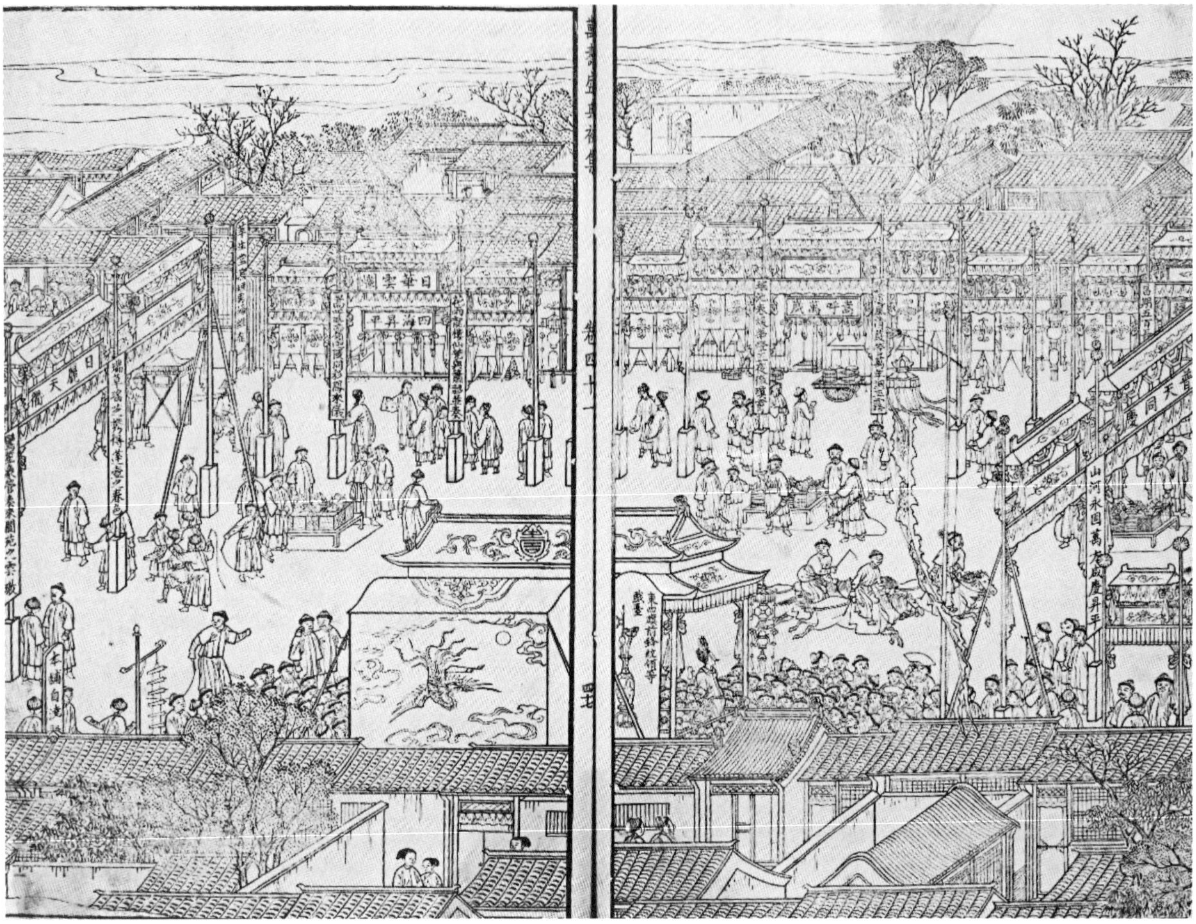

康熙《萬壽盛典初集》中的關帝廟及其標註文字

康熙《萬壽盛典初集》中的關帝廟細部

廟所在地。圖上方空白處也注明"東四旗前鋒統領等在此關帝廟恭諷萬壽經"。《萬壽盛典圖》所繪之關帝廟不大，有三進院落，三層殿宇，僅正殿前有配殿，其餘均無[1]。從乾隆《京城全圖》上看，關帝廟位於帽兒胡同路口，坐北朝南。由於位處兩排交界處，多有缺漏。但依稀能辨認似有三進院落，其中後院位於《京城全圖》三排九段，四排九段衹見前兩進院落的前半部分。南首有山門一座，東側南房三間，西側南房四間；第一進院內有前殿三間，正中開門，兼作過道。殿前有東房三間，坐西朝东；第二進院內似有大殿三間，但畫面已缺損，殿前有東西配殿各三間，南各有東西配房各五間；第三進院有後殿三間，東西各帶二間小耳房。

〔1〕《萬壽盛典初集》卷四十一，四庫全書本，頁四十六。

至清同治九年（1870），關帝廟已傾圮剝落，時任内務府郎中的文錫乃發願重建，請法源寺住持——律師昌濤總督其事[1]。文錫，索姓，内務府正黄旗漢人。父親明善，曾在道光間外任蘇州織造、粤海關監督。咸豐間，内授内務府大臣。文錫及其子曾崇等，相繼任内務府大臣，纍代富顯。他本人還曾在光緒十一年（1885）奉慈禧懿旨籌捐三海工程銀兩[2]。此次重修得到了上層旗人與衆多民人的共同參與，例如前殿木額“目道儀型”出自醇郡王，兩側對聯爲鐵嶺楊能格薰沐敬書。後殿木額“聖神文武”落款爲孚郡王，兩側對聯乃應城弟子陳國瑞敬書。十個月後，關帝廟重修完成，文錫又爲廟内添鑄鐵磬一口，銘文曰：“大帽兒胡同重修雙關帝廟，信官弟子文錫敬獻，大清同治九年小湯月吉日，住持昌濤監造。”文錫家族纍代任内務府大臣，關帝廟内也不乏内府供用之珍品。大殿中曾有大紙横幅兩件，一繪墨虎，一繪墨龍，墨虎圖之圖章即爲“内府供奉”。除此之外，關帝廟還大量從别廟購入法物，廟内多口寶鼎、鐵磬、鐵鐘等，均來自宣武門内雙塔寺胡同圓通觀[3]。

重修後的關帝廟基本保持了明代寺廟格局，共有殿宇四十間。山門三間，正向供彌勒佛，後供韋馱，山門左右南房六間，後有東西向禪堂六間；第二進院内有中殿三間，供奉協天大帝關聖帝君，關平與周倉旁立，牽赤兔馬。殿後有垂花門一座，東西平臺共六間；第三進有後殿三間，供奉關帝自在像，帶東西耳房各二間。殿前有東西配殿各三間，東西露頂共二間。從此，關帝廟成爲法源寺下院，法源寺昌濤兼任住持[4]。

至民國十八年（1929）社會局登記時，關帝廟住持已换成空也，他作爲法源寺住持，平時不在本廟，關帝廟便由僧人昌源長期居住看管，經理事務[5]。民國二十年（1931），來自湖南的僧人融濟接任法源寺住持，自然也就接管了關帝廟[6]。此時寺廟格局大體未變，但房屋殿宇僅剩三十六間，且一部分用於出租。山門南向，石額“三界伏魔大帝廟”，落款同治九年八月重建，門前有石獅二頭；前殿三間爲觀音殿，内供觀音泥像一尊，二童侍立，後立韋馱泥像一尊，鐵三供一份。前殿東耳房兩間、西耳房三間，均爲住房；第二進院爲正殿三間，内供泥塑關帝坐像一尊，泥童二人，周倉、關平分立東西，各帶一馬童。兩壁關帝前有鐵磬一口。兩壁有關帝、財神等泥像五尊，另一壁爲娘娘泥像三尊。前有小方鐵爐四座、鐵磬一口，均爲宣内雙塔寺口内圓通觀之物，分别造於道光九年（1829）五月和光緒九年（1883）。殿内還供有吕祖坐像一尊，泥像金身，像前鐵磬一口、方小鐵爐一座，也是來自於圓通觀。正殿前有石碑三通，東一通爲同治九年《關帝廟碑》、西二通分别爲嘉靖與萬曆年間的《義勇武安王廟碑》。正殿前有大鐵寶鼎一座，光緒九年造，亦圓通觀舊物。大鐵鐘一口，康熙四十一年（1702）造。廊下懸鐵鐘一口，同治九年住持昌濤監造。正殿東北隅有北房二間，古槐一株，小槐二株；第三進院爲後殿三間，東西各帶兩間耳房，殿中正供泥塑赤面關帝坐像一尊，泥塑金身，旁立馬童二名，周倉、關平隨侍。像前有緑琉璃大五供一份，鐵磬一口，爲同治九年造。後殿東西配房各三間，均帶一間南耳房。院内有古槐二株、楸樹一株。

---

〔1〕參見清同治九年（1870）《關帝廟碑》，京386，《北京圖書館藏中國歷代石刻拓本匯編》卷八十三，頁二百零二至二百零三。

〔2〕參見劉小萌《清代北京旗人社會》，北京：中國社會科學出版社，2008年，頁五百五十四至五百五十五。

〔3〕參見國立北平研究院《關帝廟》，西四85。

〔4〕參見前引之同治九年《關帝廟碑》。

〔5〕參見北京市檔案館藏《北京市革命委員會清檔小組敵僞政治檔案·内四關帝廟（僧）》，1928—1929年，檔案號J181-15-78，頁九十一至一百一十七。

〔6〕參見北京市檔案館藏《北平市社會局寺廟類·内四區大帽胡同關帝廟僧人融濟送寺廟登記表及社會局的批示》，1936年，檔案號J2-8-1061，頁六至十二。

至1947年民政局登記時,關帝廟住持已換成了智德[1]。1950年時再換成福山[2]。他原在柏林寺出家,高小畢業,廟內佛殿均已出租,他自住廟房八間[3]。

老住戶對福山還有印象,說他原在朝陽門外神路街某廟中,因原廟被拆他無家可歸而棲居於此,每日清晨堅持上香禮懺。法源寺和尚定期來廟裏收房租,但不住在此處。廟內老住戶平日也上香,據一位在第一進院西房住了七十多年的老人說,每到初一十五、重要時日,他會給前殿的韋馱上香,因爲他的住處緊鄰韋馱,韋馱爺幫他看門。他們還清楚記得殿內關帝像,說此廟叫"關老爺廟",因其原供兩尊關老爺之故,周倉侍立,關平拿着大刀。老住戶們回憶,護國寺的佛像曾一度被移入此廟,但"文化大革命"期間,所有的神像都被砸碎,臟內經書被扔得到處都是,後都被埋入地下,導致此院地基高於路面。20世紀50年代時,廟裏已經住滿了普通民衆,其職業多與護國寺廟會有關,包括賣切糕、賣灌腸、賣布的小販等。後來,寺廟前院還曾一度被用作街道食堂。

《中國文物地圖集·北京分冊》中稱關帝廟僅存正殿[4],但本項目組2005年調查時發現,三層大殿與兩側廂房基本保留,尤其是第三層後殿屋頂上尚有綠琉璃瓦殘跡。明萬曆三十年《關帝廟碑》被砌在正殿前西屋內,其餘石碑埋在地下。

2015年回訪時發現,關帝廟建築尚存完好,山門在原位置翻修,三層大殿保持原狀,配殿廂房均未改變,現爲居民住家院落。

關帝廟新修的山門(2013年9月 曉松攝)

〔1〕參見北京市檔案館藏《北平市民政局·北平市各區寺廟總登記考察簿》,1947年,檔案號J3-1-237,頁七十三。

〔2〕參見北京市檔案館藏《北平市民政局·北平市寺廟總登記簿(第一冊)》,1950年,檔案號J3-1-203,頁二十八。

〔3〕參見北京市佛教協會藏《北京市民政局·民族事務科西四區僧、尼寺廟登記表》,1952年,檔案號196-1-18,頁九十五。

〔4〕參見《中國文物地圖集·北京分冊》(下),頁七十八。

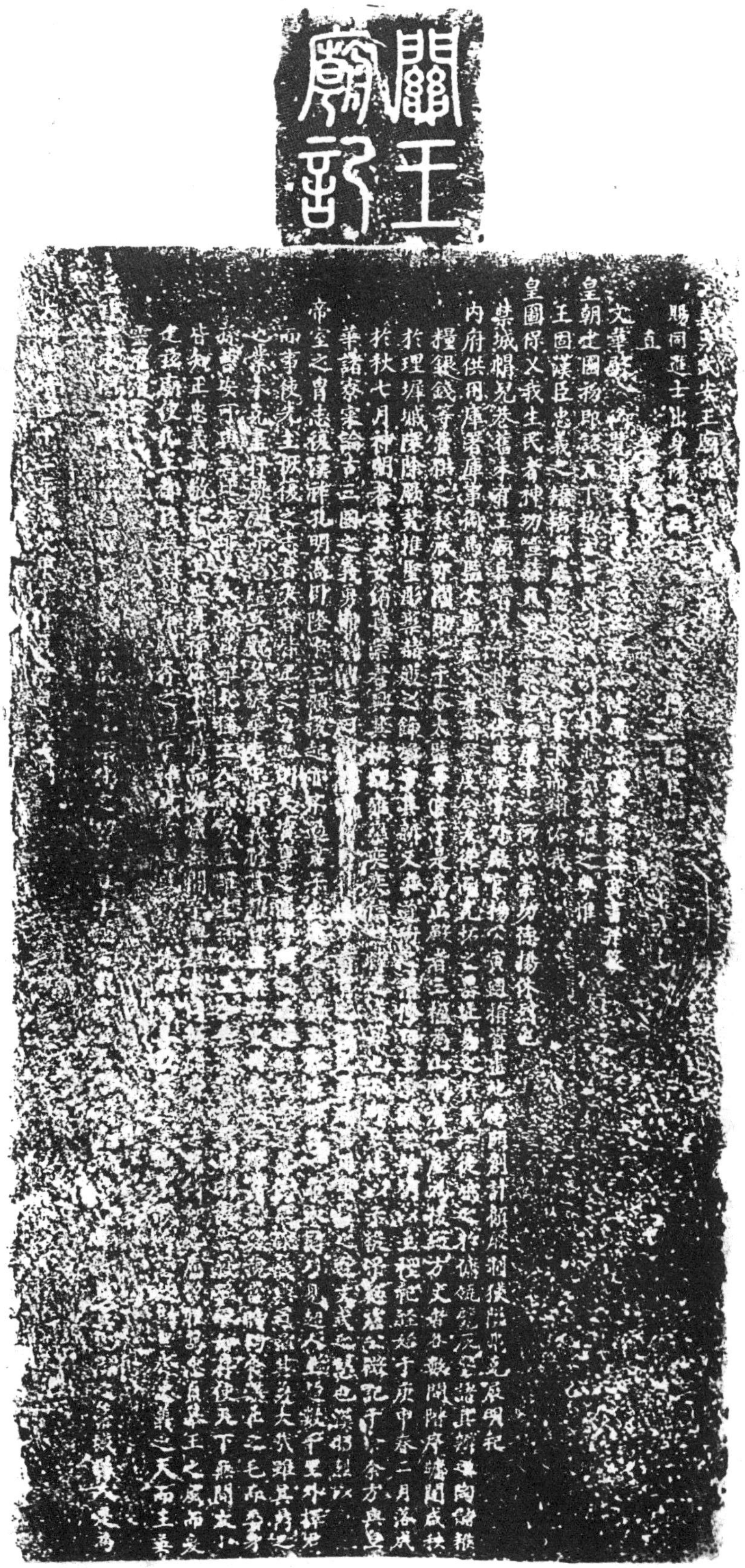

京385《義勇武安王廟碑》陽

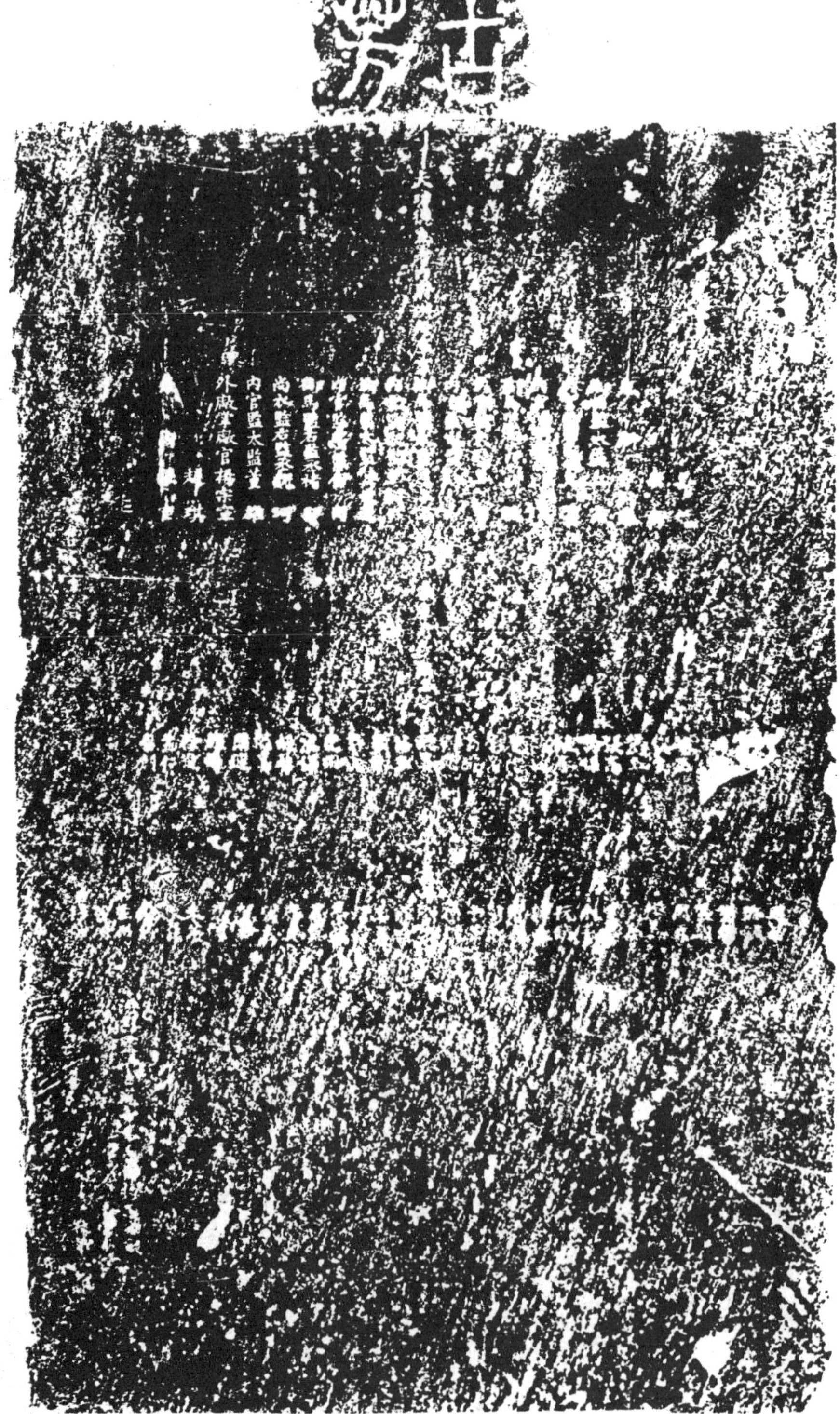

京385《義勇武安王廟碑》陰

關王廟記

義勇武安王廟記

賜同進士出身□□祖□□□□燕儒宦撰

直

文華殿　御賢□書□□□□□□□□□昌黎韓寅書並篆

皇朝建國初即詔天下於□□□□□□□□各祀之粵惟

王固漢臣忠義之矯矯□盛□□□□□而翊佑我

皇圖保乂我生民者神功喧赫凡□□□□□□奉之所以崇功德揚休烈也

禁城帽兒巷舊未有王廟嘉靖戊午仲春供用庫掌外廠官楊公寅廼捐資畫地爲開創計顧廢制狹隘弗克展明祀

内府供用庫署庫事御馬監太監盧公者□發虔念爰從而充拓之舊址易之於民工徒鳩之於傭瓴甓灰□諸其辦之陶儲粺

糧銀錢等費供之私藏亦聞助之于各太監等官於是爲正殿者三楹爲山門者一座爲後殿方丈者各數間階序牖闥咸秩

於理堺城階除厥甃惟堅彤藥赭艧之飾煥乎其新又並道□□□修□□□□□□□以主禋祀經始於庚申春二月落成

於秋七月神明者安其妥侑尊崇者興其□覩雍雍奕奕信□□之□□也□□□□以示□予廼盧公徵記於余余方與□

華諸寮宷論古三國之義勇□□□□□□□□□□□□□□□□□□□□□□□□□□文武之□也漢昭烈以

帝室之胄志復漢祚孔明高臥隆中三顧後起亦不過□子出□□□□□□□□□□□□□□見超人上趨數千里外擇君

而事使先主恢復之志者安者皆王之力也則英姿稟之□□□□□□□□□□□□□□□□□□其敬大哉雖其鼎足

之業未克盡抒厥□而□□吳魏名振華夷忠肝義膽貫□□□□□史冊□□□□□□□□當□□食淇王之毛而委身

孫曹安可與王比大□夫人□□□□主人□□□□□□□□□□□□□□□□□□□□□□□存使天下無間大小

皆知正忠義而敬祀之其無伉禪□于一時而□滅無開卒與□□□□□□□□□□□□□□□□忠貞慕王之風而爰

建玆廟使凡王都民庶對之而□奮之□□□□□□□□□□□□□□□□□□□□□□□□□□忠義之天而王英

靈（下泐）

記（下泐）

皇城□□□人是爲

大明嘉靖四十三年歲次甲子仲夏□□□

京385《義勇武安王廟碑》陽

萬古
流芳

□□□□□□□□
□□□□□□□□
□□□□□□□□□
□□□□□□□□
□□□□□□□□
□□□□□□□□
□□□□□□□□
□□□□□□□□
□□□□□□□□□
□□□□□□□□□
御馬監太監□□□□
尚書監□□□□□
御馬監右監丞褚□
尚衣監右監丞魏珂
內官監太監董雄
外廠掌廠官楊宗寧
趙琪
□□□□□□

□□
□□
□□
□□
□□
□□
□□
□□
□□
□□
□□
□□
□□
□□
□□
□□
□□
□□
□□
□□
□□
□□
□□
□□
（本排及以下內容已全部漫漶）

□□
□□
□□
□□
□□
□□
□□
□□
□□
□□
□□
□□
□□
□□
□□
□□
□□
□□
□□
□□
□□
□□
□□
□□
□□
□□
□□
□□
□□
□□
□□
□□
□□
□□
□□

京385《義勇武安王廟碑》陰

義勇武安王廟碑

首題:義勇武安王廟記
年代:明嘉靖四十三年(1564)五月
原址:西城區大帽胡同關帝廟
今址:西城區大帽胡同關帝廟内
拓片尺寸:碑陽高158、寬84厘米,額高28、寬23厘米;碑陰高139、寬86厘米,額高28、寬23厘米
書體:楷書
撰人:燕儒宦
書人:韓寅
《目録》:頁237
拓片編號:京385
拓片録自:《北京圖書館藏中國歷代石刻拓本匯編》第56卷102—103頁

【碑陽】

額題:關王廟記(篆書)

碑文:

義勇武安王廟記 1

賜同進士出身□□祖□□□□燕儒宦撰。2

直 3 文華殿御賢□書□□□□□□□□□□昌黎韓寅書並篆。4

皇朝建國初,即詔天下於□□□□□□□□各祀之。粵惟 5 王固漢臣,忠義之矯矯□盛□□□□□而翊佑我 6 皇圖,保乂我生民者,神功烜赫,凡□□□□□□奉之,所以崇功德,揚休烈也。7 禁城帽兒巷舊未有王廟。嘉靖戊午仲春供用庫掌外廠官楊公寅廼捐資畫地,爲開創計,顧廢制狹隘,弗克展明祀。8 内府供用庫署庫事御馬監太監盧公者□發虔念,爰從而充拓之。舊址易之於民,工徒鳩之於傭。瓴甓灰□諸其辦之陶儲,糇 9 糧銀錢等費供之私藏。亦聞助之於各太監等官。於是爲正殿者三楹,爲山門者一座,爲後殿方丈者各數間。階序牖闥咸秩 10 於理,墀墄階除厥甃惟堅,彤藥赭雘之飾煥乎其新。又並道□□□修□□□□□□□□以主禋祀。經始於庚申春二月,落成 11 於秋七月。神明者安其妥侑,尊崇者興其□覩,雍雍奕奕,信□□之□□也。□□□□以示□予,廼盧公徵記於余。余方與□ 12 華諸寮寀論古三國之義勇□□□□□□□□□□□□□□□□□□□□□□□□□□文武之□也。漢昭烈以 13 帝室之胄,志復漢祚。孔明高臥隆中,三顧後起,亦不過□子出□□□□□□□□□□□□□□見超人上,趨數千里外擇君 14 而事,使先主恢復之志者安者皆王之力也。則英姿稟之□□□□□□□□□□□□□□□□□□其敬大哉。雖其鼎足 15 之業未克盡抒,厥□而□□吳魏,名振華夷,忠肝義膽貫□□□□□史冊□□□□□□□□□當□□食淇王之毛而委身 16 孫曹, 安可與王比大

□夫人□□□□□主人□□□□□□□□□□□□□□□□□□□□□□存。使天下無間大小 *17* 皆知正忠義而敬祀之。其無伉禪□于一時,而□滅無開卒與□□□□□□□□□□□□□□□□□忠貞慕王之風而爰 *18* 建玆廟,使凡王都民庶對之而□奮之□□□□□□□□□□□□□□□□□□□□□□□□□忠義之天而王英 *19* 靈(下泐)皇城□□□人是爲記 *20*

大明嘉靖四十三年歲次甲子仲夏□□□*21*

【碑陰】

額題:萬古流芳(篆書)

碑文:

(破損嚴重,衹能認出碑陰有三行文字,最上面一行是官職後跟人名,下兩行都是衹有人名。下兩行完全無法辨認,上一行能勉強辨認的衹有:)

御馬監太監□□□,尚書監□□□□,御馬監右監臣褚□,尚衣監右監臣魏珂,内官監太監董雄,外廠掌廠官楊宗寧、趙琪。

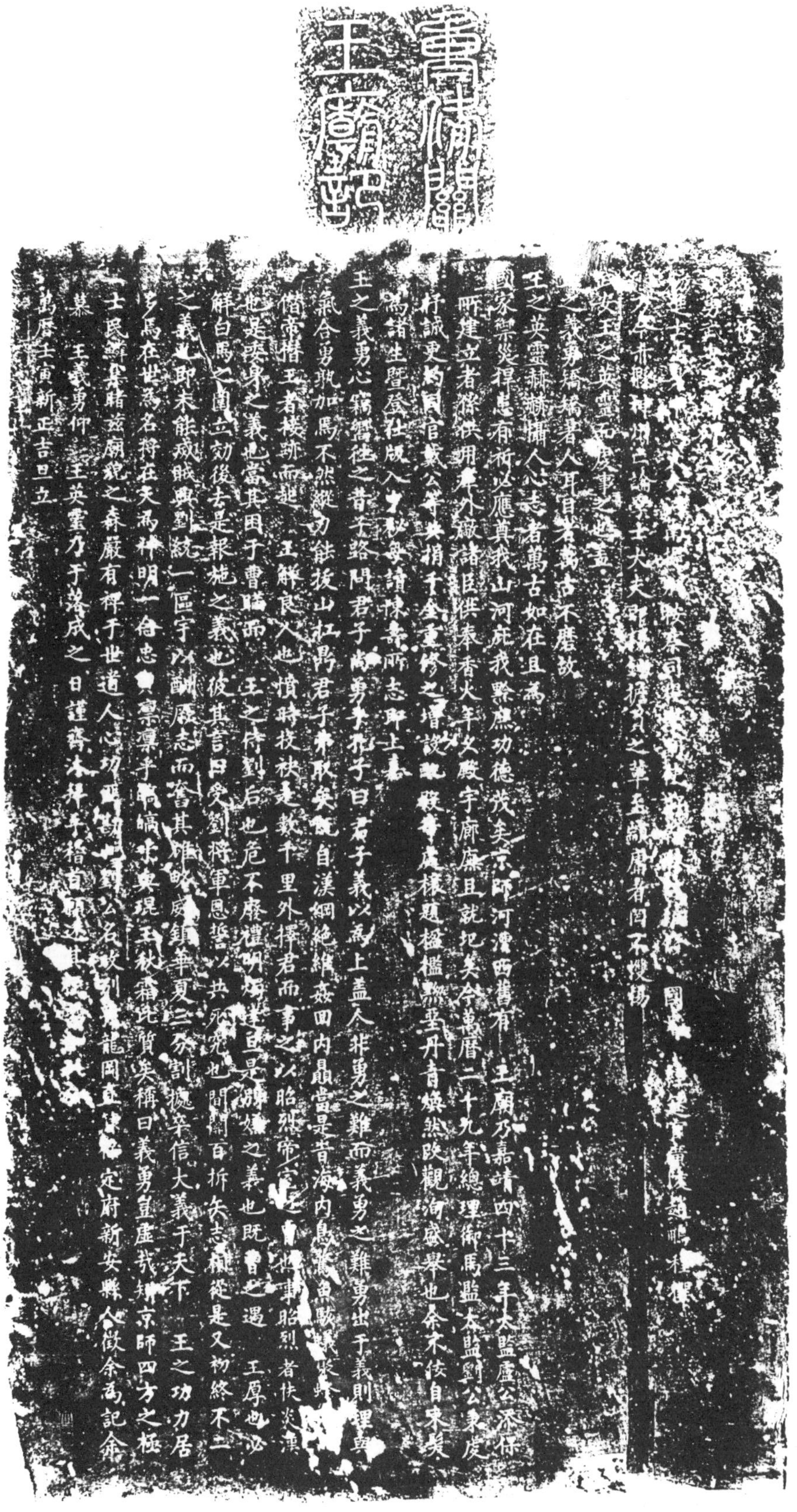

……按察司……

賜進士……趙鳴□撰

□今赤縣神州亡論□士大夫□□□□之華至廟者罔不□揚

武安王之英靈而慶事之典蓋

之義勇矯矯者人耳目者萬古不磨故

王之英靈赫赫懾人心志者萬古如在且為

國家禦災捍患有祈必應奠我山河庇我黔庶功德茂矣京師河漕西舊有 王廟乃嘉靖四十三年太監盧公丞保

所建立者發供用庫外織諸臣供奉香火年久殿宇廊廡且就圮矣今萬曆二十九年總理御馬監太監劉公象虔

抒誠更約同官戴公等共捐千金重修之增設□殿□□樑題楹檻□□丹青煥然改觀洵盛舉也余不佞自束髮

為諸生暨登仕版入□秘每讀□□所志耶上嘉

王之義勇心竊嚮往之昔子路問君子尚勇乎孔子曰君子義以為上蓋人非勇之難而義勇之難勇出于義則理與

氣合勇孰加焉不然縱力能拔山扛鼎君子弗取矣□自漢綱絕維姦回內鼎當是時海內鳥驚魚駭□□

備帝楷 王者棲跡而起 王解良人也憤時投袂走數千里外擇君而事之以貽烈帝室之□□事貽烈者仗炎漢

也是委身之義也當其困于曹瞞而 王之侍劉后也危不廢禮明燭達旦是踐□之義也既曾之遇 王厚也必

解白馬之圍立效後去是報施之義也彼其言曰受劉將軍恩誓以共死究也間關百折矢志靡從是又初終不二

之義也即未能滅賊興劉統一區宇以酬厥志而奮其雄略威鎮華夏三分割據卒信大義于天下 王之功力居

多焉在世為名將在天為神明一念忠□凜凜乎□皜□與現玉秋霜□質矣稱曰義勇豈虛哉矧京師四方之極

士民鮮集睹茲廟貌之森嚴有裨于世道人心功□勸□劉公名啟別號龍岡直隸□定府新安縣人徵余為記余

慕 王義勇仰 王英靈乃于落成之日謹齋沐拜手稽首而述其□

萬曆壬寅新正吉旦立

京384《義勇武安王廟碑》陽

京 384《義勇武安王廟碑》陰

重修關王廟記

重修

義勇武安王廟碑

賜進士出身中憲大夫河南提刑按察司提刑副使□翰林院編修　國史　經筵官廣陵趙鵬程撰

方今赤縣神州亡論學士大夫即攫□擔負之輩至顓庸者罔不悚惕

武安王之英靈而虔事之也蓋

王之義勇矯矯著人耳目者萬古不磨故

王之英靈赫赫懾人心志者萬古如在且爲

國家禦災捍患有祈必應奠我山河庇我黔庶功德茂矣京師河漕西舊有　王廟乃嘉靖四十三年太監盧公添保

所建立者係供用庫外廠諸臣供奉香火年久殿宇廊廡且就圮矣今萬曆二十九年總理御馬監太監劉公秉虔

抒誠更約同官戴公等共捐千金重修之增設配殿等處榱題楹檻黝堊丹青煥然改觀洵盛舉也余不佞自束髮

爲諸生暨登仕版入中秘每讀陳壽所志即上嘉

王之義勇心竊嚮往之昔子路問君子尚勇乎孔子曰君子義以爲上蓋人非勇之難而義勇之難勇出於義則理與

氣合勇孰加焉不然縱力能拔山扛鼎君子弗取矣既自漢綱絕維姦回内贔當是時海内鳥驚魚駭蟻聚蜂□□

僭帝僭王者接跡而起　王解良人也憤時投袂走數千里外擇君而事之以昭烈帝室之胄也事昭烈者扶炎漢

也是委身之義也當其困於曹瞞而　王之侍劉后也危不廢禮明燭達旦是別嫌之義也既曹之遇　王厚也必

解白馬之圍立効後去是報施之義也彼其言曰受劉將軍恩誓以共死究也間關百折矢志相從是又初終不二

之義也即未能滅賊興劉統一區宇以酬厥志而奮其雄略威鎮華夏三分割據卒信大義於天下　王之功力居

多焉在世爲名將在天爲神明一念忠貞凜凜乎皜皜乎與琨玉秋霜比質矣稱曰義勇豈虛哉矧京師四方之極

士民鱗集睹玆廟貌之森嚴有裨於世道人心功匪尠也劉公名玫別號龍岡直隸保定府新安縣人徵余爲記余

慕　王義勇仰　王英靈乃於落成之日謹齋沐拜手稽首願述其梗概如此

萬曆壬寅新正吉旦立

京384《義勇武安王廟碑》陽

義勇武安王廟碑

首題:重修義勇武安王廟碑
年代:明萬曆三十年(1602)一月
原址:西城區大帽兒胡同
今址:西城區大帽胡同關帝廟内
拓片尺寸:碑陽高137、寬83厘米,額高26、寬22厘米;碑陰高67、寬80厘米,額高26、寬22厘米
書體:楷書
撰人:趙鵬程
書人:趙鵬程
《目録》:頁249
拓片編號:京384
拓片録自:《北京圖書館藏中國歷代石刻拓片匯編》第58卷129—130頁

【碑陽】

額題:重修關王廟記(篆書)

碑文:

重修 1 義勇武安王庙碑。2

賜進士出身中憲大夫河南提刑按察司提刑副使☐翰林院編修國史經筵官廣陵趙鵬程撰。3

方今赤縣神州,亡論學士大夫,即擾☐擔負之輩至顓庸者,罔不悚惕 4 武安王之英靈而虔事之也。蓋 5 王之義勇矯矯著人耳目者萬古不磨,故 6 王之英靈赫赫懾人心志者萬古如在。且爲 7 國家禦災捍患,有祈必應。奠我山河,庇我黔庶,功德茂矣。京師河漕西舊有王廟,乃嘉靖四十三年太監盧公添保 8 所建立者,係供用庫外廠諸臣供奉香火。年久,殿宇廊廡且就圮矣。今萬曆二十九年,總理御馬監太監劉公秉虔 9 抒誠,更約同官戴公等共捐千金重修之。增設配殿等處,榱題楹檻,黝堊丹青,煥然改觀,洵盛舉也。余不佞,自束髮 10 爲諸生,暨登仕版,入中秘,每讀陳壽所志,即上嘉 11 王之義勇,心竊嚮往之。昔子路問:君子尚勇乎。孔子曰,君子義以爲上。蓋人非勇之難而義勇之難。勇出於義,則理與 12 氣合,勇孰加焉。不然,縱力能拔山扛鼎,君子弗取矣。既自漢綱絕維,姦回内贔,當是時,海内鳥驚魚駭,蟻聚蜂☐,☐13 僭帝僭王者,接跡而起。王,解良人也,憤時投袂,走數千里外擇君而事之。以昭烈帝室之胄也,事昭烈者,扶炎漢 14 也,是委身之義也。當其困於曹瞞而王之侍劉后也,危不廢禮,明燭達旦,是別嫌之義也。既曹之遇王厚也,必 15 解白馬之圍,立効後去,是報施之義也。彼其言曰,受劉將軍恩,誓以共死。究也間關百折,矢志相從,是又初終不二 16 之義也。即未能滅賊興劉,統一區宇,以酬厥志,而奮其雄略,威鎮華夏,三分割據,卒信大義於天下,王之功力居 17 多焉。在世爲名將,在天爲神明。一念忠貞,凛凛乎,皜皜乎,與琨玉秋霜比質矣。稱曰義勇,豈虚哉。矧京師四方之極,18 士民鱗集,睹玆廟貌之森嚴,有裨於世道人心,功匪尠也。劉公名玫,別號龍岡,直隸保定府新安縣人。

徵余爲記。余 19 慕王義勇，仰王英靈，乃於落成之日謹齋沐拜手稽首，願述其梗概如此。20

萬曆壬寅新正吉旦立。21

【碑陰】

額題：萬古流芳（篆書）

碑文：

御馬監等衙門太監等官：

閻輔、吳堂、梁勇、閻臣、劉遜。

内府供用庫（丙丁）署庫事御馬監等衙門太監等官：張朝、劉暹、賈朝、劉添宗、姬守義、張金、張朝、解進、郭保、范太臣、于乾、米仁、韓棟、季學、蔡進、劉忠、劉攻、劉□、戴安、□勳、趙黨、李德海、鄭守成、張權、石添保、□□受、魏□、□□、□□、趙保、李朝、徐受、于成、丘昇、趙坤、王進朝、孫進朝。

掌司房監工等官：（右殘）蘭□□、李□□、朱臨、倪貴、薛炳、王致中、王用、王□、王美、王忠、王成、孫勳、張□、孟朝、趙進朝、任歆、□進、趙才、畢奎、張□、許國安、張奎，陳進、何霖、李□、李棟、邵朝、劉維明、馬進、張忠、王秀、徐琦、劉忠、朱□、梁奎。

本庫人司房兩班掌班：趙□、俞九功等、□□□、□□□。

本庫司房掌班：范志賢、趙謙、王□、李明蘭。

錦衣衛東司房管事：魯奮

民人：刘仲智等、會首□□□□（下泐）

太醫院官：王□□、信士劉善（下泐）

萬壽關帝廟記

京師西大市街新街口大帽兒衚衕巷內有
關帝廟叙自前明迄今幾四百年傾圮剝落過者慨之內務府堂郎中文公兴菩提心發廣大願施金若干
而新之屬律師昌公董其事閱十月工畢殿廡嚴翼丹艧燦然於是奉獻香玟禱祠者又奔走於廟焉客
余曰帝之秩祀甚崇與尼山比州郡皆有專祠帝之憑依將在於是何取乎綏綏然營祠於委巷乎
曰不然至聖孔子師道也非學士不敢以祀彼蚩蚩之氓無與也帝之威靈遠矣大矣九州之衆四海
大貯蠻通焉若不分建羣廟則億兆之敬心無由得申譬之水乎江淮河漢水也一泉一井亦水也故凡
山陬地崇宮峻宇固為帝所鑒臨即市井閭閻作尺五之祠結數椽之屋愚夫愚婦瞻禮焉祈報焉
亦必格其誠而加以默佑子何疑乎客又曰緇流奉佛為本師他天神雖貴非所事也故文昌孚佑[illegible]
帝而釋子弗主其祀今昌師獨拳拳於帝則何居毋乃為佞歟余曰是又不然帝自唐末著靈至
宋遠實始於玉泉寺寺固天下之名藍精行禪宿之所萃爰有深入佛海諸大禪師推帝為佛家護法
神令築壇礼懺誦經持咒必請帝為證盟是帝固與慈氏有緣為修苦行者所當奉非文昌孚佑可
豈昌師之諂帝哉且禮有之有其舉之莫敢廢也帝為梵天尊神廟為
皇都古剎舉墜與廢誰曰不宜既有善信以財施自必有龍象以力施子又何疑乎客唯唯而去律師名昌濤
字靜涵見齊法源寺住持和尚五戒具足與余相善遵請余為文以記其事遂書以貽之至於建置之規[illegible]
錢之數具於別石不再述
賜同進士出身誥授榮祿大夫振威將軍總督倉場戶部侍郎歷任安徽巡撫兼提督銜陝西巡撫贊理軍
務賞戴花翎加五級晉陽喬松年譔文
誥授光祿大夫階振威將軍前兵部侍郎巡撫山東等處地方兼提督銜節制軍務歷任內閣學士禮部侍郎
賞戴花翎加五級長白覺羅崇恩書丹
大清同治九年十月十七日法源寺住持昌濤立石

京 386《關帝廟碑》陽

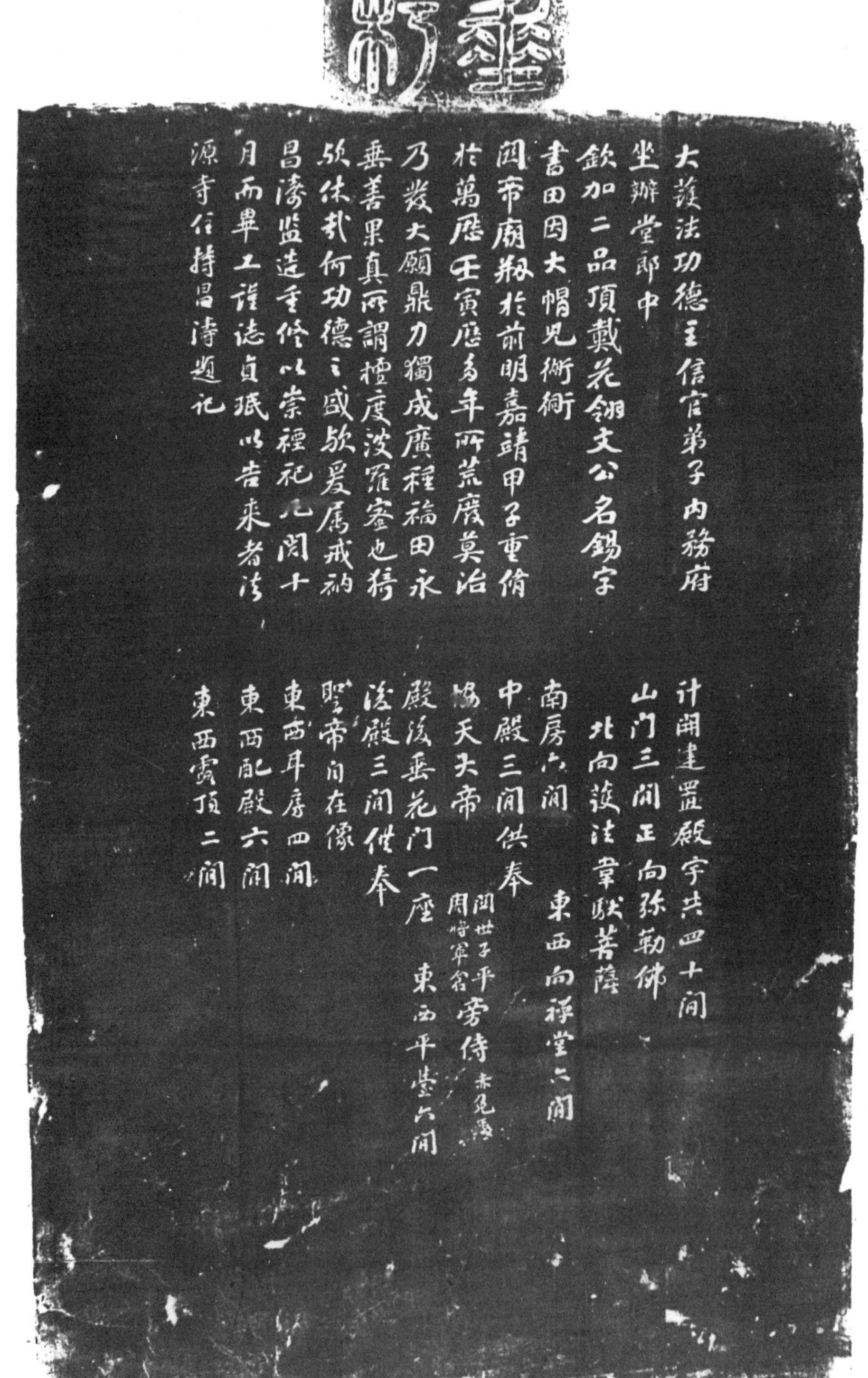

永垂不朽

大護法功德主信官弟子内務府
坐辦堂郎中
欽加二品頂戴花翎文公名錫字
書田因大帽兒衚衕
關帝廟㧞於前明嘉靖甲子重脩
於萬歷壬寅歷多年所荒廢莫治
乃發大願鼎力獨成廣種福田永
垂善果真所謂樫度波羅蜜也猗
歟休哉何功德之盛歟爰屬戒衲
昌濤監造重修以崇禋祀凡閱十
月而畢工謹誌貞珉以告來者隆
源寺住持昌濤題記

計開建置殿宇共四十間
山门三間正向彌勒佛
北向護法韋馱菩薩
南房六間　東西向禅堂六間
中殿三間供奉
協天大帝　關世子平 周將軍倉 旁侍 赤兔馬
殿後垂花门一座　東西平臺六間
後殿三間供奉
聖帝自在像
東西耳房四間
東西配殿六間
東西霤頂二間

京 386《關帝廟碑》陰

萬壽關帝廟記

京師西大市街新街口大帽兒衚衕巷內有
關帝廟創自前明迨今幾四百年傾圮剝落過者慨之內務府堂郎中文公具菩提心發廣大願施金若干□
而新之屬律師昌公董其事閱十月工畢殿廡嚴翼丹雘燦然於是奉瓣香以禱祠者又奔走於廟焉客謂
余曰　帝之秩祀甚崇與尼山比州郡皆有專祠　帝之憑依將在於是何取乎紛紛然營祠於委巷乎□
曰不然至聖孔子師道也非學士不敢以祀彼蚩蚩之氓無與也　帝之威靈遠矣大矣九州之衆四海之
大肸蠁通焉若不分建群廟則億兆之敬心無由得申譬之水乎江淮河漢水也一泉一井亦水也故凡□
山勝地崇宮峻宇固爲　帝所鑒臨即市井闤闠作尺五之祠結數椽之屋愚夫愚婦瞻禮焉祈報焉□□
亦必格其誠而加以默佑子何疑乎客又曰緇流奉佛爲本師他天神雖貴非所事也故文昌孚佑位皆□
帝而釋子弗主其祀今昌師獨拳拳於　帝則何居毋乃爲佞歟余曰是又不然　帝自唐末著靈至宋□
寖遠實始於玉泉寺寺固天下之名藍精行禪宿之所萃爰有深入佛海諸大禪師推　帝爲佛家護法□
神今築壇禮懺誦經持咒必請　帝爲證盟是　帝固與慈氏有緣爲修苦行者所當奉非文昌孚佑可□
豈昌師之諂　帝哉且禮有之有其舉之莫敢廢也　帝爲梵天尊神廟爲
皇都古刹舉墜興廢誰曰不宜既有善信以財施自必有龍象以力施子又何疑乎客唯唯而去律師名昌濤
字靜涵見賡法源寺住持和尚五戒具足與余相善適請余爲文以記其事遂書以貽之至於建制之規緡
錢之數具於別石不再述

賜同進士出身　誥授榮祿大夫振威將軍總督倉場戶部侍郎歷任安徽巡撫兼提督銜陝西巡撫贊理軍
務　賞戴花翎加五級晉陽喬松年撰文
誥授光祿大夫階振威將軍前兵部侍郎巡撫山東等處地方兼提督銜節制軍務歷任內閣學士禮部侍郎
賞戴花翎加五級長白覺羅崇恩書丹　　大清同治九年十月十七日法源寺住持昌濤立石

京386《關帝廟碑》陽

永垂不朽

大護法功德主信官弟子內務府
坐辦堂郎中
欽加二品頂戴花翎文公名錫字
書田因大帽兒衚衕
關帝廟創於前明嘉靖甲子重修
於萬曆壬寅歷多年所荒廢莫治
乃發大願鼎力獨成廣種福田永
垂善果真所謂檀度波羅蜜也猗
歟休哉何功德之盛歟爰屬戒衲
昌濤監造重修以崇禋祀凡閱十
月而畢工謹誌貞珉以告來者法
源寺住持昌濤題記

計開建置殿宇共四十間
山門三間正向彌勒佛
北向護法韋馱菩薩
南房六間　東西向禪堂六間
中殿三間供奉
協天大帝　關世子平　周將軍倉　旁侍　赤兔馬
殿後垂花門一座　東西平臺六間
後殿三間供奉
聖帝自在像
東西耳房四間
東西配殿六間
東西露頂二間

京 386《關帝廟碑》陰

關帝廟碑

額題：萬壽關帝廟記
年代：清同治九年（1870）十月十七日
原址：西城區大帽胡同
今址：西城區大帽胡同關帝廟内
拓片尺寸：碑陽高 164、寬 88 厘米，額高 28、寬 23 厘米；碑陰高 138、寬 88 厘米，額高 28、寬 25 厘米
書體：楷書
撰人：喬松年
書人：崇恩
《目録》：頁 354
拓片編號：京 386
拓片録自：《北京圖書館藏中國歷代石刻拓片匯編》第 83 卷 202—203 頁

【碑陽】
額題：萬壽關帝廟記（篆書）
碑文：

京師西大市街新街口大帽兒衚衕巷内有 *1* 關帝廟，創自前明，迨今幾四百年。傾圮剝落，過者慨之。内務府堂郎中文公具菩提心，發廣大願，施金若干□*2* 而新之，屬律師昌公董其事。閱十月，工畢，殿廡嚴翼，丹雘燦然。於是奉瓣香以禱祠者又奔走於廟焉。客謂 *3* 余曰：帝之秩祀甚崇，與尼山比。州郡皆有專祠。帝之憑依將在於是。何取乎紛紛然營祠於委巷乎。□*4* 曰：不然。至聖孔子，師道也。非學士不敢以祀。彼蚩蚩之氓無與也。帝之威靈遠矣大矣。九州之衆，四海之 *5* 大，肸蠁通焉。若不分建群廟，則億兆之敬心無由得申。譬之水乎，江淮河漢，水也；一泉一井，亦水也。故凡□*6* 山勝地，崇宫峻宇，固爲帝所鑒臨。即市井闤闠，作尺五之祠，結數椽之屋，愚夫愚婦瞻禮焉，祈報焉。□□*7* 亦必格其誠而加以默佑。子何疑乎！客又曰：緇流奉佛爲本師，他天神雖貴，非所事也。故文昌孚佑位皆□*8* 帝，而釋子弗主其祀。今昌師獨拳拳於帝則何居？毋乃爲佞歟？余曰：是又不然。帝自唐末著靈至宋□*9* 寖遠，實始於玉泉寺。寺固天下之名藍，精行禪宿之所萃。爰有深入佛海諸大禪師推帝爲佛家護法□*10* 神。今築壇禮懺，誦經持咒，必請帝爲證盟。是帝固與慈氏有緣，爲修苦行者所當奉。非文昌孚佑可□，*11* 豈昌師之諂帝哉！且禮有之，有其舉之，莫敢廢也。帝爲梵天尊神，廟爲 *12* 皇都古刹。舉墜興廢，誰曰不宜？既有善信以財施，自必有龍象以力施。子又何疑乎！客唯唯而去。律師名昌濤，*13* 字静涵，見膺法源寺住持和尚。五戒具足，與余相善，適請余爲文以記其事。遂書以貽之。至於建制之規，緡 *14* 錢之數，具於别石，不再述。*15*

賜同進士出身誥授榮禄大夫振威將軍總督倉場户部侍郎歷任安徽巡撫兼提督銜陝西巡

撫贊理軍16務賞戴花翎加五級晉陽喬松年撰文。17

誥授光禄大夫階振威將軍前兵部侍郎巡撫山東等處地方兼提督銜節制軍務歷任内閣學士禮部侍郎18賞戴花翎加五級長白覺羅崇恩書丹。

大清同治九年十月十七日法源寺住持昌濤立石。19

【碑陰】

額題:永垂不朽(篆書)

碑文:

大護法功德主信官弟子内務府1坐辦堂郎中2欽加二品頂戴花翎文公,名錫,字3書田。因大帽兒衚衕4關帝廟創於前明嘉靖甲子,重修5於萬曆壬寅,歷多年所,荒廢莫治,6乃發大願,鼎立獨成,廣種福田,永7垂善果,真所謂檀度波羅蜜也,猗8歟休哉!何功德之盛歟!爰屬戒衲9昌濤監造重修,以崇禋祀。凡閱十10月而畢工。謹誌貞珉,以告來者。法11源寺住持昌濤題記。12

計開建置殿宇共四十間。1山門三間,正向彌勒佛,2北向護法韋馱菩薩。3南房六間。東西向禪堂六間。4中殿三間,供奉5協天大帝、關世子平、周將軍倉,旁侍赤兔馬。6殿後垂花門一座。東西平臺六間。7後殿三間,供奉8聖帝自在像。9東西耳房四間。10東西配殿六間。11東西露頂二間。12

白衣庵

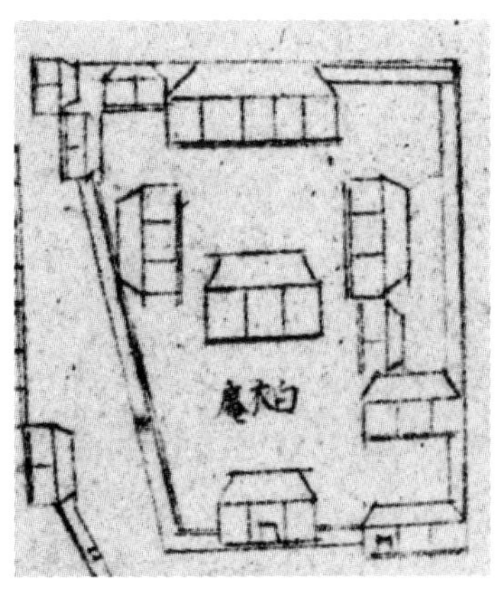

白衣庵,民國時也稱王奶奶廟,原址在内四區大帽胡同六號(有時也寫作大帽胡同金家大院六號,現爲西城區大帽胡同十一號)。寺庙建筑現存部分。

此廟不知始建於何時,《雍正廟冊》中記載:帽兒胡同白衣庵,爲大僧廟,有殿宇十一間、禪房十九間,住持法號普元。《乾隆廟冊》登記時,白衣庵仍爲大僧廟,住持僧人法號清如。從乾隆《京城全圖》上看,白衣庵坐北朝南,有兩進院落。正南方有山門一座三間,巽位有南房三間,最西一間也開門出入。院内首有正殿三間,殿東有東小房二間,小房南有北房三間;次之則後殿五間,帶西耳房兩間,殿前有東西配殿各三間, 後殿耳房之西還有東房兩座各兩間, 臨街。此廟可能曾在乾隆二年(1737)時經善信捐款而添建重修,因大殿木匾“慈雲普覆”,造於乾隆丁巳年四月,爲信士弟子鍾世明所奉獻。廟内還曾有鐵香爐一座,上刻“乾隆四十一年(1776)成造”,有鐵磬一口,上刻“道光十一年(1831)十二月初一日敬獻曇雲寺誠供”。

至民國初年,白衣庵無僧尼,已爲内四區第五分局一所佔用,故不見於歷次寺廟登記,但寺廟建築尚保留,後殿仍存數尊神像。此時它俗稱王奶奶廟,山門南向,僅一間。前殿三間,緊鄰山門西側,其中無佛;正殿三間,時也已無神像。西耳房三間,北向。前有東西配房各三間,内爲車廠,西配房南有北房兩間,時爲住房;後殿五間,明間與次間均有神像。正中一間供觀音菩薩,頭頂有髻,木胎金身,左右羅刹女和紅孩兒陪侍,身後有紫竹林壁畫。東次間正供觀音,木胎金身,左首爲天台山燃燈古佛之位,右首爲關帝木胎金身像。西次間供天仙聖母、眼光娘娘與送子娘娘,均爲木胎金身。西山墻下立三大士像,泥胎金身。後殿前有東西配房各三間,無神像,東跨院内有北房二間、東房二間。與《京城全圖》相比,寺廟格局變動很小[1]。

至 1945 年警察局調查時,白衣庵的建築基本保持原樣,觀音、關帝與三位娘娘神像尚在廟中,附近居民仍然喚它爲“王奶奶廟”[2]。據説 1949 年以後,此處曾做過工業局的宿舍。

2005 至 2015 年調查時,白衣庵現存正殿三間,後殿五間,前後院東、西房各三間,除五間後殿外,其餘均已翻修。現爲居民住家院落。

〔1〕參見國立北平研究院《王奶奶廟》,西四 184。

〔2〕參見首都圖書館藏《北平寺廟調查一覽表》,無頁碼。

觀音庵

觀音庵，民國時又稱觀音寺或朝陽觀音寺，原址在内四區大帽胡同十八號（現爲西城區大帽胡同二十四號），寺廟建築現存。

觀音庵始建時間不詳，民國住持聲稱始建於明萬曆年間，此說無據[1]。廟内法物中，一口鐵爐鑄於清康熙五十八年（1719）正月，一口鐵磬鑄於康熙五十九年（1720）五月。《雍正廟冊》中已確有此觀音庵登記，時爲大僧廟，有殿宇七間、禪房五間，住持實岸。《乾隆廟冊》登記時，住持僧人法號圓珠。從乾隆《京城全圖》上看，觀音庵位於帽兒胡同拐角處，北面正對本排段關帝廟，坐西朝東，似乎衹有一進院落。東首有臨街房五間，正中一間開門出入。院内正西有西殿三間，南北各有耳房兩間。正殿前有東西配房各兩間。西殿之後似乎還有空院一段，然極小且無房屋。

民國六年（1917），觀音庵經轉手後重修，民國八年（1919），僧人德泰從師傅手中繼任住持[2]。他同時也是西四北大街雙關帝廟[3]的住持，以做法事爲生，觀音庵似乎是他存放禮器樂器的地方，民國時期的政府檔案中，記録廟内有鐺子兩架、盒子兩架、大鼓一個[4]。同時，觀音庵也成爲德泰與法親網絡聯繫的一個據點。1931年國立北平研究院調查時，聽聞觀音庵是高碑胡同關帝廟下院，住持法號福安。事實上，福安實爲高碑胡同關帝廟住持，是德泰的同宗本家，衹因常在觀音庵内出入，故被誤認爲觀音庵住持。

此時，觀音庵山門東向，石額“古刹朝陽觀音寺”，前殿三間無佛，西殿三

〔1〕參見北京市檔案館藏《北平市社會局·内四區觀音寺僧人德泰、玉權呈請登記廟産及社會局的批示》，1930—1942年，檔案號J2-8-264，頁十二。

〔2〕同上，頁十二、頁八十。

〔3〕即乾隆《京城全圖》六排九段“雙關帝廟”。

〔4〕同注〔1〕，頁十二至十三。

間，木額"法雨均霑"，道光十年（1830）孟夏月穀旦立。殿内正供木質釋迦牟尼佛坐像一尊，左右菩薩木像兩尊。前有觀音自在坐像一尊，木質金身。據北平市社會局的調查人員稱，此像"高五尺，雕刻異常生動，係極名貴之品"[1]。鐵爐一口，款識爲"康熙五十八年（1719）正月造"。殿前南北配房各三間，均爲住宅；後院有西殿三間，木額"慈雲普護"，内供釋迦牟尼佛坐像一尊，左右菩薩坐像二尊，均爲木質金身。另有韋馱立像一尊、關帝像二尊、周倉關平等像四尊、真武像一尊，均爲泥塑。鐵磬一口，爲康熙五十九年五月所鑄。殿前南北房各三間[2]。

1945年警察局調查時，説觀音庵内無僧人，供三大士與觀音[3]。但實際上，直至1949年，德泰仍然是觀音庵的住持，雖然擁有兩座寺廟，但他平時住在趙登禹路前抄手胡同二號。此院内除六間殿宇外的十八間房被全部租出，每月收入房租四十斤玉米麵，由看廟人韓啓林收取[4]。直到1952年，韓啓林仍然在廟内居住並代收房租，而佛殿衹餘四間[5]。

《中國文物地圖集·北京分册》稱，觀音庵僅存山門、前殿和配殿。但2005年調查時，山門處已改爲居委會。2015年調查時，寺廟格局尚在，有西房三間、東房兩間、南北房各三間。除西房爲2015年翻修外，其餘房屋均爲2014年翻修。西房屋頂尚存一些老構件。

觀音庵（2004年4月 如意攝）

〔1〕同上頁注〔1〕，頁七十四。

〔2〕參見國立北平研究院《關帝廟》，西四85。

〔3〕首都圖書館藏《北平寺廟調查一覽表》，無頁碼。

〔4〕參見北京市檔案館藏《北平市民政局民族事務科·本市寺廟情況查詢記録》，1949年，檔案號196-1-4，頁十八。

〔5〕參見北京市佛教協會藏《北京市民政局·民族事務科西四區僧、尼寺廟登記表》，1952年，檔案號196-1-18，頁九十五。

寶禪寺

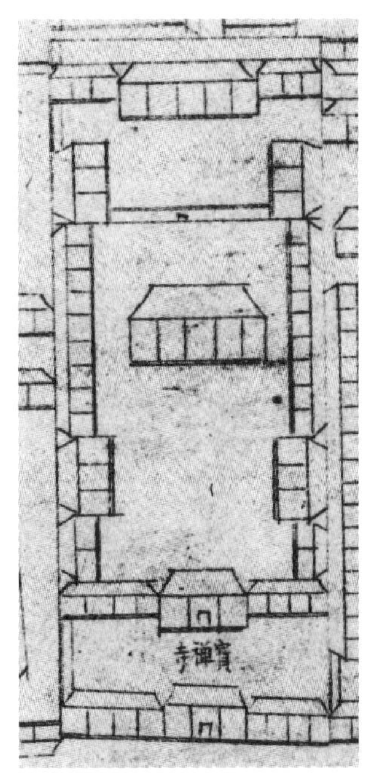

寶禪寺，即元代之大承华普慶寺，清末改爲廣善寺。原址在寶禪寺街九號（現爲寶産胡同十五號），寺廟建築現已不存。寶禪寺内原有碑刻多通，有拓片存世的三通，分别是明成化十三年（1477）《寶禪寺碑》、明嘉靖二十五年（1546）《寶禪寺碑》和民國二十年（1931）的《廣善寺碑》。據20世紀30年代調查記録，廟内石碑還有另外兩座，一座是無字碑，原立於大殿之右，時已倒伏。另一通碑之文字均被鏟去，僅可見陽額篆“敕賜寶禪寺碑銘”，陰額篆“萬古流芳”，下有“慧光普照頓悟圓通西江西竺大禪師宗派，本有智善法，歸圓大道平，克承諸祖意，萬代永千春”字樣，可能即是《日下舊聞考》等書中所記之明彭華《寶禪寺碑》。據文獻記載，寺内之碑應還有：元趙孟頫《大元普慶寺碑》、元姚隧《普慶寺碑》、清明珠修廟立碑，以及清傅恒修廟立碑。後四碑今已無存，僅前二碑據傳世文獻得以輯録。另，《日下舊聞考》中還輯録了元袁桷所撰《普慶寺後殿上樑文》，見於《清容居士集》[1]。

寶禪寺始建於元大德四年（1300），本爲太官達納監龍興的宅第。因其無子，而將其生平所獲獻於徽仁裕聖太后。太后去世後，元成宗將此宅改建爲佛寺，最初祇有佛殿三間。到武宗朝時，皇太子愛育黎拔力八達感念太后教導之恩，於至大元年（1308）購得寺外民居，將此寺擴建爲“跨有數坊”的大承華普慶寺[2]。是年，立大承華普慶寺都總管府。次年，改延禧監，尋改崇祥監。至大四年（1311），陞爲崇祥院。泰定四年（1327），復改爲大承華普慶寺總管府，天曆元年（1328），改爲崇祥總管府，置普慶營繕提點所。三年（1330），改

〔1〕《日下舊聞考》卷五十二·城市·内城西城三，頁八百三十五。

〔2〕參見姚燧《普慶寺碑》，《牧庵集》卷十一，北京：中華書局，1985年，頁一百二十八至一百三十。

爲營繕司[1]。大承華普慶寺爲元皇室的重要奉祀地。其内設有皇室神御殿,英宗至治元年(1321)二月"作仁宗神御殿於普慶寺"。泰定元年(1324)四月,作昭聖皇后御容殿於普慶寺。八月,遣翰林學士承旨鄂齊爾祀太祖、太宗、睿宗御容於普慶寺。順宗帝、后御容也供奉在寺内[2]。寺之收入、獲賜極多。據《元史·仁宗紀》曰:"(至大四年十月)賜大普慶寺金千兩,銀五千兩,鈔萬錠,西錦、綵緞、紗、羅、布帛萬端,田八萬畝,邸舍四百間。……(延祐三年秋七月),辛酉,賜普慶寺益都田百七十頃。"[3]趙孟頫撰《大元普慶寺碑》中記,寺産包括田地、民匠、碓磑、房廊等,"以爲常住,歲收其入,供給所須"[4]。另外,廟外臨街房似乎也用作商鋪,每月收入供作寺用,碑中說"東廡通庖井,西廡通海會。市爲列肆,月收就贏,寺須是資"[5]。

據建築學者姜東成研究,元代的大承華普慶寺"正南爲山門,其北正對山門是七間的正覺殿,供奉三聖大像。正覺殿後西偏爲供奉釋迦金像的最勝殿,東偏爲供奉文殊、普賢、觀音三大士的智嚴殿。最勝殿與智嚴殿間寺院軸綫兩側對峙建有二塔,塔北有二堂,自堂至山門間以廊廡環繞,東西兩廡間各起高閣,西爲供奉寶塔經、藏環的總持閣,東爲供奉金剛手菩薩的圓通閣,廊廡中建有供僧徒居住的僧舍,庖井與齋堂在寺院軸線東西兩側對稱佈置,寺院最北端設真如、妙祥二門,門南東西的兩座殿堂分别供奉護法神與多聞天王"。同時,姚燧《普慶寺碑》中說此寺以大聖壽萬安寺爲範本,因此"推測亦設四座角樓",在"寺院入口處亦設一對銅旛杆"[6]。據姜東成研究,此寺具有濃厚的漢地佛寺特徵,與當時一般佛寺的形制大不相同,右邊是他所繪製的元代大承華普慶寺復原圖。

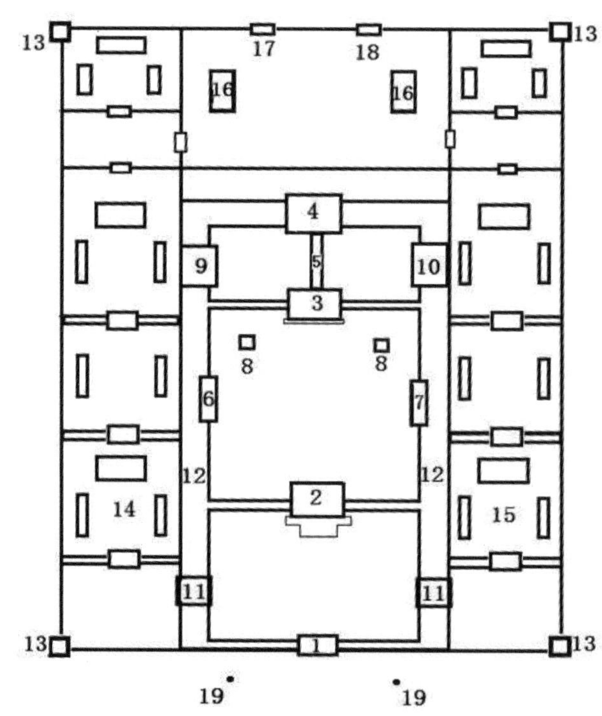

元代大承華普慶寺復原圖(姜東成繪)

元末,寺廟盡毁,其地成爲民居。明成化六年(1470),供用庫奉御太監麻俊買下此處興建私宅,從土中掘出趙孟頫舊碑,方知此地爲承

[1]《日下舊聞考》卷五十二·城市·内城西城三,頁八百三十四。

[2]同上。

[3](明)宋濂等撰《元史·仁宗紀》,北京:中華書局,1976年,頁五百四十七、五百七十四。《日下舊聞考》引作"皇慶二年七月",誤。

[4]任道斌編校《趙孟頫文集》,上海:上海書畫出版社,2010年,頁二百零七至二百零八。

[5]姚燧《普慶寺碑》,《牧庵集》卷十一,北京:中華書局,1985年,頁一百二十八至一百三十。

[6]姜東成《元大都大承華普慶寺復原研究》,《建築師》2007年第2期,頁七十一。

華普慶寺舊址。於是麻俊捐舍宅地，構建祠宇，奉佛祀神。因見其地狹隘，不足神棲之莊嚴，於是又買下鄰居若干步地，請前僧録司善世南浦的徒孫戒壇宗師善尊總督其事，並得到上百名太監捐資助緣而大修廟宇。從是年十一月開始動工，到成化十二年（1476）八月方纔竣工。經尚衣監太監覃勤上疏明憲宗，得敕名爲“寶禪寺”。此事不僅被記於成化十三年（1477）的《寶禪寺碑》[1]中，也爲《宛署雜記》所記[2]，乃至爲後世文獻多引述。重建後的寶禪寺規模已大不如前，大約有三進院落。首有山門，門内正對天王殿，殿前左右鐘鼓樓；第二進院内爲佛殿，左右有伽藍、祖師堂；最後一進院中爲僧房，香積廚、選佛場等均在此院内。廊廡、庫湢、以及佛像供具等無不具備[3]。善尊傳臨濟宗，乃元末明初高僧西竺禪師世系，可能自此時起，寶禪寺已爲西山隆恩寺之下院。

至明嘉靖年間，寶禪寺廟貌已漸凋敝。嘉靖二十四年（1545），御馬監太監姜傑等捐資市材，秉心重修，山門三間、鐘鼓二樓、天王殿、佛殿、伽藍祖師堂等，“圮者起之，頹者增之”[4]，次年八月工程告竣。隆恩寺高僧歸藏等人仍任寶禪寺住持，從西竺大禪師宗派字輩譜來看，此時寶禪寺的主體僧人都是成化善尊的徒孫輩。

入清以後，寶禪寺仍受重視，屢次重修。康熙年間，有大學士明珠重修立碣，乾隆時，又有傅恒再次修葺[5]。然惜其碑碣已不存，亦無拓片傳世。康熙六旬萬壽盛典時，九門提督等在寶禪寺諷《萬

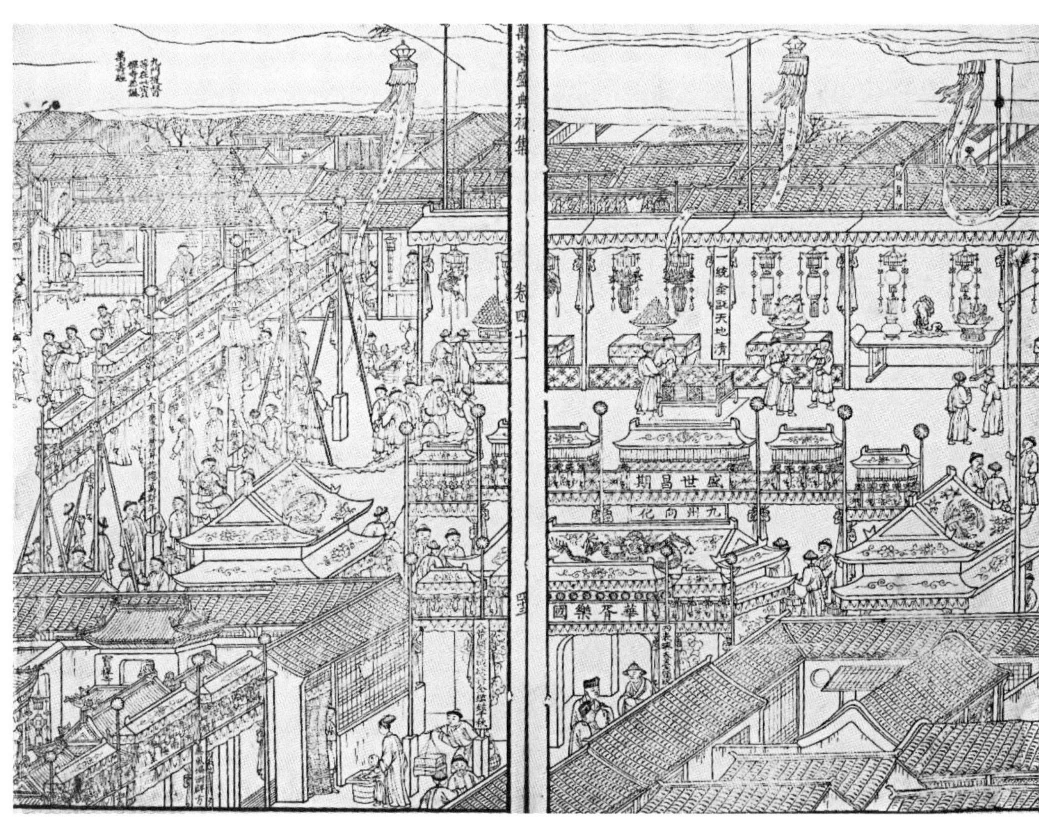

〔1〕明成化十三年（1477）《寶禪寺碑》，京398，據北京大學圖書館藏原拓片録文。

〔2〕《宛署雜記》言字·僧道，頁二百二十四。

〔3〕參見上引之成化十三年《寶禪寺碑》。

〔4〕明嘉靖二十五年（1546）《寶禪寺碑》，京399，《北京圖書館藏中國歷代石刻拓本匯編》卷五十五，頁一百二十二至一百二十三。

〔5〕參見前引之《日下舊聞考》，頁八百三十三。

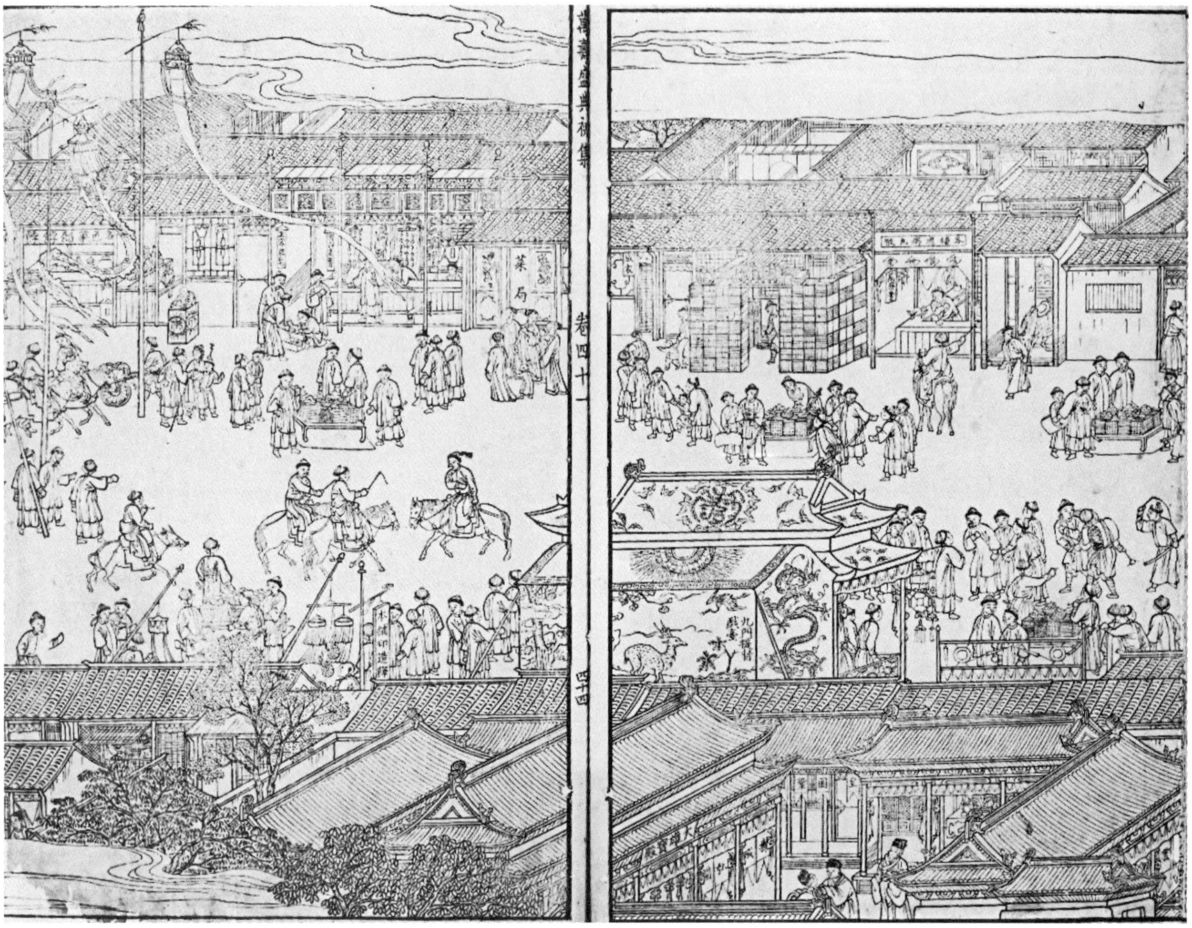

康熙《萬壽盛典初集》中的寳禪寺

康熙《萬壽盛典初集》中的寳禪寺細部

壽經》,《萬壽盛典圖》中清楚地繪出了寺内建築。首有山門一座三間,均爲歇山頂,時前搭彩棚,額曰"南極呈祥"。山門内東爲鐘樓,西爲鼓樓,並有二道門通向内院。鐘鼓二樓後有三層殿宇,正殿爲大雄寳殿,重檐硬山頂。前後配殿、配房格局規整。寺内僧侣衆多,山門西側臨街房屋賃與俗家居住,均歷歷可見[1]。《雍正廟冊》登記,寳禪寺爲大僧廟,住持正學,徒湛如,有殿宇三十六間、禪房五十二間,儼然一方名刹。《乾隆廟冊》登記時,住持法號實認。從乾隆《京城全圖》上看,此時寳禪

〔1〕參見《萬壽盛典初集》卷四十一,四庫全書本,頁四十三至四十四。

寺雖不如元代時宏闊，但也格局嚴整，與《萬壽盛典圖》所繪非常相似。它坐北朝南，有四進院落。南首爲山門三間，正中一間開門出入，旁有臨街房，東西各四間；第一進院内有前殿三間，左右各兩座北房，皆爲四間；第二進院内有正殿五間，前有東西配殿各三間，均帶兩間南耳房。配殿以北有東西群房各九間；正殿後有墻垣一道，正中開門，隔開第三進院，内有後殿五間、東西配殿各三間，後殿帶東西耳房各三間。

晚清時期，熱心民衆啓蒙的樂綬卿在寶禪寺内設立了閲報社。1906 年 6 月 15 日，《京話日報》的西北城閲報社在寶禪寺内開講，住持不僅提供房屋、桌椅，還另備茶水，不取分文[1]。

清光緒三十三年（1907），農工商部在樂善園址開辦農事試驗場，因其地近廣善寺，故買寶禪寺址以遷廣善。廣善寺舊址在西直門外二里溝，爲明天順七年（1463）太監韋四等捐家資所建，僧人慧德爲住持，明英宗敕賜寺額曰"廣善禪林"。慧德傳賢首宗，直至清乾隆年間，他的法嗣來琳將廣善寺讓與懷一，遂改寺爲十方禪林。光緒三十三年，達遠爲寺廟住持，農事試驗場要佔用寺址，達遠同意遷至他寺。於是買下城内寶禪寺，改建廣善寺，而寶禪寺僧則遷至武王侯胡同長壽庵[2]。

自達遠遷廟以後，廣善寺仍延續十方選賢的傳統。寶山、靈岩、鷲峰等相繼擔任住持。和寶禪寺僧一樣，廣善寺僧也熱心公益。民國十六年（1927）六月起，廣善寺每年施送回生丹，從十七年（1928）六月起，又添純陽正氣丸施送貧民，均不收分文。民國十七年（1928）七月，鷲峰在廣善寺内創辦民衆學校，將十餘間殿房用作教室，次年就有學生六十餘名。另外，北平中醫院租用廟内房間，因其關涉慈善，廣善寺減半收租[3]。

民國十八年（1929），鷲峰年老退居，慧三接任廣善寺住持。他勉力維持學校，且與當世名士交好。如北京大學教授劉培極，不僅爲寺之源流慨然撰碑，且常至寶禪寺内與慧三講學研討[4]。此時山門南向，石額"敕賜廣善禪寺"，落款爲成化四年十一月吉日立。山門殿三間，其中無佛像，山門内有鐘鼓樓，但時已無鐘鼓；第一進院内有前殿三間，爲天王殿，上懸二木牌，一曰"北平廣善民衆學校"，一曰"廣善禪院"。殿内供彌勒佛一尊，木質金身。四大天王泥像四尊。左方供關帝泥像，旁有周倉關平以及馬童二人。再有關帝小泥像一尊，也是周關侍立。殿内小鐵五供一份，爲乾隆十二年（1747）十月造。後有韋馱立像一尊，木胎金身，泥羅漢一尊，木五供一份，雲板一塊，造於康熙五十七年（1718）。前殿東西配房各五間，西房爲教室，東房爲教員室；第二進院北有月臺，正殿五間，其木聯落款爲"丁亥長至後二日，皇六子集句並書"。殿内供三世佛托沙像三尊，旁邊十八羅漢坐像，前有銅鐘一口，爲大明景泰七年（1456）仲春二月十九日鑄。後供觀音兩尊，木像，七珍供器一份。鐵鐘一口，鑄於明萬曆四十八年（1620）孟夏。兩旁對聯也爲皇六子所書。四通石碑分列於大殿兩側。正殿前之東西配殿均爲三間。東配殿是客堂，供伽藍泥像三尊。西配殿是禪堂，供達摩祖師泥像三尊。院内有鐵寶鼎一座，爲明正德五年（1510）所鑄。大白玉洗手碗一個，另有古柏五株、古槐四株、楸樹兩株。據慧三稱，這些法物均係廣善寺自乾隆以後陸續鑄造購置[5]。正殿之東西夾道内有東西房各九間，分别是方丈室、教員室、手工室、廚房等；第三進院内有北殿五間，原爲法堂，

〔1〕參見李孝悌《清末的下層社會啓蒙運動 1901—1911》，石家莊：河北教育出版社，2001 年，頁五十七。彭望苏《北京報界先聲——二十世紀之初的彭翼仲與京話日報》，北京：商務印書館，2013 年，頁一百二十三。

〔2〕參見民國二十年（1931）《廣善寺碑》，據北京大學图书馆藏原拓片録文。按：長壽庵在乾隆《京城全圖》五排九段的位置，然圖上並未標出。

〔3〕北京市檔案館藏《北平市社會局·内四區廣善寺僧人會三登記廟産的呈文及社會局的批示》，1931—1942 年，檔案號 J2-8-437，頁十六。

〔4〕見前引之《廣善寺碑》。

〔5〕北京市檔案館藏《北平市社會局·内四區廣善寺僧人會三登記廟産的呈文及社會局的批示》，1931—1942 年，檔案號 J2-8-437，頁十七。

但時已空。東西各有北房三間，前有東西配殿各三間，均空置。後院内還有柏樹四株[1]。另外，寶禪寺胡同六號、七號也屬於本寺附屬房屋，内有灰房四十四間[2]。寺廟格局與乾隆《京城全圖》所繪大致無異。廣善寺之墳墓祭田在平西馮村，共計六十二畝半[3]。

廟内經典衆多，除《華嚴經》《涅槃經》《金光明經》《慈悲法懺》等外，另有《施食瑜伽集要》木刊板一份計七十塊。至民國二十二年（1933），因經費困難，廟内民衆學校停辦。民國二十六年（1937），寶禪寺街六號内的煙鋪與堆房歇業，慧三稟告工務局與社會局後，將六號正門封閉，重新在其東首開門出入。民國三十一年（1942），因寶禪寺街鋪修石渣馬路，寺山門外大槐樹因有礙工程而被伐去[4]。

1947 年民政局登記時，慧三尚任住持[5]。而到了 1949 年，廣善寺住持就換成了常禮，他原不在此廟内，因廣善寺之十方制度而繼任住持。此時廟内共有僧人九名，廟内住滿了東北及四鄉逃難來到北京的難民，不收房租。爲了維持生活，廣善寺僧除了在廟内種植蔬菜外，還副業經營磨麵[6]。至 1950 年登記時，常禮稱廟内附屬房産共有三處，除了寶禪寺街七號的五間外，還有大帽胡同二十三號的十五間[7]。從 1952 年 7 月 7 日起，中國礦産公司租用廟内房屋十三間，立有租約，其餘一百餘間殿房中，僧人自住與供佛衹有三十八間。常禮等人除了仍舊種地、磨麵外，還在大仁麻袋廠做工[8]。

20 世紀 50 年代的文物調查記載，當時廣善寺仍有山門三間，硬山筒瓦頂。鐘鼓樓，歇山重樓筒瓦頂；前殿三間，歇山筒瓦頂。中殿五間，歇山筒瓦顶。均爲殿式作法。配殿五間、東西禪房各三間，中殿與後殿間有垂花門一座；後殿五間，硬山筒瓦頂，配殿東西各三間。20 世紀 80 年代時，僅存山門及中殿（建築面積約三百二十平方米）。由工廠佔用，作爲生産車間。石碑四座仍存[9]。1989 年，廣善寺大殿被列爲西城區文物保護單位。當時，其大雄寶殿的明間和次間各有一鋪藻井，是北京地區明代藻井的典範："既不同於早期藻井的簡潔古樸，也不同於清代藻井的細膩繁縟，其規制和用材，均顯示了明代的特點。"[10]然而到 90 年代中期，寺廟被全部拆除，保護單位隨之撤銷，藻井於 2005 年被移至首都博物館新館"古都北京·城建篇"展廳中[11]。

2005 至 2015 年調查時，寶禪寺已完全不存，原址爲中國電信的宿舍樓，是上世紀 90 年代中期所建。

---

〔1〕參見國立北平研究院《廣善禪寺》，西四 11。

〔2〕北京市檔案館藏《北平市社會局·内四區廣善寺僧人會三登記廟産的呈文及社會局的批示》，1931—1942 年，檔案號 J2-8-437，頁十六。

〔3〕北京市檔案館藏《北平市社會局·内四區廣善寺僧人會三登記廟産的呈文及社會局的批示》，1931—1942 年，檔案號 J2-8-437，頁十六。

〔4〕同上，頁六十三至六十六。

〔5〕北京市檔案館藏《北平市民政局·北平市各區寺廟總登記考察簿》，1947—1948 年，檔案號 J3-1-237，頁九。

〔6〕參見北京市檔案館藏《北平市民政局民族事務科·本市寺廟情況查詢記録》，1949 年，檔案號 196-1-3，頁 22。

〔7〕參見北京市檔案館藏《北平市民政局·北平市寺廟總登記簿》，1950 年，檔案號 J3-1-203，頁 26。

〔8〕北京市佛教協會藏《北京市民政局·民族事務科西四區僧、尼寺廟登記表》，1952 年，檔案號 196-1-18，頁九十五。

〔9〕參見北京市文物局編《北京名勝古跡辭典》，北京：北京燕山出版社，1989 年，頁一百六十二至一百六十三。

〔10〕《中國文物地圖集·北京分冊》（下），頁八十六。

〔11〕同上，頁八十六至八十七。

大元大普慶寺碑銘

年代:元,年代不詳
原址:西城區寶産胡同
撰人:趙孟頫
書人:趙孟頫
碑文録自:任道斌编校《趙孟頫文集》,上海書畫出版社,2010 年,頁二百零七至二百零八

【碑陽】
額題:
碑文:

大元大普慶寺碑銘 奉敕撰

惟上帝降大命於聖元,太祖法天啓運聖武皇帝起自朔方,肇基帝業,兵威所至,罔不臣服,蓋以睿宗仁聖景襄皇帝爲之子。睿宗躬擐甲胄,翦金河南,雖不及撫有多方,篤生聖嗣,是爲世祖聖德神功文武皇帝。聰明冠古,無遠弗燭;雄略蓋世,而神武不殺。命將出師,不再舉而宋平。九域分裂者餘二百年,一旦一之,遐陬荒裔,咸受正朔,幅員之大,古所未有。於是治曆明時,建官立法,任賢使能,制禮作樂,文物粲然可紀。中統、至元之間,海内晏然,家給人足。而又妙悟佛乘,欽崇梵教,慈惠之德,洽于人心。肆世祖之享國三十有五年,施及裕宗文惠明孝皇帝,正位儲宫,仁孝而敬慎,問安視膳之暇,順美幾諫,天下陰受其賜多矣。至元廿二年,裕宗陟方。未幾,順宗昭聖衍孝皇帝亦遽賓天。三十一年,世祖登遐,當是時,徽仁裕聖皇后不動聲色,召成廟於撫軍萬里之外,授是神器,易天下岌岌者爲泰山之安。大德二年,武宗撫軍於北,今上日侍隆福,怡言煦之,摩手撫之,擇師取友,俾知先王禮樂刑政爲治國平天下之具,恩莫大焉。四年,裕聖上仙,皇上追思罔極,因念在世祖時,帝師八合思巴弘闡佛法,故我得聞其義,舍歸依三寶,修崇冥福,將何以盡吾心?始建佛殿於大都。既而之國覃懷,屬成廟登遐,内難將作,上馳至京師,先事而發,殄殲大憝,封府庫,奉符璽,清宫以安太后,遣使以迎武宗。武宗既踐祚,以上至德偉功,不逾月而立上爲皇太子。上緬懷疇昔報本之意,乃命大創佛宇,因其地而擴之,凡爲百畝者二。鳩工度材,萬役並作,置崇祥監以董其事。其南爲三門,直其北爲正覺之殿,奉三聖大像於其中。殿北之西偏爲最勝之殿,奉釋迦金像。東偏爲智嚴之殿,奉文殊、普賢、觀音三大士。二殿之間,對峙爲二浮圖。浮圖北爲堂二,屬之以廊,自堂徂門,廡以周之。西廡之間爲總持之閣,中置寶塔,經藏環焉。東廡之間爲圓通之閣,奉大悲、彌勒、金剛手菩薩。齋堂在右,庖井在左。最後又爲二閣,西曰真如,東曰妙祥。門之南,東、西又爲二殿,一以事護法之神,一以事多聞天王。合爲屋六百間,盤礎之固,陛戺之崇,題楶之騫,藻繪之工,若忉利、兜率,化出人間。凡工匠之傭,悉皆内帑,一毫不役於民。既成,賜名曰大普慶寺,給田地、民匠、碓磑、房廊等,以爲常住,歲收其入,供給所須。上既即大位,崇祥監臣請立石紀事,敕臣孟頫等爲文垂示久遠。臣聞佛教福田之中,以三寶爲最勝福田。皇上深參秘典,建寺造像,書經飯僧,凡此勝因,

所以資裕聖暨祖宗在天之靈,證無上覺。今皇太后怡愉康強,享無量福壽,其餘澤所被,至於海隅黎庶,法界會靈,咸獲安樂,功德可數量哉?臣等謹稽首再拜爲之頌,其詞曰:

皇元應運,誕受萬方。帝以聖承,於前有光。明明天子,神明八葉。德盛功豐,富有大業。維兹大業,太祖張之。世祖皇之,天子康之。于赫皇武,皇武桓桓。聖謨孔神,神器斯安。有粲之載,有作其彬。典章具舉,焕乎堯文。道冠百王,仁覆群生。宏觀英圖,日臻太平。粤昔裕聖,功在社稷。我報之圖,天乎罔極。惟覺皇氏,具大神力。人天共依,是資福德。乃卜陰陽,相地柔剛。歲吉辰良,大匠是將。乃斵乃繩,築構造興。務殫乃心,毋費是懲。役者謳歌,相厥子來。匪民是庸,一須國材。有岑其宇,有踐其廡。有楹維旅,金鋪雕礎。瞿瞿其瞻,劌劌其廉。秩秩其正,于粲其嚴。載瞻聖容,瑞相儼然。是信是崇,獲福無邊。獲福無邊,聿歸裕聖。嘉與慈闈,式普其慶。皇帝孝仁,永命於天。聖子神孫,維千萬年。

普慶寺碑

年代:元,年代不詳
原址:西城區寶産胡同
撰人:姚燧
碑文録自:姚燧《牧庵集》卷十一,北京:中華書局,1985年,頁一百二十八至一百三十

【碑陽】
額題:不詳
碑文:

大承華普慶寺者,皇帝爲皇祖妣徽仁裕聖太后報德作也。裕聖以歲戊午來嬪,越三年,大帝建極,當至元乙酉,方廿有八年。裕祖陟天,在疚煢煢,茹荼與蓼。上慰安大帝于倦勤。中以惠鞠晉邸,順考成廟之不天,皆俾不大盡傷乃心。下爲皇孫武宗聖上擇師取友,督勤于學,俾知先王體樂刑政,以爲治國平天下之具。若曰乃裕祖獲心九有者,正由乎斯。外接宗親之會見,內飭宮臣之率職。致孝極慈,敦睦示嚴如是。而善韜智晦明,以藏其用。大帝才之,闗政于家,則曰于婦是謀,投大遺銀,不言意喻。廿有九年,順考陟方。又二年,大帝登遐,柱傾于天,維絶于地,急變秋也。徐爲圖回,未嘗大聲以色。益示暇豫,經時無君,四表不聞枹鼓一鳴。召至成廟于撫軍萬里之外,授是神鼎,易天下岌岌者,爲泰山之安。俾聖子神孫,得以乘承今億萬年。大德二年,詔武宗復撫軍于北。日侍慈闈者,惟今皇上一人耳。故情不分,而愛彌篤。怡言煦之,摩手撫之,食言而羹,息言而廥。又伺有無,而增益之。會太官達納監龍興還,由老無子,自簿臧獲數千,指牛羊馬駝蹄角亦數千,田屋貲貨,猶不與存,盡獻之隆福宮。裕聖則曰:吾何庸斯,其賜今皇上。四年,裕聖上僊,撤是獻屋,爲殿三楹,事佛妥靈,以盡孝思。由前順考之國河內,未至而還,乃與今皇太后克成先志。出居二年,成廟登遐,馳歸京師,内難謀作,兆緒滋章,先事奪之,殄殲大憝。清宮以待武宗之至,既踐天位,惟以其月,授皇太子寶,中書令樞密使誕告萬方。明年,至大之元,視昔所作,圖報弗稱,乃慨歎曰:德一也,時則二焉。始之報也。吾未出閤,惟其身。今也登茲元良,可不爲天下報。乃市民居,倍售之估。跨有數坊,直其門。爲殿七楹,後爲二堂。行寧屬之。中是殿堂。東偏仍故殿,少西疊甓爲塔,又西再爲塔。殿與之角峙。自門徂堂,廡以周之,爲僧徒居。中建二樓,東廡通庖井,西廡通海會。市爲列肆,月收就羸。寺須是資,大抵撫擬大帝所爲聖壽萬安寺而加小。其磐礎之安,陛陀之崇,題楶之騫,藻繪之輝,巧不劣焉。亦大役也。未嘗發民一夫,皆傭工爲之,其費一出宮帑。既其落止,浄供之修,薦福冥冥。或者裕聖乘雲御風,陟降自天,歆茲崇報,必反而酬。陰隲于下,降福穰穰者,理則有之,何難灼見焉。惟今皇握黄圖以負丹扆,其大則天,其威則雷霆,其不測則神明,惟是報德而上之。將不裕聖一世而止。其孝思逮及烈祖者,何窮已哉!崇祥院臣請礱石以頌功德,敕命臣燧。臣伏思之,佛氏之言,爲書數千卷,博大閎肆,學佛之徒,猶有白首不能遍觀。儒生未嘗夙一經目,雖勦爲説,終爾膚近,不能深造其微,故惟如敕所教。惟詩報德,其辭曰:

有岑其宇，有踐其廡。有楹惟旅，金鋪雕礎。瞿瞿其瞻，劇劇其廉。秩秩其正，於粲其嚴。伊誰考斯，帝宫亞匹。則今皇帝，覺皇氏即。其即以圖，薦福于幽。於我裕聖，報德是求。惟我裕聖，爲烈無競。大帝遐征，儲席虚正。時我成廟，撫軍龍荒。惟朝委裘，三月皇皇。萬里召赴，天位畀據。其神而明，孰測爲度。如是拱默，宫居深安。陋昔后毋，簾政僭干。惟撫慈孫，于學知勵。又開太平，大業今繼。始爲之小，其報猶私。今焉一人，以天下爲。以天下爲，孰專裕聖。嘉與慈闈，實普其慶。往聖已矣，慈闈萬年。翼翼綿綿，悠久如天。皇上之心，初豈以已。覺皇貞之，其錫繁祉。

敕賜寶禪寺新建記

敕賜寶禪寺新建記

賜進士第資政大夫太子少保戶部尚書兼翰林院學士修 國史知 制誥 經筵官眉山萬安撰

中憲大夫太常寺少卿直文淵閣侍 經筵預修 國史官 湖南謝宇書

朝列大夫山東布政司左參議直文淵閣 經筵官會稽陳綱篆

寺本元大普慶寺在都城西北隅武宗朝仁宗以母弟居春宮時創建後燬廢爲民居入

國朝迄今百餘年竟莫知爲梵刹地也成化庚寅歲供用庫奉御古邠淳化麻俊贖爲私第方興作斸土得舊碑其文翰林趙承旨孟頫撰始知爲普慶舊址也俊喜

不自勝語人曰寔

天授我以種福田也報

上之忱有不於焉得寫乎俊自少被選

禁垣荷

朝廷撫我誨我以我嘗使　晉蜀大藩兩不辱

命故委任我以內帑凡

賚予我自分淺薄冒蒙稠疊

大恩非得此福田而種報酬之忱終何寫邪於是捨爲三寶地構建祠宇以奉

佛馮仗法力陰翊

皇度

聖壽萬年

皇太子千秋以綿延

國祚至於億秭悠永餘波潤及率土黎庶咸獲安樂庶可少罄微忱之萬一遂經營其地見其隘狹復購隣壤得若干步廛之又敦請前善世南浦徒孫戒壇宗師善

尊綱維其事卜以是歲冬十一月興工首建佛殿左右爲伽藍祖師堂次建天王殿左右爲鐘鼓樓又次建山門佛殿之後爲棲僧所及香積廚選佛場凡廊廡庫

湢以及像設供具無乎不完其不貲之費悉出監局諸公而始終其事善尊之力居多先是垂成尚衣監太監覃勤疏俊報酬之忱以

聞特賜額曰寶禪寺至丙申秋八月畢工俊即狀始末屬記於予夫惟佛教以崇善爲最而忠愛在人尤善之最者也觀趙承旨記普慶乃當時東朝建以祈佑於君上

忠愛之心也今寶禪乃內臣俊建以祈佑於

聖躬及儲副亦忠愛之心也古今人位分雖殊而忠愛其上曾何殊乎彼古忠愛之心賴承旨文暴白於世而普慶亦從而興復於百餘年後今俊忠愛之心得予言暴

白於時則寶禪自是歷千百年詎知有不由予言興福乎特記此俾鐫諸堅珉以俟

大明成化丁酉秋九月吉立

京398《寶禪寺碑》陽

助緣中貴
萬古流芳

太監

梅忠
杜堅
鄭旺
潘記
陳廣
覃文
黃順
劉永誠
劉恒
覃勤
唐慎
趙永
劉賔
黃璽
趙欽
羅政

董榮
袁義
潘代
甯王
阮八
周英
紀能
吉英
楊旺
黃祿
陳慶
張喜
葉景榮
鄧敏
韋勳
黃全
楊春
明亨
朴順
楊旺
郭聰
譚良
張聰
賈禎
賈祥

譚深
劉興安
張檜
熊廣
陳退
王龐
毛彬
廖芝
陳貴
楊琪
崔政
李芳
阮箇真
李勤
韋裕
裴魯
陳慎
覃通
王玉
孫振
韓井
劉山
侯鑑
陳椮
侯介

馮祥
米聚
郝甫
楊輝
丘陵
葉全
白真
侯采
李廣
李寧
李增
韋亮
彭石得
添興
宋通
張瑛
馬燮
黃寧
曾嘉
張福
康俊
藍賢
□□
王瑀
劉謙

巫祥
馮景
萬衡
謝銘
党恕
張鑑
阮化州
王宣
李英
楊惠
高言
夏欽
張福

京398《寶禪寺碑》陰

寶禪寺碑

首題:敕賜寶禪寺新建記
年代:明成化十三年(1477)九月
原址:西城區寶産胡同
拓片尺寸:碑陽高 186、寬 88 厘米,額高 44、寬 28 厘米;碑陰高 135、寬 88 厘米,額高 44、寬 28 厘米
書體:楷書
撰人:萬安
書人:謝宇,陳綱篆額
《目録》:頁 219
拓片編號:京 398
拓片録自:北京大學圖書館藏原拓片

【碑陽】

額題:敕賜寶禪寺新建記(篆書)

碑文:

敕賜寶禪寺新建記1

賜進士第資政大夫太子少保戶部尚書兼翰林院學士修國史知制誥經筵官眉山萬安撰2

中憲大夫太常寺少卿直文淵閣侍經筵預修國史官湖南謝宇書3

朝列大夫山東布政司左參議直文淵閣經筵官會稽陳綱篆4

寺本元大普慶寺,在都城西北隅,武宗朝仁宗以母弟居春宮時創建,後燬廢爲民居。入5國朝迄今百餘年,竟莫知爲梵刹地也。成化庚寅歲,供用庫奉御古郊淳化麻俊贖爲私第,方興作,斸土得舊碑,其文翰林趙承旨孟頫撰,始知爲普慶舊址也。俊喜6不自勝,語人曰:寔7天授我以種福田也,報8上之忱有不於焉得寫乎?俊自少被選9禁垣,荷10朝廷撫我、誨我,以我嘗使晉蜀大藩,兩不辱11命,故委任我以内帑,凡12賚予我。自分淺薄,冒蒙稠疊13大恩,非得此福田而種報酬之忱,終何寫邪?於是捨爲三寶地,構建祠宇以奉14佛。馮仗法力陰翊15皇度16聖壽萬年,17皇太子千秋,以綿延18國祚至於億秭悠永。餘波潤及率土黎庶,咸獲安樂。庶可少罄徵忱之萬一。遂經營其地,見其隘狹,復購隣壤得若干步靡之,又敦請前善世南浦徒孫戒壇宗師善19尊綱維其事。卜以是歲冬十一月興工,首建佛殿,左右爲伽藍、祖師堂,次建天王殿,左右爲鐘鼓樓,又次建山門,佛殿之後爲棲僧所及香積廚選佛場,凡廊廡庫20湢以及像設供具無乎不完。其不貲之費悉出監局諸公,而始終其事善尊之力居多。先是垂成,尚衣監太監覃勤疏俊報酬之忱以21聞,特賜額曰"寶禪寺"。至丙申秋八月畢工,俊即狀始末,屬記於予。夫惟佛教以崇善爲最,而忠愛在人,尤善之最者也。觀趙承旨記,普慶乃當時東朝建以祈佑於君上,22忠愛之心也。今寶禪乃内臣俊建,以祈佑於23聖躬及儲副,亦忠愛之心也。古今人位分雖殊,而

忠愛其上曾何殊乎？彼古忠愛之心賴承旨文暴白於世，而普慶亦從而興復於百餘年後。今俊忠愛之心得予言暴24白於時，則寶禪自是歷千百年，詎知有不由予言興福乎？特記此，俾鐫諸堅珉以俟。25

大明成化丁酉秋九月吉立。26

【碑陰】

額題：助緣中貴萬古流芳

碑文：

太監：1梅忠、杜堅、鄭旺、潘記、陳廣、覃文、黄順、劉永誠、覃勤、唐慎、趙永、劉寘、黄璽、趙欽、羅政、2劉恒、3董榮、袁義、潘代、甯王、阮八、周英、紀能、吉英、楊旺、黄禄、陳慶、張喜、葉景榮、鄧敏、韋勲、黄全、楊春、明亨、朴順、楊旺、郭聰、譚良、張聰、賈禎、賈祥、4譚深、劉興安、張檜、熊廣、陳退、王龐、毛彬、廖芝、陳貴、楊琪、崔政、李芳、阮箇真、李勤、韋裕、裴魯、陳慎、覃通、王玉、孫振、韓井、劉山、侯鑑、陳槮、侯介、5馮祥、米聚、郝甫、楊輝、丘陵、葉全、白真、侯采、李廣、李寧、李增、韋亮、彭石得、添興、宋通、張瑛、馬變、黄寧、曾嘉、張福、康俊、藍賢、□□、王瑀、劉謙、6巫祥、馮景、萬衡、謝銘、党恕、張鑑、阮化州、王宣、李英、楊惠、高言、夏欽、張福。7

京 399《寶禪寺碑》陽

京399《寶禪寺碑》陰

敕賜寶禪寺重修碑記

敕賜寶禪寺重修記

賜進士出身少保兼　太子太保工部尚書東川甘爲霖撰

文華殿直太常寺丞□賜一品服預修　國史吳郡顧亨書

後軍督都府督都僉事掌錦衣衛事　　張錡篆

都城之西北隅寺曰寶禪即隆恩寺下院也成化庚寅載供用庫奉御淳化麻俊始爲□□於地得元（下漫漶）

學士碑悉其爲元普慶寺遂仍而爲事釋舉皆創建之而偉乎可觀要之□　天（下漫漶）

國佑民寔麻公建寺之初心也迄今六十餘祀矣寺之殿堂樓門廊廡庫丈間底於敝茲（下漫漶）

御馬監太監姜公傑等嘗履其境而憶其壞乃捐厥資市材量工秉心重修若三門若□樓若天王殿（下漫漶）

左右堂若佛殿又若講堂齋舍圮者起之頹者增之百爾規制靡不畢疕視昔之首創者益爲完且固而（下漫漶）

姜公等爲

上爲下之誠又塞淵其無埒也經始於嘉靖乙巳八月告成於丙午八月以既修無記何以示遠迺述眉山（下漫漶）

□□之記並趙孟頫之碑來靳言於予時予乞養退食且同鄉萬公既記於昔今未可□□人以吾儒中（下漫漶）

□之道須靜以爲學佛之教自漢載大端以靜爲主是道不侔而學則一其識指南爲□□□□造禪而（下漫漶）

入壼愛惜人習其教者往往失上來之階相率□□者不甚信與儒益異也俾□超然有□□□心本（下漫漶）

之□昭如日星之不泯詎可未足爲軒輊耶姜公□務是舉固一念之符於道擬之形□□□忘性命哉（下漫漶）

不可同日語而忠孝友愛之□□繇此其一乎以配天命以求多福是心有以廣□允□□□名曰俾（下漫漶）

無人僉稱寶禪爲真境永□無□在伊□持歸一守靜戒行累代管業弗替者玆惟□公之得人（下漫漶）

賜名之□□□哉矣予因記□修之年時以揚□□□□□曰阿其所好云

□嘉靖二十五年歲次丙午仲秋八月吉日立

京399《寶禪寺碑》陽

萬古流芳

御馬監等衙門功德主太監

閻青 □□ 宋忠 郎□ 王得恭 □信
張保 胡英 蕭□ 眭友 吳進英 王朝用
賈堪 孫□ 朱朝 孫□勝 田宸 李芮 徐金
聶賓 孫經 薛□ 崔□ 張權 王秀 萬林
王瑜 王榛 陳玉 張保 馬用 臧臣 張昇
劉常 張順 □□ 蘇清 劉恩 張雲 張榮
姜傑 王本 趙□ 刁恩 白元 于瓊 王昇
李敬 曹印 常春 苑繼 馮保 蕭孝 李乾
趙用 吳瓚 李隆 姚憲 蘇貴 郭欽 包松
張敬 張講 李政 楊燧 賈廷相 王東 張用
趙勝 劉英 張仁 劉東 楊憲 杜朝用
朱奉 田瑄 李川 張朝 王憲 徐文
屈宣 李思 楊祿 王均印 于隆 于朝

監寺歸鑑 圓仕
首座歸鎬
善□傳戒□□隆恩寶禪寺住持歸藏歸□ 衣鉢圓憲
僧録司□□□隆恩寺住持歸景 圓儀
都寺歸滿 □寺圓祥
都□歸□ 本□圓□
圓□

京399《寶禪寺碑》陰

寶禪寺碑

首題:敕賜寶禪寺重修記
年代:明嘉靖二十五年(1546)八月
原址:西城區寶産胡同
拓片尺寸:碑陽高153、寬84厘米,額高32、寬25厘米;碑陰高136、寬83厘米,額高30、寬25厘米
書體:楷書
撰人:甘爲霖
書人:顧亨書,張錡篆額
《目録》:頁232
拓片編號:京399
拓片録自:《北京圖書館藏中國歷代石刻拓本匯編》第55卷122—123頁

【碑陽】

額題:敕賜寶禪寺重修碑記(篆書)

碑文:

敕賜寶禪寺重修記[1]

賜進士出身少保兼太子太保工部尚書東川甘爲霖撰[2]

文華殿直太常寺寺丞□賜一品服預修國史吳郡顧亨書[3]

後軍督都府督都僉事掌錦衣衛事張錡篆[4]

都城之西北隅,寺曰寶禪,即隆恩寺下院也。成化庚寅載,供用庫奉御淳化麻俊始爲□□□於地得元(下漫漶)[5]學士碑,悉其爲元普慶寺,遂仍而爲事釋,舉皆創建之,而偉乎可觀,要之□天(下漫漶)[6]國佑民,寔麻公建寺之初心也。迄今六十餘祀矣。寺之殿堂樓門廊廡庫丈間底於敝。兹(下漫漶)[7]御馬監太監姜公傑等嘗履其境,而憶其壞。乃捐厥資,市材量工,秉心重修,若三門,若□樓,若天王殿,(下漫漶)[8]左右堂,若佛殿,又若講堂齋舍,圮者起之,頹者增之。百爾規制,靡不畢庀。視昔之首創者益爲完且固。而(下漫漶)[9]姜公等爲[10]上爲下之誠,又塞淵其無埒也。經始於嘉靖乙巳八月,告成於丙午八月。以既修無記,何以示遠。迺述眉山(下漫漶)[11]□□之記,並趙孟頫之碑,來靳言於予。時予乞養退食,且同鄉萬公既記於昔,今未可□□人以吾儒中(下漫漶)[12]□之道須静以爲學佛之教,自漢載大端,以静爲主。是道不侔而學則一。其識指南爲□□□□造禪而(下漫漶)[13]入壺愛惜,人習其教者,往往失上來之階,相率□□者不甚少。信與儒益異也。俾□超然,有□□□心本(下漫漶)[14]之□昭如日星之不泯。詎可未足爲軒輊耶?姜公□務是舉,固一念之符於道,擬之形□□□忘性命哉(下漫漶)[15]不可同日語。而忠孝友愛之□□,繇此其一乎。以配天命,以求多福。是心有以廣□允□□□名曰俾(下漫漶)[16]無人僉稱寶禪爲真境,永□無□。在伊□持歸一守静,戒行累代,管業弗替者,兹

惟□公之得人。(下漫漶)17 賜名之□□□哉矣。予因記□修之年時，以揚□□□□□曰阿其所好云。18□嘉靖二十五年歲次丙午仲秋八月吉日立。19

【碑陰】

額題：萬古流芳(篆書)

碑文：

御馬監等衙門功德主太監：閻青、張保、賈堪、聶寶、王瑜、劉常、姜傑、李敬、趙用、張敬、趙勝、朱奉、屈宣。□□、胡英、孫□、孫經、王榛、張順、王本、曹印、吳瓚、張講、劉英、田瑄、李思。宋忠、蕭□、朱朝、薛□、陳玉、□□、趙□、常春、李隆、李政、張仁、李川、楊祿。郎□、眭友、孫□勝、崔□、張保、蘇清、刁恩、苑繼、姚憲、楊燧、劉東、張朝、王均印。王得恭、吳進英、田宸、張權、馬用、劉恩、白元、馮保、蘇貴、賈廷相、楊憲、王憲、于隆。□信、王朝用、李芮、王秀、臧臣、張雲、于瓊、蕭孝、郭欽、王東、杜朝用、徐文、于朝。徐金、萬林、張昇、張榮、王昇、李乾、包松、張用。善□傳戒□□隆恩寶禪寺住持歸藏、歸□、監寺歸鑑、首座歸鎬。僧録司□□□隆恩寺住持歸景、都寺歸滿、都□歸□。衣缽：圓仕、圓憲、圓儀。□寺：圓祥。本□：圓□、圓□。

廣善寺移寶禪寺街碑誌

前大總統府諮議北京大學教授任邱劉培極撰文
前大總統府顧問特任福建省長江陵胡瑞霖書丹
前大總統府秘書直隸教育廳長肅寧劉春霖篆額

廣善寺舊址在西直門外二里溝明天順癸未太監韋四等捐家貲所建以僧慧德爲寺主英宗顔其額曰廣善禪林翰林侍講學士李泰爲之碑至清乾隆時慧德之後來琳以寺讓之懷一改爲十方數傳至達遠光緒三十三年農工商部以寺傍樂善園設農事試驗場欲拓場址乃與僧達遠約取其寺償以它寺因出貲買城內寶禪寺改爲廣善寺由是互易舊寺併入農場而寶禪寺得值已遷武王侯街矣達遠傳寶山寶山傳靈岩靈岩傳慧三自懷一迄今皆一脈宗賢首兼慈恩慧三謹其事乞文爲誌余則謂世變之極中外利害必反其所期欲通其變則必大併一世原委洞而豁之吾國古學既通其故矣而釋典所存益洞抉其障凡太空大地治世出世各能詣極各有定分能互相攜而無毫芒患苦也驗之物質與人事今世既確乎有徵人方習而不察不十數年必知之矣余與六七老友時來茲寺偕慧三相與孳討因并誌之以爲它日之質可也

廣善寺住持慧三敬立

中華民國二十年歲次辛未十二月　穀旦

《廣善寺碑》

廣善寺碑

首題:廣善寺移賔禪寺街碑誌
年代:民國二十年(1931)
原址:西城區賔産胡同
書體:楷書
撰人:劉培極
書人:胡瑞霖書,劉春霖篆額
拓片録自:北京大學圖書館藏原拓片

【碑陽】

碑文:

廣善寺移賔禪寺街碑誌 1

前大總統府諮議北京大學教授任邱劉培極撰文 2

前大總統府顧問特任福建省長江陵胡瑞霖書丹 3

前大總統府秘書直隸教育廳長肅寧劉春霖篆額 4

廣善寺舊址在西直門外二里溝,明天順癸未太監韋四等捐家貲所建,以僧慧德爲寺主。英宗顔 5 其額曰"廣善禪林",翰林侍講學士李泰爲之碑。至清乾隆時,慧德之後來琳以寺讓之懷一,改爲十 6 方,數傳至達遠。光緒三十三年,農工商部以寺傍樂善園,設農事試驗場。欲拓場址,乃與僧達遠約 7 取其寺,償以它寺。因出貲買城内賔禪寺改爲廣善寺,由是互易,舊寺併入農場,而賔禪寺得值已 8 遷武王侯街矣。達遠傳寳山,寳山傳靈岩,靈岩傳慧三,自懷一迄今,皆一脈宗賢,首兼慈恩。慧三謹 9 其事,乞文爲誌。余則謂世變之極,中外利害必反其所,期欲通其變,則必大併一世原委洞而豁之。10 吾國古學,既通其故矣,而釋典所存,益洞抉其障。凡太空大地、治世出世,各能詣極,各有定分,能互 11 相攜而無毫芒患苦也。驗之物質與人事,今世既確乎有徵。人方習而不察,不十數年必知之矣。余 12 與六七老友時來茲寺,偕慧三相與掔討,因并誌之,以爲它日之質可也。13

廣善寺住持慧三敬立。14

中華民國二十年歲次辛未十二月穀旦。15

正法寺

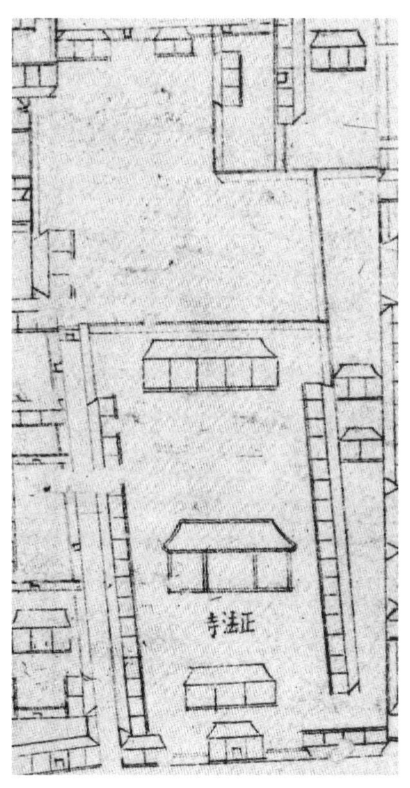

正法寺,清乾隆二十一年(1756)以後又稱正覺寺,原址在内四區寶禪寺街十二號(現爲西城區寶産胡同十七至二十一號),寺廟建築現存部分。廟内原有碑刻二通,一爲明弘治十四年(1501)《正覺寺敕諭碑》,一爲明弘治十四年《正法寺褒善祠碑》。據《日下舊聞考》載,寺内還有明武宗御製碑,然今已無存,也未見其拓片[1]。

此寺建於明成化十一年(1475),爲司禮監太監黄高所建[2]。黄高曾歷事纍朝,成化期間尤爲明憲宗所器重。成化十一年,他在西城買下指揮李信、蔣漢等人的房屋,修建佛寺一所。寺基"東至寶禪寺,西至金玉□,南臨官街,北抵帽兒巷"[3],其中大約有三間佛殿,殿後爲褒善祠,祠殿五楹,僧人得鄧住持[4]。明憲宗賜額曰"正法"。成化十六年(1480),黄

〔1〕參見《日下舊聞考》卷五十二·城市·内城西城三,頁八百三十三至八百三十四。

〔2〕《宛署雜記》言字·僧道,頁二百二十四。

〔3〕明弘治十四年(1501)《正覺寺敕諭碑》,京313,《北京圖書館藏中國歷代石刻拓本匯編》卷五十三,頁八十一。按:此碑原無首題,額篆曰"皇明敕諭",現碑名爲北京圖書館整理時所加,實應爲"正法寺",因"正覺寺"之名乃是乾隆二十一年後方有。今據《北京圖書館藏中國歷代石刻拓本匯編》照録,不做修改。

〔4〕參見明弘治十四年(1501)《正法寺褒忠祠碑》,京309,《北京圖書館藏中國歷代石刻拓本匯編》卷五十三,頁八十二。

高去世，明憲宗爲他在西直門外松林莊買到尚鏞、吳信等莊地五頃六十三畝，作爲正法寺香火地，又在香山腳下買到奈祝山等人山地一段，造爲墳塋，墳前修建享堂，憲宗厚贈之器物車馬等，並免其一應雜泛差徭。明孝宗爲皇子時，黃高曾日侍左右，朝夕保護，因此孝宗登基後也對黃高祠廟恩遇有加。弘治十四年（1501），明孝宗再爲正法寺購下莊白口社民人劉景等人土地，計一頃三十畝，以供墳祠香火，並諭旨嚴禁軍民僧俗人等侵擾[1]。大學士李東陽爲此事撰碑記，是爲《正法寺褒善祠記》，此事記載於《宛署雜記》[2]。然而今傳世本的李東陽文集中，均未收録此篇碑記。有學者認爲，李東陽與閹黨過從甚密，是其仕宦生涯中的一大污點，故編纂文集時故意剔除他爲太監所撰之文，甚至碑刻中出現撰書者姓名的地方也刻意被磨去[3]。

入清以後，正法寺已完全成爲佛教寺廟，不再有黃高之褒善祠的痕跡。據《雍正廟冊》記載，正法寺爲大僧廟，有殿宇十七間、禪房十九間，住持法號興德。從乾隆十五年繪製完成的《京城全圖》上看，正法寺仍然維持明代時的規模，四至與弘治御製碑所述無異。它坐北朝南，有四進院落。南首有山門一座三間，正中開門。東南角有倒座房四間，西南角有小南房兩間；山門後有前殿三間；第二進院内有正殿三間，規制較高，《乾隆全圖》上以雙綫繪出其輪廓；第三進院内有後殿五間。院内東西兩側爲順山群房相連，東有十六間，西有十七間；後殿之後似乎還有空院一段，内僅在最北端有小房兩座，東兩間、西三間，西南角有西房三間。乾隆二十一年（1756），乾隆帝下旨修理城内街道房垣及各處寺廟[4]，正法寺也在此時得到修理，隨後改名爲正覺寺[5]。《乾隆廟冊》登記時，廟名已換成了“正覺寺”，仍爲大僧廟，住持通慧。寺山門上原有木額，記爲乾隆三十二年（1767）所立，可能此時寺廟重修完成或又有重修。

至清末民國，正覺寺已廟貌殘破，行將傾圮。民國十九年（1930）寺廟登記時，住持潤泉稱廟内尚有佛殿群房六十餘間，然而民國二十一年（1932）社會局前往調查，卻發現住持改成至峰，佛殿群房衹剩三十餘間。“除山門尚完整外，其餘殿宇已全拆除，易爲三十餘間小屋，爲負販者流所賃居，而前院及山門内則堆積舊樑柱等木材。”[6]此時，山門南向，木額“敕修正覺寺”，即天王殿三間，内供釋迦牟尼佛木像一尊，旁邊分列四大天王泥像四尊；殿後有北房三間，左右二碑，東房五間、西房四間，乾隆時期的佛殿順山房均無存；第二進院内有北房三間；東小跨院内有北房五間[7]。另外，正覺寺還在寶禪寺街十二號有附屬房屋十一間、十三號有附屬房屋六間[8]。

至峰常住虎坊橋天仙庵内，社會局前去調查時，寓廟婦人高沈氏說，至峰已將廟産抵押借洋六百元，因此房租也不歸他收。另一安姓老婦聲稱，至峰外出，正覺寺由寓居前車胡同的郭連貴代管。然而詢至郭連貴時，他卻支吾其詞，衹說已將廟産轉給了僧人潤波。至於廟内堆積如山的木材梁棟，經社會局反復調查，確係爲德勝門大街路西一百九十三號天合木廠所存，木廠鋪掌劉壽山，於民國二十一年（1932）購得昌平縣之城樓鼓樓舊物，因本廠地方狹隘，故以每月租金四元的價錢存

---

〔1〕見前引之《正覺寺敕諭碑》。

〔2〕見前引之《宛署雜記》，頁二百二十四。

〔3〕參見高志忠《明代宦官文學與宮廷文藝》，北京：商務印書館，2012年，頁二百七十四至二百七十五。

〔4〕參見中國第一歷史檔案館藏《奏爲修理各城廟宇事》，乾隆二十一年二月，檔案號05-0145-108。

〔5〕見《日下舊聞考》卷五十二·城市·内城西城三，頁八百三十三至八百三十四。“正法寺在寶禪寺西，乾隆二十一年，官因其舊修葺之，改額曰正覺。”

〔6〕北京市檔案館藏《北平市社會局·内四區正覺寺住持至峰呈聲請登記廟産及社會局的批示》，1932—1936年，檔案號J2-8-838，頁十九。

〔7〕參見國立北平研究院《正覺寺》，西四16。

〔8〕參見北京市檔案館藏《北平市社會局·内四區正覺寺住持至峰呈聲請登記廟産及社會局的批示》，1932—1936年，檔案號J2-8-838，頁六。

放於正覺寺內[1]。民國二十二年(1933),至峰正式將住持之位讓與僧人潤波,他本是西四北八條寶禪寺[2]的住持,正覺寺從此也就成爲寶禪寺的下院。潤波之後,學海繼任住持,他也曾努力改善正覺寺廟貌,民國三十一年(1942),他呈報社會局,申請在廟內添蓋東西灰房各三間[3]。

至20世紀50年代,學海仍任兩廟住持,此時正覺寺房屋已增至六十四間[4],其中僧房佛殿祇有五間[5]。據說,和尚禪房在寺廟西路建築,但他很少住在廟內,老住戶們都沒見過他。直到20世紀70年代初,泥胎神像還在廟內,"文化大革命"時被砸碎。

《中國文物地圖集·北京分册》中稱:正覺寺坐北朝南,中軸綫上依次有山門、前殿、後殿及配殿、配廡,現基本保持原建格局[6]。

2015年調查時,寺廟格局包括東西兩院三個門牌。東院(現十七號、十九號)爲正院,院落格局基本保持原狀,山門現爲寶産汽車修理廠,已翻蓋,但屋頂猶存老建築構建。後有正殿、後殿、配殿等,但2010年已全部翻修,調查時十九號院內尚有大規模翻修工程。西路(現二十一號)原爲禪房,2008年左右全部原樣翻修,但仍保持原有格局,有兩進院落,均有北房三間、東西房各三間。現東西兩院均爲居民住家院落。

---

〔1〕參見北京市檔案館藏《北平市社會局·内四區正覺寺住持至峰呈聲請登記廟産及社會局的批示》,1932—1936年,檔案號J2-8-838,頁二十五。

〔2〕位於乾隆《京城全圖》五排九段內,但地圖上未標出。

〔3〕參見北京市檔案館藏《北平市社會局·内四區正覺寺住持至峰呈聲請登記廟産及社會局的批示》,1932—1936年,檔案號J2-8-838,頁九十八。

〔4〕北京市檔案館藏《北平市民政局·北平市寺廟總登記簿(第一册)》,1950年,檔案號J3-1-203,頁二十五。

〔5〕北京市佛教協會藏《北京市民政局·民族事務科西四區僧、尼寺廟登記表》,1952年,檔案號196-1-18,頁九十五。

〔6〕《中國文物地圖集·北京分册》(下),頁七十七。

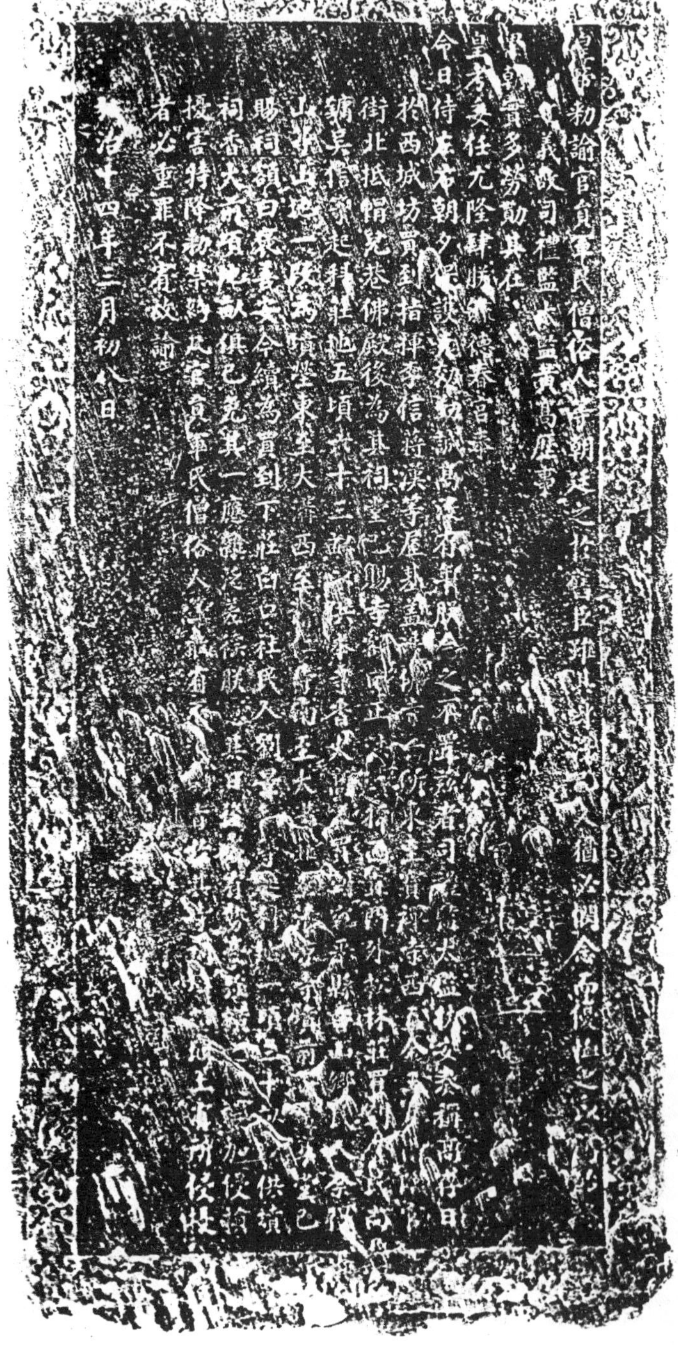

京313《正覺寺敕諭碑》

皇明
敕諭

皇帝敕諭官員軍民僧俗人等朝廷之於舊臣雖其身沒已久猶必憫念而優恤之以□始終
之義故司禮監太監黄高歷事
纍朝實多勞勩其在
皇考委任尤隆肆朕毓德春宮奉
命日侍左右朝夕保護克效勤誠高沒有年朕念之不置茲者司禮監太監□安奏稱高存日
於西城坊買到指揮李信蔣漢等屋基蓋□佛寺一所東至寳禪寺西至金玉□南臨官
街北抵帽兒巷佛殿後爲其祠堂已賜寺額曰正法□擇西直門外松林莊買到□民尚
鏞吳信等起科莊地五頃六十三畝以供本寺香火高□買到宛平縣香山鄉民人奈祝
山等山地一段爲墳塋東至大溝西至□仁寺南至大溝北至□京寺墳前□□享堂已
賜祠額曰褒善安今續爲買到下莊白口社民人劉景□等□□地一頃三十畝以供墳
祠香火前項地畝俱已免其一應雜泛差徭朕□其日後□有勢□強横□□加侵損
擾害特降敕禁約凡官員軍民僧俗人等□有□□□旨於其寺□□□□上有所侵擾
者必重罪不宥故諭

弘治十四年三月初八日

京313《正覺寺敕諭碑》

正覺寺敕諭碑

年代：明弘治十四年（1501）三月八日
原址：西城區寶禪寺街
拓片尺寸：碑陽高 181、寬 86 厘米，額高 40、寬 28 厘米
書體：楷書
《目録》：頁 224
拓片編號：京 313
拓片録自：《北京圖書館藏中國歷代石刻拓本匯編》第 53 卷 81 頁

【碑陽】

額題：皇明敕諭（篆書）

碑文：

皇帝敕諭官員軍民僧俗人等：朝廷之於舊臣，雖其身沒已久，猶必憫念而優恤之，以□始終 1 之義。故司禮監太監黃高，歷事 2 纍朝，實多勞勩。其在 3 皇考，委任尤隆，肆朕毓德春宮，奉 4 命日侍左右，朝夕保護，克效勤誠，高沒有年。朕念之不置。兹者司禮監太監□安奏稱：高存日 5 於西城坊買到指揮李信、蔣漢等屋基，蓋□佛寺一所，東至寶禪寺，西至金玉□，南臨官 6 街，北抵帽兒巷，佛殿後爲其祠堂。已賜寺額曰正法。□擇西直門外松林莊買到□民尚 7 鏞、吳信等起科莊地五頃六十三畝，以供本寺香火。高□買到宛平縣香山鄉民人奈祝 8 山等山地一段爲墳塋。東至大溝，西至□仁寺，南至大溝，北至□京寺。墳前□□享堂。已 9 賜祠額曰：褒善。安今續爲買到下莊白口社民人劉景□等□□地一頃三十畝，以供墳 10 祠香火。前項地畝，俱已免其一應雜泛差徭。朕□其日後□有勢□強横□□□加侵損 11 擾害，特降敕禁約，凡官員軍民僧俗人等□有□□□旨於其寺□□□□上有所侵擾 12 者必重罪不宥。故諭。13 弘治十四年三月初八日。14

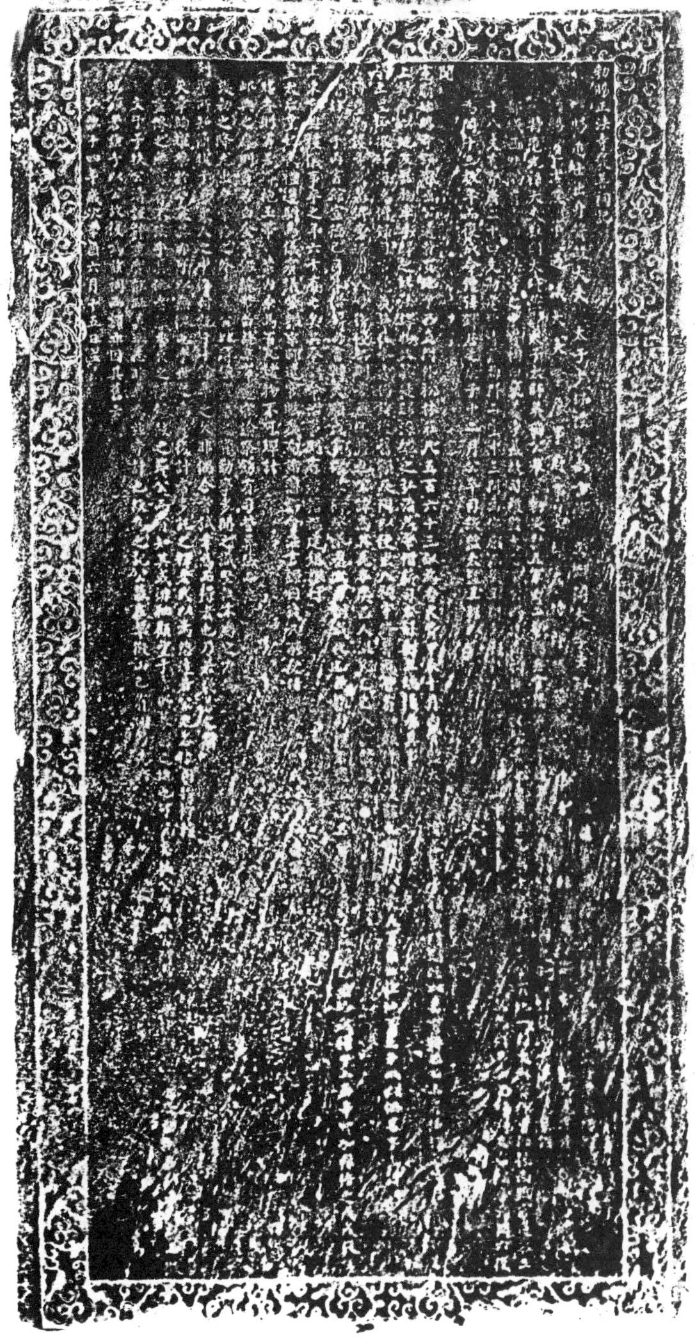

京 309《正法寺褒善祠碑》

敕賜正法寺褒善祠記

敕賜正法寺褒善祠記

賜進士出身資政大夫　太子少保禮部尚書　文淵閣大學士（漫漶）

賜進士及第通議大夫□詹事府（漫漶）

特進光祿大夫柱國太師□□太子太師英國公奉　敕承（漫漶）

都城西北隅有寺曰正法寺之中□祠曰褒善□蓋故司□□□□公□□□□□□公（漫漶）

十八丈左右廣二十四丈創建□□都門二□中三間爲佛殿□□五間（漫漶）

爲間十二數年而復成命僧得鄧居之庚子十二月公卒司設監太監（漫漶）

聞

憲廟始爲寺□□公遴□□地於西直門外松林莊凡五百六十三畝爲□人□甲辰十月□□□大（漫漶）

上特命以地及器物車□歸之北□□□□疑□□□之弘治戊□惜薪司（漫漶）

□正□□□□名僧録司右覺義（漫漶）

（此行漫漶）

□□□于内書館宣德己（漫漶）

上東□典聽儀事卒之年六十有七矣□奉□命治□□□□□□□建娘□於

皇太后皇妃喪禮選駙馬儀賓議□□京師遣官□□□後凡所仗借（漫漶）

□□則□著蟒袍玉帶　禁内桑馬百尺諸物不可殫計

□典之□則□□白食（漫漶）　有司營並□□

護敕之降尤出□常□之外□□□公□□□□勸學多聞之議堅□□□之力□

列聖所知聞□于□□人之中□付□□□餘□之久非偶合嘗試幸焉而得者也乃若（漫漶）

天章絢輝祭於□□□亦可以無□也□世之爲□後計者多托之釋者□以爲□□□公也□□□□□□

□靈修之無□有不□乎□□者□□之□□聲之□公而有知其或非細顧望于□□□□□也□□□□□□公□□□（漫漶）

文□于□公濟□□□□□□□志於□爲兹寺計也□爲之記公□□□□山已有（漫漶）

□□□□□寺以公故復爲□祠西□亦因其舊云

弘治十四年歲次辛酉六月十五日立

京309《正法寺褒善祠碑》

正法寺褒善祠碑

首題：敕賜正法寺褒善祠記
年代：明弘治十四年（1501）六月十五日
原址：西城區寶禪寺街正覺寺
拓片尺寸：碑陽高179、寬87厘米，額高40、寬28厘米
書題：楷書
《目録》：頁224
拓片編號：京309
拓片録自：《北京圖書館藏中國歷代石刻匯編》第53卷82頁

【碑陽】

額題：敕賜正法寺褒善祠記（篆書）

碑文：

敕賜正法寺褒善祠記 1

賜進士出身資政大夫太子少保禮部尚書文淵閣大學士（漫漶）2

賜進士及第通議大夫□詹事府（漫漶）3

特進光祿大夫柱國太師□□太子太師英國公奉敕承（漫漶）4

都城西北隅有寺曰正法，寺之中□祠曰褒善□，蓋故司□□□□□公□□□□□□□□公（漫漶）5 十八丈，左右廣二十四丈，創建□□□都門二□，中三間爲佛殿，□□五間（漫漶）6 爲間十二，數年而復成，命僧得鄧居之。庚子十二月公卒，司□監太監（漫漶）7 聞，8 憲廟始爲寺□□□公遴□□地於西直門外松林莊，凡五百六十三畝爲□人□甲辰十月□□□大（漫漶）9 上特命以地及器物車□歸之。北□□□□□疑□□□之，弘治戊□惜薪司（漫漶）10 □正□□□□□名僧録司右覺義（漫漶）11（此行漫漶）12 □□□于内書館宣德已（漫漶）13 上東□典聽儀事，卒之，年六十有七矣，□奉□命治□□□□□□建娘□於 14 皇太后皇妃喪禮選駙馬儀賓議□□京師遣官□□□□後凡所仗借（漫漶）15 □□則□著蟒袍玉帶，禁内桑馬百尺，諸物不可殫計。16 □典之□則□□白食（漫漶）祭□有司營並□□17 護敕之降尤出□常□之外，□□□公□□□□勸學多聞之議堅□□□之力□。18 列聖所知聞□于□□人之中□付□□□餘□之久非偶合嘗試幸焉而得者也，乃若（漫漶）19 天章絢輝祭於□□□亦可以無□也□世之爲□後計者多托之釋者□以爲□□□公也□□□□□□20 □靈修之無□，有不□乎□□者□□之□□聲之□公而有知其或非細顧望于□□□□□□也□□□□□公□□□（漫漶）21 文□于□公濟□□□□□□□□志於□爲玆寺計也。□爲之記。公□□□□山已有（漫漶）22 □□□□□寺以公故復爲□祠西□，亦因其舊云。23

弘治十四年歲次辛酉六月十五日立。24

無量庵

無量庵，或曾爲玄帝廟，原址在內五區鎗廠胡同中段路北（現約爲西城區護國寺大街十八號院內平房），寺廟建築現已不存。

無量庵始建時間不詳，此名不見諸《雍正廟冊》[1]，《乾隆廟冊》中方有記載，爲尼僧廟，住持心成。乾隆《京城全圖》上，無量庵所在地正位於兩個排段交界處，多有漫漶不清，但仍能辨識“量庵”二字，似有兩進院落，有正殿不知間數，另有西房五間。

從此以後，無量庵再無任何記載，應久已傾圮。據老住戶回憶，民國年間，這一帶曾爲國民黨軍官的宅邸，無量庵所在地是其傭人住房。1949年以後，房産爲北京軍區政治部接收。1965年，轉歸中國人民解放軍總參謀部軍事交通部。20世紀70年代以後爲總參工程隊宿舍，90年代新建樓房，然無量庵原址處保留爲平房。

2015年調查時，無量庵原址上是居民住家院落，雖已無廟房痕跡，但仍保留《京城全圖》上的院落格局與朝向。

〔1〕但《雍正廟冊》中記載鎗廠有玄帝廟一所，時爲尼僧廟，有殿宇四間、禪房六間，住持法號際貴。從乾隆《京城全圖》上看，鎗廠胡同範圍不大，無量庵或爲玄帝廟之更名。

無量寺

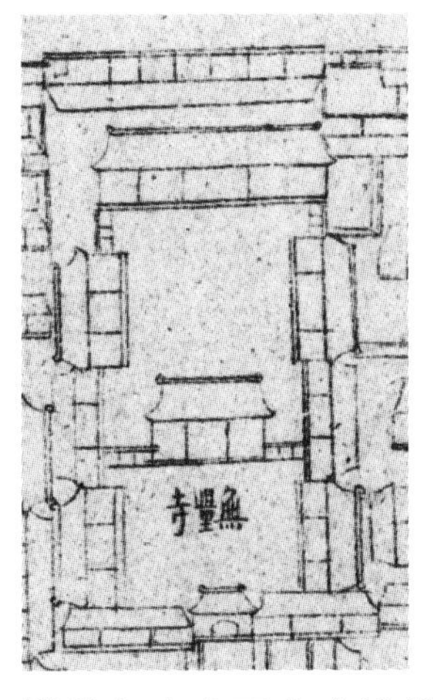

無量寺,雍正時期也稱無量庵,原址在内四區護國寺街八十三號(或爲麻狀元胡同八十三號,現爲西城區護國寺街七十四號),寺廟建築現已不存。

此寺始建時間不詳。雍正時期始有確切登記。《雍正廟册》記載,馬狀元胡同有無量庵,爲大僧廟,有殿宇二十間、禪房七間,住持法號實貴。至《乾隆廟册》登記時,廟名已正式改作無量寺,住持也换成了了慧。從乾隆《京城全圖》上看,無量寺在護國寺對面,坐北朝南,似有三進院落。從馬狀元胡同經一狹長通道可直達山門。山門一座一間,左右分别有南房,均爲三間;第一進院内有正殿三間,東西配殿各三間,配殿後各有東西房直達後院配殿南牆。正殿兩側有牆,左右均開角門以通向内院;第二進院内有後殿五間,東西配殿各三間,配殿與正殿之間以短牆相連,牆上均開小門一座;從西小門可直達第三進院,院内無房,最北端爲倒座房八間,坐南朝北,面向護國寺街。東小門通向小院一所,院内無房。無量寺在嘉慶年間曾有重修添建,廟内原有鐵磬一口,注明爲嘉慶十六年(1811)獻於無量寺内[1]。

民國二十二年(1931),無量寺住持僧人體風將寺廟賣與女居士許恒仁。許恒仁是北平人,時年已五十五歲。此時無量寺山門南向,木額"無量古寺",内爲玉成花廠。南殿三間,時用於儲存藥品,東西配房各三間;北殿五間,木額"無量禪寺",下印爲"和碩莊親王寶",内供脱沙無量壽佛泥坐像一尊,兩旁二小童。壁間有十八羅漢木像十八尊。另有脱沙彌勒佛一尊、真武神像一尊,均爲泥塑。寺廟格局與《京城全圖》相比雖無太大變化,但殿宇、神像、法物均

〔1〕參見首都圖書館藏《北平寺廟調查一覽表》,無頁碼。

不多[1]。或因居士身份不符廟宇管理規定，民國二十四年（1935）十月，許恒仁將廟交由尼僧悟真管理，而此時廟内已新增南海古佛神像一尊、法童二尊、五聖佛五尊、判官小鬼站像四尊。法物新添鐵燎爐一座，上刻“咸豐元年九月吉日造”，鐵磬一口，上刻“咸豐元年（1851）秋八月吉日，五聖殿神前”[2]。悟真來自天津，常住隱修巷，民國二十三年（1934）四十七歲時纔剛剛落髮。許恒仁也仍住廟内，掌管廟契房産，對外稱行管理之職。除此二人外，廟内還有另外七位女居士，除兩位十六七歲的少女外，均是五六十歲的年紀[3]。1945 年警察局調查時，直接稱此廟爲“女居士廟”[4]。

至 1947 年，悟真已不再擔任無量寺的名義住持，許恒仁又請來永泰寺僧靈徹坐鎮，但實際仍由自己管理一切事務[5]。此時佛殿群房仍有二十五間，許恒仁將其中八間出租，每月得租金二十餘元。除許恒仁外，廟内還有六名女居士居住[6]。到 1952 年，寺廟住持登記爲靈徹，正是永泰寺之住持[7]。

附近居民還記得許恒仁等人，說這裏原是姑子廟。20 世紀 50 年代中期，無量寺被拆除，改建爲新式劇場——人民劇場。

2015 年調查時，無量寺建築已完全不存，其地仍爲護國寺人民劇場。

〔1〕參見國立北平研究院《無量寺》，西四 15。

〔2〕參見北京市檔案館藏《北平市社會局·内四區無量寺住持悟真登記廟産的呈及社會局的批示》，1935—1936 年，檔案號 J2-8-893，頁四至七。另參見前引之《北平寺廟調查一覽表》。

〔3〕北京市檔案館藏《北平市社會局·内四區無量寺住持悟真登記廟産的呈及社會局的批示》，1935—1936 年，檔案號 J2-8-893，頁四十二。

〔4〕見上引之《北平寺廟調查一覽表》。

〔5〕參見《北京内城寺廟碑刻志》第二卷，“永泰寺”條，頁八百二十六至八百二十。

〔6〕參見北京市檔案館藏《北平市民政局民族事務科·本市寺廟情況查詢記録》，1949 年，檔案號 196-1-3，頁七至九。

〔7〕參見《北京内城寺廟碑刻志》第二卷，“永泰寺”條，頁八百二十六至八百二十。另見北京市佛教協會藏《北京市民政局民族事務科西四區僧、尼寺廟登記表》，1952 年，檔案號 196-1-18，頁九十五。

梵香寺

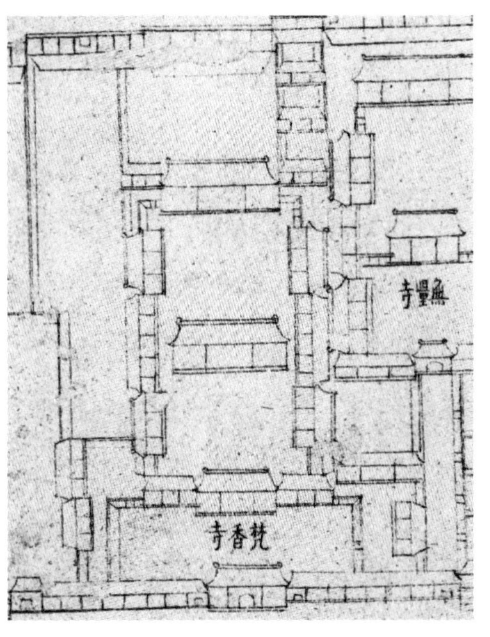

梵香寺，原址在内四區麻狀元胡同十一號（今爲西城區群力胡同十七號），寺廟建築已不存。

此寺可能始建於清雍正年間，爲賜建[1]。雍乾時期僧録司未曾登記，應時已爲藏傳佛教寺廟，不在僧録司管轄之列。從乾隆《京城全圖》上看，梵香寺坐北朝南，有四進院落。南首爲山門一座三間，兩側均有臨街南房，東西皆八間；第一進院内有正殿三間，左右各三間朵殿，院落爲牆垣所繞，僅在北朵殿兩側開二角門出入，東角門後小跨院，内爲兩進北房，均三間，東南角有東房三間。西角門後小跨院，内有西房兩座各三間；第二進院内有正殿三間，前有東西配殿各三間，配殿均有南耳房一間，後爲五間東西配房，直達後院配殿南牆；第三進殿内有後殿三間，東西配殿各三間。配殿與後殿之間以短牆相連，牆上開東西小角門，西門通向後院，東門通向東小跨院；後院内僅有小北房三間，後爲大片空地，最北端有倒座房五間，面向護國寺街，似已不屬於梵香寺建築；東小跨院有三進，每進唯有三間小房，均南向。

至民國十八年（1929），梵香寺尚有登記，其時廟内法物有釋迦佛一尊、天王四尊，除了喇嘛居住外，似爲護國寺僧衆存放法事用具的地方，有鐃鈸四扇、喇叭一對、把鼓一對、《毗羅經》一部[2]。民國十九年（1930），寺内修

〔1〕參見《北京寺廟歷史資料》，頁四百二十一。

〔2〕同上。

建民房數間爲寺僧住所，時額定喇嘛九名[1]。而國立北平研究院調查時，已不見廟内有任何神像法物。此時梵香寺山門南向，石額"梵香寺"，前面有房三間，北房已焚毁，東院南北房各三間，爲永興撂局，又東院東房三間，北房二間，古槐一株，大門前有槐五株。廟内不見喇嘛蹤跡，管廟人爲李隆結[2]。1938年開始編纂的《北平市志稿》稱，當時梵香寺已"俱圮爲平地矣，山門改爲小門"[3]。此後，歷次寺廟登記均不見梵香寺蹤跡。

20世紀50年代，藍天宇鋒幼兒園和人民劇場開始興建，佔用梵香寺原址。至90年代，拆除原有平房，建成小樓。2005年時，小樓全部重修一新。2005年至2015年調查時，梵香寺遺址上一部分是護國寺街人民劇場，一部分是幼兒園。

---

〔1〕《北平市志稿》卷五·喇嘛教二，頁二百五十三至二百五十四。

〔2〕國立北平研究院《梵香寺》，西四12。

〔3〕見前引之《北平市志稿》。

普慶寺

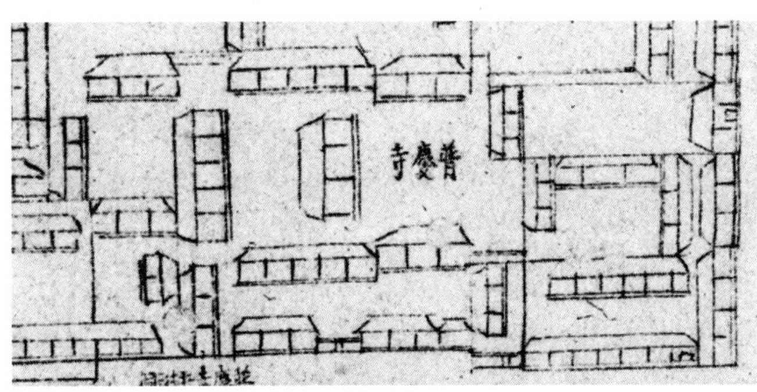

普慶寺，原址在內四區新街口南大街二百二十二號（現爲西城區新街口南大街一百六十三號），寺廟建築現存部分。廟內原有碑刻一通，爲清康熙十年（1671）《普慶寺香燈碑》，碑石現已被砸碎埋在廟中地下。

普慶寺的創建時間有三種說法。其一，唐時始建說。《普慶寺香燈碑》記，此寺初建於先唐，明萬曆十五年（1587）曾重修[1]。其二，遼時始建說。《宛署雜記》記：（鳴玉坊）普慶寺始建於遼天曆三年[2]，明天順庚辰年（即天順四年，1460）重建[3]。其三，明時始建說。《中國文物地圖集·北京分冊》記普慶寺爲明建清修，未知其所據[4]。

明末清初時，普慶寺的基址寬大，香火鼎盛，供奉三聖、教主、羅漢諸聖像。明末時此寺還有添建，廟內大鐵爐一座即造於明崇禎十四年（1641）季春。戰亂頻仍，廟貌損毀。入清以後，僧人明喜接座住持，他發心修繕、苦行募化，得到了都察院江南道御史邊聲赴等衆多善信的支持。從名字上看，隨他捐資修廟的約有三百人，絕大部分爲漢人。他們組成善會，其中有“正會

〔1〕此處碑文漫漶不清，“子”字祇能依稀辨認，具體時間尚存疑。見清康熙十年（1671）《普慶寺香燈碑》，京397，《北京圖書館藏中國歷代石刻拓本匯編》卷六十二，頁一百七十五。

〔2〕遼無天曆年號，《宛署雜記》此處恐有誤。如爲遼天慶三年，即1113年。

〔3〕《宛署雜記》言字·僧道，頁二百二十四。

〔4〕《中國文物地圖集·北京分冊》（下），頁九十七。

首”、“會首”與“隨會”之别。康熙十年,重修完成,邊聲赴欣然爲之撰碑立記[1]。康熙一朝,普慶寺添造不斷,後院西殿木額“三界導師”,記其曾於康熙五十三年(1714)仲春望日重修,而殿内鐵鐘一口,造於康熙四十七年(1708)夏月。

康熙《萬壽盛典圖》中清晰繪出了普慶寺。從圖上看,普慶寺坐西朝東,然山門之前尚有民房。僅能看出正殿和南北配殿,正殿前似乎還有牆垣一段,與外院隔開。寺内僧人與官吏往來迎送,圖中注明:“内閣翰林院詹事府中書科在此普慶寺恭諷萬壽經。”[2]雍正五年(1727),山西衆善人等捐資重修大雄寶殿,至季夏吉日功成圓滿,衆人獻額曰“大雄寶殿”。此時住持法號法隆,有徒名慧立,正是重修主事之人。至《雍正廟冊》登記時,法隆仍任普慶寺住持,時廟内有殿宇九間、禪房二十五間。《乾隆廟冊》登記住持换成了通如。乾隆《京城全圖》所繪之普慶寺與康熙《萬壽盛典圖》非常相似,都是坐西朝東,院東尚隔數座民房纔至新街口大街。山門三間東向,正中開門出入,後有一狹長走道,最西頭三間也東向,经此通往普慶寺正院。正院内爲三進院落,前殿三間,前有北配殿三間,無南配殿;正殿五間,北有配房五間;後殿三間,北配殿三間。正院之南有南跨院,東南角開隨牆門一道以出入,内有前殿三間,坐西朝東,後有南北房兩座,均南向三間,南房帶东耳房一間。往西又有南北房兩座,南房三間,北房五間,前後南房間開隨牆門一道。最西端有後殿三間,坐西朝東。後殿西四還有小院一所,内有北房三間,西向小房兩間。其後,普慶寺香火不絕,廟鐵磬二口,一鑄於清嘉慶元年(1796)新正吉日,一鑄於咸豐六年(1856)二月初六。

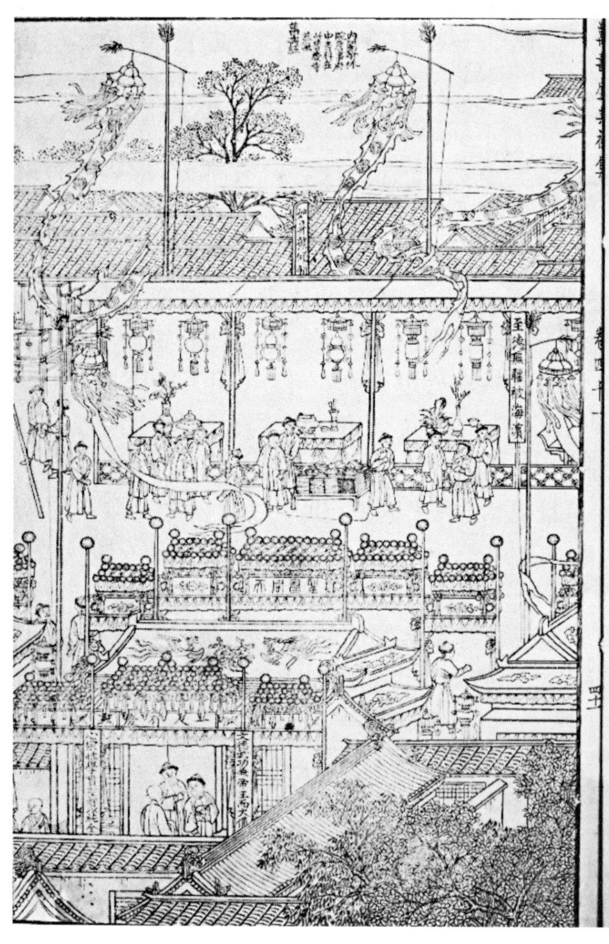

〔1〕見前引之《普慶寺香燈碑》。

〔2〕《萬壽盛典初集》,四庫全書本,卷四十一,頁四十一至四十二。

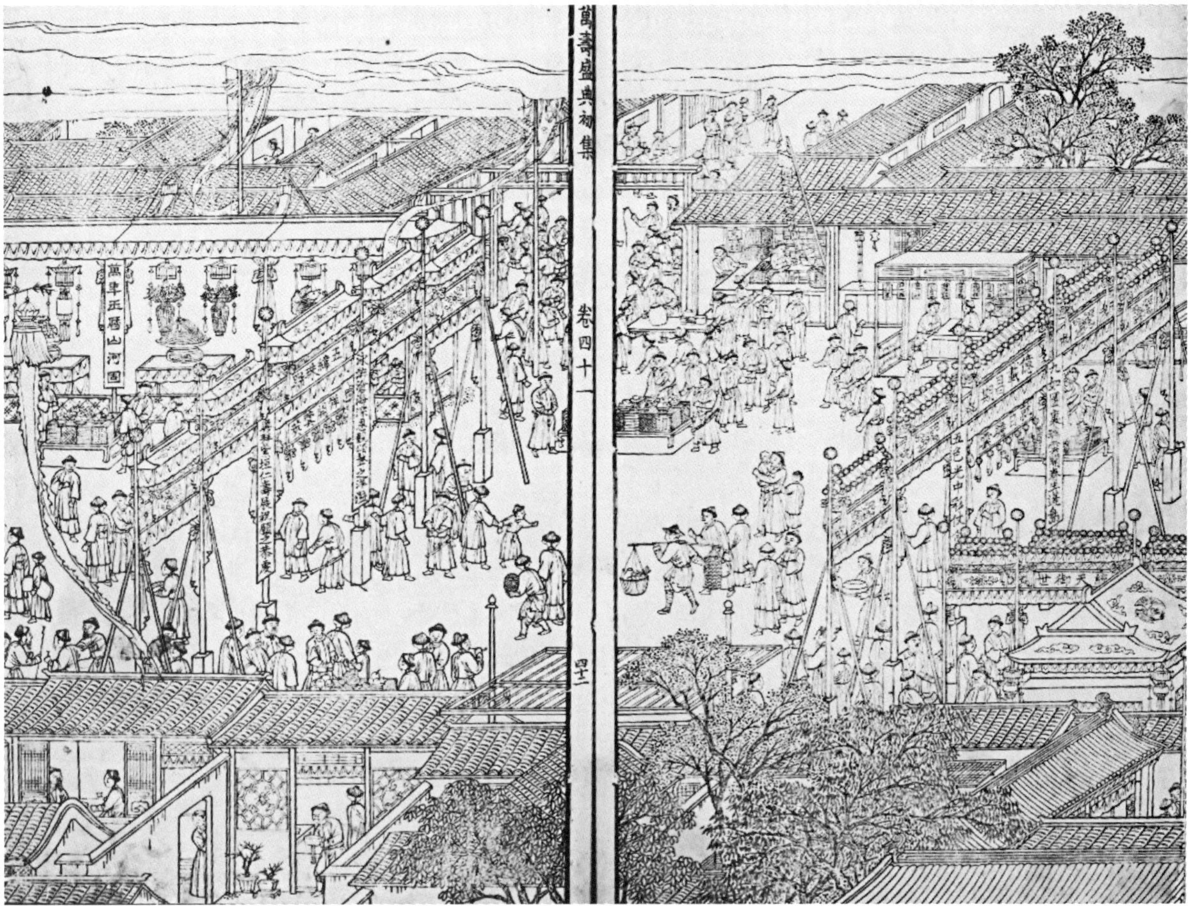

康熙《萬壽盛典初集》中的普慶寺

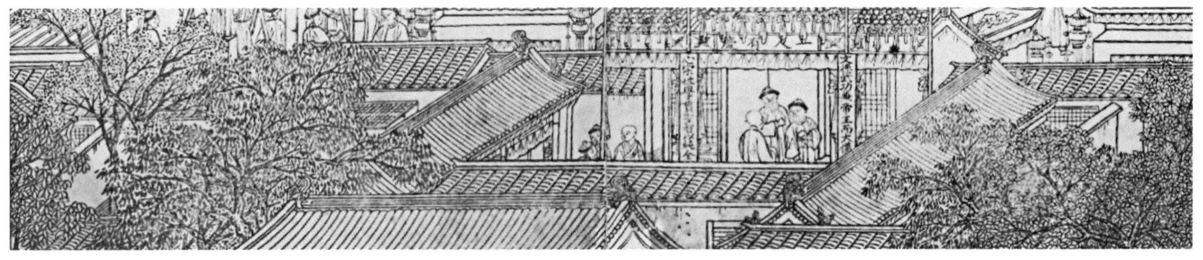

康熙《萬壽盛典初集》中的普慶寺細部

清咸豐八年（1858）十二月，慧海立轉香火一紙，成爲普慶寺住持。清光緒五年（1879）七月，寶珍登記廟産，立有手本〔1〕。光緒十九年（1893），普慶寺買下南側民房，圈入廟内，對外租賃，租金補助香火日費之不足。當時立有修工憑單〔2〕。民國六年（1917），德海（又名寂崑）從師傅闊林手中接過法座〔3〕。此時普慶寺山門三間東向，木額“普慶寺”，穿堂門二間；大殿三間，供三大士木像，殿前南側即《普慶寺香燈碑》。南配殿三間，供木胎金身達摩像。北配殿三間，供關帝一尊，木胎金身；

〔1〕北京市檔案館藏《北平市社會局·内四區普慶寺僧人德海登記廟産發放憑照的呈文及社會局的批示》，1930—1942年，檔案號J2-8-581，頁一至三十五。

〔2〕同上，頁四十九至五十一。

〔3〕同上，頁一至三十五。

後殿五間，内供觀音菩薩一尊，木胎金身。南北配殿五間，左耳房二間。西殿三間，内供木像三世佛三尊，泥塑童子二人。十八羅漢泥像、娘娘銅像八尊，據説原有九尊，一尊已失。南殿三間爲祖師殿，内供達摩三尊，木像金身。北殿三間，内供伽藍一尊，配像二尊，均爲木像金身[1]。

至民國三十一年（1942），寺廟南側之群房已岌岌可危，僅有七間尚可支撑，山牆已完全倒塌。德海於是上報社會局，請求將原土房拆除，利用現有空地，改建西灰房四間、南灰房四間，再蓋南北兩單房。德海承諾："此次修蓋完畢，謹遵貴局前頒命令，概不租賃攜眷婦女雜居，以遵定制而守清規。"[2]另外，普慶寺還在阜成門外有一處下院三塔寺，後被國民黨十六軍拆除修建了炮壘[3]。

至1947年民政局登記時，寺廟住持已换成祖才。他時年二十八歲，曾讀過私塾，俗家兄在京西石景山工廠做事，時常補助他生活。此時廟内房屋仍有四十三間半，住僧人二人，出租三十三間，每月收入一千六百餘元[4]。1952年時，廟内所有房間共五十八間，其中還有新街口南大街口袋胡同三號的二十一間，但衹剩三間供佛，祖才等僧自用八間，其餘租出。祖才當時還做了防火組員、水站組長[5]。

老住户們清楚地記得最後一任住持祖才，説他俗家姓孔，人品極好，誠實可靠。他母親原來住在廟内北房，俗家哥哥在京西。除他之外，廟内還有一常住僧人，名文元，比祖才年長十餘歲。他們二人原以停靈治喪爲生，普慶寺就是新街口大街上的一處經懺口子，附近僧人，如前羅圈胡同内某廟僧[6]常與之來往，共同治喪。20世紀50年代初廟内還治過喪，但至50年代末已基本完全絶跡。此後，祖才進入北京鑄造廠參加工作，而文元則以看守公共電話爲生。二人均未還俗，一直住在廟内。文元在廟中去世。20世紀90年代，祖才病重，俗家哥哥接他回了石景山，病故於彼。

直到20世紀五六十年代，大殿及其南配殿内的神像還在，雍正重修時所立"大雄寶殿"匾額仍存寺内，老住户説它是一米五左右的大木頭匾。"文化大革命"之初，神像被砸碎，木匾被搬走，挖防空洞時《普慶寺香燈碑》及其座下龜趺被推倒，埋入地下。院子此時也被墊高，大殿原有之七級臺階從此不見。然而院内住户不多，仍然寬敞，該管段派出所開群衆會就選址於此，能容納二三百人坐小板凳開會。1976年地震時，大殿屋脊上的石人石獸均被震碎，院内開始私搭亂建，後纔成了大雜院。

21世紀初，院内除大殿外的各處配殿、住房均陸續重修，因普慶寺已是文保單位，本應原拆原建，但實際上新建建築並未保持原樣。2004年，有小偷進院内盜竊不成，一把火燒了大殿南稍間。除此間重蓋外，大殿基本維持原狀。2010年左右，六號綫地鐵平安里站動工，普慶寺東側山門、前院被拆除。

2005至2015年調查時，普慶寺寺廟格局尚在，除大殿外其餘房屋均已翻修。現爲居民住家院落。

---

〔1〕國立北平研究院《普慶寺》，西四187。

〔2〕北京市檔案館藏《北平市社會局·内四區普慶寺僧人德海登記廟産發放憑照的呈文及社會局的批示》，1930—1942年，檔案號J2-8-581，頁四十九至五十一。

〔3〕北京市檔案館藏《北平市民政局·北平市寺廟總登記簿》，1950年，檔案號J3-1-203，頁二十八。

〔4〕參見北京市檔案館藏《北平市民政局·北平市各區寺廟總登記考察簿》，1947—1948年，檔案號J3-1-237，頁七十七。北京市檔案館藏《北平市民政局民族事務科·本市寺廟情況查詢記録》，1949年，檔案號196-1-3，頁七至九。

〔5〕參見北京市佛教協會藏《北京市民政局·民族事務科西四區僧、尼寺廟登記表》，1952年，檔案號196-1-18，頁九十五。

〔6〕可能是花枝胡同關帝廟，它緊鄰前羅圈胡同，且廟内也經營停靈治喪業務，最後一任住持奎林是附近有名的治喪僧人。參見《北京内城寺廟碑刻志》第三卷，頁二八九至二九〇。

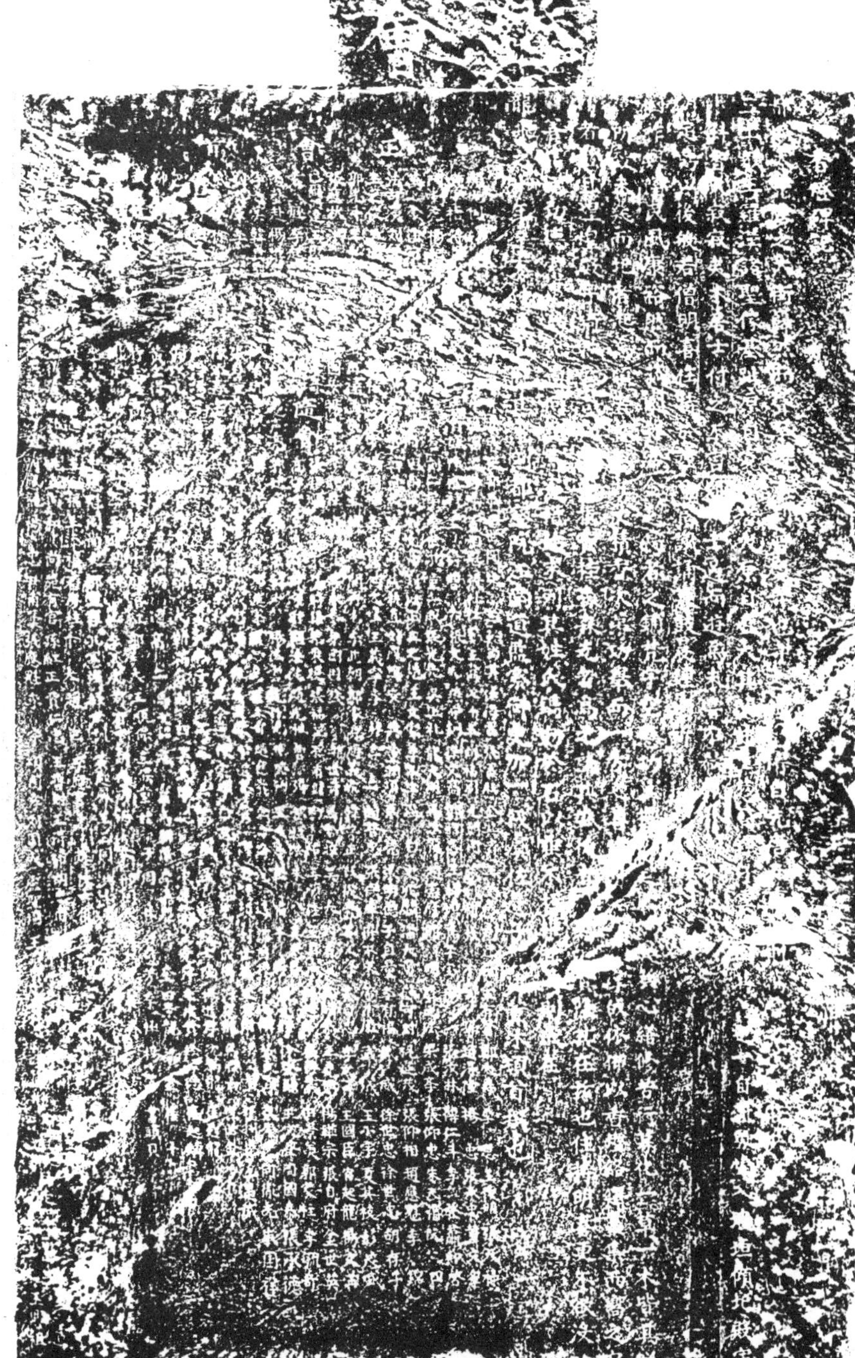

京 397《普慶寺香燈碑》

普慶寺香燈碑

額題：香燈聖會
首題：香燈碑記
年代：康熙十年（1671）五月
原址：西城區太平倉胡同
今址：西城區新街口南大街普慶寺內
拓片尺寸：碑陽高 134、寬 79 厘米，額高 30、寬 25 厘米
書體：正書
撰人：邊聲赴
《目録》：頁 271
拓片編號：京 397
拓片録自：《北京圖書館藏中國歷代石刻拓本匯編》62 卷 175 頁

【碑陽】

碑文：

香燈碑記 1

都城太平倉之大街巋然而聳者，古刹普慶寺也。寺之□□傳自先唐，而重修則萬曆之戊子。殿供 2 三聖教主、羅漢諸聖像。基趾原自寬□，香火原自盛大。其□□□□蔚，釋子雲□周其舊也。一自流氛煽入，墻垣傾圮、殿宇傾 3 斜、香火寂寂矣。本居士付之丕言，都人士過而游焉，未嘗不欷歔□離黍也。我□4 朝定鼎以後，般若僧明喜住持於玆，旦□諷誦、暮鼓晨鐘，以祈 5 國祚興隆、民風康裕，然而祇園雖給金之長者之鋪，梵宇空懸功□檀□□□□□發心繕修、苦行募化，一草一木皆其胼胝 6 所致。未幾，而圮者起焉、頃者直焉。方丈積香火第，功舉而一方之善□□□□□□皈依，布以香燈，絡繹叢集。而嚮之寂寂 7 者□且煌煌殿宇。猗歟！□□□□□□寶桂森森，先者爲之□其盛，後者□□□□隆其在玆也。住持明喜更不欲沒其衆 8 善信之功德，索愚爲記。愚何記焉，爰□始末，列其姓氏，鎸勒於石，以垂不朽□□□。則歲在 9 龍飛之十年辛亥仲夏也。□其事則都察院江南道監察御史加一級虞佐邊子聲赴熏沐頓首撰也 10

正會首：

顔光例、鍾□梧、阿喇虎、萬□金、法可浸、王之俊、郭光斗、張應秋、巴爾門達、袁燧、邊聲赴、李□蕡、劉□庫、□振、長壽、□□、柳□方、武□、□□□、符□□、楊□□、徐□□、刘□□、□□□、王□□、洪□□、王□□、李起□、楊進□、韓□明、李□、徐□（左泐）。

會首：

□□□、□□□、□□□、□□□、□□□、□□□、□□達、□国安、□□奇、□□□、□□□、□哈□、張自量、陳添壽、□得馮、□□□、黃公得、時王□、□承詔、李□□、□□□、□得□、□□□、□□□、□□富、□□盛、□□倉、□□倚、□□□、□□□、孟□□、暘□□。

隨會：

□声高（左泐）□都泰、□□□、陳應祥、劉二弟、田爾□、韓燕□、楊國禄、□星、王□性、張静□、高守□、郭□□（左泐）、□文□、□□魁、王□福、姚□□、□應龍

□世岡、董相魁、王得、曹□□、□□高、□□□、王國□（左泐）、宋嘉福、□□十、王進朝、周尚大、王添福、和尚、楊忠

朱□、張仕仁、曹六、童一成、□□正、張執直、何之□、關□光、□□□、□時□、□□□、□□□、□□□、□□□、白□松、□□、郭大、胡□、□落紅、姚□、都靈官、□房桂、苑有官、尹甫□

鮑尚其、□玉□、張文虎、張光亮、王之□、姚鳳□、王義寧、□進朝、梁國用、□乘德、賴法德、湯□雲、□心□、□□□、□□□、□□子、靳滿倉、高二、郭大、李義成、孔憲端、卞大、孫紅正、張應魁

任得□、□十五、燕守□、吴上禮、王文□、安興、李□、郭家梁、錢□、張福□、□□□、□□□、□□□、□□□、□□□、□□、閻四、馬文韶、王順保、□有、□世□、趙三、賈仁忠、李宗

張富社、劉福周、徐文高、龍大明、章□生、查羽項、□□、隨□□、郭壹青、孫有鐘、曹強、□□□、隨□義、□進□、□家□、□□、□□□、□□、王保童、胡□□、黄起鳳、□□書、王詹財、項自孝

金其貴、元朝□、張□□、馬□龍、□白、□亮、趙普忠、韓普正、馬□拉、南□、□拉洪、王□□、金□海、□□、□□孝、高□、□□、高□□、甘子、海□、王三同、□□□、王時□、劉固成

□□□、□□□、王□□、趙崇府、史兆麟、張明德、張保盧、□□□、吴大、王順隆、朱八、□□、□□、□□□、□□□、王□、宋建□、李嘉□、周世、邢國□、洪士□、□士□、胡□春、盧聖構

□□□、張本、馮子寶、鄭明、潘大量、于自量、□本來、安文學、劉有□、王□□、莫天春、于□、鄒國□、劉世英、□成得、□士□、□堯舜、□奎、白□芳、□□□、王□□、李□□、□□□、王□□

王有倉、□□孫、□□□、□之法、薛可封、李有福、童有厫、□自忠、□□□、□□□、□□□、□□□、王文用、汪麗□、楊進孝、李成貴、田景龍、李極、吴春、□□□、□□□、□□□、□□□、□□□

鄭大壽、趙得隆、張汝林、梁成學、祝進茂、武威、武成、李大□、王堯世、張□義、徐啟臻、□成梁、□□□、馬滕□、沈滿龍、徐子德、□全、楊□□、□□□、□□□、□□□、□□□、□□□

李忠、楊忠、傅仁斗、張仰忠、張仰相、徐世忠、王小宇、王國臣、楊維宗、田景美、王文學、袁□□、張州舉、□世金、崔起龍、高起麟、崔十、書頭貝

王俊明、張承忠、李登、朱天福、趙應魁、徐世忠、夏其枝、肖其龍、張自府、胡家柱、周國泰、何胤光、□遇誠

張天禄、黄文學、蕭印啟、阮四、李錦、胡存子、彭茂盛、楊文玉、金世英、李毓奇、張承德、朱國祥

□□□月□□□□□□□□□□□，王思祖

三乘庵

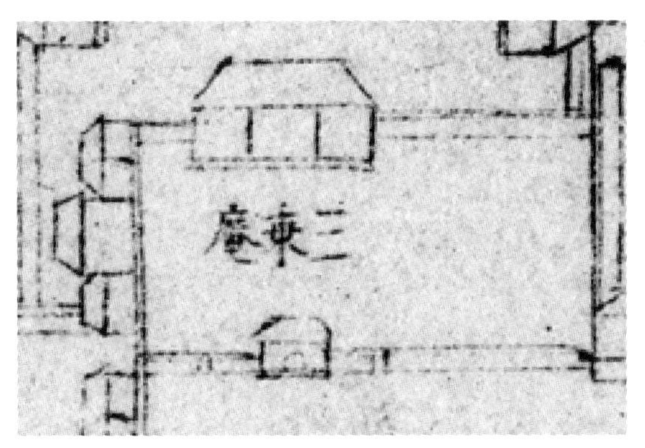

三乘庵，原址在內四區普慶寺胡同西頭路北（後普慶寺胡同曾一度改爲口袋胡同。因修建地鐵，口袋胡同現已不存，三乘庵原址現約在西城區寶産胡同甲二十號的位置。）

三乘庵始建時間不詳，清《雍正廟冊》中尚無登記，而《乾隆廟册》記爲大僧廟，住持福林。從乾隆《京城全圖》上看，三乘庵坐北朝南，似僅有一進院落。山門一座一間南向，左右牆上开角门，大殿三間，旁有牆垣與其他院落隔開且並不通行。院外緊挨西牆有西房三座，中一座一間較高，南一座一間較矮，北一座二間也較矮，難以判斷是否屬於此廟。

自此以後，三乘庵再無記載，應早已不存。

2015 年調查時，三乘庵原址上是 20 世紀 60 年代蓋的五層大樓，爲鐵路局寶産招待所。

西方寺

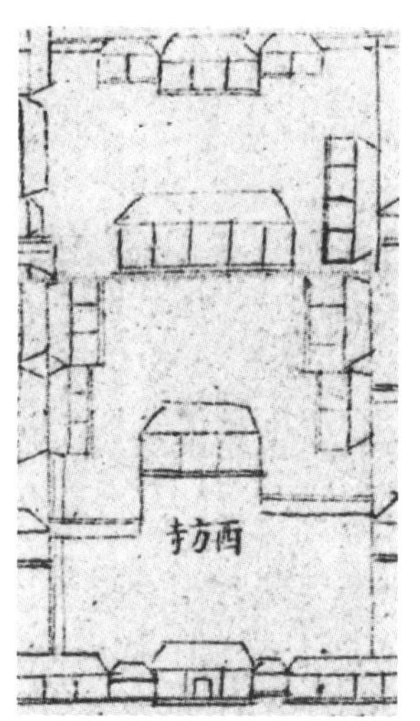

西方寺，原址在内四區石碑胡同四號（後曾爲西城區育德胡同七號，現育德胡同已不存，此處已無門牌）。寺廟建築現已不存。

民國時期寺廟住持稱，西方寺始建於明朝，未知何據[1]。廟内原有鐵磬一口，造於明泰昌元年（1620），爲乾清宫近侍御馬監太監李桂所獻。至清康熙年間，西方寺已有明確記載。《萬壽盛典圖》中記“鑲紅旗滿洲蒙古漢軍都統等在此西方寺恭諷萬壽經”。圖中所繪之西方寺似有三進，坐北朝南。山門側旁帶朵殿，内爲前院；經二道門直達第二進院，此院甚寬敞，足夠在院中搭建彩棚；正殿後還有北房，但已不是殿宇形制。正殿兩側有配房，似非殿宇，而爲僧人所居之禪房[2]。《雍正廟冊》中記載，石碑胡同西方寺，爲大僧廟，有殿宇八間、禪房八間，住持實來。《乾隆廟冊》登記住持爲續理。從乾隆《京城全圖》上看，西方寺坐北朝南，有三進院落。首爲山門一座三間，正中開門，左右各帶朵殿一間，朵殿兩側還有臨街房與別院相連。山門内首有牆垣一道，正中有前殿三間；後爲正殿五間，前東西配殿各三間，東殿南有小東房二間、西殿南有小西房三間。正殿東側還有東過道房四間；正殿之後爲後殿三間，左右各帶兩間小耳房，殿後即廟院北牆。寺廟形制與《萬壽盛典圖》所繪極爲相近。

清宣統二年（1910），僧人鑒海價購並重修西方寺，傳賢首宗。民國十七年（1928），他在社會局領有廟産執照。民國十八年（1929），西方寺内失竊，十四尊二尺高木質八寶羅漢，和一尊八寸銅質金色羅漢被竊去。此時西方寺

---

〔1〕北京市檔案館藏《北平市社會局·内四區西方寺僧人鑒海登記廟産的呈及社會局的批示》，1930—1936年，檔案號J2-8-328，頁三十至三十一。

〔2〕《萬壽盛典初集》，四庫全書本，卷四十一，頁四十。

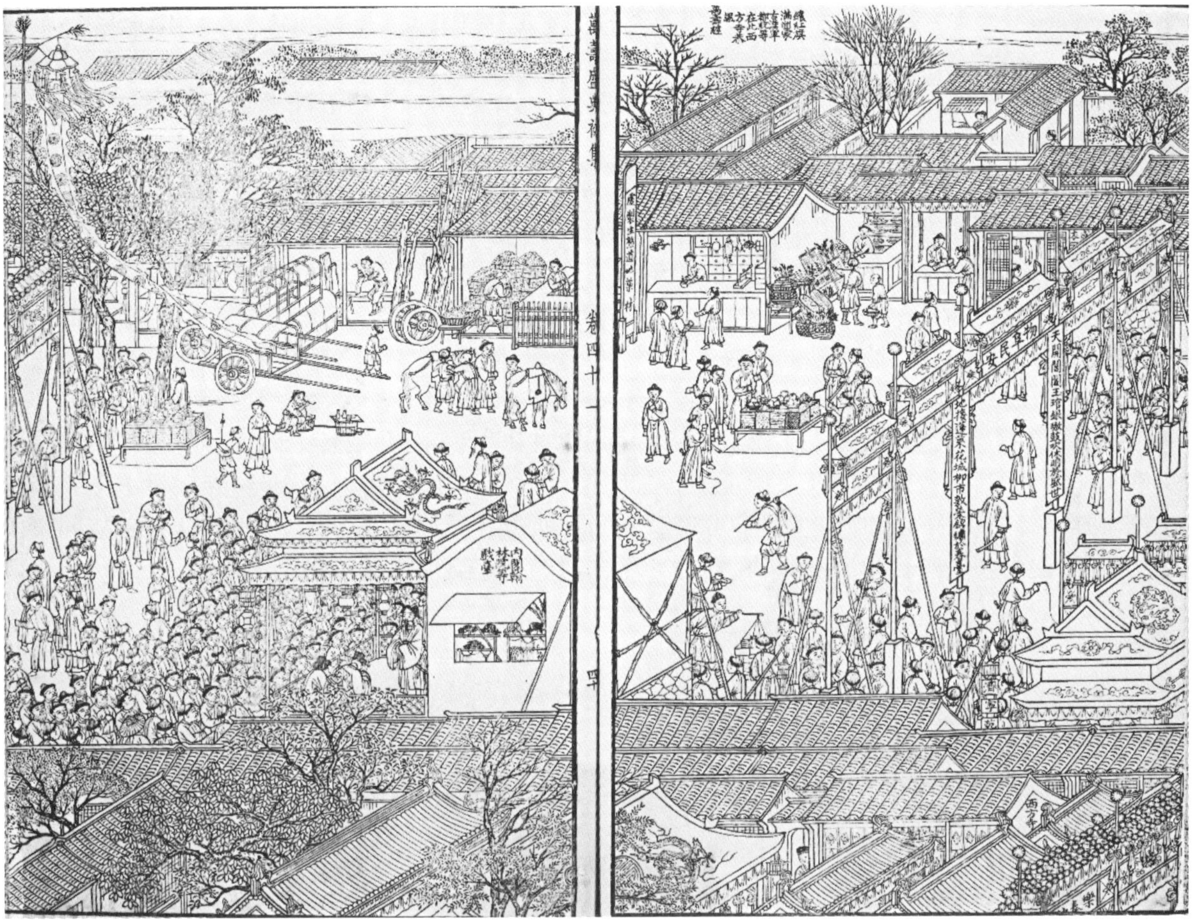

康熙《萬壽盛典初集》中的西方寺

康熙《萬壽盛典初集》中的西方寺細部

有房屋六十三間，師徒三人並一位工人住在廟内，以房租爲生[1]。山門南向，石額“敕賜護國西方寺”。前殿爲關帝殿三間，内供關帝泥塑坐像一尊，後供韋馱泥像一尊。前殿東西各有南房三間；第二進院内有正殿三間，東西壁嵌石二方，僅西石能辨認“西方禪寺”四字，其餘字跡全被劃去。正殿正中供木質千手千眼佛立像一尊，頭四面、臂十二，背後木光高至丈六，刻有佛像、童子和象、獅、馬等。左右銅佛像二尊，木羅漢僅剩四尊。正殿東夾道内有東房七間，西夾道内有西房七間，全部賃與

〔1〕北京市檔案館藏《北平市社會局·内四區西方寺僧人鑒海登記廟産的呈及社會局的批示》，1930—1936年，檔案號J2-8-328，頁五至十、十六至十八、三十至三十一。

小本經營者；第三進院内有後殿五間，内供木質釋迦牟尼佛坐像一尊，後光高八尺，精工細雕。前有銅磬一口，清同治八年（1869）所造。殿前東西配殿各三間，殿後北房五間，時爲念佛堂及僧宅，殿東有北房三間、槐樹一株。後殿東夾道内有東房五間，西夹道内有西房五間。西北隅小院一所，内有北房三間、耳房一小間、椿樹一株[1]。至民國二十三年（1934），鑒海因年老退居，將住持之位讓給徒孫永安[2]。

1945年警察局調查時，寺廟神像法物尚保存完好，調查人員還提及千手千眼觀音背光上有大鵬金翅鳥，然此次登記，僧人稱西方寺傳臨濟宗[3]。直至1950年，永安仍任住持。但1952年登記時已不見西方寺及寺内僧人，不知是否此時寺内已無僧駐守[4]。

據老住戶回憶，此寺址上早就改成了育德胡同小學，附近很多住戶都曾在這裏上過學。後來小學搬走，此地改爲西城區教委用地。

《中國文物地圖集·北京分冊》稱，西方寺存山門三間及左右朵殿各二間，前殿三間，中殿三間及東西配殿各三間，後殿五間及東西配殿各三間[5]。然而2005年實地調查時，寺廟建築已完全不存，當時是教育局的宿舍和辦公室。2008年回訪時，西方寺原址已爲一片空地，整個石碑胡同東段均已不存，正在修地鐵。2015年調查，西方寺所在地應爲地鐵六號綫平安里地鐵站。

〔1〕國立北平研究院《西方寺》，西四95。

〔2〕北京市檔案館藏《北平市社會局·内四區西方寺僧人鑒海登記廟産的呈及社會局的批示》，1930—1936年，檔案號J2-8-328，頁九十七至一百一十九。

〔3〕首都圖書館藏《北平寺廟調查一覽表》，無頁碼。

〔4〕北京市檔案館藏《北平市民政局·北平市寺廟總登記簿（第一冊）》，1950年，檔案號J3-1-203，頁二十八。北京市佛教協會藏《北京市民政局·民族事務科西四區僧、尼寺廟登記表》，1952年，檔案號196-1-18。

〔5〕《中國文物地圖集·北京分冊》（下），頁七十八。

玉皇閣

玉皇閣，原址在莊親王府東牆，正對西皇城根，約爲今西城區平安大街與西皇城根交界處十字路口靠西的位置。寺廟建築現已不存。

玉皇閣應爲莊親王府的附屬建築，故從未見於寺廟登記。莊親王府前身是明成化二十二年（1486）所建之大永昌寺。《京師坊巷志稿》引《明史·佞倖傳》曰："繼曉，江夏僧也，憲宗時以秘術進，日誘帝爲佛事，建大永昌寺於西市，迫徙民居數百家。"[1]至弘治初年，明孝宗整頓和限制佛教，下令停止修建大永昌寺，拆毁其木植、磚瓦等料以備公用，餘地給還軍民[2]。大永昌寺所在地成爲太平倉。

入清以後，太平倉成爲承澤親王府。承澤親王碩塞爲清太宗第五子，順治十一年（1654）十二月薨，其長子博果鐸承襲爵位，改號莊親王，從此，承澤親王府改稱莊親王府。從乾隆《京城全圖》上看，莊親王府順外圍牆建有一圈群房，其中正對西皇城根大街的，是一棟二層樓房，西向，上下各七間，北側另有一平房三間，也西向。二房之外繚以牆垣，東牆正中建一小閣，是爲玉皇閣。

1900年，八國聯軍進入莊親王府，屠殺了聚集在此處的一千七百餘名義和團團民，隨後放火燒了王府。清光緒二十八年（1902），莊親王爵由載功承襲，他的第二子溥緒就是末代莊親王。20世紀20年代初，因財源斷絕，他以二十萬元的價格將府邸賣給了軍閥李純之弟李馨（字桂山）。李家將莊親王府地上建築全部拆除，把磚瓦木料運到天津建了李氏祠堂，其原府址上改建了平安里、志興里，設立了平安里經租處[3]。後莊親王府内部貫通成街，稱平

〔1〕《京師坊巷志稿》卷上，頁一百四十。

〔2〕參見何孝榮《明代北京佛教寺院修建研究》上册，天津：南開大學出版社，2007年，頁二百三十四至二百三十五。

〔3〕參見《尋訪京城清王府》，頁九十七至九十八。

安里大街,後統稱地安門西大街。從20世紀30年代地圖上看,玉皇閣所在位置當時已經被辟爲道路,但似乎仍有一小式建築横於道路之上。

1999年,平安大街拓寬改造工程竣工。從此以後,玉皇閣所在地就是平安大街上的一處十字路口。

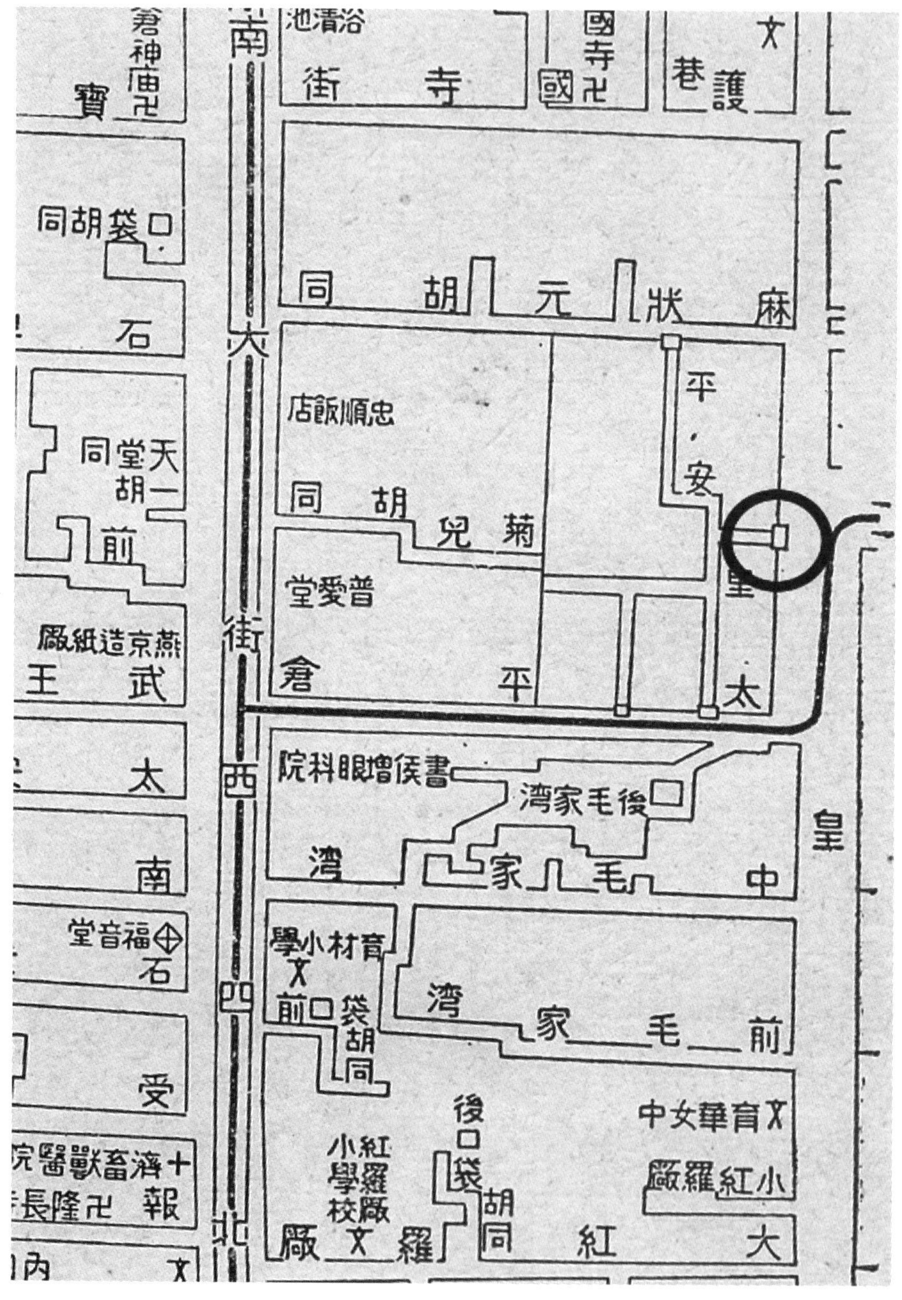

《北京街衢坊巷之概略》地圖[1],圖中圓形處即玉皇閣所在地

[1](民國)北京特別市公署編《北京街衢坊巷之概略》,北京特別市公署,1938年。

羅公庵

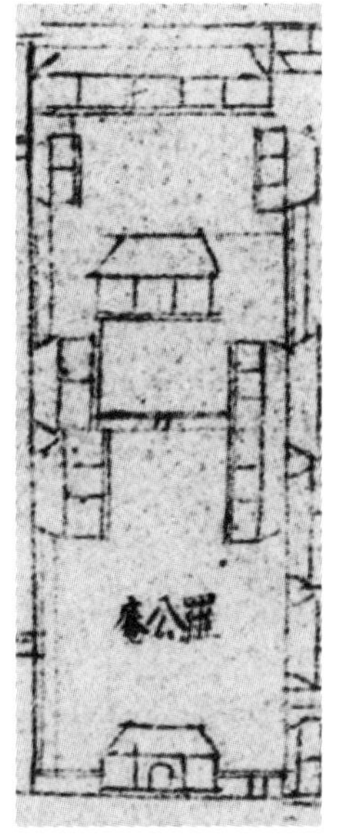

羅公庵，世稱興隆羅公庵，雍正前或曾名般若庵，原址在内四區石碑胡同五十九號（後曾一度改爲育德胡同六號，現整條育德胡同均已不存）。寺廟建築現已不存。

此廟未知始建何時，《中國文物地圖集·北京分册》稱它建於明代，清代重修，未知何據[1]。廟内最早的法物爲鐵磬一口，造於乾隆二十年（1755）三月。但康熙六旬《萬壽盛典圖》中似已有羅公庵。按，《萬壽盛典圖》中在西四當街廟[2]北、西方寺南，西四北大街路西繪“般若庵”一所，鑲藍旗滿洲蒙古漢軍都統等在此恭諷萬壽經[3]。而據《雍正廟册》記載，此般若庵位於太平倉，正是羅公庵所在地。

《雍正廟册》所記之太平倉般若庵，爲大僧廟，有殿宇三間、禪房七間。《萬壽盛典圖》中所繪之般若庵，似乎也衹有一進廟院，二者甚爲相符。《雍正廟册》中無石碑胡同羅公庵之名，而《乾隆廟册》登記時，羅公庵已經出現，時爲尼僧廟，住持祖旺。寺廟由僧轉尼的變遷，是否正與廟名和建築格局的變化同時發生？從乾隆《京城全圖》上看，羅公庵坐北朝南，有三進院落。南首有山門一座三間，東側牆上開角門。前院北端爲牆垣，上開二道門通往第二進院，院内有西房一座三間，東房一座六間，其中三間在第二進院中；過二道門後，有正殿三间，西房一座兩間；最北有北房五間，東配房三間，西配房兩間。

至清代晚期，羅公庵幾已損壞殆盡，門窗皆無，衹剩一座空廟。此時，平西皇姑寺尼僧古祥等人，出面整理廟務，四方募化，得衆善人等捐資。廟貌一新後，由古祥、古禄交由廣泰住持。清咸豐元年（1851），廣泰因回歸祖庭，不

〔1〕《中國文物地圖集·北京分册》（下），頁七十九。

〔2〕見於乾隆《京城全圖》五排九段。

〔3〕《萬壽盛典初集》，四庫全書本，卷四十一，頁三十七。

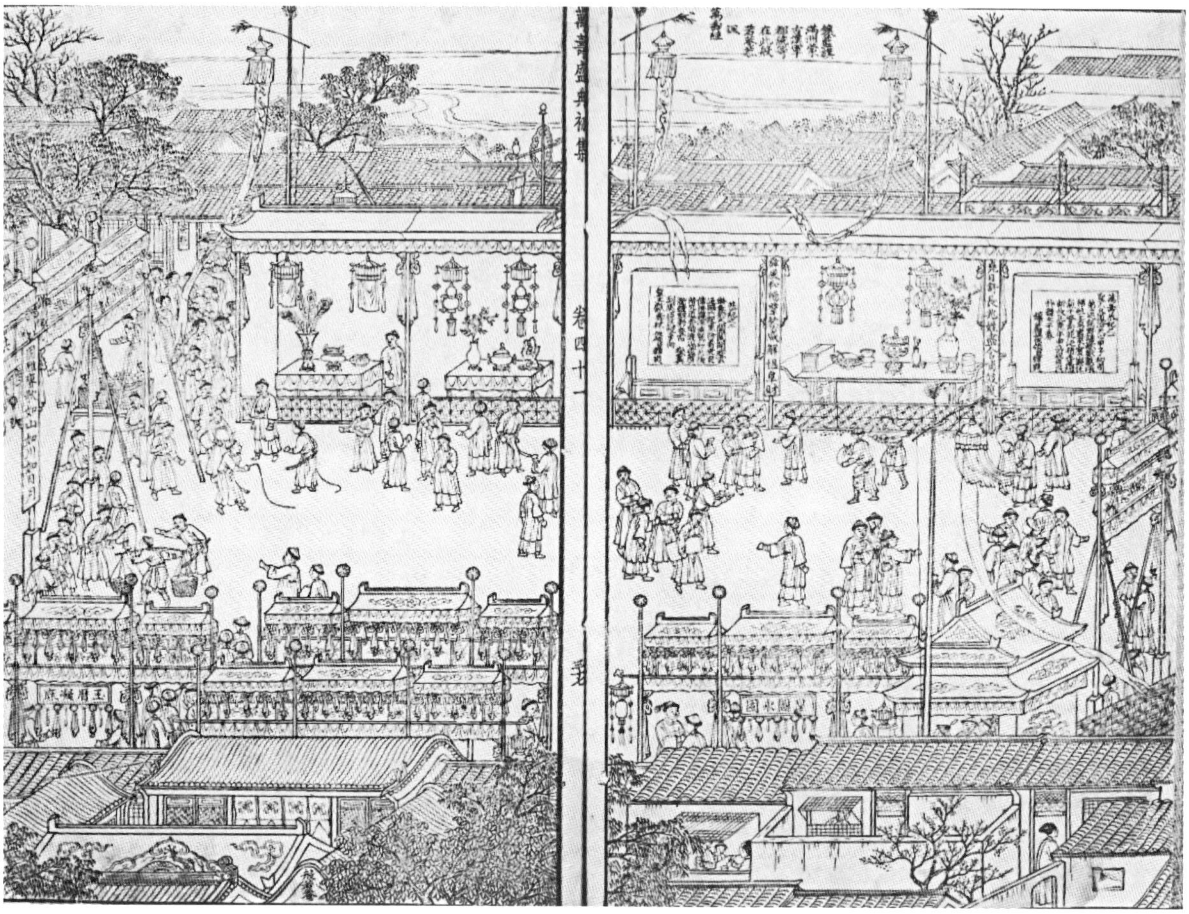

康熙《萬壽盛典初集》之般若庵

康熙《萬壽盛典初集》之般若庵細部

能料理廟務，將此廟以三百一十八吊錢的價格轉讓給尼僧續金。咸豐六年（1856），續金在僧録司登記入冊。民國十九年（1930）時，續金的徒弟尼僧隆福因香火不振、生活艱難，以大洋一千六百元的價格將此庵賣給德善堂孫晉卿。此時羅公庵坐北朝南，有房屋十三间，三層大殿各三間，南房兩間各帶一南北耳房,門樓一座,屏門一堵,棗樹兩株,松樹一株[1]。

孫晉卿自稱居士,家住前門外南下窪子樂善里,同時也是南横街圓通觀的廟主。據他說,羅公庵長期損壞未得修理,他認爲此處適合舉辦公益慈善事業,不忍見尼僧隆福將其拆毁,於是出資買下。然而實際上,之後羅公庵仍然空置,由管廟人郭松林(有時也寫作郭玉林)看管。此後羅公庵建築、格局、神像均未有大變化。山門開在巽位,南向,石額"興隆羅公庵"。前殿三間,南向,其內無佛,爲住房,東耳房一間;第二進院内有南殿三間,爲大雄寶殿,内供釋迦牟尼佛一尊,銅胎坐像,左右陪侍銅菩薩二尊。再左供泥塑娘娘坐像三尊,旁有泥塑傻哥哥、痘姐姐騎馬小像兩尊。菩薩之右供王奶奶泥塑坐像一尊,小童二人,再有小泥佛九尊、泥羅漢坐像十八尊。佛像前地下放着赤身小泥娃娃兩個,高尺餘,手執巨鑼,備人施錢。殿内還有送子觀音泥塑坐像一尊、小龕内供關帝泥像一尊,周倉、關平侍立。正殿前懸鐵鐘一口,鑄於咸豐二年(1852)九月。殿外院内有黑棗樹二株、梧桐樹二株、柏樹二株;第三進殿爲祖師殿,内供達摩一尊,配像三尊,關帝一尊,伽藍一尊,另有塑像一尊,可能就是羅公之像。像均泥塑,周倉關平像立於左右,旁有兩僧立像。院内柏樹、槐樹、桑樹各一株。西有南房兩間[2]。至1945年警察局調查時,廟内又多了一尊藥王塑像[3]。

至1950年寺廟登記時,孫晉卿已去世,由其後代孫光明接任廟主,仍然享有廟産權。廟内房屋仍十三間,未有增減[4]。

附近老住戶稱此廟是尼姑庵,但也是家廟,是某位女人爲了還願而蓋的。2004年至2005年調查時,寺廟基本保持原狀,除了山門與前殿變成四川飯店外,正殿三間、後殿三間仍存,當時是居民住家院落。2008年回訪時,羅公庵已夷爲平地,備修地鐵之用。2015年,羅公庵原址已爲地鐵六號綫平安里地鐵站。

羅公庵殿頂俯瞰(2004年5月 如意攝)

[1]北京市檔案館藏《北平市社會局·内四區羅公庵尼人孫晉卿登記廟産的呈文及社會局的批示》,1930—1931年,檔案號J2-8-632,頁一至二十四。

[2]國立北平研究院《羅公庵》,西四93。

[3]首都圖書館藏《北平寺廟調查一覽表》,無頁碼。

[4]北京市檔案館藏《北平市民政局·北平市寺廟總登記簿(第一册)》,1950年,檔案號J3-1-203,頁三十六。

羅公庵（2004年5月 如意攝）

龍王廟

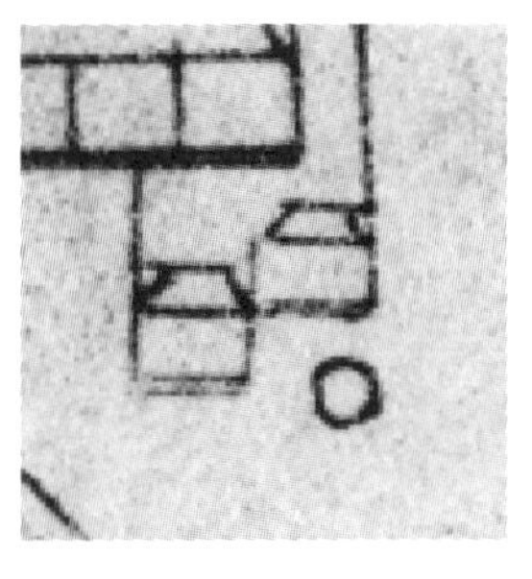

龍王廟,亦名五聖神祠,原址在內四區大帽胡同甲八號(即西城區北帽胡同關帝廟門口、觀音寺北,現爲空地,無門牌號),寺廟建築現已不存。

龍王廟之名不見諸乾隆《京城全圖》,但此圖上似乎繪出了龍王廟的建築。在關帝廟前東南路口處,有水井一眼,北有小房兩座各一間,自成院落。因無僧道住持,故不見於僧録司廟冊,民國寺廟登記時也將它遺漏。

20 世紀 30 年代初,國立北平研究院的調查人員記録了這座小廟,稱它僅廟房一間,南向而殘破。內有泥塑龍王、土地、財神像三尊,均高二尺餘。童子六名,像已殘破。廟前有水井一眼[1]。1945 年警察局登記時,廟內神像五尊,但有大鐵磬一口,銘文曰“光緒三十二年二月吉立,崇文門外上三條五顯財神廟”,顯係不久前從別處移來[2]。至 1950 年,寺廟纔以“五聖神祠”之名在北平市民政局登記,廟祇一間,管理人叫張文崇[3]。

附近老住戶們對這座小龍王廟記憶非常深刻。據他們說,廟前有井,但是苦水井,幾乎無人汲水。直至 1949 年以後,看廟老人還住在裏面。這裏是附近幾條胡同中最大的一片空地,廟前又有古槐一株,濃蔭蔽日,故而是附近居民最愛聚集玩耍之處,看廟老者以賣花生、糖果、零食爲生度日。直到“文革”期間,這座小廟纔被拆除。

2005 年至 2015 年調查時,龍王廟已蹤跡全無,水井被填埋,槐樹已無存,此處爲空地。

---

〔1〕国立北平研究院《龍王廟》,西四 83。

〔2〕首都圖書館藏《北平寺廟調查一覽表》,無頁碼。

〔3〕北京市檔案館藏《北平市民政局·北平市寺廟總登記簿(第一冊)》,1950 年,檔案號 J3-1-203,頁三十六。

秘密閣

秘密閣，不見於乾隆《京城全圖》，其原址在内四區新街口南大街護國寺東巷，早在20世紀30年代，其地已無任何蹤跡可尋，僅在空地上有碑刻一通存世，即清康熙四十年（1701）《秘密閣碑》。今難以斷其具體位置。碑石現存北京石刻藝術博物館。

秘密閣不知始創何時，康熙《秘密閣碑》中稱它爲古刹，經歷元、明以至於清。康熙年間，某僧過而見之心傷，於是發大慈悲心，積十數年之功漸次修舉，殿堂、門廡、抱角一一完整[1]。然而很快，秘密閣又再次淹沒於歷史之中，無論是僧録司登記還是乾隆《京城全圖》，再不見蹤跡。

20世紀30年代初國立北平研究院調查時，僅在護國寺東巷空地上發現《秘密阁碑》，然其地建築並門牌皆無，故未留下調查記録[2]。

2015年調查時，秘密閣所在地仍稱爲護國寺東巷，然原在地已完全無法判斷。

〔1〕清康熙四十年（1701）《秘密閣碑》，京349，《北京圖書館藏中國歷代石刻拓本匯編》卷六十五，頁一百七十五。刻立時間據《匯編》補。

〔2〕國立北平研究院《秘密閣》，西四194。

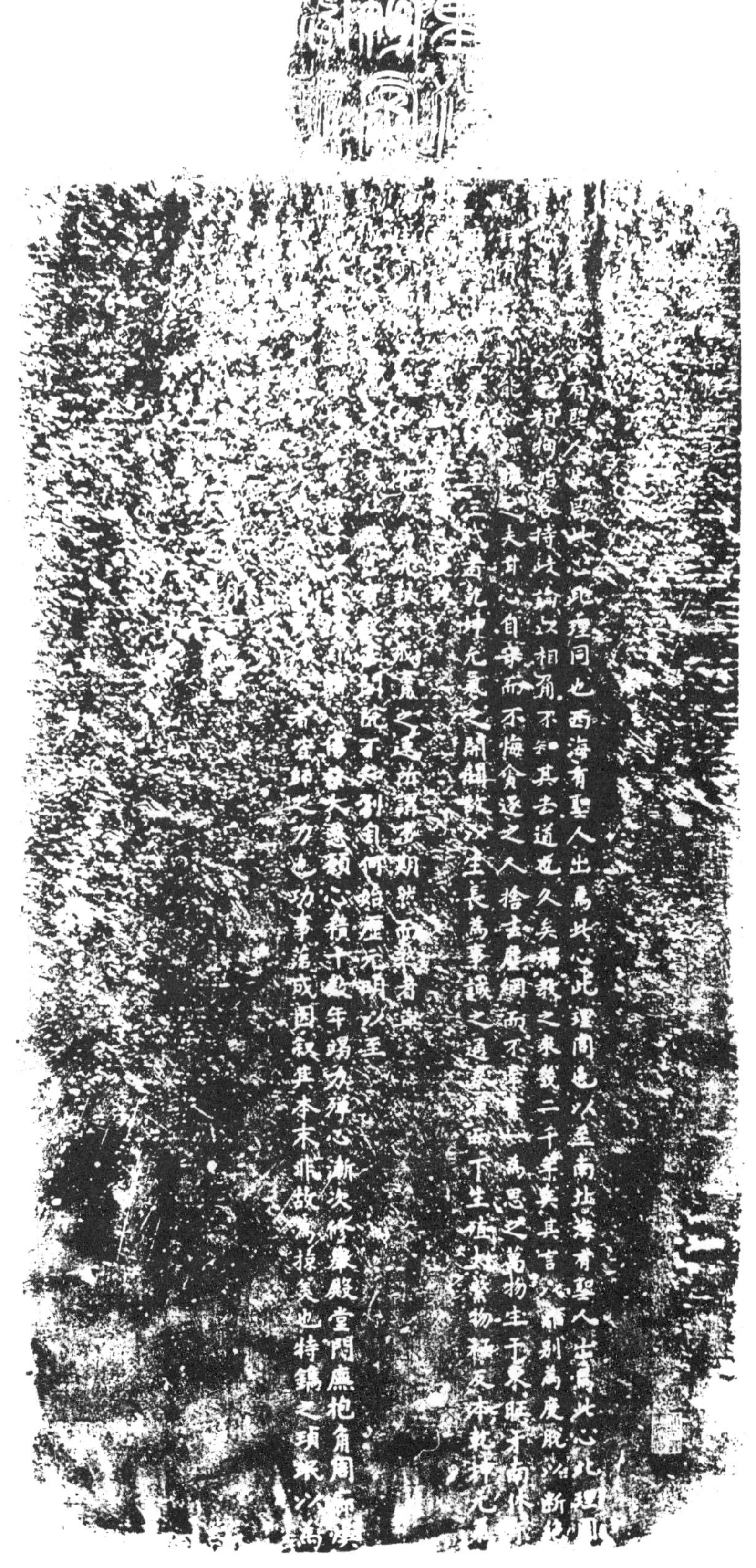

京 349《秘密閣碑》

重修秘密閣碑

重修秘密閣禪院碑記

□

□

□（漫漶）

□記□□東海有聖人生焉此心此理同也西海有聖人出焉此心此理同也以至南北海有聖人出焉此心此理同也迨世人以無相拘始各持岐論以相角不知其去道也久矣釋教之來幾二千年矣其言以離別爲度脱以斷絕諸有爲慧剛能令□曠之夫甘心自守而不悔貪逐之人捨去塵網而不牽嘗一爲思之萬物生於東旺於南休於西□□□□□□至三代者乾坤元氣之開闢故以生長爲事誠之通秦漢而下生殖太繁物極反本乾坤元氣□□□□□□□□□□□故

佛生□□□□□□□□弗能□令成實之速所謂不期然而然者與

都城□□□□□□□之東北舊有秘密閣院不知創自何始歷元明以至

國朝□□□□□□□□□□□心傷發大悲願心積十數年竭力殫心漸次修舉殿堂門廡抱角周廊煥

□□□□□□□□□□□□□□□者皆師之力也功事落成因叙其本末非故爲掠美也特鎸之貞珉以爲

（漫漶）

京349《秘密閣碑》

秘密閣碑

首題：重修秘密閣禪院碑記
年代：清康熙四十年（1701）八月（拓片中年代行已漫漶，據《匯編》補）
原址：西城區護國寺東巷
今址：北京石刻藝術博物館
拓片尺寸：碑陽高 128、寬 66 厘米，額高 18、寬 18 厘米
書體：楷書
《目録》：頁 281
拓片編號：京 349
拓片録自：《北京圖書館藏中國歷代石刻拓本匯編》第 65 卷 175 頁

【碑陽】

額題：重修秘密閣記（篆書）

碑文：

重修秘密閣禪院碑記 1

（漫漶三行）

□記□□東海有聖人生焉，此心此理同也。西海有聖人出焉，此心此理同也。以至南北海有聖人出焉，此心此理同 2 也。迨世人以無相拘始，各持岐論以相角，不知其去道也久矣。釋教之來，幾二千年矣，其言以離別爲度脱，以斷絕 3 諸有爲慧剛，能令□曠之夫甘心自守而不悔，貪逐之人捨去塵網而不牽，嘗一爲思之，萬物生於東，旺於南，休於 4 西（上漫漶）至三代者，乾坤元氣之開闢，故以生長爲事誠之通。秦漢而下，生殖太繁，物極反本，乾坤元氣 5（漫漶）故 6（漫漶）弗能□令成實之速，所謂不期然而然者。與 7 都城（漫漶）之東北舊有秘密閣院，不知創自何始，歷元明以至 8 國朝（漫漶）心傷，發大慈悲願心，積十數年，竭力殫心，漸次修舉，殿堂、門廡、抱角、周廊，煥 9（漫漶）者，皆師之力也，功事落成，因叙其本末，非故爲掠美也，特鎸之貞珉，以爲 10（漫漶）。

蒼聖廟

蒼聖廟，又稱蒼聖祠，不見於乾隆《京城全圖》，原址在内四區寶禪寺街一號（現爲西城區寶産胡同三號），寺廟建築現存。廟内原有碑刻五通，分别爲民國十六年（1927）《蒼聖廟捐資題名碑》、民國十七年（1928）《蒼聖祠捐資題名碑》（兩通）、民國十七年（1928）《蒼聖功德碑》和民國十七年（1928）《蒼聖祠碑》。

蒼聖祠創建於民國十四年（1925），爲如心堂惜字社所創。如心堂惜字社的創始人叫丁福魁，河南人，中年時曾任職太醫院，爲皇室診病，常以印書惜字、放生濟貧爲志，並建立了廣泛的人脈關係。河南省大名府（今濮陽市）南樂縣武村是倉頡陵所在地，並有蒼聖帝君廟宇，南邊的河南陳州（今淮陽）有如心堂惜字會的總會。清光緒二十八年（1902），由該會主持謝道光發起，丁福魁在德勝門内草廠大坑成立了如心堂惜字社，其根基事實上就在河南[1]。據丁福魁説，清光緒三十三年（1907），他爲還願而往朝普陀山，在梵音洞内遇見一了山人。當時，一了山人正在講經説法，説的就是倉頡造字之功，並授予他勸建蒼帝祠立惜字社小啓。丁福魁從此尊稱一了山人爲吾師，他傳下的《勸建蒼聖祠小啓》，也被命名爲《普天用字思原》而刊刻流傳[2]。時任翰林院編修、提督湖北學政、上書房行走侍講的高釗中也曾讀過並同意此文的刊行[3]。至民國六年，丁福魁的弟子康樹棟（山東掖縣人）結識了警署中人劉繼賢、李雲山，他們讀過《普天用字思原》一書後，決定協力創修蒼聖祠，並爲此募化封永修。封永修慷慨捐出先農壇迤西的土地五畝作爲祠基。至民國十二年（1923），經京師警察廳、内務部立案，姜昱（又名姜子

〔1〕參見民國十七年（1928）《蒼聖祠碑》，京316，《北京圖書館藏中國歷代石刻拓本匯編》卷九十五，頁一百三十二。另參見北京市檔案館藏《北平市社會局·内三魯班祠、内四蒼聖祠、東郊通惠河神祠張亮關於登記廟産的呈文及社會局的批示》，1931—1936年，檔案號J2-8-546，頁三十一至七十三。

〔2〕見《中國宗教歷史文獻集成》，“三洞拾遺”編，第三十四種，《普天用字思原》，合肥：黄山書社，2005年。内《倉頡至聖仙師寶誥》文後的青陽山人冠五氏記。

〔3〕同上引之民國十七年《蒼聖祠碑》。

良）、張百萬、李成祥等人共同發起，募化各方，共得善款。因爲先農壇迤西地勢低窪，於民國十三年（1924）另購寶禪寺街東口内路北一、二兩號房屋，於民國十四年（1925）開工，依照南樂縣蒼聖祠的規模制度而增益之。共新建北殿五間，供奉蒼聖、孔聖、文帝聖容。東西配殿各三間，祀關帝、吕祖聖容；垂花門一座。外院東西房各三間。山門一座。門左便門一座、南房二間。門右南房三間；正殿之後罩房七間。東首焚字爐一座。西院内西房十間，水井一眼，臨街大門一間。民國十四年（1925）蒼聖祠開光，而第二年丁福魁即去世。《蒼頡功德碑》就立於此時，同時還有三通功德碑記載了大量捐助者的姓名，其中天津人甚多。

蒼聖祠創立後，發起人之一张百萬成爲執事，也是實際上的管廟人。張百萬時年七十餘歲，河北玉田人，他常住廟内爲人看病，廟中因此設有惜字會慈濟醫院，每月收進醫藥費十五元左右。除张百萬之外，另有醫生一名、招待李明德（兼淨院、惜拾字紙）與司廚一名住在廟内。蒼聖祠與河南的關係仍然密切，所有寺廟契據文書都收藏於河南惜字總會中[1]。

20世紀30年代時，蒼聖祠山門南向，木額“蒼聖廟”，落款爲“丙寅秋七月，天津華世魁敬書”。東西各有角門一座，壁上木刻曰：始制文字、惜字總會。大門内東有南房二間，爲醫院掛號處。西有南房三間。二門外東有碑刻兩通，即《蒼聖祠捐資題名碑》；大殿五間，正龕内供泥塑倉頡坐像，金面冕旒，手執七星板，二小童旁侍。前有木主，題曰：蒼聖史皇上帝敷文起教天尊之聖位。左龕供泥塑孔子像，冕旒黑鬚紫面，手執七星板。身旁二小童，亦執七星板。前木主題曰：大成至聖先師孔夫子之聖位。右龕内供文昌泥像，冕旒白面，執七星板，二童子執書卷。木主題曰：玉清上相七曲文昌梓潼帝君之聖位。殿内五供、銅磬、鐵磬齊全，均爲新造。殿前碑二，乃《蒼聖功德碑》和《蒼聖廟捐資題名碑》。院内大鐵鼎一座，石座，銘文曰：“蒼聖廟，民國歲次丁卯年五月吉日造”。上鑄小額曰：“始制文字”。東配殿三間，木額“光昭日月”，江朝宗書。内供關帝泥像，金面綠袍，童子二人、周倉關平分立兩邊。木主題曰：玉清首相三界伏魔關聖帝君之聖位。西配殿三間，木額“贊化大帝”，也爲江朝宗書。内供吕祖泥像，童子二人，一執劍，一執葫蘆。木主題曰：玉清内向金闕選仙孚佑吕祖帝君之聖位。左龕内供濟公，泥塑，笑貌，手指念珠。另有觀音畫像一幅；後院内北房七間，東角門外焚字爐一座[2]。

不過，蒼聖祠一直受到警察局的嚴密監視。1936年，有人舉報張百萬、姜子亮、康樹棟（即創修蒼聖祠的如心堂惜字社衆人）乃是燈花教主持人，所謂燈花教，就是北平的白蓮教。稱“他們在寶禪寺二號蒼聖祠内，每星期日設坛作法，設計騙財，引誘婦孺，傳授邪法”。爲此，警察局屢次派人前往蒼聖祠明察暗訪，但並未發現有開壇作法，或燈花傳教之事[3]。日軍佔領北平後，此事又被重新提起。一位叫岡野的輔佐官親自督令警察局警法科清查蒼聖祠，他對蒼聖祠的修建始末頗爲瞭解，認定張百萬意圖霸佔廟産，並借祀蒼聖之名而秘傳燈花邪教，強硬要求警察局取締如心堂惜字社。警法科代理科長以“所陳内容真相未明”爲由，將案件轉交内四區警察局，後不了了之[4]。至民國三十二年（1943），張百萬上報北平市社會局，稱自己多年來好善養德，夙有宣揚聖道之願望，但苦無入手之良方。近來赴萬國道德會聽道，認爲該會所講家庭教育、個人本分、五倫八德、婦德女道

〔1〕北京市檔案館藏《北平市社會局·内三魯班祠、内四蒼聖祠、東郊通惠河神祠張亮關於登記廟産的呈文及社會局的批示》，1931—1936年，檔案號J2-8-546，頁四十二、五十四。

〔2〕國立北平研究院《蒼聖廟》，西四9。

〔3〕北京市檔案館藏《北平市警察局·北平市警察局、偵緝小分隊關於緝查白蓮教張百萬等人設壇作法妖言惑衆傳邪授法等情的訓令、复呈》，1946年，檔案號J181-29-773。

〔4〕北京市檔案館藏《北京特別市公署警察局關於查詢張百萬意圖霸佔蒼聖廟的訓令》，1942，檔案號J181-22-14643。

等,對社會裨益良多。於是申請在蒼聖祠前院東廂房内成立臨時家庭教育講演會,招請附近一般民衆來廟聽講[1]。社會局和警察局同意了這一申請,但每日均派警員前去監督,從1943年12月12日開始,至1944年1月12日停止,萬國道德會男講員劉德廣、女講員梁毓嵐每日宣講,平均到場聽衆約有二三十人,一月來並無事端[2]。

除了如心堂惜字會、燈花教和萬國道德會外,蒼聖廟内還有一處"王光齋遺跡保存會",也與民間宗教有關。王光齋是浙江人,出生於1878年左右,曾租住於廟内後院,據説他精通武術及奇門遁甲,民國二十九年(1940)十月亡故。後其業徒邵克勉、謝晏臣强行將王光齋埋於廟内房中,並有張伯揚在此看管其生前遺物。爲此,張百萬與邵、謝訴訟多年,法院判令二人移靈騰房,但至20世紀50年代初仍未移出[3]。

1949年時,蒼聖廟内仍然衹有三人。張百萬對民政局的調查人員説,以前廟内組織惜字會,人數很多,但因近來生活高漲,便漸漸星散,衹剩三人。房舍四十五間租出二十一間,月收房租大約五百元[4]。50年代文物局調查,廟内正殿仍是慈濟醫院。山門檐下磚雕,梁架繪蘇式彩畫,垂花門爲灰筒瓦勾連搭式,苏式彩画。正殿五間,東西配殿各三間,後殿五間。山門與大殿均爲灰筒瓦頂硬山調大脊,其餘配殿爲硬山合瓦頂[5]。

至今,蒼聖廟内的老住户還能説出這座廟創修的歷史。據説,當年一位叫劉崇的天津商人,頗有積蓄,曾資助過蒼聖廟的修建,於是得以久居廟内,吃齋念佛,管理香火,不交房租。他本身無子,領養了一個兒子,又有了一個孫女。和張百萬一樣,劉崇領養的兒子也是中醫醫師,後來在鼓樓中醫院工作。孫女十二歲時,劉崇帶她來過蒼聖祠。在小孩子的記憶中,當時廟内住着許多尼姑,她們每日參佛、燒香念經。劉崇也曾有意引導她參與。1949年以後,劉崇回到老家河北大廠,孫女跟隨父親搬入蒼聖祠,至今仍住在廟内。20世紀50年代初,廟内尚有兩名尼姑和一位看院的馮大爺。"文化大革命"期間,最小的尼姑丁寶辰遭到殘酷批鬥而上吊自殺。馮大爺也一生未婚,終老於廟中。

後院的王光齋之靈給住户們留下了極爲深刻的印象。在他們的傳説中,王光齋外號"半仙",河北保定人,是大軍閥的保鏢。軍閥開汽車去頤和園,他就走着去,卻和軍閥同時到達。他母親住在保定,他就從北京買了包子給母親送去,送到時包子還熱氣騰騰。按:軍閥江朝宗曾是蒼聖廟的大施主,不僅捐資修廟,各處碑文與木額也都出自他手。傳説中王光齋與軍閥的關係,是否與此有關?人們説,半仙一輩子没有結婚,後院北房一直由他和其徒弟居住。他去世後没有葬入墳地,而是埋在了房下。20世紀50年代,蒼聖祠改成區委宿舍時也沒動他的靈柩,直到"文化大革命"時纔被挖了出來。很多老住户都還記得挖靈時的場景,但衆説不一。有人認爲,那口靈柩中埋的是位得道高僧,盤腿坐化,屍骨不能平躺,所以靈柩也是正方形的。

20世紀50年代,蒼聖祠收歸國有,改成了區委宿舍。但當時碑刻、神像、法物等均尚完好。"大躍進"期間,碑石被打碎,鐵寶鼎和其他法物被拉去大煉鋼鐵。

---

〔1〕北京市檔案館藏《北平市警察局·内四分局關於蒼聖廟住持張百萬成立臨時家庭講演會的訓令》,1943年,檔案號J183-2-23630。

〔2〕北京市檔案館藏《北平市警察局·市警察局關於照料監聽蒼聖廟臨時家庭演講會,填發電影臨檢證職别姓名表及照片等的訓令》,1946年,檔案號J183-2-20470。

〔3〕參見北京市檔案館藏《北平市民政局民族事務科·本市寺廟情況查詢記録》,1949年,檔案號196-1-3,頁七至九。

〔4〕同上。

〔5〕《中國文物地圖集·北京分册》(下),頁一百零二。

2005年至2015年調查時,東角門已被改爲住宅而封死,西門仍可出入。入門以後爲半座影壁,然字跡已不可辨認。前院的二道門尚保留,大殿五間尚在,已爲住宅。前東、西配殿仍在,爲住房。後院已隔開,無法通行。現爲居民住家院落。

蒼聖祠前院的二道門（2013年9月 曉松攝）

京 310《蒼聖廟捐資題名碑》陽

京 310《蒼聖廟捐資題名碑》陰

始制文字

京都外館天津張垣等處募化捐助創建　蒼聖廟姓氏碑誌　如心堂善社招募

發起人　李成祥　李兆麟　同募化人　胡靈誠　崔占元　寥增琪　高經之　王希禹　引善會末人等公秉宣佈

李成祥助洋貳佰壹拾圓李成鳳李兆麟各助洋一佰圓聚順和助洋一佰拾二圓聚德厚助洋一佰零二圓李門葛氏李門葛氏
李門葛氏李門于氏李德海崔占元高永福各助洋伍拾圓李堂韓玉崑各助洋四拾圓李培李□王玉亭聚順永各助洋三拾圓
葛祥東富有各助洋二拾圓路得遠劉峻岐田祿李榮盧玉成韓趙氏福生號通和堂各助洋拾圓李玉柱李梁氏曹全增王重寶
劉敏張玉珂楊振宗劉永順聚源長義成永北義成萬慶號永盛德萬義公永順德瑞德通和豐號張琨義德永西永盛德劉峻霖
各助洋伍圓義元成記吉祥李記榮陞號義合成德□號德聚厚慶祥瑞德成和福來號德榮祥殷衷遲北萬慶義慶長各助洋□
圓慶成瑞張岳維萬億號聚億榮瑞豐號增盛號復和誠通發長萬明堂忠信堂隆茂號義和永大信染坊大有染坊晉和染坊□
晉和宋增祺沈宅萬德成康明元韓佐臣聚順長各助洋貳圓李兆麟崔占元金盛和同益祥李明方徐連福寥振亞史鴻福韓玉
崑福興永同源號隆慶號長源號義興隆東興米莊各助洋一圓北京利源增助洋二拾圓天慶永開泰金店梁兆樹胡佛延各助
洋拾圓胡靈誠齋明合□福興復誠廣裕興厚各助洋伍圓德榮厚大順染坊廣盛號各助洋四圓蔚興厚同和永宏盛厚信生銀
號謙福祥文泰生義盛成元祥緞莊福裕和恆春隆高立營仁記號各助洋三圓景泰成韓靈空鴻興永玉盛豐同泰號德興永德
聚永元祥緞莊瑞增祥乾豐裕恆興昌振興厚信康公何子郁李福存丁靈發楊朝行周福敏張靈孝恆義號利豐工廠合義工廠
正記工廠福盛瑞德義公永慶恆宋杏圃中興號永順昌德生長聚珍慶各助洋二圓李慧光李慧耀李明寶李道元李恩寬李慧
教共助洋四元積成公司忠和布廠德善工廠德昌麟記永源顏料店裕昌工廠益興工廠華盛工廠悅華工廠萬興銀號經緯工
廠張靈道子慶生厚長順興聚興厚同和誠瑞茂祥華勝裕廣天成東昇玉天盛興萬福永福裕成慶昌厚萬元成萬義德同義德
馥香齋□富香三昇永萬聚棧吳恩芳德順誠三盛公恆祥瑞寶華齋朝雅齋大德通天福堂三義成天豐和同義成德興隆同春
堂隆盛玉永聚合邢朗重張明懷韓雄韓鑒謝哲如范鼎和劉明句張二慶張慧豐李靈聚李貞豐李貞泰呂恩萊□明多劉城若
胡慧和胡慧貴胡慧富胡寶群聚寶齋光耀號胡貞會德義永興順永信成厚天興齋聚興厚新興和洪盛永西天成各助洋一圓

京310《蒼聖廟捐資題名碑》陽

萬古流芳

張垣富聚合通興合聚億榮增盛德公義合天慶和各助洋十圓馬福善瑞豐號公利和億合興三盛齋各助洋伍圓永聚和恆春
隆玉通永福來號各助洋三圓德壽隆德豐厚復勝德德隆瑞全聚號三義和乾豐裕德義隆源隆公德源成聚興昌榮慶號告祥
東瑞成祥隆興和慶祥瑞廣聚興萬義公通源長聚源長興盛永興順永運通染坊會豐銀號永瑞銀號聚立洋行盛□毛莊大裕
毛莊西天聚德西永盛德義成京世明號廣和義萬隆昌天聚公德裕隆裕源永東富有榮陞厚德成和利源增天豐泰源豐和太
興王永順德永盛德義昌恆永興成隆增玉義聚公恆義源德興成德興和復昌信瑞成厚德順成德新永義元成□和永各助洋
二圓曹步曹永元德天福貞福恆美廣和魁德恆美福恆德義興元德新成義聚昌廣和源德亨玉德順永恆隆德光生永德元永
永裕成義和湧裕和泰瑞興和同興泰義泰昌光昇泰光昇慶永興合裕舜泰義盛瑞魁盛永元順祥德聚和廣源堂萬盛京史枝
榮興順永聚順長北義成泉記號德興玉各助洋一圓天津永和慶協和昌各助洋二圓愛禮司協康號信孚號源豐和三聚成德
成号成記欄杆復義公信記號瀛昌號同泰成牛永泉各助洋一圓以上共募洋二仟零四十二圓李成祥敬獻大殿佛供棹三張
　張垣侯連峰募化運通號利源增人和厚裕源永各助洋三圓雷進財福生泰增盛號各助洋二圓公義成劉海韓連會同興厚
瑞盛成張玉振同合義餘成厚寶順德義和永天和瑞天慶瑞通興合慶成益德昌厚利源蚨□裕號聚星成同信誠首善工廠瑞
德通天德厚德長義永聚昌福聚昌順通號王蘊山閻壽山公義成李珍趙聯瑞榮興成馬瑞亭興記福合祥源信益慶榮號興順
永公順成常春劉珍德益成萬元成福元魁元增合元勝永王文德瑞源成侯連峰天聚永春義榮德裕厚各助洋一圓　北京李
珍賈至中募化高華各助洋廿圓于濬川助洋八圓同聚當豐聚當李念曾各助洋四圓萬成當萬年當萬聚當萬慶當同豐堂于
孟齡同興泰各助洋二圓徐澤如謝雲圃馮古臣滿國華同義興各助洋一圓　北京趙紫垣募化趙風□謝紫佩各助洋十圓趙
紫垣助洋七圓袁秀延助洋伍圓陳祉勤助洋四圓董潤圃助洋三圓劉貴增朱蕖青陳景炎王少泉榮興祥葛成□□助洋二圓
孟宅董詣甫陳道生劉潤農文華堂信古齋啓元齋瑞珍齋楊品華張德甫聚珍齋毓興齋蘊寶齋德聚成泰源號三聚成各助洋
一圓　白仕春募化岳壽賢張氏各助洋伍圓白仕春助洋四圓于氏張氏王氏各助洋二圓王宅邊立園溫氏張氏徐瑞延段氏
各助洋一圓張景廉募化章佩乙助洋十圓袁永廉助洋五圓　耿朝珍張桂榮周鴻裘李宅各助洋二圓　張景廉李滿庭孫潤瑾
沈炳儒楊蔭蕖曹明憲鉞宅毓筱峯楊祖蔭各助洋一圓　趙師陶沐手敬書　中華民國十六年歲次強圉單閼六月　穀旦立

京 310《蒼聖廟捐資題名碑》陰

蒼聖廟捐資題名碑

首題：京都外館天津張垣等處募化捐助創建蒼聖廟姓氏碑誌
年代：民國十六年（1927）六月
原址：西城區寶産胡同
拓片尺寸：碑陽、陰均高 118、寬 51 厘米，額均高 25、寬 18 厘米
書體：楷書
書人：趙師陶
《目録》：頁 384
拓片編號：京 310
拓片録自：《北京圖書館藏中國歷代石刻拓本匯編》第 95 卷 104—105 頁

【碑陽】

額題：始制文字（篆書）

碑文：

京都外館天津張垣等處募化捐助創建蒼聖廟姓氏碑誌。如心堂善社招募。1

發起人李成祥、李兆麟，同募化人胡靈誠、崔占元、寥增琪、高經之、王希禹引善會末人等公秉宣佈：2

李成祥助洋貳佰壹拾圓，李成鳳、李兆麟各助洋一佰圓，聚順和助洋一佰拾二圓，聚德厚助洋一佰零二圓，李門葛氏、李門葛氏、3 李門葛氏、李門于氏、李德海、崔占元、高永福各助洋伍拾圓，李堂、韓玉崑各助洋四拾圓，李培、李□、王玉亭、聚順永各助洋三拾圓，4 葛祥、東富有各助洋二拾圓，路得遠、劉峻岐、田禄、李榮、盧玉成、韓趙氏、福生號、通和堂各助洋拾圓，李玉柱、李梁氏、曹全增、王重竇、5 劉敏、張玉珂、楊振宗、劉永順、聚源長、義成永、北義成、萬慶號、永盛德、萬義公、永順德、瑞德通、和豐號、張琨義、德永西、永盛德、劉峻霖 6 各助洋伍圓，義元成記、吉祥李記、榮陞號、義合成、德□號、德聚厚、慶祥瑞、德成和、福來號、德榮祥、殷衷、暹北萬、慶義、慶長各助□□7 圓，慶成瑞、張岳維、萬億號、聚億榮、瑞豐號、增盛號、復和誠、通發長、萬明堂、忠信堂、隆茂號、義和永、大信染坊、大有染坊、晉和染坊、8□晉和、宋增祺、沈宅、萬德成、康明元、韓佐臣、聚順長各助洋貳圓，李兆麟、崔占元、金盛和、同益祥、李明方、徐連福、寥振亞、史鴻福、韓玉 9 崑、福興永、同源號、隆慶號、長源號、義興隆、東興米莊各助洋一圓，北京利源增助洋二拾圓，天慶永、開泰金店、梁兆樹、胡佛延各助 10 洋拾圓，胡靈誠齋、明合□福興、復誠廣、裕興厚各助洋伍圓，德榮厚、大順染坊、廣盛號各助洋四圓，蔚興厚、同和永、宏盛厚、信生銀 11 號、謙福祥、文泰生、義盛成、元祥緞莊、福裕和、恆春隆、高立營、仁記號各助洋三圓，景泰成、韓靈空、鴻興永、玉盛豐、同泰號、德興永、德 12 聚永、元祥緞莊、瑞增祥、乾豐裕、恆興昌、振興厚、信康公、何子郁、李福存、丁靈發、楊朝行、周福敏、張靈孝、恆義號、利豐工廠、合義工廠、13 正記工廠、福盛瑞、德義公、永慶恆、宋杏圃、中興號、永順昌、德生長、聚珍慶各助洋

二圓，李慧光、李慧耀、李明寶、李道元、李恩寬、李慧 14 教共助洋四圓，積成公司、忠和布廠、德善工廠、德昌麟記、永源顔料店、裕昌工廠、益興工廠、華盛工廠、悅華工廠、萬興銀號、經緯工 15 廠、張靈道子、慶生厚、長順興、聚興厚、同和誠、瑞茂祥、華勝裕、廣天成、東昇玉、天盛興、萬福永、福裕成、慶昌厚、萬元成、萬義德、同義德、16 馥香齋、□富香、三昇永、萬聚棧、吳恩芳、德順誠、三盛公、恆祥瑞、寶華齋、朝雅齋、大德通、天福堂、三義成、天豐和、同義成、德興隆、同春 17 堂、隆盛玉、永聚合、邢朗重、張明懷、韓雄、韓鑒、謝哲如、范鼎和、劉明句、張二慶、張慧豐、李靈聚、李貞豐、李貞泰、呂恩萊、□明多、劉城若、18 胡慧和、胡慧貴、胡慧富、胡寶群、聚寶齋、光耀號、胡貞會、德義永、興順永、信成厚、天興齋、聚興厚、新興和、洪盛永、西天成各助洋一圓。19

【碑陰】

額題：萬古流芳（篆書）

碑文：

張垣、富聚合、通興合、聚億榮、增盛德、公義合、天慶和各助洋十圓，馬福善、瑞豐號、公利和、億合興、三盛齋各助洋伍圓，永聚和、恆春 1 隆、玉通永、福來號各助洋三圓，德壽隆、德豐厚、復勝德、德隆瑞、全聚號、三義和、乾豐裕、德義隆、源隆公、德源成、聚興昌、榮慶號、告祥 2 東、瑞成祥、隆興和、慶祥瑞、廣聚興、萬義公、通源長、聚源長、興盛永、興順永、運通染坊、會豐銀號、永瑞銀號、聚立洋行、盛□毛莊、大裕 3 毛莊、西天聚德、西永盛德、義成京、世明號、廣和義、萬隆昌、天聚公、德裕隆、裕源永、東富有、榮陞厚、德成和、利源增、天豐泰、源豐和、4 太興王永順德、永盛德、義昌恆、永興成、隆增玉、義聚公、恆義源、德興成、德興和、復昌信、瑞成厚、德順成、德新永、義元成、□和永各助洋 5 二圓，曹步、曹永元、德天福貞、福恆美、廣和魁、德恆美、福恆德、義興元、德新成、義聚昌、廣和源、德亨玉、德順永、恆隆德、光生永、德元永、6 永裕成、義和湧、裕和泰、瑞興和、同興泰、義泰昌、光昇泰、光昇慶、永興合、裕舜泰、義盛瑞、魁盛永、元順祥、德聚和、廣源堂、萬盛京、史枝 7 榮、興順永、聚順長、北義成、泉記號、德興玉各助洋一圓，天津永和慶、協和昌各助洋二圓，愛禮司、協康號、信孚號、源豐和、三聚成、德 8 成号、成記欄杆、復義公、信記號、瀛昌號、同泰成、牛永泉各助洋一圓，以上共募□二仟零四十二圓。李成祥敬獻大殿佛供棹三張，9 張垣侯、連峰募化，運通號、利源增、人和厚、裕源永各助洋三圓，雷進財、福生泰、增盛號各助洋二圓，公義成、劉海、韓連會、同興厚、10 瑞盛成、張玉振、同合義、餘成厚、寶順德、羲和永、天和瑞、天庆瑞、通興合、慶成益、德昌厚、利源蚨、□裕號、聚星成、同信誠、首善工廠、瑞 11 德通、天德厚、德長義、永聚昌、福聚昌、順通號、王蘊山、閻壽山、公義成、李珍、趙聯瑞、榮興成、馬瑞亭、興記、福合祥、源信益、慶榮號、興順 12 永、公順成、常春、劉珍德、益成萬、元成福、元魁、元增合、元勝永、王文德、瑞源成、侯連峰、天聚永、春義榮、德裕厚各助洋一圓，北京李 13 珍、賈至中募化，高華各助洋廿圓，于濬川助洋八圓，同聚當、豐聚當、李念曾各助洋四圓，萬成當、萬年當、萬聚當、萬慶當、同豐堂、于 14 孟齡、同興泰各助洋二圓，徐澤如、謝雲圃、馮古臣、滿國華、同義興各助洋一圓，北京趙紫垣、募化，趙風□、謝紫佩各助洋十圓、趙 15 紫垣助洋七圓，袁秀延助洋伍圓，陳祉勤助洋四圓，董潤圃助洋三圓，劉貴增、朱蕖青、陳景炎、王少泉、榮興祥、葛成□□助洋二圓，16 孟宅、董詣甫、陳道生、劉潤農、文華堂、信古齋、啓元齋、瑞珍齋、楊品華、張德甫、聚珍齋、毓興齋、蘊寶齋、德聚成、泰源號、三聚成各助洋 17 一圓。白仕春募化岳壽賢、張氏各助洋伍圓，白仕春助洋四圓，于氏、張氏、王氏各助洋二圓，王宅、邊立園、溫氏、張氏、徐瑞延、段氏 18 各助洋一圓，張景廉募化章佩乙助洋十圓，袁永廉助洋五圓，耿朝珍、張桂榮、周鴻裘、李宅各助洋二圓，張景廉、李滿庭、孫潤瑾、19 沈炳儒、楊蔭蕖、曹明憲、鉞宅、毓筱峯、楊祖蔭各助洋一圓。趙師陶沐手敬書。

中華民國十六年歲次強圉單閼六月穀旦立 20

廣積福蔭

如心堂惜字社謹將創建
蒼聖祠各處大善士所助資文芳名開列於左
京兆封永修助銀幣　圓　章福祥助銀幣貳仟伍百圓　姜昱助銀幣壹仟伍百圓　李成祥又助銀幣伍百
圓　李雲山助銀幣　圓　深州李珍郭永德等募助劉錫彤助銀幣貳拾圓孫玄蓮張皈真張貴真王修善各
助銀幣拾圓又募玖百肆拾名共助銀幣壹仟貳百肆拾圓零伍角伍分　河南省淮邑永泰恒助銀幣伍百圓　京兆
如心堂惜字社助銀幣伍百圓又助中費銀幣叁百零捌圓　奉天省遼源縣王守庭等募助壹百伍拾陸名共助銀幣
肆百伍拾陸圓　阜平縣劉呂一李昌忠等募助伍百肆拾伍名共助銀幣叁百玖拾玖圓貳角伍分　深澤縣鄧昌誠
等募助貳百玖拾玖名共助銀幣叁百捌拾貳圓叁角　武清縣王大楷等募助大安堂王明宗王素清李仁真簡慧明
劉素文朱守一各助銀幣拾圓又募壹百貳拾伍名共助銀幣壹百叁拾叁圓　束鹿縣李明一支際興等募助冀篤盛
張復本各助銀幣拾圓又募貳百捌拾叁名共助銀幣壹百伍拾壹圓伍角　藁城縣程澤溥等募助于振善助銀幣肆
拾圓程紀鵬助銀幣拾圓又募貳百肆拾柒名共助銀幣壹百貳拾壹圓貳角伍分　衡水縣高明山等募助高明山助
銀幣貳拾圓張福順高夏中各助銀幣拾貳圓趙廷華安志真劉心江高遵祖各助銀幣拾圓又募陸拾名共助銀幣伍
拾柒圓　易州趙舒忱等募助丁福壽趙舒忱許昌喜王文元王知悟盧明文張行雲蕭得壽高明德李好林各助銀幣
拾圓又募伍拾名共助銀幣叁拾肆圓　京兆陳俊才助銀幣壹百貳拾圓　劉崇正　梅宅各助銀幣壹百圓　定州
西關王宅募助讓德永王讓德和王各助銀幣拾貳圓博邑貽穀堂蔣天津啓元堂卞各助銀幣拾圓又募肆拾名共助
銀幣陸拾貳圓　舊保安州萬善堂等募助萬善堂助銀幣貳拾圓聚賢堂助銀幣拾圓又募肆拾伍名共助銀幣陸拾
圓　文安縣勝芳鎮五聚堂等募助壹百零陸名共助銀幣玖拾貳圓　玉田縣郝玉秀等募助楊永春郝玉秀查正魁
棠宗楷王修全各助銀幣拾圓又募叁拾叁名共助銀幣叁拾玖圓　懷來縣沈義恒等募助陸拾名共助銀幣捌拾伍
圓伍角陸分　房山縣陳文林等募助捌拾伍名共助銀幣陸拾陸圓　肥鄉縣樊建章等募助捌拾名共助銀幣陸拾
叁圓伍角　定州趙善臨等募助共銀幣陸拾圓　肥鄉縣潘村普善堂等募助捌拾肆名共助銀幣伍拾陸圓　唐縣
王昌仁等募助實勤書陳名科各助銀幣拾圓又募叁拾肆名共助銀幣叁拾肆圓叁角柒分　深州杜明喜等募助任
賓卿助銀幣拾伍圓杜明喜吳妙仁各助銀幣拾圓又募貳拾捌名共助銀幣叁拾玖圓　冀州康樹棟助銀幣伍拾圓
京兆梁振清助銀幣叁拾陸圓柒角　湯福坊　趙敬堂　孫雅卿　壽長貞　薛素雲各助銀幣貳拾圓　孫光裕
魏廷正　徐士鏜　趙常彬　永裕米莊　葛輔山　高宅　趙洪善　廣寬各助銀幣拾圓

京311《蒼聖祠捐資題名碑》陽

東光縣周萬元募助柒拾肆名共助銀幣肆拾玖圓伍角　棗強縣武惟善等募助肆拾肆名共助銀幣肆拾伍圓　元城縣
鄭昌亮閻吉麟募助捌拾壹名共助銀幣叁拾伍圓　城安縣中艾東村修德堂積善堂等募助捌拾叁名共助銀幣叁拾肆
圓　衡水縣張明德等募助叁拾捌名共助銀幣叁拾叁圓伍角　順義縣劉俊林募助共銀幣叁拾圓　滿城縣張昌修等
募助曹明文助銀幣拾伍圓又募玖名共助銀幣拾肆圓　河南省彰德府李成章霍永順等募助壹百零壹名共助銀幣貳
拾捌圓　南樂縣孫明福等募助貳拾柒名共助銀幣貳拾捌圓　武邑縣張至博等募助肆拾捌名共助銀幣貳拾貳圓
天津郜紫珊助銀幣拾圓又募助拾名共助銀幣拾壹圓　張家口楊德富助銀幣拾圓　李潤募助拾肆名共助銀幣貳拾
圓　阜城縣史國臣等募助拾柒名共助銀幣貳拾圓　奉天省鳳城縣顧德政募助貳拾叁名共助銀幣拾捌圓　城安縣
李明善等募助伍拾陸名共助銀幣拾捌圓　永年縣宋真善梁德性募助壹百零玖名共助銀幣拾伍圓　山西省靈石縣
宋恩福募助拾伍名共助銀幣拾肆圓　正定縣呂向善募助柒名共助銀幣拾圓　獲鹿縣董明德募助叁拾名共助銀幣
伍圓　京兆張春祺募助銀幣陸圓叁角　張善緣梁壽康天義盛永豐米莊戴朝真劉東文各助銀幣伍圓
京兆姜昱代募　馬文盛助銀幣貳百圓　天增糧局助銀幣壹百圓　馮素悟助銀幣壹百圓　積德堂萬發堂管華恭裕
管圓通京師總商會各助銀幣伍拾圓　孫學仕李心培李純甫各助銀幣叁拾圓　方世耀雙合盛啤酒廠朱蔭各助銀幣
貳拾圓　北京拯濟極貧東會同人共助銀幣拾伍圓　劉桂芳李瑞君李祥榮李祥昊李祥鈞高金釗京師米莊商會飯莊
行商會米麵行商會綢緞行商會古玩商會布行商會餘慶堂恒興窯潘琦各助銀幣拾圓　寶德堂助銀幣陸圓　張如松
張際昌德豐號同義昌孚生永義昌號天盛號天佑號德義昌宗佑之鄭嘉隆西安飯店各助銀幣伍圓
京兆中原金珠店代募　井崧生助銀幣叁百圓　姜梅生劉厚同張翔初各助銀幣伍拾圓　趙陵壽李子菁各助銀幣貳
拾圓　韓星丞羅金亭任德卿各助銀幣拾圓　劉燕堂代募銀幣貳拾肆圓　永增源代募　天章號大德昌義信成緞莊
義昌緞莊永亨緞莊復亨泰緞莊景昌緞莊義盛緞莊永豐成各助銀幣伍圓　吳錫卿代募　隱名氏助銀幣貳拾圓　汪
濟川李善甫　天津義泰春茶莊吳鼎裕茶莊同泰祥茶莊各助銀幣拾圓　華林棧通泰茶莊源盛茶莊永盛茶莊李子青
宏泰茶莊泰順茶莊同春茶莊同源茶莊泉祥鴻記各助銀幣伍圓　京兆鍾育英李静嫣各助銀幣陸圓　關秀峰閻仲華
東郊紳商聯合會各助銀幣伍圓

中華民國十七年歲次戊辰季春　良鄉王　風敘書　穀　旦

京311《蒼聖祠捐資題名碑》陰

廣積
福蔭

如心堂惜字社謹將創建
蒼聖祠各處大善士所助资文芳名開列於左
京兆封永修助銀幣　　圓　章福祥助銀幣貳仟伍百圓　姜昱助銀幣壹仟伍百圓　李成祥又助銀幣伍百
圓　李雲山助銀幣　　圓　深州李珍郭永德等募助劉錫彤助銀幣貳拾圓孫玄蓮張皈真張貴真王修善各
助銀幣拾圓又募玖百肆拾名共助銀幣壹仟貳百肆拾圓零伍角伍分　河南省淮邑永泰恆助銀幣伍百圓　京兆
如心堂惜字社助銀幣伍百圓又助中費銀幣叁百零捌圓　奉天省遼源縣王守庭等募助壹百伍拾陸名共助銀幣
肆百伍拾陸圓　阜平縣劉昌一李昌忠等募助伍百肆拾伍名共助銀幣叁百玖拾玖圓貳角伍分　深澤縣郅昌誠
等募助貳百玖拾玖名共助銀幣叁百捌拾貳圓叁角　武清縣王大楷等募助大安堂王明宗王素清李仁真簡慧明
劉素文朱守一各助銀幣拾圓又募壹百貳拾伍名共助銀幣壹百叁拾叁圓　束鹿縣李明一支際興等募助冀篤盛
張復本各助銀幣拾圓又募貳百捌拾叁名共助銀幣壹百伍拾壹圓伍角　蒿城縣程澤溥等募助于振善助銀幣肆
拾圓程紀鵬助銀幣拾圓又募貳百肆拾柒名共助銀幣壹百貳拾壹圓貳角伍分　衡水縣高明山等募助高明山助
銀幣貳拾圓張福順高夏中各助銀幣拾貳圓趙延華安志真劉心江高遵祖各助銀幣拾圓又募陸拾名共助銀幣伍
拾柒圓　易州趙舒忱等募助丁福壽赵舒忱许昌喜王文元王知悟盧明文張行雲蕭得壽高明德李好林各助銀幣
拾圓又募伍拾名共助銀幣叁拾肆圓　京兆陳俊才助銀幣壹百貳拾圓　劉崇正　梅宅各助銀幣壹百圓　定州
西關王宅募助謙德永王謙德和王各助銀幣拾貳圓博邑貽穀堂蔣天津啓元堂卞各助銀幣拾圓又募肆拾名共助
銀幣陸拾貳圓　舊保安州萬善堂等募助萬善堂助銀幣貳拾圓聚賢堂助銀幣拾圓又募肆拾伍名共助銀幣陸拾
圓　文安縣勝芳鎮五聚堂等募助壹百零陸名共助銀幣玖拾貳圓　玉田縣郝玉秀等募助楊永春郝玉秀查正魁
党宗楷王修全各助銀幣拾圓又募叁拾叁名共助銀幣叁拾玖圓　懷來縣沈義恆等募助陸拾名共助銀幣捌拾伍
圓伍角陸分　房山縣陳文林等募助捌拾伍名共助銀幣陸拾陸圓　肥鄉縣樊建章等募助捌拾名共助銀幣陸拾
叁圓伍角　定州趙善臨等募助共銀幣陸拾圓　肥鄉縣潘村普善堂等募助捌拾肆名共助銀幣伍拾陸圓　唐縣
王昌仁等募助竇勤書陳名科各助銀幣拾圓又募叁拾肆名共助銀幣叁拾肆圓叁角柒分　深州杜明喜等募助任
賓卿助銀幣拾伍圓杜明喜吳妙仁各助銀幣拾圓又募貳拾捌名共助銀幣拾玖圓　冀州康樹棟助銀幣伍拾圓
京兆梁振清助銀幣叁拾陸圓柒角　湧福坊　趙敬堂　孫雅卿　壽長貞　薛素雲各助銀幣貳拾圓　孫光裕
魏延正　徐士鎧　趙常彬　永裕米荘　葛輔山　高宅　趙洪善　廣寬各助銀幣拾圓

京311《蒼聖祠捐資題名碑》陽

萬古流芳

東光縣周萬元募助柒拾肆名共助銀幣肆拾玖圓伍角　棗強縣武惟善等募助肆拾肆名共助銀幣肆拾伍圓　元城縣鄭昌亮閻吉麟募助捌拾壹名共助銀幣叁拾伍圓　城安縣中艾東村修德堂積善堂等募助捌拾叁名共助銀幣叁拾肆圓　衡水縣張明德等募助叁拾捌名共助銀幣叁拾叁圓伍角　順義縣劉俊林募助共銀幣叁拾圓　滿城縣張昌修等募助曹明文助銀幣拾伍圓又募玖名共助銀幣拾肆圓　河南省彰德府李成章霍永順等募助壹百零壹名共助銀幣貳拾捌圓　南樂縣孫明福等募助貳拾柒名共助銀幣貳拾捌圓　武邑縣張至博等募助肆拾捌名共助銀幣貳拾貳圓　天津邵紫珊助銀幣拾圓又募助拾名共助銀幣拾壹圓　張家口楊德富助銀幣拾圓　李潤募助拾肆名共助銀幣貳拾圓　阜城縣史國臣等募助拾柒名共助銀幣貳拾圓　奉天省鳳城縣顧德政募助貳拾叁名共助銀幣拾捌圓　城安縣李明善等募助伍拾陸名共助銀幣拾捌圓　永年縣宋真善梁德性募助壹百零玖名共助銀幣拾伍圓　山西省靈石縣宋恩福募助拾伍名共助銀幣拾肆圓　正定縣呂向善募助柒名共助銀幣拾圓　獲鹿縣董明德募助叁拾名共助銀幣伍圓　京兆張春祺募助銀幣陸圓叁角　張善緣梁壽康天義盛永豐米莊戴朝真劉秉文各助銀幣伍圓

京兆姜昱代募　馬文盛助銀幣貳百圓　天增糧局助銀幣壹佰圓　馮素悟助銀幣壹百圓　積德堂萬發堂管華恭裕管圓通京師總商會各助銀幣伍拾圓　孫學仕李心培李純甫各助銀幣叁拾圓　方世耀雙合盛啤酒廠朱蔭各助銀幣貳拾圓　北京拯濟極貧東會同人共助銀幣拾伍圓　劉桂芳李瑞君李祥榮李祥昊李祥鈞高金釗京師米莊商會飯莊行商會米麵行商會綢緞行商會古玩商會布行商會餘慶堂恆興窑潘琦各助銀幣拾圓　寶德堂助銀幣陸圓　張如松張際昌德豐號同義昌孚生永義昌號天盛號天佑號德義昌宗佑之鄭嘉隆西安飯店各助銀幣伍圓

京兆中原金珠店代募　井崧生助銀幣叁百圓　姜梅生劉厚同張翔初各助銀幣伍拾圓　趙陵壽李子菁各助銀幣貳拾圓　韓星丞羅金亭任德卿各助銀幣拾圓　劉燕堂代募银幣貳拾肆圓　永增源代募　天章號大德昌義信成緞莊義昌緞莊永亨緞莊復亨泰緞莊景昌緞莊義盛緞莊永豐成各助銀幣伍圓　吳錫卿代募　隱名氏助銀幣貳拾圓　汪濟川李善甫　天津義泰春茶莊吳鼎裕茶莊同泰祥茶莊各助銀幣拾圓　華林棧通泰茶莊源盛茶莊永盛茶莊李子青宏泰茶莊泰順茶莊同春茶莊同源茶莊泉祥鴻記各助銀幣伍圓　京兆鐘育英李靜嫣各助銀幣陸圓　關秀峰聞仲華東郊紳商聯合會各助銀幣伍圓

良鄉王　風敬書

中華民國十七年歲次戊辰季春　穀　旦

京311《蒼聖祠捐資題名碑》陰

蒼聖祠捐資題名碑

首題:如心堂惜字社謹將創建蒼聖祠各處大善士所助資文芳名開列於左
年代:民國十七年(1928)三月
原址:西城區寶産胡同
拓片尺寸:碑陽、陰均高 160、寬 86 厘米,額高 25、寬 20 厘米
書體:正書
書人:王風
《目録》:頁 385
拓片編號:京 311
拓片録自:《北京圖書館藏中國歷代石刻拓本匯編》第 95 卷 138 頁

【碑陽】

額陽:廣積福蔭

碑文:

如心堂惜字社謹將創建 *1* 蒼聖祠各處大善士所助資文芳名開列於左:*2*

京兆封永修助銀幣　　　　圓,章福祥助銀幣貳仟伍百圓,姜昱助銀幣壹仟伍百圓,李成祥又助銀幣伍百 *3* 圓,李雲山助銀幣　　　　圓。深州李珍、郭永德等募助,劉錫彤助銀幣貳拾圓,孫玄蓮、張皈真、張貴真、王修善各 *4* 助銀幣拾圓,又募玖百肆拾名共助銀幣壹仟貳百肆拾圓零伍角伍分。河南省淮邑永泰恆助銀幣伍百圓。京兆 *5* 如心堂惜字社助銀幣伍百圓、又助中費銀幣叁百零捌圓。奉天省遼源縣王守庭等募助壹百伍拾陸名共助銀幣 *6* 肆百伍拾陸圓。阜平縣劉昌一、李昌忠等募助伍百肆拾伍名共助銀幣叁百玖拾玖圓貳角伍分。深澤縣郅昌誠 *7* 等募助貳百玖拾玖名共助銀幣叁百捌拾貳圓叁角。武清縣王大楷等募助大安堂、王明宗、王素清、李仁真、簡慧明、*8* 劉素文、朱守一各助銀幣拾圓、又募壹百貳拾伍名共助銀幣壹百叁拾叁圓。束鹿縣李明一、支際興等募助冀篤盛、*9* 張復本各助銀幣拾圓、又募貳百捌拾叁名共助銀幣壹百伍拾壹圓伍角。藁城縣程澤溥等募助,于振善助銀幣肆 *10* 拾圓。程紀鵬助銀幣拾圓、又募貳百肆拾柒名共助銀幣壹百貳拾壹圓貳角伍分。衡水縣高明山等募助,高明山助 *11* 銀幣貳拾圓,張福順、高夏中各助銀幣拾貳圓,趙延華、安志真、劉心江、高遵祖各助銀幣拾圓、又募陸拾名共助銀幣伍 *12* 拾柒圓。易州趙舒忱等募助,丁福壽、赵舒忱、许昌喜、王文元、王知悟、盧明文、張行雲、蕭得壽、高明德、李好林各助銀幣 *13* 拾圓、又募伍拾名共助銀幣叁拾肆圓。京兆陳俊才助銀幣壹百貳拾圓,劉崇正、梅宅各助銀幣壹百圓。定州 *14* 西關王宅募助謙德永、王謙德和王各助銀幣拾貳圓。博邑貽穀堂蔣、天津啓元堂卞各助銀幣拾圓,又募肆拾名共助 *15* 銀幣陸拾貳圓。舊保安州萬善堂等募助,萬善堂助銀幣貳拾圓,聚賢堂助銀幣拾圓、又募肆拾伍名共助銀幣陸拾 *16* 圓。文安縣勝芳鎮五聚堂等募助壹百零陸名共助銀幣玖拾貳圓。玉田縣郝玉秀等募助楊永春、郝玉秀、查正魁、*17* 黨宗楷、王修全各助銀幣拾圓,又募叁拾叁名共助銀幣叁拾玖圓。

懷來縣沈義恆等募助陸拾名共助銀幣捌拾伍 18 圓伍角陸分。房山縣陳文林等募助捌拾伍名共助銀幣陸拾陸圓。肥鄉縣樊建章等募助捌拾名共助銀幣陸拾 19 叁圓伍角。定州趙善臨等募助共銀幣陸拾圓。肥鄉縣潘村普善堂等募助捌拾肆名共助銀幣伍拾陸圓。唐縣 20 王昌仁等募助竇勤書、陳名科各助銀幣拾圓，又募叁拾肆名共助銀幣叁拾肆圓叁角柒分。深州杜明喜等募助任 21 賓卿助銀幣拾伍圓，杜明喜、吳妙仁各助銀幣拾圓、又募貳拾捌名共助銀幣拾玖圓。冀州康樹棟助銀幣伍拾圓。22 京兆梁振清助銀幣叁拾陸圓柒角，湧福坊、趙敬堂、孫雅卿、壽長貞、薛素雲各助銀幣貳拾圓，孫光裕、23 魏廷正、徐士鎧、趙常彬、永裕米莊、葛輔山、高宅、趙洪善 、廣寬各助銀幣拾圓。24

【碑陰】

額陽：流芳萬世

碑文：

東光縣周萬元募助柒拾肆名共助銀幣肆拾玖圓伍角。棗強縣武惟善等募助肆拾肆名共助銀幣肆拾伍圓。元城縣 1 鄭昌亮、閻吉麟募助捌拾壹名共助銀幣叁拾伍圓。城安縣中艾東村、修德堂、積善堂等募助捌拾叁名共助銀幣叁拾肆 2 圓。衡水縣張明德等募助叁拾捌名共助銀幣叁拾叁圓伍角。順義縣劉俊林募助共銀幣叁拾圓。滿城縣張昌修等 3 募助曹明文助銀幣拾伍圓又募玖名共助銀幣拾肆圓。河南省彰德府李成章、霍永順等募助壹百零壹名共助銀幣貳 4 拾捌圓。南樂縣孫明福等募助貳拾柒名共募助銀幣貳拾捌圓。武邑縣張至博等募助肆拾捌名共助銀幣貳拾貳圓。5 天津邵紫珊助銀幣拾圓又募助拾名共助銀幣拾壹圓。張家口楊德富助銀幣拾圓，李潤募助拾肆名共助銀幣貳拾 6 圓。阜城縣史國臣等募助拾柒名共助銀幣貳拾圓。奉天省鳳城縣顧德政募助貳拾叁名共助銀幣拾捌圓。城安縣 7 李明善等募助伍拾陸名共助銀幣拾捌圓。永年縣宋真善、梁德性募助壹百零玖名共助銀幣拾伍圓。山西省靈石縣 8 宋恩福募助拾伍名共助銀幣拾肆圓。正定縣呂向善募助柒名共助銀幣拾圓 。獲鹿縣董明德募助叁拾名共助銀幣 9 伍圓。京兆張春祺募助銀幣陸圓叁角，張善緣、梁壽康、天義盛、永豐米莊、戴朝真、劉秉文各助銀幣伍圓。10 京兆姜昱代募馬文盛助銀幣貳百圓，天增糧局助銀幣壹佰圓，馮素悟助銀幣壹百圓，積德堂、萬發堂、管華、恭裕、11 管圓通、京師總商會各助銀幣伍拾圓，孫學仕、李心培、李純甫各助銀幣叁拾圓，方世耀、雙合盛啤酒廠、朱蔭各助銀幣 12 貳拾圓，北京拯濟極貧東會同仁共助銀幣拾伍圓，劉桂芳、李瑞君、李祥榮、李祥昊、李祥鈞、高金釗、京師米莊商會、飯莊 13 行商會、米麵行商會、綢緞行商會、古玩商會，布行商會，餘慶堂、恆興窑、潘琦各助銀幣拾圓，寶德堂助銀幣陸圓，張如松、14 張際昌、德豐號、同義昌、孚生永、義昌號、天盛號、天佑號、德義昌、宗佑之、鄭嘉隆、西安飯店各助銀幣伍圓，15 京兆中原金珠店代募井崧生助銀幣叁百圓，姜梅生、劉厚同、張翔初各助銀幣伍拾圓，趙陵壽、李子菁各助銀幣貳 16 拾圓，韓星丞、羅金亭、任德卿各助銀幣拾圓，劉燕堂代募银幣貳拾肆圓，永增源代募天章號、大德昌、義信成緞莊、17 義昌緞莊、永亨緞莊、復亨泰緞莊、景昌緞莊、義盛緞莊、永豐成各助銀幣伍圓，吳錫卿代募隱名氏助銀幣貳拾圓，汪 18 濟川、李善甫、天津義泰春茶莊、吳鼎裕茶莊、同泰祥茶莊各助銀幣拾圓，華林棧、通泰茶莊、源盛茶莊、永盛茶莊、李子青、19 宏泰茶莊、泰順茶莊、同春茶莊、同源茶莊、泉祥鴻記各助銀幣伍圓，京兆鐘育英、李靜嫣各助銀幣陸圓，關秀峰、聞仲華、20 東郊紳商聯合會各助銀幣伍圓。21

良鄉王風敬書 22

中華民國十七年歲次戊辰季春穀旦 23

京 312《蒼聖祠捐資題名碑》陽

京兆張俊才代募恒昌照像館吳駿青各助銀幣貳圓怡文圖章館慶壽堂飯莊德裕亨米莊瑞昌湧東天源醬坊吳德豐茶店恒利金店姚廷琦朱維廉慶蚨瑞恒豐當利源增德祥益利豐號北慶仁堂寶源金店源聚湧茂林五豐玉琨楊壽山張元臣王霭亭劉鍾會各助銀幣壹圓天有錦代募德泉油酒號沈福有沈福曜各助銀幣貳圓一善德沈福緣德厚成孟守業天有號趙培霆天裕酒店天益號益興隆義和久白希明晉恒祥增福恩各助銀幣壹圓 湧福坊代募裕成厚孟廣潤查慶餘阮友庭各助銀幣貳圓天寶棧王藍亭郭春盛安伯仁張文亭王汝浩元登瀛鮮濰川盧純建學禮田振玉安宏川任復興趙恩明許士昌張象賢李貴玉王鶴年郭連增張吉明劉培華濟號孫李謹趙光基李殿鰲郎全甫各助銀幣壹圓 蘇興田代募蘇鄉田蘇興田各助銀幣叁圓天益和恒盛義和順成鴻盛永福源成永德號德和永德祥益義聚祥廣泰益益和祥信成祥毛兆翔德泰永劉東昇義增源福順恒精德厚恒昌源各助銀幣壹圓 萬輔山代募永記米莊助銀幣叁圓復昌糧局萬怡程劉益三曲有謨孫天元義增永糧局各助銀幣貳圓 通盛磚窯代募通盛磚窯助銀幣叁圓西通合窯南同合窯北同合窯恒順山貨舖來泰興窯和豐窯中和窯寶源窯德盛成義順興泰順永全盛泰長泰興德盛和天昌窯萬盛窯各助銀幣壹圓政記紙莊代募敬記紙莊助銀幣貳圓義成厚紙莊財順堂紙莊大成泰紙莊義隆昌紙局裕源長永合義各助銀幣壹圓 義豐成代募德恒昌義豐成各助銀幣貳圓錦章錦和興號德盛厚天興成寶茂祥隆興成天聚恒天源號永興義功順茂元昇號裕盛恒楊紹庭各助銀幣壹圓山西省文城縣興盛源天義太隆盛裕洪盛義各助銀幣叁圓慶和祥永盛長隆盛長天源長聚源通隆興增各助銀幣貳圓 張福順代募通縣商會助銀幣貳圓萬興厚天和義慶記永義合染坊合記染坊天增染坊祥記線店泰來糧棧高秀生金兆蘭李蔭棠恒仁義張壽堂榮和昇華豐和染坊慶祥長德福號萬盛亨廣合成通義和果重子吳銘三劉品一吳叔五于濟川韓根山尚永鎮同義當劉瑞各助銀幣壹圓

中華民國十七年歲次戊辰季春　良鄉王鳳敬書　殷旦

京 312《蒼聖祠捐資題名碑》陰

福緣善慶

如心堂惜字社謹將創建

蒼聖祠大善士所助資文芳名開列於左

京兆姜昱代募　崇德堂積德堂豐義盛姜幹臣趙益洲各助银幣肆圓　天和公隆盛公仇文齡豐盛昌□

同盛福欒信亭孫佑臣姜之綱张春泉益源長開灤礦粉局義興合隆源益胡河順原篤慶豐盛和東廣豐各

助銀幣貳圓　薛春暉和合信裕達信永興號豐盛和徐祝壽程紹珌姜書仁億順公李英傑恒利永德盛號

義興合恒隆湧王澍五及顯堂崔绍周源豐和恒源號全盛泰楊溶甫劉國偉億順公李盛林馬雲彤鄭鑑儒

德順木廠趙華堂關尚卿公義蘇刀鋪裕順廠華通號吉順昌長發號廣泰厚泰順永同義和萬聚和萬和號

三合號三盛號隆裕號協順木廠萬興和寶源號蕭悦亭王有林各助銀幣壹圓

京兆中原金珠店代募陶玉田助銀幣壹圓伍角　永增源代募和成祥源泰祥物華阜源緞莊謙盛祥緞莊

協和號新昌泰緞莊錦雲成緞莊榮祥盛緞莊各助銀幣貳圓新利成張中升各助銀幣壹圓　吴锡卿代募

吴淑貞吴樹甲各助銀幣肆圓東德利茶莊乾泰永茶莊梁子平吴裕泰茶莊方蔭庭隐名氏各助銀幣貳圓

齊仰卿玉通德茶莊曹海泉张錦堂李華亭義興湧洪興永源茂永劉寶堂正興德福興□和興廠廣裕布莊

同興德煤廠梁裕如吴植生張子彬裕順齋方鶴珊瑞興隆恒義公張□軒勝輔臣邱焕□同盛德益興長各

助銀幣壹圓天津裕昇茶莊助銀幣叁圓廣裕茶莊永和公隆昌號高蓬山王墨波同豐茶棧各助銀幣貳圓

元裕茶棧德順茶莊趙永祥張鼎臣各助銀幣壹圓遵縣德昌雜貨店助銀幣肆圓福盛號乾泰聚聞光輝劉

子餘賀仙洲各助銀幣貳圓廣和樓白鶴亭新德書社通縣天祿齋蔣聘卿王子明各助銀幣壹圓

如心堂惜字社求募石家蓬助銀幣肆圓李正光助銀幣叁圓柒角王榮貴助銀幣貳圓伍角黄心齋吴學賜

德源懋郝德来六吉號復興大各助銀幣貳圓周国瑞趙本来周岐山陸修真徐證蓮程守容段成善张精誠

賈漢章楊瑞章李根順孫悟真李至義崔殿臣許春堂龔子明王松泉三義公東記棧今古齋寶興齋尚日昇

通合義寶華齋王文斌各助銀幣壹圓　魏廷正代募馬宅方金位孫宅吴宅章宅各助銀幣壹圓

京312《蒼聖祠捐資題名碑》陽

功德昭明

京兆陳俊才代募恒昌照像館吳駿青各助銀幣貳圓怡文圖章館慶壽堂飯莊德裕亨米莊項雪藩東天源醬坊吳德豐茶店恒利金店姚廷琦朱維廉慶蚨瑞恒肇當利源增德祥益利豐號北慶仁堂寶源金店源聚湧茂林玉董玉琨楊壽山張元臣王靄亭劉鍾會各助銀幣壹圓　天有號代募德泉油酒號沈福有沈福曜各助銀幣貳圓一善德沈福緣德厚成孟守業天有號趙培霆天裕酒店天益號益興隆義和久白希明晉恒謙增福泉各助銀幣壹圓　湧福坊代募裕成厚孟廣潤查慶餘阮友庭各助銀幣貳圓天亨棧王藍亭郭春盛安伯仁張炎亭王法湯亢登瀛薛滙川盧純逮學禮田振玉安宏川任復華趙恩明許士昌張象賢李景玉王鶴年郭連增張吉明劉培華賈毓海李謹趙光基李殿鰲邰全喜各助銀幣壹圓　蘇興田代募蘇卿田蘇興田各助銀幣叁圓天益和恒盛義和順成鴻盛永福源成永德號德和永德祥益義聚祥廣泰益和祥信成祥毛兆翔德泰永劉東昇義增源福順恒積德厚恒昌源各助銀幣壹圓　葛輔山代募永記米莊助銀幣叁圓復昌糧局葛怡程劉益三曲有謨孫天元義增永糧局各助銀幣貳圓　通盛磚窑代募通盛磚窑助銀幣叁圓西通合窑南同合窑北同合窑恒順山貨鋪東泰興窑和豐窑中和窑寶源窑德盛成義順興泰順永全盛泰長泰興德盛和天昌窑萬盛窑各助銀幣壹圓敬記紙莊代募敬記紙莊助銀幣貳圓義成厚紙莊財順堂紙莊大成泰紙莊義隆昌紙局裕源長永合義各助銀幣壹圓　義豐成代募德恒昌義豐成各助銀幣貳圓錦章號和興號德盛厚天興成覃茂祥隆興成天聚恒天源號永興義功順茂元昇號裕盛恒楊紹庭各助銀幣壹圓山西省交城縣興盛源天義太隆盛裕洪盛義各助銀幣叁圓慶和祥永盛長隆盛長天源長聚源通隆興增各助銀幣貳圓　張福順代募通縣商會助銀幣貳圓萬興厚天和義慶記永義合染坊合記染坊天增染坊祥記線店泰來糧棧高秀生金兆蘭李夢琴恒仁義張靄堂慶和昇華豐和染坊慶祥長德福號萬盛亨廣合成通義和果重予吳銘三劉品一吳敘五平濟川韓振山尚永強同義當劉瑞各助銀幣壹圓

良鄉王風敬書

中華民國十七年歲次戊辰季春　穀旦

京312《蒼聖祠捐資題名碑》陰

蒼聖祠捐資題名碑

首題:如心堂惜字社謹將創建蒼聖祠大善士所助資文芳名開列於左
年代:民國十七年(1928)三月
原址:西城區寶産胡同
拓片尺寸:碑陽、陰均高146、寬72厘米,額陽、陰均高32、寬24厘米
書體:楷書
書人:王風
《目録》:頁385
拓片編號:京312
拓片録自:《北京圖書館藏中國歷代石刻拓本匯編》第95卷140—141頁

【碑陽】

額題:福緣善慶

碑文:

如心堂惜字社謹將創建1蒼聖祠大善士所助資文芳名開列於左:2

京兆姜昱代募 崇德堂、積德堂、豐義盛、姜幹臣、趙益洲各助银幣肆圓,天和公、隆盛公、仇文齡、豐盛昌□、3同盛福、樂信亭、孫佑臣、姜之綱、张春泉、益源長、開灤礦粉局、義興合、隆源益、胡河順、原篤慶、豐盛和、东廣豐各4助銀幣贰圓,薛春暉、和合信、裕達信、永興號、豐盛和、徐祝壽、程紹珌、姜書仁、億順公、李英傑、恒利永、德盛號、5義興合、恒隆湧、王澍五、及顯堂、崔绍、周源豐、和恒源號、全盛泰、楊溶甫、劉國偉、億順公、李盛林、馬雲彤、鄭鑑儒、6德順木廠、趙華堂、關尚卿、公義蔴刀鋪、裕順廠、華通號、吉順昌、長發號、廣泰厚、泰順永、同義和、萬聚和、萬和號、7三合號、三盛號、隆裕號、協順木廠、萬興和、寶源號、蕭悦亭、王有林各助銀幣壹圓,8京兆中原金珠店代募陶玉田助銀幣壹圓伍角,永增源代募和成祥、源泰祥、物華阜源雄姿英緞莊、謙盛祥緞莊、9協和號、新昌泰緞莊、錦雲成緞莊、榮祥盛緞莊各助銀幣贰圓,新利成、張中升各助銀幣壹圓,吴锡卿代募10吴淑贞、吴樹甲各助銀幣肆圓,東德利茶莊、乾泰永茶莊、梁子平、吴裕泰茶莊、方蔭庭、隐名氏各助銀幣贰圓,11齊仰卿、玉通德茶莊、曹海泉、张錦堂、李華亭、義興湧、洪興永、源茂永、劉寶堂、正興德、福興□、和興廠、廣裕布莊、12同興德煤廠、梁裕如、吴植生、張子彬、裕順齋、方鶴珊、瑞興隆、恒義公、張□軒、勝輔臣、邱焕□、同盛德、益興長各13助銀幣壹圓,天津裕昇茶莊助銀幣叁圓,廣裕茶莊、永和公、隆昌號、高蓬山、王墨波、同豐茶棧各助銀幣贰圓,14元裕茶棧、德順茶莊、趙永祥、張鼎臣各助銀幣壹圓,遵縣德昌雜貨店助銀幣肆圓,福盛號、乾泰聚、聞光輝、劉15子餘、賀仙洲各助銀幣贰圓,廣和樓、白鶴亭、新德書社、通縣天祿齋、蔣聘卿、王子明各助銀幣壹圓。16如心堂惜字社求募石家蓬助銀幣肆圓,李正光助銀幣叁圓柒角,王榮貴助銀幣贰圓伍角,黄心齋、吴學賜、17德源懋、郝德来、六吉號、復興大各助銀幣贰圓,周国瑞、趙本来、周岐山、陸修真、徐證蓮、程守容、段成善、张精

誠、18 賈漢章、楊瑞章、李根順、孫悟真、李至義、崔殿臣、許春堂、龔子明、王松泉、三義公，東記棧、今古齋、寶興齋、尚日昇、19 通合義、寶華齋、王文斌各助銀幣壹圓，魏廷正代募馬宅、方金位、孫宅、吳宅、章宅各助銀幣壹圓。20

【碑陰】

額題：功德昭明

碑文：

京兆陳俊才代募恒昌照像館、吳駿青各助銀幣貳圓，怡文圖章館、慶壽堂飯莊、德裕亨米莊、項雪藩、東天源醬坊、1 吳德豐茶店、恒利金店、姚廷琦、朱維廉、慶蚨瑞、恒肇當、利源增、德祥益、利豐號、北慶仁堂、寶源金店、源聚湧、茂林玉 2、董玉琨、楊壽山、張元臣、王靄亭、劉鍾會各助銀幣壹圓，天有號代募德泉油酒號、沈福有、沈福曜各助銀幣貳圓，3 一善德、沈福緣、德厚成、孟守業、天有號、趙培霆、天裕酒店、天益號、益興隆、義和久、白希明、晉恒謙、增福泉各助銀幣 4 壹圓，湧福坊代募裕成厚、孟廣潤、查慶餘、阮友庭各助銀幣貳圓，天亨棧、王藍亭、郭春盛、安伯仁、張炎亭、王法湯 5、亢登瀛、薛滙川、盧純、逮學禮、田振玉、安宏川、任復華、趙恩明、許士昌、張象賢、李景玉、王鶴年、郭連增、張吉明、劉培華、6 賈毓海、李謹、趙光基、李殿鰲、郜全喜各助銀幣壹圓，蘇興田代募蘇卿田、蘇興田各助銀幣叁圓，天益和、恒盛義 7、和順成、鴻盛永、福源成、永德號、德和永、德祥益、義聚祥、廣泰益、益和祥、信成祥、毛兆翔、德泰永、劉東昇、義增源、福順 8 恒、積德厚、恒昌源、各助銀幣壹圓，葛輔山代募永記米莊助銀幣叁圓，復昌糧局葛怡程、劉益三、曲有謨、孫天元、9 義增永糧局各助銀幣貳圓，通盛磚窑代募通盛磚窑助銀幣叁圓，西通合窑、南同合窑、北同合窑、恒順山貨鋪、10 東泰興窑、和豐窑、中和窑、寶源窑、德盛成、義順興、泰順永、全盛泰、長泰興、德盛和、天昌窑、萬盛窑各助銀幣壹圓，11 敬記紙莊代募敬記紙莊助銀幣貳圓，義成厚紙莊、財順堂紙莊、大成泰紙莊、義隆昌紙局、裕源長、永合義各助銀 12 幣壹圓，義豐成代募、德恒昌、義豐成各助銀幣貳圓，錦章號、和興號、德盛厚、天興成、覃茂祥、隆興成、天聚恒、天源 13 號、永興義、功順茂、元昇號、裕盛恒、楊紹庭各助銀幣壹圓，山西省交城縣興盛源、天義太、隆盛裕、洪盛義各助銀幣 14 叁圓，慶和祥、永盛長、隆盛長、天源長、聚源通、隆興增各助銀幣貳圓，張福順代募通縣商會助銀幣貳圓，萬興厚、15 天和義、慶記永、義合染坊、合記染坊、天增染坊、祥記線店、泰來糧棧高秀生、金兆蘭、李夢琴、恒仁義、張靄堂、慶和昇、16 華豐和染坊、慶祥長、德福號、萬盛亨、廣合成、通義和、果重予、吳銘三、劉品一、吳敘五、平濟川、韓振山、尚永強、同義當、17 劉瑞各助銀幣壹圓。18

良鄉王風敬書。19

中華民國十七年歲次戊辰季春 穀旦。20

京 315《蒼頡功德碑》陽

蒼聖功德碑文

太古蒼聖史皇上帝功德碑

稽古伏羲常思結繩之政不能垂於永久乃削荻蘸煤畫板作字時有龍馬河圖之瑞名景龍書一書九曲民嫌其繁而難學　蒼聖姓侯岡名頡生有睿德幼善畫及長能觀三才之文登陽虛之山見洛汭有靈龜一頭丹甲緑文縱横里數揣摩其文理又見群鳥踐跡沙地形勢錯綜似有情緒乃依龜文鳥跡一畫一竪一點一圓撇捺鈎挑配聚而成字體以此記事傳之遠方而垂後世陳其義於伏羲命築臺河上製造文字　蒼聖乃窮天地之變觀星曲之勢察龜文鳥羽山川掌指創制六書一曰象形如日月之類象其形體而爲之也二曰假借如令長之類一字兩用也三曰指事謂上下之類人在一上爲上人在一下爲下各指其事而言也四曰會意謂武信之類止戈爲武人言爲信會合其意也五曰轉注謂考老之類左右相轉以爲言也六曰諧聲謂江河之類皆以水爲偏旁以工可聲諧也使天下義理必歸文字文字必歸六書以竹削爲方策火薰出汗謂之殺青以木枝蘸煤土書之形如蝌蚪文字成而記注備帝廼升封介邱以昭異世復命朱襄氏削竹簡刻木版書六體之字於其上是爲書契升發敷教之臺照式鈔録傳告四方使皆識字以代結繩至軒轅氏疊簡作策謂之汗簡進史館應用以沮誦爲右史備禮徵　聖爲左史變古文爲篆書頒行天下後無疾而逝葬於夷山竊思混沌初開乾坤始奠人民毛食穴處設非

蒼聖先師創製六書開萬世禮樂教化典章文物之先聲吾民求不渾渾噩噩以遠今日也而可得乎惟厥　聖功昭垂寰宇嘉惠無窮崇功報德飲水思源此建祠之由來而歌功頌德者也兹當　聖祠告成敬將　聖德表而彰之俾仕女來瞻禮者既堅崇拜之誠益增惜字之心查京兆商賈雲集倘能一體奉尊各存敬謹之思仰答

蒼聖締造之鴻庥轉相勸誡推近及遠咸知敬惜字紙不敢褻穢善莫大焉不亦偉乎

良鄉王風薰沐敬篆並書

中華民國十七年歲次戊辰三月二十八日因就　蒼聖先師聖誕佳期　穀旦

京315《蒼頡功德碑》陽

蒼頡功德碑

首題:太古蒼聖史皇上帝功德碑
年代:民國十七年(1928)三月二十八日
原址:西城區寶産胡同
拓片尺寸:碑陽高196、寬86厘米,額高40、寬22厘米
書體:楷書
撰人:王風
書人:王風
《目録》:頁385
拓片編號:京315
拓片録自:《北京圖書館藏中國歷代石刻拓本匯編》第95卷136頁

【碑陽】

額題:蒼聖功德碑文(篆書)

碑文:

太古蒼聖史皇上帝功德碑 1

稽古伏羲常思結繩之政不能垂於永久,乃削荻蘸煤,畫板作字。時有龍馬河圖之瑞,名景龍書,一書九曲。民嫌其 2 繁而難學。蒼聖姓侯岡名頡,生有睿德,幼善畫,及長,能觀三才之文。登陽虛之山,見洛汭有靈龜一頭,丹甲綠 3 文,縱横里數,揣摩其文理,又見群鳥踐跡沙地,形勢錯綜,似有情緒,乃依龜文鳥跡,一畫、一竪、一點、一圓、撇、捺、鈎、挑 4 配聚而成字體。以此記事,傳之遠方而垂後世,陳其義於伏羲,命築臺河上,製造文字。蒼聖乃窮天地之變,觀 5 星曲之勢,察龜文、鳥羽、山川、掌指,創制六書。一曰象形,如日月之類,象其形體而爲之也。二曰假借,如令長之類,一 6 字兩用也。三曰指事,謂上下之類,人在一上爲上,人在一下爲下,各指其事而言也。四曰會意,謂武信之類,止戈爲 7 武,人言爲信,會合其意也。五曰轉注,謂考老之類,左右相轉以爲言也。六曰諧聲,謂江河之類,皆以水爲偏旁,以工 8 可聲諧也。使天下義理必歸文字,文字必歸六書,以竹削爲方策,火薰出汗謂之殺青,以木枝蘸煤土書之,形如蝌 9 蚪。文字成而記注備。帝廼升封介邱,以昭異世。復命朱襄氏削竹簡、刻木版、書六體之字於其上,是爲書契。升發敷 10 教之臺,照式鈔録,傳告四方,使皆識字,以代結繩。至軒轅氏,疊簡作策,謂之汗簡,進史館應用,以沮誦爲右史,備禮 11 微聖爲左史。變古文爲篆書,頒行天下,後無疾而逝,葬於夷山。竊思混沌初開,乾坤始奠,人民毛食穴處,設非 12 蒼聖先師創製六書,開萬世禮樂、教化、典章、文物之先聲,吾民求不渾渾噩噩以遠今日也而可得乎。惟厥聖功,昭 13 垂寰宇,嘉惠無窮。崇功報德,飲水思源,此建祠之由來而歌功頌德者也。兹當聖祠告成。敬將聖德表而 14 彰之。俾仕女來瞻禮者,既堅崇拜之誠,益增惜字之心。查京兆商賈雲集,倘能一體奉尊,各存敬謹之思,仰答 15 蒼聖締造之鴻庥,轉相勸誡,推近及遠,咸知敬惜字紙,不敢褻穢,善莫大焉,

不亦偉乎。16

良鄉王風薰沐敬篆並書。17

中華民國十七年歲次戊辰三月二十八日因就蒼聖先師聖誕佳期，穀旦。18

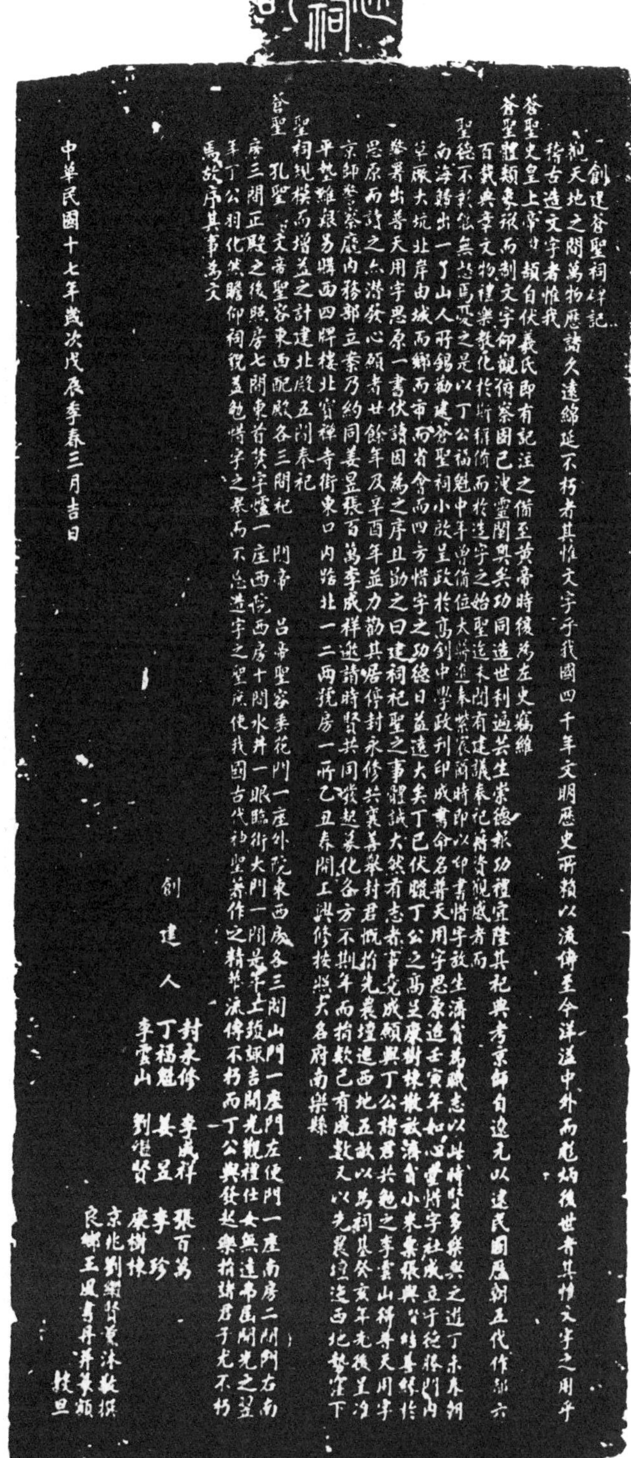

京 316《蒼聖祠碑》

創建蒼聖祠碑記

創建蒼聖祠碑記

觀天地之間萬物歷諸久遠綿延不朽者其惟文字乎我國四千年文明歷史所賴以流傳至今洋溢中外而彪炳後世者其惟文字之用乎

稽古造文字者惟我

蒼聖史皇上帝諱頡自伏羲氏即有記注之備至黃帝時復爲左史竊維

蒼聖體類象形而製文字仰觀俯察固已洩靈闡奥矣功同造世利遍芸生崇德報功禮宜隆其祀典考京師自遼元以逮民國歷朝五代作都六百載典章文物禮樂教化於斯稱備而於造字之始聖迄未聞有建議奉祀藉資觀感者而

聖德不彰能無惄焉憂之是以丁公福魁中年曾備位太醫進奉紫宸爾時即以印書惜字放生濟貧爲職志以此時賢多樂與之遊丁未春朝南海歸出一了山人所錫勸建蒼聖祠小啓呈政於高釗中學政刊印成書命名普天用字思原迨壬寅年如心堂惜字社成立于德胜门内草廠大坑北岸由城而鄉而市而省會而四方惜字之功德日益遠大矣丁巳伏臘丁公之高足康樹棟散放濟貧小米粟張與賢結善緣於警署出普天用字思原一書伏讀因爲之序且勖之曰建祠祀聖之事體誠大然有志者事竟成愿與丁公諸君共勉之李雲山得普天用字思原而讀之亦潛發心願者廿餘年及辛酉年並力勸其居停封永修共襄善舉封君慨捐先農壇迤西地五畝以爲祠基癸亥年先後呈准京師警察廳内務部立案乃約同姜昱張百萬李成祥邀請時賢共同發起募化各方不期年而捐款已有成數又以先農壇迤西地勢窪下平墊維艱另購西四牌樓北寶禪寺街東口内路北一二兩號房一所乙丑春開工興修按照大名府南樂縣

聖祠規模而增益之計建北殿五間奉祀

蒼聖　孔聖　文帝聖容東西配殿各三間祀　關帝　呂帝聖容垂花門一座外院東西房各三間山門一座門左便門一座南房二間門右南房三間正殿之後照房七間東首焚字爐一座西院西房十間水井一眼臨街大門一間是年工竣諏吉開光觀禮仕女無遠弗屆開光之翌年丁公羽化然瞻仰祠貌益勉惜字之舉而不忘造字之聖庶使我國古代神聖著作之精華流傳不朽而丁公與發起樂捐諸君子尤不朽焉故序其事爲文

創建人　封永修　李成祥　張百萬
丁福魁　姜　昱　李　珍
李雲山　劉繼賢　康樹棟

京兆劉繼賢薰沐敬撰
良鄉王風書丹並篆額

中華民國十七年歲次戊辰季春三月吉日　穀旦

京316《蒼聖祠碑》

蒼聖祠碑

首題:創建蒼聖祠碑記
年代:民國十七年(1928)三月
原址:西城區實禪寺街
拓片尺寸:碑陽身高 202、寬 86 厘米,額高 331、寬 22 厘米
書體:楷書
撰人:劉繼賢
書人:王風
《目録》:頁 385
拓片編號:京 316
拓片録自:《北京圖書館藏中國歷代石刻拓本匯編》第 95 卷 132 頁

【碑陽】

額題:創建蒼聖祠碑記(篆書)

碑文:

創建蒼聖祠碑記 1

觀天地之間萬物,歷諸久遠綿延不朽者,其惟文字乎。我國四千年文明歷史所賴以流傳至今,洋溢中外而彪炳後世者,其惟文字之用乎。2 稽古造文字者,惟我 3 蒼聖史皇上帝諱頡。自伏羲氏即有記注之備,至黄帝時復爲左史。竊維 4 蒼聖體類象形而製文字,仰觀俯察,固已洩靈閫奥矣。功同造世,利遍芸生,崇德報功,禮宜隆其祀典。考京師自遼元以逮民國,歷朝五代,作都六 5 百載。典章文物,禮樂教化,於斯稱備。而於造字之始聖,迄未聞有建議奉祀藉資觀感者,而 6 聖德不彰,能無慭焉?憂之。是以丁公福魁,中年曾備位太醫,進奉紫宸,爾時即以印書惜字、放生濟貧爲職志,以此時賢多樂與之遊。丁未春朝 7 南海歸,出一了山人所錫勸建蒼聖祠小啓,呈政於高釗中學政,刊印成書,命名《普天用字思原》。迨壬寅年,如心堂惜字社成立于德胜门内 8 草廠大坑北岸。由城而鄉,而市,而省會,而四方。惜字之功德,日益遠大矣。丁巳伏臘,丁公之高足康樹棟,散放濟貧小米粟張,與賢結善緣於 9 警署,出《普天用字思原》一書伏讀,因爲之序,且勖之曰:建祠祀聖之事體誠大,然有志者事竟成,願與丁公諸君共勉之。李雲山得《普天用字 10 思原》而讀之,亦潛發心願者廿餘年。及辛酉年,並力勸其居停封永修共襄善舉。封君慨捐先農壇迤西地五畝以爲祠基。癸亥年,先後呈准 11 京師警察廳、内務部立案。乃約同姜昱、張百萬、李成祥邀請時賢共同發起,募化各方,不期年而捐款已有成數。又以先農壇迤西地勢窪下,12 平墊維艱,另購西四牌樓北實禪寺街東口内路北一二兩號房一所,乙丑春開工興修,按照大名府南樂縣 13 聖祠規模而增益之。計建北殿五間,奉祀 14 蒼聖、孔聖、文帝聖容,東西配殿各三間,祀關帝、吕帝聖容。垂花門一座,外院東西房各三間,山門一座,門左便門一座,南房二間,門右南 15 房三間,正殿之後照房七間,東首焚字爐一座,西院西房十間,水井一眼,

臨街大門一間。是年工竣,諏吉開光。觀禮仕女無遠弗屆。開光之翌 16 年,丁公羽化。然瞻仰祠貌,益勉惜字之舉,而不忘造字之聖,庶使我國古代神聖著作之精華流傳不朽。而丁公與發起樂捐諸君子尤不朽 17 焉。故序其事爲文。18

創建人:封永修、丁福魁、李雲山、李成祥、姜昱、劉繼賢、張百萬、李珍、康樹棟。19

京兆劉繼賢薰沐敬撰。20

良鄉王風書丹並篆額。21

中華民國十七年歲次戊辰季春三月吉日穀旦。22

土地廟

土地廟,亦名土地祠,不見於乾隆《京城全圖》,原址在內四區倉夾道路東四號(現約爲西城區護倉胡同十四號西側),寺廟建築已不存。

土地廟可能始建於清同治年間,民國十二年(1923)天津立志堂李桂山重修。當時得到本地區的集資捐助,故廟主稱此廟爲公建,殿額上曰:全區保障。土地祠很小,僅有東西一丈三尺、南北三丈。山門西向,石額“土地祠”。內有殿一間,供土地夫婦小泥像二尊,泥童四人,前有鐵五供一份,也是民國十二年五月所造。殿旁小耳房共二間,前有小旗杆一根。李桂山修廟後,由道士魏文山看管。[1]1945年警察局的調查記録中稱,此廟爲當街廟。[2]

1947年,土地廟登記人换成了劉振金。[3]而1950年時,劉振金雖然仍然擔任寺廟管理人,但民政局卻注明他因强姦鄰居幼女而被羈押。[4]

2005年至2015年調查時,土地廟已拆除殆盡,全不見蹤影,附近住戶對此廟也無甚回憶。

〔1〕參見《北京寺廟歷史資料》頁二百零四至二百零五。國立北平研究院《土地祠》,西四13。

〔2〕首都圖書館藏《北平寺廟調查一覽表》,無頁碼。

〔3〕北京市檔案館藏《北平市民政局·北平市各區寺廟總登記考察簿》,1947年,檔案號J3-1-237,頁七十六。

〔4〕北京市檔案館藏《北平市民政局·北平市寺廟總登記簿(第一冊)》,1950年,檔案號J3-1-203,頁三十六。

四排十段

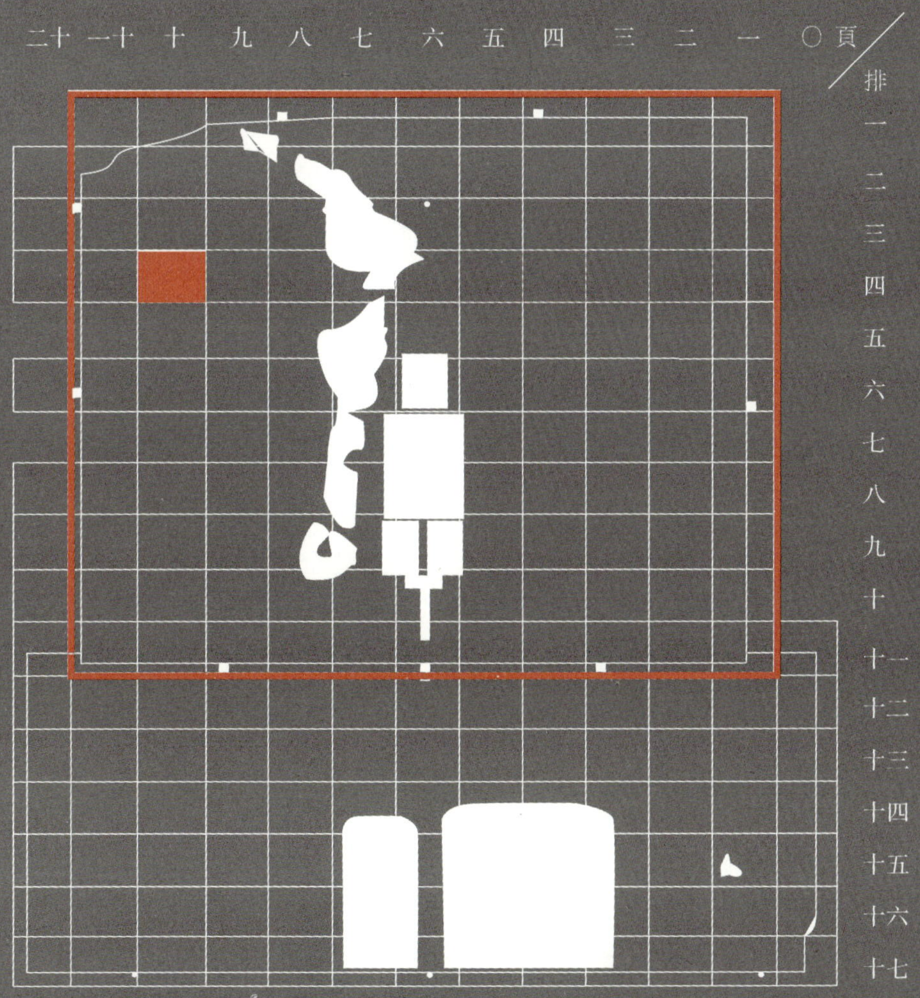

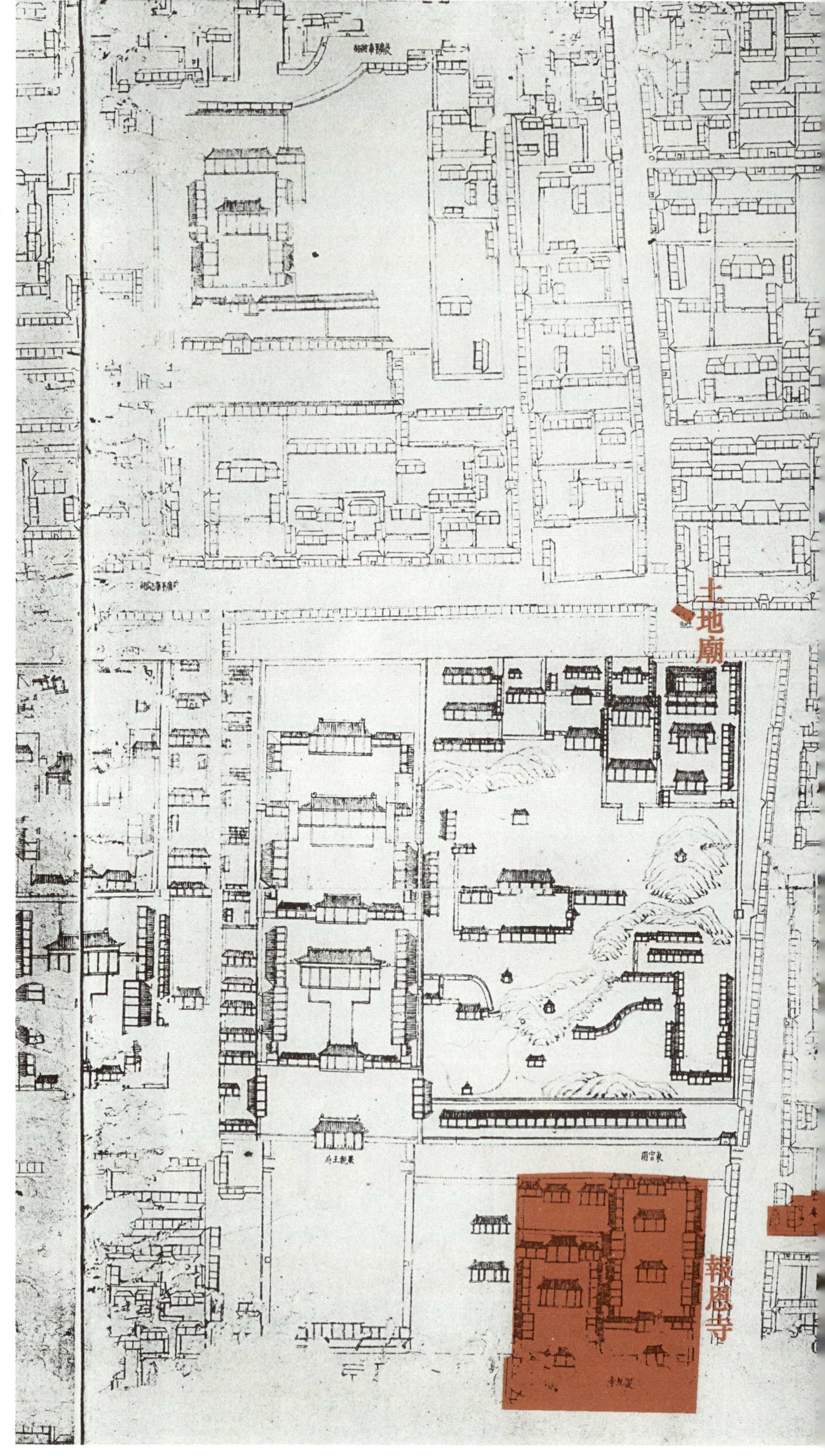
土地廟
報恩寺

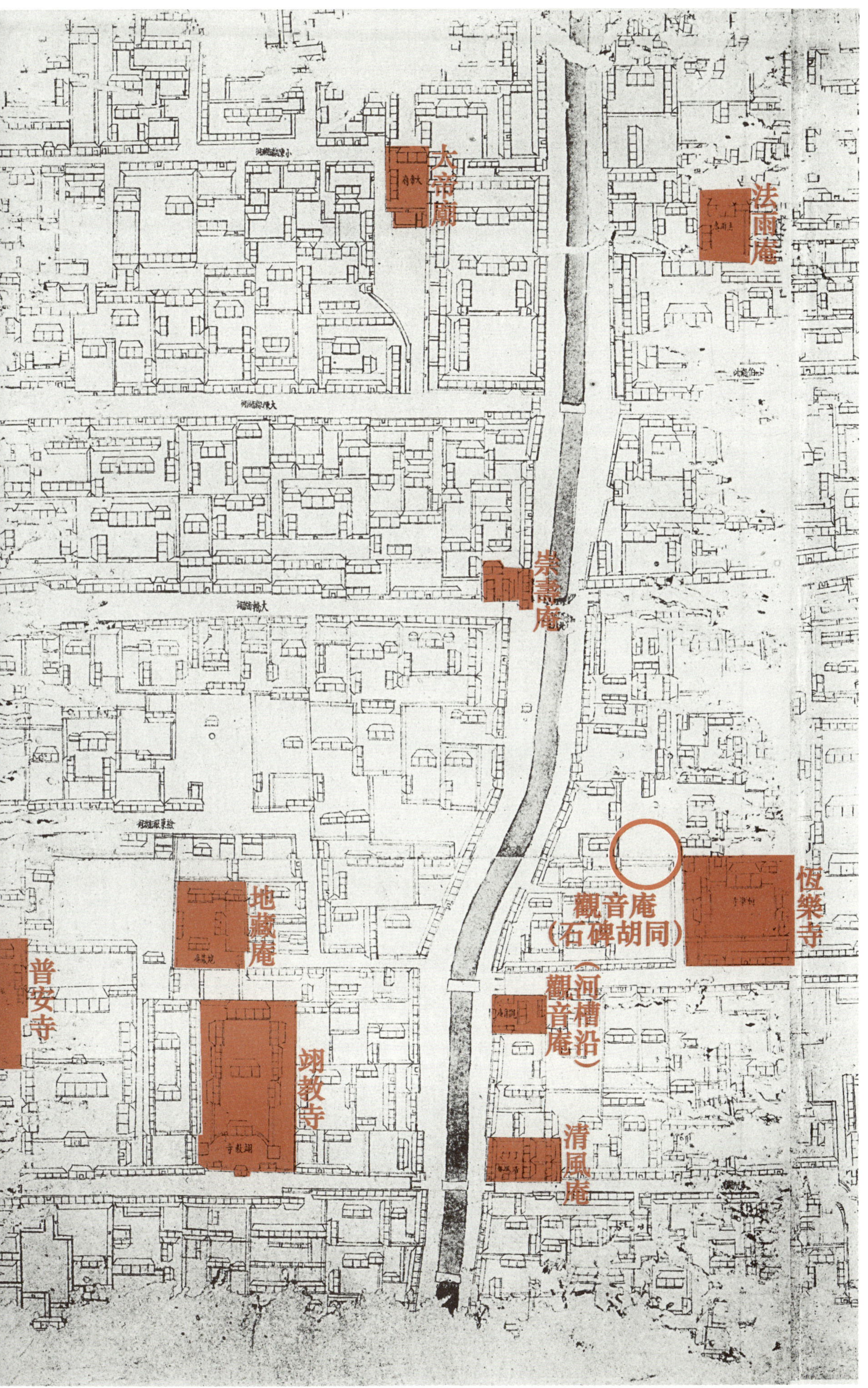

大帝廟
法雨庵
崇壽庵
觀音庵（石碑胡同）
恆樂寺
地藏庵
普安寺
觀音庵（河槽沿）
翊教寺
清風庵

大帝廟

大帝廟，常名關帝廟，原址在内四區小陳綫胡同二號（今西城區小乘巷，前殿在小乘巷一號，後殿在小乘巷三號）。寺廟建築現存。原有碑刻一通，爲清同治十三年（1874）《關帝廟碑》。碑石現存北京石刻藝術博物館。

大帝廟始建時間不詳，廟内法物最早的是清康熙二十二年（1683）十月所造圓鐵爐一座。至雍正年間，此廟已有確切登記。《雍正廟冊》記載，陳綫胡同有伏魔庵[1]，屬尼僧廟，有殿宇六間、禪房八間，住持性如。《乾隆廟冊》登記時，住持换成了洪旺，并改爲大僧廟[2]。廟内還有乾隆三十九年（1774）冬至月造鐵鐘一口。從《京城全圖》上看，乾隆時期的大帝廟位於小陳綫胡同東口，坐北朝南，有前後兩進院落。前院較小，僅有東房兩間，繚以圍垣，西墻開隨墻門；後院稍大，有北房三間，西房四間，南墻開小門與前院相通。其規模較之《雍正廟冊》所記，似已有所縮小。

清同治十三年時，因關帝廟坍塌日久、木植無存，住持僧心淨發願化緣，進棺叩化達三年之久。終有耿清繹首善捐資并親自督修，張翼領袖代募，又有天津道如山等衆善人捐資，廟貌得以修整完畢，立碑以紀其事。重修後的大帝廟有前殿山門一座，東西開二角門；院内首有出廊大殿三間，左右各一耳殿，東西配殿各三間；後院也有出廊大殿三間帶兩間耳殿；周圍群墻環繞，臨街有女兒墻一道，另開柵欄門一座[3]。

十餘年後，大帝廟又有添建，中殿木額"聖恩慈佑"記其事於光緒十四年（1888）六月。此次添修可能與崇興寺搬遷一事有關。清光緒十三年（1887），

[1]《雍正廟冊》中寫作"陳信胡同"，當爲陳綫胡同之誤。"伏魔庵"常爲關帝廟之別名。

[2]《乾隆廟冊》中已記爲"陳綫胡同，關帝廟"。

[3]參見清同治十三年（1874）《關帝廟碑》，京431，據北京大學圖書館藏原拓片録文。

西庫教堂（北堂）由蠶池口遷建至西什庫，原在西什庫的崇興寺不得已移至大後倉胡同（小陳綫胡同東北方向不遠），重修善士延請附近僧尼入内住持[1]。似乎就在此時，大帝廟的尼僧同時成爲此二廟住持。檔案記載，民國三十年（1941），曹洞宗尼僧成治（又名月林）從師傅手中同時繼承了二廟産權，并在僧録司更名入冊[2]。成治以爲一僧不可兼主二廟，故在警察局以其師弟蓮舟的身份登記。蓮舟之胞姐張郭氏（法名蓮海）得以附居廟中，並將俗家之小銅像三尊、檀香木像二尊寄存廟内[3]。

民國二十二年（1933），由於蓮舟長期前往五臺、峨眉等處朝山，社會局多次督促清點廟務無果，成治乃重新接充大帝廟住持。此時大帝廟的格局與同治時期變化不大。山門南向，東西開角門，木額"敕封三界伏魔關帝廟"；前殿一座，其内無像，可能即爲光緒十四年所建；正殿三間，上懸"聖恩慈佑"木額，内供關帝坐像一尊，周倉、關平侍立。另有娘娘坐像九尊、財神五尊、真武坐像一尊，均爲泥塑。正殿東耳殿一間，供王奶奶。西耳殿一間，内空。東西配房各三間，時爲住房。同治十三年《關帝廟碑》立於正殿出廊之下；後殿三間，爲大雄殿，内供釋迦牟尼坐像一尊，左文殊騎獅，右普賢騎象，均爲脱胎漆塑，另有殘破小泥佛像三十餘尊。像後墻上繪有精美壁畫，正中爲一鋪水陸畫，兩側爲雲龍圖。後殿法物較多，除廊下懸乾隆鐵鐘、廊前有康熙鐵爐外，殿内還有鐵磬與小鐵鐘各一。同治時心淨發願重修的原因之一，曾是廟内木植無存，而民國時廟中已棗杏纍纍，椿桑林立，丁香時見，除一株大槐樹外，還有松棗等小樹十餘株。成治長期住在大後倉胡同崇興寺，大帝廟内寓居理善勸戒煙酒總會之正理事員楊姓（又名樂善道人）。[4]

從 1945 年起，關帝廟房出租開設叔量小學，立有租約[5]。至 1949 年，成治尚任住持，傳曹洞宗，但衹有正殿和後殿仍做供佛之用，其餘十一間殿房租出七間，月收入六十餘元。尼僧四人，其中有人不常住廟内，但依廟内香資生活，每日唪經，無其他工作[6]。1950 年北平市民政局進行寺廟登記時，大帝廟住持換成了寶林，廟内尼僧減至二人，登記表上註明"關帝廟，殘，銷去"[7]。然而 1952 年民政局再次登記時，關帝廟仍赫然在列，衹是住持換成了妙法，她又名正法，常住崇興寺内，大帝廟由五十歲女尼體行看管[8]。

老住戶還記得大帝廟曾是姑子廟，但説姑子早已不知去向。大約在 20 世紀 70 年代左右，以正殿後山墻爲界，大帝廟被分成前後兩院。前院用作廣告公司和倉庫，後院爲工藝美術廠的宿舍。後兩院都成爲居民住家院落。

---

〔1〕事見《北京内城寺廟碑刻志》第三卷，頁三百九十九至四百一十七，書中誤將成治寫作成活。

〔2〕參見北京市檔案館藏《北平市社會局寺廟類·内四區關帝廟尼僧蓮舟呈請登記廟産及社會局的批示》，1930—1936 年，檔案號 J2-8-301，頁七至十。此檔案中關於成治接充住持的時間有不同説法，甚至取得廟産的方式也有自師傅手中繼承和價賣兩種記載，但細考之，當以成治本人的説法和僧録司手本時間爲準。

〔3〕同上，頁十一至十二、頁一百七十至一百七十二。

〔4〕參見國立北平研究院《關帝廟》，西四 90。北平研究院的調查人員稱此廟爲龍泉寺下院，《北京廟宇徵存録》中也持此説，恐爲廟内無知情僧尼居住，旁人誤記之故。見張次溪輯《北京廟宇徵存録》，收入《中國佛寺志叢刊》第二卷，揚州：廣陵書社，2011 年，頁十六。

〔5〕參見北京市佛教協會藏《北京市民政局民族事務科·西四區僧、尼寺廟登記表》，1952 年，檔案號 196-1-18，頁九十五。

〔6〕參見北京市檔案館藏《北平市民政局民族事務科·本市寺廟情況查詢記録》，1949 年 5 月，檔案號 196-1-4，頁十九。

〔7〕北京市檔案館藏《北平市民政局·北平市寺廟總登記簿（第一冊）》，1950 年，檔案號 J3-1-203，頁二十六。

〔8〕北京市佛教協會藏《北京市民政局·民族事務科西四區僧、尼寺廟登記表》，1952 年，檔案號 196-1-18，頁九十五。

至 2015 年調查時，大帝廟建築除前院西廂房已無存外，基本保持完好。前院山門仍在，角門不存，從西墻開門出入，正殿三間帶東西兩耳房與東廂房尚存。後院也在西墻上開門，三間大殿及左右耳房仍存，據說後殿房梁與壁上彩畫保存完好，被住戶裱糊遮擋。殿東被住戶私建東廂房三間。

大帝廟外觀（2004 年 3 月 如意攝）

大帝廟內 （2013 年 9 月 曉松攝）

萬古
流芳

茲因西直門内小陳綫衚衕路北舊有
關帝廟一座因年深坍塌日久木植無存形狀難堪住持僧心淨發願
進棺叩化三年之久託
佛祖垂佑方有衆善樂施重修前殿山門一座東西兩角門院内出
廊大殿三間并兩耳殿又東西配殿六間後院出廊大殿三間
耳殿兩間周圍群墻臨街女兒墻一道柵欄門一合今已重修
完固刻碑以垂永久
首善捐資經手督修耿清鐸
領袖代募捐資張翼
天津道如山
衆善人等捐資共成善舉
同治十三年十月初一日立

京431《關帝廟碑》

關帝廟碑

年代:清同治十三年(1874)十月
原址:西城區小乘巷
今址:北京石刻藝術博物館
拓片尺寸:碑陽高 90、寬 59 厘米,額高 18、寬 13 厘米
書體: 正書
《目録》:頁 356
拓片編號:京 431
拓片録自:北京大學圖書館藏原拓片

【碑陽】

額題:萬古流芳(篆書)

碑文:

茲因西直門内小陳綫衚衕路北舊有 1 關帝廟一座,因年深坍塌日久,木植無存,形狀難堪。住持僧心淨發願,2 進棺叩化三年之久。託 3 佛祖垂佑,方有衆善樂施。重修前殿山門一座、東西兩角門、院内出 4 廊大殿三間并兩耳殿,又東西配殿六間、後院出廊大殿三間、5 耳殿兩間,周圍群墻、臨街女兒墻一道、柵欄門一,合今已重修 6 完固,刻碑以垂永久。

首善捐資經手督修耿清鐸,7 領袖代募捐資張翼,8 天津道如山,9 衆善人等捐資共成善舉。10

同治十三年十月初一日 11

法雨庵

法雨庵，原址在内四區四根柏胡同偏西路北（今西城區四根柏胡同十五號位置），寺廟建築現已不存。

法雨庵始建時間不詳，《雍正廟冊》中有記録，登記地址爲帽兒胡同[1]，時爲大僧廟，有殿宇六間、禪房十一間，住持通泰。至《乾隆廟冊》登記時，廟已改爲尼僧廟，住持湛亮。從乾隆《京城全圖》上看，法雨庵坐北朝南，似僅有一進院落，院内有北房三間，帶東小耳房兩間，西房三間。由於此處地圖有漫漶，無法辨認北房之後是否還有建築。

自乾隆以後，法雨庵再無記載。2005年調查時，此地全無廟房蹤跡，住戶對其也沒有記憶，應是久已不存。

〔1〕即四根柏北側胡同，法雨庵後身所在。

崇壽庵

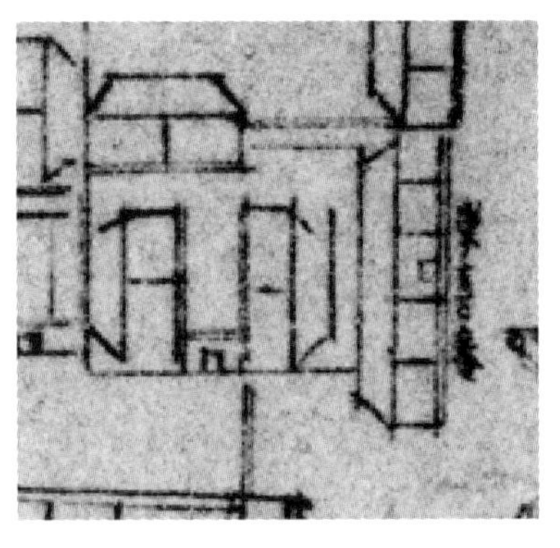

崇壽庵，原址在河槽上北大橋西鄰（現爲西城區趙登禹路與大覺胡同交匯處），寺廟建築現已不存。

崇壽庵始建時間不詳，《雍正廟冊》登記爲尼僧廟，住持慧強，有殿宇二間、禪房五間。至《乾隆廟冊》登記時，尼僧寬興繼任住持。從乾隆《京城全圖》上看，崇壽庵僅一進院落，但難以判斷殿宇朝向。院東首有五間臨街房，正中一間開門出入，院内乾位有北房兩間，南有東西房二座，均爲兩間，相對而立。東西二房南側以院牆相連，牆上開角門一道。

自乾隆以後，崇壽庵再無考。按，趙登禹路在元代時曾是大都金水河的故道，明代稱大明濠，清代稱河槽或溝沿，是京城重要的排水防洪措施。後因水面枯竭，清末時已有"臭溝"之名。民國初年，改爲暗溝，北大橋消失，而緊鄰北大橋的崇壽庵也會受到影響。民國十年（1921）辟築爲路，仍沿用北溝沿之名。1945年抗戰勝利後，更名爲趙登禹路。較原之河槽，馬路向西拓寬，而崇壽庵故址現正位於馬路上[1]。

〔1〕參見《北京地名典》，頁一百七十至一百七十一。

土地廟

土地廟,雍正年間稱五聖庵,民國時期或稱雙土地廟。原址爲内四區大覺胡同甲十三號或十四號(即大覺胡同與南草廠交界處。約爲今西城區大覺胡同四十七號對面,大覺胡同西樓二十二號西側空地的位置)。寺廟建築現已不存。

土地廟始建時間不詳,《雍正廟冊》中記:南草廠胡同口有五聖庵,殿宇一間、禪房四間,爲大僧廟,住持法號照月。應即此土地廟。從乾隆《京城全圖》上看,此廟位於大轎胡同(即後之大覺胡同)西口路北,僅兩間小殿相背而立,一坐西北朝東南,一坐東南朝西北。

至20世紀30年代,土地廟殿房更減至一間,東向,内供土地夫婦和小泥像二尊。殿前古槐一株,樹側圍墻一道,東西各開隨墻門一道。北平研究院的調查人員稱,聽説此廟歸區内管理[1]。1945年警察局的調查人員稱,此廟爲當街廟,殿似佛龕,内供雙土地[2]。直至1950年,土地廟一間仍存,管理人全福稱,此爲民廟,屬於端王府[3]。按:端郡王載漪在光緒二十六年(1900)曾任軍機大臣,後因支持義和團而被奪爵,民國十六年(1927)卒於寧夏。端郡王府原爲果親王府,在草廠胡同南口外,東爲端王府夾道,南爲官園,北爲前廣平庫胡同和大覺胡同,土地廟正位於其東北山墻後。光緒二十六年,端郡王府毁於兵火,清末改建爲工業學堂,民國四年(1915),北京師範學校遷此,1947

〔1〕參見國立北平研究院《土地廟》,西四72。

〔2〕參見首都圖書館藏《北平寺廟調查一覽表》,無頁碼。

〔3〕參見北京市檔案館藏《北平市民政局·北平市寺廟總登記簿(第一册)》,1950年,檔案號J3-1-203,頁三十五。

年北平市區圖上,端王府舊址被標爲“北洋大學北平部工學院”[1]。端王府久廢,而土地廟古槐與廟門上掛滿“有求必應”的簡陋橫幅,足見其澤被鄰里,廣施神恩,它是否真如全福所説屬端王府私産存有很大疑點。

2005 年調查時,家住南草廠街内的老住户稱,此地確曾有小廟一座,僅一間房西向。20 世紀 50 年代以後已經傾圮無存。2015 年調查時,此地爲空地,東側緊鄰之三層簡易樓約爲上世紀 70 年代所建。

〔1〕參見《尋訪京城清王府》,頁一百九十九至二百。

恆樂寺

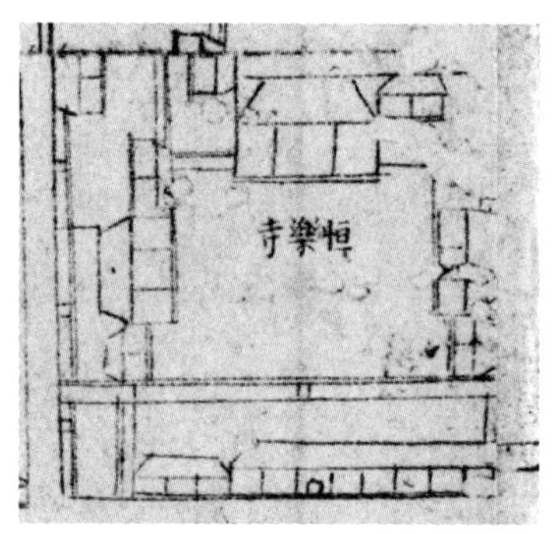

恆樂寺，原址爲内四區石碑胡同十號（現爲育德胡同十七、十九號），寺廟建築現已不存。

此寺始建時間不詳，《雍正廟册》中已有記載，曰：石碑胡同恆樂寺，爲大僧廟，有殿宇三間、禪房八間，住持正潔。《乾隆廟册》登記時，它仍爲僧廟不變，住持號心某，惜其法號末字漫漶難辨。從乾隆《京城全圖》上看，此時恆樂寺面積不小，分南北兩院。南院内僅有臨街南房兩座，西三間、東八間，東房西數第三間上開門出入。經院牆開門進入北院後，正對大北房三間帶東耳房兩間，前有東西廂房，其中西廂房三間帶兩間南耳房，東廂房處圖有漫漶，似也爲三間帶兩間南耳房。

嘉慶三年（1798）四月初八日，恆樂寺住持心融在僧録司登記廟産，立有紅契。至光緒二年（1876）十一月，尼僧本圓將恆樂寺售予尼僧戒息（有時也寫作界西，另名心真），立有售廟白契一紙。同年十二月，戒息接替住持，在僧録寺更名入册[1]。她重整廟務，添置法器，次年壬寅月造鐵鐘一口，懸於大殿廊下。逾年（光緒四年）又造鐵磬三口，供於正殿之中。清光緒三十一年（1905），戒息還爲恆樂寺購置下院關帝廟一處，位於田村十號。關帝廟雖然僅有大殿三間，但廟前廟後並西山嶺上土地，共計十六畝零一厘。另有塔院地二十九畝半，在關帝廟迤南，位於宛平縣界内，内有土房五間[2]。

民國二年（1913），戒息之徒正悟接替住持，領有中央佛教會廟照。正悟原姓吳，宛平人，出生於1868年左右，光緒十年（1884）出家，傳曹洞宗。民國四年，由於臨近女工工廠地不敷用，正悟同意將恆樂寺北院共十一間廟房

〔1〕參見北京市檔案館藏《北平市社會局·内四區恆興寺尼僧正悟關於接充住持、登記廟産的呈文及社會局的批示、通知》，1930—1936年，檔案號J2-8-038，頁五至六。

〔2〕參見北京市檔案館藏《北平市社會局·内四區關帝廟尼僧蓮舟呈請登記廟産及社會局的批示》，1930年，檔案號J2-8-301，頁三十八至六十八。

出讓,警察局另在石碑胡同十九號覓得十一間房,建觀音庵以作補償[1]。至民國十五年(1926)時,恆樂寺已坍塌多處,故正悟自行私建重修。此後將廟內多餘房舍出租,每月收入租金四、五元左右[2]。

重修後的恆樂寺僅一進院落,山門南向,石額"古刹恆樂寺",正殿三間帶東西耳房各兩間,殿明間正供觀音文殊普賢坐像三尊,左供關帝坐像一尊,周倉關平侍立,右供娘娘坐像九尊,泥童四人,王奶奶泥像一尊,旁有牽驢童兒,以及傻哥哥、痘哥痘姐等小泥像六尊。像均泥塑。光緒四年所造三口鐵磬仍存廟內,其中之一落款爲"宣武門内石碑胡同中間路北恆樂寺"。大殿上懸玻璃框,内有紙額曰"威靈普護",中印章爲"乾隆御筆之寶",北平研究院的調查人員稱其"甚佳妙"。廊下懸光緒三年所造鐵鐘,落款"石碑胡同恆樂寺"。院内東西配房各三間,梧桐、楸樹各一株;正院東還有小院一所,内有北房兩間,時租給包修瓦木大小工程的劉宅所寓[3]。

民國二十一年(1936),正悟病故,其師弟正耀接替住持。正耀俗家姓慶,宛平縣人,與正悟同齡,兩年前(民國十九年)剛剛出家。此時,廟内又新增了財神、靈官、土地和灶王神像。

1950年,恆樂寺尚有殿房共十八間,住持登記爲正一(可能是正耀别名或誤記)[4]。1952年登記時,正一遷居西四南官房聖泉寺[5],恆樂寺内由三十八歲女尼寶珠駐錫,寶珠也是聖泉寺内女尼[6]。

據老住戶回憶,20世紀50年代初時,廟内衹有一個尼姑,不時有人進廟燒香,但香火不旺。他們回憶説恆樂寺房東名叫王文歷,原任北京市三中的教務長,上世紀50年代後他將廟産交給房管所,後又被賣與廣播局。當時寺廟建築格局仍在,三間正殿、東西廂房與神像、香爐尚保留。1989年,廣播局拆廟建樓,此處成爲家屬住宅[7]。

2005至2015年調查時,恆樂寺原址上仍爲廣播局的家屬樓,寺廟遺跡難尋。

---

〔1〕參見本書本排段"觀音庵(石碑胡同)"條。

〔2〕參見北京市檔案館藏《北平市社會局·内四區恆興寺尼僧正悟關於接充住持、登記廟産的呈文及社會局的批示、通知》,1930—1936年,檔案號J2-8-038,頁五至六、十至十二、六十二至六十三。

〔3〕參見國立北平研究院《恆樂寺》,西四97。另見首都圖書館藏《北平寺廟調查一覽表》,無頁碼。

〔4〕參見北京市檔案館藏《北平市民政局·北平市寺廟總登記簿(第一冊)》,1950年,檔案號J3-1-203,頁三十四。

〔5〕參見本書四排七段"聖泉庵"條。

〔6〕北京市佛教協會藏《北京市民政局·民族事務科西四區僧、尼寺廟登記表》,1952年,檔案號196-1-18,頁九十五。

〔7〕《中國文物地圖集·北京分冊》(下)中稱寺廟建築仍存完好,可能使用的是20世紀80年代初的調查資料,事實上,至此書出版時(2008年),恆樂寺久已不存。參見《中國文物地圖集·北京分冊(下)》,頁八十四。

地藏庵

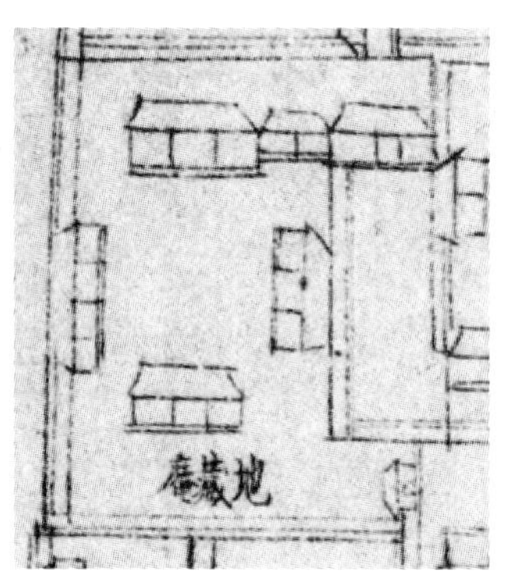

地藏庵,民國時期又名明珠寺[1],廟内原有“明珠脱沙佛”一尊,寺廟得名許與此有關[2]。原址爲内四區揀果廠二十九號(後一度更名爲棟樑廠二十九號、金果胡同四號,現金果胡同四號門牌已不存,爲西城區金果胡同六號西側)。寺廟建築現已不存。

此寺始建時間不詳,民國時期寺廟住持稱其創於清嘉慶辛亥年間[3],此説無憑,嘉慶朝並無辛亥紀年,況《雍正廟冊》中已有地藏庵登記,時爲大僧廟,有殿宇七間、禪房九間,住持海詳[4]。《乾隆廟冊》登記時,住持換成了僧人廣傳[5]。從乾隆《京城全圖》上看,地藏庵位於揀果廠胡同東頭路南,坐北朝南,似有一進院落。山門位於巽方,朝東。首有前殿三間,次爲後殿三間帶二東耳房,後殿前有東廂房三間、西廂房四間。其房屋間數與《雍正廟冊》所記無異。

約在嘉庆期間,地藏庵更名明珠寺,故後世記之爲寺廟首創之時。清光緒二十七年(1901),西單真如境廟[6]爲火所焚,廟内僧人達泉价購明珠寺,入内焚修,傳曹洞宗。達泉原姓趙,大興縣人,購明珠寺時年方十七。於是由

〔1〕如《北京市志稿·宗教志 名跡志》中記:“内四區 明珠寺 揀果廠二十九號。”《北京市志稿》卷三·釋教三,頁一百二十二。

〔2〕民國住持達泉稱其爲毗盧佛像,國立北平研究院的調查人員記録爲“明珠托沙佛,帶佛冠,頗類釋迦牟尼佛像”。參見北京市檔案館藏《北平市社會局·内四區明珠寺住持達泉呈登記廟産的聲請書及社會局的批示(附寺廟登記表)》,1932—1946年,檔案號J2-8-799,頁五十六。國立北平研究院《明珠寺》,西四101。

〔3〕北京市檔案館藏《北平市社會局·内四區明珠寺住持達泉呈登記廟産的聲請書及社會局的批示(附寺廟登記表)》,1932—1946年,檔案號J2-8-799,頁三十一。

〔4〕《雍正廟冊》登記地址爲“簡果廠”,當爲“揀果廠”之異寫。

〔5〕《乾隆廟冊》登記地址爲“揀菓廠東口”。

〔6〕見於乾隆《京城全圖》六排八段。

他俗家出銀二百兩，前王公廠石燈庵[1]僧人淨波借銀二百兩，總計四百兩白銀買下明珠寺。淨波也隨之入明珠寺照顧廟務。兩年後，達泉俗家搬入廟內，而淨波即回石燈庵居住[2]。

民國年間明珠寺仍大致保持地藏庵原貌，但被分爲前後兩院。山門仍東向，石額"明珠寺"。前院東房一間、西殿一間，內供關帝坐像一尊，周倉關平侍立，均泥塑；後院有北房三間，內供木製坐像毗盧佛一尊，即明珠脱沙佛，戴五佛冠，類釋迦佛。東房三間、西房六間，均爲住宅；再後有北房五間[3]。廟內房屋除供佛外，餘房自住或出租[4]。

民國二十年（1931），北平市公安局飭令住持達泉到局登記，但達泉遲遲未來，直到民國二十一年（1932）一月二十一日，達泉纔現身，聲稱自己貧病交加，故而延誤登記[5]。事實上，廟産登記後不久，達泉就因病去世，嗣後其徒文貞（又名明遠）接理廟務。文貞雖已隨達泉學習兩年佛法，但未受戒，以在外做佛事爲生，娶妻生子，舉家住在廟內。由於達泉並無別徒，他全權料理達泉喪事，爲之摔盆扛幡，並獲得廟産權，親手將四間廟房租給煤鋪與水窩子。民國二十二年（1933），由於文貞之母亡故，文貞從韓國人手中借錢舉喪，因無力歸還而離開明珠寺，轉投普慶寺，仍對外應承佛事爲生。達泉俗家五弟趙存祥與四弟趙存普之妻趙吳氏多方籌措歸還借款後，由石燈庵淨波的師侄，時任法光寺[6]住持的悟修出面説合，從文貞手中接管廟産。不久後趙存祥病死，趙吳氏掌管廟務，然廟照契紙都抵押於廟後得義興煤鋪中[7]。民國三十年（1941），文貞在弘慈廣濟寺內受具足戒，希望正式繼承明珠寺，但遭到了趙吳氏與悟修等人的反對[8]。直到民國三十四年（1945）趙吳氏亡故，文貞纔在次年以明遠之名繼任住持。此時寺廟殿宇已大部分改爲民房[9]。1947年北平市民政局登記時，寺廟住持已明確記爲明遠[10]。

1949年，明珠寺內二十九間殿房，祇留了一間供佛自住，其餘二十八間全部出租。明遠尚任住持，稱廟內無僧人，自己靠租房和晚間蹬車維持生活。廟照契約仍抵押在外，不在廟內[11]。至1952年，明珠寺內房屋增至三十一間，一間供佛，一間自住，其餘二十九間全部租出[12]。

《中國文物地圖集·北京分冊》（下）中説，明珠寺原有山門三間、正殿三間、東西配殿各三間，基本保持原建格局[13]。這與民國時期調查記録和歷次寺廟登記檔案均有出入，且與田野調查結果

〔1〕見於乾隆《京城全圖》十一排十段。

〔2〕參見北京市檔案館藏《北平市社會局·內四區明珠寺住持達泉呈登記廟産的聲請書及社會局的批示（附寺廟登記表）》，1932—1946年，檔案號J2-8-799，頁七十六至七十八。

〔3〕參見國立北平研究院《明珠寺》，西四101。

〔4〕同上，頁三十二。另見《北京寺廟歷史資料》，頁一百七十八。

〔5〕參見北京市檔案館藏《北平市社會局·內四區明珠寺住持達泉呈登記廟産的聲請書及社會局的批示（附寺廟登記表）》，1932—1946年，檔案號J2-8-799，頁一至四十四。

〔6〕見於乾隆《京城全圖》九排九段。

〔7〕同上，頁五十八至八十六。

〔8〕參見北京市檔案館藏《北平市社會局·內四區明珠寺住持達泉呈登記廟産的聲請書及社會局的批示（附寺廟登記表）》，1932—1946年，檔案號J2-8-799，頁五十九至六十一。

〔9〕首都圖書館藏《北平寺廟調查一覽表》，無頁碼。

〔10〕北京市檔案館藏《北平市民政局·北平市各區寺廟總登記考察簿》，1947—1948年，檔案號J3-1-237，頁二十九。

〔11〕北京市檔案館藏《北平市民政局民族事務科·本市寺廟情況查詢紀録 卅八年五月》，1949年，檔案號196-1-4，頁二十三。

〔12〕北京市佛教協會藏《北京市民政局·民族事務科西四區僧、尼寺廟登記表》，1952年，檔案號196-1-18，頁九十五。

〔13〕《中國文物地圖集·北京分冊（下）》，頁八十一。

不符。據老住戶回憶,20 世紀 60 年代末至 70 年代,明珠寺廟房已拆,改建簡易樓,拆時北殿三間,其中還有神像。2005 年調查時,本書著者曾親見上世紀 70 年代所建之簡易樓。

2008 年回訪時,簡易樓已拆,時爲房管所存放建築材料的空地。2015 年再訪,地藏庵原址上建成一棟嶄新的小樓,附近居民說屬於國務院法制辦。

觀音庵（石碑胡同）

觀音庵，不見於清乾隆《京城全圖》，原址爲内四區石碑胡同十九號（現前院爲西城區育德胡同四十一號，後院爲育德胡同三十九號），寺廟建築現存部分。

此廟始建於民國四年（1915）[1]。是年冬，由於石碑胡同女工工廠地不敷用，臨近之恆樂寺住持正悟同意將後院讓出，由警察局另在石碑胡同十九號覓得房屋十一間，改建爲寺廟，將恆樂寺後院木額、對聯與佛像全部移入，另名觀音庵，由尼僧廣安[2]擔任住持，傳曹洞宗[3]。新建之觀音庵山門東向，石額曰"内城教養院新建觀音庵"。前院無房。垂花屏門内有北殿三間，木額"佑我無疆"，落款"歲次丙午年（即1906年）吳炳湘書"，木聯曰"隨處現身不生不滅，尋聲救苦大慈大悲"。外月臺有鉛鐵天棚，殿内正供觀音坐像一尊，泥塑金身。旁有泥塑觀音三十二應身坐像。後有金身韋陀立像一尊。大鐵五供兩份，一份爲正德六年（1511）造，敕賜廣智寺供奉。另一份無年月。大鐵磬一口，銘曰康熙二十八年（1689）仲夏之吉，信官高爾位[4]供獻。鼓一、木魚一。據廣安呈報，所有法物均爲民國五年（1916）本庵尼僧自行購置[5]。東西配房各三間，内有小鐵鐘一口、鐵寶鼎一口，下石座高二尺，上有文曰"歲次丙辰年"，亦爲民國五年所造。大殿東西耳房各一間。西小院爲空場，内僅缸兩口[6]。廣安將廟内住房出租，月入房租八九元不等，除自用

〔1〕《北京寺廟歷史》中稱其始建於清咸豐年間，其説無憑。參見《北京寺廟歷史資料》，頁二百一十三至二百一十四。

〔2〕俗姓薛，北京人，1875年左右生人，光緒二十二年（1896）出家。

〔3〕參見北京市檔案館藏《北平市社會局·内四區觀音廟尼僧黄安呈請登記廟産並發給憑照及社會局的批示》，1930—1936年，檔案號J2-8-235，頁五至六。關於恆樂寺的情況，參見本書本排段"恆樂寺"條。

〔4〕高爾位爲漢軍旗人，康熙年間曾任順天府府承督學。康熙三年（1664）曾重修順天文廟，撰有《文廟碑》。參見本書四排四段"報恩寺"條。他同時也是本書四排十一段《德福庵碑》的撰寫人。

〔5〕同注〔3〕，頁二十七至二十八。

〔6〕參見國立北平研究院《觀音庵》，西四99。

外，還每年捐助白衣庵等寺廟合立之民衆學校經費二元[1]。民國二十四年（1935），廣安重修廟内屏風門三槽，並將山門各殿全部油飾一新，外牆刷紅提色，廟貌更覺光鮮[2]。觀音庵内尼僧始終不多，最多時兩人，大部分登記檔案中衹有廣安一人，她直至1952年仍在廟内擔任住持。

老住戶們對廣安還有印象，說此廟創修時她曾得到俗家父親的資助。西跨院空地上曾建了一所小房，廣安獨自住在那裏。她本有徒弟，但因脾氣不好，徒弟全都離開了她[3]。1949年以後，廣安年老，附近街坊時常來廟内照顧，後來她大約去了通教寺，離開時把廟裏的小佛像也帶走了。以前廟内花木繁多，後院有梧桐、槐樹、臭椿，院内東側有海棠、桃樹、紫桑和白桑，可惜後來人口增多，私蓋不斷，樹木陸續被拔掉或砍伐。

2005年至2015年調查時，觀音庵爲民居院落，除了大殿東西耳房和垂花屏風門已拆外，其餘建築尚屬完好，甚至大殿前的搭棚還有部分遺存。然西跨院已蓋滿房屋，而廟内法物、石座及樹木均無存[4]。

育德胡同觀音庵（2013年9月 曉松攝）

〔1〕參見北京市檔案館藏《北平市社會局·内四區觀音廟尼僧黄安呈請登記廟産並發給憑照及社會局的批示》，1930—1936年，檔案號J2-8-235，頁十至十二。

〔2〕同上，頁三十四至三十九。

〔3〕可能即是民國檔案中的連修，1887年左右生人，民國八年（1919）於南光出家，俗姓范，宛平縣人。

〔4〕《中國文物地圖集》中稱育德胡同觀音庵山門無存，但從民國寺廟照片來看，其山門本爲隨牆門，今大致保持原樣。另，朵殿早已不存，與書中所記也不相符。參見《中國文物地圖集·北京分冊》（下），頁八十二。

觀音庵（河槽沿）

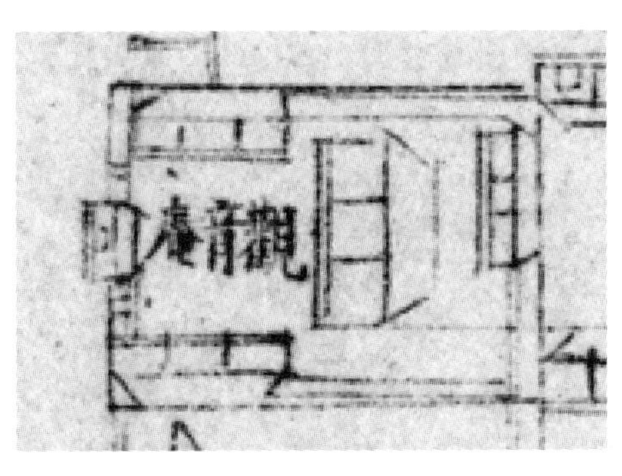

觀音庵，原址在石碑胡同西口路南，緊鄰河槽沿（今約爲西城區趙登禹路九十號附近），寺廟建築已不存。

此庵始建時間不詳，《雍正廟冊》登記爲尼僧廟，住持承顯，有殿宇四間、禪房十二間。《乾隆廟冊》登記住持换成了尼僧承智。從乾隆《京城全圖》上看，觀音庵坐東朝西，院落不大，最西有山門一座，左右開角門，大殿三間，南北配殿各三間，大殿後有北小房三間。

觀音庵可能消失於清末。據《天咫偶聞》記載，光緒己亥（1899）五月初七日，石碑胡同軍器廠失慎，火藥庫被轟，“西城忽有大聲如地震，屋宇皆搖閫，廠房均震飛，地陷巨坑。右鄰尼庵禪房、香積，尺椽不存。惟佛殿僅在。四旁人家，毀屋無算，傷人亦無算”[1]。從位置上判斷，此處所說之被毀尼庵，當即此觀音庵無疑。

2005 年調查時，由於趙登禹路拓寬，觀音庵原址可能一半在公路上，一半在趙登禹路九十號位置，時爲上世紀 30 年代日本人與朝鮮人共建的小院。2015 年調查時，此院也已不存，爲拆遷現場。

〔1〕（清）震鈞《天咫偶聞》卷五·西城，北京：北京古籍出版社，1982 年，頁一百三十一。

清風庵

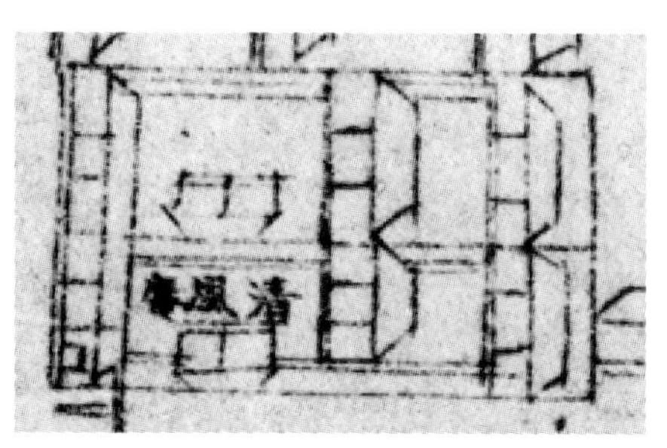

清風庵，原址位於内四區車兒胡同西口路北，緊鄰河槽（曾爲西城區後車胡同三十三號，現已無門牌號）。寺廟建築現已不存。

清風庵始建時間不詳，《雍正廟冊》中已有登記，地址爲“河槽沿”，時爲大僧廟，有殿宇三間、禪房八間，住持寂旺。從乾隆《京城全圖》上看，清风庵坐東朝西，有南北兩個平行院落，均爲兩進。最東爲臨街房六間，最南一間上開門。兩院格局完全一致，都是大殿三間，前有南房兩間，後有後殿三間。寺廟規模較之《雍正廟冊》登記似有擴大。

然《乾隆廟冊》中已不見清風庵登記，後也再無記載，此廟可能在乾隆年間即已傾圮。

附近住戶說，修平安大街時，此處曾出土三合土地基，似與民房不同。2005 年調查時，清風庵原址上是 20 世紀 20 年代日本人與朝鮮人共建的院子，爲居民住家院落。2015 年回訪時，整條後車胡同已成爲平安里地鐵站，原後車胡同三十三號處爲空地。

翊教寺

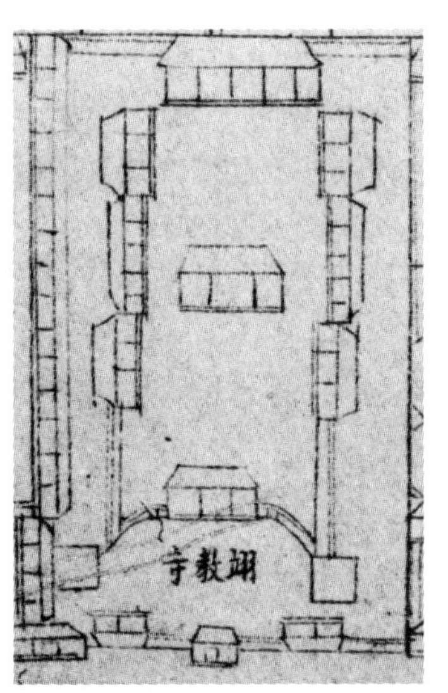

翊教寺，原址爲内四區翊教寺胡同一號（後曾爲育教胡同三號和乙三號，現大約在西城區平安里西大街三十一號的位置），寺廟建築現已不存。廟内原有碑刻兩通，分别爲明萬曆五年（1577）《翊教寺碑》和明崇禎十二年（1639）《翊教寺碑》。

相傳翊教寺始建於宋代，寺内兩通明碑均持此説，一稱："城西翊教寺者，宋所□□"〔1〕，一稱："鳳城之西，寺名翊教，源於宋朝，蕃於萬曆"〔2〕，清代及以後的文獻如《日下舊聞考》等均沿此説〔3〕。唯有《宛署雜記》稱此寺建於明成化八年（1472）〔4〕。是年，錦衣衛都指揮同知魏林與僧人覺林二人曾鼎立重建翊教寺，這應即是《宛署雜記》之成化説的由來。然成化之後，寺便荒廢，嘉靖三十一年（1552），司禮監太監焦忠、惜薪司僉書柳昇、段凱等將舊建撤而新之，並迎請伏牛山僧人明喜入寺住持。十餘年後，翊教寺殿宇輝煌，僧人飽暖祝釐，明喜憂老之將至，乃請兵部侍郎汪道昆撰文，立碑記下這段重修中興的往事〔5〕。重修後的翊教寺佛刹精美，緑蔭滿目，寺僧與文人士子往來唱和。青蓮居士

〔1〕明萬曆五年（1577）《翊教寺碑》，京390，《北京圖書館藏中國歷代石刻拓本匯編》卷五十七，頁五十二。

〔2〕明崇禎十二年（1639）《翊教寺碑》，京391，録自北京大學圖書館藏原拓片。

〔3〕參見《日下舊聞考》卷五十二·城市·内城西城三，頁八百三十三。《光緒順天府志》京師志十六·寺觀一·内城寺觀，頁四百九十四至四百九十五。《宸垣識略》卷八·内城四，頁一百四十七。《燕都叢考》第五章·内四区各街市，頁三百五十九、三百七十一。《北京市志稿·宗教志 名跡志》卷二·釋教二，頁五十八。《北平廟宇通檢》上編·内城·内四區，頁五十。

〔4〕參見《宛署雜記》第十九卷·言字，頁二百二十四。

〔5〕參見明萬曆五年（1577）《翊教寺碑》，京390，《北京圖書館藏中國歷代石刻拓本匯編》卷五十七，頁五十二。

李言恭的詩作《春日過翊教寺贈性上人》中，就描述了這一場景。至崇禎年間，廟貌再次萎頓，南方僧人心宗[1]，曾參禮少林，孤身苦行，得善士陳真知等人慷慨解囊、募集萬姓，翊教寺得以再次重修，十方選賢，傳曹洞宗[2]。

翊教寺曾是西山潭柘寺的下院[3]，但不見於明代文獻記載。此外，明代潭柘寺住持達觀真可（紫柏）禪師曾先後修復嘉興楞嚴寺、雲居寺、靜琬塔院等，卻從未涉足過翊教寺[4]。但到了清雍正初，二寺已來往密切。由康熙帝欽命的住持震寰大師督董，監院琮璋來琳組織，潭柘寺曾於雍正二年（1724）、雍正十三年（1735）和乾隆六年（1741）在北京城内舉行了盛況空前的龍華三會，《龍華三會碑》碑陰功德弟子中，赫然已有翊教寺楞嚴會衆善人等記名[5]。《雍正廟冊》中記載，此時翊教寺有殿宇二十間、禪房十八間[6]。

至乾隆十五年（1750），翊教寺已正式成爲潭柘寺下院，傳律宗。潭柘寺住持恒實源諒律師，於是年在翊教寺啓建龍華大會，在佛誕日請來五十三位名師蒞臨，名動一時[7]。從《京城全圖》上看，此時的翊教寺格局嚴整，坐北朝南。首有山門一座一間，内有鐘鼓二樓，分别正對兩座倒座房，均爲兩間。鐘鼓樓後有前殿三間，旁有曲形牆垣隔出内院，殿東西開二角門；正殿三間，前東西配殿各三間，後有東西僧房兩座各五間，直抵最後一進配殿之南牆；後殿五間，也有東西配殿各三間。殿宇禪房數量與《雍正廟冊》所記幾無二致。自此，潭柘寺所購香火地多歸翊教寺名下。乾隆四十一年（1776），潭柘寺購宛平陳天壽土地十一段，共一頃七十三畝。購宛平賀良壽土地十五段，共一頃四十三畝。乾隆四十七年（1782）購宛平賀天貴土地二段共十八畝，乃至民國年間購昌平縣土地七十五畝等，均爲翊教寺香火地[8]。

雖然是上下院的關係，翊教寺的方丈卻不由潭柘寺住持兼任。《雍正廟冊》登記翊教寺住持爲戒誦，而潭柘寺（時名岫雲寺）住持爲證林。清潭柘寺第十七代住持是慈雲普德大師，他曾禮翊教寺海然爲師，而當時潭柘寺的住持是十六代方丈棟昌元魁。和潭柘寺一樣，翊教寺中也高僧雲集，例如清代臨濟宗破庵派高僧楚林上睿禪師就曾駐錫翊教寺，並留下了《楚林上睿禪師住北京翊教寺語録》[9]。

除高僧大德外，翊教寺中還流傳有很多神奇故事。傳説，乾隆年間翊教寺僧人崇章，曾到五臺山萬緣庵結緣，每日親躬汲水、煎茶、擺果。三年後，一日有白衣母攜一童子至，二人潔白如雪，拜過菩薩後轉問崇章，是否是由京都來此寺中結緣。崇章據實以答，母子二人將庵内茶果吃喝乾淨，又

---

〔1〕詩見於《宛署雜記》第二十卷·文字，頁二百七十五。

〔2〕碑文泐甚，僧人法號據《日下舊聞考》。

〔3〕參見明崇禎十二年（1639）《翊教寺碑》，京391，録自北京大學圖書館藏原拓片。

〔4〕清代文獻如《日下舊聞考》和《宸垣識略》中，均記翊教寺爲戒壇寺下院，此説不確，原因見後文。如《日下舊聞考》："至翊教寺……迄今尚爲戒壇下院，亦古刹也。"見於卷五十二·城市·内城西城三，頁八百三十三。《宸垣識略》文字與《日下舊聞考》同。

〔5〕參見張雲濤《潭柘寺碑記》，北京：中國文史出版社，2010年，頁五十八。

〔6〕參見清乾隆六年（1741）《龍華三會碑》，京6951，《北京圖書館藏中國歷代石刻拓本匯編》卷七十六，頁一百九十八。

〔7〕參見《潭柘寺碑記》，頁六十四。

〔8〕參見北京市檔案館藏《北平市社會局·内四區翊教寺僧人純悦登記廟産的呈及社會局的批示（附寺廟登記表）》，1930—1936年，檔案號J2-8-338，頁七至九。

〔9〕參見《徑山藏版 明版嘉興大藏經》，第三十七冊，三九零《北京楚林禅师語録》卷四，頁五百四十三。其中提到楚林禅师是康熙二十三年（1684）五月二十一日，受達護法、祖護法以及其他護法等共請入院。其中"祖護法"可能與翊教寺南的祖大壽家有關。

再索之,崇章再奉。母子起座後,出門即不見[1]。另一更廣爲流傳的故事與潭柘寺有關,相傳潭柘寺有大青、二青二蛇神,靈驗久著。大青化去後,二青移於翊教寺,前來燒香者往往見之。然而"有時求見之而不得,蓋神龍見首不見尾云"[2]。直至民國時,二青仍時現身翊教寺,其大殿供桌上,設有兩個檀木細雕的小佛龕,前有玻璃盤上鋪黄雲緞棉墊,有時小青蛇就安靜地盤臥於黄墊上。寺僧稱其爲"大青爺"、"二青爺",並不限制二蛇,衹時常更換淨水而已[3]。

晚清時期,翊教寺僧舍多有出租,爲《朝市叢載》中所記之"廟寓"[4]。清同治六年(1867),慈雲接替潭柘寺住持,至光緒十年(1884)左右,他發大誓願重修潭柘寺,翊教寺也同時爲之一新。至清光緒二十五年(1899),翊教寺重修後閣,其匾額記其事。然而就在一年之後,庚子事變爆發,正殿内十八羅漢像被毁。幸好潭柘寺財力雄厚,故得以重修廟貌[5]。清宣統三年(1911),晚清高僧純悦覺正接替師兄覺海慧寬成爲潭柘、翊教兩寺住持,1912年1月12日,晚清明臣良弼與溥偉、鐵良等組織"君主立憲維持會",1月26日,良弼在家門口遭四川武備學堂畢業生彭家珍投擲炸彈,炸傷左腿,晚即死。純悦遂與廉泉議,在寺内東院建"良公祠"以祀之[6]。1915年周肇祥訪翊教寺時,知客僧法號九峰,在廟内當家。他頗有潭柘、翊教兩寺僧人善與文士來往之風,好客且熱情,送周肇祥出寺門,與之談西山[7]。

20世紀30年代,因純悦常在西山,翊教寺由執事僧宏亮照管,常住僧人四名。廟内房屋僅供佛自住,已無出租,潭柘寺負責僧人一切用度[8]。除昌平四頃十一畝的香火地外,翊教寺自己還有外一區高家營通明寺作爲下院[9]。此時山門南向,石額"古刹翊教寺",門前東西有二石獅。山門不開,由東大門入,西房一間爲傳達室,時設第四自治區第十八坊公所;山門内首有東西鐘鼓樓,北殿三間,内正供泥像金身彌勒一尊,後供韋陀立像一尊,均爲脱沙泥像金身。彌勒前有藍琉璃三供一份,韋陀像前有小銅爐一個。殿東西二碑,均龍頭龜座,東者爲萬曆碑,西者爲崇禎碑;第二進院内爲大雄寶殿三間,正供釋迦牟尼佛,與其身旁二侍童均爲脱沙金身。佛前有藍琉璃大五供一份、宣德式銅爐、銅磬、銅鐘各一口,鐘爲萬曆四十三年(1615)四月初八日造。兩壁有木胎羅漢十八尊。大雄殿前東西配殿各三間,西殿内供地藏,一大兩小三尊佛像,均爲脱沙。西配殿南有東西房各三間,殿東懸小銅鐘一口,殿西懸小鐵鐘一口,正是光緒十年重修寺廟時所造。院内梨樹二株、海棠二株、葡萄一架。東西夾道各有東西房七間;第三進院内有後閣,上覆黄瓦,邊爲緑瓦,閣兩層各五間。下層木額曰"作如是觀",造於清光緒二十五年(1899),蔣式柔所書。兩側對聯爲同年靈山顯亭書。後閣東稍間題爲"心安堂"、西稍間題爲"樂善堂",明間供千手佛立像一尊、韋陀與天王各一尊,均泥像金身。前設有藍琉璃五供一份,鳳眼爐二座甚佳,宋瓷觀音立像一尊,另有铜磬木魚等。上層木額曰"清淨莊嚴",光緒二十五年蔣式柔書。閣内供大悲菩薩坐像一尊,泥胎金身,前有藍琉璃五供一份,左右壁畫。閣前東西配殿各三間,西爲禪房,東爲客堂,院内絨花樹二株。東北、西北各

[1]參見(民國)釋印光重修《清涼山志》,《中國佛寺志匯刊》第二輯卷七,台北:明文書局,1980年,頁十。

[2](清)崇彝《道咸以來朝野雜記》,北京:北京古籍出版社,1982年,頁二十七。

[3]參見白鐵錚《老北平的故古典兒》之《老北平談蛇》篇,北京:百花文藝出版社,2010年,頁二十。文中所述爲白鐵錚先生年輕時親眼所見。

[4]參見《朝市叢載》,頁六十七。

[5]參見《琉璃廠雜記》,頁一百。

[6]參見廉泉輯《天荒地老録·附兩重虚齋百詠》,京師良公祠綫裝本。

[7]同上引《琉璃廠雜記》。

[8]參見北京市檔案館藏《内四區翊教寺僧人純悦登記廟産的呈及社會局的批示(附寺廟登記表)》,1930—1936,檔案號J2-8-338,頁三十五至三十六。

[9]同上,頁七十七。

有跨院一所,其中各有北房三間;後閣後還有空院一處,山石崢嶸,椿樹、棗樹、槐樹、榆樹雜植其中;正院東爲良公祠,從後院小門進入,門上題"碧境禪雲",内有房五間。往南有小院,内以遊廊環繞,北殿五間,木額"明德惟馨",賚臣副都統明禮與多人於民國初年同立,内正供良弼軍服遺像,陳列其多種遺物,上額曰"謀國忘身",乃宣統帝御筆。另有徐世昌書"袍澤之英"、黎元洪書"志節皎然"之匾額,及陳寶琛、李宣倜等多人所書聯文。院内柏樹二株、大海棠二株。

按:翊教寺的白海棠株大花茂,在民國時期甚是著名,女作家陳家慶有《慎予女史招飲翊教寺看白海棠,即席賦贈》一詩,即提到"三月東風燕子回,海棠花底共傳杯"的盛況[1]。住持純悦善於交際,與王懷慶、張作霖等均有交往,1939 年吳佩孚病逝後,翊教寺十三名僧人也曾參與法事。在日本佔領北京期間,歷任僞華北中華民國臨時政府賑濟部總長、内政部總長,僞華北政務委員會委員長的王揖唐,爲洗滌自身參與滅犬的罪過,曾在翊教寺内給狗舉辦盂蘭盆會[2]。

民國二十五年(1936),純悦圓寂,其法徒茂林接替兩寺住持[3]。1952 年登記時,他自稱現任煤鋪司帳,寺内其餘四名僧人,也都在大衆小蘇打廠、大仁麻袋廠做工,或是學習紡綫[4]。據説,茂林於 1968 年圓寂於廣化寺中[5]。

20 世紀 50 年代初,翊教寺還有房屋一百零五間、廊子四十六間,香火地仍在[6]。1951 年調查時,鐵道兵團在寺内佔用房屋十九間[7]。據老住户回憶,20 世紀 50 年代時,翊教寺被收歸國有,1958 年開辦街道製刀廠,後改爲醫療設備廠。東院原良公祠所在地之後院爲文教廠,後改爲水泵廠,前院是居民院落。直至 20 世紀 60 年代,寺廟建築仍保持完好,兩進院落、後閣兩層、山門、廂房均尚齊整。殿内神像無存,壁畫也全剝落。後閣上層用作辦公室,下層與其餘殿房一樣,用作設備車間。1976 年,受地震影響,殿房坍塌,遂全部拆除改建簡易樓。2002 年,醫療設備廠搬遷至大興西紅門,翊教寺原址上於 2003 年建起航天大樓。

2005 年至 2015 年調查時,翊教寺原址上是航天金融大廈。

---

〔1〕貝京校點《湖南女士詩鈔》,長沙:湖南人民出版社,2010 年,頁五百二十至五百二十一。另參見《北平廟宇通檢》,上編·内城·内四區,頁五十。

〔2〕參見常人春《近世名人大出殯》,北京:北京燕山出版社,1997 年,頁二零二至二六零、頁四四九至四六零。

〔3〕北京市檔案館藏《北平市社會局·内四區翊教寺僧人純悦登記廟産的呈及社會局的批示(附寺廟登記表)》,1930—1936 年,檔案號 J2-8-338,頁八十至九十七。

〔4〕參見北京市佛教協會藏《北京市民政局民族事務科·西四區僧、尼寺廟登記表》,1952 年,檔案號 196-1-18,頁九十五。

〔5〕參見《潭柘寺碑記》,頁八十三。

〔6〕參見北京市檔案館藏《北平市民政局·北平市寺廟總登記簿(第一冊)》,1950 年,檔案號 J3-1-203,頁二十六。

〔7〕北京市檔案館藏《北京市民政局民族事務科·本市寺廟、僧道情況統計表》,1951 年,檔案號 196-1-11,頁一至四。

京 390《翊教寺碑》

重修古刹翊教禪寺碑

重修古刹翊教禪寺碑記

賜進士通議大夫兵部左侍郎汪道昆撰文

賜進士奉議大夫尚寶司卿陸樹德篆額

賜進士承德郎尚寶司司丞王世懋書丹

明天子御宇在宥天下薄海内外莫不喁喁嚮風於時家禮樂而人詩書至治皡皡盛矣京師爲四方首善海内於是觀聽焉當其時中貴人若戚里世祿之家率崇象教以維風弼治於是庵寺旽列數且及千城西翊教寺者宋所□□成化八年錦衣衛都指揮同知魏君諱林同僧覺林重建廢久矣嘉靖三十一年司禮監太監焦君諱忠惜薪司僉書柳君昇段君凱等撤而新之供伏牛山僧明喜主寺事明喜且老乞不佞記之予惟道在天下猶水之流行地中匯爲海澄爲江流爲河止爲澤其名異矣要以其性潤下其用潤萬物水之德宜無不同儒者之於二氏豈不相謀惟以其異己而仇之則衛道之心也要之覩一勺而蔑泉流無爲已甚天道下濟而光明其視海澤江河猶人之視五藏也藉令肝膽楚越其不痿痺者幾希方今

聖明在上其政閎閎其民淳淳章軌物以教四方而設象教以維不逮王者無外聖人無私三教畢彰萬物咸若猶之海澤江河各安其常而天道則無私覆士生斯世明德親民以治天下明心見性以治吾心致虚守靜以治吾形修此三者故全也彼仇異己者其徒拘攣之見耳焉覩其全乎哉且也名園興廢可卜洛陽盛衰藉令民窮財盡惟衣食爲兢兢則斯民且未有寧宇何論化人之居今以京師之寺千非極治其何以有此明喜與其徒日飽暖祝釐秋毫皆

帝力也乃爲之辭以頌之辭曰

大明統天　無爲而治　協和萬邦　薄海外内　賓于京師　來享來王　士修其職　民安其業　治具用□

時和年豐　上下輯寧　外夷稽顙　惟此名區　慈氏依止　爰發其祥　崇山西峙　天潢東入　負陰面陽

殿庭言言　堂皇翼翼　如陵如岡　乃立重門　丹刻翬飛　軒廓輝煌　左个靜麗　右廣宏邃　庖湢圃埸

居者祝□　過者飾觀　莫不善良　惟兹京師　萬國是程　綱紀四方　勒之貞石　垂於萬年　其永無疆

萬曆五年仲□吉旦立　古燕張銘鎸

京390《翊教寺碑》

翊教寺碑

首題：重修古刹翊教禪寺碑記
年代：明萬曆五年（1577）仲□
原址：西城區育教胡同
拓片尺寸：碑陽高 190、寬 98 厘米，額高 30、寬 26 厘米
書體：楷書
撰人：汪道昆
書人：王世懋，陸樹德篆額
刻工：張銘
《目録》：頁 241
拓片編號：京 390
拓片録自：《北京圖書館藏中國歷代石刻拓本匯編》第 57 卷 52 頁

【碑陽】
額題：重修古刹翊教禪寺碑（篆書）
碑文：

重修古刹翊教禪寺碑記 1

賜進士通議大夫兵部左侍郎汪道昆撰文。2 賜進士奉議大夫尚寶司卿陸樹德篆額。3 賜進士承德郎尚寶司司丞王世懋書丹。4

明天子御宇在宥，天下薄海内外莫不喁喁嚮風。於時家禮樂而人詩書，至治皞皞盛矣。京師爲四方首善，海内於是觀聽焉。當其 5 時，中貴人若戚里世祿之家，率崇象教，以維風弼治。於是庵寺盻列，數且及千。城西翊教寺者，宋所□□。成化八年，錦衣衛都 6 指揮同知魏君諱林同僧覺林重建，廢久矣。嘉靖三十一年，司禮監太監焦君諱忠、惜薪司僉書柳君昇、段君凱等撤而新之。7 供伏牛山僧明喜主寺事。明喜且老，乞不佞記之。予惟道在天下，猶水之流行地中，匯爲海，澄爲江，流爲河，止爲澤。其名異矣。8 要以其性，潤下其用，潤萬物，水之德，宜無不同。儒者之於二氏，豈不相謀，惟以其異己而仇之？則衛道之心也。要之覩一勺而 9 蔑泉流，無爲已甚。天道下濟而光明。其視海澤江河，猶人之視五藏也。藉令肝膽楚越，其不痿痺者幾希。方今 10 聖明在上，其政悶悶，其民淳淳，章軌物以教四方，而設象教以維不逮。王者無外，聖人無私。三教畢彰，萬物咸若。猶之海澤江河，各 11 安其常。而天道則無私覆。士生斯世，明德親民以治天下。明心見性以治吾心。致虛守靜以治吾形。修此三者，故全也。彼仇異 12 己者，其徒拘樂之見耳，焉覩其全乎哉。且也名園興廢，可卜洛陽盛衰。藉令民窮財盡，惟衣食爲兢兢，則斯民且未有寧宇，何 13 論化人之居。今以京師之寺千，非極治，其何以有此。明喜與其徒日飽暖祝釐，秋毫皆 14 帝力也。乃爲之辭以頌之。辭曰：15 大明統天，無爲而治。協和萬邦。薄海外内。賓于京師，來享來王。士修其職，民安其業。治具用□，16 時和年豐。上下輯寧，外夷稽顙。惟此名區，慈氏依

止。爰發其祥，崇山西峙。天潢東入，負陰面陽。17 殿庭言言，堂皇翼翼。如陵如岡。乃立重門。丹刻翬飛，軒廓輝煌。左个靜麗，右廣宏邃。庖湢圃場。18 居者祝□。過者飾觀，莫不善良。惟兹京師，萬國是程。綱紀四方，勒之貞石。垂於萬年，其永無疆。19 萬曆五年仲□吉旦立。
古燕張銘鎸。20

海會叢林 接待賢聖

（下泐）

晉陽（下泐）　十方（下泐）

進士翰林院编修文林郎□□文華殿展書管理□□□曹□□□□□經筵講官夢戒居士東□林增志撰文

太　僕　寺　卿周大成題額

中　書　舍　人黄維寧書丹

蓋聞日燈遞禪化不問於幽蒙轅輔相依力可通於重遠是以孤行者勢虞中絕夾助者道賴長存洵闡揚之□□而□源之

功鉅也猗夫惟氏蔭故情□拓菁英於五演義超惠海括騰驤於四流眞衆以之帀歸瞻三十有二而悦其瑞相喆王以之當

動塵以百以千而崇其□音夫非□有無容色之問能佐牒令所不逮理事中邊之際兑解蓋縛而自怡者耶繇斯以還代有

隆替抑氣凝□攸值豈人□之可旋迨我

□□又□明□□宇南北時都輪興化□□居佑勸無爲之治豐牣有加十餘世矣鳳城之西寺名翊教源於宋朝蕃於萬曆缗

□□士□一鼎□而司馬□□□所□□□□禩同甲物力耗頹梵王莫必其它移舊觀□艱於頓焕緇素因之惋愕見聞緣

（下泐）　爲有□□誨者凝東□端□怖虎狼之偪訪求數紀不回瓶鉢之孤遂密證　少林而詣

（下泐）　於□□□地爲金施□□於戒寶恰逢善信法子□眞識陳知行能搏俗緣可報恩霧集萬姓

（下泐）　貲有半曹□新禪竹林檀閣以輝煌盡滌囂塵之掩露井雲□以賁餙□貽

（下泐）　若□□羽□□同舟則何啻南國精廬藉僧會而昻表東都名刹荷法蘭

而聳創者□是役（下泐）　眞□□□□□提廣植而□以善聞發道過琳宮而同天親無著之參叨讀秘書

睹瓌舉而□著□□□□□□□□會□□□□□頌□固讓歟其詞曰

帝業□博（下泐）　厥□□□　禮有損益　刹有替興　豈天之爲　而人是乘　煒煒城西

貌　法弛力隳　□易椹□　疇振井哀　□□其沙　保納銅錫　翔覽金臺

有德南至　□□□□　□□重朗　□□□□　未□儀□　宰士徘徊　□□梯捷　番花智□　□羽而飛

躅□□□　□□□□　□□□在　□□□□　□□也未　式觀其□　□□不天　鐘鼓法筏　梵唄聖賢

□壽天□　□□□□　□□□□　□□□□

崇禎十貳年歲次□□□月（下泐）

（下泐）

京391《翊教寺碑》

翊教寺碑

年代:明崇禎十二年(1639)
原址:西城區育教胡同
拓片尺寸:碑陽高206、寬90厘米,額高46、寬25厘米
書體:行書
撰人:林增志
書人:黄維寧行書,周大成題額
《目録》:頁260
拓片編號:京391
拓片録自:北京大學圖書館藏原拓片

【碑陽】

額題:海會叢林接待賢聖(隸書)

碑文:

(下泐)晉陽(下泐)十方(下泐) 1

進士翰林院编修文林郎□□文華殿展書管理□□□曹□□□□□經筵講官夢戒居士東□林增志撰文 2

太僕寺卿周大成題額 3

中書舍人黄維寧書丹 4

蓋聞日燈遞禪,化不問於幽蒙;輲輔相依,力可通於重遠。是以孤行者勢虞中絕,夾助者道賴長存。洵闡揚之□□而□源之 5 功钜也。猗夫惟氏,蔭故情□,拓菁英於五演;義超惠海,括騰驤於四流。眞衆以之帀,歸瞻三十有二,而悦其瑞相;喆王以之當,6 動塵以百以千,而崇其□音。夫非□有無容色之問,能佐牒令所不逮,理事中邊之際,兑解蓋縛而自怡者耶?繇斯以還,代有 7 隆替。抑氣凝□攸值,豈人□之可旋。迨我 8□□又□明□□宇南北。時都輪興化□□居佑勦,無爲之治,豐物有加,十餘世矣。鳳城之西,寺名翊教,源於宋朝,蕃於萬曆。縉 9□□士□一鼎□而司馬□□□所□□□□禊同甲。物力耗頹,梵王莫必。其它移舊觀□艱於頓焕。緇素因之惋愕。見聞緣 10(下泐)爲有□□誨者凝柬□端□,怖虎狼之偪,訪求數紀,不回瓶鉢之孤,遂密證少林而詣 11(下泐)於□□□地爲金施,□□於戒寶。恰逢善信法子□眞識、陳真知,行能摶俗,緣可報恩,霧集萬姓 12(下泐)貲有半曹□新禪。竹林檀閣以輝煌,盡滌囂產之掩;露井雲□以賁餙,□貽 13(下泐)若□□羽□□□同舟。則何啻南國精廬,藉僧會而昴表;東都名剎,荷法蘭 14 而聳創者。□是役(下泐)眞□□□□□□提廣植,而□以善聞發,道過琳宮,而同天親無著之參,叨讀秘書,15 睹瓌擧而□著□□□□□□□□□會□□□□□□頌□固讓歟。其詞曰:16

帝業□博(下泐)厥□□□。禮有損益,刹有替興。豈天之爲,而人是乘。燁燁城西 17(下泐)

貌,法弛力隳。□易椹□,疇振井衰。□□其沙,保納銅錫。翔覽金臺。18 有德南至,□□□□。□□重朗,□□□□。未□儀□,宰士徘徊。□□梯捷,番花智□。□羽而飛 19 躅□□□。□□□□,□□□在。□□□□,□□也未。式觀其□,□□不天。鐘鼓法筏,梵唄聖賢。20□壽天□,□□□□。□□□□,□□□□。21

崇禎十貳年歲次□□□月(下泐) 22

普安寺

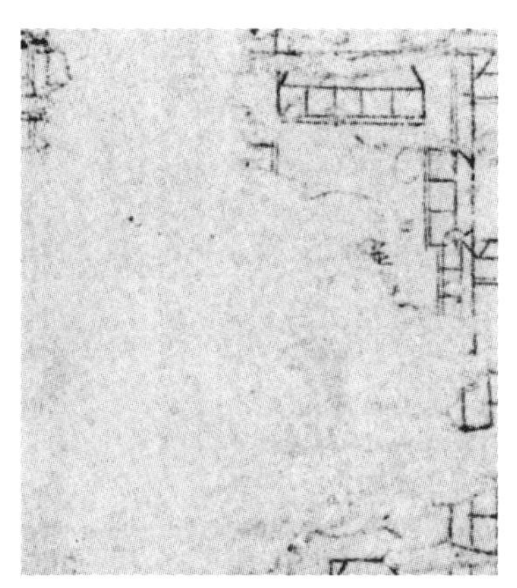

普安寺，原址在內四區翊教寺胡同十號（今爲西城區育教胡同二十七號），寺廟建築現存。寺內原有碑刻四通，分别是明嘉靖四十三年（1564）的《普安寺碑》和《普安寺功德碑》，明萬曆三年（1575）的兩通《普安寺碑》。此四碑現均存北京石刻藝術博物館。另據《日下舊聞考》引《析津日記》稱，廟内還有一通《李賢碑》，清時已不可考，今更不知所終[1]。

普安寺始建於明初，明嘉靖年間徐階所撰《普安寺功德碑》中稱其"起於國初"[2]，是説爲《日下舊聞考》《光緒順天府志》《北京市志稿》等文獻所沿襲[3]。明嘉靖三十六年（1557），普安寺"歲月經久，風雨摧殘，俱爲頹敗"，奉敕總督東廠理刑掌司禮監事太監黄錦捐帑金而重修之，司禮監太監李公、御馬監太監梁公等捐俸相助，衆多司禮監太監參與，經五年而始告落成，山門、殿宇、廊廡、方丈、香積、禪堂靡不周備。時有寳藏禪師，已得達摩遺旨，開導僧俗，明心見性，然心生歸山之意。重修善人虔懇留之，力邀他入普安寺駐錫。寳藏禪師之高徒古風覺淳爲重修後第一代住持。至嘉靖四十三年（1564），寳藏禪師西歸，享壽八十九，黄錦等人是以立二碑以説明建寺緣由[4]。至萬曆二年（1574），萬曆皇帝奉皇太后懿旨重修普安寺，發内帑，命總督東廠司禮監掌監事太監馮雙林（即馮保）總督其事，

〔1〕《日下舊聞考》卷五十二·城市·内城西城三，頁八百三十三。

〔2〕明嘉靖四十三年（1564）《普安寺功德碑》，京365，《北京圖書館藏中國歷代石刻拓本匯編》卷五十六，頁一百零九至一百一十。

〔3〕參見《日下舊聞考》卷五十二·城市·内城西城三，頁八百三十三。《光緒順天府志》京師志十六·寺觀一·内城寺觀，頁四百九十四至四百九十五。《北京市志稿·宗教志 名跡志》卷二·釋教二，頁五十一。

〔4〕參見上引《普安寺功德碑》，及明嘉靖四十三年（1564）《普安寺碑》，京392，《北京圖書館藏中國歷代石刻拓本匯編》卷五十六，頁一百一十一。

除將寺之方丈殿宇全部翻新外，還重新繪塑佛像。萬曆三年二月，皇帝再發帑金，建藏經殿五間、兩禪房二十間，至五月功成告竣。寶藏禪師之徒覺淳及他的弟子——替僧了寧繼續住持[1]。馮保自己也慨出俸餘，印造藏經一部收入藏經殿，又蓋沐浴堂兩座、置買莊地三頃有奇，造房舍百十餘間，葺圍牆、續整理，普安寺終成一方大刹[2]。

入清以後，普安寺也一直是大僧廟。《雍正廟冊》登記住持爲周福，時有殿宇二十八間、禪房二十三間，規模仍然不小。《乾隆廟冊》登記住持爲僧人廣勝。乾隆《京城全圖》上，普安寺正處於畫面交界處，漫漶不清，僅能辨識一"普"字，後殿五間，其東有東配殿一座三間。清嘉慶二十三年（1818）十二月，普安寺原住持慶瑞將寺産轉給淨修和尚，同月，僧録司習印批准淨修更名登記入冊。清光緒壬午（1882）年六月，普安寺似曾重修，大殿匾額記其事，然記修廟者爲"西屋弓房等"，未詳其意。

民國四年（1915），壽然從師傅手中接任住持，傳臨濟宗。但他並不在廟居住，普安寺由住戶韓壽長看管[3]。壽然本人也姓韓，同爲宛平人，似與韓壽長有親戚關係。據國立北平研究院的調查人員説，普安寺實際爲西山八大處龍王堂的下院，但在歷次社會局的調查中，壽然本人及其繼任者都沒有透露這一點。

此時的普安寺規模較明清時已大爲縮小，佛殿群房僅約二十七間。且佛殿以外皆賃民居，"編號如逆旅，佛堂久無香火矣"[4]。山門西向，石額"古刹普安寺"，門外偏東爲嘉靖四十三年徐階撰《普安寺功德碑》，偏西爲嘉靖四十三年董汾撰《普安寺碑》。前殿爲地藏殿，供地藏王菩薩銅像一尊，後爲韋陀木像。正殿木額曰"六度慈波"，内供三大士與阿難迦葉等像，灰漆五供一份，東面供觀音像一尊。殿前東爲萬曆三年葛守禮撰《普安寺碑》，西爲萬曆三年汪道昆撰《普安寺碑》。大殿前有東西配殿，此外正殿之東西耳房、前殿之東西配房，包括東小跨院内群房均已爲住宅[5]。廟内有大古槐樹十株、大柏樹一株、大榆樹一株，極是古雅清幽[6]。

民國三十三年（1944），壽然圓寂，其徒弟昌悦（字淨心）者接任住持[7]。1950年民政局登記時，淨心承認本廟屬於龍王堂下院，另在本巷三號和十一號有附屬房屋十四間，廟内殿房也增至三十一間[8]。1952年登記，淨心常住西山八大處大悲寺，在寺山門前做手工以維持生活。普安寺由老工友王興周代管[9]。

老住戶們對王興周印象非常深刻，説他住在正殿東耳房，以賣豆腐爲生，雖未剃度，但篤信佛教，非常善良。在20世紀50年代時，廟内除前後大殿外均已出租爲住房，王興周就負責每月代收房費後轉交僧人。住戶們敬畏佛像，老人都嚴禁兒童入殿内玩耍，膽大者無非進殿洗澡（因其無

---

〔1〕明萬曆三年（1575）《普安寺碑》，京364，《北京圖書館藏中國歷代石刻拓本匯編》卷五十七，頁二十一至二十二。

〔2〕明萬曆三年（1575）《普安寺碑》，京366，《北京圖書館藏中國歷代石刻拓本匯編》卷五十七，頁二十四。

〔3〕北京市檔案館藏《北平市社會局·内四區普安寺僧人壽然登記廟産發放憑照的呈文及社會局的批示》，1930—1944年，檔案號J2-8-582，頁九至二十四。

〔4〕《琉璃廠雜記》，頁一百。

〔5〕參見國立北平研究院《普安寺》，西四115。

〔6〕北京市檔案館藏《北平市社會局·内四區普安寺僧人壽然登記廟産發放憑照的呈文及社會局的批示》，1930—1944年，檔案號J2-8-582，頁四十。

〔7〕同上，頁四十三至五十五。

〔8〕北京市檔案館藏《北平市民政局·北平市寺廟總登記簿（第一冊）》，1950年，檔案號J3-1-203，頁二十九。

〔9〕北京市佛教協會藏《北京市民政局·民族事務科西四區僧、尼寺廟登記表》，1952年，檔案號196-1-18，頁九十五。

人）,卻從無破壞之事。60年代“文化大革命”初起,普安寺便首當其衝,被紅衛兵砸碎了正殿泥佛,拉走了前殿的銅製地藏與韋陀。王興周長跪地下,磕頭不已,求紅衛兵放過佛像與殿宇,然終不能阻止。平日裏硬實開朗的老人,當晚便病倒在床,他住在西山的侄子次日將他接走,據說一週後便撒手人寰。此後,房管局接手廟産,80年代後碑石移交五塔寺北京石刻藝術博物館,1979年廟内砍倒大樹,蓋滿地震棚。而在山門外的煤廠也推倒了山門,改作煤廠用地。

2015年調查時,普安寺尚存三間前殿、三間大殿帶六間耳房,東廂房前後共六間尚存,西廂房僅存前院三間,後院三間在60年代時拆蓋爲紅磚房。其餘山門等均已不存。東側兩個小跨院内房屋已翻蓋。西側原爲寺廟附屬草場,後曾一度是北京市七十七中學,現在據說是監察部的用房。

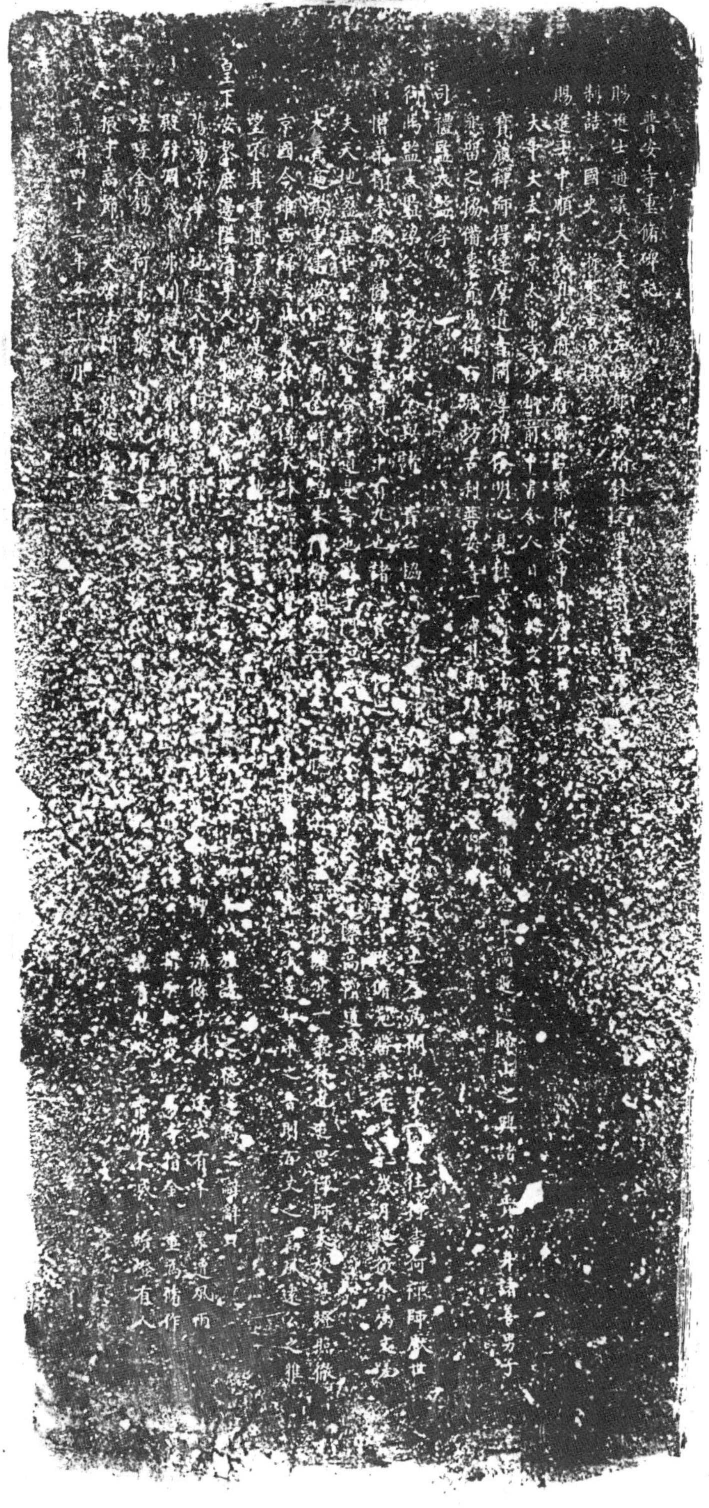

京 392《普安寺碑》

重修碑記

普安寺重修碑記

賜進士通議大夫吏部左侍郎兼翰林院學士（以下漫漶）

制誥　國史　浙東董汾撰

賜進士中順大夫真定府知府□監察御史中都唐臣書

大中大夫南京太常寺少卿前中書舍人日南楊文貴篆

寶藏禪師得達摩遺旨開導僧俗明心見性京都□□□□□□□□□念于高遂起歸山之興諸　貴公並諸善男子

懇留之協備橐資易得西城坊古刹普安寺一座其（以下漫漶）

司禮監太監李公

御馬監太監梁公　各出俸金與諸　貴公協濟□□□□□□□□□□□覺淳上人爲開山第一代住持奈何禪師厭世

憎華榻未暖而圓寂享壽得八十有九也諸　貴公□□□□□□□□□□□修完當立石以□歲月迺徵余屬文嗟

夫天地盈虛世□遷變皆合時道是寺也□□門□□□□□□□□□□際高僧道感

大貴遍爲重建煥然一新金壁輝煌朱門燦爛□□□□□□□□□□景所儼然一叢林也迺思禪師大放慧燈照徹

京國今雖西歸立此叢林相傳衣鉢□□□□□□□□□□□□□參□之□遠如來之音則百丈之高風遠公之雅

望不其重播于玆乎是□也（以下漫漶）

皇下安黎庶邊隘清平人熙物阜□□□□□□□□□□□□以旌諸公之德遂爲之辭辭曰

蕩蕩京華　地連八□　□□□□　□□□□　□□□□　□□□御　瀟條古刹　建立有年　累遭風雨

殿壁凋殘　弗聞鐘鼓　□□□□　□□□□　□□□□　□□□□　精□如覺　易寺捐金　重爲修作

嗟嗟金錫　何事□□　□□□□　□□□□　□□□□　□□□□　□有慧燈　常明不滅　續燈有人

振乎高節　大啓法門　□延歲□

嘉靖四十三年冬十一月至日

京 392《普安寺碑》

普安寺碑

首題：普安寺重修碑記
年代：明嘉靖四十三年（1564）十一月九日
原址：西城區育教胡同
今址：北京石刻藝術博物館
拓片尺寸：碑陽高 200、寬 90 厘米，額高 24、寬 19 厘米
書體：楷書
撰人：董汾
書人：唐臣楷書，楊文貴額篆
《目録》：頁 237
拓片編號：京 392
拓片録自：《北京圖書館藏中國歷代石刻拓本匯編》第 56 卷 111 頁

【碑陽】

額題：重修碑記（篆書）

碑文：

普安寺重修碑記 1

賜進士通議大夫吏部左侍郎兼翰林院學士（以下漫漶）2 制誥國史浙東董汾撰。3 賜進士中順大夫真定府知府□監察御史中都唐臣書。4 大中大夫南京太常寺少卿前中書舍人日南楊文貴篆。5

寶藏禪師得達摩遺旨，開導僧俗，明心見性。京都（以下漫漶）念于高，遂起歸山之興。諸貴公並諸善男子 6 懇留之，協備橐資，易得西城坊古刹普安寺一座，其（以下漫漶）7 司禮監太監李公、8 御馬監太監梁公各出俸金，與諸貴公協濟（以下漫漶）覺淳上人爲開山第一代住持。奈何禪師厭世 9 憎華，榻未暖而圓寂。享壽得八十有九也。諸貴公（以下漫漶）修完。當立石以□歲月。迺徵余屬文。嗟 10 夫！天地盈虚，世□遷變，皆合時道。是寺也，□□門（以下漫漶）際。高僧道感 11 大貴，遍爲重建，焕然一新。金壁輝煌，朱門燦爛（以下漫漶）景所。儼然一叢林也。迺思禪師大放慧燈，照徹 12 京國。今雖西歸，立此叢林，相傳衣鉢（以下漫漶）參□之□，遠如來之音。則百丈之高風，遠公之雅 13 望，不其重播于兹乎。是□也（以下漫漶）14 皇，下安黎庶，邊隘清平，人熙物阜。（以下漫漶）以旌諸公之德，遂爲之辭。辭曰：15

蕩蕩京華，地連八（以下漫漶）御。瀟條古刹，建立有年。累遭風雨，16 殿壁凋殘。弗聞鐘鼓，（以下漫漶）精□如覺。易寺捐金，重爲修作。17 嗟嗟金錫，何事（以下漫漶）□有慧燈，常明不滅。續燈有人，18 振乎高節。大啓法門，□延歲□。嘉靖四十三年冬十一月至日。19

京365《普安寺功德碑》陽

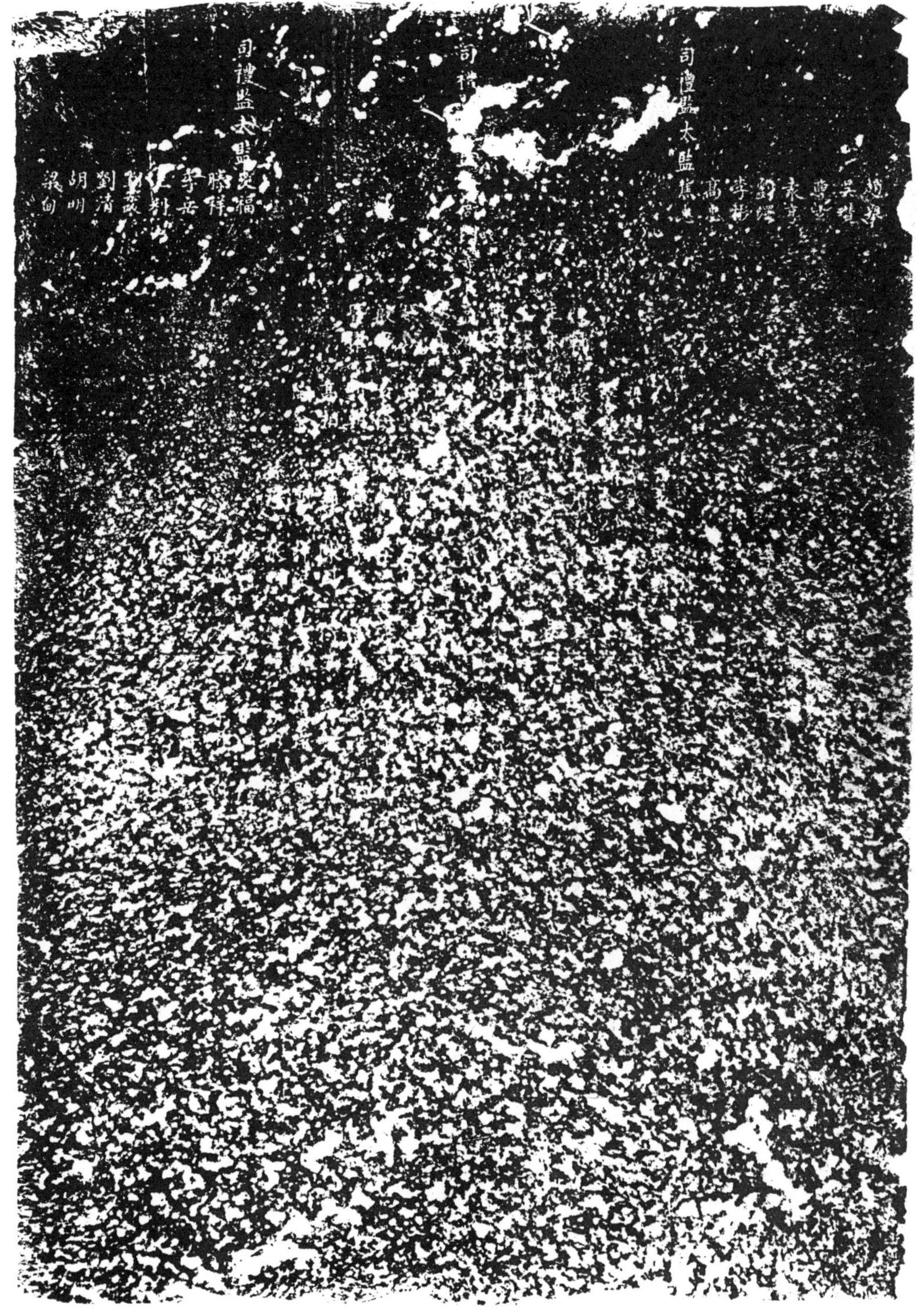

京 365《普安寺功德碑》陰

功德碑記

重修普安寺功德碑記

賜進士及第光祿大夫□傳兼太子太傅□部尚書□武英殿大學士知

經筵　國史總裁官華亭徐階撰

賜進士出身資善大夫刑部尚書□□黃光昇書

特進光祿大夫柱國兼太子太師掌後軍都督府事鳳陽朱希忠篆

禁垣西北有渠曰漕近漕之西舊有普安寺起於

國初歲月經久風雨摧殘俱爲頹敗幸遇奉

敕總督東廠理刑掌司禮監事太宰黃公錦見而惜之遂捐□帑重高修之凡五春秋則山門殿宇廡廊方丈香積禪堂靡不周備工落成僉謂此

舉特因寶藏禪師駐錫也第一代住持當薦師之□弟又示□覺淳上人□可遂答于春曹請劄入院再經歲禪師西歸矣延至今歲覺淳輩

不泯黃公推德相議勒石以彰之丐予爲言予謂京都乃古燕之域人□□□且與胡元雜處我

太祖高皇帝□□腥羶肅清海宇而崇重三教内外臣工與夫好德長者咸□□□□都城接於西山多起林刹住僧焚修以祝

聖壽非特一給孤園□□□

今上加重玄元垂箴垂訓近侍重臣耳薰目染亦以積功績德祈安邦國爲念是以上行下效洋溢於都凡都之舊刹靡有不重□□□□時運復

古尤周之風度漢之氣□也猗與黃公賦經濟之才調羹□□四方仰慕且敬□□□□于王事兢兢然惟恐不稱□□□□□生輕經重道

又得左右貴公贊助之重建伽藍非秖上□□□評之□其世之龐德公□□之淑身淑行以修功德公有夙夜匪□□□□□□盡乎忠□

子孫於義方衣錦侍朝□□乎訓誥奸□宄明理禁刑嚴中寬恕以□□□□於見義樂於□施隆重三寶□□善□□四德于公推之□

功德也何□□于誠視人世渾如泡影達至理而□覺也宜□石□頌之復爲之偈偈曰

佛來自□　興於隋唐　般若一□　道始馨香　伽藍白馬　浮圖□鄉　相傳□□　法□□□　僧持五□　宗傳十賢　□□□生

咸登彼岸　大哉法相　輔佐家邦　幹能著忠　仁愛流芳　漢之鄧馬　唐之魏房　補贊□殘　□僧□□　暮鼓晨鐘　□□□祝

聖壽無疆

嘉靖龍集甲子冬十月十一立

京365《普安寺功德碑》陽

司禮監太監
趙舉
吴瓚
曹玄
袁亨
劉澤
李彬
高忠
焦忠

司禮監太監□衙門等□
陳輔
王本
王臻
□□
□□
□□
張□
殷□
暨□

司禮監太監
史福
滕祥
李岳
王利
劉宗政
劉清
胡明
梁甸

張□
□仲□
張□
（以下漫漶）
（以下漫漶）
高相
陶金

京365《普安寺功德碑》陰

普安寺功德碑

首題:重修普安寺功德碑記
年代:明嘉靖四十三年(1564)十月
原址:西城區翊教寺街
今址:北京石刻藝術博物館
拓片尺寸:碑陽高192、寬92厘米,額高27、寬19厘米;碑陰高138、寬94厘米
書體:楷書
撰人:徐階
書人:黄光昇楷書,朱希忠篆額
《目録》:頁237
拓片編號:京365
拓片録自:《北京圖書館藏中國歷代石刻拓本匯編》第56卷109—110頁

【碑陽】

額題:功德碑記(篆書)

碑文:

重修普安寺功德碑記 1

賜進士及第光禄大夫□傅兼太子太傅□部尚書□武英殿大學士知 2 經筵國史總裁官華亭徐階撰。3 賜進士出身資善大夫刑部尚書□□黄光昇書。4 特進光禄大夫柱國兼太子太師掌後軍都督府事鳳陽朱希忠篆。5

禁垣西北有渠曰漕,近漕之西,舊有普安寺,起於 6 國初,歲月經久,風雨摧殘,俱爲頽敗。幸遇奉敇 7 總督東廠理刑掌司禮監事太宰黄公錦,見而惜之,遂捐□帑重高修之。凡五春秋。則山門、殿宇、廡廊、方丈、香積、禪堂靡不周備。工落成,僉謂此 8 舉特因寶藏禪師駐錫也。第一代住持當薦師之□弟,又示□覺淳上人□可。遂咨于春曹,請劄入院。再經歲,禪師西歸矣。延至今歲,覺淳薑 9 不泯,黄公推德,相議勒石以彰之。丐予爲言。予謂京都乃古燕之域,人□□□,且與胡元雜處。我 10 太祖高皇帝□□腥羶,肅清海宇,而崇重三教。内外臣工與夫好德長者,咸□□□□都城接於西山,多起林刹,住僧焚修,以祝 11 聖壽。非特一給孤園□□□12 今上加重玄元,垂箴垂訓,近侍重臣,耳薰目染,亦以積功績德,祈安邦國爲念。是以上行下效,洋溢於都。凡都之舊刹靡有不重□□□□時運復 13 古,尤周之風度,漢之氣□也。猗與黄公,賦經濟之才,調羹□□,四方仰慕。且敬□□□□于王事,兢兢然惟恐不稱□□□□□生,輕經重道,14 又得左右貴公贊助之。重建伽藍非秪上□□□評之□其世之龐德公□□之淑身淑行,以修功德。公有夙夜匪□□□□□□盡乎忠。□15 子孫於義方,衣錦侍朝,□□乎訓誥,奸□宄明,理禁刑嚴,中寬恕以□□□□於見義。樂於□施,隆重三寳。□□□善□□四德于公推之□16 功德也。何□□于誠。視人世渾如泡影,達至理而□覺也。宜□石□頌之,復爲之偈。偈曰:17 佛來自□,興

於隋唐。般若一□,道始馨香。伽藍白馬,浮圖□鄉。相傳□□,法□□□。僧持五□,宗傳十賢。□□□生,18咸登彼岸。大哉法相,輔佐家邦。幹能著忠,仁愛流芳。漢之鄧馬,唐之魏房。補贅□殘,□僧□□。暮鼓晨鐘,□□□祝。19聖壽無疆。20嘉靖龍集甲子冬十月十一立。21

【碑陰】

碑文:

司禮監太監:趙舉、吳瓚、曹玄、袁亨、劉澤、李彬、高忠、焦忠。

司禮監太監:史福、滕祥、李岳、王利、劉宗政、劉清、胡明、梁甸。

司禮監太監□衙門等□:陳輔、王本、王臻、□□、□□、□□、張□、殷□、暨□、張□、□仲□、張□、(以下漫漶)高相、陶金、(以下漫漶)。

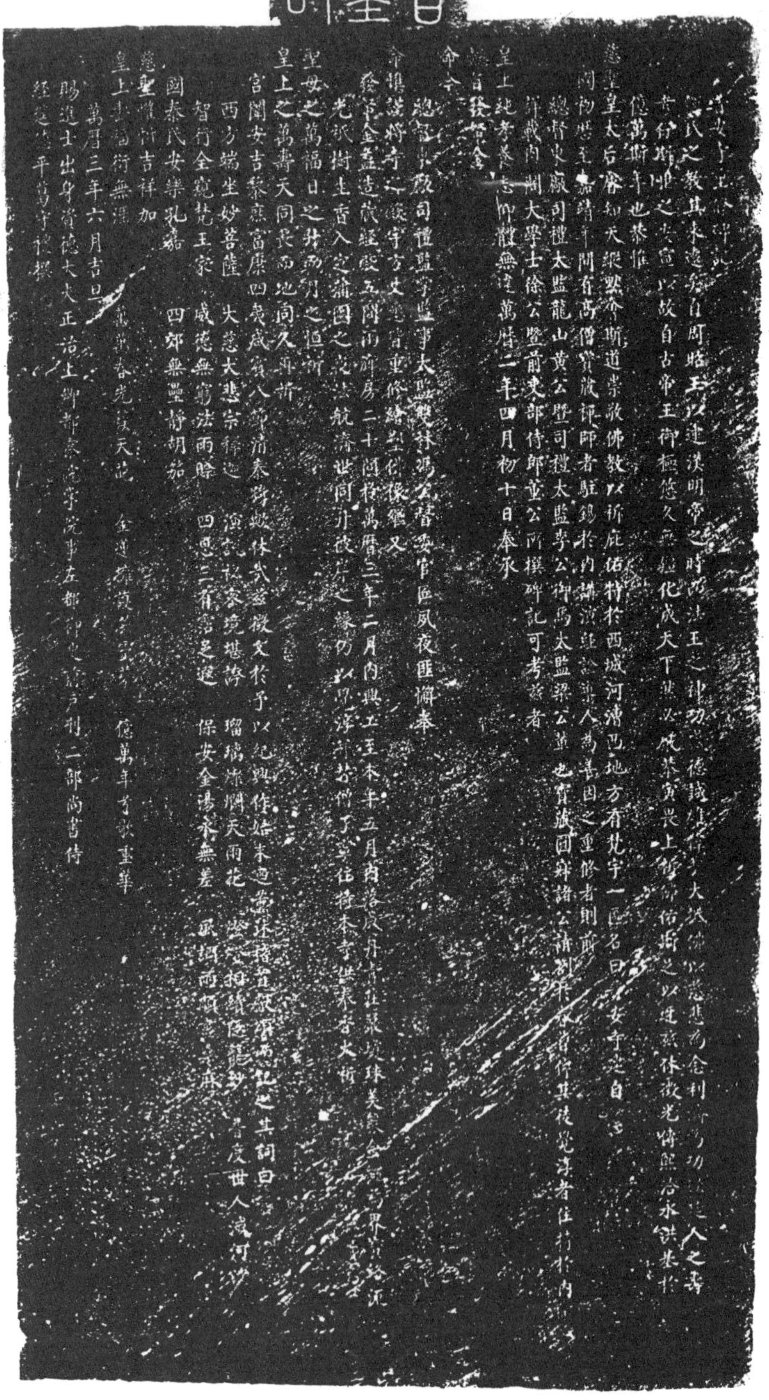

京364《普安寺碑》陽

京 364《普安寺碑》陰

敕賜普安寺重修碑記

普安寺重修碑記

釋氏之教其來遠矣自周昭王以逮漢明帝之時而法王之神功盛德誠雄偉哉大抵佛以慈悲爲念利濟爲功欲延人之壽考保斯世之安寧以故自古帝王御極悠久無疆化成天下然必嚴恭寅畏上祈佛佑斯足以迓兹休徵光傳熙洽永洪基於億萬斯年也恭惟

慈聖皇太后睿知天縱默會斯道崇敬佛教以祈庇佑特於西城河漕西地方有梵宇一區名曰普安寺建自

國初歷至嘉靖年間有高僧寶藏禪師者駐錫於内講演經論導人爲善因之重修者則前

總督東廠司禮太監龍山黃公暨司禮太監李公御馬太監梁公輩也寶藏圓寂諸公請劄於□曹俾其徒覺淳者住持於内詳載内閣大學士徐公暨前吏部侍郎董公所撰碑記可考兹者

皇上純孝養志仰體無違萬曆二年四月初十日奉承

懿旨發帑金

命令

總督東廠司禮監掌監事太監雙林馮公督委官匠夙夜匪懈奉

命惟謹將寺之殿宇方丈悉皆重修繪塑佛像繼又

發帑金益造藏經殿五間兩禪房二十間於萬曆三年二月内興工至本年五月内落成丹青莊嚴瓊珠美麗金繩爲界寶絡流光祇樹生香入定蒲團之夜法航濟世同升彼岸之緣仍以覺淳并替僧了寧住持本寺供奉香火祈

聖母之萬福日之升而月之恒祈

皇上之萬壽天同長而地同久再祈

宮闈安吉黎庶富康四夷咸賓八節清泰猗歟休哉兹徵文於予以紀興作始末迺薰沐稽首獻頌而記之其詞曰

西方端坐妙菩薩　大慈大悲宗釋迦　演説秘密境堪誇　琉璃燦爛天雨花　燈燈相續隱籠紗　普度世人滅河沙

智行全窺梵王家　威德無窮法雨賒　四恩三有霑足遐　保安金湯永無差　風調雨順盡桑麻

國泰民安樂孔嘉　四郊無壘靜胡笳

慈聖懽忻吉祥加

皇上壽福衍無涯　萬萬春光簇天葩　金蓮擁護□靈芽　億萬年兮歌重華

萬曆三年六月吉旦

賜進士出身資德大夫正治上卿都察院掌院事左都御史前戶刑二部尚書侍

經筵德平葛守禮撰

京364《普安寺碑》陽

□漢經廠掌□內官監等衙門太監等官

鄭朝 張進 王忠 楊用

□□ 張□ □□ 趙□
□□ 劉□ 李□ （以下
劉廣 邢□ 趙□ 漫漶）
李條 慶用 李進
郭義 徐偉 田祿
谷進 張成 何昇
高勲 陳進 李□
□□ 李祿 程昇
李枚 李祥 郭廷
張本 豈禮 李宮

御馬監等衙門太監等官

周海 張祿 王喜 張大受 何忠

楊銳 齊文 姜鐸 康道 張□ □□ □□ □□ 林□ □□
張隆 徐朝 解永 □□ □□ □□ □□ □□ 郭用 □□
李忠 武其 田清 關□ □朝 王□ □□ □□ 馮昇 □□
張雲 趙得君 田恩 侯□ 張□ 尚□ □□ □□ 張祥 □□
陳相 范江 楊□ □永 □□ 趙幼 □□ □□ □□ □□
王竺 王用 姚德 林福 □朝 李忠 劉臺 張洪 □□ 王□
李旺 劉忠 □欽 劉訪 李永 張銘 高慶 張文進 □□ 王臣
王名 劉定 孔用 王時 楊□安 龐成 李□名 李□ □山 （以下
姚定 容用 姬雲 劉盈 白宣 白□ 史道 張忠 楊□ 漫漶）
李忠 李友 宗朝 翟俗 李欽 □林 常炳 劉□ 許□
馮持 吳邱 國臣 秦儒 岳大用 孫良 賈天佑 李□ 李□
龔玳 張得 張真 崔成 張□ 姜受 劉青 劉玉 趙昇
楊舟 周廷 陳科 陳才 呂昇 李良 楊□ □□ 劉□
翁海 杜安 張本忠 王景 王清 王進禮 李期 田□ □□
黃進 李蘭 焦科 劉經 王寵 岳良 王□ □□ 劉□
陳堂 范玉 劉進 賈星 馬惠 李時 王道 □□ 李□

京364《普安寺碑》陰

普安寺碑

首題：普安寺重修碑記
年代：明萬曆三年（1575）六月
原址：西城區育教胡同
今址：北京石刻藝術博物館
拓片尺寸：碑陽高 220、寬 118 厘米，額高 48、寬 30 厘米；碑陰高 140、寬 101 厘米
書體：楷书
撰人：葛守禮
《目録》：頁 240
拓片編號：京 364
拓片録自：《北京圖書館藏中國歷代石刻拓本匯編》第 57 卷 21—22 頁

【碑陽】

額題：敕賜普安寺重修碑記（篆書）

碑文：

普安寺重修碑記 1

釋氏之教，其來遠矣。自周昭王以逮漢明帝之時，而法王之神功盛德，誠雄偉哉。大抵佛以慈悲爲念，利濟爲功，欲延人之壽 2 考，保斯世之安寧。以故自古帝王御極悠久無疆，化成天下，然必嚴恭寅畏，上祈佛佑。斯足以迓兹休徵，光傳熙洽，永洪基於 3 億萬斯年也。恭惟 4 慈聖皇太后睿知天縱，默會斯道，崇敬佛教，以祈庇佑。特於西城河漕西地方有梵宇一區，名曰普安寺，建自 5 國初。歷至嘉靖年間，有高僧寶藏禪師者駐錫於内，講演經論，導人爲善。因之重修者，則前 6 總督東廠司禮太監龍山黄公暨司禮太監李公，御馬太監梁公輩也。寶藏圓寂，諸公請劄於□曹，俾其徒覺淳者住持於内。7 詳載内閣大學士徐公暨前吏部侍郎董公所撰碑記可考。兹者 8 皇上純孝養志，仰體無違。萬曆二年四月初十日奉承 9 懿旨，發帑金，10 命令 11 總督東廠司禮監掌監事太監雙林馮公督委官匠，夙夜匪懈，奉 12 命惟謹，將寺之殿宇方丈悉皆重修，繪塑佛像。繼又 13 發帑金益造藏經殿五間，兩禪房二十間。於萬曆三年二月内興工，至本年五月内落成。丹青莊嚴，瓊珠美麗，金繩爲界，寶絡流 14 光。祇樹生香，入定蒲團之夜；法航濟世，同升彼岸之緣。仍以覺淳并替僧了寧住持本寺，供奉香火。祈 15 聖母之萬福，日之升而月之恒。祈 16 皇上之萬壽，天同長而地同久。再祈 17 宫闈安吉，黎庶富康，四夷咸賓，八節清泰。猗歟休哉。兹徵文於予，以紀興作始末。迺薰沐稽首獻頌而記之。其詞曰：18 西方端坐妙菩薩，大慈大悲宗釋迦。演説秘密境堪誇，琉璃燦爛天雨花。燈燈相續隱籠紗，普度世人滅河沙。19 智行全窺梵王家，威德無窮法雨賒。四恩三有霑足遐，保安金湯永無差。風調雨順盡桑麻，20 國泰民安樂孔嘉。四郊無壘静胡笳，21 慈聖懽忻吉祥加。22 皇上壽福衍無涯，萬萬春光簇天葩。金蓮擁護□靈芽，億萬年兮歌重華。23

萬曆三年六月吉旦賜進士出身資德大夫正治上卿都察院掌院事左都御史前戶、刑二部尚書侍24經筵德平葛守禮撰。25

【碑陰】

碑文：

□漢經廠掌□内官監等衙門太監等官鄭朝、張進、王忠、楊用、□□、□□、劉廣、李條、郭義、谷進、高勲、□□、李枚、張本、張□、劉□、邢□、慶用、徐偉、張成、陳進、李祿、李祥、甍禮、□□、李□、趙□、李進、田祿、何昇、李□、程昇、郭廷、李宮、趙□（下漫漶）

御馬監等衙門太監等官周海、張祿、王喜、張大受、何忠、楊鋭、張隆、李忠、張雲、陳相、王竺、李旺、王名、姚定、李忠、馮持、龔玳、楊舟、翁海、黄進、陳堂、齊文、徐朝、武其、趙得君、范江、王用、劉忠、劉定、容用、李友、吳邱、張得、周廷、杜安、李蘭、范玉、姜鐸、解永、田清、田恩、楊□、姚德、□欽、孔用、姬雲、宗朝、國臣、張真、陳科、張本忠、焦科、劉進、康道、□□、闞□、侯□、□永、林福、劉訪、王時、劉盈、翟俗、秦儒、崔成、陳才、王景、劉經、賈星、張□、□□、□朝、張□、□□、□朝、李永、楊□安、白宣、李欽、岳大用、張□、呂昇、王清、王寵、馬惠、□□、□□、王□、尚□、趙幼、李忠、張銘、龐成、白□、□林、孫良、姜受、李良、王進禮、岳良、李時、□□、□□、□□、□□、□□、劉臺、高慶、李□名、史道、常炳、賈天佑、劉青、楊□、李期、王□、王道、□□、□□、□□、□□、□□、張洪、張文進、李□、張忠、劉□、李□、劉玉、□□、田□、□□、□□、林□、郭用、馮昇、張祥、□□、□□、□□、□山、楊□、許□、李□、趙昇、劉□、□□、劉□、李□、□□、□□、□□、□□、□□、王□、王臣。（以下漫漶）

京366《普安寺碑》

敕賜重修普安寺碑記

重修普安寺碑記

普安梵宇迺京都勝刹亦有年矣其始建之□末重修之人□□□□我

皇上天縱純孝仰承

聖母志意命司禮監掌監事太監雙林馮公督責群役發帑鼎新增拓規制俾僧覺淳同替僧了寧住持於內皆詳載左碑無俟復贅矣第以雙林公功德

更有溢於督役之外者可終泯乎夫公以天植賢明性成忠敬始事

肅皇再事

穆宗繼事

今上俱諒其精白而極隆寵眷公雖身居貴顯心恒惕若拳拳焉惟以報

主安民爲念故於督役奏績之餘尤深思審度曰有藏經殿而不實之以經則僧何以明心日焚修而無浴堂則僧何以潔身土地弗闢廬舍弗廣垣堵弗

堅則僧又何以安居利用而不累于心耶一有弗備即非所以重修持而篤祈佑也於是慨出俸餘務求備美印造藏經一藏蓋沐浴堂一座置買莊

地三頃有奇造房舍百十餘間葺築環寺墻垣若干又續蓋房室若干周悉曲盡不可勝舉公豈身種福田而樂施如此哉蓋爲

君爲民之心切故施財种善之志殷以爲□□□不足以弘善果不足以廣良緣而

聖母我

皇未必大獲佛佑矣是公若所爲故皆推廣

聖母

皇上之德意深締

聖母

皇上之善因上祈諸佛懽安下冀群僧忻奉時時丕顯經功永永恢彰法力護

聖母我

皇享安富尊榮於萬祀佑鴻圖黎庶頌豐亨豫太於億年斯公之至願耳雖然公固不徼己之福而精誠昭格神亦不嗇公之佑矣其默相公於無窮俾與

聖母我

皇同延壽福共樂康寧慶明良相會於有恒信理之必然也公之善行豈小補歟本寺住持僧人覺淳輩極感公之豐功盛德將欲傳之不朽因請予叙其

實以勒諸□然云

萬曆三年歲次乙亥菊月吉

賜進士出身嘉議大夫兵部左侍郎前奉

敕閱視邊務都察院右僉都御史新安汪道昆撰

京 366《普安寺碑》

普安寺碑

首題:重修普安寺碑記
年代:明萬曆三年(1575)九月
原址:西城區育教胡同
今址:北京市石刻藝術博物館
拓片尺寸:碑陽高 224、寬 118 厘米,額高 46、寬 30 厘米
書體:楷書
撰人:汪道昆
《目録》:頁 240
拓片編號:京 366
拓片録自:《北京圖書館藏中國歷代石刻拓本匯編》第 57 卷 24 頁

【碑陽】

額題:敕賜重修普安寺碑記(篆書)

碑文:

重修普安寺碑記 1

普安梵宇迺京都勝刹,亦有年矣。其始建之□末,重修之人□□□□。我 2 皇上天縱純孝,仰承 3 聖母志意,命司禮監掌監事太監雙林馮公督責群役,發帑鼎新,增拓規制。俾僧覺淳同替僧了寧住持於内。皆詳載左碑,無俟復贅矣。第以雙林公功德 4 更有溢於督役之外者,可終泯乎。夫公以天植賢明,性成忠敬。始事 5 肅皇,再事 6 穆宗,繼事 7 今上。俱諒其精白而極隆寵眷。公雖身居貴顯,心恒惕若,拳拳焉惟以報 8 主安民爲念。故於督役奏績之餘,尤深思審度,曰有藏經殿而不實之以經,則僧何以明心。日焚修而無浴堂,則僧何以潔身。土地弗闢,廬舍弗廣,垣堵弗 9 堅,則僧又何以安居利用而不累于心耶。一有弗備,即非所以重修持而篤祈佑也。於是慨出俸餘,務求備美,印造藏經一藏,蓋沐浴堂二座,置買莊 10 地三頃有奇,造房舍百十餘間,葺築環寺墻垣若干,又續蓋房室若干,周悉曲盡,不可勝舉。公豈身種福田而樂施如此哉。蓋爲 11 君爲民之心切,故施財种善之志殷。以爲□□□不足以弘善果,不足以廣良緣,而 12 聖母我 13 皇未必大獲佛佑矣。是公若所爲,故皆推廣 14 聖母 15 皇上之德意,深締 16 聖母 17 皇上之善因,上祈諸佛懽安,下冀群僧忻奉,時時丕顯經功,永永恢彰法力,護 18 聖母我 19 皇享安富尊榮於萬祀,佑鴻圖黎庶頌豊亨豫太於億年。斯公之至願耳。雖然,公固不徼己之福,而精誠昭格,神亦不啬公之佑矣。其默相公於無窮。俾與 20 聖母我 21 皇同延壽福,共樂康寧,慶明良相,會於有恒,信理之必然也。公之善行,豈小補歟。本寺住持僧人覺淳輩極感公之豊功盛德,將欲傳之不朽。因請予叙其 22 實以勒諸□然云。23

萬曆三年歲次乙亥菊月吉 24

賜進士出身嘉議大夫兵部左侍郎前奉 25 敕閱視邊務都察院右僉都御史新安汪道昆撰。26

勇壽庵

勇壽庵,也曾名關帝廟,原址在内四區翊教寺胡同西口路北(約爲今西城區育教胡同三十三號),寺廟建築現已不存。

此庵始建時間不詳,《雍正廟冊》中登記地址爲官園東口,時爲大僧廟,有殿宇六間、禪房十七間,住持法號如玉。《乾隆廟冊》中沒有勇壽庵之名,但在同一位置有一所關帝廟,也是大僧廟,住持照潤。勇壽乃關帝之封號,故二者應爲一廟。

從乾隆《京城全圖》上看,勇壽庵坐東朝西,似有三進院落。首有山門一座一間,左右牆上開角門;第一進院内有前殿三間,繚以牆垣;第二進院内有大殿三間,南北配房各三間,北配殿之東似還有北房一座四間;大殿之後似還有後院並建築,惜《京城全圖》此處有缺蠹,具體情況難以辨認。

乾隆以後,勇壽庵再不見諸記載,似久已傾圮。

2005 年至 2015 年調查時,勇寿庵原址上是西城區委教育工作委員會大樓,底層爲北京銀行。

報恩寺

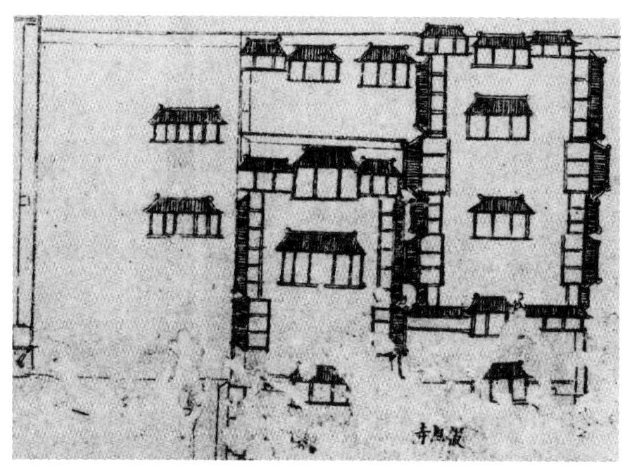

報恩寺，原址在東官園（約爲今西城區育幼胡同和平安里西大街十字路口），寺廟建築現已不存。

報恩寺未知始建何時，似爲西鄰果親王府的附屬建築，故雍乾廟冊中均無登記。從乾隆《京城全圖》上看，報恩寺位於果親王府的門前東側，王府花園正南，與王府建築一樣都用粗綫標出，應爲果親王府的家廟或祠堂。據《京城全圖》所繪，報恩寺有東中西三路建築。其中，中路爲一兩進四合院，首有山門三間，其南側有字跡，但僅能辨認出似爲一"福"字；山門後有大殿五間，東西配殿各三間，配殿後爲東西房各六間，直通後殿耳房；後殿三間，左右耳房各三間；後殿後有圍牆一道，其後再有北房三座，均爲三間；東路爲四進四合院，首有大門三間，左右開角門，入內後爲外院，經二道門三間通往內院；內院三進，由三座均爲三間的北房隔開，第一進有東西配房各三間，各帶一間南小耳房；第二進也有配房三間，與第一進配房之間以三間耳房相連；第三進內有東西配房各四間，其最北端有北小房兩座，均爲三間。西路大部分爲空地，僅在偏東的位置有兩座五間大北房，南北並列而立。

果親王府於清嘉慶年間改賜端親王綿忻，清道光八年（1828）綿忻薨，後嗣載漪爲端郡王。載漪曾支持義和團，端王府也一度成爲義和團總壇口所在地。因此，八國聯軍入侵北京後放火燒毀王府，報恩寺也受牽連而毀。光緒三十年（1904），端郡王府址建立了由農工商部直轄的工業學堂，後改稱兩等工業學校。民國元年（1912），改稱北京工業專門學校。民國四年（1915）

四月，北京師範學校遷校至此，當時的地址爲端王府夾道八號[1]。從1931到1949年的系列地圖上看，報恩寺原址上都是北平師範學校（或稱市立師範）。

1950年以後，端郡王府和報恩寺舊址上是中科院的語言所、心理所等單位，20世紀70年代，又爲中央機關所使用。修平安大街時，建築被全部拆除。

2005至2015年調查時，報恩寺原址在平安大街上。

---

〔1〕參見西城區委文史資料會編《府第尋蹤》，北京：中國文史出版社，2006年，頁二百三十九。陳元暉主編《中國近代教育史資料彙編·實業教育 師範教育》，上海：上海教育出版社，2007年，頁九百四十七。

四排十一段

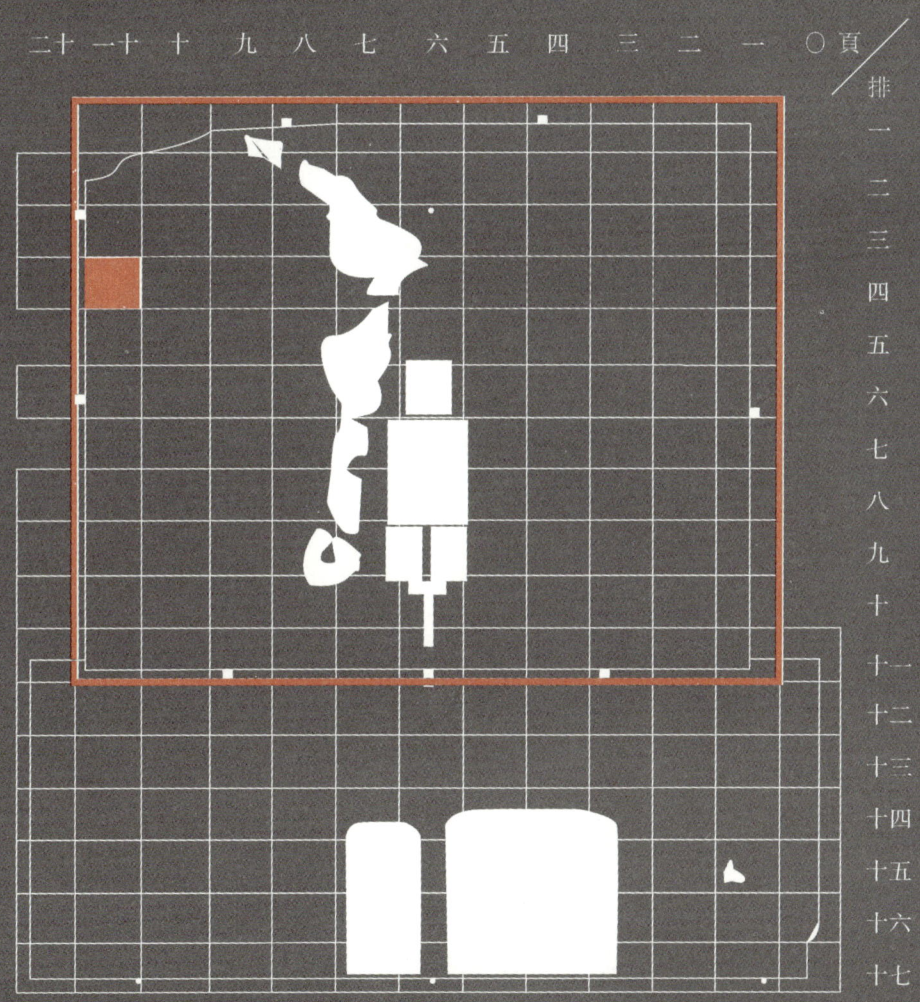

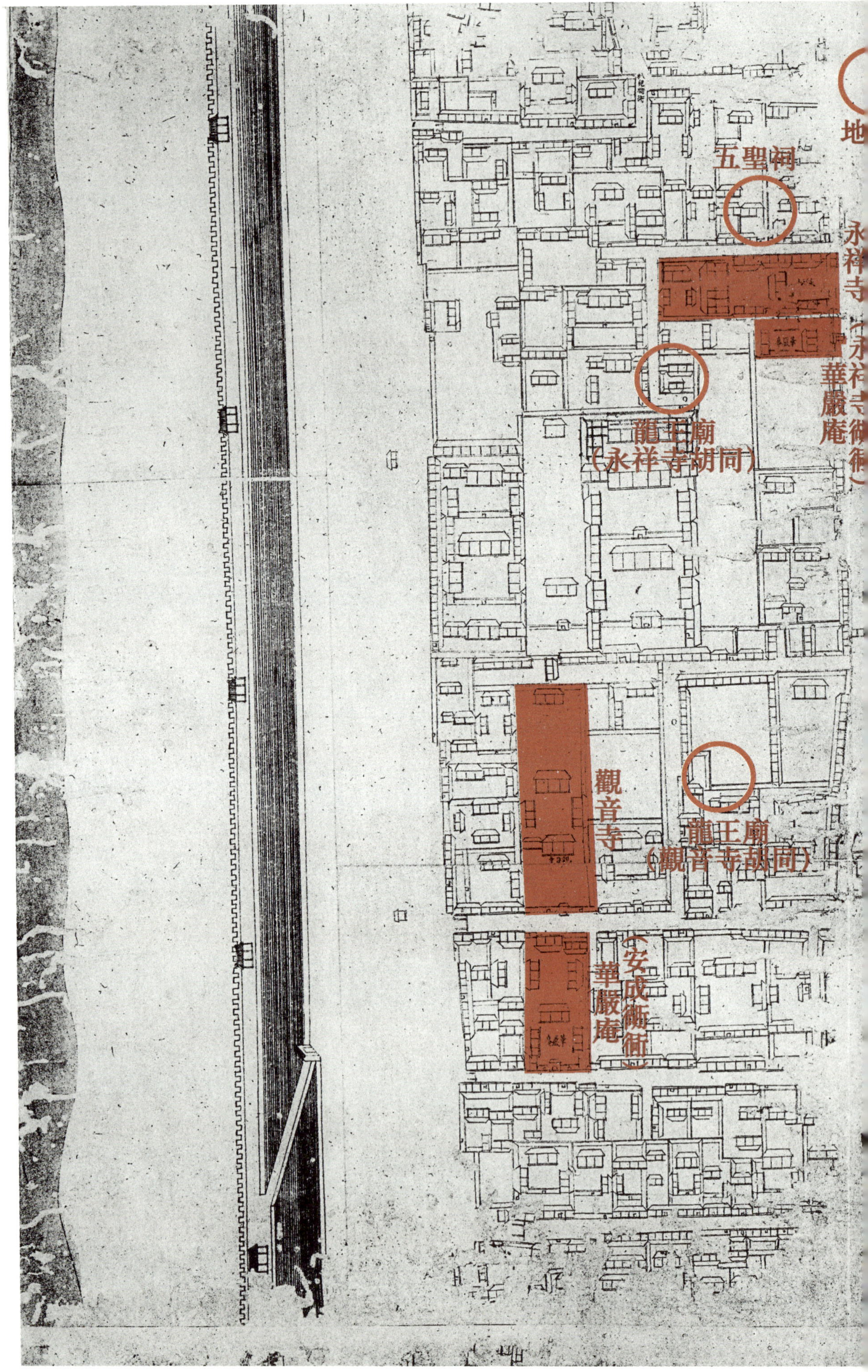
五聖祠
永祥寺
華嚴庵
龍王廟
（永祥寺胡同）
觀音寺
龍王廟
（觀音寺胡同）
華嚴庵
（安成衚衕）

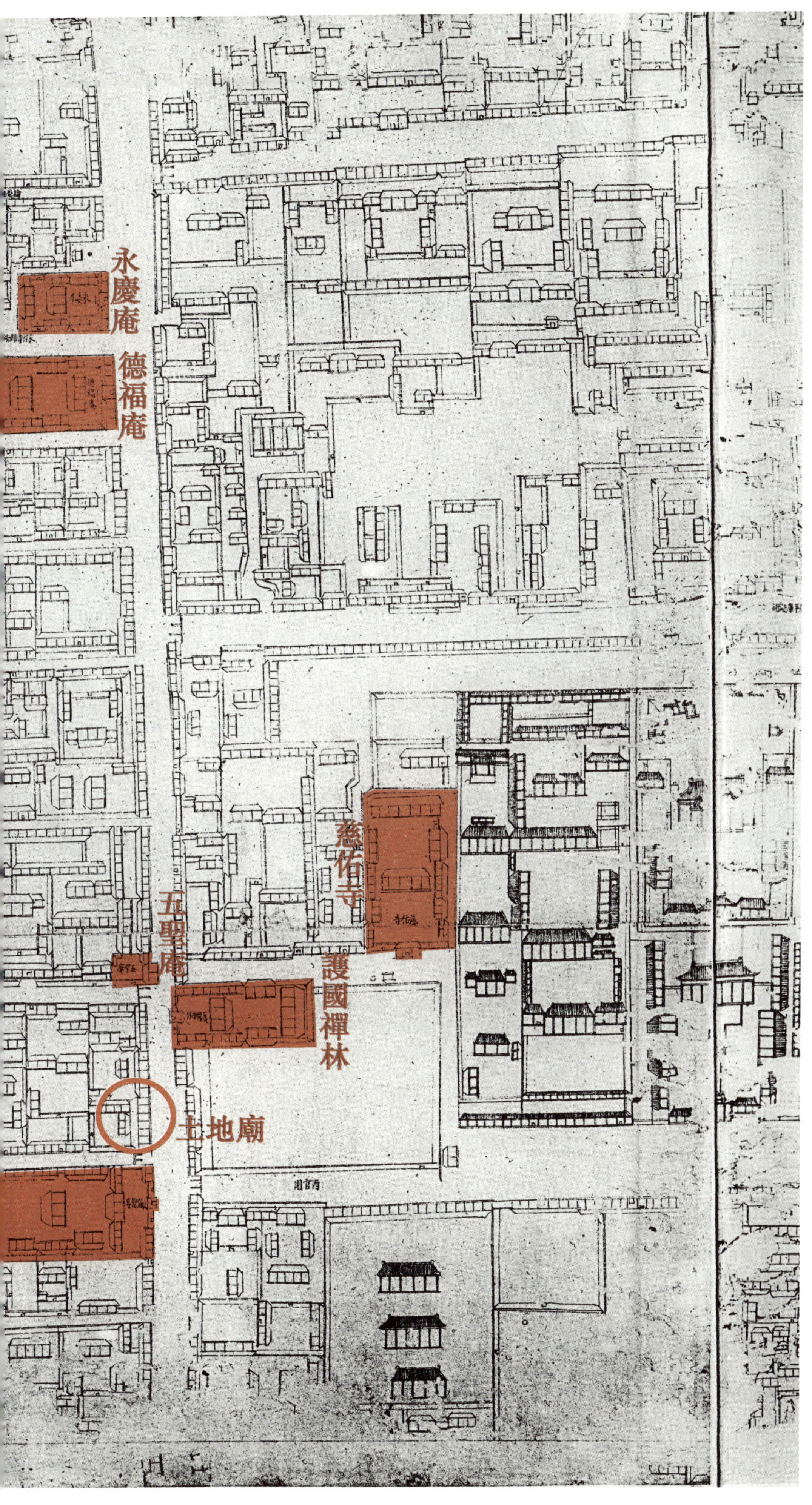
永慶庵
德福庵
慈佑寺
五聖庵
護國禪林
土地廟

永慶庵

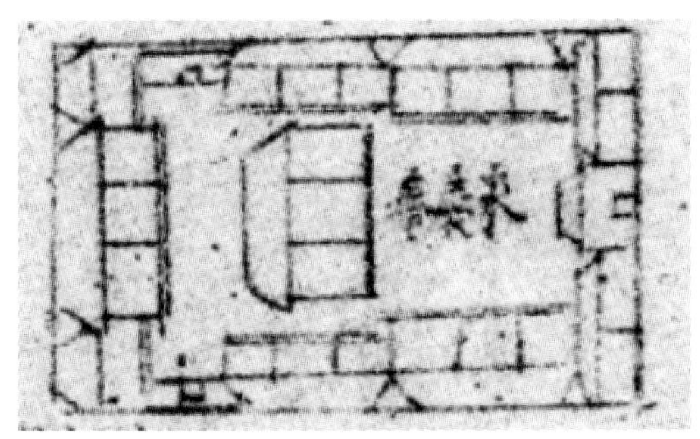

永慶庵，又名永慶寺、法華寺，原址位於內四區西四南大街九十九號（約爲今西城區西直門南小街國英園一號），寺廟建築現已不存。廟內曾有石碑一通，龍頭箱座，但文字漫漶甚重，碑刻時間不明，今碑及拓片均不存[1]。

永慶庵始建年代不詳，民國時住持聲稱明萬曆年間私建，然此說無憑[2]。康熙二十四年（1685）至康熙二十五年（丙寅年，1686）間似曾重修。緣山門石額曰："重修古刹法華寺，丙寅年中秋月，"且廟內曾有康熙二十四年四月造的鐵磬一口、圓鐵爐一座。大殿廊下還曾懸有康熙壬申年（1692）庚戌月造鐵鐘一口，或爲永慶庵在康熙年間已存在之憑[3]。《雍正廟冊》記載，永慶庵位於丁家井，爲尼僧廟，殿宇七間，禪房十八間，住持等明，徒萬全。《乾隆廟冊》記其爲永慶寺，地址南小街，爲尼僧廟，住持尼僧寶傳，雖廟名有異但尼僧廟之性質未變。清乾隆《京城全圖》記名爲永慶庵，位於永祥寺胡同。據乾隆《京城全圖》所繪，永慶庵坐西朝東，山門一座一間，兩側房屋各兩間。院落兩進，首有大殿三間，前南北配殿各三間。大殿兩側南北夾道各有房三間；第二進院有後殿三間帶南北耳房各一間，南北牆垣各有角門一座。至清末，永慶庵住持僧爲昌順，在"牟尼寶殿"匾額上有宣統辛亥（1911）庚子住持僧昌順所立等字樣[4]。

〔1〕參見國立北平研究院《法華寺》，西四 75；北京市檔案館藏《內四區法華寺尼僧常綱呈請登記廟産及社會局的批示》，1930—1936 年，檔案號 J2-8-159，頁十至十二。

〔2〕北京市檔案館藏《北平市社會局·內四區法華寺尼僧常綱呈請登記廟産及社會局的批示》，1930—1936 年，檔案號 J2-8-159，頁四至六。

〔3〕參見國立北平研究院《法華寺》，西四 75。

〔4〕同上。

民國十三年(1924),尼僧常綱落髮出家,同一年就由師傅慈惠手中接任此庵住持[1]。其時,永慶庵已稱法華寺,院落格局由清乾隆時期的兩進變爲一進,所存者爲清乾隆《京城全圖》中永慶庵之第一進院落,廟門東向,南小門石額"華藏玄門",北小門石額"毗盧性海",山門左右有東房四間。西殿三間即"牟尼寶殿"(大雄寶殿),內供釋迦牟尼佛一尊,泥塑金身,兩側有童像二[2],左文殊菩薩,右地藏王菩薩,羅漢像一十八尊,已殘,另有韋陀菩薩像一尊,將傾倒。除前文提及的鐵磬鐵爐等,殿内還另有圓鐵爐一座,爲道光十二年十二月初一日立,銘文記曰"玉清庵",或從他廟中移來[3]。此時廟内還有何姓、鄭姓民人等寄存的小佛像九尊,但均極小[4]。常綱爲宛平人,原名于妙連,她的妹妹于妙寬(法號常實)和她一同住在廟内。1949 年民政局登記時,常綱仍任住持,稱自己傳賈菩薩派,廟内共有尼僧三人,除出租三間房屋月入租金三十斤小米外,尼僧還靠糊火柴盒維生[5]。1952 年時住持已易爲尼僧智永,時年已七十三歲,廟内仍尼僧三人[6]。

據老住戶說,該廟是一戶趙姓人家的家廟,20 世紀 50 年代時還曾有四大天王、哼哈二將、老佛爺像等,後被埋入地下。"文化大革命"期間"破四舊"時此廟被佔。

2008 年實地調查時,寺廟建築已不存,其基址爲西城區規劃局之辦公大樓。

---

〔1〕北京市檔案館藏《北平市社會局·内四區法華寺尼僧常綱呈請登記廟産及社會局的批示》,1930—1936 年,檔案號 J2-8-159,頁四十四。

〔2〕二童像應爲比釋迦牟尼佛像形體較小的阿難和迦葉之塑像,佛像坐高五尺,二童像高四尺。

〔3〕參見國立北平研究院《法華寺》,西四 75。

〔4〕北京市檔案館藏《北平市社會局·内四區法華寺尼僧常綱呈請登記廟産及社會局的批示》,1930—1936 年,檔案號 J2-8-159,頁六。

〔5〕北京市檔案館藏《北平市民政局民族事務科·本市寺廟情況查詢記録》,1949 年,檔案號 196-1-4。

〔6〕北京市佛教協會藏《北京市民政局民族事務科·西四區僧、尼寺廟登記表》,1952 年,檔案號 196-1-18。

永祥寺

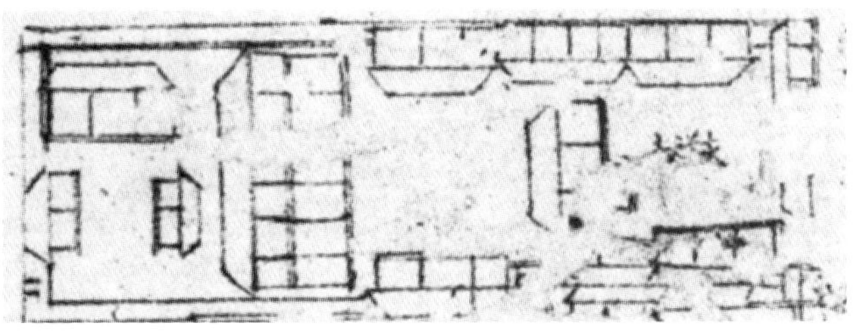

永祥寺，原址位於内四區永祥胡同十二號（約爲今西城區西直門南小街永祥胡同三號院）。寺廟建築已不存，廟内原有碑刻兩通，分别是清康熙二十九年（1690）的《重修永祥寺碑》和《重修永祥寺衆大護法姓名碑》，今僅存前碑拓片。

據明《宛署雜記》載，永祥寺始建於萬曆元年（1573）[1]。至清康熙二十九年（1690）月體法師首倡重修，其時寺廟住持爲沙門滿相。月體，江西潯陽人，自幼心向聖教，後有一日聞梵唄之聲，遂薙髮出家成爲沙彌，二十歲後受大比丘戒。他遍參諸方，登五臺禮文殊菩薩，得心要，而後拜性元法師得其衣鉢，自此便留在京師，於西直門内永祥寺重建叢林，接待士衆。重修後的永祥寺殿閣崇臺，鐘廊僧舍，深静弘敞，莊嚴妙相，莫不畢具[2]。其後，清代賢首宗最重要的僧人達天通理也出自永祥寺。達天通理（1701—1782），賢首宗第二十代宗師，原姓趙，冀州新河人。《清涼山志》中説他"身相具足，七處平滿，垂手過膝，口四十齒"[3]。早年依永祥寺有章修行[4]，二十歲在潭柘寺受戒。精於華嚴，兼擅律部。一生創寺多座，如興光寺、香界寺、三山庵、嘉興寺和拈

〔1〕（明）沈榜《宛署雜記》，頁二百二十四。

〔2〕清康熙二十九年（1690）《永祥寺碑》，京 363，《北京圖書館藏中國歷代石刻拓本匯編》卷八十四，頁一百四十九至一百五十。

〔3〕（清）史震林增補《清涼山志》，乾隆二十四年（1755）重刻本，收入《中國佛寺史志匯刊》，第二輯第二十九册，頁一百七十五。

〔4〕此據民國三十二年北平市社會局對吉祥庵、嘉興寺、賢良寺等寺住持的問話記録。參見北京市檔案館藏《北平市社會局·永祥寺僧人住持安實呈請登記廟産的聲請書及社會局的批示》，1931—1943 年，檔案號：J2-8-494，頁一百一十。

花寺，名重京師。乾隆十八年（1753），任職僧録司。清字經館成立後，又助章嘉國師校譯滿文藏經。乾隆四十五年（1780）六世班禪喇嘛進京爲清高宗祝七十大壽，通理奉命和六世班禪談論佛法大義，受封爲“闡教禪師”[1]。永祥寺作爲他“上代之小廟”[2]，卻并未因此成爲巨剎叢林。據《雍正廟冊》載，永祥寺爲大僧廟，時有殿宇九間、禪房十八間，住持僧爲明德。清《乾隆廟冊》記南扒兒胡同永祥寺住持僧爲理忠。乾隆《京城全圖》所繪之永祥寺山門東向，因山門處圖像漫漶，具體情況不明，從殘存情況看，約有臨街房五六間。第一進院落有東向正殿三間，兩側有南北房各三間，均北向。夾道似有房間，北夹道有房四間，南夹道圖中模糊不清；第二進院落正殿爲六開間雙層樓閣，南北廂房各三間均北向，北房與北夾道房屋相連，亦爲臨街房；第三進院落爲一後院，院落基本呈南北中軸綫對稱佈局，東西各有兩間房屋相對而建，另有北房三間。在院落之西南角開一小門。

至清末時，廟歸尼僧登科所有，民國元年（1912）轉於僧人安實。然而至20世紀30年代，永祥寺已破敗不堪。山門仍東向，院内開設樂怡養兔廠，殿宇祇餘東房二間、東北小棚各一間。院内古槐二株，石碑二通，均爲龍頭箱座。然《重修永祥寺衆大護法姓名碑》已没入土中。後院爲菜園，有松樹二株，所有關帝、菩薩、羅漢殘像均推作一處。其中關帝像爲坐姿，眉頭緊鎖，神情嚴肅。左手撫於左膝之上，右手前舉，已残。整尊塑像比例匀稱雕塑精細，製作水準較高，仍帶有永祥寺往日尊崇的印跡[3]。因廟内破敗，安實長年住五臺山，將寺廟托與師祖賢良寺前住持法安照管[4]。1936年社會局調查時，因見廟貌破敗、常年無僧，因飭令佛教會另選賢首宗僧人擔任住持，同宗僧侶公推賢良寺住持昌和接座[5]。民國二十六年（1937），昌和圓寂，星朗接任二寺住持[6]。民國三十一年（1942），星朗也圓寂，永祥寺常年失修，已淪爲廢墟，種植菜蔬養兔。賢首宗又公推拈花寺全朗代理住持，任德山住廟内看管[7]。

至1950年民政局登記時，永祥寺又换成了賢良寺方丈聖泉任住持，廟房增至十間，當曾經募修整理[8]。到1952年時，永祥寺仍由任姓代管。寺廟除山門殿外，皆爲住廟人自修自住。同年永祥寺交房管局撥軍政治部使用[9]。據老住戶回憶，1953年建一一三中學時永祥寺廟房被拆除。

2008年調查時，永祥寺建築已完全不存，其基址約在現北京市外事學校操場的北部。

---

〔1〕參見徐威《北京漢傳佛教史》，北京：宗教文化出版社，2010年，頁三百七十三至三百七十四。

〔2〕參見北京市檔案館藏《北平市社會局·永祥寺僧人住持安實呈請登記廟產的聲請書及社會局的批示》，1931—1943年，檔案號J2-8-494。

〔3〕參見國立北平研究院《永祥寺》，西四61。

〔4〕北京市檔案館藏《北平市社會局·永祥寺僧人住持安實呈請登記廟產的聲請書及社會局的批示》，1931—1943年，檔案號J2-8-494，頁三至四。

〔5〕同上，頁六十一至七十。

〔6〕同上，頁四十九至五十六。

〔7〕同上，頁九十一至一百零三。

〔8〕參見北京市檔案館藏《北平市民政局·北平市寺廟總登記簿》，1950年，檔案號J3-1-203，頁二十九。

〔9〕參見北京市佛教協會藏《北京市民政局民族事務科·西四區僧、尼寺廟登記表》，1952年，檔案號196-1-18。

京363《永祥寺碑》陽

京363《永祥寺碑》陰

重修碑記

重修永祥寺碑

余惟天下事有心求之而不得者以無心而得之衆人任之而罔效者以獨任而成之蓋以得之以無心者非自有所私利其得也同於無所得而任之以獨力者亦非有所覬覦皆以不期然而成是其得之與成之也皆於我無所預而人亦信其心之無他則功成不勞而立業也可久以觀月體法師所爲而益信法師江西□潯陽人自髫年即□心向上事一日聞梵唄聲遂茹素薙髮乃至受大比丘戒遍參諸方往五臺禮文□已得心要已而於本師性元處受衣傳信遂留　京師於西直門内永祥寺重建叢林接待十衆其殿閣崇臺鐘廊僧舍深靜弘敞莊嚴妙相莫不畢具蓋月公乘大願力建大法幢以心佛衆生三無差別既有以□乎已復有以利乎人其精進堅修有如此者余於月公所爲而益歎天下事之不可以倖得而分任也方其一瓢一笠冒風雨衝虎豹隻身策杖于高峰絕壁間求一茅蓋頭不可得寧意其久居薊門興復舊刹踞人天法庶以利濟群生哉惟其一心凝靜無所忮求在授之者託之不疑而受之者亦冥然若寄設使性公將月公時而人多設嚴人欲與共襄其事勢必首尾瞻顧動而掣肘其事亦無成何則凡謀人之事也每患議論之太多而意見之各出以一時倉卒之見而欲定久遠可遵之模恐事未成而流弊益甚逮至扞格難行從而□救其弊而又無□幾遠識之人以主持之其得失指半耳顧安得如月公獨行己意爲所欲爲而又能優游歲月審時度勢以復此雄偉之觀也哉善乎月公之言也爲子孫香火易爲十方叢林難爲閑□信靜易爲諸人開導難今吾得修厥舊觀贖其後地爲南北往來者參禪學道之所以承先師遺志吾願畢矣余聞而韙其言余得與月公交者蓮華山之鑑修禪師也其喜捨不倦者陳其杰陳義德二居士也余原籍潯陽而三人皆余同郡故敍述獨詳余喜而紀其事以勒諸石余願爲世出世間事者要在得人而用信任不疑則必有奇偉不群難進易退之材以擔荷其事而有餘然則月公其出世之大丈夫哉

賜進士第通議大夫禮部右侍郎兼翰林院學士□□王澤弘撰並書

京363《永祥寺碑》陽

萬古流芳

重修永祥寺衆大護法姓名開列於左

信官查哈□ 席忒東 祖維寧 袁紱龍 陳文學 □□□ 張□□ □□□

祖澤浯 祖澤灝 洪 □ 孫登魁 那世德 □□□ 查老米 阿□□

圖薩栢 李連貴 穆 成 伊朝海

信士陳其杰 陳義德 王文生 王朝鼎 喻之文 武維顯 祖伏延□ 孝

樊大貴 解 綸 孫世龍 李 舉 楊元善 桂發蘭 劉應元 龍應麒

李 彪 王惠民 蔣文科 何之煌 劉世俊 楊 道 徐士麒 董大祥

徐 炳 李 培 魯習職 徐可學 朱啟南 趙德甫 張 成 武 哥

屠 善 張 會 王 塔 鄭天位 孫 泰 阿 泰 矛 青 陳宗胤

彥哈達 穆忒庫 李開先 賀天福 韋有名 李守義 李 龍 楊世德

王顯才 王盡善 佛 蘭 周慶鈺 陳宗裔 何 深

內府太監張仲元 李 郁

信女祖門許氏 何門伊氏 袁門陳氏 汪 氏 孫門龔氏

比丘尼照鑑 照慧 海慧 寂功 照真

大清康熙貳拾玖年陸月 吉旦 住持嗣祖沙門滿相 徒真常旺 徒 立

京363《永祥寺碑》陰

永祥寺碑

首題:重修永祥寺碑
年代:清康熙二十九年(1690)六月
原址:西城區永祥胡同
拓片尺寸:碑陽、陰均高132、寬80厘米,額陽、陰均高18、寬19厘米
書體:楷書
撰人:王澤弘
書人:王澤弘
《目録》:頁277
拓片編號:京363
拓片録自:《北京圖書館藏中國歷代石刻拓本匯編》第64卷149—150頁

【碑陽】

額題:重修碑記(楷書)

碑文:

重修永祥寺碑 1

余惟天下事有心求之而不得者,以無心而得之。衆人任之而罔效者,以獨任而成之。蓋以得之以無心者,2 非自有所私利,其得也同於無所得,而任之以獨力者,亦非有所覬覦,皆以不期然而成。是其得之與成之 3 也,皆於我無所預。而人亦信其心之無他,則功成不勞而立業也可久。以觀月體法師所爲而益信。法師江 4 西□潯陽人,自髫年即□心向上事。一日,聞梵唄聲,遂茹素薙髮,乃至受大比丘戒,遍參諸方,往五臺,禮文 5□,已得心要。已而於本師性元處受衣傳信,遂留京師,於西直門内永祥寺重建叢林,接待士衆。其殿閣 6 崇臺,鐘廊僧舍,深静弘敞,莊嚴妙相,莫不畢具。蓋月公乘大願力,建大法幢,以心佛衆生三無差別。既有以 7□乎己,復有以利乎人。其精進堅修有如此者。余於月公所爲而益歎天下事之不可以倖得而分任也。方 8 其一瓢一笠,冒風雨,衝虎豹,隻身策杖于高峰絶壁間,求一茅蓋頭不可得。寧意其久居薊門,興復舊刹,踞 9 人天法,庶以利濟群生哉。惟其一心凝静,無所忮求。在授之者託之不疑,而受之者亦冥然若寄。設使性公 10 將月公時而人多設嚴,人欲與共襄其事,勢必首尾瞻顧,動而掣肘,其事亦無成。何則? 凡謀人之事也,每患 11 議論之太多而意見之各出,以一時倉卒之見而欲定久遠可遵之模,恐事未成而流弊益甚。逮至扞格難 12 行,從而□救其弊,而又無□幾遠識之人以主持之,其得失指半耳。顧安得如月公獨行己意,爲所欲爲,而 13 又能優游歲月,審時度勢,以復此雄偉之觀也哉。善乎月公之言也:爲子孫香火易,爲十方叢林難。爲閑□14 信静易,爲諸人開導難。今吾得修厥舊觀,贖其後地,爲南北往來者參禪學道之所,以承先師遺志。吾願畢 15 矣。余聞而韙其言。余得與月公交者,蓮華山之鑑修禪師也。其喜捨不倦者,陳其杰、陳義德二居士也。余原 16 籍潯陽而三人皆余同郡,故敍述獨詳。余喜而紀其事,以勒諸石。余願爲世出世間

事者，要在得人而用，信 17 任不疑，則必有奇偉不群難進易退之材以擔荷其事而有餘。然則月公，其出世之大丈夫哉。18

賜進士第通議大夫禮部右侍郎兼翰林院學士□□王澤弘撰並書。19

【碑陰】

額題：萬古流芳（楷書）

碑文：

重修永祥寺衆大護法姓名開列於左

信官查哈□、席忒東、祖維寧、袁紱龍、陳文學、□□□、張□□、□□□、祖澤浯、祖澤灝、洪□、孫登魁、那世德、□□□、查老米、阿□□、圖薩栢、李連貴、穆成、伊朝海。

信士陳其杰、陳義德、王文生、王朝鼎、喻之文、武維顯、祖伏延、□孝、樊大貴、解綸、孫世龍、李舉、楊元善、桂發蘭、劉應元、龍應麒、李彪、王惠民、蔣文科、何之煌、劉世俊、楊道、徐士麒、董大祥、徐炳、李培、魯習職、徐可學、朱啟南、趙德甫、張成、武哥、屠善、張會、王塔、鄭天位、孫泰、阿泰、矛青、陳宗胤、彥哈達、穆忒庫、李開先、賀天福、韋有名、李守義、李龍、楊世德、王顯才、王盡善、佛蘭、周慶鈺、陳宗裔、何深。

内府太監張仲元、李郁

信女祖門許氏、何門伊氏、袁門陳氏、汪氏、孫門龔氏。

比丘尼照鑑、照慧、海慧、寂功、照真

大清康熙貳拾玖年陸月 吉旦 住持嗣祖沙門滿相，徒真常、真旺、徒□□□立。

德福庵

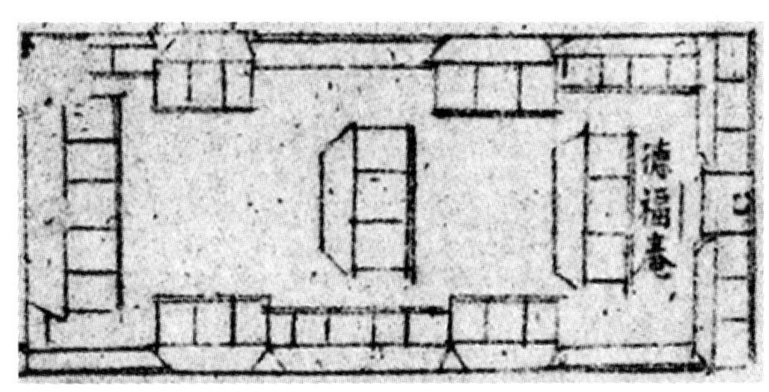

德福庵，原址在内四區南小街一零一號（今西城區西直門南小街國英園五號），現已不存。德福庵原有石碑兩通，其一無字[1]，其一爲康熙九年（1670）《德福庵碑》，後碑現存北京石刻藝術博物館。

據《宛署雜記》載：德福庵建於明嘉靖三十八年（1559），然至清代，世已不知其所自。據清代康熙間高爾位所撰之《德福庵碑》記載，"西直門内廣平庫有德福庵，弗卜建於何代"，當時廟内大殿五間，"佛像莊嚴而院宇荒蕪"。高爾位捐出自己之俸銀二百兩以作修葺之資[2]。清《雍正廟冊》載，德福庵爲大僧廟，殿宇十一間，禪房十六間，住持僧爲明止。據乾隆《京城全圖》所繪，德福庵爲三進院落，繚以周垣。其山門東向，廟門兩側各有東房三間。第一進院落空間狹窄，有前殿三間，其北側有房屋四間；第二進院落有中殿三間，南北配房各三間，其南夾道有房五間；第三進院落有後殿五間，南北配房各三間，北配房西側有房兩間。

清道光四年（1824），住持僧寶山在僧録司登記入冊，立有手本。至宣統二年（1910），北平民人李家驤自寶山手中轉得廟産，並於民國三年（1914）補交稅款，立有契據。從此德福庵再無僧人住持[3]。

20世紀30年代，德福庵山門東向，木額"德福庵"，廟門上貼有"古寺無燈憑月照，山門不鎖待雲封"的對聯。山門左右臨街房各三間。第一進院落之

〔1〕參見國立北平研究院《德福庵》，西四190。

〔2〕清康熙九年（1670）《德福庵碑》，京423，《北京圖書館藏中國歷代石刻拓本匯編》卷六十二，頁一百七十二。

〔3〕參見北京市檔案館藏《北平市社會局·内四區德福庵民人李龍友呈請登記廟産的呈文及社會局的批示》，自1930—1931年，檔案號J2-8-539，頁四。

三間前殿即天王殿内,中間供關帝泥塑彩繪高近二米之坐像,左右有關平、周倉。南北兩側牆壁下塑四大天王,高約三米。殿内還有兩龕,一供華佗,一供魯班。殿後有抱廈一間;第二進院落,後殿即三世佛殿三間,内供三世佛坐像,南北兩側有十八羅漢,泥塑彩繪。上有順牆木板,上供天宫戰神,如天王、四值等,各十二尊(當爲二十四諸天)。兩通石碑即立於後殿前,左爲無字碑,右爲《德福庵碑》。後殿北有耳房兩間,南北有配房各三間,另有北房三間。除供佛之外,德福庵主要是作爲堆放磚瓦木料之用,院内已是樹木雜草叢生,廟主仍爲李家驥[1]。1936年後歷次寺廟登記中,不再見德福庵記録。

1998年,德福庵被拆除,修建國英園小區,兩通石碑,無字碑下落不明,《德福庵碑》被移入北京石刻藝術博物館[2]。

2005年調查時,德福庵已然不存,現爲西城區規劃局之一部分。

〔1〕參見北平國立研究院《德福庵》,西四190。

〔2〕參見《中國文物地圖集·北京分冊》(下),頁八十七、頁九十。另據《北京石刻藝術博物館藏石刻拓片編目提要》頁三三六至三三七。

德福庵補修碑記

三教並尊其來久矣忠孝節義綱常倫紀原與因果報應之說相為表裏不可歧視者也是以禪宮梵宇遍設寰中亦令普天率土見像作福之意耳都會西直門內廣平庫有德福庵弗卜建於何代余每入公署瞻仰之際見佛像莊嚴而院宇荒蕪大閒五間傾圮殆盡余目擊瞿然念茲不釋因捐俸銀二百兩於康熙戊申菊月上浣鳩工補葺至一陽月杪始竣厥工聊述其槩以勒貞珉用垂不朽云

康熙九年嘉平月之吉

誥封中大夫兩侍

經筵順天府府丞督學加一級前知南和縣掌京畿道事

江南道監察御史加三級高爾位識

京423《福德庵碑》

德福庵補修碑記

三教並尊其來久矣忠孝節義綱常倫紀原與因果

報應之説相爲表裏不可歧視者也是以禪宫梵宇

徧設寰中亦令普天率土見像作福之意耳都會西

直門内廣平庫有德福庵弗卜建於何代余每入公

署瞻仰之際見佛像莊嚴而院宇荒蕪大閣五間傾

圮殆盡余目擊瞿然念兹不釋因捐俸銀二百於康

熙戊申菊月上浣鳩工補葺至一陽月杪始竣厥工

聊述其槩以勒貞珉用垂不朽云

康熙九年嘉平月之吉

誥封中大夫兩侍

經筵順天府府丞督學加一級前知南和縣掌京畿道事

江南道監察御史加三級高爾位識

京423《福德庵碑》

德福庵碑

首題:德福庵補修碑記
年代:清康熙九年(1670)十二月
原址:西城區西直門内南小街
今址:北京石刻藝術博物館
拓片尺寸:碑陽高150、寬94厘米
書體:楷書
撰人:高爾位
書人:高爾位
《目録》:頁271
拓片編號:京423
拓片録自:《北京圖書館藏中國歷代石刻拓本匯編》第62卷172頁

【碑陽】

碑文:

德福庵補修碑記 1

三教並尊,其來久矣。忠孝節義,綱常倫紀,原與因果 2 報應之說相爲表裏,不可歧視者也。是以禪宫梵宇 3 遍設寰中,亦令普天率土見像作福之意耳。都會西 4 直門内廣平庫有德福庵,弗卜建於何代。余每入公 5 署瞻仰之際,見佛像莊嚴而院宇荒蕪,大閣五間,傾 6 圮殆盡。余目擊瞿然,念兹不釋,因捐俸銀二百,於康 7 熙戊申菊月上浣鳩工補葺,至一陽月杪始竣厥工 8,聊述其槩,以勒貞珉,用垂不朽云。9

康熙九年嘉平月之吉。10

誥封中大夫兩侍 11 經筵順天府府丞督學加一級,前知南和縣,掌京畿道事,12 江南道監察御史加三級高爾位識。13

華嚴庵(永祥寺胡同)

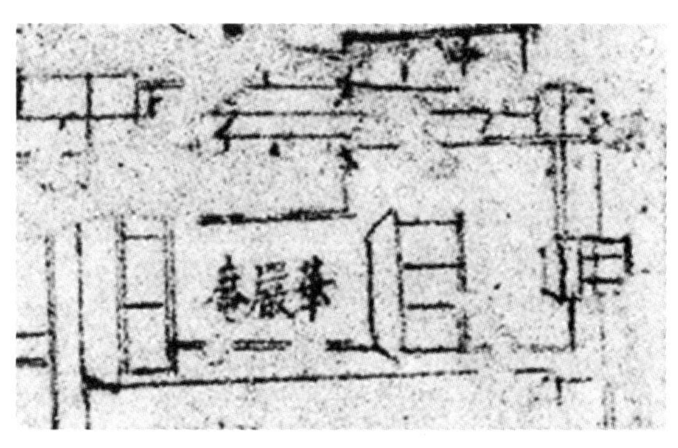

華嚴庵，原址在内四區永祥寺胡同十二號（今址約爲西城區永祥胡同三號院）。寺廟建築現已不存。

據《宛署雜記》記載，朝天日中坊有二華嚴庵，一爲明正德三年(1508)建、一爲萬曆十年(1582)建[1]。雖難以判斷孰爲永祥寺胡同華嚴庵，但二廟始建均爲明代。入清以後，《雍正廟冊》記南帕兒胡同華嚴庵爲尼僧廟，有殿宇六間、禪房六間，住持照明。《乾隆廟冊》登記住持爲尼僧普祥。乾隆《京城全圖》所繪之華嚴庵，山門一間東向，北牆垣拐角處有臨街房一間。第一進院落有東向前殿三間，二進院有東向後殿三間，北房兩間。因圖殘不清，其餘房屋情況不明。

據20世紀30年代調查，民國期間華嚴庵僅剩東房三間爲住宅，由磚塔胡同張某管理[2]，此後再無其他記載。

2008年調查時華嚴庵已然不存，其基址約爲現北京市外事學校操場之中間部分。

〔1〕《宛署雜記》，頁二百三十。

〔2〕參見國立北平研究院《華嚴庵》，西四54。

慈佑寺

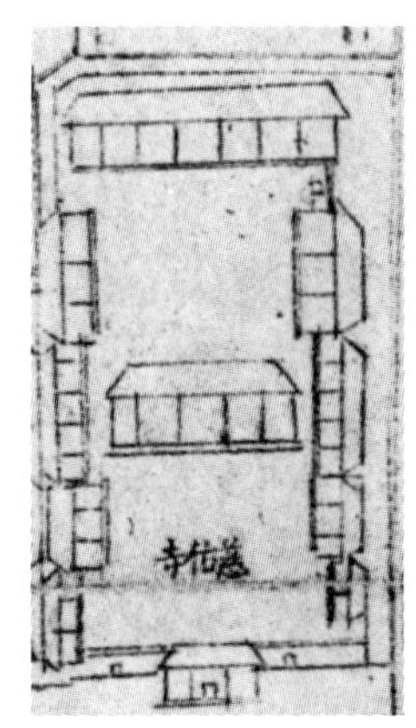

慈佑寺，原址約在今西城區西直門南小街七十號，寺廟建築現已不存,亦無碑石拓片可考。

慈佑寺始建年代不詳,清雍正時已存。據《雍正廟冊》記載,慈佑寺爲大僧寺,位於關園西口,時有殿宇二十五間、禪房十四間,住持僧爲海詳,其徒妙成,上輩住持僧爲覺隆。清《乾隆廟冊》不見該寺記載,從乾隆《京城全圖》上看,慈佑寺廟門南向,繚以周垣。山門殿三間,左右廟牆上各有角門一,第一進院落有大殿五間,東西配房各三間,配房南各有房屋兩間。大殿的東西夾道各有房屋五間;第二進院落後殿七間,東西配房各三間。圖上所繪殿宇和禪房數量與《雍正廟冊》基本一致。

此後慈佑寺再不見諸記載,似久已不存。

2004 年至 2015 年調查時,慈佑寺基址爲北京兒童體育學校乒乓球館。

五聖庵

五聖庵，亦稱五聖禪林，原址在內四區觀音寺胡同一號或西觀音寺一號（現址約爲西城區西直門南小街七十三號附近的國英園八號樓旁），寺廟建築現已不存。

五聖庵始建年代不詳。清《雍正廟冊》記其爲大僧廟，有殿宇一間、禪房四間，住持寂祥，徒照善。《乾隆廟冊》則記其爲尼僧廟，住持性善。從乾隆《京城全圖》上看，五聖庵位於街道拐角處，無山門，衹在南側有一小門，東側臨街房兩間或爲其廟産，庵內東北角有房一間。房屋間數較《雍正廟冊》記載較少。其前殿內原有鐵磬一口，爲咸豐十一年（1861）年所獻。

清光緒三十四年（1908）十二月，尼僧本淨接任五聖庵住持，在僧録司更名入冊，傳臨濟宗[1]。

民國十七年（1928）十一月本淨圓寂，其徒尼僧覺華於民國二十年（1931）五月呈請社會局繼任住持。覺華時年五十二歲，俗性劉，河北宛平人，於民國十年（1921）出家。民國三十年（1941）覺華自感年老精力不濟，退讓住持之位由其徒尼僧昌明接任。昌明字月朗，係屬臨濟正宗剃度宗派，年四十歲，奉天錦縣人[2]。20世紀30年代調查時，五聖庵已較乾隆時期大爲拓寬，且格局也已完全不同。此時山門南向，石額曰“重修五聖禪林”，東側小門內有過道一間、房一間、葡萄一架。第一進院內有前殿三間，內有神龕，供龍王、財神、土地、劉猛將軍與山神塑像，均爲坐像。另有木質金身小彌勒像一座，高半尺。左爲呂祖，柳仙與紀小唐旁侍，右爲藥王，童子二人侍立。殿

[1] 參見北京市檔案館藏《北平市社會局·內四區五聖庵尼僧覺華呈請登記廟産接充住持並發憑照及社會局批示》，1930—1941年，檔案號：J2-8-246，頁二十五。

[2] 同上，頁四十六至五十。

内除咸豐鐵磬外，還有無字鐵磬一口、瓷爐一座、雙耳鐵爐一口；第二進院内有後殿三間，内供三世佛三尊，左觀音、右地藏，均爲木像金身帶背光。壁間泥塑娘娘三尊、黑面灶王一尊、韋陀一尊，另有小童六人。殿内法物甚多，如宣紅高足碗、明宣德製青花加紫瓷爐一座、銅磬一口等。院内東西配殿各三間，廊下懸小鐵鐘一口，院内有坐化葬缸一口。西北隅有北房二間，西小門内也有北房二間；第三進院院内均爲住宅，前有南房三間、北房二間，院内有北房五間、西房三間。古槐二株，其中一株已經枯死[1]。

1949 年民政局登記時，五聖庵仍爲昌明住持，内有尼僧二人、住房二十一間，其中殿宇七間、自住四間，其餘出租。租金不敷日用，尼僧以紡綫貼補生計[2]。然 1952 年登記時，寺廟住持又换回年已七十四歲的覺華，其他尼僧不知去向[3]。

2008 年調查時五聖庵已完全不存，其故址當爲居民社區國英園八號樓東側的空地。

〔1〕《北京寺廟歷史資料》，頁五百五十六。

〔2〕北京市檔案館藏《北平市民政局民族事務科·本市寺廟情況查詢記録》，1949 年，檔案號 196–1–4。

〔3〕參見北京市佛教協會藏《北京市民政局民族事務科·西四區僧、尼寺廟登記表》，1952 年，檔案號 196–1–18。

觀音寺

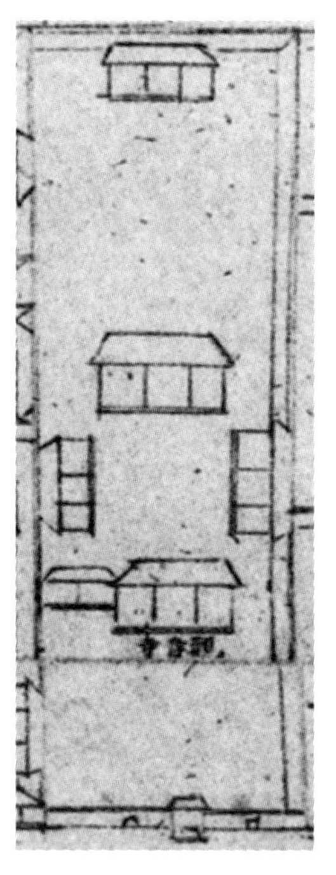

觀音寺，民國時又稱西觀音寺，原址位於內四區西直門南小街觀音寺胡同十七號（約爲今西城區西直門南大街二十六號樓），寺廟建築現已不存，廟內原有碑刻二通，均爲明嘉靖三十四年（1555）四月的《觀音寺碑》。

據《觀音寺碑》稱，觀音寺創建於唐天寶年間[1]，爲樵夫游僧往來踐踏，至明時已頹敗日現。嘉靖三十四年（1555），錦衣衛領衛事高公及其子孫捨宅，乾清宫掌事、西苑農務等太監出資，重修觀音寺。工自二月始，四月即告完成，有供觀音之正殿、伽藍殿、天仙殿、兩廡、禪室、方丈等，儼然一方勝境[2]。

入清後，觀音寺可能爲道觀。故《雍正廟冊》及《乾隆廟冊》均無載。據乾隆《京城全圖》所繪，觀音寺山門一間南向，繚以周垣，門兩側各有一小門，前殿三間，殿前是第一進院落的開闊地，殿右後側有房屋兩間；第二進院中有大殿三間，東西各有配殿三間；第三進院落僅後殿三間。觀音寺院落進深狹長。廟內曾有鑄有“康熙二十八年（1689）仲夏之吉信官高爾位供奉”字樣的鐵爐一口[3]，道光三年（1823）四月初一鑄鐵磬兩口，言明獻於西觀音寺紀祖殿。光緒九年四月初八鑄鐵五供一份，奉於觀音寺後殿三賢聖前[4]。廟內還有清道光十七年（1837）印行之《金剛》《藥師》《法華經》各一部，一直保存到民國年間。

---

〔1〕《重修古刹觀音寺碑》中有“帝城西直之南舊有觀音寺一區，創自天寶□□□”字樣。明嘉靖三十四年（1555）《重修古刹觀音寺碑記》，據北京大學圖書館藏原拓片録文。

〔2〕明嘉靖三十四年（1555）《觀音寺碑》，京 355，京 356，據北京大學圖書館藏原拓片録文。

〔3〕此高爾位即前“德福庵”條撰寫《德福庵碑》之高爾位。

〔4〕參見國立北平研究院《觀音寺》，西四 50。

清光緒二十一年(1895),尼僧湛元從師傅手中接任觀音寺住持,她俗姓李,河北保定人,十五歲出家。民國十八年(1929)七月一日,六十三歲的湛元因年老多病將住持之位讓與徒弟覺密。覺密又號定慧,俗姓金,河北淶水人。當時觀音寺有常住三人,即原住持湛元、後任住持覺密,及其師弟覺祥,另有寄居一人慧真[1]。20世紀30年代調查時,乾隆時第三進院落已無,僅剩第一、二進院落。山門南向,石額"古刹觀音寺",東西各有一座小門。前院甚爲深遠,有十餘丈之甬道,古槐一株、小榆樹一株。院内有東房四間。嘉靖二碑即立於二門外左右,時碑座已皆埋入地中,文字剝落甚多;後院内有北殿三間,木額曰"大覺方明",内供佛像泥塑金身,爲華嚴三聖:釋迦佛、文殊菩薩、普賢菩薩。此華嚴三聖的形制較爲奇特,中間爲頭戴五佛冠(毗盧帽)、手結最上菩提印、雙腿結跏趺坐的法身佛,然其兩側之文殊和普賢菩薩均與中間佛像一樣頭戴五佛冠,其整體姿態、樣貌及服飾也與佛像近同,衹有手姿及個别細節有異,細辨可見二菩薩胸前配有瓔珞,中間佛像則無。菩薩額前能見絲絲髮縷,而佛像則爲螺髮。此種形式之華嚴三聖較爲稀見。觀音寺三賢殿内正中爲三尊佛像,形體較小,高不盈尺,兩側爲文殊和地藏菩薩像,泥塑金身與華嚴三聖同。觀音寺佛像製作亦可稱細緻,但形象較爲刻板,衣紋綫條亦顯僵硬,似爲晚清民國之作。此外,觀音寺之像塑尚有紀祖[2]殿東側之韋陀、關帝及周倉、關平,西側之娘娘像三尊及童像六個,馬童二個;東配房内之三尊佛像、吕祖及左右之財神和藥王像。殿外廊下懸鐵鐘兩口,一爲乾隆三十四年(1769)六月所造,一爲光緒四年(1878)正月所造。東配房三間帶左右各一間耳房,内奉佛像三尊、吕祖及左右之財神和藥王像。西配房三間,時爲住宅。院内有大槐樹三株,還有杏樹、棗樹、松樹、榆樹等。民國二十八年(1939),覺密在廟内添蓋西房二間,修葺隔斷屏門一道[3]。

民國十八年(1929),隆智進入觀音寺修行,"行苦僧"十年後方落髮,轉入大石橋胡同重陽庵[4],民國三十年在拈花寺正式受戒。2005年時,仍然生活在通教寺[5]内的隆智講述了西觀音寺内的尼僧故事。隆智本人爲滿洲正白旗,俗名關智明,傷於父母無男丁繼承香火而出家爲僧。因仰慕湛元之師本修,願入西觀音寺内修行。本修去世後,後任住持令其苦修,但"念珠都不讓拿",因不堪忍受而轉投他廟。據她說,覺密與覺祥二人都曾是禮王府的丫鬟,因禮王福晉與本修素有來往,故由王府出一份"養例"供其出家。覺密用這筆錢在廟外蓋了幾間房用以出租,月入房租四五元不等。廟外空地也與人合種收糧[6]。

1949年民政局調查時,覺密仍任住持,廟内尼僧五人,除房租外,以糊火柴盒維持生活[7]。1952年調查時廟内共有四人,住持覺密,另有尼智安、静慧及慧真[8]。據隆智說,20世紀50年代時,觀音寺廟産被收歸國有,覺密與覺祥進入翠峰寺[9],後在寺内去世。

---

〔1〕參見北京市檔案館藏《北平市社會局·内四區西觀音寺尼僧沉密呈請登記廟産併發憑照及社會局的批示》,1930—1939年,檔案號J2-8-160,頁一至七十五。

〔2〕紀祖當爲《平妖傳》中的紀小唐。

〔3〕北京市檔案館藏《北平市社會局·内四區西觀音寺尼僧沉密呈請登記廟産併發憑照及社會局的批示》,1930—1939年,檔案號J2-8-160,頁八十九至一百零五。

〔4〕參見《北京内城寺廟碑刻志》卷一,"重陽庵"條,頁二百五十五。

〔5〕這是今天北京城内唯一一處比丘尼道場,參見《北京内城寺廟碑刻志》卷二,"通教寺"條,頁三百三十一至三百四十二。

〔6〕參見舒燕《北京舊城觀音女廟研究》,北京:學苑出版社,2015年。

〔7〕北京市檔案館藏《北平市民政局民族事務科·本市寺廟情況查詢記録》,1949年,檔案號196-1-4。

〔8〕參見北京市檔案館藏《北京市民政局民族事務科·西四區僧、尼寺廟登記表》,1952年,檔案號196-1-18,頁九十五。

〔9〕參見《北京内城寺廟碑刻志》卷三,"翠峰庵"條,頁四百三十七至四百四十二。

老住戶們對覺密等人還有印象,他們說,姑子在廟内生活至1950年代。因廟内空地很大,附近居民常聚此開會。1960年代以後改爲橡膠廠。直到1970年代寺廟建築還存在。

2008年至2015年調查時,觀音寺已不存,然2008年出版的《中國文物地圖集·北京分册(下)》稱:西觀音寺坐北朝南,依次有山門一間,東西配殿各三間;二門内有大殿三間,東西配殿各三間,帶左右朵殿各二間[1]。這與調查情况不符。觀音寺原址現爲社科院機關宿舍樓。

〔1〕《中國文物地圖集·北京分册(下)》,頁八十四。

此碑泐甚，僅能辨識數字如下：

重修古刹觀音寺碑記

京協同

西　之南舊　摧折　僧往來之所

是其

乾清宮掌事

效勇　西苑農務

以爲修葺之貲

元君天仙殿兩　方丈　周

可以致敬□者靡不詳

萬世不移之基矣爰

皇圖

二月上吉功成於四月終旬喜其

予　高公乃貴官　而然者即是善相捨宅爲

諸佛所居之

日月同其照　同其　修之一二世

大明嘉靖歲在乙卯四月上浣

京 355《觀音寺碑》

觀音寺碑

首題：重修古刹觀音寺碑記
年代：明嘉靖三十四年（1555）四月
原址：西城區國英胡同
拓片尺寸：碑陽高 150、寬 80 厘米，額寬 36、高 29 厘米
書體：楷書
《目録》：頁 234
拓片編號：京 355
拓片録自：北京大學圖書館藏原拓片

【碑陽】

額題：重修古刹觀音寺碑記（篆書）

碑文：

（此碑泐甚，可辨之字寥寥）

（泐）京協同（泐）3 西□之南舊（泐）摧折（泐）僧往來之所（泐）6 是其（泐）7 乾清宮掌事（泐）8 效勇（泐）西苑農務（泐）9（泐）以爲修葺之貲（泐）10（泐）元君天仙殿兩（泐）方丈□□周（泐）11（泐）可以致敬□者靡不詳（泐）12（泐）萬世不移之基矣。爰（泐）13 皇圖（泐）14（泐）二月上吉，功成於四月終旬，喜其（泐）15 予□高公乃貴官（泐）而然者即是善相捨宅爲（泐）16（泐）諸佛所居之（泐）17（泐）日月同其照（泐）同其（泐）修之一二世（泐）。18

大明嘉靖歲在乙卯四月上浣 19

重修古刹觀音寺碑記

重修古刹觀音寺碑
賜進士及第□□大夫□□左侍郎（下泐）
賜進士□□□□大夫（下泐）
（此行泐）
敕南京協同□□□□□右□□□□府□□□□軍務總□管扈□□□□□調（下泐）
予嘗讀□□□□□□□□□□□□□□舊觀以祝聖壽悅□□□□□□□□□□者矣又見阿□□□等說若能補□
寺是爲二□之福□知上古有□□□□□□者矣□□□殊而悅神□福□□□□□□□□□古人□□義心亦有□
得人心之同然者也
帝城西直之南舊有觀音寺一區創自天寶□□□□□□□□□□□□□□□□□□□□爲樵□游僧之所往來踐踏廢墜
□□躦地頹敗日現□□無足觀者□□□□□□□□□□□□□□□□□□□□生人幸而
錦衣衛領衛事後軍□□□從仕右都督高□□□□□□□□□□□□□□□□地可無復興之□□□同次男□督□房
錦衣衛使高君□者□□□□□□□□□□□□□□□□□□□□□□□□□煥然一新正殿設
觀世音菩薩左列伽藍殿右列□□□□□□像迨□□□之□□□□□□□□□□天仙殿兩廡禪室方丈佈置周密偉禕具
□非□□□□□矣由是□□□□□□□□□□□□□□□□□□□□□□屬□殿排列之儀凡可以敬神者靡不
（上泐）觀於是□□□□□□□□□□□□□□□□□□□□□一方盛境矣使君□前日廢墜之弊爲
（上泐）參禪上祝
（上泐）落成於四月鑒旬喜其事之底續
（上泐）仁□非□所強而然者即是唐
（上泐）布黃金買祇陀太子國
（上泐）目彰吾知
帝城□□　（泐）□臨與乾坤同其廣大
（此行全泐）
（上泐）仲伯尊嚴
（此行全泐）
國祚靈長　一人之功　萬世之（泐）
明嘉靖乙卯歲四月之吉立

京356《觀音寺碑》

觀音寺碑

首題:重修古剎觀音寺碑
年代:明嘉靖三十四年(1555)四月
原址:西城區國英胡同
拓片尺寸:碑陽高150、寬80厘米,額寬33、高29厘米
書體:楷書
《目録》:頁234
拓片編號:京356
拓片録自:北京大學圖書館藏原拓片

【碑陽】

額題:重修古剎觀音寺碑記(篆書)

碑文:

重修古剎觀音寺碑 1

賜進士及第□□大夫□□左侍郎(下泐) 2

賜進士□□□□大夫(下泐) 3

敕南京協同□□□□□右□□□□府□□□□軍務總□管扈□□□□□調(下泐) 4

予嘗讀□□□□□□□□□□□□□□□舊觀以祝聖壽,悅□□□□□□□□□□者矣。又見阿□□□□等說若能補□ 5 寺是爲二□之福□知上古有□□□□□□者矣□□□殊而悅神□福□□□□□□□□□□□古人□□□義心亦有□ 6 得人心之同然者也。7 帝城西直之南舊有觀音寺一區,創自天寶□□□□□□□□□□□□□□□□□□□□□□□爲樵□游僧之所往來踐踏廢墜,8 □□蹟地,頹敗日現,□□無足觀者□□□□□□□□□□□□□□□□□□□□□□□生人。幸而 9 錦衣衛領衛事後軍□□□從仕右都督高□□□□□□□□□□□□□□□□□□地可無復興之□□□同次男□督□房 10 錦衣衛使高君□者□□□□□□□□□□□□□□□□□□□□□□□□□□□□□□□□煥然一新。正殿設 11 觀世音菩薩,左列伽藍殿,右列□□□□□□像迨□□□之□□□□□□□□□□□天仙殿、兩廡、禪室、方丈,佈置周密,偉禕具 12 □非□□□□□□□矣。由是□□□□□□□□□□□□□□□□□□□□□□□□□□屬□殿排列之儀,凡可以敬神者靡不 13(上泐)觀。於是□□□□□□□□□□□□□□□□□□□□□□□□□一方盛境矣。使君□前日廢墜之弊,爲 14(上泐)參禪,上祝 15(上泐)落成於四月鑒旬,喜其事之底續 16(上泐)仁□非□所強而然者,即是唐 17(上泐)布黄金買祇陀太子國 18(上泐)目彰吾知 19 帝城□□(泐)□臨與乾坤同其廣大 20(泐) 21(上泐)仲伯尊嚴 22(泐) 23 國祚靈長,一人之功,萬世之(泐) 24

明嘉靖乙卯歲四月之吉立 25

護國禪林

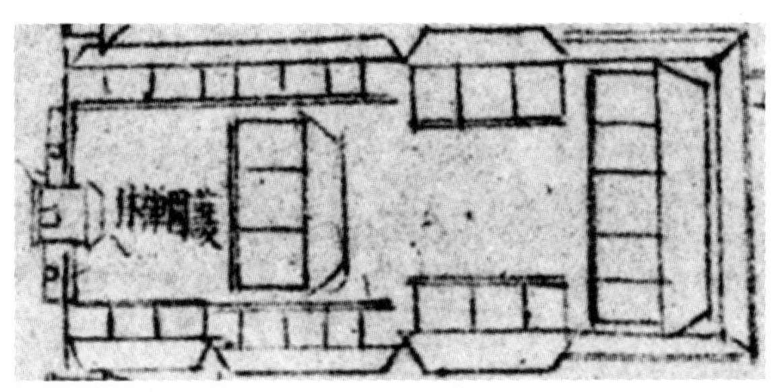

護國禪林,雍正時又稱護國院,原址約在今西城區平安里西大街四十三號院内,寺廟建築現已不存,亦無碑石拓片可考。

護國禪林始建年代不詳,除清《雍正廟冊》及乾隆《京城全圖》外,不見其他記載。據《雍正廟冊》所載,護國院位於官園西口,爲大僧廟,殿宇二十間、禪房十間,住持僧照智。從乾隆《京城全圖》看,護國禪林位於西官園北,廟門西向,門之南北各有一小門。内共兩進院落,第一進院落,西向有前殿三間,北側有排房八間。南側西邊有房三間,南夾道有房五間;第二進院落有後殿五間,南北各配房三間。

此後不見護國禪林任何記載,或久已湮沒無聞。

2008 年調查時,護國禪林故址約在中國兒童中心劇院位置。

華嚴庵（安成胡同）

華嚴庵，民國時又名華嚴寺，原址位於内四區西直門南小街安成胡同十五號（今約爲西城區西直門南大街二十號樓），寺廟建築現已不存。廟内原有崇禎二年（1629）《圓秀行實碑》及崇禎五年（1632）《圓秀行實碑序》。

據《宛署雜記》記載，朝天日中坊有二華嚴庵，一爲明正德三年（1508）建、一爲萬曆十年（1582）建[1]。然不知孰爲此安成胡同華嚴庵。據《圓秀行實碑》所載，華嚴庵爲古刹，至明代已"庵基湮滅，宋元無聞"。明萬曆四十二年（1614），兼通華嚴、賢首宗的高僧達如圓秀來京，居士梁奉等從西山將圓秀迎入都城西隅，領衆焚修。因拓土興建，掘得獸碣一方，上額曰"華嚴庵"，乃知此處爲華嚴舊址，故復名焚修之所爲"華嚴庵"。達如圓秀，爲河南南陽臥龍人，初入伏牛山，依癯鶴習老莊聲律之學，南參雪印、憨山諸大名德，後又北上少林、五臺禮佛學法。後棲迹西峰，"每有註述，名博朝野"，身傳曹洞宗第二十七世兼賢首宗二十六世[3]。天啓改元初年（1621），華嚴庵正式開堂講法，皈依者衆多，其中有居士呂明經等人，建圓覺社，勸人念佛[4]。宦官肖公等出資庀材，願爲新之，而達如卻以"數楹之居，足避風雨，又何用修造焉"爲由拒絕[5]。直至崇禎元年（1628），同學盈虚等上人再三懇請，達如方同意重修寺廟。此時有太

〔1〕《宛署雜記》，頁二百三十。

〔2〕明崇禎二年（1629）《圓秀行實碑》，京352，《北京圖書館藏中國歷代石刻拓本匯編》卷六十，頁十五。

〔3〕明崇禎五年（1632）《圓秀行實碑序》，京353，據北京大學圖書館藏原拓片録文。

〔4〕明崇禎二年（1629）《圓秀行實碑》，京352，《北京圖書館藏中國歷代石刻拓本匯編》卷六十，頁十五。

監荀公等人,因天啓六年的京師大地震[1]而虔心佛教,於是由太監荀公、王公、劉公、田公等發起,又募化楊君、李君等,將華嚴庵修葺一新。此時正殿爲大雄殿,前有護法殿,左右伏魔、祖師二配殿,另有方丈、左右禪室和廚房庫房二間。崇禎二年夏工竣,得敕賜廟名爲"護國華嚴禪林"[2]。

清代,華嚴庵在雍正年間已爲尼僧廟。《雍正廟冊》記安成胡同華嚴庵有殿宇十三間、禪房八間,住持興鳳,徒隆福。至乾隆年間,《乾隆廟冊》所載住持换爲尼僧隆增。按乾隆《京城全圖》所繪之華嚴庵,山門南向,東西各有小門一,第一進院落正殿三間,東西配殿各三間,在東西配殿之南各有房屋兩間;第二進院落,東西房屋各三間,正北有房三間,但房屋北向,似是臨街房,其東有房三間,亦北向。在正北北向房屋之西,有小門一所。清道光十九年(1839),華嚴庵在僧録司登記,立有手本[3]。

民國時期,華嚴庵復歸爲僧寺,名華嚴寺。據檔案資料,民國十九年(1930),華嚴寺大殿傾頹佛像凋殘,後殿坍塌配房破朽,若不修理勢難保存。住持意魁因年老體衰,故情願將此寺移交本宗宏濟接任住持管理寺務。宏濟時年四十二歲,係河北保定人,光緒三十二年(1906)於湖南衡陽培元寺出家,繼任華嚴寺住持前,他爲西四羊市大街十一號廣濟寺監院[4]。接任住持後,宏濟用自己的私款重修華嚴寺,建成新殿房十五間以爲僧人修道之處,其神像、法物器具亦有新塑、添置。此外,他還罄售衣鉢之資湊洋一百五十元爲社會局創辦的惠工學校捐助善款[5]。20世紀30年代調查,寺内一口鐵磬上有銘文"中華民國十九年釋迦如來成道日",一鐵鐘上有銘文"民國十九年藥師佛誕日",此説明其在重修寺院時有添置法物器具之舉。此時華嚴寺山門南向,前殿一間,内無佛像,殿後立伽藍菩薩二尊,左右也有菩薩像。北平研究院的調查人員記録道:伽藍菩薩爲尖帽像,係宦官模樣,左右菩薩像類宫中娘娘,並判斷此廟似爲魏忠賢家廟。然此"家廟"一説並無旁證。前殿後有北殿五間即毗盧殿,内供釋迦牟尼佛坐像一尊,兩旁迦葉、阿難侍立,均爲泥塑。韋陀及天王像各一尊,體量較小,高約二尺餘。殿内法器、供具主要有銅磬、鐵磬、鼓、鐵鐘、大鼓以及一份銅三供。東西配殿各三間,配殿南各有耳房一間。崇禎二年(1629)《圓秀行實碑》即砌於西房北山墻,崇禎五年(1632)《圓秀行實碑序》位於東房内。院内有柏樹兩株。此時華嚴寺清潔整肅,正殿毗卢殿大門兩側有"四宏蓮社是娑婆大願船齊登彼岸;集福道場爲常寂光淨土親見彌□陀"之楹聯[6]。但調查人員登記住持爲尼僧妙道,而非宏濟。妙道者,廣濟寺住持顯宗之母[7],蓋宏濟因住持法源寺,故將華嚴寺房借與比丘尼妙道師徒居住以便供奉佛前香燈[8]。

1949年調查時,住持僧仍登記爲宏濟,廟内僧衆五人,房十四間,内大殿五間,租出八間,每月

[1]即明天啓六年五月初六日京師王恭廠大爆炸。

[2]明崇禎二年(1629)《圓秀行實碑》,京352,《北京圖書館藏中國歷代石刻拓本匯編》卷六十,頁十五。

[3]參見北京市檔案館藏《北平市社會局·内四區華嚴寺僧人宏濟、常悟呈請接充住持、更换住持及社會局批示》,1930—1943年,檔案號J2-8-192,頁十二。

[4]參見北京市檔案館藏《北京市民政局民族事務科·西四區僧、尼寺廟登記表》,1952年,檔案號196-1-18,頁十九。

[5]參見北京市檔案館藏《北平市社會局·内四區華嚴寺僧人宏濟、常悟呈請接充住持、更换住持及社會局批示》,自1930—1943年,檔案號J2-8-192,頁五至七。

[6]參見北平國立研究院《華嚴寺》,西四70。

[7]妙道同時是乾隆《京城全圖》五排六段"慶雲寺"的住持,參見(法)吕敏(Marianne Bujard)《慶雲寺小考》,鞠熙譯,未刊稿。

[8]參見北京市檔案館藏《北平市社會局·内四區華嚴寺僧人宏濟、常悟呈請接充住持、更换住持及社會局批示》,1930—1943年,檔案號J2-8-192,頁三十八。

房租每間十五斤小米,僧人以縫紉機作軍服等爲生,無地産。宏濟稱此廟係子孫廟,傳臨濟宗[1]。在1950年、1952年的幾次調查記録中,華嚴寺住持仍爲宏濟,寺僧約有三人左右,房屋多出租[2]。

2008年調查時華嚴寺已不存,現址爲中國社會科學院西直門南大街機關宿舍。

〔1〕參見北京市檔案館藏《北平市民政局民族事務科·本市寺廟情況查詢記録》,1949年,檔案號J4-1-196,頁十一。

〔2〕參見北京市檔案館藏《北平市民政局·北平市寺廟總登記簿》,1950年,檔案號J3-1-203,頁二十五;北京市檔案館藏《北京市民政局民族事務科·西四區僧、尼寺廟登記表》,1952年,檔案號196-1-18,頁十九。

京 352《圓秀行實碑》

敕賜護國華嚴庵碑記

敕賜護國華嚴禪林達如宗師重修行實序
賜進士出身通議大夫吏部左侍郎兼翰林院侍讀學士署　吏禮二部事前左春坊左諭德記注起居官□
誥敕纂修兩朝實録前國子監祭酒詹事府正詹掌翰林院事經筵日講官王祚遠撰
賜進士出身資政大夫正治上卿侍經筵刑部尚書前本部左右侍郎太常寺卿順天府府尹奉
敕巡按宣大督理學政山西順天等處掌京畿道事江西道監察御史喬允升篆　額
賜　進　士　及　第　翰　林　院　編　修何瑞徵書　丹
佛出浩劫聲教歷於無窮而諸弟子問多逆順度世方便曰禪曰教派列五宗門庭施設而各有徵焉及考佛
理不二雖種種說至種種行豈其異也哉與夫達如宗師南陽卧龍人幼年離俗長志大乘初入伏牛山
癯鶴習老莊聲律之學南參雪印憨山諸大名德已而北上教明清涼月川深旨禪□少室嗣祖無言□
印隨即棲迹西峰道契玄言每有註述名博朝野於
神宗皇帝甲寅歲中適有居士梁奉輩倡率諸上善人步入西峰迎至都城西隅清居廢址領衆焚修遂即□
柘土中得獸碣上額曰華嚴庵就是名而名者也然而古基湮滅宋元無聞特非易代主人茲復應真□
相沿天啓改元初衆請三聖開堂復歸華嚴辰鍾夕梵其歸依者愈衆於中得旨十之八九是有內翰肖
公等念世無常欲報
皇恩於是庀材願爲新之達公曰數楹之居足避風雨又何用修造焉□□越戊辰崇禎改元值同學盈虛諸
上人再三勉成新之達公少許遂謀諸中貴王公劉公田公等轉相導募楊君李君等互爲營督於是鼎
新大雄殿護法殿伏魔祖師二殿方丈左右禪室廚庫二間在已巳夏落成聞與
大內敕賜護國華嚴禪林額其石以永諸後財施十方德胥達公乃乞余言遺之來世以廣其傳余以遊宦都
門雖不知禪久識達公據狀稍爲叙之顛末意使來者知前人創業之繇繼永劫而不泯也遂銘其銘曰
大雄垂範　教澤人天　輔翼王畿　贊助事神　曰敬曰在　惟道惟欣　歷朝瞻奉　載在斯文
是有達公　聲德普聞　十方受化　歸者如雲　土成告竣　壽石永存　來賢繼祀
永報四恩　時
崇禎二年歲在己巳夏蕤賓上吉
賜紫傳講開山第一代住持傳曹洞宗二十七世兼傳賢首宗二十六嗣祖沙門天中達如圓秀立石

京352《圓秀行實碑》

圓秀行實碑

首題：敕賜護國華嚴禪林達如宗師重修行實序
年代：明崇禎二年（1629）五月
原址：西城區永祥寺胡同華嚴庵
拓片尺寸：碑陽高 122、寬 65 厘米，額高 26、寬 22 厘米
書體：行書
撰人：王祚遠
書人：何瑞徵行書，喬允升篆額
《目録》：頁 509
拓片編號：京 352
拓片録自：《北京圖書館藏中國歷代石刻拓本匯編》第 60 卷 15 頁

【碑陽】

額題：敕賜護國華嚴庵碑記（篆書）

碑文：

敕賜護國華嚴禪林達如宗師重修行實序 1

賜進士出身通議大夫吏部左侍郎兼翰林院侍讀學士署吏禮二部事前左春坊左諭德記注起居官、□ 2 誥敕纂修兩朝實録前國子監祭酒詹事府正詹掌翰林院事經筵日講官王祚遠撰。3

賜進士出身資政大夫正治上卿侍經筵刑部尚書前本部左右侍郎太常寺卿順天府府尹奉 4 敕巡按宣大督理學政山西順天等處掌京畿道事、江西道監察御史喬允升篆額。5

賜進士及第翰林院編修何瑞徵書丹。6

佛出浩劫，聲教歷於無窮，而諸弟子間多逆順，度世方便，曰禪曰教，派列五宗，門庭施設，而各有徵焉。及考佛 7 理不二，雖種種說至種種行，豈其異也哉。與夫達如宗師，南陽卧龍人。幼年離俗，長志大乘。初入伏牛山 8 癯鶴習老莊聲律之學，南參雪印、憨山諸大名德，已而北上，教明清凉月川深旨，禪□少室，嗣祖無言□ 9 印。隨即棲迹西峰，道契玄言，每有註述，名博朝野。於 10 神宗皇帝甲寅歲中，適有居士梁奉輩，倡率諸上善人步入西峰，迎至都城西隅清居廢址，領衆焚修，遂即□ 11 柘土中，得獸碣，上額曰：華嚴庵。就是名而名者也。然而古基湮滅，宋元無聞。特非易代主人兹復應真□ 12 相沿。天啓改元初，衆請三聖開堂，復歸華嚴。辰鍾夕梵，其歸依者愈衆。於中得旨，十之八九。是有内翰肖 13 公等念世無常，欲報 14 皇恩。於是庀材，願爲新之。達公曰：數楹之居，足避風雨，又何用修造焉。□□越戊辰，崇禎改元，值同學盈虛諸 15 上人再三勉成新之。達公少許。遂謀諸中貴王公、劉公、田公等，轉相導募楊君、李君等，互爲營督。於是 16 鼎新大雄殿、護法殿、伏魔祖師二殿、方丈、左右禪室、廚庫二間。在已巳夏落成。聞與 17 大内，敕賜護國華嚴禪林，額其石，以永諸後財施十方德胥。達公乃乞余言，遺之來世，以廣其傳。余以遊宦都 18 門，雖不知禪，久識達公，據狀，稍爲叙之顛末，意使來者知前人創業之

繇，繼永劫而不泯也。遂銘其銘曰：19

大雄垂範，教澤人天。輔翼王畿，贊助事神。曰敬曰在，惟道惟欣。歷朝瞻奉，載在斯文。20
是有達公，聲德普聞。十方受化，歸者如雲。土成告竣，壽石永存。來賢繼祀，21 永報四恩。

時 22 崇禎二年歲在己巳夏蕤賓上吉。23

賜紫傳講開山第一代住持傳曹洞宗二十七世兼傳賢首宗二十六嗣祖沙門天中達如圓秀立石。24

勅賜華嚴庵碑

勅賜華嚴禪林達如宗師傳法重修德念佛行實序

賜進士出身通議大夫吏部左侍郎兼翰林侍讀學士管

誥勅纂修兩朝實録詹事府主□□□□官加二品服俸曾□□撰文

賜　進　士　出　身　翰　林　院　侍　講　許士柔書丹

賜　進　士　出　身　翰　林　院　侍　講　黄　錦篆額

夫華嚴浮性之説聞之者鮮矣□□□□□□夫通名曰法界首傳迦葉至二十七祖付之達摩尊者東傳□□歷六祖能大師己下五派瓜分門庭互彰□□各異臨濟棒喝曹洞綿密法眼箭□潙仰圓相雲門顧鑑用雖多方大以發明言外指歸且見元統間有雪庭裕公率歸少室名曰總持宗門□傳五宗□□湖□龍象授乎相□□使□□□泯者兩乘道矣迨至二十五祖幻休授□無言二十六代印乘祖偈曰教外別傳者楮和公師□之死別無□□能仁□□故古人有云佛法無多子所語盡善且德山托鉢趙州喫茶今之達公者拈提示人泛應平實異諸上善等□□士爲之拈提□節□往往□種□不一有曰俸傳□印或□大法王家又曰代佛揚化等語當我

天人交際所持也

神宗皇帝在位京□□□□□有達公大闡宗教兼立□□□□而俸□□契者皆公之餘力也公諱圓秀字達如號嵩來南陽臥龍人在本郡崇善寺傳賢首次二十五億天且瑞公爲之薙染色□□有□矣□□諸等後得印證少室北上燕京息肩潭柘西峰會心藏教惟動惟靜直以神遇或語或默則此坐忘靜心四益緇素門人□心會□由是而□持之見性者匪塵沙數也至戊午中有居士梁明奉等始迎公入都城住持金臺華嚴記以□印開示□衆中有居士呂明經等諸公建圓覺社接人念佛歆令一切人咸入大光明藏復筵公三聖上堂演大白牛

熹宗改元有功□登當有内翰荀公□□

皇恩投誠三寶諸公提唱宗教以拯地震生靈與其□□惡□昏□□□□□□弘十□載珠道品高謝四流矧公日用夫何言哉與是同學諸大士以公能事來子勸公重開宏置復得内翰荀公□公葛公劉公□□董公黄公等贊成其化則有楊君李君鄭君杜君等董典工程殿宇丈室輝煌真佛世之語園也豈法門小補哉居士張明□□□□從□□□公以念佛三昧示之蓮漏雖遠公住世亦不左讓也恒聞方人爲其説曰昔嘉隆初末間舊有果師住持日□西方三十餘載□□□□□□與衆告別端坐化去異香不散旬日今之公者不乃果師之後身乎其皈依者爲當果師之化導乎於戲是□□□□□王之重□□□□□其説雖未印果師而果師留願接引其亦可徵也自達公行腳中歸少室茲建選佛場令人證修厥功亦大偉哉□據其狀略陳□□□□始末銘諸玄石以識德云而永傳諸後焉　　時

崇禎歲次壬申孟秋上旬之吉

□紫傳講開山第一代住持傳曹洞宗二十七世兼傳□□宗二十六□□□沙門天中達如圓秀立石　　北平李登瀛鐫

京353《圓秀行實碑序》

圓秀行實碑序

首題:勑賜華嚴禪林達如宗師傳法重修德念佛行實序
年代:明崇禎五年(1632)七月上旬
原址:西城區永祥寺胡同華嚴庵
拓片尺寸:碑陽高 148、寬 78 厘米,額高 28、寬 22 厘米
書體:楷書
撰人:曾□□
書人:許士柔,黃錦篆額,李登瀛鐫
《目録》:頁 509
拓片編號:京 353
拓片録自:北京大學圖書館藏拓片

【碑陽】
額題:勅賜華嚴庵碑(篆書)
碑文:

敕賜華嚴禪林達如宗師傳法重修德念佛行實序 1

賜進士出身通議大夫吏部左侍郎兼翰林侍讀學士管 2 誥敕纂修兩朝實録詹事府主□□□□□官加二品服俸曾□□撰文。3

賜進士出身翰林院侍講許士柔書丹。4

賜進士出身翰林院侍講黃錦篆額。5

夫華嚴浮性之説聞之者鮮矣。□□□□□□夫通名曰法界,首傳迦葉至二十七祖付之達摩尊者,東傳□□歷六祖能大師己下五派,瓜 6 分門庭,互彰□□各異,臨濟棒喝,曹洞綿密,法眼箭□溈仰圓相雲門顧鑑用,雖多方大以發明言外,指歸日見元統間有雪庭裕公率歸少 7 室名曰總持。宗門□傳五宗□□湖□龍象授乎相□□使□□□□泯者兩乘道矣。迨至二十五祖幻休。授□無言二十六代印乘祖偈曰 8 教外別傳者,楮和公師□之死,別無□□能仁□□故古人有云:佛法無多。子所語盡善。且德山托鉢,趙州喫茶。今之達公者,拈提示人,泛應 9 平實,異諸上善等□□士爲之拈提□節□往往□種□不一有曰俸傳□印或□大法王家。又曰代佛揚化等語。當我 10 神宗皇帝在位京□□□□□□有達公大闡宗教,兼立□□□□而俸□□契者皆公之餘力也。公諱圓秀,字達如,號嵩來,南陽臥龍人,在本郡 11 崇善寺傳賢。首次二十五億天具瑞公爲之薙染色□□有□矣。□□諸等後得印證,少室北上燕京,息肩潭柘西峰,會心藏教,惟動惟靜,直 12 以神遇。或語或默,則此坐忘靜心,四益緇素,門人□心會□由是而□持之。見性者匪塵沙數也。至戊午中有居士梁明奉等,始迎公入都城 13 住持金臺華嚴。記以□印開示□衆中有居士呂明經等諸公,建圓覺社接人念佛歆令一切人咸入大光明藏,復筵公三聖上堂演大白牛,14 天人交際所持也。15 熹宗改元,有功□登當有內翰荀公□□16 皇恩,投誠三寶,諸公

提唱宗教以拯地震生靈。與其□□惡□昏□□□□□□□弘十□載珠道品高謝四流剏公日用夫何言哉。與是同學諸大17士以公能事來子勸公重開宏置。復得內翰荀公、□公、葛公、劉公、□□、董公、黃公等贊成其化,則有楊君、李君、鄭君、杜君等董典工程。殿宇丈18室輝煌,真佛世之語園也,豈法門小補哉。居士張明□□□□從□□□公以念佛三昧示之,蓮漏雖遠,公住世亦不左讓也。恒聞方人爲其19說曰:"昔嘉隆初末間,舊有果師住持日□西方三十餘載,□□□□□□與衆告別,端坐化去,異香不散旬日。今之公者不乃果師之後身乎?20其皈依者爲當果師之化導乎?"於戲是□□□□□□王之重□□□□□其說雖未印果師,而果師留願接引,其亦可徵也。自達公行腳中21歸少室,茲建選佛場,令人證修厥功,亦大偉哉。□據其狀略陳□□□□始末銘諸玄石,以識德云而永傳諸後焉。時22崇禎歲次壬甲孟秋上旬之吉。23

□紫傳講開山第一代住持傳曹洞宗二十七世兼傳□□宗二十六□□□沙門天中達如圓秀立石。

北平李登瀛鐫。24

彌勒庵

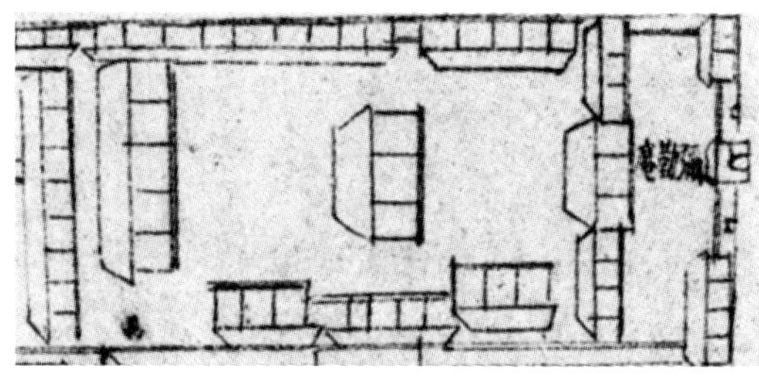

彌勒庵，又名護國彌勒十方禪林[1]、彌勒庵十方禪院[2]、彌勒院[3]。原址爲内四區西直門南小街一百二十七號（現爲西城區平安里西大街四十五號），寺廟建築現已不存。原有石碑一通，兩面均刻觀音圖像，一面爲明萬曆壬辰年（1592）《九蓮觀音像碑》，一面爲清乾隆二十三年（1758）《千臂千眼觀音像碑》。

據史料所載，彌勒庵之舊址原爲唐代北留庵[4]。明萬曆戊午（1618）敕建重修，賜額“護國彌勒十方禪林”，民國時仍存於庵内的石額可資爲證[5]。萬曆《九蓮觀音像碑》左上角有小字兩行，題爲：“九蓮觀音像，大明萬曆壬辰年（1592）孟春正月二十五日彌勒院住持海觀立石。”[6]但“彌勒院住持海觀”七字字體與他字不同，且筆畫重疊，似在鏟去原字之基礎上重新鐫刻。另一鐵鐘鑄《觀世音普門品》及《金剛般若波羅蜜經》等經咒文字，落款有“大明萬曆戊午年丁巳月吉旦日……彌勒庵十方禪院住持方丈係四川重慶府涪州里渡鎮程氏之子如願……”從鑄鐘之落款及石額的萬曆年款確知，當時彌勒院住持爲四川重慶人如願。彌勒庵爲萬曆皇帝敕建，鑄鐘者多爲皇帝近侍太監，而石碑上之“九蓮觀音像”更表明彌勒庵與皇家的關係。九蓮觀音又稱

[1] 參見國立北平研究院《彌勒院》，西四69。民國時仍存於彌勒院之石額。

[2] 同上，另見萬曆年所鑄鐘之銘文。

[3] 清《雍正廟冊》《乾隆廟冊》及民國檔案。

[4]《光緒順天府志》京師志·十三坊巷上，頁三百七十五。

[5] 參見國立北平研究院《彌勒院》，西四69。此次調查時彌勒院仍存“敕建護國彌勒十方禪林萬曆戊午年孟夏吉旦重修”石額。

[6] 明萬曆二十年（1592）《九蓮觀音像碑》，京359，據北京大學圖書館藏原拓片録文。

九蓮菩薩，據《明史》記載，九蓮菩薩指萬曆皇帝之母慈聖李太后[1]。先是太后慈寧新宫蓮花應瑞，且太后夜夢九蓮菩薩授經，覺而一字不遺，因録入大藏中[2]。在皇室的造神過程中，慈聖太后一步步與九蓮菩薩緊密相連，繼而太后更成爲九蓮菩薩之化身。萬曆帝造"九蓮菩薩像"，頒賜天下名山古刹，敕建彌勒十方禪林是爲其一。京城内慈壽寺、長椿寺等皆有"九蓮菩薩像"。彌勒庵"九蓮觀音像"綫條溫婉細膩，絶非民間可爲，特别是九蓮菩薩像之諸多圖像因素與京西法海寺觀音壁畫多有驚人相似之處，如菩薩右側上方乘祥雲之韋陀，左側身後之假山、紫竹，以及白玉鸚鵡等。法海寺壁畫出自明代宫廷御手，彌勒庵"九蓮菩薩像"比之略晚，其畫作之承襲關係一目瞭然，此番跡象進一步佐證了彌勒庵之建寺、造像、鑄鐘之種種均與皇家密切相關，其建寺之資或出自内帑。

清代雍乾兩朝均有關於彌勒庵之記載。清《雍正廟冊》記彌勒庵爲大僧廟，殿宇十七間，禪房十六間，住持海觀。《乾隆廟冊》則記其住持爲寂承。在《九蓮觀音像碑》背面之《千臂千眼觀音像碑》左下角有一行小字："京都西直門内敕建彌勒院住持海觀量周虔造千手千眼觀音聖像。"[3]由是而知上文所提之海觀乃清雍正朝彌勒庵之住持，他在造觀音像時將石碑正面明代住持名字鏟除代以己名。海觀即海觀量周，爲賢首宗之三十一世，于雍正乙巳年（1725）募修彌勒院改爲十方禪院，而立石之寂智或爲繼任住持寂承之師兄弟。清代作爲十方叢林的彌勒庵（院）依舊宏闊，從乾隆《京城全圖》上看，彌勒庵山門東向，有山門殿一間，山門兩側各有一小門，南小門之南有臨街房四間，北小門之北有臨街房兩間。第一進院有前殿三間，南北耳房各三間；二進院正殿三間，當爲彌勒殿，院落北側有房五間，南有配殿三間，緊挨配殿之西有房屋五間；三進院有後殿五間，北有房屋九間，南有配殿三間；四進院有後房八間。清代雖無更多文字記載，但嘉道間仍可見彌勒院法事活動之痕跡，院内曾有大圓鐵爐一口，上有"嘉慶十七年（1812）九月吉日萬古流芳"銘文，又廟内彌勒殿之"慈雲永庇道光十八年（1838）戊戌五月白山惠成敬題"木額均可爲其證。

民國時彌勒庵檔案中均稱彌勒院，常住僧約四十餘人，傳天台宗。民國十年由住持寶泰推讓，改爲十方選賢叢林[4]，住持三年一任，任期屆滿退居後再行另選[5]，當然亦可連任。故此時的彌勒庵住持更换頻仍，民國十九年（1930）寺廟調查時住持爲倓虚，年五十五，河北宛平人。倓虚之前任住持僧爲保泰[6]。民國二十四年（1935）倓虚因應山東青島湛山寺之請而卸去彌勒庵住持之位，由大衆遴選出廣慧和尚（俗姓張，通縣人）接任[7]，後因廣慧在山西五臺山廣濟茅棚修道，不欲管理彌勒院等廟務，故來信辭退住持之位。故此民國二十六年（1937）由浩修（俗姓王，河南人，原爲彌勒院監院）繼任彌勒庵住持[8]。民國二十八年（1939）彌勒庵再次易主，山東人可觀繼任住持之位，時年四十四[9]。

20 世紀 30 年代調查時，彌勒庵廟産九畝餘，廟房九十二間。其山門雖爲東向，但進出皆由北大

---

〔1〕參見國立北平研究院《彌勒院》，西四 69。萬曆年所鑄鐘之銘文。

〔2〕"九蓮菩薩者，神宗母孝定李太后也，太后好佛，宫中像作九蓮座，故云"。《明史》卷一百二十（文淵閣四庫全書本）。

〔3〕《日下舊聞考》卷九十七，頁一千零六百一十二。

〔4〕清乾隆二十三年（1758）《千臂千眼觀音像碑》，京 361，據北京大學圖書館藏原拓片録文。

〔5〕參見北京市檔案館藏《北平市社會局·内四區彌勒院僧人倓虚呈請登記彌勒院廟産及社會局市政府的批示》，1930—1940 年，檔案號 J2-8-288，頁二十四。

〔6〕同上。

〔7〕同上，頁六十六。

〔8〕根據彌勒殿後一塊雲板之銘文記載，參見國立北平研究院《彌勒院》，西四 69。

〔9〕參見北京市檔案館藏《北平市社會局·内四區彌勒院僧人倓虚呈請登記彌勒院廟産及社會局市政府的批示》，1930—1940 年，檔案號 J2-8-288，頁四十九。

門。前殿三間爲天王殿,正中爲泥塑金身之關帝坐像,兩側侍立周倉、關平,亦泥塑金身。另有釋迦牟尼佛坐像一尊,泥塑八龍王像分立南北兩側,四大天王坐像、泥塑金身的伽藍菩薩像等。殿前立《觀音像碑》;第二層殿爲彌勒殿,内供彌勒大像一尊,韋陀及四天王像各一尊,供案上有高約尺餘的釋迦佛像一尊,兩旁侍立迦葉、阿難。未知名菩薩二尊,藏、通、別、圓四種圓覺菩薩十二尊分立東西兩側。殿内還有一尊高約一米的菩薩像,兩側侍小童各一。此外尚有千手觀音及八臂兩頭四面的準提菩薩各一尊,均爲泥塑金身。殿内法器有銅五供、木魚、大鼓、小銅鐘、鐵磬等。萬曆年間銅鐵合鑄之大鐘,位於此殿内,殿後懸民國時所鑄之鐵雲板。殿前南配房三間,是爲禪堂,内供釋迦佛及迦葉、阿難,均泥塑金身。北配房三間本爲客堂,30 年代時已成爲教員休息室。庭院内有松樹、棗樹、黑棗樹各一株。南北夾道内,南房五間空閑,北房五間爲講堂。南側有南小院一座,置南房四間,内供木雕金身旃檀小佛像一尊,爲教員室,院内植杏樹、棗樹。南小院之西仍有一小院,院内南房三間;第三層正殿爲五間觀音殿,龕内供石雕南海大士,高約一米,旁侍二小童,一執蓮,一執瓶。供案上有仿古瓶爐三供一套,其中銅爐爲方形雙耳,另有鐵磬一個。殿内左右有龕,供長生禄位。殿後壁畫觀音像一尊,兩側繪二小童,當爲善財和龍女。觀音殿南北各有配房三間,南爲司房,北爲齋堂,齋堂内供達摩像一尊,泥塑金身。院内有圓鐵爐一個,柏樹及白果樹各兩株。南夾道南房五間,後院有南房五間。北夾道處有北房五間,爲廚房;第四層有正殿七間,懸有“方丈”“講堂”二木牌,殿内供三世佛坐像,均泥塑金身。中間釋迦牟尼佛兩側侍立迦葉和阿難。韋陀、天王立像各一尊,均泥塑金身。另外還有人造騎獅石像一尊及釋迦、迦葉、阿難像三尊;第四層殿有南配房三間爲自習室,其後院有南房三間爲住宿之用,院中有井一口,葡萄一架[1]。北配房三間爲會計室。另外,彌勒庵有塔院一處,面積五畝半,房十餘間,即位於西直門外老虎廟一帶增家莊之關帝廟[2]。彌勒庵房屋除供佛僧舍客堂禪堂外,民國十九年(1930)調查時廟内尚有駐北平五臺山普濟佛教會佛教學校及北平市公安局民衆學校第十一校[3]。民國二十五年(1936)調查時佛教學校及民衆學校已不在院内,其房屋殿宇除供佛、居住外,主要作僧伽療養院使用,其前房五間爲市立第二十九簡易小學分校借用[4]。民国二十五年,軍官子弟學校(後改爲教育部立師資講肄館)成立,阻塞了彌勒庵原本進出便利的後廟門。民國二十九年(1940),住持可觀呈請拆除,恢復胡同舊觀,此事亦驚動市長,但在派專員核查後認爲無礙,此事終未能成[5]。

據 1950 年調查资料,彌勒庵住持仍爲可觀,其時尚有菜園一畝二分[6]。1951 年時,彌勒院内共有房一百零三间,其中七十間爲高射炮兵團所佔用[7]。1952 年調查時彌勒院仍爲佛教道場,有房一百零七間,殿十六間,出租房十四間。住持僧明真,原名周泰峰,山西潞安人[8],1938 年於法源寺出

〔1〕參見北京市檔案館藏《北平市社會局·内四區彌勒院僧人倓虚呈請登記彌勒院廟産及社會局市政府的批示》,1930—1940 年,檔案號 J2-8-288,頁六十五至八十四。

〔2〕同上,頁八十七至一百一十五。

〔3〕參見國立北平研究院《彌勒院》,西四 69。

〔4〕參見北京市檔案館藏《北平市民政局·北平市寺廟總登記簿》,1950 年,檔案號 J3-1-203,頁二十八。

〔5〕《北京寺廟歷史資料》頁四百三十七。

〔6〕參見北京市檔案館藏《北平市社會局·内四區彌勒院僧人倓虚呈請登記彌勒院廟産及社會局市政府的批示》,1930—1940 年,檔案號 J2-8-288,頁九十五至一百一十三。

〔7〕參見北京市檔案館藏《北平市民政局·北平市寺廟總登記簿》,1950 年,檔案號 J3-1-203,頁二十八。

〔8〕參見北京市檔案館藏《北京市民政局民族事務科·本市寺廟、僧道情況統計表》,1951 年,檔案號 196-1-11,頁二。

家。僧衆尚有悟真、傳來、海圓、性光、藤遠等五人[1]。

2008 年調查時彌勒庵已不存,現爲環境保護部信訪接待室所在的辦公大樓。

〔1〕參見北京市檔案館藏《北京市民政局民族事務科·西四區僧、尼寺廟登記表》,1952 年,檔案號 196-1-18,頁九十五。

【此二碑無法整理原碑格式,僅呈原碑整理】

九蓮觀音像碑

年代:明萬曆二十年(1592)正月二十五日
原址:西城區西直門南小街彌勒院
拓片尺寸:碑陽高 118、寬 60 厘米
書體:楷書
《目録》:頁 452
拓片編號:京 359
拓片録自:北京大學圖書館藏原拓片

【碑陽】

此碑爲畫像,僅在左上角有小字,題爲:"九蓮觀音像,大明萬曆壬辰年孟春正月二十五日彌勒院住持海觀立石。"

千臂千眼觀音像碑

年代:清乾隆二十三年(1758)四月八日
原址:西城區西直門南小街彌勒院
拓片尺寸:碑陽高118、寬60厘米
《目録》:頁453
拓片編號:京361
拓片録自:北京大學圖書館藏原拓片

【碑陽】

此碑爲畫像,僅在底部正中有贊曰:"皇圖永固,帝道遐昌。佛日增輝,法輪常轉。"右下角有字:"時乾隆戊寅年清和月八日吉立弟子法名寂智。"左下角有字:"京都西直門內敕建彌勒院住持海觀量周虔造千手千眼觀音聖像。"

地藏庵

地藏庵，不見於乾隆《京城全圖》。原址位於內四區南扒兒胡同七號，民國資料亦記爲地藏庵七號、大安胡同七號（現爲西城區南大安胡同六號）。寺廟建築現已不存，亦無碑石拓片可考。

地藏庵始建於明萬曆年間，清康熙十一年（1672）年重修[1]，康熙三十二年（1693）時大約比較集中地添置過法器，蓋民國時地藏庵前殿及後殿各有鐵五供一份，其所鑄銘文均爲"康熙三十二年吉日"。時至雍乾，清《雍正廟冊》記載其爲尼僧廟，殿宇十間，禪房八間，住持爲通鳳，徒心福。據清《乾隆廟冊》，乾隆時住持爲尼僧廣德。乾隆、光緒朝，地藏庵似曾有添建，廟內曾有"乾隆五年春月吉日"和"光緒五年"銘文的鐵鐘各一口，至民國年間仍存。

民國二年（1913），地藏庵由鍾劉氏賣與密蔭，立有白契一張。密蔭係證林之法名，係遼寧奉天（今瀋陽）人，1870年左右出生。她接手地藏庵後，以房租爲生，每月收入除助資白衣庵寺廟合立民衆學校現洋一角外，餘者自用[2]。民國十八年（1929）因修廟籌款，證林將手本白契押與王惠，用洋二百元[3]，民國二十九年（1940）證林病逝，由其徒印德接任住持之位。印德亦奉天人，時年二十五。此時地藏庵山門南向，前有照壁，有小槐樹四株，庵內有兩進院落，其前殿三間，匾額"地藏能仁丁巳五月慈慧沐手書"，內供地藏王菩薩、小泥佛三尊及十殿閻羅等像，其中地藏菩薩爲新造不久，頭戴五佛冠，身披寶相團花紋袈裟，項飾瓔珞，右手當胸横執錫杖，左手端持腹前托摩尼寶珠，腿結雙跏趺坐坐於蓮臺之上。前殿兩側均爲住房；後殿五間，中供釋迦牟尼，左右迦葉、阿難侍立。佛像金身，雙手托鉢，結雙跏趺坐，蓮座高

---

〔1〕據20世紀30年代的調查資料，民國時期地藏庵尚存有一塊刻有"古刹地藏庵大明萬曆年修蓋大清康熙歲次壬子年（康熙十一年）重修"的石額。參見國立北平研究院《地藏庵》，西四44。

〔2〕參見北京市檔案館藏《北平市社會局·內四區地藏庵尼僧證林登記廟産和印德接充住持的呈文及社會局批示》，1930—1940，檔案號J2-8-247，頁二十。

〔3〕同上，頁十五。

五尺。佛像前有泥木金身小佛像九尊，高不盈尺。另有馬童各一。案上所供香花蠟燭、五供製作頗爲精美。釋迦佛左供關帝、藥王及財神像，關帝兩側有周倉、關平侍立，另有童像二尊。右供娘娘像三尊，均新塑。殿東爲吕祖像，兩側有柳仙及紀小唐二小像配祀。殿西供泥塑真武像一尊，兩側有童像二[1]。此外庵内尚有銅像二十餘尊，均係黄宣遠在 30 年代初寄存之物[2]。院内有一藤葡萄架及槐樹、松樹、棗樹等。殿宇廊下懸鐘，花叢樹影間，庭院安詳静謐。

1945 年警察局調查時，廟内神像多了王奶奶一尊，侍於天仙聖母（娘娘）之旁，但廟内鑄於康熙三十二年的鐵五供卻少了一份。另外，調查人員還記録廟内有鐵磬一口，銘文曰"乾隆五十一年五月十三日造，新橋北王大人胡同千壽宫關帝廟供奉"，當係由别廟移來[3]。

1952 年寺廟登記時地藏庵住持仍爲印德，時已三十七歲，廟内共住二人，均爲尼僧[4]。老住戶們對此二尼僧還有印象。他們説，民國六個門以北地藏庵胡同有個小廟，内有兩個尼姑，爲母女關係，女兒至今尚在鼓樓一帶。

2005 年調查時地藏庵故址已爲中宏集團大樓。

---

〔1〕參見國立北平研究院《地藏庵》，西四 44。

〔2〕參見北京市檔案館藏《北平市社會局·内四區地藏庵尼僧證林登記廟産和印德接充住持的呈文及社會局批示》，1930—1940 年，檔案號 J2-8-247，頁二十三至二十四。

〔3〕首都圖書館藏《北平寺廟調查一覽表》，無頁碼。

〔4〕參見北京市檔案館藏《北京市民政局民族事務科·西四區僧、尼寺廟登記表》，1952 年，檔案號 196-1-18，頁九十五。

五聖祠

五聖祠,不見於乾隆《京城全圖》,原址位內四區永祥寺北(今址約爲西城區永祥西巷至曉安胡同的區域範圍内),寺廟建築現已不存。

五聖祠始建年代不詳,但宣統三年(1911)時已然存在,因廟門木額曰"保佑一方　宣統三年九月望日"。20世紀30年代調查時,廟一間南向,廟門兩側有楹聯曰"煉藥仙童隨九轉,談經仙客聚三山"。廟内供奉神像有泥塑小佛像六尊,童像六尊,另有石老虎一个[1]。1945年調查時,所記神像較爲詳細,有灶王、龍王、土地、財神、青苗神等。廟爲當街廟。30、40年代的五聖祠廟門雖略顯破舊,但門上精致的獸面瓦當和滴水,檐脊上生動的磚雕牡丹,以及静臥於大門右側雕刻樸拙的小石虎,使五聖祠顯得玲瓏剔透。

2008年調查時,五聖祠之大概位置約在永祥西巷三號院附近,小石老虎仍存,沒於塵土中。

五聖祠小石老虎(2004年5月 如意攝)

〔1〕參見國立北平研究院《五聖祠》,西四59。

龍王廟（永祥寺胡同）

龍王廟，民間亦稱土地廟，不見於乾隆《京城全圖》，原址爲内四區永祥寺一號（今約爲西城區永祥胡同六、八號），其建築現已不存，無碑碣可考。

龍王廟始建年代亦不詳，應爲緣井而興。20 世紀 30 年代調查時，廟一間東向，内供龍王、土地、財神、山神、二郎神塑像五尊，童像三尊，已殘。前有井一口，北房三間，由水屋葛起禄管理[1]。居民多往來井前取水。1945 年警察局調查記録该廟爲當街廟，神像仍存。

2008 年調查時，龍王廟舊跡無存，其址現爲新建平房民居，房屋已全部翻修。

〔1〕參見國立北平研究院《龍王廟》，西四 65。

龍王廟（觀音寺胡同）

龍王廟，亦名三聖祠，不見於乾隆《京城全圖》，原址爲内四區觀音寺東北（今約爲西城區國英園十四號樓），寺廟建築已無存。

龍王廟始建年代不詳，清《雍正廟冊》記其位於丁家井，大僧廟，有殿宇一間，禪房一間，住持照善。

民國時龍王廟重修，有木額"三聖祠　中華民國丁卯年八月敬獻同善子弟李家駿等募化重修"爲證。20世紀30年代調查時，龍王廟爲一間當街廟，廟門南向，内供龍王、土地、財神小塑像三尊，童像二个。另有鐵三供一份，四眼井一口，前有古槐一株[1]。

2008年調查時，龍王廟已爲居民社區。

〔1〕參見國立北平研究院《龍王廟》，西四52。

土地廟

土地廟，不見於乾隆《京城全圖》，原址爲内四區南小街一百二十三號（今約爲西城區南小街國英園十二號樓附近），廟已不存，亦無碑碣可考。

土地廟始建年代不詳，僅見於20世紀30年代調查記録。當時土地廟歸彌勒院管，其山門南向，廟房一間，内有土地夫婦小像兩尊，高二尺餘，童像兩尊，另有高不足尺的土地夫婦像兩尊。廟外榆樹一株，東北有石，記云"寺東口"[1]。

2008年調查時廟早已不存，土地廟舊址已爲居民社區樓。

〔1〕參見國立北平研究院《土地廟》，西四48。

附録一

本書未撰寫廟志的寺廟名單

（共十四座）

編號	廟名	所在排段	記載資料	簡要情況
1	觀音庵	四排二段	《乾隆廟冊·東城内外寺廟庵院僧尼清冊》	大僧廟，在門樓胡同，住持金順
2	佛堂	四排二段	《乾隆廟冊·西城北路關内外庵廟寺院僧尼清冊》	大僧廟，在門樓胡同，住持法忍
3	增福庵	四排五段	《雍正廟冊·東北城關内外寺廟清冊》	大僧廟，在棉花胡同，殿宇二間、禪房二間，住持道成，徒志鉢
4	福壽庵	四排五段	《乾隆廟冊·東北城關内外廟宇僧尼冊本》	大僧廟，在棉花胡同，住持僧了波
5	盧舍庵	四排五段	《雍正廟冊·東北城關内外寺廟清冊》《乾隆廟冊·東北城關内外廟宇僧尼冊本》	大僧廟，在黄城東角，殿宇六間、禪房六間，住持超倫，徒明瑛、明乾、明意、孫實興、實詳 大僧廟，在後門東城根，住持僧化石
6	二聖庵	四排六段	《雍正廟冊·東北城關内外寺廟清冊》《乾隆廟冊·東北城關内外廟宇僧尼冊本》	大僧廟，在宇兒胡同，殿宇三間、禪房六間，住持成玉，徒佛山 大僧廟，在馬尾巴胡同，住持僧遍喜
7	二聖庵	四排六段	《乾隆廟冊·中城所屬地坊寺廟庵院僧尼清冊》	大僧廟，在地安門外，住持心常
8	大佛庵	四排六段	《雍正廟冊·東北城關内外寺廟清冊》 《乾隆廟冊·東北城關内外廟宇僧尼冊本》	大僧廟，帽兒胡同，殿宇六間、禪房陸間，住持慈弘，徒門旭 大僧廟，帽兒胡同，住持僧祖喜
9	興隆庵	四排六段	《雍正廟冊·西北城關内外寺廟清冊》《乾隆廟冊·西北城關内外寺廟庵院僧尼清冊》	大僧廟，在後門外，殿宇一間、禪房二間，住持興聚 大僧廟，在白米斜街，住持源福，係官修
10	關帝廟	四排八段	《雍正廟冊·西北城關内外寺廟清冊》	大僧廟，在定府大街，殿宇六間、禪房十五間，住持普利
11	觀音寺	四排十段	《雍正廟冊·西城北路關内外寺廟清冊》	大僧廟，在大陳信胡同，殿宇十五間、禪房十六間，住持通璽，徒心福、心善、心佑、心喜，孫源嵤、源旺
12	毗盧庵	四排十段	《雍正廟冊·西城北路關内外寺廟清冊》《乾隆廟冊·西城北路關内外庵廟寺院僧尼清冊》	尼僧廟，在揀果廠，殿宇十二間、禪房二間，住持滿慧、徒寂有、寂慶、孫實敬 尼僧廟，在揀菓廠，住持尼僧達學

（續表）

編號	廟名	所在排段	記載資料	簡要情況
13	五聖庵	四排十段	《雍正廟冊·西城北路關內外寺廟清冊》	大僧廟，在南草廠口内，有殿宇一間、禪房肆間，住持照月，徒普隆
14	彌羅庵	四排十一段	《雍正廟冊·西城北路關內外寺廟清冊》《乾隆廟冊·西城北路關內外庵廟寺院僧尼清冊》	尼僧廟，在南帕兒胡同，有殿宇二十一間、禪房二十二間，住持克照、徒承傑、承明、孫諸立 尼僧廟，在南扒兒胡同，住持尼僧諸信

附録二

廟名索引

（以漢語拼音爲序）

F

G

H

J

L

M

N

P

附録三

碑名索引

（以漢語拼音爲序）

A

《安樂堂碑》,明萬曆十年（1582）,京 661,四排六段安樂堂。

B

《班丹札釋壽像殘碑》,明宣德十年（1435）,京 345,四排九段護國寺。

《保安寺碑》,清康熙三年（1663）,京 482,四排八段保安寺。

《寶禪寺碑》,明成化十三年（1477）,京 398,四排九段寶禪寺。

《寶禪寺碑》,明嘉靖二十五年（1546）,京 399,四排九段寶禪寺。

C

《倉頡大禹孔子等篆書刻石》,清乾隆五十七年（1792）,京 241,四排四段順天府儒學（報恩寺）。

《蒼聖廟捐資題名碑》,民國十六年（1927）,京 310,四排九段蒼聖廟。

《蒼聖祠碑》,民國十七年（1928）,京 316,四排九段蒼聖廟。

《蒼聖祠捐資題名碑》,民國十七年（1928）,京 311,四排九段蒼聖廟。

《蒼聖祠捐資題名碑》,民國十七年（1928）,京 312,四排段蒼聖廟。

《蒼頡功德碑》,民國十七年（1928）,京 315,四排九段蒼聖廟。

《藏卜堅参承繼祖傳住持碑》,明嘉靖二十二年（1543）,京 344,四排九段護國寺。

《誠求速應碑》,清嘉慶九年（1804）,京 41,四排七段關帝廟。

《崇國寺札子》,元至元二十一年（1284）,京 337,四排九段護國寺

《崇國寺碑》,元至正十一年（1351）,京 341,四排九段護國寺。

《崇國寺聖旨碑》,元至正十四年（1354）,京 342,四排九段護國寺

《崇國寺碑》,清康熙六十一年（1722）,京 336,四排九段護國寺

《重修土神廟碑》,清同治十一年（1872）,四排六段真人府。

《春游賦》,明萬曆二十一年（1593）,京 250,四排四段文山祠。

D

《大元大普慶寺碑銘》,元代不詳,四排九段寶禪寺。

《大真人府碑》,清乾隆五年（1740）,京 540,四排六段真人府。

《德福庵碑》,清康熙九年（1670）,京 423,四排十一段德福庵。

《定演大師道行碑》,元皇慶元年三月(1312),京 338,四排九段護國寺。
《定役裁費刻石》,明萬曆三十年(1602),京 1759,四排七段土穀祠。

E

《額勒登保祠碑》,清嘉慶十一年(1806),四排七段褒忠祠。

F

《福善寺落成紀事詩》,清同治十二年(1873),京 4152,四排七段北極庵。
《福祥寺改山門記》,明弘治十一年(1498),京 453,四排五段福祥寺。
《福祥寺碑》,明萬曆二十一年(1593),京 452-1,四排五段福祥寺。
《福祥寺碑》,明萬曆二十一年(1593),京 452-2,四排五段福祥寺。
《福應惟誠碑》,清乾隆五十三年 (1788),京 42,四排七段關帝廟。

G

《古刹嘉興禪林匾額》,清康熙十九年(1680),京 490,四排八段嘉興寺。
《關帝火神廟碑》,清道光十三年(1833),京 200,四排一段關帝火神廟。
《關帝廟碑》,清道光十三年(1833),京 201,四排一段關帝火神廟。
《關帝廟碑》,清道光十五年(1835),京 196,四排一段龍泉庵。
《關帝廟旗杆座刻石》,清康熙五十四年(1715),京 199,四排二段伏魔庵。
《關帝廟碑》,乾隆四十二年(1777),四排六段大真人府。
《關帝廟碑》,清乾隆三十四年(1769),京 474,四排七段關帝廟。
《關帝廟後殿崇祀三代碑》,清雍正十一年(1733),京 475,四排七段關帝廟。
《關王廟碑》,明嘉靖十七年(1538),京 477,四排七段關帝廟。
《關王廟義會碑》,明嘉靖三十八年(1559),京 480,四排七段關帝廟。
《關王廟義會碑》,明嘉靖四十五年(1566),京 481,四排七段關帝廟。
《關帝廟碑》,清同治九年(1870),京 386,四排九段關帝廟。
《關帝廟碑》,清同治十三年(1874),京 431,四排九段大帝廟。
《觀音庵碑》,明嘉靖三十五年(1556),京 446,四排六段觀音庵(地安門西大街)。
《觀音寺碑》,明嘉靖三十四年(1555),京 355,四排十一段觀音寺。
《觀音寺碑》,明嘉靖三十四年(1555),京 356,四排十一段觀音寺。
《觀音像》,清嘉慶六年(1801),京 565,四排五段文昌廟。
《廣善寺碑》,民國二十年(1931),四排九段寶禪寺。
《過文先生祠詩》,明嘉靖三十三年(1554),京 263,四排四段文山祠。

H

《漢壽亭侯廟碑》,明成化十三年(1477),京 478,四排七段關帝廟。
《漢壽亭侯廟碑》,明萬曆二十七年六月(1599),京 476,四排七段關帝廟。
《護國寺頒大乘藏經碑》,明成化十七年(1481),京 334,四排九段護國寺。
《護國寺碑》,明成化八年(1472),京 340,四排九段護國寺。
《護國寺碑》,明正德七年(1512),京 8419,四排九段護國寺。
《護國寺碑》,清順治九年(1652),京 8542,四排九段護國寺。

《護國寺僧衆職名碑》,明正德七年(1512),京 331,四排九段護國寺。
《護國寺四至及職名碑》,明代刻缺年月,京 8420,四排九段護國寺。
《護國寺題名碑》,明成化八年(1472),京 335,四排九段護國寺。
《護國寺新續臨濟正宗碑》,清順治十八年(1661),京 330,四排九段護國寺。
《慧照寺碑》,明弘治十年(1497),京 205,四排二段慧照寺。

J

《吉林先哲祠記》,民國十八年(1929),京 3622,四排八段褒忠祠。
《吉林先哲題名碑》,民國十八年(1929),京 4159,四排八段褒忠祠。
《嘉興寺銅鐘題名》,清康熙三十八年(1699),四排八段嘉興寺。
《嘉興寺雲板款識》,清康熙三十三年(1694),四排八段嘉興寺。
《禁革雜差碑》,明崇禎八年(1635),京 1761,四排七段土穀祠。
《九蓮觀音像碑》,明萬曆二十年 (1592),京 359,四排十一段彌勒庵。

L

《了公和尚行跡碑》,元至正十一年(1351),京 483,四排八段保安寺。
《歷代原醫記贊碑》,明萬曆三年(1575),京 448,四排七段普濟藥王廟。
《鹿傳霖入祀賢良祠諭祭文》,民國二年(1913),四排七段賢良祠。

M

《秘密閣碑》,清康熙四十年(1701),京 349,四排九段秘密閣。
《明瑞祠碑》,清乾隆三十三年 (1768),京 1767,四排八段旌勇祠。
《名宦鄉賢碑》,明天啓五年(1625),京 5643,四排四段順天府儒學(報恩寺)。

N

《内務府奏請發給文昌帝君廟僧衆錢糧疏》,清宣統元年(1909),京 566,四排五段文昌廟。

P

《普安寺碑》,明嘉靖四十三年(1564),京 392,四排十段普安寺。
《普安寺碑》,明萬曆三年(1575),京 364,四排十段普安寺。
《普安寺碑》,明萬曆三年(1575),京 366,四排十段普安寺。
《普安寺功德碑》,明嘉靖四十三年(1564),京 365,四排十段普安寺。
《普慶寺碑》,元代不詳,四排九段寶禪寺。
《普慶寺香燈碑》,清康熙十年(1671),京 397,四排九段普慶寺。

Q

《祇園寺鐵爐款識》,清光緒元年(1875),四排六段祇園寺。
《千臂千眼觀音像碑》,清乾隆二十三年 (1758),京 361,四排十一段彌勒庵。

S

《三教庵碑》,清順治八年(1651),京 577,四排五段三教庵。

《三教庵碑》,清康熙二年(1663),京 578,四排五段三教庵。

《桑渴巴辣實行碑》,明天順二年(1458),京 343,四排九段護國寺。

《僧格林沁祠碑》,清同治四年(1865),四排五段僧格林沁祠。

《善選法師傳戒碑》,元至正二十四年 (1364),京 339,四排九段護國寺。

《舍利塔記》,元延祐二年 (1315),京 347,四排九段護國寺。

《石瓮款識》,清乾隆七年(1742),京 348,四排九段護國寺。

《順天府廟學記》,明宣德十年(1435),四排四段順天府儒學(報恩寺)。

《順天府重新廟學記》,明正統十四年(1449),四排四段順天府儒學(報恩寺)。

《順天府廟學記》,明萬曆十八年(1590),京 261,四排四段順天府儒學(報恩寺)。

《順天府名宦鄉賢祠碑》,明嘉靖三十三年(1554),京 217,四排四段順天府儒學(報恩寺)。

《順天府儒學碑》,明萬曆四十一年(1613),四排四段順天府儒學(報恩寺)。

《順天府儒學記》,明成化十二年(1476),京 229,四排四段順天府儒學(報恩寺)。

《順天府學宮碑》,清康熙三十四年(1695),京 257,四排四段順天府儒學(報恩寺)。

《順天府學宮記》,清嘉慶十三年(1808),京 239,四排四段順天府儒學(報恩寺)。

《順天府學廟碑》,清康熙五年(1666),京 223,四排四段順天府儒學(報恩寺)。

《順天府學明倫堂及育賢坊碑》,清康熙七年(1668),京 243,四排四段順天府儒學(報恩寺)。

《順天文廟碑》,清咸豐四年(1854),京 224,四排四段順天府儒學(報恩寺)。

《宋丞相信國文公像碑》,明代年代不詳,京 262,四排四段文山祠。

T

《天仙太平庵碑》,清康熙四十二年(1703),京 451,四排七段太平庵。

《太醫院碑》,清光緒三十一年(1905),四排六段吉祥寺。

《土地廟捐資題名碑》,清咸豐七年(1857),京 572,四排四段土地廟(北兵馬司)。

《土穀祠碑》,清乾隆二十九年(1764),京 1762,四排七段土穀祠。

《土穀祠碑》,清乾隆三十九年(1774),京 1760,四排七段土穀祠。

W

《宛平縣城隍行宮山門碑》,清嘉慶十七年 (1812),京 489,四排八段城隍行宮。

《宛平縣城隍廟碑》,清嘉慶十七年(1812),京 488,四排八段城隍行宮。

《文昌祠碑》,明代無年月,京 215,四排四段順天府儒學(報恩寺)。

《文昌帝君廟碑》,清嘉慶六年 (1801),京 569,四排五段文昌廟。

《文昌帝君廟碑》,清嘉慶六年 (1801),京 570,四排五段文昌廟。

《文昌帝君廟落成詩》,清嘉慶六年(1801),京 568,四排五段文昌廟。

《文丞相祠碑》,清道光七年(1827),京 237,四排四段文山祠。

《文廟碑》,清康熙十年(1671),四排四段順天府儒學(報恩寺)。

《文廟下馬碑》,無年月,京 228,四排四段順天府儒學(報恩寺)。

《文天祥傳》,明嘉靖二十八年(1549),京 254,四排四段文山祠。

《文天祥祠碑》, 1995,四排四段文山祠。

X

《賢良祠碑》,清雍正十一年(1733),京484,四排七段賢良祠。
《賢良祠滿文碑》,清雍正十一年(1733),四排七段賢良祠。
《顯佑宮碑》,明成化十五年(1479),京10462,四排六段顯佑宮。

Y

《藥王廟碑》,明萬曆二十四年 (1596),京583,四排六段藥王庵。
《藥王廟碑》,明萬曆三年 (1575),京450,四排七段普濟藥王廟。
《翊教寺碑》,明萬曆五年(1577),京390,四排十段翊教寺。
《翊教寺碑》,明崇禎十二年(1639),京391,四排十段翊教寺。
《義利寺報恩碑》,明萬曆十七年 (1589),京492,四排八段保安寺。
《義利寺碑》,明嘉靖十四年(1535),京491,四排八段保安寺。
《義勇武安王廟碑》,明嘉靖四十三年(1564),京385,四排九段關帝廟。
《義勇武安王廟碑》,明萬曆三十年 (1602),京384,四排九段關帝廟。
《陰騭文刻石》,清雍正三年(1725),京216,四排四段順天府儒學(報恩寺)。
《永祥寺碑》,清康熙二十九年(1690),京363,四排十一段永祥寺。
《玉河庵碑》,清嘉慶十三年(1808),京447,四排五段御河庵。
《御製大隆善護國寺碑》,明成化八年(1472),四排九段護國寺。
《御製護國寺詩》,清乾隆十二年(1747),四排九段護國寺。
《御製重修顯佑宮碑記》,清乾隆二十八年(1763),四排六段顯佑宮。
《圓秀行實碑》,明崇禎二年 (1629),京352,四排十一段華嚴庵。
《圓秀行實碑序》,明崇禎五年(1632),京353,四排十一段華嚴庵。
《雲麾斷碑題後》,清光緒十八年(1892),京907,四排四段文山祠。
《雲麾将军斷碑記》,清康熙三十一年(1692),京267,四排四段文山祠。

Z

《正法寺褒善祠碑》,明弘治十四年(1501),京309,四排九段正法寺。
《正覺寺敕諭碑》,明弘治十四年(1501),京313,四排九段正法寺。
《梓潼廟敕諭碑》,明成化十三年(1477),京567,四排五段文昌廟。

附録四

碑文撰書人索引

（以漢語拼音爲序）

G

甘爲霖　撰,《寶禪寺碑》,明嘉靖二十五年(1546),京 399,四排九段寶禪寺。

高爾位　撰,《順天府學明倫堂及育賢坊碑》,清康熙七年(1668),四排四段順天府儒學(報恩寺)。

撰,《文廟碑》,清康熙十年(1671),四排四段順天府儒學(報恩寺)。

撰並書,《德福庵碑》,清康熙九年(1670),京 423,四排十一段德福庵。

葛守禮　撰,《普安寺碑》,明萬曆三年(1575),京 364,四排十段普安寺。

葛禋　書,《崇國寺碑》,元至正十一年(1351),京 341,四排九段護國寺。

顧亨　書,《寶禪寺碑》,明嘉靖二十五年(1546),京 399,四排九段寶禪寺。

H

海寬　撰,《護國寺新續臨濟正宗碑》,清順治十八年(1661),京 330,四排九段護國寺。

韓寅　書並篆額,《義勇武安王廟碑》,明嘉靖四十三年(1564),京 385,四排九段關帝廟。

何瑞徵　書,《圓秀行實碑》,明崇禎二年(1629),京 352,四排十一段華嚴庵。

弘曆(清高宗)　撰並書,《關帝廟碑》,清乾隆三十四年(1769),京 474,四排七段關帝廟。

撰,《御製重修顯佑宮碑記》,清乾隆二十八年(1763),四排六段顯佑宮。

撰,《御製護國寺詩》,清乾隆十二年(1747),四排九段護國寺。

洪德元　書,《陰騭文刻石》,清雍正三年(1725),京 216,四排四段順天府儒學(報恩寺)。

洪聲遠　撰,《定役裁費刻石》,明萬曆三十年(1602),京 1759,四排七段土穀祠。

胡瑞霖　書,《廣善寺碑》,民國二十年(1931),四排九段寶禪寺。

黄光昇　書,《普安寺功德碑》,明嘉靖四十三年(1564),京 365,四排十段普安寺。

黄錦　篆額,《圓秀行實碑序》,明崇禎五年(1632),京 353,四排十一段華嚴庵。

黄圖　書,《保安寺碑》,清康熙三年(1664),京 482,四排八段保安寺。

黄維寧　書,《翊教寺碑》,明崇禎十二年(1639),京 391,四排十段翊教寺。

黄養正　篆額,《順天府重新廟學記》,明正統十四年(1449),四排四段順天府儒學(報恩寺)。

黄鉞　書,《文昌帝君廟碑》,清嘉慶六年(1801),京 569,四排五段文昌廟。

J

靳世魁　刻,《藥王廟碑》,明萬曆二十四年(1596),京 583,四排六段藥王庵。

L

李春芳　撰,《觀音庵碑》,明嘉靖三十五年(1556),京 446,四排六段觀音庵(地安門西大街)。

李登瀛　鐫,《圓秀行實碑序》,明崇禎五年(1632),京 353,四排十一段華嚴庵

李茂春　撰,《春遊賦》,明萬曆二十一年(1593),京 250,四排四段文山祠。

李士元　撰並書,《關王廟義會碑》,明嘉靖三十八年(1559),京 480,四排七段關帝廟。

李世德　撰,《過文先生祠詩》,明嘉靖三十三年(1554),京 263,四排四段文山祠。

李綸　書,《慧照寺碑》,明弘治十年(1497),京 205,四排二段慧照寺。

李楨　撰並書,《順天府廟學記》,明萬曆十八年(1590),京 261,四排四段順天府儒學(報恩

寺）。

陸炳　篆額，《順天府名宦鄉賢祠碑》，明嘉靖三十三年（1554），京 217，四排四段順天府儒學（報恩寺）。

李録予　書，《順天府學宫碑》，清康熙三十四年 1695，京 257，四排四段順天府儒學（報恩寺）。

梁上國　書，《順天府學宫記》，清嘉慶十三年(1808），京 239，四排四段順天府儒學（報恩寺）。

李鈞　書，《順天文廟碑》，清咸豐四年（1854），京 224，四排四段順天府儒學（報恩寺）。

林增志　撰，《翊教寺碑》，明崇禎十二年（1639），京 391，四排十段翊教寺。

劉春霖　篆額，《廣善寺碑》，民國二十年（1931），四排九段寶禪寺。

劉繼賢　撰，《蒼聖祠碑》，民國十七年（1928），京 316，四排九段蒼聖廟。

劉培極　撰，《廣善寺碑》，民國二十年（1931），四排九段寶禪寺。

劉效祖　撰，《歷代原醫記贊碑》，明萬曆三年（1575），京 448，四排七段普濟藥王廟。

劉墉　書，《文昌帝君廟碑》，清嘉慶六年（1801），京 570，四排五段文昌廟。

劉岳申　撰，《文天祥傳》，明嘉靖二十八年（1549），京 254，四排四段文山祠。

盧維禎　撰，《福祥寺碑》，明萬曆二十一年（1593），京 452-1，四排五段福祥寺。
篆額，《福祥寺碑》，明萬曆二十一年（1593），京 452-2，四排五段福祥寺。

陸樹德　篆額，《翊教寺碑》，明萬曆五年（1577），京 390，四排十段翊教寺。

陸儒　書，《關王廟義會碑》，明嘉靖四十五年（1566），京 481，四排七段關帝廟。

M

馬世俊　撰，《三教庵碑》，清康熙二年（1663），京 578，四排五段三教庵。

梅珊　題額，《文天祥傳》，明嘉靖二十八年（1549），京 254，四排四段文山祠。

O

歐陽德　書，《順天府名宦鄉賢祠碑》，明嘉靖三十三年（1554），京 217，四排四段順天府儒學（報恩寺）。

P

彭邦疇　書，《文丞相祠碑》，清道光七年（1827），京 237，四排四段文山祠。

Q

喬松年　撰，《關帝廟碑》，清同治九年（1870），京 386，四排九段關帝廟。

喬允升　篆額，《圓秀行實碑》，明崇禎二年（1629），京 352，四排十一段華嚴庵。

R

任道遜　書，《漢壽亭侯廟碑》，明成化十三年（1477），京 478，四排七段關帝廟。

S

商輅　撰，《漢壽亭侯廟碑》，明成化十三年（1477），京 478，四排七段關帝廟。
撰，《順天府儒學記》，明成化十二年（1476），京 229，四排四段順天府儒學（報恩寺）。

謝宇　書,《寶禪寺碑》,明成化十三年(1477),京 398,四排九段寶禪寺。

心然　撰,《玉河庵碑》,清嘉慶十三年(1808),京 447,四排五段御河庵。

徐階　撰,《普安寺功德碑》,明嘉靖四十三年(1564),京 365,四排十段普安寺。

撰,《順天府名宦鄉賢祠碑》,明嘉靖三十三年(1554),京 217,四排四段順天府儒學(報恩寺)。

徐錦　書,《關王廟碑》,明嘉靖十七年(1538),京 477,四排七段關帝廟。

徐鼐林　撰並書,《吉林先哲題名碑》,民國十八年(1929),京 4159,四排八段褒忠祠。

薛禮　刻,《關王廟義會碑》,明嘉靖四十五年(1566),京 481,四排七段關帝廟。

Y

燕儒宦　撰,《義勇武安王廟碑》,明嘉靖四十三年(1564),京 385,四排九段關帝廟。

楊榮　撰,《順天府廟學記》,明宣德十年(1435),四排四段順天府儒學(報恩寺)。

楊四知　撰,《文昌祠碑》,明代無年月,京 215,四排四段順天府儒學(報恩寺)。

楊文貴　篆額,《普安寺碑》,明嘉靖四十三年(1564),京 392,四排十段普安寺。

姚燧　撰,《普慶寺碑》,元代時間不詳,四排九段寶禪寺。

葉廷選　撰並刻,《關帝廟碑》,清道光十三年(1833),京 201,四排一段關帝火神廟。

奕訢　撰並書,《福善寺落成紀事詩》,清同治十二年(1873),京 4152,四排七段北極庵。

胤禛(清世宗)　撰,《關帝廟後殿崇祀三代碑》,清雍正十一年(1733),京 475,四排七段關帝廟。

撰並書,《賢良祠碑》,清雍正十一年(1733),京 484,四排七段賢良祠。

撰並書,《賢良祠滿文碑》,清雍正十一年(1733),四排七段賢良祠。

顒琰(清仁宗)　撰,《文昌帝君廟落成詩碑》,清嘉慶六年(1801),京 568,四排五段文昌廟。

撰,《額勒登保祠碑》,清嘉慶十一年(1806),四排八段褒忠祠。

Z

載淳(清穆宗)　撰,《僧格林沁祠碑》,清同治四年(1865),四排五段僧格林沁祠。

章華　撰,《吉林先哲祠記》,民國十八年(1929),京 3622,四排八段褒忠祠。

張翺　刻,《名宦鄉賢碑》,明天啓五年(1625),京 5643,四排四段順天府儒學(報恩寺)。

張錡　篆額,《寶禪寺碑》,明嘉靖二十五年(1546),京 399,四排九段寶禪寺。

張錫庚　篆額,《順天文廟碑》,清咸豐四年(1854),京 224,四排四段順天府儒學(報恩寺)。

張玄錫　撰,《三教庵碑》,清順治八年(1651),京 577,四排五段三教庵。

張瓚　篆額,《桑渴巴辣實行碑》,明天順二年(1458),京 343,四排九段護國寺。

張昭麟　撰,《大真人府碑》,清乾隆五年(1740),京 540,四排六段真人府。

張照　書,《大真人府碑》,清乾隆五年(1740),京 540,四排六段真集會。

趙昂　書,《順天府重新廟學記》,明正統十四年(1449),四排四段順天府儒學(報恩寺)。

書,《順天府儒學記》,明成化十二年(1476),京 229,四排四段順天府儒學(報恩寺)。

趙秉沖　書,《文昌帝君廟落成詩碑》,清嘉慶六年(1801),京 568,四排五段文昌廟。

趙孟頫　撰並書,《定演大師道行碑》,元皇慶元年三月(1312),京 338,四排九段護國寺。

撰並書,《大元大普慶寺碑銘》,元代時間不詳,四排九段寶禪寺。

趙鵬程　撰並書,《義勇武安王廟碑》,明萬曆三十年　(1602),京 384,四排九段關帝廟。

趙師陶　書,《蒼聖廟捐資題名碑》,民國十六年(1927),京 310,四排九段蒼聖廟。

趙世駿　書,《内務府奏請發給文昌帝君廟僧衆錢糧疏》,清宣統元年(1909),京 566,四排五段文昌廟。

趙由建　摹畫,《觀音像》,京 565,四排五段文昌廟。

趙志皋　撰,《福祥寺碑》,明萬曆二十一年(1593),京 452-2,四排五段福祥寺。

周大成　題額,《翊教寺碑》,明崇禎十二年(1639),京 391,四排十段翊教寺。

周道洽　書,《名宦鄉賢碑》,明天啓五年(1625),京 5643,四排四段順天府儒學(報恩寺)。

周廷棟　撰,《順天府學宫記》,清嘉慶十三年(1808),京 239,四排四段順天府儒學(報恩寺)。

朱珪　撰,《文昌帝君廟碑》,清嘉慶六年(1801),京 569,四排五段文昌廟。

撰,《文昌帝君廟碑》,清嘉慶六年(1801),京 570,四排五段文昌廟。

朱見深(明憲宗)　撰,《護國寺題名碑》,明成化八年(1472),京 335,四排九段護國寺。

撰,《御製大隆善護國寺碑》,明成化八年(1472),四排九段護國寺。

朱爲弼　撰,《文丞相祠碑》,清道光七年(1827),京 237,四排四段文山祠。

朱希忠　篆額,《普安寺功德碑》,明嘉靖四十三年(1564),京 365,四排十段普安寺。

附録五

香會索引

附録六

胡同索引

胡同索引使用説明

本索引分兩部分，首爲《胡同名拼音檢索表》。此表將民國胡同名（1928—1947）和今胡同名（2006—2011）按拼音字母順序排列，其後所附阿拉伯數字，爲此胡同在《新舊胡同名與寺廟對照表》中的序號。其次为《新舊胡同名與寺廟對照表》。此表列出民國胡同名、今胡同名和該胡同內寺廟。其中，民國時期的胡同名稱，主要以民國時寺廟登記檔案中所記名稱爲準，沒有檔案記載的，補充自 1940 年出版的《袖珍北京分區詳圖》。“民國胡同名（1928—1947）”一欄與“今胡同名（2006—2011）”一欄並非一一對應，僅根據寺廟所在地的原門牌號和今門牌號之關係，將其對照說明。例如，民國時期內三區柏林寺胡同，爲今東城區柏林胡同，但因柏林寺所在門牌號原爲柏林寺胡同三號，今爲戲樓胡同一號，故將柏林寺胡同與戲樓胡同相對應。民國胡同名稱爲空者，乃因民國時期此處無胡同，或胡同無名；今胡同名爲空者，乃因調查時此胡同已經消失。

胡同名拼音檢索表

（以漢語拼音爲序）

新舊胡同名與寺廟對照表

序號	民國區劃	民國胡同名 （1929—1947）	今城區	今胡同名 （2006—2011）	寺　　廟
1	內三區	北弓匠營	東城區	東直門內大街	四排一段龍泉庵
2	內三區		東城區	海運倉	四排一段觀音庵
3	內三區	東頌年蔣家胡同	東城區	北門倉螞螂胡同	四排一段福德庵
4	內三區	何家口	東城區	倉夾道	四排一段關帝廟
5	內三區	何家口	東城區	北门倉、東直門南大街	四排一段關帝火神廟
6	內三區	甜水井	東城區	朝陽門大街	四排一段龍王廟
7	內三區	慧照寺胡同	東城區	東四十條 東四十三條 東四十四條	四排二段圓音寺 四排二段慧照寺
8	內三區	五顯廟胡同	東城區	東四十三條	四排二段觀音庵（東四十三條）
9	內三區	東四十條	東城區	東四十條	四排二段伏魔庵 四排二段五嶽廟 四排三段三官廟
10	內三區	東四九條	東城區	東四九條	四排二段觀音庵（東四九條）
11	內三區		東城區	平安大道	四排二段白衣庵
12	內三區	海運倉扁擔胡同	東城區	海運倉胡同	四排二段真武廟
13	內三區	東直門內南小街 北門倉	東城區	北門倉胡同	四排二段菩薩廟
14	內三區	東直門內南小街 扁擔胡同	東城區	北門倉 扁擔胡同	四排二段倉神廟
15	內三區	船板胡同	東城區	東四十四條	四排三段井泉庵
16	內三區	東大市街	東城區	東四北大街	四排三段白廟
17	內三區	辛寺胡同	東城區	辛寺胡同	四排三段新寺 四排三段地藏庵
18	內三區		東城區	細管胡同	四排四段地藏庵
19	內五區		東城區	交道口南大街	四排四段關帝廟 四排四段龍王廟 四排四段土地廟（平安大道）
20	內五區	北兵馬司	東城區	交道口南大街	四排四段土地廟（北兵馬司）
21	內三區	府學胡同	東城區	府學胡同	四排四段文山祠 四排四段順天府儒學（報恩寺） 四排四段崇聖祠 四排四段先師廟 四排四段文昌祠 四排四段鄉賢祠 四排四三聖財神廟

（續表）

序號	民國區劃	民國胡同名（1929—1947）	今城區	今胡同名（2006—2011）	寺　　廟
22	内三區	桃條胡同	東城區	桃條胡同	四排四節孝祠
23	内五區	帽兒胡同	東城區	帽兒胡同	四排五段文昌廟 四排六段顯佑宫 四排六段真人府 四排六段斗母宫 四排六段觀音庵（帽兒胡同） 四排六段文昌廟
24	内五區		東城區	东棉花胡同	四排五段土地廟
25	内五區	馬尾巴斜街	東城區	福祥胡同	四排五段福祥寺
26	内五區	地安門外東皇城根	東城區	地安門東大街	四排五段御河庵 四排五段佑聖寺 四排五段關帝廟 四排六段吉祥寺
27	内五區	秦老胡同	東城區	秦老胡同	四排五段三教庵
28	内五區	寬街	東城區	地安門東大街	四排五段僧格林沁祠
29	内六區	火神廟胡同	東城區	煥新胡同	四排五段火神廟
30	内五區	地安門大街	西城區	地安門外大街	四排六段火神廟 四排六段海藏寺
31	内五區	義溜河沿	西城區	地安門外大街	四排六段白衣庵
32	内五區	東不壓橋	東城區	東不壓橋	四排六段藥王庵
33	内五區		西城區	前海南沿	四排六段觀音庵（前海南沿）
34	内五區	地安門外西皇城根	西城區	地安門西大街	四排六段土地廟 四排六段觀音庵（地安門西大街） 四排七段關帝廟 四排七段賢良祠 四排七段普濟藥王廟 四排七段土穀祠 四排八段保安寺 四排八段火神廟 四排八段嘉興寺 四排八段城隍行宫 四排八段旌勇祠 四排八段褒忠祠
35	内五區	西樓巷	西城區	地安門西大街	四排六段真武廟（西樓巷）
36	内五區	西樓巷	西城區	西樓巷胡同	四排六段祇園寺
37	内五區	安樂堂	東城區	地安門東大街	四排六段觀音庵（安樂堂） 四排六段安樂堂
38	内五區	地安門大街	西城區	地安門内大街	四排六段真武廟（雁翅樓）
39	内五區		西城區	油漆作	四排六段真武廟（油漆作）
40	内五區		西城區	柳蔭街	四排七段北極庵
41	内五區	東錢串胡同	西城區	北錢串胡同	四排七段太平庵

（續表）

序號	民國區劃	民國胡同名（1929—1947）	今城區	今胡同名（2006—2011）	寺　　廟
42	内五區	東錢串胡同	西城區	南錢串胡同	四排七段觀音庵
43	内五區	龍頭井	西城區	龍頭井胡同	四排七段天壽庵 四排七段馬祖廟
44	内五區	氈子胡同	西城區	氈子胡同	四排七段北極寺
45	内五區	南官房口	西城區	南官房胡同	四排七段聖泉庵
46	内五區		西城區	德勝門内大街	四排八段玉佛庵
47	内五區		西城區	定阜街	四排八段崇寧寺
48	内五區		西城區	興華胡同	四排八段興花寺
49	内五區	五福里	西城區	五福里	四排八段土地祠
50	内四區	護國寺街	西城區	護國寺街	四排九段護國寺 四排九段無量寺
51	内四區	大帽胡同	西城區	北帽胡同	四排九段關帝廟 四排九段龍王廟
52	内四區	大帽胡同	西城區	大帽胡同	四排九段白衣庵 四排九段觀音庵
53	内四區	寶禪寺街	西城區	寶產胡同	四排九段寶禪寺 四排九段正法寺 四排九段蒼聖廟
54	内五區	鎗廠胡同	西城區	護國寺街	四排九段無量庵
55	内四區	麻狀元胡同	西城區	群力胡同	四排九段梵香寺
56	内四區	新街口南大街	西城區	新街口南大街	四排九段普慶寺
57	内四區	普慶寺胡同	西城區	寶產胡同	四排九段三乘庵
58	内四區	石碑胡同	西城區	育德胡同	四排九段西方寺 四排九段羅公庵 四排十段恆樂寺 四排十段觀音庵（石碑胡同）
59	内四區		西城區	平安大道	四排九段玉皇閣
60	内四區	護國寺東巷	西城區		四排九段秘密閣
61	内四區	倉夾道	西城區	護倉胡同	四排九段土地廟
62	内四區	小陳綫胡同	西城區	小乘巷	四排十段大帝廟
63	内四區	四根柏胡同	西城區	四根柏胡同	四排十段法雨庵
64	内四區	大覺胡同	西城區	大覺胡同	四排十段土地廟
65	内四區	揀果廠	西城區	金果胡同	四排十段地藏庵
66	内四區	車兒胡同	西城區	後車胡同	四排十段清風庵
67	内四區	翊教寺胡同	西城區	育教胡同	四排十段勇壽庵 四排十段普安寺 四排十段翊教寺
68	内四區	東官園	西城區	平安里西大街	四排十段報恩寺 四排十一段護國禪林

（續表）

序號	民國區劃	民國胡同名 （1929—1947）	今城區	今胡同名 （2006—2011）	寺　　廟
69	内四區	北溝沿	西城區	趙登禹路	四排十段崇壽庵 四排十段觀音庵（河槽沿）
70	内四區	西四南大街	西城區	國英園	四排十一段永慶庵
71	内四區	永祥寺胡同	西城區	永祥胡同	四排十一段永祥寺 四排十一華嚴庵（永祥寺胡同） 四排十一龍王廟（永祥寺胡同）
72	内四區	西直門南小街	西城區	國英園	四排十一段德福庵 四排十一段土地廟
73	内四區	西直門南小街	西城區	西直門南小街	四排十一段慈佑寺
74	内四區	觀音寺胡同	西城區	國英園	四排十一段五聖庵 四排十一龍王廟（觀音寺胡同）
75	内四區	觀音寺胡同	西城區	西直門南大街	四排十一段觀音寺
76	内四區	安成胡同	西城區	西直門南大街	四排十一段華嚴庵（安成胡同）
77	内四區	西直門南小街	西城區	平安里西大街	四排十一段彌勒庵
78	内四區	南扒兒胡同	西城區	南大安胡同	四排十一段地藏庵
79	内四區	永祥寺胡同	西城區	永祥西巷	四排十一段五聖祠

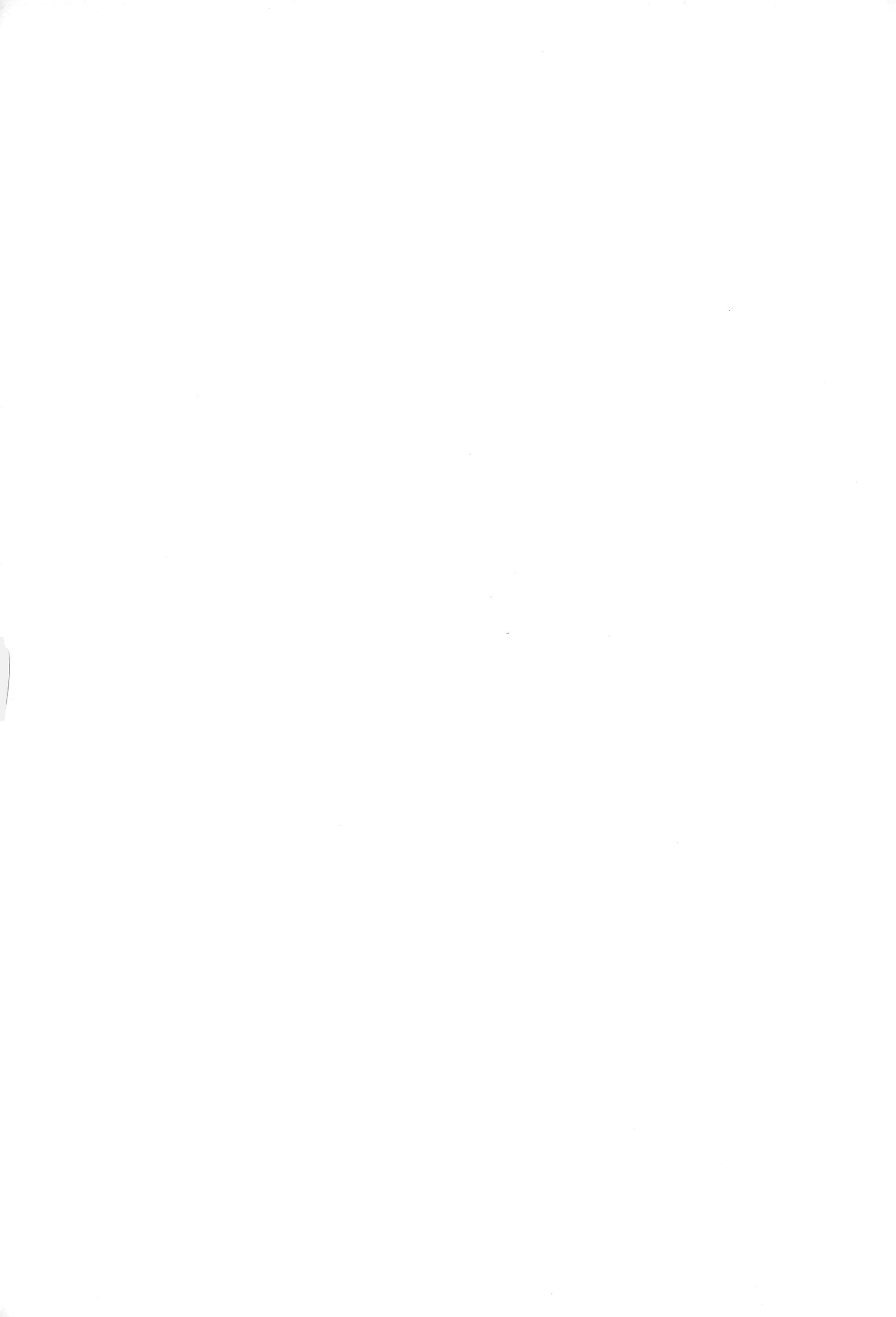

本卷主要參考文獻

一、碑刻目録與拓片彙編

首都圖書館編《館藏北京金石拓片目録》(油印本),1959。

《明清歷科進士題名碑録》,臺北:華文書局,1969。

北京圖書館金石組編《北京圖書館藏中國歷代石刻拓本匯編》,鄭州:中州古籍出版社,1990—1991。

徐自強主編《北京圖書館藏北京石刻拓片目録》,北京:書目文獻出版社(今國家圖書館出版社),1994。

北京石刻藝術博物館編《館藏石刻目》,北京:今日中國出版社,1996。

北京石刻藝術博物館編《北京石刻藝術博物館藏石刻拓片編目提要》,北京:學苑出版社,2014。

北京石刻藝術博物館編《北京石刻藝術博物館藏石刻拓片編目提要·索引》,北京:學苑出版社,2015。

二、檔案

清雍正《六城寺廟庵院僧尼清冊》,雍正六年(1728)。

清乾隆《八城寺廟庵院僧尼清冊》,乾隆二十五年以後。

中國第一歷史檔案館藏《奏爲修理各城廟宇事》,乾隆二十一年二月,檔案號05-0145-108。

中國第一歷史檔案館藏《録副雍乾朝内務府奏案·呈京城内外供奉擦擦佛寺廟名單》,乾隆二十一年八月十六日,檔案號05-0148-085。

中國第一歷史檔案館藏《呈報官管寺廟殿宇房間數目清單》,乾隆三十五年五月二十二日,檔案號05-0277-032。

中國第一歷史檔案館藏《録副雍乾朝内務府奏案·奏報萬壽節萬壽寺等處辦道場事》,乾隆四十九年七月十八日,檔案號05-0387-007。

中國第一歷史檔案館藏《録副雍乾朝内務府奏案 ·奏爲萬壽聖節萬壽寺辦道場事》,嘉慶七年九月十七日，檔案號05-0497-036。

中國第一歷史檔案館藏《録副雍乾朝内務府奏案·呈爲賞給各寺廟哈達數目單》，嘉慶九年二月初六日，檔案號05-0512-005。

中國第一歷史檔案館藏《録副雍乾朝内務府奏案·呈爲分掛各寺廟畫軸數目單》，嘉慶十二年六月二十九日，檔案號05-0516-037。

中國第一歷史檔案館藏《録副雍乾朝内務府奏案·奏爲萬壽節萬壽寺等處辦道場事》，嘉慶十四年九月二十一日，檔案號05-0544-068。

中國第一歷史檔案館藏《刑科題本·題爲祭祀火神廟請遣太常寺堂官一員行禮事》，道光六年六月初七日，檔案號02-01-07-10553-001。

中國第一歷史檔案館藏《朱批奏摺·奏請欽派皇太后萬壽聖節致祭火神廟行禮大臣事》，光緒二十七年九月十四日，檔案號04-01-0096-114。

中國第一歷史檔案館藏《録副奏摺·奏請飭下工部另建昭忠祠並修理顯佑宫城隍廟事》，光緒二十八年，檔案號03-5741-064。

中國第一歷史檔案館藏《録副奏摺·著爲太常寺奏請另建昭忠祠並修復顯佑宫城隍廟交工部查勘奏請辦理事諭旨》，光緒二十八年，檔案號03-5741-066。

北京市檔案館藏《北平市社會局寺廟類》檔案，檔案號J2-8系列。

北京市檔案館藏《北平市寺廟（尼字）登記目録》，1928年11月，檔案號J3-1-261。

北京市檔案館藏《北平市寺廟（僧字）登記目録》，1928年11月，檔案號J3-1-260。

首都圖書館藏《北平寺廟調查一覽表》，出版者不詳，1945，手抄本。

北京市檔案館藏《北平市民政局·北平市各區寺廟總登記考察簿（1947-1948）》，檔案號J3-1-237。

北京市檔案館藏《北平市民政局民族事務科·本市寺廟情況查詢記録》，1949年4月，檔案號196-1-3。

北京市檔案館藏《北平市民政局民族事務科·本市寺廟情況查詢記録》，1949年5月，檔案號196-1-4。

北京市檔案館藏《北平市民政局·北平市寺廟總登記簿》，1950年，檔案號J3-1-203。

北京市檔案館藏《北京市民政局民族事務科·本市寺廟、僧道情況統計表》，1951年，檔案號196-1-11。

北京市檔案館藏《北京市民政局民族事務科西四區僧、尼寺廟登記表》，1952年，檔案號196-1-18。

北京市檔案館編《北京寺廟歷史資料》，北京：中國檔案出版社，1997。

中國第一歷史檔案館編《清代中南海檔案》，北京：西苑出版社，2004。

三、著作

（宋）文天祥《文文山全集》，北平：國學整理社，1936。

（元）趙孟頫《趙孟頫文集》，上海：上海書畫出版社，2010。

（元）姚燧《牧庵集》，北京：中華書局，1985。

（元）熊夢祥《析津志輯佚》，北京：北京古籍出版社，1983。

（明）宋濂等《元史》，北京：中華書局，1976。

（明）陳子龍等輯《明經世文編》，北京：中華書局，1962。

宋文丞相傳

[illegible]天祥上書乞斬[illegible]宋臣以一人心安社稷請效方鎮建守就團結抽兵破資格用人書奏不報自免歸以前職改鎮南軍不[illegible]

[illegible]江西提刑[illegible]祖母梁夫人[illegible]夫人其父本生母也即日解官終喪除尚左郎官兼學士院權直兼國史院編修官實錄院檢討官[illegible]

[illegible]奏提[illegible]始開文山於其鄉寓山水之樂除湖南提刑平部丞巨寇道路肅清見故相江公萬里於長沙公曰吾老矣觀天時人事必當有[illegible]

[illegible]副都承旨江西安撫副使兼知贛州尋兼江西提刑進集英殿修撰江西安撫使加權兵部侍郎丁祖母劉夫人憂葬夫人而起復命下累疏乞終制不[illegible]

[illegible]

[illegible]不如殺之便自是上與宰相每欲釋之輒不果至元壬午十二月八日召天祥至殿中天祥長揖不拜[illegible]

生上使[illegible]諭之曰汝以事宋者事我即以汝為中書宰相天祥對曰天祥為宋狀元宰相宋亡惟可死不可生又使諭之曰汝不為宰相則為樞密天祥對曰一死之外無可為者遂命之退明[illegible]

[illegible]所學何事而今而後庶幾無愧過市揚揚顏色不變觀者如堵問市人孰為南北南向再拜而就死見者聞者無不流涕是日大風揚砂石晝晦咫尺不見人城門晝閉[illegible]

[illegible]天祥[illegible]弟璧[illegible]不倚勢近利[illegible]以救族姻鄉友之貧者至是官籍其家蕭然方過南安時遣人告璧以弟璧之子陞為嗣又寄弟詩曰親喪君自盡猶子是吾兒大德中[illegible]

[illegible]之宜也[illegible]中張世傑[illegible]之何也[illegible]庭芝疑之至欲殺之又何也豈謂使庭芝不疑夏貴可合事未可知豈所謂天之所廢不可興者也方其脫京[illegible]

[illegible]世教也而[illegible]者[illegible]無成[illegible]矣夫非諸葛公所謂鞠躬盡瘁死而後已者乎死之日宋亡七年崖山亡又五年矣

右宋丞相文山先生傳[illegible]石祠中[illegible]

◎ 前頁圖片爲明嘉靖二十八年（1549）《文天祥傳》碑，見本卷四排四段“文山祠”條

TEMPLES ET STÈLES DE PÉKIN

北京内城寺廟碑刻志

第四卷（上）

〔法〕呂敏 (MARIANNE BUJARD) 主編
鞠熙　關笑晶　王敏慶　雷陽　著

國家圖書館出版社

圖書在版編目（CIP）數據

北京内城寺廟碑刻志.第四卷：全二册／（法）呂敏（MARIANNE BUJARD）主編；鞠熙等著. -- 北京：國家圖書館出版社, 2017.7

ISBN 978-7-5013-6126-7

Ⅰ.①北… Ⅱ.①呂… ②鞠… Ⅲ.①寺廟—碑刻—研究—北京 Ⅳ.①K877.424

中國版本圖書館CIP數據核字（2017）第127463號

書　　名　北京内城寺廟碑刻志.第四卷（全二册）
著　　者　（法）呂敏（MARIANNE BUJARD）　主編
　　　　　鞠熙　關笑晶　王敏慶　雷陽　著
責任編輯　王燕來　孫　彦
封面設計　愛圖工作室　先　平
内文設計　九雅工作室

出　　版　國家圖書館出版社（100034　北京市西城區文津街7號）
　　　　　（原書目文獻出版社　北京圖書館出版社）
發　　行　（010）66114536　66126153　66151313　66175620
　　　　　66121706（傳真）　66126156（門市部）
E-mail　nlcpress@nlc.cn（郵購）
Website　www.nlcpress.com→投稿中心
經　　銷　新華書店
印　　裝　北京聯興盛業印刷有限公司
版　　次　2017年7月第1版　2017年7月第1次印刷

開　　本　889×1194（毫米）　1/16
印　　張　59
字　　數　1400千字

書　　號　ISBN 978-7-5013-6126-7
定　　價　680.00圓

École française d'Extrême-Orient
Université Normale de Pékin
École pratique des Hautes Études

TEMPLES ET STÈLES DE PÉKIN

sous la direction de

MARIANNE BUJARD

par

JU XI GUAN XIAOJING WANG MINQING LEI YANG

Volume IV, tome 1

Épigraphie : Zhao Chao, Ju Xi, Liu Wenshan, Zhao Yu
Stèles en mandchou : Guan Xiaojing, Alice Crowther
Stèles en tibétain : Tsultrim Sangyé, Françoise Wang-Toutain
Stèle en mongol : Urgumal, Baosurina
Enquêtes de terrain : Victoire Surio, Wang Jun, Wang Nan
Archives : Luca Gabbiani

Ont participé à ce volume :
Gui Xiao, Zu Jingqiang, Du Rui, Patrice Fava, Gil Gonzalez-Foerster, Liu Jinbiao, Wang He, Zhou Jinzhang, Bi Chuanlong, Zhao Na

Pékin 2017

碑 文 抄 録：趙 超 鞠 熙 劉文珊 趙 昱

滿文碑銘釋録：關笑晶 曹 君（Alice Crowther）

藏文碑銘釋録：次陳桑傑（Tsultrim Sangyé） 王 微（Françoise Wang-Toutain）

蒙文碑銘釋録：烏日古木勒 包蘇日娜

田 野 調 查：阮如意（Victoire Surio） 王 軍 王 南

檔 案 查 閱：陸 康（Luca Gabbiani）

本卷参與人員：桂 梟 祖京強 杜 蕊 范 華（Patrice Fava）

曉 松（Gil Gonzalez-Foerster） 劉錦標 王 賀

周錦章 畢傳龍 趙 娜

本書出版得到北京師範大學中央高校基本科研業務費專項資金資助，謹致謝忱！

告讀者

我們很高興將《北京内城寺廟碑刻志》叢書的第四卷呈現於讀者面前。本書所涉及的寺廟位於乾隆《京城全圖》現代複製版的四排範圍内。此區域内寺廟衆多,本書共搜集到143座廟宇和139通碑文,另外還有鐘磬等法器銘文六種,與之相關的資料文獻也相當豐富。正因如此,自本叢書第三卷出版後四年,我們纔將此書編輯完成。書中有兩處歷史悠久、碑銘繁多的建築特别值得一提:一處是東城四排四段的順天府儒學及其附近的文天祥祠;另一處是西城四排九段的著名佛教寺廟護國寺,寺内曾有19通碑刻,其中两通是藏文碑,還有一通是滿、漢、藏、蒙古文四體碑。

順天府儒學内有多處寺廟,它們用於祭祀古代聖賢及其家人。先師廟内主祀孔子,其他先賢大儒配祀;崇聖祠内居中供奉孔子五代先人靈位,兩旁以歷代先儒(如孟子、朱熹)之父配享;另一座鄉賢祠内恭祭地方先賢名臣之屬。這裏還有文昌祠和奎樓,據説所祀的文昌帝君和魁星能助力文人士子成功通過科舉考試。

順天府作爲首都府治所在地,其儒學内的碑銘數量超過本書所輯録範圍,我們衹選擇了那些位於寺廟内並涉及祭祀活動的部分。碑文顯示,這些地位崇高的儒教寺廟有時爲中央政權所忽視,但文人與官員們卻持續地關注並支持它們。1590年,順天府府丞李楨因見廟學剥蝕特甚,雨季時儒師祭祀竟在泥水中行進,便集諸郡邑官吏之薪資二百餘兩黄金援修廟學。清康熙朝,著名漢臣高爾位(1625—1701)集合同事鄉鄰之力,重振因滿族到來而陷入無序的儒學,大成殿、名宦、鄉賢祠,以及欞星門、奎樓等皆焕然一新。至於文天祥祠,它最近的一次重修是在1995年,多位香港的文氏後人曾參與出資。

著名佛教寺廟護國寺始建於元代,此時刻立於寺内的幾通碑刻雖用中文寫成,但夾雜借自蒙古語的音譯詞彙,其句法也令漢族讀者費解。自創建之初起,護國寺就是富麗堂皇的皇家寺廟,在明代曾有多位西藏與印度僧人入廟住持,是藏傳佛教在京城活動的中心。但後來它逐漸失去了宗教魅力,而是以北京最著名、貨物最齊全的廟會市場之一而聞名。感謝王微

(Françoise Wang-Toutain)和次陳桑傑(Tsultrim Sangyé)的努力,本卷收録了 1512 年和 1652 年兩通記録護國寺歷史及重修經過的藏文碑,以及 1722 年四體碑中藏文部分的録文與轉寫。北京社科院滿學研究所的關笑晶轉録了這通四體碑中的滿文部分。中國社科院的烏日古木勒與包蘇日娜承擔了蒙古文部分的録入工作。

街區小廟如繁星般遍及胡同内:供奉土地神的土地廟、供奉北方大女神碧霞元君的天仙庵(妙峰山的碧霞元君廟會至今每年仍吸引十幾萬來自北京、京畿和天津等地的信徒)、供奉大悲觀音的觀音庵、常臨井而設的龍王廟,以及明清兩代最重要的神靈祭所——玄天上帝真武廟和融戰神、財神、忠義之神爲一身的關帝之廟。讀者們也會發現,許多重要的寺廟如今衹存在於書面記載之中,我們衹能從檔案、拓片與文獻中去尋找它們的蹤影。有時,住在寺廟附近的老人會漸漸憶起它古老歷史的點滴片段,或拾起神職人員在廟中祭拜的回憶。在我們項目開始的頭幾年間,在北師大和中國社科院民族所等院校研究生的協助下,阮如意(Victoire Surio)曾搜集過這些回憶。從兩年前開始,兩位北京建築史的著名專家:新華社記者王軍和清華大學教師王南加入了調查隊伍,後者更爲本書手繪了護國寺復原圖。得益於他們專業的古建築知識,我們在測繪地圖的幫助下重新探訪了所有的寺廟地點,逐漸優化了對建築現存狀況的描述,也增加了近年來寺廟建築變遷史的記録。

本卷廟志由本項目組多人合作完成,北京師範大學講師鞠熙寫作了本書四排一、二、三、八、九、十段的内容,關笑晶寫作了四、五、六、七段,並抄録了滿文碑文,曹君(Alice Crowther)隨後進行了校對。四排十一段由中國社科院文學所王敏慶撰寫,法國高等實踐學院博士生雷陽負責了護國寺的寫作及其碑刻抄録。所有廟志均由鞠熙最終修改完成。

正如前三卷一樣,本卷同樣得到中國社科院考古所專家趙超先生的大力幫助,在鞠熙、劉文珊(北京大學哲學與宗教學院研究生)、趙昱、桂梟(同爲北京大學文學院博士生)抄録碑文的基礎上,趙超先生對所有碑文進行了審閲和校對。本書中的拓片圖片來自於百卷本《北京圖書館藏中國歷代石刻拓本匯編》,後附碑刻原文與標點整理兩種格式的謄抄轉録。另有幾十通碑抄録自北京大學圖書館藏拓片,但可惜的是,我們未能獲權複製這些拓片的圖片,以便讀者查對。

本卷照片由阮如意、曉松(Gil Gonzalez-Foerster)、王軍和劉錦標拍攝。

本叢書長期的出版計劃仰賴於中華書局柴劍虹先生的慷慨幫助,國家圖書館出版社的孫彦女士與王燕來先生從項目之初即負責本書出版,這令我們感到萬分榮幸。法國遠東學院北京中心的杜蕊女士以她的能力和幽默感自始至終參與了本叢書的寫作與出版。

"北京内城寺廟碑刻與社會史"項目以及《北京内城寺廟碑刻志》叢書,是法國遠東學院、法國高等實踐學院與北京師範大學中國社會管理研究院/社會學院的合作成果,蔣經國基金會國際學術交流基金、北京師範大學中央高校基本科研業務費專項資金、法國東亞文明研究中心爲本項目提供了資助。通過法國金石銘文學院,本項目還獲得了杜蘭基金(Fondation Dourlans)的支持。

我們謹向以上機構和人員致以最誠摯的謝意。

呂敏(Marianne Bujard)撰
鞠熙譯
2016 年 5 月

Avertissement

Nous sommes heureux de présenter aux lecteurs le quatrième volume de la collection *Temples et stèles de Pékin*. Il porte sur les temples du quatrième bandeau (en partant du nord) de la reproduction moderne de la fameuse *Carte complète de la capitale*, présentée en 1750 à l'empereur Qianlong. Dans cette portion de la ville, les temples étaient très nombreux puisqu'on en compte cent quarante-trois, auxquels se rapportent cent trente-neuf inscriptions commémoratives sur pierre et six autres sur divers objets rituels ; la documentation à leur endroit est de plus très abondante. Elle a nécessité un travail de compilation considérable, qui se mesure dans les quatre années séparant la parution du volume 3 de celle du volume 4. Deux fondations à la longue histoire et à l'épigraphie nourrie s'y trouvaient. Il s'agit dans la partie est de la ville (4排4) du complexe rituel de l'Académie de la préfecture de Shuntian 順天府學 et du sanctuaire voisin dédié à la mémoire du général loyaliste Wen Tianxiang 文天祥 (1236-1282), et dans la partie ouest (4排9) du grand temple bouddhiste, le Huguosi 護國寺, avec ses dix-neuf inscriptions, dont deux en tibétain et une en quatre langues (chinois, mandchou, mongol, tibétain).

À l'intérieur de l'Académie, les temples étaient consacrés aux sages et aux saints d'autrefois, ainsi qu'à leur famille. Confucius était révéré dans le temple des Maîtres anciens 先師廟 en compagnie d'autres sages ; le temple de la Vénération des Saints 崇聖祠 abritait les tablettes des ancêtres de Confucius sur cinq générations, tandis que de part et d'autre, les pères des grands maîtres confucéens, tels Mengzi ou Zhu Xi, partageaient les offrandes ; dans un autre sanctuaire (鄉賢祠), les cultes étaient adressés aux sages des provinces qui s'étaient particulièrement distingués dans le service de l'empire. Mais on trouvait aussi le temple du dieu de la Littérature Wenchang 文昌祠 et celui de l'Étoile Kuixing, le Kuilou 奎樓, deux divinités qui favorisaient la réussite des lettrés aux examens impériaux.

L'épigraphie de l'Académie de la Préfecture de Shuntian, préfecture dont relevait en partie l'administration de la capitale, est en réalité plus importante que celle que nous avons retenue ici. Les stèles dédiées aux lauréats des concours impériaux ont été écartées de l'étude pour ne garder que celles qui concernaient les activités rituelles. On y lit le souci constant manifesté par les lettrés et les fonctionnaires d'entretenir ces hauts lieux du culte confucéen que, parfois, l'administration centrale négligeait. En 1590, les officiers des rites pataugent dans la boue et l'eau de pluie qui traverse le toit défoncé du temple des Maîtres anciens, une collecte réunit suffisamment d'argent pour le réparer ; sous le règne de l'empereur Kangxi, le haut fonctionnaire chinois Gao Erwei 高爾位 (1625-1701) lance à son tour une collecte pour restaurer l'ensemble des édifices de l'Académie, dans lesquels les habitants du voisinage s'étaient installés, profitant des désordres survenus avec l'arrivée des Mandchous. Quant au sanctuaire de Wen Tianxiang, la dernière restauration en date fut réalisée en 1995 grâce aux dons des descendants hongkongais du loyal serviteur des Song.

La fondation du grand temple bouddhiste Huguosi remonte à la dynastie mongole et plusieurs inscriptions de cette période sont d'ailleurs rédigées dans un chinois émaillé de mots empruntés à la langue des nouveaux maîtres de l'empire et reproduits phonétiquement, tandis que la syntaxe des textes est souvent déroutante pour le lecteur chinois. Le Huguosi est une fondation impériale qui, dès son origine, fut richement dotée. Le temple accueillera ensuite pendant la dynastie des Ming des maîtres tibétains et indiens et deviendra un des centres du bouddhisme tibétain dans la capitale avant de perdre peu à peu son prestige religieux et de se transformer en l'un des marchés les plus célèbres et les mieux achalandés de Pékin. Grâce à Françoise Wang-Toutain et Tsultrim Sangyé, nous sommes en mesure d'inclure dans ce volume la transcription des deux stèles en tibétain, respectivement de 1512 et 1652, consacrées à l'histoire du Huguosi et à son aménagement, ainsi que la partie en tibétain de l'inscription quadrilingue de 1722. Guan Xiaojing 關笑晶, de l'Institut d'études mandchoues de l'Académie des sciences sociales de Pékin, a transcrit la partie en mandchou de cette même stèle et le Professeur Urgumal, de l'Institut d'études des minorités de l'Académie des sciences sociales de Chine, celle en mongol, avec l'aide de Mademoiselle Baosurina.

Comme dans le reste de la ville, les petits temples de quartier comprenaient les autels du dieu du Sol 土地廟, les temples de la déesse des Nuages azurés 碧霞元君, appelés Tianxian an 天仙庵 et dédiés à la célèbre sainte de la Chine du nord dont le pèlerinage aux Miaofengshan 妙峰山 réunit encore tous les ans des dizaines de milliers de fidèles venus de Pékin et de Tientsin et des environs de la montagne, ou encore les temples de Guanyin 觀音 miséricordieuse, ceux des Rois Dragons 龍王廟, le plus souvent construits près d'un puits, et les sanctuaires des deux grandes divinités des Ming et des Qing, Zhenwu 真武, l'empereur du Ciel sombre 玄天上帝 et Guandi 關帝, à la fois dieu de la Guerre, du Commerce et de la Fraternité. À côté de cette constellation, le lecteur découvrira de grandes fondations dont hélas il ne reste qu'une mémoire de papier, qu'il faut retrouver dans les archives, les estampages des stèles et la littérature. Parfois, de vieux habitants voisins d'un temple disparu sont en mesure de raviver quelques bribes de son histoire ancienne et le souvenir des religieux à demeure qui y entretenaient le culte. Cette quête des témoignages vivants, qui a d'abord été conduite dans nos premières années d'enquêtes par Victoire Surio, secondée par plusieurs volées d'étudiants de l'université normale de Pékin, de l'Institut des Minorités, de l'Académie des sciences sociales de Chine, est complétée depuis deux ans par les contributions de deux spécialistes de l'histoire et de l'architecture de Pékin, Wang Jun 王軍, célèbre écrivain et journaliste de l'Agence Chine Nouvelle, et Wang Nan 王南, maître de conférences à l'université de Tsinghua, auquel nous devons la magnifique reconstitution dessinée du Huguosi. Accompagnés de collègues et d'étudiants, ils revisitent tous les sites et, grâce à leur expertise de l'architecture traditionnelle, ils sont en mesure d'améliorer nos informations sur l'état de conservation des temples étudiés et de collecter de nouveaux témoignages sur leur histoire récente.

Les notices des temples de ce volume ont été rédigées par plusieurs d'entre nous. Ju Xi 鞠熙, maître de conférences à l'université normale de Pékin, a rédigé celles des îlots 1, 2, 3, 8, 9 et 10 ; Guan Xiaojing a écrit les notices des îlots 4, 5, 6 et 7 et transcrit les inscriptions en mandchou qu'Alice Crowther a relues ; Wang Minqing 王敏慶, chercheuse à l'Institut de littérature de l'Académie des sciences sociales de Chine, a écrit les notices de l'îlot 11. Lei Yang 雷陽, doctorant à l'École pratique des hautes études à Paris, a rédigé la notice du Huguosi et en a transcrit les inscriptions commémoratives. L'ensemble des notices ont été révisées par Ju Xi.

Comme pour les précédents volumes, nous avons eu la chance de bénéficier de l'aide du Professeur Zhao Chao, chercheur émérite à l'Institut d'archéologie de l'Académie des sciences sociales de Chine, qui a revu toutes les inscriptions copiées par Ju Xi, Liu Wenshan 劉文珊, alors étudiante en master du département de philosophie et d'études religieuses de l'université de Pékin, Zhao Yu 趙昱 et Gui Xiao 桂梟, doctorants du département de langue chinoise et de littérature de cette université. Les transcriptions au format d'origine et les versions ponctuées sont précédées de la reproduction des estampages de la Bibliothèque nationale de Chine publiés dans les cent volumes de la collection *Beijing tushuguan cang Zhongguo lidai shike taben huibian* 北京圖書館藏中國歷代石刻拓本匯編 (Pékin, Shumu wenxian, 1994). Plusieurs dizaines d'inscriptions qui ne s'y trouvaient pas ont été recopiées à partir des estampages conservés à la Bibliothèque de l'université de Pékin. Malheureusement, nous n'avons pas été autorisés à en reproduire les estampages, ce qui prive le lecteur de la possibilité de vérifier nos transcriptions. Nous le regrettons.

Les photographies de ce volume ont été prises par Victoire Surio, Gil Gonzalez-Foerster, Wang Jun et Liu Jinbiao 劉錦標.

Cette publication au long cours a toujours pu compter sur l'assistance généreuse de Monsieur Chai Jianhong 柴劍虹 de la maison d'édition Zhonghua shuju. Madame Sun Yan 孫彥 et Monsieur Wang Yanlai 王燕來, éditeurs de la maison d'édition de la Bibliothèque nationale de Chine, qui nous fait l'honneur de publier notre travail, soutiennent notre entreprise depuis le début. Madame Du Rui 杜蕊 du Centre de l'École française d'Extrême-Orient à Pékin suit avec compétence et bonne humeur toutes les étapes de la réalisation des ouvrages.

Le programme de recherche *Epigraphie et mémoire orale des temples de Pékin - Histoire sociale d'une capitale d'empire* et la publication *Temples et Stèles de Pékin* sont le fruit d'une collaboration entre l'École française d'Extrême-Orient, l'École pratique des hautes études et le département d'anthropologie et d'ethnologie - collège de sociologie de l'université normale de Pékin. Notre programme de recherche a bénéficié d'une importante subvention de la Chiang Ching-kuo Foundation for International Scholarly Exchange et, par l'entremise de l'Académie des Inscriptions et Belles-Lettres, d'une aide de la Fondation Dourlans, ainsi que du soutien du Centre de recherche sur les civilisations de l'Asie orientale ; le Fundamental Research Funds for the Central Universities de l'université normale de Pékin a apporté une généreuse contribution à la publication de ce volume.

À tous nous exprimons notre profonde reconnaissance.

Marianne Bujard

Mai 2016

目　録

上　册

四排一段

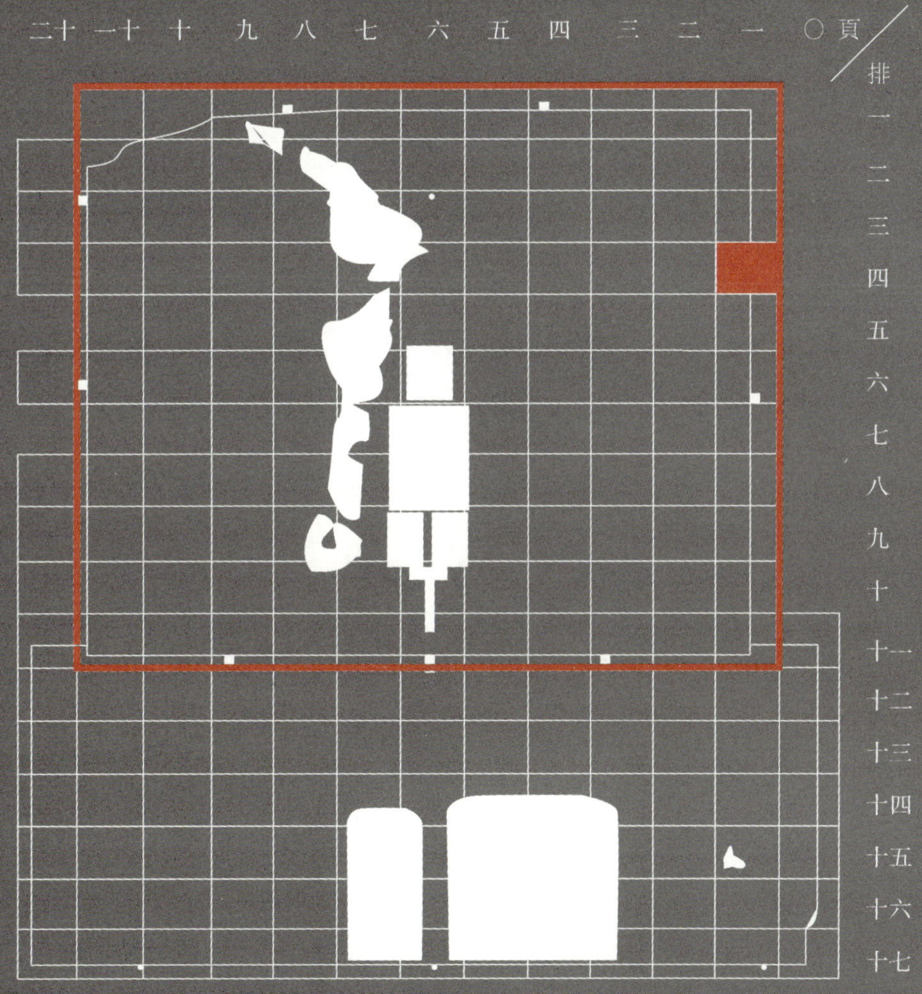

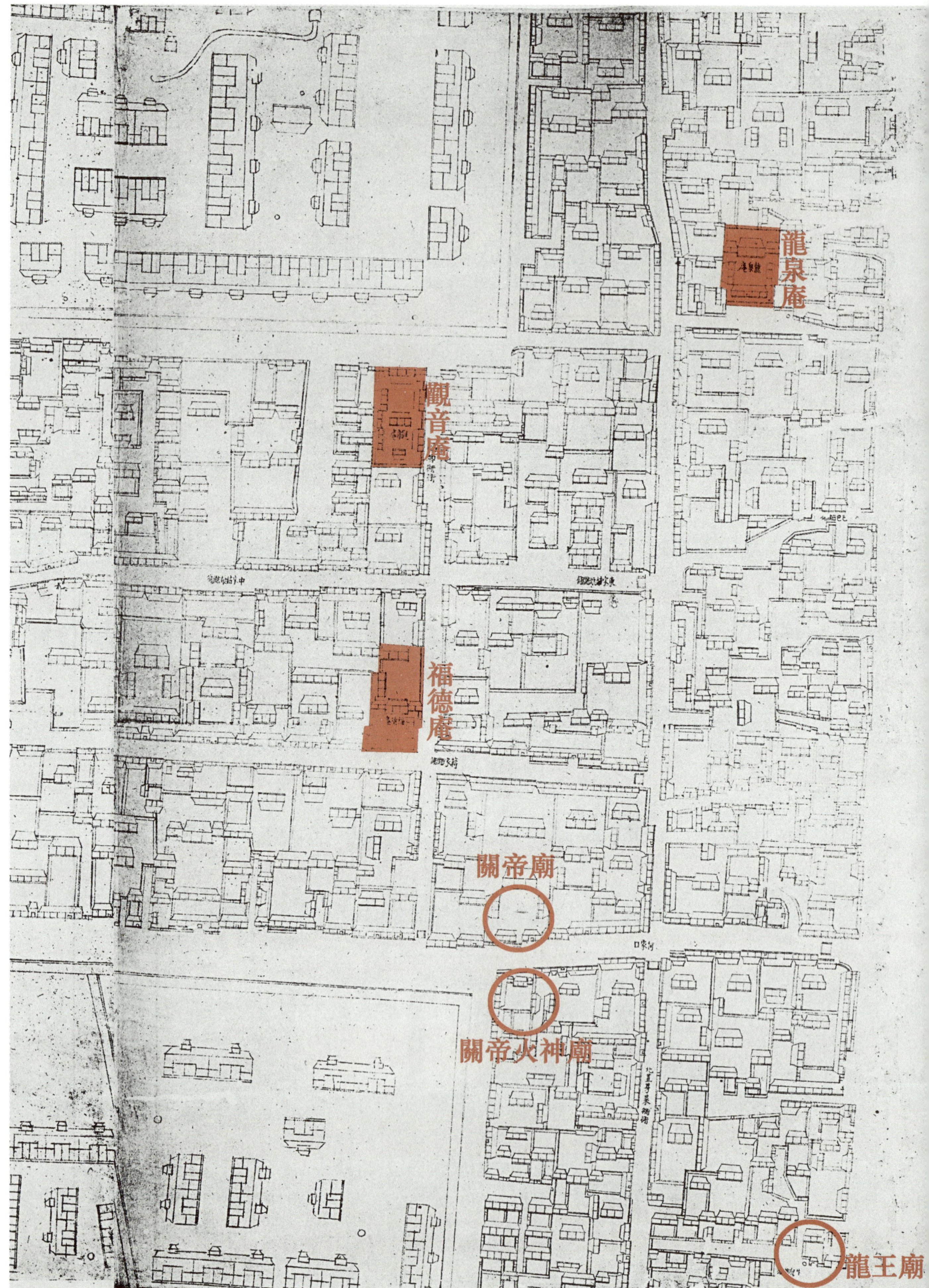
龍泉庵
觀音庵
福德庵
關帝廟
關帝火神廟
龍王廟

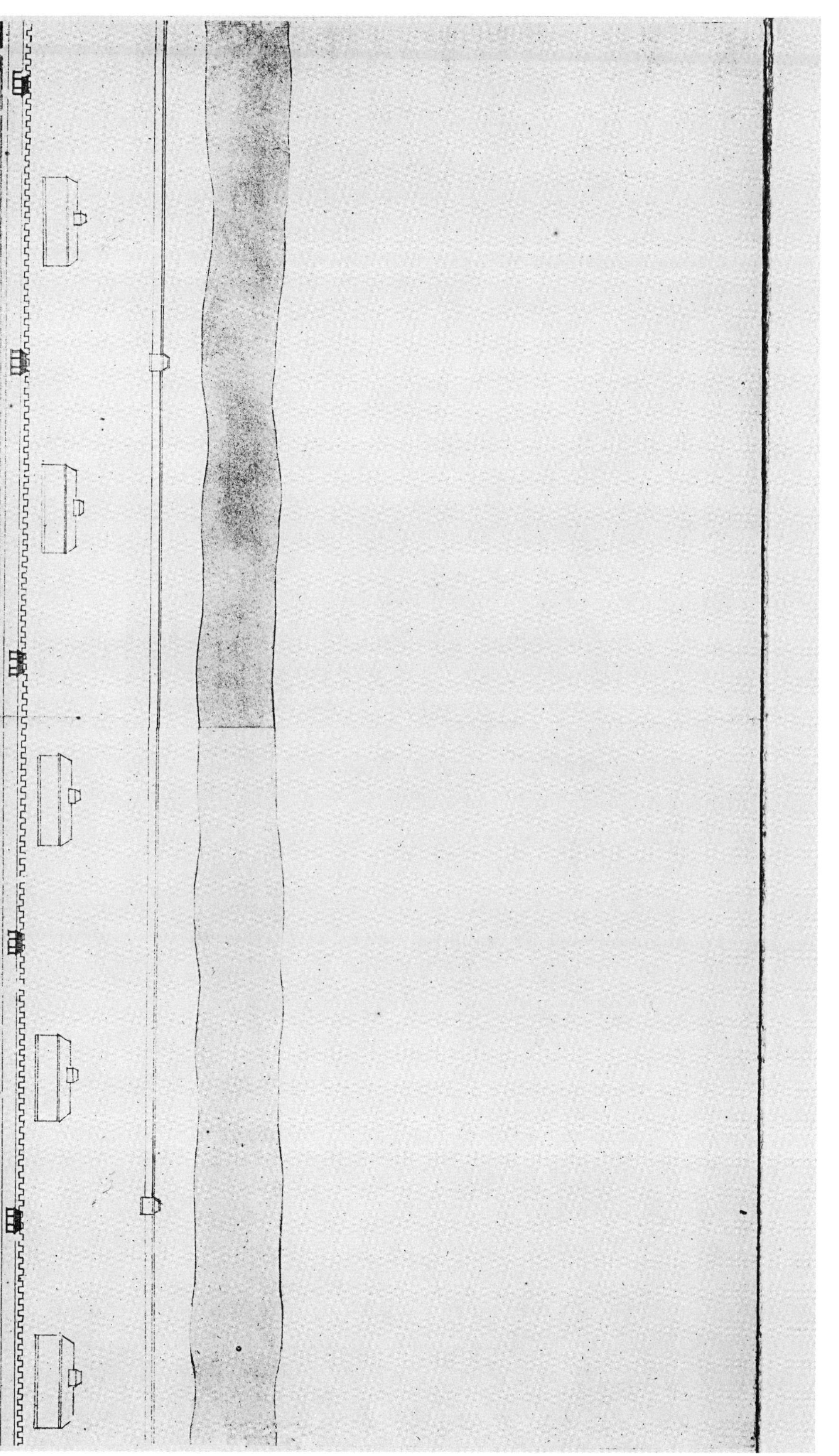

龍泉庵

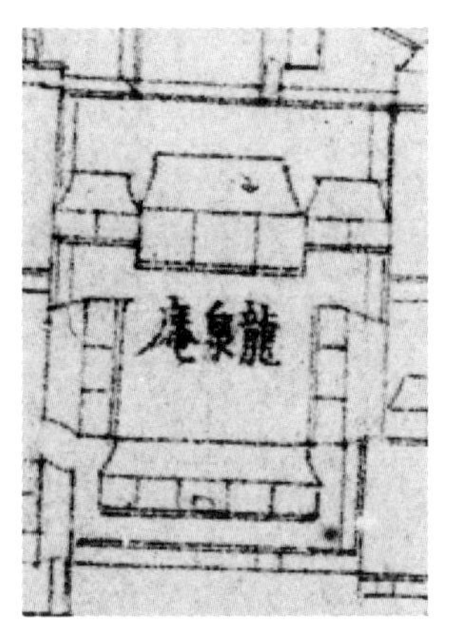

龍泉庵，清道光後改爲關帝廟，俗稱山大石廟，或山子石關帝廟。原址在内三區北弓匠營五十二號（今東直門内大街九號，華普花園與中國移動通信北京有限公司之間），寺廟建築今已不存。廟内原有碑刻一通，爲道光十五年（1835）《關帝廟碑》[1]。

該廟未知始建於何時，清《乾隆廟冊》中登記爲大僧廟，住持通興。從乾隆《京城全圖》上看，當時龍泉庵爲一規整的四合院，坐北朝南，南牆偏東側開有院門；入之則首有前殿五間，由正中一殿出入；繼爲東西配殿各三間，最北側爲正殿三間，左右各有兩間小耳房。

至清道光年間，龍泉庵已無僧駐守，完全傾圮。道光十五年，闔街衆善公議，在其原址上重修關帝廟，輻輳捐資者均爲附近東城之商家，如木廠、當鋪、煙鋪、灰廠等。重修後的關帝廟改爲坐東朝西，僅有房殿一間[2]。

至民國年間，廟無人照管，未曾在政府登記設檔。20 世紀 30 年代，廟仍爲西向正殿一間，門前山石障蔽，中有古椿、槐樹各一株，旗杆一根，鐵香爐一座，道光十五年的小石碑立於其間。正殿木額曰“關帝殿”，内供泥塑二尊、侍神若干，惜面目均無，國立北平研究院的調查人員認爲難以辨認其身份[3]。然 1945 年警察局調查時，稱廟内所供，爲關帝、馬王、觀音等諸神，并記門前鐵鼎上鑄有“道光十五年五月吉立，山子石關帝廟”字樣[4]。

老住戶們還清楚地記着此廟，稱之爲當街廟，雖然衹有一間房，但廟前山

---

〔1〕《北京圖書館藏北京石刻拓片目録》（下簡稱《目録》）稱此碑原在北門倉胡同關帝火神廟内，此説不確。考之國立北平研究院的調查記録，該碑原立於龍泉庵内正殿之前。參見國立北平研究院《關帝廟》，東四 76。徐自強主編《北京圖書館藏北京石刻拓片目録》，北京：書目文獻出版社，1994 年。

〔2〕參見清道光十五年（1835）《關帝廟碑》，京 196，據北京大學圖書館藏原拓片録文。

〔3〕國立北平研究院《關帝廟》，東四 76。

〔4〕首都圖書館藏《北平市寺廟調查一覽表》，1945 年，油印本。

石矗立，內有古樹一株、水井一眼，殊是好看，因其掩映於山石樹蔭之中，有的老人便直呼爲“山大石廟”。廟雖無人看管，但每到初一、十五，附近街坊還都來此燒香，直到20世紀50年代，廟被改成派出所。

2008年調查時，寺廟雖已不存，但古槐仍在，枝葉繁密。山石、水井、古椿均難覓蹤跡，但年長棗樹一株，可證歲月之久。

萬古流芳

蓋聞聖人以神道設教善惡別而智愚□□□□□

知行善者□□之良同歸者

咸靈所感受是凡我同志共議構金重修□□之路□□□

鮮終姓氏不傳未由勸善故各書名字以勒諸石

東成山廠　中和仁　恒興當　永順□鋪　山□館　恒利號

□□□□　義成號　安寧號　豐盛號　萬玉永　昌德號

永順煙鋪　東勝灰廠　付呈祥　蘇都禮　孫國福　王□□

引善弟子

李永泰　祁□志　保貴　祁□輝　□德（汾）

富倫泰　范永瑞　榮喜　薩吉泰　吉凌順（汾）

洪永福　德楞額　楊永滙　李德龍

和昇安　祁榮　王興　□根□　□□□　張福全

慶泰　何永貴　孫廣志　□□□　高充　□□阿

楊士泰　張興　□□□　□□□□□

道光拾伍年陸月吉日弟子□□色□

京196《萬古流芳》

關帝廟碑

額題:萬古流芳
年代:清道光十五年(1835)六月
原址:《目録》記爲東城區北門倉胡同關帝火神廟,實應爲東城區北弓匠營龍泉庵
拓片尺寸:碑陽高 60、寬 39 厘米;額高 14、寬 18 厘米
書體:楷書
《目録》:頁 340
拓片編號:京 196
拓片録自:北京大學圖書館藏原拓片

【碑陽】

額題:萬古流芳

碑文:

蓋聞聖人以神道設教,善惡别而智愚□,□□□□。1 知行善者□□之良,同歸者 2 咸靈所感受。是凡我同志共議,構金重修。□□之路□□□3 鮮終,姓氏不傳,未由勸善,故各書名字以勒諸石。4

引善弟子:東成山廠、中和仁、恒興當、永順□鋪、山口館、恒利號、5 □□□□、義成號、安寧號、豐盛號、萬玉永、昌德號、6 永順煙鋪、東勝灰廠、付呈祥、蘇都禮、孫國福、王□□、7 李永泰、祁□志、保貴、祁□輝、□德、(泐)8 富倫泰、范永瑞、榮喜、薩吉泰、吉凌順、(泐)9 洪永福、德楞額、楊永滙、李德龍、10 和昇安、祁榮、王興、□□根□、□□□□、張福全、11 慶泰、何永貴、孫廣志、□□□、高充、□□阿、12 楊士泰、張興、□□□、□□、□□□13

道光拾伍年陸月吉日,弟子□□色□。14

觀音庵

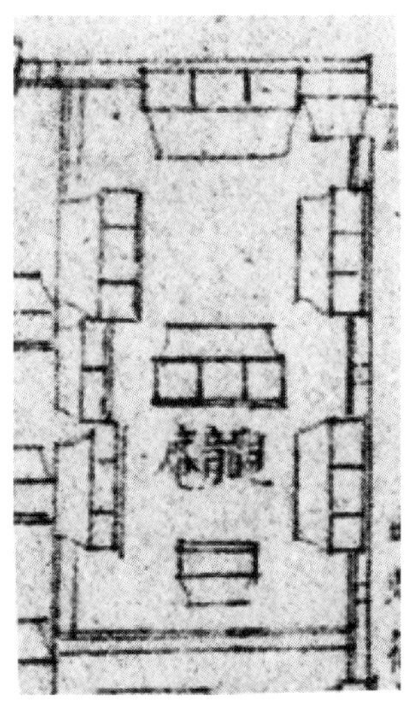

觀音庵，原址約在今東城區海運倉二號，寺廟建築今已不存。

該廟未知始建於何時，清《乾隆廟冊》中登記爲大僧廟，住持祖輝。從乾隆《京城全圖》上看，此庵格局雖然嚴整，但山門朝向卻難以判斷。從北至南，首有大殿三間北向，東耳房一座，南有東西側殿各三間，均坐西朝東；次則正殿三間，然而坐北朝南，與北殿朝向相反，其南側也有坐西朝東側殿各三間，西配殿後有過道房兩間，與北院配殿相連，東配殿後院墻上開小門一道；廟院最南端爲小房一座，坐南朝北。

後觀音庵再不見記載，應久已傾圮。

2008 年調查時，此廟原址約在中國青年報社内。

福德庵

福德庵，後改爲女養濟院，原址在内三區東頌年蔣家胡同六號，後曾一度改爲東城區螞螂胡同九號（今爲東城區北門倉一號史家小學分校的北半部）。寺廟建築現已不存。

此廟不知始建於何時，清《雍正廟冊》中尚無記載，《乾隆廟冊》中，記東城蔣家胡同有天禧寺，不知是否即爲該廟。從乾隆《京城全圖》上看，福德庵面積中等，坐北朝南、四四方方。南無山門，僅在院牆上開小門一道。入院後首有南向小房一座；次則正殿三間左右各帶二耳房、前有東西配殿各兩間，均帶兩間南小耳房；廟院西南角還有兩間小房，正殿後三間西房、三間北房，似也屬於廟產。

除此之外，福德庵不見於歷代寺廟登記檔案。20 世紀 50 年代調查時它已爲女養濟院，詢及旁人，曾有言云此爲私人家廟。時福德庵坐北朝南，有山門一間、正殿三間，均爲筒瓦調大脊硬山頂帶排山勾滴，前出廊帶雲頭雀替[1]。從建築格局上看，似與乾隆時期的福德庵變化不大。

街坊老人說，螞螂胡同九號曾是座姑子廟，門常緊閉，人難窺視。1949 年以後，廟歸民政局管理，和螞螂胡同七號一起改爲養老院，但那緊閉大門内的神秘色彩似乎並未減淡。人們傳說，20 世紀 60 年代末挖防空洞時，從此處地下挖出很多大骨頭。2001 年危房改造，原有建築由東城區住宅發展中心拆除[2]。

2008 年調查時，整條蔣家胡同已經不存，福德庵舊址上爲史家小學分校。

---

〔1〕譚伊孝編著《北京文物勝跡大全·東城區卷》，北京：北京燕山出版社，1991 年，頁三百零五。

〔2〕參見國家文物局主編《中國文物地圖集·北京分冊（下）》，北京：科學出版社，2008 年，頁五十三。

關帝廟

關帝廟，民間亦稱耗子廟，不見於清乾隆《京城全圖》。原址在内三區東直門内何家口八號對過（今約爲東城區倉夾道馬路中間），寺廟建築今已不存。

此廟甚小，始建於乾隆年間，因廟内原有木額，記其爲火器營正白旗關防衙門官兵共建之廟[1]。或因無僧住持，不見於雍乾廟冊登記。火器營成立於清乾隆三十五年（1770），何家口内曾爲駐地。乾隆五十一年（1786），火器營正白旗官員兵丁共同捐資，公建寺廟，并獻木額"乾坤正氣"一方，旁聯曰"讀孔氏遺書惟此春秋一卷，存漢家正統豈容吴魏三分"。後嘉慶或咸豐年間廟又曾重修，火器營正白旗關防處翼長常恒，章京烏徵額，護軍校祥福、忠斌等捐資，立額"至大至剛"[2]。同年八月，承辦章京金寶、幫辦章京祥福又鑄方形鐵香爐一口，置於廟内，至民國時尚存[3]。

20世紀30年代國立北平研究院調查時，記其位置在何家口八號（即本排段關帝火神廟）對過，無門牌，僅有一間，坐北朝南。殿内供關帝一尊，泥塑金身，左右配像六尊，與關帝共稱"七聖"。此外，另有泥塑小像及馬童等。殿北有東西北房各三間，又北還有房二間，惜時皆已坍塌[4]。此廟不見於其他記録。

據老住户回憶，在原來北門倉胡同與東門倉胡同的交界處（即何家口原在地），有小廟一座，僅一間房，但有人在内居住。廟很小，當地人稱"耗子廟"，也叫"獨一處"，因其地處把角，"獨它一處"。

2007年調查時，關帝廟所在地大約已爲倉夾道，道路建築變動巨大，寺廟原址難尋。

---

〔1〕參見國立北平研究院《關帝廟》，東四137。

〔2〕原文記曰"戊午年三月穀旦"，可能是清嘉慶三年（1798）或咸豐八年（1858），今已不可考。

〔3〕以上所提及法物銘文，均見於國立北平研究院《關帝廟》，東四137。

〔4〕同上注。

關帝火神廟

關帝火神廟,又單名火神廟或關帝廟。不見於清乾隆《京城全圖》,原址在内三區東直門内東門倉三十七號或何家口甲八號(曾改爲北門倉十號、十二號,今約在東城區東直門南大街十一號中匯廣場内),寺廟建築今已不存。廟内原有碑刻兩通,爲清道光十三年(1833)《關帝火神廟碑》和同年《關帝廟碑》。

《北京文物勝跡大全·東城區卷》記此廟始建於清道光年間,然稽諸史冊,清《乾隆廟冊》中已有何家口火神廟登記,時爲大僧廟,住持行仁。至道光十三年,火神廟遇善人捐資重修,乃添殿安神,從此改爲關帝火神廟。這次重修的背後,有一段神奇的往事[1]。

清道光年間,住於京都昌平州永安城西南方第二條胡同的司家,有司世英、司直和司景泰爺孫三代,長期虔心供奉關聖帝君。道光十二年(1832),司直偶染奇疾,醫藥罔效,一日奄奄昏睡間,夢至一寺,"殿宇傾圮,櫺牖欹斜,數段短垣,埋沒荒草"[2]。唯殿廊下懸額,上書"護清邦"三字,金光炯炯照人。司直在夢中不覺拜而祝之,發心願爲重修,詢其住持,名曰心宗。經此夢後,司直竟然痊愈,司家人認爲此乃關帝托夢護佑,遂四下尋訪,願得夢中之廟而重修之。無奈京城之大、廟宇之多,僅憑夢中所見,無異大海撈針。然關帝之靈異不僅止於托夢。是年冬,司直偶然攜子景泰至廣市中,遇一僧人叩頭行持、化緣修廟。此僧面貌甚奇,而身負碑石,上有名諱,正乃"心宗"二字。司直大奇,於是待其携鉢歸去時尾隨於後,見僧人走入火神廟,其斷壁頹垣,歷歷正如夢中所見,"護清邦"匾額猶是在焉。

於是道光十三年,司直乃依夢中所願,添蓋殿宇,重展廟貌。重修前的火神廟,原有菩薩殿、老爺殿各三間,灰棚五間,山門一座,群墻八十餘丈。司直重修神殿,尊奉關帝。新修山門三間、鐘鼓二樓、旗杆二根、垂花門一座、東西

〔1〕《中國文物地圖集·北京分冊(下)》中,記此關帝廟爲保護糧倉而建,然稽諸碑文,此說應不確。《中國文物地圖集·北京分冊(下)》,頁三十七。

〔2〕清道光十三年(1833)《關帝廟碑》,京 201,北京圖書館金石組編:《北京圖書館藏中國歷代石刻拓本匯編》卷八十,鄭州:中州古籍出版社,1989 年,頁五十。

配殿十二間、耳房二間、住房四十餘間，還在牆垣上開柵欄門五座。山門内塑神馬二匹、馬童二位；正殿關帝新添蟒袍一身、玉帶一條，增佛像六尊、從身十八位，坐騎俱全；各殿内添置佛龕九座、供桌九張、神臺九座，配黄緞門幡九套、匾額二十塊、抱柱對子二十副，供器陳設一應俱全。除此之外，所有佛像俱都金裝，各房一律油漆上色、糊棚裝修，凡隔斷、桌椅、板凳、磁器、碗碟，一干應用之物概莫有缺。住持心宗本是山西平陽府趙城縣候村人，在本村補天寺出家，原爲無靠之僧，經司直捐贈資助後，乃携徒静修、真修，充任此廟住持，從此焚修有倚，且見殿宇輝煌，於是勒諸貞珉，以傳後世[1]。

至道光二十四年（1844）時，此廟又曾重修，此時住持僧法號心佑，捐資者爲南新倉十六把衆善人等。工竣後鑄鐵鼎一座，鑄文曰："金爐不斷千年火，玉盞常明萬歲燈。千處有求千處應，一方誠敬一方靈。"[2]

後據説此廟曾爲道觀，又輾轉出售成爲尼廟[3]。民國十五年（1926）時，遼寧尼僧妙慧典得此廟，攜徒聖禪入内焚修，傳臨濟宗，佛殿群房除供佛外盡皆出租。此時廟内仍維持道光時的規模，山門西向，木額"關帝火神廟"；前殿一間，爲關帝殿，内供關帝一尊，泥塑金身，周倉、關平侍立，馬童各一；正殿坐東朝西，爲火神殿，額曰"離德昭明"，内供泥塑火神、侍童四位、娘娘小像三尊，殿内有道光十六年鑄鐵磬一口，大鼓一面，上額曰"神佑一方"。殿前南房、西房各三間，院内槐樹二株，道光二碑及鐵鼎便立於樹下；正殿往東是觀音殿，内正供泥塑觀音、財神、藥王等三神配祀，另有泥塑小佛七尊；火神殿南有房兩間、北有房三間。觀音殿南北各有東房三間，時均爲住宅[4]。民國二十二年（1933），聖禪接任住持[5]。1940 年，時任寺廟住持的慈月，將廟後院空地租與張德順開設煤鋪，字號開泰祥，并添建灰棚三間半，於東南墻上開柵欄門一道[6]。

1949 年北平市民政局登記時，住持聖禪等三人仍在廟中，依靠紡綫和親友資助度日。時廟内尚存有山門及前後殿。山門爲硬山箍頭脊筒瓦頂，面闊六米；前殿爲硬山調大脊筒瓦頂，帶前廊，面闊九米，殿内明間懸"明照德高"匾額。前殿還有南配殿三間，爲硬山箍頭脊筒瓦頂。後殿也是硬山箍頭脊筒瓦頂，面闊三間共九米，明間爲吞廊，南北配殿各三間。道光雙碑仍在廟内。除殿宇九間外，僧房二十一間用於出租，月收入一千五百餘圓[7]。

至 20 世紀 80 年代調查時，廟已改爲居民院，石碑無存，僅山門及二殿尚在[8]。

據附近居民回憶，此廟原有二門，前門開在東門倉胡同，有山門三間，非常漂亮。後門開在北門倉胡同。直到 1961 年，三位尼僧還住在廟内東配房中，雖衣著與常人無異，但每日仍茹素燒香。廟内殿房俱都出租，大約住了十幾戶從河北滄州來京的小販。1963 年左右，尼僧離開，房管所接管此

[1]清道光十三年（1833）《關帝火神廟碑》，京 200，《北京圖書館藏中國歷代石刻拓本匯編》，卷八十，頁四十八。

[2]參見國立北平研究院《關帝火神廟》，東四 75。

[3]《北京文物勝跡大全·東城區卷》，頁二百七十六至二百七十七。

[4]參見北京市檔案館藏《北平市社會局·内三區火神廟住持尼僧聖禪送寺廟登記表及社會局的批示》，1930–1933 年，檔案號 J2–8–127，頁一至十三。另見國立北平研究院《關帝火神廟》，東四 75。

[5]北京市檔案館藏《北平市社會局·内三區火神廟住持尼僧聖禪送寺廟登記表及社會局的批示》，1930–1933 年，檔案號 J2–8–127，頁二十三至四十。

[6]北京市檔案館藏《北平市社會局·爲呈報火神廟添蓋房間請予批准由》，1940 年，檔案號 J2–8–165，頁一至十五。

[7]參見北京市檔案館藏《北平市民政局民族事務科·本市寺廟情況查詢記録》，1949 年，檔案號 196–1–4，頁四至七。另參見《北京文物勝跡大全·東城區卷》，頁二百七十六至二百七十七。

[8]《北京文物勝跡大全·東城區卷》，頁二百七十六至二百七十七。

廟，重新翻蓋，但仍然租給原住戶們，還曾辦過一段時間的家庭服裝小作坊。“文化大革命”期間，革命委員會占用此廟，石碑被埋入地下。

2008 年調查時，關帝火神廟已完全不存，原址約在今東直門南大街十一號中匯廣場內，現仍有古槐樹一株，應即原廟正殿所在地。

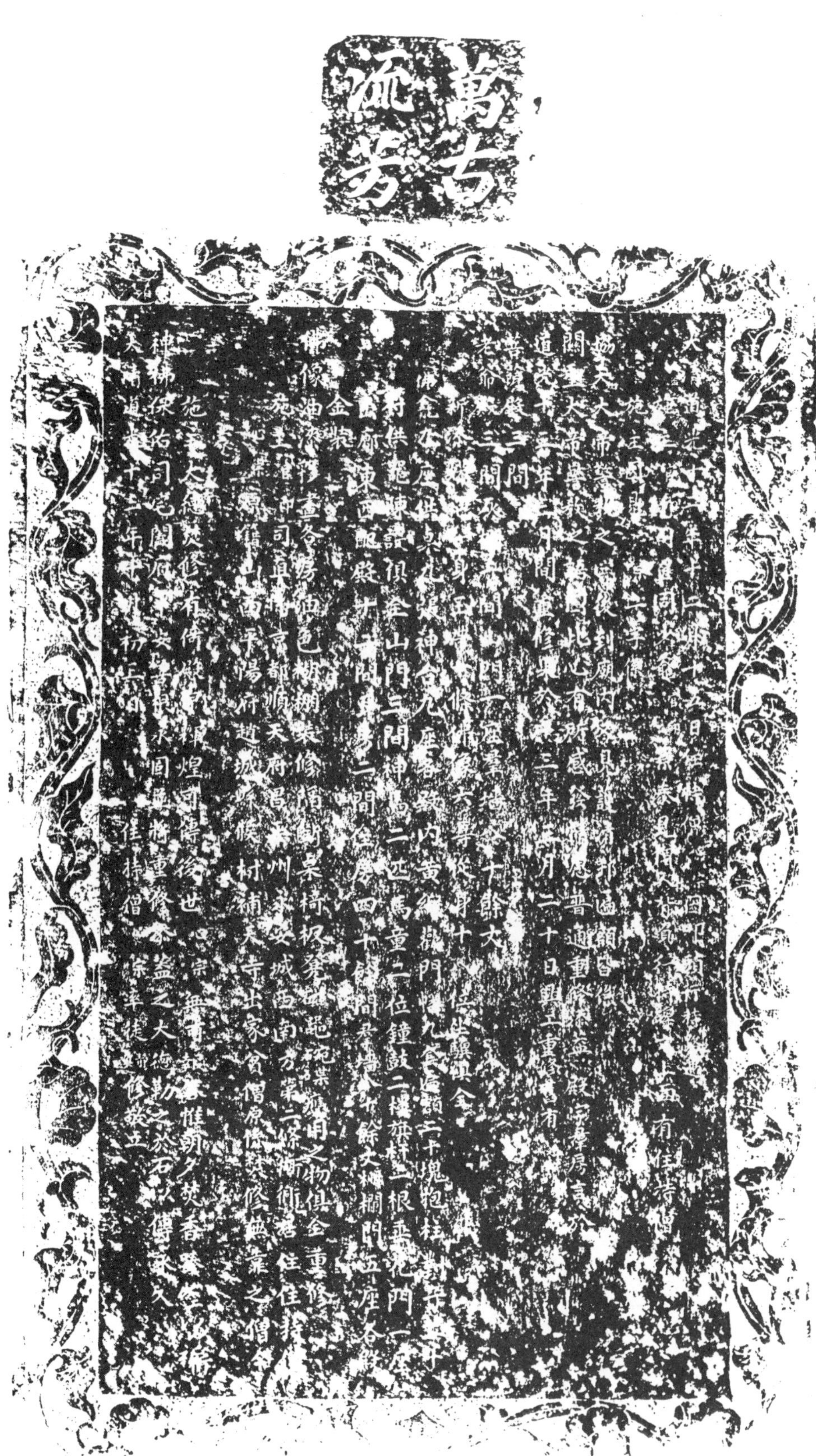

京 200《關帝火神廟碑》

萬古流芳

大清道光十二年十二月十五日住持僧心宗因叩頭行持路遇

施主官印司[直]同少爺官　印景泰見僧人背負行持碑文上面有住持僧心宗（下泐）

施主因見心宗二字係

協天大帝警教之意後到廟内又見護清邦匾額皆係

關聖大帝警教之語因此心有所感發情願普通重修添蓋殿宇群房言於

道光十三年三月間重修果於十三年三月二十日興工重修舊有

菩薩殿三間

老爺殿三間灰棚二間山門一座群墻八十餘丈

新添蟒袍一身玉帶一條佛像六尊從身十八位坐驥俱全

佛龕九座供桌九張神臺九座各殿内黄緞歡門幡九套匾額二十塊抱柱對子二十

符供器陳設俱全山門三間神馬二匹馬童二位鐘鼓二樓旗杆二根垂花門一座

[垂]廊東西配殿十二間耳房二間住房四十餘間群墻八十餘丈栅欄門五座各殿

金裝

佛像油漆彩畫各房油色糊棚裝修隔斷桌椅板凳磁器碗碟應用之物俱全重修

施主官　印司直係京都順天府昌平州永安城西南方第二條衚衕居住住持僧

心宗原籍山西平陽府趙城縣候村補天寺出家貧僧原係焚修無靠之僧今

蒙

施主大德焚修有倚殿宇輝煌可傳後世心宗無可報答惟朝夕焚香[嗪]經以祈

神佛保佑司宅闔府平安善根永固並將重修添蓋之大德勒之於石以傳永久

大清道光十三年十月初三日住持僧心宗率徒[興]静修敬立

京200《關帝火神廟碑》

關帝火神廟碑

年代：清道光十三年（1833）十月三日
原址：東城區北門倉胡同
拓片尺寸：碑陽高 85、寬 55 厘米，額高 14、寬 13 厘米
書體：楷書
《目録》：頁 340
拓片編號：京 200
拓片録自：《北京圖書館藏中國歷代石刻拓本匯編》第 80 卷 48 頁

【碑陽】

額題：萬古流芳

碑文：

大清道光十二年十二月十五日，住持僧心宗因叩頭行持，路遇 1 施主官印司直同少爺官印景泰，見僧人背負行持，碑文上面有住持僧心宗（下泐），2 施主因見"心宗"二字係 3 協天大帝警教之意，後到廟内，又見"護清邦"匾額，皆係 4 關聖大帝警教之語，因此心有所感，發情願普通重修，添蓋殿宇群房。言於 5 道光十三年三月間重修，果於十三年三月二十日興工重修。舊有 6 菩薩殿三間，7 老爺殿三間，灰棚二間，山門一座，群墻八十餘丈。8 新添蟒袍一身，玉帶一條，佛像六尊，從身十八位，坐驥俱全，9 佛龕九座，供桌九張，神臺九座，各殿内黄緞歡門幡九套，匾額二十塊，抱柱對子二十 10 符，供器陳設俱全，山門三間，神馬二匹，馬童二位，鐘鼓二樓，旗杆二根，垂花門一座，11 垂廊東西配殿十二間，耳房二間，住房四十餘間，群墻八十餘丈，柵欄門五座，各殿 12 金裝 13 佛像、油漆彩畫，各房油色、糊棚、裝修、隔斷、桌椅、板凳、磁器、碗碟，應用之物俱全。重修 14 施主官印司直係京都順天府昌平州永安城西南方第二條衚衕居住，住持僧 15 心宗原籍山西平陽府趙城縣候村補天寺出家。貧僧原係焚修無靠之僧，今 16 蒙 17 施主大德，焚修有倚，殿宇輝煌，可傳後世。心宗無可報答，惟朝夕焚香唪經，以祈 18 神佛保佑司宅闔府平安，善根永固，並將重修添蓋之大德勒之於石，以傳永久。19

大清道光十三年十月初三日，住持僧心宗率徒静修、興修敬立。20

京 201《關帝廟碑》

萬古
流芳

重修　關帝廟碑誌

且人生一夢境也境之真原不過一夢而夢之幻乃實有其境者是幻是真聖而不可知之之謂
神古聖人所爲以神道設教也司公名世英者與其子名直公久有善行其信奉
關帝尤虔壬辰冬司直公偶得奇疾醫藥罔效奄奄困臥中夢至一寺殿宇傾圮欂櫨欹斜數段短垣
埋沒荒草入見殿廊懸額顔護清邦三字金光炯炯照人不覺拜而祝之願爲重修問其住持名
曰心宗醒而誌焉病遂瘳異哉此豈吾夫子之威靈赫濯特即斯人以示救世之心歟抑豈彼寺
僧志竟肫誠遂有是夢以爲募化之緣歟誠以志善成因積善成果天人嚮應之機胥一善之感
召使然也獨是都京之大廟宇之多縱欲過而問焉無由司公爲之鬱欝不樂者久之一日於廣
市中見一募緣僧貌奇古詢其名曰心宗異之於其携鉢歸去時尾其後至城東北隅入一寺歷
歷如夢中所見而護清邦匾額在焉於是剋期鳩工重爲修建舉數十年之破宇頹垣一旦煥然
改觀工費亦浩繁哉吁嗟乎
帝君在天之靈如日月之經天江河之行地無幽不燭無感不通乃於斯人病中之夢獨著神奇而護
清邦之額尤先得我夫子之心也則是廟之巍然常存自然共大清歷萬萬年而不朽

北平弟子葉廷選沐手撰鐫

大清道光癸巳年甲子月　　穀旦立

京 201《關帝廟碑》

關帝廟碑

首題:重修關帝廟碑誌
年代:大清道光十三年(1833)十一月
原址:東城區北門倉胡同
拓片尺寸:碑陽高 130、寬 60 厘米,額高 15、寬 20 厘米
書體:楷書
撰人:葉廷選
刻字:葉廷選
《目録》:頁 340
拓片編號:京 201
拓片録自:《北京圖書館藏中國歷代石刻拓本匯編》第 80 卷 50 頁

【碑陽】
額題:萬古流芳
碑文:

重修關帝廟碑誌。1

且人生一夢境也,境之真原不過一夢,而夢之幻乃實有其境者,是幻是真。聖而不可知之之謂 2 神。古聖人所爲,以神道設教也。司公名世英者與其子名直公久有善行,其信奉 3 關帝尤虔。壬辰冬,司直公偶得奇疾,醫藥罔效,奄奄困臥中,夢至一寺,殿宇傾圮,欞牖攲斜,數段短垣,4 埋没荒草,入見殿廊懸額顔"護清邦"三字,金光炯炯照人,不覺拜而祝之,願爲重修,問其住持名 5 曰心宗,醒而誌焉。病遂瘳。異哉!此豈吾夫子之威靈赫濯,特即斯人以示救世之心歟?抑豈彼寺 6 僧志竟肫誠,遂有是夢以爲募化之緣歟?誠以志善成因,積善成果,天人嚮應之機,胥一善之感 7 召使然也。獨是都京之大,廟宇之多,縱欲過而問焉無由。司公爲之鬱欝不樂者久之。一日,於廣 8 市中見一募緣僧貌奇古,詢其名曰心宗,異之,於其携鉢歸去時尾其後,至城東北隅入一寺,歷 9 歷如夢中所見,而"護清邦"匾額在焉。於是剋期鳩工,重爲修建,舉數十年之破宇頹垣,一旦焕然 10 改觀。工費亦浩繁哉。吁嗟乎,11 帝君在天之靈如日月之經天、江河之行地,無幽不燭,無感不通,乃於斯人病中之夢獨著神奇,而護 12 清邦之額尤先得我夫子之心也。則是廟之巍然常存自然,共大清歷萬萬年而不朽。13

北平弟子葉廷選沐手撰鐫。14

大清道光癸巳年甲子月穀旦立。15

龍王廟

龍王廟，不見於清乾隆《京城全圖》，原址在内三區甜水井十一號對面的井臺上（今約爲東城區朝陽門大街一號附近）。寺廟建築現已不存。

此廟不知始建於何時，雍乾廟冊與民國政府登記檔案中均無記録。20世紀30年代，國立北平研究院在寺廟調查時，發現了這座小廟。當時它僅有一間，南向，内供泥塑龍王像一尊[1]。除此之外，此廟再無記載。

據附近老人回憶，甜水井原在路北，井臺上確實有座小廟，上世紀40年代時還在，似乎是兩間房。這甜水井本也有些傳奇，1949年還有人曾從井裏撈出過四把用臘封好的槍。因無人照管，小廟早已傾圮多時，水井亦久已棄而不用。

2008年調查時，龍王廟所在地是新保利大廈，廟址及水井的具體位置均已難確認。

〔1〕國立北平研究院《龍王廟》，東四77。

四排二段

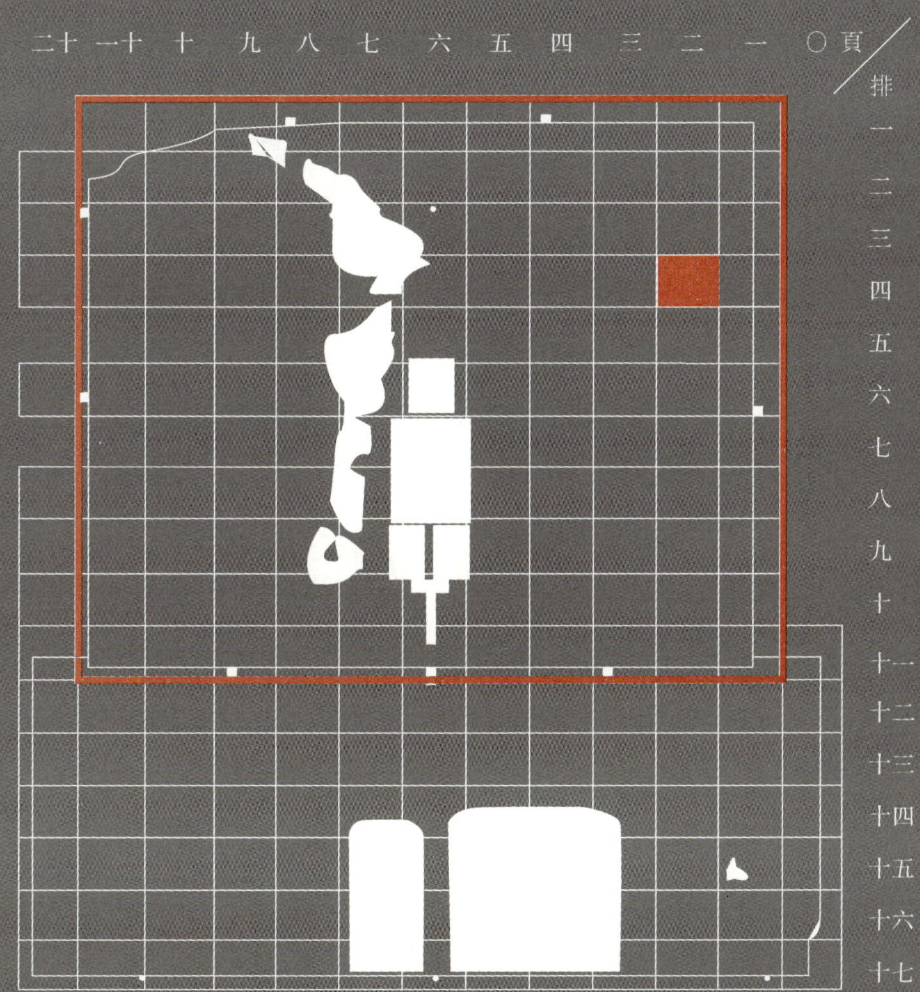

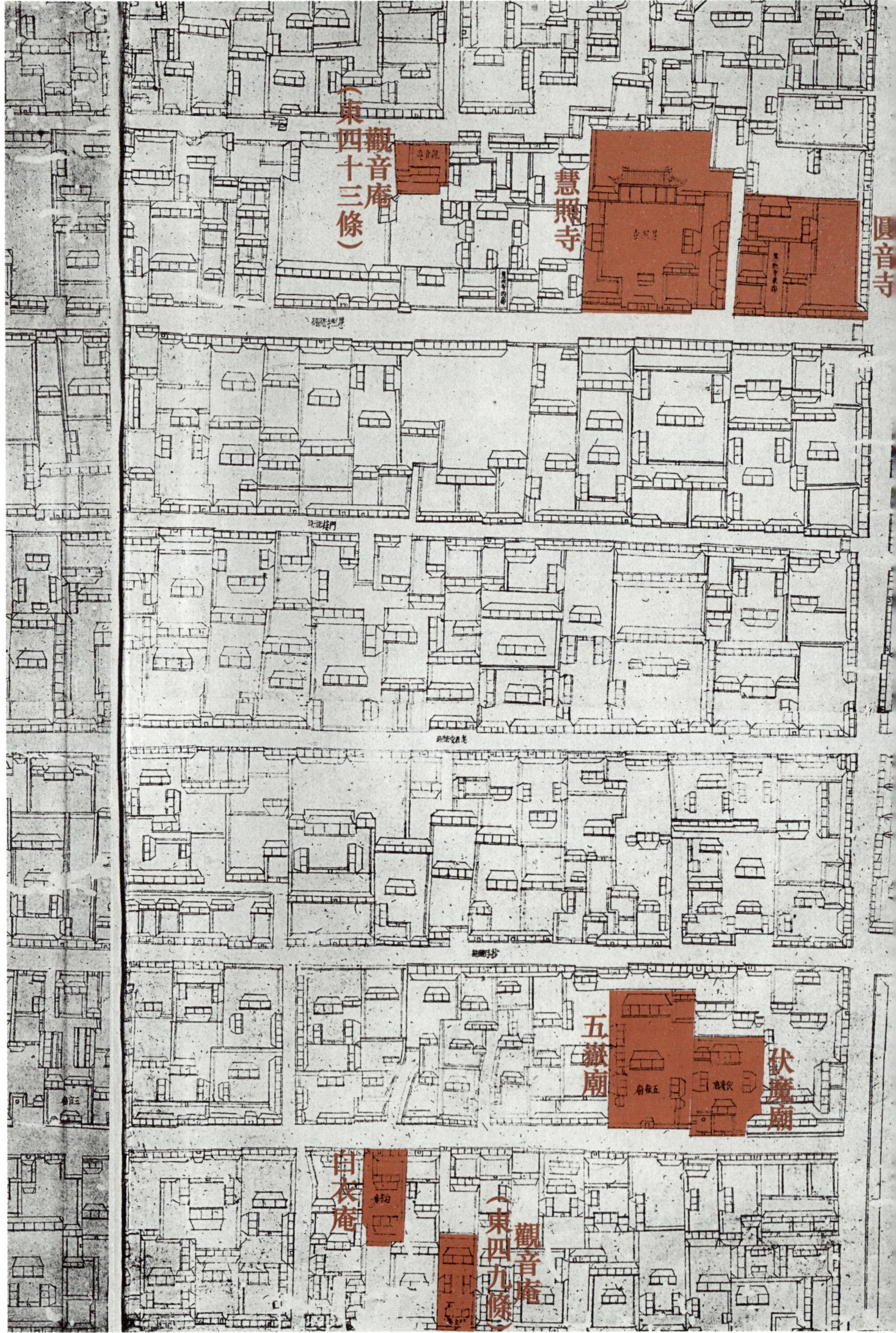

觀音庵
（東四十三條）
慧照寺
圓音寺
五嶽廟
伏魔廟
白衣庵
觀音庵
（東四九條）

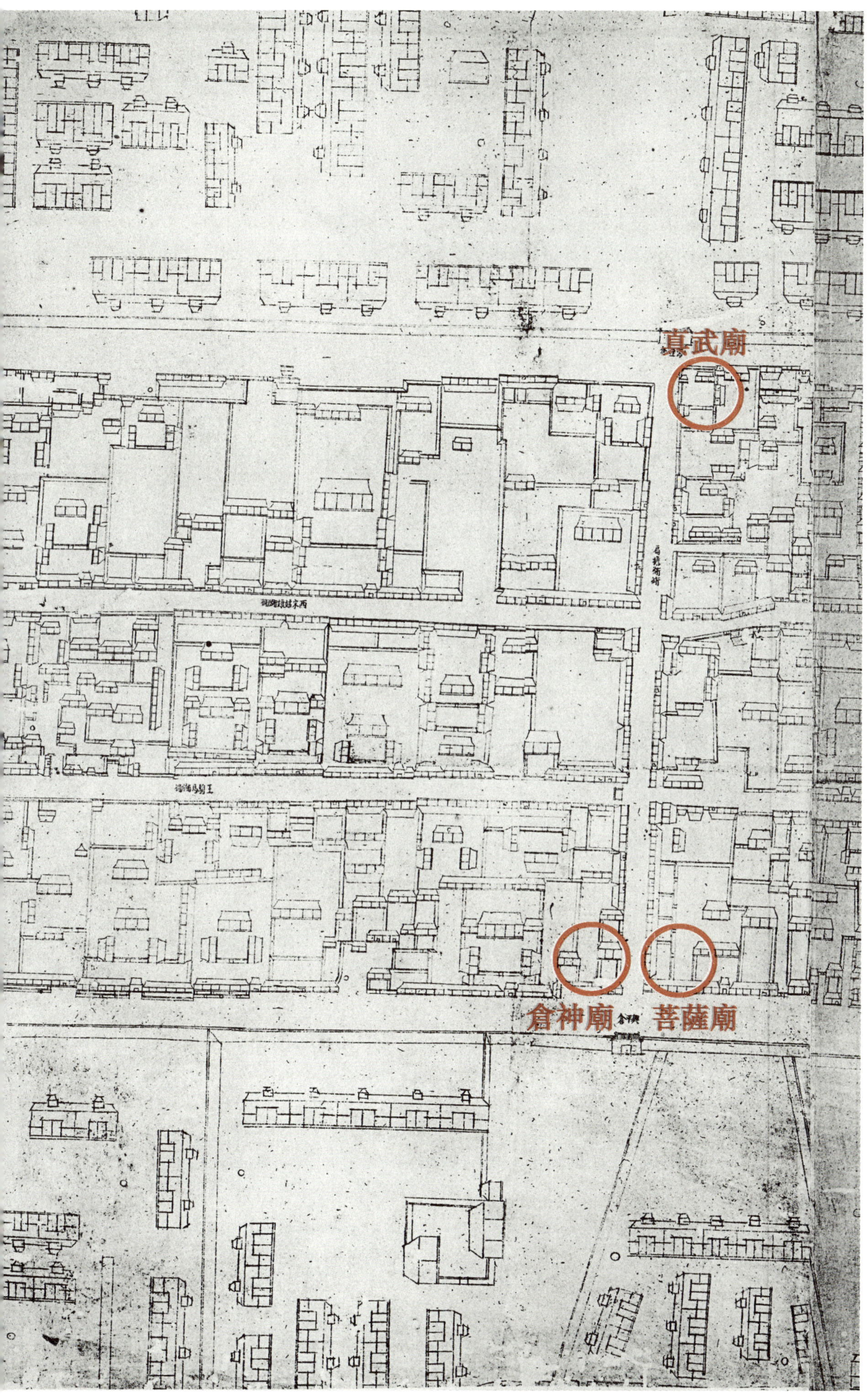
真武廟
倉神廟
菩薩廟

圓音寺

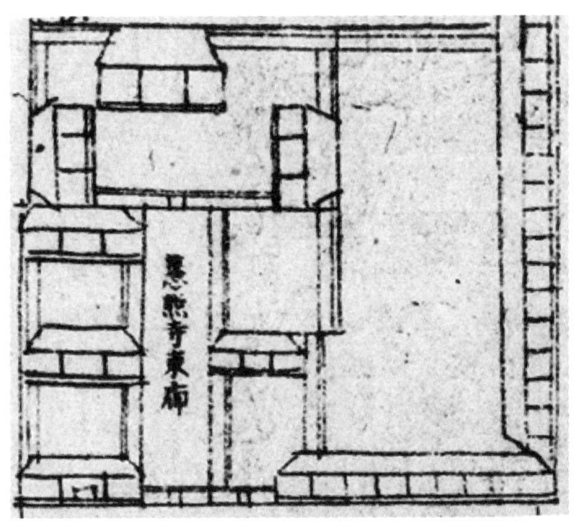

圓音寺，也稱“東廊廟”或“中天寺”，建築似已繪於乾隆《京城全圖》上，但注爲“慧照寺東廊”。原址在內三區慧照寺胡同五號（今東城區東四十條二十二號）。寺廟建築現存部分，但均翻建。

圓音寺可能在乾隆年間從慧照寺中獨立出來。一方面，民國時期寺廟住持玉山稱此廟爲“乾隆年間私建”[1]，另一方面，至少在《乾隆廟冊》登記時，圓音寺已自立門戶，稱“東廊廟”，爲大僧廟，住持周慧。從乾隆《京城全圖》上看，慧照寺[2]廟外標註有“慧照寺東廊”一處，坐北朝南，約分兩重。南院有東、中、西三路，分別開門出入。中路爲甬道，無建築；東路三層屋宇，一式坐北朝南且均爲三楹，整齊劃一；西路僅有朝南小房三間，前後均爲空地。北院爲一三合院，有正殿三間、東西配殿各三間，正爲今圓音寺所在地。院東尚有大片空地，未知是否屬於廟産。可能因其曾附屬於慧照寺，故歷代地方志均未記此廟，僅《北京市志稿》載“內三區，圓音寺，慧照寺五號”而一筆帶過[3]。

宣統二年（1910），河北涿縣來京僧人玉山接續住持，在廟焚修，傳養山派。此時圓音寺仍有南北兩院。山門南向，木額記寺名；前院有南房三間、西房五間，均爲住宅；後院有北殿三楹，主祀三大士，泥塑金身、二童侍立，陪祀關

[1] 北京市檔案館藏《北平市社會局寺廟類·內三圓音寺僧人玉山關於登記廟産和持修接充主持的呈文及社會局的批示》，1930–1941年，檔案號J2-8-193，頁十三。

[2] 參見本排段“慧照寺”條。

[3] 吴廷燮等纂《北京市志稿》卷三·釋教三，北京：北京燕山出版社，1998年，頁一百一十六。

帝，周倉、關平在側；殿外東西耳房各兩小間、東西配房各三間。廟内有道光十一年（1831）十月鑄鐵磬一口，乾隆年間造鐵鐘一尊，榆樹一株[1]。民國二十五年（1936），玉山病逝，經内二區演樂胡同慶福寺住持榮光[2]、内三區五條二十四號寶慶寺住持智明[3]，以及慧照寺住持隆修共同擔保，十九歲的年輕僧人持修接充住持。然而不到三年，持修也圓寂，隨着他的去世，廟産與住持之職産生糾紛。

民國二十九年（1940）一月，中天道會[4]代表人石悟道要求購買圓音寺廟産，并改廟名爲“中天圓音寺”。社會局以“嚴禁售賣廟産”爲由拒絕并展開調查，發現賣廟合同乃石悟道與持修之生母——臧閻淨塵所訂立。但臧閻氏否認曾與石悟道有過交易，稱中天道會衹是租住廟房，絕無賣廟之事。並稱持修乃屬賈菩薩派，素無同宗，在他死後，臧閻氏爲他收得一徒，法號德圓，可繼香火。因其年幼，無力打理廟務，故持修之父臧玉琢通過鄰居吳玉亭介紹，認識了在廣安門外北觀音寺内和尚際桂，請他來代管廟務。社會局認定，際桂非佛教會公推之人選，於章程不合，傳令佛教協會另推高僧代理圓音寺住持。

民國三十年（1941）八月，經過多次協商，佛教會終於推舉廣通寺住持性然代理圓音寺廟務，待德圓成年後再歸還住持職務。僅僅四個月之後的是年十二月，性然呈報社會局：德圓無意出家，情願還俗。社會局調查人員詢德圓之生母王徐氏，據她聲稱：當初持修之母臧閻淨塵許諾免她全家房租，王徐氏纔將幼子之名附於持修名下。今臧閻氏將全院空房均租與日本人隆口，限令廟内其他租户全數搬出。王徐氏忿，請求社會局准許其子還俗，并要求臧閻氏多給搬遷費。社會局雖同意德圓還俗之要求，卻以“照合同辦事”爲由，拒絕了王徐氏的第二個請求[5]。由於檔案不全，此事最終如何結尾已不可知，但 20 世紀 50 年代北平市民政局寺廟登記時，圓音寺的住持是性然[6]。住在廟内的老住户卻説，此廟歸一位老太太所有。直到上世紀 50 年代她還住在廟内，租户們向她交房費。甚至有老住户直接將此廟叫做姑子庵，説廟裏住的是老太太，可見寺廟的實際管理者還是臧閻氏。

同樣是上世紀 50 年代的文物部門調查記録顯示，當時圓音寺尚有山門及大殿，爲硬山箍頭脊筒瓦頂，鏇子彩畫，内簷徹上明造五架梁，前簷有吞廊。至 1980 年代時，山門已拆除，僅剩大殿，進深五檁，已改爲民居[7]。

2006 年調查時，圓音寺三間大殿仍存，院内還有翻蓋過的東西耳房各兩間、東西廂房，以及槐樹兩株。據説臧閻氏腌咸菜的井現被埋在院内南房下。2009 年，大殿也重新翻修，但地基比之前下沉了一米左右。直到 2014 年回訪時，廟内仍然是居民院落。

---

〔1〕參見國立北平研究院《圓音寺》，東四 69。

〔2〕乾隆《京城全圖》七排三段“慶福寺”。

〔3〕乾隆《京城全圖》六排三段“寶慶寺”。

〔4〕從檔案記載看，此中天道會以扶乩請神爲主要活動内容，其詳細情況尚未得知。

〔5〕參見北京市檔案館藏《北平市社會局寺廟類·内三圓音寺僧人玉山關於登記廟産和持修接充主持的呈文及社會局的批示》，1930–1941 年，檔案號 J2-8-193。

〔6〕北京市檔案館藏《北平市民政局·北平市寺廟總登記簿（第一册）》，1950 年，檔案號 J3-1-203，頁十六。

〔7〕《北京市文物勝跡大全·東城區卷》，頁三百四十。另參見《中國文物地圖集·北京分册（下）》，頁三十三。

慧照寺

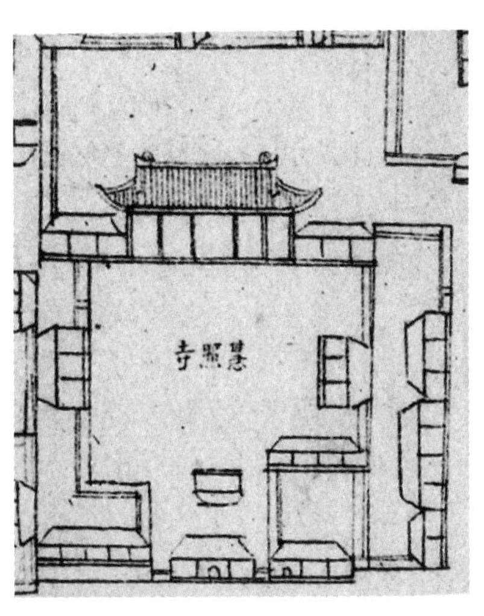

慧照寺，也名慧昭寺[1]，原址在内三區慧照寺胡同七號（今東城區東四十三條十七、十九號，東四十四條二十六號）。寺廟建築現存部分。廟内原有碑刻一通，爲明弘治十年（1497）《慧照寺碑》，現存廟中。

慧照寺始建於明成化年間。據《慧照寺碑》記載，明成化十七年（1481）十二月，可佑禪師購永寧右衛指揮使譚純住宅一所，創爲焚修之地。御馬監太監閻興以此事奏聞天聽，明憲宗乃賜額"慧照寺"，并擢升可佑爲僧録司右覺義。得欽定寺名後，閻興與善女蔣氏倡爲修廟，自任大檀越，"罄傾囊帛、兼募衆緣"，至明弘治七年（1494）工方告竣。是年十二月，可佑又在民人張海處買土地五畝，作爲附屬塋地，歸慧照寺永遠爲業。此時的慧照寺首有山門，前殿爲金剛殿，左右伽藍祖師二堂各三楹；正殿爲大佛殿，共五間，内塑大佛聖像并二尊者，十八羅漢兩壁立；後殿爲方丈五間，翼以廊廡、繚以垣牆[2]。

可佑原出自金陵世族，《慧照寺碑》説他"智識聰達，風度高雅"，後拜牛首月溪澂公和尚爲師，習曹洞、賢首兩宗，皆得深旨。自入京師後，四方學者、達官顯貴來訪者絡繹不絕，而禪師仍能保持本色，鋒芒不露，爲時人所

[1] 此别名見《北京文物勝跡大全·東城區卷》，頁二百八十七至二百八十八。

[2] 參考（清）于敏中等編纂《日下舊聞考》卷四十八，北京：北京古籍出版社，1985年，頁七百六十九至七百七十。（清）吴長元輯：《宸垣識略》卷六，北京：北京古籍出版社，1981年，頁一零八。（清）周家楣、繆荃孫等編纂：《光緒順天府志》京師志十六·寺觀一，北京：北京古籍出版社，1987年，頁四百八十八。（民國）陳宗蕃編著：《燕都叢考》第四章，北京：北京古籍出版社，1991年，頁三百零九、三百一十四。（民國）許道齡纂《北平廟宇通檢》上編，國立北平研究院史學研究會，1936年，頁四十至四十一。《北京市志稿》，頁五十一。

稱頌[1]。

至清《乾隆廟冊》登記時，慧照寺仍爲大僧廟，時任住持達顯。從清乾隆《京城全圖》上看，此時慧照寺正院規模已大不如明時，然左右有東、西廊，均有房屋數楹、小院幾重。其中慧照寺東廊自成一廟，住持周慧，《乾隆廟冊》登記爲東廊廟，後改稱圓音寺[2]。慧照寺正院首有山門三間，繼之爲倒座房一座一間；正殿五間，爲獸脊筒瓦歇山頂，帶左右各三間耳房，前有東西二偏殿；廟内還有群房十數間，然明弘治年間的前殿、後殿均已無存。後至清同治九年（1870）、光緒十二年（1886），此廟似乎又曾重修或增添法物，蓋廟内原有鐵磬及圓形鐵爐記其事。

至民國年間，寺廟殿宇更覺逼隘。民國二年（1913），臨濟宗僧人隆修接任住持，至二十二年（1933），他在外院添建灰房兩間半。民國二十五年（1936）社會局登記時，廟内佛殿住房共二十四間，隆修領徒能興在内焚修，靠經懺佛事爲生，另有鼓樓東街財神廟爲下院[3]。此時的慧照寺，山門南向，前爲小巷；北殿改爲正殿三楹帶左右二耳房，正殿係大雄殿，弘治年間即開始供奉的釋迦佛與其隨侍二童，及十八羅漢仍在殿内，除此之外又新增了關帝、藥王、南海大士各一尊，更覺佛大而殿小；東耳房東鄰有側殿三間，原爲觀音殿；西耳房西鄰爲禪房三間；北殿前有東西偏殿各三楹，東偏殿爲關帝殿，時已無佛像，改爲住宅，西偏殿爲祖師殿，供奉達摩塑像三尊。明代石碑仍立院中。除此之外，廟内尚有群房十數間。僧人經懺佛事之香火甚旺，故廟内屢有添建置産之事。民國二十八年（1939），爲方便廟内停靈，隆修在臨街東牆另開旁門一座，專供停靈辦事之行走。是年八月，隆修又在北郊安定門外小關東北小營村購置空地一畝五分，備作墳地。民國三十一年（1942），廟院中再添蓋南北灰房各一間[4]。

民國三十二年（1943），隆修因年老病篤，願退讓住持之職。然而他的徒弟能興，因俗家不願其出家已經還俗成婚。無奈之下，隆修請求佛教協會公選住持，方磚廠延壽寺住持證和當選，在呈報社會局備案時，社會局要求將財神廟歸還其原上院淨因寺後，方可更替住持[5]。然而至民國三十六年（1947）北平市民政局寺廟登記時，慧照寺的住持卻换成了祥鉢[6]。

直到20世紀50年代，慧照寺尚存山門、大殿三間及部分配廡。正殿配殿均爲硬山箍頭脊筒瓦頂，應自乾隆後又有重修[7]。此時慧照寺仍香火旺盛。大殿停靈，三級臺階之下場院開闊，可容數百人集會，故也用於舉辦喪祭儀式。每到初一、十五，附近居民常來上香。隆修及其兒子依寺組建獅子會，既進香走會，也逢期商演，其獅子“樣子最好”，堪稱北京一絕。隆修退讓住持之後，還曾多次在廟裏收“跳墻和尚”徒弟[8]。廟内西廂房内曾住過一位外號“二老爺子”的老太，頂香爲人看病，求醫問葯者絡繹，也爲廟中帶來不少香火。

---

〔1〕明弘治十年《慧照寺碑》落款爲“可佑”，然歷代文獻如前引之《日下舊聞考》等均記爲“庭佑”。東城區華豐胡同法通寺内原有明弘治十二年（1499）《真鎧行實碑》，題爲“僧録司右覺義兼住☐☐寺住持祖庭（泐）法印師可佑書丹”，也記其名爲“可佑”。二碑對照，足見可佑爲一代名僧，在當時的北京佛教界有很大的影響力。參見二排五段“淨因寺”條。另見周肇祥：《琉璃廠雜記》，北京：北京燕山出版社，1995年，頁一百一十二。

〔2〕參見本排段“圓音寺”條。

〔3〕參見《北京内城寺廟碑刻志》（第三卷），“財神廟”條，頁一百四十至一百四十二。

〔4〕《北平市社會局寺廟類·内三區慧照寺僧人隆修呈請登記廟産接充主持及社會局的批示》，1930–1944年，檔案號J2-8-187。另參見國立北平研究院《慧照寺》，東四68。

〔5〕參見《北京内城寺廟碑刻志》（第二卷），“淨因寺”條，頁四百八十九至五百一十八。

〔6〕《北平市民政局·北平市寺廟總登記考察簿》，1947—1948年，檔案號J3-1-237，頁二十。

〔7〕《北京文物勝跡大全·東城區卷》，頁二百八十七至二百八十八。

〔8〕所謂“跳墻和尚”，即挂名弟子。多爲少年男孩，爲求平安長壽，以長凳爲墻，跳過即爲出家，還俗時把筷子一撒就算“打出佛墻”。

據隆修的後人介紹，祥鉢乃隆修之徒，師徒兩代均以做法事爲生。隆修爲滿洲八旗，父親曾在頤和園當差。他四十多歲時喪妻，隨後出家，直到 1963 年在慧照寺内去世。祥鉢雖接替住持，但並不在廟内居住。20 世紀 50 年代初，祥鉢雖未還俗，但開設一家電鍍廠，同時兼收一半房租。

1958 年，廟産收歸國有，殿内神像被砸碎埋入地中，山門被拆除。廟内開設謄印社，正殿被用作工廠，後曾翻修，原有之上好木料建材全被替换，包括隆修口中"金子打的釘子"等，均不知去向。

20 世紀 80 年代調查時，山門已被拆除，大殿和配殿尚存[1]。但據老住户回憶，1976 年地震以後，正殿與東西配殿就已經全部重修。正殿南邊新蓋數間小房，《慧照寺碑》此時被砌入了墻内。

2008 年，院内諸房又再次徹底翻修，衹有大殿東耳房一直沒有拆除，衹是在 2012 年左右重砌過山牆。2014 年調查時看到，廟院被分割成數個小院子，格局已模糊不清，衹有大殿的三間東耳房尚存，現爲民居院落。

慧照寺正殿東朵殿東北角（2014 年 9 月　曉松攝）

〔1〕《北京文物勝跡大全·東城區卷》，頁二百八十七至二百八十八。

京 205《慧照寺碑》陽

京 205《慧照寺碑》陰

敕賜慧照寺修建記

敕賜慧照寺修建記

萬福開山嗣祖沙門（漫漶）撰

中憲大夫太僕寺少卿（漫漶）

文華殿前中書舍人安成（漫漶）篆額

清靜大覺爲物出真悲智一如彌綸十界毛端現□塵□□□□□□□多互遍信夫密圓淨妙隨應難思無法不中無機

不被者矣際我

皇明盛世海宇成平天下佛刹星布廣衆安修是亦

聖佛同化千載一日也今都城大市東南居賢坊慧照寺者實僧録右衙覺義祖庭佑公成化辛丑得諸永寧春□公故宅闢爲梵

修之所是歲御馬監太監閻公興特爲奏

聞欽蒙

憲宗皇帝詔賜寺今額授公今職何其預哉自是閻公并善女蔣氏爲大檀越罄傾囊帛兼募衆緣鳩工□建大佛紺殿五楹内塑

大佛聖像并二尊者旁設十八阿羅漢像皆以金飾及諸供具前建金剛殿山門伽藍祖師二堂各三楹皆全像設後爲方丈

五間翼以廊廡繚以垣牆幡幢鐘鼓叢林物務無不備焉始成化辛丑至弘治甲寅工乃告完然□碧一新成茲巨刹非公因

緣遭際何克臻此公金陵世族智識聰達風度高雅師業牛首月溪澂公和尚源委有自幼入

京師有年由出兩宗之門禪傳洞下教演賢首搜括精要皆得深旨自開山來迨將廿載每朝□□暇躬爲四方學者升堂

入室聆音疑泮差肩繼踵來者絡繹垂方便不犯於鋒鋩示歸元即還於本色於戲公今垂白孜孜以佛法爲任不少替彼泛

泛者望公得不有勸乎中愚謂公爲人師於教於世不爲小補而建寺報本之懷其以得矣今□□巳夏公録其寺修建緣由

詣愚請記於石用傳永久愚以不文辭不獲因系之以偈曰

第一義諦超言思　興慈應跡□機宜　幸哉覺道遭

明時　堂堂天下安

皇基　祇園祇樹茂瓊枝　天龍叶贊相維持　以茲慧照叢林奇　乃見一代弘宗師　□□□□□□□　幡幢刻石爲高碑

大明弘治十年歲次丁巳孟冬吉日立

京205《慧照寺碑》陽

緇流
宗永

曹洞正宗
福慧智子覺
了本源可悟
周洪普廣宗
道慶同玄祖
清淨真如海
湛寂淳貞素
德行永延恒　親教月溪禪師
妙體常堅固　師祖無方應禪師　住持覺智
心朗照幽深　祝髮明緣禪師
性明鑑崇祚
衷正善禧祥
謹慤願濟度
雪庭[大]導師
引汝歸玄路

僧録司右覺義開山第一代主持可佑識

此寺原係成化十七年十二月十八日
買到永□右[衛]指揮使譚純住宅一所
四至分明永遠惠照寺爲業
又於弘治七年十二月二十四日買到
都城東□□□□坊民人張海□□
地一段計五畝□□□□後瘞葬以
爲□□之所也□此[刊]記

諸山
□□　□和
□□　可宗
本源　成海
真讓　性□
真空　□□　□□　□□　□[寬]　文東

門人
智達　□□　□□　悟聰　□□

法眷
真如住持　□□　可□　□□　可秀　可戒　可斌
慈善住持　□□　□□　可祚　可亮

提點
能通　周□　□□　周福
都寺　副寺
悟春　周經　周□　周永

首座
悟顯　惠澄　妙托　周念
藏主　維那　堂司
悟肇　周景　□慶　周忍

□□
悟亨　悟堅　淨通
悟堂　悟信　行玉
悟衡　悟廣　圓果　海衆
悟□　悟朗　文□
悟聚　悟清　定源
悟祥　悟□　妙化
周□　周常　洪□　洪□　周利　□□
周儀　周存　洪載　洪如　覺淨　□□
周荼　周聞　洪鑑　洪謙　道□　□□
周□　周義　洪安　洪滿　清□　□□
周□　周思　洪濟　洪文　□□　□□
周善　周修　洪登　洪潤　周獻　□□
周隆　周省　洪寧　洪俊　□□　□□

京205《慧照寺碑》陰

慧照寺碑

首題:敕賜慧照寺修建記
年代:明弘治十年(1497)十月
原址:東城區慧照寺胡同
拓片尺寸:碑陰陽高220、寬107厘米,額高50、寬38厘米
書體:楷書　額篆書
書人:李綸
《目録》:頁223
拓片編號:京205
拓片録自:《北京圖書館藏中國歷代石刻拓本匯編》第53卷56—57頁

【碑陽】

額題:敕賜慧照寺修建記(篆書)

碑文:

敕賜慧照寺修建記 1

萬福開山嗣祖沙門(漫漶)撰。2

中憲大夫太僕寺少卿(漫漶)。3

文華殿前中書舍人安成(漫漶)篆額。4

清靜大覺爲物出真悲智,一如彌綸十界毛端現□塵(漫漶八字)多互遍信,夫密圓淨妙,隨應難思,無法不中,無機 5 不被者矣。際我 6 皇明盛世,海宇成平,天下佛刹星布,廣衆安修,是亦 7 聖佛同化,千載一日也。今都城大市東南居賢坊慧照寺者,實僧録右衜覺義祖庭佑公成化辛丑得諸永寧春□公故宅,闢爲焚 8 修之所。是歲,御馬監太監閻公興特爲奏 9 聞。欽蒙 10 憲宗皇帝詔賜寺今額,授公今職。何其預哉。自是閻公并善女蔣氏爲大檀越,罄傾囊帛,兼募衆緣,鳩工□建大佛紺殿五楹,内塑 11 大佛聖像并二尊者,旁設十八阿羅漢像,皆以金飾,及諸供具。前建金剛殿,山門,伽藍祖師二堂各三楹,皆全像設。後爲方丈 12 五間,翼以廊廡,繚以垣牆。幡幢鐘鼓,叢林物務,無不備焉。始成化辛丑,至弘治甲寅,工乃告完。然□碧一新,成兹巨刹,非公因 13 緣遭際,何克臻此。公金陵世族,智識聰達,風度高雅,師業牛首月溪澂公和尚,源委有自,幼入 14 京師有年,由出兩宗之門,禪傳洞下,教演賢首,搜括精要,皆得深旨。自開山來迨將廿載,每朝□□□暇躬爲四方學者,升堂 15 入室,聆音疑泮,差肩繼踵,來者絡繹。垂方便不犯於鋒鋩,示歸元即還於本色。於戲!公今垂白,孜孜以佛法爲任,不少替。彼泛 16 泛者望公,得不有勸乎中愚。謂公爲人師,於教於世,不爲小補。而建寺報本之懷,其以得矣。今□□巳夏,公録其寺修建緣由 17 詣愚,請記於石,用傳永久。愚以不文辭,不獲,因系之以偈曰:18 第一義諦超言思,興慈應跡□機宜。幸哉覺道遭 19 明時,堂堂天下安 20 皇基。祇園衹樹茂瓊枝,天龍叶贊相維持。以兹慧照叢林奇,乃見一代弘宗師。□□□□□□□,幡幢刻石爲高碑。21

大明弘治十年歲次丁巳孟冬吉日立。22

【碑陰】

額題:緇流宗永

碑文:

曹洞正宗:福慧智子覺,了本源可悟。周洪普廣宗,道慶同玄祖。清淨真如海,湛寂淳貞素。德行永延恒,妙體常堅固。心朗照幽深,性明鑑崇祚。衷正善禧祥,謹慤願濟度。雪庭大導師,引汝歸玄路。

師祖無方應禪師,親教月溪禪師,祝髮明緣禪師。住持覺智。

諸山:(下殘)□□,□和,□□,可宗,本源,成海,真讓,性□。

門人:真空,智達,(下殘)悟聰,□寬,□□,文東。

法眷:真如住持,慈善住持,□□,□□,可□,□□。

□□:可秀,可祚,可戒,可亮,可斌。

提點:能通,悟春。

都寺:周□,周經,□□,周□。

副寺:周福,周永。

首座:悟顯,悟肇。

藏主:惠澄,周景。

維那:妙托,□慶。

堂司:周念,周忍。

□□:悟亨,悟堂,悟衡,悟□,悟聚,悟祥,悟堅,悟信,悟廣,悟朗,悟清,悟□,淨通,行玉,圓果,文□,定源,妙化。

海衆:周□,周儀,周荼,周□,周□,周善,周隆,周常,周存,周聞,周義,周思,周修,周省,洪□,洪載,洪鑑,洪安,洪濟,洪登,洪寧,洪□,洪如,洪謙,洪滿,洪文,洪潤,洪俊,周利,覺淨,道□,清□,□□,周獻,□□(下殘)

此寺原係成化十七年十二月十八日買到永□右衙指揮使譚純住宅一所,四至分明,永遠惠照寺爲業。又於弘治七年十二月二十四日買到都城東□□□□□坊民人張海□□地一段,計五畝□□□□□後瘞葬以爲□□之所也。□此刊記。

僧録司右覺義開山第一代主持可佑識。

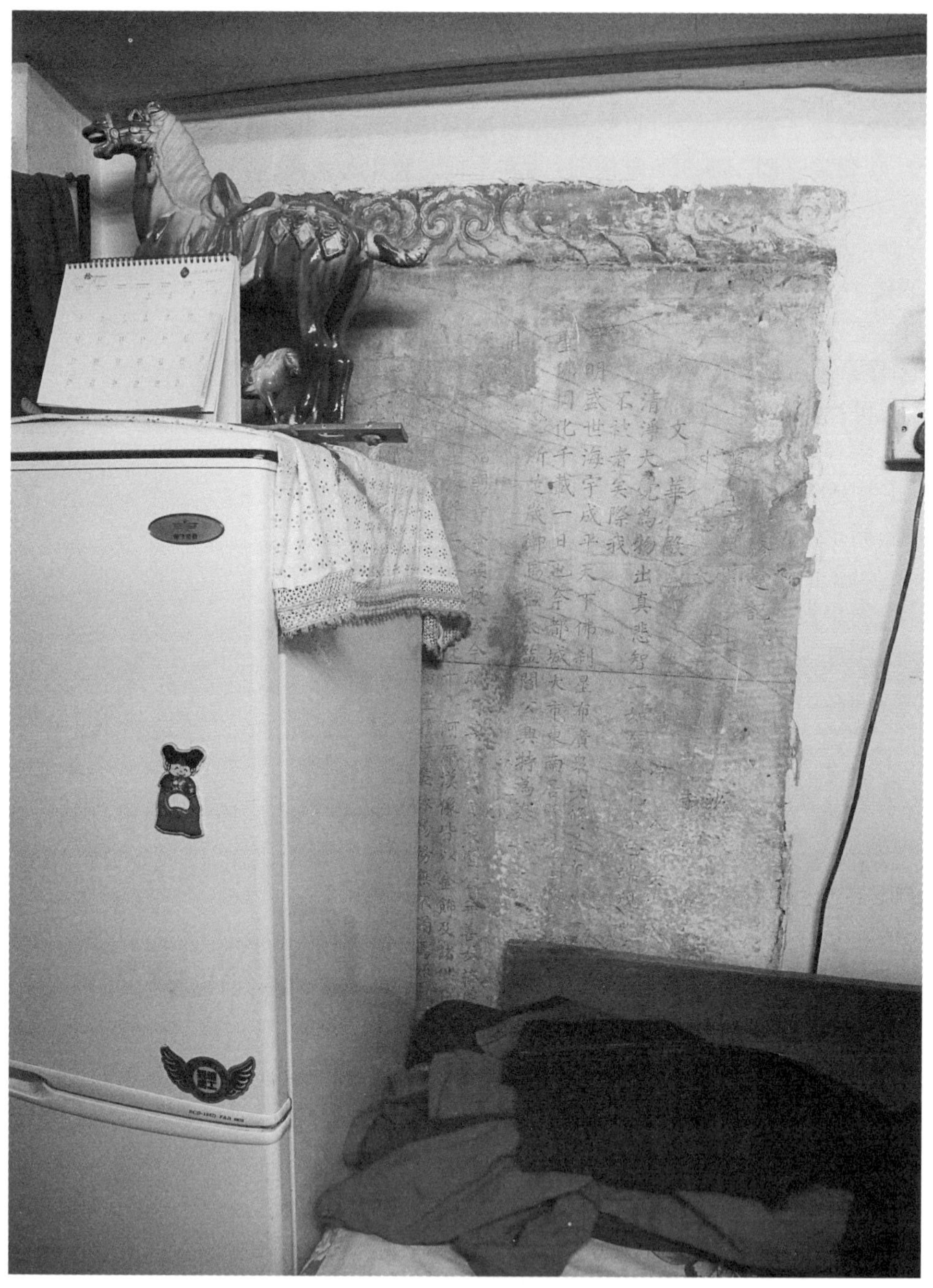

慧照寺正殿前東側《慧照寺碑》陽，已被砌入房内（2015年6月 王軍攝）

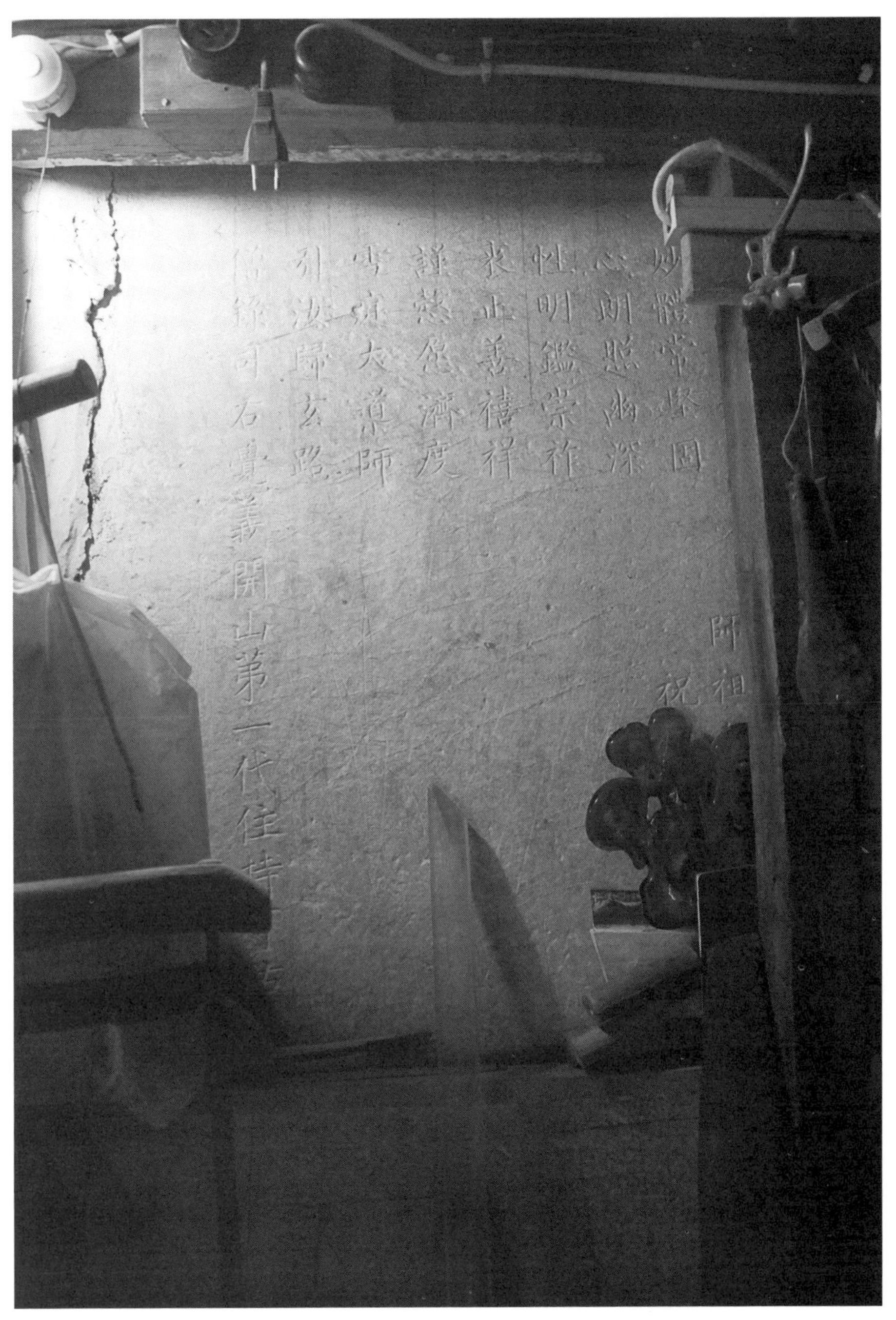

《慧照寺碑》陰（2015 年 6 月 王軍攝）

觀音庵（東四十三條）

觀音庵，亦名五顯廟，後其地即以廟名。原址在內三區五顯廟二十七號（今約爲東城區東四十三條三十九號左右），寺廟建築現已不存。

此廟未知始建何時，廟內原有鐵鐘一口，銘文曰“大明成化十八年（1482）八月吉日”，然雍乾廟冊均無登記。從清乾隆《京城全圖》上看，它位於慧照寺以西，坐南朝北，僅有一進院落，正殿三間。其西有小房一間，另開院門進入，未知是否屬於該廟。至清光緒年間，廟內似曾增添法物，原有鐵磬一口記其事。

至民國年間，廟門仍北向，院內僅有北殿一間，供關帝一尊，周倉、關平侍立，財神五尊、藥王一尊。另有北小房一間，東、北小棚各二間。據稱此廟原爲家廟，然姓名已不可考，也未在北平市社會局登記，僅有郭姓一人代管，住在廟南的慧照寺小胡同中。其時廟院全部租與德勝廠煤鋪，其櫃房就設在北小房內[1]。1945 年警察局登記時，稱此廟衹有“一間破屋”，供“五顯財神五尊”[2]。

周圍老住戶還記得這座衹有一間房的小廟，七八十年代被拆蓋了簡易樓。這條胡同裏的很多住戶都認爲“五顯廟”之名原說的是東四十四條七十二號，但是據考證，七十二號在 20 世紀 30 年代曾爲“今是中學”校址之一，後改建爲五顯廟小學，其建築不像廟房，但確比一般平房要高大宏偉，與“一間破屋”的五顯廟相差甚遠。

2006 年調查時，廟址爲簡易樓。

〔1〕參見國立北平研究院《五顯廟》，東四 64。

〔2〕首都圖書館藏《北平寺廟調查一覽表》，1945 年，無頁碼。

伏魔庵

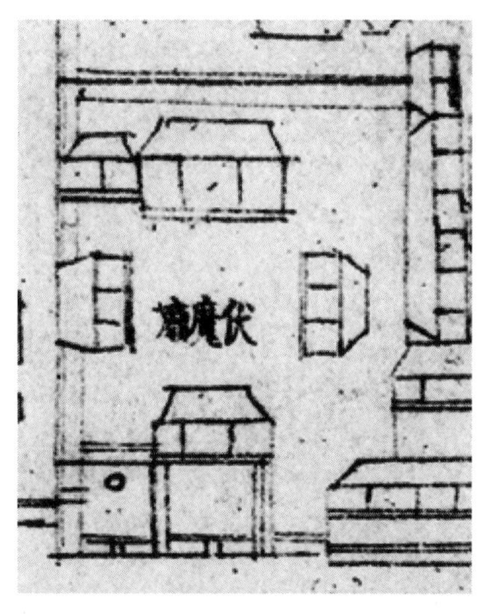

伏魔庵，也稱關帝廟[1]，後似與五嶽廟合併，稱五嶽關帝廟。原址在内三區東四十條胡同四號（今東城區東四十條四十一號），寺廟建築現存部分。廟内曾有旗杆座石刻一方，爲康熙五十四年（1715）《關帝廟旗杆座刻石》[2]。

此廟可能始建於清康熙五十四年，廟門旗杆石座記爲信女梁氏捐資敬立，民國時寺廟住持鷲峰也認定是年爲寺廟初創時間。清《乾隆廟册》中記此廟爲大僧廟，住持增福。《乾隆廟册》中另有五嶽廟登記，住持不同，故知此時二廟尚未合併。從乾隆《京城全圖》上看，伏魔庵緊鄰五嶽廟東，坐北朝南，南牆開院門，入門後首有前殿三間，西跨院内有水井一眼；後有正殿三間，帶兩間西耳房，南有東西配殿各三間。

清光緒三十四年（1908），志遠將廟産賣與同心，民國十四年（1925），同心之徒孫明寬將廟售與志英堂王策清，至民國十六年（1927）時，王策清再轉給夕照寺住持鷲峰，至此，伏魔庵成爲夕照寺下院[3]。此時伏魔庵内開設慈濟第十三民衆學校和華北社會教育協替會。山門南向，石額“敕封三界伏魔大帝”，山門内旗杆一座，石座刻有“康熙歲次乙未丙戌月庚申日梁氏豎”字樣；北爲關帝殿三楹，額曰“至仁大勇”，内供關帝一尊，金身緑袍，周倉、關平侍立，土地、財神、龍王、山神配祀；再北有北殿三楹，時爲慈濟第十三民

〔1〕此别名見《北京文物勝跡大全·東城區卷》，頁二百六十八至二百六十九。

〔2〕清康熙五十四年（1715）《關帝廟旗杆座刻石》，京199，據北京圖書館藏拓片録文。

〔3〕《北平市社會局寺廟類·内三區五嶽關帝廟僧人鷲峰呈請登記廟産及社會局的批示》，1930—1939年，檔案號J2-8-216，頁六至八。

衆學校教室，東西房各三間，分别用作事務室、收發室和會議室。除殿宇外，山門西還有小房一間，北殿東南有東房二間，西南有西房二間，東北有北房二間，西北有北房二間[1]。

伏魔庵與五嶽廟地屬相鄰，故二廟關係頗爲緊密。民國十八年(1929)寺廟登記時，此廟住持稱十條胡同四號(即此廟)名爲"五嶽關帝廟"，然《乾隆地圖》上之"五嶽廟"，實乃其右鄰，當時地址是十條胡同甲四號，内開設有長盛油棧。伏魔庵之住持隱有統管二廟之意。民國二十二年(1933)，五嶽關帝廟住持鶯峰呈報，他新購十條胡同甲四號房三間，自此，兩廟確定同歸夕照寺下院，五嶽神像也成爲鶯峰歷次呈報登記的重點[2]。

20世紀50年代調查時，原屬伏魔庵的部分尚有山門、前後殿及配殿。前殿面闊三間，硬山箍頭脊筒瓦頂，徹上明造五架梁；後殿三間，前出廊；東西配殿各三間，與後殿同爲硬山筒瓦頂[3]。住戶還記得廟内原有旗杆座，惜早已不知去向。

1985年，廟改爲公安局宿舍，殿宇尚存[4]。然2014年調查時判定，平安大街擴建時，拆除了此廟的山門、前殿，及東西配殿的一部分，故僅存朝南大殿三間，而東西配房尚存半座，已翻建。

伏魔庵大殿前院（2013年5月　曉松攝）

〔1〕國立北平研究院《五嶽廟》，東四83。

〔2〕《北平市社會局寺廟類·内三區五嶽關帝廟僧人鶯峰呈請登記廟産及社會局的批示》，1930—1939年，檔案號J2-8-216，頁二十六至四十八。

〔3〕參見《北京文物勝跡大全·東城區卷》，頁二百六十八至二百六十九。

〔4〕同上。

康熙歲次乙未丙戌
庚申日梁氏豎

京 199《關帝廟旗杆座刻石》

關帝廟旗杆座刻石

年代:康熙五十四年(1715)九月二十八日
原址:東城區東四十條
拓片尺寸:碑高 23、寬 20 厘米
書體:楷書
《目録》:頁 286
拓片編號:京 199
拓片録自:北京大學圖書館藏拓片

【碑文】

康熙歲次乙未丙戌庚申日梁氏豎

五嶽廟

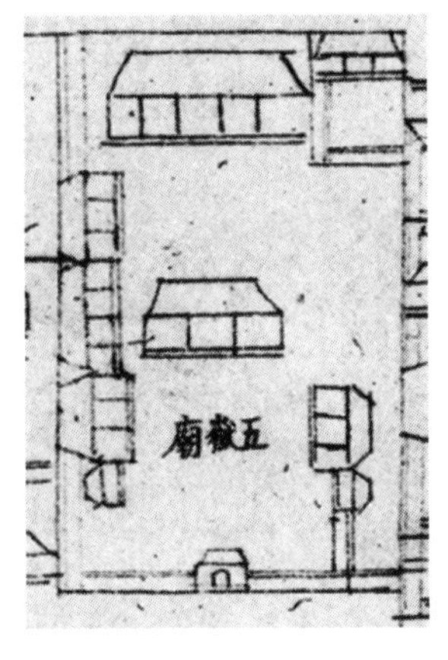

五嶽廟，後與右鄰伏魔庵合併[1]，稱“五嶽關帝廟”。原址在內三區東四十條胡同甲四號（今東城區東四十條四十三號），寺廟建築現已不存。《宸垣識略》記廟內原有明嘉靖間工部侍郎張憲撰碑，惜碑石拓片均佚失無考[2]。

此廟大約始建於明宣德年間，時爲道觀，羽士居之[3]。廟內原供有玉續《五嶽真形圖》，廟因此得名，史籍文獻也多記載[4]。清康熙十四年（1675）廟曾重修，山門石額記其事[5]。至《乾隆廟冊》登記時，寺已轉爲大僧廟，住持通意。從乾隆《京城全圖》上看，五嶽廟坐北朝南，山門一座，東西配殿各三間各帶一南耳房；前殿三間，其西有僧房七間；後殿五間，東側有小北房三間，繚以垣墻。

至民國二十二年（1933）以後，五嶽廟雖已與伏魔庵正式合併，然建築仍爲獨立廟院，院落格局與《京城全圖》所繪差別不大。山門仍南向，石額“五嶽廟”，門內槐樹二株、北殿三楹，內供東、西、南、北、中五嶽大帝像，六侍神與韋陀配祀；東配房爲娘娘殿三間，供泥塑娘娘三尊，小童四人并配像三尊；西配房爲火神殿三間，供泥塑火神一尊、小童配像各二尊；西配殿後四間夾道房保持乾隆時原樣，東配殿後加蓋夾道房四間，使之與西側對稱；再北之北房六間，東房三間仍未變，惟東小院內三間北房拆除，改建西房三間，正與東房相對。正院之東，伏魔庵院牆之後，尚有四間南房，時與五嶽廟相通。廟內各房

[1]《北平廟宇通檢》記“五嶽廟，十條胡同四號，……今爲夕照寺下院”，然四號應爲伏魔庵，夕照寺下院登記爲“五嶽關帝廟”，故知二廟當時已合併。《北平廟宇通檢》，上編，頁三十一。

[2]《宸垣識略》，卷六，頁一百零六。

[3]《光緒順天府志》，坊巷志，頁三百六十八。

[4]參見《燕都叢考》，頁三百一十三。

[5]參見國立北平研究院《五嶽廟》，東四 83。

均爲長盛油棧所賃，言住持僧人不在廟內，油棧代管廟房。蓋其時爲夕照寺下院，歸夕照寺鷲峰管理[1]。1937年調查時，寺廟負責人雖仍爲僧人鷲峰，廟內卻長居道士一名，未知其故[2]。

至1950年代調查時，廟院尚完整，山門、正殿、東西配殿均存，正殿三間前帶廊，東西配殿各三間也均有吞廊，各殿均爲硬山筒瓦頂。但至1985年調查時，廟已改爲民居，僅存西配殿三間，前檐正間吞廊仍在，其餘均已拆除[3]。

據老住戶回憶，20世紀50年代時廟內無神像，也無僧人照管，已爲民居院落。然山門內古槐一株仍存，至1999年修平安大街時纔被砍走。

2006年調查時，廟院輪廓尚存，廟房均已不存，但西配房與後殿似乎是原址翻建。2008年左右，後殿再次翻建。2014年回訪，院內格局不變，仍爲居民院落。

〔1〕參見國立北平研究院《五嶽廟》，東四83。

〔2〕《北京文物勝跡大全·東城區卷》，頁三百二十六。

〔3〕同上，另參見《中國文物地圖集·北京分冊（下）》，頁三十四。

觀音庵（東四九條）

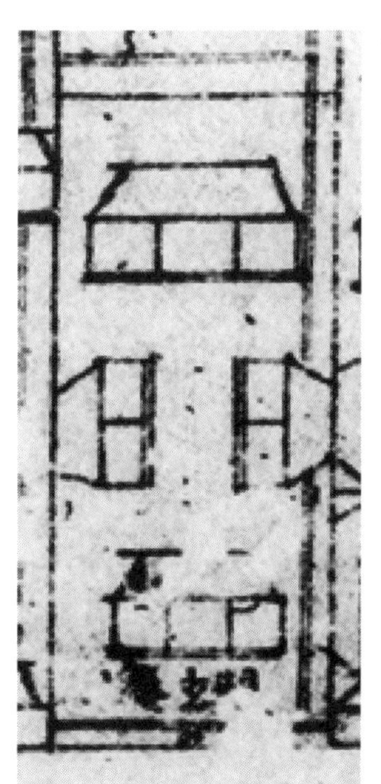

觀音庵，常與前永康胡同之廣慈寺相混[1]，原址在内三區九條胡同七號（今爲東城區東四九條十五號）。寺廟建築現已不存。

民國時住持興旺稱此廟始建於清順治年間，時爲募建，蓋廟内原珍藏有《大乘妙法蓮花經》七本，首注有終南山沙門道宣述、姚秦三藏法師鳩摩羅什譯、雲間林茁居士盛朝組校梓，末注有"順治辛丑（1661）閏七月朔日華亭澈□居士沈荃盥手敬書"字樣，爲此廟歷代相傳之寶貴法物[2]。然除此經書外，廟内還有明弘治乙丑年（1505）所造鐵爐一口，上鑄"敕賜廣法寺爐"字樣，故未知是否明代已有此廟，然時名廣法寺；抑或鐵爐乃由他寺移來，此庵實乃順治朝始建[3]。

清《雍正廟冊》中不見觀音庵登記，而《乾隆廟冊》稱其爲官修大僧廟，住持了彙。從乾隆《京城全圖》上看，觀音庵僅爲一進小廟。坐北朝南，首無山門，僅在院牆上開門出入。前殿三間，正殿三間，東西配殿各兩間。疑因此廟與前永康胡同廣慈寺均奉觀音大士，又同爲官修大僧廟的緣故，歷代地方志常將二廟混淆。例如，明《順天府志》稱"承恩寺有敕建碑，觀音寺在南居賢坊"，當爲此觀音庵無誤，然《日下舊聞考》稱："觀音寺與慧照寺相近，明天順三年重建，有敕賜觀

〔1〕參見《北京内城寺廟碑刻志》（第二卷），"廣慈寺"條，頁三百九十六至四百零四。

〔2〕北京市檔案館藏《北平市社會局寺廟類·内三區九條胡同觀音庵僧人登記廟産的呈文及社會局的批示》，1931—1940年，檔案號J2-8-448，頁十一至十三、頁四十五。

〔3〕同上，頁二十七至三十。

音寺碑文。本朝乾隆元年奉敕重修,改名廣慈寺。”[1]明天順三年(1459)《觀音寺碑》乃立於永康胡同廣慈寺庭内,《日下舊聞考》則是將此南居賢坊觀音庵誤作北居賢坊觀音寺(即永康胡同廣慈寺,離慧照寺也不遠)。其後之《光緒順天府志》[2]《燕都叢考》[3]均沿于敏中等人之説,至《北平廟宇通檢》方纔更誤,將内三區觀音寺三號之廣慈寺,與九條胡同七號之觀音庵(本廟)區分開來[4]。

光緒初年,觀音庵曾經廟僧募化重修,然直到民國十六年(1927)興旺接替蓮悦成爲住持時,廟貌仍非宏敞。時觀音庵殿宇住房共七間,山門一座,南向,木額“觀音庵”;北殿三楹,内供木像金身觀音一尊,關帝一尊、地藏王菩薩一尊,均爲泥塑,金童、玉女、周倉、關平,都侍立一旁。殿前古槐一株,殿後東西小房各二間。興旺爲臨濟宗僧人,順治本《妙法蓮花經》被他妥善保管,完全整潔,並無瑕污。廟内還有《金剛般若波羅密經》五卷,首注有“保寧禪師示知警文”,末注有“光緒二十三年十一月十七日”,也爲他珍藏之物。本廟雖小,然而住持興旺不僅在德勝門外小西天有附屬塔院一處,共計土地一畝六分,還擁有八條胡同觀音寺内二十五間殿房的廟産權[5]。

1945年警察局將此廟登記爲南城崇效寺下院[6]。至上世紀50年代調查時,建築神像仍存。山門被改建爲普通大門,小式歇山合瓦頂;正殿面闊三間,硬山調大脊筒瓦頂。1985年時,廟已改爲民居[7]。

2006年調查時,寺廟原址處爲拆除現場,僅有大殿西山牆尚殘破兀立,梁間彩繪依稀可見。

---

〔1〕《日下舊聞考》卷四十八·城市·内城東城四,頁七百七十。

〔2〕《光緒順天府志》京師志十六·寺觀一·内城寺觀,頁四百八十八。

〔3〕《燕都叢考》第四章·内三区各街市,頁三百零九、三百一十三。

〔4〕《北平廟宇通檢》上編·内城·内三區,頁四十一、四十三。

〔5〕即乾隆《京城全圖》五排二段“觀音寺”。參見北京市檔案館藏《北平市社會局寺廟類·内三區九條胡同觀音庵僧人登記廟産的呈文及社會局的批示》,1931—1940年,檔案號J2-8-448。另見國立北平研究院《觀音庵》,東四85。

〔6〕首都圖書館藏《北平寺廟調查一覽表》,1945年,無頁碼。

〔7〕《北京文物勝跡大全·東城區卷》,頁二百七十七至二百七十八。

白衣庵

白衣庵，原址在今平安大街南側，今已爲馬路,無法判斷具體位置。寺廟建築完全不存。

此廟未知始建於何時,清《乾隆廟冊》始有記載,時爲大僧廟,住持道璽。從《京城全圖》上看,此廟坐南朝北,似僅有前後殿宇兩重,各三間;臨街有南房八間,其中四間可能屬於白衣庵,最西一間開門出入,西側另開院門一道,直達後殿。

此後,白衣庵再不見任何記載,應傾圮已久。

2006 年調查時,此處雖已爲平安大街,然附近久居之老住戶說，廟所在位置原有一株極大的核桃樹,1999 年修平安大街時方被斫除。

真武廟

真武廟,不見於清乾隆《京城全圖》。原址在内三區海運倉扁擔胡同二十一號（門牌號曾一度改爲扁擔胡同二號、四號，今爲東城區海運倉胡同八號）。寺廟建築現已不存。

此廟始建時間不詳,民國二十五年(1936)廟主沈愛亮曾聲稱其爲乾隆年間私建,然歷代廟冊與文獻均無考。目前所知此廟的最早歷史,是清宣統元年(1909),一個叫麒麟丹(又名七珍丹)的宗教組織買下此廟,改作全教公所,故曰公建寺廟。初時麒麟丹的領袖(教内人自稱"所長")爲羅仲芳,民國十七年(1928)四月傳與沈愛亮(又名沈迪炘),沈愛亮接任後重整廟貌,捐獻木額"救命真佛"一方,懸於北殿之上。沈愛亮對外宣稱此爲他家廟,然而羅氏神主一直奉於後殿内[1]。

民國年間,真武廟坐北朝南,有北殿三楹,内正供真武一尊,關帝在左、岳飛在右,配像若干,均爲泥塑。泥像之前有木質神主五尊,分别是濟公、吕祖、觀音、關帝和蓮花菩薩。殿内有明嘉靖元年(1522)鐵爐一尊、清嘉慶四年(1799)鐵五供一份;西配殿三間,木額"保佑方圓",爲民國十七年佟愛蓮所獻,内正供土地一尊,後供三官神像三尊、佛像二尊;東配房三間,時爲住宅;東北隅有東殿兩間,内供羅氏神主、娘娘三尊、王奶奶神像,殿内有乾隆二十四年(1759)鐵香爐一口、明崇禎七年(1634)寶鼎一座、圓形磁爐和琉璃爐各一尊[2]。各殿均爲筒瓦硬山卷棚頂箍頭脊[3]。

至1947年民政局登記時,廟主换成佟愛蓮。她早已在廟内修行,後接替沈愛亮成爲"所長"兼廟主[4]。直到20世紀50年代初,廟房尚保存完好,佟

〔1〕北京市檔案館藏《北平市社會局寺廟類·内三區真武廟沈愛亮呈請登記廟産發放憑照的呈文及社會局的批示》,1931—1936年,檔案號J2-8-537,頁四至十。

〔2〕國立北平研究院《真武廟》,東四73。

〔3〕《北京市文物勝跡大全·東城區卷》,頁三百四十六至三百四十七。

〔4〕參見北京市檔案館藏《北平市民政局·北平市各區寺廟總登記考察簿》,1947—1948年,檔案號J3-1-237,頁七十。

愛蓮仍然是此廟管理人[1]。

1985年調查時，真武廟已被分爲兩個院落，東西配殿被翻蓋爲合瓦頂，其餘建築無變化，但時爲民居[2]。1996年危房改造時，寺廟建築被拆除[3]。

2006年，真武廟原址上爲海運倉小區。

〔1〕北京市檔案館藏《北平市民政局·北平市寺廟總登記簿（第一冊）》，1950年，檔案號J3-1-203，頁二十二。

〔2〕《北京市文物勝跡大全·東城區卷》，頁三百四十六至三百四十七。

〔3〕《中國文物地圖集·北京分冊（下）》，頁三十八。

菩薩廟

菩薩廟，又名文殊堂[1]，不見於乾隆《京城全圖》。原址在内三區東直門内南小街北門倉九號（門牌號曾一度改爲南小街北門倉五十九號，今爲東城區北門倉胡同三號和五號之間）。寺廟建築現已不存。

此廟始建於民國二十三年（1934），是原籍浙江山陰縣的居士王李氏所建家廟。民國十七年（1928），王李氏在此處買得住房一所，共計房屋十二間。隨後，她將北房三間改作廟堂，供奉泥塑佛像五尊。王李氏自稱所奉神像爲菩薩和童兒，而1945年警察局的登記人員卻記爲文殊和子孫娘娘[2]。除此之外，王李氏還添置銅磬一口、籤筒兩個、錫五供一套。民國二十三年（1934）工竣後，她向社會局呈報登記，正式在廟内住持修行[3]。

附近的老住户還清楚地記得這座小廟的興創史，説王李氏捐宅爲廟，後來把小廟傳給了自己的外侄。據他們回憶，菩薩廟原有山門一座，北房三間帶兩側耳房，東西廂房各三間。廟雖不大，山門卻不小，能住下一家人，在街坊們心中頗有點靈異。他們説"廟倒，山門不倒"，又説"寧住廟後，不住廟前，寧住廟左，不住廟右"，原來住在山門處的婦女就老是得病。"文化大革命"期間，泥胎佛像連着它們穿的衣服一起被埋在了地下。

20世紀50年代調查時，山門一間尚存，歇山筒瓦頂；正殿及東西配殿均面闊三間，硬山筒瓦頂。正殿内所奉文殊菩薩泥像仍在。1985年調查時，廟貌變化不大，然已改爲民居，破舊不堪[4]。1996年危房改造時，寺廟建築被拆除[5]。

2006年調查時，廟原址處爲緑地，有一株棗樹和一株槐樹，狀貌極大，可能爲該廟原物。

---

〔1〕此名稱見《北京文物勝跡大全·東城區卷》，頁三百二十三。

〔2〕首都圖書館藏《北平寺廟調查一覽表》，1945年，無頁碼。

〔3〕北京市檔案館藏《北平市社會局寺廟類·内三區菩薩廟王李氏登記廟産的呈及社會局的批示》，1934—1936年，檔案號J2-8-844，頁一至四十。

〔4〕《北京文物勝跡大全·東城區卷》，頁三百二十三。

〔5〕《中國文物地圖集·北京分册（下）》，頁三十八。

倉神廟

倉神廟，不見於清乾隆《京城全圖》，原址在內三區東直門內南小街扁擔胡同八號（今約爲東城區北門倉七號或扁擔胡同十九號）。寺廟建築現已不存。

《中國文物勝跡大全·北京分冊（下）》中稱此廟爲海運倉倉神廟[1]。據《光緒順天府志》記載，京師內三座倉神廟，一在左翼海運倉，一在右翼興平倉，一在朝陽門外儲濟倉，均乃清雍正七年（1729）覆准興建。時興平倉已有太倉神廟，故重加修葺，而海運倉照興平倉神廟樣式建立廟宇，每歲春、秋諏吉致祭[2]。然此倉神廟址在興平倉北，距海運倉尚有距離，且不僅《京城全圖》上未曾標注，《乾隆廟冊》中也無登記，似非敕建之海運倉神廟。相反，興平倉之太倉廟雖然也不見於《京城全圖》，卻見諸《乾隆廟冊》[3]。

至上世紀30年代，倉神廟已改爲公安局所立民衆學校。山門東向，北房三間，南房三間，東西房各二間。南房內原供倉神，時已被埋入地下，全無廟宇形貌[4]。至50年代調查時，山門及前後殿仍存，均爲硬山箍頭脊灰筒瓦頂[5]。

附近老住戶至今還能清楚地回憶起當年的寺廟格局，據他們説，倉神廟南北兩層爲大殿，均三間，東西兩側爲小殿，均僅兩間。南殿直達扁擔胡同南

〔1〕參見《中國文物地圖集·北京分冊（下）》，頁三。

〔2〕《光緒順天府志·京師志六·祠祀》，頁一百七十。另見《北平廟宇通檢·上編·內城·內三區》，頁三十六。

〔3〕參看乾隆《京城全圖》五排二段“倉神廟”。

〔4〕國立北平研究院《倉神廟》，東四74。

〔5〕《北京文物勝跡大全·東城區卷》，頁二百四十三。

口,小廟門朝東開,進門就一棵大樹。照此描述,或許《京城全圖》上已繪其建築,但未注名。

據老住戶說,此廟内開設的民衆學校後曾改爲扁擔胡同小學。1985 年調查時,山門、正殿均已拆除,僅剩南北兩排房屋,時爲北新橋街道文化站[1]。1996 年危房改造時,寺廟建築被拆除[2]。

2006 年調查時,寺廟原址爲東城區税務所。

〔1〕《北京文物勝跡大全·東城區卷》,頁二百四十三。

〔2〕《中國文物地圖集·北京分册(下)》,頁三。

四排三段

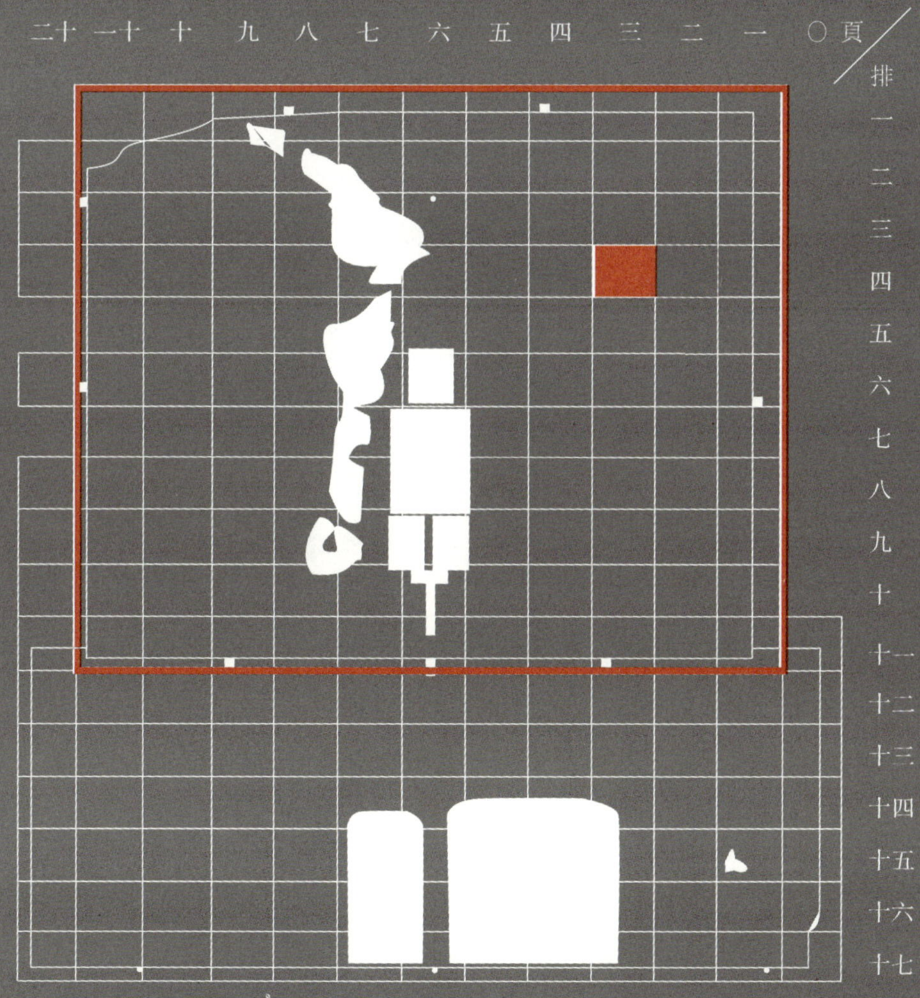

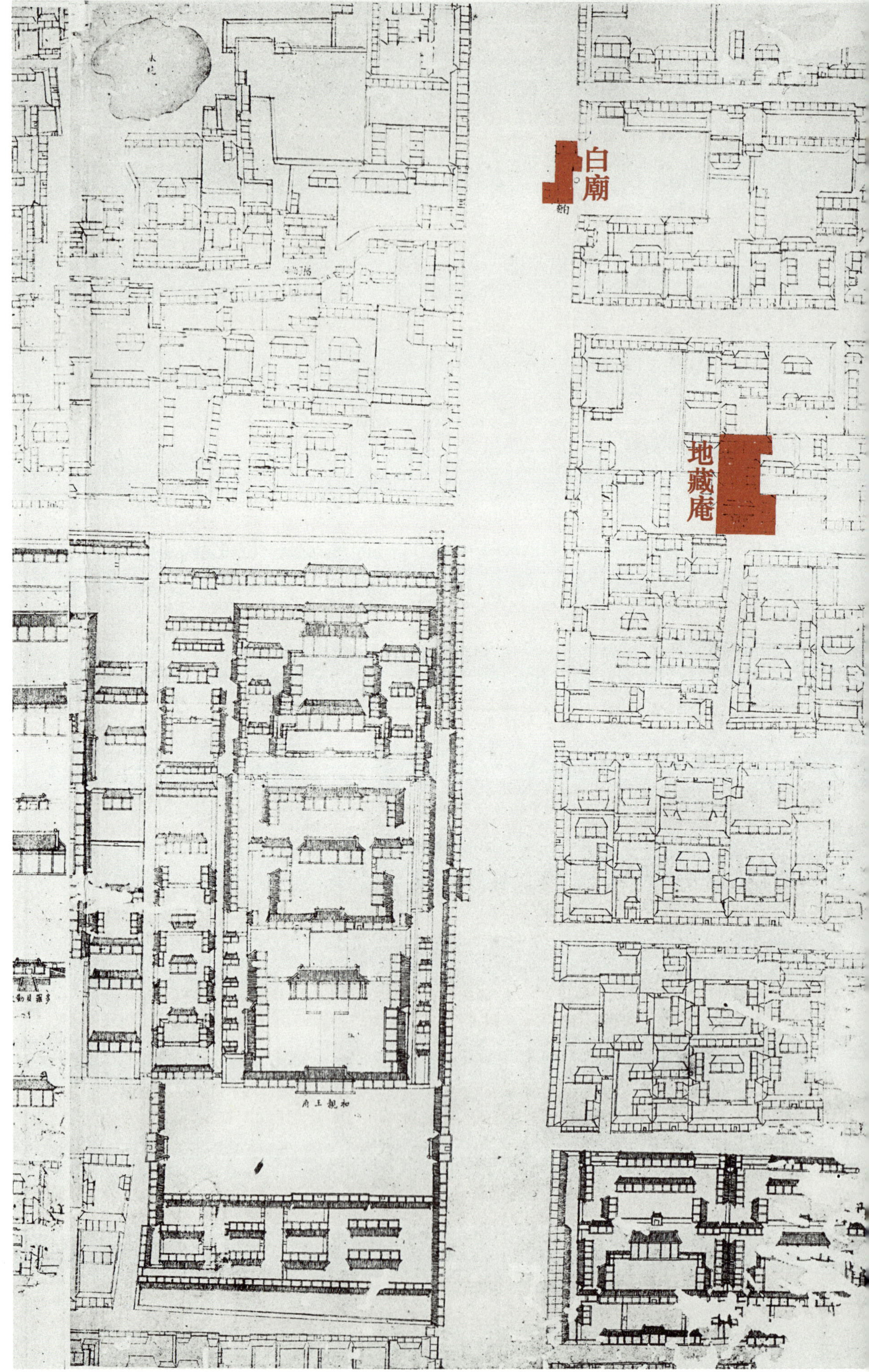
白廟
地藏庵

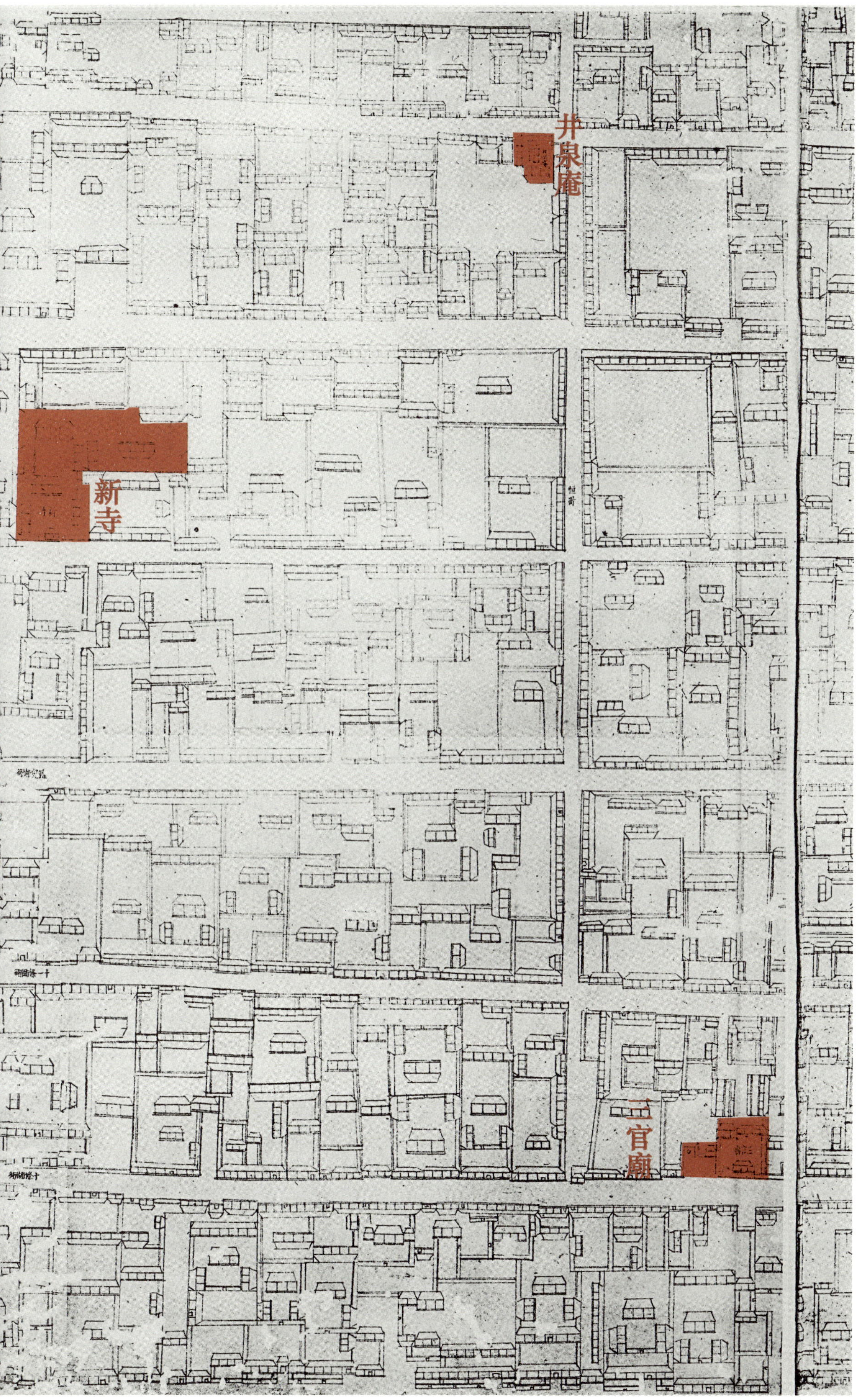

井泉庵
新寺
三官廟

井泉庵

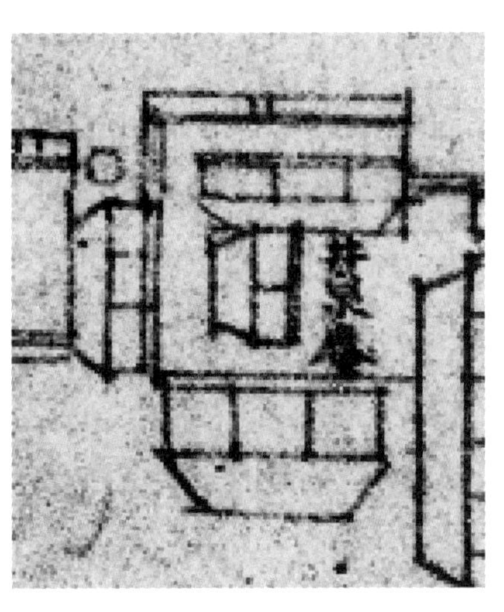

井泉庵，又名三聖祠或龍泉寺，原址在内三區船板胡同三十六號（今東城區東四十四條八十六號），寺廟建築現已不存。

此廟始建時間不詳，雍乾廟冊均無記載，從清乾隆《京城全圖》上看，井泉庵不大，似爲坐南朝北，於北側院牆上開有院門一道。入門後首有南房三間，房後有坐西朝東小房二間，繼之則爲北房三間，其狀貌較大，似爲正殿所在。院西有西房三間，東向開門，其北側有水井一眼，看來此廟當時應爲傍井而祀的小廟，無僧人看守，故未在廟冊中登記，也無文獻記載。

清咸豐年間，廟似曾重修并更名，蓋正殿木額曰"三聖祠"，并注明立於"咸豐歲次甲寅（1854）"。至光緒年間，山東東阿來京的劉氏家族依附此井，靠沿街售賣井水爲生，成爲此廟管理人。此時水井與廟産權仍爲公有，劉家人也承認其爲"合巷公立"。但到1936年登記時，劉寶堂已自稱是此廟廟主，三聖祠爲他"自置并自行管理"，他不僅擁有此廟及旁側水井的産權，還同時是四眼井龍王廟[1]、翔鳳胡同二號龍王廟[2]、中綫胡同五號龍王廟[3]的代表人，兼營這三處水井之水業。據劉寶堂的孫女説，東四附近的很多水窩子，例如東四大街路東、交道口附近等，都是他家世代經營之所，可見山東水夫在這一帶勢力之大。

20世紀30年代時，三聖祠仍山門北向，但僅有南殿一間，内供土地、龍

［1］參見《北京内城寺廟碑刻志》（第二卷），"龍王廟（東直門北小街）"條，頁三百五十二。

［2］參見《北京内城寺廟碑刻志》（第三卷），"龍王廟"條，頁六十一至六十三。

［3］參見《北京内城寺廟碑刻志》（第一卷），"龍王廟"條，頁一百六十九至一百七十二。

王、財神泥塑小像三尊。泥像前香案上有舊時木額一方，上書廟名“龍泉寺”。另有鐵五供一份、鐵磬一口。不久後，殿宇倒塌，劉寶堂將佛像法器等都存於他代管的四眼井龍王廟之中[1]。1945 年警察局調查時，此廟僅爲屋上之一小高閣，奉龍王等三神，調查人員記爲當街廟[2]。

2006 年調查時，奉神之高閣業已不存，但寺廟原址上朝北的建築比周圍餘房更顯高大。詢及周圍居民，他們都記得此屋内曾有水井一眼，但其作爲寺廟的歷史卻知者寥寥。

---

〔1〕參見《北京内城寺廟碑刻志》（第二卷），“龍王廟（東直門北小街）”條，頁三百五十二。另見國立北平研究院《三聖祠》，東四 70。

〔2〕首都圖書館藏《北平寺廟調查一覽表》，無頁碼。

白廟

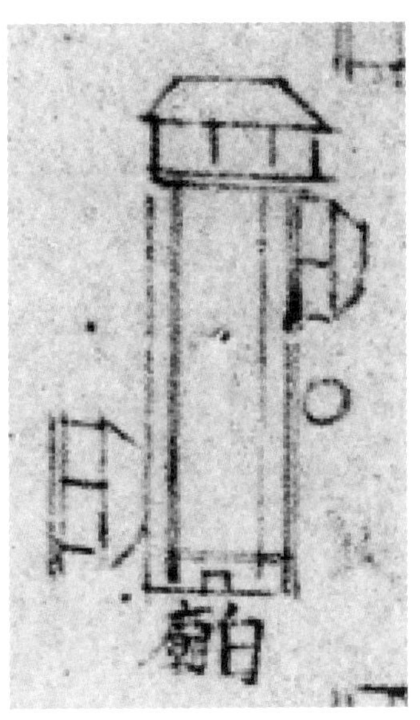

白廟，原址在東大市街（東四北大街）北段路東（今約在東城區東四十三條西口和十四條西口之間），寺廟建築久已不存。

此廟可能始建於明代，徐蘋芳《明代北京城圖》中有標注[1]。然其後僅見於清乾隆《京城全圖》，從此圖上看，時爲當街小廟，坐北朝南。南側院牆上開門一道，院内有北殿三楹；西院牆外有南房兩間，門西向；東院牆外有北房兩間，門亦西向，其南側有水井一眼。

除此之外，此廟再不見於任何記載，應傾圮已久。

2006 年調查時，寺廟原址處爲大街。

〔1〕收入徐蘋芳編著《明清北京城圖》，北京：地圖出版社，1986。

新寺

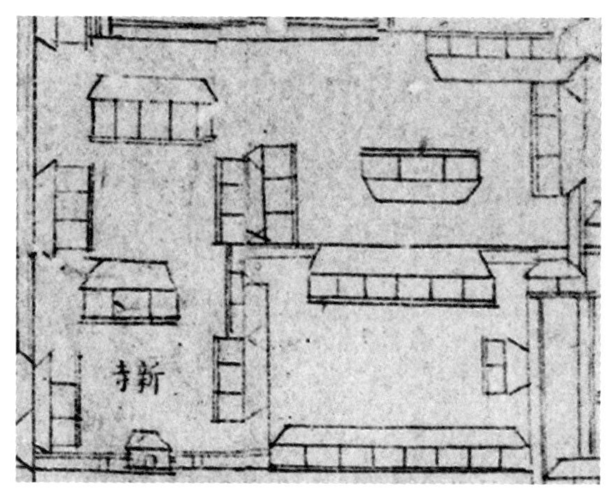

新寺，原址在今東城區東四北大街東辛寺胡同路北十九號左右，寺廟建築久已不存。

此廟未知始建於何時，但此胡同即以寺名，故知其興建應甚早，且舊時規模當不小。據清乾隆《京城全圖》上標繪，新寺院落整齊、屋舍儼然。它坐北朝南，首有山門一座，旁開院門兩道；前殿三間，東西配殿各三間；後殿五楹，東西配殿也各三間；東側兩配殿之間以僧房相連，計爲三間。除此之外，後殿以北、以東還有敞闊院落两所，未知是否屬於該廟内建築。

然而除《京城全圖》外，新寺再不見諸記載，應早已傾圮。

老住户們説新寺所在地曾爲某王府花園，20 世紀 50 年代中期成爲《中國青年報》報社幼兒園，現在原址上的數排排房就是當時所蓋。70 年代以後，幼兒園改爲報社宿舍，80 年代收歸房管局所有。2008 年，所有排房均翻蓋。2015 年調查時，寺廟蹤跡已難尋覓。

地藏庵

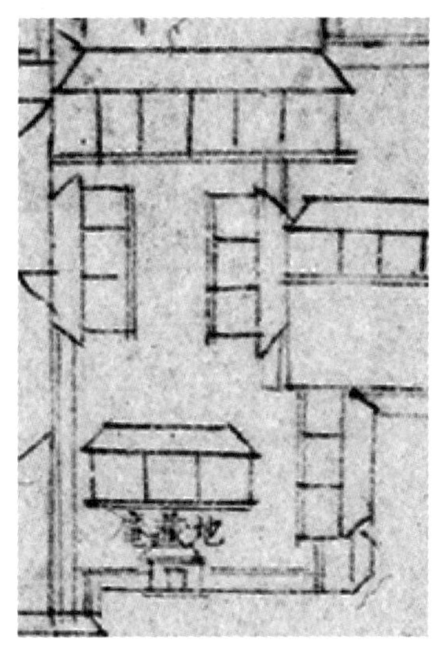

地藏庵，亦名地藏寺或地藏禪林，原址在内三區辛寺胡同十七號（今辛寺胡同三十五號），寺廟建築現已不存。

此庵始建年代不詳，民國時寺廟住持常山聲稱其建自前明年間，然而確實情况已無考。清《乾隆廟冊》中登記爲尼僧廟，住持法號照隆。從乾隆《京城全圖》上看，此時的地藏庵位於辛寺胡同西頭，坐北朝南，首有山門一座；次則前殿三間，東側有東房三間帶一小南耳房；後爲正殿六楹，門前東西配殿各三間，相對而立。整座廟院雖不宏敞，然而規整。清代時地藏庵佔地不多，但地位卻似不低，廟内正殿殿後原有木額一方，爲成親王手書之“華藏慈尊”。除此之外，廟内原有雍正十二年（1734）造鐵燎爐一尊、同治六年（1867）鑄鐵磬一口[1]。

至清末時，地藏庵仍爲尼庵，清光緒十四年（1888），常山於本庵内出家，師承長山，傳臨濟宗，後繼任住持。當時，地藏庵坐北朝南，山門南向，木額“地藏禪林”，山門内有古槐二株。前殿一楹，爲關帝殿，内供泥塑關帝一尊，周倉、關平、侍兒馬童侍立；其北爲地藏殿三楹，木額曰“寂照真如”，内正供泥塑地藏王菩薩一尊、十殿閻王十尊，小童配神六尊。殿後有抱廈一間，木額“靈坤錫祉”，内供魔王一尊，二小童旁侍。旁爲東西配房各三間，西南小房一間；正殿以北爲娘娘殿三楹，内供娘娘九尊、王奶奶及其子傻哥哥、張奶奶及其子啞哥哥、花哥哥與花姐姐、火神等像。前有木爐，字曰“真靈”，爲光緒十九年（1893）恩先所書。殿東有東耳殿一間，木額曰“普濟群生”，同治五年（1866）立，内供土地、火神、龍王等像。殿西有西耳殿一間，内供財神及配像

〔1〕參見國立北平研究院《地藏寺》，東四 82。

若干。正院之西還有西院一所，頗爲寬敞，内有北房三間、葡萄一架[1]。

民國三十四年（1945），常山圓寂，其徒二人，一名静林，因體弱多病早已還俗；另一名隆寬，年方十七，尚未受戒，經同宗商議，請常山素來親密的同宗師兄弟——外三區中三條十三號白衣庵住持闊然代管廟務[2]。故 1947 年至 1948 年北平市民政局登記時，登記住持爲闊然[3]。至 50 年代初，闊然將住持一職交還隆寬，此時庵内仍有房屋二十二間半，占地一畝四分有餘[4]。

從民國時期檔案記載來看，地藏庵内似乎僅有尼僧一兩人，但老住戶們説，1949 年以前廟内尼僧曾達到二十餘人，餘房出租收入難以支撑，故她們在西院中養了二十幾隻羊，每日到東直門外放羊，靠賣羊奶補貼生活，現住寺内的老人兒時還曾幫她們送過羊奶。隆寬即在這些尼僧之中，她長相俊美，説話文雅，人皆喜愛，故老住戶們對她印象也頗深。據説，隆寬幼染怪疾，藥石無效，故從小被父母許入廟中，希冀神佛能保佑她順利長大。隆寬之兄擁有好幾處糞場，俗家頗爲富裕，常能接濟廟衆，這也是隆寬得以接任住持的原因之一。然而隆寬本人並未看破紅塵，再次接任住持後不久即懷孕，故衹能還俗成婚，老尼農波（音）接任住持，即使如此，廟内香火卻一直未斷絶。“文化大革命”期間，廟内尼姑都被集中到了通教寺，自此寺廟成爲居民院落。

20 世纪 50 年代調查時，廟内山門、正殿、後殿均尚存。山門一間，硬山籠頭脊筒瓦頂，旋子彩畫，内簷徹上明造；大殿三間，硬山調大脊筒瓦頂，前帶廊，旋子彩畫，廊下有雍正時鑄鐘一口。大殿後抱廈仍存，爲筒瓦懸山卷棚頂籠頭脊。至 1985 年，地藏庵僅存大殿，且破舊不堪[5]。

老住戶們説，山門前原有獅子一對，山門與大殿之間還有一道影壁，後殿後有罩房三間，這些都是歷次登記和調查中未曾提及的。“文化大革命”期間，所有神像被砸碎拉走。1976 年唐山大地震時，廟内本已摇摇欲墜的後殿倒塌，大殿也幾成瓦礫，於是震後進行了重建。如今，山門雖還是舊時建築，但也曾於 2006 年進行了部分翻蓋。衹有山門内東側國槐一株，歷經風雨，至今尚存。

2006 年調查時，廟内爲居民院落。

---

〔1〕參見北京市檔案館藏《北平市社會局寺廟類·内三區地藏庵尼僧修悟呈請登記廟産更换住持及社會局的批示》，1931—1936 年，檔案號 J2-8-320，頁四十八至七十五。另見國立北平研究院《地藏寺》，東四 82。

〔2〕同上注。

〔3〕北京市檔案館藏《北平市民政局·北平市各區寺廟總登記考察簿》，1947—1948 年，檔案號 J3-1-237，頁十六。

〔4〕北京市檔案館藏《北平市民政局·北平市寺廟宗登記簿》，1950 年，檔案號 J3-1-203，頁十九。

〔5〕《北京文物勝跡大全·東城區卷》，頁二百五十六。《中國文物地圖集·北京分册（下）》，頁三十二。

三官廟

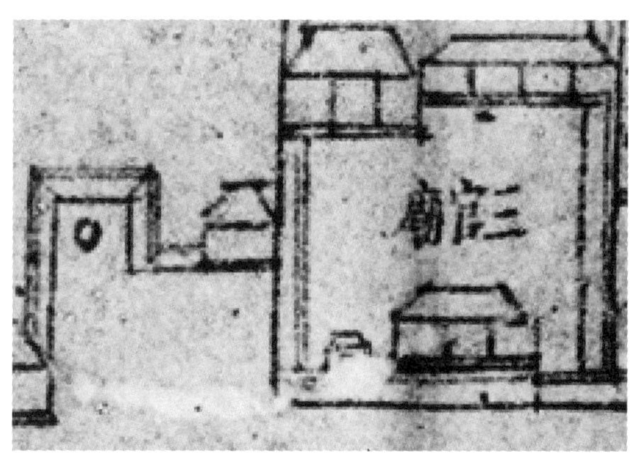

三官廟,原址約在今東城區東四十條九十五號左右,寺廟建築久已不存。

此廟未知始建何時,歷代寺廟登記中均未見記載。從清乾隆《京城全圖》上看,當時三官廟甚小,僅有四方院落一座,坐北朝南,繚以周垣。山門開在坤位,然形制極小。前殿三間,位於山門東側;又北之乾位有後殿三間,東有小房四間。

除《京城全圖》外,三官廟再不見於任何資料,應傾圮已久。

2006 年調查時,據附近老住戶說,廟原址處原有水井一眼,然無人知道此處曾有廟房[1]。修平安大街時拆了東四十條路北寬約十米的面積,三官廟恰在其内,故原址今爲馬路。

〔1〕從清乾隆《京城全圖》上看,三官廟西側確實有水井一眼,並似有院牆着意保護之。可能即是老住戶們記憶中之水井。

四排四段

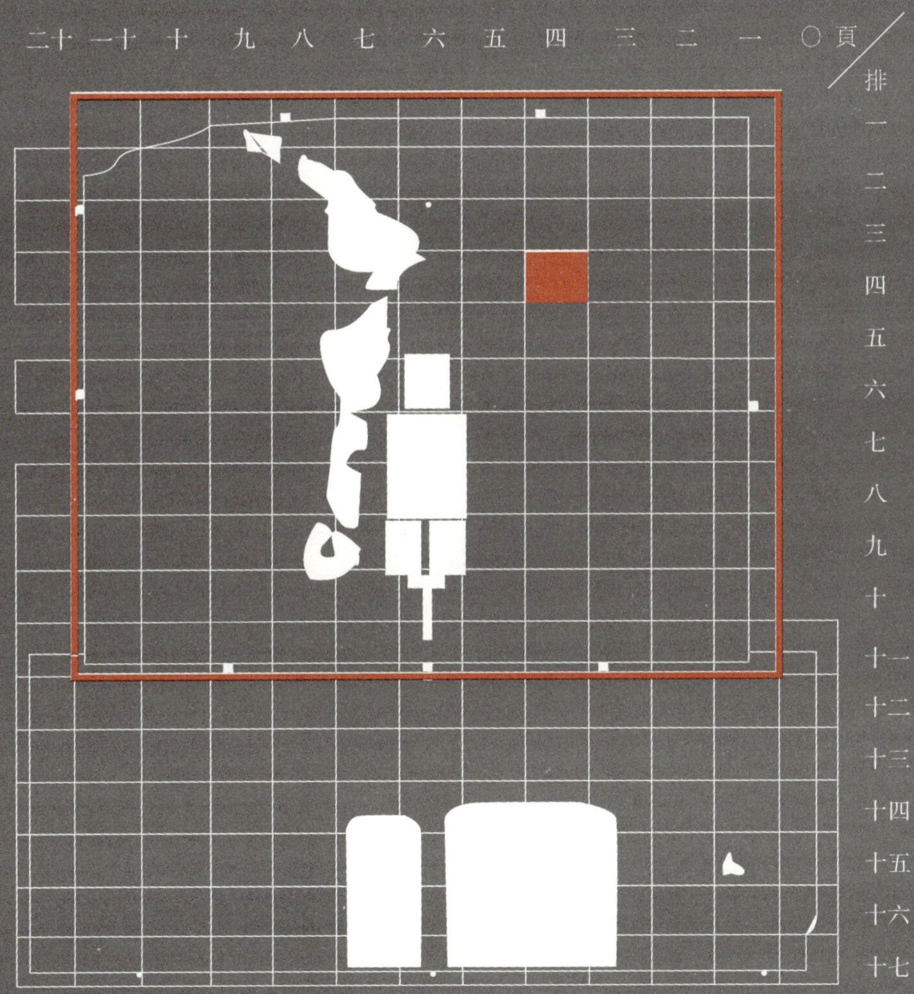

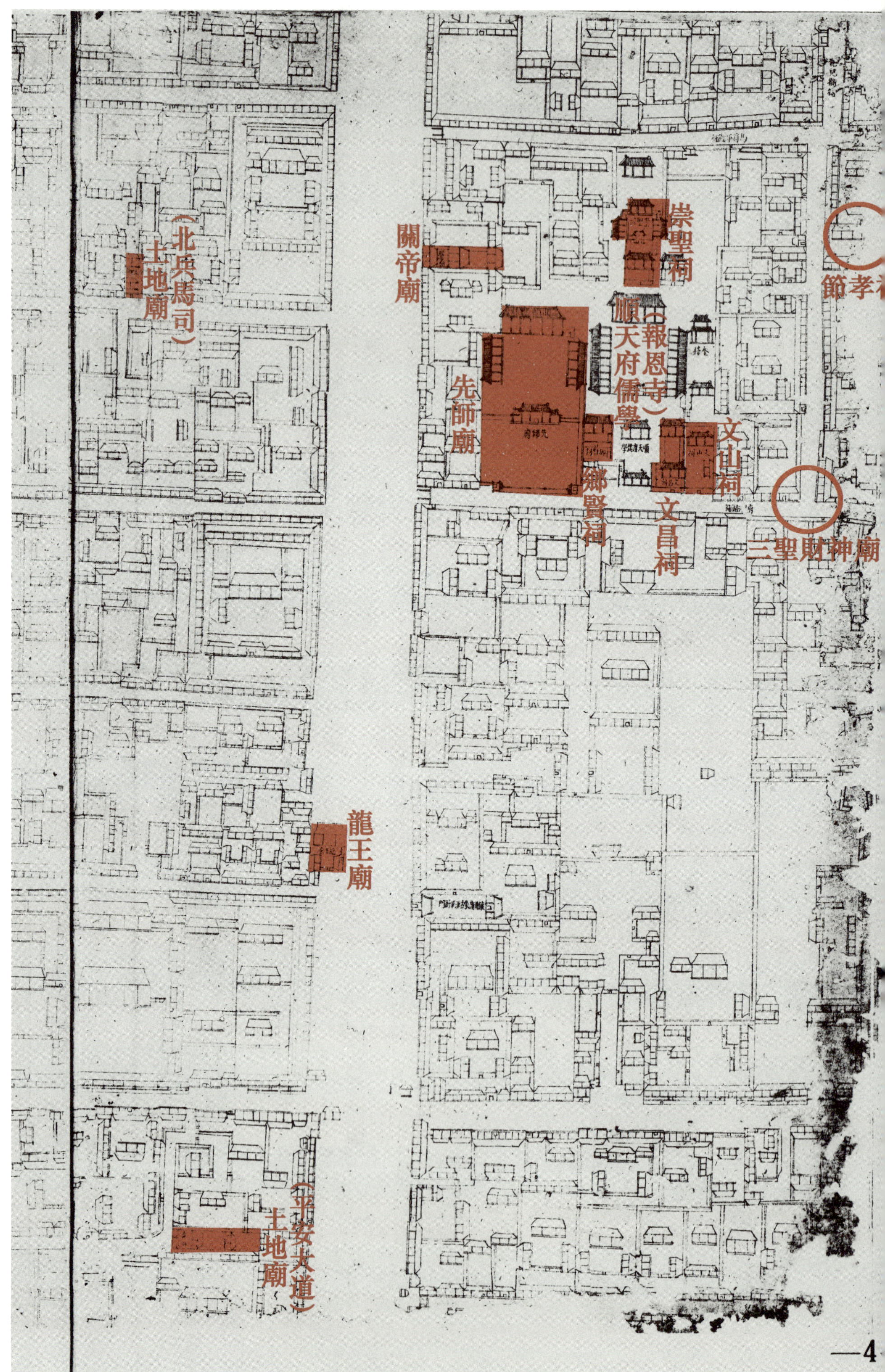

崇聖祠
節孝祠
關帝廟
土地廟（北兵馬司）
順天府儒學（報恩寺）
先師廟
文山祠
鄉賢祠
文昌祠
三聖財神廟
龍王廟
土地廟（平安大道）

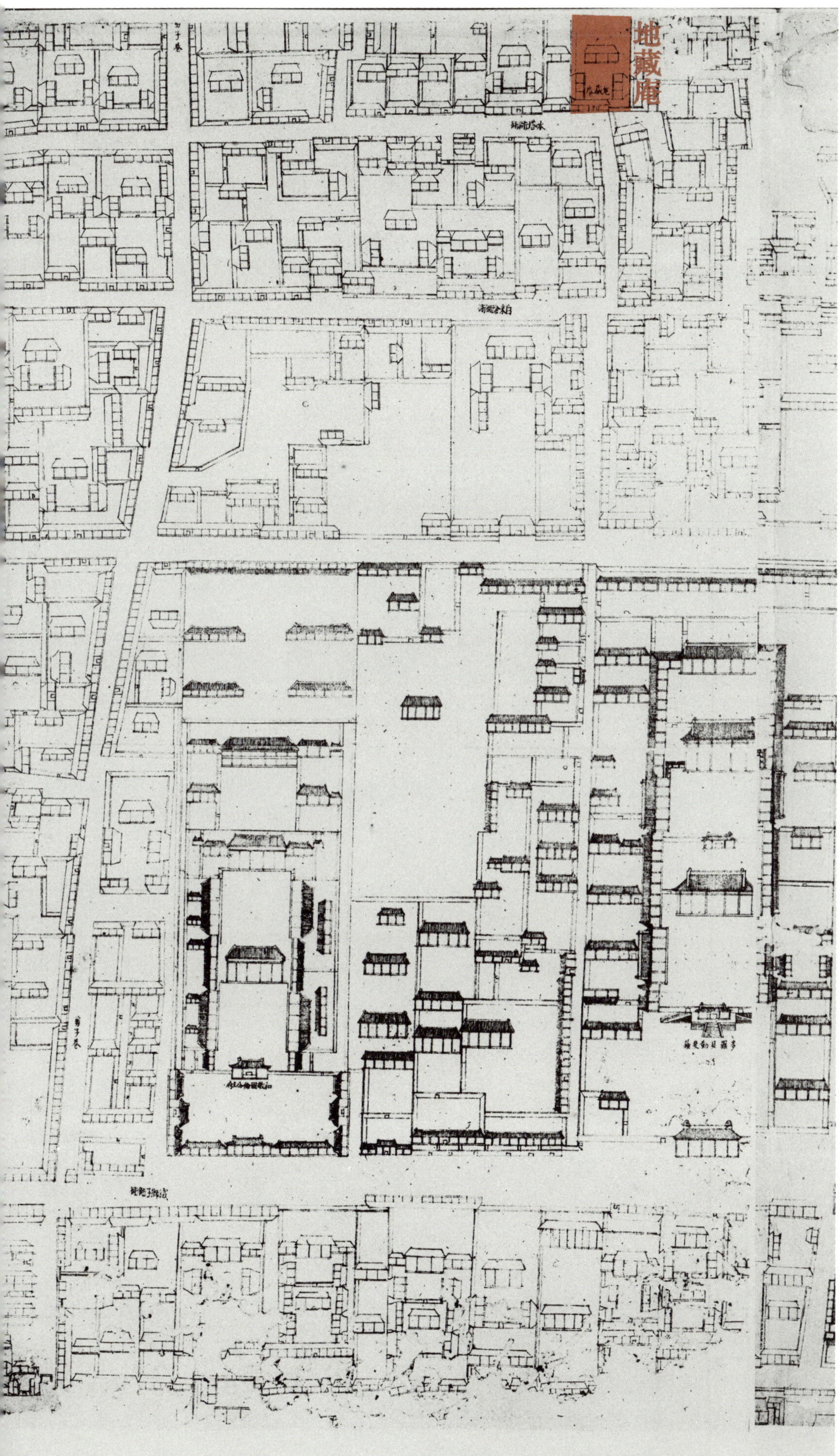
地藏庵

地藏庵

地藏庵,原址约在今東城區細管胡同二十一號,寺廟建築現已不存。

此庵未知始建於何時,《雍正廟冊》上記其爲大僧廟,殿宇八間,禪房二十二間,住持僧明郎、徒實行。然《乾隆廟冊》中已無記載。從乾隆《京城全圖》上看,地藏庵位於水塔胡同東頭,院落規整,繞以圍垣,坐北朝南,無山門。首有臨街排房四間,東第二間開小門出入,次則正殿三間南向,東、西配殿各三間,後有空院。殿房規模比雍正時期略有縮小,或因此庵位於兩排交界處,圖多漫漶之故。除此之外,地藏庵無考,應早已傾頽。

2006年至2015年調查時,附近居民對此庵印象幾無,唯稱細管胡同二十一號爲民國時期某軍官側室的寓所,大門爲圓門,於地震中坍塌。

關帝廟

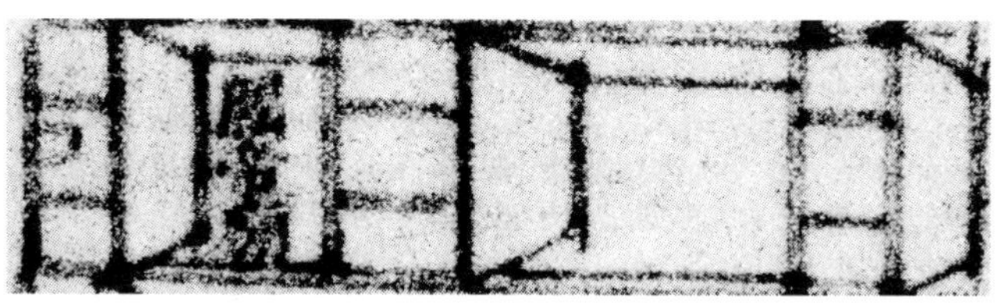

關帝廟，原址約在今東城區交道口南大街一百一十四號。寺廟建築現已不存。

關帝廟始建年代無考，僅見於乾隆《京城全圖》。其上關帝廟位於順天府儒學[1]乾方，坐東朝西，院落兩進。首有山門三間，中一間開門臨街，正殿三間，後殿三間，院落狹窄規整，周圍墻垣。此外關帝廟無考。

2014 年調查時，廟原址爲北京匯能高科國際流體動力工程研究院。

〔1〕參見本排段“順天府儒學（報恩寺）”條。

土地廟(北兵馬司)

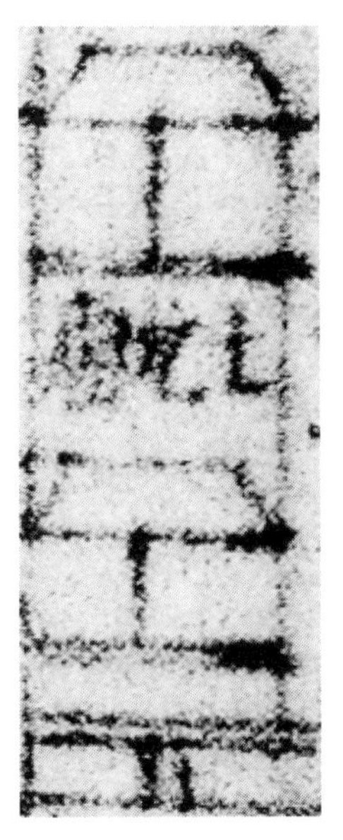

土地廟,民國時也稱小土坨廟[1],原址在内五區北兵馬司二號(今東城區交道口南大街六十七號範圍内),寺廟建築現已不存。廟内曾有碑刻一通,爲清咸豐七年(1857)《土地廟捐資題名碑》。

土地廟始建時間不詳,據民國時期管廟人稱,土地廟募建於清雍正年間[2]。查《雍正廟冊》中確已載有此廟,内稱土地廟在兵馬司胡同,爲大僧廟,有殿房一間、禪房兩間,住持行珠。《乾隆廟冊》中,土地廟未見記載,可能其時並無僧人住持。乾隆《京城全圖》上,土地廟位於北兵馬司胡同路北,坐北朝南,臨街開隨墻門,有前殿兩間、後殿兩間,規模與《雍正廟冊》所載相當。清咸豐七年(1857)三月,善士劉誠叩化十方,領頭重修。文惠、張雲圃等七位男性,陳門左氏與楊門張氏兩位女性弟子,除施錢捐資外,再領緣簿四方募化。是年工竣,王之佐撰《土地廟捐資題名碑》[3]。同治年間,土地廟亦有屢次添建,同治五年(1866)文錫敬獻“福德正神”款鐵磬一座,次年又鑄銅鐘一口,十三年(1874)文錫又爲廟手書“福田靈觀”木額及楹聯。此外,廟内還曾有“安敦仁”木額一方,印鑒爲“慈禧之寶”[4]。

民國期間土地廟一直由張姓家族管理。民國初年,此廟的管理人爲民婦張張氏,她病故後,其子張華亭接任管理,與妻子張馬氏同住廟内,並於民國

[1]參見北京市檔案館藏《北平市民政局·北平市各區寺廟總登記考察簿》,1947—1948年,檔案號J3-1-237,頁六十四。

[2]北京市檔案館藏《北平市社會局寺廟類·内五區土地廟張華亭關於登記廟産的呈及社會局的批示(附寺廟登記表)》,1930—1939年,檔案號J2-8-252,頁二十。

[3]清咸豐七年(1857)《土地廟捐資題名碑》,京572,《北京圖書館藏中國歷代石刻拓本匯編》卷八十二,頁一百二十三。

[4]國立北平研究院《土地廟》,東四148。

二十五年(1936)呈送《寺廟登記表》登記廟産。其時的廟房建築尚屬堅固,首有南向山門房一間,同治年間的“福田靈觀”木額掛於門上,有殿房四間半,供有泥塑土地兩尊,黃袍加身,童子侍立兩側,關公、觀音、財神、藥王各一尊,還有王奶奶、娘娘、哥哥、姐姐神像。另有禮器、樂器若干,咸豐七年碑被嵌於東壁之上,牆壁上掛有善惡圖四幅〔1〕。1945 年警察局進行調查時,廟有一層殿房,爲當街廟,供土地夫婦和王奶奶神像,同治五年鐵磬和《重修土地廟碑》仍存於廟内〔2〕。1947 年寺廟登記時,張華亭已故,寺廟由其妻張馬氏管理〔3〕。至 20 世紀 50 年代初,土地廟仍有房屋三間,張馬氏仍爲管理人〔4〕。

當地老住戶對此廟記憶猶存,他們說 1949 年前,土地廟香火不斷,甚有寬街住戶來此祭拜。1949 年以後,某家住大興縣胡同的老太太在此看廟,她很可能就是檔案中記載的張馬氏。直到 20 世紀 50 年代,交通部在廟址位置改建高樓,土地廟被完全拆除。

2005 至 2015 年調查時,土地廟已完全不存,其原址約在今中國航空工業總公司東樓所在地,址上現爲四層樓房。

---

〔1〕參見北京市檔案館藏《北平市社會局寺廟類·内五區土地廟張華亭關於登記廟産的呈及社會局的批示(附寺廟登記表)》,1930-1939 年,檔案號 J2-8-252,頁十二至二十四;國立北平研究院,《土地廟》,東四 148;北京市檔案館編:《北京寺廟歷史資料》,北京:中國檔案出版社,1997 年,頁三百零三。

〔2〕首都圖書館藏《北平寺廟調查一覽表》,1945 年,無頁碼。

〔3〕北京市檔案館藏《北平市民政局·北平市各區寺廟總登記考察簿》,1947—1948 年,檔案號 J3-1-237,頁六十四。

〔4〕同上,頁四十八。

重修土地廟碑

咸豐七年三月吉日[illegible]立重修叩化十方弟子[illegible]

弟子文惠施錢伍百吊文領緣簿共化錢柒百叁拾伍吊文

弟子陳門左氏施錢拾吊文領緣簿共化錢壹百零貳吊文

弟子張雲國領緣簿共化銀伍拾叁兩

弟子張順興施錢拾千文領緣簿共化錢叁拾捌吊柒百文

弟子崔祥奎領緣簿共化錢貳拾捌吊文

弟子姜如松領緣簿共化錢叁拾柒吊伍百文

弟子[illegible]喜張領緣簿共化錢貳拾捌吊文

信女楊門張氏領緣簿共化錢貳拾吊文

弟子李士明領緣簿共化錢六拾貳吊文

直隸[illegible]弟子王之佐敬書

京 572《土地廟捐資題名碑》

重修土地廟碑

咸豐七年三月吉日破土重修叩化十方弟子劉誠叩
弟子文惠施錢伍百吊文領緣簿共化錢柒百叁拾伍吊文
弟子陳門左氏施錢拾吊文領緣簿共化錢壹百零貳吊文
弟子張雲圃領緣簿共化銀伍拾叁兩
弟子張順興施錢拾吊文領緣簿共化錢叁拾捌吊柒百文
弟子崔祥奎領緣簿共化錢貳拾捌吊文
弟子姜如松領緣簿共化錢叁拾柒吊伍百文
弟子喜張領緣簿共化錢貳拾捌吊文
信女楊門張氏領緣簿共化錢貳拾吊文
弟子李士明領緣簿共化錢六拾貳吊文

直隸候補[典]史弟子王之佐敬書

京572《土地廟捐資題名碑》

土地廟捐資題名碑

年代:清咸豐七年(1857)三月十二日
原址:東城區北兵馬司
拓片尺寸:碑陽高154、寬74厘米
書體:楷書
書人:王之佐
《目録》:頁360
拓片編號:京572
拓片録自:《北京圖書館藏中國歷代石刻拓本匯編》第82卷第123頁

【碑陽】

額題:重修土地廟碑

碑文:

咸豐七年三月吉日破土重修,叩化十方,弟子劉誠叩。*1* 弟子文惠施錢伍百吊文,領緣簿共化錢柒百叁拾伍吊文。*2* 弟子陳門左氏施錢拾吊文,領緣簿共化錢壹百零貳吊文。*3* 弟子張雲圃領緣簿共化銀伍拾叁兩。*4* 弟子張順興施錢拾吊文,領緣簿共化錢叁拾捌吊柒百文。*5* 弟子崔祥奎領緣簿共化錢貳拾捌吊文。*6* 弟子姜如松領緣簿共化錢叁拾柒吊伍百文。*7* 弟子喜張領緣簿共化錢貳拾捌吊文。*8* 信女楊門張氏領緣簿共化錢貳拾吊文。*9* 弟子李士明領緣簿共化錢六拾貳吊文。*10*

直隸候補典史弟子王之佐敬書。*11*

文山祠

文山祠，又稱文丞相祠、忠烈祠，原址位於內三區府學胡同二十四號（今東城區府學胡同六十三號），建築現存完好。祠內原有碑八通，分別是：明嘉靖二十八年（1549）《文天祥傳》、明嘉靖三十三年（1554）《過文先生祠詩》、明萬曆二十一年（1593）《春遊賦》、明代無年月《文天祥像》、清康熙三十一年（1692）《雲麾將軍斷碑記》、清道光七年（1827）《文丞相祠碑》；清光緒十八年（1892）《雲麾斷碑題後》，1995年祠內又立碑紀修，原碑無名，本書稱之爲《文天祥祠碑》。20世紀30年代初調查時，原應在順天府儒學內的十一通石碑被移置文山祠內，分別是：明洪武六年（1373）《諭定學校格式碑》二通、明成化十二年（1476）《順天府儒學記》、明嘉靖三十三年（1554）《順天府名宦鄉賢祠碑》、明萬曆十八年（1590）《順天府廟學記》、明萬曆二十五年（1597）《順天府儒學貢士題名碑記》、明萬曆二十九年（1601）《大京兆黄夫子興學德政碑》、明萬曆三十八年（1610）《創置順天府學學田記》、清康熙三十四年（1695）《順天府學宫碑》、雍正某年《滿洲儒學碑記》、清乾隆五十七年（1792）《倉頡大禹孔子等篆書刻石》、清嘉慶十三年（1808）《順天府學宫記》[1]。現明嘉靖二十八年（1549）《文天祥傳》、明嘉靖三十三年（1554）《過文先生祠詩》、清康熙三十一年（1692）《雲麾將軍斷碑記》、清道光七年（1827）《文丞相祠碑》、清光緒十八年（1892）《雲麾斷碑題後》、1995年《文天祥祠碑》、明代無年月《文天祥像》及其複製碑仍在祠中[2]。祠内還另有《"教忠坊"匾發現記》

〔1〕參見《國立北平研究院院務匯報·北平寺廟碑目》第二卷第六期，民國十九年（1930），頁一千五百六十七至一千五百七十八。

〔2〕此處根據北京石刻藝術博物館編《北京石刻藝術博物館藏石刻拓片編目提要》（北京：學苑出版社2014年版）統計。

石刻一方[1]。

文山祠爲祀文天祥之專祠。文天祥（1236—1282），字宋瑞，又字履善，號文山，江西吉州廬陵人。南宋德祐二年（1276）任丞相，因興軍勤王，抗元敗北，於至元十六年（1279）被俘至大都（今北京），途中寫下七律《過零丁洋》名篇。被囚於元兵馬司衙門土牢中近四載，牢室窄小陰暗、破陋污穢，元朝屢欲授官，均毅然駁回。終於至元十九年（1282）十二月初九日被戮於柴市，年僅四十有七[2]。

文丞相忠於宋室，燕京乃其死節之所，明洪武九年（1376），北平按察使司副使劉崧奏請建祠祀之，此爲立祠之始[3]。立祠之處即爲文山被關押之元兵馬司，時爲順天府學宫迤西[4]。永樂六年（1408），太常寺博士劉履節奉命正祀典，始有春秋官爲之致祭，之後每歲例行。宣德四年（1429），順天府府尹李庸遵旨修葺文山祠。正統十三年（1448），依府尹王賢之建議，重立塑像，將丞相所著元時儒士服改爲宋丞相服[5]。成化十二年（1476），文山祠在順天府儒學重修之時亦被加固粉飾[6]。

萬曆八年（1580），督學商爲正將文山祠由順天府學迤西遷至東邊，此後祠址再未變遷。文公所著《有日録》《吟嘯集》《指南録》《集杜詩》，及刊板並存祠中。萬曆十八年（1590），前順天府府丞李楨因見廟學剝蝕特甚，雨季時儒師祭祀竟在水土中行進，便集諸郡邑官吏之薪資二百餘兩黄金援修順天府學，文山祠亦煥然一新[7]。文丞相起兵勤王，以死報國，爲歷代忠義士臣所仰慕。又因文山祠於府學之内，故明代諸多碩學俊彦在此留下辭章墨寶。祠内曾有《春遊賦》碑一通，爲萬曆二十一年李茂春[8]赴京周遊過順天府學而作，書法家程福生[9]楷書刻於碑上[10]；嘉靖三十三年（1554）南京户部主事李世德拜謁文山祠後，亦留有《過文先生祠詩》碑一通，歎曰“千古中原今故在，忠臣遺恨可曾知”[11]。據《春明夢餘録》載，明時文山祠西有懷忠會館，爲江南士大夫歲時集會祭祀文天祥之所。其文曰：“宋丞相文信國祠在郡學西……祠堂三楹，前爲門，又前爲大門，祠之西爲懷忠會館。江右士大夫歲時集會於此，以祭公者也。”懷忠會館於清初被遷出内城，

[1] 參見北京石刻藝術博物館編《北京石刻藝術博物館藏石刻拓片編目提要》，頁五百九十六。本書僅録與祭祀有關的碑刻，故未録。

[2] 參見（元）劉嶽申《文丞相傳》，選自《文文山全集》卷十九，國學整理社，民國二十五年（1936），頁四百八十七。

[3] 明、清文獻多持洪武九年立祠説，唯《天府廣記》載文山祠乃元時所建。參見（清）孫承澤纂《天府廣記》卷九，北京古籍出版社，1982年，頁一零二。《日下舊聞考》卷四十五·城市·内城東城一，頁七百一十三；《宸垣識略》卷六·内城二，頁一百零四；《燕都叢考》第四章·内三區各街市，頁二百九十四、二百九十五至二百九十七。

[4] 關於文山祠興建位置的考證，參見仲笣《北京“文丞相祠”小記》，《文物》1959年第9期，頁三十六。

[5] 參見《帝京景物略》卷一·城北内外，頁十四；《天府廣記》卷九，頁一百零二。

[6] 參見明成化十二年（1476）《順天府儒學記》，京229，《北京圖書館藏中國歷代石刻拓本匯編》卷五十二，頁一百二十五。

[7] 參見萬曆十八年（1590）《順天府廟學記》，京261，《北京圖書館藏中國歷代石刻拓本匯編》卷五十七，頁一百九十五。

[8] 李茂春，字蔚元，號槐墅。明萬曆十一年進士。參見《明清歷科題名碑録》影印本，第二冊，頁九百九十五。

[9] 程福生，字孟孺，一作字梅巖，號六嶽山人，江西玉山人。萬曆初官中書。善畫墨梅，寫章草。

[10] 明萬曆二十一年（1593）《春遊賦》，京250，《北京圖書館藏中國歷代石刻拓本匯編》卷五十八，頁四十一。

[11] 明嘉靖三十三年（1554）《過文先生祠詩》，京263，《北京圖書館藏中國歷代石刻拓本匯編》卷五十五，頁一百八十五。

在鮮魚口内重建[1]。

有清一代,誕敷文德,學宫又以京師爲首,故首重順天府學。然清初入關,順治帝上諭將内城漢人遷往外城,八旗換入内城常駐[2]。順天府學也一度被旗丁佔據,廟學漸頹。經歷届府丞疏奏,將順天府學恢復舊址之用,後又募資捐俸,終於康熙三十四年(1695)重修順天府學,文山祠賴此次修葺,面貌一新,"祠亭堂樓齋舍坊墉噲噲然,丹艧藻彩無不周煥"[3]。乾隆年間,文山祠規模與前幾無異。從《京城全圖》上看,文山祠位於府學胡同以北、順天府儒學東南角,院落一間,祠堂一間三楹,坐北朝南,迤東有西向配房兩間,南牆開門出入。自康熙年間重修後,乾隆末年文山祠已漸破敗,文丞相像朱衣色黯,手執笏板,上刻"孔曰成仁,孟曰取義"數語[4]。道光七年(1827),順天府府丞朱爲弼見文山祠墻屋欹陊、丹艧剝落,便與文丞相嫡孫東川及山西文水令西亭等捐廉籌金一千八百兩,新祠廟以光俎豆。工程循其舊規而易以新木石磚瓦,將大門加寬到八尺,仍額"教忠坊",前加照壁,上刻《正氣歌》。進門後,分前、後兩進院子,均以磚石鋪地,繚以周垣。前院原爲二道門的地方,改建廳事三間。東列土地神牌,其西立碑記一通,使行道之人皆可肅然致敬,忠臣後裔得以追念先人[5]。光緒九年(1883),府尹周家楣又重修文山祠,然此次重修詳情無考[6]。

文山祠内最珍貴的文物,當屬唐代雲麾將軍李秀斷碑石礎二。李秀,字元秀,范陽人。唐玄宗朝,以功拜雲麾將軍左豹韜衛翊府中郎將,封遼西郡開國公。碑刻於唐天寶元年(742),舊貯良鄉縣庫中,後斷爲六礎,萬曆年間順天府尹王惟儉將四礎攜至開封,京師僅餘其二。康熙三十一年(1692),順天府丞吴涵於京兆署荒草瓦礫中偶見此兩塊千年碑石,驚喜過望,遂將二石嵌於文山祠東壁,既不辱前賢遺蹟,又激發拜謁國祠忠孝之心。吴涵又另刻《雲麾將軍斷碑記》,詳記李秀斷碑之遷徙始末[7]。

20世紀30年代國立北平研究院調查時,文山祠歸第十八小學學校管理。祠門南向,木額"文丞相祠",基本保持道光時重修格局。前有客廳三間,内掛文天祥繡像及學生手工製作文丞相像。北殿三楹,木額"萬古綱常",爲康熙三十四年重修時之舊物,殿内供文信國公全身泥塑,白面金冠,手執笏板,前供文公及孔子神位。殿上懸有文公十八世孫及歷届順天府府尹等官題寫的匾額楹聯,多爲重修時所作。東壁嵌有唐雲麾將軍李秀斷碑二礎、吴涵所作《雲麾將軍斷碑記》碑石,及嘉慶四年(1799)、光緒十八年(1892)稽古名士觀斷碑後之題記[8];西壁嵌嘉靖三十三年《過文先生祠詩》碑。院内還立有乾隆五十七年《倉頡大禹孔子等篆書刻石》、道光七年《文丞相祠碑》及年月磨滅之《順天府名宦鄉賢祠碑》三通。祠内樹木繁茂,有古榆、棗樹各一,均枝葉如蓋,樹幹如圍,上有

〔1〕參見言之《文丞相祠與二忠祠》,選自胡玉遠主編《春明敘舊》,北京:北京燕山出版社,1999年,頁三百七十八。

〔2〕《清實録》第三册《世祖實録》卷四十,北京:中華書局,1985年,頁三百一十九。

〔3〕參見清康熙三十四年(1695)《順天府學宫碑》,京257,《北京圖書館藏中國歷代石刻拓本匯編》卷六十五,頁六十八至六十九。

〔4〕《宸垣識略》卷六·内城二,頁一百零四。

〔5〕參見清道光七年(1827)《文丞相祠碑》,京237,《北京圖書館藏中國歷代石刻拓本匯編》卷七十九,頁一百二十二。

〔6〕(民國)陳宗蕃編著《燕都叢考》第二編·第四章·内三區各街市,北京:北京古籍出版社,重印本,1991年,頁二百九十五。

〔7〕《日下舊聞考》卷四十五·城市·内城東城一,頁七百一十六至七百一十八;《宸垣識略》卷六·内城二,頁一百零四至一百零五;《北京文物勝蹟大全·東城區卷》,頁一百一十八。

〔8〕參見清光緒十八年(1892)《雲麾斷碑題後》,京907,《北京圖書館藏中國歷代石刻拓本匯編》卷八十七,頁三十。

木牌曰“宋文天祥手植榆”，均南傾[1]。暗合文天祥“臣心一片磁鍼石，不指南方誓不休”詩句。

1947年，文山祠更名忠烈祠，由大興縣公産保管委員會管理[2]。1951年時，文山祠與其西隣順天府儒學一道，爲府學胡同小學所用，大興縣廟産管理委員會派張勤負責看管[3]。1979年，文丞相祠被列爲北京市第二批重點文物保護單位。1984年9月經過修繕，10月正式對外開放，明《文天祥像碑》仍存祠内，此時又新複製此碑及其遺墨刻石拓片。1992年，文天祥祠被定爲“東城區青少年愛國主義教育基地”。但古榆於1985年左右枯死[4]。1995年，由北京市東城區文化文物局、北京市文天祥文物保管所主持，北京市廣廈建築工程第四工程處、北京園林古建工程公司華宸分公司承修，文天祥祠再次得到修繕。修繕過程中，海内外文氏家族後裔及其各地祠堂鼎力捐資，有七十多文氏族人或團體捐款在千圓以上，府學胡同小學全體學生也捐資壹仟柒百餘圓。如今，不僅文氏家族每年來此祭祖，文天祥祠也成爲復興儒家三禮傳統的重要場所。僅就2015年春季而言，就有青年學子和社會組織在文天祥祠内舉行成人禮、祭禮等多種儀式，祠内棗樹上挂滿了他們在儀式過程中用紅絲帶書寫的《正氣歌》。

2006年至2015年調查時，文山祠坐北朝南。現存牌樓式大門一間、過廳三間、享堂三間，享堂簷柱的側腳、升起和平板枋的明代特徵頗爲典型[5]。祠内古樹僅存棗樹1株，據稱亦非文公所植，乃種於明代。現此處爲北京市文天祥祠文物保管所。

文天祥祠前殿（2014年9月　曉松攝）

〔1〕國立北平研究院《文丞相祠》，東四128。

〔2〕北京市檔案館藏《北平市民政局·北平市各區寺廟總登記考察簿》，1947—1948年，檔案號J3-1-237，頁六十二。

〔3〕北京市檔案館藏《北平市民政局·北平市寺廟總登記簿》，1950年，檔案號J3-1-203。

〔4〕參見《文天祥祠碑》，1995年，據文天祥祠内原碑録文。《北京文物勝跡大全·東城區卷》稱文天祥祠於1985年對外開放，應不確切。參見《北京文物勝蹟大全·東城區卷》，頁一百一十五。

〔5〕亦參見國家文物局主編《中國文物地圖集·北京分冊（下）》，頁十四。

文天祥祠棗樹，亦呈南倚之勢（2014 年 9 月　曉松攝）

京 254《文天祥傳》

文天祥傳

首題:宋文丞相傳
年代:明嘉靖二十八年(1549)
原址:東城區府學胡同文丞相祠
今址:東城區府學胡同文天祥祠
拓片尺寸:碑陽高162、寬68厘米
書體:楷書
撰人:(宋)劉岳申
書人:吳期,梅珊題額
《目録》:頁459
拓片編號:京254
拓片録自:《北京圖書館藏中國歷代石刻拓本匯編》第55卷136頁,缺處據《文文山全集》補[1]

【碑陽】
額題:宋文丞相傳(篆書)
碑文:

文丞相傳

宋劉岳申撰,明王遜重刻,□□周延祚、江子卿校。1

文丞相天祥,字履善,吉州盧陵人也。父儀,鄉稱長者。大父時用,夢兒乘紫雲下已履上而丞相生,故名雲孫,字天祥。英姿雋爽,目光如電。稍長,遊鄉校,見歐陽文忠公、楊忠襄公、胡忠簡公、周文忠公、楊文節公祠像,慨然曰:沒不俎豆其間,非夫也。寶祐乙卯,年二十,以字貢,廷對置第五。理宗親擢第一。尋丁父憂,服除,授承事郎。僉書寧海軍節度2判官廳公事。時江上有警,吳濳再相,内都知董宋臣主遷幸議,天祥上書,乞斬董宋臣以一人心、安社稷,請效方鎮建守,就團結抽兵,破資格用人。書奏不報,自免歸,以前職改鎮南軍,不拜,乞祠,得主管建昌軍仙都觀,除秘書省正字,兼景獻府教授。進校書郎、著作郎,兼權刑部郎官。董宋臣復爲都知,上疏極論,不報。出守瑞州,召爲禮部郎官,3尋除江西提刑。伯祖母梁夫人卒,夫人,其父本生母也,即日解官。終喪,除尚左郎官,兼學士院權直,兼國史院編修官,實録院檢討官。臺臣奏免。尋除福建提刑,臺臣復奏,後改知寧國府。民歌舞之,爲立生祠,除軍器監,兼右司,尋兼崇政殿説書,兼學士院權直,兼玉牒所檢討官。平章賈似道乞致仕,有要君意。學士院降詔,裁責以義,賈意不滿。4除秘書監。臺臣迎合賈意奏免,除湖南運判,臺臣復奏寢。始闢文山於其鄉,窮山水之樂。除湖南提刑,平郘永巨寇,道路肅清。見故相江公萬里於長沙。公曰:吾老矣,觀天時人事,必當有變,世道之責,其在君乎,君必勉之。是冬,乞便郡養親,移知贛州。明年,爲德

[1]《文文山全集》卷十九,國學整理社,1936年,頁四百八十七至四百九十四。

祐元年乙亥，至元十二年也。正月朔，牒報元帥渡江，詔諸路勤王。奉詔起兵。二月，似 5 道魯港師潰。除石文殿修撰、樞密副都承旨、江西安撫副使兼知贛州，尋兼江西提刑、進集英殿修撰、江西安撫使，加權兵部侍郎。丁祖母劉夫人憂，葬夫人，而起復命下，累疏乞終制，不許，仍趣兵移洪。初，左丞相王爚主天祥遷擢。屢趣天祥入衛，與右相陳宜中不合。爚引嫌去國，京學生上書訟宜中沮天祥事。宜中出關，留夢炎代相。夢炎素 6 厚宜中，又黨江西制置黄萬石，至是，夢炎奏萬石入衛，以天祥移屯於洪，經略九江。萬石陰與呂師夔通，自洪退屯，置司撫州。有旨趣天祥入衛。天祥以兵二萬至衢州，除權工部尚書，兼都督府參贊軍事。至臨安，兩月，累奏乞終喪。又奏，古有墨衰從戎，無墨衰登要津者。乞仍樞密副都承旨，江西安撫使，領兵國門，皆不許。除浙西江東制置 7 使兼江西安撫大使，兼知平江府，留不遣。天祥請分東南爲四鎮，而以都督統御其中。時朝廷方遣呂師孟奉使，師孟偃蹇傲朝廷，天祥乞斬。師孟釁鼓不報，常州已急，始遣天祥就戍。尋除端明殿學士。宜中遣張全將淮兵二千援常州。天祥遣朱華將廣贛兵三千從之。全自提兵設伏於虞橋。麻士龍死之。而全不援。元師薄華軍，廣軍多死 8 於水，又薄贛軍，尹玉獨當其鋒，曾全等皆遁。張全擁軍，隔河不發一矢，華軍渡水者爭挽全軍船。全令諸君盡斷其指，軍多溺死，全宵遁。尹玉孤軍五百人，皆殊死戰，玉死之。及明，得脱者四人，無一人降者。天祥欲斬張全，督府竟宥之。獨斬曾全以徇。奏贈尹玉團練使，立廟死所，官其二子。常州破，攻獨松關急。夢炎、宜中、陳文龍議棄平江。趣天祥 9 移守餘杭，天祥未決。兩府劄再至，遣環衛王邦傑留平江，天祥去平江。三日，通判王舉之與邦傑開門迎降。天祥進資政殿學士、浙西江東制置大使，兼江西安撫大使，置屯餘杭，守獨松關。未幾夢炎遁。明年正月，除知臨安府，不拜，以輕兵赴闕。始從天祥初議，送吉王信王閩廣。大臣日請三宫渡江，太皇太后不允，天祥請以福王或沂王判臨 10 安，以繫人望，身爲少尹以輔之。有急，密移三宫，當以死衛宗廟，議不合。少保張世傑宿重兵於六和塔，又請自將京師義士二十萬，與城内外軍數萬人，背城借一，以戰爲守。世傑不許。十八日，伯顔丞相至皐亭山，距臨安三十里，宜中遣使絡繹講解，伯顔邀宜中相見，宜中許之而遁。明日，世傑亦遁。除天祥樞密使，又除右丞相兼樞密，不拜。11 使者至。上下震恐，莫知所爲。有旨令天祥詣軍前，遂以資政殿學士行。因説伯顔曰："宋承帝王正統，非遼金比。今北朝將欲爲興國乎，將欲毁其宗社乎？若以爲興國，則宜退兵平江或嘉興，然後議歲幣與金帛犒師。天祥躬督所議，悉輸軍前。北朝完師以還，此爲不戰而全勝，策之上也。若欲毁其宗社，則兩淮兩浙閩廣，尚多未下，窮兵取之，利 12 鈍未可知，假能盡取，豪傑并起，兵連禍結，必自此始。"伯顔初以危語折之。天祥謂："宋狀元宰相，所欠一死報宋耳。宋存與存，宋亡與亡。刀鋸在前，鼎鑊在後。非所懼也。何怖我爲。"伯顔改容，因謝曰："前日已遣程鵬飛詣宋太皇太后簾前，親聽處分，候鵬飛至，即與丞相定議。"明日，左丞相吳堅、右丞相賈餘慶，同知樞密院事謝堂、家鉉翁同劉巴 13 與呂師孟奉降表至。伯顔引天祥同坐，堅等各就車回，獨留天祥不遣。天祥大駡餘慶賣國，且責伯顔失信。呂文焕從旁慰藉之。天祥斥言叛逆遺孽，當用春秋誅亂賊法。文焕謂丞相："何故以逆賊見駡。"天祥曰："國家不幸至今日，汝爲罪魁，非逆賊而何。三尺童子，猶斥駡汝，獨我乎？"文焕曰："守襄陽七年不救，是以至此。"天祥曰："呂氏一門，父子兄 14 弟受國厚恩，不幸勢窮援絶，以死報國，可也。豈有降理？汝自愛身惜妻子，壞家聲。今汝合族爲逆矣，尚何言。"師孟忿怒，云："丞相今日何不殺師孟？"天祥謂："汝叔侄賣降，攜朝廷失刑，不族滅汝。汝今日能殺我，得爲大宋忠臣足矣，豈懼死哉！"師孟語塞。伯顔聞之，吐舌云："男子男子。"然自是益留之，不復遣還矣。賈餘慶歸，令學士院詔天下州郡歸 15 附，放還天祥所部勤之義士西歸。其渡浙歸閩者，惟方興、朱華、鄒渢、張抃數人耳。二月八日，伯顔趣天祥隨祈請使吳堅、賈餘慶北行。天臺杜滸從至京口，留十日。杜滸與余元慶定計，謀趨真州，不可得舟。元慶遇故舊，許以白金千兩求之。其人云："吾爲大宋脱一丞相，事成，豈止白金千兩哉。”竟得舟。二月二十九日也。是午，促過瓜州。賈餘慶等 16 已渡。天祥辭以明日同吳丞相渡，以是夕逃，幸得至真州城下。三月朔日也，守將苗再成迎宿。時真州不知京城消息已數月，聞天祥至，無不感憤流涕者。諸將皆謂兩淮兵力足以興復，恨李制置與淮西夏老不能合從，得丞相通兩閫脈絡，不出一月，連兵大舉，江南可傳檄定也。天祥問再成計將安出。再成爲言，灣頭楊子橋守者，皆沿江脆 17 兵。今以通泰軍攻灣頭，以高郵、寶應、淮安軍攻楊子橋，以揚州軍向瓜州，再成與刺史趙孟綿以舟師直搗鎮江，同日大舉，彼軍勢不能相救。復以灣頭、楊子橋兵合而攻瓜州之三面，再成自江中一面薄之。雖有智者，不能爲之謀矣。然後以淮東軍入京口，淮西軍入金陵，兩浙無出路，其大帥可生致也。天祥喜甚，即爲書李庭芝、夏貴。庭芝得書，18 反疑丞相無得脫理，罪真州不當納之，遣官諭再成，亟殺天祥以自白。再成不忍殺。三日，紿天祥出視城濠，使王、陸兩都統導之出，示以制司文書，謂丞相爲說城。天祥方驚嘆，兩都統鞭馬入城，門已閉矣。杜滸赴城壕欲死。有張、徐二路分自言。“苗安撫遣送丞相，惟丞相所向。”天祥云：“今惟往揚州，夏老不相識，淮西又無歸路，委命於天，惟往揚 19 州。”久之，有弓刀五十人至。張、徐各就騎，以二騎從天祥。天祥與杜滸連騎數里，張、徐請下馬。天祥既下，云且行。既行，云且坐。坐久，立談。張、徐云：“制史欲殺丞相，安撫不忍，故遣某二人送行，今丞相安往？”天祥云：“只往揚州。”張、徐云：“揚州欲殺丞相，不可往。”天祥云：“無可奈何。今只欲見李制置，自白此心，庶幾見信，共圖恢復。否則從通州遵海歸行朝。”20 張、徐云：“安撫已具船，令送丞相江行，歸南歸北皆可。”天祥曰：“如此，則安撫亦疑我矣。”張、徐方吐實云：“安撫猶在信疑之間，令某二人便宜從事。某見丞相忠義如此，何敢加害。即決欲往揚州，當相送。”是日暮，張、徐先辭去，留二十人從行。頃之，二十人亦去。明日至揚州，杜滸謂制使既不相容，必且死於城門，不如且避哨，以夜趨高郵至通州，21 渡海歸江南，見二王，與徒死城下，萬萬不侔。金應又謂：“出門即有哨。此去通州五百里，何由而達。與其死於彼，不如死揚州，且猶冀未必死。”天祥計未決，而從行者四人，已負腰金逃矣。不得已，去揚州城下，避哨土圍糞穢中。忽數千騎過其後。至賈家莊，已兩日不得食。又迫巡檄者，夜迷失道。幸得至高郵，而制司命下關防，說城愈急，遂不敢入 22 城，過城子河至海陵，過海安如皋。舟與追騎常相距，危不免者數矣。至通州，適諜報鎮江大索文丞相十日，且以三千騎追亡於許浦，始釋制司前疑。得海舟渡揚子江，入蘇州洋，展轉四明天台，以四月八日，至溫州。益王建大元帥府於福州。天祥上書勸進。始以五月朔即位福安，改元景炎。以觀文殿學士召天祥。二十六日，行至都門，除右丞 23 相。時樞密使陳宜中、副使張世傑用事，丞相具員，天祥辭不拜，以樞密使同都督諸路軍馬發行都，出南劍，號召天下。十月趨汀州，遣都參趙時賞、督諮趙夢濚、復寧都督，都贊吳浚攻雩都。天祥移屯漳州龍慶縣，未幾，浚銜唆都命來招降，遂殺浚以定衆志。時唆都與左丞阿喇罕、參政董某既入閩，李鈺、王積翁以福建宣慰招撫使各致書天祥。24 天祥復書：“候見老母，即從先帝地下，無可言者。”明年三月，入梅州，始與母、弟、妻、子相見，進階銀青光祿大夫。四月斬都統制錢漢英、王福，引兵自梅州出江西，入會昌，戰雩都，大捷。因開府興國，督謀張抃、監軍趙時賞、孟濚盛兵薄贛州城下，招諭鄒㵯，率贛縣兵擣永豐吉水。招撫副使黎貴達率吉諸縣兵復太和。臨洪諸郡豪傑者納款。25 淮西義士劉源以兵復黃州，復壽昌軍。潭州趙璠、張虎、撫州何時皆起義兵。分寧、武寧皆遣使詣軍門受約束。福建斬僞天子黃從，傳首至督府。軍勢大振。貴達以正軍千人，民兵數千次太和，鍾步、張抃、趙時賞、趙孟濚率民兵四万逼贛，遇騎卒先後衝之，皆潰，自相蹂藉死。孟濚收殘兵保雩都，督府聞鄒㵯聚兵數萬於永豊，乃引兵就之，會㵯 26 兵亦潰。元帥李恒以大軍乘其弊，追及於廬陵東固之方石嶺。都統制鞏信駐軍嶺正力戰，箭被體不動，猶手殺數十百人，乃自投崖谷死。大軍追至空坑，同督府兵潰，天祥妻妾子女皆陷，惟母曾夫人子道生從天祥奔汀州。趙時賞、吳文炳、林楝、劉洙皆就執，張抃、劉欽爲亂兵所殺。天祥趨循州。其冬，塔朮、吕師夔、李恒以步卒入嶺，唆都、蒲壽庚、27劉深以舟師下海，皆會廣州。天祥駐循之南嶺。黎貴達有異志，伏誅。明年二月，出海豐縣，三月，屯麗江浦，命弟璧攻惠州。五月，端宗兇問至，衛王改元祥興。天祥奉表起居，自劾罔功，有詔奬諭，陸秀夫當筆，其略曰：方敵氛之正惡，鞠旅勤王，及皇路之已傾，捐軀徇國，脱危機於虎口，涉遠道於鯨波，雖成敗利鈍，逆睹之未能，而險阻艱難備嘗之28已熟。如金百煉而益勁，如水萬折而必東。天祥乞移軍入朝，不許，又欲入廣州。時廣州新復，憚天祥威重，陽遣舟來迎，而中道去之，遂不果。入六月，祥興舟自硇州回駐崖山，督府累請入覲，世傑日以迎候宜中還朝爲辭，諸大將多忌天祥，又位樞密使，出己上，皆不便其人。加天祥少保信國公，母曾封齊魏國夫人。同督府官屬各轉五資，以金29三百兩犒其軍。天祥移書秀夫："天子幼沖，宰相避荒，制詔敕令，出諸公口，奈何不恤國事，以游詞相拒邪。"秀夫太息而已。督府全軍疾疫，齊魏國夫人、子道生相繼卒。遣使宣祭。起復。初，陳懿兄弟皆爲劇盜，世傑招之，叛附不常。潮人苦之。潮士民請移行府于潮。十一月，進潮陽縣，戮懿黨劉興。時張弘範爲都元帥，以大軍自明秀下海，以步卒自30泉漳入潮。天祥以聞行朝，十二月十五日移屯趨海豐，入南嶺，鄒渢、劉子俊以民兵數千至自江西。弘範步騎尚隔海港，陳懿爲迎導，具海舟以濟。弘範既濟，使其弟弘正以輕兵直指督帳。二十日午，天祥方飯客五坡嶺，步騎奄至，天祥度不得脱，即取懷中腦子盡服之。衆擁天祥上馬。天祥急索水飲，冀速得死已，乃暴下，竟不死。諸軍皆潰。天31祥見弘正於和平，大罵求死。越七日，至潮陽，踴躍請劍就死。弘範必欲以禮見，議相見禮。天祥曰："吾不能跪。吾嘗見伯顔阿朮，惟長揖爾。"或曰："奈何不拜？"天祥曰："吾能死不能拜。"弘範度不能强，遂以長揖相見。明年正月二日，弘範驅天祥登海艘，十日，至崖山。弘範索天祥爲書招世傑，天祥曰："己不能救父母，又教人叛父母，可乎？"愈益急索，則書32《過零丁洋》一詩示之，詩末云："人生自古誰無死，留取丹心照汗青。"弘範笑而置之，自此守護益謹，然禮貌益隆。二月六日，崖山破。先是，陸秀夫在行朝，以樞密兼宰相，至是請於太妃曰："臨安母子已被辱，殿下不宜再辱。"言訖，即沉其妻孥，冠裳抱祥興赴海。太妃從之，宫人已下皆從太妃。官屬將士爭蹈海死者數萬人。十四日，弘範置酒，大會諸33將，舉酒從容謂天祥曰："國亡矣，忠孝之事盡矣。丞相改心易慮，以事大宋者事大元。大元賢相非丞相而誰。"天祥流涕曰："國亡不能救，爲人臣者死有餘罪，況敢逃其死而貳其心矣。"弘範又謂："國亡矣，不即死，誰復書之。"天祥謂："商亡，而夷齊不食周粟，亦自盡其心耳。豈論書與不書。"弘範爲改容，副元帥龐鈔兒赤起行酒，天祥不爲禮，龐怒罵之。天34祥亦大罵，請速死。弘範遣使具奏天祥不屈與所以不殺狀。世祖皇帝命護送天祥京師。弘範遣都鎮撫石嵩護行。且以崖山所得宋禮部郎官鄧光薦與俱。二十二日，發廣州，至南安，始繫頭縶足，以防江西之奪者。明日，天祥即絶粒不食，計日可首丘廬陵，乃爲文祭墓，爲詩别諸友，遣人持歸。約日復命廬陵城下，即瞑目長逝。乃水盛風駛，前35一日過廬陵。至豐城，始知所遣人竟不得往。於是不食已八日，念不得死廬陵，而委命荒江，志節不白，始欲從容就義，强復飲食。十二日至建康，囚驛中。鄧光薦寓天慶觀。八月二十四日天祥北行。十月至燕，館供帳如上賓。館人云："博羅丞相命也。"天祥義不寢處，坐達旦。四日張弘範至，具言不屈狀。五日送兵馬司，械繫空宅十餘日，解手36縛又十餘日，得疾。十一月二日，去械，猶繫頸。五日赴樞密院，九日見博羅丞相、張平章，命之跪。天祥曰："南人不能跪。"左右强之，終不可。問有何言。天祥曰："自古有興有廢，帝王將相，滅亡誅戮，何代無之？盡忠於宋，所以至此。今日不過死耳。有何言。"又問。天祥曰："爲宋丞相，宋亡，義當死。爲北朝所獲，法當死，何言。"博羅問："自古常有宰相以宗廟城郭37與人又遁逃去者否？"天祥曰："爲宰相而奉國與人者，賣國之臣也。賣國者必不去，去者必非賣國之臣。前除宰相不拜，奉使伯顔軍前，尋被拘留。不幸有賊臣賣國，國亡當死。但以度宗皇帝二子在浙東，老母在廣，故去之耳。"問："德祐非君乎？"曰："吾君也。"曰："棄嗣君而立二王，果忠臣乎？”曰：“德祐不幸失國。當此之時，社稷爲重，君爲輕。别立君者，所以爲 38 宗廟社稷耳，故爲忠臣。從懷、愍而北者非忠，從元帝爲忠；從徽、欽而北者非忠，從高宗爲忠。”博羅不能詰。有問：“晉元帝、宋高宗有所受命，二王何所受命？且不正，是簒也。”曰：“景炎乃度宗皇帝長子，德祐親兄，不可謂不正。即位於德祐去位之後，不可謂簒。陳丞相承太皇后命，奉二王出宫，不可謂無所受命。”博羅謂：“汝爲相，能挾三宫以往，可以爲 39 忠，不能，則與伯顔丞相一戰決勝負，可以爲忠。”天祥曰：“此可以責陳丞相，不可以責我。我此時未當國故也。”又曰：“汝立二王，竟成何事？”曰：“立君以存宗社，臣子之責。若夫成功，則天也。”又曰：“既知其不可，何必爲？”曰：“父母有疾，雖不可爲，無不用醫藥之理，不用醫藥者，非人子也。文天祥今日至此，唯有死，丕在多言。汝所言，都不是。”博羅怒曰：“汝欲死，40 可得快死耶。汝死必不可得快。”天祥云：“得死則快，何不快爲？”博羅呼引去，自是囚兵馬司者四年。其爲詩有《指南》前録三卷、後録五卷，集杜二百首，皆有自序。天下誦之，其翰墨滿燕市。又時時爲吏士講前史忠義，傳聞者傾動，嘗裹所脱爪齒鬚髮寄弟璧，始終未嘗一食官飯。上自開平還大興，問南北宰相孰賢，群臣皆曰：“北人無如耶律某，南 41 人無如文天祥。”上將付以大任。王積翁、謝昌元相率以書諭上意。天祥復書云：“諸君意同鮑叔，而天祥事異管仲。管仲不死，名顯于天下。天祥不死，盡棄其平生，遺臭萬年，將焉用之。”積翁知不能屈，猶奏請釋天祥而禮之，以爲事君者勸。上語積翁，命兵馬司好與飲食。天祥使人語積翁：“吾義不食官飯，數年矣，今一旦飯於官，吾且不食。”積翁始不 42 敢言，會麥朮丁參知政事。麥朮丁者，嘗開省江西，親見天祥出師震動，每倡言不如殺之便，自是上與宰相每欲釋之輒不果。至元壬午十二月八日，召天祥至殿中。天祥長揖不拜，極言宋無不道之君，無可吊之民。不幸母老子弱，權臣誤國，用舍失宜，北朝用其叛將叛臣入其國都，毁其宗社。天祥相宋於再造之時，宋亡，天祥當速死，不當久 43 生，上使諭之曰：“汝以事宋者事我，即以汝爲中書宰相。”天祥對曰：“天祥爲宋狀元宰相。宋亡，惟可死，不可生。”又使諭之曰：“汝不爲宰相，則爲樞密。”天祥對曰：“一死之外無可爲者。”遂命之退。明日，有奏天祥不願歸附，當如其請，賜之死。麥朮丁力讚其決，遂可其奏。天祥將出獄，即爲絶筆自贊，繫之衣帶間。其詞云：“孔曰成仁，孟曰取義，惟其義盡，所 44 以仁至。讀聖賢書，所學何事，而今而後，庶幾無愧。”過市，揚揚顔色不變，觀者如堵。問市人，孰爲南北，南面再拜而就死，見者聞者無不流涕。是日大風揚砂石，晝晦，咫尺不見人，城門晝閉，籍兵馬司得天祥所爲詩文上之。天祥死時，四十有七矣。南人留燕者，悲歌慷慨相和應爲歌。更置酒酹丞相相慰藉，更相自賀。至有十義士者，收葬於都 45 城外。初，天祥既第，誓不倚勢近利，自禄賜所入，盡以散族姻鄉友之貧者。至是，官籍其家蕭然。方過南安時，遣人告墓，以弟璧之子陞爲嗣，又寄弟詩曰：“親喪君自盡，猶子是吾兒。”大德中，陞奉母歐陽夫人歸自豐州云。贊曰：文丞相以廬陵年少，穆陵親擢進士第一，即上書乞斬董宋臣者至再。宋垂亡，猶乞斬呂師孟釁鼓，此豈希合苟生者？賈 46 似道沮之，留夢炎嫉之，宜也。陳宜中、張世傑亦忌之，何也？黄萬石嫉之，何也？李庭芝疑之，至欲殺之，又何也？或謂使庭芝不疑，夏貴可合，事未可知。豈所謂天之所廢，不可興者也。方其脱京口，走真揚，脱真揚，走三山，出萬死，與潮陽仰藥不死，南安絶粒不死，燕獄不死何異。若將以有爲者及得死所，卒以光明俊偉暴之天下後世，殆天以丞相 47 報宋三百年待士之厚，且以昌世救也。而或者咎其疏闊，議其無成，謬矣。夫非諸葛公所謂鞠躬盡瘁，死而後已者乎？死之日，宋亡七年，崖山亡又五年矣。48

右宋丞相文山先生傳，勒石祠中，嘗謁公祠，可□遺像及讀其傳，生氣宛在。惜石剥于歲久，文間有闕，迺□易石易書，刻置於祠。嗟乎。人代有公，殆天之有日星，地之有河嶽也。祭□忽變於陰晦，地反常於震動，故人代有喪亂數厄於陽九。公適□之□□於□□常於地。公豈不知道移宋祚獨力難回者哉。顧天經在我，地維攸□□□□ 49 旦之死貽萬古之生。百公死義以至於今。天已定人，記以植夫。孰爲之陰晦釋而光耀愈□，震動息而流峙不改。亢有血氣者仰日星於六合，處河嶽於中原。□持匪人之私。□□時嘉靖二十八季己卯春貳月望日遜識 50

京 263《過文先生祠詩》

過文先生祠

十年燕市過公

祠瓦閣松陰去

馬遲九死欲回

唐宇宙一生輕

繫漢威儀雲飛

斜照歸人晚霜

重無枝棲鳥疑

千古中原今故

在忠臣遺恨可

曾知

嘉靖甲寅春望

南京戶部主事

嵩山李世德題

月遂吴期正書燕山張鸞鎸

京263《過文先生祠詩》

過文先生祠詩

首題:過文先生祠
年代:明嘉靖三十三年(1554)春望
原址:東城區府學胡同文丞相祠
今址:東城區府學胡同文丞相祠
拓片尺寸:碑陽高36、寬95厘米
書體:楷書
撰人:李世德
書人:吳期
《目録》:頁460
拓片編號:京263
拓片録自:《北京圖書館藏中國歷代石刻拓本匯編》第55卷185頁

【碑陽】

額題:

碑文:

過文先生祠。1

十年燕市過公 2 祠,瓦閣松陰去 3 馬遲。九死欲回 4 唐宇宙,一生輕 5 繫漢威儀。雲飛 6 斜照歸人晚,霜 7 重無枝棲鳥疑。8 千古中原今故 9 在,忠臣遺恨可 10 曾知。11

嘉靖甲寅春望 12 南京戶部主事 13 嵩山李世德題 14。

月遂吳期正書,燕山張鸞鐫。15

京 250《春遊賦》

春遊賦

余嚚濁不靈自分清夷之世一長物爾承家慈太淑人命勉赴　天邑□□□□□□□今秩□□千百士之上千百士儼然北面宗之噫淹溢大宅決踵矣□□□□□
間時當春日乃邀二三良執攜壺榼周遊盤旋於城關之東西南北見□□□□□□□□五方之聲音合□□□□□柳□花香蓋處（下泐）
自覺其殷憂於　明時坎壈於　聖代也爲之賦春遊云其詞曰
候轉南軸氣漸東徙食祓邪之蓬餌飲導和之醬粥當發春而□歲澤□□□□□□□□□□□□□□□□□□□□□□期□郊□野恣游持（下泐）
淡日華遲草香雲淡知春早望雲望日覺春好遘宇宙之□足憶□□□□□□□□□□□□□□□□□□□□□□□□□使冥頑不靈者須□□幽（下泐）
慨沖擧之鴻鵠安早棲之鷃螟□嚴承親命隨牒趨□庭□□□□□□□□□□□□□□□□□□□□□□□□環水藏豚玉睢絲相望□□□□相似□□□□□
春尚微廣陽郊外春□□玉泉水解無□躍□□□□□□□□□□□□□□□□□□□□□□□□□□□□□但擧杯酒十□□莫遺□花一片飛去年邀□在□
塢今歲賞遊在天府□嬌□景勝得□□□□□□□□□□□□□□□□□□□□□□□□□□□□□□□古長安古路遠狹□玉□金□上香車縱橫何處去絡
繹向誰家蜻蜓爭點□□蝶去穿花穿花點□□□□□□□□□□□□□□□□□□□□□□□□□□□遊春酒消春愁谿聲雜翠□鳥韻□籃篼南鄰紅粉盈□
翠北里綠□□欲□□□□賓過處香□□□□□□□□□□□□□□□□□□□□□□□□□□□□笑迎人花飛衣袖清香濕柳拂征鞍翠色勾江山增乎秀□
草□覺□□□千樹□□□□芳澤□□□□□□□□□□□□□□□□□□□□□□□□□□雖奇玉門關春雪猶零關山白何年春色到三垂何日春風到四□
絕賞殊鄰□□程幽閣□□□□□□□□□□□□□□□□□□□□□□□□□□□□□□□靄龍沙霜露盈接欸春花捧別思堪憐春鳥喚離情於時瑅閣麗
香閨延女張鳳雲乃□□□□□□□□□□□□□□□□□□□□□□□□□□□□□□□亭□芳□□塘曙兮情欲歡夫復去兮挽春檻而延□□復來兮張
幕而盤□□□□里□□□□□□□□□□□□□□□□□□□□□□□□□□□□□□閣簷羽草如茵層樓檻外花無數危閣□樓南□□□檻外北風□
響曳金□歌□□香□□□□□□□□□□□□□□□□□□□□□□□□□□□□□□□□□□賞心樂事哉洎乎倡姬奔滕命□□□□服耀日靚妝□□
思淇工與洛□□□□□□□□□□□□□□□□□□□□□□□□□□□□□□□□□□別煙光望綉□□□之溫然玉玦川泱□□□單寒風颯颯兮鴛□□
茱萸□于長相思□□□□□□□□□□□□□□□□□□□□□□□□□□□□□□□□際□蓬似還却之宗廓同適越之憂忡賦米□於月夕詠綠竹於□
坐處傷來燕行時□□□□□□□□□□□□□□□□□□□□□□□□□□□□□□□被青□衣白□逐落英拾翠葉春景雖佳春心未愜感虞翻則故鄉迢遙
念許靖則生涯□涉□春勝人□□□□□□□□□□□□□□□□□□□□牧轉音□鶯語□□□□□花丘南國望停胡飯米北人求放邯鄲鳩布思行慶青郊外
掩骼埋胔紫陌頭□盛過□爲□□□□□□□□□□□□□□□□□□□薦鮹乘而□□□□□有□□之言古有□烜之族魏武之令堪傳周舉之書良穀□□
薄洛聞賊兵而不憂漢武過于□□□□□□□□□□□□□□□□□□玄鳥司分萬物□□之際□□□□之辰東郊已見于朝日靈臺靡志於書雲可以□□□
之序可以發寬大之恩音旛□□紫彩爲□□□□□□□桃花而□面舞□□雲翹歌□□□詩傳東宮□琴瑟既□后妃之穜稑應見景龍之花樹初須漢惠之合□□
薦嗟嗟一人錫福萬國蒙休自有春山□□□□水泻滄湖何山不春秀何水不春流時時皆春日處處皆春遊倍歡□飲寒食酒醉眠偃臥夕陽樓香蘭可束清衆可浴□
焉竹籬灣聽鶯茅店曲幕天席地日陰沈□綠□青□□緣探春爲惜花惜花人□玉□沚乘漪倒金尊鶯香悼色來銀□花殘春去念歸期春到花開見歲時萬紫合新□□
滿舊枝春情偏逐鞦韆架春事爭隨楊柳絲幽□逸容喜春早王子公孫怨□遲□春怨春各有情春遲春早兩無私花□它鄉山水望今人悲
萬曆二十一年歲次癸巳中秋日雍丘李茂春撰玉山程福生書□山□延武□□□□泾陽李桂曲周高好問孝義張□心河間白煖校刻
□城賈尚德□□□□□河間趙君□隆平張應潮□□□□□□□□吳郡盧大成鐫

京 250《春遊賦》

春遊賦

首題:春遊賦
年代:明萬曆二十一年(1593)八月十五日
原址:東城區府學胡同
拓片尺寸:碑高 128、寬 56 厘米
書體:楷書
撰人:李茂春
書人:程福生
《目録》:頁 460
拓片編號:京 250
拓片録自:《北京圖書館藏中國歷代石刻拓本匯編》第 58 卷 41 頁

【碑陽】

碑文:

春遊賦1

余醬濁不靈,自分清夷之世一長物爾,承家慈太淑人命,勉赴天邑,□□□□□□□今秩□□千百士之上,千百士儼然北面宗之。噫!淹溢大宅决踵矣,□□□□□□2間,時當春日,乃邀二三良執攜壺榼,周遊盤旋於城關之東西南北,見□□□□□□□□五方之聲音合,□□□□柳□花香蓋處(下泐)3,自覺其殷憂於明時,坎壈於聖代也,爲之賦春遊云,其詞曰:4
候轉南軸,氣漸東徙,食祓邪之蓬餌,飲導和之醬粥,當發春而□歲,澤□□□□□□□□□□□□□□□□□□□□□□□□□□□期□郊□野恣游,持(下泐)5淡日華遲,草香雲淡知春早,望雲望日覺春好,邁宇宙之□足憶□□□□□□□□□□□□□□□□□□□□□□□□□□□□□□使冥頑不靈者須□□幽(下泐)6慨沖舉之鴻鵠,安早棲之鷽螟。□嚴承親命隨牒趨□庭□□□□□□□□□□□□□□□□□□□□□□□□□□□□□環水藏豚玉,睢絲相望□□□□□□相似□□□□7春尚微,廣陽郊外春□□玉泉水解無□躍□□□□□□□□□□□□□□□□□□□□□□□□□□□□□□□□□□□□□□□,但罄杯酒十□□,莫遣□花一片飛。去年邀□在□8塢,今歲賞遊在天府。□嬌□景勝得□□□□□□□□□□□□□□□□□□□□□□□□□□□□□□□□古,長安古路遠狹□,玉□金□上香車,縱橫何處去?絡9繹向誰家?蜻蜓爭點□,□蝶去穿花。穿花點□□□□□□□□□□□□□□□□□□□□□□□□□□□□□□遊春,酒消春愁谿聲雜。翠□鳥韻□籃篪,南鄰紅粉盈□10翠,北里綠□□欲□。□□□賓過處香□□□□□□□□□□□□□□□□□□□□□□□□□□□□□□□□□笑迎人,花飛衣袖清香濕,柳拂征鞍翠色勾。江山增乎秀□11草,□覺□□□千樹□□□□芳澤□□□□□□□□□□□□□□□□□□□□□□□□□□□□□□□□□□□雖奇玉門關,春雪猶零關山白,何年春色到三垂,何日春風到四□12。絕賞殊鄰□□程,幽閣□□□□□□□□□□□□□□□□□□□□□□□□□□□□□□□□

□□靄龍沙，霜露盈接欸，春花搼別思，堪憐春鳥喚離情，於時琨閣麗 13 香閨。延女張鳳雲，乃□□□□□□□□□□□□□□□□□□□□□□□□□□□□□□□□□亭□芳□□塘曙兮情欲歡，夫復去兮挽春檻而延，□□復來兮張 14 幕而盤，□□□□里□□□□□□□□□□□□□□□□□□□□□□□□□□□□□□□□□□□閣簷羽草如茵，層樓檻外花無數，危閣□樓南□□，□□檻外北風□15，響曳金□歌□□香□□□賞心樂事哉！洎乎倡姬奔滕，命□□□□服耀日靚妝□□16 思淇工與洛□□□□□□□□□□□□□□□□□□□□□□□□□□□□□□別煙光望綉□□□之溫然玉玦川泱□□□單，寒風颯颯兮鴛□□17 茱萸□于長相思□□□□□□□□□□□□□□□□□□□□□□□□□□□□□□□□□□□□際□蓬，似還却之宗廓，同適越之憂忡，賦米□於月夕，詠綠竹於□□。18 坐處傷來燕行時，□□□□□□□□□□□□□□□□□□□□□□□□□□□□□□□□□□□□被青□衣白□逐落英、拾翠葉，春景雖佳，春心未愜，感虞翻則故鄉迢遙，19 念許靖則生涯□涉。□春勝人□□□□□□□□□□□□□□□□□□□□□□牧轉音□鶯語□□□□□花丘。南國望停胡飯米，北人求放邯鄲鳩。布思行慶青郊外，20 掩骼埋胔紫陌頭。□盛過□爲□□□□□□□□□□□□□□□□□□□□□□□薦鮹乘而□□□□□有□□之言，古有□烜之族、魏武之令，堪傳周舉之書，良穀□□□21 薄洛聞賊兵而不憂，漢武過于□□□□□□□□□□□□□□□□□□□□□□□玄鳥司分，萬物□□之際，□□□□之辰，東郊已見于朝日，靈臺靡志於書雲，可以□□□22 之序，可以發寬大之恩，音旛□□紫彩爲□□□□□□□□桃花而□面舞□□雲翹歌□□□詩傳東宮□琴瑟，既□后妃之穜稑，應見景龍之花樹，初須漢惠之合□□23 薦嗟。嗟！一人錫福，萬國蒙休，自有春山□□□□水沔滄湖，何山不春秀，何水不春流。時時皆春日，處處皆春遊。倍歡□飲寒食酒，醉眠偃臥夕陽樓。香蘭可束，清衆可浴。□24 焉竹籬灣聽鶯，茅店曲幕天席地。日陰沈□綠□青□□緣探春爲惜花，惜花人□玉，□沚乘漪倒金尊，驚香悼色來銀□，花殘春去念歸期。春到花開見歲時，萬紫合新□□25 滿舊枝。春情偏逐鞦韆架，春事爭隨楊柳絲。幽□逸容喜春早，王子公孫怨□遲。□春怨春各有情，春遲春早兩無私。花□它鄉，山水望，今人悲。26

萬曆二十一年歲次癸巳中秋日雍丘李茂春撰，玉山程福生書，□山□延武□□□□涇陽李桂，曲周，高好問，孝義張□心，河間白煖校刻 27

□城賈尚德□□□□□河間趙君□隆平張應潮□□□□□□□□□吳郡盧大成鐫 28

京262《文天祥像》

明《文天祥像》原碑（2015 年 12 月 王敏慶攝）

《文天祥像》重刻碑（2015 年 12 月 王敏慶攝）

京 267《雲麾將軍斷碑記》

雲麾將軍斷碑記

唐雲麾將軍李秀碑北海太守李邕書也北海所書雲麾碑有二其一名思訓秦人其一名秀范陽人碑在秦中者至今屹立如故而在范陽者斷裂棄置遷徙無定所蓋物各有幸有不幸哉碑刻於天寶中在今良鄉縣地其後碑石既斷良鄉學博士某斲爲柱礎又若干年重修學宮棄礎雜置瓦礫間閩人董生見之以告宛平令李蔭蔭寫書良鄉令輂至宛平署中凡六礎孫侍郎承澤謂碑不知何時入都又謂宛平令掘地得之皆未嘗詳考也蔭既得石嵌於署壁號爲古墨齋一時名人作歌詩紀之時明嘉靖中事又若干年移入京兆少尹署而王京兆惟儉攜四礎之大梁今所存者遂止二礎余以康熙三十有一年承乏順天府府丞公務之暇訪求所謂雲麾碑者不可得召胥吏訊之皆云無有余疑前人所紀或未可據其夏因校士宿署中日既暮間出於庭見蔓草中有二石就視之則碑石也驚喜過望急拂拭讀其文已多漫漶不可辨可辨者纔數十字而已又爲嘆惜久之夫北海在唐性方直敢諫諍如助宋璟劾張昌宗其後卒以忤李林甫獲罪節烈之風著於史冊非徒爲文藝之士而已後之君子考其行事想見其爲人就使其書未必盡善猶當寶而獲之況筆力遒逸又獨絶於千古顧忍使其雜置於瓦礫沉埋於蔓草哉余惜其棄置思仍甃之署壁既又念是署中宦游者往來如傳舍然下者若良鄉博士不免視同土石而博雅好古若王尹其人又或且取之而去余雖復效古墨齋遺事安在其能久存者而宋丞相信國文公祠去府署甚近數百年祭祀不絶竊以爲官舍之屢易不如祠宇之常新也宦遊者之去來無定不如忠臣義士之歷久而不殁也故北海書石不甃於署而甃丞相祠中既使前賢遺跡不終棄於瓦礫草莽間且令四方之士謁信國祠者既有以激發其忠孝之心因退觀壁間之書思古直臣風槩而爲之慨然興慕亦未必非廉頑立懦之一助也

康熙三十一年八月順天府丞石門吳涵記并書

嘉慶己未初夏
大興翁方綱武進
胡遜同觀北海殘
字題記。　七葉云云是前礎翰賜云云是後礎記
此俾觀者有考焉甲子仲夏翁方綱識

京 267《雲麾將軍斷碑記》

雲麾將軍斷碑記

年代:清康熙三十一年(1692)
原址:東城區府學胡同文丞相祠
今址:東城區府學胡同文天祥祠
拓片尺寸:碑陽高47、寬96厘米
書體:楷書
撰人:吳涵
書人:吳涵
《目録》:頁512
拓片編號:京267
拓片録自:《北京圖書館藏中國歷代石刻拓本匯編》第65卷15頁

【碑陽】

額題:

碑文:

雲麾將軍斷碑記 1

唐雲麾將軍李秀碑,北海太守李邕書也。北海所書雲麾碑有 2 二。其一名思訓,秦人。其一名秀,范陽人。碑在秦中者,至今屹立 3 如故。而在范陽者,斷裂棄置,遷徙無定所。蓋物各有幸有不幸 4 哉。碑刻於天竇中,在今良鄉縣地。其後碑石既斷,良鄉學博士 5 某斵爲柱礎。又若干年重修學宫,棄礎雜置瓦礫間。閩人董生 6 見之,以告宛平令李蔭,蔭寫書良鄉令,輦至宛平署中。凡六礎 7。孫侍郎承澤謂碑不知何時入都。又謂宛平令掘地得之,皆未 8 嘗詳考也。蔭既得石,嵌於署壁,號爲古墨齋。一時名人作歌詩 9 紀之,時明嘉靖中事。又若干年,移入京兆少尹署。而王京兆惟 10 儉攜四礎之大梁。今所存者遂止二礎。余以康熙三十有一年 11 承乏順天府府丞。公務之暇,訪求所謂雲麾碑者不可得。召胥 12 吏訊之,皆云無有。余疑前人所紀或未可據。其夏因校士宿署 13 中,日既暮,間出於庭,見蔓草中有二石,就視之,則碑石也。驚喜 14 過望,急拂拭,讀其文,已多漫漶不可辨。可辨者纔數十字而已。15 又爲嘆惜久之。夫北海在唐,性方直,敢諫諍,如助宋璟劾張昌 16 宗,其後卒以忤李林甫獲罪。節烈之風,著於史冊,非徒爲文藝 17 之士而已。後之君子考其行事,想見其爲人,就使其書未必盡 18 善,猶當寳而獲之。況筆力遒逸,又獨絶於千古,顧忍使其雜置 19 於瓦礫,沉埋於蔓草哉。余惜其棄置,思仍甃之署壁。既又念是 20 署中宦游者往來如傳舍然,下者若良鄉博士,不免視同土石。21 而博雅好古若王尹其人,又或且取之而去。余雖復效古墨齋 22 遺事,安在其能久存者。而宋丞相信國文公祠,去府署甚近,數 23 百年祭祀不絶。竊以爲官舍之屢易,不如祠宇之常新也。宦遊 24 者之去來無定,不如忠臣義士之歷久而不歿也。故北海書石 25 不甃於署而甃丞相祠中。既使前賢遺跡不終棄於瓦礫草莽 26 間。且令四方之士謁信國祠者,既有以激發其忠孝之心,因退 27 觀壁間之書,思古直臣風槩,而爲之慨然興慕,亦未必非廉頑 28 立懦之一助也。29

康熙三十一年八月順天府府丞石門吳涵記并書。30
嘉慶己未初夏 31 大興翁方綱、武進 32 胡遜同觀北海殘 33 字題記。
七葉云云是前礎，翰賜云云是後礎。記 34 此俾觀者有考焉。甲子仲夏翁方綱識。35

宋文信國公祠在京師順天府學之東明初北平按察副使劉崧建其地為元[illegible]
即公授命之所因附黌序報饗焉祠屬儒官典守春秋官為致祭
國朝因之祀典廟貌冠服詳日下舊聞諸書無待記公之忠忱貫金石而光日月史乘皆詳亦
無待記其記者以忠臣後裔能追念先人新祠廟以光俎豆也道光四年夏余奉擢府丞之
命肅衣冠拜祠下周歷堂廡遺像凜凜有生氣惟丹雘剝落牆壁間有欹陊亟謀所以重新之
適公之裔孫柱號東川者官兵部主事及現任山西文水令壽華號西亭者請身董其事余喜
曰忠臣有後於茲益信即以是年冬書啟於冊與前大司空兼尹陸文恭公前府尹今少司空
申君鏡汀捐廉為倡踰年協辦大學士兼尹盧公今府尹何君仙槎咸分廉俸之東川復請於
同鄉醵金為助祠舊有享堂三楹中塑公像旁列石碑畫像東壁嵌舊李邕書李秀殘碑今循
其舊木石飄蕩則易以新堂前二門上顏教忠坊三字今改建廳事三間門屏刻正氣歌少司
空李君春湖所書也前廊東列土地神牌其西立碑記一通前後分兩院皆鋪甎石繚以周垣
大門較舊郤八尺前加屏牆仍額教忠坊其上於是行道之人皆肅然致敬焉是役也董工事
勸捐輸皆東川主之經始於道光七年春二月落成於是年秋九月共費銀一千八百兩捐輸
姓名悉鐫於碑陰以垂久遠東川屬余記之余樂夫忠臣有後而同人相與有成也於是乎記
賜同進士出身誥授通議大夫順天府府丞稽察右翼宗學加一級紀錄八次平湖朱為弼撰
賜進士出身誥授資政大夫翰林院侍讀學士順天學政加七級紀錄十二次南昌彭邦疇敬書

京 237《文丞相祠碑》

重修碑記

宋文信國公祠在京師順天府學之東明初北平按察司副使劉公崧創建其地在元爲柴市
即公授命之所因附黌序報馨香焉祠屬儒官典守春秋官爲致祭
國朝因之祀典廟貌冠服詳日下舊聞諸書無待記公之忠忱貫金石而光日月史乘皆詳亦
無待記其記者以忠臣後裔能追念先人新祠廟以光俎豆也道光四年夏余奉擢府丞之
命肅衣冠拜祠下周歷堂廡遺像凜凜有生氣惟丹艧剝落墻屋間有攲陊亟謀所以重新之
適公之裔孫柱號東川者官兵部主事及現任山西文水令壽華號西亭者請身董其事余喜
曰忠臣有後於兹益信即以是年冬書啓於冊與前大司空兼尹陸文恭公前府尹今少司空
申君鏡汀捐廉爲倡踰年協辦大學士兼尹盧公今府尹何君仙槎咸分廉佽之東川復請於
同鄉醵金爲助祠舊有享堂三楹中塑公像旁列石碑畫像東壁嵌唐李邕書李秀殘碑今循
其舊木石甎甃則易以新堂前二門上顔教忠坊三字今改建廳事三間門屏刻正氣歌少司
空李君春湖所書也前廳東列土地神牌其西立碑記一通前後分兩院皆鋪甎石繚以周垣
大門較舊郤八尺前加屏墻仍額教忠坊其上於是行道之人皆肅然致敬焉是役也督工事
勸捐輸皆東川主之經始於道光七年春二月落成於是年秋九月共費銀一千八百兩捐輸
姓名悉鐫於碑陰以垂久遠東川屬余記之余樂夫忠臣有後而同人相與有成也於是乎記
賜同進士出身　誥授通議大夫順天府府丞稽察右翼宗學加一級紀録八次平湖朱爲弼敬撰
賜進士出身　誥授資政大夫翰林院侍讀學士順天學政加七級記録十二次南昌彭邦疇敬書

京237《文丞相祠碑》

文丞相祠碑

年代:清道光七年(1827)九月
原址:東城區府學胡同
今址:東城區府學胡同文天祥祠
拓片尺寸:碑陽高129、寬54厘米;額高22、寬22厘米
書體:楷書
撰人:朱爲弼
書人:彭邦疇
《目録》:頁337
拓片編號:京237
拓片録自:《北京圖書館藏中國歷代石刻拓本匯編》第79卷122頁

【碑陽】

額題:重修碑記

碑文:

宋文信國公祠在京師順天府學之東，明初北平按察司副使劉公崧創建。其地在元爲柴市，1即公授命之所，因附黌序，報馨香焉。祠屬儒官典守，春秋官爲致祭。2國朝因之祀典，廟貌冠服，詳《日下舊聞》諸書，無待記。公之忠忱，貫金石而光日月，史乘皆詳，亦3無待記。其記者，以忠臣後裔能追念先人，新祠廟以光俎豆也。道光四年夏，余奉擢府丞之4命，肅衣冠拜祠下，周歷堂廡，遺像凜凜有生氣，惟丹雘剝落，墻屋間有欹陊。亟謀所以重新之。5適公之裔孫柱號東川者，官兵部主事，及現任山西文水令壽華號西亭者，請身董其事。余喜6曰:忠臣有後於兹，益信。即以是年冬，書啓於冊，與前大司空兼尹陸文恭公，前府尹今少司空7申君鏡汀捐廉爲倡，踰年協辦大學士兼尹盧公，今府尹何君仙槎咸分廉佽之。東川復請於8同鄉，醵金爲助。祠舊有享堂三楹，中塑公像，旁列石碑畫像，東壁嵌唐李邕書《李秀殘碑》，今循9其舊，木石甎甃則易以新。堂前二門上顔"教忠坊"三字，今改建廳事三間，門屏刻《正氣歌》，少司10空李君春湖所書也。前廳東列土地神牌，其西立碑記一通。前後分兩院，皆鋪甎石，繚以周垣，11大門較舊郤八尺，前加屏墻，仍額"教忠坊"其上。於是行道之人皆肅然致敬焉。是役也，督工事12勸捐輸皆東川主之，經始於道光七年春二月，落成於是年秋九月，共費銀一千八百兩，捐輸13姓名悉鐫於碑陰，以垂久遠，東川屬余記之，余樂夫忠臣有後而同人相與有成也，於是乎記。14

賜同進士出身誥授通議大夫順天府府丞稽察右翼宗學加一級紀録八次平湖朱爲弼敬撰。15

賜進士出身誥授資政大夫翰林院侍讀學士順天學政加七級記録十二次南昌彭邦疇敬書。16

雲麾斷碑題後
雲麾餘斷碑廼在信
國祠惟康熙中年吳
記詳言之重建古墨
齋已是嘉慶時蘇齋
志橅本祠壁未置彝
徒今訪古者往往疑
傳疑我来尋兩礎摩
抄啓新知片羽此吉
光鬼神合護持又恐
歲月湮稽考無所資
猶俾後眎今同好念
在茲勒石告来哲質
言書事詩
光緒十八年壬辰十
月之望順天府府
尹濟甯孫楫書

京 907《雲麾斷碑題後》

雲麾斷碑題後

雲麾餘斷碑廼在信國祠惟康熙中年吳記詳言之重建古墨齋已是嘉慶時蘇齋志樵本祠壁未置辭徒令訪古者往往疑傳疑我來尋兩礎摩抄啓新知片羽此吉光鬼神合護持又恐歲月湮稽考無所資願俾後視今同好念在兹勒石告來哲質言書事詩

光緒十八年壬辰十月之望順天府府尹濟甯孫楫書

京 907《雲麾斷碑題後》

雲麾斷碑題後

首題：雲麾斷碑題後
年代：清光緒十八年（1892）十月十五日
原址：東城區府學胡同文丞相祠
今址：東城區府學胡同文天祥祠
拓片尺寸：碑陽高32、寬54厘米
書體：楷書
撰人：孫楫
書人：孫楫
《目録》：頁529
拓片編號：京907
拓片録自：《北京圖書館藏中國歷代石刻拓本匯編》第87卷30頁

【碑陽】

額題：雲麾斷碑題後

碑文：

雲麾斷碑題後 1

雲麾餘斷碑，廼在信 2 國祠。惟康熙中年，吳 3 記詳言之。重建古墨 4 齋，已是嘉慶時。蘇齋 5 志槐本，祠壁未置辭。6 徒令訪古者，往往疑 7 傳疑。我來尋兩礎，摩 8 抄啓新知。片羽此吉 9 光，鬼神合護持。又恐 10 歲月湮，稽考無所資。11 願俾後視今，同好念 12 在兹。勒石告來哲，質 13 言書事詩。14 光緒十八年壬辰十 15 月之望順天府府 16 尹濟甯孫楫書。17

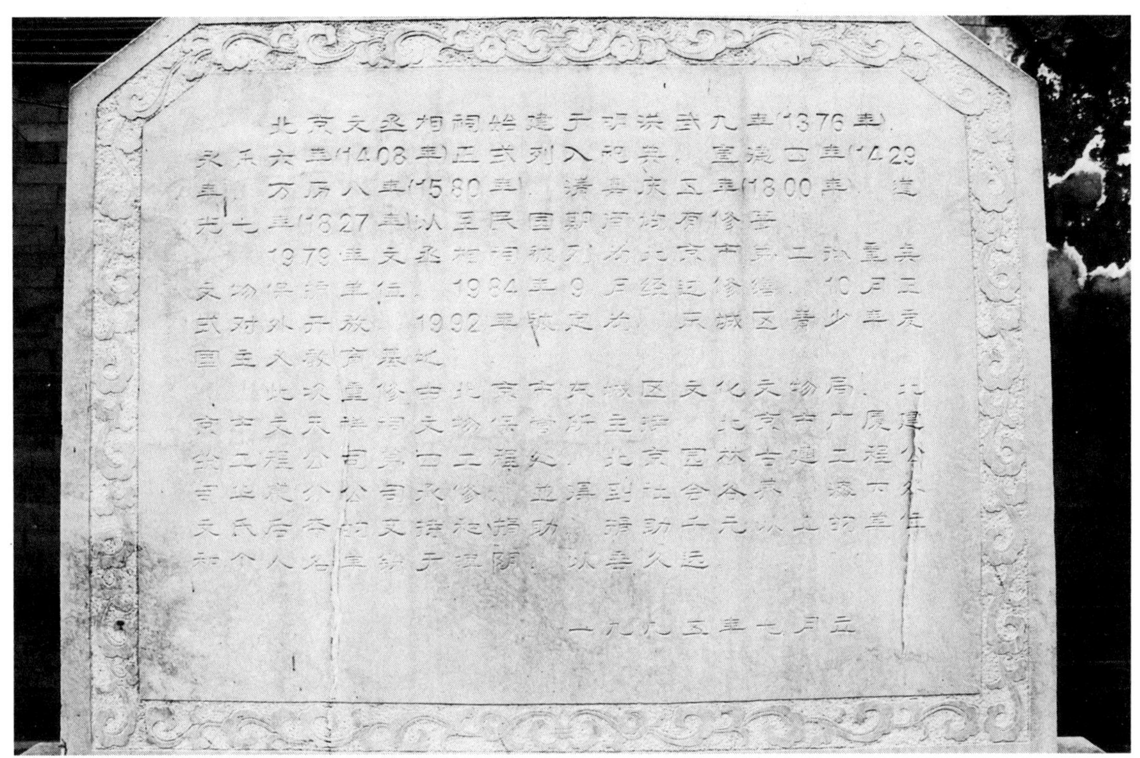

《文天祥祠碑》陽

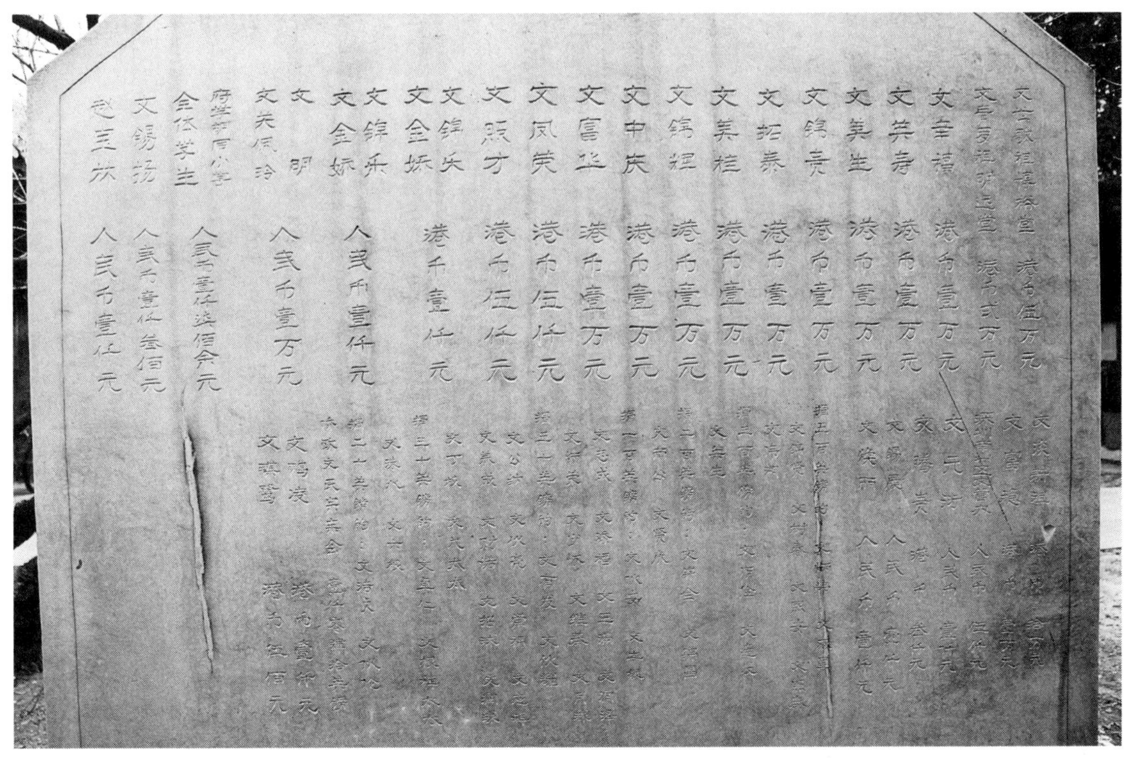

《文天祥祠碑》陰

北京文丞相祠始建于明洪武九年（1376年），永乐六年（1408年）正式列入祀典。宣德四年（1429年），万历八年（1580年），清嘉庆五年（1800年），道光七年（1827年）以至民国时期均有修葺。

1979年文丞相祠被列为北京市第二批重点文物保护单位。1984年9月经过修缮，10月正式对外开放。1992年被定为“东城区青少年爱国主义教育基地”。

此次重修由北京市东城区文化文物局、北京市文天祥祠文物保管所主持。北京市广厦建筑工程公司第四工程处、北京园林古建工程公司华宸分公司承修。并得到社会各界、海内外文氏后裔的支持和捐助。捐助千元以上的单位和个人名单镌于碑阴，以垂永远。

一九九五年七月立

文氏歌祖惇裕堂　港币五万元
文青罗祖明远堂　港币弍万元
文幸福　港币壹万元
文英寿　港币壹万元
文美生　港币壹万元
文锦贵　港币壹万元
文招泰　港币壹万元
文美桂　港币壹万元
文锦辉　港币壹万元
文中庆　港币壹万元
文富华　港币壹万元
文凤荣　港币伍仟元
文照才　港币伍仟元
文锦乐
文金娇　港币壹仟元
文锦乐
文金娇　人民币壹千元
文明
文关佩玲　人民币壹万元
府学胡同小学
全体学生　人民币壹仟柒百余元
文锡扬　人民币壹仟叁佰元
赵宝林　人民币壹仟元

文淡耕祖　港币拾万元
文富稳　港币壹万元
深圳南山区文管办　人民币伍仟元
文元衍　人民币壹仟元
文腾贵　港币叁仟元
文锡展　人民币壹仟元
文焕丽　人民币壹仟元
捐五百英镑的：文炳炜　文禄星
文锦贤　文树春　文熙安　文照泰
文伟湖
捐叁百英镑的：文作俭　文连发
文英生
捐二百英镑的：文锦全　文锦昌
文南公　文贤庆
捐一百英镑的：文伙安　文土根
文志成　文添福　文玉满　文润泽
文炳荣　文少怀　文维基　文月球
捐五十英镑的：文有发　文伙耀
文公纳　文伙亮　文崇福　文应祥
文养成　文财诺　文招球　文润球
文丁枝　文九太太
捐三十英镑的：文卓仁　文根祥太太
文珠水　文六根
捐二十英镑的：文洁贞　文伙伦
侨欢文氏宗亲会　壹仟零肆拾英镑
文鹏凌　港币壹仟元
文琪鹭　港币伍佰元

文天祥祠碑

年代:公元 1995 年
原址:東城區府學胡同文天祥祠內
今址:東城區府學胡同文天祥祠內
書體:陽隸書、陰楷書(均爲簡體字,本書照録之)
拓片録自:東城區府學胡同文天祥祠內原碑

【碑陽】

碑文:

北京文丞相祠始建于明洪武九年(1376 年),永乐六年(1408 年)正式列入祀典。宣德四年(1429 年)、万历八年(1580 年)、清嘉庆五年(1800 年)、道光七年(1827 年)以至民国时期均有修葺。

1979 年文丞相祠被列为北京市第二批重点文物保护单位。1984 年 9 月经过修缮,10 月正式对外开放。1992 年被定为"东城区青少年爱国主义教育基地"。

此次重修由北京市东城区文化文物局、北京市文天祥祠文物保管所主持。北京市广厦建筑工程公司第四工程处、北京园林古建工程公司华宸分公司承修。并得到社会各界、海内外文氏后裔的支持和捐助。捐助千元以上的单位和个人名单镌于碑阴,以垂永远。

一九九五年七月立

【碑陰】

碑文:

文氏歌祖惇裕堂港币五万元、文青罗祖明远堂港币弍万元、文幸福港币壹万元、文英寿港币壹万元、文美生港币壹万元、文锦贵港币壹万元、文招泰港币壹万元、文美桂港币壹万元、文锦辉港币壹万元、文中庆港币壹万元、文富华港币壹万元、文凤荣港币伍仟元、文照才港币伍仟元、文锦乐、文金娇、港币壹仟元、文锦乐、文金娇人民币壹千元、文明、文关佩玲人民币壹万元、府学胡同小学全体学生人民币壹仟柒百余元、文锡扬人民币壹仟叁佰元、赵宝林人民币壹仟元、文淡耕祖港币拾万元、文富稳港币壹万元、深圳南山区文管办人民币伍仟元、文元衍人民币壹仟元、文腾贵港币叁仟元、文锡展人民币壹仟元、文焕丽人民币壹仟元。

捐五百英镑的:文炳炜、文禄星、文锦贤、文树春、文熙安、文照泰、文伟湖

捐叁百英镑的:文作俭、文连发、文英生

捐二百英镑的:文锦全、文锦昌、文南公、文贤庆

捐一百英镑的:文伙安、文土根、文志成、文添福、文玉满、文润泽、文炳荣、文少怀、文维基、文月球

捐五十英镑的:文有发、文伙耀、文公纳、文伙亮、文崇福、文应祥、文养成、文财诺、文招

球、文润球、文丁枝、文九太太

捐三十英镑的:文卓仁、文根祥太太、文珠水、文六根

捐二十英镑的:文洁贞、文伙伦

侨欢文氏宗亲会壹仟零肆拾英镑

文鹏凌港币壹仟元

文琪鹭港币伍佰元

順天府儒學（報恩寺）

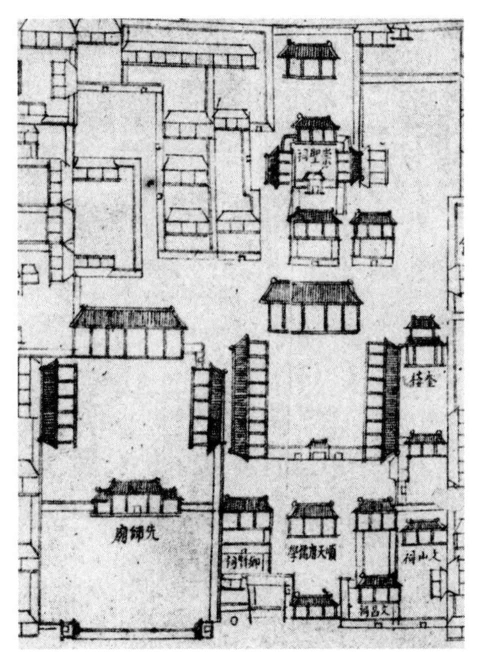

報恩寺，爲明、清兩代順天府官學舊礎，地域範圍包括乾隆《京城全圖》上順天府府學、崇聖祠、先師廟、鄉賢祠、文昌祠、奎樓等一組建築所在位置。原址爲内三區府學胡同十九至二十四號（今東城區府學胡同六十三至六十五號），寺廟建築現存部分。其内原有石碑二十七通，情況如下：

明洪武六年（1373）《諭定學校格式碑》二通、明宣德十年（1435）《順天府廟學記》、明正統十四年（1449）《順天府重新廟學記》、明成化十二年（1476）《順天府儒學記》、明嘉靖三十三年（1554）《順天府名宦鄉賢祠碑》、明萬曆十八年（1590）《順天府廟學記》、明萬曆二十五年（1597）《順天府儒學貢士題名碑記》、明萬曆三十八年（1610）《創置順天府學學田記》、明萬曆三十九年（1611）《大京兆黄夫子興學德政碑》、明萬曆四十一年（1613）《順天府儒學碑》、明天啓五年（1625）《名宦鄉賢碑》、明崇禎三年（1630）《順天府學學田碑》、明崇禎七年（1634）《順天府儒學題名記》、明代無年月（萬曆後）《文昌祠碑》、明代無年月《貢士題名記》、明代無年月《順天府儒學題名碑》、清康熙五年（1666）《順天府學廟碑》、清康熙七年（1668）《順天府學明倫堂及育賢坊碑》、清康熙十年（1671）《文廟碑》[1]、清康熙三十四年

[1]《北平研究院北平廟宇調查資料匯編》引《北平金石目》記此碑時間爲清康熙五年（1666），不確，今據碑文内容改。北京大學圖書館藏拓片題録當爲是。參見《北平研究院北平廟宇調查資料匯編》，頁四百五十。

（1695）《順天府學宫碑》、清雍正三年（1725）《陰騭文刻石》、清雍正六年（1728）《滿洲儒學碑記》、清乾隆五十七年（1792）《倉頡大禹孔子等篆書刻石》、清嘉慶十三年（1808）《順天府學宫記》、清咸豐四年（1854）《順天文廟碑》、無年月《文廟下馬碑》〔1〕。現明天啓五年（1625）《名宦鄉賢碑》、清康熙五年（1666）《順天府學廟碑》、清康熙七年（1668）《順天府學明倫堂及育賢坊碑》、清咸豐四年（1854）《順天文廟碑》、無年月《文廟下馬碑》仍立於順天府儒學原址，今府學胡同小學内〔2〕。

報恩寺初建於元末，位於柴市，其時亦稱太和觀，相傳寺爲元末雲遊和尚所建。《燕都叢考》引《春明夢餘録》記，元末有僧募造報恩寺，尚未安像，適明師下燕，因軍令禁止兵蠹損毁孔廟，故僧人在倉皇間借孔聖人木主置殿中，因而避過劫難。其後不敢撤奉孔像，遂以爲學校〔3〕。

報恩寺明確記載作爲官學之用，始於明洪武初年。是時，於報恩寺舊基之上建大興縣學。永樂元年（1403），明成祖朱棣改北平布政司爲京師，北平府升爲順天府，革大興、宛平二縣，大興縣學亦改爲順天府學。原大興縣學内的生徒，其通經能文者，令充北京國子監生，其餘皆充順天府府學學生〔4〕。順天府儒學在京師首善之地，地位和規制僅在太學之下，而爲四方府州縣學之首，故自永樂年間以來，殿宇、塑像經多次添建重修。永樂九年（1411），順天府同知甄儀建明倫堂東西齋舍，永樂十二年（1414）府尹張貫建大成殿，又建棲生之倉於明倫堂之後。宣德三年（1428），順天府尹李庸上奏宣宗，得旨重修大成殿、明倫堂、門廡、齋舍、庖湢之所，習射之圃曾因傍近居民，而被侵蝕殆盡，此時也重歸儒學所用，并加神帷祭器〔5〕。正統十四年（1449），府尹朱興見儒學舊址多爲民居所侵佔，便擴廣地畝，擴充堂構，使得殿廡堂室、重門廚庫均符規制，歷時兩年竣工〔6〕。成化十二年（1476），順天府府尹張諫相鬭東西地畝爲殿房及廂房、購北面民居拓之爲廚庫、建號房五十餘通，又重建儒學大門三間及門外欞星門，順天府儒學規模再次擴大〔7〕。萬曆十八年（1590），順天府府丞李楨又召集地方官員援修順天府學，包括大興知縣王建中、宛平知縣沈榜等人均捐獻己資，慷慨解囊〔8〕。萬曆三十八年（1610），順天府儒學置學田以供應學校日常開支〔9〕。

清初，順治帝上諭將内城漢人遷往外城，八旗換入内城常駐〔10〕。順天府學被旗丁侵佔，壖垣四侵，院内滿目榛蕪，馬匹四散，廟學荒頽。在入關後長達四十餘年裏，前後有多位朝廷官員請旨疏奏，努力營造，府學纔得以恢復首冠地方府學之地位：康熙三年（1664），順天府府丞督學、漢軍旗人高爾位重修順天文廟〔11〕，是爲順天府儒學在清代的首次興修。此後，王維珍繼之又進行修補。康

〔1〕順天府儒學内的石碑有部分在民國時被移置文山祠内，參看本排段“文山祠”條。本書僅選録與祭祀有關的碑文。

〔2〕根據北京石刻藝術博物館編《北京石刻藝術博物館藏石刻拓片編目提要》統計。

〔3〕參見《燕都叢考》第四章·内三區各街市，頁二百五十九。

〔4〕《明太宗實録》卷二十下，永樂元年五月甲申。

〔5〕明宣德十年（1435）《順天府廟學記》，碑文録自北京大學圖書館藏原拓片。

〔6〕明正統十四年（1449）《順天府重新廟學記》，碑文録自中國文化遺産研究院藏原拓片。

〔7〕參見明成化十二年（1476）《順天府儒學記》，京 229，《北京圖書館藏中國歷代石刻拓本匯編》卷五十二，頁一百二十五。

〔8〕參見明萬曆十八年（1590）《順天府廟學記》，京 261，《北京圖書館藏中國歷代石刻拓本匯編》卷五十七，頁一百九十五。

〔9〕未見拓片，碑名録自參見《國立北平研究院院務匯報·北平寺廟碑目》第二卷第六期，民國十九年，頁一千五百六十九。

〔10〕《清世祖實録》卷四十，北京：中華書局，1985 年，頁三百一十九。

〔11〕清康熙十年（1671）《文廟碑》，碑文録自北京大學圖書館藏原拓片。

熙二十一年（1682），經府尹張公鵬奏陳學宮應首重京師之理，康熙帝終於下旨清退侵佔學宮之閒雜人等，如有不遵旨者由該管官察參治罪[1]。吏部尚書汪晉徵請旨修造，起意興復府學，然事業未竟即溘然長逝。康熙三十四年（1695），官員吳涵捐獻己俸，對府學進行大修，順天府學面貌爲之一新，“祠亭堂樓齋舍坊墉噲噲然，丹雘藻彩無不周不煥”，又鑿井於門外，專屬儒學學生使用[2]。雍正六年（1728），學宮内立《滿洲儒學碑記》一通。乾隆《京城全圖》上，報恩寺名順天府儒學，位於府學胡同以北、馬將軍胡同以南，殿房規整，佔地廣大，首有廟門三間，前殿三間南向，迤西爲鄉賢祠，再西爲先師廟；大門東依次爲文昌祠及文山祠；二道門一間，左右開小門，周繚圍垣，以北有大殿五間，東、西配房各九間，或爲儒生堂舍之用；奎樓在大殿東側，由一道院墻與大殿隔開，墻上開門，門北有小房二間。奎樓高兩層，前有南向殿房三間；大殿以北爲小院兩所，均僅北房三間。後爲崇聖祠所在。光緒末年，順天府學年久失修，棟宇廊廡日見傾頹，岌岌可危。府學教授將情況稟報順天府府尹批准撥款修復[3]。

民國年間，順天府儒學所在地陸續作爲北平第十八小學、英文補習所、大興縣建設局等單位。1922年，中野江漢在《北京繁昌記》中，記順天府學爲木柵門，緊鄰陸軍部衛隊第四連兵舍以及京師公立第十八國民學校[4]。

2006年至2015年調查時，順天府儒學所在之處爲府學胡同小學，從外觀看是仿古翻建建築，因學校之故未能進入，古跡存留情況未可得知。

順天府儒學内祭祀建築情況見以下四條。

順天府儒學大門　（2014年9月 曉松攝）

〔1〕清咸豐四年（1854）《順天文廟碑》，京224，《北京圖書館藏中國歷代石刻拓本匯編》卷八十二，頁七十八至七十九。

〔2〕參見清康熙三十四年（1695）《順天府學宮碑》，京257，《北京圖書館藏中國歷代石刻拓本匯編》卷六十五頁六十八至六十九。

〔3〕《大公報·中外近事·北京·修理文廟》，光緒二十八年七月初八日。

〔4〕中野江漢《北京繁昌記》，醒中印刷社，1922年，頁十五至十六。

崇聖祠

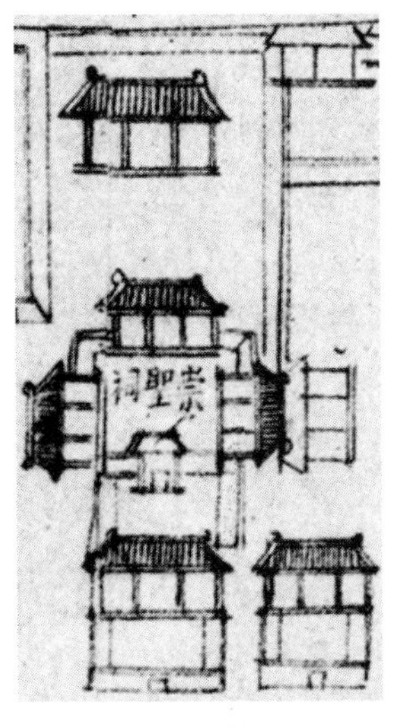

崇聖祠位於順天府儒學正北，約爲今東城區府學胡同六十五號所在處内，寺廟建築已不存。

明代碑文中，並未提及崇聖祠。清咸豐四年（1854）《順天文廟碑》中提及康熙二十一年（1682）崇聖祠已然“卑隘難詔誠敬”[1]，故應在此之前興建。

崇聖祠乃推行禮教、弘揚儒學之所，居中供奉孔子五代先人，兩旁以歷代先賢、先儒之父爲配享或從祀[2]。祠内祭祀位次嚴格，不容隨意更改，意在昭示天下之人尊祖敬宗、顯親揚名。自漢以後，儒學漸爲官方尊崇，歷代朝廷對孔子加封不斷。既尊孔子之身，又念及孔子先人。宋大中祥符元年（1008），封孔子之父叔梁紇爲聖父，元至順元年（1330），始建祠於天下學宫之中。乾隆《京城全圖》上看，崇聖祠坐北朝南，祠前有小院兩所，均南墻開門，内僅北殿三間。崇聖祠院主體爲兩進院落，南墻應有院門，二道門爲殿房一間，入則南向大殿三間，東、西配殿各三間，均四柱著地，獸脊筒瓦，繞以圍牆，自成一體。西院有院落，以東還有殿房三間以及院落一所，無法得知是否屬於崇聖祠範圍。

民國以降，難知崇聖祠詳情，似與順天府儒學一併繼續作爲學校使用。2006年至2014年調查時，崇聖祠所在處爲北京市府學胡同小學。

---

〔1〕清咸豐四年（1854）《順天文廟碑》，京224，《北京圖書館藏中國歷代石刻拓本匯編》卷八十二，頁七十八至七十九。

〔2〕（清）黄本驥撰、劉範弟點校《黄本驥集》（二），《聖域述聞》卷二十八，長沙：嶽麓書社，2009年，頁七百七十一至七百七十六。

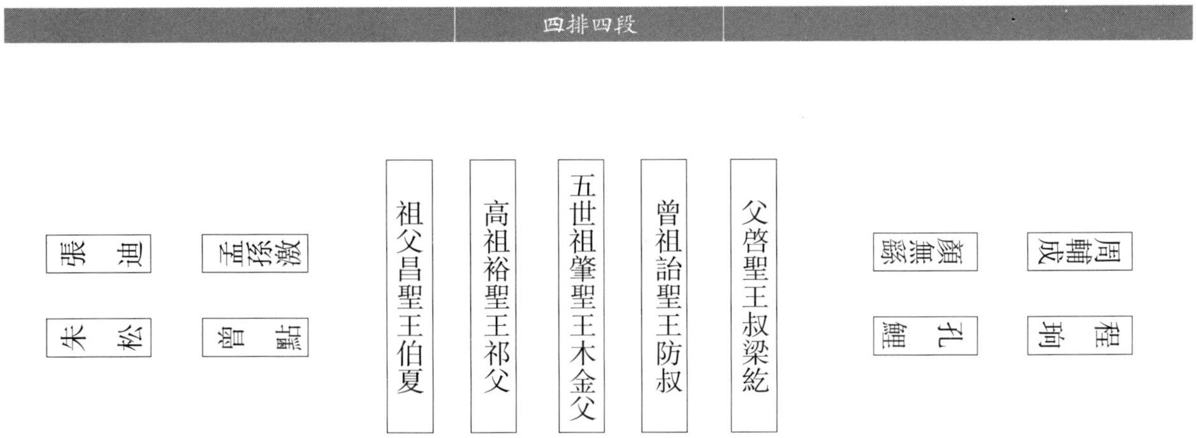

崇聖祠位次示意圖[1]

〔1〕根據上引之黄本驥《聖域述聞》所繪。

文昌祠

文昌祠，又稱文昌帝君祠，居順天府儒學大門以東，原址在內三區府學胡同十九號（今東城區府學胡同六十三號內）。

文昌祠祀文昌帝君，亦稱梓潼帝君，史傳爲道教張亞子，因其事及人間禄籍，故將文昌祠設於府州學校或孔廟內，歷有之[1]。順天府儒學文昌祠始建時間不詳，明萬曆十八年（1590）左右，由大興縣縣丞盧茂督董，順天府府丞，宛平、大興知縣及順天府儒學教授等人共同捐俸，在儒學中重建文昌帝君祠，後立《文昌祠碑》，碑文由直隸監察御史楊四知撰，詳述了文教祀孔子，而在科場取士的學校中應供奉文昌帝君之理[2]。祠內還有萬曆十八年大鐵寶鼎一尊，刻"九天開化文昌梓潼帝君"樣，上刻人名甚夥，可能也是此次重修時添置[3]。

入清以降，文昌祠仍在儒學中供奉，康熙二十七年（1688），祠中添"斯文宗主"匾額一方。雍正三年（1725）十一月，長白王琰製《陰騭文刻石》碑，立於文昌祠中，以宣"廣行陰騭，上格蒼穹"之理，由同鄉長白洪德元敬書[4]。從乾隆《京城全圖》上看，時文昌祠位於府學胡同以北、順天

〔1〕(清)張廷玉《明史》卷五十·禮志四·諸神祠，北京：中華書局，1984年。

〔2〕明萬曆年間《文昌祠碑》，京215，碑文録自北京大學圖書館藏拓片。另參見明萬曆十八年（1590）《順天府廟學記》，京261，《北京圖書館藏中國歷代石刻拓本匯編》卷五十七，頁一百九十五。

〔3〕國立北平研究院：《文昌祠》，東四139。

〔4〕參見清雍正三年（1725）《陰騭文刻石》，京216，《北京圖書館藏中國歷代石刻拓本匯編》卷六十八，頁四十。

府儒學大門之東，坐北朝南，院落兩進，以圍垣環繞，南牆開門進入。前院有前殿三間；後院亦有殿房三間。嘉慶六年（1801），改用太牢祭祀文昌，追封三代先人，典禮至重。咸豐初，順天府府尹汪本銓祇謁聖廟，見殿宇傾頹，不蔽風雨，文昌祠無後殿，均急圖修復，便倡議募修，共一百四十餘位官紳踴躍捐銀。宛平縣令戚貞董其事，歷經九月餘，使門廡壁舍，靡不煥然一新[1]。

民國初年，文昌祠山門南向，石額"文昌帝君祠"。萬曆十八年大鐵寶鼎於前院放置。東小房一間，內供土地夫婦泥像；西小房一間，爲住房。北殿三間爲文昌殿，殿頂雜草叢生，多有坍圮之處，內供泥塑文昌殘像一尊及其三代神位。西壁嵌雍正三年《陰騭文刻石》碑，殿前立有萬曆年間督學楊四知《文昌祠碑》一通，碑陰刻有捐俸修祠題名名氏。以北又有小房三間。其時祠由大興政府管理，看廟人張書繼[2]。1949 年的寺廟登記表顯示，1948 年文昌祠仍屬於大興縣公產保管委員會[3]。

2006 至 2015 年調查時，文昌祠爲府學胡同小學所用。

〔1〕參見清咸豐四年（1854）《順天文廟碑》，京 224，《北京圖書館藏中國歷代石刻拓本匯編》卷八十二，頁七十八至七十九。

〔2〕國立北平研究院《文昌祠》，東四 139。

〔3〕參見北京市檔案館藏《北平市民政局·北平市各區寺廟總登記考察簿》，1947—1948 年，檔案號 J3-1-237，頁六十一。

鄉賢祠

鄉賢祠,居於順天府儒學大門以西、緊鄰先師廟東牆,原址坐落在今東城區府學胡同六十五號內。

鄉賢祠爲尊奉地方前代賢哲之祠,多爲一地的名臣和士大夫之屬。洪武年間,朝廷詔令各級學校以祭祀賢明哲,將名宦祠和鄉賢祠分設於祠堂兩處,列於文廟兩側。入祀鄉賢祠之士紳資格非常:"生於其地,而有德業學行傳於世者,謂之鄉賢……果有遺愛在人,鄉評有據,未經表彰,即便及時興立祠祀,以勵風化。"[1]

順天府鄉賢祠始建於明嘉靖三十二年(1553)十月,由直指使皖城阮君、豫章涂君首倡,得到順天府儒學教授等士人官員多人協力。成祠之後所立《順天府名宦鄉賢祠碑》由內閣首輔徐階撰文,意在使順天府地方有德之鄉曲長老、忠孝正義之英名傳於後世[2]。萬曆十八年(1590)重修順天府儒學時,鄉賢祠也一併重修[3]。至明天啓四年(1624),鄉紳大夫、博士弟子、里中父老等,僉舉里人靜寧公等入祀,前任順天府府尹董光宏奉主入祠,見廟貌頽壞,聯合靜寧公後人與鄉紳之力,重修名宦鄉賢祠,并立碑爲記[4]。

入清以後,鄉賢祠隨順天府學也經歷了歷次重修。乾隆《京城全圖》上

[1]參見俞汝楫《禮部志稿》卷八十五下《嚴名宦鄉賢祀》。(明)俞汝楫纂《禮部志稿》,商務印書館受教育部中央圖書館籌備處委託影印故宫博物院所藏文淵閣本,民國時期,第四十五册,頁二十八至三十。

[2]參見嘉靖三十三年(1554)《順天府名宦鄉賢祠碑》,京217,據北京大學圖書館藏拓片録文。

[3]參見明萬曆十八年(1590)《順天府廟學記》,京261,《北京圖書館藏中國歷代石刻拓本匯編》卷五十七,頁一百九十五。

[4]明天啓五年(1625)《名宦鄉賢碑》,京5643,《北京圖書館藏中國歷代石刻拓本匯編》卷五十九,頁一百七十六。

看，鄉賢祠位於府學胡同以北，順天府儒學內西南，坐北朝南，有院落兩進，首有小房三間，入二道門後正殿三間，南牆外還有井一眼，爲康熙三十四年順天府儒學重修時所鑿[1]。咸豐四年（1854），順天府府尹汪本銓見“名宦鄉賢祠列在學宮門左右，殊乖體制，急圖修復”，故大力興修，以方便官紳士子祭祀[2]。但到20世紀30年代調查時，已不見名宦鄉賢祠記録。

2006至2015年調查時，鄉賢祠所在處爲府學胡同小學。

〔1〕參見清康熙三十四年（1695）《順天府學宮碑》，京257，《北京圖書館藏中國歷代石刻拓本匯編》卷六十五，頁六十八至六十九。

〔2〕參見清咸豐四年（1854）《順天文廟碑》，京224，《北京圖書館藏中國歷代石刻拓本匯編》卷八十二，頁七十八至七十九。

先師廟

先師廟，又稱文廟，居順天府儒學學宫以西，原址位於内三區府學胡同二十號至二十三號，今東城區府學胡同六十五號内。建築現存部分。

先師廟供奉孔子及各聖賢牌位木主，因孔子尊號“大成至聖先師”而得名。所謂“建學者必先廟而後學”[1]，先師廟始立時間應與順天府學宫同時，永樂十二年（1414），府尹張貫建先師廟大成殿，爲先師廟之始[2]。因先師廟用於府學學子歲時祇謁孔聖先師，以明尊師重道、勉力成才之禮[3]，故廟貌之壯觀合制，殊爲重要，明代經多次興修。明宣德三年（1428），府尹李庸欲圖重修，先師廟大成殿經修煥然如新[4]；正統十一年（1446），順天府府尹張諫相大規模擴建順天府儒學，先師廟又經重建儒學大門三間及門外欞星門[5]；萬曆十八年（1590），順天府府丞李楨因見廟學剝蝕特甚，雨季時儒師祭祀竟在水土中行進，便集諸郡邑官吏之薪資二百餘兩黄金援修廟學，以示京師治教之極的地位[6]。

清承明制，先師廟仍作爲順天府儒學的一部分，順治元年（1644）即規定，入國子監的滿洲、蒙古、漢軍各監生入國子監日，需首謁孔廟大成殿，“各

〔1〕明正統十四年（1449）《順天府重新廟學記》，碑文録自中國文化遺産研究院藏原拓片。

〔2〕明宣德十年（1435）《順天府廟學記》，碑文録自北京大學圖書館藏原拓片。

〔3〕參見明萬曆十八年（1590）《順天府廟學記》，京261，《北京圖書館藏中國歷代石刻拓本匯編》卷五十七，頁一百九十五。

〔4〕明宣德十年（1435）《順天府廟學記》，碑文録自北京大學圖書館藏原拓片。

〔5〕參見明成化十二年（1476）《順天府儒學記》，京229，《北京圖書館藏中國歷代石刻拓本匯編》卷五十二，頁一百二十五。

〔6〕參見明萬曆十八年（1590）《順天府廟學記》，京261，《北京圖書館藏中國歷代石刻拓本匯編》卷五十七，頁一百九十五。

生排列廟墀,禮生贊行四拜禮"[1]。然而,作爲地方官學的順天府儒學一直爲雜居者佔用。康熙三年(1664)農曆三月,陰雨連綿,先師廟殿房也因此坍圮,順天府府承督學高爾位率先捐銀三百兩,與京兆甘文焜等諸樂善之紳士共同捐資,重修順天文廟大成殿、欞星門、奎樓、明倫堂及鄉賢名宦祠,工竣於康熙五年(1666)[2]。爲表高公煥然學宮之德、興崇儒道之功,光祿大夫王崇簡、都察院左御使孫承澤又爲之撰碑一通[3]。康熙五年,廟内又添建鐵五供一份[4]。自此之後,先師廟受到歷代清帝的重視和禮遇,自康熙朝起的歷朝清帝均爲先師廟御筆題額。乾隆元年(1736),先師廟添設祭器以及樂器。[5]從清乾隆《京城全圖》上看,先師廟位於府學胡同以北、順天府儒學以西。南牆坤方、巽方開兩小門出入。大殿坐北朝南,歇山鴟吻,面闊五間,後院後殿六間,東西配殿各五間。咸豐四年(1854),順天府儒學又重修,順天府尹汪本銓領銜倡捐三百兩,順天府同知、大興、宛平知縣、薊州知州等順天府郊坰官屬以及順天府儒學教授等官以及京城紳士共襄盛事, 捐銀四千餘兩,將先師廟修葺一新[6]。道光十四年(1834)、二十八年(1848),先師廟添建鐵爐兩座。

先師廟在明、清兩代隨府學歷經多次重修,時至民國,在 20 世紀 30 年代調查時,亦登録在冊。此時先師廟已被大興縣建設局佔用。廟坐北朝南,前有大照壁一座,東、西各開禮門、義門;内有"欞星門"牌坊,再北有石橋三座,下爲池泮。東、西房屋各三間,懸有"大興縣建設局局長室""書記室"和廚房、飯廳等木牌。第二進有門三,中爲大成門,東、西分别懸額"金聲""玉振"。入門有甬路一道,通往大成殿,前有月臺,房屋五楹,爲單簷廡殿頂,内供有先師孔子神位木主及顔、曾、思、孟等木主,木龕雕工甚爲細緻精巧,龕前還有鐵五供一份,上鑄"大成殿"字樣。殿内懸有清代八位皇帝御筆題額。東配殿五間,已然坍塌,木主均埋於土内;西配殿五間,木主尚全,内還有嘉靖年間鐵爐一座。大成殿左立有康熙五年《順天府學廟碑》;右碑爲康熙十年《文廟碑》;以東有碑兩通:北爲咸豐四年《順天文廟碑》,南爲正統十四年《順天府重新廟學記》,碑身半埋土中,碑陰漫漶不清;大殿坤位立有宣德十年《順天府廟學記》。院内榆柏參天,葳蕤茂盛[7]。

1949 年以後,順天府學被用作學校、少年之家,先師廟亦被佔用。2006 至 2014 年調查時所在處爲北京市府學胡同小學。

---

〔1〕(清)文慶、李宗昉等纂《欽定國子監志》(上冊),北京:北京古籍出版社,2000 年,頁六百八十一。

〔2〕清康熙十年(1671)《文廟碑》,碑文録自北京大學圖書館藏原拓片。

〔3〕清康熙五年(1666)《順天府學廟碑》,京 223,碑文録自北京大學圖書館藏原拓片。

〔4〕參見國立北平研究院《順天文廟》,東四 145。

〔5〕參見清咸豐四年(1854)《順天文廟碑》,京 224,《北京圖書館藏中國歷代石刻拓本匯編》卷八十二,頁七十八至七十九。

〔6〕參見清咸豐四年(1854)《重修順天文廟碑記》,碑文録文自國立北平研究院:《順天文廟》,東四 145。

〔7〕參見國立北平研究院:《順天文廟》,東四 145。

原先師廟今景（2014 年 9 月 曉松攝）

順天府廟學記

順天府廟學記
榮祿大夫少傅工部尚書兼
謹身殿大學士建安楊榮撰
奉政大夫吏部郎中兼翰林侍書廣平程南雲書并篆
順天府洪武中爲北平府以元之國子監爲府學永樂紀元肇建
北京改北平府爲順天府以府學爲國子監以大興縣學爲府學在郡治東南之教忠坊歷
年既久殿堂齋舍俱就頽敝習射之圃爲傍近居民侵蝕殆盡有司因循未及修復
皇上嗣大統之三年工科給事中保定李庸爲府尹莅事之初祇謁先聖周覽學宮爲之嗟咨
欲圖修復即日狀其實以
聞詔許之庸祇承惟謹集材鳩工以次興作於是大成之殿明倫之堂門廡齋舍庖湢之所奂
然如新未逾三載卑隘者高頽敝者完美侵蝕者悉復於舊神位有帷祭奠有器其成
功信非苟然者訓導成規具其始末徵予記予惟孔子以天縱之聖丕明堯舜禹湯文武
之道以詔來世而南面出治之君莫不敬仰師法以安天下其所以宣昭教化作新人才
深有賴於學校也洪惟我
國家
聖神相承興學崇儒以弘治化有開於先今
聖天子光紹前烈益修學校之政簡俾良有司責其成效而克新廟學如此豈直爲壯觀之具
而已哉尚期爲師者明其道以淑後進爲弟子者勉力就學底於成才出爲世用俾天下
郡邑學校咸稱京郡密邇
聖化得效尤盛然後爲無負
國家崇建之意也是爲記
宣德十年正月初三日立石

《順天府廟學記》

順天府廟學記

年代：明宣德十年（1435）
原址：東城區府學胡同
拓片：碑陽高 177、寬 93 厘米
書體：正書
撰人：楊榮
書人：程南雲書並篆額
碑文録自：北京大學圖書館藏原拓片

【碑陽】

額題：

碑文：

順天府廟學記 1

榮祿大夫少傅工部尚書兼 2 謹身殿大學士建安楊榮撰。3

奉政大夫吏部郎中兼翰林侍書廣平程南雲書并篆 4

順天府洪武中爲北平府，以元之國子監爲府學。永樂紀元肇建 5 北京，改北平府爲順天府，以府學爲國子監，以大興縣學爲府學，在郡治東南之教忠坊。歷 6 年既久，殿堂齋舍俱就頹敝，習射之圃爲傍近居民侵蝕殆盡。有司因循，未及修復。7 皇上嗣大統之三年，工科給事中保定李庸爲府尹，涖事之初，祗謁先聖，周覽學宫，爲之嗟咨，8 欲圖修復。即日，狀其實以 9 聞，詔許之。庸祗承惟謹，集材鳩工，以次興作。於是大成之殿、明倫之堂、門廡、齋舍、庖湢之所，奂 10 然如新。未逾三載，卑隘者高，頹敝者完美，侵蝕者悉復於舊。神位有帷、祭奠有器。其成 11 功信非苟然者。訓導成規具其始末，徵予記。予惟孔子以天縱之聖，丕明堯舜禹湯文武 12 之道，以詔來世。而南面出治之君，莫不敬仰師法以安天下。其所以宣昭教化，作新人才，13 深有賴於學校也。洪惟我 14 國家 15 聖神相承，興學崇儒，以弘治化，有開於先。今 16 聖天子光紹前烈，益修學校之政簡，俾良有司，責其成效而克新廟學，如此豈直爲壯觀之具 17 而已哉。尚期爲師者明其道以淑後進；爲弟子者勉力就學底於成才，出爲世用，俾天下 18 郡邑學校咸稱京郡，密邇 19 聖化，得效尤盛。然後爲無負 20 國家崇建之意也。是爲記。21

宣德十年正月初三日立石 22

順天府重新廟學記

順天府重新廟學記

通議大夫戶部侍郎兼翰林學士修國史知制誥兼經筵官盧陵陳循撰

賜進士出身徵仕郎中書舍人廣陽趙昂書

中憲大夫太常少卿直文淵閣永嘉黃養正篆

自古國家隆替關乎風俗之美惡人才之盛衰而風俗人才之美惡□□□關乎學校之政何如也觀於夏校殷序周庠之政修而黎民有醇厚之美宅俊有登庸之盛其非有關於學校乎黎民醇厚宅俊□□□效著而百王皆安於傳授萬國悉底於平寧其非有關於風俗人才乎故善爲國家者不患其不臻於隆盛惟患風俗之不美人才之不盛不患風俗人才不美且盛惟患學校之政有不修也洪惟

聖朝之有天下 一以唐虞三代爲法蓋王政必本於學校而學校必□□京師既建太學以儲天下之英才復設京學以育畿內之俊秀孟子所謂堯舜之智而不徧物急先務者是也此順天府儒學之設所爲次於太學而視四方府州縣學尤在所當先歟蓋學之制其在四方府學之齋有四州學之齋有三縣學之齋有二而順天府之學其齋則再倍於縣學蓋過於四方之府學而倍於州學也則其視府州縣之學尤在所當先也宜矣順天府學在今府治東南之教忠坊改元之大和觀地也

國朝洪武元年以觀爲大興縣儒學永樂元年將陞北平府爲順天府則大興縣儒學例不得設矣遂以爲順天府儒學九年同知甄儀建明倫堂東西齋舍十二年府尹張貫建大成殿又建棲生之倉於明倫堂之後然皆苟具於一時耳規模卑隘加以歲久日就頽毁無以稱京師學校在所當先之□□□王侯皆來爲府尹當□爲□顧其舊址四邊多爲居民侵而有之不足以擴充於堂構乃謀於府丞番易王侯明治中長沙易□□□□推官安□□□理經歷宣城施侯茂相與請復其地於

朝既得請遂撤其敝而新之爲大殿翼以兩廡前爲戟門以祀

先師先賢蓋殿與門爲間各三□□□各三其西則□□爲廟以祠宋丞相信國文公爲六齋於明倫堂之東西附以棲生之舍會饌有堂有廚有庫而蔽之以重門齋廚庫廡爲間各三饌堂爲間凡五而舍爲間十二倍於饌堂經始於正統十一年七月二十六日落成於十三年十二月十七日材出於節公用□化費爲□□□□工出於省民役之正而人不以爲勞其爲壯偉弘麗視太學雖有間而視四方府州縣之儒學則煥然足以□廊□之觀□□□□□學士有加其學而有資者無窮越明年春教授梁礦訓導李周汪浩趙佑劉鈞毛晟李瓊懼無以著郡□興□庇材之意乃□□□□□□前教授沈寧暨前訓導趙煥相與礱石請文於余刻之并以識學興替之由與其成之歲□君子之道未有不由學而成者□□□以致尊崇之禮□□所宗自孔子以及乎顏子曾子子思孟子而下吾道之所宗也祠不祠固無預於聖賢之損益而吾後慾斅其尊□□□是無所從事此建學者所爲必先廟而後學而學之道亦必先本而後末也儒先君□有□□行本也文藝末也觀於孔子之所以□有四而忠信爲其本是已使凡來遊學於是者誠能先之以忠信以敦其德繼之以□□□□□見風俗之美人才之盛皞皞□□□乎於

輦轂之下有莫能禦者矣故於記學之成并言以斯望之

正統十四年夏六月甲子立石　　括蒼朱興鐫

《順天府重新廟學記》

順天府重新廟學記

年代:明正統十四年(1449)六月
原址:東城區府學胡同
拓片:碑陽高 202、寬 86 厘米
書體:正書
撰人:陳循
書人:趙昂
篆額:黃養正
刻工:朱興
碑文録自:中國文化遺産研究院藏原拓片,收入北平研究院《北平廟宇調查資料匯編》(內三區卷)頁四百四十八

【碑陽】
額題:順天府重新廟學記
碑文:

順天府重新廟學記 1
通議大夫戶部侍郎兼翰林學士修國史知制誥兼經筵官盧陵陳循撰 2
賜進士出身徵仕郎中書舍人廣陽趙昂書 3
中憲大夫太常少卿直文淵閣永嘉黃養正篆 4

自古國家隆替,關乎風俗之美惡、人才之盛衰。而風俗人才之美惡,□□□關乎學校之政,何如也?觀於夏校殷序周庠之政修而黎民 5 有醇厚之美,宅俊有登庸之盛,其非有關於學校乎?黎民醇厚宅俊□□□效著而百王皆安於傳授,萬國悉底於平寧,其非有關於風 6 俗人才乎?故善爲國家者,不患其不臻於隆盛,惟患風俗之不美,人才之不盛,不患風俗人才不美且盛,惟患學校之政有不修也。洪惟 7 聖朝之有天下,一以唐虞三代爲法,蓋王政必本於學校,而學校必□□。京師既建太學以儲天下之英才,復設京學以育畿內之俊秀,孟子 8 所謂堯舜之智而不徧,物急先務者是也。此順天府儒學之設,所爲次於太學而視四方府州縣學尤在所當先歟。蓋學之制,其在四方 9 府學之齋有四,州學之齋有三,縣學之齋有二,而順天府之學其齋則再倍於縣學,蓋過於四方之府學而倍於州學也,則其視府州縣 10 之學尤在所當先也,宜矣!順天府學在今府治東南之教忠坊,改元之大和觀地也,11 國朝洪武元年以觀爲大興縣儒學。永樂元年將陞北平府爲順天府,則大興縣儒學例不得設矣,遂以爲順天府儒學。九年,同知甄儀建 12 明倫堂東西齋舍,十二年府尹張貫建大成殿,又建棲生之倉於明倫堂之後,然皆苟具於一時耳。規模卑隘,加以歲久,日就頽毀,無以 13 稱京師學校在所當先之□□□王侯皆來,爲府尹當□爲□顧其舊址,四邊多爲居民侵而有之,不足以擴充於堂構,乃謀於府丞番 14 易王侯明、治中長

沙易□□□□□推官安□□□理經歷。宣城施侯茂相與請復其地於 15 朝。既得請,遂撤其敞而新之,爲大殿,翼以兩廡,前爲戟門,以祀 16 先師先賢。蓋殿與門爲間各三,□□□□各三,其西則□□爲廟,以祠宋丞相信國文公。爲六齋於明倫堂之東西,附以棲生之舍,會饌 17 有堂,有廚,有庫,而蔽之以重門。齋廚庫廡爲間各三,饌堂爲間凡五,而舍爲間十二,倍於饌堂。經始於正統十一年七月二十六日,落成 18 於十三年十二月十七日。材出於節公用,□化費爲□□□□工出於省民役之正而人不以爲勞。其爲壯偉弘麗,視太學雖有間,而視 19 四方府州縣之儒學則煥然,足以□廊□之觀□□□□□學士有加其學而有資者無窮。越明年春,教授梁䃤、訓導李周、汪浩、趙佑、20 劉鈞、毛晟、李瓊,懼無以著郡□興□庇材之意,乃□□□□□□□前教授沈寧,暨前訓導趙煥,相與礱石,請文於余,刻之并以識學興 21 替之由與其成之歲。□君子之道,未有不由學而成者,□□□□以致尊崇之禮、□□所宗,自孔子以及乎顏子、曾子、子思、孟子而下,吾 22 道之所宗也,祠不祠固無預於聖賢之損益,而吾後慾斆其尊□□□□是無所從事,此建學者所爲,必先廟而後學,而學之道,亦必先 23 本而後末也。儒先君□有□□行本也,文藝末也,觀於孔子之所以□有四而忠信爲其本,是已使凡來遊學於是者,誠能先之以忠信,24 以敦其德,繼之以□□□□□□見風俗之美、人才之盛,皡皡□□□乎於 25 輦轂之下,有莫能禦者矣。故於記學之成,并言以斯望之。26

正統十四年夏六月甲子立石,括蒼朱興鐫。27

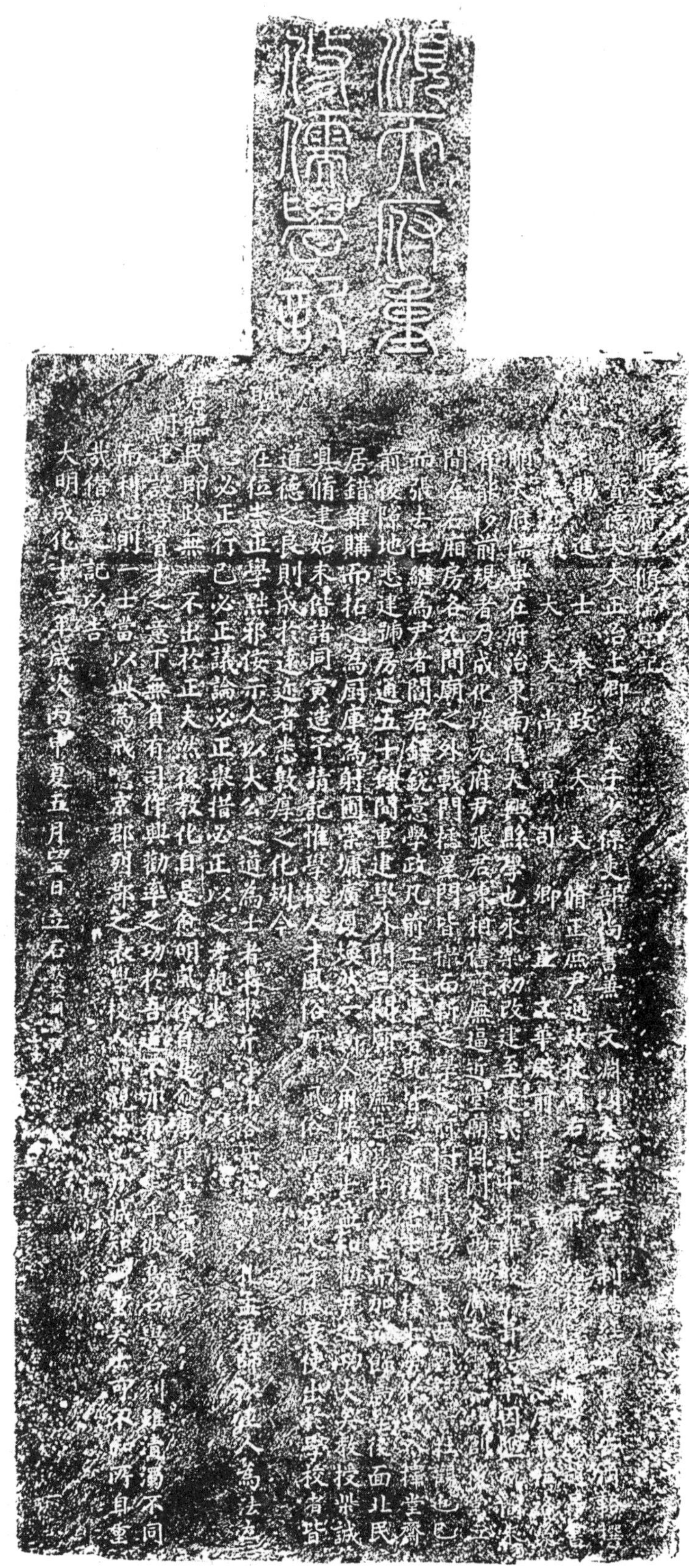

京229《順天府儒學記》

順天府重修儒學記

順天府重修儒學記
資德大夫正治上卿　太子少保吏部尚書兼　文淵閣大學士知　制誥經筵官淳安商輅撰
賜　進　士　奉　政　大　夫　修正庶尹通政使司右參議前　翰林院編修廣陽趙昂書
奉　議　大　夫　尚　寳　司　卿　直　文華殿前　中　書　舍　人　廣平程洛篆
順天府儒學在府治東南舊大興縣學也永樂初改建至是幾七十年雖數加葺治率因陋就簡未
有能侈前規者乃成化改元府尹張君諫相舊齋廡逼近堂廟因闢東西地廣之堂之□創後堂五
間左右廂房各九間廟之外戟門欞星門皆撤而新之學之前樹有賢坊二東西對□實壯觀也已
而張去任繼爲尹者閻君鐸鋭意學政凡前工未畢者既皆足之復念士之棲止勞於出入擇堂齋
前後隙地悉建號房通五十餘間重建學外門三間廟若廡皆易朽以堅而加滿飾焉學後面北民
居錯雜購而拓之爲厨庫爲射圃崇墉廣廈煥然一新人用怏睹士益知勸尹之功大矣教授柴誠
具修建始末偕諸同寅造予請記惟學校人才風俗所繫風俗厚薄視人才盛衰使出於學校者皆
道德之良則成於遠近者悉敦厚之化矧今
聖人在位崇正學黜邪佞示人以大公之道爲士者游歌芹泮沐浴膏澤當以孔孟爲師以聖人爲法立
心必正行己必正議論必正舉措必正以之孝親忠
君臨民即政無一不出於正夫然後教化自是愈明風俗自是愈淳庶上無負
朝廷設學育才之意下無負有司作興勸率之功於吾道不亦有光矣乎彼爲名與爲利雖清濁不同
而利心則一士當以此爲戒噫京郡列郡之表學校人所觀法也尹誠知所重矣士可不知所自重
哉僭爲之記以告
大明成化十二年歲次丙申夏五月望日立石教授□□□

京229《順天府儒學記》

順天府儒學記

首題:順天府重修儒學記
年代:明成化十二年(1476)五月十五日
原址:東城區府學胡同
拓片尺寸:碑身高 165、寬 88 厘米;額高 50、寬 30 厘米
書體:楷書
撰人:商輅
書人:趙昂楷書,程洛篆額
《目録》:頁 408
拓片編號:京 229
拓片録自:《北京圖書館藏中國歷代石刻拓本匯編》第 52 卷 125 頁

【碑陽】

額題:順天府重修儒學記(篆書)

碑文:

順天府重修儒學記 1

資德大夫正治上卿太子少保吏部尚書兼文淵閣大學士知制誥經筵官淳安商輅撰。2

賜進士奉政大夫修正庶尹通政使司右參議前翰林院編修廣陽趙昂書。3

奉議大夫尚寶司卿直文華殿前中書舍人廣平程洛篆。4

順天府儒學在府治東南,舊大興縣學也。永樂初改建。至是幾七十年,雖數加葺治,率因陋就簡,未 5 有能侈前規者。乃成化改元,府尹張君諫相舊齋廡逼近堂廟,因闢東西地廣之堂之□創後堂五 6 間,左右廂房各九間,廟之外戟門、欞星門皆撤而新之。學之前樹有賢坊二,東西對□,實壯觀也。已 7 而張去任,繼爲尹者閻君鐸,鋭意學政。凡前工未畢者既皆足之。復念士之棲止,勞於出入,擇堂齋 8 前後隙地,悉建號房,通五十餘間。重建學外門三間,廟若廡皆易朽,以堅而加滿飾焉。學後面北,民 9 居錯雜,購而拓之爲厨庫、爲射圃。崇墉廣廈,焕然一新。人用快睹,士益知勸,尹之功大矣。教授柴誠 10 具修建始末,偕諸同寅,造予請記。惟學校人才,風俗所繫,風俗厚薄,視人才盛衰,使出於學校者皆 11 道德之良,則成於遠近者悉敦厚之化。矧今 12 聖人在位,崇正學,黜邪佞,示人以大公之道。爲士者游歌芹泮,沐浴膏澤,當以孔孟爲師,以聖人爲法,立 13 心必正,行己必正,議論必正,舉措必正,以之孝親忠 14 君,臨民即政,無一不出於正。夫然後教化自是愈明,風俗自是愈淳。庶上無負 15 朝廷設學育才之意,下無負有司作興勸率之功,於吾道不亦有光矣乎。彼爲名與爲利,雖清濁不同,16 而利心則一。士當以此爲戒。噫!京郡,列郡之表。學校,人所觀法也。尹誠知所重矣,士可不知所自重 17 哉。僭爲之記以告。18

大明成化十二年歲次丙申夏五月望日立石 教授□□□。19

順天府名宦鄉賢祠記

順天府名宦鄉賢祠記

賜進士及第光祿大夫柱國少保兼

太子太保禮部尚書□閣大學士知　制誥華亭徐階撰

賜進士出身資善大夫禮部尚書兼翰林院學士兼

會典副總裁泰和歐陽德書

□會武第特進光祿大夫柱國少保兼太子太傅掌錦衣衛事食□爵祿後軍都督府左都督奉

敕提督緝事侍

經筵前充扈　蹕使平湖陸炳篆

嘉靖癸丑十月順天府名宦鄉賢祠記成祠召公奭左伯□以□□□□□□用牲幣如故事也□京□來□祠皖城阮君以直指使視學郡文學汪子卿乃與書曰子卿

嘗考功令故□功德於□若鄉曲長者忠孝正義之士皆待如食其府縣諸郡縣□□□□□起之傾景光獨廢格何故哉夫士出入不循所聞名實不垂於後世士之

恥也放祀滅禮則有司之過也漢志□□建首善自京師始乃今□令□不修□□士大夫文□不顯□曰方何阮君曰善下有司立祠學舍門傍無何阮君□去職章□君

代之乃卒事子卿從□□□□□□□□□□□□□□□□□□□□□□□□□□□□□□□□□

國家修□公□禮□以□德豈直神明□□□□□世□□□□□□□□□者燕故□□□□□□□□禮樂之化□□耳王召公奭遺其子之國其後□治蒸蒸□□左羊無

從頌死楚而鄉黨砥行□□□茲□□我□□

文皇帝決策都燕其淫俗靡然都化□□□□□循得□□□□□□矣□世□□□□□□□□□□□□□其□□□則所居使然也嗟乎丈夫龍蠖于時性□貴意氣多□

□□□□見言佳質行著或春□□□□□□□感□□□□□□列侯諸□□□□□□□□□□□□□□□□□□□不少既見乃若誦義無窮廟食世世勿□□□君子

耳由斯以談亦往者□□□□□□其負俗獨然□□□□□□□□□□□□□□□□□□□□□□□□□□□□□俗卒湮滅無所聞尚安所用之語□□□□中

者子不□斯□□大矣子卿□門人知□□故能咨□□□□□□□□□□□□□□□□□□□□□□適□□□□□

大明嘉靖三十三年□□寅□□吉立石

教授□□□□□□□□□□□□□□□□□金劉□□□□□□□□□□□□□□□□□□□□□□□□□朝陽□□□□□□□范□□□□□□□□

□□

京217《順天府名宦鄉賢祠碑》

順天府名宦鄉賢祠碑

首題:順天府名宦鄉賢祠記
年代:明嘉靖三十三年(1554)
原址:東城區府學胡同
拓片尺寸:碑陽高 208、寬 85 厘米,額高 35、寬 25 厘米
書體:楷書
撰人:徐階
書人:歐陽德書,陸炳篆額
《目録》:頁 234
拓片編號:京 217
拓片録自:北京大學圖書館藏拓片

【碑陽】

額題:順天府名宦鄉賢祠記(篆書)

碑文:

順天府名宦鄉賢祠記 1

賜進士及第光禄大夫柱國少保兼 2 太子太保禮部尚書□閣大學士知制誥華亭徐階撰,3 賜進士出身資善大夫禮部尚書兼翰林院學士兼 4 會典副總裁泰和歐陽德書,5□會武第特進光禄大夫柱國少保兼太子太傅掌錦衣衛事食□爵禄後軍都督府左都督奉 6 敕提督緝事侍 7 經筵前充扈蹕使平湖陸炳篆。8

嘉靖癸丑十月,順天府名宦鄉賢祠記成。祠召公奭左伯□以□□□□□□□□用牲幣如故事也。□京□來□祠皖城阮君,以直指使視學郡文學汪子卿。乃與書曰:子卿 9 嘗考功,令故□功德於□若鄉曲長者,忠孝正義之士,皆待如食其府縣諸郡。縣□□□□□□□起之傾景光獨廢格。何故哉?夫士出入不循所聞,名實不垂於後世,士之 10 恥也。放祀滅禮,則有司之過也。漢志□□建首善自京師始。乃今□令□不修□□士大夫文□不顯□曰方何阮君曰善,下有司立祠學舍門傍,無何,阮君□去職章□君 11 代之。乃卒事子卿從□□□□□□□□□□□□□□□□□□□□□□□□□□□□□□□□□ 12 國家修□公□禮□以□德豈直神明□□□□□□世□□□□□□者燕故□□□□□□□□□禮樂之化□□耳王召公奭遣其子之國,其後□治蒸蒸□□左羊無 13 從頌死楚而鄉黨砥行□□□□茲□□我□□ 14 文皇帝決策都燕其滛俗靡,然都化□□□□□循得□□□□□□矣□□世□□□□□□□□□□□□其□□□則所居使然也。嗟乎丈夫龍蠖于時性□貴意氣多□ 15□□□□見言佳質行著或春□□□□□□□感□□□□□□列侯諸□□□□□□□□□□□□□□□□□□□不少既見乃若誦義無窮廟食世世勿□□□君子 16 耳由斯以談亦往者□□□□□□其負俗獨然□□□□□□□□□□□□□□□□□□□□□□□□□□□□□□俗卒湮滅無所聞尚安所用之語□□□

□中 17 者子不□斯□□大矣子卿□門人知□□故能咨□□□□□□□□□□□□□□□□□□□□□□□□□□適□□□□□□□ 18

大明嘉靖三十三年□□□寅□□□吉立石 19

教授□□□□□□□□□□□□□□□□□□□□金劉□□□□□□□□□□□□□□□□□□□□□□□□□□□朝陽□□□□□□□□□范□□□□□□□□□□ 20 □□ 21

京 261《順天府廟學記》

重修順天府廟學記

歲在庚寅余丞順天府學校其專職也始謁

先師講於堂目廟學剝蝕特甚余殊惻之已而暑雨彌旬至於秋七月

廟廡堂齋諸祠舍胥壞不可居祭欂行水土中余殊惻之乃問兩附

邑以修飾狀咸縮朒無以應余曰嗟哉乏亦至此乎粵永樂改建之

後嘗三修拓之稱都鴻制云亦越有年萬曆庚辰歲益繕構之費至

二千緡今僅十稔爾胡傾圮若是豈侈心者事不堅而督以攻之者

非其人耶今余何辭於是謀之堂長朱秉器公公報曰可爰括羨鍰

於諸屬郡邑或十餘金或七八金得二百餘鍰余捐薪稍佐之始於

歲八月中旬十月朔告襄事是日也行鄉飲酒禮雍容齊遬無敢譁

以亂執事卬而瞻頫而眄廟廡跂立堂齋聳觀櫺星戟門文山鄉賢

名宦諸祠倏煥然禮義之區矣於是諸博士弟子負來徵文余諗之

曰余加意於斯修也而豈徒哉夫京師四方之極也孔子萬世之極

也方極定則寄象鞮譯之衆弗得以亂華世極明則佛老技術之流

弗得以干正故重京師以正四方崇孔子以惠萬世禮固然也昔吾

孔子祖二帝宗三王律時襲土譬如天地四時日月而賢如顏氏之

子亦嘆其不可及不可爲象宜其已甚難行矣夷考其爲事君盡禮

事親盡心盡禮則忠盡心則孝忠則天下後世之爲臣者取裁孝則

天下後世之爲子者取準譬之天地之有四時日月無不流行無不

臨照然樞紐所在必有極以斡旋之諸凡萬象萬形森羅於中天九

州内外者不能外焉故孔子太極也京師治教之極也欲四方之風

動必自京學始欲京學之教端必自孔子始欲孔子之道明必自忠

孝始殿曰大成堂曰明倫諸生之卬思之頫省之舍天下之達道末

繇矣當雨甚日余曾暫憩於蕭寺之大悲閣上棟下宇内宫外牆巍

然帝王丕居矣其六百七十七函之藏經絲繒金碧煇耀耳目其爲

頭佗者焚洗而展誦之市井黎龐偕竭貲以供之余咨嗟者三傍偟

者再何獨吾儒不然乎夫異教之倡正教之衰也起於人心闡於風

化故身任立極之君子當思所以返之矣文成竊附建寧廬陵淳安

三公後鐫石堂左用備參考云是役也成勞在縣丞盧茂劉鳳翔其

省勸綜核則寅友蔡倅桂也若大興知縣王建中宛平知縣沈榜教

授李士登陳九官訓導滕濟倫楊時中李芳馬科管大武陸楨李桂

偕遹觀厥成者記之

賜進士第中憲大夫督察院右僉督御史奉

敕巡撫湖廣等處地方兼督軍務前順天府府丞北豳李楨撰

萬曆十八年冬十二月吉日立石

京261《順天府廟學記》

順天府廟學記

首題：重修順天府廟學記
年代：明萬曆十八年（1590）十二月
原址：東城區府學胡同
拓片尺寸：碑陽高83、寬135厘米
書題：楷書
撰人：李楨
書人：李楨
《目録》：頁409
拓片編號：京261
拓片録自：《北京圖書館藏中國歷代石刻拓本匯編》第57卷195頁

【碑陽】

碑文：

重修順天府廟學記 1

歲在庚寅，余丞順天府，學校其專職也。始謁 2 先師，講於堂，目廟學剝蝕特甚，余殊惻之。已而暑雨彌旬，至於秋七月，3 廟廡堂齋，諸祠舍胥，壞不可居，祭犧行水土中。余殊惻之，乃問兩附 4 邑以修飾狀，咸縮朒無以應。余曰：嗟哉，乏亦至此乎。粵永樂改建之 5 後嘗三修拓之，稱都鴻制云，亦越有年，萬曆庚辰歲，益繕構之，費至 6 二千緡。今僅十稔，爾胡傾圮若是，豈侈心者事不堅，而督以攻之者 7 非其人耶。今余何辭於是。謀之堂長朱秉器公。公報曰：可爰括羨鍰 8 於諸屬郡邑。或十餘金，或七八金，得二百餘鍰。余捐薪稍佐之。始於 9 歲八月中旬，十月朔告襄事。是日也，行鄉飲酒禮，雍容齊遨，無敢譁 10 以亂執事，印而瞻，頫而盻，廟廡跂立，堂齋聳觀，櫺星戟門，文山鄉賢，11 名宦諸祠，倏焕然禮義之區矣。於是，諸博士弟子負來徵文，余諗之 12 曰，余加意於斯修也，而豈徒哉。夫京師四方之極也，孔子萬世之極 13 也。方極定，則寄象鞮譯之衆弗得以亂。華世極明，則佛老技術之流 14 弗得以干正。故重京師以正四方，崇孔子以惠萬世。禮固然也。昔吾 15 孔子祖二帝，宗三王，律時襲土，譬如天地四時日月。而賢如顔氏之 16 子，亦嘆其不可及，不可爲象。宜其已甚難行矣。夷考其爲事君盡禮，17 事親盡心。盡禮則忠，盡心則孝，忠則天下後世之爲臣者取裁，孝則 18 天下後世之爲子者取準，譬之天地之有四時日月，無不流行，無不 19 臨照，然樞紐所在，必有極以斡旋之。諸凡萬象萬形，森羅於中天九 20 州内外者，不能外焉。故孔子太極也，京師治教之極也。欲四方之風 21 動，必自京學始。欲京學之教端，必自孔子始。欲孔子之道明，必自忠 22 孝始。殿曰大成，堂曰明倫。諸生之印思之，頫省之，舍天下之達道末 23 繇矣。當雨甚日，余曾暫憩於蕭寺之大悲閣。上棟下宇，内宫外牆，巍 24 然帝王丕居矣。其六百七十七函之藏經，絲繒金碧，煇耀耳目。其爲 25 頭佗者焚洗而展誦之，市井黎龐偕竭貲以供之。余咨嗟者三，傍偟 26 者再。何獨吾儒不然乎？夫異教之倡，正教之衰也。

起於人心，闡於風 27 化。故身任立極之君子，當思所以返之矣。文成，竊附建寧、廬陵、淳安 28 三公後，鐫石堂左，用備參考云。是役也，成勞在縣丞盧茂、劉鳳翔。其 29 省勸綜核，則寅友蔡倅桂也。若大興知縣王建中，宛平知縣沈榜，教 30 授李士登、陳九官，訓導滕濟倫、楊時中、李芳、馬科、管大武、陸楨、李桂，31 偕逌觀厥成者。記之。32

賜進士第中憲大夫督察院右僉督御史奉 33 敕巡撫湖廣等處地方兼督軍務前順天府府丞北豳李楨撰。34

萬曆十八年冬十二月吉日立石。35

順天府重修儒學碑記

順天府重修儒學記

順天府學

國初大興縣學也永樂初改建而頗仍舊貫宣德正統一再增拓成化中復購民居益展其址規制始大備迄今百二□□
繕葺而歲月漸遠傾圮日甚頃自甲辰以來歲苦愁霖周垣爲塗棟宇盡塌先賢廟祏委於渣滓師儒函□□□□□
視太息會數困大徭罄無餘府唯扼腕未遑而已喬公允升以丞攝府事顧瞻慨然曰丞即代庖職實專典學校廟貌□
掃地思樂之謂何核府得羡金悉捐以經始凡東西廡楹各九東西齋楹各十五尊經閣楹五省牲所致齋所□□□□
祠楹各三皆煥然鼎新而殿而堂而門而坊而　敬一亭文丞相祠魁星樓皆大葺其舊役始癸丑□□□三月□
督視故所費視估半而亟就凡爲緡四百八十有奇皆公所捐羡金也余惟世道隆汙縮轂學校而京師□□□□□
政修則人才豹變風化草偃肇於邦畿暨於朔南而綦隆之理賴焉其所關非細也
國家崇儒重道廣厲學官樸棫之化垂三百年我
皇上壽考作人加意文教申飭之
詔無歲不下輦轂之間風厲尤先士生於時密邇
聖化沐浴醲洽亦千載一時已當事者仰承
德意作成有加又不啻朝憲章而夕典刑也有不灑淅矜奮者非士也余又聞喬公甫下車即以經書□鑑□□□□□
格以授諸士每生明生魄即於格中課之所以激勸甚備此豈簿領鞅掌者所暇而公之惓惓如此夫□□□□□
責也率而不從鼓而不起責將安在士也朝夕遊息不仰榱桷而俯堦序乎美輪美奐翼翼言言俎豆□□□□□
新矣而還視有未新者存亦奚用此土木之飾耶夫六經之言新者多矣誠求之六經反之身心正誼明道□□□□
之中而儼然立四國之極以上對樸棫下重宮墻則喬公今日之維新所以嘉惠子衿者不可忘也爲書其□□□□

萬曆癸丑陽月之吉

賜進士出身禮部尚書兼東閣大學士都人方從哲撰
賜進士第奉議大夫左春坊左庶子兼翰林院侍讀東宮講讀官前記注起居纂修正史管理□敕都越□□
欽差巡撫遼東等處地方贊理軍務兼管備倭都察院右都御史兼兵部右侍郎前山東道監察御史侍經筵山陰□□
順天府署府事府丞喬允升　治中許志文　通判吳承烈　葉世俊　韓逢禧　推官施三捷經歷楊師皋知事鮑錫福
大興縣知縣王　橋　周三錫　縣丞陳　紹　沈　佳　沈自新　主簿熊　僑　典史
宛平縣知縣杜冠時　縣丞張梅　高日章　主簿楊　進　典史郭宗禹
儒學教授李聞詩　訓導劉見曾趙丁李繼志楊尚禮顏希孔鄭養民賀倫任仕陳法言仝

《順天府儒學碑》

順天府儒學碑

年代：明萬曆四十一年（1613）
原址：東城區府學胡同文丞相祠
拓片：碑陽高163、寬89厘米
書體：正書
撰人：方從哲
碑文録自：北京大學圖書館藏原拓片

【碑陽】

額題：順天府重修儒學碑記

碑文：

順天府重修儒學記[1]

順天府學，[2]國初大興縣學也。永樂初改建而頗仍舊貫，宣德、正統一再增拓，成化中復購民居，益展其址，規制始大備。迄今百二□□[3]繕葺而歲月漸遠，傾圮日甚。頃自甲辰以來，歲苦愁霖，周垣爲塗，棟宇盡塌，先賢廟祏，委於渣滓，師儒函□□□□□[4]視太息，會數困大，徭罄無餘，府唯扼腕未遑而已。喬公允升以丞攝府事，顧瞻慨然曰：丞即代庖職，實專典學校。廟貌□[5]掃地思樂之謂何，核府得羨金，悉捐以經始。凡東西廡楹各九、東西齋楹各十五，尊經閣楹五，省牲所、致齋所□□□□[6]祠楹各三，皆焕然鼎新。而殿、而堂、而門、而坊、而敬一亭、文丞相祠、魁星樓，皆大葺其舊。役始癸丑□□□三月□，[7]督視，故所費視估半而亟就，凡爲緡四百八十有奇，皆公所捐羨金也。余惟世道隆汙，綰轂學校而京師□□□□□[8]政修則人才豹變，風化草偃肇於邦畿，暨於朔南而綦隆之理賴焉，其所關非細也。[9]國家崇儒重道，廣厲學官，樸棫之化，垂三百年。我[10]皇上壽考作人，加意文教，申飭之[11]詔，無歲不下，輦轂之間，風厲尤先。士生於時，密邇[12]聖化，沐浴醲洽，亦千載一時已。當事者仰承[13]德意，作成有加，又不啻朝憲章而夕典刑也。有不灑淅矜奮者，非士也。余又聞喬公甫下車，即以經書□鑑□□□□□□[14]格以授諸士，每生明生魄即於格中課之，所以激勸甚備，此豈簿領鞅掌者所暇，而公之惓惓如此。夫□□□□□[15]責也，率而不從，鼓而不起，責將安在士也。朝夕遊息，不仰榱桷而俯堦序乎，美輪美奂，翼翼言言，俎豆□□□□□[16]新矣，而還視有未新者存，亦奚用此土木之飾耶。夫六經之言，新者多矣，誠求之六經，反之身心，正誼明道□□□□[17]之中而儼然立四國之極，以上對樸棫，下重宮墻，則喬公今日之維新，所以嘉惠子衿者，不可忘也。爲書其□□□□。[18]

萬曆癸丑陽月之吉。[19]

賜進士出身禮部尚書兼東閣大學士都人方從哲撰。[20]

賜進士第奉議大夫左春坊左庶子兼翰林院侍讀東宮講讀官前記注起居纂修正史管理□敕都越□□。[21]

欽差巡撫遼東等處地方贊理軍務兼管備倭都察院右都御史兼兵部右侍郎前山東道監察

御史侍經筵山陰□□ 22

順天府署府事府丞喬允升、治中許志文、通判吳承烈、葉世俊、韓逢禧、推官施三捷、經歷楊師皋、知事鮑錫福 23

大興縣知縣王橋、周三錫、縣丞陳紹、沈佳、沈自新、主簿熊僑、典史 24

宛平縣知縣杜冠時、縣丞張梅、高日章、主簿楊進、典史郭宗禹 25

儒學教授李聞詩、訓導劉見曾、趙丁、李繼志、楊尚禮、顏希孔、鄭養民、賀倫、任仕、陳法言仝。26

京 5643《名宦鄉賢碑》

重修名宦鄉賢碑記

重修名宦鄉賢碑記

我□□之化

國家作人之化翔洽寰區顯忠遂良流芳接踵且不惟廣風厲也而追崇者爲最渥以故雲龍風虎□彥負

麟國之勳者卒於帝王廟歲時有附食至若抗賢聲於閭閈廣德意於宦遊鄉黌官評業已鑿鑿千

秋自難與草木同朽則郡邑黌宮復設有鄉賢名宦兩祠凡以揭勸善之旌而崇爲善之報也乃京師

首善地而兩祠之創獨復自嘉靖癸丑直指使者皖城阮君豫章涂君□先建此祠越今七十餘年而傾

頹之狀又可睹矣於鑠

帝畿實居燕甸此中磊落間氣性之發生偉人而仕斯邦者亦復博聞道術之豪蓋先覺來秀依日月之

光而項背相望也爰考鄉賢自周伯桃公而下名宦自周召公而下非所稱命世真儒德業焜燿者耶翼翼

黌序列俎豆以鵠四方今憑而吊者恍聞名賢謦欬不遠襟帶間春秋霜露芳□以襲人未已也向猶恨兩

祠之晚而今可任兩祠之摧乎歲屬甲子鄉紳大夫暨博士弟子負□□父老僉舉里中靜寧州守乾齋

周公懿德美跡以入祠請余聞於督學□者勘核至再允厥崇祀於□□福□□鏘□孝胤奉主入祠環視頹

毀俯首淒其慨然力任修葺當事者鑒其誠咸捐俸佐助而鄉紳里老募□若渴度材徵工不日報竣而壯

麗加增是前何創之難而今何新之易也京國從來名賢得邀靜寧公之靈而□豆爲之生色靜寧公

之胤□部公又合鄉紳之力俾先賢血食之地俱得以妥幽靈薦馨香而潤及先人之龕室抑亦其緒正也

肇工以天啓乙丑三月告成以六月其門相翼其甬相偶植者壯甃者堅抗高益深規制精密過者顧而

樂此□承乏府事樂觀其成而因記其事用酌明水擷□□而告之靜寧公曰美哉斯舉也孝之彰慈

獨誇貽燕□能鼓義同賦緇衣興起之功千百世其無斁矣謹勒貞珸以圖不朽並列捐助諸君子於右方

以勸鄉邦之樹德

天啓五年歲在乙丑六月穀旦

賜進士出身通議大夫南京大理寺卿原住順天府府尹前奉

敕提督兩河學政四明董光宏頓首撰

乾齋公嫡孫周道洽集晉右將軍王羲之書

□□張翱刻□

京5643《名宦鄉賢碑》

名宦鄉賢碑

首題：重修名宦鄉賢碑記
年代：明天啓五年（1625）六月
原址：東城區府學胡同
今址：東城區府學胡同府學小學內
拓片尺寸：碑陽身高 143、寬 69 厘米
書體：行書，額篆書
撰人：董光宏
書人：周道洽，張翺刻
《目録》：頁 509
拓片編號：京 5643
拓片録自：《北京圖書館藏中國歷代石刻拓本匯編》第 59 卷 176 頁

【碑陽】
額題：重修名宦鄉賢碑記
碑文：

重修名宦鄉賢碑記 1

我□□之化，2 國家作人之化，翔洽寰區，顯忠遂良，流芳接踵，且不惟廣風厲也，而追崇者爲最渥。以故雲龍風虎，□彥負 3 麟。國之勳者，卒於帝王廟歲時有附食。至若抗賢聲於閭閈，廣德意於宦遊。鄉譽官評，業已鑿鑿千 4 秋，自難與草木同朽。則郡邑黌宮，復設有鄉賢名宦兩祠。凡以揭勸善之旌而崇爲善之報也。乃京師 5 首善地，而兩祠之創，獨復自嘉靖癸丑。直指使者皖城阮君、豫章涂君□先建此祠，越今七十餘年而傾 6 頹之狀又可睹矣。於鑠 7 帝畿，實居燕甸。此中磊落間氣性之發，生偉人而仕斯邦者，亦復博聞道術之豪，蓋先覺來秀，依日月之 8 光而項背相望也。爰考鄉賢自周伯桃公而下，名宦自周召公而下。非所稱命世真儒德業焜燿者耶。翼翼 9 黌序，列俎豆以鵠四方。今憑而吊者，恍聞名賢謦欬不遠，襟帶間春秋霜露，芳□以襲人未已也。向猶恨兩 10 祠之晚而今可任兩祠之摧乎？歲屬甲子，鄉紳大夫暨博士弟子負□□父老，僉舉里中靜寧州守乾齋 11 周公懿德美跡以入祠。請余聞於督學。□者勘核至再，允厥崇祀於□□福□□鏘□。孝胤奉主入祠，環視頹 12 毀，俯首淒其慨然，力任修葺。當事者鑒其誠，咸捐俸佐助，而鄉紳里老，募□若渴。度材徵工，不日報竣，而壯 13 麗加增。是前何創之難而今何新之易也。京國從來名賢得邀靜寧公之靈，而□豆爲之生色。靜寧公 14 之胤□部公又合鄉紳之力，俾先賢血食之地俱得以妥幽靈，薦馨香，而潤及先人之龕室，抑亦其緒正也。15 肇工以天啓乙丑三月，告成以六月。其門相翼，其甬相偶。植者壯，甃者堅。抗高益深，規制精密。過者顧而 16 樂此□承乏府事，樂觀其成。而因記其事，用酌明水，擷□□而告之。靜寧公曰：美哉斯舉也。孝之彰慈，17 獨誇貽燕，□能鼓義，同賦緇衣。興起之功，千百世其無斁矣。謹勒貞瑉，以圖

不朽，並列捐助諸君子於右方，18 以勸鄉邦之樹德。19

天啓五年歲在乙丑六月穀旦 20

賜進士出身通議大夫南京大理寺卿原住順天府府尹前奉 21 敕提督兩河學政四明董光宏頓首撰 22

乾齋公嫡孫周道洽集晉右將軍王羲之書 23

□□張翱刻□24

重建文昌帝君祠記

重建
文昌帝君祠記
文昌星宮也主上將次將貴相司命司中司祿帝者神也□□曰文昌蓋應天象司
文昌之事者也猶北宮玄武而玄帝司之也
國家建文武二學武祀太公望用兵則祀旗纛以兵法祖太公望而用兵爲旗纛事也文
祀孔子謂萬世道德宗主□科場進取非孔子事矣登庸大典關人材進退治教隆污
豈無神以主之乎故世傳帝君主之者以文昌爲司祿之宮而帝君其神也猶用兵者
主旗纛也按文昌化書神七十三世爲士大夫未嘗酷吏虐民其垂訓罔非忠者也僑
進退予奪必稽德行是有功于世教者
聖朝二百餘年六星光燦文治熙洽孰非神之佑相哉□□□□□□□□□舊有文
昌祠人□命□俸□□□□□邑□□□建成樂助□□命爲縣丞盧茂董其
事決□者咸德萬曆十有七年□□也廟貌□新祀事□舉都人士服膺聖訓濟濟彙
記用勸相我
國家茲創也豈細務哉是爲記
賜同進士出身文林郎奉
敕提督學校巡按直隸監察御史大梁楊四知撰
承直郎順天府通判前翰林院待詔虎林湯煥書

京215《文昌祠碑》陽

捐俸助修祠工名氏

賜進士中憲大夫大理寺右少卿掌
順天府事前府丞萊陽孫洵
承德郎順天府宛平縣知縣上虞徐啓東
承德郎順天府大興縣知縣上饒王建中
順　天　府　儒　學教授毗陵褚國賢
訓導溆川滕濟倫　信都□□功　謂□坫□中　□□李　芳　□宋昌（泐）　武（泐）
常山吳紹行
廩膳生員倪　渤　徐　潮　馮誥□　□□佐　□　孰　□□□　李　寅
張國本　喬　銓　陸天□　□□□　吳繼業　□□□　甯尚綱
熊建□　劉　珮　秦宗伊　董子紳　湯應辰　張承澤　蔡　淇
于　□　蕭　淳　□□□　王　□　傅　啓　張元吉　王納言
湯汝洵　□　森　焦　旗　□□□　□□□　□□□　譚敬敷
季　忠　□　□　□□□　□□忠　王本清　祝鶴鳴　劉熙元
畢　德　徐　恩　吳　□　□□元　李時中　潘良寀　劉　昇
辛　詔　張世登　穆密介　僑志興　韓惟一　張思明　張九功
盧光祚　張所養　于中行　□文煒　蔡春汲　段孟春　劉積和
鄭繼芳　□□化　賈效祖　楊汝浹　于廷佐　張永年　楊文□
畢　泓　許　纓　曹一麟　王汝亮　時之鳳　周國才　錢希文
金　榮　曹傑□　尹光訓
文林郎順天府大興縣縣丞廣川盧　茂等同立

京215《文昌祠碑》陰

文昌祠碑

首題:重建文昌帝君祠祀
年代:明代無年月(據明萬曆十八年(1590)十二月《順天府廟學記》碑判斷,似應爲同年立碑)
原址:東城區府學胡同
拓片尺寸:碑陽高 134、寬 72 厘米,額高 33、寬 29 厘米;碑陰高 144、寬 66 厘米,額高 33、寬 26 厘米
書體:楷書
撰人:楊四知
書人:湯煥
《目録》:頁 255
拓片編號:京 215
拓片録自:北京大學圖書館藏原拓片

【碑陽】

額題:重建文昌帝君祠記(篆書)

碑文:

重建 *1* 文昌帝君祠記 *2*

文昌,星宫也,主上將。次將貴相,司命、司中、司禄。帝者,神也。□□曰文昌蓋應天象,司 *3* 文昌之事者也,猶北宫玄武而玄帝司之也。*4* 國家建文武二學,武祀太公望,用兵則祀旗纛,以兵法祖太公望,而用兵爲旗纛事也。文 *5* 祀孔子,謂萬世道德宗主,□科場進取,非孔子事矣。登庸大典關人材進退,治教隆污 *6* 豈無神以主之乎?故世傳帝君主之者,以文昌爲司禄之宫,而帝君其神也。猶用兵者 *7* 主旗纛也。按文昌化書,神七十三世爲士大夫,未嘗酷吏虐民。其垂訓罔非忠者也。僑 *8* 進退予奪必稽德行,是有功于世教者。*9* 聖朝二百餘年,六星光燦,文治熙洽,孰非神之佑相哉!□□□□□□□□□□舊有文 *10* 昌祠人□命□俸□□□□□□□□邑□□□建成樂助□□命爲縣丞盧茂董其 *11* 事決□者,咸德萬曆十有七年□□也。廟貌□新,祀事□舉。都人士服膺聖訓,濟濟彙 *12* 記。用勸相我 *13* 國家兹創也,豈細務哉。是爲記。*14*

賜同進士出身文林郎奉 *15* 敕提督學校巡按直隸監察御史大梁楊四知撰。*16*

承直郎順天府通判前翰林院待詔虎林湯煥書。*17*

【碑陰】

額題:捐俸助修祠工名氏(篆書)

碑文:

賜進士中憲大夫大理寺右少卿掌順天府事前府丞萊陽孫洵,承德郎順天府宛平縣知縣上虞徐啓東,承德郎順天府大興縣知縣上饒王建中,順天府儒學教授毗陵褚國賢,訓導溆川滕濟

倫、信都□□功、謂□站□中、□□李芳、□宋昌、(泐)武(下泐)、常山吳紹行,廩膳生員倪渤、徐潮、馮諧□、□□佐、□孰、□□□、李寅、張國本、喬銓、陸天□、□□□、吳繼業、□□□、甯尚綱、熊建□、劉珮、秦宗伊、董子紳、湯應辰、張承澤、蔡淇、于□、蕭淳、□□□、王□、傅啓、張元吉、王納言、湯汝洵、□森、焦旗、□□□、□□□、□□□、譚敬敷、季忠、□□、□□□、□□忠、王本清、祝鶴鳴、劉熙元、畢德、徐恩、吳□、□□元、李時中、潘良寀、劉昇、辛詔、張世登、穆密介、僑志興、韓惟一、張思明、張九功、盧光祚、張所養、于中行、□文煒、蔡春汲、段孟春、劉積和、鄭繼芳、□□化、賈效祖、楊汝浹、于廷佐、張永年、楊文□、畢泓、許纓、曹一麟、王汝亮、時之鳳、周國才、錢希文、金榮、曹傑□、尹光訓。

文林郎順天府大興縣縣丞廣川盧茂等同立。

修順天府學記

修順天府學廟碑記

予告光祿大夫太子少保□□□□□□□□□王崇簡□□□□

予告光祿大夫太子太保都察院左都御史□□□□□事□人孫承澤書

順天府學宮之敝漶廟宇之圮陋不足以聳瞻觀□□□□□□□□□有□□此者數數也絀於經費之繁多□爲之年力以致□者碱□資補之間耳求其去腐缺而就礱固化黕黓而爲絢麗□□之□也□□巖巖翼翼焕然奕然則順天府府丞提督學政高公之時

皇清康熙之五年也公甫莅任念教化之原未有不□於學校□□□□□地何故若此何以肅觀瞻以作士風爰咨□府尹□公議協志□度盈縮□不謀於衆役不出於民輸橐鳩工規蠹剔朽而大成之殿翼殿之□櫺星之門以爲奎樓啟聖鄉賢名宦諸祠靡不次第完善繕度不給復斥□款以佐之始於乙巳之八月訖工於丙午之四月其籌之之周而成之之速前此未聞也士來肅謁其中罔不歡忻鼓舞稱説高公既而少宰孫公承澤經□禮彷徨問以語予思有以記公之誼而公亦望有以勉多士也乃過予草堂屬爲之記予方媿以鄉人而無一緡之效一役之力敢不紀其實以載公之□無窮乎昔董江都有言治天下莫不以教化爲大務立大學以教於國設庠序以教於邑其所以爲教化者非化凡以明人倫而已人倫既明則人才自□者司徒之教立之典常民生而由君臣父子夫婦兄弟朋友之道各適其性而安其處而所以使之爲親義序別信者則非由之士之□所可及必持民之□□□士者究宜其意踐習服行之而後風可移而俗可善也則學校爲教□□由興其重如此今我爲士者覩廟貌而忻悦豈徒如緇流羽士之□□儼於□□事□也哉仰思

先聖之垂訓求乎子臣弟友之倫即

國家設學興教惟此倫理之克盡天下同此倫理根於性則爲仁義禮智之德發於情則爲惻隱羞惡辭讓是非之端見於事則爲君臣父子夫婦兄弟朋友之常

聖賢經傳諄諄告誡無非欲人之無失其性教衰俗溺惑於嗜慾逐於利害偷合苟得之習靡倫常遑遑多□是豈其性然歟亦教化之□也故在上者興學以訓迪之學問以開發其天良聲容以薰陶其本得所爲不過六德六行六藝之間漸摩之久倫理著而入則鮮不孝不弟之行出而備□仰天夫□執事之選將無達忠畔義之嗟人才之盛必由於學校信然無非□此也夫□之民日見其在朝者忠於君臣在家者孝於親所以觸其專慤之□而信義敦厚之俗有不油然以成者乎傳所謂人倫明而小民親親長長而天下□則教化非致治之大務歟嗟乎今之于于然挾冊而講肄鼓篋而□□於由之□民而謂之士若徒攻訓詁侈詞章以取科名爲能事殆非公所以興起教化之心亦非所以永公之誼於無窮之意矣是役也捐俸以□者順天府府尹甘□文□提督學政內國史院侍讀蕭公惟豫司出納則署儒學教授宛平縣縣丞張君雲孫而府照磨江君沒則董□作者也繼□爲今教授黃君□□是宜□書高公名爾位字顯之錦縣人

康熙五年歲在丙午十月吉旦立

京223《順天府學廟碑》

順天府學廟碑

年代：清康熙五年（1666）十月
原址：東城區府學胡同
拓片：碑陽高 189、寬 83 厘米
書體：正書
撰人：王崇簡
書人：孫承澤
拓片編號：京 223
《目録》：頁 409
碑文録自：北京大學圖書館藏原拓片

【碑陽】

額題：修順天府學記

碑文：

修順天府學廟碑記 1

予告光禄大夫太子少保□□□□□□□□王崇簡□□□□。2

予告光禄大夫太子太保都察院左都御史□□□□□□事□人孫承澤書。3

順天府學宮之敝滮、廟宇之圮陋，不足以聳瞻觀，□□□□□□□□□有□□此者數數也，絀於經費之繁多，□爲之年力以致□者碱□資補之 4 間耳。求其去腐缺而就礱固，化黯黠而爲絢麗。□□之□也□□巖巖翼翼，焕然奕然，則順天府府丞提督學政高公之時。5 皇清康熙之五年也。公甫蒞任，念教化之原未有不□於學校□□□□□地何故，若此何以肅觀瞻以作士風。爰咨□府尹□公，議協志□，度盈縮□，不謀 6 於衆役，不出於民，輸槖鳩工，規蠹剔朽，而大成之殿、翼殿之□、欞星之門，以爲奎樓、啟聖、鄉賢、名宦諸祠，靡不次第完善，繕度不給。復斥□款以佐之。始於乙 7 巳之八月，訖工於丙午之四月，其籌之之周而成之之速，前此未聞也。士來肅謁其中，罔不歡忻鼓舞，稱説高公。既而少宰孫公承澤經□禮，彷徨間以語予，8 思有以記公之誼，而公亦望有以勉多士也，乃過予草堂，屬爲之記。予方媿以鄉人而無一緡之效一役之力，敢不紀其實以載公之□無窮乎。昔董江 9 都有言，治天下莫不以教化爲大務，立大學以教於國，設庠序以教於邑，其所以爲教化者，非化凡以明人倫而已。人倫既明，則人才自□者。司徒之教立 10 之典常，民生而由君臣父子夫婦兄弟朋友之道，各適其性而安其處，而所以使之爲親義序别，信者則非由之士之□所可及，必持民之□□□士者究宣其 11 意，踐習服行之，而後風可移，而俗可善也。則學校爲教□□由興其重，如此今我爲士者，覩廟貌而忻悦，豈徒如緇流羽士之□□，儼於□□事□也哉！仰思 12 先聖之垂訓，求乎子臣弟友之倫，即 13 國家設學興教，惟此倫理之克盡。天下同此倫理，根於性則爲仁義禮智之德，發於情則爲惻隱羞惡辭讓是非之端，見於事則爲君臣父子夫婦兄弟朋友之常。14 聖賢經傳諄諄告誡，無非欲人之無失其性，教衰俗溺，惑於嗜慾，逐於利害，偷合苟得之習靡倫常，遑遑多□，是豈其性然歟，亦教化之□也。故在上者興學，以訓迪之學問，以開發其天良聲容，以薰陶其本得。所爲不過六德六行六藝之間，漸摩之久，倫理著而入，則鮮不孝不弟之行，出而備□仰天夫□執事之選，將無達忠畔義之嗟。人才之盛，必由於學校，信然，無非□此也。夫□之民日見，其在朝者忠於君臣，在家者孝於親，所以觸其專慤之□而信義敦厚之俗，有不油然以成者乎。傳所謂人倫明而小民親，親親長長而天下□，則教化非致治之大務歟。嗟乎，今之于于然挾冊而講肄鼓篋而□□□於由之□民而謂之士，若徒攻訓詁，侈詞章，以取科名爲能事，殆非公所以興起教化之心，亦非所以永公之誼於無窮之意矣。是役也，捐俸以□者，順天府府尹甘□文□，提督學政內國史院侍讀蕭公惟豫，司出納則署儒學教授宛平縣縣丞張君雲孫。而府照磨江君沒則董□作者也，繼□爲今教授黃君□□是宜□書。高公名爾位，字顯之，錦縣人。

康熙五年歲在丙午十月吉旦立。

京 243《順天府學明倫堂及育賢坊碑》

位承□

畿內督視學政者四載於兹矣竊念士居首善之地既膺斯職凡所以興教化育人材者輒思多

方振飭以無負

聖天子右文至意顧

文廟圮廢不足以肅都人□之觀於是謀諸同事各輸積俸庀材鳩工八閱月而大成殿兩廡啓

聖名宦鄉賢諸祠以及欞星門奎樓咸煥然一新焉維時協力助緡在役宣勞者若而人有

大宗伯敬哉王公諱崇簡爲之記少宰北海孫公諱承澤筆於石是康熙四年歲次乙巳之

事也獨明倫一堂以及育賢坊頹圮已極因財殫役繁未遑並舉今於丁未季冬以迄今歲

之仲夏又與各僚屬捐俸修葺之是役也亦督學政者之餘事耳無足誌顧位欲勉兹多士

今師儒之登斯堂者睹兹輪奐奮然以迪德盡倫爲己任斯位之厚望也歟時工已告竣故

並載之貞珉云

康熙七年歲在戊申七月之吉立

順天府府丞督學加一級前巡按陝西巡按山西巡視兩淮鹽政□□□□□江南道監察

御史加三級兩侍

經筵高爾位識

京243《順天府學明倫堂及育賢坊碑》

順天府學明倫堂及育賢坊碑

年代:清康熙七年(1668)七月
原址:東城區府學胡同文丞相祠
拓片:碑陽高 101、寬 65 厘米
書體:正書
書人:高爾位
《目録》:頁 409
拓片編號:京 243
拓片録自:《北京圖書館藏中國歷代石刻拓本匯編》第 62 卷 117 頁

【碑陽】

碑文:

位承□1畿内督視學政者四載於茲矣。竊念士居首善之地,既膺斯職,凡所以興教化育人材者,輒思多2方振飭,以無負3聖天子右文至意。顧4文廟圮廢,不足以肅都人□之觀。於是謀諸同事,各輸積俸,庀材鳩工。八閲月而大成殿兩廡、啓5聖、名宦、鄉賢諸祠,以及欞星門、奎樓,咸煥然一新焉。維時協力助搢在役宣勞者若而人,有6大宗伯敬哉王公諱崇簡爲之記,少宰北海孫公諱承澤筆於石。是康熙四年歲次乙巳之7事也。獨明倫一堂以及育賢坊,頹圮已極,因財殫役繁,未遑並舉。今於丁未季冬以迄今歲8之仲夏,又與各僚屬捐俸修葺之。是役也,亦督學政者之餘事耳,無足誌。顧位欲勉茲多士。9今師儒之登斯堂者,睹茲輪奐,奮然以迪德盡倫爲己任。斯位之厚望也歟。時工已告竣,故10並載之貞珉云。11

康熙七年歲在戊申七月之吉立。12

順天府府丞督學加一級前巡按陝西巡按山西巡視兩淮鹽政□□□□□江南道監察13御史加三級兩侍14經筵高爾位識。15

文廟碑記

順治丁亥

世祖章皇帝試科取士余叨列於榜洎戊子春筮仕直隸順德府南和縣知縣牧民四載夙夜□□□□□

政可紀壬辰孟春奉

旨欽取授江西道試監察御史是歲仲冬奉

命巡按三秦乙未秋巡按晉陽戊戌冬視鹺淮陽十年諫官雖□勉□□□□□□□□□□

於古人哉循序盡職辛丑菊月朔三日奉

上諭內陞康熙甲辰蠶月補督學歲在戊申霪雨如注學宮盡爲傾圮余思

都會乃首善之地

至聖爲百世之師道貫古今德配天地廟貌其可視之膜外耶即與京兆甘公文焜者共商之余首先捐銀叁佰兩紳士及

樂善之人均有同心焉維時康熙乙巳年荷月鳩工丙午年榴月告竣大成殿欞星門奎樓明倫堂并鄉賢名宦祠皆

煥然一新出入收支銀兩者儒學教授黃忱孝也監工辦料者乃本府照磨汪湄也余督理文武學政屈指七載整飭

無聞素飡抱歉即斯舉也亦賴諸君子之力居多緣自識其始末以勒貞珉云

康熙歲次辛亥季春之吉

誥封中大夫前兩侍

經筵巡按陝西巡按山西巡視兩淮鹽課兼轄江西湖北河南等處掌京畿道事江南道監察御史加三級順天府府丞督

學加一級高爾位識

《文廟碑》

文廟碑

年代:清康熙十年(1671)
原址:東城區府學胡同文丞相祠
拓片:碑陽高196、寬80厘米
書體:正書
撰人:高爾位
碑文録自:北京大學圖書館藏原拓片

【碑陽】

額題:文廟碑記

碑文:

順治丁亥,1世祖章皇帝試科取士,余叨列於榜。洎戊子春筮仕直隸順德府南和縣知縣,牧民四載,夙夜□□□□□2政可紀。壬辰孟春,奉3旨欽取,授江西道試監察御史,是歲仲冬,奉4命巡按三秦。乙未秋,巡按晉陽。戊戌冬,視鹺淮陽,十年諫官,雖□勉□□□□□□□□□□□□□□5於古人哉,循序盡職。辛丑菊月朔三日,奉6上諭內陞,康熙甲辰蠶月補督學。歲在戊申,霪雨如注,學宫盡爲傾圮。余思7都會乃首善之地,8至聖爲百世之師,道貫古今,德配天地,廟貌其可視之膜外耶?即與京兆甘公文焜者共商之。余首先捐銀叁佰兩,紳士及9樂善之人均有同心焉。維時康熙乙巳年荷月鳩工,丙午年榴月告竣,大成殿、欞星門、奎樓、明倫堂并鄉賢名宦祠,皆10焕然一新。出入收支銀兩者,儒學教授黄忱孝也。監工辦料者,乃本府照磨汪湄也。余督理文武學政,屈指七載,整飭11無聞,素飡抱歉。即斯舉也,亦賴諸君子之力居多。緣自識其始末,以勒貞珉云。12

康熙歲次辛亥季春之吉。13

誥封中大夫前兩侍14經筵巡按陝西巡按山西巡視兩淮鹽課兼轄江西湖北河南等處掌京畿道事江南道監察御史加三級順天府府丞督15學加一級高爾位識。

京 257《順天府學宫碑》陽

京257《順天府學宫碑》陰

重修順天府儒學記

重修順天府學宮碑記

保和殿大學士 太子太傅兼禮部尚書加五級宛平王 熙撰

賜進士出身中憲大夫詹事府少詹事兼翰林院侍講學士大興李録予書

國朝造士之典最重者無逾於京師學專於府不以縣天下莫比也董之以丞丞位尊亞於尹尹比侍郎丞之秩與少卿僉□□天下莫比也觀其委

之重知其所由重而開國五十餘年丞之大有功於學校者則唯今石門吳公最燕京山海環固萃毓雄秀靈奇鍾焉

世祖定鼎用肇造我區夏

今上誕敷文德重華昭於四方文明盛焉彼都人士萬民所望非以文命所敷京師其首被者乎且夫國學所以聚天下魁宏傑出之才非府州縣衛之學

之可比而大比乃附於順天順天亦府爾既以概畿輔數郡而代乎直隸之稱又以其學概乎國事所收天下魁宏傑出之士是所望於京師之士者

莫非魁宏傑出而與天下之才角其勝何其隆歟熙生長 輦轂下幼參科名叨侍從今且備位台輔深悉

朝廷所以厚我京師之士之意嘗考 國初用昭桓撥日不給廟學漸頹旗丁或據處其中壖垣四侵榛焉厩焉爲之丞者或蹙然莫非首善所宜有於是

補而葺之者前有高公爾位繼有王公維珍也擴清之而一復其址之舊蒙

旨褒嘉者張公鵬也嗣疏奏得請營之新之工未作而去者汪公晉徵踵而行之締構塗塈更補汪公所未及而捐俸以成之者則吳公涵也工既訖殿跂

然覺然廊廡翼然庭殖殖然祠亭堂樓齋舍坊墉噲噲然丹雘藻彩無不周不煥器無不修不備工無不堅而缺廢無不舉又鑿井於其外以代廟之

汲而禁其擾靈妥士悅禮修教宣猗歟休哉我

皇上立極作覲貢亨以化成天下又得大儒焉以爲之師力作振而興□如此則成人小子何患無德造而都人士不傑然出乎天下之才之上也哉癸酉

鄉科兩解俱出順天府學掇經魁登賢書者滿漢三十餘人甲戌會試成進士者凡四而館選咸無遺標虎榜者濟濟而傳臚首唱亦屬府學中人焉

文風丕茂敢忘所由來於是闔學士子同詣余爲文勒諸貞珉以誌吳公之德並不沒前此諸公之功於不朽余既不獲辭而爲之紀其實又進多士

而詔之曰倬彼雲漢爲章於天周王壽考遐不作人詩之言有以也有

聖君養於上有賢師董於下斯士譽髦何難乎諸子勉旃毋負吳公毋負

朝廷所以重我京師不以比於他方之意而已 時

康熙叁拾肆年歲次乙亥夏 儒學教授□□□ 袁□生

賜進士出身順天府府尹劉元慧 順天府治中薛載德 大興縣知縣王廷聘 儒學教授石□□ □□ 李□循

欽差舊太倉監督兵部職方司員外郎朱絪 通判杜兆麟 縣丞王道弘 武學教授蕭□□ □□ 傅舉□ 同□

工部都水司員外郎賈棠 照磨丁應韜 宛平縣知縣陳宗彝 李□洪

京257《順天府學宮碑》陽

舉人
于甲培　李仙湄
一統志館候選縣丞　候選縣尉
李含秀　陳成演
生員
牟文煜　張毓秀　李玉華　楊春元　陳國銳　祝臨　楊春起　王遠猷
祝震　巴爾布　嚴岱　劉正紀　王端　胡兆昌　張纘曾　張敦睦
于國瑞　陸倬　陳六龍　王邦相　許汝吉　關運泰　蕭名傑　苗貞
薄杜珍　張承澤　高源　高澤　徐士炯　張世英　劉文燦　張嗣昌
許大鋐　蔣亮　王鴻基　黃灝　秦蕃俊　蘇民安　周燮鼎　陳篤祐
陳煐　李弘基　趙邗藩　徐士珽　李錫予　李龍源　張繼昌　畢文煜
畢鴻基　秦寬　劉正綱　宋俄托　戴允恭　陳堯　李瑤　姚祖虞
楊壂　金啓宗　劉溶　何爾泰　劉開　紀元穎　李仙源　李燦
楊之成　張永樹　羅琦　花善　蘇駪　張炳璘　張星熠　甯塏
武生員
田文成　李嗣韶　吳敦簡　王永盛　張元英　周明新　孫震　李長庚
趙國樑　李起龍　郭犖　謝珏　徐錫祉　張誥　袁毓鵬　鮑文英
改日新　劉鑑賢　鄧元起　王歧盛
童生
畦世傑　張繼戎　邢脩　邢宗禹　許大純　沈梓　俞震　張文炯
劉濟　顏脩藩　陳成源　陳成澍　陳成瀚　陳成潢

京257《順天府學宮碑》陰

順天府學宫碑

首題：重修順天府學宫碑記
年代：清康熙三十四年（1695）夏月
原址：東城區府學胡同
拓片尺寸：碑陽高 183、寬 79 厘米；額高 30、寬 25 厘米；碑陰高 128、寬 68 厘米
書體：楷書
撰人：王熙
書人：李録予
《目録》：頁 410
拓片編號：京 257
拓片録自：《北京圖書館藏中國歷代石刻拓本匯編》第 65 卷 68—69 頁

【碑陽】

額題：重修順天府儒學記（篆書）

碑文：

重修順天府學宫碑記 1

保和殿大學士太子太傅兼禮部尚書加五級宛平王熙撰。2

賜進士出身中憲大夫詹事府少詹事兼翰林院侍講學士大興李録予書。3

國朝造士之典最重者無逾於京師，學專於府不以縣，天下莫比也。董之以丞，丞位尊，亞於尹，尹比侍郎，丞之秩與少卿僉□□天下莫比也。觀其委 4 之重，知其所由重。而開國五十餘年，丞之大有功於學校者，則唯今石門吳公最。燕京山海環固，萃毓雄秀，靈奇鍾焉。5 世祖定鼎，用肇造我區夏。6 今上誕敷文德，重華昭於四方，文明盛焉。彼都人士，萬民所望，非以文命所敷，京師其首被者乎。且夫國學所以聚天下魁宏傑出之才，非府州縣衛之學 7 之可比。而大比乃附於順天。順天亦府，爾既以概畿輔數郡而代乎直隸之稱，又以其學概乎國事，所收天下魁宏傑出之士，是所望於京師之士者，8 莫非魁宏傑出而與天下之才角其勝，何其隆歟。熙生長輦轂下，幼參科名，叨侍從，今且備位台輔，深悉 9 朝廷所以厚我京師之士之意。嘗考國初用昭桓撥，日不給，廟學漸頹，旗丁或據處其中，壖垣四侵，榛焉厩焉，爲之丞者或蹙然，莫非首善所宜有。於是 10 補而葺之者，前有高公爾位，繼有王公維珍也。擴清之而一復其址之舊，蒙 11 旨褒嘉者張公鵬也。嗣疏奏得請營之新之，工未作而去者，汪公晉徵。踵而行之，締構塗塈，更補汪公所未及而捐俸以成之者，則吳公涵也。工既訖，殿跂 12 然覺然，廊廡翼然，庭殖殖然，祠亭堂樓齋舍坊墉噲噲然。丹雘藻彩無不周不煥。器無不修不備。工無不堅，而缺廢無不舉。又鑿井於其外，以代廟之 13 汲，而禁其擾。靈妥士悦，禮修教宣，猗歟休哉。我 14 皇上立極，作覩賁亨，以化成天下。又得大儒焉，以爲之師。力作振而興□如此，則成人小子何患無德造，而都人士不傑然出乎天下之才之上也哉。癸酉 15 鄉科兩解俱出順天府學。掇經魁登賢書者滿漢三十餘人。甲

戌會試,成進士者凡四,而館選咸無遺。標虎榜者濟濟,而傳臚首唱,亦屬府學中人焉。16 文風丕茂,敢忘所由來。於是闔學士子同詣余爲文,勒諸貞珉,以誌吳公之德,並不沒前此諸公之功於不朽。余既不獲辭,而爲之紀其實,又進多士 17 而詔之曰:倬彼雲漢,爲章於天,周王壽考,遐不作人。詩之言有以也。有 18 聖君養於上,有賢師董於下,斯士譽髦何難乎。諸子勉旃,毋負吳公,毋負 19 朝廷所以重我京師不以比於他方之意而已。

時 20 康熙叁拾肆年歲次乙亥夏。21

賜進士出身順天府府尹劉元慧、欽差舊太倉監督兵部職方司員外郎朱絅、工部都水司員外郎賈棠、順天府治中薛載德、通判杜兆麟、照磨丁應韜、大興縣知縣王廷聘、縣丞王道弘、宛平縣知縣陳宗彝、儒學教授□□□、儒學教授石□□、武學教授蕭□□、□□、□□、袁□生、李□循、傅舉□、李□洪同□。

【碑陰】

額題:

碑文:

舉人于甲培、李仙湄,一統志館候選縣丞李舍秀,候選縣尉陳成演。

生員:牟文煜、祝震、于國瑞、薄杜珍、許大紘、陳煐、畢鴻基、楊璺、楊之成、張毓秀、巴爾布、陸倬、張承澤、蔣亮、李弘基、秦寬、金啓宗、張永樹、李玉華、嚴岱、陳六龍、高源、王鴻基、趙邗藩、劉正綱、劉溶、羅琦、楊春元、劉正紀、王邦相、高澤、黄灝、徐士珽、宋俄托、何爾泰、花善、陳國鋭、王端、許汝吉、徐士炯、秦蕃俊、李錫予、戴允恭、劉開、蘇駪、祝臨、胡兆昌、關運泰、張世英、蘇民安、李龍源、陳堯、紀元穎、張炳璘、楊春起、張纘曾、蕭名傑、劉文燦、周燮鼎、張繼昌、李瑤、李仙源、張星熠、王遠猷、張敦睦、苗貞、張嗣昌、陳篤祐、畢文煜、姚祖虞、李燦、甯塏。

武生員:田文成、趙國樑、改日新、李嗣韶、李起龍、劉鑑賢、吳敦簡、郭鞏、鄧元起、王永盛、謝珏、王歧盛、張元英、徐錫祉、周明新、張誥、孫震、袁毓鵬、李長庚、鮑文英。

童生:畦世傑、劉濟、張繼戎、顔脩藩、邢脩、陳成源、邢宗禹、陳成澍、許大純、陳成瀚、沈梓、陳成潢、俞震、張文炯。

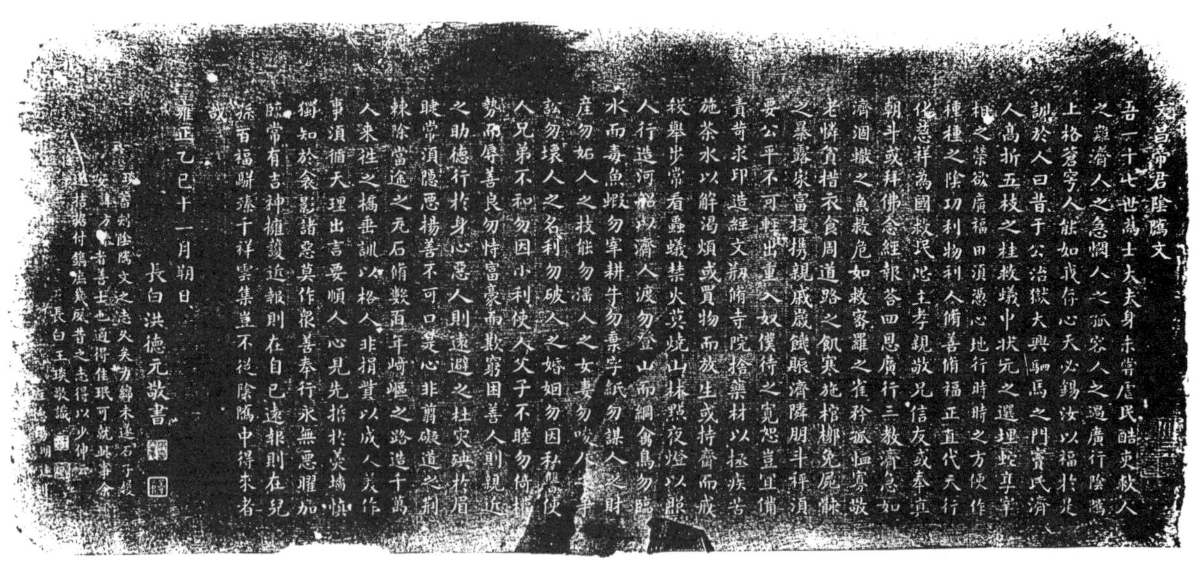

京 216《陰騭文刻石》

文昌帝君陰騭文
吾一十七世爲士大夫身未嘗虐民酷吏救人
之難濟人之急憫人之孤容人之過廣行陰騭
上格蒼穹人能如我存心天必賜汝以福於是
訓於人曰昔于公治獄大興駟馬之門竇氏濟
人高折五枝之桂救蟻中狀元之選埋蛇享宰
相之榮欲廣福田須憑心地行時時之方便作
種種之陰功利物利人修善修福正直代天行
化慈祥爲國救民忠主孝親敬兄信友或奉真
朝斗或拜佛念經報答四恩廣行三教濟急如
濟涸轍之魚救危如救密羅之雀矜孤恤寡敬
老憐貧措衣食周道路之饑寒施棺槨免屍骸
之暴露家富提攜親戚歲饑賑濟鄰朋斗秤須
要公平不可輕出重入奴僕待之寬恕豈宜備
責苛求印造經文創修寺院舍藥材以拯疾苦
施茶水以解渴煩或買物而放生或持齋而戒
殺舉步常看蟲蟻禁火莫燒山林點夜燈以照
人行造河船以濟人渡勿登山而網禽鳥勿臨
水而毒魚蝦勿宰耕牛勿棄字紙勿謀人之財
産勿妒人之技能勿淫人之女妻勿唆人之争
訟勿壞人之名利勿破人之婚姻勿因私讎使
人兄弟不和勿因小利使人父子不睦勿倚權
勢而辱善良勿恃富豪而欺窮困善人則親近
之助德行於身心惡人則遠避之杜災殃於眉
睫常須隱惡揚善不可口是心非剪礙道之荆
棘除當途之瓦石修數百年崎嶇之路造千萬
人來往之橋垂訓以格人非捐資以成人美作
事須循天理出言要順人心見先哲於美牆慎
獨知於衾影諸惡莫作衆善奉行永無惡曜加
臨常有吉神擁護近報則在自己遠報則在兒
孫百福駢臻千祥雲集豈不從陰騭中得來者
哉
雍正乙巳十一月朔日
長白洪德元敬書
琰蓄刻陰騭文之志久矣力綿未遂石子履
安 諱方泰者善士也適得佳珉可就此事余
遂拮据付鐫庶幾夙昔之志得以少伸云
長白王琰敬識
旌德陽 明遠 刻
榮卿

京216《陰騭文刻石》

陰騭文刻石

年代：清雍正三年（1725）十一月一日
原址：東城區府學胡同文昌祠
拓片尺寸：碑陽高 32、寬 72 厘米
書體：正書
書人：洪德元
《目録》：頁 513
拓片編號：京 216
拓片録自：《北京圖書館藏中國歷代石刻拓本匯編》第 68 卷 40 頁

【碑陽】

碑文：

文昌帝君陰騭文 1

吾一十七世爲士大夫身，未嘗虐民酷吏，救人 2 之難，濟人之急，憫人之孤，容人之過，廣行陰騭，3 上格蒼穹。人能如我存心，天必賜汝以福。於是 4 訓於人曰：昔于公治獄，大興駟馬之門；竇氏濟 5 人，高折五枝之桂。救蟻中狀元之選，埋蛇享宰 6 相之榮。欲廣福田，須憑心地。行時時之方便，作 7 種種之陰功。利物利人，修善修福，正直代天行 8 化，慈祥爲國救民。忠主孝親、敬兄信友，或奉真 9 朝斗，或拜佛念經，報答四恩，廣行三教。濟急如 10 濟涸轍之魚，救危如救密羅之雀。矜孤恤寡，敬 11 老憐貧。措衣食，周道路之饑寒；施棺槨，免屍骸 12 之暴露。家富提攜親戚，歲饑賑濟鄰朋。斗秤須 13 要公平，不可輕出重入；奴僕待之寬恕，豈宜備 14 責苛求。印造經文、創修寺院，舍藥材以拯疾苦，15 施茶水以解渴煩。或買物而放生，或持齋而戒 16 殺。舉步常看蟲蟻，禁火莫燒山林。點夜燈以照 17 人行，造河船以濟人渡。勿登山而網禽鳥，勿臨 18 水而毒魚蝦，勿宰耕牛，勿棄字紙，勿謀人之財 19 産，勿妒人之技能，勿淫人之女妻，勿唆人之争 20 訟，勿壞人之名利，勿破人之婚姻，勿因私讎使 21 人兄弟不和，勿因小利使人父子不睦，勿倚權 22 勢而辱善良，勿恃富豪而欺窮困。善人則親近 23 之，助德行於身心；惡人則遠避之，杜災殃於眉 24 睫。常須隱惡揚善，不可口是心非。剪礙道之荆 25 棘，除當途之瓦石，修數百年崎嶇之路，造千萬 26 人來往之橋。垂訓以格人非，捐資以成人美。作 27 事須循天理，出言要順人心。見先哲於羹牆，慎 28 獨知於衾影。諸惡莫作，衆善奉行。永無惡曜加 29 臨，常有吉神擁護。近報則在自己，遠報則在兒 30 孫。百福駢臻，千祥雲集，豈不從陰騭中得來者 31 哉！

雍正乙巳十一月朔日 32

長白洪德元敬書。33

琰蓄刻陰騭文之志久矣，力綿未遂。石子履 34 安諱方泰者，善士也！適得佳珉，可就此事。余 35 遂拮据付鐫，庶幾夙昔之志得以少伸云。36

長白王琰敬識 37

旌德陽明遠、陽榮卿刻 38

京241《倉頡大禹孔子等篆書刻石》

重修順天府學宮碑記

重修順天府學宮碑記

順天府學宮自乾隆四十二年虞大京兆任內修治僅建匾額未立碑記捐資督理為誰皆不可考嘉慶六年辛酉京師雨水過大凡祠宇齋房傾圮殆盡神明無棲止之鄉諸生失肄業之地鄉先大夫朱文正公協辦大學士兼管府尹戴蓮士先生慨然公議捐修委予以庀材鳩工之事緣大興紳士范公名鐸者素諳工作凡義舉無不樂為予向幫辦梁家園壽佛寺施粥養老義學諸事並重修金臺書院工程故朱戴二先生委督工之事於予時范公年近八旬家居頤養不與外事予自揣獨力難支堅辭不允八年癸亥河南撫軍馬公慧裕寄到捐修銀五百兩予見其事難中止勉強應命於是分簿募捐順天紳士共捐銀二千三百七十六兩大京兆閻公泰和募捐府廳州縣共銀三千九百二十六兩八錢予於是冬購買物料九年甲子二月開工託廩生李熾並姪翘予等坐辦收發物料出入銀錢等事學師呂中呂松晝夜稽查不辭勞瘁凡屋宇傾圮者修之牆垣坍塌者葺之共拆修房五十間粘修房十六間粘修牌樓櫺池甬路十六處拆砌前後園牆一百八十六丈規模粗就雖未能煥然一新而神明不患無棲止之鄉諸生已得肄業之地較昔之瓦礫成堆不堪寓目者其氣象迥殊矣秋七月戴閻二公卸府事同年辛公煦為京兆尹出府中所存捐項銀四百兩委李熾等接辦油飾各工十一年乙丑秦公瀛為京兆尹湖南廉訪史公積容寄到捐修銀四百兩予續修學外之節孝祠一座十二年丙寅同年宋公鎔為京兆尹廣西廉訪朱公爾漢寄到捐修銀四百五十四兩予又拆修東齋房五間此外尚有大成殿尊經閣奎星樓微有破損亦須一律興修第經費浩繁難以遽期告竣俟後有作者以善厥終而有成亦迄今數年來次第興修羣情踴躍倘使歷任京兆樂育之苦心諸同人捐資之義舉日久而湮沒不彰焉則予之咎也爰是為記

賜進士出身誥封榮祿大夫都察院左都御史加三級紀錄十一次大興周廷棟譔

賜進士出身誥封中憲大夫詹事府少詹事前奉天府丞提督學政長樂梁上國書

嘉慶十三年歲次戊辰五月穀旦

京239《順天府學宮記》陽

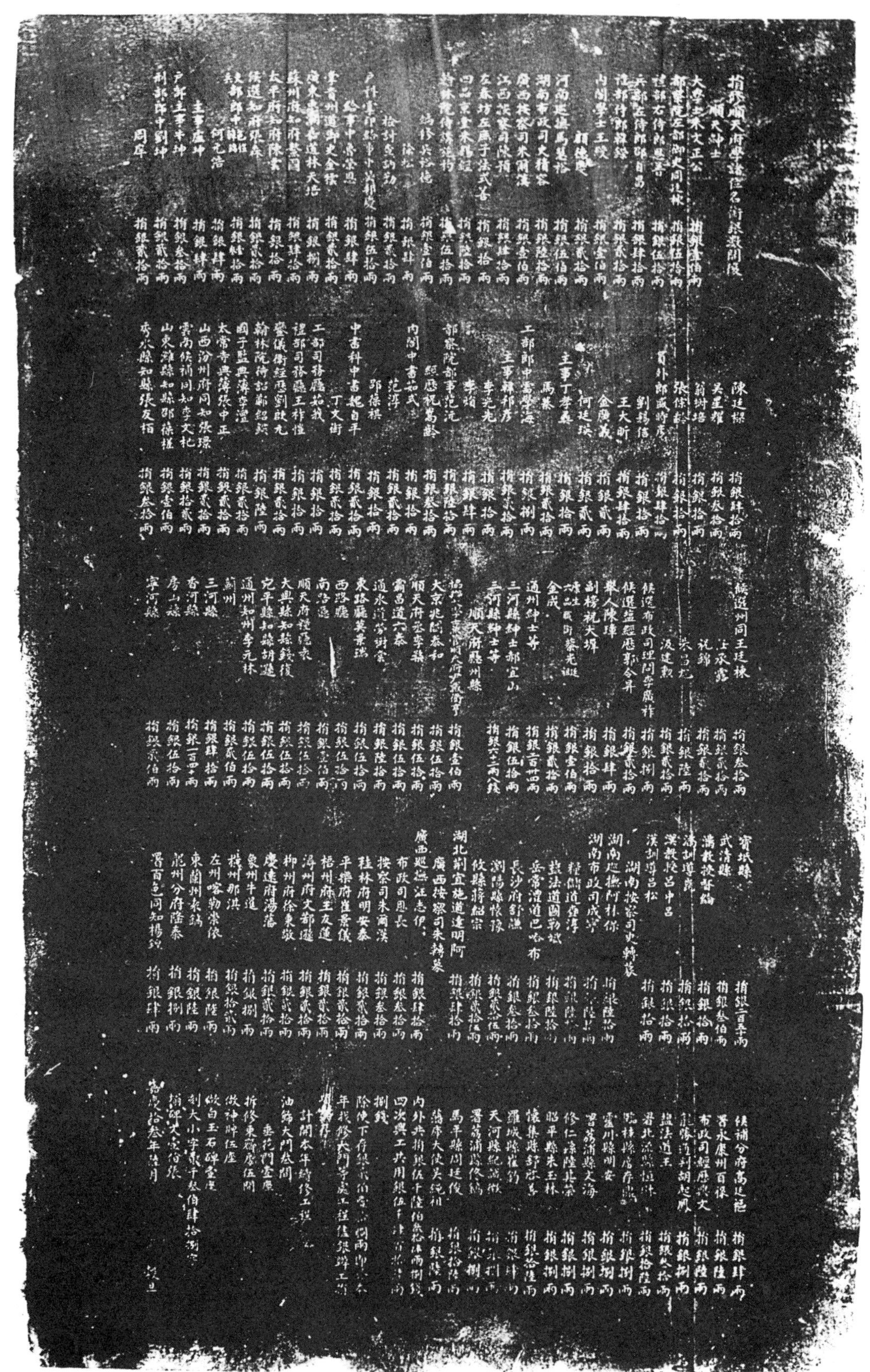

京239《順天府學宫記》陰

重修順天府學宮碑記

重修順天府學宮碑記

順天府學宮自乾隆四十二年虞大京兆任内修治僅建匾額未立碑記捐資督理爲誰皆不可考嘉慶六年辛酉京師雨水過大凡祠宇齋房傾圮殆盡神明無棲止之鄉諸生失肄業之地鄉先大夫朱文臣公協辦大學士兼管府尹戴蓮士先生慨然公議捐修委予以庀材鳩工之事緣大興紳士范公名鐸者素諳工作凡桑梓義舉無不樂爲予向帮辦梁家園壽佛寺施粥養老義學諸事並重修金臺書院工程故朱戴二先生委督工之事於予時范公年近八旬家居頤養不與外事予自揣獨力難支堅辭不允八年癸亥河南撫軍馬公慧裕寄到捐修銀五百兩予見其事難中止勉強應命於是分簿募捐順天紳士共捐銀三千三百七十六兩大京兆閻公泰和募捐府廳州縣共銀三千九百二十六兩八錢予於是冬購買物料九年甲子二月開工託廩生李煐並姪起予等坐辦收發物料出入銀錢等事學師呂中呂呂松晝夜稽查不辭勞瘁凡屋宇傾圮者修之墻垣坍塌者葺之共拆修房五十間粘修房十六間粘修牌樓橋池甬路十六處拆砌前後圍墻一百八十六丈規模粗就雖未能煥然一新而神明不患無棲止之鄉諸生已得肄業之地較昔之瓦礫成場不堪寓目者其氣象固迥殊矣秋七月戴閻二公卸府事同年章公煦爲京兆尹出府中所存捐項銀四百兩委李煐等接辦油飾各工十一年乙丑秦公瀛爲京兆尹湖南廉訪史公積容寄到捐修銀五百兩予續修學外之節孝祠一座十二年丙寅同年宋公鎔爲京兆尹廣西廉訪朱公爾漢寄到捐修銀四百五十四兩予又拆修東齋房五間此外尚有大成殿尊經閣奎星樓微有破損亦須一律興修第經費浩繁難以剋期告竣俟後有作者以善厥終而自癸亥迄今數年來次第興修群情踴躍倘使歷任京兆樂育之婆心諸同人捐資之義舉日久而湮沒不彰焉則予之咎也爰是爲記

賜進士出身　誥封榮祿大夫都察院左都御史加三級紀録十一次大興周廷棟撰

賜進士出身　誥封中憲大夫詹事府少詹事前奉天府丞提督學政長樂梁上國書

嘉　慶　十　三　年　歲　次　戊　辰　五　月　穀　旦

京239《順天府學宮記》陽

捐銀叁拾兩
捐銀貳拾兩
捐銀貳拾兩
捐銀陸兩
捐銀貳拾兩
捐銀捌兩
捐銀貳拾兩
捐銀肆兩
捐銀拾兩
捐銀壹佰兩
捐銀貳拾兩
捐銀貳百卅四兩
捐銀伍拾兩
捐銀六十二兩八錢
捐銀壹佰兩
捐銀伍拾兩
捐銀伍拾兩
捐銀伍拾兩
捐銀陸拾兩
捐銀伍拾兩
捐銀伍拾兩
捐銀佰兩
捐銀伍拾量
捐銀伍拾兩
捐銀伍拾兩
捐銀伍拾兩
捐銀貳佰兩
捐銀肆拾兩
捐銀壹百四十兩
捐銀伍拾兩
捐銀貳佰兩

寶坻縣
武清縣
滿教授督綸
滿訓導崑
漢教授呂中呂
漢訓導呂松
湖南按察司史轉募
湖南巡撫阿林保
湖南布政司成寧
糧儲道查淳
監法道圖勒斌
岳常澧道巴哈布
長沙府舒謙
瀏陽縣懷豫
攸縣蔣紹宗
湖北荆宜施道達明阿
廣西按察司朱轉募
廣西巡撫汪志伊
布政司恩長
按察司朱爾漢
桂林府明安泰
平樂府崔景儀
梧州府王友蓮
潯州府文都遜
柳州府徐秉敬
慶遠府湯藩
象州牛暹
橫州那淇
左州喀勒崇依
東蘭州袁鎬
龍州分府隆泰
署百色同知楊鍠

捐銀貳佰五拾兩
捐銀叁佰兩
捐銀拾兩
捐銀拾兩
捐銀拾兩
捐銀拾兩
捐銀陸拾兩
捐銀陸拾兩
捐銀陸拾兩
捐銀陸拾兩
捐銀叁拾兩
捐銀叁拾兩
捐銀貳拾伍兩
捐銀貳拾伍兩
捐銀肆拾兩
捐銀肆拾兩
捐銀叁拾兩
捐銀叁拾兩
捐銀貳拾兩
捐銀貳拾兩
捐銀貳拾兩
捐銀貳拾兩
捐銀貳拾兩
捐銀貳拾兩
捐銀捌兩
捐銀拾貳兩
捐銀陸兩
捐銀陸兩
捐銀捌兩
捐銀肆兩

候補分府高廷樞　捐銀肆兩
署永康州百祿　捐銀陸兩
布政司經歷興文　捐銀陸兩
龍勝通判胡起鳳　捐銀捌兩
監法道王　捐銀叁拾兩
署北流縣恆琳　捐銀拾陸兩
臨桂縣席存鼎　捐銀捌兩
靈川縣明安　捐銀捌兩
署荔浦縣文海　捐銀捌兩
修仁縣陸其榮　捐銀捌兩
昭平縣朱玉林　捐銀捌兩
懷集縣舒啓善　捐銀拾陸兩
羅城縣崔鈞　捐銀肆兩
天河縣紀誠徵　捐銀捌兩
署荔浦縣佟鎬　捐銀捌兩
馬平縣周廷俊　捐銀拾陸兩
藩庫大使吳繩祖　捐銀陸兩
內外共捐銀伍千陸佰叁拾肆兩捌錢
四次興工共用銀伍千肆百拾陸兩
捌錢
除使下存銀貳佰壹拾捌兩即給本
年找修大門等處工程儘銀辦工捐
項無存
計開本年續修工程
油飾大門叁間
垂花門壹座
拆修東齋房伍間
做神牌伍座
做白玉石碑壹座
刻大小字貳千叁佰肆拾捌字
搨碑文壹佰張
嘉慶拾叁年陸月　穀旦

京239《順天府學宮記》陰

捐修順天府學諸位名銜銀數開後

順天紳士

大學士朱文正公 捐銀壹佰兩

都察院左都御史周廷棟 捐銀伍拾兩

禮部右侍郎恩普 捐銀伍拾兩

兵部左侍郎邵自昌 捐銀肆拾兩

禮部侍郎韓鎔 捐銀貳拾兩

內閣學士王綬 捐銀壹佰兩

顧德慶 捐銀貳拾兩

河南巡撫馬慧裕 捐銀伍佰兩

湖南布政司史積容 捐銀陸拾兩

廣西按察司朱爾漢 捐銀壹佰兩

江西按察司陳預 捐銀肆拾兩

左春坊左庶子法式善 捐銀拾兩

四品京堂朱錫經 捐銀陸拾兩

翰林院侍講施杓 捐銀伍拾兩

編修吳裕德 捐銀壹佰兩

徐松 捐銀肆兩

檢討查訥勤 捐銀貳拾兩

戶科掌印給事中吳邦慶 捐銀伍拾兩

給事中魯榮恩 捐銀肆兩

掌貴州道御史金橒 捐銀貳拾兩

廣東東潮嘉道林天培 捐銀捌兩

蘇州府知府鰲圖 捐銀肆拾兩

太平府知府陳雲 捐銀拾兩

候選知府張森 捐銀貳拾兩

吏部郎中色愷 捐銀壹拾兩

兵部郎中韓錦 捐銀叁拾兩

何元浩 捐銀肆兩

主事盧坤 捐銀肆兩

戶部主事牛坤 捐銀叁拾兩

刑部郎中劉坤 捐銀貳拾兩

周庠 捐銀貳拾兩

陳廷樑 捐銀肆拾兩

吳星耀 捐銀叁拾兩

翁樹培 捐銀拾兩

張淙齡 捐銀拾兩

員外郎盛時彥 捐銀肆拾兩

劉錫信 捐銀拾兩

王大昕 捐銀肆拾兩

金廣義 捐銀貳兩

何廷瑛 捐銀貳兩

主事丁孝彝 捐銀拾兩

馬蓁 捐銀貳拾兩

工部郎中雷學海 捐銀捌兩

主事韓邦彥 捐銀貳拾兩

李光先 捐銀拾兩

李熉 捐銀肆兩

都察院都事范沅 捐銀陸拾兩

經歷祝嵩齡 捐銀叁拾兩

內閣中書茹式 捐銀拾兩

范淳 捐銀貳拾兩

邵葆祺 捐銀拾兩

中書科中書魏自平 捐銀貳拾兩

丁文衡 捐銀貳拾兩

工部司務廳茹莪 捐銀拾兩

禮部司務廳王祚愷 捐銀拾兩

鑾儀衛經歷劉啓元 捐銀貳拾兩

翰林院待詔鄭紹鍈 捐銀陸兩

國子監典簿李澶 捐銀貳拾兩

太常寺典簿張中正 捐銀貳拾兩

山西汾州府同知張璟 捐銀貳拾兩

雲南候補同知李文杞 捐銀拾貳兩

山東濰縣知縣邵葆槎 捐銀壹佰兩

秀水縣知縣張友栢 捐銀叁拾兩

候選州同王廷棟

任承露

祝錦

朱昌旭

汲建勳

候補布政司理問李廣祚

候選監經歷郭令昇

舉人陳璋

副榜祝大墀

廩生六品職銜蔡光廷祖

金成

通州紳士等

三河縣紳士郝宜山

三河縣紳士等

順天府廳州縣

協辦大學士兼管順天府尹戴衢亨

大京兆閻泰和

順天府丞李棨

霸昌道六泰

通永道勞樹棠

東路廳莫景瑞

西路廳

南路廳

順天府糧廳袁

大興縣知縣錢復

宛平縣知縣胡遜

通州知州李元林

薊州

三河縣

香河縣

房山縣

寧河縣

順天府學宫記

首題:重修順天府學宫碑記
年代:清嘉慶十三年(1808)五月
原址:東城區府學胡同
拓片尺寸:碑陰陽均高135、寬70厘米;額高30、寬22厘米
書體:楷書
撰人:周廷棟
書人:梁上國
《目録》:頁411
拓片編號:京239
拓片録自:《北京圖書館藏中國歷代石刻拓本匯編》第78卷26—27頁

【碑陽】

額題:重修順天府學宫碑記(篆書)

碑文:

重修順天府學宫碑記1

順天府學宫,自乾隆四十二年虞大京兆任内修治,僅建匾額,未立碑記,捐資督理爲誰皆不可考。嘉慶六年辛酉,京師雨水過大,2凡祠宇齋房傾圮殆盡,神明無棲止之鄉,諸生失肄業之地。鄉先大夫朱文臣公、協辦大學士兼管府尹戴蓮士先生慨然公議捐3修,委予以庀材鳩工之事。緣大興紳士范公名鐸者,素諳工作,凡桑梓義舉,無不樂爲。予向帮辦梁家園壽佛寺施粥養老義學諸4事,並重修金臺書院工程,故朱戴二先生委督工之事於予。時范公年近八旬,家居頤養,不與外事,予自揣獨力難支,堅辭不允。八5年癸亥,河南撫軍馬公慧裕寄到捐修銀五百兩,予見其事難中止,勉强應命。於是分簿募捐,順天紳士共捐銀三千三百七十六6兩,大京兆閻公泰和募捐府廳州縣共銀三千九百二十六兩八錢。予於是冬購買物料,九年甲子二月開工,託廪生李煐並姪起7予等坐辦收發物料,出入銀錢等事。學師呂中呂、呂松晝夜稽查,不辭勞瘁。凡屋宇傾圮者修之,墻垣坍塌者葺之,共拆修房五十8間,粘修房十六間,粘修牌樓橋池甬路十六處,拆砌前後圍墻一百八十六丈,規模粗就,雖未能焕然一新,而神明不患無棲止之9鄉,諸生已得肄業之地,較昔之瓦礫成場、不堪寓目者,其氣象固迥殊矣。秋七月,戴閻二公卸府事。同年章公煦爲京兆尹,出府中10所存捐項銀四百兩,委李煐等接辦油飾各工。十一年乙丑,秦公瀛爲京兆尹,湖南廉訪史公積容寄到捐修銀五百兩。予續修學11外之節孝祠一座。十二年丙寅,同年宋公鎔爲京兆尹,廣西廉訪朱公爾漢寄到捐修銀四百五十四兩。予又拆修東齋房五間。此12外尚有大成殿、尊經閣、奎星樓微有破損,亦須一律興修。第經費浩繁,難以尅期告竣,俟後有作者以善厥終。而自癸亥迄今數年13來,次第興修,群情踴躍,倘使歷任京兆樂育之婆心,諸同人捐資之義舉,日久而湮沒不彰焉,則予之咎也,爰是爲記。14

賜進士出身誥封榮祿大夫都察院左都御史加三級紀録十一次大興周廷棟撰。15

賜進士出身誥封中憲大夫詹事府少詹事前奉天府丞提督學政長樂梁上國書。16

嘉慶十三年歲次戊辰五月穀旦。17

【碑陰】

額題：

碑文：

捐修順天府學諸位名銜銀數開後。

順天紳士：大學士朱文正公捐銀壹佰兩、都察院左都御史周廷棟捐銀伍拾兩、禮部右侍郎恩普捐銀伍拾兩、兵部左侍郎邵自昌捐銀肆拾兩、禮部侍郎韓鏴捐銀貳拾兩、内閣學士王綬捐銀壹佰兩、顧德慶捐銀貳拾兩、河南巡撫馬慧裕捐銀伍佰兩、湖南布政司史積容捐銀陸拾兩、廣西按察司朱爾漢捐銀壹佰兩、江西按察司陳預捐銀肆拾兩、左春坊左庶子法式善捐銀拾兩、四品京堂朱錫經捐銀陸拾兩、翰林院侍講施杓捐銀伍拾兩、編修吳裕德捐銀壹佰兩、徐松捐銀肆兩、檢討查訥勤捐銀貳拾兩、戶科掌印給事中吳邦慶捐銀伍拾兩、給事中魯榮恩捐銀肆兩、掌貴州道御史金樏捐銀貳拾兩、廣東東潮嘉道林天培捐銀捌兩、蘇州府知府鰲圖捐銀肆拾兩、太平府知府陳雲捐銀拾兩、候選知府張森捐銀貳拾兩、吏部郎中色愷捐銀壹拾兩、兵部郎中韓錦捐銀叁拾兩、何元浩捐銀肆兩、主事盧坤捐銀肆兩、戶部主事牛坤捐銀叁拾兩、刑部郎中劉坤捐銀貳拾兩、周庠捐銀貳拾兩、陳廷樑捐銀肆拾兩、吳星耀捐銀叁拾兩、翁樹培捐銀拾兩、張悰齡捐銀拾兩、員外郎盛時彥捐銀肆拾兩、劉錫信捐銀拾兩、王大昕捐銀肆拾兩、金廣義捐銀貳兩、何廷瑛捐銀貳兩、主事丁孝彝捐銀拾兩、馬蓁捐銀貳拾兩、工部郎中雷學海捐銀捌兩、主事韓邦彥捐銀貳拾兩、李光先捐銀拾兩、李熉捐銀肆兩、都察院都事范沅捐銀陸拾兩、經歷祝嵩齡捐銀叁拾兩、内閣中書茹式捐銀拾兩、范淳捐銀貳拾兩、邵葆祺捐銀拾兩、中書科中書魏自平捐銀貳拾兩、丁文衔捐銀貳拾兩、工部司務廳茹莪捐銀拾兩、禮部司務廳王祚愷捐銀拾兩、鑾儀衛經歷劉啓元捐銀貳拾兩、翰林院待詔鄭紹鏌捐銀陸兩、國子監典簿李澶捐銀貳拾兩、太常寺典簿張中正捐銀貳拾兩、山西汾州府同知張璟捐銀貳拾兩、雲南候補同知李文杞捐銀拾貳兩、山東濰縣知縣邵葆槎捐銀壹佰兩、秀水縣知縣張友栢捐銀叁拾兩、候選州同王廷棟捐銀叁拾兩、任承露捐銀貳拾兩、祝錦捐銀貳拾兩、朱昌旭捐銀陸兩、汲建勲捐銀貳拾兩、候選布政司理問李廣祚捐銀捌兩、候選監經歷郭令昇捐銀貳拾兩、舉人陳璋捐銀肆兩、副榜祝大墀捐銀拾兩、廩生蔡光廷、六品職衔蔡光祖捐銀壹佰兩、金成捐銀貳拾兩、通州紳士等捐銀二百卅四兩、三河縣紳士郝宜山捐銀伍拾兩、三河縣紳士等捐銀六十二兩八錢。

順天府廳州縣：協辦大學士兼管順天府尹戴衢亨捐銀壹佰兩、大京兆閻泰和捐銀伍拾兩、順天府丞李棨捐銀伍拾兩、霸昌道六泰捐銀伍拾兩、通永道勞樹棠捐銀陸拾兩、東路廳莫景瑞捐銀伍拾兩、西路廳捐銀伍拾兩、南路廳捐銀佰兩、順天府糧廳袁捐銀伍拾量、大興縣知縣錢復捐銀伍拾兩、宛平縣知縣胡遜捐銀伍拾兩、通州知州李元林捐銀伍拾兩、薊州捐銀貳佰兩、三河縣捐銀肆拾兩、香河縣捐銀壹百四拾兩、房山縣捐銀伍拾兩、寧河縣捐銀貳佰兩、寶坻縣捐銀貳百五拾兩、清縣捐銀叁佰兩、滿教授督綸捐銀拾兩、滿訓導崑捐銀拾兩、漢教授呂中呂捐銀拾兩、漢訓導呂松捐銀拾兩。

湖南按察司史轉募：湖南巡撫阿林保捐銀陸拾兩、湖南布政司成寧捐銀陸拾兩、糧儲道查淳捐銀陸拾兩、監法道圖勒斌捐銀陸拾兩、岳常澧道巴哈布捐銀叁拾兩、長沙府舒謙捐銀叁拾兩、瀏陽縣懷豫捐銀貳拾伍兩、攸縣蔣紹宗捐銀貳拾伍兩、湖北荊宜施道達明阿捐銀肆拾兩、廣西按察司朱轉募廣西巡撫汪志伊捐銀肆拾兩、布政司恩長捐銀叁拾兩、按察司朱爾漢捐銀叁拾兩、桂林府明安泰捐銀貳拾兩、平樂府崔景儀捐銀貳拾兩、梧州府王友蓮捐銀貳拾兩、潯州府文都遜捐銀貳拾兩、柳州府徐秉敬捐銀貳拾兩、慶遠府湯藩捐銀貳拾兩、象州牛暹捐銀捌兩、横州那淇捐銀拾貳兩、左州喀勒崇依捐銀陸兩、東蘭州袁鎬捐銀陸兩、龍州分府隆泰捐銀捌兩、署百色同知楊鍠捐銀肆兩、候補分府高廷樞捐銀肆兩、署永康州百祿捐銀陸兩、布政司經歷興文捐銀陸兩、龍勝通判胡起鳳捐銀捌兩、監法道王捐銀叁拾兩、署北流縣恆琳捐銀拾陸兩、臨桂縣席存鼎捐銀捌兩、靈川縣明安捐銀捌兩、署荔浦縣文海捐銀捌兩、修仁縣陸其榮捐銀捌兩、昭平縣朱玉林捐銀捌兩、懷集縣舒啓善捐銀拾陸兩、羅城縣崔鈞捐銀肆兩、天河縣紀誠徵捐銀捌兩、署荔浦縣佟鎬捐銀捌兩、馬平縣周廷俊捐銀拾陸兩、藩庫大使吴繩祖捐銀陸兩。

内外共捐銀伍千陸佰叁拾肆兩捌錢，四次興工共用銀伍千肆百拾陸兩捌錢。除使下存銀貳佰壹拾捌兩，即給本年找修大門等處工程，儘銀辦工，捐項無存。

計開本年續修工程：油飾大門叁間，垂花門壹座，拆修東齋房伍間，做神牌伍座，做白玉石碑壹座，刻大小字貳千叁佰肆拾捌字，搨碑文壹佰張。

嘉慶拾叁年陸月穀旦。

重修順天文廟碑記

順天府庠 文廟在郡治東南教忠坊右元末僧人募修報恩寺未列像適明兵定燕都下令毋得擅入
孔聖廟僧人藉孔子木主設焉是為大興縣學永樂時改為府學我
朝因之
聖神相承崇儒重道用宏文教凡歷代有格致誠正之學齊治均平之略者咸准[illegible]
又復建立 崇聖祠 文昌宮 尊經閣 奎星樓皆所以敦教化而維風俗康熙二十[illegible]
人等汚穢侵占學宮府尹張公鵬陳奏奉
旨建令遷移嚴加禁飭不遵者該管官察參治罪雍正二年
詔天下各建忠義節烈昭忠等祠乾隆元年議准添設 文廟祭器樂器嘉慶六年祀 文昌改用太牢進封
三代典至重也余忝任京兆下車初祗謁 聖廟徧閱學舍仰見 殿宇傾圮不蔽風[illegible]
難昭誠敬 文昌宮無後殿名宦鄉賢祠列在學宮門左右殊乖體制急圖修復[illegible]
士阜捐廉倡率合屬官紳踴躍輸將因諭宛平令戚貞董其事薊州訓導高守[illegible]
方逾九月傾圮者完善卑隘者高廣弗合體制者或改或建與夫尊經閣明倫堂[illegible]
舍靡不煥然一新並建下馬碑石二座於門外以昭嚴肅而補闕畧惟望後之良有[illegible]
養育人才俾及門者居為端人正士出為循吏名臣京師為首善之區人文蔚起[illegible]
仰副
聖天子崇儒重道雅化作人之至意是即余等倡捐重修之所望也謹記
浙江布政司布政使前順天府尹陽湖汪本銓謹撰
刑部左侍郎署順天府尹河間李鈞書丹
太僕寺卿前順天府丞丹徒張錫庚篆額
總理工程候補道前知宛平縣事錢塘戚貞
專管督修工程 候補訓導前薊州訓導 [illegible] 同刊
大興徐源淳摹石
順天府儒學 [illegible] 監刻
咸豐四年歲次甲寅秋仲敬刊

京224《順天文廟碑》陽

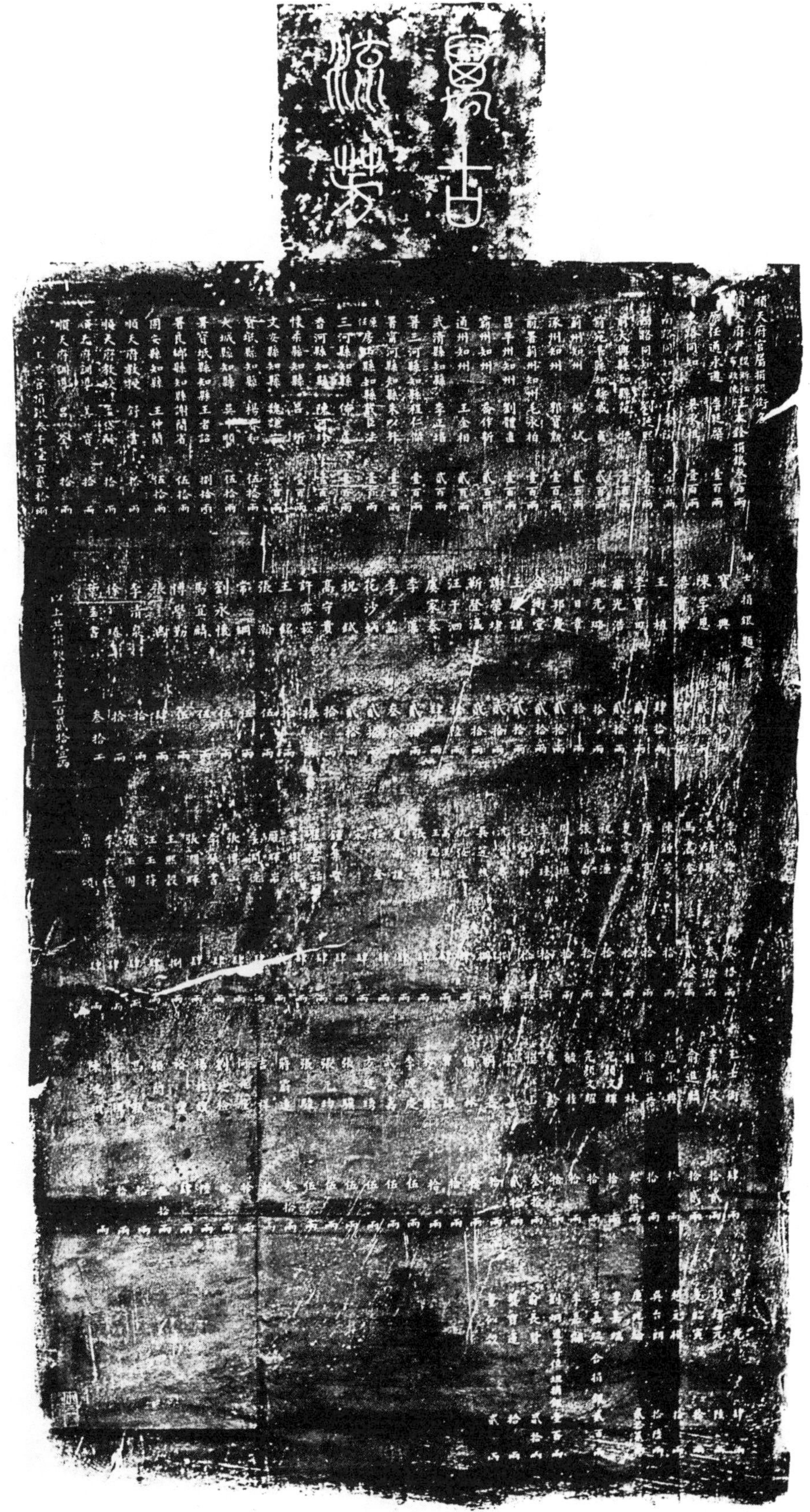

京224《順天文廟碑》陰

重修順天文廟碑記

重修順天　文廟碑記

順天府庠　文廟在郡治東南教忠坊右元末僧人募修報恩寺未列像適明兵定燕都下令毋得擅入
孔聖廟僧人藉孔子木主設焉是爲大興縣學永樂時改爲府學我
朝因之
聖神相承崇儒重道用宏文教凡歷代有格致誠正之學齊治均平之略者或進之東西廡或進之名宦鄉賢
又復建立　崇聖祠　文昌宮　尊經閣　奎星樓皆所以敦教化而維風俗康熙二十一年聽事居住
人等污穢侵占學宫府尹張公鵬陳奏奉
旨速令遷移嚴加禁飭不遵者該管官察參治罪雍正二年
詔天下各建忠義節烈昭忠等祠乾隆元年議准添設　文廟祭器樂器嘉慶六年祀　文昌改用太牢追封
三代典至重也余忝任京兆下車初祗謁　聖廟遍閱學舍仰見　殿宇傾圮不蔽風雨　崇聖祠卑隘
難昭誠敬　文昌宮無後殿名宦鄉賢祠列在學宫門左右殊乖體制急圖修復遂商酌於　兼尹大學
士卓捐廉倡率合屬官紳踴躍輸將因諭宛平令戚貞董其事薊州訓導高守貴良鄉歲貢張瀚督其工
方逾九月傾圮者完善卑隘者高廣弗合體制者或改或建與夫尊經閣明倫堂敬一亭庖廚所門廡壁
舍靡不煥然一新並建下馬碑石二座於門外以昭嚴肅而補闕略惟望後之良有司賢師長盡心敷教
養育人才俾及門者居爲端人正士出爲循吏名臣京師爲首善之區人文蔚起天下學校知所取法以
仰副
聖天子崇儒重道雅化作人之至意是即余等倡捐重修之所望也謹記

浙江布政司布政使前順天府尹陽湖汪本銓謹撰
刑部左侍郎署順天府尹河間李　鈞書丹
太僕寺卿前順天府府丞丹徒張錫庚篆額
總理工程候補道前知宛平縣事錢塘戚貞
專管督修工程　薊州訓導永年高守貴
候選訓導良鄉張　翰　同刊
大興徐源淳摹石
順天府儒學　教授魯　方
訓導張本崇　監刻
咸豐四年歲次甲寅秋仲敬刊

京224《順天文廟碑》陽

萬古流芳

順天府官屬捐銀銜名
順天府尹陞浙江布政使汪本銓捐銀叁百兩
原任通永道 李廷棨 壹百兩
東路同知 吳承祖 壹百兩
南路同知 丁希陶 壹百兩
西路同知 劉延熙 壹百兩
前大興縣知縣范 梁 壹百兩
前宛平縣知縣戚 貞 貳百兩
薊州知州 倪 烒 貳百兩
涿州知州 郭寶勳 壹百兩
前署薊州知州毛永柏 壹百兩
昌平州知州 劉體直 壹百兩
霸州知州 喬作新 貳百兩
通州知州 王金相 貳百兩
武清縣知縣 李正培 貳百兩
署三河縣知縣程仁傑 壹百兩
署甯河縣知縣朱以升 壹百兩
原任房山縣知縣戴臣法 壹百兩
三河縣知縣 佈 彥 壹百兩
香河縣知縣 陳可珍 壹百兩
懷柔縣知縣 呂 圻 壹百兩
文安縣知縣 魏謙峨 壹百兩
寶坻縣知縣 楊春和 伍拾兩
大城縣知縣 吳中順 伍拾兩
署寶坻縣知縣王者詔 捌拾兩
署良鄉縣知縣謝蘭省 伍拾兩
固安縣知縣 王仲蘭 伍拾兩
順天府教授 舒 雲 拾 兩
順天府教授 孟岱齡 拾 兩
順天府訓導 善 賓 拾 兩
順天府訓導 呂 全 拾 兩
以上共官捐銀叁千壹百貳拾兩

紳士捐銀題名
竇 興 捐銀貳拾兩
陳孚恩 貳拾兩
梁寶常 肆拾兩
王 植 肆拾兩
李寶田 貳拾兩
蕭光浩 貳拾兩
姚光璐 拾 兩
田日章 拾 兩
吳邦慶 貳拾兩
金衡堂 貳拾兩
王履謙 貳拾兩
謝榮埭 貳拾兩
靳登瀛 貳拾兩
汪于泗 拾陸兩
虞家泰 肆 兩
李 藻 貳拾兩
李 菡 叁拾兩
花沙納 貳拾兩
祝 鉽 貳拾兩
高守貴 拾 兩
許亦崧 拾 兩
王 銘 拾 兩
張 瀚 伍 兩
常 綱 伍 兩
劉永懷 伍 兩
馬宜麟 伍 兩
傅學勤 伍 兩
張 鴻 肆 兩
李清泉 拾 兩
徐 瑃 拾 兩
葉圭書 叁拾兩
以上共捐銀壹千五百貳拾壹兩

李岱霖 叁拾兩
長清縣 叁拾兩
馬書奎 貳拾兩
陳鍾芳 拾 兩
陳 寯 拾 兩
夏雲煥 拾 兩
祝如濂 拾 兩
張清甸 拾 兩
周力垣 拾 兩
李如珪 拾 兩
毛謍軒 拾 兩
沈召亭 捌 兩
吳芝樵 捌 兩
仇汝霖 肆 兩
高漢墀 王恩溥 肆 兩
張小泉 肆 兩
夏尚謙 肆 兩
程 奎 肆 兩
宋 肆 兩
鍾集賢 肆 兩
瞿嘉祜 肆 兩
李樹德 肆 兩
龐輝岩 貳 兩
李潤德 肆 兩
張博山 肆 兩
李琴書 肆 兩
張潤輝 肆 兩
王熙穀 捌 兩
汪玉符 肆 兩
張玉同 肆 兩
李六逸 肆 兩
魯 頌 肆 兩

王士衙 肆 兩
李煥文 拾貳兩
俞進麟 拾貳兩
范承典 拾 兩
徐寶英 拾 兩
桂 林 叁拾兩
完顏文輝 拾 兩
完顏文耀 拾 兩
毓 桂 拾 兩
惠 齡 拾 兩
恒 山 叁拾兩
嘉 善 貳拾兩
明 善 拾 兩
恒 林 拾 兩
曾 維 拾 兩
松 齡 拾 兩
李源慶 伍 兩
武春壽 伍 兩
方廷琇 伍 兩
張 驥 伍 兩
張元均 伍 兩
張 駿 伍 兩
蔣霨遠 叁拾兩
吉 祥 拾 兩
何兆濂 拾 兩
劉廷檢 拾 兩
楊桂馥 陸 兩
裕 豐 肆 兩
顧蘭徵 叁拾兩
馮 栻 拾 兩
李廷程 拾 兩
陳鴻翊 拾 兩

吉 光 肆 兩
段祿元 陸 兩
支昭寅 拾 兩
趙元樓 拾 兩
吳台朗 拾陸兩
廉兆綸 貳拾貳兩
李嘉端
李嘉瑞 合捐銀貳百兩
李嘉輔
劉炯遺命子位坦捐銀壹百兩
俞長贊 貳拾兩
龔寶蓮 拾 兩
董似穀 貳 兩

京224《順天文廟碑》陰

順天文廟碑

首題：重修順天文廟碑記
年代：清咸豐四年（1854）八月
原址：東城區府學胡同
拓片尺寸：碑陰陽均高 136、寬 80 厘米；額高 30、寬 26 厘米
書體：楷書
撰人：汪本銓
書人：李鈞楷書，張錫庚篆額。
《目録》：頁 349
拓片編號：京 224
拓片録自：《北京圖書館藏中國歷代石刻拓本匯編》第 82 卷 78—79 頁

【碑陽】

額題：重修順天文廟碑記（篆書）

碑文：

重修順天文廟碑記。1

順天府庠文廟在郡治東南教忠坊右。元末僧人募修報恩寺，未列像，適明兵定燕都，下令毋得擅入 2 孔聖廟，僧人藉孔子木主設焉，是爲大興縣學。永樂時改爲府學，我 3 朝因之。4 聖神相承，崇儒重道，用宏文教。凡歷代有格致誠正之學齊治均平之略者，或進之東西廡，或進之名宦鄉賢。5 又復建立崇聖祠、文昌宫、尊經閣、奎星樓，皆所以敦教化而維風俗。康熙二十一年，聽事居住 6 人等污穢，侵占學宫。府尹張公鵬陳奏，奉 7 旨速令遷移，嚴加禁飭。不遵者，該管官察參治罪。雍正二年 8 詔天下各建忠義節烈昭忠等祠。乾隆元年，議准添設文廟祭器樂器。嘉慶六年，祀文昌，改用太牢，追封 9 三代，典至重也。余忝任京兆，下車初，祗謁聖廟，遍閲學舍，仰見殿宇傾圮，不蔽風雨，崇聖祠卑隘，10 難昭誠敬，文昌宫無後殿，名宦鄉賢祠列在學宫門左右，殊乖體制，急圖修復，遂商酌於兼尹大學 11 士卓，捐廉倡率。合屬官紳踴躍輸將。因諭宛平令戚貞董其事，薊州訓導高守貴、良鄉歲貢張瀚督其工。12 方逾九月，傾圮者完善，卑隘者高廣，弗合體制者或改或建，與夫尊經閣、明倫堂、敬一亭、庖廚所、門廡壁 13 舍，靡不焕然一新。並建下馬碑石二座於門外，以昭嚴肅而補闕。略惟望後之良有司賢師長盡心敷教，14 養育人才。俾及門者居爲端人正士，出爲循吏名臣。京師爲首善之區，人文蔚起，天下學校知所取法，以 15 仰副 16 聖天子崇儒重道，雅化作人之至意。是即余等倡捐重修之所望也。謹記。17

浙江布政司布政使前順天府尹陽湖汪本銓謹撰。18

刑部左侍郎署順天府尹河間李鈞書丹。19

太僕寺卿前順天府府丞丹徒張錫庚篆額。20

總理工程候補道前知宛平縣事錢塘戚貞、21 專管督修工程薊州訓導永年高守貴、候選訓導

良鄉張翰同刊。22

大興徐源淳摹石。23

順天府儒學教授魯方、訓導張本崇監刻。24

咸豐四年歲次甲寅秋仲敬刊。25

【碑陰】

額題:萬古流芳(篆書)

碑文:

順天府官屬捐銀銜名:順天府尹陞浙江布政使汪本銓捐銀叁百兩,原任通永道李廷棨壹百兩,東路同知吳承祖壹百兩,南路同知丁希陶壹百兩,西路同知劉延熙壹百兩,前大興縣知縣范梁壹百兩,前宛平縣知縣戚貞貳百兩,薊州知州倪烒貳百兩,涿州知州郭賓勲壹百兩,前署薊州知州毛永柏壹百兩,昌平州知州劉體直壹百兩,霸州知州喬作新貳百兩,通州知州王金相貳百兩,武清縣知縣李正培貳百兩,署三河縣知縣程仁傑壹百兩,署甯河縣知縣朱以升壹百兩,原任房山縣知縣戴臣法壹百兩,三河縣知縣佈彥壹百兩,香河縣知縣陳可珍壹百兩,懷柔縣知縣呂圻壹百兩,文安縣知縣魏謙峨壹百兩,寶坻縣知縣楊春和伍拾兩,大城縣知縣吳中順伍拾兩,署寶坻縣知縣王者詔捌拾兩,署良鄉縣知縣謝蘭省伍拾兩,固安縣知縣王仲蘭伍拾兩,順天府教授舒雲拾兩,順天府教授孟岱齡拾兩,順天府訓導善寶拾兩,順天府訓導呂全拾兩,以上共官捐銀叁千壹百貳拾兩。

紳士捐銀題名:寶興捐銀貳拾兩,陳孚恩貳拾兩,梁寶常肆拾兩,王植肆拾兩,李寶田貳拾兩,蕭光浩貳拾兩,姚光璐拾兩,田日章拾兩,吳邦慶貳拾兩,金衡堂貳拾兩,王履謙貳拾兩,謝棨埭貳拾兩,靳登瀛貳拾兩,汪于泗拾陸兩,虞家泰肆兩,李藻貳拾兩,李菡叁拾兩,花沙納貳拾兩,祝鉽貳拾兩,高守貴拾兩,許亦崧拾兩,王銘拾兩,張瀚伍兩,常綱伍兩,劉永懷伍兩,馬宜麟伍兩,傅學勤伍兩,張鴻肆兩,李清泉拾兩,徐琫拾兩,葉圭書叁拾兩,以上共捐銀壹千五百貳拾壹兩。

李岱霖叁拾兩,長清縣叁拾兩,馬書奎貳拾兩,陳鍾芳拾兩,陳寯拾兩,夏雲煥拾兩,祝如濂拾兩,張清甸拾兩,周力垣拾兩,李如珪拾兩,毛嶜軒拾兩,沈召亭捌兩,吳芝樵捌兩,仇汝霖肆兩,高漢墀、王恩溥肆兩,張小泉肆兩,夏尚謙肆兩,程奎肆兩,宋肆兩,鍾集賢肆兩,瞿嘉祜肆兩,李樹德肆兩,龐輝岩貳兩,李潤德肆兩,張博山肆兩,李琴書肆兩,張潤輝肆兩,王熙穀捌兩,汪玉符肆兩,張玉同肆兩,李六逸肆兩,魯頌肆兩。

王士銜肆兩,李煥文拾貳兩,俞進麟拾貳兩,范承典拾兩,徐寶英拾兩,桂林叁拾兩,完顏文輝拾兩,完顏文耀拾兩,毓桂拾兩,惠齡拾兩,恒山叁拾兩,嘉善貳拾兩,明善拾兩,恒林拾兩,曾維拾兩,松齡拾兩,李源慶伍兩,武春壽伍兩,方廷琇伍兩,張驥伍兩,張元均伍兩,張駿伍兩,蔣霨遠叁拾兩,吉祥拾兩,何兆濂拾兩,劉廷檢拾兩,楊桂馥陸兩,裕豐肆兩,顧蘭徵叁拾兩,馮栻拾兩,李廷程拾兩,陳鴻翊拾兩。

吉光肆兩,段祿元陸兩,支昭寅拾兩,趙元樓拾兩,吳台朗拾陸兩,廉兆綸貳拾貳兩,李嘉端、李嘉瑞、李嘉輔合捐銀貳百兩,劉炯遺命子位坦捐銀壹百兩,俞長贊貳拾兩,龔寶蓮拾兩,董似穀貳兩。

奉

旨文武官員軍民人等至此下馬

京228《文廟下馬碑》

龍王廟

龍王廟，原址在今東城區炒豆胡同東口外路北，約交道口南大街七十九號處，寺廟建築現已不存。

龍王廟始建時間不詳，在清乾隆《京城全圖》上，龍王廟位於安定門大街路西，鑲黄旗蒙古漢軍衙門對過，爲當街廟。廟外巽方緊鄰水井一眼，龍王廟應因水井而建。殿房三間坐北朝南，東南、西南各有兩間東向廟房，圍成院落，南牆另有小門出入。此後龍王廟不見於史料記載。

2005 至 2015 年調查時，龍王廟蹤影全無，應久已傾圮。

土地廟（平安大街）

土地廟，原址約在今東城區平安大街與交道口南大街交界處，寺廟建築現已不存。

此廟未知始建於何時，僅見於乾隆《京城全圖》。從圖上看，土地廟坐東朝西，西山墻上開隨墻門出入，廟内有三進院落，前殿兩間，正殿三間，後殿三間，結構長方，繚以周垣。此後，土地廟再不見諸記載，應久已傾圮。

2015年調查時，土地廟所在地已是平安大街，寺廟蹤影全無。

節孝祠

節孝祠，不见於乾隆《京城全圖》，原址在内三區桃條胡同八號（今東城區桃條胡同十五號），寺廟建築現已全部翻修。

清雍正二年（1724），清世宗下詔建忠義、節烈、昭忠等祠。是年，順天儒學在先師廟以西建忠烈祠，根據雍正御旨，節孝祠似爲同時興建，位於順天府儒學之東[1]。然此祠未見於史料記載。

1947年的寺廟登記表内，節孝祠的管理人爲大興縣公産保管委員會，與順天府儒學管理者一致[2]。據老住戶回憶，1949年以前此處原爲私人祠堂，20世紀50年代時陸續搬入住戶，初僅北房，有住戶六人。2004年翻修後加蓋西房，住戶也逐漸增多。

2006年到2014年調查時，寺廟原址爲居民院落，很難分辨原有殿房及格局。

---

〔1〕參見清咸豐四年（1854）《順天文廟碑》，京224，《北京圖書館藏中國歷代石刻拓本匯編》卷八十二，頁七十八至七十九。

〔2〕北京市檔案館藏《北平市民政局·北平市各區寺廟總登記考察簿》，1947—1948年，檔案號J3-1-237，頁六十二。

三聖財神廟

三聖財神廟，不見於清乾隆《京城全圖》，原址在内三區府學胡同八號（今東城區府學胡同三十九號），寺廟建築現已不存。

三聖財神廟爲當街小廟，僅殿一間，始建時間不詳，至民國年間始有登記。20 世紀 30 年代調查時，廟南向，木額“三聖財神廟”，内供財神、土地、藥王泥像，另有小泥塑像三座，鐵香爐一鼎，上刻“光緒二十四年造”。其時管廟人爲王有[1]。1945 年北平市警察局調查時，財神廟仍爲一間殿房的當街廟，供奉財神、土地等三神像[2]。

2011 年調查時，據老住户回憶，此小土地廟僅一間房，20 世紀 50 年代還有人燒香，後即不存，寺廟原址現爲居民住家。

〔1〕參見國立北平研究院《三聖財神廟》，東四 144。

〔2〕參見《北平寺廟調查一覽表》，1945 年，無頁碼。

四排五段

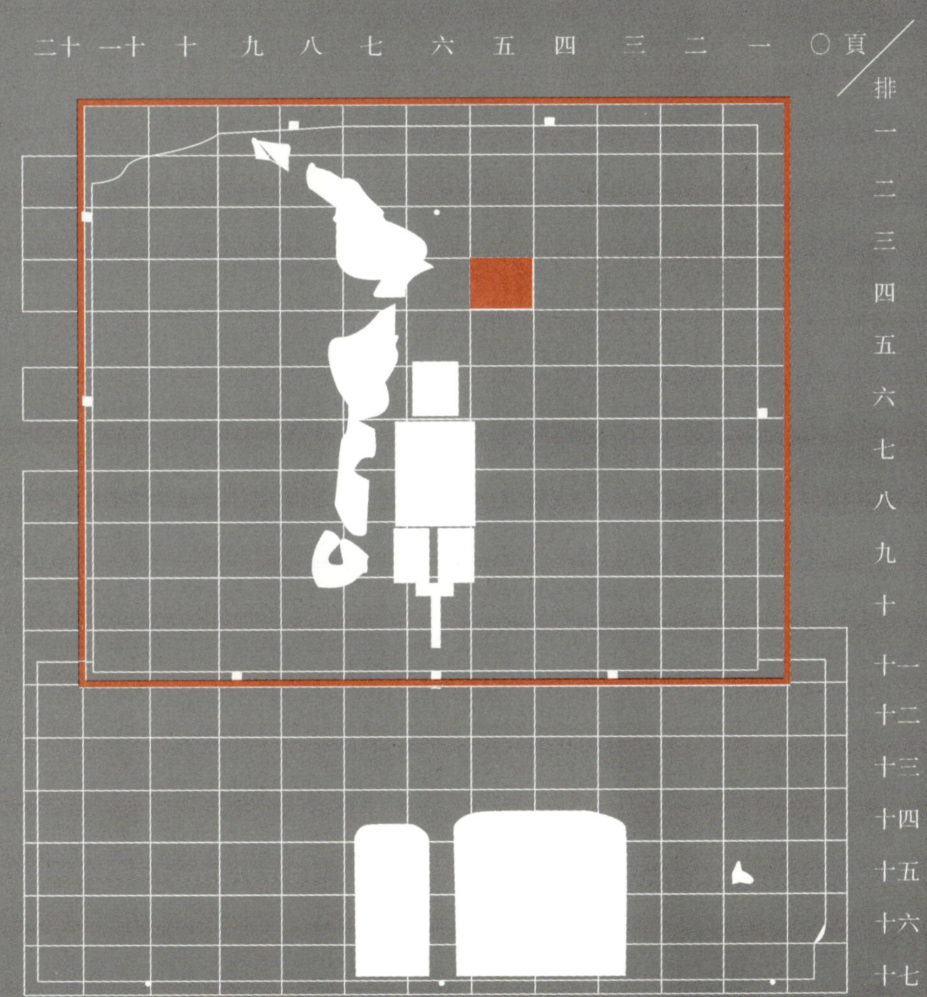

文昌廟
福祥寺
御河庵
佑聖寺
火神廟

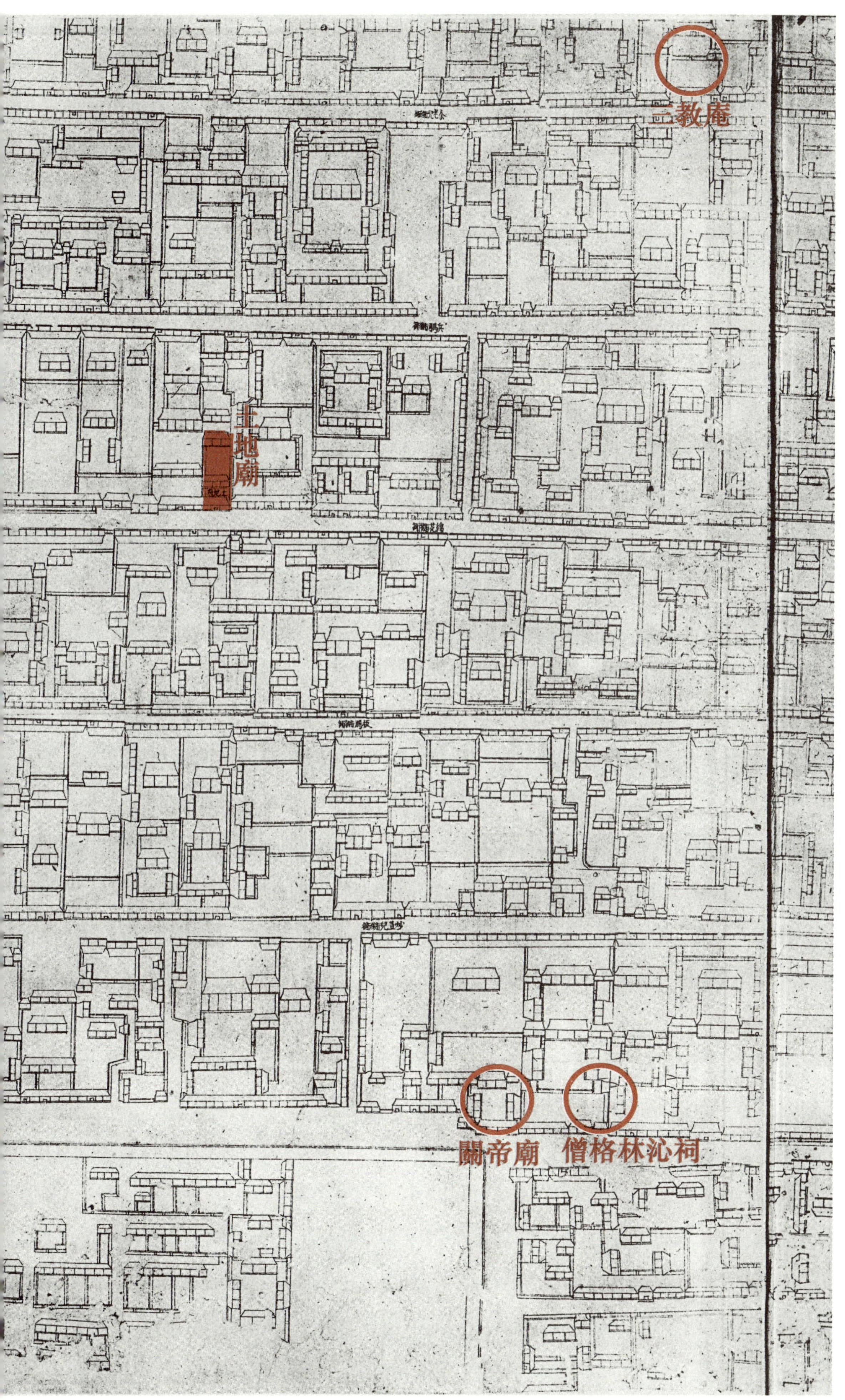
三教庵
土地廟
關帝廟
僧格林沁祠

文昌廟

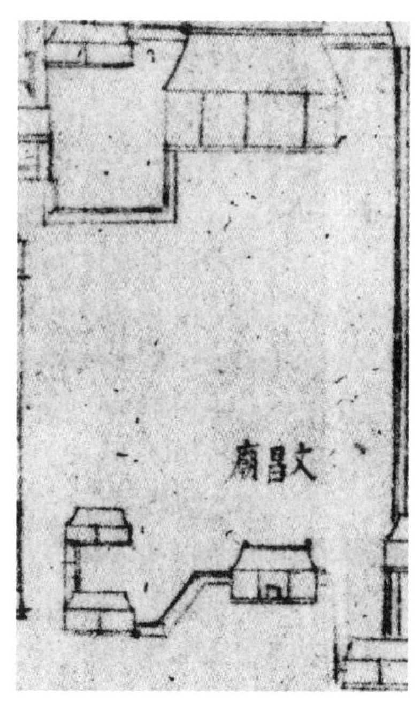

文昌廟，又稱九天開化文昌梓潼廟、文昌宮、護國帝君廟，原址在內五區帽兒胡同九號（今東城區鼓樓南帽兒胡同十五、十七、二十一號），寺廟建築現存部分。廟內曾有石碑五通：明成化十三年（1477）《梓潼廟敕諭碑》、清嘉慶六年（1801）五月九日《文昌帝君廟落成詩》和同年五月二十日《文昌帝君廟碑》同刻一石、同年六月一日《文昌帝君廟碑》、同年十月《觀音像》，以及宣統元年（1909）《內務府奏請發給文昌帝君廟僧衆錢糧疏》。現有二碑仍在廟內，前院內有嘉慶六年六月一日《文昌帝君廟碑》，後院居民院墻內砌有一碑，可能是成化十三年《梓潼廟敕諭碑》，但難知其詳。

文昌廟始建於元代。《析津志輯佚》"梓潼帝君廟"條記廟"在都城湛露坊北，過橋東南，面北，祖廟也"[1]。明成化十三年（1477）《梓潼廟敕諭碑》內称："矧舊廟凡百有三十餘年"，故推之文昌廟應建於元至正末年[2]。

據《明一統志》，明景泰五年（1454），廟曾因舊重修[3]。成化十三年，憲宗仰慕文昌，閱《文昌化書》後更知其靈妙，遂問近臣京師何處有廟。聽聞都城艮方有"九天開化文昌梓潼帝君古廟"，官民士庶前去祈福求籤者絡繹不

〔1〕（元）熊夢祥《析津志輯佚》，北京：北京古籍出版社，1983年，頁五十六。

〔2〕參見明成化十三年（1477）《梓潼廟敕諭碑》，京567，《北京圖書館藏中國歷代石刻拓片匯編》卷五十二，頁一百二十七；

〔3〕清嘉慶六年（1801）《文昌帝君廟碑》引《明一統志》，京570，《北京圖書館藏中國歷代石刻拓片匯編》卷七十七，頁九十七至九十八。

絕，歷有靈驗，然規模狹隘，難於瞻禮，故特命臣工擴宏規模、營建殿宇。內官監太監陳貴總督公務，數百工匠精勤不倦，所用之費皆皇族貴胄所捐。重修後文昌廟殿宇煥然、異彩輝耀，文昌帝君舊像安奉於正殿之中，新塑之聖后像奉於後殿內，侍從神像列於左右，憲宗敕諭此廟名“敕建護國帝君廟”[1]。此次重修規模盛大，故諸書中以爲建廟之始[2]。

入清以降，《雍正廟冊》記廟名爲梓潼廟，在帽兒胡同，爲大僧廟，有殿宇十八間、禪房九間，住持實貴，徒寂月、寂保、寂元，孫了凡。在《乾隆廟冊》中，廟名又記爲帝君廟，住持僧普億。《宸垣識略》載其於乾隆間曾重修[3]。乾隆《京城全圖》上，廟位於南鑼鼓巷以西、帽兒胡同路北，坐北朝南，三面繚以圍墻，南面兩翼留有夾道。首有前殿三間，中間開門出入，迤西還有南、北殿房各兩間，中連院墻，開有隨墻門；再北有大殿四間，西有小北房兩間，與大殿以圍墻相連，自成一院。廟院內有大片空地。

清嘉慶五年（1800）二月，清軍大勝白蓮教於成都府梓潼縣七曲山，嘉慶帝甚悦，御賜匾額以祠靈山，同時向自己的老師、時戶部尚書朱珪詢問，京城內是否有梓潼廟的專祠。在此之前，兵部主事繆丙泰曾告訴朱珪，厚載門外橋北東轉帽兒胡同有梓潼廟，神像湫隘，地址侵佔，並示珪以《文昌化書》。朱珪於是派大司農布彦達賚踏訪。及承帝詢問，朱珪即據以奉告。嘉慶帝顒琰乃命朱珪等三人總督、步軍統領勘修，先後發帑金三千餘兩，又發內庫顏料、官銅，總計不下二千兩大舉重修，其餘襄事者近一百五十人，不僅在京的六部官員，相當數量的地方官吏均慷慨輸囊，共捐銀一萬餘兩。工程中，掘地得明成化敕諭碑，斷爛漫滅不可復完，而被嵌於後殿東廊壁上，另復刻新碑，補記此次重修始末，是乃嘉慶六年《文昌帝君廟碑》。然後殿原奉之聖后像，已爲劣僧所毁埋[4]。工畢後，文昌廟東西寬十五丈五尺、南北長二十九丈，正院有山門三間、鐘鼓樓四間、御碑亭一間；魁光殿三間、東西配殿六間；桂香殿三間、後虎座一間、轉角房二十三間；後殿五間、西山房三間、東山房二間。東院內有關帝殿三間、東山僧房二間、西山僧房二間；財神殿一間、僧房四間；娘娘殿三間、東西耳房二間；大悲殿三間、前抱廈三間、東西僧房六間；御坐房三間、東西配房六間。共計殿房二十七間，僧房、群房共五十二間[5]。東大士、關帝等舊殿因舊重修，而正殿、寢宫、前榮、配廡皆煥然。前殿祀文昌帝君神位，後殿奉文昌帝君先代神位，東院奉關帝、娘娘、財神和觀音[6]。除廟貌煥然一新外，還添建法物多種，如鐘樓內重逾五百斤的銅鐘、正殿內銅五供等。

重修歷時四個月，於嘉慶六年五月九日告成。是日，嘉慶帝著禮服親自駕幸文昌廟，拈香行禮，御製《重修地安門外文昌帝君廟落成敬紀》詩一首，朝中重臣董誥、朱珪、彭元瑞等六人各自作詩恭和。皇帝上諭禮部太常寺，將文昌帝君廟列入祀典之群祀，春季二月初三文昌帝聖誕爲春祭，秋季另行擇吉，由太常寺題請欽派大臣一員致祭，所用香帛、祭品、祭器等一切禮儀，均仿白馬關帝廟

〔1〕參見明成化十三年（1477）《梓潼廟敕諭碑》，京567，《北京圖書館藏中國歷代石刻拓片匯編》卷五十二，頁一百二十七；清嘉慶六年（1801）《文昌帝君廟碑》，京570，《北京圖書館藏中國歷代石刻拓片匯編》卷七十七，頁九十七至九十八。

〔2〕例如《北京文物勝蹟大全·東城區卷》，頁一百六十。

〔3〕《宸垣識略》卷六·內城二，頁一百一十一。

〔4〕參見清嘉慶六年（1801）《文昌帝君廟碑》，京569，《北京圖書館藏中國歷代石刻拓片匯編》卷七十七，頁九十六。清嘉慶六年（1801）《文昌帝君廟碑》，京570，《北京圖書館藏中國歷代石刻拓片匯編》卷七十七，頁九十七至九十八。

〔5〕參見清嘉慶六年（1801）《文昌帝君廟碑》，京570，《北京圖書館藏中國歷代石刻拓片匯編》卷七十七，頁九十七至九十八。

〔6〕參見清嘉慶六年（1801）《文昌帝君廟碑》，京569，《北京圖書館藏中國歷代石刻拓片匯編》卷七十七，頁九十六。

行事[1],以求文德、武功相配。同時,各直省春秋致祭之處,也都加祀文昌帝君,由地方官敬謹致祭[2]。此時的文昌廟,雖然加添了春秋二祭,其餘的一切廟中僧人開銷、香火供奉,皆由僧人募化,内務府并不出資贍養,也并無官撥香火地畝。列入祀典、又蒙皇帝親祭的文昌廟,吸引了大量信衆。僅在嘉慶六年中,信衆就爲文昌廟多次捐添法物,如江西南豐弟子趙由建恭繪"觀音像"一幅於石碑上[3]。歸安姚文田爲魁光殿手書"天心平旦"木額一方[4]。但與此同時,文昌廟亦對外出租房屋,道光年間,汤敦甫任祭酒时,并未購買房屋,而是居住在地安門外文昌宮内[5]。

咸豐六年(1856)[6],文昌祠升入中祀,按清制將廟規制擴拓、殿階擡高,并由遣官致祭改爲遣王承祭[7]。躋中祀後,内務府每月發給香供銀六兩,仍不給僧人錢糧。廟房屋皆改爲收存祭器的官庫,不能出租,僧人晝夜看守,又不能外出募化,生計日艱,竟至無以糊口。爲此,咸豐九年(1859)文昌廟住持僧達理呈文内務府總管,叩請撥給香火地畝,助廟僧度日。然文昌廟爲大僧廟,如比照中祀各廟發給俸薪,似爲不妥。後按雍正二年(1724)發給湯山惠澤龍王廟添給僧衆錢糧之成案,給文昌廟内住持僧每月錢糧三兩,僧衆六名各二兩;廟戶八名各五錢,共錢糧十九兩。按章每月發放一半用於生活,剩餘爲公務所用。咸豐帝准奏,内務府奉旨依議,自此發給錢糧,養贍廟僧。直至宣統元年,清廷日頹,國庫空虛,其時廟内住持善果率徒弟三人將咸豐九年上諭刻立於石碑上,似希冀倚靠皇帝聖旨來宣告寺廟地位、維持僧人錢糧[8]。

自光绪九年(1883)至民國二十八年的近六十年間,文昌廟均由僧人善果住持。1930年,北平市社會局進行第一次寺廟登記時,善果時年已七十一歲。其時文昌廟内有执事僧四人、寄住僧六人,年齡從二十至七十歲不等。僧人善果持有手本二張,管理寺内廟務,以唪經禮懺、出租群房爲生。此時殿宇群房共九十三间、附属房间十五间,基本保持了嘉慶重修後的格局。山門三間南向,木額"梓潼文昌帝君廟",内應曾供關帝,但當時聖像已不存,僅餘白馬與小童泥像。山門内首有御製碑亭一座,内爲同刻一石的清嘉慶六年(1801)五月九日《文昌帝君廟落成詩》和同年五月二十日《文昌帝君廟碑》。東鐘樓,西鼓樓。嘉慶六年重修之時鑄造的一座五百斤的銅鐘,歷經百年仍完好無損;第一進院内北殿三楹,木額"魁光殿",内供奉魁星,時爲毓生祥染紙工廠佔用,但仍供魁星一尊,木質金身。魁星所執墨斗上,用點元式繪出七星圖案;過隨墻門入第二進院,中爲敷文殿,木額滿漢兩體,爲咸豐御筆之寶,内供金面金身文昌帝君托沙像,左右泥塑童子,一執弓,一執印。左右配像四尊,其中大像兩尊,一爲老者,一爲朱衣,小像兩尊,左爲朱珪,右爲劉墉,被供奉於木龕中,龕上有木額"贊天佑順",兩側聯文均爲嘉慶帝御筆。對面木額"陰騭下民",爲咸豐帝御筆親書。殿内除正面設嘉慶六年銅五供一份外,還有咸豐七年造銅五供兩份。文昌神像背後有木製金身小魔王像一尊,坐高一尺,前供錫五供一份、銅磬一口。大殿兩側,東配殿爲娘娘殿,供奉泥塑娘娘坐像九尊、童像六尊,南北立女童像二。另有關帝坐像一尊,周倉、關平侍立。殿内鐵五供一份,殿前

[1]參見本書四排七段"關帝廟"條。

[2]參見清嘉慶六年(1801)《文昌帝君廟落成詩碑》,京568,《北京圖書館藏中國歷代石刻拓片匯編》卷七十七,頁九十四至九十五;《欽定禮部則例》,臺北:成文出版社,1996年,頁六百七十三。

[3]清嘉慶六年(1801)《觀音像》,據北京大學圖書館藏原拓片録文。

[4]參見國立北平研究院《文昌廟》,東四一。

[5]昭梿《嘯亭續録》卷四,北京:中華書局,1980年,頁五百。

[6]一說爲咸豐七年。參見宣統元年(1909)《内務府奏請撥給文昌帝君廟僧衆錢糧疏》,京566,《北京圖書館藏中國歷代石刻拓片匯編》卷九十,頁二十五。

[7]趙爾巽等編《清史稿》志五十七《禮制一·吉禮一》,北京:中華書局,1998年。

[8]參見宣統元年(1909)《内務府奏請撥給文昌帝君廟僧衆錢糧疏》,京566,《北京圖書館藏中國歷代石刻拓片匯編》卷九十,頁二十五。

掛銅鐘一口，字均脱落。西配殿三間，時亦爲毓生祥染紙處，内無神像。第二進院内有槐樹四株、碑一通，是爲清嘉慶六年《文昌帝君廟碑》。院内還有東、西群房各八間，東房内有過道房一間，西群房亦然。再北房五間，其中一間過道東壁内，嵌有宣統元年内務府奏請發給文昌帝君廟僧衆錢糧疏的聖旨碑文；穿堂而過，爲第三進院，有北殿三間，爲玉真慶宫，時内儲物及壽材。明成化十三年《梓潼廟敕諭碑》砌於大殿東墻内；院内有焚字庫一座、大核桃树一株、小柏树两株；迆西有小院一所，内僅北房三間，爲贤首宗祖堂，方丈室東壁上嵌嘉慶六年趙由建所摹南海觀音像；東跨院有北殿三間，木額"真實不虛"及楹聯，爲劉墉墨寶，内供奉木製金身觀音一尊，二木質童子侍立。殿内有道光七年（1827）鐵五供一份、鼓一口。廟内還藏有《地藏經》《金剛經》等佛經[1]。民國二十八年（1939），善果年老辭退，文昌廟轉由新住持法魁管理[2]。法魁爲善果的曾孫輩，二十八歲，在哈爾濱極樂寺受戒。由於其僧師祖和師父均圓寂多年，善果又年老自願辭退住持，故年輕的法魁接續法統。接廟當年，法魁即在廟西跨院添蓋灰平臺一間，並在本廟西小胡同内開闢路東旁門一座[3]。據常人春回憶，民國年間的文昌廟承辦停靈暫厝，僧人以治喪爲業，主要應酬北城紳商各界的喪事。奉系陸軍十一軍軍長富雙英死後曾在此停靈[4]。法魁爲文昌廟近六百年歷史中最後一任住持，除停靈暫厝、法事治喪外，法魁亦把房屋出租給蹬洋車、做小買賣的人居住。

1951 年，法魁將文昌廟改爲民生小學，親自出任小學校長。老住戶們回憶，當時神像還在，用布帘遮住，敷文殿改爲音樂教室。"文化大革命"期間，神像被砸碎，前殿山牆被推倒，從牆的夾層中挖出無數鍍金小泥佛。與法魁相熟的幾位和尚貴林、慧果等，因廟産交歸國有後無處棲身，也搬來文昌廟。20 世紀 70 年代，小學將廟山門、鐘鼓樓部分翻建爲四層樓房，而寺廟後部成爲居民住家院落，暨今帽兒胡同二十一號。1986 年，法魁在廟内去世。21 世紀初，小學又將文昌廟前殿全部拆除重修，大致保持原有格局。

2014 年調查時，文昌廟内現存三進院落，魁光殿三間，敷文殿三間，正殿北抱廈仍存，東西配殿各三間，抱廈後又有僧舍及東西配房，穿過廊道通往後院，後殿玉真慶宫已被拆除改建。嘉慶六年朱珪撰《文昌帝君廟碑》被砌於前院居民自建房外，曾被潑塗白漆，現已洗去，碑文仍歷歷可讀。成化十三年《梓潼廟敕諭碑》似被後院居民用作牆壁，外觀不見。近年來，文昌廟聲名似在互聯網上傳播，據院内住戶説，還有東北女子遠道來此燒香。

---

〔1〕參見國立北平研究院《文昌廟》，東四 1。

〔2〕參見北京市檔案館藏《北平市民政局·北平市各區寺廟總登記考察簿》，檔案號 J3-1-237，1947—1948 年，頁十九。

〔3〕參見北京市檔案館藏《北平市社會局内五區文昌梓潼廟僧人善果登記廟和法魁接充住持的呈文及社會局的批示》，檔案號 J2-8-114，1930—1939 年，頁一至七十四；《北京寺廟歷史資料》，頁二十八；《北京文物勝蹟大全·東城區卷》，頁一百六十。

〔4〕常人春《紅白喜事——舊京婚喪禮俗》，北京：北京燕山出版社，1996 年，頁四百四十四。

文昌廟正殿　（2013 年 5 月　曉松攝）

文昌廟嘉慶六年《文昌帝君廟碑》局部　左圖碑陽、右圖碑陰（2013 年 5 月　曉松攝）

皇帝勑諭
朕自臨御以来悉遵
祖宗成憲其奉
天敬神存誠無息欽惟我
皇曾祖考相繼寶位皆用賢才佐理綱紀中外熙洽安如磐石是亦
天佑神扶
宗社隆盛以致宮觀廟宇其應祀者必加恩典
朕聞都城艮地有
九天開化文昌梓潼帝君古廟規模狹隘特命内外臣庶宏展方寬營建殿宇
帝像侍從序列鐘鼓震鈞宜所具者靡不悉備萬衆仰觀忻躍敬禮名曰
勑建護國帝君廟況帝君主司文衡承宣國政且天下藩臬郡邑咸立祠宇奉祀
益進剏舊廟凡百有三十餘年蔽陋於古振揚於今非聖化顯彰豈偶然鼎[illegible]永久
以報至德福我
皇圖茂昌
宗社海嶽效靈時亨歲稔天下咸富仰希補翊
國祚慶延於萬萬年夫咨爾有衆體
朕至意欽哉故諭
大明成化十三年二月十五日

京 567《梓潼廟敕諭碑》

敕諭

皇帝敕諭
朕自臨御以來悉遵
祖宗成憲其奉
天敬神存誠無息欽惟我
皇曾祖考相繼寶位皆用賢才佐理綱紀中外熙洽安如磐石是亦
天佑神扶
宗社隆盛以致宮觀廟宇其應祀者必加恩典
朕聞都城艮地有
九天開化文昌梓潼帝君古廟規模狹隘特命内外臣庶宏展方寬營建殿宇（下漫漶）
帝像侍從序列鐘鼓震鍧宜所具者靡不悉備萬衆仰觀忻躍敬禮名曰
敕建護國帝君廟況帝君主司文衡承宣國政且天下藩臬郡邑咸立祠宇奉祀□（下漫漶）
益進剏舊廟凡百有三十餘年蔽陋於古振揚於今非聖化顯彰豈偶然鼎建□□□□永久敬
以報至德福我
皇圖茂昌
宗社海嶽效靈時亨歲稔天下咸寧仰希輔翊
國祚慶延於萬萬年矣咨爾有衆體
朕至意欽哉故諭
大明成化十三年二月十五日

京567《梓潼廟敕諭碑》

梓潼廟敕諭碑

首題:皇帝敕諭
年代:明成化十三年(1477)二月十五日
原址:東城區地安門外帽兒胡同梓潼廟
今址:可能仍在地安門外帽兒胡同文昌廟内
拓片尺寸:碑陽高 178、寬 87 厘米;額高 39、寬 29 厘米
書體:楷書
《目録》:頁 219
拓片編號:京 567
拓片録自:《北京圖書館藏中國歷代石刻拓本匯編》第 52 卷 127 頁

【碑陽】

額題:敕諭(篆書)

碑文:

皇帝敕諭:1 朕自臨御以來,悉遵 2 祖宗成憲。其奉 3 天敬神,存誠無息。欽惟我 4 皇曾祖考相繼寶位,皆用賢才佐理綱紀,中外熙洽,安如磐石。是亦 5 天佑神扶 6 宗社隆盛,以致宫觀廟宇,其應祀者必加恩典。7 朕聞都城艮地有 8 九天開化文昌梓潼帝君古廟,規模狹隘,特命内外臣庶宏展方寬,營建殿宇,(下漫漶)9 帝像,侍從序列,鐘鼓震鍧,宜所具者,靡不悉備。萬衆仰觀,忻躍敬禮。名曰:10 敕建護國帝君廟。况帝君主司文衡,承宣國政。且天下藩臬郡邑咸立祠宇。奉祀□(下漫漶)11 益進。矧舊廟凡百有三十餘年,蔽陋於古,振揚於今。非聖化顯彰,豈偶然鼎建□□□□永久,敬 12 以報至德,福 13 我皇圖,茂昌 14 宗社。海嶽效靈,時亨歲稔,天下咸寧,仰希輔翊。15 國祚慶延於萬萬年矣。咨爾有衆,體 16 朕至意。欽哉。故諭。17 大明成化十三年二月十五日。18

重修地安門外
文昌帝君廟落成敬紀
成化殘碑榛莽尋聿新殿宇
帝居歆禦災捍患功誠鉅闡
道宏猷澤實深氣養大剛千
古貫文敷陰隲萬民欽敬申
祭典春秋祀
錫福綏邦鑒寸心
嘉慶六年辛酉五月九日
御製

嘉慶六年五月初九日內閣奉
上諭京師地安門外舊有明成化年
間所建
文昌帝君廟宇久經傾圮碑記尚
存特命敬謹重修現已落成規模
聿煥朕本日虔申展謁行九叩禮
敬思
文昌帝君主持文運福國佑民崇
正教闢邪說靈蹟最著海內崇奉
與
關聖大帝相同允宜列入祀典用
光文治著交禮部太常寺將每歲
春秋致祭之典及一切儀文仿照
關帝廟定制詳查妥議具奏欽此

禮部等衙門謹
奏為遵
旨議奏事臣等謹按崇祀
關帝廟之禮於每歲春秋仲月諏吉由太常寺遵
辦致祭事宜題請
欽派大臣一員承祭今欽奉
諭旨致祭
文昌帝君仿照
關帝廟定制列入祀典春秋致祭請以二月初三日
聖誕為春祭秋祭另行擇吉由欽天監選定彙入
祀冊預行送部由部轉文太常寺按期題請
欽派大臣一員承祭朝服上香讀祝三獻行禮其儀
所有應用香帛祭品祭器等項均照致祭
關帝典禮由太常寺辦理祝文由翰林院撰擬成
式應用請即於本年仲秋為始擇吉致祭其各
直省春秋致祭之處亦應照致祭
關帝之例由該地方官敬謹致祭為此謹
奏請
旨嘉慶六年五月二十日奉
旨依議欽此
內書房行走光祿寺卿[illegible]奉
敕敬書

京 568《文昌帝君廟落成詩碑》陽

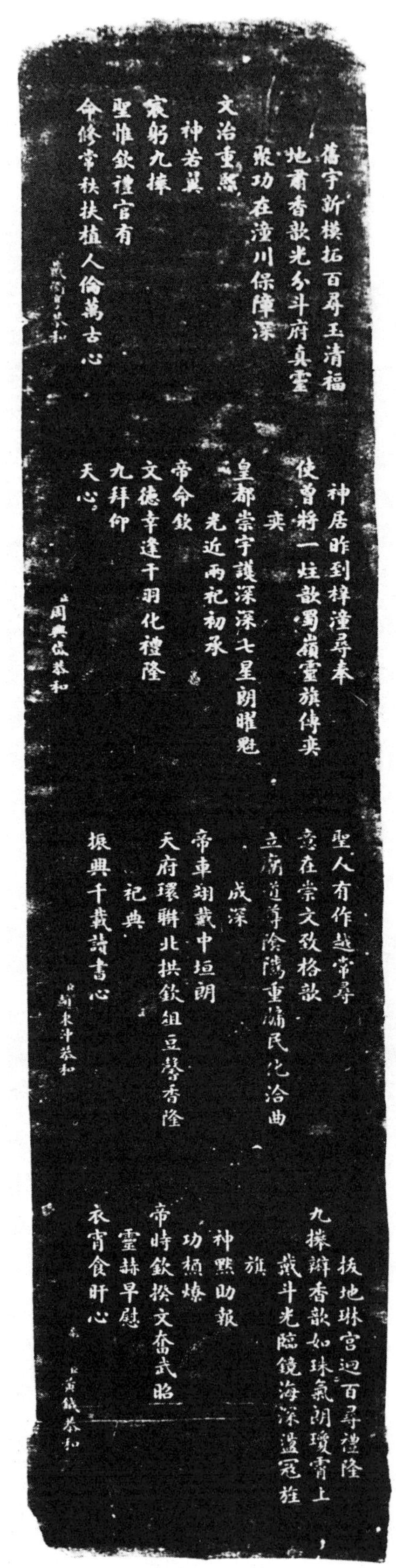

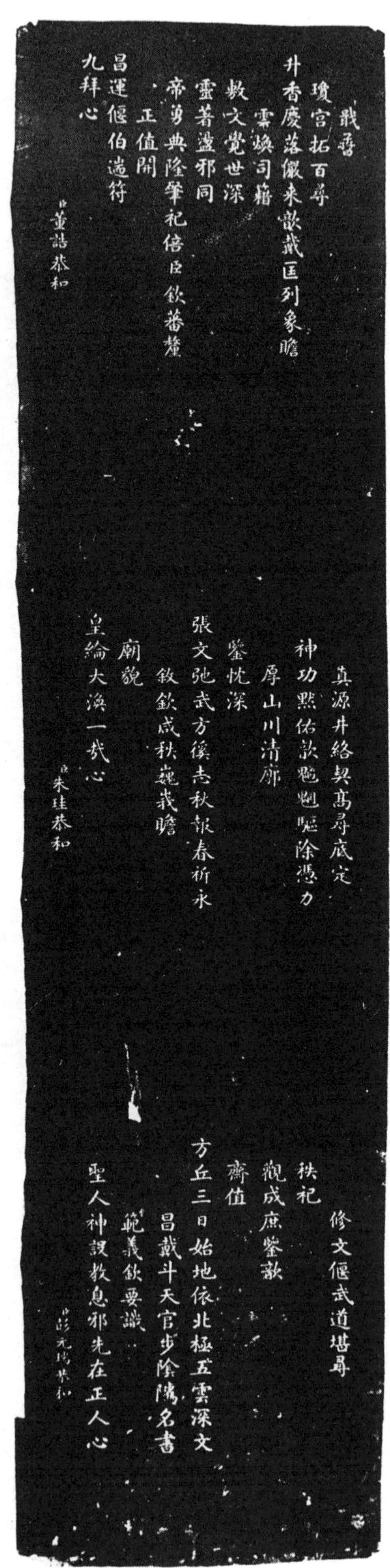

京 568《文昌帝君廟落成詩碑》碑側

御製

重修地安門外
文昌帝君廟落成敬紀
成化殘碑榛莽尋聿新殿宇
帝居歆禦災捍患功誠鉅闡
道宏猷澤實深氣養大剛千
古貫文敷陰騭萬民欽敬申
祭典春秋祀
錫福綏邦鑒寸心
嘉慶六年辛酉五月九日
御製

嘉慶六年五月初九日内閣奉
上諭京師地安門外舊有明成化年
間所建
文昌帝君廟宇久經傾圮碑記尚
存特命敬謹重修現已落成規模
聿煥朕本日虔申展謁行九叩禮
敬思
文昌帝君主持文運福國佑民崇
正教闢邪説靈跡最著海内崇奉
與
關聖大帝相同允宜列入祀典用
光文治著交禮部太常寺將每歲
春秋致祭之典及一切儀文仿照
關帝廟定制詳查妥議具奏欽此

禮部等衙門謹
奏爲遵
旨議奏事臣等謹按崇祀
關帝廟之禮於每歲春秋仲月諏吉由太常寺遵
辦致祭事宜題請
欽派大臣一員承祭今欽奉
諭旨致祭
文昌帝君仿照
關帝廟定制列入祀典春秋致祭請以二月初二日
聖誕爲春祭秋祭另行擇吉由欽天監選定彙入
祀冊預行送部臣部轉交太常寺按期題請
欽派大臣一員承祭朝服上香讀祝三獻行禮如儀
所有應用香帛祭品祭器等項均照致祭
關帝典禮由太常寺辦理祝文由翰林院撰既成
式應用請即於本年仲秋爲始擇吉致祭其各
直省春秋致祭之處亦應照致祭
關帝之例由該地方官敬謹致祭爲此謹
奏請
時嘉慶六年五月二十日奉
旨依議欽此
南書房行走光祿寺卿臣趙秉沖奉
敕敬書

京 568《文昌帝君廟落成詩碑》陽

哉昚
瓊宮拓百尋
升香慶落儼來歆戴匡列象瞻
雲煥司籍
敷文覺世深
靈著盪邪同
帝勇典隆肇祀倍臣欽蕃釐
正值開
昌運偃伯遄符
九拜心
臣董誥恭和

真源井絡契高尋底定
神功默佑歆魑魅驅除憑力
厚山川清廓
鑒忱深
張文弛武方徯志秋報春祈永
敍欽咸秩巍峨瞻
廟貌
皇綸大渙一哉心
臣朱珪恭和

修文偃武道堪尋
秩祀
觀成庶鑒歆
齋值
方丘三日始地依北極五雲深文
昌戴斗天官步陰騭名書
範義欽要識
聖人神設教息邪先在正人心
臣彭元瑞恭和

舊守新模拓百尋玉清福
地肅香歆光分斗府真靈
聚功在潼川保障深
文治重熙
神若翼
宸躬九捧
聖惟欽禮官有
命修常秩扶植人倫萬古心
臣戴衢亨恭和

神居昨到梓潼尋奉
使曾將一炷歆蜀嶺靈旗傳奕
奕
皇都崇宇護深深七星朗曜魁
光近两祀初承
帝命欽
文德幸逢干羽化禮隆
九拜仰
天心
臣周興岱恭和

聖人有作越常尋
意在崇文致格歆
立廟道尊陰騭重牖民化洽曲
成深
帝車翊戴中垣朗
天府環聯北拱欽俎豆馨香隆
祀典
振興千載讀書心
臣趙秉沖恭和

拔地琳宮迴百尋禮隆
九拜瓣香歆如珠氣朗瓊霄上
戴斗光臨鏡海深盪寇旌
旗
神默助報
功槱燎
帝時欽揆文奮武昭
靈赫早慰
衣宵食旰心
臣黃鉞恭和

京568《文昌帝君廟落成詩碑》碑側

文昌帝君廟落成詩碑

首題:重修地安門外文昌帝君廟落成敬紀
年代:嘉慶六年(1801)五月九日
原址:東城區帽兒胡同梓潼廟
今址:東城區帽兒胡同文昌廟
拓片尺寸:碑陽高 154、寬 69 厘米;額高 29、寬 22 厘米;碑陰高 149、寬 33 厘米
書體:楷書
撰人:(仁宗)愛新覺羅·顒琰、董誥等
書人:趙秉沖
《目録》:頁 473
拓片編號:京 568
拓片録自:《北京圖書館藏中國歷代石刻拓本匯編》第 77 卷 94—95 頁

【碑陽】
額題:御製(篆書)
碑文:

(碑分上、中、下三段)

(第一段)

重修地安門外 1 文昌帝君廟落成敬紀。2

成化殘碑榛莽尋,聿新殿宇 3 帝居歆。禦災捍患功誠鉅,闡 4 道宏猷澤實深。氣養大剛千 5 古貫,文敷陰騭萬民欽。敬申 6 祭典春秋祀,7 錫福綏邦鑒寸心。8

嘉慶六年辛酉五月九日 9 御製 10

(第二段)

嘉慶六年五月初九日内閣奉 1 上諭:京師地安門外舊有明成化年 2 間所建 3 文昌帝君廟宇,久經傾圮,碑記尚 4 存。特命敬謹重修,現已落成,規模 5 聿煥。朕本日虔申展謁,行九叩禮。6 敬思 7 文昌帝君主持文運,福國佑民,崇 8 正教,闢邪説,靈跡最著,海内崇奉 9 與 10 關聖大帝相同。允宜列入祀典,用 11 光文治,著交禮部太常寺,將每歲 12 春秋致祭之典及一切儀文仿照 13 關帝廟定制,詳查妥議具奏。欽此! 14

(第三段)

禮部等衙門謹 1 奏。爲遵 2 旨議奏事,臣等謹按崇祀 3 關帝廟之禮,於每歲春秋仲月諏吉,由太常寺遵 4 辦致祭事宜,題請 5 欽派大臣一員承祭。今欽奉 6 諭旨,致祭 7 文昌帝君,仿照 8 關帝廟定制,列入祀典,春秋致祭。請以二月初二日 9 聖誕爲春祭,秋祭另行擇吉,由欽天監選定,

彙入10祀冊，預行送部。臣部轉交太常寺按期題請11欽派大臣一員承祭，朝服上香，讀祝三獻，行禮如儀。12所有應用香帛、祭品、祭器等項，均照致祭13關帝典禮，由太常寺辦理。祝文由翰林院撰既成14式應用。請即於本年仲秋爲始，擇吉致祭。其各15直省春秋致祭之處，亦應照致祭16關帝之例，由該地方官敬謹致祭。爲此謹17奏請18

時嘉慶六年五月二十日奉19旨依議。欽此。20

南書房行走光祿寺卿臣趙秉沖奉21敕敬書。22

【碑右側】

（第一段）

戢舂1瓊宫拓百尋，2升香慶落儼來歆。戴匡列象瞻3雲煥，司籍4敷文覺世深。5靈著盪邪同6帝勇，典隆肇祀倍臣欽。蕃釐7正值開8昌運，偃伯遄符9九拜心。10

臣董誥恭和。11

（第二段）

真源井絡契高尋，底定1神功默佑歆。魑魍驅除憑力2厚，山川清廓3鑒忱深。4張文弛武方傒志，秋報春祈永5敍欽。咸秩巍峨瞻6廟貌，7皇綸大渙一哉心。8

臣朱珪恭和。9

（第三段）

修文偃武道堪尋，1秩祀2觀成庶鑒歆。3齋值4方丘三日始，地依北極五雲深。文5昌戴斗天官步，陰騭名書6範義欽。要識7聖人神設教，息邪先在正人心。8

臣彭元瑞恭和。9

（碑左側）

（第一段）

舊守新模拓百尋，玉清福1地肅香歆。光分斗府真靈2聚，功在潼川保障深。3文治重熙4神若翼，5宸躬九捧6聖惟欽。禮官有7命修常秩，扶植人倫萬古心。8

臣戴衢亨恭和。9

（第二段）

神居昨到梓潼尋，奉1使曾將一炷歆。蜀嶺靈旗傳奕2奕，3皇都崇宇護深深。七星朗曜魁4光近，两祀初承5帝命欽。6文德幸逢干羽化，禮隆7九拜仰8天心。9

臣周興岱恭和。10

（第三段）

聖人有作越常尋，1意在崇文致格歆。2立廟道尊陰騭重，牖民化洽曲3成深。4帝車翊戴中垣朗，5天府環聯北拱欽。俎豆馨香隆6祀典，7振興千載讀書心。8

臣趙秉沖恭和。9

（第四段）

拔地琳宫迴百尋，禮隆1九拜瓣香歆。如珠氣朗瓊霄上，2戴斗光臨鏡海深。盪寇旌3旗4神默助，報 5 功標燎 6 帝時欽。揆文奮武昭 7 靈赫，早慰 8 衣宵食旰心。9

臣黃鉞恭和。10

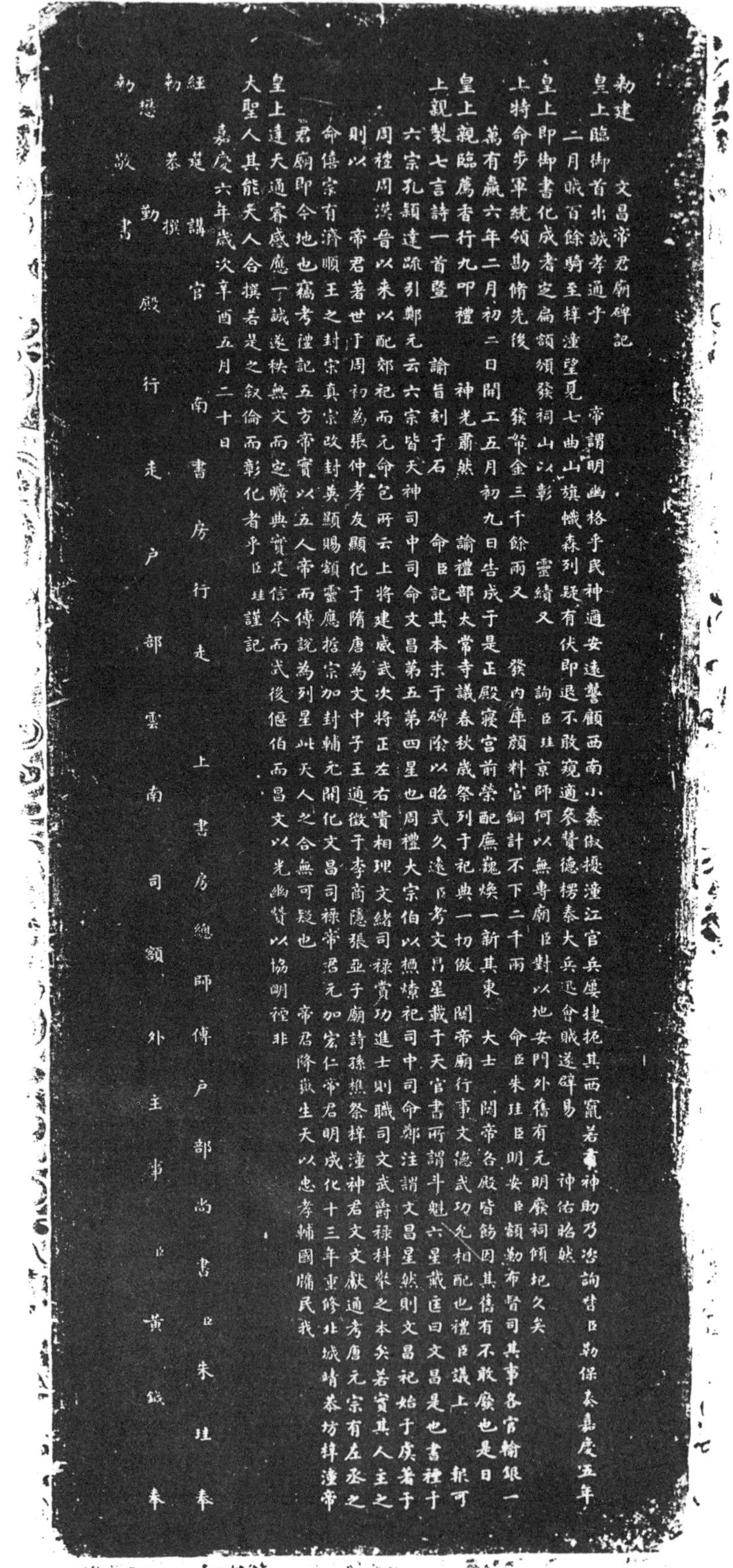
勑建文昌帝君廟碑記
皇上臨御首出誠孝通于 帝謂明幽格乎民神通安遠譬顧西南小蠢敢擾潼江官兵屢捷抵其西竄若有神助乃悉詢皆臣勒保奏嘉慶五年
二月賊百餘騎至梓潼望見七曲山旗幟森列疑有伏即退不敢窺適參贊德楞泰大兵迅會賊遂殲易 神佑昭然
皇上即御書化成耆定扁額頒發祠山以彰 靈績又詢臣珪京師何以無專廟臣對以地安門外舊有元明廢祠傾圮久矣
上特命步軍統領勘脩先後發帑金三千餘兩又發內庫顏料官銅計不下二千兩命臣朱珪臣明安臣額勒布督司其事各官輸銀一
萬有贏六年二月初二日開工五月初九日告成于是正殿寢宮前榮配廡巍煥一新其東大士 關帝各殿皆飾因其舊有不敢廢也是日
皇上親臨薦香行九叩禮 神光肅然 諭禮部太常寺議春秋歲祭列于祀典一切做 關帝廟行事文德武功允相配也禮臣議上 報可
上親製七言詩一首暨 諭旨刻于石 命臣記其本末于碑陰以昭式久遠臣考文昌星載于天官書所謂斗魁六星戴匡曰文昌是也書禮于
六宗孔穎達疏引鄭元云六宗皆天神司中司命文昌第五第四星也周禮大宗伯以槱燎祀司中司命鄭注謂文昌星然則文昌祀始于虞著于
周禮周漢晉以來以配郊祀而元命包所云上將建威武次將正左右貴相理文緒司祿賞功進士則職司文武爵祿科舉之本矣若實其人主之
則以 帝君著世于周初為張仲孝友顯化于隋唐為文中子王通徵于李商隱張亞子廟詩孫樵祭梓潼神君文文獻通考唐元宗有左丞之
命僖宗有濟順王之封宋真宗改封英顯賜額靈應理宗加封輔元開化文昌司祿帝君元加宏仁帝君明成化十三年重修北城靖恭坊梓潼帝
君廟即今地也竊考禮記五方帝實以五人帝而傳說為列星此天人之合無可疑也 帝君降歘生天以忠孝輔國牖民我
皇上達天通睿感應一誠迭秩無文而定曠典實足信今而式後偃伯而昌文以光幽贊以協明禋非
大聖人其能天人合撰若是之敘倫而彰化者乎臣珪謹記
嘉慶六年歲次辛酉五月二十日
經筵講官南書房行走上書房總師傅戶部尚書臣朱珪奉
勑恭撰
懋勤殿行走戶部雲南司額外主事臣黃鉞奉
勑敬書

京 569《文昌帝君廟碑》

敕建　文昌帝君廟碑記

皇上臨御首出誠孝通乎　帝謂明幽格乎民神邇安遠讋顧西南小蠢俶擾潼江官兵屢捷扼其西竄若有神助乃咨詢督臣勒保奏嘉慶五年
二月賊百餘騎至梓潼望見七曲山旗幟森列疑有伏即退不敢窺適參贊德楞泰大兵迅會賊遂辟易　神佑昭然
皇上即御書化成耆定扁額頒發祠山以彰　靈績又　詢臣珪京師何以無專廟臣對以地安門外舊有元明廢祠傾圮久矣
上特命步軍統領勘修先後　發帑金三千餘兩又　發內庫顏料官銅計不下二千兩　命臣朱珪臣明安臣額勒布督司其事各官輸銀一
萬有贏六年二月初二日開工五月初九日告成于是正殿寢宮前榮配廡巍煥一新其東　大士　關帝各殿皆飭因其舊有不敢廢也是日
皇上親臨薦香行九叩禮　神光肅然　諭禮部太常寺議春秋歲祭列於祀典一切仿　關帝廟行事文德武功允相配也禮臣議上　報可
上親製七言詩一首暨　諭旨刻於石　命臣記其本末於碑陰以昭式久遠臣考文昌星載於天官書所謂斗魁六星戴匡曰文昌是也書禋於
六宗孔穎達疏引鄭元云六宗皆天神司中司命文昌第五第四星也周禮大宗伯以槱燎祀司中司命鄭注謂文昌星然則文昌祀始於虞著於
周禮周漢晉以來以配郊祀而元命包所云上將建威武次將正左右貴相理文緒司祿賞功進士則職司文武爵祿科舉之本矣若實其人主之
則以　帝君著世於周初爲張仲孝友顯化於隋唐爲文中子王通徵於李商隱張亞子廟詩孫樵祭梓潼神君文文獻通考唐元宗有左丞之
命僖宗有濟順王之封宋真宗改封英顯賜額靈應哲宗加封輔元開化文昌司祿帝君元加宏仁帝君明成化十三年重修北城靖恭坊梓潼帝
君廟即今地也竊考禮記五方帝實以五人帝而傳說爲列星此天人之合無可疑也　帝君降嶽生天以忠孝輔國牖民我
皇上達天通睿感應一誠遂秩無文而定曠典實足信今而式後偃伯而昌文以光幽贊以協明禋非
大聖人其能天人合撰若是之敍倫而彰化者乎臣珪謹記

嘉慶六年歲次辛酉五月二十日

經筵講官　南書房行走　上書房總師傅戶部尚書臣朱珪奉
敕恭撰
懋勤殿行走戶部雲南司額外主事臣黃鉞奉
敕敬書

京569《文昌帝君廟碑》

文昌帝君廟碑

首題：敕建文昌帝君廟碑記
年代：清嘉慶六年（1801）五月二十日
原址：東城區帽兒胡同梓潼廟
拓片尺寸：碑陽高 154、寬 68 厘米
書體：楷書
撰人：朱珪
書人：黄鉞
《目録》：頁 327
拓片編號：京 569
拓片録自：《北京圖書館藏中國歷代石刻拓本匯編》第 77 卷 96 頁

【碑陽】

額題：

碑文：

敕建文昌帝君廟碑記 1

皇上臨御首出，誠孝通乎帝謂，明幽格乎民神，邇安遠讋。顧西南小蠢俶擾潼江，官兵屢捷，扼其西竄，若有神助。乃咨詢。督臣勒保奏：嘉慶五年 2 二月，賊百餘騎至梓潼，望見七曲山旗幟森列，疑有伏，即退不敢窺。適參贊德楞泰大兵迅會，賊遂辟易，神佑昭然。3 皇上即御書化成耆定扁額，頒發祠山，以彰靈績。又詢臣珪：京師何以無專廟？臣對以地安門外舊有元明廢祠，傾圮久矣。4 上特命步軍統領勘修，先後發帑金三千餘兩，又發内庫顏料官銅計不下二千兩，命臣朱珪、臣明安、臣額勒布督司其事。各官輸銀一 5 萬有贏。六年二月初二日開工，五月初九日告成。于是正殿、寢宫、前榮、配廡巍焕一新，其東大士、關帝各殿皆飭因其舊有，不敢廢也。是日 6 皇上親臨薦香，行九叩禮，神光肅然。諭禮部太常寺議，春秋歲祭，列於祀典，一切仿關帝廟行事，文德武功允相配也。禮臣議上報可。7 上親製七言詩一首，暨諭旨刻於石，命臣記其本末於碑陰，以昭式久遠。臣考文昌星載於《天官書》，所謂"斗魁六星"，戴匡曰："文昌是也。"《書》"禋於 8 六宗"。孔穎達疏引鄭元云："六宗皆天神，司中、司命，文昌第五、第四星也。"《周禮·大宗伯》"以槱燎祀司中司命"，鄭注謂文昌星。然則文昌祀始於虞，著於 9 周禮，周、漢、晉以來以配郊祀。而《元命包》所云："上將建威武，次將正左右，貴相理文緒，司禄賞功進士。"則職司文武爵禄科舉之本矣。若實其人主之，10 則以帝君著世於周初，爲張仲孝友，顯化於隋唐，爲文中子王通，徵於李商隱《張亞子廟》詩、孫樵《祭梓潼神君文》。《文獻通考》：唐元宗有左丞之 11 命，僖宗有濟順王之封。宋真宗改封英顯，賜額靈應，哲宗加封輔元開化文昌司禄帝君。元加宏仁帝君。明成化十三年重修北城靖恭坊梓潼帝 12 君廟，即今地也。竊考《禮記》，五方帝實以五人帝，而傳説爲列星，此天人之合無可疑也。帝君降嶽生天，以忠孝輔國牖

民。我 13 皇上達天通睿，感應一誠，遂秩無文而定曠典，實足信今而式後，偃伯而昌文，以光幽贊，以協明禋，非 14 大聖人其能天人合撰若是之敍倫而彰化者乎。臣珪謹記 15

嘉慶六年歲次辛酉五月二十日。16

經筵講官南書房行走上書房總師傅戶部尚書臣朱珪奉 17 敕恭撰。18

懋勤殿行走戶部雲南司額外主事臣黃鉞奉 19 敕敬書。20

京 570《文昌帝君廟碑》陽

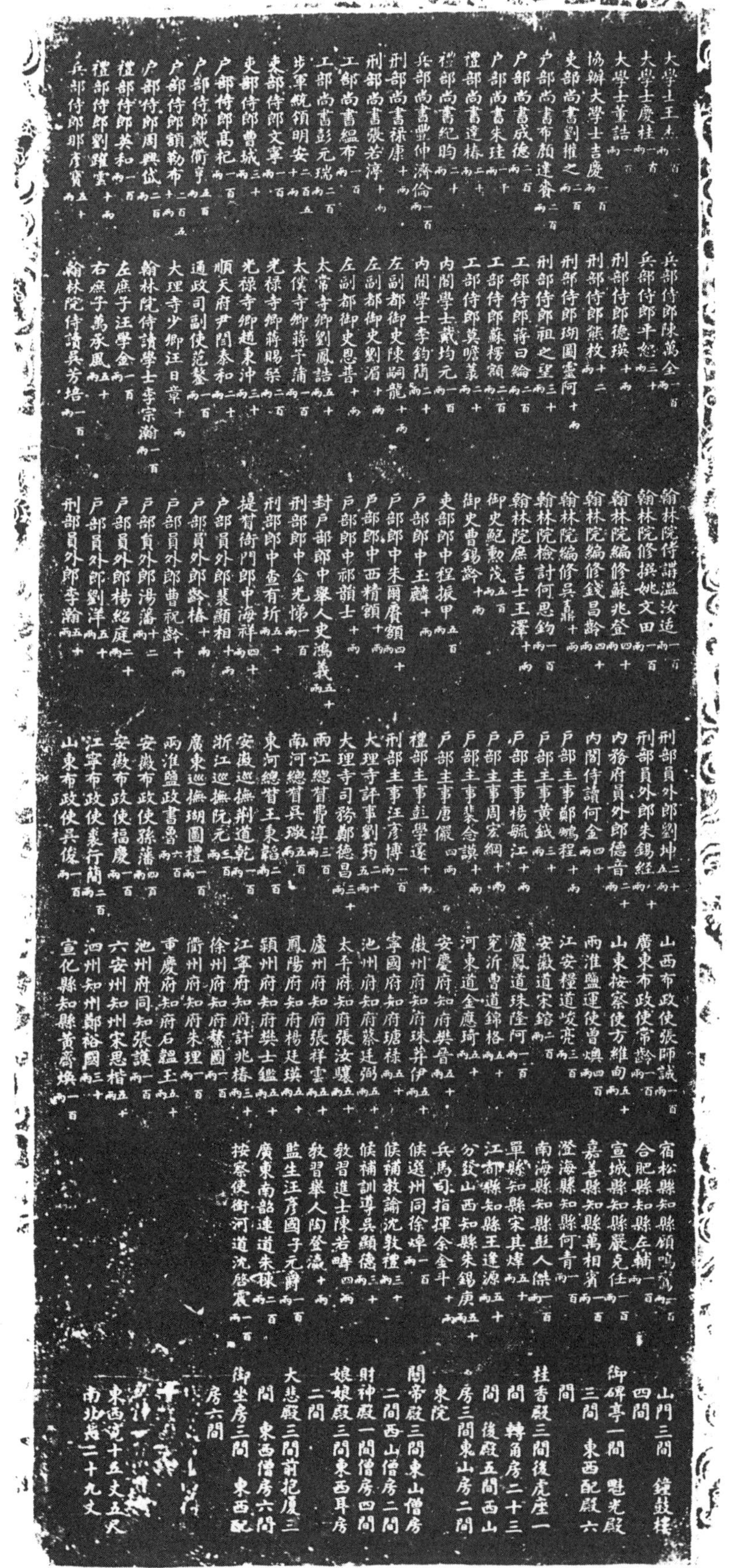

京 570《文昌帝君廟碑》陰

重刻明成化敕建文昌廟碑文

明御製護國文昌帝君廟舊碑

朕聞古昔天生聖君必能欽崇天命祇肅於上下神祇而著功德於國家者必有褒典豈古今之間哉嘗思我
太祖高皇帝開國垂統奄有萬方其應祀神祇遐邇一理以至
皇曾祖考克繼克述相傳寶位咸體天地生物之仁表神靈顯化之跡其用人多賢材所以隆盛悠久迨朕承天廣運即位以來躬效實行不悖正理凡所施設悉遵成憲宵旰匪懈乃於萬幾之暇仰慕文昌應化之德扶賢助忠之功未遑禪報近閱化書甫知靈妙遂問近臣奏謂都城艮地有梓潼舊廟其官民士庶祈籤者絡繹不絕歷有靈驗惟殿宇窄狹難於瞻禮朕聞奏議僉嘉帝德特命内官監太監陳貴總督公務秉心協誠寬廣規模治木更建一應之費皆貴親給均俵百工人等精勤不倦告成之日名曰敕建護國帝君廟請安古像於正殿之中新像
聖后偕供於後殿之内侍從神將列於左右凡當奉者亦皆煥然異彩輝耀越古超今萬衆欣瞻加其敬向朕亦恭崇上以集景福用報於宗
廟社稷下以霑利益廣濟於顯幽海嶽澄寧華夷康謐恭冀帝君默垂應化之元功茂臻天運於萬萬年矣謹記於石後系以詩曰桂香内殿懸穹隆揮毫博翰宣皇風宏仁輔國治道公奎辟孕秀光昭融化書具載敷神功英華雲錦浩氣沖昊天師範金闕崇飛鸞開化多靈通如意救劫妙無窮主司科目輝儒宗詞章筆翰曷奇聰庸愚敬奉開迷蒙紫霞遍覆騰九重琉璃光燦映帝容皇圖悠久社稷隆人安物阜年華豐
聖母彌壽如天同宮闈衍慶承帡幪七曲朝陽海日紅帝德萬載侑朕躬　大明成化十三年二月十五日

右明憲宗成化十三年丁酉敕建　文昌帝君廟碑文見馮可賓刻化書明一統志廟在順天府西南景泰五年因舊重建朱彝尊日下舊聞在北城靖恭坊有敕建碑先是兵部主事繆丙泰告珪曰厚載門外橋北東轉爲提督衙門街再東帽兒胡同有舊梓潼廟神像湫隘地址侵佔以化書載録示珪珪屬大司農布彦達賚訪之及承　清問遂以其地對旋奉督修之
命掘地得敕諭原碑嵌之後殿東廊壁而此碑則斷爛漫滅不可復完乃依原文補刻以誌其舊文内有聖后像則爲劣僧毀埋矣考憲宗是年置西廠退商輅未免醇疵之間而史稱其朝多耆彦蠲賦省刑庶幾仁宣之治是舉右文修廢則誠令辟也謹附著之時襄事者戶部郎中朱尔賡額步軍統領衙門郎中海祥刑部員外郎朱錫經戶部筆帖式約可清阿奎英而輪資各官載於碑陰　大興朱珪識
經筵講官太子太保　上書房總師傅　體仁閣大學士管理國子監事務諸城劉墉書丹
嘉慶六年辛酉六月丙午朔

京570《文昌帝君廟碑》陽

山西布政使張師誠　一百兩
廣東布政使常齡　一百兩
山東按察使方維甸　五十兩
兩淮監運使曾燠　四百兩
江安糧道峻亮　三百兩
安徽道宋鎔　二百兩
盧鳳道珠隆阿　一百兩
兗浙曹道錦格　五十兩
河東道金應琦　五十兩
安慶府知府樊晉　五十兩
徽州府知府珠莽伊　五十兩
寧國府知府瑭祿　五十兩
池州府知府蔡廷弼　五十兩
太平府知府張汝驤　五十兩
盧州府知府張祥雲　五十兩
鳳陽府知府楊廷瑛　五十兩
潁州府知府樊士鑑　五十兩
江寧府知府許兆椿　三十兩
徐州府知府鰲圖　一百兩
衢州府知府朱理　一百兩
重慶府知府石韞玉　五十兩
池州府同知張護　一百兩
六安州知州宋思楷　五十兩
泗州知州鄭裕國　三十兩
宣化縣知縣黃齊煥　一百兩

宿松縣知縣顧鳴鸞　一百兩
合肥縣知縣左輔　一百兩
宣城縣知縣嚴克任　一百兩
嘉善縣知縣萬相賓　一百兩
澄海縣知縣何青　一百兩
南海縣知縣彭人傑　一百兩
單縣知縣宋其煒　五十兩
江都縣知縣王逢源　五十兩
分發山西知縣朱錫庚　五十兩
兵馬司指揮余金斗　十兩
候選州同徐焯　一百兩
候補教諭沈敦禮　三十兩
候補訓導吳顯德　三十兩
教習進士陳若疇　四兩
教習舉人陶登瀛　十兩
監生汪彥國子元爵　一百兩
廣東南韶連道朱棟　二百兩
按察使銜河道沈啓震　一百兩

山門三間　鐘鼓樓
四間
御碑亭一間　魁光殿
三間　東西配殿六
間
桂香殿三間後虎座一
間　轉角房二十三
間　後殿五間西山
房三間東山房二間
東院
關帝殿三間東山僧房
二間西山僧房二間
財神殿一間僧房四間
娘娘殿三間東西耳房
二間
大悲殿三間前抱廈三
間　東西僧房六間
御坐房三間　東西配
房六間

東西寬十五丈五尺
南北長二十九丈

京570《文昌帝君廟碑》陰

大學士王杰 一百兩
大學士慶桂 一百兩
大學士董誥 一百兩
協辦大學士吉慶 一百兩
吏部尚書劉權之 二百兩
戶部尚書布顏達賚 二百兩
戶部尚書成德 二百兩
戶部尚書朱珪 一千兩
禮部尚書達椿 二十兩
禮部尚書紀昀 二十兩
兵部尚書豐伸濟倫 一百兩
刑部尚書祿康 十兩
刑部尚書張若渟 十兩
工部尚書緼布 一百兩
工部尚書彭元瑞 二百兩
步軍統領明安 二百五十兩
吏部侍郎文寧 一百兩
吏部侍郎曹城 三十兩
戶部侍郎高杞 一百兩
戶部侍郎戴衢亨 五百兩
戶部侍郎額勒布 二百五十兩
戶部侍郎周興岱 二百兩
禮部侍郎英和 一百兩
禮部侍郎劉躍雲 十兩
兵部侍郎那彥寶 五十兩

兵部侍郎陳萬全 一百兩
兵部侍郎平恕 三十兩
刑部侍郎德瑛 十兩
刑部侍郎熊枚 十二兩
刑部侍郎瑚圖靈阿 十兩
刑部侍郎祖之望 三十兩
工部侍郎蔣曰綸 二百兩
工部侍郎蘇楞額 二百兩
工部侍郎莫瞻菉 二十兩
內閣學士戴均元 一百兩
內閣學士李鈞簡 二十兩
左副都御史陳嗣龍 十兩
左副都御史劉湄 十兩
左副都御史恩普 十兩
太常寺卿劉鳳誥 五十兩
太僕寺卿蔣予蒲 一百兩
光祿寺卿蔣賜棨 二百兩
光祿寺卿趙秉沖 三十兩
順天府尹閆泰和 二十兩
通政司副使范鏊 一百兩
大理寺少卿汪日章 十兩
翰林院侍讀學士李宗瀚 一百兩
左庶子汪學金 一百兩
右庶子萬承風 五十兩
翰林院侍讀吳芳培 一百兩

翰林院侍講溫汝适 一百兩
翰林院修撰姚文田 一百兩
翰林院編修蘇兆登 四十兩
翰林院編修錢昌齡 四十兩
翰林院編修吳鼒 十兩
翰林院檢討何思鈞 一百兩
翰林院庶吉士王澤 十兩
御史鮑勲茂 五百兩
御史曹錫齡 十兩
吏部郎中程振甲 五百兩
戶部郎中玉麟 十兩
戶部郎中朱爾賡額 四十兩
戶部郎中西精額 十兩
戶部郎中祁韻士 十兩
封戶部郎中舉人史鴻義 五十兩
刑部郎中金光悌 一百兩
刑部郎中查有圻 五十兩
提督衙門郎中海祥 四十兩
戶部員外郎裴顯相 十兩
戶部員外郎齡椿 十兩
戶部員外郎曹祝齡 十兩
戶部員外郎湯藩 十二兩
戶部員外郎楊紹庭 二十兩
戶部員外郎劉洋 五十兩
刑部員外郎李瀚 五十兩

刑部員外郎劉坤 一五
刑部員外郎朱錫經
內務府員外郎德音
內閣侍讀何金 四十兩
戶部主事鄭鵬程 十
戶部主事黃鉞 三十兩
戶部主事楊毓江 十
戶部主事周宏綱 十
戶部主事裴念謨 十
戶部主事唐儼 四兩
禮部主事彭學邃 十
刑部主事汪彥博 一兩
大理寺評事劉筠 二五
大理寺司務鄭德昌
兩江總督費淳 三百兩
南河總督吳璥 五百兩
東河總督王秉韜 二
安徽巡撫荊道乾 一兩
浙江巡撫阮元 三百兩
廣東巡撫瑚圖禮 一兩
兩淮鹽政書魯 六百兩
安徽布政使孫藩 四兩
安徽布政使福慶 一兩
江寧布政使裘行簡
山東布政使吳俊 一兩

文昌帝君廟碑

首題:明御製護國文昌帝君廟舊碑
年代:清嘉慶六年(1801)六月一日
原址:東城區帽兒胡同梓潼廟
今址:東城區帽兒胡同文昌廟
拓片尺寸:碑陽高 158 、寬 66 厘米;額陽高 27、寬 22 厘米。陰高 155、寬 68 厘米
書體:楷書
撰人:朱珪
書人:刘墉
《目録》:頁 327
拓片編號:京 570
拓片録自:《北京圖書館藏中國歷代石刻拓本匯編》第 77 卷 97—98 頁。陰刻捐資題名及廟産

【碑陽】
額題:重刻明成化敕建文昌廟碑文(篆書)
碑文:

明御製護國文昌帝君廟舊碑 1

朕聞古昔天生聖君,必能欽崇天命,祇肅於上下神祇。而著功德於國家者,必有褒典。豈古今之間哉。嘗思我 2 太祖高皇帝,開國垂統,奄有萬方,其應祀神祇遐邇一理,以至 3 皇曾祖考,克繼克述,相傳寶位,咸體天地生物之仁,表神靈顯化之跡。其用人多賢材,所以隆盛悠久。迨朕承天廣運,即位以來,躬效實行,不 4 悖正理。凡所施設,悉遵成憲,宵旰匪懈。乃於萬幾之暇,仰慕文昌應化之德,扶賢助忠之功,未遑禪報。近閲化書,甫知靈妙,遂問近臣。奏謂都 5 城艮地有梓潼舊廟。其官民士庶祈籤者絡繹不絕,歷有靈驗。惟殿宇窄狹,難於瞻禮。朕聞奏議,愈嘉帝德,特命内官監太監陳貴總督公務,6 秉心協誠,寬廣規模,治木更建。一應之費,皆貴親給均俵。百工人等,精勤不倦。告成之日,名曰敕建護國帝君廟。請安古像於正殿之中。新像 7 聖后偕供於後殿之内,侍從神將列於左右。凡當奉者,亦皆煥然,異彩輝耀,越古超今。萬衆欣瞻,加其敬向。朕亦恭崇。上以集景福,用報於宗 8 廟社稷;下以霑利益,廣濟於顯幽。海嶽澄寧,華夷康謐。恭冀帝君默垂應化之元功,茂臻天運於萬萬年矣。謹記於石,後系以詩曰:桂香内殿 9 懸穹隆,揮毫博翰宣皇風。宏仁輔國治道公,奎辟孕秀光昭融。化書具載敷神功,英華雲錦浩氣沖。昊天師範金闕崇,飛鸞開化多靈通。如意 10 救劫妙無窮,主司科目輝儒宗。詞章筆翰曷奇聰,庸愚敬奉開迷蒙。紫霞遍覆騰九重,琉璃光燦映帝容。皇圖悠久社稷隆,人安物阜年華豐。11 聖母彌壽如天同,宮闈衍慶承帡幪。七曲朝陽海日紅,帝德萬載侑朕躬。大明成化十三年二月十五日。12

右明憲宗成化十三年丁酉敕建文昌帝君廟碑文,見馮可賓刻化書。《明一統志》:廟在順

天府西南，景泰五年因舊重建。朱彝尊《日 13 下舊聞》：在北城靖恭坊，有敕建碑。先是兵部主事繆丙泰告珪曰：厚載門外橋北東轉爲提督衙門街，再東帽兒胡同有舊梓潼廟。神像 14 湫隘，地址侵佔。以化書載録示珪。珪屬大司農布彦達賚訪之，及承清問，遂以其地對。旋奉督修之 15 命，掘地得敕諭原碑，嵌之後殿東廊壁，而此碑則斷爛漫滅不可復完，乃依原文補刻以誌。其舊文内有聖后像，則爲劣僧毁埋矣。考憲宗是 16 年置西廠，退商輅，未免醇疵之間。而史稱其朝多耆彦，蠲賦省刑，庶幾仁宣之治。是舉右文修廢，則誠令辟也。謹附著之。時襄事者戶部 17 郎中朱尔賡額，步軍統領衙門郎中海祥，刑部員外郎朱錫經，戶部筆帖式約可清、阿奎英。而輸資各官，載於碑陰。大興朱珪識。18 經筵講官太子太保、上書房總師傅、體仁閣大學士、管理國子監事務諸城劉墉書丹。19 嘉慶六年辛酉六月丙午朔。20

【碑陰】

額題：

碑文：

大學士王杰一百兩、大學士慶桂一百兩、大學士董誥一百兩、協辦大學士吉慶一百兩、吏部尚書劉權之二百兩、戶部尚書布顔達賚二百兩、戶部尚書成德二百兩、戶部尚書朱珪一千兩、禮部尚書達椿二十兩、禮部尚書紀昀二十兩、兵部尚書豐伸濟倫一百兩、刑部尚書禄康十兩、刑部尚書張若渟十兩、工部尚書緼布一百兩、工部尚書彭元瑞二百兩、步軍統領明安二百五十兩、吏部侍郎文寧一百兩、吏部侍郎曹城三十兩、戶部侍郎高杞一百兩、戶部侍郎戴衢亨五百兩、戶部侍郎額勒布二百五十兩、戶部侍郎周興岱二百兩、禮部侍郎英和一百兩、禮部侍郎劉躍雲十兩、兵部侍郎那彦寶五十兩、兵部侍郎陳萬全一百兩、兵部侍郎平恕三十兩、刑部侍郎德瑛十兩、刑部侍郎熊枚十二兩、刑部侍郎瑚圖靈阿十兩、刑部侍郎祖之望三十兩、工部侍郎蔣曰綸二百兩、工部侍郎蘇楞額二百兩、工部侍郎莫瞻菉二十兩、内閣學士戴均元一百兩、内閣學士李鈞簡二十兩、左副都御史陳嗣龍十兩、左副都御史劉湄十兩、左副都御史恩普十兩、太常寺卿劉鳳誥五十兩、太僕寺卿蔣予蒲一百兩、光禄寺卿蔣賜棨二百兩、光禄寺卿趙秉沖三十兩、順天府尹閆泰和二十兩、通政司副使范鏊一百兩、大理寺少卿汪日章十兩、翰林院侍讀學士李宗瀚一百兩、左庶子汪學金一百兩、右庶子萬承風五十兩、翰林院侍讀吳芳培一百兩、翰林院侍講溫汝适一百兩、翰林院修撰姚文田一百兩、翰林院編修蘇兆登四十兩、翰林院編修錢昌齡四十兩、翰林院編修吳鼒十兩、翰林院檢討何思鈞一百兩、翰林院庶吉士王澤十兩、御史鮑勲茂五百兩、御史曹錫齡十兩、吏部郎中程振甲五百兩、戶部郎中玉麟十兩、戶部郎中朱爾賡額四十兩、戶部郎中西精額十兩、戶部郎中祁韻士十兩、封戶部郎中舉人史鴻義五十兩、刑部郎中金光悌一百兩、刑部郎中查有圻五十兩、提督衙門郎中海祥四十兩、戶部員外郎裴顯相十兩、戶部員外郎齡椿十兩、戶部員外郎曹祝齡十兩、戶部員外郎湯藩十二兩、戶部員外郎楊紹庭二十兩、戶部員外郎劉洋五十兩、刑部員外郎李瀚五十兩、刑部員外郎劉坤二十五兩、刑部員外郎朱錫經八十兩、内務府員外郎德音二十兩、内閣侍讀何金四十兩、戶部主事鄭鵬程十兩、戶部主事黄鉞三十兩、戶部主事楊毓江十兩、戶部主事周宏綱十兩、戶部主事裴念謨十兩、戶部主事唐儼四兩、禮部主事彭學邃十兩、刑部主事汪彦博一百兩、大理寺評事劉筠二十五兩、大理寺司務鄭德昌三十兩、兩江總督費淳三百兩、南河總督吳璥五百兩、東河總督王秉韜二百兩、安徽巡撫荊道乾一百兩、浙江巡撫阮元三百兩、廣東巡撫瑚圖禮一百兩、兩淮鹽政書魯六百兩、安徽布政使孫藩四百兩、安徽布政使福慶一百兩、江寧布政使裘行簡二百兩、山東布政使吳俊一百兩、山西布政使張師誠一百兩、廣東布政使常齡一百兩、山東按察使方維甸五十兩、兩淮監運使曾燠四百兩、江安糧道峻亮三百兩、安徽道宋鎔二百兩、盧鳳道珠隆阿一百兩、兗浙曹道錦格五十兩、河東道金應琦五十兩、安慶府知府樊晉五十兩、徽州府知府珠莽伊五十兩、寧國府知府瑭祿五十兩、池州府知府蔡廷弼五十兩、太平府知府張汝驤五十兩、盧州府知府張祥雲五十兩、鳳陽府知府楊廷瑛五十兩、潁州府知府樊士鑑五十兩、江寧府知府許兆椿三十兩、徐州府知府鰲圖一百兩、衢州府知府朱理一百兩、重慶府知府石韞玉五十兩、池州府同知張護一百兩、六安州知州宋思楷五十兩、泗州知州鄭裕國三十兩、宣化縣知縣黃齊煥一百兩、宿松縣知縣顧鳴鸞一百兩、合肥縣知縣左輔一百兩、宣城縣知縣嚴克任一百兩、嘉善縣知縣萬相賓一百兩、澄海縣知縣何青一百兩、南海縣知縣彭人傑一百兩、單縣知縣宋其焯五十兩、江都縣知縣王逢源五十兩、分發山西知縣朱錫庚五十兩、兵馬司指揮余金斗十兩、候選州同徐焯一百兩、候補教諭沈敦禮三十兩、候補訓導吳顯德三十兩、教習進士陳若疇四兩、教習舉人陶登瀛十兩、監生汪彥國子元爵一百兩、廣東南韶連道朱棟二百兩、按察使銜河道沈啓震一百兩。

山門三間,鐘鼓樓四間。御碑亭一間,魁光殿三間,東西配殿六間。桂香殿三間,後虎座一間,轉角房二十三間,後殿五間,西山房三間,東山房二間。東院關帝殿三間,東山僧房二間,西山僧房二間。財神殿一間,僧房四間。娘娘殿三間,東西耳房二間。大悲殿三間,前抱廈三間,東西僧房六間。御坐房三間,東西配房六間。東西寬十五丈五尺,南北長二十九丈。

文昌廟內嘉慶六年《文昌帝君廟碑》(2013 年 5 月 曉松攝)

嘉慶辛酉年孟冬月吉日敬摹

像

江西南豐弟子趙由建薰沐奉

京565《觀音像》

觀音像

碑名:觀音像
年代:清嘉慶六年(1801)十月
原址:東城區帽兒胡同梓潼廟
拓片尺寸:碑陽高 67、寬 38 厘米
摹畫:趙由建
《目録》:頁 454
拓片編號:京 565
拓片録自:北京大學圖書館藏原拓片

【碑陽】

碑文:

嘉慶辛酉年孟冬月吉日敬摹
江西南豐弟子趙由建薰沐奉

總管內務府謹
奏為奏
聞請
旨事准太常寺文稱據
文昌帝君廟住持僧人達理呈稱
文昌帝君廟自嘉慶六年重脩以來
加添春秋二祭官為經理外其
餘一切用度供獻均係僧人募
化並無領項亦無官撥香火地
畝嗣於咸豐七年升入
中祀後內務府每月添給香供銀六
兩並無僧人養贍之需惟有叩
懇撥給香火地畝以資養贍等
因前來臣等查
文昌帝君廟原係僧人私廟向藉房
租收募化錢文用度今升入
中祀廟內房間皆改為存收祭器官
庫該僧人晝夜看守不能出外
募化糊口無資係屬實在情形
臣等悉心商酌若照
中祀各廟之例添給俸薪僧廟並無
辦過成案若撥給香火地畝亦
無舊案可稽惟查雍正二年
湯山恵澤龍王廟有添給僧衆錢
糧之例可否仿照成案嗣後
文昌帝君廟每月住持僧人給予三
兩錢糧僧衆六名給予各一兩
錢糧廟戶八名各給予五錢
糧按照新定章程銀錢各半發
給以資養贍而重差務之處臣
等未敢擅便謹
奏請
旨等因於咸豐九年十月初一日具
奏奉
旨依議欽此
內閣侍讀南豐趙世駿書
住持僧善果率徒無漈補刻
宣統元年十一月 立石

京566《內務府奏請發給文昌帝君廟僧衆錢糧疏》

總管內務府謹
奏爲奏
聞請
旨事准太常寺文稱據
文昌帝君廟住持僧人達理呈稱
文昌帝君廟自嘉慶六年重修以來
加添春秋二祭官爲經理外其
餘一切用度供獻均係僧人募
化並無領項亦無官撥香火地
畝嗣於咸豐七年升入
中祀後內務府每月添給香供銀六
兩並無僧人養贍之需惟有叩
懇撥給香火地畝以資養贍等
因前來臣等查
文昌帝君廟原係僧人私廟向賴房
租及募化錢文用度今升入
中祀廟內房間皆改爲存收祭器官
庫該僧人晝夜看守不能出外
募化糊口無資係屬實在情形
臣等悉心商酌若照
中祀各廟之例添給俸薪僧廟並無
辦過成案若撥給香火地畝亦
無舊案可稽惟查雍正二年
湯山惠澤龍王廟有添給僧衆錢
糧之例可否仿照成案嗣後
文昌帝君廟每月住持僧人給予三
兩錢糧僧衆六名給予各二兩
錢糧廟戶八名各給予五錢錢
糧按照新定章程銀錢各半發
給以資養贍而重差務之處臣
等未敢擅便謹
奏請
旨等因於咸豐九年十月初一日具
奏奉
旨依議欽此
內閣候補侍讀南豐趙世駿書
玷
住持僧善果率徒無染補刻
虛
宣統元年十一月　立石

京566《內務府奏請發給文昌帝君廟僧衆錢糧疏》

内務府奏請發給文昌帝君廟僧衆錢糧疏

年代:宣統元年(1909)十一月
原址:東城區帽兒胡同梓潼廟
拓片尺寸:碑陽高33、寬98厘米
書體:楷書
書人:趙世駿
《目録》:頁532
拓片編號:京566
拓片録自:《北京圖書館藏中國歷代石刻拓本匯編》第90卷25頁

【碑陽】

碑文:

總管内務府謹1奏:爲奏2聞請3旨事。准太常寺文稱:據4文昌帝君廟住持僧人達理呈稱,5文昌帝君廟自嘉慶六年重修以來6加添春秋二祭官經理外,其7餘一切用度供獻均係僧人募8化,並無領項,亦無官撥香火地9畝。嗣於咸豐七年升入10中祀後,内務府每月添給香供銀六11兩,並無僧人養贍之需,惟有叩12懇撥給香火地畝,以資養贍等13因前來。臣等查14文昌帝君廟原係僧人私廟,向賴房15租及募化錢文用度。今升入16中祀,廟内房間皆改爲存收祭器官17庫。該僧人晝夜看守,不能出外18募化,糊口無資,係屬實在情形。19臣等悉心商酌,若照20中祀各廟之例添給俸薪,僧廟並無21辦過成案,若撥給香火地畝,亦22無舊案可稽。惟查雍正二年23湯山惠澤龍王廟有添給僧衆錢24糧之例。可否仿照成案,嗣後24文昌帝君廟每月住持僧人給予三25兩錢糧,僧衆六名給予各二兩26錢糧;廟戶八名,各給予五錢錢27糧。按照新定章程,銀錢各半發28給,以資養贍,而重差務之處。臣29等未敢擅便,謹30奏請31旨。等因於咸豐九年十月初一日具32奏。奉33旨依議。欽此。34

内閣候補侍讀南豐趙世駿書。35

住持僧善果率徒無玷、無染、無虚補刻。36

宣統元年十一月立石。37

土地廟

土地廟,原址約在今東城區安定门内大街东棉花胡同三十九號,寺廟建築現已不存。

土地廟始建時間不詳,至少於清初即登記入冊。《雍正廟冊》載綿花胡同土地廟爲大僧廟,有殿宇一間、禪房兩間,住持玉瑞。乾隆《京城全圖》上,廟位於綿花胡同路北,南臨街房上有門出入,但似並不屬於廟内。廟僅北房三間,規模與雍正時無異。而《乾隆廟冊》未登入,其後此廟無考。

2006 至 2015 年調查時，土地廟爲中央戲劇學院所在地,應早已傾頹。

福祥寺

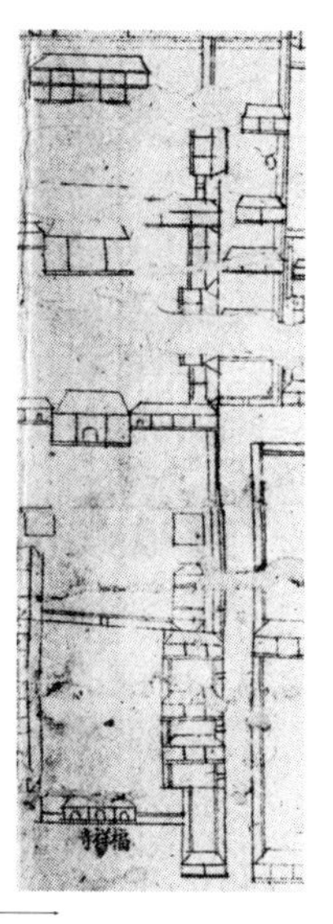

福祥寺，又稱裟衣寺[1]、錫哷圖倉[2]，有文獻記其也曾稱宏仁寺[3]，原址在内五區地安門外馬尾巴斜街十五號（今東城區南鑼鼓巷福祥胡同二十五號）。寺内原有碑刻兩通：明弘治十一年（1498）《福祥寺改山門記》、明萬曆二十一年（1593）《福祥寺碑》和同年佚名撰《福祥寺碑》同刻一石。《日下舊聞考》和《光緒順天府志》中，記廟内還有明正德三年（1508）侍講沈濤撰碑和萬曆四十一年（1613）《重修福祥寺碑記》各一通，然綜合其他資料考證，此説似不確[4]。弘治十一年（1498）《福祥寺改山門記》現存寺内，被居民用作屋牆。萬曆年間《福祥寺碑》存於北京石刻藝術博物館。

福祥寺始建於明正統初年，時位於靖恭坊，爲武少監

〔1〕《宸垣識略》卷六《内城二》，頁一百一十一；《北京市志稿·宗教志·名跡志》卷五·喇嘛教二，頁二百四十六至二百四十七。但據《北京文物勝跡大全·東城區卷》考證，以上文獻所記福祥寺和裟衣寺爲同一寺廟有誤。參見《北京文物勝跡大全·東城區卷》，頁二百六十四。

〔2〕《北京市志稿·宗教志·名跡志》卷五·喇嘛教二，頁二百四十六至二百四十七。

〔3〕據20世紀50年代的田野調查稱：雍正二年（1724）青海羅卜藏丹津之亂被平定之後，錫哷圖呼圖克圖使者來朝，購買福祥寺爲駐京行宫，更寺名爲宏仁寺，改宗爲藏傳佛教，然此説似不確，因雍正、乾隆僧録司登記廟册中，福祥寺歷來被記爲大僧廟，並無"宏仁寺"之稱。參見《北京文物勝跡大全·東城區卷》，頁二百六十五。另，胡同内"福祥寺"簡介銅牌上稱："雍正元年（1723），三世章嘉活佛若比多吉駐錫避難於此，改名宏仁寺，成爲藏傳佛教寺廟。"與《北京文物勝跡大全·東城區卷》説法一致。

〔4〕《日下舊聞考》、《光緒順天府志》記蓑衣胡同福祥寺内有三碑：弘治十一年黎鈺碑、正德三年沈濤碑和萬曆四十一年趙志皋碑。除可判斷弘治十一年碑爲《福祥寺改山門記》外，另外兩通碑不見其他記載。據考，萬曆四十一年《重修福祥寺碑記》撰書人趙志皋，在萬曆二十五年即去世，故文獻所記爲謬，應爲萬曆二十一年《福祥寺碑》。明正德三年（1508）侍講沈濤所撰碑文，在其後碑文中隻字不提，頗不符常規；民國年間，周肇祥親自踏訪石碑，亦僅看到兩通，故認定《日下舊聞考》所説爲誤。參見《光緒順天府志》，京師志十六·寺觀一·内城寺觀，頁四百八十二；《琉璃廠雜記》，頁一百一十一；《北平廟宇通檢》上編·内城·内五區，頁七十二至七十三。《北京文物勝跡大全·東城區卷》，頁二百六十四。

舍宅而建,明英宗賜額“福祥禪寺”[1]。成化二十年(1484)左右,寺曾重修。弘治九年(1496),御馬監太監陳公,聯合其他内侍太監,再次捐資重修。因原福祥寺佛殿山門方位不正,而移動佛殿、重改山門。至弘治十一年方告工竣[2]。清代、民國文獻中多記載此時爲敕建之始[3]。此後,曾有慧燈大師繕治廟務、傳續緇風,至萬曆年間,有僧人進圓(守愚)甫弱出家,壯年祝髮,皈禮福祥寺高僧已公,大徹大悟。於是發心重整廟貌,得到在朝多位官員支持。自萬曆十九年(1591)開始興工,後爲明神宗得知,嘉其勞有功,授進圓以僧録司左覺義兼住持福祥寺事。萬曆二十一年正月十五上元佳節,乃僧人觀佛舍利、點燈敬佛之日,工成告竣,時任通議大夫戶部左侍郎盧維禎爲寺撰文立碑,冀聖僧高德,永世傳揚[4]。是年五月,福祥寺再立重修碑,時任禮部尚書的趙志臯親自撰文,盧維禎再爲之篆額[5]。萬曆二十九年(1601),福祥寺住持圓進新建後閣二層,工自仲春至孟冬近一年而成,在閣樓梁上書有金字[6]。

清康熙五十八年(1719),福祥寺曾添建鐵磬等法物。《雍正廟冊》和《乾隆廟冊》中均記爲大僧廟。《雍正廟冊》載其位於福祥寺胡同内,有殿宇二十五間、禪房三十八間,住持崇立。《乾隆廟冊》中,福祥寺地址寫作東步粱橋,住持僧褊脩。乾隆《京城全圖》中,福祥寺位於因寺得名的福祥寺胡同,規模頗大。首有山門殿三間,均可開門通向廟内,山門内西有坐東朝西的排房十三間,貫穿前後兩院。東有小院兩所,南小院僅在南端有小房兩間,北小院内有殿房三排各三間,均坐北朝南,東墻開兩道小門通往胡同夾道;前院經院牆小門進入第二進院,内有東西鐘鼓樓,鐘樓南有小院一所,内僅小房兩間,南北相對而建。鐘鼓樓後正北爲前殿三間,中一間爲穿堂,東耳房四間,最西一間爲穿堂,西耳房兩間,東一間爲穿堂;前殿後爲第三進院,内有正殿三間帶西耳房兩間,殿後有小東房三間,前有東配殿三間,北耳房三間、南耳房二間;最後一進院落内有後罩樓二層,前有東配殿三間。因位於排段交界處,圖有漫漶,難以判斷是否還有西配殿。

清帝弘揚黄教,賜予蒙古、西藏、青海等地轉世活佛以國師、禪師等名號,不但迎請至京師,還賜予轉世活佛寺廟以爲本倉行宫,噶勒丹錫呼圖呼圖克圖即爲清朝十二大駐京呼圖克圖之一,其地位之重要,可與章嘉活佛比肩[7]。同治末年,噶勒丹錫呼圖呼圖克圖的商卓特巴[8]、甘肅人車臣喇嘛至北京,掛單於資福院[9],旋升任達喇嘛並劄薩克之職。車臣喇嘛姓陳,諱羅藏散丹,號慶林,原籍甘肅,他將福祥寺作爲自己駐錫之所,自此福祥寺改宗爲藏傳佛教。此後福祥寺添建頻繁,同治十三年(1874)、光緒元年(1875),住持比丘僧衲摩海敬立匾額二方;光緒六年(1880),福祥寺在衲摩海、佟格隆兩位住持督董下重修正殿,造千佛塑畫金身,又重修番、漢文龍藏經各一部,將底稿虔誠供奉,在後罩樓梁上白木板上用金字記録此事;光緒十一年(1885)九月,福祥寺住持佟格隆重修前殿天王殿三間,其時的輔國公、宗室載澤爲殿内親書多處匾額楹聯;光緒二十年(1894),

[1]參見明萬曆二十一年(1593)《福祥寺碑》,京452-2,《北京圖書館藏中國歷代石刻拓本匯編》卷五十八,頁三十六。

[2]參見明弘治十一年(1498)《福祥寺改山門記》,京453,據北京大學圖書館藏原拓片録文。

[3]《光緒順天府志》頁四百八十二;《燕都叢考》第四章·内三區各街市,頁三百八十六。

[4]明萬曆二十一年(1593)《福祥寺碑》,京452-1,《北京圖書館藏中國歷代石刻拓本匯編》卷五十八,頁三十五。

[5]明萬曆二十一年(1593)《福祥寺碑》,京452-2,《北京圖書館藏中國歷代石刻拓本匯編》卷五十八,頁三十六。

[6]參見國立北平研究院《福祥寺》,東四107。

[7]《光緒大清會典事例》卷九百七十四·理藩院·喇嘛封號,四庫全書版。

[8]藏語,管理寺院財政之官員。

[9]資福院位於安定門外西黄寺西北。

福祥寺又鑄造大鐵鼎、鐵爐各一座[1]。光緒二十六年(1900),北京經八國聯軍之侵,六世噶勒丹錫呼呼圖克圖洛桑圖登嘉措駐錫之仁壽寺被毁,於是劄薩克車臣喇嘛將自己駐錫之福祥寺獻給他,自此,福祥寺代替仁壽寺成爲噶勒丹錫呼圖呼圖克圖在京之駐錫本倉,福祥寺亦因此被稱爲"錫呼圖倉"或"錫呼圖佛倉"。宣統元年(1909)九月,福祥寺似有重修,由駿聲撰立"福祥寺"木額一方[2]。

民國時期,福祥寺仍作爲活佛駐錫之所。民國元年(1912),七世噶勒丹錫呼圖呼圖克圖跟敦隆多尼瑪代表青海人民表示擁護共和體制,並供奉長壽佛一尊及哈達、巴特默等物品,民國政府特嘉活佛之誠意,晉封"妙悟安仁";民國四年(1915),袁世凱總統又賞給福祥寺內的車臣喇嘛"綽爾濟"(法主)名號,以表彰他弘法護國之義。次年,民國政府榮請七世噶勒丹錫呼圖呼圖克圖至北平供職,並支給錢糧,賞坐黄轎,並穿戴月素貂掛,以表榮典優異,以後噶勒丹錫呼圖呼圖克圖歷次來京均駐錫於福祥寺內。民國十年(1921),時年66歲的車臣綽爾濟在彌留之際,還將床頭儲金提出一萬元以爲請經修廟之需。福祥寺作爲青海喇嘛至北平的駐錫之所,寺內設有青海代表駐北平辦事處,寺內額定喇嘛最多時有四十名[3]。民國十九年(1930),國民黨中央召開西藏會議,七世噶勒丹錫呼圖呼圖克圖代表青海藏族來京出席,仍住福祥寺。三年後公畢返青,道經寧夏省磴口縣(今屬內蒙古),遭狙殺。其遺龕被迎回青海大佛寺,由該省長官致祭後,轉運德慶寺供奉。第八世活佛本倉即爲青海德慶寺,再未入京[4]。此後福祥寺作爲佛倉的功能和作用日漸廢弛。

民國初年,周肇祥尋訪福祥寺,記其在地安門外蓑衣胡同之西,門前石獸大如狗,已殘缺大半,於福祥寺規制相當,應爲舊物。其時有喇嘛居寺中,殿中奉藏傳佛像[5]。20世紀30年代北平研究院調查時,福祥寺有院落兩進,大門二道。外大門南向,木額曰"福祥寺",宣統元年所造。門前石獅二頭、槐樹二株。內大門一間,南向,上懸木牌曰"青海錫呼圖呼圖克圖駐平辦公處"。前殿三間爲天王殿,木額爲光緒十一年九月重修所立之"法苑英風",內奉巨大法身的四大天王泥像,殿前東爲弘治十一年《福祥寺改山門記》、西爲萬曆二十一年《福祥寺碑》。殿東有小房四間,爲傳達處等;第二進院內,有北向"大慈真如寶殿"三間,木額滿、蒙、漢、藏四體文,前有月臺,房脊上建有小塔一座。其內供金身銅像如來佛坐像,莊嚴雄偉,案前安奉歷世呼圖克圖之影像照片,後供金身三世佛坐像三尊,木像金身,旁立韋陀、天王泥像,左爲木質金面關帝坐像,羅漢木像十八尊,後龕內有達摩老祖泥像一尊,坐高四尺。殿內有康熙五十八年造鐵磬,乾隆十八年造鐵鐘,載澤及住持衲摩海、佟格隆手書紙額各一方。東配殿三間爲接待室,南有東房三間爲隨使室,北有東房二間爲收發室及辦公室。西配房三間,爲翻譯室以及秘書室,北有西房二間爲隨員室。院內還有光緒二十年鑄大鉄鼎、鼎爐,柏樹九株、蓉樹一株、槐樹一株;最後一進院內有二層北閣五間,下爲空間,上層供奉如來釋迦旃檀佛木質立像三尊,梁上萬曆、光緒年間重修書金字及木板尚存,閣樓房脊上有小塔一座,院內有柏樹一株;寺東還有東配院一所,爲青海呼圖克圖住室,內有南北房各三間。其時福祥寺佔地約五畝,房屋共五十三間,然附屬土地面積達二百餘傾,可謂廟產雄厚。院內古樹參天,葳蕤成

〔1〕參見國立北平研究院《福祥寺》,東四107。《北京市志稿·宗教志·名跡志》卷五·喇嘛教二,頁二百四十六至二百四十七。

〔2〕參見國立北平研究院《福祥寺》,東四107。

〔3〕參見釋妙舟《蒙藏佛教史》第七篇·寺院·錫呼圖倉,揚州:廣陵書社,2009年,頁二百六二四。《北京市志稿·宗教志·名跡志》卷五·喇嘛教二,頁二百四十六至二百四十七。

〔4〕參見(日)若松寬《噶勒丹錫呼圖呼圖克圖考——清代駐京呼圖克圖研究》,《蒙古學資料與情報》1990年第3期,頁十七至二十四。

〔5〕周肇祥《琉璃廠雜記》,頁一百一十一。

陰，梵音時誦，自成幽靜之景色[6]。

據老住戶回憶，1949年，福祥寺前半部分被改爲煤鋪，其餘房屋作爲民居。寺廟山門、天王殿、東配殿及東跨院尚存，然佛像、法器已幾乎全無。當時大殿四角掛有鈴鐺，起風時很好聽，寺内中央有四方臺子，上有極大佛像。後院大殿前爲石條甬路，旁邊種着兩排松樹，大殿下深挖防空洞，至今尚存。廟裏原有留守喇嘛，於1950年代故去。“文化大革命”期間，福祥寺曾改稱“輝煌一號”，街道描圖廠佔用廟房，將四大天王神像拉倒。1970年左右，北閣被拆，從天花板上取出整整兩大卡車經書拉走（應即爲番漢龍藏經），同時發現的還有很多泥胎小佛像。爲給大串聯的紅衛兵燒柴做飯，木質佛像均被拆除焚毁。1976年唐山大地震，福祥寺大殿因發生傾斜而被房管所拆除，在原址上建六組排房，爲街道工廠用作宿舍。山門外兩株大槐樹，本鬱鬱參天，卻因街道工廠堆放廢料而枯死；前院大桃樹，以及院内喇嘛自己種的莊稼，均於此時蕩然無存。

2005、2006年調查時，福祥寺存二道門一間、小耳房兩間；前殿三間，内部樑架、天花彩繪精美脱俗，爲某工廠存放物品之庫房；東配殿三間，東跨院尚存南、北房各三間。前殿左側之《福祥寺改山門記》石碑被砌入民居廚房的南墻内，另一通石碑被運送至五塔寺石刻藝術博物館收藏[2]。院内約住六十多户人家。2014年的福祥寺格局和使用情況基本未變，在二道門東側，又發現水井舊址一處，現被民房遮蓋，四方井臺依稀可見。原大殿前的松樹今僅餘一株，昔日繁盛嚴整之舊貌已然難尋。然據居民稱，近年仍不時有來自青海的喇嘛不辭勞苦至活佛駐錫處朝拜。

福祥寺二道門　（2013年5月 曉松攝）

〔1〕參見國立北平研究院《福祥寺》，東四107；《北京寺廟歷史資料》，頁四百二十二。

〔2〕參見北京石刻藝術博物館《館藏石刻目》，今日中國出版社，1996年，頁四十四。

福祥寺東跨院正房北面（2014 年 9 月　王軍攝）

福祥寺二門頂部（2014 年 9 月　王軍攝）

福祥寺天王殿東北角（2014 年 9 月 王軍攝）

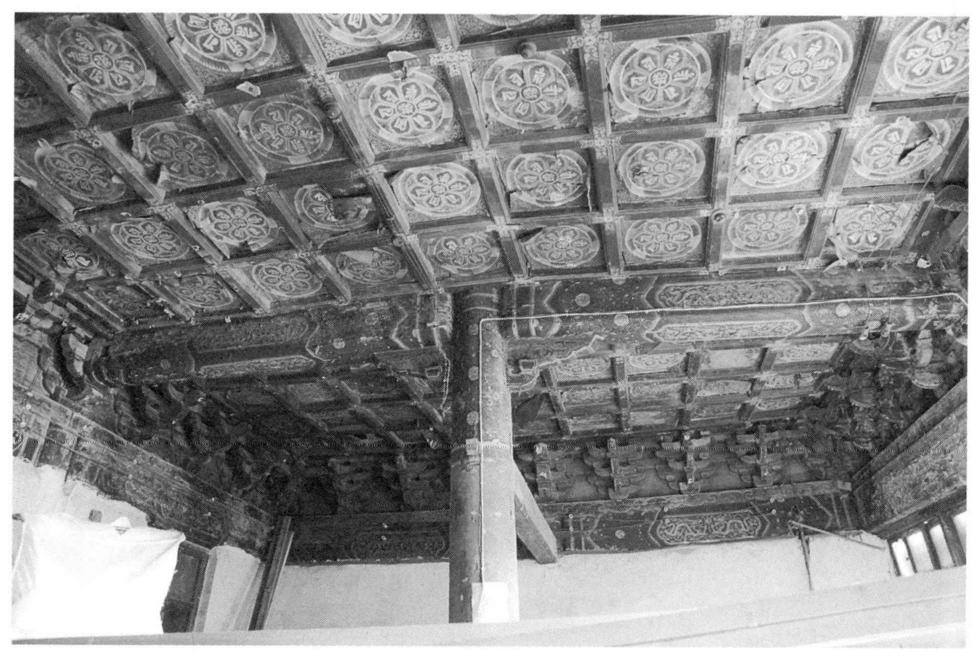

福祥寺天王殿内天花（2014 年 9 月 王軍攝）

敕賜福祥寺改山門記

敕賜福祥寺（下泐）

（此行全泐）

（此行全泐）

（上泐）吳□□顧（下泐）

禁城闕北□□□□□□□□□□□□之東偏在天□□□□□□□□節□有□□□□懷公□擴而大之其度材□百堵

□□而四□□□□□□也（下泐）

朝賜額曰福祥寺□□□□兩公□□之殿世□□□□□□□□□□□□□□□□□□□至今者十有四年弘治丙辰

御馬監太監陳公□□□薦□□□□□寺慨念□□□□□□□□□□□□□□之子者顧不忘父之志而不恚有以繼述乎又

□城（下泐）

（此行全泐）

（上泐）而（下泐）

（上泐）於秋九月落成而觀之厥位面陽

（上泐）之樓□佛殿而移出之地

（此行全泐）

（上泐）舊仰斯一以輝煌懷

（泐）

國　家　之　壽　以　（下　泐）

善者以□

（下泐甚）

京453《福祥寺改山門記》陽

司□監（下泐）

覃鑑 扶安 石王 杜恭 關□ □□ □□ □興（下泐）

王□ □□ □□ □通 王庸 楊□ 張□ 陳□（泐） □興 □勝 周魁 楊定 □定 □□ 楊□ 楊□ 徐□

楊殷 □敏 楊真 □□ □□ 陳□ □□ 張□ □□ □□ □□ □□ □敏 □廣 □□ □□ □□ □瑾 韋□ □□ 莊□ 楊□ □□ 鐵保 楊□ □□

□□ □□ 楊□ □□ 景□ 何泰 □□ 李成 陸□ □□ □□ □□ □海 王高 □□ 任良 □□ 楊□ □□ 徐成 □□ □□ □俊 □□ 韋□ □□ □□ □□

□□ □□ □□ □□ 孫翔 □□ □□ 張霄 □□ □□ 裴□（泐） 徐明 □□（下泐）

□□ □□ 韋山 □□（下泐） 張珊 王□ 程□ 王□ 張□ □張 □□ □陽 王鑑 張□

劉忠 □□ □福 □□ □英 □□ 楊□（下泐）

（上泐） □敬 張□ □□ □□ 趙□ 陳□（下泐）

□□ □□ □金 王□ □□ 蕭興 孫□ □□ □□ □福 □□ 金□ 裴□ □□（下泐）

（上泐） 郝□ 李須 唐德 □□ □□ □□ 李□ □誠（下泐）

內侍

□□ 楚良 □□ 郗俊 劉□ 王敦 王志 阿□ □□ 陳□ □□ 張□ □春 趙□ □扶 □□ 王臣 李政 王□ □□ □英 陳旦 曾祥

京453《福祥寺改山門記》陰

福祥寺改山門記

年代:明弘治十一年(1498)以後
原址:東城區南鑼鼓巷福祥胡同
今址:東城區南鑼鼓巷福祥胡同福祥寺內
拓片尺寸:碑陽高204、寬93厘米,額高42、寬30厘米;碑陰高138、寬96厘米
書體:楷書
《目録》:頁223
拓片編號:京453
拓片録自:北京大學圖書館藏原拓片

【碑陽】

額題:敕賜福祥寺改山門記(篆書)

碑文:

敕賜福祥寺(下泐)[1]

(此行全泐)[2]

(此行全泐)[3]

(上泐)吳□□顧(下泐)[4]禁城闕北□□□□□□□□□□□□之東偏,在天□□□□□□□□節□有□□□□懷公□擴而大之,其度材□百堵[5]□□而四□□□□□□□也(下泐)[6]朝,賜額曰福祥寺,□□□□兩公□□之殿,世□□□□□□□□□□□□□□□□□□至今者十有四年。弘治丙辰[7],御馬監太監陳公□□□薦□□□□□寺慨念□□□□□□□□□□□□□之子者,顧不忘父之志而不恚,有以繼述乎。又[8]□城(泐)於秋九月落成,而觀之,厥位面陽[12](上泐)之樓□佛殿而移出之地[13](泐)舊仰斯一以輝煌懷[15](泐)國家之壽以(下泐)善者以□[17](下泐甚)

【碑陰】

碑文:

司□監(下泐)[1]

覃鑑、扶安、石王、杜恭、(泐)闕□、□□、□□、□興、(下泐)[2]

王□、□□、□□、□通、王庸、楊□、張□、陳□、(泐)、□興、□勝、(泐)、周魁、楊定、□定、□□、楊□、楊□、徐□[3]

楊殷、□敏、楊真、□□、□□、陳□、□□、張□、□□、□□、□□、□□、□敏、□廣、□□、□□、□□、□瑾、韋□、□□、莊□、楊□、□□、鐵保、楊□、□□[4]

□□、□□、楊□、□□、景□、何泰、□□、李成、陸□、□□、□□、□□、□海、王高、□□、任良、□□、楊□、□□、徐成、□□、□□、□俊、□□、韋□、□□、□□、□□[5]

□□、□□、□□、□□、孫翔、□□、□□、張霄、□□、□□、裴□、（泐）徐明、□□、（下泐）6

□□、□□、韋山、□□、（下泐）張珊、（泐）王□、程□、王□、張□、□□、□陽、王鑑、張□7

劉忠、□□、□福、□□、□英、□□、楊□（下泐）8

（上泐）□敬、張□、□□、□□、趙□、陳□（下泐）9

□□、□□、□金、王□、□□、蕭興、孫□、□□、□□、□福、□□、金□、裴□、□□（下泐）10

（上泐）郝□、李須、唐德、□□、□□、□□、李□、□誠（下泐）11

內侍：12

上泐、□□、楚良、□□、郗俊、劉□、王敦、王志、阿□、□□、陳□、□□、張□、□春、趙□、□扶、□□、王臣、李政、王□、□□、□英、陳旦、曾祥 13

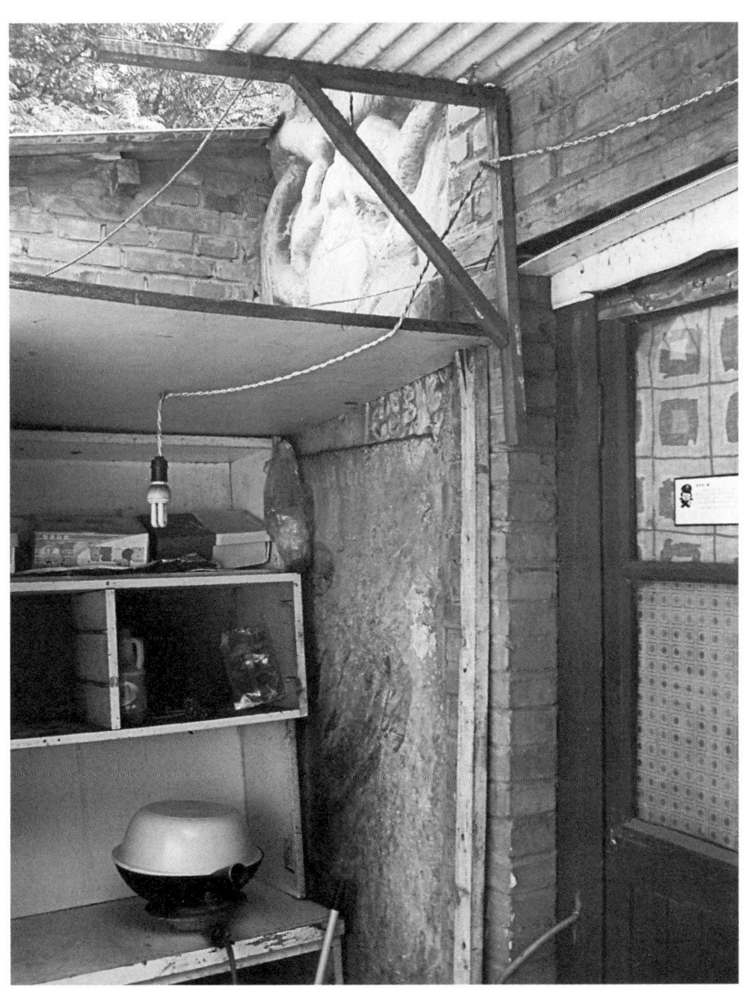

《福祥寺改山門記》碑，已被砌入福祥寺前殿左側廚房南墻內　（2005 年 10 月　如意攝）

京452-1《福祥寺碑》

重修福祥禪寺碑記

僧録司左覺義守愚進公住持福祥寺序

聿覺帝拈花於大梵菩提繼武於曹源如是我聞□時白牯黎奴山重水涌阿蘭練若星布棋分自兹以旋聖跡綿邈繕萬行者住莊嚴談了義者著空相理事雙修果因一契孤標嶺鷲之峰獨負成麟之業猶傳往昔未見兹今進公甫弱出家壯年祝髮賦性剛毅厚重少文皈禮福祥已公悟徹諸行無常是生滅法離卻浮塵明三無漏持四律儀加以悲花慈蔭水月虚襟等心含識順凡同聖再整精藍仿佛拘盧真境重嚴金像徘徊天竺弘模其真以紗明智成殊勝行者也乃若衆季末時□□此爲佛住持□

佛轉輪庶幾一方有道七衆依皈震旦以來其□公矣（下泐）

證善果具聞進公慈風作如是説永遺而後已□宣揚□（下泐）

我聞法法　種種心心　知□無□　是□真□（下泐）

善哉大師　不取不着　了出世因（下泐）

時

萬曆癸巳上元日

賜同進士出身通議大夫戶部左侍郎（下泐）維禎拜並序 □□□□□□ 歷陽王守義刻

京452-1《福祥寺碑》

福祥寺碑

首題:僧録司左覺義守愚進公住持福祥寺序
年代:明萬曆二十一年(1593)正月十五日
原址:東城區福祥胡同福祥寺内
今址:北京石刻藝術博物館
拓片尺寸:碑陽高177、寬92厘米;額高34、寬25厘米
書體:楷書
撰人:盧維禎
刻工:王守義
《目録》:頁246
拓片編號:京452-1
拓片録自:《北京圖書館藏中國歷代石刻拓本匯編》第58卷35頁

【碑陽】

額題:重修福祥禪寺碑記(篆书)

碑文:

僧録司左覺義守愚進公住持福祥寺序 1

聿覺帝拈花於大梵,菩提繼武於曹源。如是我聞,□時白牯黎奴,山重水涌;阿蘭練若,2 星布棋分。自兹以旋,聖跡綿邈,繕萬行者住莊嚴,談了義者著空相。理事雙修,果因一 3 契。孤標嶺鷲之峰,獨負成麟之業。猶傳往昔,未見兹今。進公甫弱出家,壯年祝髮。賦性 4 剛毅,厚重少文。皈禮福祥已公,悟徹諸行無常。是生滅法,離卻浮塵,明三無漏,持四律 5 儀,加以悲花慈蔭,水月虛襟,等心含識,順凡同聖。再整精藍,仿佛拘盧真境,重嚴金像,6 徘徊天竺,弘模其真,以玅明智,成殊勝行者也。乃若衆季末時□□□此爲佛住持□7 佛轉輪。庶幾一方有道,七衆依皈,震旦以來,其□公矣。(下泐)8 證善果,具聞進公慈風,作如是說,永遺而後,已□宣揚,□(下泐)9 我聞法法,種種心心,知□無□,是□真□(下泐),10 善哉大師,不取不着。了出世因,(下泐)。11

時 12 萬曆癸巳上元日。13

賜同進士出身通議大夫戶部左侍郎(下泐)維禎拜並序。

(印章不清)

歷陽王守義刻。14

萬古流芳

賜進士及第　禮部尚書建極大學士□

制誥　經筵講官□□□

賜進士第資善大夫教習庶吉士禮部左侍郎兼侍讀□□

賜同進士出身□□大夫戶部左侍郎盧維禎篆額

當

英廟初政有武少監捨宅爲祝釐之所

賜額福祥禪寺□百有四十年茲矣間有慧燈大師繕治之□□□□慧燈大師□□□□□□□□□□□□□□□□寺

僧圓進慨然发菩提心謀諸寺官□者皆大歡□以□衷□□□□庀材□□□□□□□□□□□□□於是矣然矣然

視舊有加無不□也□□書而竣乃礱堅珉立之庭□□□□□里章□□□□□□□□□□□□□□□□直無文傳

其師已□□□□□□□□□□以勸精進故而得□□□□□□□□□□□□□□□□□□□□凡兩易寒暑薪米

木石匕不自進示於出□□□□□□□□□□

天子嘉其勞有功也授以僧録司左覺義兼住持寺事□意□□□□□□能□□□□□□□□□重恩相國火□□爲不□

計惟相國實圖利之令□武監□以實興於晉王祠之□□□□□多□□□□□□□□□□其菩薩念諸□菩薩□進

幾何進由是率諸弟子朝夕焚修以爲

皇上千秋萬歲祝倘所謂自求多福吉祥善事非□今日乃知□□佛子感心□□□□□□□百千萬億□□□□□□□禪

諸善根唯然樂武之誼嘉進之勤重□□之請而兼□□□後□住□□□□□□□記□□□□□□□□□□廟丈

室僧寮經當具如所記茲不贅及云

萬曆癸巳五月吉旦

京 452-2《福祥寺碑》

福祥寺碑

年代:明萬曆二十一年(1593)
原址:東城區南鑼鼓巷福祥胡同福祥寺内
今址:北京石刻藝術博物館
拓片尺寸:碑陽高179、寬92厘米,額高34、寬25厘米
書體:楷書
撰人:趙志皋(據《日下舊聞考》)
書人:盧維禎篆額
《目録》:頁246
拓片編號:京452-2
拓片録自:北京大學圖書館藏原拓片

【碑陽】

額題:萬古流芳(篆書)

碑文:

賜進士及第禮部尚書建極大學士□ 1 制誥經筵講官□□□。2

賜進士第資善大夫教習庶吉士禮部左侍郎兼侍讀□□。3

賜同進士出身□□大夫戶部左侍郎盧維禎篆額。4

當 5 英廟初政,有武少監捨宅爲祝釐之所,6 賜額福祥禪寺,□百有四十年茲矣。間有慧燈大師繕治之□□□□慧燈大師□□□□□□□□□寺 7 僧圓進慨然发菩提心,謀諸寺官□者皆大歡□以□衷□□□□庀材□□□□□□□□□□□□□於是矣然矣。然 8 視舊有加,無不□也。□□書而竣,乃甃堅珉立之庭□□□□□里章□□□□□□□□□□□□□□□□直無文傳 9 其師已□□□□□□□□□□以勸精進,故而得□□□□□□□□□□□□□□□□□□□□凡兩易寒暑,薪米 10 木石匕不自進,示於出□□□□□□□□□□ 11 天子嘉其勞有功也,授以僧録司左覺義兼住持寺事□意□□□□□□能□□□□□□□□□重恩相國炎□□爲不□ 12 計惟相國實圖利之令□武監□以實興於晉王祠之□□□□□多□□□□□□□□□□□其菩薩念諸□菩薩□進 13 幾何進。由是率諸弟子朝夕焚修,以爲 14 皇上千秋萬歲,祝倘所謂自求多福吉祥善事,非□今日乃知□□佛子感心□□□□□□□百千萬億□□□□□□□禋。15 諸善根唯然樂武之誼,嘉進之勤,重□□□之請,而兼□□□後□住□□□□□□□記□□□□□□□□□□廟丈 16 室僧寮經當具如所記茲不贅及云。17

萬曆癸巳五月吉旦 18

佑聖寺

佑聖寺，清末爲澤公府，原址在今東城區地安門東大街八十九號，寺廟建築現已完全不存。

佑聖寺始建時間不詳，《雍正廟冊》中並未登録，始於乾隆《京城全圖》上見其名。圖上寺位於南鑼鼓巷路西、東不壓橋以東路北，坐北朝南，首有山門一座，前院小殿一間，牆上開門通往後院北殿三間，周圍繚以圍垣，較爲規整，但規制較小。其餘文獻均無載。

光緒二十年（1894），佑聖寺所在地已爲正白旗滿洲宗室載澤之府邸。愛新覺羅·載澤（1868—1928），康熙帝第十五子愉恪郡王允禑嫡傳後裔，爲貝子綿岫之孫、輔國將軍奕棖第七子，本名載蕉。光緒三年（1877）三月，改名載澤，襲輔國公。民國十九年（1930）春，載澤已病故，因家資散盡，澤公府一度被日軍籍華人債主所收回，後被變賣給“遠東宣教會”使用至20世紀50年代初[1]。也有資料認爲，“珍珠港事件”後，該教會西院改爲日本駐北平大使館[2]。

1949年之後，澤公府址被無綫電技術研究所用，“文化大革命”期間，在東、西兩路又建造了小樓若干棟。2014年調查時，佑聖寺原址上爲一座帶有日式風格的建築，小樓仍在使用，掛牌爲“星海琪假日酒店”。

〔1〕參見朱德裳《三十年聞見録》中《載澤死後無以爲殮》文，長沙：岳麓書社，1985年，頁一百零六。

〔2〕《香港宣教會五十年簡史（1954—2004）》，http://www.doc88.com/p-897906369388.html。

御河庵

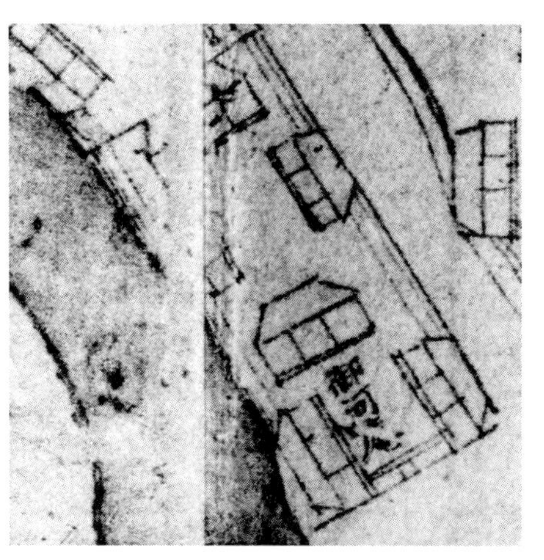

御河庵,又稱玉河庵或玉和庵,原址位於内五區地安門外皇城根十六號(今東城區地安門東大街九十九號),寺廟建築現存。

玉河乃通惠河一段,元初忽必烈建大都,令郭守敬引白浮諸泉水,匯入積水潭,再由南水關到通州,即歷史上著名的通惠河。元末明初,通惠河改引玉泉山水源,此即玉河之稱的由來。明朝時,東不壓橋以南部分玉河被圈入皇城内,作爲皇城供排水專用,與内外金水河和筒子河等皇家用水合流,清代延之。玉河因拱衛皇城,被稱爲“御河”或“御溝”[1]。

御河庵與玉河關係密切[2]。文獻載庵内有康熙五十五年(1716)小鐵鐘一口,上鑄“供奉東步梁橋玉河庵”,則建庵應在康熙之前[3]。《雍正廟冊》中記東步梁橋有“玉和庵”,殿宇六間、禪房十三間,住持寂全。《乾隆廟冊》載其爲尼僧廟,住持尼照隆。乾隆《京城全圖》中,廟名作御河庵,位於地安門東大街路北,沿玉河東岸修建,南臨東步梁橋,庵爲長方形,坐西北面東南,南牆上開門,内有前殿三間,東西配殿各三間;後殿三間,似亦有東、西配殿各三間。乾隆四十一年(1776),庵内新鑄鐵鼎,銘文曰“東步梁橋玉河庵供奉”;嘉慶八年(1803)十月,住持柏寧率慶雲、保百重修殿房,並爲關帝殿立“忠立天威”木額;嘉慶十三年(1808),住持尼僧心然延門托鉢募化,得京城衆

[1]參見北京市文物研究所、北京市東城區文化委員會編《北京玉河2007年度考古發掘報告》,北京:科學出版社,2008年,頁一。

[2]根據《北京玉河2007年度考古發掘報告》,御河庵的西牆即沿玉河清代東岸修建。參見此書頁八十六。

[3]參見國立北平研究院《玉河庵》,東四108。

善之資重修寺廟，立《玉河庵碑》爲記。心然於乾隆五十五年（1790）出家爲尼，也曾頂禮無極臺、武當山，此時玉河庵中似也供奉真武大帝[1]。《玉河庵碑》碑陰刻“僧録司左覺義守愚進公住持玉河庵序”，正文與明萬曆二十一年（1593）《福祥寺碑》之碑文完全相同，應爲照抄，僅更換了廟名。但碑陰末尾載有佛家偈語八句、廟内僧衆與信衆題名二十餘人，其中有慶門王氏、胡門火氏等女性。此爲《福祥寺碑》中所不見，應爲捐資修玉河庵之善人[2]。道光九年（1829），信士弟子筆帖式英奉撰寫關帝殿木聯；光緒十四年（1888），住持廣玉重修後殿，並立“釋迦文佛”木額及聯。

20世紀30年代調查時，玉河庵仍有僧人住持管理，殿房二十間。山門南向，木額曰“玉河庵”，山門後有旗杆一根、椿樹柳樹各一株。乾隆四十一年所鑄鐵鼎即在樹下；北有正殿三間，爲關帝殿，内供關帝泥像一尊，關平、周倉旁侍。東配房三間殘破。院内立《玉河庵碑》，旁有槐樹一株；後殿爲釋迦殿，供奉木像金身釋迦佛坐像一尊、泥塑配像二尊，東面爲泥塑觀音三尊，西面奉泥塑娘娘坐像三尊；殿内有铁磬一口、懸康熙五十五年造小鐵鐘一口。東、西配房各三間，院内椿樹一株。其時住持尼法治，傳臨濟宗[3]。民國二十三年（1934），御河庵住持續慧圓寂，昌茂接座。昌茂不住廟内，而住在宣外南横街盆兒胡同二號。民國二十五年（1936），她因體弱多病，將住持之職讓給了同宗尼僧心茂。次年，心茂圓寂，其剃度親徒安海年歲尚幼，經諸山同意，該廟住持之職暫由修悟代理。安海爲北京生人，十六歲出家，民國二十六年於廣濟寺受戒。民國三十年（1941），她年滿二十一歲，正式接任玉河庵住持[4]。1949年時，玉河庵仍登記爲子孫廟，住持安海，傳毗盧宗。此時庵内尚有殿房十九間，其中六間爲佛殿，安海自住二間，餘租出。安海聲稱將來打算以織洋襪子謀生，現正學習技藝[5]。除此之外，安海還參與米麵經營。店址設在西單北大街二百五十一號的增盛永米麵糧食店，爲合資經營的商號，主營加工米麵雜糧，兼營油鹽、醋醬、雜貨、青菜、醃製品等。1952年它的資本總額爲二億六千萬元，其中就有玉河庵尼姑安海投資的五千二百萬元，是30位投資人中出資最多的一位[6]。1956年，玉河全部改成了暗渠，但玉河庵格局規模並無大異，仍有山門、正殿、東西配殿各三間，後殿、東西配殿各三間。廟内佛像、香爐、匾額均存。1985年調查時，廟山門已經拆除，二殿尚存，配殿已改建，佛像等法物蹤跡全無。90年代以後，玉河庵前殿爲北京市汽車分電器廠使用，後殿爲民居。

2005年調查時，玉河庵前殿、後殿各三間，仍可見緑琉璃瓦覆蓋的大式硬山調大脊筒瓦及屋脊上的鴟吻。安海和她的妹妹一直住在廟裏，妹妹一家人照料安海的生活。直到2006年“玉河整治工程”開始，玉河以及周邊的四座寺廟玉河庵、藥王廟、火神廟和華嚴寺進行修繕，她們纔搬出寺廟。在2007年、2008年，北京市文物研究所分兩次對御河庵遺址進行了考古發掘，共清理出御河庵山門、前殿、前殿東配殿、後殿、後殿東配殿及建築散水、踏跺、圍牆、後門等基址；《玉河庵碑》和鴟吻

〔1〕心然在碑文中所說“南和於無極臺”，似乎反映出她與民間宗教有一定聯繫。參見參見清嘉慶十三年（1808）《玉河庵碑》，京447，《北京圖書館藏中國歷代石刻拓本匯編》卷七十八，頁四十一至四十二。

〔2〕參見清嘉慶十三年（1808）《玉河庵碑》，京447，《北京圖書館藏中國歷代石刻拓本匯編》卷七十八，頁四十一至四十二。

〔3〕參見國立北平研究院《玉河庵》，東四108；《北京寺廟歷史資料》，頁二百四十五、頁五百七十。

〔4〕北京市檔案館藏《北平市社會局·内五區玉河庵住持昌茂更換主持的呈及社會局的批示》，檔案號J2-8-886，1935—1941年；另見北京檔案館藏《北平市民政局·北平市各區寺廟總登記考察簿》，檔案號J3-1-237，1947—1948年，頁二十四。

〔5〕北京市檔案館藏《北平市民政局民族事務科·本市寺廟情況查詢記録》，檔案號196-1-4，1949年，頁十二。

〔6〕北京市檔案館藏《北京市工商局·私營企業設立登記申請書 登記證號:7484 字號:增盛永米麵糧食店》，檔案號22-7-483（3），1949—1953年，頁二十四至五十六。

等遺物也相繼出土[1]。2013年調查時，玉河庵已重修完畢，山門、大殿、東西配殿各一，組成一院落，但仍未對外開放。山門旁簡介爲“玉河遺址”。2014年秋，玉河庵仍大門緊閉，然旁邊的玉河河道已經重新以青磚墊底，河道正在施工。

御河庵南面（2014年9月 王軍攝）

〔1〕參見北京市文物研究所編著《北京寺廟宫觀考古發掘報告》，北京：科學出版社，2010年，頁九十六。

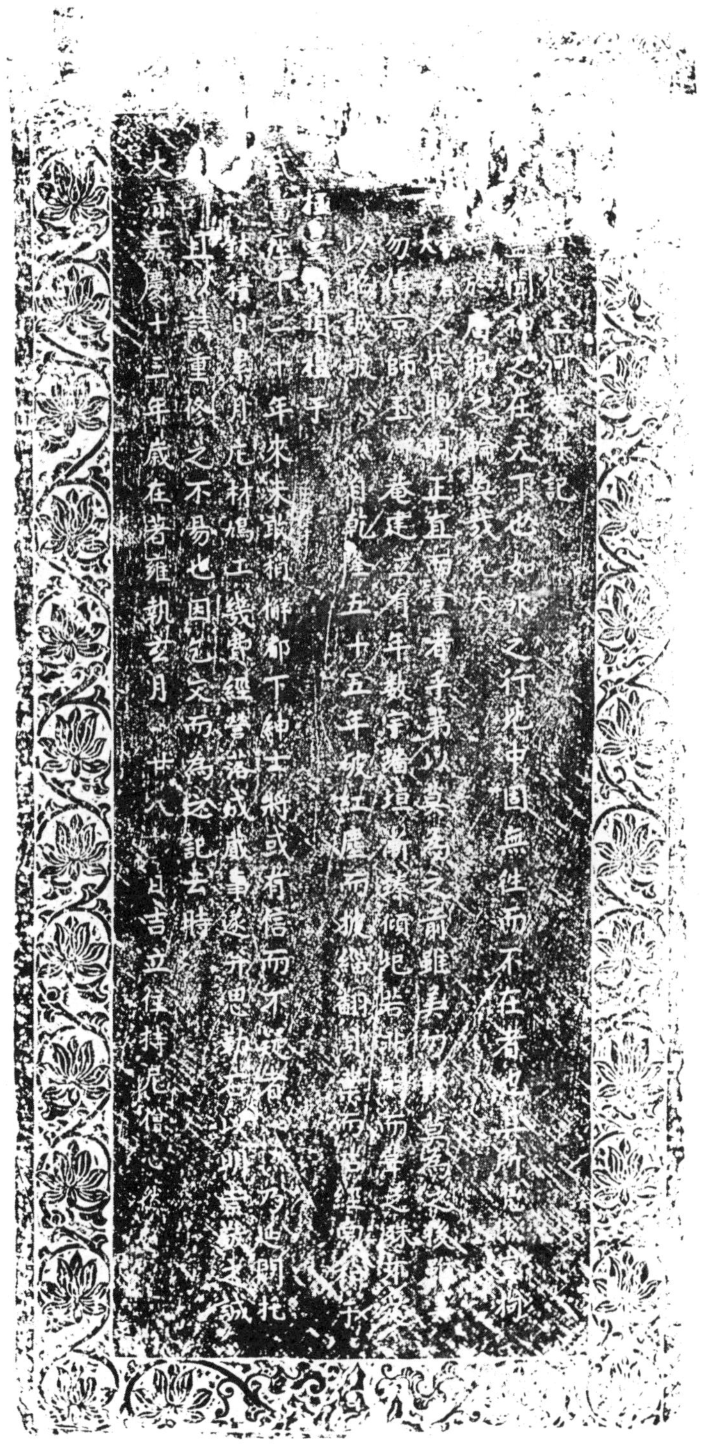

京 447《玉河庵碑》陽

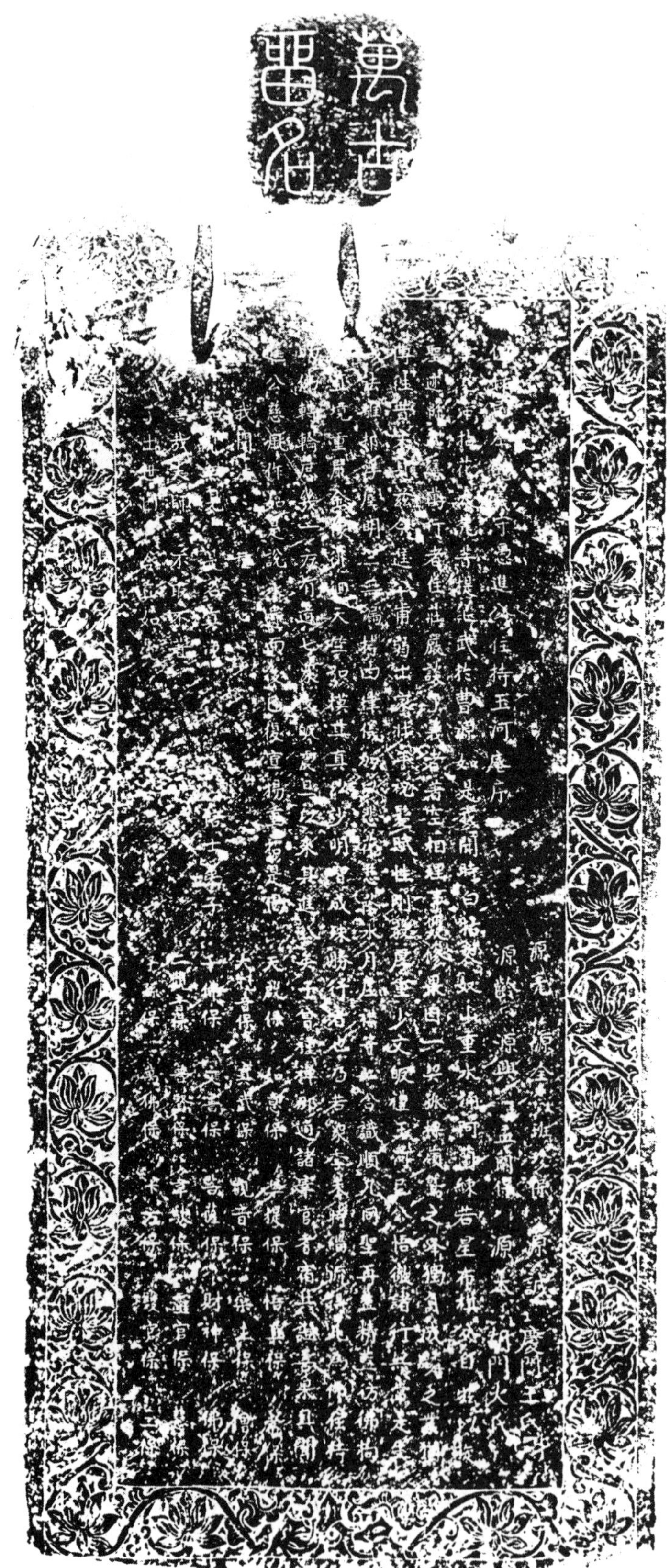

京 447《玉河庵碑》陰

玉河庵碑

重修玉河庵碑記

蓋聞神之在天下也如水之行地中固無往而不在者也其所憑依豈拘

□於廟貌之輪奐哉況夫

□□帝君又皆聰明正直而壹者乎第以莫爲之前雖美勿載莫爲之後雖美

真武大帝

勿傳京師玉河庵建立有年数宇墻垣漸臻傾圮若非嗣而葺之殊不足

以昭誠敬心然自乾隆五十五年破紅塵而披緇翻貝葉而呫經南[和]於

無極臺前頂禮於

武當座下二十年來未敢稍懈都下紳士將或有信而不疑者心然乃延門托

鉢積日累月庀材鳩工幾費經營落成蕆事遂并思勒石以明崇敬之誠

且以誌重修之不易也因乞文而爲之記云時

大清嘉慶十三年歲在著雍執玄月　廿八　日吉立住持尼僧心然

京447《玉河庵碑》陽

萬古
留名

僧録司左覺義守愚進公住持玉河庵序

聿覺帝拈花大梵菩提繼武於曹源如是我聞時白牯黎奴山重水涌阿蘭練若星布棋分自兹以旋聖跡綿邈繕萬行者住莊嚴談了義者著空相理事雙修果因一契孤標嶺鷲之峰獨負成麟之業猶傳往昔未見兹今進公甫弱出家壯年祝髪賦性剛毅厚重少文皈禮玉河已公悟徹諸行無常是生滅法離却浮塵明三無漏持四律儀加以悲花慈蔭水月虚襟等心含識順凡同聖再整精藍仿佛拘盧真境重嚴金像徘徊天竺弘模其真以玅明智成殊勝行者也乃若衆季末時緇流得此爲佛住持助佛轉輪庶幾一方有道七衆攸皈震旦以來其進公矣予曾禮禪那適諸宰官者宿共証善果具聞進公慈風作如是説永遺而後已復宣揚重拈是偈

我聞法法　種種心心
知□無見　是若真淨
善哉大師　不取不著
了出世因　合真如覺

源亮　源全　班珍保　源誠　慶門王氏
源齡　源興　孟蘭保　源本　胡門火氏

信士弟子
天啓保　如意保　準提保　悟真保　常保
大觀音保　真武保　觀音保　藥王保　僧保
千佛保　文書保　菩薩保　財神保　佛保
二觀音保　普賢保　韋馱保　靈官保　慧保
子孫保　萬佛保　十方保　雙官保　二保

京447《玉河庵碑》陰

玉河庵碑

首題：重修玉河庵碑記
年代：清嘉慶十三年（1808）九月二十八日
原址：西城區原皇城根
今址：西城區皇城根玉河庵前
拓片尺寸：碑陰陽高 110、寬 52 厘米；額陰陽均高 16、寬 13 厘米
書體：楷書
撰人：（僧）心然
《目録》：頁 330
拓片編號：京 447
拓片録自：《北京圖書馆藏中國歷代石刻拓本匯編》第 78 卷 41—42 頁

【碑陽】

額題：玉河庵碑（篆書）

碑文：

重修玉河庵碑記 1

蓋聞神之在天下也，如水之行地中，固無往而不在者也。其所憑依，豈拘 2☐於廟貌之輪奂哉。況夫 3☐☐帝君、真武大帝又皆聰明正直而壹者乎。第以莫爲之前，雖美勿載；莫爲之後，雖美 4 勿傳。京師玉河庵建立有年，数宇墻垣漸臻傾圮，若非嗣而葺之，殊不足 5 以昭誠敬心。然自乾隆五十五年破紅塵而披緇，翻貝葉而呫經，南和於 6 無極臺前，頂禮於 7 武當座下。二十年來，未敢稍懈。都下紳士將或有信而不疑者，心然乃延門托 8 鉢，積日累月，庀材鳩工，幾費經營，落成蕆事。遂并思勒石，以明崇敬之誠，9 且以誌重修之不易也。因乞文而爲之記云。時 10 大清嘉慶十三年歲在著雍執玄月廿八日吉立，住持尼僧心然。11

【碑陰】

額題：萬古留名（篆書）

碑文：

僧録司左覺義守愚進公住持玉河庵序。1

聿覺帝拈花大梵，菩提繼武於曹源。如是我聞，時白牯黎奴，山重水涌；阿蘭練若，星布棋分。自兹以旋，2 聖跡綿邈。缮萬行者住莊嚴，談了義者著空相。理事雙修，果因一契。孤標嶺鷲之峰，獨負成麟之業，猶 3 傳往昔未見兹今。進公甫弱出家，壯年祝髮，賦性剛毅，厚重少文，皈禮玉河已公，悟徹諸行無常，是生 4 滅法，離却浮塵，明三無漏，持四律儀。加以悲花慈蔭，水月虛襟，等心含識，順凡同聖，再整精藍，仿佛拘 5 盧真境，重嚴金像，徘徊天竺，弘模其真，以紗明智，成殊勝行者也，乃若衆季末時，緇流得此爲佛，住持 6 助佛轉輪，庶幾一方有道，七衆攸

皈。震旦以來,其 7 進公矣。予曾禮禪那,適諸宰官者宿,共証善果,具聞 7 進公慈風,作如是說。永遺而後,已復宣揚。重拈是偈:8

我聞法法,種種心心。9 知□無見,是若真淨。10 善哉大師,不取不著。11 了出世因,合真如覺。12

源亮、源齡、源全、源興、班珍保、盂蘭保、源誠、源本、慶門王氏、胡門火氏。

信士弟子:天啓保、大觀音保、千佛保、二觀音保、子孫保、如意保、真武保、文書保、普賢保、萬佛保、準提保、觀音保、菩薩保、韋馱保、十方保、悟真保、藥王保、財神保、靈官保、雙官保、常保、僧保、佛保、慧保、二保。

《重修玉河庵碑記》(2014 年 9 月 曉松攝)

三教庵

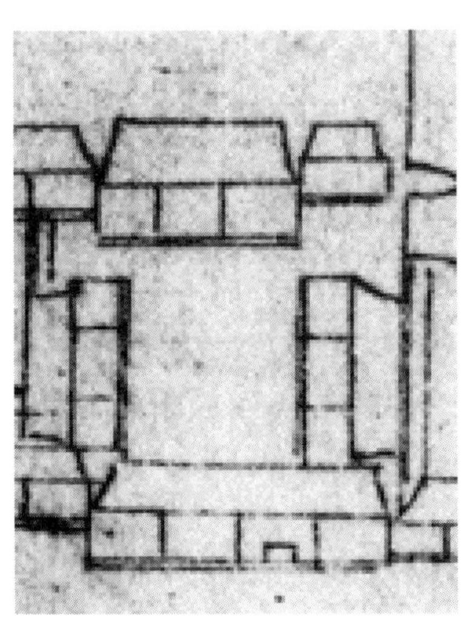

三教庵，又稱三教庵關帝廟、關帝廟，乾隆《京城全圖》上似已繪出建築，但並未注名。原址在内五區秦老胡同七號（今東城區秦老胡同九號）。廟内曾有碑刻兩通，爲清順治八年（1651）《三教庵碑》和康熙二年（1663）《三教庵碑》。寺廟建築現已不存。

關帝廟始建於明神宗萬曆年間，時稱三教庵，爲内監董洪興修。至明天啓年間，由少林寺僧人秀田住持。秀田，本名通茂，自幼祝髮於少林寺，爲少林寺永化堂高僧無言正道之嗣孫，奉無言正道之命來京城重整三教庵。他受命之時，少林寺弟子有百八十人，但都因當時廟貌慘淡、附住廟内居民盜賣廟産、侵佔基址、顧及經營匪易而畏懼不前。秀田臨危受命，以行脚抵邦畿，將修廟當成自身修行之道。賴善士蔡進忠、王古建，以及通智、通成等僧俗弟子護持輻輳捐資，秀田率徒弟行戒、徒孫超坤，徒玄孫明魁等重整三教庵，添建殿門、房屋、牆垣等，並在廟晨昏焚修，嚴立戒規。順治八年，由内翰林秘書院侍講張玄錫撰碑陽、通茂撰碑陰，立《三教庵碑》，以期後人念創業之艱難，不忘前人立志初心。秀田傳無言正道之衣鉢。正道，字無言，俗姓胡，少林寺第二十六代住持。幼時在江西上蘭寺出家，傳臨濟宗，故碑文上既記少林曹洞宗之譜，也記江西上蘭寺之臨濟宗字輩[1]。

康熙二年，三教庵殿廡茅草叢生、房舍失修，某陶公出資興修三教庵，賜進士出身承德内秘書院修撰馮世俊撰文立碑爲記，重申三聖人之教傳世濟民

〔1〕參見葉德榮《宗統與法統——以嵩山少林寺爲中心》，廣州：廣東人民出版社，2010年，頁四百四十四至四百六十五。

之功,世有變而道無變之理[1]。《雍正廟冊》中,三教庵在秦老胡同,爲大僧廟,殿宇八間、禪房八間,住持清貴。《乾隆廟冊》中三教庵仍爲大僧廟,住持僧真喜。道光十一年(1831),廟似曾重修,大殿匾額"有求必應"即立於此時。

民國九年(1920),三教庵似曾重修,并更名爲"三教庵關帝廟",山門石額記其事。20世紀30年代國立北平研究院調查時,三教庵有北殿三間,内供泥塑關帝坐像一尊,小童、馬童各一,前有金身銅像觀音一尊,高約八寸。殿内有乾隆三十年八月造鐵鐘一口、鐵磬一口、長銅方爐一座;大殿後門上掛木額"三教庵"匾一方。院内西房二間,一間已傾,康熙二年《三教庵碑》立於東,半埋土中;西爲順治八年《三教庵碑》。廟中緑樹成蔭、葡萄爬架,住持僧法號性海,自管廟務[2]。性海於民國十八年(1929)九月圓寂,其徒弟嵩山接任住持。嵩山曾任廣慈寺[3]住持,同時,他還擔任拈花寺[4]的司房。他不在三教庵内居住,廟内另有寄居女居士一人夏印亮。民國二十七年(1938)十一月,嵩山圓寂,由他的師弟會山繼任住持,會山同時也兼任拈花寺司庫[5]。

據老住戶回憶,20世紀40年代時,關帝廟有正殿三間供關公,西耳房一間、西廂房三間,某老婦人(可能就是檔案中所說的夏印亮)帶著孫女居住看廟,原廟門的位置與現院門的位置大致相同,並有後院一間。到了20世紀60年代,院裏除了住兩戶人家以外,其餘四人均是蹬三輪車、拉排子車的單身漢。據説院内曾有尼姑的墳,還有石碑一座,後某住戶覺得晦氣,就砸碎石碑,把碎碑和龜趺埋入後院地下。1985年調查時,關帝廟山門被拆除,大殿尚存,已改爲民居[6]。

2006年至2015年調查時,廟院輪廓尚在,但廟房已全部翻建。

---

〔1〕康熙二年(1663)《三教庵碑》,京578,《北京圖書館藏中國歷代石刻拓本匯編》卷六十二,頁二十一。

〔2〕參見《北京寺廟歷史資料》,頁一百六十三至一百六十四,檔案號J181-15-262。

〔3〕參見《北京内城寺廟碑刻志》卷二,"廣慈寺"條,頁三百九十六至四百零四。

〔4〕參見《北京内城寺廟碑刻志》卷一,"拈花寺"條,頁二百零七至二百五十三。

〔5〕北京市檔案館藏《北平市社會局·内五區三教庵關帝廟住持松山送寺廟登記表及社會局的批示》,檔案號J2-8-1348,1942年。

〔6〕參見《北京文物勝蹟大全》,頁二百七十;《中國文物地圖集·北京分冊(下)》,頁二十三。

京577《三教庵碑》陽

京577《三教庵碑》陰

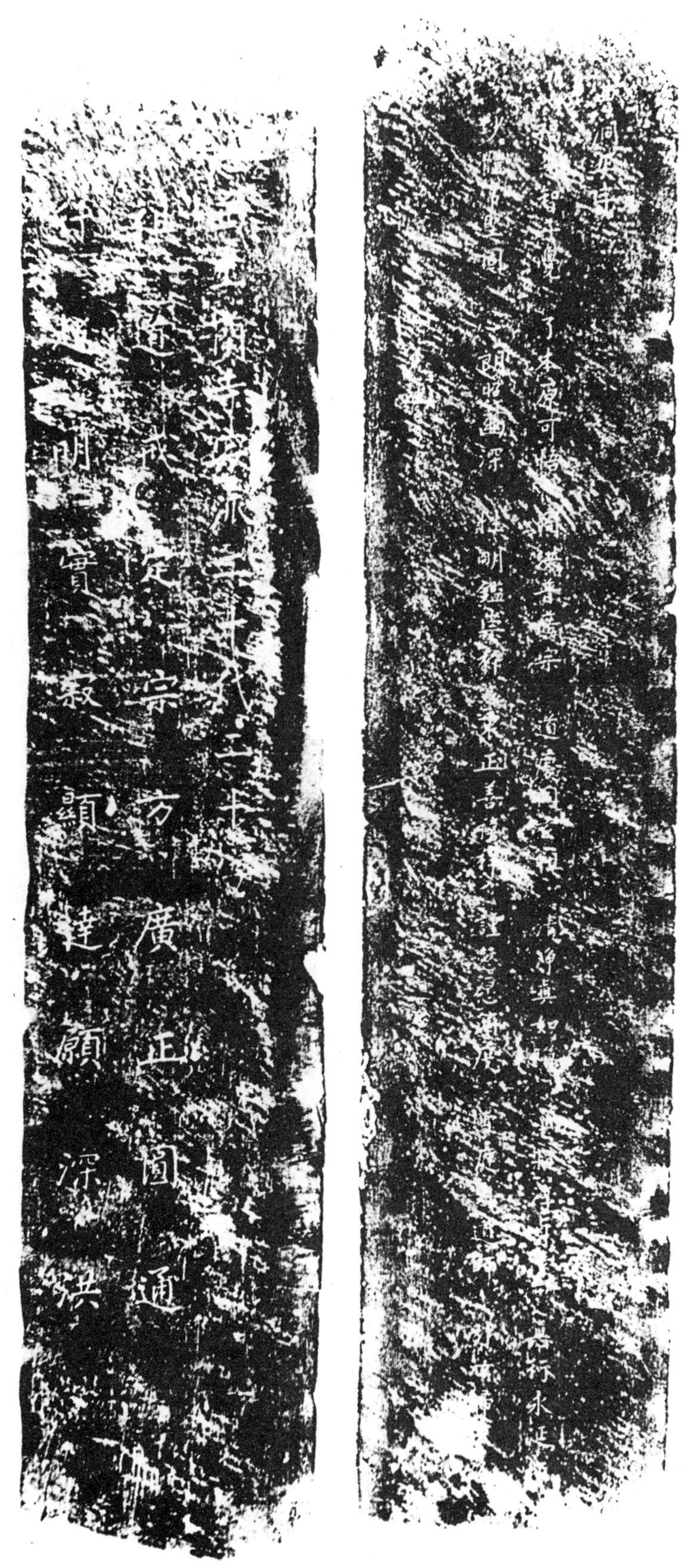

京 577《三教庵碑》侧

萬法歸一

三教庵碑記

賜進士及第內翰林秘書院侍講樊輿張玄錫撰

粤考古神聖立教者不一人施教者不一轍有相無相有名無名咸有以啓迪愚蒙振樹今古乾坤至今存而不壞者端賴此也故先天後天道雖非常不外理數洎宣聖布教振長夜之漫漫懸日月於中天然老子相贈以言而尼父亦有猶龍之嘆可謂莫逆於心矣至白馬來於漢時佛法昌於中國亦不外心性二界地時不同道教似異而所得各同殊無異理及至後人分門立户費舌摇唇低昂高下紛紛聚閧是見地不明聖教反晦即比之一人易三衣遂以爲三人可乎否中州釋子通茂者法號秀田受姓夏氏夙秉善根生兆復異乃於齠年祝髮於少林靈臺性公因詰密義復印心於無言和尚言下便悟已得上乘復詣五臺受戒於澄芳和尚參訪知識一了百當自兹於法□□大有石點頭蓮生花之化機夫無言宗主續祖於二十六代彼祖所度者八人曰鏡真性明林亮譬慧秀田乃第三門嗣孫也八門嗣續雖蕃得衣缽者惟秀田一人已而分宗析派異域得聞妙法行腳京師晏室深參玄旨渾化圓融立教立言以三教並會爲宗時而開三時而合一破從前之迷習指今日之周行不妨追當日之身立而今之像有相無相面目隨人自認三聖一堂心性自有鏡見俾後人明徹理道戈矛不生如簧不弄古聖立教覺人之意炳若日星三教歸一之理確如金石疑問打破大衆了然是即秀田幼壯苦修髦季明悟了卻身心之一班也豈不三教中之有功人明白人乎協力並事共創梵刹有內監董公諱洪者即以三教爲名後日秀田之流聲不朽董公亦附之而傳見地如此有志竟成三教無異理自昭然因記事勒碑以誌釋門有如是達人云爾

順治辛卯孟夏之吉

京577《三教庵碑》陽

永化堂跡

三教庵誌

君子創業垂統期百祀而不泯者以其木本水源生發於無窮也立極當今
傳流後世惟念苦心於初始滋胤不替予居常慨蜉蝣電光石火羨龜鶴歷
劫儼然吾庵自明神宗時善士董公諱洪等始構堂造廡力棉中止遼廓傾
圮穢踐荒涼剏前輩主僧因釜甑生塵門可羅雀遂舍此而還中州翘於師
祖彼時門弟子百八十餘衆遴以料理裹足者多畏經營匪易予於熹朝時
遵師祖嚴命焚香懺祝以行腳抵邦畿入庵周瞻被附逼鄉愚鬻土賣坯予
心惻然乃慮始善終率徒弟行戒徒孫超坤超貴超輪徒玄孫明魁明池明
輝明忠等賴有功德護持蔡公諱進忠王公諱古建張公諱暹王公諱應聘
法名通智于公諱邦祥法名通成高公諱應舉法名通符俗家弟子趙承惠
法名行定等填筑坑窪添建殿門房屋墻垣等項煥然聿新立規定制晨昏
焚修予歷苦心三十餘年固知創業之艱難洵恐後人廢弛頽窳功課不但
枉負前人立志初心抑且墮業塵輪後人勉旃後人勉旃

欽依少林寺單傳堂上傳曹洞宗二十六代師祖諱正道號無言嗣孫住持通茂盥沐謹識

超雲 明□

玄榮 玄東

玄泰 玄珠

順治八年歲次辛卯夏四月望日立

京577《三教庵碑》陰

曹洞正宗

福慧智子覺　了本原可悟　周洪普廣宗　道慶同玄祖　清淨真如海　湛寂淳貞素　德行永延恆

妙體常堅固　心朗照幽深　性明鑑崇祚　衷正善禧祥　謹慤願濟度　雪庭爲道師　引汝歸玄途

西上蘭寺宗派二十代二十字

祖道戒定宗方廣正圓通

行超明實寂顯達願深洪

京577《三教庵碑》側

三教庵碑

首題:三教庵碑記
年代:清順治八年(1651)四月十五日
原址:東城區前圓恩寺胡同
拓片尺寸:碑陽陰通高 135、寬 60 厘米;兩側均高 97、寬 20 厘米
書體:楷書
撰人:張玄錫撰陽、通茂撰陰
《目録》:頁 264
拓片編號:京 577
拓片録自:《北京圖書館藏中國歷代石刻拓本匯編》第 61 卷 33—35 頁

【碑陽】

額題:萬法歸一(篆書)

碑文:

三教庵碑記 1

賜進士及第内翰林秘書院侍講樊輿張玄錫撰。2

粤考古神聖立教者不一人,施教者不一轍,有相無相,有名無名,咸有以啓迪愚蒙,振樹今古,乾坤 3 至今存而不壞者,端賴此也。故先天後天,道雖非常,不外理數,洎宣聖布教,振長夜之漫漫,懸日月 4 於中天。然老子相贈以言,而尼父亦有猶龍之嘆,可謂莫逆於心矣。至白馬來於漢時,佛法昌於中 5 國,亦不外心性二界,地時不同,道教似異,而所得各同,殊無異理。及至後人,分門立戶,費舌搖唇,低 6 昂高下,紛紛聚鬨,是見地不明,聖教反晦,即比之一人易三衣,遂以爲三人可乎?否。中州釋子通茂 7 者,法號秀田,受姓夏氏,夙秉善根,生兆復異,乃於齠年祝髮於少林靈臺性公,因諳密義,復印心於 8 無言和尚,言下便悟,已得上乘,復詣五臺,受戒於澄芳和尚,參訪知識,一了百當。自兹於法□□大 9 有石點頭、蓮生花之化機。夫無言宗主續祖於二十六代,彼祖所度者八人,曰鏡、真、性、明、林、亮、譬、慧。10 秀田乃第三門嗣孫也。八門嗣續雖蕃,得衣鉢者惟秀田一人。已而分宗析派,異域得聞妙法;行腳 11 京師,晏室深參玄旨。渾化圓融,立教立言,以三教並會爲宗,時而開三,時而合一。破從前之迷習,指 12 今日之周行,不妨追當日之身,立而今之像。有相無相,面目隨人自認;三聖一堂,心性自有鏡見。俾 13 後人明徹理道,戈矛不生,如簧不弄。古聖立教覺人之意,炳若日星。三教歸一之理,確如金石。疑問 14 打破,大衆了然。是即秀田幼壯苦修,髦季明悟,了卻身心之一班也。豈不三教中之有功人、明白人 15 乎。協力並事,共創梵刹。有内監董公諱洪者,即以三教爲名,後日秀田之流聲不朽,董公亦附之而 16 傳。見地如此,有志竟成,三教無異,理自昭然。因記事勒碑,以誌釋門有如是達人云爾。17

順治辛卯孟夏之吉 18

【碑陰】

額題：永化堂跡（篆書）

碑文：

三教庵誌 1

君子創業垂統，期百祀而不泯者，以其木本水源，生發於無窮也。立極當今，2 傳流後世，惟念苦心於初始，滋胤不替。予居常慨蜉蝣電光石火，羨龜鶴歷 3 劫儼然。吾庵自明神宗時善士董公諱洪等始構堂造廡，力棉中止，遼廓傾 4 圮，穢踐荒涼。矧前輩主僧，因釜甑生塵，門可羅雀，遂舍此而還中州，愬於師 5 祖。彼時門弟子百八十餘衆，遴以料理，裹足者多畏經營匪易。予於熹朝時 6 遵師祖嚴命，焚香懺祝，以行脚抵邦畿，入庵周瞻，被附逼鄉愚鬻土賣坯。予 7 心惻然，乃慮始善終，率徒弟行戒、徒孫超坤、超貴、超輪、徒玄孫明魁、明池、明 8 輝、明忠等，賴有功德護持蔡公諱進忠、王公諱古建、張公諱暹，王公諱應聘、9 法名通智，于公諱邦祥、法名通成，高公諱應舉、法名通符，俗家弟子趙承惠、10 法名行定等，填筑坑窪，添建殿門、房屋、墻垣等項，煥然聿新，立規定制，晨昏 11 焚修。予歷苦心三十餘年，固知創業之艱難，洵恐後人廢弛，頹窳功課。不但 12 枉負前人立志初心，抑且墮業塵輪。後人勉旃。後人勉旃。13

欽依少林寺單傳堂上傳曹洞宗二十六代師祖諱正道號無言嗣孫住持通茂盥沐謹識。14

超雲、明□、玄榮、玄東、玄泰、玄珠。15

順治八年歲次辛卯夏四月望日立。16

【碑側】

碑文：

曹洞正宗 1

福慧智子覺，了本原可悟，周洪普廣宗，道慶同玄祖，清淨真如海，湛寂淳貞素，德行永延恆，2 妙體常堅固，心朗照幽深，性明鑑崇祚，衷正善禧祥，謹慤願濟度，雪庭爲道師，引汝歸玄途。3

西上蘭寺宗派二十代二十字。1

祖道戒定宗方廣正圓通，2

行超明實寂顯達願深洪。3

京 578《三教庵碑》

萬古
流芳

重修三教庵碑記

□□□□進士及第承德□内秘書□□□馬世俊撰

（此行全泐）

（此行全泐）

（　上　泐　）順治八年冬□□□□□□□□□□□□□國□徹□詣兩宗正堂陶公見之不禁今昔之感乃嘆曰三聖人皆

（　上　泐　）不達且與他像祠宇同類並觀乃徵言於予以昭其義於後世余曰世

（　上　泐　）者惟賴此逕古聖人之教化維持□□□而已匪此則倫紀莫振善惡莫張性道不明何也四時乾行剛柔坤載無非教也然太極陰陽動靜之

（　上　泐　）之問自非□□□□□□□□□引□刻□□□如動觀象而悟哉由是知聖賢之道蓋不可以斯須晦冥者耳或者

曰一而□□之何□□□□□曰一而三三而一者□□□古聖人立極人倫□憲萬祀者□不超人而後世獨稱仲尼蓋孔子之道即二帝三皇萬世不易之統也

仁義所以名君臣父子所以立詩書禮樂所以昭天地山川所以覆載流峙而莫與易也自周室藏史而猶龍氏出焉自西方有化人而釋迦氏出焉彼二聖人者一以清靜

爲指歸一以頓□無□爲究竟要之不外乎爲善去惡推極於□□□以復還其性始而已又寧有異說哉是故三聖人之教大如天地明如日月高深如山川然而天地

（　上　泐　）則山川之流峙谷摧躅而斯設之守亙萬古而莫□雖於世故檜榱之後而人心所欣艷而興起者汲汲恐後何歟世有變而道無變也後人之

（　上　泐　）人神道設教之意人不白於天下矣□□□□□而□□記

大清康熙二年歲次癸卯小春穀旦立

京578《三教庵碑》

三教庵碑

首題:重修三教庵碑記
年代:清康熙二年(1663)十月
原址:東城區前圓恩寺胡同
拓片尺寸:碑陽高132、寬66厘米;額高25、寬21厘米
書體:楷書
撰人:馬世俊
《目録》:頁269
拓片編號:京578
拓片録自:《北京圖書館藏中國歷代石刻拓本匯編》第62卷21頁

【碑陽】

額題:萬古流芳

碑文:

重修三教庵碑記 1

□□□□進士及第承德□内秘書□□□馬世俊撰 2

(此行全泐) 3

(此行全泐) 4

(上泐)順治八年冬□□□□□□□□□□□□□□□國□徹□詣兩宗正堂。陶公見之,不禁今昔之感,乃嘆曰:三聖人皆 5(上泐)不達,且與他像祠宇同類並觀,乃徵言於予,以昭其義於後世。余曰:世 6(上泐)者惟賴此,逕古聖人之教化維持□□□而已,匪此則倫紀莫振、善惡莫張、性道不明,何也?四時乾行,剛柔坤載,無非教也。然太極陰陽動静之 7(上泐)之問,自非□□□□□□□□□□□引□刻□□□如動觀象而悟哉。由是知聖賢之道,蓋不可以斯須晦冥者耳。或者 8 曰一而□□□之何□□□□□□□曰一而三,三而一者□□□□古聖人立極人倫□憲萬祀者,□不超人。而後世獨稱仲尼,蓋孔子之道即二帝三皇萬世不易之統也。9 仁義所以名,君臣父子所以立,詩書禮樂所以昭,天地山川所以覆載流峙而莫與易也。自周室藏史而猶龍氏出焉,自西方有化人而釋迦氏出焉。彼二聖人者一以清静 10 爲指歸,一以頓□無□爲究竟,要之不外乎爲善去惡,推極於□□□□以復還其性始而已。又寧有異説哉?是故三聖人之教,大如天地,明如日月,高深如山川,然而天地 11(上泐)則山川之流峙谷摧躅,而斯設之守亙萬古而莫□,雖於世故檜榱之後,而人心所欣艷而興起者汲汲恐後,何歟?世有變而道無變也。後人之 12(上泐)人神道設教之意,人不白於天下矣。□□□□□而□□記。13

大清康熙二年歲次癸卯小春穀旦立 14

僧格林沁祠

僧格林沁祠，清代稱僧忠亲王祠，又稱"顯忠祠"，不見於乾隆《京城全圖》，原址位於内三區寬街（今東城區地安門東大街四十七號），寺廟建築現存部分。祠堂内原有碑刻一通，爲清同治四年（1865）《僧格林沁祠碑》，現存於北京石刻藝術博物館。

僧格林沁（1811—1865）[1]，蒙古科爾沁左翼後旗人，博爾濟吉特氏，科爾沁扎薩克郡王索特納木多布齋嗣子，乃道光皇帝之舅，清末蒙古贵族出身的親王將軍。道光五年（1825）襲科爾沁郡王爵，咸豐五年（1855）因在山東剿太平天國北伐軍有功，晉親王銜，并世襲罔替，爲民間俗稱"鐵帽子王"。第二次鴉片戰爭期間，僧格林沁各有功過，因在咸豐年間與英法聯軍交戰時致北京失陷，被革去王爵。同治四年（1865），僧格林沁被捻軍圍斬。

僧格林沁以蒙古貴族進封親王，又因戰功卓著，被清廷視爲畿輔長城，素有晚清"南曾（曾國藩）北僧"之說，地位殊榮。故去後，皇帝親撰滿、漢文合璧《僧格林沁祠碑》一通，盛讚僧格林沁秉性忠貞、賦才勇毅，在歷次衝鋒接戰時皆表現勇猛，同時也表達了對其捐軀沙場的痛心之情[2]。僧格林沁靈柩運抵北京，同治皇帝陪同慈禧皇太后、慈安皇太后親臨祭奠。光緒年間爲他專門立祠，欽名"顯忠祠"，定制每年春季二月、秋季八月吉日，均派員祭祀。

民國期間，僧格林沁祠堂保持原有格局，祠堂建築坐北朝南，爲由大門、前殿、享殿、東西配殿構成的二進四合院。前殿三間，綠琉璃筒瓦硬山頂；再爲二門一間，上帶吻獸；享殿三間，綠琉璃筒瓦歇山頂，檐下飾以斗拱，前有月臺三出陛；東、西配殿各三間，東配殿迤南有磚砌正方形寮爐一座。二門前有一座碑亭，六角攢尖，有六根金柱支撑斗拱。碑亭内石碑朝南，螭首龜趺，規制甚高。碑陽爲滿文，碑陰無字，碑側雕龍，甚爲雄偉。祠堂被紅墻圍繞。民國時祠

〔1〕僧格林沁生年參見卓海波《僧格林沁生年考》，中國民族大學歷史系主編《民族史研究》第六輯，北京：民族出版社，2005年，頁三百五十九。

〔2〕同治四年（1865）《僧格林沁祠碑》，據北京大學圖書館藏原拓片録文。

堂建築作爲教育機構使用，初改爲懷幼小學，後更名爲進步小學[1]。

"文化大革命"期間，僧格林沁祠山門、二門及碑亭被拆除，石碑於1984年運送至北京石刻藝術博物館。至20世紀80年代，原祠已難窺原貌，在南面開一門臉，爲東城教育局校辦廠門市部，經營橡膠製品。享殿及東西配殿尚存，月臺亦因地面不斷加高而被墊平。90年代，祠堂建築爲寬街小學使用。後因學校佔地面積仍狹，故又將西邊一部分民房買下，使得規模較從前增加了一倍。

2006年至2014年調查時，僧格林沁祠爲東城區文物保護單位，存山門三間、正殿三間、仿古翻蓋東西配殿各三間，另有西跨院一所，爲北京市東城區教育委員會房管所辦公室。

僧格林沁祠（2013年5月 曉松攝）

〔1〕《燕都叢考》第六章·内五區各街市，頁三百八十五。

朕惟屏藩著績丹楹表將祀之誠竹帛書勳翠碣重褒庸之典既崇祠之特建輪奐流輝宜偉略之丕彰絲綸錫眷式頒巽命用勒豐碑爾科爾沁博多勒噶台忠親王僧格林沁稟性忠貞賦才勇毅列宗班於勳戚禁籞常趨統宿衛於佽飛韜鈐素裕惟名垂夫虎旅遂烈表乎鷹揚北路宣威連鎮化鴟張之燄東邦奏凱高唐殲鼠竄之蹤洎乎參贊勳隆籌高借箸親藩秩晉寵錫分茅擐甲長征五省金湯之衛同袍疊賦六年節鉞之司誓埽穴以擒渠每衝鋒而接戰赳桓敵愾

三朝倚若長城慷慨行軍萬古留茲浩氣方謂倏平豕突永靖狼烽何期小醜難防尚跳梁而思逞遂使全功未竟致臨陣以捐軀是用

嘉績圖形褒忠予謚馨香俎豆隆配饗於

廟廷帶礪河山衍加封於後嗣固已恩榮悉備典禮增崇今茲大政親裁值四方之底定彌覺前勞可念緬百戰之馳驅庀材特重夫鳩工鐫石更褒夫鴻烈頻頒異數用獎殊庸於戲表勳勣以勒青珉彝章丕煥播芬芳而留彤史典冊常新永被眷懷式昭來許

《僧格林沁祠碑》

僧格林沁祠碑

年代:清同治四年(1865)
原址:東城區寬街僧格林沁祠
今址:北京石刻藝術博物館
書體:正書
撰人:(清穆宗)載淳
拓片録自:北京大學圖書館藏原拓片

【碑陽】
碑文:
(漢文)

朕惟屏藩著績,丹楹表將祀之誠;竹帛書勳,翠碣重褒庸之典。既崇祠之特建,輪奐流輝;宜偉略之丕彰,絲綸錫眷。式頒巽命,用勒 1 豐碑。爾科爾沁博多勒噶台忠親王僧格林沁稟性忠貞,賦才勇毅。列宗班於勳戚,禁籞常趨;統宿衛於佽飛,韜鈐素裕。惟名垂夫 2 虎旅,遂烈表乎鷹揚。北路宣威連鎮,化鴟張之燄;東邦奏凱高唐,殲鼠竄之蹤。洎乎參贊勳隆,籌高借箸,親藩秩晉,寵錫分茅。擐甲 3 長征,五省金湯之衛;同袍疊賦,六年節鉞之司。誓埽穴以擒渠,每衝鋒而接戰。赳桓敵愾,4 三朝倚若長城;慷慨行軍,萬古留茲浩氣。方謂倏平豕突,永靖狼烽,何期小醜難防,尚跳梁而思逞,遂使全功未竟,致臨陣以捐軀。是用 5 嘉績圖形,褒忠予謚。馨香俎豆,隆配饗於 6 廟廷;帶礪河山,衍加封於後嗣。固已恩榮悉備,典禮增崇。今茲大政親裁,值四方之底定;彌覺前勞可念,緬百戰之馳驅。庀材特重夫鳩 7 工,鐫石更褒夫鴻烈。頻頒異數,用獎殊庸。於戲!表勳勣以勒青珉,彝章丕煥;播芬芳而留彤史,典冊常新。永被眷懷,式昭來許。8

(滿文轉寫)

bi gūnici, fiyanji dalikū i gese gungge iletulehe ofi, jukten i boo weilefi wecere unenggi gūnin be tucibuhe, suduri dangse de faššan ejehe ofi, eldengge wehe ilibufi gungge saišara kooli be ujelehe, jukten i boo be cohotoi ilibufi, gehun elden i fiyan tutabuha be dahame, colgoroko bodogon be ambula iletulefi. doshon derengge tuwabume kesi isiburengge giyan,ede$_{1}$ gosire hese wasimbufi, eldengge wehe de folobuhabi, korcin bodolgatai tondo cin wang senggerincin si, tondo jekdun i banin salgabuha, baturu fili i erdemu banjibuha, cin wang ni jergi de faidafi, enteheme dolo yabure alban aliha hiya kadalara dorgi amban de faššafi, coohai erdemu daci sulfa oho,damu gebu coohai kūwaran de tutabuha, tereci lingge kiru dangse de iletulehe, amargi$_{2}$ jugūn de horon algimbufi,liyan jeng ni ehe hūlhasa be geterembuhe, šandung golode etehe gungge bargiyafi, g´ao tang jeo i holha[1] holo be necihiyehe, aisilame wehiyere gungge colgorofi, tulbime bodoro arga

〔1〕按字意,此處應為 hūlha。

deribuhe, cin wang ni hergen wasibufi, ba dendefi doshon kesi isibuha, uksin etume dain de yabuhai,sunja golode fiyanji dalikū i gese karmaha, cooha gaime mudan nurhūme afahai,[3] ninggun aniya otolo cooha dain de faššaha, šancin necihiyeki hūlha jafaki seme tashūme, kemuni dain de sucuname fafursame afaha, kimun bata i gese bakcilafi,[4] ilan jalan golmin hecen i gese nikebuhe, hoo hio seme coohalame yabufi, tumen jalan otolo hoo sere sukdun werihe jing hūlha holo be necihiyefi, enteheme fudaraka songko be geterembukini seme bisire de, buya hūlha be seremšere de mangga, gūbadame daišame cihai gasihiyaha turgunde, yongkiyan gungge be wacihiyame mutehekū, dain de beyebe waliyatai obuha be we gūniha, uttu ofi gungge be saišara derengtu be nirubufi,[5] tondo be maktame amcame gebu buhe,amtangga wangga dere fan faidafi,[6] taimiyoo de dosimbufi adabume wecehe, alin bira i gese enteheme tutabufi, amaga enen de nonggime fungnehe, ere yargiyan i kesi derengge be yooni yongkiyabufi, kooli dorolon be nemebume wesihulehebi, te dasan i baita be mini beye icihiyafi, duin ergide necihiyeme toktobure de teisulebuhe, wang ni nenehe suilacun be amcame gūninafi, tanggūnggeri afaha feksime yabure be merkihe, saikan moo sonjofi cohome weileme deribure be ujelehe,eldengge wehe de[7] folobufi amba gungge be saišaha, nurhūme dabali kesi isibufi, colgoroko gungge be saišaha,ai, gungge faššan be temgetuleme eldengge wehe de folobufi, toktoho kooli baicafi ambula eldembuhe, sain gebu be algibume suduri bithe de tutabufi, kooli dangse de enteheme icemlehe, gosire kesi be alihai jalan halame goidatala iletulekini.[8]

關帝廟

關帝廟,又稱護國關帝廟,不見於乾隆《京城全圖》。原址在内五區地安門東大街三十七號(今東城區地安門東大街五十五號),民國檔案中亦稱寬街七號[1]。寺廟建築現存部分。

關帝廟始建時間無考,直到清中後期纔見諸史料。清同治八年(1869)仲秋,住持僧海寬重建關帝廟,故關帝廟興建應在此之前。但至光緒年間,寺廟住持已經轉到太監道士劉誠印(劉多生)手中。劉誠印,咸豐皇帝時始任敬事房掌璽太監,人稱"印劉",是清末著名太監。同治年間,他皈依道教,一生在北京修廟多處,比較著名的例如鐘樓後宏恩觀、三皇廟等[2]。光緒二年(1876)六月,廟内添建大鐵寶鼎三座,分别供奉於三座殿房之前,爲直隸河間府東光縣城東北五十五里小劉家莊居住之信女劉門湯氏寄住在東華門南池子箭廠胡同時,與劉德印、劉寶德敬獻[3]。劉誠印也是直隸河間府人,可能與劉門湯氏、劉德印和劉寶德沾親帶故。此鼎蓮座高丈許,由崇文門外祥盛鐘廠鑄造。同年,廟内還添建了鐵五供、鐵磬等多種法物。

光緒十年(1884),劉誠印將廟産權送給白雲觀,從此關帝廟成爲白雲觀下院,一同贈送的還有炒豆胡同内兩所附屬房産(在關帝廟後身),當時立有契約手本[4]。光緒二十三年(1897),陳明霦先接任關帝廟住持[5],至宣統元年(1909),纔任白雲觀監院[6]。陳明霦本人不住廟内,關帝廟由道士王世真居住管理。

〔1〕參見北京檔案館藏《北平市民政局·北平市各區寺廟總登記考察簿》,檔案號J3-1-237,1947—1948年,頁四十八。

〔2〕參見《北京内城寺廟碑刻志》第二卷,"清淨寺"條,頁五百五十一至五百六十五。"三皇廟"條,頁五百七十至五百七十六。

〔3〕參見國立北平研究院《關帝廟》,東四130。

〔4〕參見北京檔案館藏《北平市社會局·内三區關帝廟道士陳明霦登記廟産的呈文及社會局的批示(附寺廟登記表)》,檔案號J2-8-455,1931—1941年,頁二十六至二十七。

〔5〕參見上引檔案,頁十至十二。

〔6〕參見李養正主編《道教手册》,鄭州:中州古籍出版社,1993,頁四百四十一至四百四十二。

20世紀30年代初北平研究院調查時，關帝廟大門南向，前院爲煤廠，有東房六間、西房三間。第一進院内有北殿三楹，石額曰“護國關帝廟”，爲同治八年重建時所立。殿内正供關帝一尊，旁有周倉、關平侍立，另供火神、呂祖、土地泥像各一尊，法物有鐵五供一份、乾隆三十五年造鐵磬一口。殿前鐵寶鼎一口，正是劉門湯氏所獻，另有水井一眼；第二進院内爲大雄寶殿三間，左右各帶兩間耳房。大殿内正供菩薩三尊，旁供釋迦佛、娘娘和地藏王各一尊，均爲泥塑，像前陳設藍琉璃五供一份、銅磬一口、木魚一個。左右兩壁供藥王藥聖各一尊、財神一尊，童子侍立，鐵五供兩份。正後方有韋陀泥像一尊，鐵五供一份，爲光緒二年所造。殿内還有大鐵鐘一口，年月磨滅，小鐵雲牌一塊。殿前有東西配房各三間，院内大鐵寶鼎一座，同爲光緒二年製；第三進院内爲娘娘殿三間，左右各帶兩間耳房。殿内正供釋迦佛泥像一尊，前奉鐵磬一口、鐵五供一份，也爲光緒二年所造。左右壁各列娘娘三尊，像均泥塑，前有光緒二年造鐵五供三份，鐵磬一口。東壁前還有娃娃山一座，内有無數小童泥塑。娘娘旁侍立王奶奶與韋陀神像。殿前東西配房各三間，時爲華秀織布工廠。與前兩進一樣，後院内同樣有一口光緒二年鑄造的大鐵鼎。

至民國二十五年（1936），陳明霦已去世，安世霖接座白雲觀，同時成爲本關帝廟住持。他平時住在白雲觀，關帝廟由道士李崇一管理[1]。此後，關帝廟内大興土木。民國二十九年（1940），關帝廟正房坍塌，照舊修理，并添蓋南平臺兩間，院内死椿樹一株伐去[2]。次年，關帝廟又另開山門一座、角門二座，山門前添建影壁一道，門内東西各添蓋灰房一間，原有西房三間挑頂改建，同時還修補了前殿山墻、東院正房等，并在院内添蓋多處平臺[3]。1947年民政局登記時，關帝廟住持已换成了趙誠藩，仍是白雲觀下院[4]。

據附近居民的回憶，關帝廟雖爲道士管理，但實際居住者卻是道姑。廟内原有道姑四、五人，其中一人叫張元君（也説叫張彦君），大約是1910年左右生人。1949年以前，關帝廟香火鼎盛，每逢初一、十五都有人來此進香。廟内供奉三隻眼的馬王爺，大香爐讓人印象深刻，門口還有苦水井兩眼。東西廂房長年出租，租户大多是來自河北深縣的木匠。1956年公私合營後，此廟曾改爲街道收音機工廠，道姑還俗工作，四散分離，衹有張元君住在前院東房，由她妹妹照顧生活。1963年工廠關閉，廠内的一些職工陸續搬入此廟居住。“文化大革命”期間，關帝廟神像被埋，五七家屬連佔用大殿搞生産，把廟房改作木工車間，山門也於此時被拆。大約“文化大革命”以後，關帝廟三層大殿都歸無綫電研究所所有，現在廟房也大多爲該所職工宿舍。

2014年調查時，關帝廟山門已不存，但三層殿房還在，爲居民住家院落。

---

〔1〕參見北京檔案館藏《北平市社會局·内三區關帝廟道士陳明霦登記廟産的呈文及社會局的批示（附寺廟登記表）》，檔案號J2-8-455，1931—1941年，頁四十九至五十。

〔2〕同上，頁五十一至五十九。

〔3〕同上，頁六十三至七十一。

〔4〕參見北京檔案館藏《北平市民政局·北平市各區寺廟總登記考察簿》，檔案號J3-1-237，1947—1948年，頁四十八。

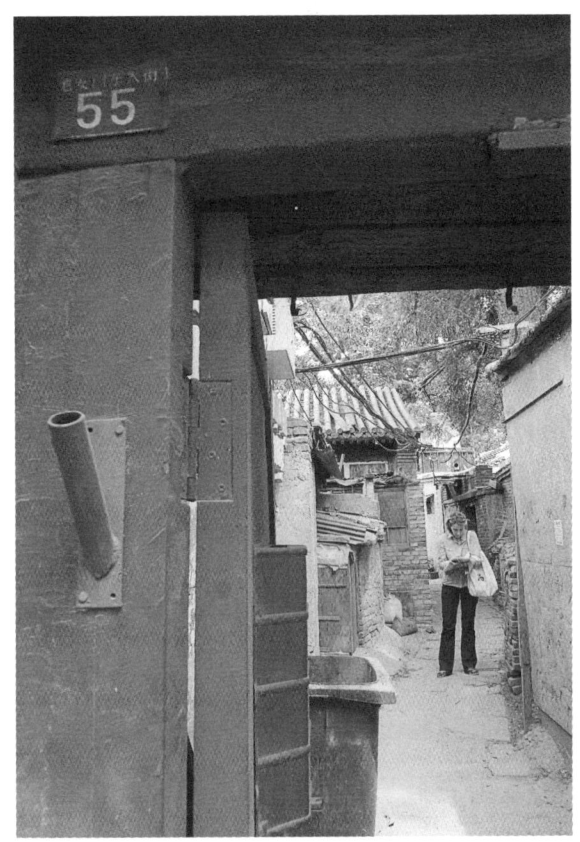

關帝廟門洞（2013 年 5 月 曉松攝）

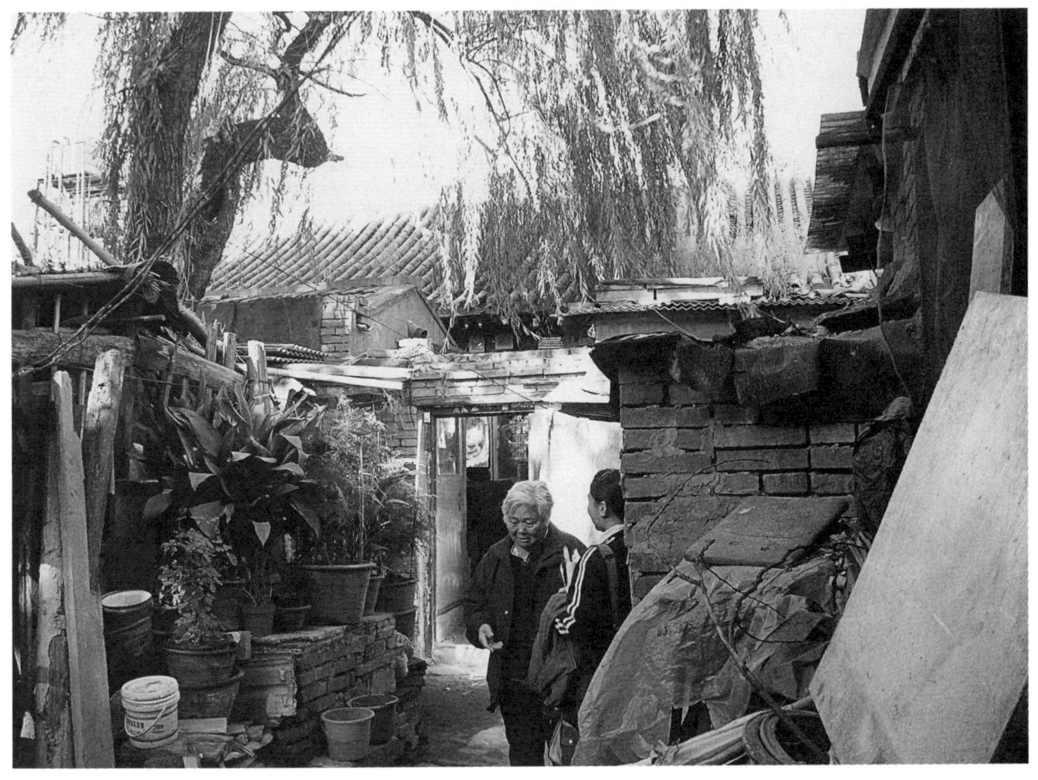

關帝廟大殿（2006 年 10 月 如意攝）

火神廟

火神廟，亦名靈佑火神廟或靈佑火祖廟，清雍正朝時可能曾爲關帝廟，民國五年（1916）後改稱普勝寺，俗稱石達子廟。不見於乾隆《京城全圖》，可能因其恰位於兩排交界處，圖有缺損之故。原址在東城内六區火神廟五號（今東城區煥新胡同十五號），寺廟建築現已不存。

火神廟始建時間不詳，寺内有鐵磬刻“雍正八年歲次庚戌秋月造”字，然無法判斷是否爲立廟之證[1]。《雍正廟冊》中記火藥局有關帝廟，因火藥局即民國後之火神廟胡同，故此關帝廟可能即是此火神廟的前身。然《乾隆廟冊》和《京城全圖》中均未見火神廟記載。至清後期，火神廟已正式得名“靈佑火神廟”，即在關帝外增祀火神，爲道觀。道光二年（1822），住持道士雷宗輔爲廟内新鑄鐵磬兩口，均銘文曰“後門内東板橋靈佑火神廟”。清同治十二年（1873），廟再重修，北殿木額即立於當時，時廟名改爲“靈佑火祖廟”。

民國四年（1915），位於南池子路西的清代皇家喇嘛寺院普勝寺[2]改爲歐美同學會，寺内喇嘛額定十一名，奉命遷移地安門内東板橋火神廟[3]。次年，火神廟重修并更名普勝寺，山門木額記其重修與更名事曰：“普勝寺，中華民國五年陽曆九月十七日立，石達子廟。”廟内雖仍奉關帝與火神，但廟内法物多被移走。道光二年兩口鐵磬之一即被移去白米斜街南口觀音庵[4]。20世紀30年代出版的《北京街衢坊巷之概略》地圖上，可見普勝寺位於北河沿、火藥局胡同頭條以西[5]。此時普勝寺山門南向，上懸民國五年木額。山門殿三間，内供關帝泥像一尊，前有鐵五供一份。左爲娘娘泥像，右爲木像金身觀音像；北有北殿三間，木額曰“靈佑火祖廟”，内供泥塑火神一尊，左右立像

〔1〕參見《北平寺廟調查一覽表》，1945年，無頁碼。

〔2〕即乾隆《京城全圖》十排五段“普勝寺”。普勝寺建於清順治八年（1651），清初建藏傳佛教三大寺，普勝寺其一也，爲清代皇家寺院。

〔3〕《北京市志稿·宗教志·名跡志》中稱此事發生於民國九年，應不確。卷五·喇嘛教二，頁二百五十。

〔4〕參見本書四排六段“觀音庵（地安門西大街）”條。

〔5〕參見（民國）北平特別市公署編《北京街衢坊巷之概略》，北京：北京特別市公署印製發行，1938年，内六區平面圖。

共六尊,前奉鐵五供一份、鐵磬一口,上刻雷宗輔修廟事并梵文六字真言。殿外東西配房各三間;北殿後還有後殿三間,前有東西配房各三間,西房帶北耳房兩間。此時廟內喇嘛住持名阿旺,稱普勝寺乃雍和宫下院[1]。但 1945 年北京市警察局調查記録稱,普勝寺傳密宗,是藏傳佛教普度寺[2]之下院。此時普勝寺仍殿宇三層,供有關帝、火神,神像格局並未改變[3]。

据附近老住户回憶,殿内原供火神,殿前東西或曾有石碑,神像和石碑在“文化大革命”以後去向不明。1949 年以前寺内有和尚三、四人,平日少有香火。和尚當時把房屋出租給貧窮無依的北京人,房費是每間屋每個月十五斤小米。約 1970 年代,原建築被拆除,改建簡易樓。

2006 年調查時,普勝寺所在地正在拆除,其時僅存山門三間,正殿位置爲一座 70 年代蓋的簡易樓。2013 年調查時,普勝寺已全部拆除。2014 年,普勝寺所在地仍荒廢。

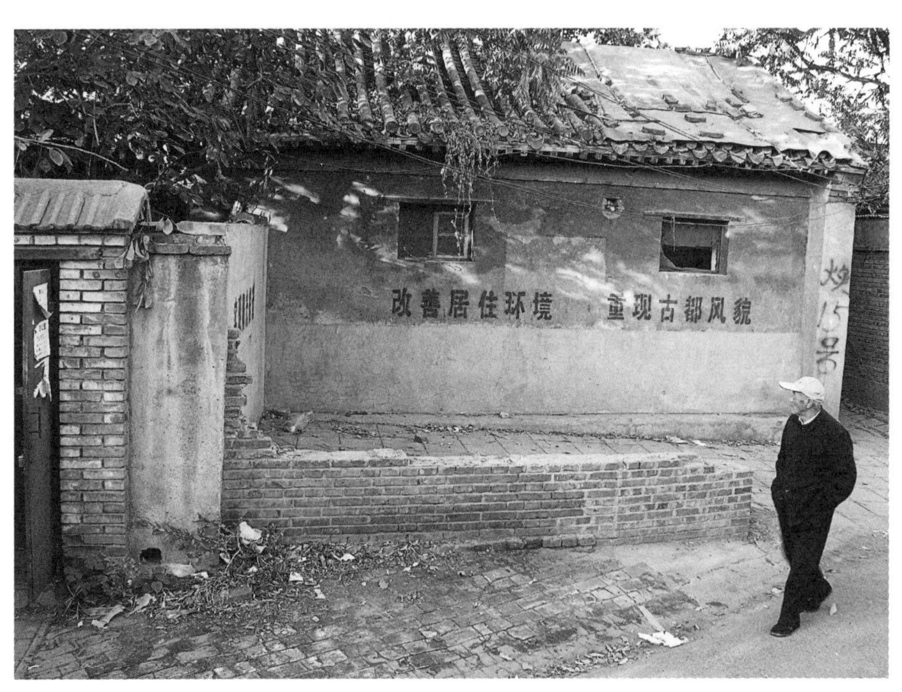

正在拆遷的普勝寺(2006 年 10 月 如意攝)

---

〔1〕參見國立北平研究院,東四 58,《普勝寺》。《北平寺廟通檢》中也稱普勝寺是雍和宫下院。參見《北平廟宇通檢》(上編),内城·内六區,頁八十二。

〔2〕即乾隆《京城全圖》九排五段“啞滿達口噶廟”。

〔3〕參見《北平寺廟調查一覽表》,1945 年,無頁碼。

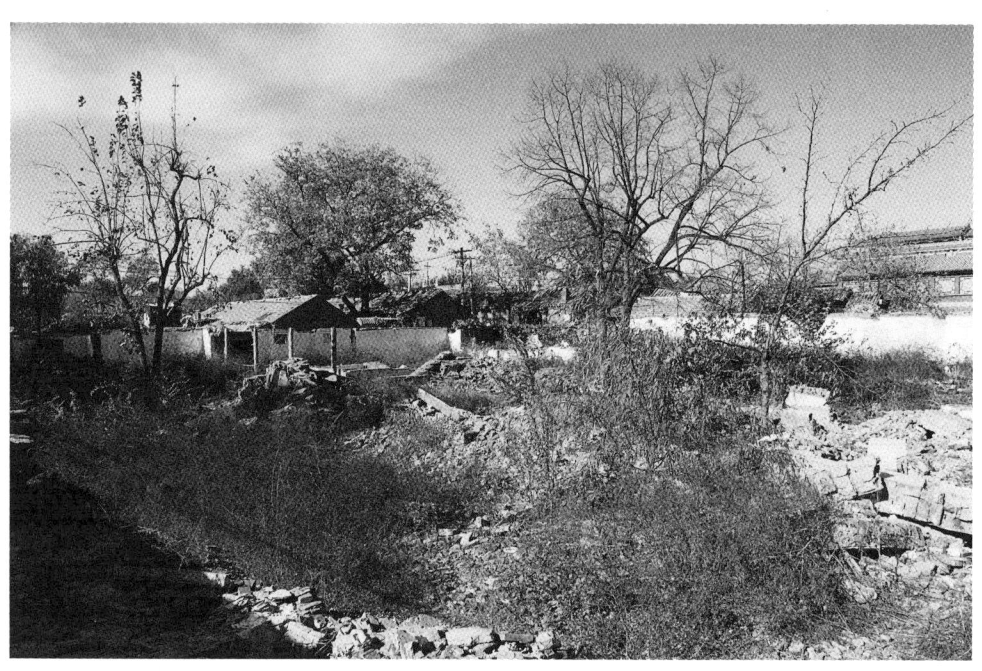

普勝寺所在地已荒廢　（2014 年 11 月　王軍攝）

四排六段

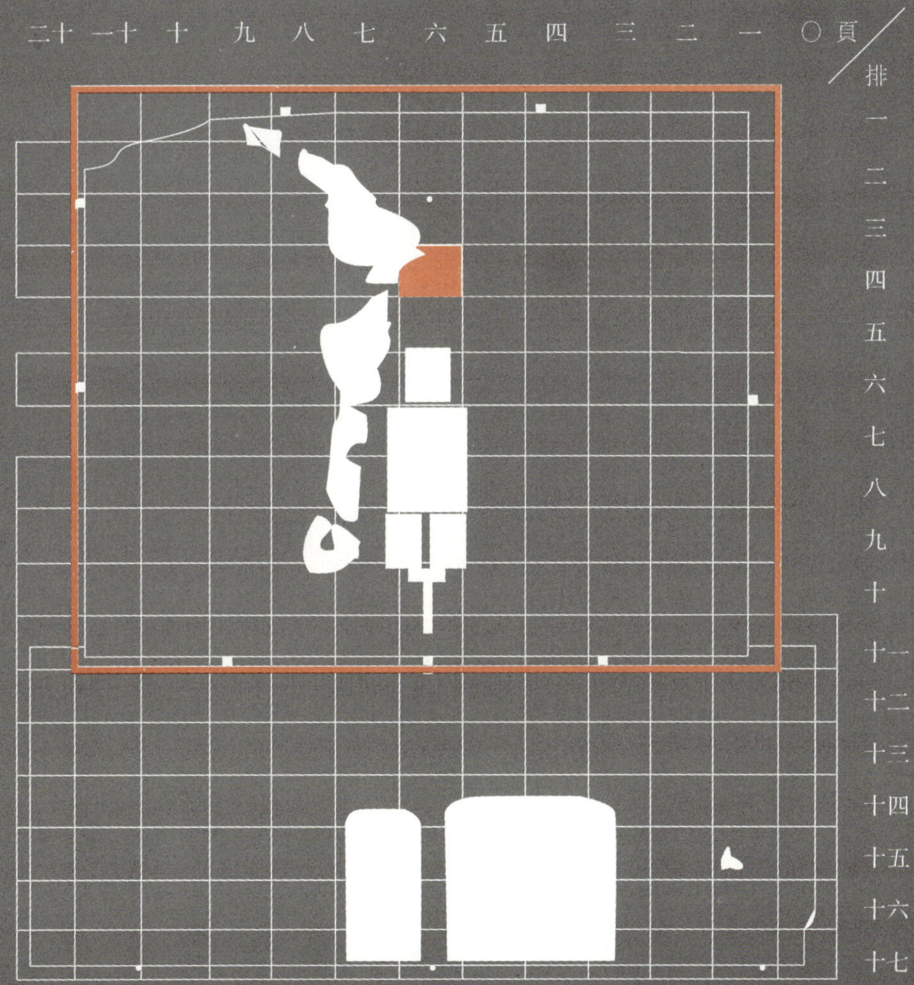

火神廟
白衣庵
（前海南沿）觀音庵
（地安門西大街）觀音庵
土地廟
（西樓巷）真武廟
祗園寺
（油漆作）真武廟
（雁翅樓）真武廟

真人府
顯佑宫
（帽兒胡同）
觀音庵
斗母宫
文昌廟
藥王庵
吉祥寺
安樂堂
觀音庵
（安樂堂）

顯佑宮

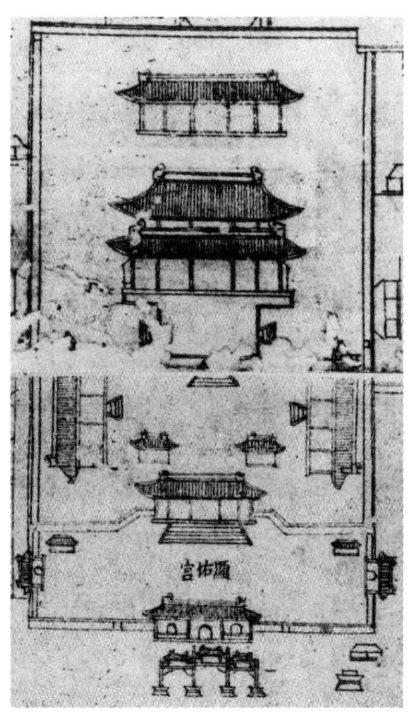

顯佑宮，又稱靈明顯佑宮、關帝廟，原址位於內五區帽兒胡同二十一號（今東城區地安門外大街帽兒胡同甲四十五號），寺廟建築現已不存。廟內曾有碑刻兩通：明成化十五年（1479）《顯佑宮碑》和清乾隆二十八年（1763）《御製重修顯佑宮碑記》。

據徐蘋芳先生考證，顯佑宮爲元代的也里可溫十字寺所在地，然顯佑宮興建時，原建築的基址幾乎均未保留[1]。顯佑宮始建於明永樂年間。明成祖朱棣以武力登基，念真武大帝神佑，於永樂十三年（1415）在京城艮隅建真武廟，春秋及每月朔望均遣官祭祀[2]。此真武廟應即顯佑宮之始。

一個甲子之後，顯佑宮在明成化十五年（1479）又重修。明憲宗崇奉道教，範金爲真武像，遣內官往武當山安奉真武金身。又准道士鄧常恩之奏請，出內帑之幣，重修京師顯佑宮，使得廟貌壯麗，門廡墻垣，無不堅好，並改號爲“靈明顯佑宮”[3]。此次重修爲朱見深所得意，不但御製碑文，又作長詩盛讚之。然在史書之上，則載此次重修“靡費內帑，騷擾道路，虐害生民”，且道士鄧常恩“日居其間，引進邪術，遂使香火之地幾爲奸盜之區”。重修後的顯佑宮神像四季更換袍服，三年一小焚化，十年一大焚化，每歲萬壽節正旦冬至等日均遣官

〔1〕徐蘋芳《元大都也里可溫十字寺考》，《中國考古研究——夏鼐先生考古五十年紀念論文集》，北京：文物出版社，1986年，頁三百一十四。

〔2〕參見《北平廟宇通檢》上編·內城·內五區，頁七十八。

〔3〕明成化十五年（1479）《顯佑宮碑》，京10462，《北京圖書館藏中國歷代石刻拓本匯編》，卷五十二，頁一百四十三。

致祭[1]。可推知,明代的顯佑宫崇奉可謂至矣。

有清一代,顯佑宫仍奉真武,崇幸隆遇。雍正九年(1731)重修,歲遇萬壽日,遣官致祭。乾隆《京城全圖》上,顯佑宫位於帽兒胡同路北,南向,廟門外牌坊一座,牌坊以東有小房兩間,另有建築一處,樣式頗爲特殊,看造型似乎是旗杆座,但體量巨大。廟門三間,繞以周垣;前殿五間,前有石陛五級,兩側有南向小房兩間,東西鐘鼓樓各一,相對而立;正殿五間,重簷歇山頂,崇基石闌,三出陛,中九級,東西各七級。兩廡各五間,殿前左右碑亭各一;後殿五間。乾隆二十一年(1756),傅恒將步軍統領衙門與會同館互易,步軍統領衙門搬至帽兒胡同,與顯佑宫爲鄰。乾隆二十八年(1763),高宗純皇帝梳理玄武供奉之脈絡,又歷數成化年間左道之流弊,決定由皇家出資,重修顯佑宫。弘曆撰《御製重修顯佑宫碑記》一通,爲正殿題額曰"拱辰錫福"、御書楹聯一幅。越年又御製詩三首[2]。乾隆以此碑將真武大帝信仰與朝野流俗之說區分開來,樹立了真武佑國佑人、昭格融顯的正面形象。顯佑宫同時位列官管寺廟之列,乾隆三十五年(1770)的官管寺廟檔案中記,顯佑宫坐落帽兒胡同,住持爲樂舞生張惟麒。其時有山門一間、鐘鼓樓二座、殿宇八間、碑亭二座、道房三十八間[3]。光緒二十八年(1902)顯佑宫被火,正殿燒毀,不能照常致祭。故太常寺請旨修繕,以重祀典,光緒帝著工部遵旨辦理[4]。此後顯佑宫似無大規模添建,《光緒順天府志》載其規制與乾隆十五年幾乎無異,僅多顯佑門三間和位於大殿東南燎爐一座。其時顯佑宫凡正殿門樓均黑綠琉璃,餘均筒瓦。門楹丹雘,梁楝飾以五彩,真武大帝仍奉宫中。

顯佑宫内曾有"梅梢月"砌石一方,頗爲著名。乾隆御製顯佑宫詩之一中說:"有舉何妨遵不廢,瓣香慶落迓春祺。崇構枚枚豁且邃,迎門古月在梅梢",下注曰:"墀中砌石,上有文象梅梢古月,舊物也。"[5]清末《宸垣識略》也有同樣的文字[6]。至民國時,顯佑宫已淹然無聞,但這方"梅梢月"因石紋隱如梅枝,枝梢缺月一痕,卻在北京家喻戶曉。傳說,顯佑宫曾有道士,癡迷梅花,畫梅梢新月圖而人皆以爲謬,道士鬱鬱而終,衹留下這方梅梢月石。去世後,方有妙齡少女識其妙絕,引爲知音[7]。

1912年,袁世凱當權後,對步軍統領衙門進行了改組重建,其統領也稱九門提督。次年,軍警督查處併入步軍統領衙門。大約在此時,顯佑宫也被併入,人稱"北衙門",也叫"九門提督府"。1924年11月5日,馮玉祥發動"北京政變",組建新内閣,步軍統領衙門被取消,此處改爲北平憲兵司令部。20世紀30年代的國立北平研究院寺廟調查時,已未記載顯佑宫。

附近居民對此大廟印象很深,稱大約在清末時,顯佑宫與附近的真人府[8]合併,改爲九門提督府,也稱北衙門。但仍保留原來的東西大門。顯佑宫東南角曾有大石碑。日據時期顯佑宫爲"東城憲兵隊"駐地。1949年之後也有騎兵駐紮。後因空地較大,曾做過兒童體育場。在1977年前後,原建築被拆除。

2014年調查時,顯佑宫原址爲中國國家歌舞團宿舍樓。據説院内還有零星的老建築構件。

---

〔1〕(明)倪岳疏《青谿漫稿》,見(明)陳子龍等輯《明經世文編》卷七十七,北京:中華書局,1962年,頁六百五十七至六百七十六。

〔2〕《日下舊聞考》卷五十四·城市·内城北城,頁八百六十四至八百六十五。

〔3〕中國第一歷史檔案館藏《呈報官管寺廟殿宇房間數目清單》,檔案號05-0277-032,乾隆三十五年五月二十二日。

〔4〕中國第一歷史檔案館藏録副奏摺《奏請飭下工部另建昭忠祠並修理顯佑宫城隍廟事》,光緒二十八年,檔案號03-5741-064;《著爲太常寺奏請另建昭忠祠並修復顯佑宫城隍廟交工部查勘奏請辦理事諭旨》,光緒二十八年,檔案號03-5741-066。

〔5〕《日下舊聞考》卷五十四,頁八百六十五。

〔6〕《宸垣識略》卷六·内城二,頁一百一十一。

〔7〕參見金受申整理《北京的传说·第二集》,北京:通俗文艺出版社,1959年,頁六十九至七十三。

〔8〕見本排段"真人府"條。

京 10462《顯佑宮碑》

御製重修靈明顯佑宮碑

御製重修靈明顯佑宮碑

皇天敷佑國家既付中國民越厥疆土于我
太祖高皇帝首提一旅芟夷群雄以戰則勝以攻則取兵戈所至衆莫敢嬰其鋒當是時固知
天命有在亦惟
真武之神陰佑於沖漠之表矣及四海混一定鼎金陵乃於雞鳴山建廟以崇祀事三十年間規模宏遠世升大猷既而內難聿興我
太宗文皇帝肅將天威興師致討誅戮群奸家邦載靖當其六大戰時所向披靡亦惟神顯相於恍惚之際矣及內難廓清人心底定乃於京城艮隅並武當山各建廟以崇祀事六十年間民安物阜號稱大康逮我
皇考英宗睿皇帝丕纘鴻圖茂隆治化亦惟神往來陟降擁護翊衛其靈應又不可以一二紀極乃命官函香奠幣以答昭貺廿載之間仁文義武法令煥然肆朕即位以來上法
祖宗
皇考夙夜拳拳惟以事神爲務兹十有六載三邊靡金革戰鬭之聲四夷有梯山航海之貢上下輯寧遠邇康濟非藉神休而能爾邪報功之典夫豈容緩先是範金爲像往安武當山者屢矣復惟京師廟宇鎮安宮禁日久將積惟新是圖叶卜之吉特出內帑金帛市材僦工鼎新締構不踰年而功成像設尊嚴廟貌壯麗凡門廡墻垣無不堅好神棲以稱舊規寔浮夫仰繼
先志此一端也烏可無文以紀其盛切惟我
祖宗於戰陣有事之時神已誕彰玄躅巍乎其有成功今朕於太平無事之際神不有以庇乎想惟駕風雲馭日月鑒臨祠所歆享殷禮洋洋如在于以代天行化斡旋陰陽于以扶正摧邪總統樞機陶鑄群品此感彼應變化無方上資
祖宗
皇考在天之福及畀
聖母無疆之壽次錫宮闈胤嗣繁衍之祥下利黔黎庶類咸遂生成之願綿延國祚億萬斯年庶乎副朕事神之盛心哉復系之詩曰

大哉玄帝天一尊　爰自開皇降此身　披髮跣足坎位存　攝躡龜蛇仕屈伸　知微知顯生而神　潛心大道超群真
匪徒和光更同塵　匪徒復位還歸根　手提雄劍清妖氣　上罰逆象下濟人　功成行滿游蒼旻　皂纛玄旗紛前陳
靈官聖衆左右奔　翠羽爲蓋瓊瑤輪　青霄隱顯金龍鱗　自漢迄元赫有聞　琳宮寶殿重重新　惟我
祖宗正乾坤　飭嚴祀事揚清芬　歲復一歲誠彌敦　禁城艮隅海子濱　神廟日久將堙淪　予心軫念殊諄諄
命工重構施繪頻　金碧壯麗增歡忻　羽流拜掃無晨昏　惟神造化侔大鈞　鞏固皇圖福子孫　海不揚波萬國春
萬年香火傳無垠

大明成化十五年六月初七日

京 10462《顯佑宮碑》

顯佑宫碑

年代:明成化十五年(1479)六月七日
原址:東城區地安門外大街帽兒胡同
拓片尺寸:碑陽高 208、寬 112 厘米;額高 50、寬 35 厘米
書體:正書
《目録》:頁 219
拓片編號:京 10462
拓片録自:《北京圖書館藏中國歷代石刻拓本匯編》第 52 卷第 143 頁

【碑陽】

額題:御製重修靈明顯佑宫碑(篆書)

碑文:

御製重修靈明顯佑宫碑 1

皇天敷佑國家,既付中國民越厥疆土于我 2 太祖高皇帝,首提一旅,芟夷群雄,以戰則勝,以攻則取。兵戈所至,衆莫敢嬰其鋒。當是時,固知 3 天命有在,亦惟 4 真武之神陰佑於沖漠之表矣。及四海混一,定鼎金陵,乃於雞鳴山建廟以崇祀事。三十年間,規模宏遠,世升大猷。既而内難聿興。我 5 太宗文皇帝肅將天威,興師致討,誅戮群奸,家邦載靖。當其六大戰時,所向披靡。亦惟神顯相於恍惚之際矣。及内難廓清,人心底定,乃於京 6 城艮隅並武當山各建廟以崇祀事。六十年間,民安物阜,號稱大康。逮我 7 皇考英宗睿皇帝丕纘鴻圖,茂隆治化,亦惟神往來陟降,擁護翊衛,其靈應又不可以一二紀極。乃命官函香奠幣,以答昭貺。廿載之間,仁文 8 義武,法令焕然。肆朕即位以來,上法 9 祖宗 10 皇考,夙夜拳拳,惟以事神爲務。兹十有六載,三邊靡金革戰鬭之聲,四夷有梯山航海之貢。上下輯寧,遠邇康濟,非藉神休而能爾邪。報功之 11 典,夫豈容緩。先是範金爲像往安武當山者屢矣。復惟京師廟宇鎮安宫禁,日久將穨,惟新是圖,叶卜之吉,特出内帑金帛,市材僦工,鼎 12 新締構。不踰年而功成。像設尊嚴,廟貌壯麗,凡門廡墻垣,無不堅好。神棲以稱舊規,寔浮夫仰繼 13 先志,此一端也。烏可無文以紀其盛。切惟我 14 祖宗於戰陣有事之時,神已誕彰玄躅,巍乎其有成功。今朕於太平無事之際,神不有以庇乎?想惟駕風雲,馭日月,鑒臨祠所,歆享殷禮,洋洋 15 如在。于以代天行化,斡旋陰陽;于以扶正摧邪,總統樞機,陶鑄群品,此感彼應,變化無方。上資 16 祖宗 17 皇考在天之福,及畀 18 聖母無疆之壽。次錫宫闈胤嗣繁衍之祥。下利黔黎庶類咸遂生成之願。綿延國祚,億萬斯年。庶乎副朕事神之盛心哉。復系之詩曰:19 大哉玄帝天一尊,爰自開皇降此身。披髮跣足坎位存,攝躡龜蛇任屈伸。知微知顯生而神,潛心大道超群真。20 匪徒和光更同塵,匪徒復位還歸根。手提雄劍清妖氛,上罰逆象下濟人。功成行滿游蒼旻,皂纛玄旗紛前陳。21 靈官聖衆左右奔,翠羽爲蓋瓊瑤輪。青霄隱顯金龍鱗,自漢迄元赫有聞。琳宫寶殿重重新,惟我 22 祖宗正乾坤。飭嚴祀事揚清芬,歲復一歲誠彌敦。禁城艮隅海子濱,神廟日久將堙淪。予心軫念殊諄諄,23 命工重構施繪頻。金碧

壯麗增歡忻，羽流拜掃無晨昏。惟神造化侔大鈞，鞏固皇圖福子孫。海不揚波萬國春，24 萬年香火傳無垠。25

大明成化十五年六月初七日。26

御製重修顯佑宫碑記

首題:御製重修顯佑宫碑記
年代:清乾隆二十八年(1763)
原址:東城區地安門外大街帽兒胡同
撰人:清高宗弘曆
碑文録自:此碑不見拓片,碑文録自《日下舊聞考》卷五十四·城市·内城北城,頁八百六十四至八百六十五。

【碑陽】
碑文:

御製重修顯佑宫碑記

議禮家稟承經訓,斥道流傳會神奇之事,以爲説莫吾勝。顧不揆夫天人幽明所究極。道者之説之本出乎經,故道晦而經益荒,即禮亦因之以缺。圖誌載真武之神爲靖樂王太子,受道秘於紫虚元君,入山修鍊飛昇,從而著寶號傳真籙,疑於精英惚怳,足以聳動一世之耳目,而不能塞扶翊風教者之心。然禮不云乎!前朱雀而後玄武。釋者謂玄武即龜蛇,爲旐有四斿,其星虚危七宿,其次元枵娵訾,凡注天官職方者莫不徵引。蓋先王取象以節軍旅疾徐進返之度,爲能應天而順人。即由此推之,命討告功,若禡禨伯禱,庸得謂非其所有事而竟齒於無文之秩乎?今道家奉神,左右有將曰龜曰蛇,正數典不忘其朔。至改玄武爲真武,則自宋時避廟諱以真代玄始。而羽士尊之曰北極玄天,又取漢時五帝義疏沿而襲之,其訓後爲北方,原出經解,匪彼氏哆譚尤信。京師顯佑宫建自明永樂十三年,以祀佑聖真君。正德中,更署額爲靈明顯佑。按成化碑記備詳洪武及靖難間行陣呵護之應。雖語涉響像,尚不謬經文飾怒遺意。其後濫觴罔制,致内官陳善憑兹援納左道,猥瀆明禋。宫猶巍然,神豈顧饗?惟是神宫,地當坎位。稟元冥之令,符天一之行。佑國佑人,昭格融顯。有其舉之,亦莫可廢。乃以癸未孟春,出内帑之羨,鳩工庀材,匪增曰葺。其年十有二月訖事,整贍恢宏,足以揭虔展事。所司礱石請記,爲推明闡道正經之大者,以示前民用而祛民惑。其他世俗昭報如雞鳴之祠,武當之幣,皆略而不書。

真人府

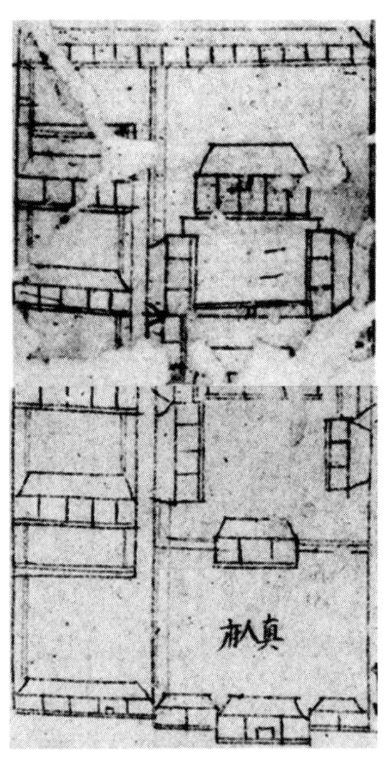

真人府，原址在内五區帽兒胡同二十一號（今東城區地安門外大街帽兒胡同甲四十五號），建築現已不存。府址内曾有碑刻三通，分别是清乾隆五年（1740）《大真人府碑》、清乾隆四十二年（1777）《關帝廟碑》和清同治十二年（1873）《重修土神廟碑》,《大真人府碑》在乾隆年間被移至舊鼓樓大街大石橋胡同妙緣觀,《重修土神廟碑》現藏北京石刻藝術博物館。

真人府的興建與雍正帝崇信道教正一派有關。清雍正五年（1727）第五十五代正一教真人張錫麟入覲途中於杭州病歿，張慶麟就任署理真人，由龍虎山法官婁近垣代張錫麟覲見雍正帝。婁近垣，江南松江婁縣人，爲正一教祖庭江西龍虎山上清宫道人。因治帝病有驗，得到了雍正帝的信任，特降旨賜其四品龍虎山提點，並供奉内廷欽安殿住持。雍正九年（1731），婁近垣在正陽門外所居之大真人府，因屋宇狹隘，年久傾頹，雍正帝特命將其移至地安門外，重建大真人府。工自雍正九年春起，至雍正十二年（1734）冬止，歷時四年，興建殿房、丹臺階壁無不焕然，并建有寮舍八十一間，爲循例朝覲值季的法官之居所[1]。然而自此以後，龍虎山真人的品級由一品降至五品，地位不斷衰退[2]。乾隆十三年（1748），真人府内已無道

〔1〕清乾隆五年（1740）《大真人府碑》，京 540，《北京圖書館藏中國歷代石刻拓本匯編》卷六十九，頁六十四。此碑其後轉移至舊鼓樓大街大石橋胡同妙緣觀内。參見《北京内城寺廟碑刻志》卷一，“妙緣觀”條，頁一百八十二。

〔2〕參見（日）細谷良夫《乾隆朝的正一教——關於正一教真人的降格事件》，秋月觀瑛編《道教和宗教文化》，平河出版社，1987 年。

士，被收爲官房。因殿房整齊完固，被禮部會同館設爲貢使之館舍[1]。然在乾隆十五年（1750）的《京城全圖》上，真人府之名仍標於圖上，其時廟位於帽兒胡同路北、爲顯佑宫[2]之西鄰，坐北朝南，首有廟門三間、中間開門，东、西耳房各二間；前院頗爲寬敞，仅有前殿三間；第二進院似有大殿四間，東配殿三間，西配殿四間，以北還有配房三间；第三進院有圍墻相隔，隨墻門以北有後殿五間，東、西配殿各三間；其後有聯排廟房十五間，一直延伸至西院。以西還有一路院落，佈局齊整，首有殿房五間，東二間開門，其後爲北向房舍四組各五間，圍以牆垣，自成一體。

乾隆二十一年（1756），管步軍統領衙門事、满洲鑲黄旗大员富察氏傅恒，以其衙署設在宣武門内京畿道胡同，偏在西南，故奏請將步軍統領衙門署與在地安門外帽兒胡同的會同館互易，且將署寮擴大爲一百四十二楹[3]。此後真人府所在地又新建了若干祠庙，爲衙署之专祠。乾隆二十一年立署之初，即在東隅建有關帝廟三楹，每逢春、秋由署員祭祀。乾隆四十二年（1777），傅恒之子、時任步軍統領福隆安見關帝廟墻垣頹圮，金粉剝蝕，即捐俸重修關帝廟。工自是年四月起至七月，將廟内正殿三間、前抱廈三間、垂花柵門一座，悉撤而新之。關帝廟内東祀火神，西祀馬神，東廡配以蕭何、曹參，西廡配以房玄齡、杜如晦，以表衙署祝爲民福、兵馬之責及崇祀賢臣、同心佐清之意。福隆安撰《關帝廟碑》以記其事[4]。

此外，步軍統領衙門署堂之東建有土神廟，與衙署同時創立，其時立有石碑，然早已漫漶泐甚。同治十一年（1872），土神廟歷經年久，殿宇傾頹，神像蒙塵，衙署官吏以及兼行衆官見之，即慷慨鳩貲，立願重修，選任把總馬海督率興工，重修殿宇，丹刻煥然，以求土地司神廣降福祚。工竣後，由花翎司務崇暉撰並書《重修土神廟碑》一通，並將捐資銜名、董事工作之詳名列於碑陰[5]。

清末民初，真人府將相鄰的顯佑宮合併，同作爲步軍統領衙門使用，老北京人稱其爲“北衙門”，在京師治安管理方面具有重要的地位，轄北京内、外城和四郊的詞訟，以及内城和城外（不包括外城）的警察事項[6]。

2005年至2006年調查時據老住戶回憶，1949年後，真人府曾有騎兵駐扎，并因空地寬敞作爲兒童體育場。寺廟建筑於1977年左右被拆除。

2014年调查时，真人府爲中國國家歌舞團宿舍。

---

〔1〕參見王世仁《北京會同館考略》，《北京文博》2005年第3期。

〔2〕參見本排段“顯佑宫”條。

〔3〕《日下舊聞考》卷七十三，頁一二一七。

〔4〕清乾隆四十二年（1777）《關帝廟碑》，據北京大學圖書館藏原拓片録文。

〔5〕清同治十一年（1872）《重修土神廟碑》，據北京大學圖書館藏原拓片録文。

〔6〕參見張宗平、呂永和譯《清末北京志資料》，北京：北京燕山出版社，1994年，頁二百二十五、三百零八。

京540《大真人府碑》

敕賜重建真人府碑記

敕賜重建大真人府第碑記
大道之妙總有三才元科
之傳統歸正一維真風於
久遠得奧義於環中故
聖世屢頒異數之恩而至道常
受帡幪之庇況　京師夙
稱首善胥依日月光華而
綸音表示鴻規聿顯神通妙法
自非心潛精一識貫淵微
孰能稟訓瑤階密受璚室
專太清之業感窅冥之應
動軒轅之訪養廣成之志
者哉如我
妙正真人者姓婁氏名近
垣法號三臣江南松江婁
縣人也沖齡味道眇愛雲
松至性精虔博綜符籙始
潛養於楓溪繼來遊於江
右契元都之秘玉局攸傳
啓綠笈之真景輿爰駕於
雍正五年循例值季雍正
九年正月欽承
世宗憲皇帝諭旨近垣綠章有效
丹篆多靈降

敕語之輝煌嘉闡法之誠敬
聖心悅豫恩賚有加
賜以龍虎山四品提點供奉
內廷欽安殿住持雍正十年
三月二十五日　頒給
龍虎山上清宮提點印信
並給提點提舉等員部劄
二十五道十一年十月十
六日
敕封妙正真人
賜大光明殿開山正住持統領
法官四十八員焚修頂禮
禱雨祈晴祝　國佑民迎
祥請福重
念道妙重元心棲正一崇隆典
禮賓表清修爰廣推
恩於所自更成盛事於名
山
特發內帑專遣大臣董督修建
龍虎山上清宮堂皇畢構
殿閣聿新騰紫氣於山樹
起龍光於林樾邁前人之
盛烈既澤永於西江振往
古之靈蹤更

恩垂於內地正陽門外舊有大
真人府爲循例　朝覲齋
居之所其寮舍即值季法
官之居停也年久傾頹屋
宇狹隘
欽命易地於地安門外東西廣
一十三丈五尺南北二十
四丈零
頒式繪圖壯觀輪奐開虛室以
鑿牖擬丹臺以淩階並建
法官從寮合計房屋八十
一間始於雍正九年之春
月訖工於雍正十二年之
冬月經之成之隆隆殖殖
高矣美矣濟濟盤盤攬爽
氣於西山欲呼龍子俯澄
心於積水靜證蓮花更鼓
宵鐘依法宮以清肅雲車
風馬繞層室以森嚴石几
雲床皆上方之製作丹爐
茶竈惟位置之適宜瞻締
造之維新戴鴻庥而弗替
淩晨鵠竦莫頌在天之靈
特漏鳧趨更式下土之冒

伏遇
今皇上孝思維則道被無垠
覃恩妙正真人晉秩三品
誥封通議大夫榮及祖父兼掌
道錄司印務事東嶽廟等
處正住持
天恩疊錫大法常流惟殫護國
之誠宜沐酬庸之美昭麟
自慚菲薄何能際茲曠典
欣睹
帝代之殊恩共儼
天威於咫尺庶幾夙夜匪懈對
越彌殷謹書歲月以誌盛
遇焉
誥授光祿大夫署理正一嗣教
大真人府印務張昭麟撰
賜進士出身
誥授光祿大夫
經筵講官刑部右侍郎張照書
賜進士出身例授奉政大夫禮
科給事中前都察院御史
翰林院編修程鍾彥篆額
乾隆五年八月穀旦 金陵焦國華勒石

京540《大真人府碑》

大真人府碑

首題:敕賜重建大真人府第碑記
年代:清乾隆五年(1740)八月
原址:西城區舊鼓樓大街大石橋胡同妙緣觀
拓片尺寸:碑陽高126、寬67厘米,額高44、寬31厘米
書體:楷書
撰人:張昭麟
書人:張照楷書,程鍾彦篆額
刻工:焦國華
《目録》:頁295
拓片編號:京540
拓片録自:《北京圖書館藏中國歷代石刻拓本匯編》第69卷64頁

【碑陽】

額題:敕賜重建真人府碑記(篆書)

碑文:(自上至下分四段刻)

(第一段)

敕賜重建大真人府第碑記 1

大道之妙,總有三才,元科 2 之傳,統歸正一。維真風於 3 久遠,得奥義於環中。故 4 聖世屢頒異數之恩,而至道常 5 受帡幪之庇。况京師夙 6 稱首善,胥依日月光華,而 7 綸音表示,鴻規聿顯,神通妙法。8 自非心潛精一,識貫淵微,9 孰能稟訓瑤階,密受琦室,10 專太清之業,感窅冥之應,11 動軒轅之訪,養廣成之志 12 者哉。如我 13 妙正真人者,姓婁氏,名近 14 垣,法號三臣,江南松江婁 15 縣人也。冲齡味道,眇愛雲 16 松,至性精虔,博綜符籙,始 17 潛養於楓溪,繼來遊於江 18 右。契元都之秘,玉局攸傳;19 啓綠笈之真,景輿爰駕。於 20 雍正五年循例值季,雍正 21 九年正月欽承 22 世宗憲皇帝諭旨,近垣綠章有效,23 丹篆多靈,降 24

(第二段)敕語之輝煌,嘉闡法之誠敬。1 聖心悦豫,恩賚有加,2 賜以龍虎山四品提點供奉 3 内廷欽安殿住持。雍正十年 4 三月二十五日頒給 5 龍虎山上清宫提點印信,6 並給提點提舉等員部劄 7 二十五道。十一年十月十 8 六日 9 敕封妙正真人,10 賜大光明殿開山正住持,統領 11 法官四十八員。焚修頂禮,12 禱雨祈晴,祝國佑民,迎 13 祥請福,重 14 念道妙重元,心棲正一,崇隆典 15 禮,實表清修。爰廣推 16 恩於所自,更成盛事於名 17 山。18 特發内帑,專遣大臣董督修建 19 龍虎山上清宫,堂皇畢構,20 殿閣聿新,騰紫氣於山樹,21 起龍光於林樾。邁前人之 22 盛烈,既澤永於西江,振往 23 古之靈蹤,更 24

(第三段)恩垂於内地。正陽門外舊有大 1 真人府,爲循例朝覲齋 2 居之所,其寮舍即值季法 3 官之居停也。年久傾頽,屋 4 宇狹隘,5 欽命易地於地安門外,東西廣 6 一十三丈五尺,南北

二十 7 四丈零, 8 頒式繪圖,壯觀輪奐。開虛室以 9 鑿牖,擬丹臺以淩階。並建 10 法官從寮合計房屋八十 11 一間。始於雍正九年之春 12 月,訖工於雍正十二年之 13 冬月,經之成之,隆隆殖殖; 14 高矣美矣,濟濟盤盤。攬爽 15 氣於西山,欲呼龍子;俯澄 16 心於積水,靜證蓮花。更鼓 17 宵鐘,依法宮以清肅;雲車 18 風馬,繞層室以森嚴。石几 19 雲床,皆上方之製作;丹爐 20 茶竈,惟位置之適宜。瞻締 21 造之維新,戴鴻庥而弗替。 22 淩晨鵠竦,莫頌在天之靈; 23 待漏鳧趨,更式下土之冒。 24

（第四段）伏遇 1 今皇上孝思維則,道被無垠, 2 覃恩妙正真人晉秩三品 3 誥封通議大夫,榮及祖父,兼掌 4 道録司印務事,東嶽廟等 5 處正住持。 6 天恩疊錫,大法常流。惟殫護國 7 之誠,宜沐酬庸之美。昭麟 8 自慚菲薄,何能際兹曠典, 9 欣睹 10 帝代之殊恩,共儼 11 天威於咫尺。庶幾夙夜匪懈,對 12 越彌殷,謹書歲月,以誌盛 13 遇焉。 14

誥授光禄大夫署理正一嗣教 15 大真人府印務張昭麟撰。 16

賜進士出身 17 誥授光禄大夫 18 經筵講官刑部右侍郎張照書。 19

賜進士出身例授奉政大夫禮 20 科給事中前都察院御史 21 翰林院編修程鍾彦篆額。 22

乾隆五年八月穀旦金陵焦國華勒石。 23

重修關帝廟碑記

步軍統領衙門内東隅向有

關帝廟三楹建自乾隆丙子迄今二十餘年矣歷歲滋久墻垣頽圮金粉剝蝕予奉

命總理茲署每春秋率屬肆祀見而心惕緬惟

帝君威靈赫濯垂千餘年九州内外莫不欽仰而

靈應彰爍爲功德於我

朝尤大

聖天子翼奉明禋尊崇備至先後加號改謚以致嚴恪之意神明肸蠁昭著寰區故凡内外

官署中皆得建專祠以虔祀事況步軍統領衙門督理邦校兼司禁詰職任綦重

帝君之祠顧聽其陊廢不修其何以承

神庥而答嘉貺爰捐俸　於今年四月之吉庀材鳩工經始葺治計正殿三前抱廈三垂

花柵門一悉撤而新之其東祀

火神民非水火不生活所以祝爲民福也西祀

馬神神上應天駟本署有兵馬之責牧事蕃息有攸賴焉至東廡之配以蕭曹西廡配以

房杜雖於祀典罕見徵據而向爲掾史所崇奉鉤稽衡較獲賴集事其仰托於

芘佑者已久亦不可以或廢予既修

帝君祠因並此鼎新焉今值蕆事之期理宜鐫石以紀歲月爰敬誌其原委如此

御前大臣太子太保議政大臣文淵閣提舉閣事領侍衛内大臣兵部尚書兼管吏部工部理藩院步軍統領衙門事務鑲黄旗滿洲都統和碩額駙一等忠勇公福隆安撰并書

大　清　乾　隆　四　十　二　年　歲　次　丁　酉　七　月　穀　旦　立

《關帝廟碑》

關帝廟碑

首題：重修關帝廟碑記
年代：清乾隆四十二年（1777）七月
原址：東城區帽兒胡同
書體：正書
撰人：福隆安
書人：福隆安
拓片録自：北京大學圖書館藏原拓片

【碑陽】

碑文：

重修關帝廟碑記 1

步軍統領衙門内東隅向有 2 關帝廟三楹，建自乾隆丙子，迄今二十餘年矣。歷歲滋久，墻垣頹圮，金粉剥蝕。予奉 3 命總理茲署，每春秋率屬肆祀，見而心惕。緬惟 4 帝君，威靈赫濯，垂千餘年。九州内外，莫不欽仰。而 5 靈應彰爍，爲功德於我 6 朝尤大。7 聖天子翼奉明禋，尊崇備至，先後加號改謚，以致嚴恪之意。神明肹蠁，昭著寰區，故凡内外 8 官署中皆得建專祠，以虔祀事。況步軍統領衙門督理邦校，兼司禁詰，職任綦重。9 帝君之祠，顧聽其陊廢不修，其何以承 10 神庥而答嘉貺？爰捐俸，於今年四月之吉，庀材鳩工，經始葺治。計正殿三、前抱廈三、垂 11 花柵門一，悉撤而新之。其東祀 12 火神，民非水火不生活，所以祝爲民福也。西祀 13 馬神，神上應天駟，本署有兵馬之責，牧事蕃息，有攸賴焉。至東廡之配以蕭、曹，西廡配以 14 房、杜。雖於祀典罕見徵據，而向爲掾史所崇奉，鈎稽衡較，獲賴集事。其仰托於 15 芘佑者已久，亦不可以或廢。予既修 16 帝君祠，因並此鼎新焉。今值蕆事之期，理宜鐫石以紀歲月，爰敬誌其原委如此。17

御前大臣太子太保議政大臣文淵閣提舉閣事領侍衛内大臣兵部尚書兼管吏部工部理藩院步軍統領衙門事務鑲黄旗滿洲都統和碩額駙一等忠勇公福隆安撰并書。18

大清乾隆四十二年歲次丁酉七月穀旦立。19

眾善
奉行

蓋聞聲靈赫濯官署設司土之神廟貌巍峨立碑泐紀年之字溯夫金吾
創署於禁北土神即祠於堂東而乃日久年湮工難石永垣頹木朽像漸
塵封凡我同舟咸深感慨爰自本署各員以及兼行衆官莫不鳩貲起造
立願重修謹遴把總馬海恪心將事督率興工彙集腋之多金規模式廓
樂成功於不日丹刻加新從此
神欣人悅金城大狀觀瞻行見瑞應祥徵闔署統承福佑大工竣事小引同
鐫所有捐資銜名董事工作詳列於後
時
同治十一年歲次壬申夏四月穀旦
花翎司務崇暉謹誌並書

《重修土神廟碑》

重修土神廟碑

年代:清同治十一年(1872)四月
原址:東城區帽兒胡同
今址:北京石刻藝術博物館
書體:正書,額篆書
撰人:崇暉
書人:崇暉
拓片録自:北京大學圖書館藏原拓片

【碑陽】

額題:衆善奉行(篆書)

碑文:

蓋聞聲靈赫濯,官署設司土之神;廟貌巍峨,立碑泐紀年之字。溯夫金吾,1 創署於禁北。土神即祠於堂東。而乃日久年湮,工難石永,垣頹木朽,像漸 2 塵封。凡我同舟,咸深感慨。爰自本署各員以及兼行衆官,莫不鳩貲起造,3 立願重修。謹遴把總馬海恪心將事,督率興工,彙集腋之多金,規模式廓;4 樂成功於不日,丹刻加新。從此 5 神欣人悦,金城大壯觀瞻;行見瑞應祥徵,闔署統承福佑。大工竣事,小引同 6 鐫所有捐資銜名董事工作,詳列於後。7

時 8 同治十一年歲次壬申夏四月榖旦 9

花翎司務崇暉謹誌並書。10

火神廟

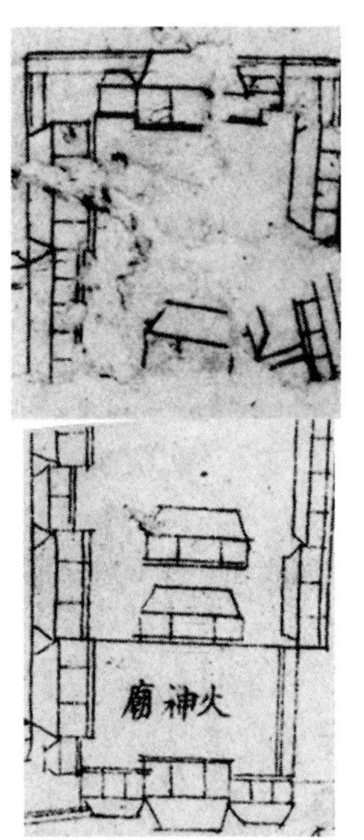

火神廟，又稱敕建火神廟、火德真君廟，原址在内五區地安門大街一百九十二號（今西城區地安門外大街七十七號），寺廟建築現存完好，爲重新翻修。《帝京景物略》記廟内曾有石碑兩通，分別爲明朱之蕃撰碑和禮部侍郎翁正春撰碑[1]，但乾隆時即存而無字[2]，今碑並拓片俱已不見。

《日下舊聞考》等文獻認爲，火神廟始建於唐貞觀六年（632），元至正六年（1346）重修[3]。唯《宛署雜記》中記北城日中坊火神廟，建於元至元十六年（1279）[4]。初，火神廟奉道教正一派，尊周思德爲祖師[5]。明代時位於北城日中坊，嘉靖四十二年（1563）有重修碑，揣其時應有修建[6]。萬曆二十四年（1596）及次年的大火，使得皇宫的前三殿和後廷都被火焚燒，萬曆帝即命道録司左玄義呂元節主祝事，月給火神廟帑幣五十兩以清醮保安。萬曆三十三年（1605），火神廟又重修，加緑琉璃瓦，并建重閣，前殿"隆恩"，後閣"萬歲景靈閣"，左右"輔聖"、"弼靈"等六殿[7]。在廟北建水亭，意在以濱湖之亭壓

〔1〕（明）劉侗、于奕正《帝京景物略》卷一·城北内外，北京：北京古籍出版社，1980年，頁四十一至四十二。

〔2〕《日下舊聞考》卷五十四·城市·内城北城，頁八百七十二至八百七十三。

〔3〕民國時寺廟住持也持這種看法，參見北京市檔案館藏《北平市社會局·内五區火神廟道士田存續登記廟産更换主持的呈文及社會局的批示》，檔案號J2-8-121，頁十二至十三。另，在20世紀30年代時拍攝的照片，可見其時斗母寶閣下層陳設"唐貞觀六年建造"銘文小石碑。

〔4〕參見（明）沈榜《宛署雜記》第十九卷，北京：北京古籍出版社，1980年，頁二百三十三。

〔5〕參見《宸垣識略》卷八·内城四，頁一百四十九；《帝京景物略》卷一·城北内外，頁四十一至四十二；《北京市志稿》卷七·道教二，頁二百八十一；《中國文物地圖集》（下册），頁六十四。

〔6〕《日下舊聞考》卷五十四·城市·内城北城，頁八百七十二至八百七十三。

〔7〕《帝京景物略》卷一·城北内外，頁四十一至四十二。

勝。明人孫國敉在《燕都遊覽志》中讚其景色清麗"金碧琉璃,照映漣漪間"[1]。天啓元年(1621)三月,皇帝又命太常寺官以六月二十二日爲祀火神之期,列入祀典。天啓六年(1626)五月初六日,京城西南隅的王恭廠發生爆炸,宇坍地塌,木石人禽,自天雨而下,房屋及數以萬計的人被炸爲齏粉,此事亦被史書記載爲火神之諭。據《帝京景物略》載,王恭廠爆炸之前,北安門内侍忽聞粗細樂音先後過者三,衆人驚而跡其聲,源自火神廟出。開殿審視後,忽見火球滚而升空,落入西南王恭廠,震聲如雷,火光飛集[2]。人們將天啓年間的災難歸於火神之威,實則反映了明代火神廟之地位尊殊。

入清以後,火神廟繼續延續明代國祀之尊,廟内有雍正十一年(1733)造大鐵鼎一尊,還有雍正年間内務府造辦處造供器,或來自内廷[3]。乾隆《京城全圖》上的火神廟位於地安橋西北,坐北朝南,稍偏西以沿水系,呈矩形狀。首有北向山門三間以及左右耳房各三間;前殿、二殿、三殿各三間,後殿三間并耳房兩間,東、西殿房鱗次櫛比,各有十數間。乾隆二十四年(1759),乾隆帝下旨敕修火神廟,將隆恩殿改名爲靈官殿,萬歲景靈閣改爲萬壽景命寶閣,爲廟中火祖殿、關帝殿、玉皇閣、斗母閣一一御書匾聯;又敕諭將廟門及後閣俱改加黄琉璃瓦,以顯示其皇家寺廟之位。明時殿後水亭,重修時仍存。殿前有二碑,雖存而碑文甚泐[4]。經此次重修,火神廟殿房數量明顯增加,規制也按清制提格。乾隆三十五年(1770)的官管寺廟名單中,火神廟亦記録在冊,内載火神廟坐落地安門外,住持道士王瑞佑。山門三間,鐘鼓樓二座,殿宇五十五間,道房十四間[5]。規模與乾隆二十四年重修時類同。位列官管寺廟之位的火神廟,每年由禮部遣官至廟祭祀。道光六年(1826)六月二十三日,即由禮部尚書、管理太常寺事務松筠祭祀火神廟[6]。同時,晚清的火神廟還用於皇室成員的法會道場。光緒二十七年(1901)十月十日,爲恭祝慈禧皇太后萬聖節,即在内務府及上三院卿中欽派一人,赴火神廟敬謹行禮[7]。廟内還存有"大清乾隆年造"款銅五供一套;同治六年(1867)十二月張百裕、呂海福敬獻鐵磬一個;同治八年(1869)冬月製圓鐵爐一座;丁卯年重陽立鐵鐘一座,丙寅年火神廟住持董功林鑄鐵磬二座,均爲清朝、民國初年民間供奉和不斷添建之證[8]。

及至20世紀30年代,火神廟山門一間東向,木額"敕建火神廟",上覆緑邊黄心琉璃瓦,前有木牌樓,内大旗杆二根。門上懸"北平四民武術研究社""成記官鹽局""北平城郊理髮公會""理善勸戒煙酒總會第九號悟元堂公所"等木牌,門内爲第一進院,南側爲鐘樓,内有大銅鐘一口,北側爲鼓樓,内有大鼓一口。門西又一道木牌坊,過之則西殿三間,木額曰"神威殿",時爲成記官鹽局所佔用,但殿内仍供關帝泥塑坐像一尊,上木額曰"氣壯山河",乃乾隆御筆;第二進院内有南殿三間,爲靈官殿,内供泥塑靈官坐像一尊,旁有童子四人,其餘三尊泥像均殘破。院内東亦有南殿一間,爲財神殿,供財神泥塑坐像一尊,童子二人侍立。再東南又有三聖殿一間,内供泥塑藥王坐像三尊,童子四人。院東爲東殿一間,木額"福德殿",内供龍王土地各一尊,均爲泥塑坐像,前置木五供

〔1〕《日下舊聞考》卷五十四·城市·内城北城,頁八百七十二。

〔2〕《帝京景物略》卷一·城北内外,頁四十一至四十二;

〔3〕國立北平研究院《火神廟》,西四177;今有雍正年間"後門火神廟"款掐絲琺瑯水盂,現存北京白雲觀内。

〔4〕《宸垣識略》卷八·内城四,頁一百四十九;《日下舊聞考》卷五十四·城市·内城北城,頁八百七十二至八百七十三;《北京市志稿》卷七·道教二,頁二百八十一。

〔5〕中國第一歷史檔案館藏《呈報官管寺廟殿宇房間數目清單》,檔案號05-0277-032,乾隆三十五年五月二十二日。

〔6〕中國第一歷史檔案館藏刑科題本《題爲祭祀火神廟請遣太常寺堂官一員行禮事》,檔案號02-01-07-10553-001,道光六年六月初七日。

〔7〕中國第一歷史檔案館藏朱批奏折《奏請欽派皇太后萬壽聖節致祭火神廟行禮大臣事》,檔案號04-01-0096-114,光緒二十七年九月十四日。

〔8〕國立北平研究院《火神廟》,西四177。

一份。院西爲第三進院，内有南殿一間，木額"增福殿"，内供財神一尊，泥塑坐像。增福殿西再有南殿一間，木額曰"坤仁殿"，内供娘娘三尊，均爲泥塑坐像。再西殿一間，木額曰"衍宗殿"，内供子孫娘娘夫婦坐像二尊，左右也爲娘娘泥塑坐像，手中抱有小孩。像前木三供一份、鐵磬一口，爲同治六年十二月張百裕、吕海福所獻。院内有槐樹兩株、雍正十年造大鐵鼎一口，連石座高達一丈二尺；第四進院内有北殿三間，木額"熒惑寶殿"，殿前木聯爲乾隆御筆，内供火神泥塑一尊，黄袍赤面，坐高五尺，前設白地藍花大磁五供一份，乾隆年間造古銅五供一份，木三供一份，另有銅磬、木魚、銅鐘、木鼓、鐵鐘等多種法物。火神後又有火祖一尊，泥塑坐像，前設錫五供一份、木三供一份，東西配像六尊，分别手執印、劍、火并引馬、火鴿、火葫蘆和簿冊。殿内天井刻龍，尤爲精細。殿前銅鐘一口、鐵磬一口，爲明萬曆三十三年（1605）所造。後壁有彩繪道士像三幅，財神小像一尊高不足尺，與周倉、關平立像均爲銅像，像前設磁爐一座。殿南壁有龕，龕内供老君小木像一尊。東壁龕内供道士小木像一尊，高僅數寸，前陳丙寅年住持董功林奉獻於火神廟的鐵磬一口。殿東爲夾道，内有東房三間，木額曰"輔聖殿"，時爲廚房。夾道北又有東房二間，爲食堂和傳達處。殿西亦爲夾道，内有西房二間，木額曰"弼靈殿"，内停靈柩，無神像，其北有西房二間，亦爲招待處；第五進院内有北閣五楹，下層木額爲洞塵方丈手書之"景仰高風"，内設北平道教慈善聯合會和診療室，内無神像。閣上層木額"萬壽景命寶閣"，仍爲乾隆御筆手書之匾。上層内供玉皇坐像一尊，木像金身，供於龕内，其龕做工精細。神前有白地藍花大磁五供一份，左右四功曹泥像陪侍。閣前東配殿三楹，紙額曰"玄武殿"，南爲書記、北爲客堂，内供玄武泥塑一尊，三眼執鞭，前有龍，左右配像中有文像二尊、武像八尊，皆泥塑站像。西配殿三間，紙額曰"真武殿"，南經堂、北客堂，内供泥塑真武坐像一尊，前有蛇龜、配像四尊。殿内法物有住持曹功林所獻之鐵磬。北閣東西夾道内各有東西房五間。院内有槐樹二株，樹下有天啓元年造方鐵爐一口；最後一進院即第六進院，内有後閣三間，脊爲黄瓦，簷爲緑心。上層斗母寶殿，内木額爲乾隆御筆。内正供斗母坐像一尊，左側有菩薩一尊、右側有玉皇一尊，均木質金身。下層供南海觀音，立在龕内。左關帝坐像，關倉侍立。右吕祖一尊，均爲泥塑。閣前有小石碑一座，高僅尺餘，上書"大唐貞觀六年建造"，然刻立時間不詳。院内東閣三間，下層無佛像，上層有泥塑坐像六尊。西閣三間，下層無佛像，爲書法作品傳習所，上層供泥塑娘娘坐像七尊。院内有楸樹一株，樹下圓鐵爐一座，爲清同治八年所造〔1〕。

民國十九年（1930）六月，火神廟住持董功林病故，年三十四歲之道士田存續擔任新住持並赴社會局登記火神廟廟産。田存續又名田子久，是民國時期北京著名的"北平四子"之一。據曾經在火神廟寄名入道、投入田存續門下的民俗學家常人春述，田存續係鐘樓後豆腐池胡同豪門田家的後人，他性格隨和，善於交際，熱心公益，和北平各界知名人士結爲金蘭之好的盟兄弟有二十二人，在北平道教界和社會名流中深孚衆望〔2〕。民國二十二年（1933），田存續又向政府呈請發給寺廟憑照及登記證。火神廟每年補助道教會經費洋三十六元，辦理學校、施診所等公益組織。七年之後，田存續之徒弟心知因行爲鄙陋，不守清規，被住持驅逐廟外，田存續將驅逐道徒之事呈報北平市社會局〔3〕。

民國三十一年（1941），華北道教總會在北平成立，田存續任副會長。傳説，田存續因與白雲觀新任住持安世霖之間有派系之爭，乃有1946年震驚民國的"火燒白雲觀"事件〔4〕。但實際上，田存

〔1〕《北京寺廟歷史資料》，頁二百零四；國立北平研究院《火神廟》，西四177。

〔2〕常人春、陶金：《北京火神廟住持田存續與民國北京道教軼聞》，《講述》2014年第1期，頁六十一至六十二。

〔3〕北京市檔案館藏《北平市社會局·内五區火神廟住持田存續關於驅逐道徒請予備案的呈文及社會局批示》，1940年，檔案號J2-8-1269，頁一至六。

〔4〕曹子西主編《北京史志文化備要》，北京：北京文史出版社，2008年，頁一百六十。

續早已於民國三十三年（1944）因病羽化，其三十二歲的徒弟趙心明接承衣缽[1]。

趙心明擔任火神廟住持直至1949年[2]。其時火神廟仍爲正一派道觀，有廟房八十六間，除供佛外有若干房屋被政府所用，租房每月收租六十斤小米；廟內有施診所四間餘，在魏公村還有墳地十二畝，由當地照管墳墓人耕種。廟内道士九人，年歲均在三十歲左右，除租房收入外，還作些小生意維持生計[3]。1951年前後，火神廟廟房共八十五間，已有八十一間被鐵道兵團第四區第廿二派出所佔用[4]，且50年代時，南北軸綫上建築尚存，面積達一千平方米，然山門原有牌樓及沿河亭已經拆除[5]。“文化大革命”期間，火神廟開始陸續搬入住戶，後火神廟一度成爲居民住家院落。

1984年，北京市文物局公佈火神廟爲“北京市文物保護單位”，2002年6月開始全面修繕。2005年調查時，火神廟仍在修復中，未對外開放。2013年調查時，火神廟已竣工禮客，但將民國時期的山門東向改爲南向。從南至北，首有南向山門一間，額“敕建火德真君廟”；前殿三間，供奉火德熒惑星君，東、西配殿各三間；大殿重閣五間，供奉真武大帝；後殿重閣三間；東山門改爲側門，東門内牌樓也被按舊新建。廟内神像在鮮花與供品的簇擁下，更顯煥然。道士衣衫整潔，穿梭不息，香客往來不絕，樹上掛滿了祈福還願之紅布條。2014年，火神廟殿房、法器均有添建，真武殿其北新建了圓形月臺，西配殿供奉文、武財神，東配殿慈航殿正在修建中；後殿東西也修建了重閣的配殿各三間。位於二進院、熒惑寶殿北側的鐵香爐，上鑄有“内務府慎刑司員外郎馮七十三誠造供奉。乾隆四十九年”之字樣。介紹稱，此香爐近百年來一直存放於荷蘭大使館，於2011年歸還火神廟[6]。爐前密密層層掛滿了祝板，和廟院内四處拉放的紅色旗幟、大紅彩球、燈籠相映成趣。

火神廟重修後遠景　（2014年11月 劉錦標攝）

［1］北京市檔案館藏《北平市社會局·内五區火神廟道士田存續登記廟産更換主持的呈文及社會局的批示》，1940年，檔案號J2-8-121，頁一至七十。

［2］北京市檔案館藏《北平市民政局·北平市各區寺廟總登記考察簿》，1947—1948年，檔案號J3-1-237，頁四十五。

［3］北京市檔案館藏《北平市民政局民族事務科·本市寺廟情况查詢記録》，1949年4月至5月，檔案號196-1-3，頁十二。

［4］北京市檔案館藏《北京市民政局民族事務科·本市寺廟、僧道情况統計表》，1951—1952年，檔案號196-1-11。

［5］國家文物局編《中國文物地圖集·北京分冊》（下），頁六十四。

［6］20世紀30年代國立北平研究院調查報告内未記録此香爐。參見國立北平研究院《火神廟》，西四177。

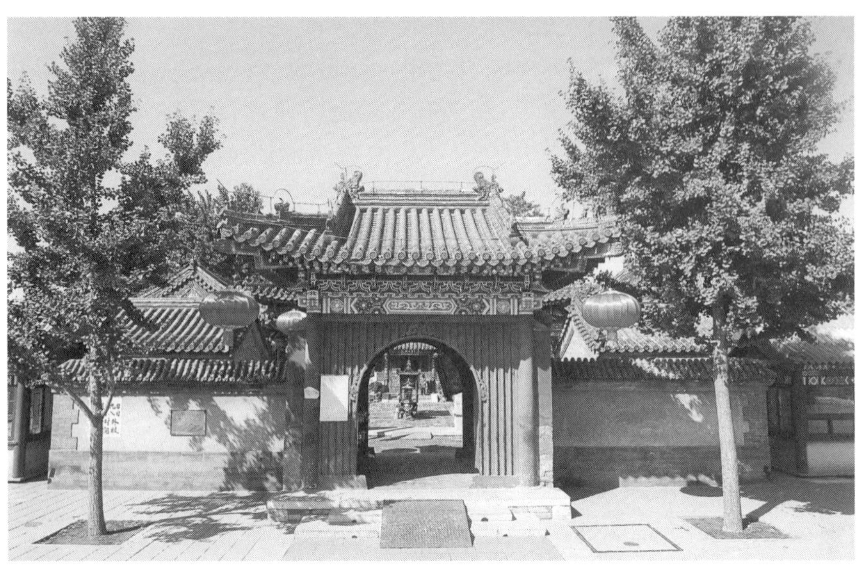

火神廟東門（2013 年 9 月 曉松攝）

火神廟内火神殿（2013 年 9 月 曉松攝）

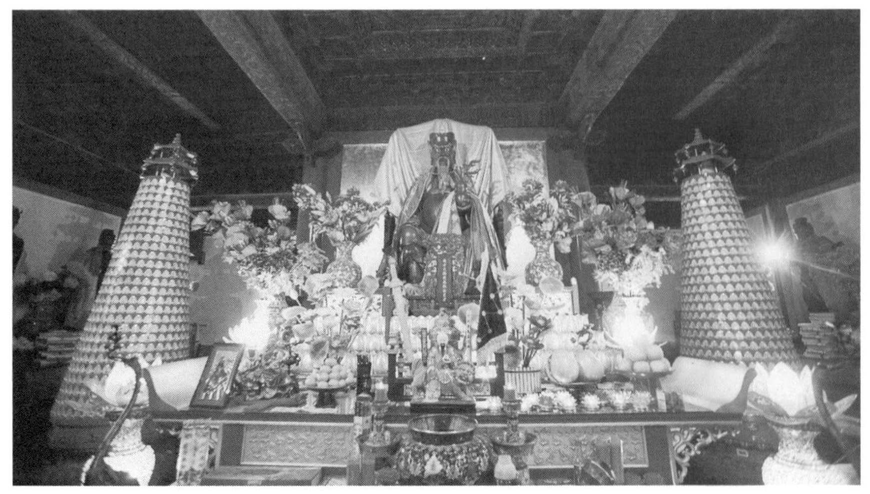

火神殿内明代藻井與火神神像 （2014 年 11 月 劉錦標攝）

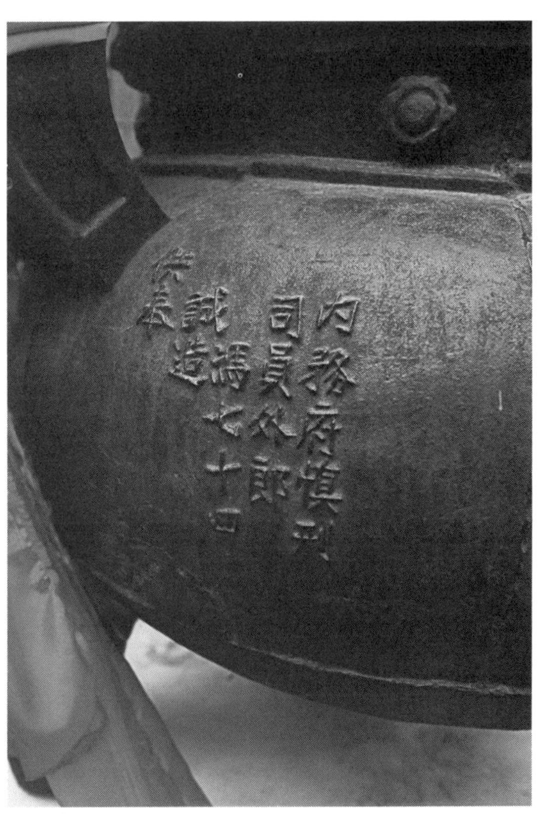

火神廟藏清乾隆四十九年（1784）的香爐（2014 年 11 月 劉錦標攝）

火神廟後院大殿（2014 年 11 月 劉錦標攝）

文昌廟

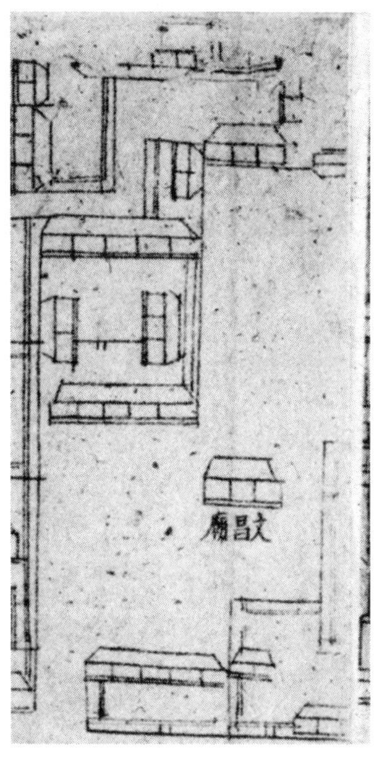

文昌廟，原址位於今東城區地安門東大街帽兒胡同三十七號附近，寺廟建築現已不存。

文昌廟始建時間無考，清《雍正廟冊》《乾隆廟冊》中均無記載。然在乾隆《京城全圖》上，文昌廟記有廟名，位於帽兒胡同路北，並無廟門及院牆，有南向殿房三間，周圍幾組院落難以判斷是否廟産。此後文昌廟未見文獻記載。

文昌廟所在地後成爲末代皇后婉容的故居。婉容（1906—1946），字慕鴻，正白旗人，爲内務府大臣三等承恩公郭布羅·榮源之女。此宅爲婉容之曾祖父郭布羅·長順所建。郭布羅·長順曾是咸豐帝的侍衛，二十多歲便領兵駐守西北，同治年間成爲封疆大吏。故揣此宅之所建，當在同光之間，可能文昌廟也正是在此時蹤影不存。1984 年，婉容故居被設爲北京市文物保護單位[1]。

2015 年調查時，文昌廟原址雖作爲婉容故居被保護，但已成爲居民住家院落。

〔1〕關於婉容故居的情況，參見《北京文物勝跡大全·東城區卷》，頁八十三至八十四。《中國文物地圖集·北京分冊》（下），頁二十一。

斗母宮

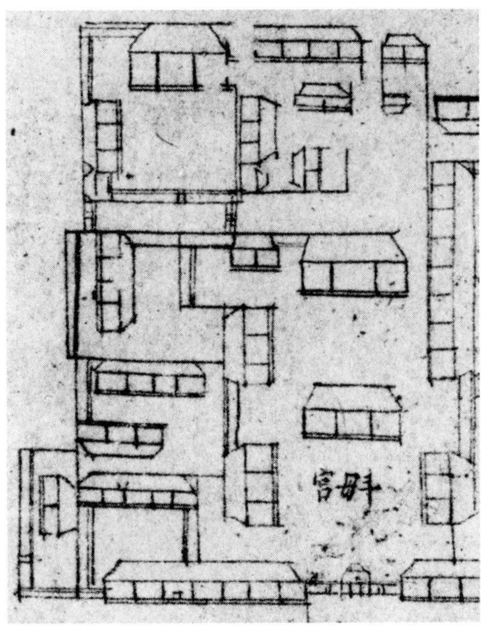

斗母宮，又稱斗姥宮，原址位於内五區帽儿胡同十九號（今東城區帽兒胡同四十三號），寺廟建築已不存。

斗母宮未知始建於何時，應爲主祀北斗衆星之母的道觀。清乾隆《京城全圖》上，斗母宮位於帽兒胡同路北、東鄰顯佑宮[1]，坐北朝南。首有山門一座，旁開兩小門；前殿三間，東西配殿各三間；大殿三間，西配殿三間，東邊排房八間，大殿以西還有朝南小房兩間。此外，以北還有後院一所，但難以判斷是否屬於廟産。《日下舊聞考》載，斗母宮在文昌宮以西[2]。而在《光緒順天府志》中，寫名作“斗姥宮”，稱其在步軍統領署東[3]。

據老住戶說，斗母宮所在位置曾做過憲兵隊的倉庫，但原廟房的確切所在難以判斷。2014年調查時，斗母宮原山門處已爲商鋪，原建築無存。

〔1〕參見本排段“顯佑宮”條。

〔2〕《日下舊聞考》卷五十四·城市·内城北城，頁八百六十三至八百六十四。

〔3〕《光緒順天府志》京師志十三·坊巷上，頁三百八十四。

白衣庵

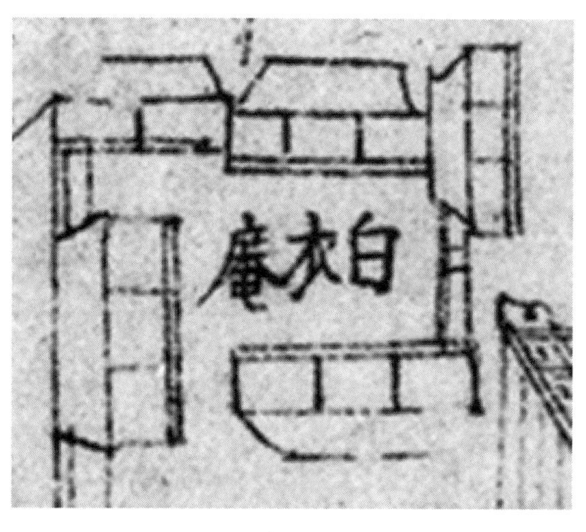

白衣庵，原址位於內五區義溜河沿二十一號（今西城區地安門外大街路西），寺廟建築現已不存。

民國寺廟登記檔案載白衣庵建於明代，然並無其他文獻佐證[1]。清《雍正廟冊》中載有白衣庵，記其位於後門橋，殿宇三間，禪房十間，住持福信，爲大僧廟。《乾隆廟冊》記載白衣庵位於地安橋，住持祥魁。乾隆《京城全圖》上，白衣庵位於地安橋西北角，爲坐西朝東的一進小院落。東墻開門出入，與地安橋相鄰，院內西殿三間，南北配殿各三間。北殿西有小房二間，東有東向臨街房三間。南房臨地安橋。清末，白衣庵成爲南城萬佛寺下院。清同治十二年（1873），十二歲的性果在萬佛寺出家，於光緒十年（1884）接師傅明珠住持之位，自此擔任白衣庵住持長達半個世紀之久。光緒二十二年（1896），白衣庵重修，此後的寺廟房屋達二十三間，比乾隆時期的規模有所擴大[2]。

民國九年（1920），性果重修白衣庵。至1930年，白衣庵山門南向，石額曰“白衣庵”，內有北殿三間，木額曰“尋聲救哭”，同爲民國九年所立，內供南海大士泥塑坐像一尊，旁侍二童子立像，前有木五供一份、鐵磬一口，懸鐵鐘一口。殿前有北小房二間、南房三間，內設慶豐鍍金首飾局。性果並不在廟

〔1〕參見《北京寺廟歷史資料》，頁四百四十六至四百四十七。

〔2〕北京市檔案館藏《北平市社會局·內五區白衣庵僧人性果登記廟産、修理廟房的呈文及社會局的批示》，檔案號J2-8-59，1930—1935年，頁四十二。

内居住，看廟人名王文波[1]。據性果登記，廟内神像還有土地、判官、財神、關帝、魯班、楊祖等，但不見於國立北平研究院調查記録[2]。慶豐鍍金首飾局所在的南房（原爲地安門外一百九十六號）本不屬於廟産，而是性果之徒博厚自行購買的鋪面房[3]。白衣庵廟後數間（原爲地安門外一百九十五號）租與楊耀坡開設齋飯鋪，民國二十四年（1935）臨街新辟門面，油色見新[4]。1947 年寺廟登記時，性果與博厚之名俱不見諸白衣庵，廟改由真諦住持，他稱前任住持爲真一[5]。1952 年，白衣庵僅餘附屬房十四間，代管人僧世厚[6]，其時他仍住在上院萬佛寺[7]。

2006 年至 2015 年調查時，白衣庵已不存，原址現爲火神廟[8]廟東門外的緑地。

---

〔1〕國立北平研究院《白衣庵》，西四 196。

〔2〕北京市檔案館藏《北平市社會局·内五區白衣庵僧人性果登記廟産、修理廟房的呈文及社會局的批示》，檔案號 J2-8-59，1930—1935 年，頁十五。

〔3〕同上，頁三十一至三十二。

〔4〕同上，頁四十五至五十一。

〔5〕北京市檔案館藏《北平市民政局·北平市各區寺廟總登記考察簿》，1947—1948 年，檔案號 J3-1-237，頁五。

〔6〕可能是博厚之誤記。

〔7〕北京市佛教協會藏《北京市民政局民族事務科·西四區僧、尼寺廟登記表》，1952 年，檔案號 196-1-18，頁九十五。

〔8〕參見本排段“火神廟”條。

觀音庵（帽兒胡同）

觀音庵，原址位於今東城區帽兒胡同甲三十八號，寺廟建築現已不存。

觀音庵未知始建何時，最早見於清《雍正廟冊》記載，其時觀音庵位於帽兒胡同，殿宇三間，禪房四間，住持寂祥，徒照受。《乾隆廟冊》中載觀音庵仍爲大僧廟，住持圓珠。乾隆《京城全圖》上，觀音庵位於帽兒胡同路南，坐南朝北，與顯佑宫、真人府隔街相鄰。有前殿三間、大殿三間，院落狹長，規模不大。此後觀音庵無考。

2006 年調查時，觀音庵所在地爲御河改造施工現場。整條帽兒胡同西口南側沿河一帶的古建築已然全部無存。2014 年調查時，觀音庵原址上已經搭起了高高的腳手架，現代建築正拔地而起。

藥王庵

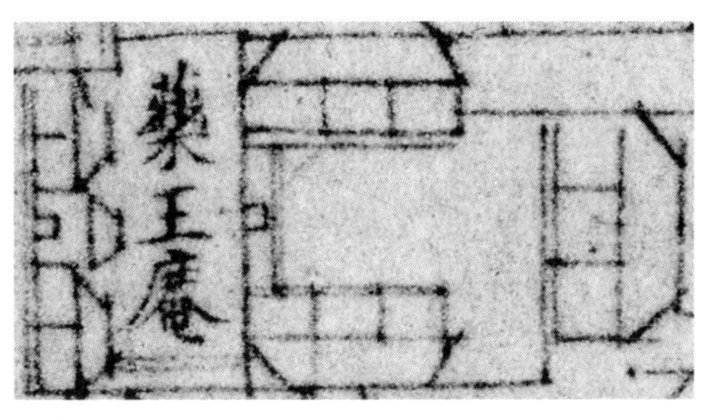

藥王庵，又稱古刹藥王庵、藥王廟，原址位於内五區東不壓橋胡同三十二號（今東城區地安門東大街東不壓橋六號），寺廟建築主體尚存。庵内原有碑刻一通，爲明萬曆二十四年（1596）《藥王廟碑》[1]。碑石現藏北京石刻藝術博物館。

藥王庵始建於明初，據《藥王廟碑》中記，藥王廟位於大内之東北隅，明萬曆二十四年，御馬監太監薛瀛洲身患痰症，手足麻痺，求醫卻無方療治。某日他夢到神人爲其診視，曰可爲其治病。次日遇一醫名曰羅松峰者，爲其診治之後，一劑之下，藥到病除。而羅松峰之寓所，即在藥王廟之側。薛公感藥王之靈跡，集司禮監和内府各衙門太監五十餘人、衆善信近三十人共同組成義會，詣廟酬神。碑由薛公之好友、工部文思院副使王宲撰文。

入清以後，藥王庵見於《雍正廟冊》，其時廟名爲藥王廟，位於帽兒胡同，爲大僧廟，殿宇三間，禪房七間，住持如感，徒性廣。《乾隆廟冊》中藥王廟仍記録在冊，位於帽兒胡同西口，住持僧性德。乾隆《京城全圖》中，藥王庵位於帽兒胡同和雨兒胡同西口之間，因山門臨從地安橋穿過之水系，庵就勢坐東朝西。首有山門一間，兩旁小房各兩間，前院空場；進入隨墻門後，二進有坐東朝西殿堂三間，南、北配殿各三間，院落繞以圍墻，規模不大。道光年間，藥王庵添建頻仍。道光十三年（1833）重修，十七年添建大圓鐵爐，道光二十二年

〔1〕明萬曆二十四年（1596）《藥王廟碑》，京583，《北京圖書館藏中國歷代石刻拓本匯編》卷五十八，頁六十六至六十七。

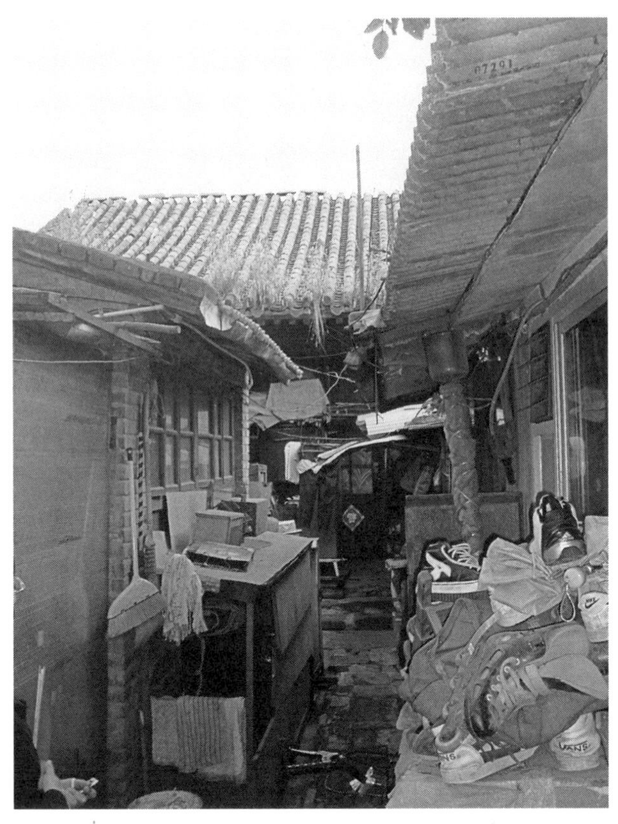

藥王庵未修前（2005年10月 如意攝）

二月，藥王廟又重修，僧人名本意者立更名手本一份[1]。山門内還有道光二十六年（1846）款木額，殿内掛乙丑年弟子全景義敬書之楹聯[2]。

民國四年（1915），藥王廟廟主志幼彝至北平市社會局補税，並立有红契。民國十七年（1928）北京市寺廟登記時，藥王廟登記名爲“古刹藥王庵”，殿房二十一間半，由廟主志幼彝管理並同時爲住持。民國十八年（1929），藥王庵傳至志幼彝之子海彝孫手中。海彝孫並不住在廟中，而住内六區中老胡同三十二號，將寺廟交給陳品三管理。此時，藥王廟房屋狀況已然不佳，有五間房屋坍圮，《藥王廟碑》也撲地倒壞。海彝孫將大量佛像、法物請出廟外，廟内僅留部分。民國二十三年（1934）海彝孫還作爲廟主前往北平社會局登記廟産。而同時藥王庵廟主又記爲唐金成，揣唐金成可能即海彝孫之别名。20世紀30年代，國立北平研究院調查時，藥王庵山門西向三間，山門兩側及前院東西兩側配殿已均爲住房，僅藥王殿三楹爲供佛使用。殿内供藥王一尊、吕祖及金身小觀音像一尊。左右供奉十大名醫，爲：藥王孫思邈、神應王扁鵲、倉公淳于意、天師岐伯、醫神張仲景、藥聖常慈藏、抱朴子葛洪、太醫王叔和、太乙雷公、良醫華佗，皆泥塑，高四尺。院内供奉道光十七年大香爐，萬曆二十四年《藥王廟碑》立於東北夾道。藥王廟門上掛有木牌“理善勸戒煙酒總會守中堂公所”。民國二十七年（1938），唐金成將寺廟讓與王湧泉[3]。

20世紀50年代，藥王廟管理人爲王德禧，此時藥王廟殿房二十五間，王德禧僅管理廟産，並無産權[4]。20世紀80年代，藥王庵坐西朝東，山門已改，僅存灰筒瓦大殿面闊三間，正間帶吞廊。寺内原有石碑被運走，後藏於北京石刻藝術博物館[5]。2006年調查時，據老住戶回憶，其家廚房下埋有一香爐座，應爲道光年間造之香爐。其時藥王庵存正殿三間，南、北配殿各三間仍可見格局。

2008年調查時，藥王庵爲工地，似正在改造之中。2014年調查時，玉河改造工程已完成，藥王庵已全部翻建，但大門緊鎖，既無人居住，亦無人使用，據説將對外招租。

---

〔1〕北京市檔案館藏《北平市社會局·内五區藥王廟海彝孫登記廟産的呈文及社會局的批示》，檔案號J2-8-851，1934—1938年，頁十五至十六。

〔2〕國立北平研究院《藥王廟》，東四110。

〔3〕北京市檔案館藏《北平市社會局·内五區藥王廟海彝孫登記廟産的呈文及社會局的批示》，檔案號J2-8-851，1934—1938年，頁一至四十八。

〔4〕北京市檔案館藏《北平市民政局·北平市寺廟總登記簿（第一冊）》，檔案號J3-1-203，1950年，頁四十八。

〔5〕《中國文物地圖集·北京分冊》（下），頁三十四。

新修的藥王庵（2014 年 11 月 劉錦標攝）

京 583《藥王廟碑》陽

京 583《藥王廟碑》陰

藥王廟記

藥王廟記

帝京有藥王廟在

大内之東北隅其神嘗降聖以濟危因著明靈以陰祐其國人之病而保其萬全也我

太祖高皇帝正大統之三年詔天下嶽鎮海瀆封號之外一切淫祠咸拆毁之而是廟之立

其所尊崇著於令典以揆前聖之大中而垂永代之仁德也夫藥王之道天之道也

國家生民不可一日以無者伏羲神農行斯道於上藥王明斯道於下皆聖人也而使後

之繼伏羲神農之位得以行斯道者藥王之功也論其功而隆其禮

明聖之心也邇有

御馬監太監□□薛公患痰症手足爲之不仁求醫竟弗療夜夢神人臨床診視曰吾爲

爾治勿憂也明日有荐醫人羅松峰者試脉之後與夜夢語合一劑之下心胸豁然手

足即能舉動矣詢羅所寓方知在廟之旁非神人所助爲何如哉因是治燈旛詣

廟以謝復請

司禮監等衙門太監等官五十餘員名立爲義會以資廟祝香火之需欲爲立石以無文

爲憂故謀於予予與瀛洲公有膠漆之雅焉敢以不文辭遂走筆數言以紀其歲月云

爾時

萬曆丙申六月既望工部文思院副使姑蘇松麓甫王寀薰沐謹識並書

撫寧靳世魁鐫

京583《藥王廟碑》陽

萬古流芳

内府各衙門太監等官

戴安 吳尚文 杜受 玄進 李昇 宋佐 陳宗 田寀 趙朝 馮安 史奉 董邦臣 王召 劉朝 郭朝用

田朝 王昇 劉用 孟時 王勳 孫福 張祥 祝壽 凌桂 □登 劉相 張可 柴朗 呂堂 張進

傅榮 趙進 閆準 劉章 李朝 劉道 裴進忠 賈輔 王憲 劉餘進 張金 崔愷 周忠 張科 王勳

張鳳 楊欽 尹朝 任祿 王受 王祿 武朝用 王景朝 易添壽 李昇 郭印 薛桂

善信

孫道 楊清 夏通 劉朝 吳廷臣 常學 儲繼芳 聶志學 穆茂 吳守仁 熊茂保 畢淵 包文學 蔡仲選 范和

羅明德 祖海 葉九思 李志寧 張敏邦 羅應乾 楊志輝 杜啓元 羅槐 羅清

京 583《藥王廟碑》陰

藥王廟碑

首題:藥王廟記
年代:明萬曆二十四年(1596)六月十六日
原址:東城區地安門東大街東不壓橋胡同
今址:北京石刻藝術博物館
拓片尺寸:碑陽、陰均高 114、寬 73 厘米;額高 31、寬 26 厘米
書體:正書
撰人:王寀
書人:王寀
刻工:靳世魁
《目録》:頁 247
拓片編號:京 583
拓片録自:《北京圖書館藏中國歷代石刻拓本匯編》第 58 卷 66—67 頁

【碑陽】
額題:藥王廟記(篆書)
碑文:

藥王廟記 1

帝京有藥王廟,在 2 大内之東北隅。其神嘗降聖以濟危,因著明靈,以陰祐其國人之病而保其萬全也。我 3 太祖高皇帝正大統之三年,詔天下嶽鎮海瀆封號之外一切淫祠咸拆毁之。而是廟之立,4 其所尊崇,著於令典,以揆前聖之大中而垂永代之仁德也。夫藥王之道,天之道也。5 國家生民不可一日以無者。伏羲神農行斯道於上,藥王明斯道於下,皆聖人也。而使後 6 之繼伏羲神農之位得以行斯道者,藥王之功也。論其功而隆其禮,7 明聖之心也。邇有 8 御馬監太監□□薛公患痰症,手足爲之不仁,求醫竟弗療。夜夢神人臨床診視曰:吾爲 9 爾治,勿憂也。明日有荐醫人羅松峰者,試脉之後,與夜夢語合,一劑之下,心胸豁然,手 10 足即能舉動矣。詢羅所寓,方知在廟之旁,非神人所助爲何如哉。因是治燈旛,詣 11 廟以謝。復請 12 司禮監等衙門太監等官五十餘員名立爲義會,以資廟祝香火之需。欲爲立石,以無文 13 爲憂,故謀於予。予與瀛洲公有膠漆之雅焉,敢以不文辭。遂走筆數言以紀其歲月云 14 爾。時 15 萬曆丙申六月既望工部文思院副使姑蘇松麓甫王寀薰沐謹識並書。16

撫寧靳世魁鎸。17

【碑陰】
額題:萬古流芳(篆書)
碑文:

内府各衙門太監等官：戴安、吳尚文、杜受、玄進、李昇、宋佐、陳宗、田寀、趙朝、馮安、史奉、董邦臣、王召、劉朝、郭朝用、田朝、王昇、劉用、孟時、王勳、孫福、張祥、祝壽、凌桂、□登、劉相、張可、柴朗、吕堂、張進、傅榮、趙進、閆準、劉章、李朝、劉道、裴進忠、賈輔、王憲、劉餘進、張金、崔愷、周忠、張科、王勳、張鳳、楊欽、尹朝、任禄、王受、王禄、武朝用、王景朝、易添壽、李昇、郭印、薛桂。

善信：孫道、楊清、夏通、劉朝、吳廷臣、常學、儲繼芳、聶志學、穆茂、吳守仁、熊茂保、畢淵、包文學、蔡仲選、范和、羅明德、祖海、葉九思、李志寧、張敏邦、羅應乾、楊志輝、杜啓元、羅槐、羅清。

觀音庵（前海南沿）

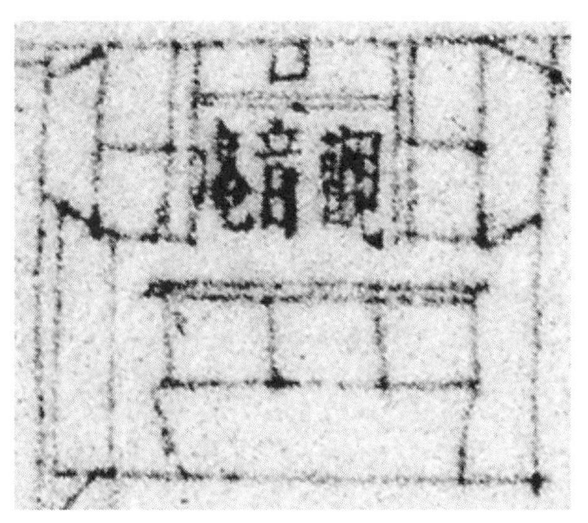

觀音庵，又稱海印精舍[1]，原址在今西城區前海南沿四號[2]，寺廟建築尚存[3]。

觀音庵未知始建於何時，在清乾隆《京城全圖》上已記有廟名，位於前海河沿以南、冰窖以東，廟坐東南、朝西北，在一個較大的院落內乾隅，繚以圍墻，自成小院一所。北圍墻上開隨墻門，首有大殿三間，朝西北；東西配殿各兩間。

除此之外，觀音庵不見於文獻記載，民國時期也不見寺廟登記。但據老住戶回憶，20 世紀 50 年代年時曾見到住在庵內的尼姑師徒三代，住持尼已七十多歲，號信一法師，丈夫去世後出家，家中祝姓等衆親戚爲她買下觀音庵，以求清修。廟裏還有一位小尼姑，是信一法師之徒孫。1958 年，觀音庵中的佛堂被砸，房子的管理權被移交至房管所。信一法師搬到廣化寺居住，幾年後於彼圓寂。小尼姑也還俗，但仍居住廟中，直到前幾年纔搬離。

2014 年調查時，觀音庵殿房和乾隆年間幾乎無二，仍保存正殿和東、西配殿的格局。

---

〔1〕參見王銘珍《什刹海的寺廟》，北京：當代中國出版社，2008 年，頁 127。

〔2〕同上。

〔3〕有人認爲前海南沿四號爲什刹海清真寺的地址，但經實地調查，什刹海清真寺門牌應爲前海南沿五號，現爲北京市西城區伊斯蘭教協會什刹海清真寺籌備處，而四號乃此觀音庵。觀音庵雖然與什刹海清真寺緊緊相鄰，但並未與清真寺合併，直到清末仍保持著僧廟的性質。參見趙琳《什刹海》，北京：北京出版社，2005 年，頁九十七。

觀音庵大殿（2014 年 11 月 王軍攝）

吉祥寺

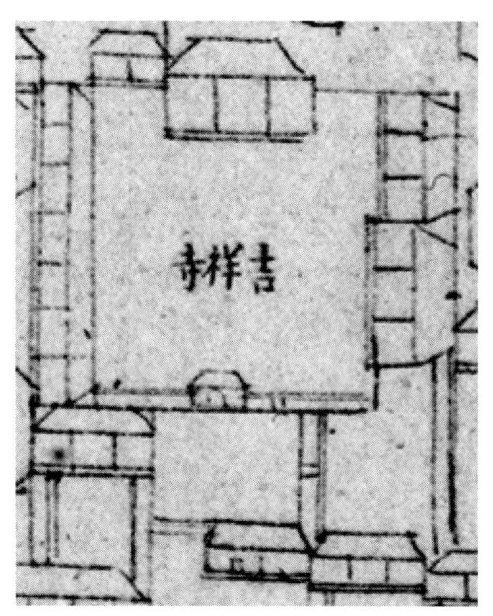

吉祥寺，別稱先醫廟，民間又稱太醫寺，原址位於内五區東皇城根二十三號（今東城區地安門東大街一百一十七號[1]）。寺内原有石碑一通，爲光緒三十一年（1905）《太醫院碑》。

吉祥寺始建時間不詳[2]。入清以後，吉祥寺首見於《雍正廟冊》，位於後門東[3]，有殿宇四間、禪房二十六間，住持海珠，徒妙喜。《乾隆廟冊》中記寺名爲“東吉祥寺”，位於地安門外，仍爲大僧廟，住持僧心合。清乾隆《京城全圖》上，吉祥寺位於地安門之東路北，似有院落兩進。前院南墻東隅有山門兩間，西一間上開門出入，山門内前院無房，與後院以墻垣隔開。墻垣正中有二道門一座，東墻開小門出入。院内北殿三間，西有小北房兩間，東配殿三間，殿北有配房三間，院西爲相連西向排房七間。同治十二年（1873），順天府大興人、同治十年二甲進士王祖光爲吉祥寺題寫木額。

清末，吉祥寺及其附近房屋改作太醫院新署之用。太醫院爲專門侍直宫

〔1〕吉祥寺在清末時成爲太醫院西跨院。太醫院正院現在門牌號是地安門東大街一百一十三號，其東路原爲地安門東大街一百一十一號，1976年失火燒毁，現爲大樓。目前吉祥寺與太醫院門口介紹上，認爲吉祥寺在鼓樓東大街一百一十三和一百一十五號，而太醫院在一百零五至一百一十七號，實誤。

〔2〕《北平廟宇通檢》和《北京文物勝跡大全》均以此寺爲元泰定年間所建之千佛寺，正統三年賜名吉祥寺，然考之《日下舊聞考》，元泰定年所建千佛寺在金臺坊，在拈花寺妙緣觀南一里，應爲北鑼鼓巷内吉祥寺。見《北京内城寺廟碑刻志》，卷一“千佛寺”條，頁四十五。實非此吉祥寺。參見《北平廟宇通檢》上編·内城·内五區，頁六十四；《北京文物勝跡大全·東城區卷》，頁二百八十九。《日下舊聞考》卷五十四·城市·内城北城，頁八百六十六。此説沿襲甚廣，目前吉祥寺門前介紹上仍持此説，然實誤。

〔3〕即地安門東。

廷的醫療機構和醫師教育機構。光緒二十七年(1901)《辛丑條約》簽訂,原位於東江米巷(後改名爲東交民巷)的太醫院被劃定爲俄國使館區,太醫院幾經搬遷,最終經總管内務府大臣、總管太醫院事務繼祿奏准,將吉祥寺東偏之官房改建,並購入西北隅空地,此時吉祥寺一同改建重修,工自光緒二十九年(1903)二月至光緒三十一年八月[1]。此次重建,吉祥寺住持僧智法和尚亦加入協商,新建成的太醫院共四進院落,分别爲藥房、辦公用房和太醫院衙署之用,而吉祥寺則改爲先醫廟,其内景惠殿供奉"醫族三皇":太昊伏羲氏位居中,炎帝神農氏位居左,黄帝軒轅氏位居右,皆面向南方。句芒、風后配東位,面向西方;祝融、力牧配西位,面向東方。東西廡從祀歷代名醫[2]。按清制,每年春秋仲月由太常寺並太醫院御醫等官齋戒陪祀[3]。

民國九年(1920),李石曾、蔡元培等人提倡勤工儉學運動,此時利用法國退回的部分庚子賠款而籌建的北平中法大學成立,吉祥寺被交由北平中法大學商業專科學校使用。其時吉祥寺有山門、前殿各三間,内已無佛像,有數尊殘破泥佛像被在封閉院内密室中,並不供奉[4]。然北平市寺廟登記顯示,1949年以前,吉祥寺仍有僧人住持,時住持爲妙原,可能中法大學僅爲租用吉祥寺殿房,而並未改變寺廟性質[5]。

20世紀50年代,吉祥寺坐北朝南,連原太醫院署在内一共有三個平行院落,中軸綫上主要建築爲山門、前殿、正殿、後殿和東西配殿。主要殿宇爲硬山筒瓦頂,山門面闊三間,爲歇山筒瓦頂。正殿面闊五間,其餘殿宇面闊三間。1980年代,吉祥寺尚存部分殿宇,已經破舊不堪,石碑無存[6]。

據老住户回憶,吉祥寺曾爲御醫工作之處,原有方形大紅門,兩側有方形大獅子,内存有木質佛爺,後被移走。1949年,後殿和東西配殿曾被分給各級幹部居住,"文化大革命"期間吉祥寺産權收歸房管局所有。1968年東院失火,燒毁前殿和山門,此處後減爲兩層的玻璃門市房,爲玉龍商店。

2008年至2014年調查時,包括吉祥寺在内的原太醫院署存大殿三間、東西配殿各三間。大殿景惠殿建築宏偉瑰麗,保存相當完好,房檐與屋頂均有彩繪,屋簷上有"二龍戲珠"圖案,山牆上有木雕,均形態生動,現爲北京市文物保護單位。

---

[1]參見光緒三十一年(1905)《太醫院碑》,據北京大學圖書館藏拓片録文。

[2]參見梁俊《京都太醫院考略》,《北京中醫》2007年第3期,頁一百七十八。

[3]參見張廷玉《清朝文獻通考》,杭州:浙江古籍出版社,1988年,頁五千七百七十一至五千七百七十二。

[4]國立北平研究院《吉祥寺》,東四104。

[5]北京市檔案館藏《北平市民政局·北平市各區寺廟總登記考察簿》,1947—1948年,檔案號J3-1-237,頁六十八。

[6]《北京文物勝跡大全·東城區卷》,頁二百八十九。

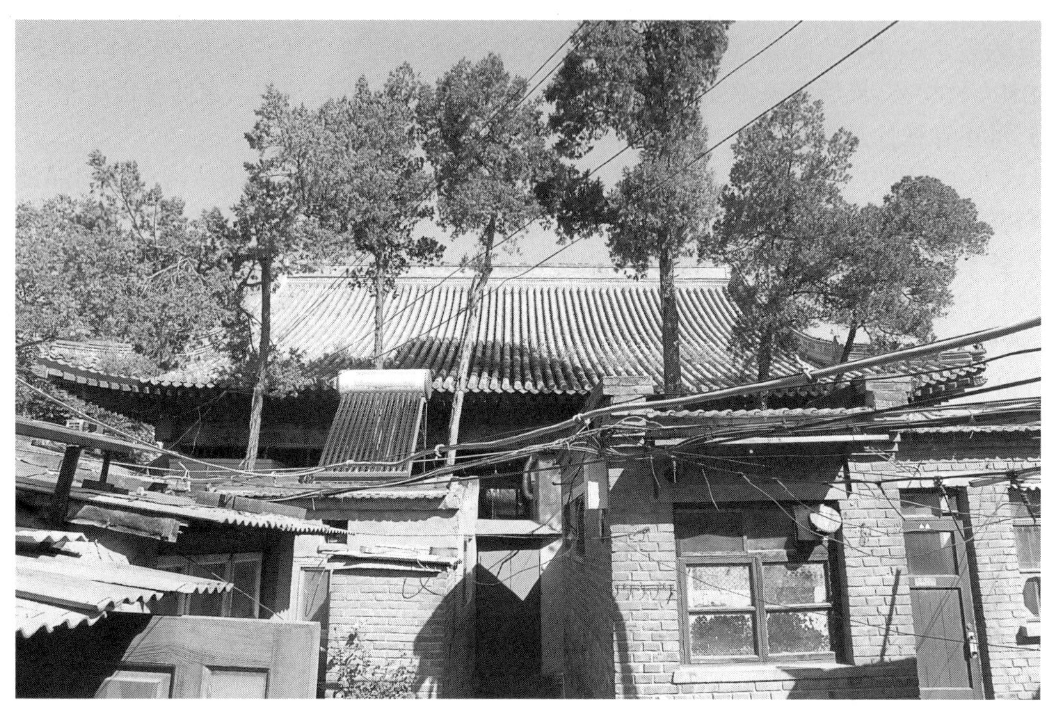

原太醫院署大殿（2013 年 9 月 曉松攝）

原太醫院署大殿房頂西部和殿內天花板局部（2005 年 10 月 如意攝）

重建太醫院碑記

太醫院舊設在正陽門內迤東自

國初以來凡定官制隆品服給餼廩建

先醫廟以立醫宗設醫學館以講醫術法至備典至隆也嗣因院址劃入使館界內經總憲繼公名祿官吏部

左侍郎尚書銜總管內務府大臣管理太醫院事務 奏准以地安門外吉祥寺之東偏官房改建更購西北隅隙地爲

先醫廟計經始於光緒癸卯年二月越次年甲辰八月蕆工落成後 公復因陞途壅滯無以示勸勉

陳請量爲疏通仰荷

皇仁俞允甲辰七月奏請會考外量加招考九品吏目以州判府經縣丞歸雙單月選用八品吏目以按經州判歸雙單月選用其列入 京察一等者仍照例保送並准呈請分發至俸滿御醫及京察一等之員均列入小京官輪選主事之例選用 凡此兩端皆 公創舉不知勞幾許心血然後歎 公爲嘉惠太醫院計

者爲至深且遠也與崇恪勤公豈非後先輝映也哉公諱光原太子少保吏部左侍郎總管內務府大臣管理太醫院事務賦性仁厚賢名夙著深鑒醫士等向稱冷官且自咸豐間月餉減成蓋覺清苦戊戌歲公爲請復舊制更籌給經費五十金按月由廣儲司支領醫士等迄今猶食其德焉 在院醫士等際茲振興

獎勸之會其必有爭自濯磨藉答憲台厚意愈致力於活人書者其成就正未可量愼斯術也以往

爲良醫者安見不足爲良相也尤所殷殷切望者夫是爲記

內 務 府 筆 帖 式 附 生 文 綺 書

光 緒 三 十 一 年 歲 在 乙 巳 八 月 穀 旦

《太醫院碑》

太醫院碑

首題：重建太醫院碑記
年代：光緒三十一年（1905）八月
原址：北京東城區地安門東
書體：正書
書人：文綺
拓片録自：北京大學圖書館藏原拓片

【碑陽】
額題：無
碑文：

重建太醫院碑記 1

太醫院舊設在正陽門内迤東。自 2 國初以來，凡定官制、隆品服、給餼廪，建 3 先醫廟以立醫宗，設醫學館以講醫術，法至備、典至隆也。嗣因院址劃入使館界内，經總憲繼公名祿，官吏部 4 左侍郎尚書銜、總管内務府大臣、管理太醫院事務奏准，以地安門外吉祥寺之東偏官房改建，更購西北隅隙地爲 5 先醫廟。計經始於光緒癸卯年二月，越次年甲辰八月蕆工。落成後，公復因陞途壅滯，無以示勸勉，6 陳請量爲疏通，仰荷 7 皇仁俞允。甲辰七月，奏請會考外量加招考九品吏目，以州判府經縣丞，歸雙單月選用；八品吏目，以按經州判，歸雙單月選用。其列入京察一等者，仍照例保送，並准呈請分發。至俸滿御醫及 8 京察一等之員，均列入小京官輪選主事之例選用。凡此兩端，皆公創舉，不知勞幾許心血。然後歎公爲嘉惠太醫院計 9 者，爲至深且遠也。與崇恪勤公豈非後先輝映也哉！公諱光，原太子少保、吏部左侍郎、總管内務府大臣、管理太醫院事務。賦性仁厚，賢名夙著，深 10 鑒醫士等向稱冷官。且自咸豐間月餉減成，蓋覺清苦。戊戌歲，公爲請復舊制，更籌給經費五十金，按月由廣儲司支領，醫士等迄今猶食其德焉。在院醫士等，際兹振興 11 獎勸之會，其必有爭自濯磨，藉答憲台厚意，愈致力於活人書者，其成就正未可量。慎斯術也，以往 12 爲良醫者，安見不足爲良相也？尤所殷殷切望者，夫是爲記。13

内務府筆帖式附生文綺書。14

光緒三十一年歲在乙巳八月穀旦。15

土地廟

土地廟，原址在今西城區地安門西大街與白米斜街交界處的三角地，寺廟建築已不存。

乾隆《京城全圖》上，土地廟位於白米斜街南頭、與冰窖隔街。北墻開廟門，有西殿三間，朝南南殿三間，繚以圍墻，規模狹小。除此外土地廟無考。

據前海南沿居民回憶，該廟在 1949 年以前已爲居民住房。後來修北海橋時將廟改爲玻璃店，賣燈具。原有建築在上世紀 90 年代末修平安大街時被拆除。

2004 年至 2015 年調查時，土地廟原址爲停車場。

觀音庵(地安門西大街)

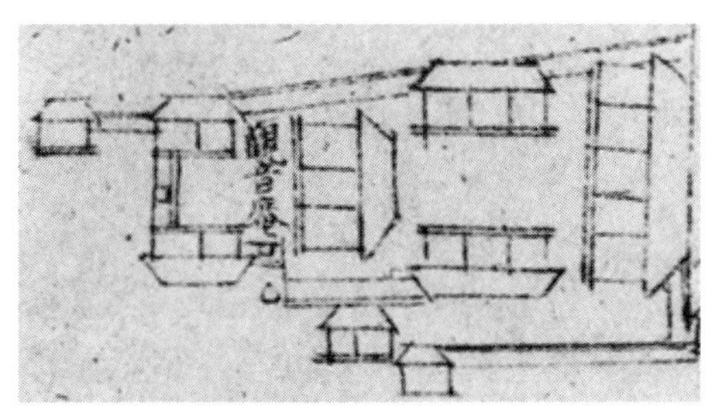

觀音庵,别稱觀音堂,原址在内五區皇城根十九號(今西城區地安门西大街路北)。寺廟建築已不存。庵内原有碑刻一通,爲嘉靖三十五年(1556)《觀音庵碑》。

觀音庵始建時間無考,至少不晚於明嘉靖中期。嘉靖三十五年(1556),位於北安門一隅的觀音庵因年久失修,已殘破不堪。御馬監掌監事太監高忠見之不忍,即捐賞賚將舊庵重加修葺;太保陸公因觀音庵臨近射圃,嘗於内休憩,亦慷慨捐資,拓展廟址,整飾廟貌,使之焕然一新。重修於嘉靖三十五年正月十五日肇始,其年二月二十五日竣工,由翰林院國史修撰專管文官李春芳撰立碑文,頌二公修庵之功德、菩薩度化衆生之宏法[1]。重修後的觀音庵堂凡三楹、室凡二楹,墻垣僧舍林立,較爲規整。

入清以後,觀音庵見於《雍正廟冊》記載,其内記廟名觀音堂,在西步梁橋,爲大僧廟,殿宇十間、禪房八間,住持普泰,徒通秀。《乾隆廟冊》中,觀音庵仍爲大僧廟,住持换爲僧心鐸。乾隆《京城全圖》上,觀音庵位於白米斜街路南、冰窖巽隅,沿街巷坐東朝西,隨墻開門,首有東殿三間,南、北配房各兩間,南配房東墻外南側有水井一眼;後殿五楹,南、北配殿各三間;院落繞以圍墻,前窄後寬,南墻外和廟西還有小房若干座,難以判斷是否屬於廟産。道光二年(1822)觀音庵重建[2],正殿掛有其年“慈雲護佑”木額一方;光緒十

〔1〕嘉靖三十五年(1556)《觀音庵碑》,京446,《北京圖書館藏中國歷代石刻拓本匯編》卷五十六,頁九。北京大學圖書館亦藏有此拓片,然標註碑刻原在地爲西城區後達里,實誤。

〔2〕此次重建在民國檔案中得到印證。參見北京市檔案館藏《北平市社會局·内五區觀音堂住持常保呈聲請廟産登記的聲請書及社會局的批示》,檔案號J2-8-828,1930—1938年,頁八。

五年(1889),觀音庵僧人常保成爲新住持[2]。

民國初,常保仍任住持,他是宛平縣人,法號脱塵,雖識文斷字,然被社會局調查人員描述爲“该僧狀類白痴,言語异常蹇澀,恐難掌管廟務”。20世紀30年代,觀音庵房屋共二十七間,山門西向,石額“觀音堂”。前有照壁,時已傾頹,外有水井一眼;内首有東殿三間,爲觀音殿,内供帶五佛冠泥塑觀音坐像一尊、娘娘一尊,殿内有崇禎四年鐵五供一份、道光二年後門内東板橋靈佑火神廟住持雷宗輔鑄造之鐵磬一口,顯係從火神廟[3]中移來。右壁供土地夫婦,爲藤胎坐像,前奉光緒二十三年(1897)内務府營造司北木庫鐵五供一份、鐵磬一口,爲萬曆二十二年六月所造。觀音背後爲泥塑韋陀立像,前有木爐一座。殿外南北房各三間,殿前石碑一通,雲頭箱座,時已倒塌。殿後東側有過堂殿五間,南北房各三間,均爲住宅,前面槐樹兩株;再後一進院中,有東房三間、南房三間、西房一間,時爲織毯工廠租住[4]。

民國三十一年(1942)四月,常保因被電車碰傷而圓寂。常保曾有师侄悟真一人,然因染有不良嗜好而出外游方,早已死亡,無人接續,衹能由佛教会公選住持。此時的觀音庵因常保將後廟房二十二间典賣與他人,有債務糾紛,又住戶數姓,人口頗多,廟房年久失修,垣頹楝折,亟待重整廟務。十月,佛教會公選尼僧清悟爲住持,清悟於民國十年拜文殊庵志修爲師,祝髮爲尼,於民國十三年春季在賢良寺受具足戒。她不僅設法回贖被典之廟房,且於民國三十二年冬爲觀音庵添蓋灰房兩間。1948年北平寺廟登記表中,清悟仍爲觀音庵住持[5]。

至今,周圍居民對此廟仍有記憶,2006年調查時,老住戶稱觀音庵廟門朝西,大殿亦坐東朝西。因廟裏供奉土地,附近居民家中遇有喪事來此報廟。1949年以後觀音庵曾被服裝工廠佔用。上世紀90年代修平安大街時建築被拆除。

2006年至2015年調查時,觀音庵原址上是停車場。

---

〔1〕此次重建在民國檔案中得到印證。參見北京市檔案館藏《北平市社會局·内五區觀音堂住持常保呈聲請廟産登記的聲請書及社會局的批示》,檔案號J2-8-828,1930—1938年,頁四十。

〔2〕國立北平研究院《觀音堂》,西四176。

〔3〕參見本書四排五段“普勝寺”條。

〔4〕參見《北京寺廟歷史資料》,頁四百七十一;國立北平研究院《觀音堂》,西四176;北京市檔案館藏《北平市社會局·内五區觀音堂住持常保呈聲請廟産登記的申請書及社會局的批示》,檔案號J2-8-828,1930—1938年,頁四十至四十二。

〔5〕北京市檔案館藏《北平市民政局·北平市各區寺廟總登記考察簿》,1947—1948年,檔案號J3-1-237,頁三十七。

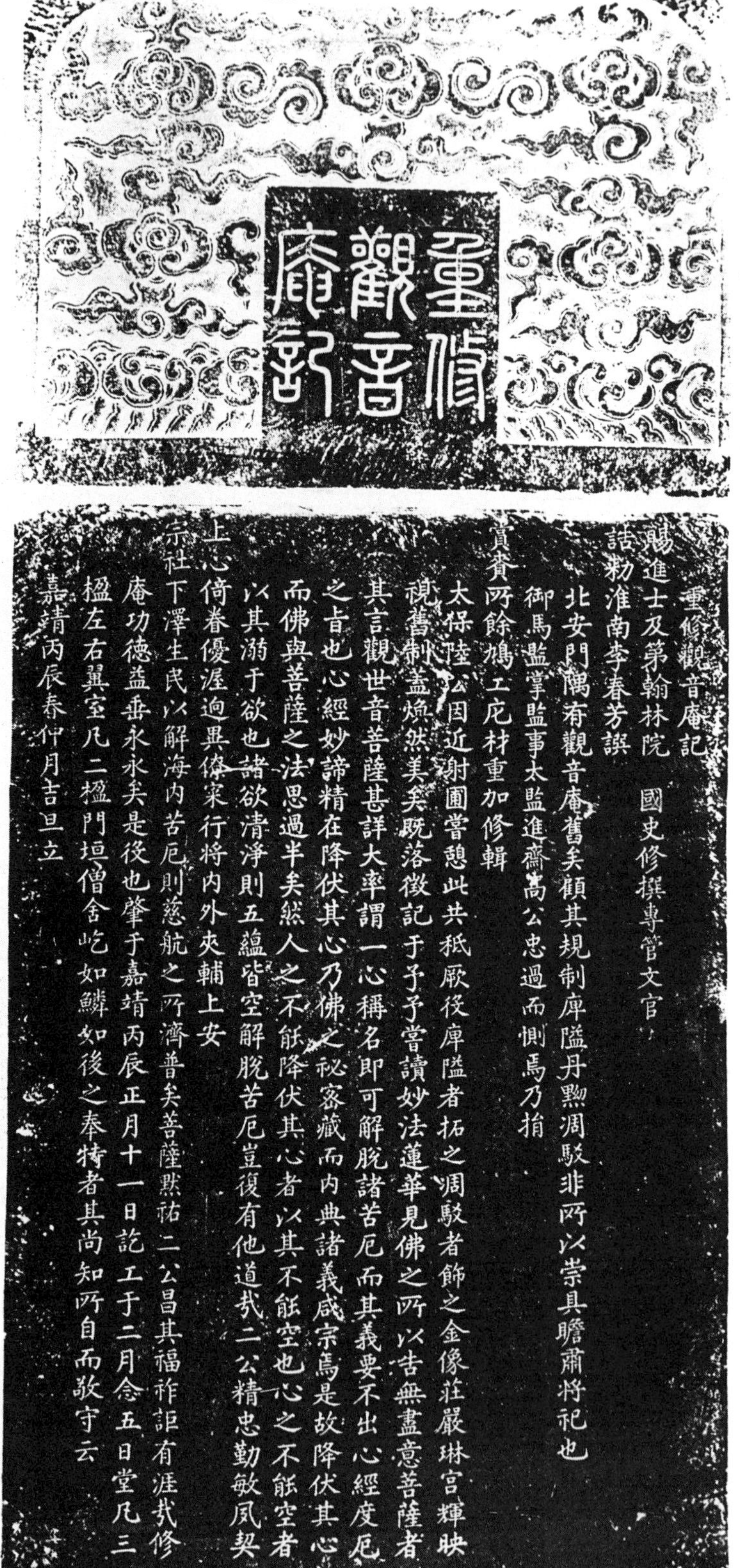

京 446《觀音庵碑》

重修觀音庵記

重修觀音庵記

賜進士及第翰林院　國史修撰專管文官

誥敕淮南李春芳撰

北安門隅有觀音庵舊矣顧其規制庳隘丹黝凋駁非所以崇具瞻肅將祀也

御馬監掌監事太監進齋高公忠過而惻焉乃捐

賞賚所餘鳩工庀材重加修葺

太保陸公因近射圃嘗憩此共秪厥役庳隘者拓之凋駁者飾之金像莊嚴琳宮輝映

視舊制蓋煥然美矣既落徵記於予予嘗讀妙法蓮華見佛之所以告無盡意菩薩者

其言觀世音菩薩甚詳大率謂一心稱名即可解脫諸苦厄而其義要不出心經度厄

之旨也心經妙諦精在降伏其心乃佛之秘密藏而内典諸義咸宗焉是故降伏其心

而佛與菩薩之法思過半矣然人之不能降伏其心者以其不能空也心之不能空者

以其溺於欲也諸欲清淨則五蘊皆空解脫苦厄豈復有他道哉二公精忠勤敏夙契

上心倚眷優渥迥異僚寀行將内外夾輔上安

宗社下澤生民以解海内苦厄則慈航之所濟普矣菩薩默祐二公昌其福祚詎有涯哉修

庵功德益垂永永矣是役也肇于嘉靖丙辰正月十一日訖工于二月廿五日堂凡三

楹左右翼室凡兩楹門垣僧舍屹如鱗如後之奉持者其尚知所自而敬守云

嘉靖丙辰春仲月吉旦立

京446《觀音庵碑》

觀音庵碑

首題:重修觀音庵記
年代:明嘉靖三十五年(1556)二月
原址:西城區皇城根觀音堂
拓片尺寸:碑陽高162、寬67厘米
書體:正書
撰人:李春芳
《目録》:頁234
拓片編號:京446
拓片録自:《北京圖書館藏中國歷代石刻拓本匯編》第56卷9頁

【碑陽】

額題:重修觀音庵記(篆書)

碑文:

重修觀音庵記 1

賜進士及第翰林院國史修撰專管文官 2 誥敕淮南李春芳撰。3

北安門隅有觀音庵,舊矣。顧其規制庳隘,丹黝凋駁,非所以崇具瞻、肅將祀也。4 御馬監掌監事太監進齋高公忠過而惻焉,乃捐 5 賞賚所餘,鳩工庀材,重加修輯。6 太保陸公因近射圃,嘗憩此,共秪厥役。庳隘者拓之,凋駁者飾之。金像莊嚴,琳宫輝映。7 視舊制,蓋煥然美矣。既落,徵記於予。予嘗讀《妙法蓮華》,見佛之所以告無盡意菩薩者,8 其言觀世音菩薩甚詳,大率謂一心稱名,即可解脱諸苦厄,而其義要不出《心經》度厄 9 之旨也。《心經》妙諦,精在降伏其心,乃佛之秘密藏而内典諸義咸宗焉。是故降伏其心,10 而佛與菩薩之法,思過半矣。然人之不能降伏其心者,以其不能空也。心之不能空者,11 以其溺於欲也。諸欲清淨,則五蘊皆空。解脱苦厄豈復有他道哉?二公精忠勤敏,夙契 12 上心,倚眷優渥,迥異僚寀,行將内外夾輔,上安 13 宗社,下澤生民,以解海内苦厄,則慈航之所濟普矣。菩薩默祐二公,昌其福祚,詎有涯哉?修 14 庵功德,益垂永永矣。是役也,肇于嘉靖丙辰正月十一日,訖工于二月廿五日。堂凡三 15 楹,左右翼室凡兩楹,門垣僧舍屹如鱗如。後之奉持者,其尚知所自而敬守云。16

嘉靖丙辰春仲月吉旦立。17

真武廟（西樓巷）

真武廟，亦稱玄帝廟，原址在内五區西樓巷七號（今西城區地安門西大街六號），寺廟建築現已不存。

真武廟始建年代無考[1]。清《雍正廟冊》上，廟名記爲玄帝廟，位於内官監，爲大僧廟，殿宇五間，禪房三間，住持圓潔，徒通悟。《乾隆廟冊》中，廟名改爲真武廟，寺廟性質仍爲大僧廟。乾隆《京城全圖》上，真武廟位於地安門外西城根路南，坐北朝南，院落一進，首在南墻上開門兩座，正殿南向五間，東南、西南角各有配房兩間，後院爲空地一段，周繞以圍垣，方正規整。

清同治十三年（1874）十月初二，僧録司批准普安繼任住持，更名入冊。民國九年（1920），普安圓寂，將住持一職傳給師侄全興[2]。1930年，真武廟共殿宇住房十四間，僧人五名，大都來自通縣[3]。此時真武廟山門南向，其上無額，東面開小門出入。大殿三楹，木額“菩提”二字，據調查人員記爲康熙之墨寶。殿中有樓子式木龕，内供木像金身真武坐像一尊，配祀周公及桃花女立像。前有鐵五供一份、光緒二十五年（1899）鐵磬一口。大殿東間供泥塑瘟神坐像一尊，西間供靈官一尊，東、西墻下各有站像二尊，南窗下還有他處移來的泥質站像六尊。除大殿外還有東西耳房各兩小間、東西配殿各三間。院内有槐樹一株，萬曆四十五年造鐵鐘一口。全興不住廟内，他的徒弟福禪自稱住持僧[4]。民國二十二年（1933），全興因大興縣采育鎮的祖庭無人料

〔1〕參見國立北平研究院《真武廟》，西四56。

〔2〕北京市檔案館藏《北平市社會局·内六區真武廟僧人全興登記廟産發放憑照的呈文和善果接充住持的呈文及社會局的批示》，檔案號J2-8-601，1931—1935年，頁四。

〔3〕同上，頁十六、二十五。

〔4〕參見國立北平研究院《真武廟》，西四56。

理，亟宜親往，自願將真武廟贈與毗盧庵[1]尼僧成達，暫由成達之師慧安代表接洽，由同宗本家和居士趙仁齋等共同作證[2]。然次年社會局派員調查時發現，廟内並無僧人居住，僅在東配房内有一十一二歲的女孩看廟，而給全興讓廟一事作證的福寶，乃是全興之徒，亦非梓潼廟住持，而僅是浮住之僧，梓潼廟與真武廟亦非同宗本家。經此一案，梓潼廟住持善果頗爲惱火，當即驅逐福寶出廟[3]。後經佛教會出面詳查，方得知乃因全興年老，其徒曇寶意欲變賣廟産，全興不肯，情願贈送慧安之徒成達爲業，明面不收分文，實則由成達之俗兄贈送不菲之川資。全興隨即回祖庭養病，曇寶亦已不知去向。民國二十四年（1935），成達終於成功接任真武廟住持，在社會局登記成功[4]。成達俗家背景似爲不凡，1936年社會局廟産登記時，由仿膳茶點社出面爲其作保[5]。

1945年北京市警察局調查時，真武廟内仍供奉真武大帝、如來佛、火神、瘟神等尊神，除光緒二十五年鐵磬外，又新增鐵磬一口，上刻"萬曆四十年午日造，德勝門外鷹巖村東衆庵住持僧人正會造"，似自他廟移來[6]。

1952年，真武廟内仍有五十七歲的成達与七十九歲之正滿在政府登録在冊，正滿住真武廟内，每日以鄰居剩菜剩飯繼生，甚爲悽慘[7]。

據老住戶回憶，該廟自上世紀五六十年代已變爲大雜院，在90年代末擴修平安大街時，院落被整體拆除。2014年調查時，真武廟原址爲地安門西大街路南的三元梅園的人行道處。

[1] 參見《北京内城寺廟碑刻志》卷二，"毗盧庵"條，頁四百三十五至四百三十六。

[2] 同上，頁三十一至三十八。

[3] 同上，頁五十至五十五。

[4] 同上，頁五十六至七十五。

[5] 參見北京市檔案館藏《北平市社會局·内六區真武廟住持成達登記廟産的呈及社會局的批示》，檔案號J2-8-876，1935—1936年，頁十二。

[6] 首都圖書館藏《北平寺廟調查一覽表》，1945年，無頁碼。

[7] 北京市佛教協會藏《北京市民政局民族事務科·西四區僧、尼寺廟登記表》，1952年，檔案號196-1-18，頁九十五。

觀音庵（安樂堂）

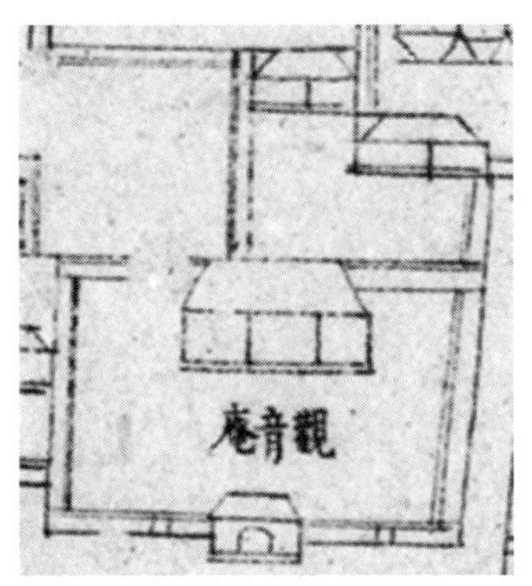

觀音庵，原址位於內五區安樂堂二號（今東城區地安門東大街八十四號之西側部分和八十八號的一部分）。寺廟建築現已不存。

觀音庵始建時間不詳，廟中曾有崇禎元年（1628）造鐵磬一座，但未知是否從別處移來。清《雍正廟冊》中，載其位於安樂堂[1]後，屬於大僧廟，住持普住，徒達福，有殿宇四間、禪房八間。《乾隆廟冊》登記住持爲道直。乾隆《京城全圖》上，觀音庵位於地安門外西城根路南，院落兩所，坐北朝南。首有山門殿一座，圍墻旁開兩小門；內有大殿三間，東北角還有院落一所，朝南廟房兩座，各兩間。

20世紀30年代，觀音庵山門南向，有一正門、一側門，俱破壞不堪。內有大殿三楹，南向，已破舊，殿內供觀音坐像一尊，泥塑金身，左右站童各一位。桌上供泥塑彩繪小坐像三尊，分別是財神、關帝和火神，左右各有一個小童。前設皮灰五供一份、鐵磬一口，即崇禎元年所造；殿前廊下掛小鐵鐘一口，鑄字已剝蝕。殿東耳房一間，院東南小住房一間。國立北平研究院的調查人員稱，此時觀音庵爲厲子嘉家廟[2]。可能因無僧尼住持之故，觀音庵不見於歷次寺廟登記檔案。

據附近老住戶回憶，此地確曾有小廟，院內曾有棵古棗樹和一口水井，水井作飲馬之用。

2005年至2015年調查時，觀音庵原在地分別是科學院宿舍、東城區房屋登記事務中心和平安大街。

〔1〕參見本排段“安樂堂”條。

〔2〕國立北平研究院《觀音庵》，東四65。

安樂堂

安樂堂,民國時名極樂寺[1],原址在内五區安樂堂十一號（曾爲東城區安樂堂胡同十二號,現安樂堂胡同已不存,此處應爲地安門東大街 88 號所在位置）,寺廟建築現已不存。廟内曾有碑刻一通,爲明萬曆十年（1582）的《安樂堂碑》。

安樂堂始建於明永樂十五年（1417）,作爲明代養生送死的仁政機構,最初爲工匠有疾病者安置之所,其後則變爲無權勢、又無私宅的病重垂危太監的臨終住所。據《明宫史》《野獲編補遺》等書載,安樂堂在北安門裏,設掌病官一員,掌司數十員。凡在内宫供職且地位低微的太監,若有病者即送至此處醫治。如病痊愈,則銷假繼續供職;如病情不得好轉,即在安樂堂内待其殞命。太監死後由專人啓用銅符送出北安門,由内官監供給棺木、惜薪司提供焚化之費用,擡至淨樂堂焚化,意在防止遺骸侵污禁地。而稍有資財的太監,境遇會有所不同,他們預先給安樂堂捐資擺酒,立老衣會、棺木會、壽地會等香會,待身死後爲己殯葬唪經,以圖顔面有光[2]。萬曆十年,安樂堂傾頽不已,明神宗下旨,由工部主事王完會同内官監太監張進、何永董其事,工於六月十七日興,歷時半年竣工,安樂堂内佛殿、房屋、地面逐一按制修繕,彩畫油飾焕然一新,以此體現對黎民百姓之關懷,特别是對服務於皇帝左右的内官之厚澤[3]。

入清以後,在《雍正廟冊》中,安樂堂記爲大僧廟,有殿宇三間、禪房四

〔1〕《北京文物勝跡大全·東城區卷》,頁二百三十六。

〔2〕劉若愚《明宫史》,《木集·内臣職掌》,北京:北京古籍出版社,1980 年,頁五十八;沈德符《萬曆野獲編補遺》卷三·畿輔·安樂堂,北京:中華書局,1959 年,頁玖佰零一。

〔3〕明萬曆十年（1582）《安樂堂碑》,京 661,《北京圖書館藏中國歷代石刻拓片匯編》卷五十七,頁一百一十三。

間，住持海福，徒成智。《乾隆廟冊》記安樂堂在地安門內，仍爲大僧廟，住持敬海。乾隆《京城全圖》上，安樂堂位於地安門巽方，僅有小院一所，西墻開門出入，院落中坐北朝南、坐南朝北殿房各三間。此時安樂堂似乎不再是內官養病送終之地。

至清末時，此寺已改名極樂寺，爲王氏私建家廟。民國四年（1915），王谷氏因無力焚修，將寺廟讓與地安門內慈慧殿（也稱慈惠寺[1]）住持達通，安樂堂從此成爲慈慧殿下院[2]。達通大修寺廟，不僅整飭殿房，爲大殿新立匾額"佛光普照"，還新鑄小鐵鐘一口。民國十九年（1930）十二月，來自奉天海城的僧人修起繼任慈慧殿與本寺住持[3]。此時安樂堂山門西向，上無廟額。內有大殿三間，爲釋迦佛殿，內供泥塑金身彩繪蓮座釋迦佛一尊，左右阿難、迦葉。前有鐵五供一份，鐵磬一口，鑄"極樂寺"三字銘文，民國四年所鑄小鐵鐘即懸於正殿廊下；南北配房各三間，大殿外西南角立有《安樂堂碑》，記録人員稱其碑名及年月漫漶，然大半文字仍可辨讀。院落圍以墻垣，自成小院一所，規模與乾隆《京城全圖》中所繪無異。

民國二十六年（1937），修起垂危，其徒發覺接充住持[4]。發覺同時也是地藏庵住持，因極樂寺收入太少，他仍住在地藏庵內[5]。民國二十八年（1939），極樂寺住持發覺呈文社會局，要求在北郊安定門外小關東北小營村置買張順名下空地一段，共計一畝五分，用作塋地[6]。至 1947 年，極樂寺登記住持仍爲發覺。但據說此後廟爲一東北籍老尼購得[7]。

20 世紀 50 年代，安樂堂仍爲一四合院建築，山門、大殿、配殿尚存，殿南石碑《安樂堂碑》尚立於廟中[8]。1985 年時，山門已拆除，原建尚存正殿，但已破舊不堪，石碑已無存[9]。

老住戶們認爲，安樂堂曾是張光宇（音）的家廟，張家在地安門外大街上經營一家很大的藥店，他請了四五位尼姑在廟內修行，其中一位姓李。民國時期，安樂堂坐東朝西，東邊爲正殿，前有三級高臺階，南北各有住房。1949 年以後，殿房均用作民居，尼姑四散。20 世紀 90 年代末修平安大街時，安樂堂被拆除，當時曾挖出"安樂堂"三字石額，一直被遺棄在胡同內，直到 2015 年春突然不知去向。

2006 年至 2015 年調查時，安樂堂已不存，其原址應在今地安門東大街八十八號東城區房屋登記事務中心中部偏西的位置。

---

〔1〕即乾隆《京城全圖》上五排六段之"慈慧殿"。

〔2〕北京市檔案館藏《北平市社會局·內六區極樂寺住持修起呈登記廟產的申請書及社會局的批示（附寺廟登記表）》，檔案號 J2-8-798，1932-1939 年，頁四十八。

〔3〕同上，頁二十一。

〔4〕北京市檔案館藏《北平市社會局·內六區極樂寺新住持發覺關於繼承住持的呈文及社會局的批示》，檔案號 J2-8-1184，1937 年，頁一至四。

〔5〕同上，頁十三至十四。

〔6〕北京市檔案館藏《北平市社會局·內六區極樂寺住持修起呈登記廟產的申請書及社會局的批示（附寺廟登記表）》，檔案號 J2-8-798，1932-1939 年，頁六十七至七十三。

〔7〕參見《北京文物勝跡大全·東城區卷》，頁二百三十六。

〔8〕《北京文物勝跡大全·東城區卷》，頁二百三十六。

〔9〕《中國文物地圖集·北京分冊下》，頁三十三。

京661《安樂堂碑》

敕修安樂堂記

廟堂曰此迺
累朝優恤近臣之所豈宜傾頹如此當即題
修之欽蒙
□□
下工部會同該監估計修理隨該内官監□管監太監等官張進何永會
同工部主事王覺督管修理於萬曆拾年陸月拾柒日興工凡本堂佛
殿房屋門垣□基地面溝渠應增者增之應崇者崇之逐壹修整體勢
雄偉簷宇整肅並雕畫油飾煥然壹新至太平拾□得貳拾□□□□
惟養生送死之政之大端也我
朝例□□□唐□深禮厚澤及於黎元者傳□至於左右近臣尤加□焉
□□□斷□□也若承委非人則因陋就簡而傾圮不久矣兹□舉而
□□□□□□費省而功倍不惟於前有光亦可垂之久遠也特贊

京661《安樂堂碑》

安樂堂碑

年代:明萬曆十年(1582)十一月二十日
原址:東城區地安門內大街東
拓片尺寸:碑陽高 91、寬 44 厘米;額高 21、寬 19 厘米
書體:正書
《目録》:頁 242
拓片編號:京 661
拓片録自:《北京圖書館藏中國歷代石刻拓片匯編》第 57 卷 113 頁

【碑陽】

額題:敕修安樂堂記(篆書)

碑文:

廟堂曰:此迺 1 累朝優恤近臣之所,豈宜傾頹如此?當即題 2 修之。欽蒙 3 □□□ 4 下工部會同該監估計修理。隨該內官監□管[監]太監等官張進、何永會 5 同工部主事王覺督管修理。於萬曆拾年陸月拾柒日興工,凡本堂、佛 6 殿、房屋、門垣、□基、地面、溝渠,應增者增之,應崇者崇之,逐壹修整。體勢 7 雄偉,簷宇整肅,並雕畫油飾,煥然壹新。至太[平]拾□[得]貳拾□□□□ 8 惟養生送死之政之大端也。我 9 朝例□□□唐□[深]禮厚,澤及於黎元者傳□。至於左右近臣尤加□焉。10 □□□斷□□也,若承委非人,則因陋就簡而傾圮不[久]矣。茲□舉而 11 □□□□□□□費省而功倍。不惟[於]前[有]光,亦可垂之久遠也。特[贊]。12

真武廟（雁翅樓）

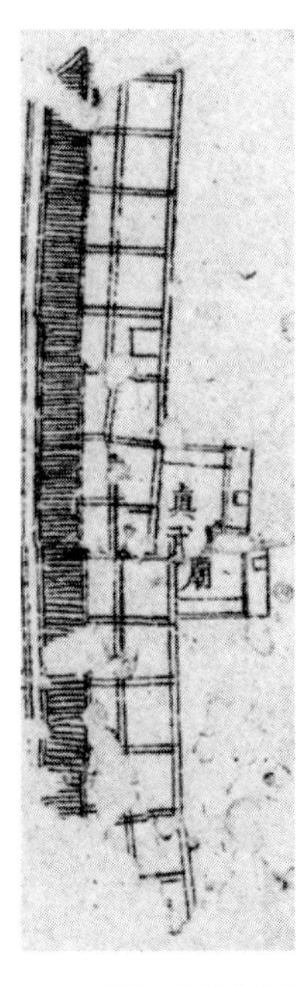

真武廟，原址位於内五區地安門大街七號（今西城區地安門内大街西側雁翅樓的空地上），寺廟建築現已不存。

真武廟始建時間失考，考地安門雁翅樓始建於明永樂十八年（1420），真武廟應建於此之後，乃鎮守皇城北門之意。歷代寺廟登記中均不見此真武廟登記，從乾隆《京城全圖》上看，真武廟位於地安門内大街，佔用了地安門西雁翅樓中段的三間房屋爲殿房，以東有小院一所，東墻開兩小門出入。

民國十二年（1923）七月，清朝遜帝溥儀將紫禁城内大部分太監裁撤，一時間有數百名太監流落街頭，一些無家可歸的太監，即棲止在地安門雁翅樓内，而依附於雁翅樓的真武廟也承擔了暫住所的作用。溥佳在回憶録裏稱，這些衣衫襤褸的太監在廊下生火做飯，極像逃荒的難民，狀況淒慘。後來軍警怕他們引起火災，屢次驅逐，直到民國十三年春，纔先後散淨[1]。

20世紀30年代時，真武廟仍存，其山門東向，磚額“靈應真武廟”，門前有石旗杆座一個，雕刻甚爲精美。大殿一楹，同樣佔用雁翅西樓的一間，殿内以佛龕供奉木雕真武一尊，龕上立額曰“佑聖殿”。殿中另存放大小不一的小泥佛八尊，以及嘉慶六年（1801）鐵爐一座，民國三年（1914）造鐵磬一口。院内還有大椿樹一株，其時看廟人名陳隆海[2]。

有文獻認爲，1954年，爲解決交通問題，地安門被拆除，東邊的雁翅樓建築也同時化爲烏有，然而位於西邊的雁翅樓以及真武廟則成爲民居，直至

〔1〕參見愛新覺羅·溥佳《晚清宫廷生活見聞》，北京：文史資料出版社，1982年，頁二十七。

〔2〕參見國立北平研究院《真武廟》，東四66。

1999 年平安大街修建時，纔終被拆除[1]。

2014 年調查時，地安門雁翅樓已復建，然並非“原貌重現”。歷史上的雁翅樓東西各十五間，復建後的雁翅樓西十間，東僅四間。依附於雁翅樓的真武廟則并未重建。

〔1〕《北京地名典》中載“恭儉胡同”再北有西樓胡同，原稱地安門西夾道，是一條位於地安門西側的小巷。因位於地安門之西，故名。西樓巷胡同東口北端有雁翅樓，1999 年因改進平安大街拆除。參見王彬、徐秀杉編《北京地名典》，北京：中國文聯出版社，2008 年，頁一百六十六。

祇園寺

祇園寺，原址在內五區西樓巷十二號（今西城區西樓巷胡同十九號），寺廟建築現存較完整。

祇園寺始建時間未知，民國時住持稱建於清乾隆年間，然《雍正廟冊》已有記録，載其位於內官監，殿宇四間、禪房十八間，爲大僧廟，住持行實。《乾隆廟冊》中，祇園寺仍爲大僧廟，住持爲能智。乾隆《京城全圖》上，祇園寺位於地安門西大街迤南，爲坐北朝南的一所院落。首有山門殿一間，東側開隨墻門一座。北殿三間，西耳房一間；西配殿三間，東邊無房，僅爲圍墻。同治七年（1868），祇園寺在住持僧人秀峰募化下歷經重修。光緒元年（1875）九月，永清堂綢局之趙永義捐造頂爐一尊[1]，從爐上銘文來看，趙永義自稱爲祇園寺鋪擺[2]，乃“半僧半儒”，永清堂綢局所做的綢緞生意多用於供佛經幟陳設之用，不敢不敬奉佛像、虔誠經幟、敬獻僧資、供用綢緞。故叩獻鼎爐一尊，以明心志[3]。

民國八年（1919）四月十五日，貴亮將祇園寺廟産賣給尼僧修極，立有轉香火字據一張，從此祇園寺成爲西直門玉佛寺[4]下院。民國十四年（1925），修極在北平市審判庭登記，立有手本[5]。修極原姓劉，奉天人，即玉佛寺住持達圓，修極爲名，達圓是號。她與另一王姓山東老尼修悟均有登記，但二人并

〔1〕參見國立北平研究院《祇園寺》，西四 57。

〔2〕“鋪擺”是專爲僧人法事服務的俗人，負責提供一應儀式所需法器、響器與陳設，有時也負責在儀式進行過程中協調現場和講解等，依附於僧人生活，故曰“半僧半儒”。關於北京地區鋪擺的身份及活動，參見鞠熙《北京的下層寺廟與社區公共空間——以西四北大街雙關帝廟的碑文和儀式爲例》，《明清至民國時期中國城市的寺廟與市民》，内部資料，頁三百三十八。

〔3〕清光緒元年《祇園寺鐵爐》，據北京大學圖書館藏原拓片録文。

〔4〕參見《北京內城寺廟碑刻志》卷二，“伏魔庵”條，頁八百四十。

〔5〕參見北京市檔案館藏《北平市社會局·內六區祇園寺尼僧修極關於登記廟産、發放憑照的呈文及社會局的批示》，檔案號 J2-8-037，1930—1936 年，頁五、頁四十三至四十四。

不在廟内居住。民國二十五年(1936)社會局調查時,玉佛寺另一尼僧常賢聲稱,修極長年不在京,祇園寺如有重要事務,則由常賢主持,餘由住該廟房客張姓人家代管[1]。

此時,祇園寺山門南向,木額曰"祇園寺",爲同治七年重修時所立。山門殿内供關帝一尊,後有韋陀一尊。次則北殿三間,供三大士三尊,前奉同治十一年(1872)鐵磬一口。右有藥王一尊。北殿帶東耳房二間、西耳房一間,前東西配房各三間。院内鐵鼎一口,正是光緒元年趙永義所造。1948至1949年進行的寺廟登記顯示,祇園寺住持仍爲修極[2]。所有廟房均對外出租[3]。

據住在恭儉胡同的老住戶回憶,祇園寺爲尼姑廟,她在小時候常陪生病的姐姐來此找尼姑看病。附近也有住戶稱,祇園寺的小尼姑有名爲寶珠者,後來還俗出嫁時,鄰居曾給她做棉襖相贈。

2004年至2005年左右,祇園寺曾翻修。2015年調查時,祇園寺存山門一間,正殿、西配殿各三間。祇園寺原有山門已被封堵,在西墻上開小門一間出入,簷檁彩畫殘跡還依稀可見。正殿三間,東山墻墀頭磚雕精美生動;西配殿仍爲原貌,而東配殿處已蓋爲磚房。祇園寺現爲西城區普查登記文物。

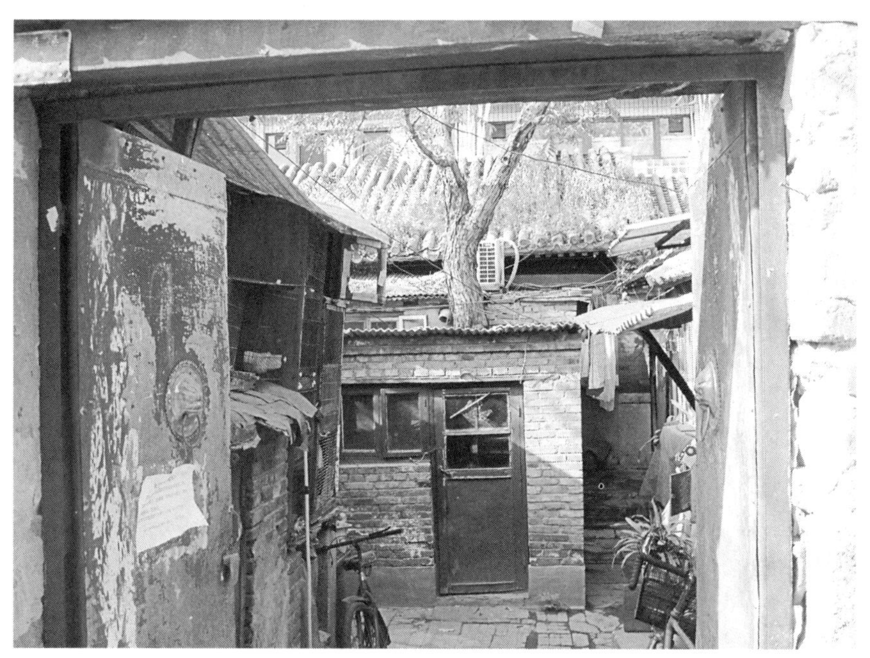

祇園寺現狀(2005年9月 如意攝)

〔1〕參見北京市檔案館藏《北平市社會局·内六區祇園寺尼僧修極關於登記廟産、發放憑照的呈文及社會局的批示》,檔案號J2-8-037,1930—1936年,頁十。

〔2〕北京市檔案館藏《北平市民政局·北平市各區寺廟總登記考察簿》,1947—1948年,檔案號J3-1-237,頁三十五。

〔3〕北京市檔案館藏《北平市民政局民族事務科·本市寺廟情況查詢記録》,1949年,檔案號196-1-3,頁五、十;《中國文物地圖集·北京分册(下)》,頁八十一。

大清光緒元年九月吉日

祇園寺

蓋聞我佛制造天地
三才萬物之靈 三
寶之力登佛門者發
信念之心 叩佛敬
法信僧古留鋪擺二
字是半僧半儒當以
發信心以公爲正也
時想佛像不可圖□
經懺不可撕若敬僧
之資不可昧心所供
所用陳□綢片忍想
蠶吐絲之力人織造
之工不可報悔天物
可也 善道不施人
身 擘道沉淪之苦
信士弟子趙永義叩

獻 誠

永清堂綢局
趙永義造頂爐一尊

祇園寺鐵爐款識

祇園寺鐵爐款識

年代:清光緒元年(1875)九月
原址:西樓巷祇園寺
書體:正書
拓片録自:北京大學圖書館藏原拓片

正文:

大清光緒元年九月吉日

祇園寺

蓋聞我佛制造天地 1 三才,萬物之靈,三 2 寶之力。登佛門者,發 3 信念之心,叩佛敬 4 法。信僧古留“鋪擺”二 5 字,是半僧半儒,當以 6 發信心,以公爲正也。7 時想佛像不可圖□,8 經懺不可撕,若敬僧 9 之資,不可昧心。所供 10 所用,陳□綢片。忍想 11 蠶吐絲之力,人織造 12 之工,不可報悔天物 13 可也。善道不施人 14 身,擘道沉淪之苦。15

信士弟子趙永義叩。16

獻誠:17 永清堂綢局,18 趙永義造頂爐一尊。19

真武廟(油漆作)

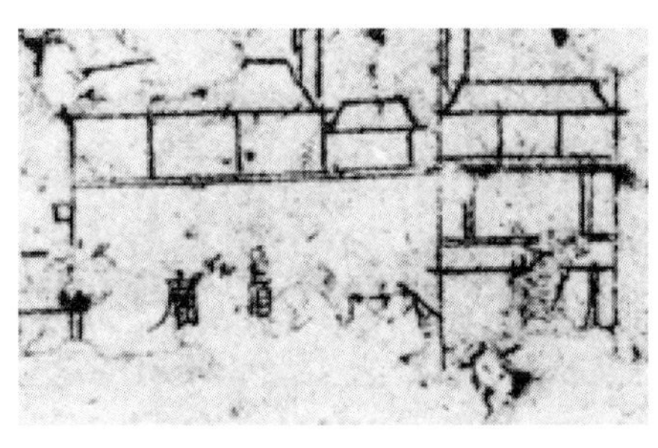

真武廟,又名北極禪林、玄帝廟,原址位於今西城區地安門內大街油漆作三十三號,寺廟建築現已不存。

真武廟始建時間不詳,清《雍正廟冊》中,真武廟廟名記爲玄帝庙,位於油漆作,有殿宇四間、禪房四間,住持普安,徒通禮。《乾隆廟冊》中,廟名改記爲北極寺,仍爲大僧廟,住持換爲本謨。乾隆《京城全圖》上,真武廟位於地安門內大街以西,因地圖此處漫漶,僅能看清"真"、"廟"字樣。似有小院一所,南向殿房三間,以東有耳房一間,南面建築格局難以判斷。與《雍正廟冊》記載的規模比較來看,較爲相近。此後真武廟無考。

據現住此地的房主說,此房在20世紀40年代時的房主名張大明,專營房地買賣。幾經轉手後,現房主於20世紀90年代買下此處,當時已是破爛雜院,於是房主大興土木。在挖地下室時,挖出一些巨大的石料,內有一方"古刹北極禪林"石額、八十公分左右直徑之柱礎若干個、蓮花形柱礎兩個、石鼓、旗杆基石等物,乃知此處即爲真武廟。院內目前尚存石階、石頭構件等寺廟舊物。

2015年調查時,真武廟所在處爲上下四層的高級私人住宅。

海藏寺

海藏寺，不見於清乾隆《京城全圖》，原址位於今西城區地安門外大街白米斜街，寺廟建築現已不存。

《宛署雜記》載，海藏寺於元皇慶二年（1313）建，明成化三年（1467）重修，由右通政陳嘉謨[1]爲之記。[2]清《乾隆廟冊》中，海藏寺記録在冊，載其位於白米斜街，爲尼僧廟，住持尼普敬。此後海藏寺無考，應早已傾圮。

2005至2014年的歷次調查中，均無法確定海藏寺所在處。

---

〔1〕陳嘉謨，祁門人，善醫，著《本草蒙筌》，盛行於世。（清）陳夢雷等編《古今圖書集成醫部全録》第十二冊，卷五百十四，北京：人民衛生出版社，1991年，頁三百四十二。

〔2〕《宛署雜記》卷十九，頁二百二十三。

四排七段

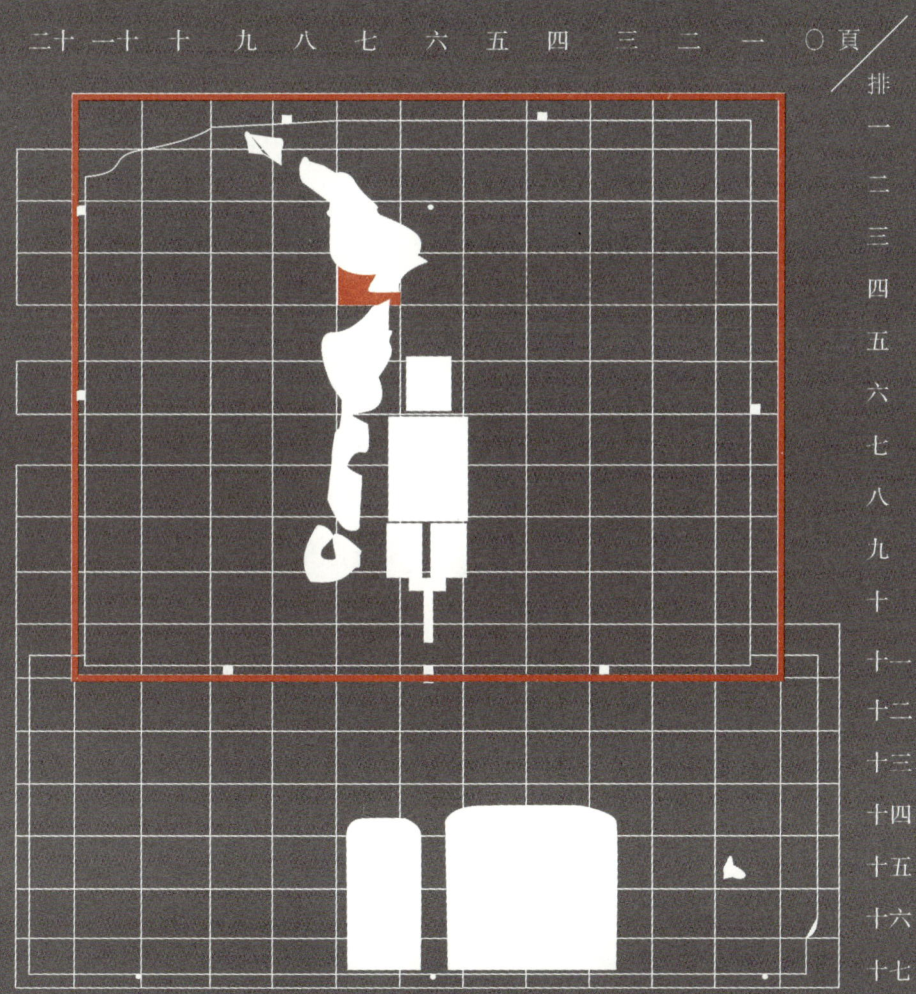

北極寺
聖泉庵
北極庵
太平庵
觀音庵
天壽庵
普濟藥王廟
賢良祠
關帝廟
馬祖廟
土穀祠

北極庵

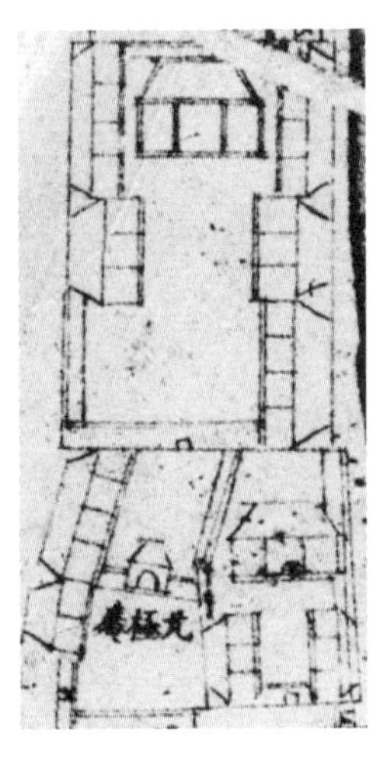

北極庵，後稱福善寺，民間稱恭親王府家廟，原址在今西城區柳蔭街二十六、二十八號，寺廟建築現存部分。寺廟内原有碑刻一通，爲清同治十二年（1873）《福善寺落成紀事詩》。

北極庵始建時間不詳，然據周汝昌先生考證，北極庵以及迤西的建築群最初建置於明嘉靖至萬曆初年，其東山墻所砌磚上，發現了“萬曆十年窑戶盧群”字樣[1]。

入清以後，北極庵最早見於《雍正廟冊》，載其位於龍頭井，爲大僧廟，殿宇三間、禪房四十間，住持海受。《乾隆廟冊》中，北極庵登記爲北極寺，住持變爲海龍。乾隆《京城全圖》上，北極庵位於龍頭井東北，坐東北朝西南，院落兩層。首有山門殿一座，西側有廟房兩座，南二、北四；過隨墻二道門，有一方正的院落，大殿三間，東、西配殿各三間，以北各有配房四間；東配殿之南另有配房四間。

清中葉以降，北极庵和迤西建筑群多次易主。歷史學家單士元先生考證，北極庵附近的建築群屢經變遷易主，曾分別作爲和珅私宅、慶郡王府、和孝公主府之用。咸豐二年（1852）恭親王奕訢入府，纔始稱恭王府[2]，在此之後，北極庵變爲“恭王府家廟”。但據恭親王奕訢之曾孫毓峘回憶稱，恭王府的家廟在蝠廳以東的北正房内，其内安放着老恭親王奕訢及福晉瓜爾加氏等人的牌位。或其家廟非僅一處[3]。同治十二年（1873）春，恭親王奕訢對此廟進行重修，更名爲福善寺，并親撰石碑一通，碑名《福善寺落成紀事詩》，石碑於四月落成，正是春季，奕訢爲詩曰：“重尋勝業到春城，修葺今番喜落成。福地何須問雙樹，善緣應許徧群生。禪衢偏少緇流雜，林影還分禁水清。

〔1〕京梅《如夢如煙恭王府》，北京：人民文學出版社，2002年，頁二百四十四、二百七十五。

〔2〕單士元《恭王府沿革考略》，《輔仁學志》第七卷第一、二期合刊，1398年。

〔3〕《如夢如煙恭王府》，頁二百七十五。

碑碣千秋昭景仰,記詩聊證妙明情。”下落“恭親王寶”印及“爲善最樂”二印[1]。此時廟内也曾增添法物,是年所鑄“福善寺敬供”鐵磬一口,民國年間流入附近太平庵[2]。

附近的老住戶均對“恭王府家廟”的稱呼頗爲熟悉。據金姓老住戶回憶,民國時期,著名將領門致中的私宅就緊鄰北極庵。廟房在1949年之後還曾做過什刹海小學的教室。

在2006年到2014年的歷年調查中,北極庵爲居民大院,但仍基本保持了原有格局,現存前殿及東西配殿、西耳房一間;後殿及東西配殿。横樑、雀替、立柱雖經過風雨侵蝕,有些地方漆皮已經脱落,殘存部分色澤暗淡,尚能隱約辨認出金色與深緑色的綫條。

---

〔1〕清同治十二年(1873)《福善寺落成紀事詩》,京4152,《北京圖書館藏中國歷代石刻拓本匯編》卷八十四,頁四十七。

〔2〕參見本排段“太平庵”條。

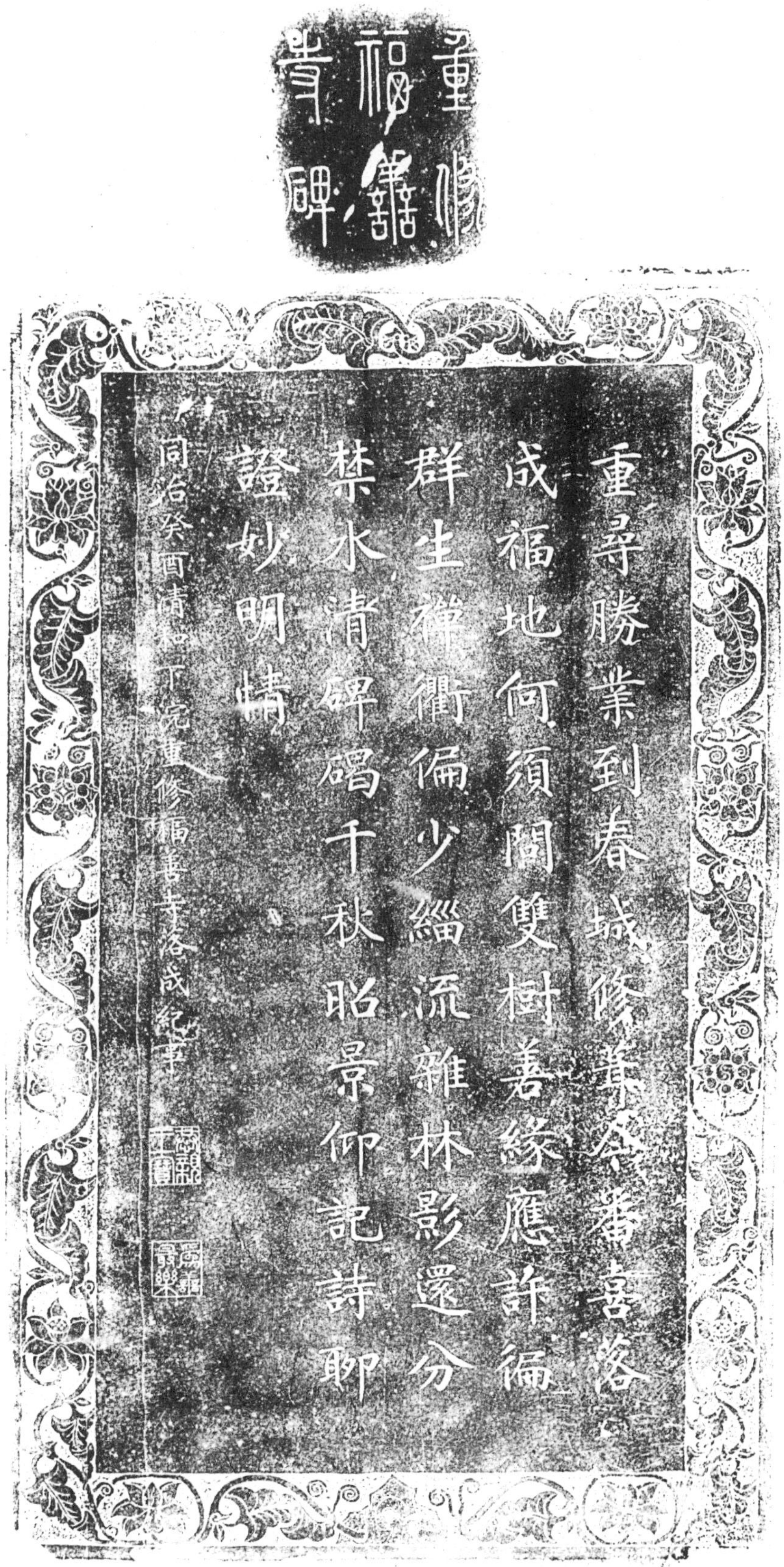

重尋勝業到春城，修葺叁番喜落成。福地何須閣雙樹，善緣應許徧群生。禪衢偏少緇流雜，林影還分禁水清。碑碣千秋昭景仰，記詩聊證妙明情。

同治癸酉清和下浣重修福善寺落成紀事

京 4152《福善寺落成紀事詩》

重修福善寺碑

重尋勝業到春城修葺今番喜落成福地何須問雙樹善緣應許徧群生禪衢偏少緇流雜林影還分禁水清碑碣千秋昭景仰記詩聊證妙明情

同治癸酉清和下浣重修福善寺落成紀事

京4152《福善寺落成紀事詩》

福善寺落成紀事詩

年代:同治十二年(1873)四月下浣
原址:西城區李廣橋
拓片尺寸:碑陽高135、寬78厘米;額高29、寬23厘米
書體:楷書
撰人:奕訢
書人:奕訢
《目録》:頁475
拓片編號:京4152
拓片録自:《北京圖書館藏中國歷代石刻拓本匯編》第84卷47頁

【碑陽】

額題:重修福善寺碑(篆书)

碑文:

重尋勝業到春城,修葺今番喜落 1 成。福地何須問雙樹,善緣應許徧 2 群生。禪衢偏少緇流雜,林影還分 3 禁水清。碑碣千秋昭景仰,記詩聊 4 證妙明情。5

同治癸酉清和下浣重修福善寺落成紀事。6

太平庵

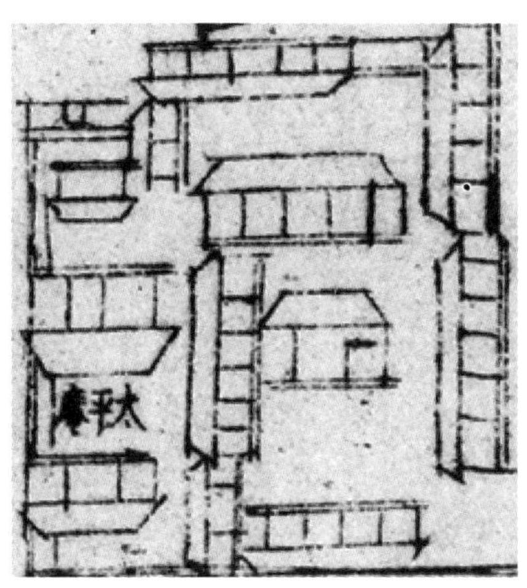

太平庵，亦稱天仙太平庵、古剎太平庵[1]，原址在内五區東錢串胡同九號（今前院在西城區北錢串胡同一號、後院在北錢串胡同三號）。寺廟建築部分現存。庵内曾有碑刻一通，爲康熙四十二年（1703）《天仙太平庵碑》，現碑石仍在太平庵後院地上[2]。

《宛署雜記》載太平庵始建於明嘉靖十年（1531）[3]，庵内還奉萬曆二十一年（1593）孟冬吉日造大圓鐵爐，然未知是否爲廟中所鑄。

清康熙二十六年（1687），廟内添建大鐵鐘一口，重五十餘斤，銘文曰"太平天仙庵"，可能當時曾有添建[4]。康熙四十二年（1703），太平庵曾經重修，《天仙太平庵碑》記其事，碑陰首善者爲康熙帝妃惠妃。惠妃，納喇氏，爲滿洲之著姓。其兄爲康熙朝權傾朝野的重臣明珠，她爲康熙帝誕下兩子，二子允禔貴爲皇長子，自幼隨侍康熙左右，故惠妃在宫中之地位尊崇有加[5]。此次太平庵重修由惠妃起首、二十名太監監造，歷時一年，廟貌煥然一新，乃立貞珉，由内廷供奉翰林院侍詔曹曰瑛撰文並書丹，碑額盤雙龍，有皇家氣派。碑陰上除惠氏領監造太監外，還記有當時太平庵僧衆之名。從題名來看，此時的太平庵爲僧人與尼僧並排而

〔1〕康熙四十二年（1703）《天仙太平庵碑》，京451，《北京圖書館藏中國歷代石刻拓本匯編》卷六十六，頁二十六至二十七；國立北平研究院《太平庵》，西四86。

〔2〕據實地調查。

〔3〕《宛署雜記》卷十九，頁二百二十九。

〔4〕國立北平研究院《太平庵》，西四86；北京市檔案館藏《北平市社會局寺廟類·内五區太平庵尼僧普清呈請登記廟産及社會局的批示（附太平庵登記表）》，1930—1936年，檔案號J2-8-00243，頁五十二。

〔5〕《清史稿》卷二一四，頁七一五〇。

居：廟内住持傅玉等僧衆四人，以及庵内比丘尼住持隆珠四人[1]。這與其後資料記載可相互印證。《雍正廟冊》中記載有東、西兩座太平庵，均位於三座橋，均爲尼僧廟。東太平庵殿宇八間、禪房十七間，住持道紀、徒興福；西太平庵規模相對較小，殿宇四間、禪房八間，住持隆住、徒傅玉。而《乾隆廟冊》中，在三座橋的太平庵僅剩下一座，寺廟住持尼爲西太平庵的傅玉，這與《京城全圖》上“太平庵”三字繪製在西院，恰好對應。或在乾隆年間，因東、西太平庵相鄰，而合併爲一，寺廟性質亦由大僧、尼僧並居改爲尼僧住持。乾隆《京城全圖》上，太平庵位於錢串胡同北口、三座橋以西，西院北墻開門，殿房坐南朝北。有前殿一間、大殿三間、後殿三間；東院殿房坐北朝南，首有倒座殿房五間，院落中心大殿三間，東、西配殿各六間；後殿五間，西配房兩間，東向東配房五間，北墻處還有朝北鋪面五間。光緒八年（1883），住持尼志心由順通手中接買此廟，并更名手本二件；廟内還有“光緒十一年十一月吉日造”鐵磬，光緒二十年（1894）八月，庵又有重修[2]。

民國初年，太平庵住持更換頻仍。民国二年（1913），住持尼慧彬領廟照，民國十一年（1922），在不到十年間，下任住持清瑞便已退任，由徒弟普清接座成爲新任住持，传临济宗。普清，俗姓葉，河北宛平人，光緒二十四年（1898）十一歲時即出家爲尼。她還有一個十七歲的徒弟本純，二人一同居住廟中。從民國十九年（1930）至民國三十七年（1948）年，普清多次至社會局登記廟產。此時的太平庵石额“古刹太平庵”，殿房二十七間半，佛像三十餘尊，規模中等。首有觀音殿三間，内正供泥塑金身南海大士觀音一尊，童像侍立兩旁，據住持普清登記稱“極可寶貴”[3]，光緒十一年鐵磬陳設殿中；後供泥塑韋陀一尊、泥塑金身三世佛坐像三尊：左爲星神，右爲達摩泥像，兩壁有羅漢泥塑十八尊，殿内法物除木五供兩份外，還有鼓、木魚，以及“同治十二年四月二十八日福善寺”[4]銘文鐵磬、磁爐等。殿前懸康熙二十六年重修時所鑄“太平天仙庵”鐵鐘，東西配房各三間，院内有萬曆二十一年大圓鐵爐；西小跨院内有北房三間、南殿三间，南殿時爲恒利興煤鋪租用，内供娘娘坐像九尊，其中三尊爲泥塑，六尊爲木質，高度在四五尺不等，另有靈官立像，以及吕祖、財神、藥聖泥塑坐像四尊，僅設鐵磬一口；康熙二十六年石碑立於此院中，龍頭箱座。庵内有槐樹、山松樹各一株[5]。

20世紀50年代調查時，寺廟建築仍基本保持原貌[6]。1952年，普清已經六十一歲，仍作爲住持爲太平庵進行了登記。此時，她和另外一位尼姑居住廟内，以租賃殿房租金度日[7]。

據廟内年過八旬的老住戶回憶，太平庵是西山皇姑寺的下院，她的大姑姐六歲時因身體孱弱，被送至太平庵清修，即1952年檔案記載中的本純，是排輩最小的尼姑，其時還有普清、德修、本奎尼僧師徒四人居住廟中。普清日常并不居住廟中，而是在西山的上院居住。因是皇姑寺之下院，太平庵香火供奉極盛，許多居民將孩子送來做跳墻和尚，不但要給廟中奉供果、买笤帚和簸箕以示灑

---

〔1〕參見康熙四十二年（1703）《天仙太平庵碑》，京451，《北京圖書館藏中國歷代石刻拓本匯編》卷六十六，頁二十六至二十七。

〔2〕《北京寺廟歷史資料》，頁二百四十二。

〔3〕北京市檔案館藏《北平市社會局寺廟類·内五區太平庵尼僧普清呈請登記廟産及社會局的批示（附太平庵登記表）》，1930—1936年，檔案號J2-8-00243，頁二十五。

〔4〕參見本排段“北極庵”條。

〔5〕國立北平研究院，《太平庵》，西四86；北京市檔案館藏《北平市社會局寺廟類·内五區太平庵尼僧普清呈請登記廟産及社會局的批示（附太平庵登記表）》，1930—1936年，檔案號J2-8-00243，頁一至四十四；北京市檔案館藏《北平市民政局·北平市各區寺廟總登記考察簿》，1947—1948年，檔案號J3-1-237，頁三十一。

〔6〕《中國文物地圖集·北京分冊（下）》，頁七十九。

〔7〕中國佛教協會藏《北京市民政局民族事務科·西四區僧、尼寺廟登記表》，1952年，檔案號196-1-18，頁九十五。

掃,有的還要交紅給廟中。到了秋收季節,尼姑們會去皇姑寺周邊村落化緣,亦得到當地居民的慷慨資助。據説太平庵的尼姑生活比較優越,老者還打麻將以作消遣。庵内曾有觀音銅站像和韋陀像,在50年代時被佛教協會運走,現下落不明。

2006年至2015年調查時,太平庵格局仍存,尚存正殿,其餘皆爲翻蓋。據某住戶稱,康熙年間的重修碑已被當做地板使用。

太平庵遠景（2005年1月 如意攝）

太平庵裏的二龍戲珠石座（2005年1月 如意攝）

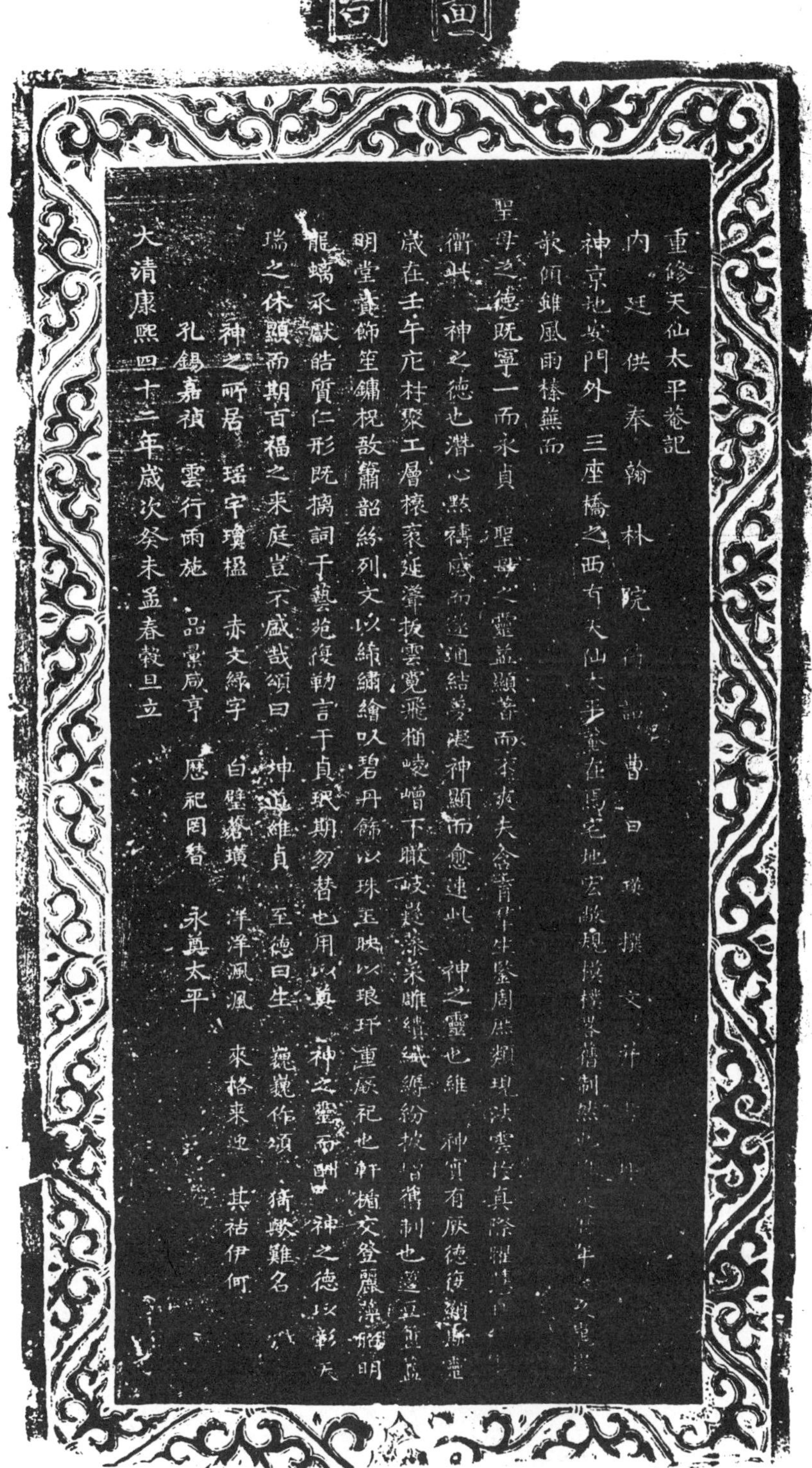

京451《天仙太平庵碑》陽

京451《天仙太平庵碑》陰

皇圖永固

重修天仙太平庵記

内廷供奉翰林院待詔曹曰瑛撰文并書丹

神京地安門外　三座橋之西有天仙太平庵在焉宅地宏敞規模樸畧舊制然也惟是歷年既久巍峩欹傾雖風雨榛蕪而

聖母之德既寧一而永貞　聖母之靈益顯著而不爽夫含育羣生鑒周庶類現法雲於真際曜慧日於康衢此　神之德也潛心默禱感而遂通結夢凝神顯而愈速此　神之靈也惟　神實有厥德複顯斯靈歲在壬午庀材聚工層榱袞延聳振雲霓飛桷崚嶒下瞰岐嶷藻采雕繢織縟紛披增舊制也籩豆簠簋明堂賁飾笙鏞柷敔簫韶紛列文以絺繡繪以碧丹飾以珠玉映以琅玕重厥祀也軒楯交登麗藻昭明龍螭承獻皓質仁形既摛詞于藝苑復勒言于貞珉期勿替也用以奠　神之靈而酬　神之德以彰天瑞之休顯而期百福之來庭豈不盛哉頌曰　坤道維貞　至德曰生　巍巍作頌　猗歟難名

神之所居　瑤宇瓊楹　赤文綠字　白璧蒼璜　洋洋渢渢　來格來迎　其祐伊何

孔錫嘉禎　雲行雨施　品彙咸亨　歷祀罔替　永奠太平

大清康熙四十二年歲次癸未孟春穀旦立

京451《天仙太平庵碑》陽

萬古
流芳

常春宮惠妃　那氏　監造太監

陸鳳德　□□□
徐起貴　劉　恢
邢　鳳　胡進忠
陳國福　李　德
劉文德　劉進印
王進玉　趙應順　本廟住持僧傅玉
李玉麟　馬進朝　副傅緒
王志通　馬起鳳　法廣
高雲昇　顧所旺　法德
魏起芳　蘔　林
道盛
本庵焚修住持比丘尼隆珠仝獻
興明
隆住

京 451《天仙太平庵碑》陰

天仙太平庵碑

首題:重修天仙太平庵記
年代:清康熙四十二年（1703）
原址:西城區廠橋錢串胡同
今址:西城區廠橋北錢串胡同太平庵後院内
拓片尺寸:碑陽高130、寬69厘米,額高19、寬19厘米;碑陰高130、寬69厘米,額高19、寬19厘米
書體:楷書
撰人:曹曰瑛
書人:曹曰瑛
《目録》:頁282
拓片編號:京451
拓片録自:《北京圖書館藏中國歷代石刻拓本匯編》第66卷26—27頁

【碑陽】
額題:皇圖永固
碑文:

重修天仙太平庵記 1

内廷供奉翰林院待詔曹曰瑛撰文并書丹 2

神京地安門外三座橋之西有天仙太平庵在焉。宅地宏敞,規模樸畧,舊制然也。惟是歷年既久,巍峩 3 欹傾,雖風雨榛蕪,而 4 聖母之德既寧一而永貞,聖母之靈益顯著而不爽。夫含育羣生,鑒周庶類,現法雲於真際,曜慧日於康 5 衢,此神之德也。潛心默禱,感而遂通,結夢凝神,顯而愈速,此神之靈也。惟神實有厥德,復顯斯靈,6 歲在壬午,庀材聚工。層榱衺延,聳振雲霓,飛桷崚嶒,下瞰岐嶷,藻采雕繢,織縟紛披,增舊制也。籩豆簠簋,7 明堂賁飾,笙鏞柷敔,簫韶紛列,文以絺繡,繪以碧丹,飾以珠玉,映以琅玕,重厥祀也。軒楯交登,麗藻昭明,8 龍螭承獻,皓質仁形,既摛詞于藝苑,復勒言于貞珉,期勿替也。用以奠神之靈而酬神之德,以彰天 9 瑞之休顯而期百福之來庭,豈不盛哉!頌曰:

坤道維貞,至德曰生;巍巍作頌,猗歟難名。10 神之所居,瑤宇瓊楹;赤文緑字,白璧蒼璜。洋洋渢渢,來格來迎;其祐伊何,11 孔錫嘉禎。雲行雨施,品彙咸亨;歷祀罔替,永奠太平。

大清康熙四十二年歲次癸未孟春穀旦立。12

【碑陰】
額題:萬古流芳
碑文:

常春宫惠妃那氏。

監造太監：陸鳳德、徐起貴、邢鳳、陳國福、劉文德、王進玉、李玉麟、王志通、高雲昇、魏起芳、□□□、劉恢、胡進忠、李德、劉進印、趙應順、馬進朝、馬起鳳、顧所旺、蘇林。

本廟住持僧：傅玉。

副：傅緒。法廣、法德。

本庵焚修住持比丘尼隆珠、道盛、興明、隆住仝獻。

觀音庵

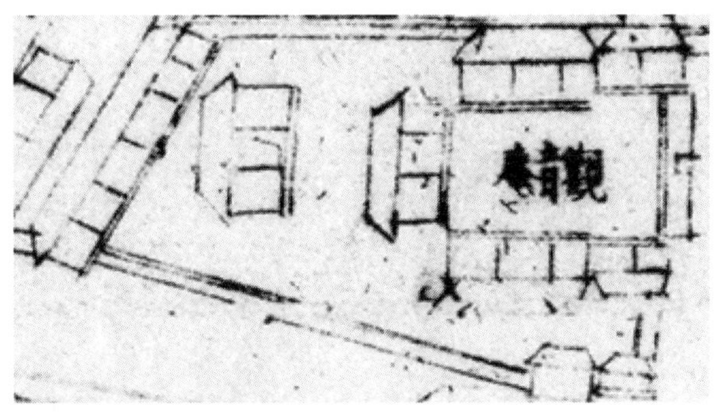

觀音庵，別稱前海觀音庵，原址在内五區東錢串胡同六號（今西城區南錢串胡同十三、十五號，龍頭井胡同三十六、三十八號），寺廟建築現存部分。

民國寺廟登記載觀音庵始建於明嘉靖年間，廟内曾存明嘉靖二十七年（1548）太常寺博士方元明敬獻銅鐘一座，但尚無他證[1]。

有清一代，觀音庵最早見於《雍正廟冊》，其載觀音庵位於斜街，有殿宇六間、禪房二十一間，住持悟存，徒覺泰。《乾隆廟冊》中，觀音庵位於錢串兒胡同，仍爲大僧廟。乾隆《京城全圖》所繪觀音庵，規模和《雍正廟冊》相近，位於錢串胡同南頭，依龍頭井胡同走向所建。庵坐西朝東，繚以周垣，東墻開隨墻門通往錢串胡同，院落兩進，首有前殿東向三間，配殿各三間，配殿以東各有配房兩間；二進院大殿三間，後有東南向殿房六間；院墻巽方還有小房兩間。此後觀音庵添建頻仍，庵内有道光四年（1824）四月立大鐵磬[2]；道光十九年（1839）住持覺明接廟，更名手本兩件，并誠造鐵磬一個[3]；嘉慶三年（1798）菊月重陽立鐵鐘一座；同治四年（1865）仲夏，庵又重修，後殿地藏庵之匾額，即爲住持僧顯瑞率徒海浩敬獻、山東弟子祝萬壽謹書[4]。僅現有文獻記載，觀音庵在清季的近二十年内就增修了四次，足見其香火之旺盛。

[1]北京市檔案館藏《北平市社會局·内五區錢串胡同觀音庵僧人航鉢登記廟産的呈文及社會局的批示（附寺廟登記表）》，自1930—1943年，檔案號J2-8-445，頁五。

[2]首都圖書館藏《北平寺廟調查一覽表》，1945年，無頁碼。

[3]北京市檔案館藏《北平市社會局·内五區錢串胡同觀音庵僧人航鉢登記廟産的呈文及社會局的批示（附寺廟登記表）》，自1930—1943年，檔案號J2-8-445，頁六十；《北京寺廟歷史資料》，頁四百六十五。

[4]國立北平研究院《觀音庵》，西四127。

民國四年(1915),僧人鍾鉢從師法林手中接座,成爲觀音庵住持。其時的觀音庵山門東向,石額"敕賜護國觀音禪林",殿宇三重:首有關帝殿一間,内供關帝一尊,關平、周倉侍立,其後鐵製金身韋陀像一尊,還奉有蓝琉璃五供等法器;南北配房各兩間;次則西殿三間,木額"慈航普渡",内供南海大士、天王、韋陀各一尊,道光四年造鐵磬及銅磬供奉廟内;殿前懸"嘉靖戊申正月吉日造太常寺博士方元明"銅鐘一口;南北配房各三間,爲住宅,北夾道内有北房三間;第三層爲西殿三間,木額地藏殿,同治四年重修時立,内供金身坐莲座地藏王一尊、十殿閻君十尊,道光十九年鐵磬供奉殿内。南北配房各三間,亦爲住宅。廟中有嘉靖年間的銅鐘一口,還有重達百斤的鐵鐘以及鐵磬、大鼓等法器[1]。民國二十年(1931),鍾鉢升任爲佑聖寺[2]住持,其師弟航鉢接任觀音庵住持,并赴社會局聲明備案,此時觀音庵爲佑聖寺下院。民國二十七年(1938),觀音庵臨街墻垣坍塌,航鉢批報社會局修葺并將廟院内臨近院墻的一棵榆樹拔去。由於航鉢略能識文斷字,他還替人代寫文書,每百字收費一角,用以補貼生計[3]。民國三十二年(1943),年邁的航鉢圓寂,由三十三歲的師弟庚鉢充任新住持。庚鉢俗名婁悟立,原籍北京,滿族。他於民國十三年(1924)在哈爾濱極樂寺受戒[4]。1945年北平市警察局調查時,觀音庵三層殿和佛像俱存,傳賢首宗[5]。到20世紀80年代,觀音殿正殿及配殿尚存[6]。

庚鉢爲觀音庵最後一任住持,1949年之後還擔任過消防自衛隊隊員、中蘇友協委員等職務[7]。至今觀音庵院内居民對這位和尚印象頗深,對他的俗名婁悟立稱呼絲毫不爽。據他們回憶,觀音庵内一共住有和尚兄弟二人,庚鉢爲兄。"文化大革命"之前,兄弟二人住在庵内南房三間,受到衝擊不大。此後,年老的庚鉢常被廣濟寺邀請前去弘法講學,住在廟内,看管廟房,像普通人一樣生活,最後就在觀音庵内去世。20世紀90年代觀音庵建築挑頂重修,但房屋主體結構未變。

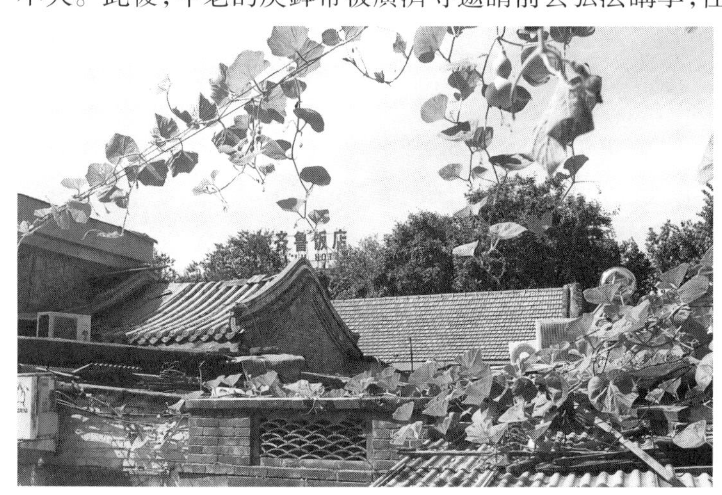

觀音庵後殿遠景(2013年9月 曉松攝)

2014年調查時,觀音庵被列爲西城區普查登記文物,院内爲居民住户,房産歸房屋管理局所有。存山門一間,被蓋於南錢串胡同十三號的屋内,山門頂部和北山墻仍清晰可見;前殿和南、北配殿仍存。第二進院内僅存大殿,與一進院隔開,不能通行,需從龍頭井胡同三十六號進入。

〔1〕國立北平研究院《觀音庵》,西四127。

〔2〕參見《北京内城寺廟碑刻志》第二卷,"佑聖寺"條,頁六百三十至六百四十二。

〔3〕北京市檔案館藏《北平市社會局·内五區錢串胡同觀音庵僧人航鉢登記廟産的呈文及社會局的批示(附寺廟登記表)》,自1930—1943年,檔案號J2-8-445,頁十至十三、一百至一百零二。

〔4〕北京市佛教協會藏《北京市民政局民族事務科·西四區僧、尼寺廟登記表》,1952年,檔案號196-1-18,頁九十七。

〔5〕首都圖書館藏《北平寺廟調查一覽表》,無頁碼。

〔6〕《中國文物地圖集·北京分册(下)》,頁六十一。

〔7〕北京市佛教協會藏《北京市民政局民族事務科·西四區僧、尼寺廟登記表》,1952年,檔案號196-1-18,頁九十七。

天壽庵

天壽庵，又稱古刹天壽庵，民間稱姑子廟，原址在内五區龍頭井三號（今西城區龍頭井街四十二號），寺廟建築現存較完整。

據《中國文物地圖集·北京分冊》載，天壽庵始建於清末[1]。然在《雍正廟冊》中已有此廟記載。其上天壽庵位於斜街，爲尼僧廟，殿宇四間，禪房十間，住持照強，徒普順。《乾隆廟冊》中登記天壽庵地址是馬祖廟斜街，寺廟性質仍爲尼僧廟。乾隆《京城全圖》上，天壽庵位於錢串胡同南口路北、箭桿胡同以西，與馬祖廟[2]臨街相對。庵坐北朝南，僅院落一所。南墻隨斜街走向，上開小門，院内有大殿三間，東西耳房各兩間，東西配殿各三間。殿房數量與《雍正廟冊》中記載基本一致。至清末，天壽庵内加蓋了後殿，院落由一進變爲了兩進。同治年間，天壽庵被購買作爲家廟，有紅契契紙一張爲證。光緒年間，廟主又重新進行了添蓋，光緒八年（1882）孟秋，清宗室載協[3]爲天壽庵書寫了木額二方。

民國二十一年（1932），天壽庵仍爲家廟，歷代相傳，已至四十九歲的牛澤甫手中，然廟主牛澤甫并不居住廟中，而是住在孟端胡同二十號，與果郡王府的宅邸毗鄰[4]，經商多年，又有家丁僕人，似其經濟實力不凡。其時天壽庵山門一間，前殿三間爲大雄寶殿，木額“寶相莊嚴”，爲宗室載協敬書，殿内供釋迦佛一尊，左、右菩薩各一尊，均泥塑金身，還供奉有關帝神龕、韋陀神像，殿前懸有三十餘斤小鐵鐘鼓；左、右耳房三間，東、西配殿各三間；從大

〔1〕《北京寺廟歷史資料》載庵建於清同治年；《中國文物地圖集》記其建於清末。參見《北京寺廟歷史資料》，頁二百三十三、頁五百六十一；《中國文物地圖集·北京分冊》（下），頁七十九。

〔2〕參見本排段“馬祖廟”。

〔3〕載協，愛新覺羅氏，生卒年不詳，工山水，能篆刻。《八旗畫録》記載其簡跡。參見李治亭主編、李理著《愛新覺羅家族全書（八）·書畫攬勝》，長春：吉林人民出版社，1996年，頁八十六。

〔4〕馮其利《尋訪京城清王府》，北京：文化藝術出版社，2006年，頁一百五十七。

雄寶殿兩側穿堂而入，第二進有南向天仙聖母殿三間，木額亦爲載協敬書，内供娘娘三尊，木質，黄袍加身，童像四尊侍立，靈官立像一尊。耳房兩間、東西房各三間。廟内還有三十餘斤小鐵鐘、鼓、木五供、鐵磬等法器。除大殿供佛外，其餘房屋均爲住宅，院内槐樹成蔭，其後有小空院一方〔1〕。此時天壽庵除供佛外，還侍奉牛姓先人神主，並無尼僧住持。民國二十四年（1935），牛澤甫將天壽庵賣給尼僧理然，理然便成爲新廟主兼住持。同時，還有剛剛受戒一年的尼僧密然、仁定、仁證和兩位並未出家的陳顥一、陳大慧共同住在廟中。除住持理然祖籍天津外，其餘五位女性均來自山東武城縣和歷城縣，能夠識字，平均年齡不到三十歲，另有男女僕役四人照顧飲食起居。她們在天壽庵又增加了大接引佛銅像、接引佛銅像尊，釋迦牟尼佛和觀音佛像等，在此供佛、居住、侍奉香燈。〔2〕民國二十五年（1936），理然前去社會局登記廟産，表格内稱“如住持年老退息交法徒繼承”，然此後再無天壽庵住持的登記記録。1952 年的寺廟登記中，天壽庵亦無見蹤跡〔3〕。

老住戶們對此廟歷史有不同說法。有人說此廟是新中國某位著名女物理學家的家廟，或是她曾經住過的地方，1950 年代以後成爲居民住家院落。也有人説，此院曾是蘇聯專家招待所，中蘇交惡後成爲居民住家。

2006 至 2013 年調查時，天壽庵保存較爲完整，建築整體格局仍尚可尋。山門紅漆鮮艷，清晰可見“古剎天壽庵”木額，前有 1989 年列入西城區文物保護單位的標誌。前殿、東西配殿、後殿及東西耳房、東西配殿各一，然全部擁擠在私建的民房中。院内有龍腦樹一棵，據說春季時開花，滿院皆芬芳。

天壽庵門額（2013 年 9 月 曉松攝）

天壽庵院内（2013 年 9 月 曉松攝）

〔1〕參見國立北平研究院《天壽庵》，西四 129；《北京寺廟歷史資料》，頁二百三十三、頁五百六十一。

〔2〕北京市檔案館藏《北平市社會局·内五區天壽庵住持理然登記廟産的呈及社會局的批示》，1935—1936 年，檔案號 J2-8-889，頁一至二十八；北京市檔案館藏《北平市社會局·内五區天壽庵創立人牛澤甫登記廟産的呈文及社會局的批示（附寺廟登記表）》，1932-1935 年，檔案號 J2-8-719，頁一至六十二。

〔3〕北京市檔案館藏《北京市民政局民族事務科·西四區僧、尼寺廟登記表》，1952 年，檔案號 196-1-18。

馬祖廟

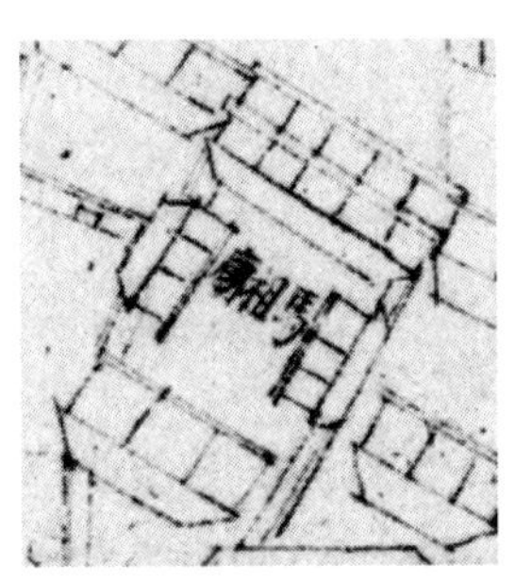

馬祖廟，又稱馬神廟，原址位於今西城區龍頭井胡同三十九號附近，寺廟建築現已不存。

馬祖廟始建時間不可考，首見於清《雍正廟冊》，廟名記爲馬神廟，地處斜街，有殿宇三間、禪房十一間，住持來堯。《乾隆廟冊》中，廟名變爲馬祖廟，位於龍頭井，爲大僧廟，住持通玉。乾隆《京城全圖》上，馬祖廟位於錢串胡同南口路南，廟爲倒座，坐西南朝東北，首有重樓殿房在北，院内有東北向大殿三間，兩邊配殿各三間。此後馬祖廟無考。

2014年調查時，馬祖廟所在位置約在鼓樓大街地鐵站附近，廟已蹤跡全無。

關帝廟

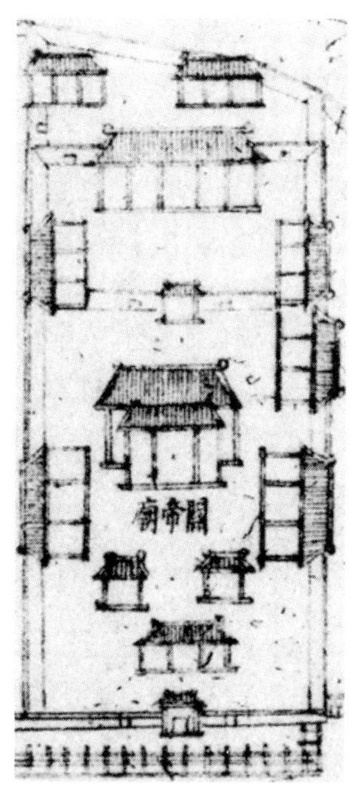

關帝廟，又稱白馬關帝廟、漢壽亭侯廟，原址在内五區皇城根三十七號（今西城區地安門西大街甲九十九號、一百零一號）[1]，寺廟建築現已不存。廟内原有碑刻九通，分别是：明成化十三年（1477）《漢壽亭侯廟碑》、明嘉靖十七年（1538）《關王廟碑》、明嘉靖三十八年（1559）《關王廟義會碑》、明嘉靖四十五年（1566）《關王廟義會碑》、明萬曆二十七年（1599）《漢壽亭侯廟碑》、清雍正十一年（1733）《關帝廟後殿崇祀三代碑》、清乾隆三十四年（1769）《關帝廟碑》、清乾隆五十三年（1788）《福應惟誠碑》、清嘉慶九年（1804）《誠求速應碑》。此外，文獻中記載"明英宗北狩時，神顯應，有碑記"[2]。然未見其拓片及碑文。

關帝廟之始建，有文獻稱最早可追溯至隋代[3]。據明成化十三年《漢壽亭侯廟碑》和文獻記載，關帝廟始建於明洪武朝，初名"漢壽亭侯廟"。明太祖建都於南京，洪武二十七年（1394），建關公廟於雞籠山之陽，祭祀漢壽亭侯關羽，與此同時，在都城西北隅建立漢壽亭侯廟。永樂年，明太宗遷都北京，廟祭亦一同遷於京都，即將關帝祭祀置於此處[4]。爲彰關帝護國之威靈，永樂帝不僅賜關帝廟龍鳳黄紵

〔1〕《北京文物勝跡大全·東城區卷》載其位於地安門東大街五十五號，實非。參見《北京文物勝跡大全·東城區卷》，頁二百六十六至二百六十七。

〔2〕《宸垣識略》卷八·内城四，頁一百五十一。

〔3〕"關帝廟在皇城地安門東者曰白馬廟，隋基也。"參見《宸垣識略》卷八·内城四，頁一百五十一；《日下舊聞考》卷四十四·城市·内城中城二，頁六百九十六；《燕都叢考》第六章·内五區各街市，頁三百九十五、三百九十六至三百九十九、四百零一。

〔4〕（清）張廷玉等撰《明史》，鄭州：中州古籍出版社，1996年，頁二百九十七。

絲旗一面，還規定每歲正旦、冬至及朔望，均由皇家提供香燈等儀具，此後歷朝均依此供奉，崇奉愈嚴。成化十三年，因關帝廟歷久傾頹，成化帝命太監宿政爲督董，發内帑重修寺廟，修葺殿宇重門，爲關帝神像製作織金袍服，增設供用器物。此外，還收買關帝廟殿後的民宅，擴大爲廟址[1]。歷此次重修，關帝廟廟貌焕然一新、規模擴大，使得觀者崇敬，四時有祭，朔望有香，更加符合了國祀的規制。萬曆二十七年，官方敕建的關帝廟由善士朱承弼和劉天恩捐資修葺了寢殿一楹、醮壇五座以及其他殿房内的火德星君和廣生大帝等神像，不到兩個月便竣工。此次重修除皇家内帑外，民間也輻輳捐資，重修督董亦爲律郎和千戶等長官[2]。

明代的關帝廟不僅作爲國家祭祀之所，在京師的民衆亦多尊奉，赴關帝廟祭告。其中，由鄉黨、朝中官吏、太監、商賈等群體組成的義會，成爲明代太常寺致祭之外，潛心供養關帝之首重。嘉靖十七年（1538）至嘉靖四十五年的近三十年間，關帝廟有會碑三通，均爲五月十三日關帝聖誕日，於關帝廟修設齋醮、進獻冠袍的義會碑。首通爲嘉靖十七年的《關王廟碑》。撰碑人徐錦，時任昭勇將軍金吾左衛指揮使，太湖人。此會由其僚屬指揮使仝俊及弟仝傑首倡，包括沈瓚在内的數十名鄉善士參與，官者出俸，商者捐財，經月一會，每年五月十三至關帝廟修設清醮、進獻冠袍帶履幡障傘蓋等，會期以執事持敬、儀禮嚴肅，以求與會之人仕途昌榮，經營達利[3]。第二通爲嘉靖三十八年，乾清宫近侍内官監掌監事太監袁亨以及香會會首，率各坊善士，爲關帝廟進獻冠項、束帶、袍服、香燭，各捐己資，同心助樂，已滿三年，對關帝聖德誠篤，故勒石爲記，作《關王廟義會碑》[4]。第三通爲嘉靖四十五年（1566）《關王廟義會碑》，碑文中記載，此會會首工部文思院副使常友，自嘉靖三十一年（1552）即率領衆善於聖誕之期，進獻祀禮祭物，修設齋醮，至嘉靖四十五年已有十四年之久。是年仲夏，他卸任會首，爲表其多年供奉關帝、嘉助皇祚之功，義會衆善徵文立石於廟側。從碑陰題名來看，此義會主要由朝中官吏和太監大員組成，僅會首題名即有四十二位，其中有廟主錢瑄之名[5]。

關帝廟名前冠以"白馬"二字，見於入清以後。《宸垣識略》等載："關帝廟在地安門西者曰白馬廟……昔慕容氏都燕羅城，有白馬前導，因以爲祠。"[6]然此說在明代未見。清朝建立，其關帝信仰可追述至入關之前。清太祖努爾哈赤對《三國演義》十分喜愛，其子皇太極亦"深明三國志傳"[7]，對這位忠君信友、英勇善戰的武神由衷推崇。當時蒙古、女真部落首領與明邊將盟誓時，通例要請出關帝神像，擺設香案祀奠，然後再歃血爲盟[8]。故而入主北京之後，清帝對關帝廟崇奉甚

〔1〕參見明成化十三年（1477）《漢壽亭侯廟碑》，京478，《北京圖書館藏中國歷代石刻拓本匯編》卷五十二，頁一百二十九。

〔2〕參見明萬曆二十七年（1599）《漢壽亭侯廟碑》，京476，《北京圖書館藏中國歷代石刻拓本匯編》卷五十八，頁八十八。

〔3〕明嘉靖十七年（1538）《關王廟碑》，京477，碑文抄録自北京大學圖書館藏拓片。

〔4〕明嘉靖三十八年（1559）《關王廟義會碑》，京480，《北京圖書館藏中國歷代石刻拓本匯編》卷五十六，頁四十。

〔5〕此碑中有一位名爲"胡鸞"的會首，與嘉靖三十八年《關王廟義會碑》中會首題名相同，有可能是同一人。參見明嘉靖四十五年（1566）《關王廟義會碑》，京481，《北京圖書館藏中國歷代石刻拓本匯編》卷五十六，頁一百二十一至一百二十二。

〔6〕《宸垣識略》卷八·内城四，頁一百五十一；《日下舊聞考》卷四十四·城市·内城中城二，頁六百九十六至七百。

〔7〕遼寧大學歷史系《天聰朝臣工奏議》，遼寧大學《清初史料叢刊》，1980年，頁二十一。

〔8〕中央研究院史語所《明清檔案》甲編，商務印書館，1935年，頁八百五十七、八百七十。轉引自劉小萌、定宜莊《薩滿教與東北民族》，長春：吉林教育出版社，1990年，頁一百二十九。

隆，順治九年(1652)，不僅敕封關帝“忠義神武關聖大帝”尊號，且確定了白馬關帝廟爲奉神之所，春秋二仲及五月十三日，太常寺題遣本寺堂上官致祭，凡國有大災亦祭告。和明代一樣，將關帝廟納入國家祀典[1]。雍正三年(1725)，應宗室允禮之議，又加封關羽的曾祖、祖父和父親三代晉爵上公。兩年後，將追封的木質神主供奉於關帝廟後殿，以享春秋祟祀等情。爲此，世宗胤禛在雍正十一年爲白馬關帝廟作滿、漢合璧《關帝廟後殿崇祀三代碑（guwan di miyoo i amargi diyan ilan jalan be wesihuleme wecere bei）》[2]，以御製碑的形式，示後世崇奉關帝千秋罔替。

從乾隆《京城全圖》上看，關帝廟位於地安門迤西，緊鄰皇城北墻。廟坐北朝南，廟前有石梁一道，首有山門一間，墻上兩側開小門；前殿一座三楹，其後碑亭兩座；正殿三間，前出抱廈三間；東、西配殿各三間，東配殿以北還有西向配房三間；第二進界墻上重門三，内有後殿五楹，東、西配殿各三楹；後殿北墻上又開兩個小門，通往後小院，有南房兩座、各三間，應爲存放祭品之庫房。乾隆三十四年仲冬，乾隆皇帝又爲關帝廟御製了第二通滿漢合璧《關帝廟碑(dasame weilehe guwan di miyoo i juktehen i eldengge wehei bithe)》，愈顯關帝廟之殊榮和地位特殊。碑文中，弘曆首先論述了衆生對於“聖”與“神”尊崇的重要性，認爲孔子之外，惟有關聖大帝可稱爲神聖；此後，他又考證了關帝史跡，認爲在行師問討之前，祭拜勇武忠義的化身關羽，對軍事大有裨益。熟讀經典的乾隆帝，對陳壽在《三國志》中關羽“壯謬”的惡謚頗爲不滿，這種名實不符讓乾隆帝“每僅於懷”，便諭令將謚號改爲“忠義”，并加“忠義神武靈佑關聖大帝”封號，傳旨武英殿，令《四庫全書》内全部替换更新。關帝廟門殿也將舊瓦换下，加蓋黄琉璃瓦頂，令太常寺在關帝廟内恭書新神牌供奉。乾隆帝御書碑文、更替謚號、加封號、賜神牌、易等級，這一系列的舉措，使得關帝廟在官方的地位達到了頂峰[3]。在乾隆三十五年的官管寺廟清單内，關帝廟赫然在列，住持爲樂舞生徐修正，有山門一間、殿宇二十三間、碑亭二座、道房九間，並無殿房出租[4]。

來自各地仰慕關帝神佑的信衆紛紛來到京城，爲關帝廟敬獻頂禮。乾隆五十三年，山西崞縣横道鎮楊玉潔敬立石碑一通，碑文僅“福應惟誠”四字，似爲還願而立[5]；嘉慶九年，五臺山徐政儒立《誠求速應碑》，以頌關帝之靈驗[6]。據檔案記載，直到清末，關帝廟仍爲皇帝所親祭之處。光緒十六年（1890）二月十六日，光緒皇帝着朝冠朝袍，卯時二刻至白馬關帝廟致祭，光緒十八年(1892)、十九年(1983)亦親自至此處拈香[7]。

民國以降，關帝廟迅速衰敗[8]。19世紀30年代，關帝廟建築格局依舊保持完整，仍有道士駐

[1]《天府廣記》，頁一百零一。

[2]清雍正十一年(1733)《關帝廟後殿崇祀三代碑》，京475，《北京圖書館藏中國歷代石刻拓本匯編》卷六十八，頁一百二十九。

[3]參見清乾隆三十四年(1769)《關帝廟碑》，京474，《北京圖書館藏中國歷代石刻拓本匯編》卷七十三，頁十一；《宸垣識略》卷八·内城四，頁一百五十一。

[4]中國第一歷史檔案館藏《呈報官管寺廟殿宇房屋數目清單》，乾隆三十五年五月二十二日，檔案號05-0277-032。

[5]清乾隆五十三年(1788)《福應惟誠碑》，京42，《北京圖書館藏中國歷代石刻拓本匯編》卷七十五，頁一百。

[6]清嘉慶九年(1804)《誠求速應碑》，京41，《北京圖書館藏中國歷代石刻拓本匯編》卷七十七，頁一百六十六。

[7]中國第一歷史檔案館編《清代中南海檔案》第二十二冊《帝后生活卷》，北京：西苑出版社，2004年，頁八十至八十一、一百四十三、一百九十。

[8]參見《北京文物勝跡大全·東城區卷》，頁二百六十六至二百六十七；《中國文物地圖集·北京分冊(下)》，頁八十八。

廟，衹是數量已較少，僅有兩人，負責人爲安世霖，他乃白雲觀住持，也許關帝廟已從樂舞生之宣正派改白雲觀之全真派。山門南向，前爲第一派出所；前殿三間，時爲警員宿舍。前院的東、西碑亭內分别爲雍正帝和乾隆帝的兩通御製碑，東碑亭已被堵閉；北爲關帝殿三間，天井刻龍工細，然兩卷已殘毁，大殿以西擺放著六通石碑；後殿北房五間，無神像，神板亦不知所蹤。當時關帝廟歸内五區管理，駐扎軍隊馬夫和第二隊馬號，已不復莊嚴舊觀[1]。

據《北京文物勝跡大全·東城區卷》，1949 年前，關帝廟還曾作爲民居使用，山門關閉，由側門出入，配殿改爲木作鋪和煤鋪。50 年代調查時，關帝廟山門、前殿、大殿、後殿及配殿均存，前殿祀關帝，中殿爲菩薩殿，有菩薩塑像及侍童，後殿和東西配殿已無神像[2]。1985 年時，關帝廟山門已經被改爲公廁，其餘殿宇尚存，然已破舊不堪，廟内塑像和法器均不存[3]。

2005 年調查時，關帝廟已無存，原址處時为北京市西傑清潔服務中心，據老住戶稱院内還有三通碑存，然無法進入調查。2015 年調查時，原址已變爲中國建設銀行的二層樓房。

---

〔1〕參見國立北平研究院《白馬關帝廟》，西四 175。

〔2〕《北平廟宇通檢》上編·内城·内五區，頁六十三。

〔3〕參見《北京文物勝跡大全·東城區卷》，頁二百六十六至二百六十七；

京 478《漢壽亭侯廟碑》

敕修漢壽亭侯廟碑

敕修漢壽亭侯廟碑

資德大夫正治上卿太子少保吏部尚書兼謹身殿大學士臣商輅奉敕撰

朝列大夫尚寶司卿直文華殿臣任道遜奉敕書

奉政大夫尚寶司卿直文華殿臣程洛奉敕篆

漢壽亭侯廟在都城西北隅蓋洪武中建我

太祖高皇帝繼天立極事神治民兩盡其誠而於祀典祠廟具有著令

太宗文皇帝嘉侯功烈特頒龍鳳黃紵絲旗一面揭竿竪之以彰威靈每歲正旦冬至及朔望祭祀香燭等儀具有恒品

列聖相承崇奉益嚴第歲月滋久殿堂門廡寖以積圮成化丁酉春二月初吉

皇上申命内官監太監宿政董衆工發群材重加修葺朽者更之腐者易之敧者正之缺者補之漫漶者增飾之塗以丹漆傳之藻繪於是正殿兩廊重門皆煥然一新掄木植杆内製暗花柳黃紵絲旗揭之并製紵絲大紅織金等袍服青織金雲旛被之懸之添設神卓神龕黃綾帷幔硃紅竹簾黃銅香爐花瓶燭臺凡供用之器罔有不備廟後嫌於窄隘復 命太監金輔齎内帑白金若干偕宿政市居民房地展之併付本廟永奉香火内植松柏外列垣墉規模廣大觀者起敬政等以竣事聞

上深嘉悅命臣輅撰文勒之穹碑垂示永久臣輅頓首受 命謹按侯姓關氏諱羽字雲長本河東解人聞涿郡先主聚徒鄉里匡扶漢室遂往歸之時與張飛益德齊名先主及二人寢則同床恩若兄弟遂累建奇勳三分天下使炎鼎獲存漢統復續侯之功居多侯精忠大義炳若日星千載之下凜然猶有生氣祠廟之設遍於天下然涿實發蹤之地順天爲涿之會府都城有廟揆禮尤宜祭法曰聖王之制祭祀也以勞定國則祀之以死勤事則祀之侯蓋兼之矣歷代累封王爵備極褒崇我

皇明重定典禮忠臣烈士一依當時秩號此漢壽亭侯之稱所爲有合於先王之制也歟當

聖天子懷柔百神之日聿新祠宇祗薦祀事所以報大功於異代祈景貺於方來者無非爲國家爲生民計也自是以往陰陽調而風雨時五穀熟而人民育

國有禎祥物無疵癘用躋斯世於雍熙泰和之盛則侯之所以翊贊乎佑我

聖明者其功不尤偉乎臣輅謹敘述其事而繫以辭曰

桓桓虎臣　生于漢季　資兼文武　志存忠義　修髯如戟　雄才卓異　傾心先主　力扶宗社　蹙魏踣吳　所向風靡　漢祚復延

厥功爲最　侯之勳業　著於當代　侯之英靈　昭於永世　洪惟

天朝　奄有四海　護國庇民　神功甚大　立廟都城　用伸報祀　肆惟

皇上　述事繼志　聿新祠宇　度越前制　惟侯陟降　洋洋如在　佑我

皇明　永錫胤系

聖壽萬年　鴻圖億載　福祿自天　有隆無替

大明成化十三年六月十三日立

京478《漢壽亭侯廟碑》

漢壽亭侯廟碑

首題:敕修漢壽亭侯廟碑
年代:明成化十三年(1477)六月十三日
原址:西城區西皇城根白馬關帝廟
拓片尺寸:碑陽高185、寬92厘米;額高43、寬33厘米
書體:楷書
撰人:商輅
書人:任道遜楷書,程洛篆額
《目録》:頁219
拓片編號:京478
拓片録自:《北京圖書館藏中國歷代石刻拓本匯編》第52卷129頁

【碑陽】

額題:敕修漢壽亭侯廟碑(篆書)

碑文:

敕修漢壽亭侯廟碑 1

資德大夫正治上卿太子少保吏部尚書兼謹身殿大學士臣商輅奉敕撰。2 朝列大夫尚寶司卿直文華殿臣任道遜奉敕書。3 奉政大夫尚寶司卿直文華殿臣程洛奉敕篆。4

漢壽亭侯廟在都城西北隅,蓋洪武中建。我 5 太祖高皇帝繼天立極,事神治民,兩盡其誠。而於祀典祠廟具有著令。6 太宗文皇帝嘉侯功烈,特頒龍鳳黄紵絲旗一面,揭竿竪之,以彰威靈。每歲正旦、冬至及朔望,祭祀香燭等儀具有恒品。7 列聖相承,崇奉益嚴。第歲月滋久,殿堂門廡寢以積圮。成化丁酉春二月初吉,8 皇上申命内官監太監宿政董衆工,發群材,重加修葺。朽者更之,腐者易之,攲者正之,缺者補之,漫漶者增飾之。塗以丹漆,傳之藻繪。於是正殿兩廊重門皆 9 煥然一新。掄木植杆,内製暗花柳、黄紵絲旗揭之。并製紵絲大紅織金等袍服、青織金雲旛,被之懸之。添設神卓、神龕、黄綾帷幔、硃紅竹簾、黄銅香爐、花 10 瓶燭臺,凡供用之器,罔有不備。廟後嫌於窄隘,復命太監金輔齎内帑白金若干偕宿政市居民房地展之,併付本廟永奉香火。内植松柏,外列垣墉。11 規模廣大,觀者起敬。政等以竣事聞。12 上深嘉悦,命臣輅撰文,勒之穹碑,垂示永久。臣輅頓首受命。謹按:侯姓關氏,諱羽,字雲長,本河東解人。聞涿郡先主聚徒鄉里,匡扶漢室,遂往歸之。時與張 13 飛益德齊名。先主及二人寢則同床,恩若兄弟,遂累建奇勳,三分天下。使炎鼎獲存,漢統復續。侯之功居多。侯精忠大義,炳若日星,千載之下,凛然猶有 14 生氣。祠廟之設,遍於天下。然涿實發蹤之地。順天爲涿之會府。都城有廟,揆禮尤宜。祭法曰:聖王之制祭祀也,以勞定國則祀之,以死勤事則祀之。侯蓋 15 兼之矣。歷代累封王爵,備極褒崇。我 16 皇明重定典禮,忠臣烈士,一依當時秩號。此漢壽亭侯之稱所爲有合於先王之制也歟? 當 17 聖天子懷柔百神之日,聿新祠宇,祗薦祀事,所以報大功於異代,祈景貺於方來

者，無非爲國家爲生民計也。自是以往，陰陽調而風雨時，五穀熟而人民育。18 國有禎祥，物無疵癘，用躋斯世於雍熙泰和之盛。則侯之所以翊贊乎佑我 19 聖明者，其功不尤偉乎。臣輅謹敍述其事而繫以辭曰：20 桓桓虎臣，生丁漢季。資兼文武，志存忠義。修髯如戟，雄才卓異。傾心先主，力扶宗社。蹙魏踣吳，所向風靡。漢祚復延，厥功爲最。侯之勳業，著於當代。侯之英靈，昭於永世。洪惟 21 天朝，奄有四海。護國庇民，神功甚大。立廟都城，用伸報祀。肆惟 22 皇上，述事繼志。聿新祠宇，度越前制。惟侯陟降，洋洋如在。佑我 23 皇明，永錫胤系。24 聖壽萬年，鴻圖億載。福祿自天，有隆無替。25

大明成化十三年六月十三日立。26

護國關王廟記

護國關王廟記
京庠會舉昭勇將軍金吾左衛指揮使太湖徐錦書
敕建關王廟在都城北御河之西宛平縣之東中城坊界開建於
洪武永樂間惟神靈感當時屢有顯現重修於成化丁酉四
時有祭朔望有香凡遇民災水旱隨禱而應其神□□現顯
靈有功於國也大矣故京師善官信士多尊奉焉臨近義會
信官指揮仝俊攜弟仝傑與友長沈瓚約鄉善士數十餘人
爲之一會官者出己俸商者捐己財經月一會總於年五月
十三日
□爲之期□修慶□清醮進獻冠袍帶履幡□傘蓋祭儀備具其
臨事之際各以執事持敬齋莊禮儀嚴肅以竭虔誠其會咸
之義蓋爲生居十土感覆載之德佩君□之恩賴神明之佑
其存念之誠有不容已者故有斯會之舉用伸報答之意其
香祝懇禱而旦惟願
聖壽萬年皇圖永固享祚無疆雨暢時若群物阜豐殊方異域而
無湮□國有禎祥民無災□俾寓會之士官者祿位以榮昌
商者經營而利達斯誠之至而神之佑也誠能暢天地而神
有弗格焉者可不敬慎之哉故立石用垂永久
大明嘉靖十七年歲次戊戌五月十三日立

京 477《關王廟碑》

關王廟碑

首題:護國關王廟記
年代:明嘉靖十七年(1538)
拓片尺寸:碑陽高 106、寬 65 厘米
原址:北京西城區廠橋西皇城根北街白馬關帝廟
書體:正書,額篆書,陰額正書
書人:徐錦
《目録》:頁 231
拓片編號:京 477
拓片録自:北京大學圖書館藏拓片

【碑陽】

額題:護國關王廟記(篆書)

碑文:

護國關王廟記 1

京庠會舉昭勇將軍金吾左衛指揮使太湖徐錦書 2

敕建關王廟在都城北御河之西,宛平縣之東,中城坊界。開建於 3 洪武永樂間,惟神靈感,當時屢有顯現,重修於成化丁酉。四 4 時有祭,朔望有香。凡遇民災水旱,隨禱而應,其神□□現顯 5 有功於國也大矣。故京師善官信士,多尊奉焉。臨近義會 6 信官指揮仝俊攜弟仝傑與友長沈瓚約鄉善士數十餘人,7 爲之一會。官者出己俸,商者捐己財,經月一會,總於年五月 8 十三日 9 □爲之期,□修慶□清醮,進獻冠袍帶履幡□傘蓋,祭儀備具。其 10 臨事之際,各以執事持敬齋莊,禮儀嚴肅,以竭虔誠。其會咸 11 之義蓋爲生居士土,感覆載之德,佩君□之恩,賴神明之佑,12 其存念之誠,有不容已者。故有斯會之舉,用伸報答之意。其 13 香祝懇禱而旦,惟願 14 聖壽萬年,皇圖永固,享祚無疆,雨暢時若,群物阜豐,殊方異域而 15 無湮□。國有禎祥,民無災□,俾寓會之士官者祿位以榮昌,16 商者經營而利達。斯誠之至而神之佑也誠能暢天地。而神 17 有弗格焉者,可不敬慎之哉。故立石用垂永久。18

大明嘉靖十七年歲次戊戌五月十三日立 19

京 480《關王廟義會碑》

護國關王廟義會碑記

護國關王廟義會碑記

國子監助教洛陽春野李士元撰並書篆

大聖即靈上將護國義勇武安王漢壽亭侯關大元帥

敕封崇寧真君有

敕建關王廟在於都城北隅御河之西也誠我

太祖高皇帝繼天立極治國救民英靈鎮世義勇忠良助其

列聖相傳天下民安四夷賓服萬邦寧靜皆神之所於今

欽差提督殿堂大工等處工程

乾清宮近侍内官監掌監事太監袁公亨進獻冠頂束帶袍服香燭有於會首谷芹□□捷

胡鸞趙賓王應辰等率諸各坊善士已約會數人矣各捐己資同心樂助每於五月恭遇

聖誕之期精潔虔誠修設齋醮進獻冠袍至今三年已滿足見誠篤落於吉冬吉日欲勒石流

芳以垂不朽上祝

皇國之鞏固下保黎庶之咸安護國佑民者則邦家萬民感仰聖德昭彰奉祀無窮削罪除愆

威德並隆於今古神靈昭應於多方赫赫難言巍巍莫測霑古今之吉慶各士永保之吉

昌祈兆民同際五福其興像施財之功豈小補云乎哉謹識

嘉靖己未冬□月（下漫漶）　□質趙隆鐫

京480《關王廟義會碑》

關王廟義會碑

首題:護國關王廟義會碑記
年代:明嘉靖三十八年(1559)冬
原址:西城區廠橋西黄城根北街
拓片尺寸:碑陽高130、寬61厘米
書體:楷書
撰人:李士元
書人:李士元
刻工:趙隆
《目録》:頁235
拓片編號:京480
拓片録自:《北京圖書館藏中國歷代石刻拓本匯編》第56卷40頁

【碑陽】

額題:護國關王廟義會碑記(篆書)

碑文:

護國關王廟義會碑記 1

國子監助教洛陽春野李士元撰並書篆。2

大聖即靈上將護國義勇武安王漢壽亭侯關大元帥 3 敕封崇寧真君,有 4 敕建關王廟,在於都城北隅御河之西也。誠我 5 太祖高皇帝繼天立極,治國救民,英靈鎮世。義勇忠良,助其 6 列聖相傳,天下民安,四夷賓服,萬邦寧静,皆神之所。於今 7 欽差提督殿堂大工等處工程,8 乾清宫近侍内官監掌監事太監袁公亨進獻冠頂、束帶、袍服、香燭。有於會首谷芹□、□捷 9、胡鸞、趙賓、王應辰等,率諸各坊善士,已約會數人矣。各捐己資,同心樂助。每於五月,恭遇 10 聖誕之期,精潔虔誠,修設齋醮,進獻冠袍,至今三年已滿,足見誠篤。落於吉冬吉日,欲勒石流 11 芳,以垂不朽。上祝 12 皇國之鞏固,下保黎庶之咸安。護國佑民者,則邦家萬民感仰。聖德昭彰,奉祀無窮,削罪除愆。13 威德並隆於今古,神靈昭應於多方。赫赫難言,巍巍莫測。需古今之吉慶,各士永保之吉 14 昌。祈兆民同際五福。其興像施財之功豈小補云乎哉。謹識。15

嘉靖己未冬□月。(下漫漶)□質趙隆鎸。16

京481《關王廟義會碑》陽

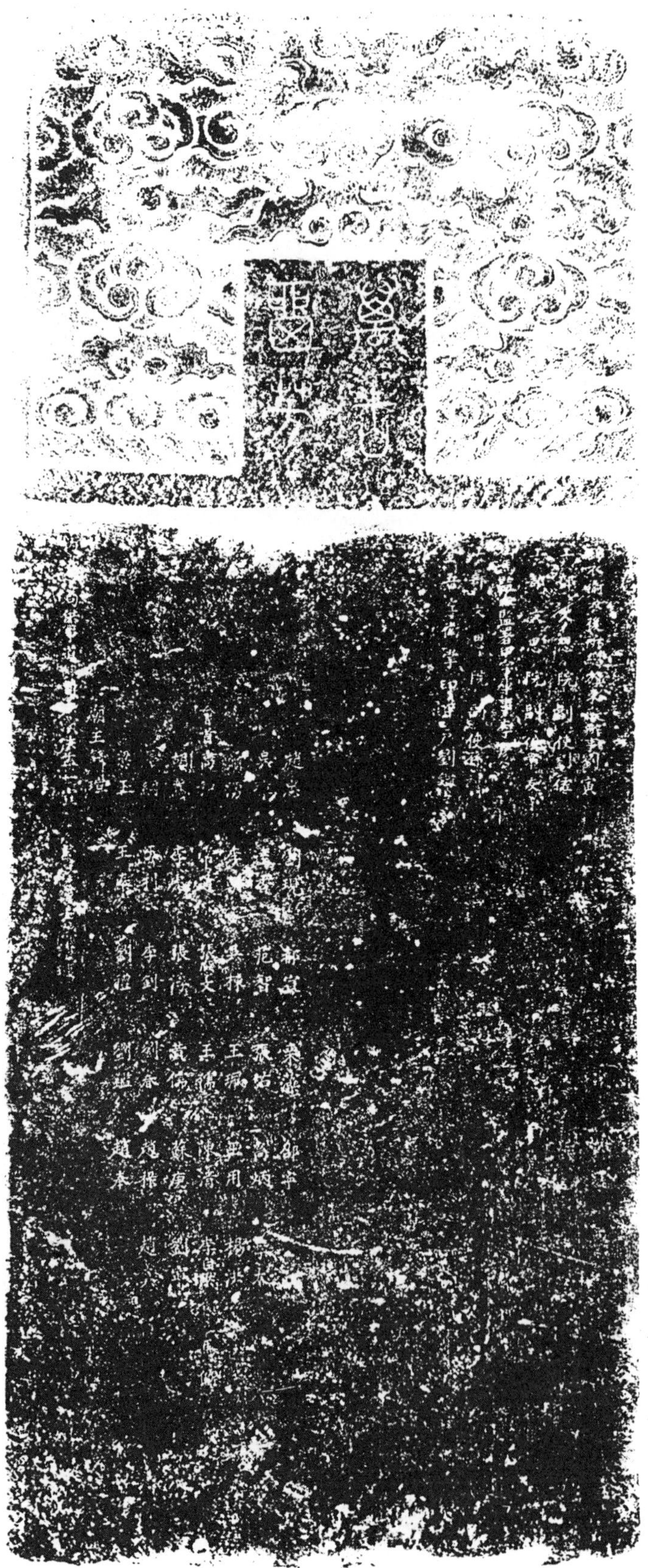

京481《關王廟義會碑》陰

關王廟義會記

護國關王廟義會碑記

順天府知事南海郡湛溪吳廷浩撰

上林苑監典簿姑蘇松泉陸儒書篆

神京西北御河之西宛平之東其地有

敕建護國義勇武安王廟惟我

皇明初創立極治國神效其靈以忠直義勇威武雄略佑國庇民屢有顯應寰中臻祥災弭

寇殄物阜民安風調雨順災害不生惟神直烈巍巍蕩漾幽微洞燭祈而即應誠而即

靈濟人利物神功恢廓惟德驗之人人無不感澤也而會首常友者迺工部文思院副

使也嘉靖壬子年始躬率善衆秉誠協力各捐己資每歲遇

聖誕之期進獻冠頂束帶袍服香燭祀禮祭物修設齋醮是年仲夏

聖事完矣上以陰翊

皇祚億兆無窮而治化以隆下以爲民祈福值太和享

國固久八節順時嘉助

聖皇萬載四時平利能保黎庶永安康於是友等徵文立石於廟側永光祀典護邦國安

社稷佑其善者留意豐足福壽無量永享太平之治而奉神之休庸有既乎是書爲記

嘉靖四十五年歲次丙寅仲夏吉日立　平陽薛禮孫龍鐫

京481《關王廟義會碑》陽

萬古
流芳

錦衣衛衣後所□旗東廠辦事劉　寅
工部文思院副使劉佐
工部文思院副使常友
御馬監太監署甲字庫事李彥
工部文思院副使孫□
金吾左衛掌印百戶劉鑑

會首
趙忠　劉現　郗宣　栗藻　邵寧
吳淳　達香　范智　張右　高炳　李大
□湧　李朝　吳棟　王珮　王用　楊洪
高和　□通　張應文　王儒　陳清　李自然　馬儒
胡鸞　李虎　張淳　黃儒　蘇庚　劉寧
□網　□利　李釗　劉春　趙祿　趙□
梁玉　王泰　劉禮　劉鑑　趙奉

廟主　錢瑄

內□局供事　道□□□□法□一宣　□□□□□□璉

京481《關王廟義會碑》陰

關王廟義會碑

首題：護國關王廟義會碑記
年代：明嘉靖四十五年（1566）五月
原址：西城區廠橋西黄城跟北街
拓片尺寸：碑陰陽均高174、寬69厘米
書體：楷書
撰人：吴廷浩
書人：陸儒
刻工：薛禮、孫龍
《目録》：頁237
拓片編號：京481
拓片録自：《北京圖書館藏中國歷代石刻拓本匯編》第56卷121—122頁

【碑陽】

額題：關王廟義會記（篆書）

碑文：

護國關王廟義會碑記 1

順天府知事南海郡湛溪吴廷浩撰。2

上林苑監典簿姑蘇松泉陸儒書篆。3

神京西北御河之西宛平之東，其地有 4 敕建護國義勇武安王廟。惟我 5 皇明初創，立極治國，神效其靈，以忠直義勇，威武雄略，佑國庇民，屢有顯應。寰中臻祥，災弭 6 寇殄，物阜民安，風調雨順，災害不生。惟神直烈，巍巍蕩漾，幽微洞燭，祈而即應，誠而即 7 靈，濟人利物，神功恢廓，惟德驗之，人人無不感澤也。而會首常友者，迺工部文思院副 8 使也。嘉靖壬子年，始躬率善衆，秉誠協力，各捐己資，每歲遇 9 聖誕之期，進獻冠頂、束帶、袍服、香燭、祀禮祭物，修設齋醮。是年仲夏，10 聖事完矣。上以陰翊 11 皇祚，億兆無窮，而治化以隆。下以爲民祈福。值太和享 12 國固久，八節順時，嘉助 13 聖皇萬萬載。四時平利，能保黎庶永安康。於是友等徵文立石於廟側。永光祀典，護邦國，安 14 社稷，佑其善者，貿意豐足，福壽無量，永享太平之治。而奉神之休，庸有既乎！是書爲記。15 嘉靖四十五年歲次丙寅仲夏吉日立。16 平陸薛禮、孫龍鎸 17

【碑陰】

額題：萬古流芳（篆書）

碑文：

錦衣衛衣後所□旗東廠辦事劉寅。

工部文思院副使劉佐。

工部文思院副使常友。

御馬監太監署甲字庫事李彦。

工部文思院副使孫□。

金吾左衛掌印百戶劉鑑。

會首:趙忠、吳淳、□湧、高和、胡鸞、□綱、梁玉、劉現、達香、李朝、□通、李虎、□利、王泰、郗宣、范智、吳楝、張應文、張淳、李釗、劉禮、栗藻、張右、王珮、王儒、黃儒、劉春、劉鑑、邵寧、高炳、王用、陳清、蘇庚、趙祿、趙奉、李大、楊洪、李自然、劉寧、趙□、馬儒。

廟主 錢瑄。

內□局供事 道□□□□法□一宣,□□□□□□璉。

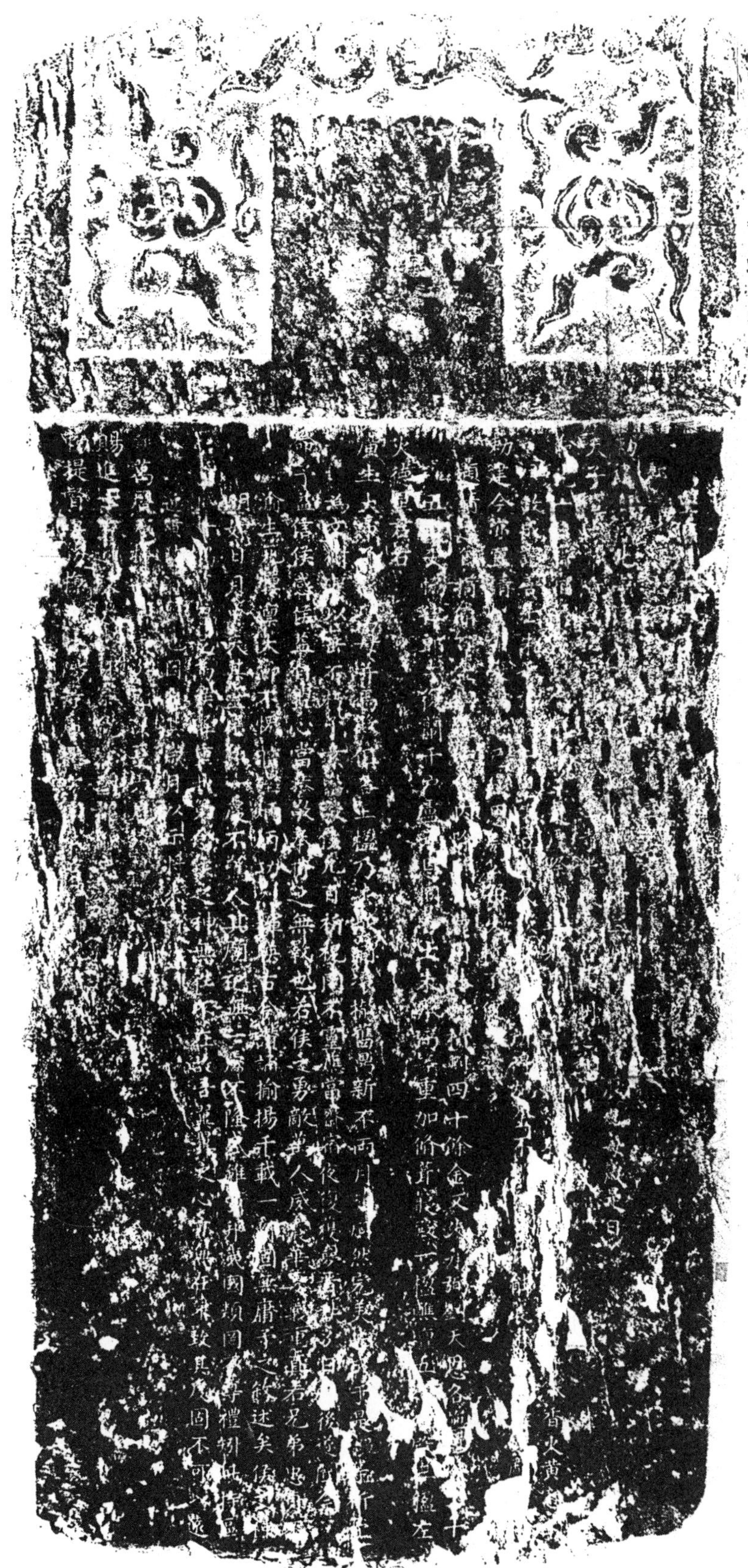

京 476《漢壽亭侯廟碑》

（首行泐）

（二行泐）

敕建即成化年（下泐）　辰也每歲是日

天子□□□會（下泐）　寺半□□□明□□

御乾□□□官（下泐）　普慶祭□（下泐）　奉香火黄□

以故成謂善士朱（下泐）　所碍施舉不□□□□能襄（下泐）

敕建今亦宜請（下泐）

題請之餘（下泐）　内除所□□費用□□祇剩四十餘金又朱承弼劉天恩各施□□□千

五□委協律郎李德蘭千戶盧□恩同善士朱承弼等重加修葺寢殿一楹醮壇五□□殿三楹左

火德星君右

廣生大帝□□□母并焉殿俱各正楹乃去□□壞撤舊鼎新不兩月□焕然完美告成于是□等祈予

爲文樹碑以垂不朽予素崇敬侯允百祈祝罔不靈應當齋宿夜復獲夢晉秩不日之後遂聞

命予益信侯感侯益有親心當恭敬奉□之無斁也若侯之勇敵萬人威震華夏義重真若兄弟忠

貞不

渝生死凛凛大節不愧□□炳炳功烈輝映古今讚誦揄揚千載一□固無庸予之敘述矣侯之神

明如日月中天其靈應無一處不驚人其廟祀無一處不隆盛雖□邦夷國類罔不尊禮矧此特區

區一隅□□□焉侯□重哉第念侯之神無往不在故吾翼翼之心亦無在不致其虔固不可以遠

近□□□□也因記其歲月以示將來□□

萬曆貳拾柒年歲□己　夏六月□

賜進士□□□大□都察院（下泐）

敕提督□務撫□□陽等（下泐）

京476《漢壽亭侯廟碑》

漢壽亭侯廟碑

首題：重修漢壽亭侯廟碑（拓片此行泐，據《目録》）
年代：明萬曆二十七年（1599）六月
原址：西城區廠橋西黄城根北街關王廟
拓片尺寸：碑陽高134、寬57厘米
書體：楷書
《目録》：頁248
拓片編號：京476
拓片録自：《北京圖書館藏中國歷代石刻拓本匯編》第58卷88頁

【碑陽】

碑文：

重修漢壽亭侯廟碑 1

（二行泐）2 敕建。即成化年（下泐）辰也。每歲是日，3 天子□□□會（下泐）寺半□□□明□□4 御乾□□□官（下泐）普慶祭□（下泐）香火黄□5 以故成。謂善士朱（下泐）所碍，施舉不□□□□能襄（下泐）6 敕建。今亦宜請（下泐）7 題請之餘，（下泐）内除所□□費用□□，秖剩四十餘金。又朱承弼、劉天恩各施□□□千 8 五□，委協律郎李德蘭、千戸盧□恩同善士朱承弼重加修葺。寢殿一楹，醮壇五□，□殿三楹，左 9 火德星君，右 10 廣生大帝，□□□母并焉。殿俱各正楹。乃去□□壞，撤舊鼎新。不兩月，□煥然完美告成。于是□等祈予 11 爲文樹碑，以垂不朽。予素崇敬侯。允百祈祝，罔不靈應，當齋宿夜，復獲夢晉秩。不日之後，遂聞 12 命。予益信侯感侯，益有親心，當恭敬奉□之無斁也。若侯之勇敵萬人，威震華夏，義重真若兄弟，忠貞不 13 渝生死。凜凜大節，不愧□□。炳炳功烈，輝映古今。讚誦揄揚，千載一□。固無庸予之叙述矣。侯之神 14 明如日月中天，其靈應無一處不驚人，其廟祀無一處不隆盛。雖□邦夷國類，罔不尊禮。矧此特區 15 區一隅，□□□焉。侯□重哉，第念侯之神無往不在。故吾翼翼之心亦無在不致。其虔固不可以遠 16 近□□□□也。因記其歲月，以示將來□□。17

萬曆貳拾柒年歲□己夏六月□。18

賜進士□□□大□都察院（下泐）。19

敕提督□務撫□□陽等（下泐）。20

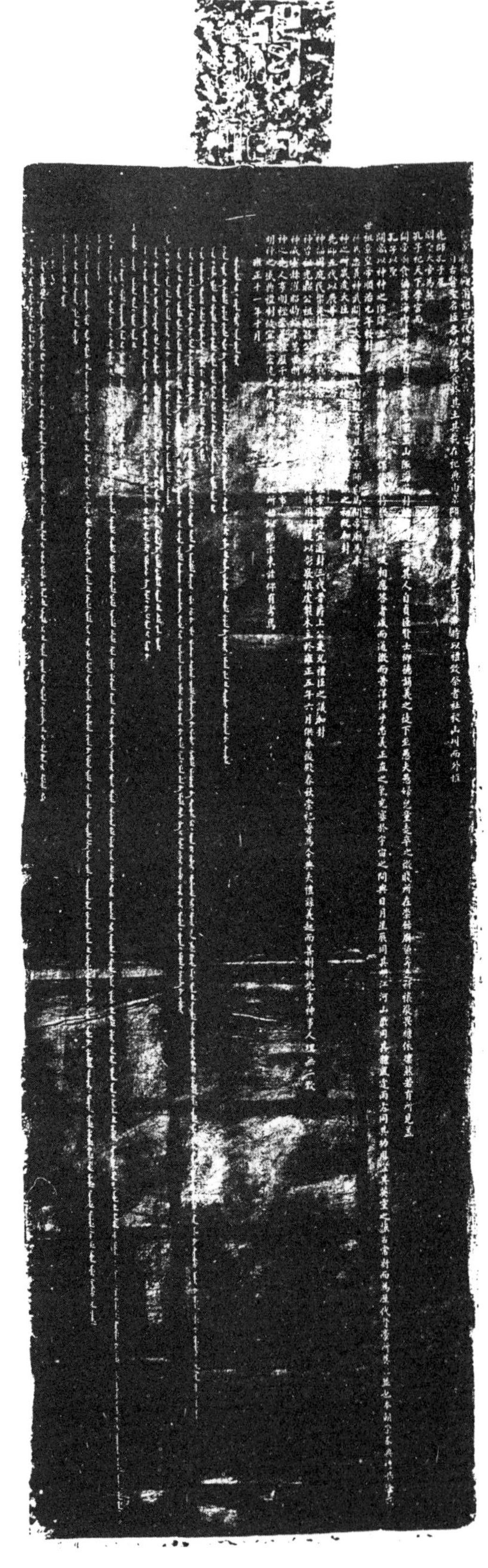

京475《關帝廟後殿崇祀三代碑》

之微賤所在崇飾廟貌奔走祈禳敬畏瞻依凜然若有所見蓋

星辰同其明江河山嶽同其體風霆雨露同其功用宜其英靈之振古常新而爲歷代賢豪所莫能並也本朝崇奉典禮甚隆我

今典夫禮繇義起而善則稱先事神事人理無二致

京475《關帝廟後殿崇祀三代碑》

敕建

關帝廟後殿崇祀三代碑文

自古賢聖名臣各以功德食於其土其載在祀典由京師達於天下郡邑有司歲時以禮致祭者社稷山川而外惟
先師孔子及
關聖大帝爲然
孔子祀天下學宫而
關帝廟食遍薄海内外其地自通都大邑下至山陬海澨村墟窮僻之壤其人自貞臣賢士仰德誦義之徒下至愚夫愚婦兒童
孔子以聖
關帝以神神之陟降上下顯赫鑒觀以警動覺悟保佑扶持與斯人呼吸相應答者感而通微而著洋洋乎忠義正直之氣充塞於宇宙之間與
世祖章皇帝順治九年敕封
神爲忠義神武關聖大帝較往代封號尤尊且正京師白馬關帝廟爲奉
神之所歲遣大臣將事惟謹朕纘緒圖尊隆秩祀登極之初既加封
先師五代以展尊師重道至意更念
神福國庇民禦災捍患英風冠古浩氣不磨生有自來鍾靈孔厚宜追封三代晉爵上公爰允禮臣之議加封
神曾祖光昭公祖裕昌公父成忠公博稽史册名諱弗傳特用闕疑以彰敬慎虔製木主於雍正五年六月供奉後殿春秋崇祀
神威靈赫濯昭灼於千萬世則
神之先人享明禋崇美報歷千萬世而勿替以稱國家昭事
明神之盛典禮制攸宜至宏遠也是用勒文貞石紀奉祀所始以貽示來兹俾有考焉

雍正十一年十月

關帝廟後殿崇祀三代碑

首題：關帝廟後殿崇祀三代碑文
年代：清雍正十一年（1733）十月
原址：西城區廠橋西皇城根北街關帝廟
拓片尺寸：碑陽高 255、寬 83 厘米，額高 32、寬 25 厘米
書體：楷書，篆額書，左側滿文
撰人：胤禎
書體：滿漢雙文
《目録》：頁 292
拓片編號：京 475
拓片録自：《北京圖書館藏中國歷代石刻拓本匯編》第 68 卷 129 頁

【碑陽】

額題：敕建

碑文：

【漢文】

關帝廟後殿崇祀三代碑文 1

自古賢聖名臣，各以功德食於其土。其載在祀典，由京師達於天下，郡邑有司歲時以禮致祭者，社稷山川而外，惟 2 先師孔子及 3 關聖大帝爲然。4 孔子祀天下學宫，而 5 關帝廟食遍薄海内外。其地自通都大邑，下至山陬海澨、村墟窮僻之壤。其人自貞臣賢士仰德誦義之徒，下至愚夫愚婦兒童走卒之微賤。所在崇飾廟貌，奔走祈禳，敬畏瞻依，凜然若有所見。蓋 6 孔子以聖，7 關帝以神，神之陟降上下，顯赫鑒觀，以警動覺悟，保佑扶持，與斯人呼吸相應答者，感而通，微而著。洋洋乎忠義正直之氣充塞於宇宙之間，與日月星辰同其明，江河山嶽同其體，風霆雨露同其功用。宜其英靈之振古常新，而爲歷代賢豪所莫能並也。本朝崇奉，典禮甚隆。我 8 世祖章皇帝順治九年敕封 9 神爲忠義神武關聖大帝。較往代封號尤尊。且正京師白馬關帝廟爲奉 10 神之所。歲遣大臣將事惟謹。朕纘緒圖，尊隆秩祀。登極之初，既加封 11 先師五代以展尊師重道至意。更念 12 神福國庇民，禦災捍患。英風冠古，浩氣不磨。生有自來，鍾靈孔厚。宜追封三代，晉爵上公。爰允禮臣之議，加封 13 神曾祖光昭公，祖裕昌公，父成忠公，博稽史冊，名諱弗傳。特用闕疑，以彰敬慎。虔製木主，於雍正五年六月供奉後殿，春秋崇祀，著爲令典。夫禮繇義起，而善則稱先。事神事人，理無二致。14 神威靈赫濯，昭灼於千萬世，則 15 神之先人享明禋，崇美報，歷千萬世而勿替，以稱國家昭事 16 明神之盛典，禮制攸宜，至宏遠也。是用勒文貞石，紀奉祀所始以貽示來兹，俾有考焉。17

雍正十一年十月 18

【滿文】

（此碑漫漶較多,[ ]内爲原碑漫漶不清,但根據句意和語法所校對出來之詞語。）

guwan di miyoo i amargi diyan i ilan jalan be wesihuleme wecere bei bithe[1] julgeci ebsi mergen enduringge gebungge amban meni meni gung erdemu de tesu bade jukten be gaimbi, wecere kooli de arafi,ging hecen ci abkai fejergi fu hecen de isitala,io syi hafasa forgon dari dorolon i wecerengge,še ji, alin bira ci tulgiyen ,damu[2] nenehe sefu kungdzi jai[3] guwan enduringge amba di de uttu,[4] kungdzi oci abkai fejergi tacikūi falan de juktembi.[5] guwan di i miyoo arafi jukterengge mederi dorgi tulergi de □ bi. ini □□ hoton jeo hecen ci alin i yan mederi tule, gašan tokso, lakcaha jecen de isitala, niyalma oci,tob amban mergen saisa, erdemu be wesihulere jurgan be leolere niyalma ci mentuhun haha mentuhun hehe, ajige juse,takūršara buya fusihūn urse de isitala □baingge,miyoo i arbun be wesihuleme dasatafi, šurdeneme weceme jalbarime baime,gelhun olhon hargašame dorolome,hing seme sabure adali ginggulembi,ere cohome[6] kongdzi serengge enduringge[7] guwan di serengge enduri oho turgun, enduri i dergi fejergi de□i genggiyen iletu i acinggiyame aššabume serebume ulhibume,karmatame gosime aisilame wehiyeme, geren niyalmai jalbarire baire de [karu] anaburengge, acinggiyaci uthai hafure,somishūn bime iletu ojoro,deserepi tondo jurgangga tob sijirhūn i sukdun abkai fejergi de fiheme jalufi, šun biya, usiha [oron] i genggiyen de jergilere,giyang bira alin yoi arbun de teherere, edun [talkiyan,aga silenggi gung baitalan]de dursulere be dahame,ineku ferguwecuke fayangga julgeci □enteheme□ jalan jalan i[8] mergen baturu i amcame muterakūngge giyan kai,musei gurun [šidzu eldembuhe huwangdi][9] □□□ijishūn dasan i uyuci aniya de,[10] enduri be tondo jurgangga ferguwecuke horonggo guwan enduringge amba di seme fungnehengge,nenehe jalan i fungnehe hergen ci ele wesihun tondo,geli ambalinggū ging hecen i be ma guwan di miyoo be, [11] enduri be juktere ba obufi,aniyadari amban be tucibufi,ginggulem [wecembumbi.□□],doro be siraha manggi,wecere dorolon be ujeleme wesihuleme,soorin de teme jaka,uthai [12] nenehe sefu kungdzi i sunja jalan be amcame fungnefi sefu be wesihulere doro be ujelere ten i gūnin be akūmbume,geli gūnirengge, [13] enduri gurun de hūturi isibume irgen be karmame,gashan be mayambume,jobolon be □□.[hoo] sere sukdun enteheme buruburakū,banjinjihangge turgun bikai,ferguwecun ohongge umesi iletu ojoro be dahaha giyan i ilan jalan be amcame dergi gung ni hergen fungneci acambi,uttu ofi, dorolon i jurgan i ambasa i gisurehe be yabubufi, [14] enduri i unggu mafa be genggiyen medege gung,mafa be badarambume yendebuhe gung ama be tondo be šanggabuha gung seme fungnen be suduri dangse be akūmbume banjinafi,colo gebu be umai ulahakū turgunde,cohome genehunjerengge be sulabufi,gingguleme olhošoro be tuwabume [tuwabuha], moo i soorin pai weilefi,hūwaliyasun tob i sunjaci aniya ninggun biyade amargi diyan de toktobume dobofi, niyengniyeri bolori wesihuleme weceme, enteheme kooli obuha,dorolon jurgan deri □, sain nenehe be tucibumbi.enduri be weilere niyalma be weilere weilerengge de giyan juwe□akū, [15] enduri ferguwecuke horonggo genggiyen eldengge,minggan tumen jalan de isitala eldeneme eldengge be dahame, [16] enduri i nenehe niyalma de iletuleme weceme wesihun karulan □[isabume] minggan tumen jalan de isitala□isaburakv obume,gurun booi [17] genggiyen enduri be gingguleme weilere wesihun kooli be yabuburengge,dorolon kemun de akūnafi umesi goro goidambikai, tuttu ofi,bei wehe de bithe folobufi,deribume wecere be ejebufi,amaga jalan de

tutabufi,temgetulere be tuwabuha.18
hūwaliyasun tob i juwan emuci aniya juwan biyai.19

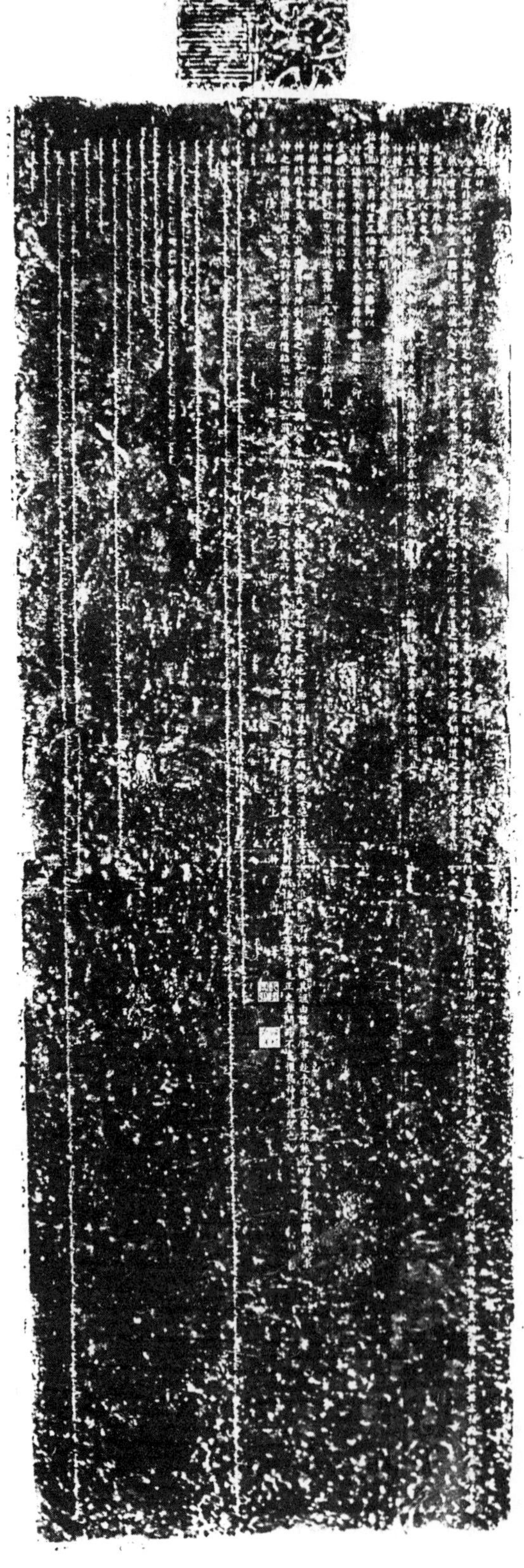

京474《關帝廟碑》

爰逮坊庸門霤之各顓其職靡不緣司契以定主名則純乎神而非人之所得預者生爲英歿爲靈其功德勿沫於世世亦相與俎豆尸祝以神之

道之正若是者嘗求諸

顯且

在顧由斷港絕潢達乎河濟江淮不能不以溟澥觀其匯由墟落鄽市赴乎赤畿望緊不能不以都會統其歸於焉求

之原胥不外是其他稗野所載怪偉荒忽事蹟不見正史者闕而不書懼褻神並誣聖也

月　上　澣　御　筆

京 474《關帝廟碑》

御製

重修

關帝廟碑記

人之道非聖無以臻其極至聖不可知而謂之神如書所頌乃聖乃神與夫炎帝之稱神農夏禹之稱神禹者希焉若神之道旼旼穆穆自日星

然未有不推本乎正直聰明足立萬禩人倫之表故睪然尊而宗之以爲聖神焉蓋聖而神之所以著聖道之精神而聖之所以

先聖先師而外厥惟

關聖大帝克以當之考

神生值炎漢之季炳大節鋤姦回本末具載志傳要之超倫軼群其志在春秋其氣浩然常塞乎天地以故前代屢致褒崇至我朝

神蹟不可殫記而於行師命討爲益彰自順治九年

敕封忠義神武迨康熙雍正間

詔晉三代公爵增置五經博士及朕臨御以

神原謚因襲陳壽舊史名義未孚每廑於懷我國家久仰

靈威近於西師之役復昭蒙

佑順因特加封曰忠義神武靈佑並允太常議於地安門外

神廟恭書新號

神牌門殿易蓋黃瓦其歲渝舊葺陊剝者塈之髹之俾稱茂典以今年仲冬月訖工宋臣蘇軾言神在天下如水之在地中無所往

神之所憑依詎惟是褒大其封鼎新其宇用備昭報之靡文云爾哉將闡夫神與聖之所從來所以爲人道扶植綱常助宣風教即

乾　隆　三　十　四　年　歲　在　己　丑　仲　冬　之

（下爲滿文，泐甚，完全不可辨識）

關帝廟碑

首題:重修關帝廟碑記
年代:清乾隆三十四年(1769)十一月上浣
原址: 西城區西皇城根北街白馬關帝廟
拓片尺寸:碑陽高249、寬84厘米,額高30、寬29厘米
書體:楷書
撰人:(清高宗)弘曆
書人:(清高宗)弘曆
《目録》:頁311
拓片編號:京 474
拓片録自:《北京圖書館藏中國歷代石刻拓本匯編》第73卷11頁

【碑陽】

額題:御製(篆書)

碑文:

【漢文】

重修 1 關帝廟碑記。2

人之道,非聖無以臻其極,至聖不可知而謂之神。如書所頌乃聖乃神,與夫炎帝之稱神農,夏禹之稱神禹者,希焉。若神之道,旼旼穆穆,自日星河嶽爰逮坊庸門霤之各顯其職,靡不緣司契以定主名,則純乎神而非人之所得預者。生爲英,殁爲靈,其功德匃沫於世,世亦相與俎豆尸祝以神之。3 然未有不推本乎正直聰明足立萬禩人倫之表,故睪然尊而宗之以爲聖神焉。蓋聖而神之,所以著聖道之精,神而聖之,所以明神道之正。若是者嘗求諸 4 先聖先師而外,厥惟 5 關聖大帝克以當之。考 6 神生值炎漢之季,炳大節,鋤姦回,本末具載志傳。要之,超倫軼群,其志在春秋,其氣浩然常塞乎天地。以故前代屢致褒崇,至我朝而逾顯。且 7 神蹟不可殫記,而於行師命討爲益彰。自順治九年 8 敕封忠義神武。迨康熙雍正間,9 詔晉三代公爵,增置五經博士。及朕臨御,以 10 神原謚因襲陳壽舊史,名義未孚,每廑於懷。我國家久仰 11 靈威,近於西師之役,復昭蒙 12 佑順,因特加封曰忠義神武靈佑,並允太常議,於地安門外 13 神廟,恭書新號 14 神牌,門殿易蓋黄瓦,其歲渝舊葺陊剝者垔之髤之,俾稱茂典。以今年仲冬月訖工。宋臣蘇軾言,神在天下如水之在地中,無所往而不在。顧由斷港絶潢達乎河濟江淮,不能不以溟澥觀其匯。由墟落鄽市赴乎赤畿望緊,不能不以都會統其歸,於焉求 15 神之所憑依,詎惟是褒大其封,鼎新其宇,用備昭報之靡文云爾哉。將闡夫神與聖之所從來,所以爲人道扶植綱常,助宣風教,即制祀之原胥不外是。其他稗野所載,怪偉荒忽,事蹟不見正史者,闕而不書,懼褻神並誣聖也。16

乾隆三十四年歲在己丑仲冬之月上澣,御筆。17

【滿文】

滿文部分泐甚,完全不可辨識。

京 42《福應惟誠碑》陽、陰

福應惟誠

乾隆歲次戊申年夷則月甲子之吉

獻

山西崞縣橫道鎮楊玉潔叩首敬立

京42《福應惟誠碑》陽、陰

福應惟誠碑

年代:清乾隆五十三年(1788)七月四日
原址:東城區原黄城根關帝廟
拓片尺寸:碑陽、陰均高94、寬54厘米
書體:楷書
《目録》:頁319
拓片編號:京42
拓片録自:《北京圖書館藏中國歷代石刻拓本匯編》第75卷100頁

【碑陽】

碑文:

福應惟誠

【碑陰】

碑文:

獻

乾隆歲次戊申年夷則月甲子之吉。

山西崞縣横道鎮楊玉潔叩首敬立。

京 41《誠求速應碑》

永遠流傳

嘉慶甲子

誠求速應

五臺徐政儒立

京41《誠求速應碑》

誠求速應碑

年代:清嘉慶九年(1804)
原址:東城區東皇城根關帝廟
拓片尺寸:碑陽高84、寬56厘米,額高15、寬13厘米
書體:楷書
《目録》:頁493
拓片編號:京41
拓片録自:《北京圖書館藏中國歷代石刻拓本匯編》第77卷166頁

【碑陽】

額題:永遠流傳

碑文:

嘉慶甲子
誠求速應。
五臺徐政儒立

賢良祠

賢良祠，原址位于内六區皇城根三十八號，（今西城區地安門西大街一百零三號），寺廟建築現存完整。祠内原有石碑三通：清雍正十一年（1733）《賢良祠碑》、同年滿文《賢良祠碑（han i araha mergen sain cytang ni bei bithe）》，以及民國二年（1913）《鹿傳霖入祀賢良祠諭祭文》。

賢良祠建於清雍正八年（1730）。雍正帝對祭祀社稷之臣非常重視，在雍正二年（1724）曾敕建昭忠祠。雍正八年，爲祭清朝開國以來才德著聞、完名全節的滿漢王公大臣，又在地安門附近擇吉地，敕建專祠。然京師賢良祠祇入祠京師朝中大臣，而外省大臣身故之後，大多無緣奉祀其中。故而，在雍正十年（1732），雍正帝下詔在各省省城修建直省賢良祠，與京師賢良祠一例春秋祭祀，將此祭祀制度由中央推廣至地方[1]。

雍正十一年，賢良祠落成，雍正帝親書匾額“崇忠念舊”，并御製滿、漢雙體《賢良祠碑》，尊奉於賢良祠門殿内東、西碑亭之内。碑文中，雍正帝又重申了賢臣良將對國家之昌運的股肱之力，表達了自身對舊德功臣之崇敬之情[2]。能夠入祠之官員，是莫大的榮耀，故遴選程序十分審慎：先由大学士会同禮部查明详慎开列，具奏請旨，由皇帝提出人選後，再由九卿會議具奏，決定詳議。雍正十年（1732），奏明入祠四十餘人，後

〔1〕《大清會典事例》卷四百四十八，頁六十八。

〔2〕清雍正十一年（1733）《賢良祠碑》，京484，《北京圖案書館藏中國歷代石刻拓本匯編》卷六十八，頁一百二十六。

又追祀到七十八人,包括和碩怡親王胤祥等[1]。據考證,直到清季,曾入祠賢良祠的共有一百八十七人[2]。

乾隆《京城全圖》上,賢良祠在地安門外白馬關帝廟旁,南向,繚以周垣。首有石影壁一方及柵欄一道,與祠門殿相對;大門三間,兩側有配房各四間;有東、西碑亭兩座,雙層六角攢尖,其後有二門一道三間,旁開兩小門出入;正殿三間,前有抱厦三間,东西配殿各三間,西廡前有水井一眼;後殿五間,两廡如前;後墻左右門各一,後院東、西各有北房三間。作爲國祀之所,賢良祠一直使用至清末。宣統初,仍有入祀賢良祠者五人,大學士王文韶、張之洞、孫家鼐、鹿傳霖,協辦大學士戴鸿慈。民國二年(1913),有立碑《鹿傳霖入祀賢良祠諭祭文》一通,然1930年國立北平研究院調查時似未見。

民國十八年(1929)三月,爲傳授婦女實用工藝、謀求婦女職業發展,河北省婦女職業傳習所由天津遷至北平特別市,校址即選在賢良祠[3]。20世紀30年代,賢良祠大門南向,殿房綠琉璃瓦頂,碑亭覆黄琉璃瓦。殿門木牌"河北省女子職業教育講習所",首有竹子編織的影壁一座,門內有電話室與傳達室,東、西各有南房四間,東爲教室,西爲學生接待室。東、西碑亭內雍正御筆漢、滿碑文尚在;再北有過廳三間,爲庶務室及文牘室;北大廳前後六間,成方形,作爲學生禮堂之用;後殿以及東、西配殿等群房,基本成爲學生教室、辦公室。此時的賢良祠因被學校使用,故又擴展了東、西二院,分別作爲學生宿舍、教員宿舍、操場和圖書室,所以,原本在賢良祠西墻外的宛平縣署內土穀祠[4]亦被囊括至學校的院落之內[5]。

2008年至2014年調查時,賢良祠建築保存完好,曾作爲保利堂藥店及同仁堂北海診所。

現儀門、碑亭兩座、正殿、後殿及碑亭內雍正十一年御製碑歷歷可見,碑东爲汉文、西爲满文。2015年時,賢良祠大門緊閉,似乎內部正在整修。

賢良祠同仁堂北海診所(2013年9月 曉松攝)

[1]朱彭壽《舊典備徵》,北京:中華書局,1982年,頁四十二至五十。

[2]王彥章《賢良祠與賢良寺考辨》,《社會科學戰綫》2004年4期,頁二百六十六。

[3]北京市檔案館編《北京市檔案館指南》,北京:中國檔案出版社,1996年,頁八十。

[4]參見本書本排段"土穀祠"條。

[5]參見國立北平研究院《賢良祠》,西四174。

御製賢良祠碑文
朕惟國家鍾昌隆之運誕降賢臣宇宙咸熙皞之風瑞資良弼故徽猷聿播旂
常銘勳於生前而元祀攸崇俎豆歆承於身後用以寵褒已往勸勵方來所由
沛殊恩舉曠典也爾和碩怡賢親王忠孝自天敬勤成性嘉猷入告啓乃心以
沃朕心庶績咸熙圖國事即如己事勳高燮理立臣道之儀型禮極哀榮備人
生之祉福爾大學士公圖海等際王迹肇基之始業贊運籌當皇朝一統之期
績參佐命我
皇考聖祖仁皇帝緜膺曆祚簡公卿以翊昇平載定寰瀛選將帥而宣威武中朝外
任多令名清節之完人蹟海窮邊著破敵開疆之偉略朕眷懷舊德詢訪僉謀
既祠宇之告成叙官階而列位於戲念鴻功於同氣自古希倫追盛烈於羣賢
於今不泯綸章丕錫永垂圖牒之輝珉石深鐫式煥星雲之色凡百有位其咸
觀感於茲
雍正十一年癸丑九月二十四日御筆

京484《賢良祠碑》

敕建

御製賢良祠碑文

朕惟國家鍾昌隆之運誕降賢臣宇宙成熙皞之風端資良弼故徽聲聿播旂常銘勒於生前而元祀攸崇俎豆歆承於身後用以寵褒已往權勵方來所由沛殊恩舉曠典也爾和碩怡賢親王忠孝自天敬勤成性嘉猷入告啓乃心以沃朕心庶績咸熙圖國事即如己事勳高燮理立臣道之儀型禮極哀榮備人生之祉福爾大學士公圖海等際王迹肇基之始業贊運籌當皇朝一統之期績参佐命我

皇考聖祖仁皇帝綿膺曆祚簡公卿以翊昇平載定寰瀛選將師而宣威武中朝外任多令名清節之完人跨海窮邊著破敵開疆之偉略朕眷懷舊德詢訪僉謀既祠宇之告成叙官階而列位於戲念鴻功於同氣自古希倫追盛烈於群賢於今不泯綸章丕錫永垂圖牒之輝珉石深鐫式煥星雲之色凡百有位其咸觀感於兹

雍正十一年癸丑九月二十日御筆

京 484《賢良祠碑》

賢良祠碑

首題:御製賢良祠碑文
年代:清雍正十一年(1733)九月二十日
原址:西城區西黄城根北街
今址:西城區西黄城根北街原賢良祠内
拓片尺寸:碑陽高220、寬76厘米,額高31、寬23厘米
書體:漢文楷書
撰人:(清世宗)胤禛
書人:(清世宗)胤禛
《目録》:頁292
拓片編號:京484
拓片録自:《北京圖書館藏中國歷代石刻拓本匯編》第68卷126頁

【碑陽】

額題:敕建(篆書)

碑文:

御製賢良祠碑文。*1*

朕惟國家鍾昌隆之運,誕降賢臣;宇宙成熙皞之風,端資良弼。故徽聲聿播,旂 *2* 常銘勒於生前;而元祀攸崇,俎豆歆承於身後。用以寵褒已往,勸勵方來,所由 *3* 沛殊恩,舉曠典也。爾和碩怡賢親王忠孝自天,敬勤成性,嘉猷入告,啓乃心以 *4* 沃朕心;庶績咸熙,圖國事即如己事。勳高燮理,立臣道儀型;禮極哀榮,備人 *5* 生之祉福。爾大學士公圖海等際王迹肇基之始,業贊運籌,當皇朝一統之期,*6* 績參佐命。我 *7* 皇考聖祖仁皇帝綿膺曆祚,簡公卿以翊昇平;載定寰瀛,選將師而宣威武。中朝外 *8* 任,多令名清節之完人;跨海窮邊,著破敵開疆之偉略。朕眷懷舊德,詢訪僉謀。*9* 既祠宇之告成,叙官階而列位。於戲,念鴻功於同氣,自古希倫;追盛烈於群賢,*10* 於今不泯。綸章丕錫,永垂圖牒之輝;珉石深鐫,式焕星雲之色。凡百有位,其咸 *11* 觀感於兹。*12*

雍正十一年癸丑九月二十日御筆。*13*

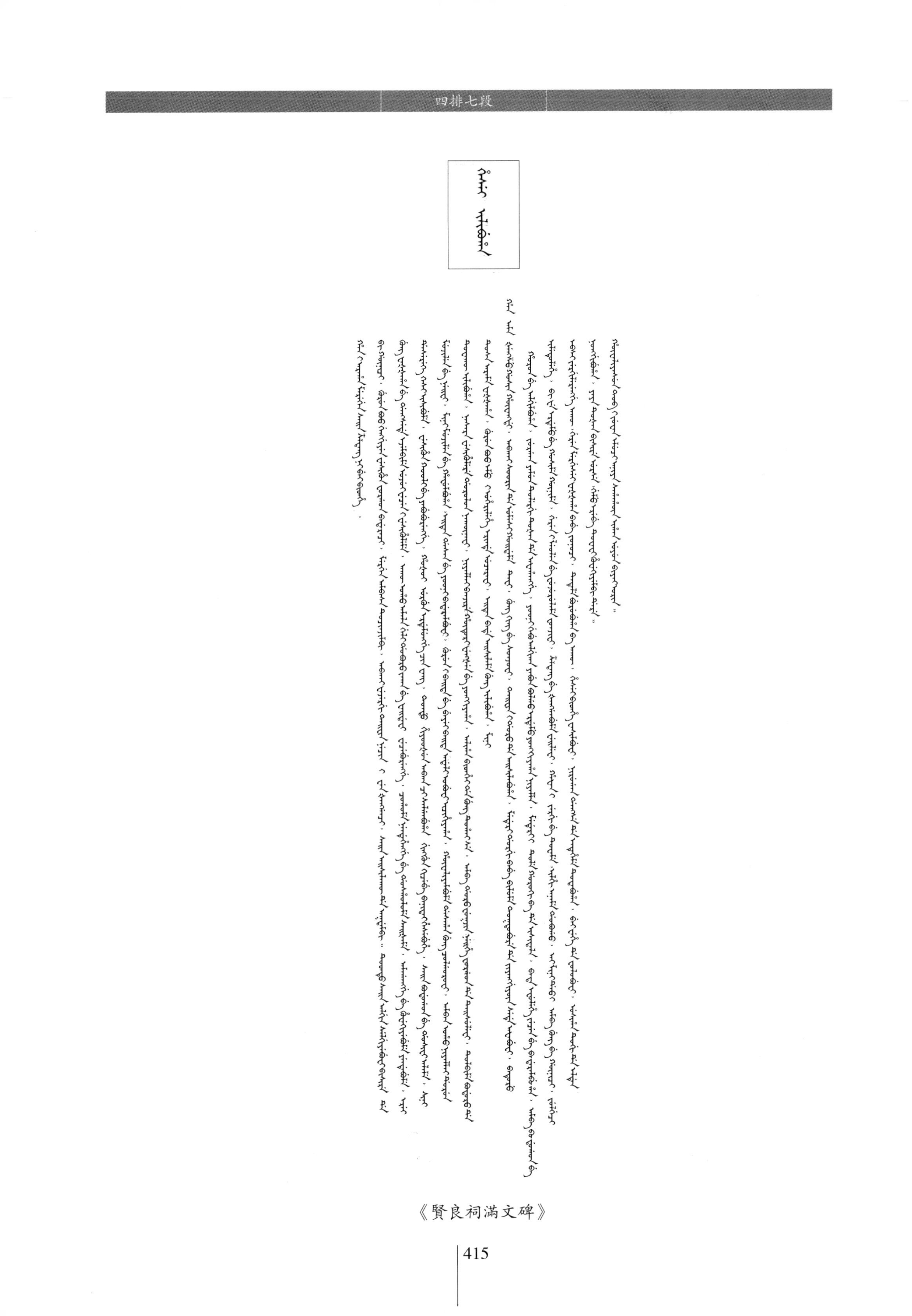

賢良祠滿文碑

年代:清雍正十一年(1733)九月二十日
原址:西城區西黄城根北街
今址:西城區西黄城根北街原賢良祠内
書體:滿文
撰人:(清世宗)胤禛
書人:(清世宗)胤禛
拓片録自:北京大學圖書館藏原拓片。北大圖書館著録此碑爲京484《賢良祠碑》之陰,實誤

【碑陽】

額題:hesei ilibuha

碑文:

han i araha mergen sain ts´itang ni bei bithe[1]bi gūnici,gurun boo genggiyen wesihun forgon badaraci,mergen ambasa tucinjimbi,abkai fejergi taifin necin i wen šanggaci, sain aisilakū de akdambi, tuttu sain algin selgiyebufi bisire de[2] gung faššaha be dangsede ejembime ujui wecen i wesihuleme, akū oho amala geli doboro jaka be faidafi weceburengge,cohome nendehengge be dosholome saišame, amagangge be huwekiyebume yendebume, erei[3] desereke kesi isibume, wesihun kooli be yabuburengge, hošoi urgun erdemungge cin wang, tondo hiyoošun abka ci salgabuha ginggun kicebe banitai hesebuhe,sain bodogon be dosifi alame,sini[4] mujilen be neifi, mini mujilen be hafumbuha,eiten dasan be yooni badarambufi, gurun i baita be beyei baita adali obufi icihiyaha, hūwaliyambume dasaha gung colgorofi,amban oho niyalmai durun[5] tuwakū ilibuha,nasara wesihulere dorolon nakūnafi,niyalmai banjire hūturi fengšen be yongkiyaha, aliha bithei da gung tuhai se, amba doro fukjin neihe forgon de teisulefi,tulbime bodoro de[6] tusa arame faššaha,gurun boo emu i uherilehe erinde ucarafi, eiten bade aisilame gung ilibuha,mini[7] han ama šengdzu gosin hūwangdi, abkai soorin de umesi goidame tefi, gung king be sonjofi,taifin i doro de aisilabuha, mederi dorgi babe bilume toktobure de, jiyanggiyūn sede afabufi,baturu[8] horon be algimbuha,jurgan yamun tulergi tušan de afahangge, yooni gebu algika yabun bolgo erdemu yongkiyaha niyalma,mederi i tule goroki ba de, isitala, bata be efulehe jecen be badarambuha,amba bodogon be[9] iletulehe, bi fe erdemu be gosime gūnime, geren i leolen be fujurulame fonjifi, ts´itang be šanggabume weilefi, hafan i jergi be tuwame,ilhi aname dobogo, ai mini deo i amba gung be gūnici, julgeci[10] ebsi jergilerengge akū, geren mergesei faššaha babe jonoci, tetele burubuha ba akū,hesei bithe wasimbufi, nirugan dangse de enteheme tutabuha, bei wehe de folobufi, usiha tugi de elden[11] nonggibuha, yaya tušan bisire urse, gemu erebe tuwafi huwekiyembi dere.[12]

hūwaliyasun tob i juwan emuci aniya sahahūn ihan uyun biyai orin.[13]

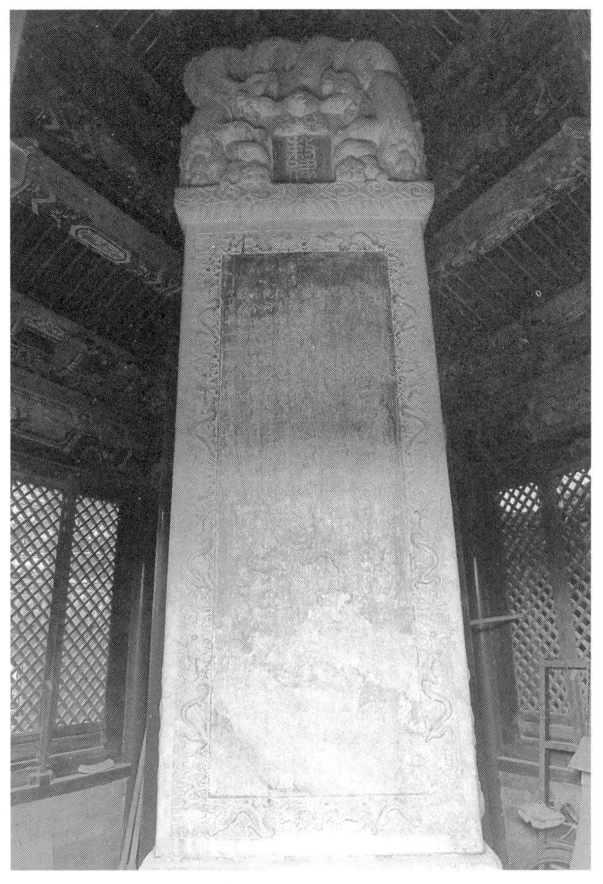

賢良祠東碑亭清雍正十一年（1733）
《賢良祠碑》（2013 年 9 月 曉松攝）

賢良祠西碑亭清雍正十一年（1733）
《賢良祠碑》滿文碑（2013 年 9 月 曉松攝）

御賜入祀賢良祠祭文

諭祭□謚文端晉贈太保東閣大學士軍機大臣鹿傳霖之靈曰朕惟贊襄密勿鹽梅資良弼之才策勵清勤俎豆重大烝之典惟幹材之夙懋望著台衡斯報祀之宜優榮分冊俯爾原任大學士鹿傳霖忠貞後裔精白醇儒通籍清華早列承明之選綰符赤緊旋膺上考之書屢典郡而乘轓爰備兵而建纛宣勞司李澤沛秦中畀任維藩令行益部撫豫州而善除積弊移關內而大活疲甿擢持制府之旌遂秉提封之節化周巴蜀無慚嚴武威名氣懾吐蕃不減韋皋方略

先皇以南海爲循良舊治東吳乃財賦雄區俾宣十部之仁風更攝兩江之重任民懷厥德敵畏其威洎乎入直樞垣歷官省掖命伯夷而典禮委元凱以度支權憲臺則聲望清嚴長銓署則品裁公允趨蹌紫陛時陳久大之謀協贊黃扉克荷參知之寄凡茲中外之剔歷炳然勳業之光昭而當勁旅勤王戎衣扈蹕決疑定計盡瘁鞠躬尤徵夙夜之辛勞堪作臣工之表率功存社稷名列旂常朕御極以來加恩無已掺講筵之要義矩範攸資定

實錄之宏綱編摩是統用是洊升揆席晉陟臺階爾位靖共踐斗台而益勵乃心純一居鼎鉉以恒昭屬末疾之偶攖眷懷彌切縱休期之迭展珍藥頻頒方期上壽長延荷龍光於蕭露詎意頹齡莫駐淪駒隙於榆暉載覽遺章倍深惻念命有司而給帑遣親貴以奠觴禮具飾終既崇階之特晉名尊表行庶令聞之長垂詔彼祠官列諸廟食於戲緬平生之風度邈矣九京薦明德之馨香延於百世靈其不昧尚克歆承

宣統五年二月　日

《鹿傳霖入祀賢良祠諭祭文》陽

鹿傳霖入祀賢良祠諭祭文

首題：御賜入祀賢良祠祭文
年代：民國二年（1913）
原址：西城區西黄城根北街賢良祠
書體：楷書
拓片録自：北京大學圖書館藏原拓片

【碑陽】

碑文：

御賜入祀賢良祠祭文 1

諭祭□謚文端晉贈太保東閣大學士軍 2 機大臣鹿傳霖之靈曰：朕惟贊襄密勿，鹽 3 梅資良弼之才；策勵清勤，俎豆重大烝之 4 典。惟幹材之夙懋，望著台衡；斯報祀之宜，5 優榮分冊。俯爾原任大學士鹿傳霖，忠貞 6 後裔，精白醇儒。通籍清華，早列承明之選；7 綰符赤緊，旋膺上考之書。屢典郡而乘輶，8 爰備兵而建纛。宣勞司李，澤沛秦中。畀任 9 維藩，令行益部。撫豫州而善除積弊，移關 10 內而大活疲甿。擢持制府之旌，遂秉提封 11 之節。化周巴蜀，無慚嚴武威名；氣懾吐蕃，12 不減韋皋方略。13 先皇以南海爲循良，舊治東吳，乃財賦雄區。俾宣 14 十部之仁風，更攝兩江之重任。民懷厥德，15 敵畏其威。洎乎入直樞垣，歷官省掖，命伯 16 夷而典禮，委元凱以度支。權憲臺則聲望 17 清嚴，長銓署則品裁公允。趨蹌紫陛，時陳 18 久大之謀；協贊黄扉，克荷參知之寄。凡茲 19 中外之朂歷，炳然勳業之光昭。而當勁旅 20 勤王，戎衣扈蹕，決疑定計，盡瘁鞠躬。尤徵 21 夙夜之辛勞，堪作臣工之表率。功存社稷，22 名列旂常。朕御極以來，加恩無已，摻講筵 23 之要義，矩範攸資。定 24 實録之宏綱，編摩是統。用是洊升揆席，晉陟臺階。25 爾位靖共，踐斗台而益勵；乃心純一，居鼎 26 鉉以恒昭。屬末疾之偶攖，眷懷彌切；縱休 27 期之迭展，珍藥頻頒。方期上壽長延，荷寵 28 光於蕭露；詎意頹齡莫駐，淪駒隙於榆暉。29 載覽遺章，倍深惻念。命有司而給帑，遣親 30 貴以奠觴。禮具飾終，既崇階之特晉；名尊 31 表行，庶令聞之長垂。詔彼祠官列諸廟食。32 於戲！緬平生之風度，邈矣九京；薦明德之 33 馨香，延於百世。靈其不昧，尚克歆承。34

宣統五年二月日 35

普濟藥王廟

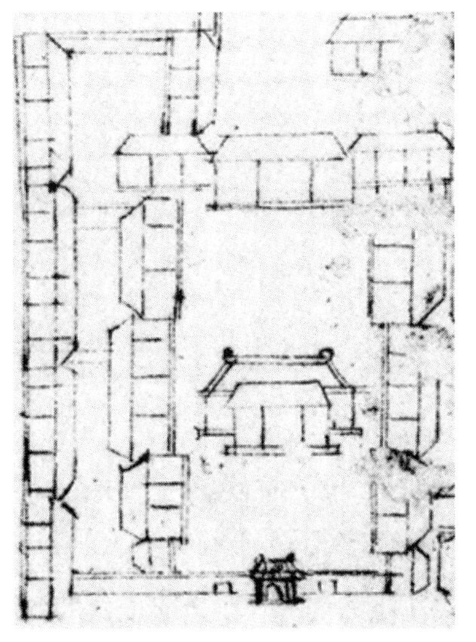

普濟藥王廟，亦稱南藥王廟[1]，民間稱姑子廟，原址位於西城内六區皇城根二十四號（今西城區地安門西大街七十一號）[2]，寺廟建築現已不存。廟内原有石碑二通：萬曆三年（1575）《藥王廟碑》；萬曆三年（1575）《歷代原醫記贊碑》。

世稱藥王廟爲明天啓中魏忠賢所建[3]，然據明萬曆三年《藥王廟碑》稱，此廟爲萬曆皇帝慶典萬壽節而敕建，以祈皇帝萬壽無疆、都人免受疾苦。同時，碑文又表達對伏羲、神農、黄帝源流未清、配祀名醫錯陳等情之憾[4]。其年十月，嘉靖年間進士劉效祖撰《歷代原醫記贊碑》一通，將廟内供奉歷代名醫姓氏、史績、功德逐一列於碑上，并許以贊語[5]。萬曆二十年（1592），藥王廟内新供大鐵爐一個；萬曆三十六年（1608）二月、三月，藥王廟内連續添建三份鐵五供，且均有銘文爲"普濟藥王廟供造"，揣其時應有盛大的法事或增修[6]。明代的藥王廟，因東瀕海子，萬柳沿堤，夏日多有遊人在

〔1〕《北平廟宇通檢》上編·内城·内五區，頁七十七。

〔2〕有文獻記載爲"東不壓橋6號（原32號）"。參見《北京文物勝跡大全·東城區卷》，頁三百三十四至三百三十五。

〔3〕（清）納蘭性德《渌水亭雜識》卷一，收入《通志堂集》卷十五，上海：上海古籍出版社，1979年，頁五百八十四至五百九十一。《宸垣識略》卷八·内城四，頁一百五十；《光緒順天府志》京師志十六·寺觀一·内城寺觀，頁四百八十四。

〔4〕萬曆三年（1575）《藥王廟碑》，京450，據北京大學圖書館藏原拓片録文。

〔5〕萬曆三年（1575）《歷代原醫記贊碑》，京448，《北京圖書館藏中國歷代石刻拓本匯編》卷五十七，頁三十。

〔6〕國立北平研究院《藥王廟》，西四131。

此飲酒、游泳，爲夏日京城的清涼之處[1]。

入清以後，藥王廟香火猶盛，納蘭性德曾至藥王廟寫道："藥王廟，天啓中魏忠賢所建……當年必有豐碑，今無片石，蓋爲人所踣矣。"[2]可能當時藥王廟香火鼎盛、人煙輻輳，然而廟貌卻也有衰敗，兩通明碑時不可見。《雍正廟冊》中記載藥王廟位於皇牆下，爲大僧廟，有殿宇二十間、禪房十八間，住持然明，徒法雲。《乾隆廟冊》中，廟名變爲南藥王廟，仍爲大僧廟，住持界修。乾隆《京城全圖》上，藥王廟位於什刹海西偏、箭杆胡同以東，廟坐北朝南，首有山門一間、墻上左右各開一小門；大殿一間三楹，前有抱廈三間。前有東、西配殿各三間，以南均有小房各一間，以北有東西過道房各四間；後殿三間，西有小北房三間，東有小北房四間，前有東西配殿各三間。院落方正，房屋規整，殿宇數和《雍正廟冊》所載基本一致。乾隆二十四年（1759）藥王廟重修，然詳情未知[3]。乾隆五十九年（1794），廟内又添建了大鐵磬一口。

民國初年，藥王廟已變爲尼庵，添建甚爲頻仍。民國十一年（1922），藥王廟經尼僧益庵私款重修[4]，五十一歲的益庵亦成爲廟内住持，和徒弟壽祥同住廟中。兩年後，廟重修碧霞元君殿，木額題"慈慧沐手"，并添建鐵五供三份。民國十五年（1926）五月，後殿又重修。自民國十九年（1930）至二十五年（1936），益庵多次赴社會局進行寺廟登記[5]。其時的藥王廟規模與乾隆年間基本相同，坐北朝南，首有影壁一方，山門石額"敕賜普濟藥王廟"，兩側有鐘鼓樓；大殿爲藥王殿，前出陛，有月臺，殿前有萬曆三年的石碑兩通，内供玉皇一尊，法身巨大，左右配祀十大歷代名醫塑像和木主：倉公淳于意、漢先醫壺公、秦先醫高緩、神效王扁鵲、神應王秦越人、抱朴子葛洪、玄晏先生皇普謐、太乙令王叔和、良醫華佗先聖、醫聖張仲景。原有三皇像，已移至護國寺[6]供奉，西壁懸掛墨拓片一張，爲梁武帝撰"禪門第一祖菩提達摩大師碑"。東配殿内供關帝、馬王、財神三尊。西配殿爲碧霞元君殿，内供娘娘九尊；後殿五間，供三世佛；廟院以東還有一片廟産住房。經明代至民國的纍積，藥王廟中法器衆多，且體積較大，有"康熙三十二年華嚴庵"銘文大鐵磬、康熙四十八年（1709）針綫胡同通教寺供奉鐵雲板、二百斤銅鐘、三百斤鐵鼎爐、銅磬等，還有金剛經、楞嚴經等經書存於廟中。廟院内槐樹、松樹成蔭，葡萄盤架[7]。

在 1949 年之前，益庵一直擔任藥王廟的住持[8]。1952 年，益庵已達七十四高齡，仍與兩個徒弟壽祥、明園共同在廟内供佛[9]。20 世紀 80 年代，藥王廟格局和建築仍保存相當完好[10]。老住戶說，這裏曾一度開辦玉石廠房。1999 年，香港特别行政區駐京辦事處刻意從地安門西大街六十九至七十三門牌號中選中了七十一號，象徵七月一日香港回歸的紀念日，作爲辦公大樓的新址。附近居民回憶，拆除普濟藥王廟時，從廟内卸下巨大的楠木木樑，每根都需要一輛汽車纔能拉走。

2006 至 2015 年調查時，藥王廟原址現爲香港駐京辦一棟三層高的獨立建築。

---

〔1〕《日下舊聞考》卷四十四·城市·内城中城二，頁七百零二至七百零三。

〔2〕（清）納蘭性德《淥水亭雜識》卷一，頁五百八十四至五百九十一。此段文字也爲《宸垣識略》《光緒順天府志》等所引。

〔3〕《中國文物地圖集·北京分冊（下）》，頁八十八。

〔4〕《北京寺廟歷史資料》稱廟於民國十二年重修，似應爲同一次。頁二百二十四。

〔5〕北京市檔案館藏《北平市社會局·内五區藥王廟尼人益庵呈請登記廟産及社會局的批示、通知》，檔案號 J2-8-297，1930—1936 年，頁一至十八。

〔6〕參見本書四排九段"護國寺"條。

〔7〕國立北平研究院《藥王廟》，西四 131。

〔8〕北京市檔案館藏《北平市民政局·北平市各區寺廟總登記考察簿》，1947—1948 年，J3-1-237，頁三十。

〔9〕北京檔案館藏《北京市民政局民族事務科·西四區僧、尼寺廟登記表》，1952 年，檔案號 196-1-18。

〔10〕《中國文物地圖集·北京分冊（下）》，頁八十八。

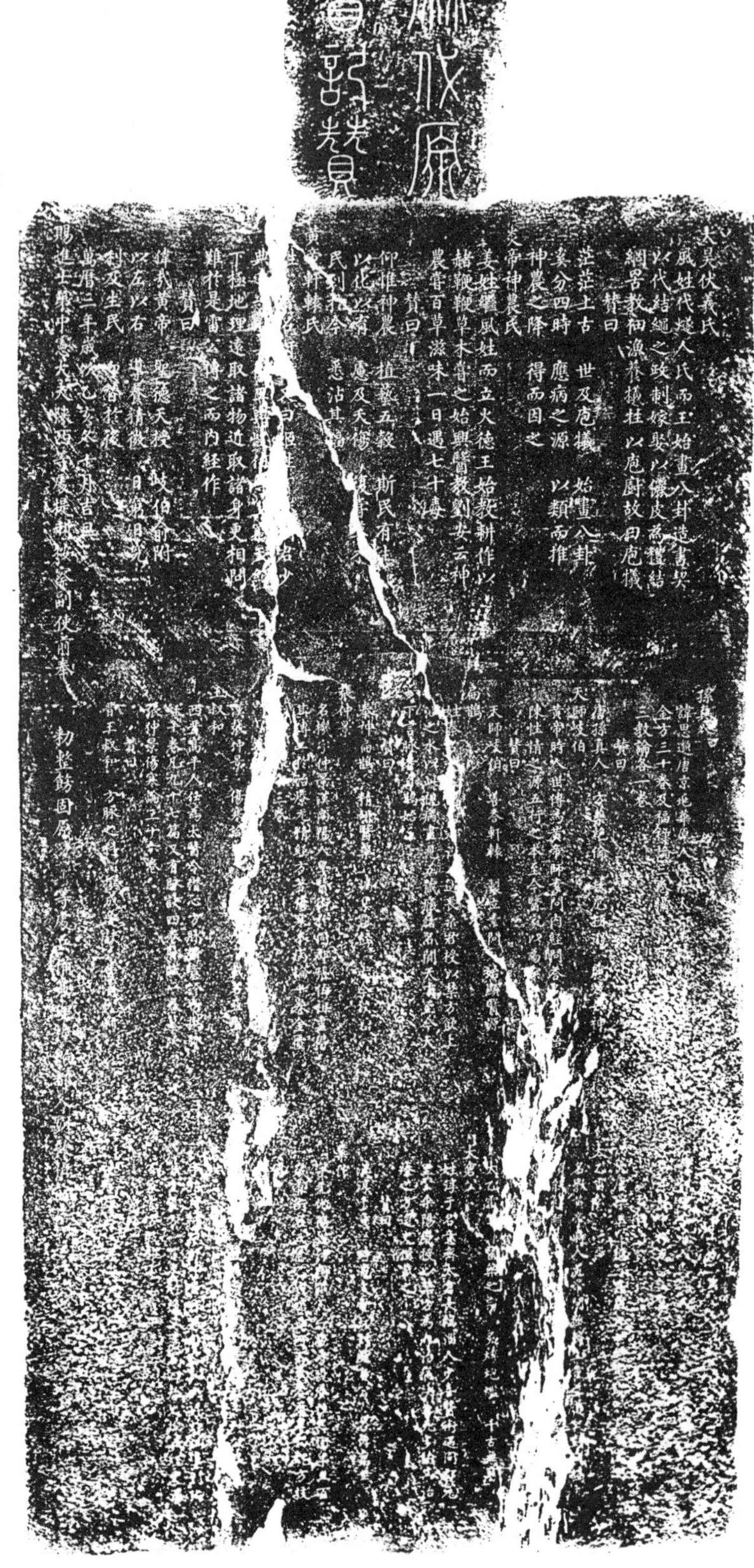

京 448《歷代原醫記贊碑》

歷代原醫記贊

太昊伏羲氏
風姓代燧人氏而王始畫八卦造書契
以代結繩之政制嫁娶以儷皮爲禮結
網罟教佃漁養犧牲以庖廚故曰庖犧
贊曰
茫茫上古　世及庖犧　始畫八卦
奚分四時　應病之源　以類而推
神農之降　得而因之

炎帝神農氏
姜姓繼風姓而立火德王始教耕作以
赭鞭鞭草木嘗之始興醫教劉安云神
農嘗百草滋味一日遇七十毒
贊曰
仰惟神農　植藝五穀　斯民有生
以化以育　慮及夭傷　復嘗草木
民到於今　悉沾其福

黃帝軒轅氏
姓公孫名軒轅又曰姬姓□□□君少
典□□□□□王與岐伯□上窮天紀
下極地理遠取諸物近取諸身更相問
難於是雷公傳之而內經作
贊曰
偉哉黃帝　聖德天授　岐伯俞附
以左以右　導養精微　日窮日究
利及生民　勿替於後

孫真人
諱思邈唐京兆華原人隱居太白山
金方三十卷及福祿論三卷攝上真（下漫漶）
三教論各一卷
贊曰
唐孫真人　方藥絕倫　扶危拯溺　應效如神

天師岐伯
黃帝時人世傳爲黃帝師素問內經問答（下漫漶）
陳性情之源五行之本至今醫家以爲（下漫漶）
贊曰
天師岐伯　善答軒轅　製立素問　始顯醫源

扁鵲
姓秦名越人□□□□□長桑君授以禁方飲上
池之水以此視病盡見五藏癥結名聞天下至今天
下言脉者自鵲始
贊曰
秦神扁鵲　精研醫藥　編集脉經　古今欽敬

張仲景
名機字仲景漢南陽人學醫術於同郡張伯祖盡得
其傳工於治療尤精經方著傷寒本病論十卷金匱
玉寒要略方三卷
贊曰
漢張仲景　傷寒論□　□□□　載名亞聖

王叔和
西晉高平人仕爲太醫令潛心方脉□意診方撰脉
經十卷凡九十七篇又有脉訣四卷脉賦二卷纂□
張仲景傷寒論三十六卷
贊曰
晉王叔和　方脉之科　撰成要訣　普濟□□

太乙雷公
名敫黃帝時人炎帝問拯濟生靈之道（下漫漶）
能□解（下漫漶）
及□□論□□□
贊曰
太乙雷公　醫藥之宗　炙烤炮爁　千古無窮

太倉公
姓淳于名意齊太倉長臨淄人少喜醫術遇同郡元
里公桑陽慶授以禁方爲人治病
□□无多□其治
療之方遷史備載之
贊曰
漢淳于意□□文□□□□□□傳萬世

華佗
字元化（下漫漶）
□有術（下漫漶）方技
（以下漫漶）

萬曆三年歲次乙亥冬十月吉旦
賜進士第中憲大夫陝西等處提刑按察副使前奉　敕整飭固原　等處兵備兼理糧餉都人劉效祖□□

京448《歷代原醫記贊碑》

歷代原醫記贊碑

年代:明萬曆三年(1575)十月
原址:西城區西黄城根藥王廟
拓片尺寸:碑陽高198、寬99厘米,額高29、寬30厘米
書體:楷書
撰人:劉效祖
《目録》:頁506
拓片編號:京448
拓片録自:《北京圖書館藏中國歷代石刻拓本匯編》第57卷30頁

【碑陽】

額題:歷代原醫記贊(篆書)

碑文:

太昊伏羲氏,1風姓,代燧人氏而王。始畫八卦,造書契,2以代結繩之政。制嫁娶,以儷皮爲禮。結3網罟,教佃漁。養犧牲,以庖廚。故曰庖犧。4贊曰:5茫茫上古,世及庖犧。始畫八卦,6奚分四時。應病之源,以類而推。7神農之降,得而因之。8

炎帝神農氏,9姜姓,繼風姓而立,火德王。始教耕作,以10赭鞭鞭草木甞之,始興醫教。劉安云:神11農甞百草滋味,一日遇七十毒。12贊曰:13仰惟神農,植藝五穀。斯民有生,14以化以育。慮及夭傷,復甞草木。15民到於今,悉沾其福。16

黄帝軒轅氏,17姓公孫,名軒轅,又曰姬姓。□□□君少18典□□□□□王與岐伯□上窮天紀,19下極地理。遠取諸物,近取諸身,更相問20難。於是雷公傳之而《内經》作。21贊曰:22偉哉黄帝,聖德天授。岐伯俞附,23以左以右。導養精微,日窮日究。24利及生民,勿替於後。25

孫真人,1諱思邈,唐京兆華原人。隱居太白山(下漫漶)2《金方》三十卷及《福禄論》三卷。攝上真(下漫漶)3《三教論》各一卷。4贊曰:5唐孫真人,方藥絕倫。扶危拯溺,應效如神。6

天師岐伯,7黄帝時人,世傳爲黄帝師。《素問》《内經》,問答(下漫漶)8陳性情之源,五行之本。至今醫家以爲(下漫漶)。9贊曰:10天師岐伯,善答軒轅。製立素問,始顯醫源。11

扁鵲,12姓秦,名越人,□□□□□□長桑君授以禁方。飲上13池之水,以此視病,盡見五藏癥結,名闻天下。至今天14下言脉者自鵲始。15赞曰:16秦神扁鵲,精研醫藥,編集脉經,古今欽敬。17

張仲景,18名機,字仲景,漢南陽人。學醫術於同郡張伯祖,盡得19其傳。工於治療,尤精經方。著《傷寒本病論》十卷,《金匱20玉寒要略方》三卷。21贊曰:漢張仲景,傷寒論□,□□□□,載名亞聖。22

王叔和,23西晉高平人,仕爲太醫令。潛心方脉,□意診方。撰《脉24經》十卷,凡九十七篇。又有《脉訣》四卷,《脉賦》二卷,纂□25張仲景《傷寒論》三十六卷。26贊曰:27晉王叔和,方脉

之科，撰成要訣，普濟□□。28

（前五行漫漶）

太乙雷公，6 名敦，黄帝時人。炎帝問拯濟生靈之道（下漫漶）7□能□解（以下漫漶）8 及□□論□□□。9 贊曰：10 太乙雷公，醫藥之宗。炙烤炮爁，千古無窮。11

太倉公，12 姓淳于，名意。齊太倉長臨淄人。少喜醫術，遇同郡元 13 里公桑陽慶，授以禁方，爲人治病。□□无多，□其治 14 療之方，遷史備載之。15 贊曰：16 漢淳于意，□□文□，□□□□，□傳萬世。17

華佗，18 字元化，（下漫漶）19□有術（下漫漶）方技 20

萬曆三年歲次乙亥冬十月吉旦

賜進士第中憲大夫陝西等處提刑按察副使前奉敕整飭固原等處兵備兼理糧餉都人劉效祖□□。

敕賜普濟藥王廟碑記

（上泐）

中□（下泐）

朝廷□□宗伯奠獻之（下泐）

主上日不□□□此請告

兩宮太后及

主上數厘諭問至

賜以鑼幣供帳不一足公惟伏枕感泣□□

主上萬壽期且□□□□□□□□□□□□□□□□□□□以綵瓜葉其長公如（下泐）

（此行全泐）

萬（下泐）

兩（下泐）

（上泐）奉三皇氏後殿奉孫思

邈（此下若干行全泐）

□藥爲遠（下泐）

沖平之聖以赤心任國是即謂神有明（下泐）

社稷股肱計非獨私公也乃公欲伸崇報之意至請隸（下泐）

兩宮及

主上萬壽無疆下俾都城人日事祈禱以免霜露之疾斯其意又豈真爲一人私哉□請三皇及□□坐（下泐）

之不知自誰何氏始諸纂述家未有頌言之者而所配十氏中世□錯陳亦不知據何以爲低昂今□具請（下泐）

不失爲並學也是舉也□□□□謂□建於都城都人並受其福以不□兮都人士□□大夫之後宜有（下泐）

萬曆三年小春吉旦

（下泐）

京450《藥王廟碑》

藥王廟碑

年代：明萬曆三年（1575）。北京大學圖書館將此碑著録爲“萬曆三年十月”，不確，實爲“萬曆三年小春”
原址：西城區西黄城根藥王廟
拓片尺寸：碑陽高196、寬95厘米，額高39、寬28厘米
書體：楷書
《目録》：頁240
拓片編號：京450
拓片録自：北京大學圖書館藏原拓片

【碑陽】

額題：敕賜普濟藥王廟碑記（篆書）

碑文：

（上泐）1中□（下泐）2朝廷□□宗伯奠獻之（下泐）3主上日不□□□此請告。4兩宫太后及5主上數屢諭問，至6賜以鏹幣、供帳，不一足。公惟伏枕感泣□□7主上萬壽，期且□□□□□□□□□□□□□□□□□□□□□□以綵瓜葉其長。公如（下泐）8（此行全泐）9萬（下泐）10兩（下泐）11（（上泐）奉三皇氏，後殿奉孫思12邈（此下若干行全泐）13

□藥爲遠（下泐）14沖平之聖，以赤心任國，是即謂神有明。（下泐）15社稷股肱，計非獨私，公也。乃公欲伸崇報之意，至請隸（下泐）16兩宫及17主上萬壽無疆，下俾都城人日事祈禱，以免霜露之疾，斯其意又豈真爲一人私哉？□請三皇及□□坐（下泐）18之不知自誰何氏始，諸纂述家未有頌言之者，而所配十氏中，世□錯陳亦不知據，何以爲低昂，今□具請（下泐）19不失爲並學也。是舉也，□□□□謂□建於都城，都人並受其福，以不□兮都人士□□大夫之後宜有（下泐）20。

萬曆三年小春吉旦21

（下泐）22

北極寺

北極寺，又稱真武廟、古刹北極禪林、北極庵[1]，不見於乾隆圖，原址在內五區氈子胡同十三號（今西城區氈子胡同七號），寺廟建築現存部分。

《京師坊巷志稿》引明代《宛平王志》稱“真武廟在三座橋供用廠內”，真武廟即北極寺，此廟之始建當在明代[2]。廟內曾有嘉靖五年造鐵鐘一口，然未知是否爲明建之證[3]。

入清以後，《雍正廟冊》中記廟名爲北極庵，爲尼僧廟，位於煤廠，有殿宇五間、禪房一間，住持寂香，徒湛慧；《乾隆廟冊》中登記廟名仍爲北極庵，位於氈子房，住持尼湛慶。道光、咸豐年間，阿拉善親王府搬至氈子胡同[4]，與北極寺西側院墻相鄰，其時北極寺共有殿房十七間。

民國三年（1914），北極寺似有私款重修。20世紀30年代，北極寺山門南向，木額“古刹北極禪林”，其東開小門出入，門殿內供彌陀佛，以西有大槐樹一株；北殿五間南向，爲玄天上帝殿，內供真武大帝，以及娘娘九尊，殿內還供有華佗泥像一尊；院內西北角有關帝殿三間[5]。

1949年之前，北極寺的住持一直爲密修[6]。1952年的寺廟登記顯示，四十八歲的智海成爲住持，其時北極寺中有尼僧二人[7]。此後，北極寺被改爲蘇聯專家住所，後變爲公安部職工宿舍[8]。

20世紀80年代調查時，北極寺基本保持原建築格局[9]。

---

〔1〕國立北平研究院《北極禪林》，西四201

〔2〕（清）朱一新《京師坊巷志稿》，北京：北京古籍出版社，1982年，頁一百六十一。另見《燕都叢考》第六章·內五區各街市，頁四百零九。

〔3〕國立北平研究院《北極禪林》，西四201。

〔4〕《尋訪京城清王府》，頁二百五十三。

〔5〕國立北平研究院《北極禪林》，西四201；《北京寺廟歷史資料》，頁二百一十七。

〔6〕北京市檔案館藏《北平市民政局·北平市各區寺廟總登記考察簿》，檔案號J3-1-237，1947—1948年，頁十五；

〔7〕北京市佛教協會藏《北京市民政局民族事務科·西四區僧、尼寺廟登記表》，1952年，檔案號196-1-18。

〔8〕北京市政協文史資料委員會編《北京文史資料》第七十輯，北京：北京出版社，2005年，頁二百八十。

〔9〕《中國文物地圖集·北京分冊（下）》，頁七十七。

2006至2015年調查時,北極寺爲公安部宿舍,無法進入。然從外觀可分辨出經翻修後的大殿仍保存完好,圈於圍墻之中。

北極寺（2015年3月 王軍攝）

聖泉庵

聖泉庵，又稱古剎聖泉庵[1]，不見於清乾隆《京城全圖》，原址在內五區南官房口二十三號（今西城區南官房胡同六十一、六十三號），寺廟建築現存部分。

聖泉庵始建時間失考，廟內曾有康熙四十年（1701）造小鐵鐘，然未知是否爲聖泉庵而造。《雍正廟冊》上，聖泉庵位於三座橋，殿宇三間，禪房八間，住持隆起，徒傅續，爲尼僧廟。《乾隆廟冊》中，聖泉庵性質變爲大僧廟，住持性寬。光緒年間，尼僧純樂置買聖泉庵，有僧録司發給手本一張，寺廟又變爲尼僧廟[2]。宣統三年（1911）六月，聖泉庵添建小鐵鐘一座。

據居住在後海南岸迤西阿拉善王府的最後一位蒙古格格塔祉華回憶，民國十七年（1928），五歲的她性格外向，非常淘氣，阿瑪扎薩克和碩親王塔旺布理甲拉爲了讓她規矩點，將她送至氈子房口東側一條小胡同的尼姑庵里，隨師父學習了兩年[3]。從地址推測，塔祉華寄名的尼姑庵便是聖泉庵。民國十九年（1930），聖泉庵住持尼成默病故，其徒正一接座，同時住於廟內的還有十七歲的小尼姑寶珠[4]。此時聖泉庵殿房十九間，規模中等[5]。山門南向，石額"古剎聖泉庵"，門口有古槐一株，緊貼山門，葳蕤深密；前殿三間，木額爲民國七年（1918）重修時所立，屋脊石雕雙龍戲珠，做工精細，內供地藏王菩薩，身跨獨角神獸，童像四尊侍立，三世佛銅像三尊、還立有關帝、韋陀、傻哥哥、王奶奶等神像；東房三間，爲住宅；西殿三間，爲五顯財神殿，木額"永垂功德"，爲民國十三年（1924）重修所立；大殿後爲住房。師徒二人

〔1〕國立北平研究院《聖泉庵》，西四 202。

〔2〕北京檔案館藏《北平市社會局·內五區聖泉庵尼僧正一登記廟產、接充主持的呈文及社會局的批示》，檔案號 J2-8-561，1930—1936 年，頁十三、頁七十二。

〔3〕北京市政協文史資料委員會編《北京文史資料》第七十輯，北京：北京出版社，2005 年，頁二百八十。

〔4〕北京檔案館藏《北平市社會局·內五區聖泉庵尼僧正一登記廟產、接充主持的呈文及社會局的批示》，檔案號 J2-8-561，1930—1936 年，頁七十四。

〔5〕《北京寺廟歷史資料》，頁二百四十。

在廟内供佛，其餘房屋出租，廟院内團荷亭立，潔淨清幽[1]。民國二十五年（1936）寺廟登記時，聖泉庵住持仍爲正一，廟内還有尼僧果瑞。

直至1952年，正一、寶珠二人仍居住在聖泉庵内[2]，20世紀80年代時，聖泉庵正殿及東、西配殿尚存[3]。

2013年，聖泉庵被列爲西城區普查登記文物，仍存正殿三間，東、西配殿已經挑頂。

聖泉庵院内（2013年9月 曉松攝）

〔1〕國立北平研究院《聖泉庵》，西四202。

〔2〕北京市檔案館藏《北京市民政局民族事務科·西四區僧、尼寺廟登記表》，檔案號196-1-18，1952年。

〔3〕《中國文物地圖集·北京分册（下）》，頁七十九。

土穀祠

土穀祠,又稱土地祠、宛平縣土地廟,不見於清乾隆《京城全圖》,原址在今西城區地安門西大街一百零三號。寺廟建築現已不存。廟内原有石碑兩通,陰、陽共四文:明萬曆三十年(1602)《定役裁費刻石》,明崇禎八年(1635)《禁革雜差碑》,清乾隆二十九年(1764)《土穀祠碑》,清乾隆三十九年(1774)《土穀祠碑》。

土穀祠始建時間未確知,應爲明代。明洪武三年(1370),宛平縣署遷至京城内積慶坊,在《宛署雜記》中載,"縣署設北安門之西……東爲土地祠"[1],故宛平縣署内在明代即有土穀祠。然當時土穀祠供奉情況不詳。宛平縣署内萬曆三十年《定役裁費刻石》和崇禎八年《禁革雜差碑》,前者記載了宛平縣官民爲了愛惜民力、減少靡費而定立勞役裁費之約,以及具體官職的開支數額定限等情[2];後者是防止克斂里甲、徵收力役之條規[3]。都未曾提及土穀祠的信息。

入清以後,康熙三十九年(1700)土穀祠重修,乾隆十二年(1747)又經修葺[4]。在重修十七年之後,乾隆二十九年,由宛平縣署官員、僚屬發起捐資一百五十兩白銀,歷經五個月,不僅修葺了土穀祠殿宇、神像、神廚,還緊鄰祠東墻新建了關帝殿[5]。乾隆三十九年,縣署官員十六人又捐資拓地,在關帝殿之東增蓋了相呼應的文帝殿,再東新建西向的財神殿。並且,在隙地增置神廚、齋室各一。此次重修歷經九個月,費金共計一千三百餘兩。乾隆年間

〔1〕參見《宛署雜記》卷二,頁一五;曹子西主編《北京史志文化備要》,北京:中國文史出版社,2008年,頁四十八。

〔2〕參見明萬曆三十年(1602)《定役裁費刻石》,京1759,《北京圖書館藏中國歷代石刻拓本匯編》卷五十八,頁一百三十七。58頁137

〔3〕參見明崇禎八年(1635)《禁革雜差碑》,京1761,《北京圖書館藏中國歷代石刻拓本匯編》卷六十,頁六十七。

〔4〕清乾隆二十九年(1764)《土穀祠碑》,京1762,《北京圖書館藏中國歷代石刻拓本匯編》卷七十二,頁七十四。

〔5〕同上。

的土穀祠供奉土地、文昌、關帝和財神,神廚、齋室以及用以食用胙肉的堂屋,其祭拜具官方祀典儀式的特點[1]。清代重修時,均利用明碑之陰刻立貞珉,是以祠内兩碑,卻共四文。

民國以來,土穀祠失去了祭祀功能,與婦女教育聯繫在一起,與比鄰之賢良祠[2]一同被河北省婦女職業傳習所使用。20世紀30年代初國立北平研究院調查時,土穀祠名爲宛平縣土地廟,有北房三間,内供土地、文昌、財神神像,二通石碑仍立殿前[3]。在1938年出版的地圖上,宛平縣署所在位置標爲女子職業學校[4]。

2006年至2015年調查時,土穀祠早已不存,原地建起了樓房,爲《中國婦女報》社所在地。

〔1〕清乾隆二十九年(1764)《土穀祠碑》,京1762,《北京圖書館藏中國歷代石刻拓本匯編》卷七十二,頁七十四;清乾隆三十九年(1774)《土穀祠碑》,京1760,《北京圖書館藏中國歷代石刻拓本匯編》卷七十三,頁一百四十九。

〔2〕參見本書四排七段"賢良祠"條。

〔3〕參見國立北平研究院《賢良祠》,西四174。

〔4〕《北京街衢坊巷之概略》,内五區平面圖。

京1759《定役裁費刻石》

柒兩□中書科木炭銀三兩伍錢
右府筆炭共銀陸拾兩
府印色共銀拾陸兩三錢零
心經共銀肆拾玖兩叁錢
銀拾叁兩貳錢
共銀拾肆兩玖錢
銀叁拾肆兩玖錢
工食銀□□兩肆錢零
工食銀叁拾柒兩零

大戶□□共壹名費銀三兩
大戶壹名費銀貳兩伍錢
大戶壹名費銀貳兩柒錢
大戶壹名費銀貳兩
大戶壹名費銀貳兩伍錢
大戶壹名□□□□□□
大戶壹名費銀貳兩
大戶貳名每名費銀貳兩
大戶貳名每名費銀貳兩柒錢

匠班銀壹拾貳兩壹錢伍分
京□變賣瘦馬價銀不等
□□通政司鋪兵工食銀陸拾兩
本府更夫工食銀壹拾貳兩
□□□□ 色 □□□□□
太常寺粳米肆石陸□□□□□□
□□□□□□每□拾□陸兩不□
內 □□□ 賣 大 騾 犬 牛
旅順兵餉銀貳項共□□□□兩

□□壹□大戶壹名費銀柒兩
每一大戶□□□□費銀貳兩
大戶壹名費銀叁兩
大戶壹名費銀貳兩
大戶壹名費銀貳兩貳錢
大戶壹名費銀貳兩
大戶壹名費銀壹兩
□□□□□□費銀□□伍錢
大戶叁名每名費銀□兩伍錢

吏典
□致中 盧彥博 饒 仲 張東明 郭 潘 □宗華 張自新
葉允德 楊春光 金廷芳

張 臣 王 相 李文忠 李 □ 李伯連 彭大□ 高懸時
蕭大用 李貴祿 楊 康 胡大才 韓 □ □ □ □舉閣
梁宗魁 榮世享 呂□辰 □□□ 王自然 李 然 李天貴
趙大倫 □ 章 韓登雲 李 保 王 安 王 智 □□□
艾大官 常大明 李景□ 郭朝□ 劉世香 郝仲楨 王 清

吳 須 劉汝卿 李乘□ 孫 □ □□□ 李尚仁 董 忠
馬甫間 張廷臣 劉可附 薛常正 蔡 □ 王自宦 朱天祿
□ □ 王□山 □ 美 馬汝□ □ □ 劉 溪 張廷義
郭進禮 孫□海 □世虎 □自貴 任 □

宛平縣定役裁費刻石記

宛平縣定役裁費刻石記

蓋不佞睹覽記籍在昔先哲龔黃卓魯澤加當時聲施後世豈必其家有賜而人每益之哉夫亦民之有利利斯與興亦各有害害斯與祛云爾故周制用民歲不過三日無非寬民之力以愛養之耳吾宛邑籍

輦轂下其惟正之供

內府有億邊封有餉及諸衙署經費之助有需蓋勢不能免而分義亦宜爾也若爾亦易辦耳民胡以困奈之何徒隸之□情胥棣之謁見識認之等候既多需索饋獻之繁至於里途修邇出納盈縮及衷益侵進并貼杠解之費公取其一私茲倍之公取其二私且什之派無定額更多浮駕□□之民且日貧貧日逃蓋不翅倒懸也父母尤侯下車心甚憫之于是廉隱請集衆思酌時宜慨然曰民億之難供靡浪之費雖之也靡浪之弊滋經制之紊致之也□力祛積習之弊議定畫一之□如某

內供銀若干兩大戶之費定若干某邊餉銀若干兩大戶之費定若干□□各衙署之費某某銀若干大戶某某費若干犁然具備確然存綱即□□者不得輕重其情貪賈者不能多寡其助行之三年官無闕事民無冗靡吏無賠補四封蓋蒸蒸生色侯之功德可勝量哉侯之仁澤其利溥哉侯又豈家賜而人益之哉□之民念侯之美政恐歲久易湮法久且易窒也願聚貲以誌諸石庶侯之政可垂永久小民享侯之利□愈堇而勿替□□□□

□京兆公□□蒙□□□□□□□□惕民之力捐俸數金以立石諸宛民登不佞求一言不佞竊惟世之爲政□人者多□□者□□□者見貽遠者難矧以父母有此美政而不能闡揚之者子民之辜父母利賴小民而不能圖之久遠者亦子民□辜不佞雖不閑於文寧不思所以釋子民之辜耶蓋侯固我

朝之龔黃卓魯也傳循良者太史公文也太史公職掌也不佞述以爲采風者據耳不文奚慚焉是役也贊襄厥美者有也孫光廷汪國棟薄陳鳳階尉何可奪云不佞又憶己丑乙未侯南宮作賦皆膾炙人口綽然采進士上第餘矣乃竟爲命格然則天固留之以福宛民哉天固留之以福宛民哉侯尤姓諱際昌號南宮常之無錫人其他勸戒有說息訟有□□□□□□有□□濫□□馬有榜嚴禁枋店之私繫而又□□以起□□義阡以澤枯骨并出俸□□□□□□□□政縷縷更備難數茲石也宛民特記裁費之一政云

萬曆□□歲仲夏朔日

賜進士中憲大夫大理寺少卿前巡按□□山西奉

敕提督學校閱視邊務監視

太子掌江西道監察御史□

經筵□生洪聲遠頓首拜撰

工部廠夫銀壹

尚寶司筆

宗人府前

□府筆炭

內閣筆

□□科

□冠袍

□□□□

內閣□奉

查

里

義

定役裁費刻石

首題:宛平縣定役裁費刻石記
年代:明萬曆三十年(1602)五月一日
原址:西城區西皇城根舊宛平縣署內土地祠
拓片尺寸:碑陽高148、寬64厘米,額高45、寬33厘米
書體:楷書,額篆書
撰人:洪聲遠
《目録》:頁508
拓片編號:京1759
拓片録自:《北京圖書館藏中國歷代石刻拓本匯編》第58卷137頁。碑陰文字見乾隆三十九年(1774)《土穀祠碑》

【碑陽】

額題:宛平縣定役裁費刻石記(篆書)

碑文:

(上半部分)

宛平縣定役裁費刻石記 1

蓋不佞睹覽記籍,在昔先哲龔黃卓魯,澤加當時,聲施後世,豈必其家有賜,而人每益之哉?夫亦民之有 2 利,利斯與興,亦各有害,害斯與祛云爾。故周制用民,歲不過三日,無非寬民之力以愛養之耳。吾宛邑籍 3 輦轂下,其惟正之供 4 內府有億,邊封有餉,及諸衙署經費之助有需,蓋勢不能免,而分義亦宜爾也。若爾亦易辦耳,民胡以困。奈 5 之何徒隸之□情,胥棣之謁見,識認之等候既多,需索饋獻之繁,至於里途修邇,出納盈縮,及吏益侵進,6 并貼杠解之費。公取其一,私茲倍之;公取其二,私且什之。派無定額,更多浮駕。□□之民且日貧,貧日逃。7 蓋不翅倒懸也。父母尤侯下車,心甚憫之,于是廉隱請集衆思,酌時宜,慨然曰:民億之難供靡浪之費雖 8 之也;靡浪之弊滋,經制之紊致之也。□力祛積習之弊,議定畫一之□,如某 9 內供銀若干兩,大戶之費定若干;某邊餉銀若干兩,大戶之費定若干;□□各衙署之費某某銀若干,大戶 10 某某費若干。犁然具備,確然存綱。即□□者不得輕重其情,貪賈者不能多寡其助。行之三年,官無闕事,11 民無冗靡,吏無賠補,四封蓋蒸蒸生色。侯之功德可勝量哉。侯之仁澤其利溥哉。侯又豈家賜而人益之 12 哉。□之民念侯之美政,恐歲久易湮,法久且易窒也,願聚貲以誌諸石,庶侯之政可垂永久。小民享侯之 13 利□愈堇而勿替,□□□□14□京兆公□□蒙□□□□□□□愓民之力,捐俸數金以立石,諸宛民登不佞求一言。不佞竊惟世之爲 15 政□人者多□□者□□□者見貽遠者難。矧以父母有此美政而不能闡揚之者,子民之辜。父母利賴 16 小民而不能圖之久遠者,亦子民□辜。不佞雖不閑於文,寧不思所以釋子民之辜耶?蓋侯固我 17 朝之龔黃卓魯也。傳循良者,太史公文也,太史公職掌也。不佞述以爲采風者據耳,不文奚慚焉。是

役也，贊 18 襄厥美者有也，孫光廷、汪國棟、薄陳、鳳階尉、何可奪云。不佞又憶己丑乙未，侯南宫作賦，皆膾炙人口，綽 19 然采進士上第餘矣。乃竟爲命格然，則天固留之以福宛民哉，天固留之以福宛民哉！侯尤姓，諱際昌，號 20 南宫，常之無錫人.其他勸戒有說，息訟有□，□□□□□有□□濫□□馬有榜嚴禁枋店之私繫而又 21□□以起□□義阡以澤枯骨，并出俸□□□□□□□政縷縷更備難數，兹石也，宛民特記裁費之一 22 政云。23

萬曆□□歲仲夏朔日。24

賜進士中憲大夫大理寺少卿前巡按□□山西奉 25 敕提督學校閲視邊務監視 26 太子掌江西道監察御史□27 經筵□生洪聲遠頓首拜撰。28

（下半部分）

工部廠夫銀壹佰叁拾柒兩□，中書科木炭銀三兩伍錢，大戶□□共壹名費銀三兩。尚寶司筆炭、右府筆炭共銀陸拾兩，大戶壹名費銀貳兩伍錢。宗人府前府右府印色共銀拾陸兩三錢零，大戶壹名費銀貳兩柒錢。□府筆炭工科心經共銀肆拾玖兩叁錢，大戶壹名費銀貳兩。内閣筆墨銀拾叁兩貳錢，大戶壹名費銀貳兩伍錢。□□科心經共銀拾肆兩玖錢，大戶壹名□□□□□□。□冠袍服銀叁拾肆兩玖錢，大戶壹名費銀貳兩。□□□□玉牒工食銀□□兩肆錢零，大戶貳名每名費銀貳兩□□。内閣□奉□諭工食銀叁拾柒兩零，大戶貳名每名費銀貳兩柒錢。

匠班銀壹拾貳兩壹錢伍分，□□壹□大戶壹名費銀柒兩。京□變賣瘦馬價銀不等，每一大戶□□□□費銀貳兩。通政司鋪兵工食銀陸拾兩，大戶壹名費銀叁兩。本府更夫工食銀壹拾貳兩，大戶壹名費銀貳兩。□□□□色□□□□□，大戶壹名費銀貳兩貳錢。太常寺粳米肆石陸□□□□□□□，大戶壹名費銀貳兩。□□□□□□每□拾□陸兩不□，大戶壹名費銀壹兩。

内□□□賣大騾犬牛，□□□□□□費銀□□伍錢。旅順兵餉銀貳項共□□□□兩，大戶叁名每名費銀□兩伍錢。

查議解戶吏典：李天炤、□致中、盧彦博、饒仲、張東明、郭潘、□宗華、張自新、寂影、葉允德、楊春光、金廷芳。

里老：張冕、張臣、王相、李文忠、李□、李伯連、彭大□、高懸時、□廷舉、蕭大用、李貴禄、楊康、胡大才、韓□、□□、□舉閣、楊仲才、梁宗魁、榮世享、吕□辰、□□□、王自然、李然、李天貴、李宗臣、趙大倫、□章、韓登雲、李保、王安、王智、□□□、杜大講、艾大官、常大明、李景□、郭朝□、劉世香、郝仲楨、王清。

義民：□雨□、吳須、劉汝卿、李乘□、孫□、□□□、李尚仁、董忠、楊臣、馬甫間、張廷臣、劉可附、薛常正、蔡□、王自宦、朱天禄、馬□□、□□、王□山、□美、馬汝□、□□、劉溪、張廷義、趙臣、郭進禮、孫□海、□世虎、□自貴、任□。

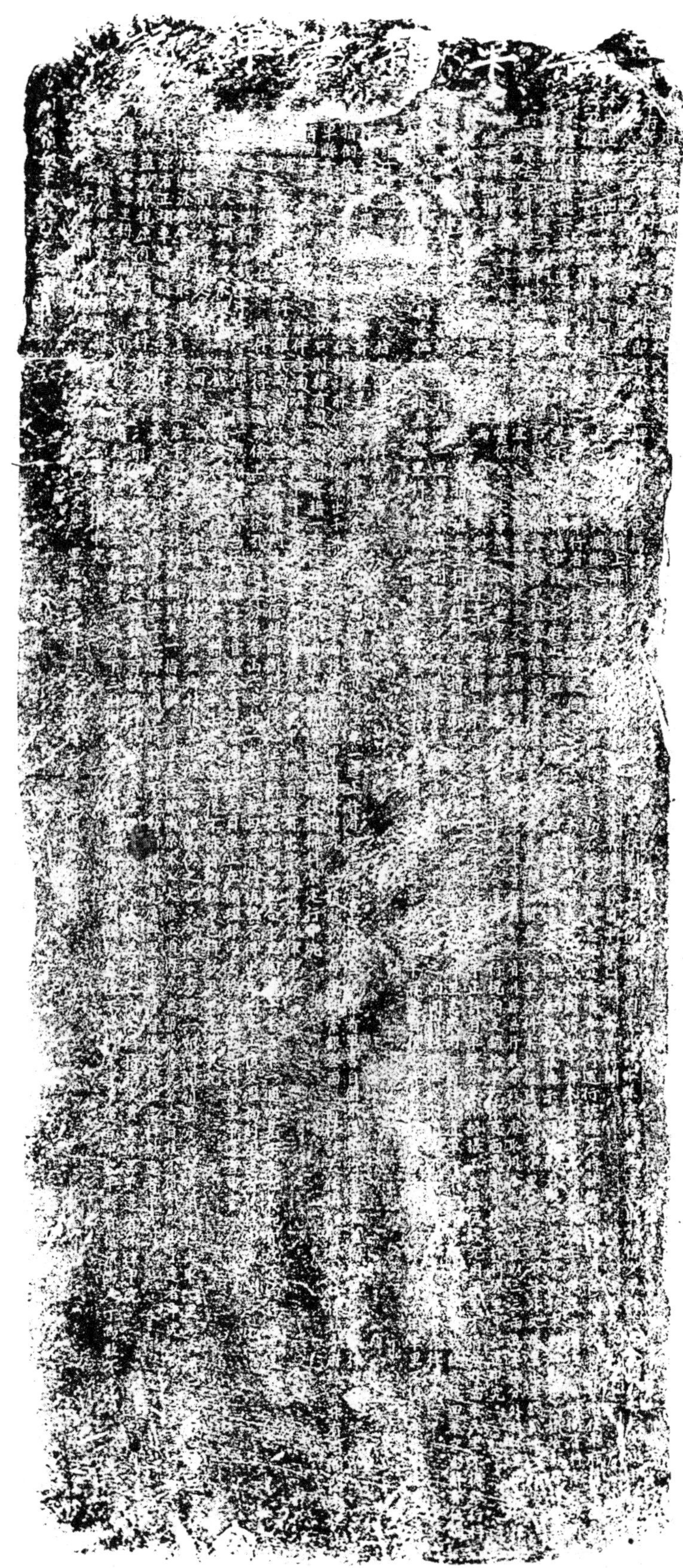

京 1761《禁革雜差碑》

□物上□并解審等因□此該本縣查保雜差害民匪□保夕早（下泐）
雜差□□申歸己家　本堂轉閱
論衆深待惠□實意唯如議行還行該縣不時體□有□□者□衙役□□□□猶佐東府（下泐）
輕承得□□□□□閱諸教中有未盡善者□縣□□□正度□民之請□□□□□衙胥科索無（下泐）
爲禁□得□□恤民至意□議遍示里□□勒石□示永久業側該本縣□□□□□捐資（下泐）
真清細冊每一大里分科索拾伍陆兩不等小里分八九兩不等外□每里出差錢貳千（下泐）
甲本等冊籍如外省州縣無行銀將於何處取用□每里出銀以二三兩爲□□分外科□里（下泐）
政合遵有誌於行稅內支銷拾年□□百兩爲率自後不許科派里甲如違申究
再造□□之年止許有軍里分□派紙張工食銀伍錢充用軍里不得□外□□民里不得□行科
□寧□□□□每里索貳兩前科查清單一年（下泐八字）故絕或進回奉文爲解着伍□
十年□大造之內同前□銀伍錢內銷□不得□□□□□□□者依律申究
過至崇禎拾伍年再造自後正許□□□□□□□□□兩合銀□□充用軍里不得分取需（下泐）

軍□□□□□□查紙張着軍書自備不得禁行軍里□□衙民里□□□律□
□一□選奶口每里科索銀三兩　前件該去任用知縣查奶口係奶子府經管非有司衙門□便議
科索定行申究
票拘甲者依律申究
類是也合十里淘陶濬一年五年一週以見□來之議如□放不向許各里（下泐）
自行填塾不得出票科索工價及濫拘別里違者依律申究
止在修理銀內支發不得出票科索里甲違者申究
指鄉飲名色科斂里甲違者申究
供之也只今後工房置一□□開列里分如棘茨用十担止取一里□□用（下泐）
派入大粮正項內原無帮貼使費各色自後不得科斂里甲違者申究
稅催覓原與里甲無涉自後不得出票科斂違者申究
原派入大□正項之內不得指稱使費重派里甲違者依律申究
□係正項錢粮自後不得科索里甲違者申究卑縣看得流寓人丁爲數不多（下泐）
昭

京 1761《禁革雜差碑》

禁革雜差碑記

順天府□□□□□則□役足　國□民事□
本府署治□□通判張□信票仰縣即將承催立碑□□□□田福王朝用維恩並□□□□□□□□□
□□□本堂被□□統原差田福等原呈□人□□舉□□□□羽上解審□□□□□□□□用□申□
本府陞□□□批雜差科□始省閭適詳閱是□真何□□□民凋敝之餘豈堪司□黨困據申□□禁
□召徒□□宰□也□□行縣列欵勒石□□一載□餘而□舉行者其故在署□□吏銜官之吏□阻
□不覆行詳請批示永爲遵守□□□伺隙肆奸更不可□□□繇申詳　本府正堂鍾□處批據各□
章條□開列於左竪立儀門以□□□□□開□一造黃冊□開草底每里科索銀陸兩差役□發□□
　前件該去任周知縣查府誌出□□□□□以不宜派入里甲但黃冊簡表重大工費浩繁且事□□
□更究卑縣有得□冊重大雖□里甲本等□□實係公家大事然一派取里甲衙胥即乘隙仍□□索
□□造里冊紙張工費一年一□□里□□□伍兩前□里黃冊查係十年一造崇禎三年造過□□□
□□□□□律申究□□□□軍□每里□□銀柒兩外指□姓每里科索銀肆兩□指□□每里□索
□□□水□□□□□里甲人或□或□正許在此一里清查不得於軍里分及民里需索至□□姓類
□□□□□冊□□□□每里科索伍兩又指真冊每里科索肆兩　前件查□先軍冊十年一造造相
□□□□□□□□依律□處
□□造繼丁軍冊每里□□□伍兩又指絕軍冊每里科索伍兩
　前件查得繼軍冊□□□□造正許直軍里□量派紙張工食銀貳□充用絕軍冊亦係伍年一造正
□□指倒換□□□□□□□銀壹两伍錢　前件查倒循環出於無名□行禁革而後□□向里甲者依
□□卑縣看得奶口□奶子時選奶口則隸有司各衙猾胥藉一選字每里科索□後本縣親選敢有衙
□□指淘溝每里科索銀□兩　前件查淘溝係在城□甲子各□□□錢□行淘濬原與里甲無涉自
□□□□□□本□□□每里科索銀貳兩　前件查　本府儀門外溝渠係親臨衙門力役之征法所
□□□□道每里科索銀伍兩　前件查得塹道或係上□陵發引經通里分係香山六七十一圖十二
□□□□白灰每里科索錢壹千文　前件查得一應修□用青白灰係縣工房管理全書原有修理銀
□□□鄉飲子夫斟酒每里索銀壹兩伍錢　前件查得鄉飲係兩縣□派典吏斟酒原無子□□也自
□指□棘茨　前件查得棘茨係□□上司并　本府各□及鄉會場取用棘茨原産鄉村非里甲供之
□□去不得遍派鄉會□院取用太多須定每里若干担不致分外科派則均矣一指胖□　前件查得
□□車戶原有正項車價指稱使費每里科索銀貳兩　前件查得車戶係兵工二部取用一時取辦不
□□戶口鹽鈔糧稅原有正項每里科索銀三兩　前件查得戶口鹽鈔起運銀壹百捌兩肆錢陸分貳
□□指稱流寓每里科索銀三兩　前件該去任周知縣查流寓三年編審一次分下三則復收□□得
□□□冊之錢糧自後不得矯書□謀□□□□科索違者依律申究
□□□□知宛平縣事關中張□辰□□□□□□馬□□王文熙軍□縣丞□斗□□主簿王鼎巡捕典
皇明崇禎捌年歲次己亥季夏望日吉旦立

禁革雜差碑

年代:明崇禎八年(1635)六月十五日

原址:西城區西黄城根舊宛平縣署内土地祠

拓片尺寸:碑陽高 168、寬 69 厘米

書體:楷書

《目録》:頁 510

拓片編號:京 1761

拓片録自:《北京圖書館藏中國歷代石刻拓本匯編》第 60 卷 67 頁。碑陰文字見清乾隆二十九年十二月《土穀祠碑》

【碑陽】

額題:禁革雜差碑記

碑文:

順天府□□□□□則□役足國□民事□,1本府署治□□通判張□信票,仰縣即將承催立碑□□□□田福王朝用維恩並□□□□□□□□□吏役□物上□并解審等因□此該本縣查保。雜差害民,匪□保夕早(下泐)2□□□本堂被□□統原差田福等,原呈□人□□舉□□□□羽上解審。□□□□□□□用□申□□禁革雜差□□申歸己家。本堂轉閱3本府陞□□□批雜差科□始省閤適詳閱。是□真何□□□民凋敝之餘,豈堪司□黨困據申□□禁革,勒石諭衆。深待惠□實意。唯如議行。還行該縣。不時體□有□□者,□衙役□□□□猶佐東府(下泐)4□召徒□□宰□也□□行縣列欵,勒石□□一載□餘而□舉行者,其故在署□□更衙官之吏□阻滯本縣輕承得□□□□□閱諸教中,有未盡善者□縣□□□正度□民之請□□□□衙胥科索無(下泐)5□不覆行,詳請批示,永爲遵守。□□□伺隙肆奸更不可□□□繇。申詳本府正堂鍾□處批據各□□□酌爲禁□得□□恤民至意。□議遍示里□□勒石□示永久。業側該本縣□□□□捐資(下泐)6章條□開列於左,竪立儀門以□□□□□開□一造黄冊□開草底,每里科索銀陸兩,差役□發□□□□造真清細冊,每一大里分科索拾伍陸兩不等。小里分八九兩不等。外□每里出差錢貳千。(下泐)7前件該去任周知縣查府誌出□□□□□以不宜派入里甲。但黄冊簡表重大,工費浩繁。且事□□□□里甲本等冊籍。如外省州縣無行,銀將於何處取用。□每里出銀以二三兩爲□□分外科□里 (下泐)8更究卑縣有得□冊重大雖□里甲本等□□,實係公家大事。然一派取里甲,衙胥即乘隙仍□□索,終非善政。合遵有誌於行稅内支銷。拾年□□,百兩爲率。自後不許科派里甲。如違申究。9□□造里冊紙張工費一年一□□里□□□伍兩。前□里黄冊查係十年一造。崇禎三年造過,□□□□□年再造。□□之年止許有軍里分□派紙張,工食銀伍錢充用。軍里不得□外□□。民里不得□行科10□□□□律申究。□□□□軍□每里□□銀柒兩。外指□姓,每里科索銀肆兩。□指□□每里□索□兩。□□寧□□□□每里索貳兩。前科查清單,一年(下泐八字)故絕或進回奉文爲解着伍

□11□□□水□□□□□里甲人或□或□，正許在此一里清查，不得於軍里分及民里需索。至□□姓類，□□在十年□大造之內同前□銀伍錢內銷□，不得□□□□□□□者依律申究。12□□□□冊□□□□每里科索伍兩，又指真冊，每里科索肆兩。前件查□先軍冊十年一造。造相伍□□過至崇禎拾伍年再造，自後正許□□□□□□□□兩合銀□□充用。軍里不得分取需（下泐）13□□□□□□依律□處14□□造繼丁軍冊，每里□□□伍兩。又指絕軍冊每里科索伍兩。15□□前件查得繼軍冊□□□□造。正許直軍里□量派紙張工食銀貳□充用。絕軍冊亦係伍年一造。正許有絕軍□□□□□□查紙張，着軍書自備，不得禁行。軍里□□衙民里□□□律□16□□指倒换□□□□□□銀壹两伍錢。前件查倒循環，出於無名，□行禁革，而後□□向里甲者，依律申究。□一□選奶口每里科索銀三兩。前件該去任用知縣查奶口，係奶子府經管，非有司衙門□便議。17□□卑縣看得奶口□奶子時，選奶口則隸有司各衙。猾胥藉一選字每里科索□後，本縣親選，敢有衙役藉稱科索，定行申究。18□□指淘溝每里科索銀□兩。前件查淘溝係在城□甲子各□□□錢□行淘濬，原與里甲無涉。自後有出票拘甲者，依律申究。19□□□□□□本□□□每里科索銀貳两。前件查本府儀門外溝渠，係親臨衙門力役之征法所工免此類是也。合十里淘陶濬一年，五年一週。以見□來之議如□放，不向許各里（下泐）20□□□道每里科索銀伍兩前件查得塹道，或係上□陵發引經通里分，係香山六、七、十一圖、十二圖四里，自行填墊。不得出票科索工價及濫拘別里，違者依律申究。21□□□□白灰，每里科索錢壹千文。前件查得一應修□用青白灰係縣工房管理全書原有修理銀兩。自後止在修理銀內支發，不得出票科索里甲。違者申究。22□□□□鄉飲子夫斟酒，每里索銀壹兩伍錢。前件查得鄉飲係兩縣□派典吏斟酒，原無子□□也。自後不許指鄉飲名色科斂里甲，違者申究。23□□指□棘茨。前件查得棘茨係□□上司并本府各□及鄉會場取用。棘茨原産鄉村，非里甲供之，而誰爲供之也。只今後工房置一□□，開列里分如棘茨用十担止，取一里□□用（下泐）24□□□去。不得遍派鄉會。□院取用太多，須定每里若干担。不致分外科派，則均矣。一指胖□。前件查得胖□原派入大粮正項，內原無帮貼使費各色。自後不得科斂里甲。違者申究。25□□車戶原有正項車價。指稱使費。每里科索銀貳兩。前件查得車戶係兵工二部取用。一時取辦不及，動行稅催覓。原與里甲無涉。自後不得出票科斂。違者申究。26□□戶口鹽鈔糧稅，原有正項，每里科索銀三兩。前件查得戶口鹽鈔起運銀壹百捌兩肆錢陸分貳厘捌毫。原派入大□正項之內。不得指稱使費，重派里甲。違者依律申究。27□□指稱流寓，每里科索銀三兩。前件該去任周知縣查流寓三年編審一次，分下三則復收□□得□見工□。係正項錢粮。自後不得科索里甲。違者申究。卑縣看得流寓人丁，爲數不多。（下泐）28□□□冊之錢糧。自後不得矯書□謀□□□□科索。違者依律申究。29□□□知宛平縣事關中張□辰，□□□□□馬□□王文熙，軍□縣丞□斗，□□主簿王鼎，巡捕典史□□昭。30皇明崇禎捌年歲次己亥季夏望日吉旦立。31

京 1762《土穀祠碑》

繼往開來

重修土穀祠記

縣治大門内之左舊建

土穀祠東爲

關帝殿甍棟相接祠南爲堂三楹以飲福左即殿之東廂以爲庖一修於

康熙三十九年再修於乾隆十二年迄今幾二十載堂構依然丹雘

非舊各科同事諸人因共慨然捐金百五十餘兩相與鳩工庀材丹

楹刻桷并修

神像神厨金采烺晒起於乾隆二十九年秋八月訖於冬十有二月而廟

貌煥然更新凡皆諸人之同心協力以克底於有成也

乾隆二十九年十二月　　日章　浩　王維賢　高國宰　敬立

章廷彪　陳　炳　莫汪度

孟英世　金　湘　陳嘉謨

孫聲聞　陸德懷　秦廷佐

王如楷　何周元　俞國梁

京 1762《土穀祠碑》

土穀祠碑

首題:重修土穀祠記
年代:乾隆二十九年(1764)十二月
原址:西城區原黄城根舊宛平縣署内土地祠
拓片尺寸:碑陽高139、寬65厘米
書體:楷書
《目録》:頁309
拓片編號:京1762
拓片録自:《北京圖書館藏中國歷代石刻拓本匯編》第72卷74頁。刻於明崇禎八年(1635)《禁革雜差碑》之陰

【碑陽】

額題:繼往開來(篆書)

碑文:

重修土穀祠記 1

縣治大門内之左,舊建 2 土穀祠,東爲 3 關帝殿,甍棟相接,祠南爲堂三楹以飲福,左即殿之東廂,以爲庖。一修於 4 康熙三十九年,再修於乾隆十二年,迄今幾二十載,堂構依然,丹艧 5 非舊,各科同事諸人因共慨然捐金百五十餘兩,相與鳩工庀材,丹 6 楹刻桷,并修 7 神像神厨,金采烺晒。起於乾隆二十九年秋八月,訖於冬十有二月。而廟 8 貌煥然更新,凡皆諸人之同心協力,以克底於有成也。9

乾隆二十九年十二月　日

章浩、章廷彪、孟英世、孫聲聞、王如楷、王維賢、陳炳、金湘、陸德懷、何周元、高國宰、莫汪度、陳嘉謨、秦廷佐、俞國梁敬立。10

京1760《土穀祠碑》